beck'sche reihe

B. [illegible]

bsr

Der europäische Kontinent hat im Jahre 2004 mit der größten Erweiterung der Europäischen Union in ihrer Geschichte um 10 neue Mitglieder auf 25 Staaten und die Unterzeichnung des Europäischen Verfassungsvertrages durch die Staats- und Regierungschefs Ende 2004 in Rom eine in vielfacher Hinsicht entscheidende Weichenstellung erfahren. Mit der Ablehnung des Europäischen Verfassungsvertrages durch Referenden in Frankreich und in den Niederlanden stellt sich unter andem die Frage, wie aufnahmefähig kann die EU in der Zukunft sein? Muss die EU sich nach der Erweiterung und der Aufnahme Bulgariens und Rumäniens zum 1. Januar 2007 erst konsolidieren, um der Gefahr einer Überdehnung und Verwässerung zu begegnen? Wie soll mit der in Europa kontrovers diskutierten Frage eines EU-Beitritts der Türkei umgegangen werden, trotz der Entscheidung vom 3. Oktober 2005 Beitrittverhandlungen aufzunehmen? Was muss unternommen werden, um die in Europa noch immer vorhandene Projektionsfläche vielfältigen politischen Unbehagens zu beseitigen? Eine wichtige Aufgabe ist es daher dem Bürger in Europa Orientierungen über das woher und das wohin zu geben.
Das *Europa-Lexikon* möchte hierzu einen Beitrag leisten. Es vermittelt einen umfassenden Überblick über die historisch-politischen Zusammenhänge und Entwicklungen in Gesamteuropa. In Überblicksartikeln macht es Ursprünge und Hintergründe der europäischen Einigungsidee deutlich, wirft die Frage nach den Grenzen Europas auf und liefert für die Orientierung wichtiges Hintergrundwissen zur politischen, rechtlichen, wirtschaftlichen und gesellschaftlichen Ordnung Europas. Regional gegliederte Artikel bieten reichhaltige Informationen zu den einzelnen europäischen Staaten. Hinzu kommen Kurzartikel zu den wichtigsten europäischen Institutionen und Politikfeldern sowie eine Europa-Chronik und eine kommentierte Bibliographie. Das Europa-Lexikon ist somit ein unverzichtbares Nachschlagewerk für alle politisch Interessierten, die sich einen fundierten Überblick über Geschichte, Gegenwart und Perspektiven Europas verschaffen wollen.

Wolf D. Gruner ist o. Professor für Europäische Geschichte und Inhaber des Jean-Monnet-Lehrstuhls für Europäische Integrationsgeschichte und Europastudien an der Universität Rostock.

Wichard Woyke ist Professor für Politikwissenschaft an der Westfälischen Wilhelms-Universität Münster.

Wolf D. Gruner / Wichard Woyke

Europa-Lexikon

Länder

Politik

Institutionen

Verlag C.H. Beck

2. erweiterte Auflage 2007

Umschlagentwurf: + malsy, Willich
Satz: Fotosatz Janß, Pfungstadt
Druck: Druckerei C. H. Beck, Nördlingen
Printed in Germany
ISBN 978 3 406 49425-3

www.beck.de

Inhaltsverzeichnis

Vorwort 7

1. Überblicksartikel

1.1 Europa – Europavorstellungen – Europaidee – Europabilder – Europäische Einheitspläne – Europäische Integration: Ein historischer Überblick (Wolf D. Gruner) 13
1.2 Europa – Anmerkungen zu einem geographischen, kulturellen, politischen, historischen, konfessionellen, wirtschaftlichen und sozialen Raum (Wolf D. Gruner) 50
1.3 Europa: Politik und Gesellschaft (Wichard Woyke) 62
1.4 Europa: Wirtschaft und Recht (Wichard Woyke) 68
1.5 Das Verhältnis Bund – Länder – Europa in der Geschichte der Bundesrepublik (Wolf D. Gruner) 73

2. Länderartikel

Nordeuropa und das Baltikum (Wolf D. Gruner) 81
Dänemark 82 – Färöer Inseln 90 – Grönland 92 – Estland 94 – Finnland 100 – Island 108 – Lettland 113 – Litauen 119 – Norwegen 126 – Polen 132 – Schweden 142

Mitteleuropa (Wolf D. Gruner) 150
Deutschland 151 – Liechtenstein 171 – Österreich 175 – Schweiz 184

Mittelost- und Osteuropa (Wichard Woyke / Wolf D. Gruner) 192
Slowakei 193 – Tschechische Republik 201 – Ukraine 208 – Ungarn 216 – Weißrussland 223

Die Britischen Inseln (Wolf D. Gruner) 229
Großbritannien 230 – Irland 245

West- und Südwesteuropa (Wichard Woyke / Wolf D. Gruner) 255
Andorra 255 – Belgien 258 – Frankreich 267 – Luxemburg 284 – Monaco 290 – Niederlande 293 – Portugal 300 – Spanien 307

Südeuropa und der Mittelmeerraum (Wolf D. Gruner) 316
Italien 317 – San Marino 330 – Vatikanstadt 333 – Griechenland 336 – Malta 343 – Türkei 347 – Zypern 356

Südosteuropa und der Balkan (Wichard Woyke / Wolf D. Gruner) 363
Albanien 364 – Bosnien-Herzegowina 369 – Bulgarien 375 – Kroatien 381 – Mazedonien 386 – Moldawien 391 – Rumänien 396 – Serbien/Montenegro 404 – Slowenien 410

3. Kurzartikel zu europäischen Institutionen und Politikfeldern
(Wolf D. Gruner/Wichard Woyke) 417

Ausschuss der Regionen (AdR) 417 – Einheitliche Europäische Akte 418 – Eurokorps 420 – Europa 92 422 – Euratom 423 – EFTA 426 – EGKS 428 – Europäische Kommission 432 – EPG 436 – EVG 439 – EWG 442 – EZB 446 – EuGH 447 – Europäischer Rat 449 – Europäischer Rechnungshof 450 – Europäischer Verfassungsvertrag 451 – EWR 454 – Europäisches Parlament 457 – EWS 461 – Europarat 462 – GASP 465 – Maastrichter Vertrag 468 – (Minister) Rat 469 – NATO 473 – Nordische Zusammenarbeit 478 – OEEC/OECD 481 – Ostsee-Rat 486 – OSZE 488 – RGW 490 – Vertrag von Amsterdam 493 – Vertrag von Nizza 495 – Warschauer Pakt 498 – WEU 501 – Wirtschafts- und Währungsunion (WWU) 505

4. Anhang

4.1. **Die Europäische Union (Wolf D. Gruner)** 509
4.2 Europa-Chronik – Wichtige Daten zur Europaidee und zur Geschichte der Europäischen Integration (Wolf D. Gruner) 516
4.3 Allgemeine kommentierte Bibliographie und Internetadressen zu Europa (Wolf D. Gruner) 534

Vorwort

«Wir haben eine Vision, und diese Vision heißt Europa. Aus Erfahrungen gemeinsamer Geschichte sind immer wieder Visionen für die Zukunft entstanden. So ist es auch heute, nach dem Ende des kalten Krieges und am Beginn eines neuen Jahrhunderts ... Die Integration West- und Nordeuropas wirkt wie ein Magnet auf Osteuropa und den Mittelmeerraum. Die Erweiterungsdiskussion dynamisiert die Vertiefungsdiskussion. So war es schon immer, so ist es auch heute.» Mit diesen Worten begann der frühere deutsche Bundespräsident Roman Herzog 1995 seine Rede vor dem Europäischen Parlament in Straßburg. Zu diesem Zeitpunkt waren Österreich, Finnland und Schweden gerade der Europäischen Union beigetreten und der Europäische Wirtschaftsraum war ein Jahr zuvor in Kraft getreten.

Am 1. Mai 2004 erfuhr die Europäische Union die bisher größte Erweiterung ihrer Geschichte. Ihr gehören nun 25 europäische Länder an. Bulgarien und Rumänien werden zum 1. 1. 2007 beitreten, weitere möglicherweise in den darauffolgenden Jahren. Die Beitrittsverhandlungen mit der Türkei und Kroatien wurden Ende 2005 aufgenommen. Mazedonien erhielt den Kandidatenstatus. Die Erweiterung bedeutete eine wichtige Etappe auf dem Weg zur endgültigen Überwindung der zwischen 1945 und 1949 vollzogenen Spaltung und Teilung Europas. Die politische, ideologische, wirtschaftliche und militärische Demarkationslinie zwischen Westeuropa und dem von der Sowjetunion beherrschten und dominierten Teil Europas vom Nordmeer über die Ostsee quer durch Deutschland und Mitteleuropa bis zum Mittelmeer, der Eiserne Vorhang, wurde durch die tief greifenden Veränderungen der «Zeitenwende» von 1989/90 beseitigt. Der Ost-West-Konflikt wurde überwunden. Die Berliner Mauer fiel, Deutschland wurde in einem dynamischen Prozess vereinigt und weiter europäisch vernetzt. Der Warschauer Pakt und der RGW lösten sich 1991 auf. Die Sowjetunion implodierte. Mit dem Ende der Sowjetunion stellte sich für die Staaten Mittelost- und Osteuropas sowie für die 1940 in den sowjetischen Herrschaftsbereich eingegliederten ehemals souveränen baltischen Staaten, die im Warschauer Pakt, im Rat für Gegenseitige Wirtschaftshilfe und in dem von der Sowjetunion geführten sozialistischen Weltsystem zusammengefasst waren, das Problem ihrer weiteren Zuordnung. Sämtliche Referenzsysteme waren für diese Staaten entfallen. Gesellschaftspolitisch hatte sich das Sozialismusmodell ebenso diskreditiert wie ökonomisch. Die katastrophale wirtschaftliche und soziale Situation dieser Länder verdeutlichte das Gefälle zu den westeuropäischen Demokratien. Mit dem Ende der Blöcke war die außen- und sicherheitspolitische Einbindung in die Machtsphäre der Sowjetunion nicht mehr gegeben. Neue Orientierungen nach innen und außen waren erforderlich. Welche Optionen gab es nach der Wiedererlangung der völligen Souveränität? Zunächst richtete sich der Blick nach innen: Wiederherstellung der Eigenstaatlichkeit und Identitätsfindung. Mit der Wiederherstellung von Staatlichkeit ging auch ein Prozess des «nation-building» durch Schaffung gemeinsamer Symbole einher: In vielen Staaten wurde die demokratische Verfassung aus den 1920er oder 1930er Jahren wieder hergestellt und modernen Bedingungen angepasst, die alten Nationalfeiertage, die alten Nationalfahnen und Nationalhymnen wieder eingeführt. Die Staatsform wurde auch nach außen sichtbar verändert. So verschwanden die Begriffe «Volksrepublik» oder «Sozialistische Sowjetrepublik». Sie wurden durch «Republik» ersetzt.

Die Tschechoslowakei löste sich, nachdem die Differenzen bereits in der «samtenen Revolution» von 1989 deutlich geworden waren, nach einer kurzen Phase als Bundesstaat mit Wirkung vom 1. Januar 1993 auf und es entstanden Tschechien und die Slowakei als eigenständige Republiken. Während die Trennung hier friedlich verlief, brach Jugoslawien in vier Kriegen vollständig auseinander. Mit Slowenien, Kroatien, Bosnien-Herzegowina und Serbien-Montenegro entstanden mehrere Nachfolgestaaten sowie der Kosovo. In einem Referendum entschied sich Montenegro am 21. 5. 2006 bei einer hohen Wahlbeteiligung (86,4 %) mit 55,4 % für die Unabhängigkeit und die staatliche Trennung von Serbien. Die EU anerkannte diese Entscheidung. Während zu Beginn der 1990er Jahre in Osteuropa und auf dem Balkan eine «Renationalisierung», teilweise von ethnischen Säuberungen begleitet, auf der politischen Agenda stand, schickten die westeuropäischen Demokratien sich an, den Prozess der Integration zu beschleunigen und zu vertiefen. Mit dem 1992 abgeschlossenen Vertrag von Maastricht strebten die 12 EG-Staaten bis spätestens 1999 die dritte Stufe einer Wirtschafts- und Währungsunion und auch eine Politische Union an. Eine gemeinsame Währung, der Euro (€), wurde geschaffen und löste zum 1. Januar 2002 in 12 EU-Ländern die alten Landeswährungen ab. Slowenien wird zum 1. 1. 2007 der Euro-Zone beitreten, weitere, wie Litauen und Lettland, bereiten sich darauf vor. Der 1993 verwirklichte Europäische Binnenmarkt besaß eine große Anziehungskraft. Mit der ersten Erweiterung in den 1990er Jahren wurden die EFTA-Staaten Österreich, Schweden und Finnland 1995 Mitglieder der EU. Durch die Bildung des Europäischen Wirtschaftsraums (EWR) wurde die wirtschaftliche Spaltung Westeuropas praktisch überwunden. Neben der wirtschaftlichen Integration stand von Anbeginn auch die politische und sicherheitspolitische Integration auf der europäischen Agenda, aber auch erstmals offiziell die Ausbildung einer europoäischen Identität. Mit dem Vertrag von Maastricht und den Folgeverträgen von Amsterdam und Nizza sowie dem Europäischen Verfassungsvertrag wurden wichtige Schritte in diese Richtung unternommen.

1989/90 wird heute als Epochengrenze verstanden, als Ende des «kurzen 20. Jahrhunderts» (Eric Hobsbawm).

Die Überwindung des Ost-West-Konflikts und das Ende des «Systems der Pariser Vorortverträge» von 1919/20 lösten in Europa eine außerordentliche Dynamik aus, die nicht allein zu veränderten Konstellationen in der europäischen Politik führte, sondern für Europa auch ein neues, deutlich vergrößertes Staatensystem hervorbrachte.

Europa hatte seit dem Beginn der 1990er Jahre die Chance sich wieder anzunähern, sich wahrzunehmen und auf vielfältige Weise wieder zu einer Einheit in Vielheit zusammenzuwachsen. Die Staaten Mittel-, Mittelost-, Südost- und Osteuropas sowie des Baltikums sahen ihren Beitritt zum Europarat und zur EU als eine «Rückkehr nach Europa». Sie können den anderen Europäern viele neue Einsichten und Traditionen vermitteln, aber auch neue, gelegentlich – wie bereits geschehen – konfliktträchtige Akzente setzen. Eine dem europäischen Integrationsprozess zuwiderlaufende «Renationalisierung» und «Ethnizität» sowie ein emotionales Nationalismusverständnis, populistisch überhöht, wirft nicht nur die Frage nach der europäischen Identität, nach der Handlungsfähigkeit Europas und Geschlossenheit Europas auf. Mit ihr stellt sich sogleich die Frage nach den Grenzen eines zu einenden Europas, die bisher aus vielerlei Überlegungen ausgeklammert wurde.

Eine wichtige Voraussetzung zum Verständnis des «Anderen» sind kompetente Informationen und Kenntnisse, verbunden mit der Bereitschaft dessen Handeln zu verstehen. Das vorliegende Europa-Lexikon will und kann hierzu einen wichtigen Beitrag leisten. Es möchte den Lesern und Benutzern mehr als nur eine Geschichte der europäischen Integration liefern. Durch seine Form und seine Struktur bietet das Europa-Lexikon mehr Informationen als ein Nachschlagewerk. Es strebt auch keine Gesamtdarstellung des politischen und historischen Europa und seiner Institutionen an. Die Leser, die dieses Buch zur Hand nehmen, sollen in ihm Orientierungen finden und erkennen, dass sich mit Europa mehr verbindet als die Europäische Union und ihre Entstehungsgeschichte nach dem Zweiten Weltkrieg, ihre Entwicklung und ihre Perspektiven für die europäische Einigung. Unser Lexikon hat, wie der Europarat mit seinen derzeit 46 Mitgliedstaaten, *ganz Europa* im Blick, die großen Staaten ebenso wie die Klein- und Mikrostaaten. Es ist dies auch ein Europa der verschiedenen Ebenen und der unterschiedlichen Traditionen. Die Regionen, die europäischen Nationalstaaten und die einzelnen europäischen und über Europa hinausgreifenden Institutionen finden so ihre Berücksichtigung. Sie sind Ausdruck der europäischen Einheit in der Vielfalt, die Europa von anderen Kontinenten unterscheidet und die seine Besonderheit ausmachen. Aufgrund des Aufbaus des Buches wird es möglich, die unterschiedlichen Traditionen und Wahrnehmungen in den einzelnen europäischen Völkern sichtbar werden zu lassen und auch kompetente Informationen über Länder zu erhalten, die in Darstellungen zur europäischen Geschichte, zu den europäischen Verfassungen und zu den politischen Systemen vernachlässigt oder nur am Rande erwähnt werden. Die einzelnen europäischen Staaten bilden eigene Geschichtslandschaften mit einem eigenen historischen Gedächtnis, mit eigener Erinnerungskultur, mit eigenen kulturellen Entwicklungen und Erfahrungen, landschaftlichen, sprachlichen und klimatischen Besonderheiten, die in einer faszinierenden «Mischung von Diversität und Einheit» (Walter Schwimmer) zur europäischen Identität beitragen und diese letztlich ausmachen.

Im Mittelpunkt des ersten Teils stehen Überblicksartikel, die sich aus historischer Perspektive mit der europäischen Einigungsidee und den Europavisionen der Vergangenheit und Zukunft befassen. In einem eigenen Beitrag wird Europa als geographischer, als kultureller, historischer, politischer, wirtschaftlicher und sozialer Raum erörtert. Eigene Artikel befassen sich mit den Themen Politik und Gesellschaft, Wirtschaft und Recht. Ein weiterer Abschnitt ist dem für die deutsche Wahrnehmung und die europäische Föderalismusdiskussion wichtigen Komplex des Verhältnisses von Bund, Ländern und Europa gewidmet, ein Bereich, der bislang viel zu wenig in einer historischen Dimension und Langzeitperspektive beachtet wurde und der für die künftige europäische Entwicklung bedeutsam bleiben wird.

Der zweite Teil widmet sich, regional aufgegliedert, den europäischen Ländern ohne Russland. In Rezensionen zur ersten Auflage wurde von Osteuropaexperten das Fehlen Russlands beanstandet. Die Einbeziehung der Sowjetunion/Russlands durch einen eigenen Länderbeitrag hätte den Rahmen dieses Lexikons gesprengt. Helmut Schmidt hat in einem Gespräch auf einen weiteren Aspekt hingewiesen: «Russland ist mit seinem Territorium größer als sämtliche Staaten der Welt. ... Russland hat weder die Renaissance noch die Aufklärung erlebt. Einen Beitrag der Russen zur europäischen Kultur gibt es nur auf den Feldern der Literatur und der Musik. Einen russischen Beitrag zur Kultur des Rechts, zur politischen Kultur oder zur ökonomischen Kultur, den hat es nie gegeben». Russland kommt in unserem Lexikon aber politisch, wirtschaftlich, sicherheitspolitisch und historisch in vielfältiger Weise vor und nicht nur im Bereich der Nordischen Zusammenarbeit im Ostseeraum gibt es eine positive Rußlandpolitik. Hinzu kommt, dass in der Beckschen Reihe ein eigener, umfangreicher Band über die GUS-Staaten vorliegt. Vor diesem Hintergrund und angesichts der Tatsache, dass die ursprüngliche Fassung zum Leidwesen der Verfasser massiv gekürzt werden musste – so wurden einige Länderartikel verschlankt, Informationen über die jeweiligen Nationalhymnen und ihre Geschichte, über die Flaggen und weitere landesspezifische Aspekte gestrichen, desgleichen ein ausführlicher Artikel über den Europarat sowie Beiträge zum GATT/WTO, zur 1992 gegründeten CEFTA (Mitteleuropäische Freihandelsassoziation) sowie zu der Gruppe der Viségrad-Staaten (1991) herausgenommen – schien diese Entscheidung vertretbar. Alle Länderartikel sind gleich aufgebaut. Ihnen liegt ein durchgängiges Raster zugrunde. Es findet allerdings hinsichtlich der Länge der Analyse für die einzelnen Staaten eine differenzierte Anwendung. Die Länderbeiträge sollen dem Leser und Benutzer schnelle Grundinformationen

anbieten, aber ihn auch einladen, sich eingehender mit der Geschichte, dem politischen System, der Verfassungsordnung und der Außen-, Sicherheits- und Europapolitik des jeweiligen Landes zu befassen.
Der dritte Teil bietet Kurzartikel zu den europäischen und mit Europa zusammenhängenden Organisationen und Institutionen sowie zu wichtigen Politikfeldern. Behandelt werden die in Europa nach dem Zweiten Weltkrieg entstandenen übernationalen Institutionen von der Organisation für Wirtschaftliche Zusammenarbeit in Europa (OEEC) über den Europarat, die Europäischen Gemeinschaften (EG), den Rat für Gegenseitige Wirtschaftshilfe (RGW / Comecon) bis zum Europäischen Wirtschaftsraum (EWR) und regionalen Organisationen wie dem Nordischen Rat und dem Ostseerat. Für die europäische Geschichte und Gegenwart sind der Warschauer Pakt oder die NATO mit ihren über Europa hinausgreifenden Aufgaben bedeutsam.
Abgerundet wird das Lexikon durch eine europäische Chronik und eine allgemeine, länder- und problemübergreifende und kommentierte Bibliographie sowie durch zum Zeitpunkt der Drucklegung und des Manuskiptabschlusses gültige Internetportale. Neu aufgenommen wurde – aufgebaut wie die Länderartikel – ein Abschnitt über die Europäische Union als eigenes Völkerrechtssubjekt. Dieses ist insofern sinnvoll als in Datensammlungen zu den europäischen Staaten, zu den Staaten der Erde sowie zu übernationalen Organisationen die EU als Gemeinschaft auch einzeln erfasst wird.
Der Band, der in Aufbau und Form bislang einzigartig ist, soll vielfältige Bedürfnisse befriedigen und doch lesbar und handhabbar bleiben: Er will für den Eiligen schnelle Informationen anbieten, aber auch anschaulich und kompetent historisch-politische Zusammenhänge zu Gesamteuropa vermitteln und darüber hinaus zu vertiefter Lektüre anregen. Er kann Verständnis für das Verhalten von Staaten und Völkern und ihre Ursachen in einem europäischen Zusammenhang vermitteln. Wenn Sie dieses Buch aus der Hand legen, dann ist zu hoffen, dass Ihnen wichtige Orientierungen und Antworten zu Europa, seinen Staaten, Völkern, Institutionen und Traditionen – und möglicherweise darüber hinaus – gegeben werden konnten, die Bundespräsident Herzog in seiner Rede vor dem Europäischen Parlament am 10. 10. 1995 unter das Thema stellte: «Warum Europa, wie Europa, für wen Europa?»

Ganz herzlich zu danken ist an dieser Stelle vor allem Frau Dr. Claudia Althaus und Herrn Dr. Andreas Wirthensohn vom C. H. Beck Verlag, die sehr geduldig, kompetent, anregend und ermunternd die Entstehung und Überarbeitung dieses Bandes begleitet haben.

Wolf D. Gruner, Rostock
Wichard Woyke, Münster in Westfalen

5. Mai (Europatag) 2006 / 9. November 2006

I. Überblicksartikel

I.1 Europa – Europavorstellungen – Europaidee – Europabilder – Europäische Einheitspläne – Europäische Integration: Ein historischer Überblick

Eine europäische Identität auszubilden, ohne die nationale und regionale aufzugeben, ist möglich, wenn wir die Geschichte des Kontinents mit europäischen, nicht mit nationalen Augen betrachten. Für die Errichtung des gemeinsamen europäischen Hauses sind zahlreiche Bauelemente aus der Geschichte Europas seit der Antike und dem Mittelalter, die im Zeitalter des Nationalismus und des Nationalstaates verschüttet wurden, in ihrer europäischen Dimension und Qualität neu zu entdecken.

Der europäische Kontinent bedeutete immer mehr als nur einen geographischen Begriff. Geographisch war er eher ein Missverständnis. Dies zeigt sich bis heute bei dem Versuch, die Grenzen Europas zu definieren. Europa verstand sich über Jahrhunderte sehr viel mehr als politischer und kultureller Kosmos. In den Präambeln der Verträge, die seit dem Zweiten Weltkrieg, beginnend mit dem Europarat, die Integration der europäischen Demokratien voranbrachten, wird immer wieder Bezug auf «die Verbundenheit mit den geistigen und sittlichen Werten» und auf das «Europäische Erbe» genommen, das es zu erhalten und zu sichern gelte. Zuletzt hat der Konvent über die Zukunft Europas in seiner heftig diskutierten Präambel ebenfalls auf diese Traditionen und Werte hingewiesen: «Schöpfend aus den kulturellen, religiösen und humanistischen Überlieferungen Europas, deren Werte in seinem Erbe weiter lebendig sind und die zentrale Stellung des Menschen und die Unverletzlichkeit und Unveräußerlichkeit seiner Rechte sowie den Vorrang des Rechts in der Gesellschaft verankert haben …»

In einem Geleitwort für eine Ausstellung über die «Idee Europa» hat Christina Weiss Antike und Gegenwart geschickt verknüpft: «Die Kulturgeschichte Europas beginnt bekanntlich mit einem Verbrechen: Zeus verschleppt die phönizische Königstochter Europa und begründet mit ihr auf Kreta ein neues Geschlecht. Gewalt und Liebe wurden zu den Paten eines ganzen Kontinents, den gerade das letzte Jahrhundert mehr zerrissen als geeint erlebt hat. Doch gerade die Einheit ist die wahre Größe Europas; und nichts eint die Europäer mehr als die Kultur. Sie wurzelt tief in der Kunst und Gedankenwelt der Antike und wäre ohne das Glaubensgerüst der großen monotheistischen Religionen längst den Ideologien der Unkultur zum Opfer gefallen. Nur die Kultur prägt jenes eherne Konzept, das aus Europa mehr macht als ein Territorium, ein Nationengemisch oder eine Anhäufung konkurrierender Staaten. Sie erst gab und gibt den künstlerischen, religiösen, politischen und wohl auch ökonomischen Visionen Europas jene Kraft, aus der der Traum einer europäischen Einigung immer wieder neu gedieh.»

Anders als die USA oder Australien besitzt Europa eine weit zurückreichende gemeinsame Geschichte kultureller Vielfalt. Es kam nie unter massiven fremden Einfluss von außen. Es kannte nie eine dominierende ethnische Gruppe, die Europa ihre Sprache und Kultur aufzwang.

a) Die antiken und mittelalterlichen Wurzeln der Europaidee: Vom Mythos und Kult zum Haus Europa

Der Begriff «Europa» existiert sicherlich als geographischer Begriff, eher aber als kulturhistorischer und politischer Terminus und besitzt unterschiedliche Inhalte. Er startet zunächst mit einem Mythos, der Entführung der Königstochter Europa nach Kreta. Von der Antike bis in die Gegenwart fand dieser seinen Niederschlag in literarischen Darstellungen, Plastiken, Europakarten, Gemälden, Karikaturen, Plakaten und Werbespots. Jenseits des Mythos hat der Europabegriff etwas mit Abgrenzung zu tun. Mit auf seine Entstehung ist es zurückzuführen, dass es so schwierig ist, den Europabegriff geographisch zu fassen. Ähnlich wie der Terminus «Mitteleuropa», dessen Grenzen je nach politischem Inhalt und Abgrenzungsbedürfnis wie eine «Ziehharmonika» auf und zu gehen, versteckt sich auch hinter «Europa» seit der Antike eher ein «politisches Programm» als eine klar abgegrenzte geographische Region. Seine Grenzen blieben immer höchst unbestimmt. Europaidee und Europabewusstsein kennzeichnen eher die Abgrenzung der politischen und kulturellen Einheit Europa von anderen politisch-kulturellen Einheiten.

«Der Begriff Europa bildet sich», wie es Federico Chabod formulierte, «aus einem Gegensatz zu etwas, was nicht Europa ist. Er erwirbt seine Charakterzüge und bestimmt seine Grundlagen ... gerade durch die Gegenüberstellung mit Uneuropäischem». Diese erste «Gegenüberstellung» finden wir bei den Griechen. Seit dem 8. Jahrhundert v. Chr. bildete sich im Zuge der Kolonisation und der Gründung von Siedlungen im gesamten Mittelmeer und im Schwarzen Meer ein gemeingriechisches Bewusstsein aus. Die Kolonisation bewirkte, dass von den Griechen das «anders sein» der Nichtgriechen wahrgenommen wurde. Die Nichtgriechen, d. h. die «Barbaren» – zunächst wertfrei auf die nicht Griechisch sprechenden bezogen – unterschieden sich von den Griechen nicht allein in der Sprache, sondern auch in den Sitten und in der Religion. Mit den Perserkriegen veränderte sich der Umgang der Griechen mit fremden Kulturen grundlegend. Das geographische «Konzept» Europa und Asien – Griechen und Perser – wurde mit politisch-ideologischen Inhalten verknüpft. Der griechischen Freiheit – sie war gekennzeichnet durch politische Gleichheit, Freiheit der Rede, Verantwortlichkeit der Regierenden und Geltung der Gesetze – wurde die persische Despotie entgegengesetzt. Als Name für eine Landschaft wird Europa erstmals Ende des 7. Jahrhunderts v. Chr. genannt. Man versteht darunter zunächst das «festländische» Griechenland im Gegensatz zu den Inseln und dem Peloponnes. Herodot sprach dann im 5. Jahrhundert von den drei Kontinenten Europa, Asien und Afrika (Libyen). Grundlegend und mit Langzeitwirkung blieb die griechische Unterscheidung zwischen dem freien Griechen und dem von Despoten abhängigen Asiaten. Über Jahrhunderte symbolisierte Europa als Begriff die Freiheit, Asien stand für Knechtschaft und Despotie. Zu einer Politisierung des Europabegriffs war es auch aufgrund des persischen Weltherrschaftsgedankens gekommen. Der Perserkönig Xerxes wollte neben Asien auch Europa und Afrika unter seine Herrschaft bringen. In der Schlacht bei Salamis widersetzten sich die Griechen erfolgreich diesem Versuch. «Der politische Gegensatz zwischen Asien und Europa war damit konstituiert und blieb auch in der Folgezeit lebendig» (D. Kienast). Im Zeichen des Weltreichs Alexanders des Großen, des Hellenismus und schließlich des Römischen Reiches bedurfte es keines europäischen Bewusstseins oder einer Europaidee. Später sollte jedoch die Verknüpfung des Europabegriffs mit dem Begriff der Freiheit zu einem tragenden Element der europäischen Idee werden. In der Spätphase des Römischen Reiches verband sich mit Europa, dem Okzident, dem Abendland geographisch zunehmend der westliche Teil des Imperium Romanum. Zu den westlichen Provinzen des Römischen Reiches gehörten spätere Kernländer der europäischen Geschichte, wie Spanien, Gallien (Frankreich), Germanien (Deutschland), Britannien (Großbritannien), die durch die römische Kultur und das Latein intensiv geprägt wurden. Die Erschließung und kulturelle Durchdringung wurde unter Augustus, anders als in den durch eine überlegene griechisch-hellenistische Kultur geprägten östlichen Reichsteilen, durch eine aktive Politik der Urbanisierung nachhaltig gefördert. Die Stadtgründungen in Gallien, Germanien und Spanien mit ihrer Rechtsordnung, ihrem Straßensystem, Wasserleitungen, öffentlichen und privaten Gebäuden gaben im «europäischen Raum» wichtige Impulse für städtisches Leben.

Es bildeten sich in der griechischen wie in der römischen Zeit Ansätze für ein europäisches Selbstverständnis, eine Europaidee aus: Europa als Vorkämpfer gegen die Macht Asiens. Diese wurden im Hellenismus wie im Imperium Romanum nicht fortentwickelt. Entscheidend war jedoch, dass sich in beiden Fällen kein «europäisches Sonderbewusstsein» ausbildete, sondern ein «Reichsbewusstsein». Dieses Phänomen begegnet uns später immer wieder. Im 3. Jahrhundert wurde der Europabegriff, aus der Situation geboren, wieder aktuell, um nach der dauerhaften Reichsteilung von 395 in ein Ostreich, das mit Thrakien und Illyrien wichtige Gebiete «Europas» in seinen Herrschaftsbereich einband, und ein Westreich erneut in den Hintergrund zu treten. Zwar taucht der Europabegriff in der Literatur und der Kartographie –

beispielsweise bei Ptolemäus, der neben seiner Weltkarte auch Unterkarten zu Europa, Asien und Afrika mit Beschreibungen lieferte – der Spätantike häufiger auf, doch wird er politisch durch das «Orientale Imperium» (Ostreich) und das «Occidentale Imperium» (Westreich) ersetzt. «Oriens» und «Occidens» bilden fortan ein Gegensatzpaar. Nach dem Sieg Karl Martells 732 bei Tours und Poitiers gegen die Araber werden seine Kämpfer «Europenes» genannt. Zum «Vater Europas» wurde jedoch erst sein Enkel Karl. 799 nannte ihn das Paderborner Epos «Europae cela pharus» («Europas erhabener Leuchtturm») und «rex pater Europae» («König und Vater Europas»). Karl wurde an Weihnachten 800 vom Papst zum römischen Kaiser gekrönt. Er und seine Nachfolger verstanden sich als Erben des Römischen Reiches. Mit seiner Expansionspolitik unterwarf Karl der Große Europa von der Nordsee bis nach Mittelitalien, von Ungarn bis zu den spanischen Grenzmarken. Ziel waren die «Einheit des Reiches» und die «Festigung des Christentums». Europa, das Frankenreich, sollte zum «Kontinent des Glaubens» werden. Das Reich Karls d. Gr. bezeichneten die Zeitgenossen als «regnum Europae» («Reich Europas»). Auch hier haben wir erneut den Ansatz zu einer «Europaidee». Allerdings wurde diese in einem größeren Rahmen erst wieder aufgenommen, als das «Reich» unter seinen Nachfolgern durch Teilung wieder zerfiel und die «Europaidee» darauf abzielte, die «Einheit Europas» *wiederherzustellen*. Daran knüpfte sich der «Karlskult» an. Er wird bis in die Gegenwart immer wieder aktiviert, nicht allein durch den Aachener Karlspreis an verdiente Europäer, und beschwor lange Zeit das abendländische «Karlseuropa» als Ziel europäischer Einigung. Der Karlskult schöpft, wie Michael Gehler es formulierte, «aus reichen historischen Quellen: Christentum und imperiale Tradition, die Berufung auf europäische Kunst und Kultur». Dennoch bedeutete die Erneuerung des römischen Kaisertums durch Karl d. Gr., dass in den folgenden Jahrhunderten der Reichsgedanke, die Vereinigung der «christianitas», des Christentums, im Vordergrund standen und «Europa» wieder zu einem diffusen geographischen Begriff absank.

Für die weitere Entwicklung brachte das 13. Jahrhundert einen wichtigen Einschnitt. Die Europaidee wurde, insbesondere an der Schwelle vom 13. zum 14. Jahrhundert, als sich der Konflikt zwischen Kaisertum («imperium») und Papsttum («sacerdotium») um die Vorherrschaft unter dem Banner der «christianitas» verschärfte, und zusätzlich mit dem Aufkommen der Nationen als ‹dritter Kraft› emotional mit neuem Inhalt gefüllt. Die seit der Spätantike ideell bestehende Einheit Europas («christianitas») wurde zu Beginn des 14. Jahrhunderts vom Pluralismus Europas abgelöst. Als Ergebnis der Auseinandersetzungen zwischen Kaiser und Papst um die Führung der «res publica Christiana» war die Einheit und Universalität des christlichen Abendlands zerbrochen. An ihre Stelle traten territoriale und landsmannschaftliche Sonderinteressen. Die dynastische Nationalstaatsidee trat als zusätzliches desintegratives Moment hinzu. Denis de Rougemont, der große europäische Philosoph und Streiter für ein vereintes Europa, hat auf diese Entwicklungen hingewiesen, als er meinte, dass bis zu diesem Zeitpunkt alle Spannungen, die die Christenheit erregten, universeller Art waren und «alle Menschen und Länder Europas» gleichermaßen betrafen. Sie nahmen nun einen nationalen Charakter an: «Aber je mehr die dynastischen, regionalen und alsbald rein staatlichen Interessen ihre Ansprüche geltend machen, wächst wie zum Ausgleich die Sehnsucht nach der verlorenen Einheit» Europas. Die Europaidee erhielt auf diese Weise zunächst eine utopisch-idealistische Dimension, die sich von der realen, sich ausbildenden dynastischen Nationalstaatsidee abhob. Mit dem Zusammenbruch der Universalität und dem damit verknüpften Denken in unitarischen Formen entwickelte sich an der Schwelle der europäischen Nationalstaatsbildung und der Ausbildung des Dogmas der uneingeschränkten Souveränität als Schritt zur «Moderne» die Idee von föderativen Formen des Zusammenlebens der Völker. Sie war Ausdruck eines tief greifenden Wandels, der sich in Europa seit der Mitte des 12. Jahrhunderts vollzog. Ägidius, Bischof von Rom (1243–1316), und Marsilius von Padua (1275–1343) vertraten in ihren Schriften noch den Vorrang des Papstes bzw. des Kaisers. Auch Dante Alighieri (1265–1321) setzte sich in seiner Schrift *De monarchia* mit der «Zwei-Schwerter-Lehre» auseinander, die Anfang des 14. Jahrhunderts im Mittelpunkt der Auseinandersetzungen zwischen Kaiser, Papst und dem König von Frankreich, Philipp dem Schönen, stand. Dante war noch stark dem mittelalterlichen Universaldenken verhaftet. Zwar sah er die «Weltherrschaft» des Kaisers nicht im einheitsstaatlichen Sinne, doch lehnte er die uneingeschränkte Souveränität von Fürsten und Staaten ab. Er verstand zwar den Kaiser als Herrscher über das Menschengeschlecht, doch müsse er nicht «die unbedeutendsten Entscheidungen für jedes Städtchen» treffen, denn «Völkerschaften, Reiche und Bürgerschaften haben Eigentümlichkeiten, die durch verschiedene Gesetze geregelt werden müssen». Bei Dante finden sich Ansätze für eine föderative Struktur im Rahmen der Einheit der Universalmonarchie. Er sah es als notwendig an, die Vielfalt durch Differenzierung zu berücksichtigen. Um das Ziel der kaiserlichen Herrschaft, die Sicherung des universellen Friedens, zu erreichen, müssten die «Teilherrscher» diese Richtschnur oder diese Gesetze vom Kaiser erhalten. Herrscher wie der französische oder englische König waren jedoch nicht bereit, den Kaiser oder den Papst als Schiedsinstitution anzuerkennen, sich von ihnen ihre Souveränität beschneiden zu lassen oder von ihnen Anweisungen zu erhalten. Die Vorstellung, dass das Heilige Römische Reich deutscher Nation den Frieden bewahren könne, entsprach an der Wende vom 13. zum 14. Jahrhundert nicht mehr den politischen Realitäten.

Moderner und zeitgemäßer waren daher eher die Überlegungen Pierre Dubois' (ca. 1255–1321), an der Sorbonne ausgebildeter Kirchenrechtler, der 1306 seine Schrift *De recuperatione terr[a]e sanct[a]e* («Über die Wiedereroberung des Heiligen Landes») vorlegte. Sie wurde erst Ende des 19. Jahrhunderts wieder entdeckt, als sich die Europaidee aufgrund sich rapide verändernder Rahmenbedingungen und angesichts der Verwerfungen in der internationalen Ordnung erneut mit der Friedensidee verband. In einer Föderativordnung sah Dubois eine Möglichkeit für ein (wieder) vereintes Europa und die Voraussetzung für einen erfolgreichen Kreuzzug. Die um 1300 diskutierte «Kreuzzugsidee», die bis ins 18. Jahrhundert eng mit der europäischen Einigungsidee verknüpft sein sollte, wurde von Dubois geschickt aufgegriffen, um das Modell einer föderativ organisierten christlichen Republik vorzustellen, das an die Stelle eines überholten «Weltstaates» treten sollte. Sein Ersatzideal für die nicht mehr zeitgemäße Universalmonarchie war die Bundesidee. Er forderte daher, dass an die Stelle der Autorität «der beiden großen Leuchten, den römischen Papst und den römischen Kaiser», eine Delegiertenversammlung treten sollte. Der Friede «unter allen Katholiken» sollte dadurch gesichert werden, dass «sie sich gleichsam zu einem einzigen Staat zusammenschließen, der aber so fest geeint sein müsste, daß er durch nichts getrennt werden könnte». Die Bewahrung des allgemeinen Friedens sei das Ziel. Kriege dürften nur geführt werden, wenn deren Zweck die Wiederherstellung des Friedens sei. Eine «Universalsynode», gebildet aus Prälaten und Fürsten unter dem Vorsitz des Papstes, sollte die Regierungsgeschäfte für die in der Föderation zusammengeschlossenen Staaten führen. «Der Krieg zwischen christlichen Staaten ist verboten, Friedensbrecher trifft die Strafe der Gütereinziehung» und die Versetzung in das Heilige Land, «damit sie dort an vorderster Front gegen die Ungläubigen kämpfen». Das «consilium» (Universalsynode) sollte ein Schiedsgericht mit «Geistlichen und anderen Männern» wählen. Es konnte in Streitfragen angerufen werden. Dessen Spruch würde bindend sein. Beugten sich die Konfliktparteien dem Schiedsspruch in letzter Instanz nicht, mussten sie mit militärischen Sanktionen der Staatengemeinschaft rechnen. Während der Papst in diesem Konzept noch eine gewisse «symbolische Funktion» erhält, findet der Römische Kaiser keine Erwähnung mehr. Dies entsprach den machtpolitischen Realitäten um 1300. Der mächtigste Herrscher war nicht der Kaiser, sondern König Philipp der Schöne von Frankreich. Der Plan Dubois' setzte neue, moderne Akzente für eine internationale Organisation. Seine Grundelemente finden sich in späteren Europaplänen immer wieder. Durch eine föderative Organisationsform konnte die Handlungsfähigkeit der entstehenden nationalen Staaten erhalten werden. Die Institutionalisierung von Schiedsinstanzen sorgte dafür, Konflikte zur Sicherung des allgemeinen Friedens friedlich-schiedlich zu regeln. Die von Dubois entwickelten Vorstellungen über ein Schiedsgericht orientierten sich am wiederentdeckten römischen Recht. Hierzu gehörte auch ein unabhängiges und funktionierendes Gericht. Mit gewissem Recht kann Dubois als Begründer eines auf Dauer eingerichteten Schiedsgerichts angesehen werden, dessen Anrufung für Konfliktparteien obligatorisch sein sollte. Die Verwirklichung seiner konziliar-kollegialen Ordnung setzte jedoch eine Rechtsgemeinschaft der Mitglieder des Bundes, eine «Normen- und Wertegemeinschaft» (W. Schmale) sowie den politischen Willen voraus. Der Plan seines Kronjuristen wurde vom französischen König nicht aufgegriffen. Es fehlte der politische Wille, diesen Weg zu gehen. Er setzte auf die Macht, nahm den Papst gefangen und ließ ihn nach Avignon bringen. Pierre Dubois wurde wegen seines modernen Ansatzes rückblickend als «Realist in einer unrealistischen Zeit» (C. Lange) charakterisiert. Seine Befürchtungen, es werde ohne den Ausweg einer konziliar-kollegialen europäischen Ordnung zu einer Anarchie in den Staatenbeziehungen kommen, sollten eintreten. Es wurden keine stabilisierenden und friedenssichernden Strukturen für das Europa der sich ausbildenden dynastischen Nationalstaaten geschaffen, die keine Instanz und plurale Institutionen über sich dulden wollten. Mitte des 15. Jahrhunderts war die Einheit der Christenheit endgültig zerbrochen. Es sollte sich jedoch zeigen, dass die Vorstellungen des politischen Theoretikers Dubois, die Verbindung von föderativer Ordnung und Hegemoniestreben, in der politischen Wirklichkeit keinen Widerspruch darstellten. Sicherlich verbarg sich hinter Dubois' Plan, auch wenn dies nicht konkret formuliert wird, das Interesse an einer Universalherrschaft Frankreichs in Europa. Er kann damit – wie zahlreiche andere nach ihm – in die Reihe derer eingeordnet werden, die mit ihren Europaplänen (auch) nationale Ziele verfolgten. Dennoch hat Dubois einen grundlegenden Beitrag für die weitere europäische Einigungsentwicklung geleistet. Gerade föderative Ordnungsmodelle wie das von Dubois entwickelte, wurden in den folgenden Jahrhunderten immer wieder als Mittel der Friedenssicherung, der Kanalisierung nationaler Machtbestrebungen und der Verteidigungsfähigkeit des Abendlandes gegen die Ungläubigen aufgegriffen.

Zum Kernmodell für die institutionelle Organisationsstruktur der europäischen Demokratien auf föderativer Grundlage nach dem Zweiten Weltkrieg, vom Europarat bis zur EG und EU, wurde der in der historischen Erinnerung der Westeuropäer oft vergessene Vertragsentwurf des Hussitenkönigs Georg von Podiebrad von 1462/64. Sein «Vertrag zu einem Staatenbund zwischen dem König Ludwig XI., König Georg von Böhmen und dem hohen Rat zu Venedig um den Türken zu widerstehen» war von den Ideen Dubois' beeinflusst. Georgs politischer Berater, der französische Wirtschaftsexperte und Unternehmer Antonius Marini, kannte sehr wahrscheinlich dessen Schrift. Georg von Podiebrad (1420–1471), König von Böhmen, legte einen Beistands- und Nichtangriffspakt der christlichen Herrscher vor. In seinem Vertragsentwurf für einen europäischen Staatenbund (1462) arbeitete er erstmals charakteristische Hauptorgane (Bundesversammlung – Bundesrat – Bundeskanzlei – Bundesgericht) und Grundstrukturen heraus (u. a. Beschränkung der nationalen Souveränität, Mehrheitsentscheidungen, Schiedsgericht, Bundesarmee, Verzicht auf eigenständige Kriegsführung und eigene Außenpolitik, das Recht, Krieg und Frieden zu beschließen, liegt beim Bund, Finanzhoheit des Bundes, Stimmführung), die bis in die Gegenwart hineinwirken. Vorgesehen war auch ein «Bundespräsident» («praesidens pater et caput»). Wichtig waren in diesem Zusammenhang vor allem folgende Überlegungen:

- eine europäische Föderation auf nationalstaatlicher Basis zu schaffen,
- die einzelstaatliche Souveränität in der zu gründenden staatenbündischen Ordnung zu Gunsten des Gesamtbundes zu beschneiden (d.h. gemeinsame Ausübung von Souveränität durch die Bundesorgane),
- funktionsfähige Organe – sie sollten institutionell wegweisend werden – durch vier Hauptinstitutionen zu schaffen: *collegium* (Bundesversammlung); *consilium speciale* (Bundesrat); Bundeskanzlei und ein *consistorium* (Bundesgericht) sowie
- als Ziel einen säkularisierten Staatenbund der europäischen Nationen zu gründen, der weiteren Mitgliedern offen stehen würde.

Möglicherweise kann man hier bereits «die Idee eines Europa der zwei Geschwindigkeiten» (W. Schmale) entdecken.

Verschiedene Elemente aus Podiebrads Vertragsentwurf wurden später in föderative Organisationsmodelle übernommen, beispielsweise in der Republik der Vereinigten Niederlande und im Schweizerbund sowie in der Bundesakte des Deutschen Bundes von 1815.

Georg von Podiebrads Plan diente nicht allein seinen eigenen Interessen, u.a. zur Legitimierung seiner Herrschaft, sondern sollte auch in einem Europa der nationalen Staaten dazu beitragen, die Universalgewalten Kaiser und Papst zu schwächen und langfristig zu überwinden. Seine Ideen bereiteten den *säkularisierten Bundesstaat* vor. Die Organe des Bundes, repräsentiert durch die Fürsten und Nationen, wären für die Verteidigung des christlichen Abendlandes zuständig. Sie würden keine religiöse Autorität über sich zulassen. Konsequenterweise wurden dem Papst in Podiebrads Vertragsentwurf eine eher funktionale Autorität und Rolle zugewiesen.

Mit Blick auf Podiebrads Vertragsentwurf stellt sich die Frage, warum dieser nicht von seinem Zeitgenossen, dem Sieneser Humanisten Aeneas Silvius Piccolomini, dem späteren Papst Pius II. (1405–1464), vorgelegt wurde. Er gilt allgemein als der Schöpfer der modernen, politischen Europaidee, auch wenn wir im Zusammenhang mit der Säkularisierung der Welt durch die Humanisten eine ähnliche Entwicklung in Byzanz finden. Die Politisierung der Europaidee geht jedoch vor allem auf Piccolomini zurück. Sultan Mehmed II. Fatih (1432–1481) hatte 1453 Konstantinopel erobert und damit die mehr als tausendjährige Geschichte des byzantinischen Reiches beendet. Der Humanist Piccolomini rief 1454 auf dem Frankfurter Reichstag dazu auf, mit vereinten Kräften für die Wiedergewinnung von Konstantinopel zu kämpfen. Die Renaissance hatte zur Wiederentdeckung des antiken Griechenland geführt und die lange ausgegrenzte byzantinisch-orthodoxe Welt des «Orients» wieder in das geistige Europabild der Zeit einbezogen. Der Europabegriff Piccolominis basierte als «Quelle der Kultur» auf dem Dreiklang Athen-Rom-Jerusalem. In seiner Rede vor dem Reichstag bewertete er den Sieg der Türken und den «Untergang der Griechen» als «die äußerste Schmach der Lateiner». Die Christenheit sei früher in Asien und Afrika besiegt worden, «jetzt aber ist es in Europa, das heißt in unserem Vaterlande, in unserem eigenen Haus, in unserer Heimat, wo man uns geschlagen hat und zu Boden geworfen hat».

Wenn der spätere Papst Pius II. vom «Haus Europa» spricht, dann meint er damit die Gesamtheit der europäischen Reiche. Aus seinem Kulturverständnis heraus verstand er das «politische Europa», die «politische Europaidee», die er propagierte, als eine Wertegemeinschaft. Für Pius II. war Europa eine Einheit und dieses Europa war die Heimat der Christenheit. In einem an Sultan Mehmed II. gerichteten Friedensaufruf von 1461 warnte er ihn vor einem weiteren Eindringen in das «Innere der Christenheit». Zugleich rief er jedoch zum Kreuzzug auf. Mit dem Wandel seit dem 15. Jahrhundert, der an die Stelle der universalen Kräfte Kaiser und Papst den nationalstaatlichen Pluralismus und die partikulare Differenzierung und den Zusammenbruch der Kreuzzugsidee gesetzt hatte, trat die Europaidee erneut stärker in den Vordergrund und erhielt neue, politische Inhalte, auch wenn die geographische Bedeutung eines in seinen Grenzen nicht klar umrissenen Europa noch dominierte. Wichtig war in diesen Veränderungsprozessen auch, dass wir ein neues Selbstbewusstsein der «Europäer» feststellen können. Es bildete sich die «europäische Gelehrtenrepublik» aus. Von den Humanisten wurde Europa als eine «spezifische Kultur» entdeckt. Es war nicht länger ein «Anhängsel» Asiens, sondern rückte im Zeitalter der Renaissance zunehmend ins Zentrum. Pius II. holte Europa aus dem Dunkel des antiken Mythos in die politische Gegenwart des 15. Jahrhunderts. Er trug zur Wiederbelebung und Verbreitung des Europabegriffs bei. Die 1458 vorgelegte Schrift *Europa*, die nicht nur die Geographie des Kontinents behandelte, sondern auch die Kultur und die Gebräuche seiner Bewohner, erhielt hierbei eine wichtige Rolle. Neben einer «innerabendländischen Entwicklung» spielten in diesem Prozess auch sich verändernde weltpolitische und wissenschaftliche Rahmenbedingungen eine Rolle. Mit der Wiederentdeckung der Antike – wobei die Araber eine Katalysatorfunktion übernehmen sollten – veränderte sich auch das Weltbild. Mit der Entwicklung des Kompasses und der Verbesserung der Karten war es möglich, Entfernungen zu bestimmen und Länder und Küsten genauer darzustellen. Die schematischen Karten von Europa und der bekannten Welt, mit Jerusalem als Mittelpunkt und ihrer «Ostung», wurden durch genauere Karten mit getreuer Wiedergabe der Himmelsrichtungen ersetzt. Damit setzte auch in diesem Bereich eine Säkularisierung ein. Ein neues Selbstbewusstsein und die Säkularisierung bereiteten das Selbstverständnis Europas als «Königskontinent» vor: Europa als kleinster Kontinent sei im Vergleich mit Asien, Afrika und Amerika der fruchtbarste, freisinnigste und tugendreichste Kontinent, der alle anderen übertreffe. Auf kartographischen Darstellungen (Sebastian Münster 1588), auf Reliefs, Vasen, Wandteppichen und Plastiken erscheint der europäische Kontinent symbolisiert durch die Europa als Jungfrau, als Königin. Neben der Krone auf dem Kopf trägt Europa häufig auch das Füllhorn und andere Insignien der Überlegenheit des europäischen Kontinents in ihren Händen, so bei Cesare Ripa (1603): «Europa una delle parti principali del Mondo».

b) Europa: Vom Königskontinent zum ‹Nabel der Welt›

Das 16. Jahrhundert, das durch die Entdeckungen, die Überseeexpansion, die Reformation, die Gegenreformation, den erneuten Versuch einer Großreichbildung unter dem Habsburger Kaiser und spanischen König Karl V. geprägt wurde, war durch einen tief greifenden Wandlungsprozess gekennzeichnet. Dieser war u. a. durch die Renaissance und den Humanismus vorbereitet worden. Diese unterschiedlichen Einflussgrößen, die mit unterschiedlicher regionaler Intensität und oft mit zeitlicher Verzögerung wirksam wurden, hatten zwangsläufig Rückwirkungen auf die europäische Staatenwelt und individuell auf das Europaverständnis und das Europabild der Zeitgenossen sowie auf die sich ausbildenden Traditionen. Trotz dieses neuen Selbstverständnisses war das Interesse an «Europa» nur marginal ausgeprägt. Es lassen sich hierfür vor allem zwei Hauptursachen anführen:

(1) Die Überseeexpansion der Spanier, der Portugiesen und später der Briten und Holländer führte zunächst nicht zu einem vertieften europäischen Selbstverständnis und einem gesamteuropäischen Bewusstsein, sondern zu einer stärker nationalen Orientierung. Das Gefühl der Überlegenheit der europäischen Zivilisation und Kultur, das uns in den Darstellungen der Europa begegnete, entwickelte sich erst langsam. Im Mittelpunkt standen zunächst die eigenen nationalen Staaten, der Stolz auf ihre nationalen Errungenschaften und Fähigkeiten.

(2) Diejenigen Zeitgenossen, die Erfahrungen über den engen lokalen und regionalen Bereich hinaus besaßen, und die intellektuellen Eliten Europas empfanden «Europa» als eine ganz natürliche Gegebenheit, «die so selbstverständlich ist wie die Luft, die wir einatmen». Der Humanist Jakob Wimpfeling sprach zu Beginn des 16. Jahrhunderts von der «Europa cultura». Vom kulturellen Europa geht die Linie zu Voltaires «Gelehrtenrepublik» («République littéraire»). Für die «bedeutenden Geister» Europas war es normal, ohne «Pass» durch Europa zu reisen, andere Länder aus eigener Anschauung kennen zu lernen, europaweit Kontakte zu knüpfen und ihre Gedanken schriftlich und mündlich zu diskutieren und auszutauschen. Das Latein als Sprache der Diplomatie und der Gelehrsamkeit beseitigte Sprachbarrieren. Europa wurde als «ein Leib», als «eine Mutter mit vielen Kindern», als der Mittelpunkt einer größer gewordenen Welt empfunden. Der Mythos Europa wurde zu einer Zeit neu entdeckt und wiederbelebt, als dieses Europa nicht mehr von Kreta oder Griechenland aus betrachtet wurde, sondern eher aus Paris, Bologna, Amsterdam oder Mainz. Seit der ersten

Hälfte des 16. Jahrhunderts findet das Adjektiv «europäisch» zunehmend Verwendung. Europa war zur Normalität geworden.

Das Zeitalter der Entdeckung und der europäischen Expansion hatte seit 1500 den Prozess der Europäisierung der Welt eingeleitet. Die europäischen Nationalstaaten durchdrangen in verschiedenen Schüben politisch, wirtschaftlich, wissenschaftlich-technologisch, kommerziell, kulturell und militärisch die Welt. Europa wurde bis weit ins 20. Jahrhundert hinein zum «Königskontinent», zum «Nabel der Welt».

Dem 17. Jahrhundert sollte es vorbehalten bleiben, aus den sich aus Renaissance, Überseeexpansion und Reformation ergebenden Umwälzungen und Veränderungen konstruktive, zukunftsträchtige, politisch-philosophische Ideen zu entwickeln. Eine wichtige Antriebskraft war dabei seit dem frühen 17. Jahrhundert eine weit verbreitete Friedenssehnsucht. Neben das bis weit ins 18. Jahrhundert hinein funktional wirkende mittelalterliche «Kreuzzugsmotiv» trat angesichts des sich ausbildenden europäischen nationalen Machtstaates der Friedensgedanke als Mittel, Europa, das sich in blutigen, für Soldaten und Zivilisten verlustreichen Kriegen bekämpfte, zu einer Friedensgemeinschaft werden zu lassen. Mit der Vorstellung von «Europa als Friedensgemeinschaft» verband sich seit den Kriegen des ausgehenden 16. Jahrhunderts zunehmend das Sicherheitsbedürfnis. «Sicherheit» wurde zu einem Schlüsselbegriff der Politik. Ziel musste es dabei sein, eine europäische Struktur zu schaffen, die ihren Mitgliedern Sicherheit bieten konnte und auf Spielregeln beruhte, die von allen Mitgliedern der Staatengesellschaft anerkannt wurden. Im politischen Denken des 17. und 18. Jahrhunderts wurden vor diesem Hintergrund zahlreiche Lösungsmodelle vorgestellt und diskutiert. Die Friedenssicherungsdiskussion verschob sich nun von den politikfremden «Moralisten» des 16. Jahrhunderts auf die Ebene der Politikeliten. Die Pläne für eine europäische Friedensgemeinschaft bewegten sich dabei zwischen Utopie und Realismus. Sie wollten die «Wiedervereinigung Europas» in einer europäischen Föderation oder in einem europäischen Gleichgewichtssystem erreichen, die völkerrechtlich abgesichert sein sollten.

Mitte des 18. Jahrhunderts setzten tief greifende Veränderungen in Politik, Wirtschaft, Wissenschaft und Gesellschaft ein. Als Stichworte hierfür mögen die «Agrarrevolution», die «Industrielle Revolution», die «Bevölkerungsrevolution», die «Aufklärung» und die politische «atlantische Doppelrevolution» durch die Gründung der USA 1776 und die Französische Revolution von 1789 genügen. Diese Transformationsprozesse erfassten nahezu alle Lebensbereiche. In der «Europäischen Sattelzeit» zwischen 1750 und 1830/60 vollzog sich mit regional unterschiedlicher Intensität und einem europäischen West-Ost-Gefälle innerhalb weniger Generationen der «Ausklang des Alten Europa»: von einer überwiegend agrarisch gegliederten alteuropäischen Gesellschafts- und Rechtsordnung zur industriellen Massengesellschaft. Neue Formen des Wirtschaftslebens traten an die Stelle der Zünfte. Es wurde nicht mehr für den lokalen oder regionalen

Markt, sondern für einen größeren Absatzmarkt produziert. Industrialisierung und Urbanisierung erforderten, zum Erhalt des inneren Friedens, die Ernährung der Bevölkerung sicherzustellen und die Verbindungswege für den Handel offen zu halten. Hieraus ergab sich ein neues Krisen- und Konfliktverhalten von Regierungen.

Um 1800 entwickelten sich zwei weitere Elemente, die Langzeitwirkung für die europäische und internationale Entwicklung haben sollten:

(1) Die USA wurden als Modell für die Verwirklichung des Friedensgedankens in Europa angesehen. Pierre André Gargaz' Schrift *Aussöhner zwischen den Völkern Europas oder Projekt eines ewigen Friedens zwischen den Fürsten Europas und ihren Nachbarn* (*Consiliateur des toutes les nations de l'Europe, ou projet de paix perpétuelle entre tous les Souverains de l'Europe et leurs voisins*) von 1782 sah in der kurz zuvor gegründeten amerikanischen Republik ein nachahmenswertes Modell für die Verwirklichung des Friedensgedankens in Europa. Zu nennen wäre auch der Direktor der dänischen Reichsbank Conrad Friedrich von Schmidt-Phiseldek, der in zwei Büchern – *Europa und Amerika oder die zukünftigen Verhältnisse der civilisierten Welt* (1820) und *Der Europäische Bund* (1821) – vorschlug, die europäischen Staaten zu einer Föderation nach dem Vorbild der «Nordamerikanischen Freistaaten» zusammenzuschließen. In den Verfassungsentwürfen des 19. Jahrhunderts werden das am Freiheitsgedanken und an der demokratischen Ordnung ausgerichtete Föderalismusverständnis der USA und die politisch-soziale Ausgestaltung der amerikanischen Föderation als eine Föderativordnung wahrgenommen, die den Interessen der Menschen nach innen und außen am besten gerecht werde. Gerade auch angesichts der sich anbahnenden Hochrüstungen im Vorfeld des Ersten Weltkriegs galten die USA als attraktives Modell für die Vereinigung Europas – nicht zuletzt angesichts des Bedeutungsverlustes Europas. Um Zentrum der Weltpolitik zu bleiben, müsse sich Europa als «Welttheil» begreifen und sich auf föderativer Grundlage vereinigen. Ähnlich wie in den USA würde ein großer gemeinsamer Wirtschaftsraum geschaffen, die gemeinsame Verteidigung die Militärausgaben drastisch reduzieren und weniger Menschen wegen der Wehrpflicht dem allgemeinen Produktionsprozess entziehen.

(2) Seit dem 18. Jahrhundert tauchte verstärkt die Idee eines Schiedsgerichts oder eines Europäischen Gerichtshofs auf. Sie gewann angesichts der Dominanz nationalstaatlichen Denkens vor allem in der zweiten Hälfte des 19. Jahrhunderts an Gewicht. Ein Europäischer Schiedsgerichtshof schien die realistische Chance zu eröffnen, die europäische Staatengesellschaft enger zu verbinden und Instrumente zur Konfliktregulierung jenseits des «Europäischen Konzerts» der Großmächte zu finden, denn das Denken und Handeln der politischen Eliten Europas orientierte sich noch am nationalen Staat. Es zeigte wenig Bereitschaft, jenseits der Rhetorik ernsthaft eine «Europäische Föderation» oder einen «Europäischen Völkerbund» anzustreben. Die Institution eines Schiedsgerichts sollte mit den notwendigen Kompetenzen ausgestattet

werden, um ihre Aufgaben erfüllen zu können, und versprach Instrumente zur europäischen und internationalen Friedenssicherung an die Hand zu geben.

Die Völker, nicht die Fürsten

In vielen europäischen Ländern bildeten sich Friedensgesellschaften und intellektuelle Zirkel, die einen europäischen «Völkerbund» als Weg zum ewigen Frieden propagierten. Träger einer europäischen Neuordnung sollten die Völker, nicht die Fürsten sein. Diese Wahrnehmungen, Ängste und Befürchtungen fanden ihren Niederschlag in einer reichen Flugschriftenliteratur. Beteiligt waren Wissenschaftler und Politiker, Literaten und Philosophen, Utopisten und Realisten, Opportunisten auf Stellensuche, Ideologen und Sonderlinge. Im Mittelpunkt standen Konzepte für ein neues Gleichgewicht sowie Vorschläge für ein engeres Band der europäischen Staaten und Völker. Verbindende Klammer war ein Krisenempfinden. Es tritt uns in der europäischen Geschichte des 19. und 20. Jahrhunderts immer wieder entgegen und fand seinen Niederschlag in Gedanken zur dauerhaften Friedenssicherung und in Überlegungen, die Beziehungen der europäischen Staaten zu «verrechtlichen» und in einer übernationalen Organisationsform zu vernetzen.

In der Französischen Revolution von 1789 hatte die Nationalversammlung die Deklaration der Menschenrechte verabschiedet. Unter dem Banner von Freiheit, Gleichheit, Brüderlichkeit sollte eine konstitutionelle Monarchie begründet werden. Eine Verfassung würde die Rechte und Pflichten des Monarchen und der freien Bürger festschreiben. Die Idee von der einen und unteilbaren Nation politisierte als Erbe der Revolution den Begriff der Nation. Die politische Teilhabe an der Nation forderte neben Rechten auch Pflichten. Hierzu zählte u.a. die Bereitschaft, die Nation mit der Waffe zu verteidigen. Die stehenden Heere des Ancien Régime wurden durch Volksheere auf der Grundlage der allgemeinen Wehrpflicht abgelöst.

«Die Napoleonische Flurbereinigung»

Unter den Marschstiefeln der Armeen der Revolution und Napoleons, durch die Schreckensherrschaft und durch den Export der Ideen von 1789 zerbrachen seit 1792 die alteuropäische Rechtsordnung und das klassische System des europäischen Gleichgewichts. Die territorialen Veränderungen in Europa, vor allem im Heiligen Römischen Reich deutscher Nation seit 1801 (Frieden von Lunéville), 1803 (Reichsdeputationshauptschluss) und 1806 (Ende des Reiches), zerstörten alte Bindungen und Loyalitäten der Menschen. «Napoleonischer Umbruch» und «Napoleonische Flurbereinigung» bewirkten auch tief greifende mentale Veränderungen. Die langen und verlustreichen Kriege erzwangen bei vielen Zeitgenossen, gewollt oder nicht, eine horizontale Mobilität: Die Menschen kamen als Soldaten, Marketenderinnen oder Flüchtlinge weit in Europa herum. Die Zeit tief greifender Veränderungen eröffnete aber auch Chancen zum gesellschaftlichen Aufstieg.

«Ewiger Friede» und Sicherheit

Der Wunsch nach «ewigem Frieden» und «Sicherheit» hatte seit dem

17. Jahrhundert, vor allem in Krisenzeiten, zu zahlreichen Europaplänen geführt. Wie bereits seit dem frühen Mittelalter verbanden sich dabei vielfach nationale Ziele und «imperiale» Interessen mit Vorstellungen für eine Lösung der europäischen Fragen durch eine föderative Organisationsform für den Kontinent. Die Zeitgenossen haben viele der für die Gegenwart bedeutsamen Europavorstellungen und Konzepte belächelt und in das Reich der Utopie verbannt. Sie hatten aber, wie die Vorschläge des Pariser Bettelmönches Eméric Crucé de Lacroix (1590–1648) in seinem *Neuen Kineas* («Nouveau Cynée») oder der *Große Plan* («Grand Dessin») von Maximilien de Béthune Duc de Sully (1560–1641), nachhaltige Wirkung über ihre Zeit hinaus. Insbesondere Crucé wirkte über andere Autoren und deren Schriften bis tief in unsere Gegenwart hinein. Wie so viele Europapläne wurde auch der *Neue Kineas* Ende des 19. Jahrhunderts wiederentdeckt. Crucés Ideen von der «religiösen Toleranz», von der Bildung von «Internationalen Schiedsgerichten», von der Schaffung eines «ständigen Senates», in dem alle Staaten vertreten sein sollten, von der «Freiheit der Meere», von dem «freien Austausch von Gütern und Waren» sowie seine Forderung, «Maße und Gewichte» zu vereinheitlichen, tauchen später immer wieder mit unterschiedlicher Akzentuierung auf. Crucé empfahl den Fürsten – an sie richtete sich in Einschätzung der realen Machtverhältnisse sein Plan – aber auch «eine gemeinsame Währung», damit jeder ohne Verlust überall Verträge abschließen könne. Der *Neue Kineas* war zudem sicherlich auch die erste Schrift, die eine über Europa hinausreichende Friedenssicherungsorganisation vorschlug. Neben dem christlichen Europa sollten auch das Osmanische Reich und die gesamte damals bekannte Welt einbezogen werden. Die Staaten bildeten die Grundlage für sein Organisationsmodell. Sie sollten in einer «neutralen Stadt» zu einer ständigen Versammlung zusammenkommen und Konflikte dort friedlich und schiedlich regeln. Crucé wurde von der Nachwelt als «erster wahrhafter Internationalist», als «Vorläufer des Freihandels», als «Schöpfer moderner Schiedsgerichtsbarkeit» gefeiert, aber auch als «Friedensträumer» belächelt. Zweifelsohne wurde von den jeweiligen Zeitgenossen, vor allem an der Wende vom 19. zum 20. Jahrhundert, viel eigenes Wunschdenken in das Werk Crucés hineininterpretiert.

Am bekanntesten waren die Vorschläge des Herzogs von Sully über den «Großen Plan Heinrichs IV.», die Überlegungen William Penns, die des Abbé de Saint Pierre und Rousseaus sowie schließlich Immanuel Kants philosophischer Entwurf über den ewigen Frieden aus dem Jahre 1795.

Sully sah in seinem einflussreichen Plan die Bildung eines «Europäischen Rates» vor. Ihm sollten die europäischen Staaten – je nach Größe – mit zwei bis vier Vertretern angehören, mehrheitlich entscheiden, Gesetzgebungs- und Schiedskompetenzen erhalten und die «Obermacht» der europäischen Staaten bilden. Als Untergliederung waren sechs europäische «Regionalräte» vorgesehen. Die auf den drei etablierten christlichen Konfessionen (Katholiken, Protestanten, Reformierte) zu begründende und territorial neu zu gliedernde

«Christliche Republik Europa» würde einen föderativ gegliederten «christlichen Friedensbund» bilden, den konfessionellen Gegensatz aufheben und gemeinsam einen Kreuzzug der Christenheit gegen die Ungläubigen führen. Sullys *Großer Plan* verband zukunftsträchtige und traditionelle Elemente. Seine Verbindung von Gleichgewichtsidee und Friedenssicherung sollte erst später stärker Beachtung finden. Der Quäker William Penn (1644–1718) legte Ende des 17. Jahrhunderts seine Schrift über den gegenwärtigen und künftigen Frieden und die Schaffung eines europäischen Bundestags vor. Dieser würde das Organ der europäischen Staaten, einschließlich des Osmanischen Reiches (!), sein. In der Gründung einer überstaatlichen Institution sah er die Voraussetzung für eine rechtlich abgesicherte europäische Friedensordnung, die nach «den Regeln der Gerechtigkeit und Klugheit» und der Toleranz geschaffen und aufrechterhalten werden sollte. Die Anzahl der Stimmen im Bundestag sollte sich nach der Größe, Finanzkraft und Bedeutung der einzelnen Staaten richten. Diese Form der gewichteten Stimmführung findet sich in föderalen Modellen seit dem 18. Jahrhundert immer wieder und reicht über den Deutschen Bund von 1815 und den bundesrepublikanischen Bundesrat bis hin zur EGKS und zu den im Juni 2003 vorgelegten Vorschlägen des europäischen Verfassungskonvents.

Wie Penn ging auch Charles Irenée Castel Abbé de Saint Pierre (1658–1743), «der Trommler für den ewigen Frieden», von den politischen Gegebenheiten seiner Zeit aus. Seine Schriften zum «Projekt eines Ewigen Europäischen Friedens» (Projet pour rendre la paix perpétuelle en Europe), die zwischen 1712 und 1758 erschienen, waren Ausdruck einer allgemeinen Friedenssehnsucht. Vorgesehen war ein auf der Grundlage des Rechts geschaffener Bund der europäischen Staaten, der den Frieden gewährleisten, die Existenz seiner Mitglieder garantieren und einen ungestörten Welthandel sichern würde. Modell für seinen föderativ organisierten Europäischen Bund waren die Holländischen Generalstaaten, die Schweizer Eidgenossenschaft und das Heilige Römische Reich deutscher Nation. In seinen nach seinem Tod 1758 erschienenen *Politischen Annalen* hatte er seine Gedanken nochmals klar und präzise zusammengefasst:

- Die Annahme der «Grundartikel des Europäischen Bundestages» durch die mächtigsten Staaten und Fürsten Europas sollte eine «allgemeine und fortwährende Allianz» sichern,
- ein Schiedsgericht sollte Konflikte zwischen Staaten regeln,
- die Mitglieder der «Föderation» verzichten auf die militärische Lösung von Differenzen,
- die Mitglieder des Bundes erhalten eine Existenzgarantie,
- die Mitglieder des Europäischen Bundes («corps européen») reduzieren ihre Staats- und Militärausgaben.

Saint-Pierre wurde zum «ersten großen Propagandisten der Friedensidee» (K. v. Raumer). Er wirkte in die Völkerbunds- und Europadiskussion des 20. Jahrhunderts hinein. Sein «Projekt» wurde vor allem Modell für die Vorstellungen der französischen Pazifisten des 19. Jahrhunderts und der Internationalisten.

Jean-Jacques Rousseau (1712–1778) griff die Überlegungen des Abbé de Saint Pierre auf, beschrieb sie, systematisierte und interpretierte sie und verschmolz sie mit den pazifistischen Strömungen seiner Zeit. Als «Vermittler» der Ideen des Abbé de Saint-Pierre fügte er 1761 in seiner Schrift *Auszug aus dem Traktat für den ewigen Frieden* neue und zukunftsträchtige Elemente hinzu: Die Völker, nicht allein die Fürsten, müssten Träger des Friedensbundes sein. Damit erhielt die Idee einer europäischen Föderation zusätzlich eine wichtige innenpolitische Dimension.

Beide, Saint Pierre und Rousseau, beeinflussten ganz entscheidend Immanuel Kant (1724–1804). Ihre Ideen finden sich zunächst in seiner 1784 vorgelegten Schrift *Idee zu einer allgemeinen Geschichte in weltbürgerlicher Absicht*, in der er einen «Völkerbund» und eine «gesetzmäßige Verfassung», die Ruhe und Sicherheit bieten können, als Lösung anpries. Sein philosophischer Entwurf zum «Ewigen Frieden» von 1795 sollte für die weitere Europadiskussion im 19. und 20. Jahrhundert und bis in die Gegenwart wegweisend werden. Seine durch Rousseau beeinflusste Idee eines europäischen Friedensbundes mit den Völkern als Trägern setzte in den einzelnen Staaten selbst, die sich einem föderativen Bund anschließen wollten, eine bürgerliche Verfassung voraus. Der europäische Zusammenschluss müsse ein Bund von Republiken sein. Die Verwirklichung der Idee der Föderalität werde schließlich zum «ewigen Frieden» führen. Entscheidend für die Entwicklung der Europa- und Völkerbundsideen sollten zwei Gesichtspunkte werden: (1) Das Recht bildet die Grundlage eines Völkerbundes. Die Beziehungen der Mitglieder müssen verrechtlicht werden. (2) Die Voraussetzung für eine funktionsfähige Föderativordnung ist ein hohes Maß an Homogenität der politisch-sozialen Systeme der Mitglieder.

Für Dubois, Podiebrad, Crucé, Sully oder Saint-Pierre stand die staatliche Organisationsform nicht im Mittelpunkt. Seit Kant spielten jedoch für die Mitgliedschaft in einer «Europäischen Föderation» als neue Gedanken die Staatsform und die Homogenität der politisch-sozialen Systeme die entscheidende Rolle: Die Mitgliedschaft in einer übernationalen europäischen Institution setzt seit der Gründung des Europarats 1949 rechtsstaatliche und demokratische Verfassungsordnungen voraus – dies schließt die parlamentarisch-konstitutionellen Monarchien wie beispielsweise Belgien, Dänemark, Spanien und Großbritannien mit ein – und verpflichtet die Mitgliedstaaten zur Einhaltung der Menschenrechte und Grundfreiheiten.

Europa auf dem Wiener Kongress

Kulminationspunkt der europäischen Transformation vom Alten Europa zur Moderne war der Wiener Kongress von 1814/15. Die Zeitgenossen empfanden den Kongress im Sinne der von Beethoven extra für den Kongress komponierten Kantate «Der glorreiche Augenblick» als den Moment, an dem das neue Europa geschaffen werden würde. Die Erwartung eines dauerhaften Friedens nach entbehrungsreichen Kriegsjahren war Anlass genug zu feiern. Die Menschen hofften, dass sich ihr Wunsch nach «Frieden und Wohlstand» erfüllen würde. In der Endphase der napoleonischen Kriege und im Umfeld des Wiener Kongresses wurden auch zahlreiche Europapläne entwickelt, die aber bei den Zeitgenossen kaum Resonanz fanden, da sie nicht in die politische Landschaft der Epoche und in das politische Denken der Akteure zu passen schienen. Die überwiegende Mehrheit der politischen Entscheidungsträger setzte auf nationale und dynastische Organisationsformen von Staatlichkeit, gerade auch angesichts einer erst vor kurzem erlangten eigenstaatlichen Souveränität, und weniger auf gemeinsame europäische. Die Europapläne enthielten jedoch wichtige Elemente, die erst später gewürdigt werden sollten. Zu den vergessenen, «unzeitgemäßen» Verfassern von Europaplänen zählte unter anderem Arnold Andreas Friedrich Mallinckrodt. Er forderte 1814, einen verbindlichen handels- und völkerrechtlichen Rechtsrahmen für die europäischen Staaten zu schaffen sowie gemeinsame Maße, Gewichte und eine einheitliche Währung einzuführen. In diesen Zusammenhang gehören auch Henri Claude Graf Saint-Simon (1760–1825), der von «Vereinigten Staaten von Europa» sprach, und der Rechtsphilosoph Karl Christian Friedrich Krause (1781–1832).

Saint-Simon plante in seiner Schrift *Über die Neugestaltung der Europäischen Staatengesellschaft, oder über die Notwendigkeit und die Mittel, die Völker Europas unter Wahrung ihrer nationalen Unabhängigkeit in einer politischen Einheit zusammenzufassen* (*De la réorganisation de la société européenne, ou De la nécessité et des moyens de rassembler les peuples de l'Europe en un seul corps politique, en conservant à chacun son indépendance nationale*) ein Zweikammerparlament nach englischem Vorbild, das direkt von «Berufsverbänden» gewählt wird und europäischen, nicht nationalen Interessen verpflichtet sein sollte. Er sprach sich für eine politische, parlamentarische Partizipation der Völker auf nationaler und europäischer Ebene aus. Voraussetzung seien gemeinsame «Institutionen» und die Ablösung der Herrschaft der Fürsten durch eine «Parlamentsregierung». Das Europäische Parlament und der Europäische König würden die wirtschaftlichen und sozialen Fragen Europas regeln. Die Vorstellungen Saint-Simons sollten vor allem von der europäischen Friedensbewegung des 19. und frühen 20. Jahrhunderts aufgegriffen werden.

Krauses Vorschläge zur «Entwicklung eines europäischen Staatenbundes als Basis des allgemeinen Friedens» enthielten Überlegungen, die in gewisser Weise als «Kontinuitätsbausteine» angesehen werden können und bis heute auf europäischer Ebene diskutiert werden. Neben der Rechtsgleichheit der Bundesmitglieder, ihrer territorialen und politischen Existenzgarantie, der Gründung einer Rechtsgemeinschaft und der Freiheit von Handel und Verkehr legte Krause die Beistandspflicht der Bundesmitglieder, den Schutz der einzelstaatlichen Verfassungen, die Einrichtung eines «Völkergerichts», die Bildung eines von allen Mitgliedern eingesetzten und beschickten «Bundesrats» sowie das alleinige Recht des Gesamtbundes, über Krieg und Frieden zu entscheiden, fest. Wichtig war auch der Hinweis, dass nur eine föderative Ordnung die «Einheit in der Vielheit» und die regionalen Identitäten der europäischen Völker garantieren könne.

In Wien wurde eine europäische Friedensordnung auf der Grundlage des Völkerrechts geschaffen. Sie bewahrte Europa für nahezu ein Jahrhundert den Frieden und stellte damit einen «Dauerhaftigkeits- und Stabilitätsrekord in der neueren Geschichte auf» (F. Luchsinger). Die 1814/15 begründete flexible, völkerrechtsetzende und multipolare internationale Ordnung gab Europa in der für seinen Weg in die Moderne entscheidenden Phase des Übergangs die erforderliche Stabilität und Entwicklungsmöglichkeiten. Im 19. Jahrhundert gab es keinen alle Großmächte einbeziehenden europäischen Krieg, dafür die Lokalisierung von Konflikten und das Selbstverständnis der Großmächte, als «Europäisches Konzert» Verantwortung zu übernehmen und als «Sicherheitsrat» zu agieren. Damit verbunden war die Bereitschaft zur Konfliktkontrolle im Spannungsfeld von «Legitimität» und «nationalem Interesse» sowie zum Machtausgleich. Diese Punkte sind in ihrer Bedeutung für die verfassungspolitische, wirtschaftliche und gesellschaftliche Entwicklung der europäischen Staatenwelt im 19. Jahrhundert häufig unterschätzt worden. Schuld daran ist die vielfach bis heute dominierende nationalgeschichtliche Betrachtungsweise. Sie hat gesamteuropäische Aspekte verschüttet, und es ist daher kein Zufall, dass eine «europäische Geschichte» im Sinne des Wortes erst im Entstehen begriffen ist.

Der «Centralstaat» von Europa

Die Friedensordnung von 1815 schuf eine neue Gleichgewichtsordnung, die Europa Stabilität, Sicherheit und Frieden gab. Die Nachfolgeorganisation für das «Alte Reich» in der Form des Deutschen Bundes spielte hierbei eine zentrale Rolle. Bereits im Pariser Friedensvertrag vom 30. 5. 1814 war festgelegt worden, dass die «deutschen Staaten unabhängig sein und durch ein föderatives Band verbunden sein werden» (Art. VI). Als «Centralstaat» von Europa mit deutschen und europäischen Aufgaben konnte und wollte der am 8. Juni 1815 in Wien gegründete Deutsche Bund kein Nationalstaat sein: Als nationales Band für die deutsche Nation sollte der Bund die Existenz, «Sicherheit und Unabhängigkeit Deutschlands» gewährleisten und – nach Napoleons gescheitertem Griff nach der europäischen Hegemonie und der «Wiederbegründung» des europäischen Kaiserreichs Karls d. Gr. – die «Ruhe und das Gleichgewicht Europas» garantieren. Am Ende der napoleonischen Kriege musste an die Stelle einer «Universalmonarchie» eine europäische Föderativordnung treten. Der komplizierte europäische Mechanismus funktioniere nur dann, wie es ein anonymer Autor formulierte, wenn die europäischen Staaten «völkerrechtliche Grundsätze» anerkennen und zur «Erhaltung des politischen Gleichgewichtes» sich einer «freiwilligen Beschränkung» ihrer natürlichen Rechte unterwerfen. Nur so könne ein stabiles inneres Gleichgewicht geschaffen werden. Europa sei wie eine große Maschine. Diese werde zerstört, wenn das Hauptantriebsrad verstärkt werde, ohne dass ein entsprechendes Widerlager vorhanden sei.

Diese Kernfrage europäischer und deutscher Geschichte hat bis heute ihre Aktualität nicht verloren: Die politische Organisationsform des europäischen Zentralstaates hatte und hat stets Auswirkungen auf die Struktur der europäischen Staatengesellschaft und die internationale Ordnung. Ist dieser zu schwach, wird er zum gefährlichen Machtvakuum und zum Schlachtfeld Europas. Ein starker deutscher Einheitsstaat jedoch würde schnell zum «Grab der Freyheit von Europa» werden. Dagegen wäre – wie es 1816 der Historiker Heeren formulierte – der «Deutsche Bundesstaat» als «europäischer Friedensstaat» in der Rolle des europäischen Vermittlers. Jede europäische Ordnung muss das europäische Zentrum als potenzielles Sicherheitsrisiko, als Stabilisator und als Integrator angemessen berücksichtigen. Mit dem Zusammenbruch des mitteleuropäischen Föderativsystems 1866 und der Gründung des kleindeutschen Kaiserreichs 1871 veränderten sich bis Ende des 19. Jahrhunderts die europäischen Rahmenbedingungen zusammen mit den politischen und wirtschaftlichen Gewichten. Deutschland stieg zu einer der führenden Industrie-, Handels- und Militärmächte der Erde auf und besaß einen hervorragenden Ruf als Wissenschaftsstandort. Der deutsche Versuch, eine europäische Hegemoniestellung zu erreichen, scheiterte im 20. Jahrhundert bekanntlich in zwei blutigen Kriegen und gefährdete nach 1945 die Fortexistenz eines deutschen Nationalstaats.

Nationalstaat, Nationalismus und Europa-Ideen

Als eine der Folgen der Französischen Revolution von 1789 orientierten sich die nationalen Einheitsbewegungen in Europa jedoch am Einheitsstaat als der idealen Organisationsform für das Zusammenleben von Großgruppen, für die «eine und unteilbare Nation». Der Einheitsstaat, nicht der Bundesstaat wurde zur Norm in der europäischen Staatengesellschaft. Fehlende Traditionen und mangelnde Erfahrungen mit dem Föderalismus als Form des Zusammenlebens von Staaten und Völkern erschweren bis in die aktuelle Diskussion über eine europäische Verfassung die Akzeptanz von Modellen für eine «Europäische Föderation». Es war nicht allein Margret Thatcher, die darauf bestand, aus dem Luxemburger Entwurf der Präambel für den Vertrag von Maastricht die Formulierung, dass es das Ziel sei, «eine immer engere *föderative* Union der Völker Europas» herzustellen, zu streichen. Mit dem berühmt-berüchtigten «F-Wort» haben bis heute zahlreiche europäische Regierungen, auch unter den neuen, über Jahrzehnte von Kommunisten regierten Mitgliedern, Probleme.

Als ein Erbe der Französischen Revolution von 1789 wurde mit der Idee von der «einen und unteilbaren Nation» die Nationsidee politisiert. Unter dem Banner des Selbstbestimmungsrechts der Völker strebten die einzelnen Nationalitäten seit der Mitte des 19. Jahrhunderts einen eigenen Staat oder dessen Wiederherstellung an. Der Nationalstaat galt als Ideal für das Zusammenleben der Nation. Die Nation wurde zu einem Wert an sich. Zur Legitimierung nationaler Staatlichkeit und ihrer kulturellen Errungenschaften wurde oft die Geschichte missbraucht. Die Einheit der europäischen Kultur wurde in Frage gestellt und die Kultur national parzelliert. War nun der Salzburger Wolfgang Amadeus Mozart (1756–1791) Österreicher oder Deutscher, der Hallenser Georg Friedrich Händel – George Frederic Handel (1685–1759) – ein deutscher oder englischer Komponist, der Thorner Astronom und Mathematiker Nikolaus Kopernikus – polnisch Kopernik (1473–1543) – Deutscher oder Pole, der in Mainz geborene Johannes Gutenberg (1397–1468) Franzose oder Deutscher? Diese Liste ließe sich beliebig fortsetzen. Sie alle hatten, wenn wir ihren Lebensweg betrachten, eine «europäische Biographie». Charakteristisch für das 19. Jahrhundert wurde es, dass zunehmend die nationale und nationalstaatliche Politik in den Mittelpunkt trat. Nationalstaatliches Denken prägte die politischen Eliten. Verfechter einer den Nationalstaat überwindenden europäischen Einigung waren in ihren Ländern nicht mehrheitsfähig. Im krassen Gegensatz hierzu stand die zunehmende Internationalisierung. So führten die Industrialisierung, der Ausbau der Verkehrswege (Straßen, Kanäle, Eisenbahnen), die Verbesserung der Kommunikationswege sowie wichtige Erfindungen zur Ausbildung von grenzüberschreitenden, transnationalen Strukturen zu einer zunehmenden Internationalisierung von Wirtschaft, Technologie, Kultur- und Rechtsbeziehungen. In bis dahin nicht gekanntem Ausmaß verdichtete die technisch-industrielle Revolution den Warenaustausch, den Verkehr und den weltweiten Kapitalverkehr. Dieser globale Austausch musste durch internationale Abkommen für den Handel, für die Patentsicherung, für das Urheberrecht, für die Anerkennung von Maßen und Gewichten sowie über die Konvertierbarkeit von Währungen abgesichert werden. Neue soziale Führungsgruppen und grenzüberschreitende Ideologien entstanden.

Eine Europäische Föderation als Mittel zur Überwindung des nationalstaatlichen Europa

Angesichts der nationalstaatlichen Orientierung der politischen Eliten schien der «Europäismus» unter «politisch-praktischen und politisch-ideologischen Gesichtspunkten» (Wolfgang Schmale) im 19. Jahrhundert keine Perspektive zu haben. Er existierte jedoch und hatte sogar eine Hochblüte. Er war aber lange Zeit durch die am Nationalstaat orientierte Geschichtsschreibung aus der historischen Erinnerung verdrängt worden. Die Befürworter eines vereinten Europa legten im 19. Jahrhundert immer wieder Pläne für eine «Europäische Föderation» vor. Vielfach wurden der «Deutsche Bund» von 1815, die USA oder die Schweizer Eidgenossenschaft als Modell für die Verwirklichung der europäischen Einheit angesehen. Anregender als Verfassungsentwürfe für eine Europäische Föderation waren die wenig konkreten, emotional ansprechenden europäischen Einigungsvorstellungen des Italieners Guiseppe Mazzini (1805–1872) und des Franzosen Victor Hugo (1802–1885).

Mazzini kämpfte für eine Allianz der europäischen Völker. Die einzelnen Völker sollten republikanische Einheitsstaaten bilden. Die nationalen Republiken würden dann die Föderation der Europäischen Völker gründen, wie er es 1832 in seiner Schrift *Das junge Italien* formulierte: «Diese Allianz stellt die Zukunft der modernen Gesellschaft dar. Die Zivilisation, an der alle Völker mitgearbeitet haben, bildet ein gemeinsames Erbteil. Wir werden Mitbürger werden, weil wir alle Söhne eines einzigen Vaterlandes sind, nämlich Europas.» Mazzini betonte, pathetisch überhöht, das gemeinsame europäische Erbgut. Für ihn war Europa «der Hebel der Welt», das «Land der Freiheit», ihm «gehören die Geschicke der Welt», es ist der Hort des Fortschritts. Wie die künftige republikanische Völkerallianz Europas verfassungsmäßig organisiert werden sollte, darüber finden sich bei Mazzini keine klaren Aussagen. In dem 1834 in Genf unterzeichneten Brüderschaftsvertrag für das «Junge Europa» heißt es hierzu lediglich, dass die «nationalen Kongresse» Abgeordnete in den «Kongress des Jungen Europa» entsenden werden.

Ähnlich wie für Mazzini hatte auch für Hugo die «Idee Europa» Vorrang vor der politischen und verfassungsmäßigen Umsetzung. Sprachlich und rhetorisch am eindringlichsten und nachhaltigsten meldete sich Hugo mit seiner «Vision Europa» zu Wort. Seine eingängigen Formulierungen und sprachlichen Bilder sollten seinen Ruhm in der Nachwelt bis in die Gegenwart begründen. In seinen politischen Reden und Schriften sprach er mit Pathos und Emotion den Menschheitstraum vom «ewigen Frieden» und von der «Einheit und Freiheit der Völker Europas» unmittelbar an. Hugo wurde zum «größten Lyriker des europäischen Gedankens» (de Rougemont). Auf dem Pariser Weltfriedenskongress im August 1849 forderte er den Zusammenschluss der europäischen Staaten zu den «Vereinigten Staaten von Europa». Dies sei die Grundbedingung für ein Europa, in dem sich die Völker ohne Aufgabe ihrer Identität zu einer höheren Gemeinschaft zusammenschließen und die Wahlurnen die Waffen ersetzen würden. An die Stelle von Schlachtfeldern würden sich öffnende Märkte treten: «Ein Tag wird kommen, an dem jene beiden ungeheueren Gruppen, die Vereinigten Staaten von Amerika, die Vereinigten Staaten von Europa sich gegenüberstehen werden und sich über die Meere hinweg die Hände reichen werden, ihren Handel, ihren Gewerbefleiß, ihre Künste, ihre geistigen Fähigkeiten austauschen werden und den Globus urbar machen werden.» Im 19. Jahrhundert sah Hugo die formative Phase für die Entstehung einer europäischen Nation. Der Pazifist, Republikaner und Verfechter der Menschenrechte, der während der Herrschaft Napoleons III. lange Jahre im Exil verbracht hatte, glaubte in einem Artikel «Zukunft» 1867 daran, dass es im 20. Jahrhundert Kriege zwischen den europäischen Nationen nicht mehr geben werde. Diese zu schaffende «außerordentliche Nation» wird «Europa» heißen. Sie wird Paris als Hauptstadt haben: «Die Einheit der Sprache, der Münzen, des Maßes, der Zeitmessung, der Gesetzgebung wird überall durchgeführt sein.»

Hugos Visionen waren rhetorisch brillant, aber zu vage und fanden keinen Niederschlag in Verfassungsentwürfen. Sie wurden aber in Plänen und Entwürfen für ein föderativ zu einendes Europa aufgegriffen, die konkreter und realitätsbezogener waren und auch auf andere Vorschläge und Einflüsse zurückgriffen. Ende des 19. Jahrhunderts wurde die Idee einer Föderation der europäischen Völker zu einem Ersatzideal mit mehr akademischem Wert. Der Schweizer Völkerrechtler Johann Caspar Bluntschli (1808–1881) sah daher in seiner Schrift *Die Organisation des europäischen Staatenvereins* für einen europäischen Gesamtstaat keine Perspektiven. Die europäischen Völker seien zu sehr in der eigenen Nationalität verhaftet. Es gebe keine «politische Sta[a]tseinheit ohne Volk». Da es kein «europäisches Volk» gebe, könne es auch «keinen Sta[a]t geben, der Europa heisst».

Für das nationalstaatlich verfasste Europa des ausgehenden 19. Jahrhunderts gab es aus der Sicht der politischen Eliten keine Alternative zum nationalstaatlichen Organisations- und Ordnungsprinzip. Die Anhänger von Völkerbunds- und Europaföderationsideen wurden in das Lager der europäischen Friedensbewegung abgedrängt. Sie kehrten erst in den Jahrzehnten vor dem Ersten Weltkrieg wieder verstärkt in das öffentliche Bewusstsein zurück. Neben traditionelle Verfassungsmodelle (Völkerbund, Europäische Föderation) und eine ausgebaute Schiedsidee gesellten sich globale Völkerbundsvorstellungen sowie Modelle für einen europäischen Zollverein, der dann auch sozial und politisch die Integration der in ihrer Weltstellung gefährdeten europäischen Staaten bewirken würde. Angesichts der als Krise Europas empfundenen Lage um 1900 plädierte ein wachsender Teil der intellektuellen und politischen Elite sowie der Wirtschaft zur Rettung des Alten Kontinents für den wirtschaftlichen, politischen und militärischen Zusammenschluss Europas. Allerdings war dieses Häuflein von europäischen Persönlichkeiten, die nicht überzogenen Nationalismus und nationale Kriegsbereitschaft zur Wahrung der Ehre auf ihr Banner geschrieben hatten, sondern das Prinzip «Wenn du den Frieden willst, bereite den Frieden vor!» in ganz Europa zu verwirklichen suchten, eine Minderheit. Sie beeinflussten aber die politische Öffentlichkeit ihrer Länder und traten mit Vorstellungen an die Öffentlichkeit, die vielfach die nationalstaatliche Souveränität möglichst wenig beschneiden würden. Hierzu zählte die Institutionalisierung des Schiedsgedankens, eine Zielsetzung, die realitätsbezogener und erfolgversprechender zu sein schien als eine Europäische Föderation oder ein Völkerbund. Konnten die Verfechter des Europagedankens aufgrund der sich verändernden internationalen Rahmenbedingungen aus dem Dunstkreis der nationalen Orientierung heraustreten? War der Außendruck auf Europa so groß, dass er einen Einigungsprozess in Gang setzen konnte? Der französische Historiker Leroy-Beaulieu hatte auf einer Konferenz im Jahre 1900 in Paris die europäische Stimmungslage richtig eingeschätzt, als er mit Blick auf die Chancen für einen europäischen Zusammenschluss die bis heute noch nicht überholte These formulierte, dass sich wegen des Fehlens eines ausgeprägten europäischen Gemeinschaftsbewusstseins Chancen für eine europäische Einigung immer nur in Zeiten der äußeren Bedrohung eröffnet hätten. Daher werde es zu einer europäischen Föderation nur über eine gemeinsame europäische Abwehrhaltung kommen. War diese gemeinsame Abwehrhaltung im Vorfeld des Ersten Weltkriegs bereits ausgeprägt genug, um eine Bewusstseinsveränderung zu bewirken? Die Verfechter von Europaföderationsplänen argumentierten in diese Richtung. Die weltpolitische Schwäche Europas um 1900 sei eine Folge der nationalstaatlichen Zersplitterung, der europäischen Rüstungsspirale und der zahlreichen potenziellen militärischen Konfliktherde. Sie könne nur überwunden werden, wenn sich Europa eine neue, zukunftsträchtige Friedensordnung gebe. Diskutiert wurden u.a. eine Staatenkonföderation, ein Europäischer Zollverein als Basis für eine auch politische Verbindung der europäischen Staaten sowie ein Europäischer Bundesstaat, in dem handlungsfähige europäische Bundesorgane geschaffen werden müssten. Seine Kraft gewann der Europagedanke dabei aus der Vorstellung, dass Europa mehr als nur eine geographische Größe sei. Europa bilde vielmehr eine europäische Geschichtslandschaft, eine historische Einheit mit gemeinsamen Traditionen und regionalen Besonderheiten. Es sei als einheitlicher Kulturraum, als Wertegemeinschaft, als Völkerfamilie und als spezifischer Zivilisationsraum zu begreifen. Alfred Hermann Fried, der Begründer des ‹organisatorischen Pazifismus› sprach daher 1912 vom «Zweckverband Europa». Viel erhofften sich einige Autoren auch von der globalen Wirtschaftsverflechtung, die über Europa hinausgreifende Organisationsformen ermöglichen würde. Diesen Gesichtspunkt aufgreifend meinte kurz vor dem Ersten Weltkrieg der bedeutende deutsche Völkerrechtler Walther Schücking: «Die Tatsache, daß wir in ein ganz neues Zeitalter der Weltwirtschaft eingetreten sind, in dem schließlich die Solidarität der Interessen sich gegenüber den nationalen Differenzen durchsetzen und die politische Organisation der Kulturwelt sich den Tatsachen des Wirtschaftslebens anpassen muß – die Tatsache, daß zu solcher Organisation im Haag schon die Anfänge gemacht sind [gemeint sind hier die Haager Konferenzen von 1899 und 1907], kann ... nicht dauernd verborgen bleiben.»

Europa war vor dem Ersten Weltkrieg noch nicht bereit, das Zusammenleben der Europäer auf neue politische und gesellschaftliche Grundlagen zu stellen. In den europäischen Machteliten dominierte mehrheitlich noch immer die nationale Orientierung der Politik. Für die Mehrheit der Menschen in den europäischen Völkern, die stolz auf ihre eigene Nation und deren Errungenschaften waren, schien auch keine Notwendigkeit zu bestehen, zwischen den europäischen Staaten ein engeres Verfassungsband zu knüpfen und die nationale Souveränität zu beschränken. Es bedurfte erst der schrecklichen Erfahrungen des Ersten Weltkriegs und der Furcht, die Weltstellung Europas in einer Nachkriegsordnung einzubüßen, um europäische Einigungspläne ernsthafter zu diskutieren. Die Diskussion hierüber setzte bereits kurz nach Beginn des Krieges ein. Die neutralen Staaten, wie die Niederlande und die Schweiz wurden zu Zentren des Gedankenaustauschs.

Ähnlich wie zunächst nach dem Zweiten Weltkrieg scheiterten nach dem Ersten Weltkrieg, trotz guter Ansätze, alle Versuche, einen Zusammenschluss der europäischen Staaten zu verwirklichen. Statt einer Europäischen Föderation setzte sich 1919 ein weltweiter Völkerbund, angeregt durch den amerikanischen Präsidenten Wilson, als internationale Organisationsform zur Friedenssicherung durch, die Europa einbezog. 1945 gelang es zunächst ebenfalls nicht, eine europäische Einigungslösung herbei zu führen, obwohl alle Diskussionen während des Krieges im Widerstand, in den Exilregierungen und bei Exilpolitikern in diese Richtung drängten. Gegründet wurde keine Europäische Föderation, sondern die Vereinten Nationen als weltweite Organisation. Am Ende beider Kriege kam es in Europa zu einer Renationalisierung der Politik und zu einer Nationalisierung des politischen und wirtschaftlichen Wiederaufbaus, wobei allerdings die gesamtpolitischen Rahmenbedingungen unterschiedlich waren. Erst als die internationalen Organisationen die in sie gesetzten Erwartungen nicht erfüllten bzw. sich die internationalen Rahmenbedingungen und das internationale Klima verändert hatten, kehrten europäische Einigungspläne aus der Diskussionsebene der Europaprotagonisten, der Europaideologen und der Europaverbände auf die amtliche Politikebene zurück, wobei sich der zeitliche Verzögerungseffekt u. a. wegen des nachlassenden Außendrucks, vielfach nachteilig auf Integrationsschritte auswirkte und so mögliche Chancen und Fortschritte verspielt wurden.

Im 20. Jahrhundert standen, unabhängig vom ideologischen, politischen, wirtschaftlichen und gesellschaftlichen Hintergrund und Bezug, unter der Perspektive einer dauerhaften Sicherung des europäischen Friedens – nach dem Scheitern eines mit bindenen Kompetenzen ausgestatteten Internationalem Gerichtshof in Den Haag – vornehmlich drei Grundmodelle im Vordergrund:

- die Gründung einer weltweiten internationalen Organisation, d. h. eines Völkerbunds oder einer Weltregierung;
- die Bildung einer Europäischen Föderation/Union als integraler Bestandteil eines solchen Völkerbunds;
- die Bildung einer Europäischen Föderation/Union als Zusammenschluss Europas, der seinen Niederschlag in unterschiedlichen politischen, wirtschaftlichen, gesellschaftlichen und sicherheitspolitischen Organisationsformen finden konnte.

c) Europa zwischen den Kriegen – welches Europa?

Am Ende des Ersten Weltkriegs war die europäische Option zunächst als Zielperspektive für einen dauerhaften Frieden in den Hintergrund getreten. Aus kultur-ideellen, wirtschaftlichen und politischen Gründen wurde sie jedoch weiter verfochten. Ein interessantes Beispiel ist der gemeinsame Vorschlag des italienischen Industriellen Giovanni Agnelli und des Wirtschaftswissenschaftlers Attilio Cabiati zum Thema «Europäische Föderation oder Völkerbund?». Beide hatten sich seit 1916 intensiv mit dieser Frage befasst. Nach einer ausgezeichneten Analyse der politischen, sozialen, wirtschaftlichen, nationalen, finanziellen und kulturellen Aspekte und der Mittel zur Kriegsverhütung für das zu gründende Neue Europa kamen beide Autoren zu der Auffassung, dass die einzig sinnvolle Lösung eine Föderation der europäischen Staaten sei, in der die Zentralorgane die erforderliche Handlungskompetenz besäßen. Besonders betont wurden auch die Vorteile eines gemeinsamen europäischen Marktes, der sich nicht nur positiv für die Produzenten, sondern auch für die Mitgliedstaaten und vor allem für die sozial schwächeren Gruppen auswirken werde. Der Wegfall von Zollgrenzen, die Arbeitsteilung in der Wirtschaft, die sinnvolle und maßvolle Nutzung der verfügbaren Ressourcen, die gemeinsamen gesetzlichen Rahmen und Rechtsverordnungen, die Hebung des allgemeinen Wohlstands und die Verbesserung der Lebensbedingungen für alle Europäer böten eine Perspektive für ein friedliches und prosperierendes Nachkriegseuropa. «Wenn die Stunde für ein föderiertes Europa geschlagen hat», so Agnelli und Cabiati, «dann wird dieses Europa geschaffen werden.»

Die Vorteile einer europäischen Föderation, die neben einem europäischen Zollverein, einem einheitlichen europäischen Wirtschafts- und Sozialraum, einer Währungsgemeinschaft, einer abgestimmten verkehrsmäßigen Infrastruktur für ganz Europa auch die Sicherheit des Kontinents gewährleisten würde, waren immer wieder am Beispiel der USA diskutiert worden. Der Faktor USA als Modell, Konkurrent und Gefahr für Europa tauchte in den europapolitischen Diskussionen seit Friedrich List und Alexis de Tocqueville immer wieder auf. Mit Akzentverschiebungen spielen die USA, die als Ergebnis des Ersten Weltkriegs zur führenden Weltwirtschaftsmacht aufgestiegen waren und die Europäer aus deren Überseemärkten verdrängt hatten, bis in die Gegenwart eine Rolle als Motiv für einen europäischen Zusammenschluss.

1929 veröffentlichte Yves Le Trocquer, der vor dem Krieg viele Jahre in unterschiedlichen Funktionen in der französischen Regierung gearbeitet, zwischen 1919 und 1924 verschiedene Regierungsämter bekleidet hatte und Vorsitzender des französischen Komitees für einen Europäischen Zollverein (Union Douanière Européenne) wurde, eine Schrift, in der er einen europäischen Zollverbund forderte, damit die Europäer gegenüber den Amerikanern wettbewerbsfähig und in der Lage wären, ihnen als Einheit entgegenzutreten, der Bedrohung durch den Protektionismus der USA zu begegnen, die Einhaltung von Verträgen einzufordern und die großen Gefahren für die wirtschaftliche Zukunft des Alten Kontinents gemeinsam abzuwehren. Bereits 1907 hatte der naturalisierte Engländer Sir Max Waechter, angeregt durch den wirtschaftlichen Erfolg der USA, einen «Europäischen Bund» vorgeschlagen. Den wirtschaftliche Aufstieg und Erfolg der USA führte er darauf zurück, dass ein großer Markt zur Verfügung stehe, nur ein geringer Prozentsatz der arbeitenden Bevölkerung durch Militärdienst dem Produktionsprozess entzogen werde, die amerikanische Industrie weniger als die europäische von der Rüstungsproduktion abhängig sei und die US-Regierung nicht jährlich wie die Europäer dreistellige Millionenbeträge für die Hochrüstung aufbringen müsse. In seinen Überlegungen stand er den USA durchaus positiv gegenüber und sah für die Zukunft, ähnlich wie Victor Hugo, eher eine harmonische Zusammenarbeit zwischen beiden Kontinenten. Unter dem Aspekt der Realisierungsmöglichkeiten seiner Ideen schlug Waechter vor, den Weg zu einem Europäischen Bund stufenweise zu gehen. Zunächst sollten sich die europäischen Großmächte auf einer Konferenz über die Rahmenbedingungen für eine Europäische Föderation verständigen. In einem zweiten Schritt sollten alle europäischen Staaten zu einer Europakonferenz zusammentreten. Wichtig war es ihm dabei, auch mit Blick auf Großbritannien, dass «die Unabhängigkeit der einzelnen Staaten so weitgehend wie möglich erhalten bleiben sollte und nur die Souveränitätsopfer gefordert werden sollten, die unabdingbar sein würden». Zur Verwirklichung seines Plans seien nur zwei Voraussetzungen zu erfüllen: Ein ständiger Großmachtausschuss sollte für die Verteidigung und Interessenwahrung Europas zuständig sein, und außerdem sollten in ganz Europa ein einheitlicher Zolltarif und ein möglichst unbehinderter Kapitalverkehr eingeführt werden.

Drei Aspekte tauchen in Waechters Überlegungen auf, die in der weiteren Europadiskussion im 20. Jahrhundert immer wieder zu finden sind:

- Die Absicherung der Weltstellung Europas. Die Realisierung seines Planes würde die uneingeschränkte Macht und den unangefochtenen Einfluss Europas in der Welt «für mehrere Jahrhunderte» sichern. Es könnte alle Attacken von außen, sei es im Bereich der Wirtschaft, sei es bei einem bewaffneten Angriff, erfolgreich abwehren.
- Eine Europäische Föderation sei kein Traum. Die bestehenden Probleme und Schwierigkeiten seien lösbar, wenn der feste Wille der Völker für eine Europäische Föderation vorhanden sei.
- Die Schaffung eines Kernbundes als Basis der Europäischen Föderation. Sein Vorschlag von 1912 sah einen britisch-deutschen Kernbund vor, dem auch Frankreich beitreten sollte – 1930 und später in seiner Züricher Rede von 1946 sollte Winston Churchill einen Kernbund zwischen Frankreich und Deutschland als Ausgangspunkt für die Schaffung von Vereinigten Staaten von Europa vorschlagen.

Seit der Mitte der 1920er Jahre werden zahlreiche Pläne zur Einigung Europas präsentiert, die stärker als frühere Überlegungen außereuropäische Gesichtspunkte mit einbeziehen. Ihr Streben, oft erwachsen aus einer Verbindung von nationalen und europäischen Interessen, ging sehr oft von der gemeinsamen kulturellen Basis aus, auf der ein wirtschaftlicher und politischer Zusammenschluss aufgebaut werden könne. Das «gemeinsame Erbe» biete zudem die Voraussetzung für die Entwicklung eines Gemeinschaftsbewusstseins, ein Topos, der charakteristisch für die Europadiskussion bis heute werden sollte. Der spanische Philosoph

Ortega y Gasset hatte 1929 in seiner Schrift *Aufstand der Massen* diese verbreitete Stimmungslage aufgegriffen, als er auf die komplexen Gemeinsamkeiten, die den Europäer ausmachen, hinwies, Gemeinsamkeiten, die diesen im Spannungsfeld von Einheit und Vielfalt charakterisieren und ihm die «europäische Grundierung» vermitteln: «Für die Europäer bricht jetzt die Zeit an, da Europa zu einer Nationalidee werden kann ... Kaum haben sich die Nationen des Okzidents bis an ihre gegenwärtigen Grenzen ausgedehnt, so wird um sie her und hinter ihnen eine europäische Grundierung sichtbar. Europa ist die gemeinsame Landschaft, in der sie sich seit der Renaissance bewegen, und diese europäische Landschaft sind sie selber ... Spanier, Deutsche, Engländer, Franzosen sind und bleiben so verschieden, wie man nur will; aber sie haben dieselbe psychische Struktur und sind vor allem auf die gleichen Inhalte bezogen. Religion, Wissenschaft, Recht, Kunst, gesellschaftliche und erotische Werte sind gemeinsame Angelegenheiten ... Machten wir heute eine Bilanz unseres geistigen Besitzes – Theorien und Normen, Wünschen und Vermutungen –, so würde sich herausstellen, daß das meiste davon nicht unserem jeweiligen Vaterland, sondern dem gemeinsamen europäischen Fundus entstammt. In uns allen überwiegt der Europäer bei weitem den Deutschen, Spanier, Franzosen ... Wenn wir uns versuchsweise vorstellten, wir sollten lediglich mit dem leben, was wir als ‹Nationale› sind, wenn wir etwa den durchschnittlichen Deutschen aller Sitten, Gedanken, Gefühle zu entkleiden probieren, die er von anderen Europäern des Kontinents übernommen hat, werden wir bestürzt sein, wie unmöglich eine solche Existenz schon ist; vier fünftel unserer inneren Habe sind europäisches Gemeingut.»

In der zweiten Hälfte der 1920er Jahre schien der Weg frei zu sein für den Schritt vom Nationalstaat nach Europa. Die Völkerbunderfahrungen ließen den Wunsch nach einer europäischen übernationalen Organisationsform wachsen. Die Modelle, Pläne und Überlegungen für Europa waren konkreter geworden. Der Schritt vom Trommler für Europa, als der sich beispielsweise Richard Nikolaus Graf Coudenhove-Kalergi (1894–1972) und seine Paneuropaunion verstanden, auf die Ebene der Parteien, Parlamente und Regierungen schien vollzogen. Coudenhove-Kalergi hatte 1923 seine Kampfschrift *Pan-Europa* vorgelegt. «Kann Europa», so fragte er, «in seiner politischen und wirtschaftlichen Zersplitterung seinen Frieden und seine Selbständigkeit den wachsenden außereuropäischen Weltmächten gegenüber wahren – oder ist es gezwungen, sich zur Rettung seiner Existenz zu einem Staatenbunde zu organisieren?» Die europäische Frage müsse sofort gelöst werden, wenn Europa sich seine Weltstellung erhalten wolle. Es werde sonst zwischen der russischen Skylla und der amerikanischen Charybdis zerrieben. Die Jugend Europas sollte auf den Trümmern des alten ein neues Europa bauen: Pan-Europa, d.h. «Selbsthilfe durch Zusammenschluß Europas zu einem politisch-wirtschaftlichen Zweckverband». Als Modell sollten die USA dienen. Coudenhove-Kalergi schwebte eine «europäische Monroe-

Doktrin» (Michael Gehler) vor: Europa den Europäern! Sie sollten eine Europäische Föderation, unter Einbeziehung Deutschlands, in der Form eines Staatenbundes von Portugal bis Polen mit einem Zweikammersystem – ein Völkerhaus mit 300 Abgeordneten und ein Staatenhaus, bestehend aus den Vertretern der 27 vorgesehenen Regierungen der Mitgliedstaaten – gründen. «Pan-Europa» würde als ein einheitliches Zoll- und Währungsgebiet geschaffen. Es sollte ein Bundesgericht eingerichtet werden. Die Mitglieder der Föderation würden eine gemeinsame Verwaltung für ihre Kolonien und für ihre Streitkräfte einrichten. Die «Vereinigten Staaten von Europa» sollten in mehreren Stufen geschaffen werden: In einem ersten Schritt sollte eine paneuropäische Konferenz eine Organisation nach dem Vorbild der «Panamerikanischen Union» gründen («Paneuropäische Union»), in einem zweiten das Zusammenleben der europäischen Staaten und Völker durch obligatorische Schieds- und Garantieverträge regeln, in einem dritten Paneuropa zu einem einheitlichen Zoll-, Währungs- und Wirtschaftsgebiet werden lassen, ehe dann auf der letzten Stufe die Gründung der Vereinigten Staaten von Europa vollzogen werde. Die Vereinigten Staaten von Europa sollten sich, unter Ausschluss Russlands, losgelöst vom Völkerbund und vom Britischen Empire, entwickeln.

Das Interesse an einer europäischen Zusammenarbeit wuchs. Dies fand u.a. seinen Niederschlag in Vorschlägen für die «funktionale Integration» von Teilbereichen. So wurde neben Zollunionsprojekten vorgeschlagen, das Verkehrswesen zu europäisieren, eine Europäische Währungsunion zu bilden oder auch die bürgerliche Gesetzgebung zu vereinheitlichen. Europa schien auf dem Weg zur Vereinigung zu sein, die als «eine Etappe zu höheren Formen des wirtschaftlichen und gesellschaftlichen Lebens der ganzen Menschheit» verstanden wurde.

Vor diesem Hintergrund legte der französische Außenminister Aristide Briand (1862–1932) nach seiner gemeinsamen Initiative mit Gustav Stresemann am 1. Mai 1930 den wohl bekanntesten Europaunionsplan der Zwischenkriegszeit vor, sein Memorandum über die «Organisation eines Systems eines Europäischen Staatenbundes». Vor der Völkerbundsversammlung hatte Briand 1929 eine vorher mit anderen europäischen Politikern abgestimmte Rede gehalten, in der er den engeren Zusammenschluss Europas vorschlug: «Ich bin der Auffassung, daß zwischen Völkern, deren geographische Lage so ist, wie die der Völker Europas, eine Art föderatives Band bestehen muß; diese Völker müssen jederzeit die Möglichkeit haben, miteinander in Verbindung zu treten, über ihre Interessen zu beraten, gemeinsame Entschließungen zu fassen, untereinander ein Band der Solidarität zu schaffen, das ihnen erlaubt zu gegebener Zeit einer ernsten Lage, falls eine solche entsteht, gegenüberzutreten. Dies ist das Band, um dessen Bildung ich mich bemühen möchte.»

Auslöser für Briands abgestimmte Initiative waren von den USA ausgehende wirtschaftliche Probleme, die einen europäischen Zusammenschluss notwendig und sinnvoll erscheinen ließen, auch wenn später im Memorandum das wirtschaftliche Moment hinter den politischen und sicherheitspolitischen Aspekten zurücktrat. Wichtig waren seine Überlegungen, dass strukturelle Ungleichheiten in der Wirtschaft den politischen, sozialen und wirtschaftlichen Frieden in Europa gefährden könnten. Es sei daher sinnvoll, ein vertraglich abgesichertes europäisches «Solidarsystem» zu schaffen. Ohne eine enge Zusammenarbeit in der Wirtschaft, auf dem Arbeitsmarkt und im Sozialbereich werde Europa Krisen nicht bewältigen. Für den Europäischen Staatenbund (Europäische Union) schlug Briand Organe vor, die denen des Völkerbunds entsprachen, also einen Rat als «ständigen politischen Ausschuß», eine Bundesversammlung als «Europäische Konferenz» und ein Bundessekretariat. Ziel des Projekts sei «ein Bund auf der Grundlage des Gedankens der Einigung, nicht der Einheit, d.h. er muß elastisch genug sein, um die Unabhängigkeit und die nationale Souveränität jedes Staates zu wahren, aber allen den Vorteil der kollektiven Solidarität bei der Regelung der politischen Fragen gewährleisten, die das Schicksal der europäischen Gemeinschaft oder das eines ihrer Mitglieder betreffen».

Edouard Herriot (1872–1957), in der Dritten französischen Republik Ministerpräsident, Minister und Parlamentarier und 1949 erster Alterspräsident der Beratenden Versammlung des Europarats, fasste 1930 in seinem Buch *Vereinigte Staaten von Europa* die Reaktionen auf die Europainitiative Briands zusammen und begründete, warum die «Lehren der Gegenwart» für die Notwendigkeit eines europäischen Zusammenschlusses sprächen: «I. Das europäische Bündnis vermag nur im Rahmen des Völkerbundes verwirklicht werden als Element dieses Bundes, als ein Schritt vorwärts in seiner Entwicklung ... X. Es muß die Aufhebung der Zollschranken als das Ende und nicht als den Anfang einer wirtschaftlichen Organisation Europas betrachten. XI. Es vermag nur durch eine europäische Kreditorganisation Stabilität zu erlangen. XII. Ein endgültiges Schiedsgerichts-, Abrüstungs- und Sicherheitsregime allein kann ihm Dauer verleihen.» Er optierte für eine staatenbündische Organisationsform, die den Mitgliedern des Bundes gleiche Rechte gewähre und allen beitrittswilligen europäischen Demokratien offen stehe. Die «Interessengemeinschaft» der europäischen Staaten müsse sich erst allmählich herauskristallisieren.

Die sich seit Anfang der 1930er Jahre rapide verändernden europäischen Rahmenbedingungen, Weltwirtschaftskrise, Krise der Demokratie und des politisch-sozialen Systems sowie eine Krise des internationalen Systems, gaben dem Briandplan schließlich im Studienausschuss ein Begräbnis erster Klasse. Europa kehrte zu nationalem Egoismus und Protektionismus zurück. Der Völkerbund scheiterte. Die europäischen Diktatoren waren an Vereinigten Staaten von Europa nicht interessiert, eher schon an einem von ihnen beherrschten Europa, wie die Europakonzepte der Nationalsozialisten verdeutlichen.

Zu Beginn des Zweiten Weltkriegs legte Emil Ludwig in seinem Schweizer Exil den Entwurf für eine Verfassung der Vereinigten Staaten von Europa vor, in dem er einen europäischen Bundesstaat als die einzige Chance für Europa ansah. Nach dem Krieg gebe es für Europa kaum andere Optionen. Er beschwor daher die Europäer: «Europa wird also in festen Machtformen geeinigt werden oder gar nicht.»

d) Europa – welches Europa? Europäische Integrationsschritte vom Haager Kongress zum Europäischen Konvent und zum Europäischen Verfassungsvertrag

Altiero Spinelli (1907–1986), der Vater des Verfassungsentwurfs des ersten gewählten Europäischen Parlaments vom Februar 1984, hatte 1941 auf der Gefängnisinsel Ventotene sein «Manifest von Ventotene» verfasst, in dem er auch «Vereinigte Staaten von Europa» einforderte. Er plädierte für eine Ordnung, die, anders als ein auf Macht gegründetes Universalreich, den Bedürfnissen Nachkriegseuropas besser entspreche, nämlich, «eine föderative Regelung, die zwar jedem Staat die Möglichkeit lässt, sein nationales Leben so zu gestalten, wie es am besten zu dem Stande und den Besonderheiten seiner Zivilisation passt, die aber der Souveränität aller angeschlossenen Staaten die Mittel entzieht, mit denen diese ihre partikularistischen Egoismen zur Geltung bringen könnten ... Die föderative Gewalt muss über diejenigen Machtmittel verfügen, mit denen sie unter die exklusiv eingestellte nationale Politik den endgültigen Schlussstrich zu ziehen vermag.» Die Föderation musste daher das Recht über Krieg und Frieden erhalten, sollte für die Außenpolitik des Bundes, die Abschaffung der Zollgrenzen und den Minderheitenschutz zuständig sein. Sie besäße die Steuerhoheit, eine von den Mitgliedstaaten unabhängige Verwaltung, «das Recht zur Ausgabe einer gemeinsamen föderativen Währung; das Recht zur Sicherung der vollen Bewegungsfreiheit aller Bürger innerhalb der Grenzen der Föderation». Die Föderation würde auch über «Gesetzgebungs- und Kontrollorgane verfügen, die die unmittelbare Beteiligung der Bürger und nicht die Vertretung der Staaten der Föderation zur Grundlage haben». Die «Organisation der Vereinigten Staaten von Europa» würde die «endgültige Befriedung» Europas durch föderative Strukturen mit sich bringen.

Während des Krieges hatten zahlreiche europäische Exilregierungen in London Zuflucht gefunden. Auf polnische Initiative fanden Gespräche zwischen Exilvertretern aus Polen, der Tschechoslowakei, Griechenland, Jugoslawien, Norwegen, Belgien, den Niederlanden und Luxemburg statt. Die Vertreter der Exilregierungen stimmten darin überein, dass nach den Erfahrungen der Zwischenkriegszeit und des Krieges die Zukunft Europas jenseits des Nationalstaats liegen müsse, soll mit dem Ende des Krieges nicht auch das «finis Europae» einhergehen. Ziel müsse eine europäische Föderation sein. Ihre Mitglieder müssten zur Abgabe von Souveränitätsrechten bereit sein und als Zugangsvoraussetzung ein demokratisches politisch-soziales System vorweisen. Allerdings war den Exilregierungen auch bewusst, dass das von ihnen angestrebte föderierte Europa der Zustimmung der Sowjetunion und der USA bedürfte. Darüber hinaus kam es zwischen Polen und der Tschechoslowakei am 23. Januar 1942 zu einem Abkommen, sich nach dem Krieg zu einer Konföderation zu verbinden, der sich auch andere Staaten der Region mit gleichen Interessen anschließen könnten. Zweck der Konföderation sollte eine gemeinsame Außen-, Verteidigungs-, Wirtschafts- und Finanzpolitik sein. Neben Fragen des Transport-, Post- und Fernmeldewesens sollte die Konföderation auch eine gemeinsame Sozialpolitik entwickeln und in den Bereichen Kultur und Erziehung kooperieren. Als wichtige gemeinsame Aufgabe wurden Fragen der Staatsbürgerschaft und der Freizügigkeit angesehen sowie die Bildung einer Zollunion. Griechenland und Jugoslawien verständigten sich in einem Vertrag vom 15. Januar 1942 auf die Bildung einer Konföderation. Beide Abkommen sollten «Kern für ein zukünftiges Europa» sein und zur Förderung des Wohlstands und der Sicherung des Friedens beitragen. Die Benelux-Staaten unternahmen nach dem Scheitern einer Zollunion in den 1920er Jahren einen neuen Anlauf für eine enge politische, wirtschaftliche und währungspolitische Zusammenarbeit. Die polnisch-tschechischen Pläne ließen sich aufgrund der politischen Rahmenbedingungen nach dem Krieg nicht verwirklichen. Nach 1989/90 kehrten die Ideen von 1940/42 wieder und fanden einen gewissen Niederschlag im 1992 geschlossenen Mitteleuropäischen Freihandelsabkommen (CEFTA). Die jugoslawisch-griechischen Überlegungen wurden zu Beginn der 1950er Jahre in Vorschlägen für einen Balkanpakt wieder aufgegriffen. Allein der Vertrag zwischen Belgien, den Niederlanden und Luxemburg vom 5. September 1944 über eine Zoll-, Wirtschafts- und Währungsunion sollte mit Verzögerungen 1948 umgesetzt und als Modell für die europäische Integration fortgeführt werden. Eine Beschäftigung mit den Vorstellungen der Exilregierungen, vor allem derjenigen, die zwischen 1945/48 und 1989/90 am Europadiskurs in den westeuropäischen Demokratien nicht beteiligt waren, kann in hohem Maße zum Verständnis der historischen Traditionen dieser Länder beitragen und ist ein Desiderat der Forschung. Gemeinsam ist ihnen, dass das zukünftige Europa eine Zone des Friedens, der Sicherheit, der Stabilität und des Wohlstands werden sollte. Spinelli hatte diesen Gesichtspunkt ebenfalls aufgegriffen, als er die Europäer aufrief: «In Anbetracht der hervorragenden Stellung, die Europa heute in der Welt als Ausstrahlungszentrum der Zivilisation einnimmt, und in Anbetracht dessen, dass Europa mit inneren Kämpfen stets der Mittelpunkt aller internationalen Konflikte war, würde seine endgültige Befriedung im Rahmen der föderativen Institutionen den größten unter den gegenwärtigen Umständen möglichen Schritt in Richtung auf die Befriedung der Welt bedeuten.» Diese Ziele – Frieden, Sicherheit, Wohlstand – kehren dann in den Präambeln der seit den 1948/49 in Westeuropa gegründeten europäischen Organisationen mit unterschiedlicher Akzentuierung wieder und sind bis zu den Verträgen seit dem Ende der Blöcke 1989/90 neben den Hinweisen auf das gemeinsame kulturelle Erbe wichtige Vertragselemente.

Die Hoffungen von Exil und Widerstand, den Nationalstaat durch eine Europäische Föderation zu überwinden, erfüllten sich 1945 vorerst nicht. Es bewahrheitete sich ein Wort des britischen Sozialisten und Pazifisten Brailsford, der 1943 feststellte, dass die europäische Einheit nur durch Aufgabe nationaler Souveränitätsrechte geschaffen werden könne. «Dies werden Menschen nur unter den Bedingungen und Notwendigkeiten des Krieges tun und haben es getan. Dies ist die schöpferische Stunde, wenn Grenzen nur fließend sind und die Interessen noch nicht unverrückbar festgeschrieben wurden.»

Die Menschen überall in Europa hatten andere Sorgen. Priorität hatten Überlebensstrategien, nicht Europa. Die Kriegshandlungen zwischen 1939 und 1945 hatten neben den Armeen und Soldaten zunehmend auch die Zivilbevölkerung einbezogen. Bei Kriegsende gab es überall in Europa massive Versorgungsprobleme. Bis 1947/48 sollte sich an dieser Situation kaum etwas ändern. Auf die Churchill 1947 gestellte Frage «Was ist Europa?» soll er geantwortet haben: «Ein Kehrichthaufen, ein Leichenhaus, eine Brutstätte für Seuchen und Haß.» Europa hatte als Ergebnis des Krieges nun endgültig seine herausragende Stellung verloren. Würde es vom Subjekt zum Objekt der Weltpolitik, zur Kolonie, zum Kondominium der neuen Supermächte werden? Weder die Sowjetunion noch die USA hatten zunächst Interesse an einem eigenständigen Europa. In der gemeinsamen Erklärung vom 11. Februar 1945 zur «Befreiung Europas» erklärten Roosevelt, Stalin und Churchill auf der Konferenz von Jalta ihre Bereitschaft, in Krieg und Frieden eine gemeinsame und abgestimmte Europapolitik zu verfolgen, um, wie es hieß, «die politischen und wirtschaftlichen Probleme des befreiten Europa auf der Grundlage demokratischer Prinzipien zu regeln». Die USA, die Sowjetunion und der weltpolitische Juniorpartner Großbritannien beanspruchten für sich für die «Periode der Instabilität» ein Kontroll- und Interventionsrecht über Europa. Das politische und wirtschaftliche Leben sollte auf der nationalstaatlichen Ebene wieder errichtet werden. Die «großen Drei», zu denen noch Frankreich stoßen sollte, entschieden sich in Jalta gegen ein vereintes Europa und für die Wiederherstellung eines nationalstaatlich organisierten Europa. Die offiziell verordnete nationalstaatliche Restauration des Kontinents rückte, auch angesichts der realen Machtverhältnisse, während des Krieges entwickelte Europaföderationspläne wieder in den Hintergrund. Europainitiativen des belgischen Sozialisten Paul Henri Spaak und des italienischen Christdemokraten Alcide de Gasperi unmittelbar nach dem Krieg stießen auch bei den europäischen Siegern, den alten europäischen Großmächten mit weltpolitischen Ambitionen, Großbritannien und Frankreich, auf Ablehnung und mussten daher zurückgestellt werden.

Die 1944/45 aus dem Exil zurückgekehrten oder neu bestellten europäischen Regierungen mussten sich zunächst einmal um die «Rekonstruktion» von Politik und Wirtschaft auf der nationalen Ebene kümmern. Das Ziel, die Überwindung des Nationalstaats durch neue und zukunftsträchtige Konzepte für Europa, musste warten. Bis zur Ausbildung eines Blocksystems 1947/48 in Europa und der Änderung der amerikanischen Europapolitik seit 1947 – «Europa muss sich vereinigen oder untergehen» (John F. Dulles) – wurden die Europaaktivitäten von privaten Vereinigungen und Gruppen mit unterschiedlichen Europakonzepten – vom Bundesstaat bis zur lockeren Föderation und zwischenstaatlichen Strukturen – getragen, die sich zu Kongressen in der Schweiz und in den Niederlanden trafen und sich mit Publikationen und Reden öffentlich für den europäischen Gedanken und die Notwendigkeit der «Wiedervereinigung Europas» einsetzten. Bestrebungen zu einer Wiederherstellung der im Mittelalter zerbrochenen Einheit Europas hatte es über die Jahrhunderte immer wieder gegeben. Angesichts der drohenden endgültigen Abdankung Europas als Zentrum der Weltpolitik nach zwei zerstörerischen Kriegen erhielt der scheinbar utopische Traum von den «Vereinigten Staaten von Europa» neue Denkanstöße. In der unmittelbaren Nachkriegszeit trat dabei ein Aspekt in den Vordergrund, der bis in die aktuellen Diskussionen wiederkehren sollte: Europa als «dritte Kraft», als eigenständiges politisches und wirtschaftliches Gewicht zwischen den Weltmächten. Sicherlich war dieses Konzept mit der Formierung der politisch-militärischen Blöcke mit einer Demarkationslinie mitten durch Europa seit dem Beginn der 1950er Jahre erneut zur Utopie geworden. Die Idee der «dritten Kraft» erhielt aber zu Beginn der 1960er Jahre und vor allem auch seit dem Ende des Kalten Krieges neue Impulse.

Auf dem Haager Europakongress im Mai 1948 erhielten die Europaverbände und die Regierungen ein gemeinsames Forum für die künftige Gestaltung (West)Europas. Mit der Organisation für Wirtschaftliche Zusammenarbeit in Europa (OEEC) war wenige Wochen zuvor eine erste zwischenstaatliche Organisation der europäischen Staaten entstanden. Der Europarat wurde 1949 als die erste politische europäische Organisation geschaffen. Er war in seinen Organen denen des Völkerbunds und des Briandschen Europäischen Staatenbundvorschlags nachempfunden. Neben dem Ministerkomitee und dem Sekretariat besaß er eine Beratende Versammlung als parlamentarische Körperschaft und zunächst kein Gericht (seit 1959: Europäischer Gerichtshof für Menschenrechte). Anders als im Völkerbund oder in Briands Projekt saßen in der Beratenden Versammlung nicht Regierungsvertreter, sondern aus den nationalen Parlamenten delegierte Abgeordnete. Der Europarat wurde als europäisches Rohmodell richtungweisend für alle seit 1949 gegründeten westeuropäischen Gemeinschaften und auch für die letztlich nicht zustande gekommenen: Europäische Gemeinschaft für Kohle und Stahl (EGKS), Europäische Wirtschaftsgemeinschaft (EWG), Europäische Atomgemeinschaft (EAG), Europäischen Gemeinschaften (EG), Europäische Union (EU) sowie die Europäische Verteidigungsgemeinschaft (EVG) und die Europäische Politische Gemeinschaft

(EPG). Zugleich stand und steht der Europarat in einer langen historischen Tradition europäischer Einigungsbemühungen seit dem 14. Jahrhundert, die in ihrem historischen Kontext die Komplexität und Vielfalt europäischer Geschichte verdeutlichen und zu einem besseren Verständnis der Gegenwart beitragen können. Wie sehr sich die Mitglieder der Beratenden Versammlung der Gemeinsamkeiten und Vielfältigkeiten der europäischen Entwicklung bewusst waren, der kreativen Spannungsverhältnisse, die Europa in seine geschichtsmächtige Rolle gebracht hatten, zeigten die Verfassungsdiskussionen in den ersten Jahren nach der Europaratsgründung und auch die dort erörterten Europabilder. Der Allgemeine Ausschuss der Beratenden Versammlung legte am 30. April 1953 einen Bericht über die Annahme eines Statuts einer Politischen Gemeinschaft mit supranationalem Charakter vor. Der historische Teil des Berichts verdeutlicht den Versuch, historische Kontinuitätslinien zu ziehen und auch auf neue Entwicklungen hinzuweisen. Er interpretierte die in seinem historischen Umfeld im Zusammenhang mit der europäischen Geschichte erörterten Europavorstellungen und Europamodelle mit dem Blick des emotional engagierten und europabewussten Parlamentariers, der zugleich Zeitgenosse, Miterlebender war und sich erneut, wie schon Briand, in einer «entscheidenden Stunde» für Europas Zukunft sah und dieses Mal die Chance nicht verspielen möchte. Der Bericht will auf seine Weise identitätsstiftend wirken. Für die große Mehrheit der Delegierten der ersten Sitzungsperioden der Beratenden Versammlung des Europarats war der Wunsch, ein vereintes Europa zu bauen, auch wenn es zunächst nur das westliche sein konnte, ein tief verwurzeltes emotionales Anliegen. Für die Generation der Bidaults, Mollets, Carlo Schmids, Heinrich von Brentanos, Robert Mackays, Lord Laytons, La Malfas, Guleks, Cassimatis', André Philips, Goes van Naters, Maccas', de Valeras, Paul Henri Spaaks, Finn Moes, Ohlins, Erich Ollenhauers, Eugen Gerstenmaiers und Serrarens galt mit – möglicherweise – unterschiedlicher Akzentsetzung ein Wort Konrad Adenauers, der mit Blick auf die europäische Einigungsproblematik einmal treffend, Geschichte, Gegenwart und Zukunft verknüpfend formuliert hatte: «Europa, das war der Traum von wenigen; Europa, das wurde die Hoffnung für viele; Europa, das ist heute die Notwendigkeit für uns alle!»

e) Welches Europa?

Die ersten Schritte zu einem engeren Zusammenschluss der europäischen Völker wurden nicht erst nach 1945 eingeleitet, wie dies ein auf die westeuropäischen «Gründungsväter» bezogener «Europamythos» zu vermitteln versucht. Die europäische Einigungsidee, jenseits einer Europaidelogie, hat – dies haben die vorausgehenden Überlegungen verdeutlicht – ihre konkreten Wurzeln im Mittelalter. Sie reichen, je nach Einschätzung, weiter ins frühe

Mittelalter und die Antike zurück. Im 13./14. Jahrhundert finden sich auch schon die «Rohmodelle» für die heutigen Institutionen. 1953 machte eine Resolution des Europarats auf den Europaplan von Pierre Dubois und auf andere Vorschläge und Ideen aufmerksam, um «auf den Weg, den wir gegangen sind», zu verweisen. Seit der Gründung des Europarats 1949, der Bildung der Europäischen Gemeinschaft für Kohle und Stahl 1951 und den Römischen Verträgen von 1957 hat der Integrationsprozess der europäischen Demokratien entscheidende Fortschritte gemacht. In mehreren Etappen wurde die Gemeinschaft erweitert und vertraglich verfestigt. Mit dem Ende der Blöcke in Europa, der Vereinigung Deutschlands 1990 und den Verträgen von Maastricht, Amsterdam und Nizza wurden die Voraussetzungen für eine Erweiterung der EU und eine «Rückkehr» Polens sowie anderer mittelost-, ost- und südosteuropäischer Staaten nach Europa eingeleitet, die zum 1. Mai 2004 vollzogen wurde. Die Vergrößerung der EU erfordert auch eine grundlegende institutionelle Reform der Gemeinschaft, einen Europäischen Verfassungsvertrag, dessen Entwurf der Konvent für die Zukunft Europas im Juni 2003 vorgelegte.

Viele Aspekte, die lange auf der europäischen Agenda standen oder immer noch stehen, wurden seit den 1920er Jahren diskutiert (Wirtschafts- und Währungsunion, Europäische Währung, Rechtsgemeinschaft), in Exil und Widerstand verfeinert und seit 1945/48 neu aufgegriffen, ehe sie dann 1957 ihren Niederschlag in der Gemeinschaftsidee des EWG-Vertrags fanden. Damit sollte Europa freilich mehr werden als eine Zollunion. Es musste auch eine politische, soziale und sicherheitspolitische Dimension erhalten. Diese Zielsetzungen erfordern heute in einem veränderten europäischen und globalen Umfeld mehr als eine institutionelle Reform der Gemeinschaftsorgane. Zu einer europäischen Identitätsbildung innerhalb der EU sind weitere Schritte notwendig. Die Charta der Grundrechte muss durch eine diese einbeziehende Verfassung ergänzt werden. Zu einem verfassten Europa gibt es trotz nationaler Ängste und Vorbehalte keine Alternative. Wie wird schließlich die «Finalität Europas» aussehen? In der deutschen Diskussion seit Mitte der 1990er Jahre plädierten vor allem die Bundespräsidenten Roman Herzog und Johannes Rau in eindrucksvollen Reden 1995 und 2001 vor dem Europäischen Parlament für eine europäische Verfassung, Vorstellungen, die in London und Paris auf Vorbehalte stießen. Jacques Chirac, Tony Blair und auch Joschka Fischer befürworten, die Nationalstaaten in einer «Europäischen Föderation» als zentrale Bausteine zu erhalten, und favorisieren einen entsprechenden Verfassungsvertrag. Joschka Fischer meinte in einem Vortrag an der Berliner Humboldt-Universität am 12. Mai 2000, dass eine Europäische Föderation nicht der Weg sein könne, denn neben den «Völkern, Kulturen, Sprachen und Geschichten» Europas seien die Nationalstaaten «nicht wegzudenkende Realitäten», und es wäre daher ein «nicht wieder gutzumachender Konstruktionsfehler, wenn man die Vollendung der politischen Integration gegen die vorhandenen nationalen Institutionen und Traditionen und nicht unter deren Einbeziehung versuchen würde. Ein solches Unternehmen müsste unter den historisch-kulturellen Bedingungen Europas scheitern. Nur wenn die europäische Integration die Nationalstaaten in eine solche Föderation mitnimmt, wenn deren Institutionen nicht entwertet oder gar verschwinden werden, wird ein solches Projekt ... machbar sein.» Die bisherige Vorstellung, einen Bundesstaat zu schaffen «erweist sich als ein synthetisches Konstrukt jenseits der gewachsenen europäischen Realitäten. Die Vollendung der europäischen Integration lässt sich erfolgreich nur denken, wenn dies auf der Grundlage der Souveränitätsteilung von Europa und Nationalstaat geschieht.»

Auf die «strategische» Rede Fischers, in der die Position des Auswärtigen Amtes sehr deutlich wurde, reagierten die europäischen Partnern, je nach innenpolitischer Konfliktlage. Sie zwang jedoch die anderen Mitgliedstaaten, sich gegenüber dem größten Mitglied zu positionieren. Der französische Staatspräsident Jacques Chirac griff die Finalitätsfrage am 27. Juni 2000 in seiner Rede vor dem Deutschen Bundestag auf und nannte die Diskussion «dringend erforderlich». Frankreich lehne aber einen «Superstaat» ab, «der an die Stelle unserer Nationalstaaten treten und deren Ende als Akteure auf der internationalen Bühne markieren würde. Aus unseren Nationen, in denen wir verwurzelt sind, schöpfen wir unsere Identität. Die Vielfalt ihrer politischen, kulturellen und sprachlichen Traditionen ist eine der Stärken unserer Union. Auch in Zukunft werden die Nationen die wichtigsten Bezugspunkte unserer Völker darstellen.» Auch Tony Blair bezog verschiedentlich in der Diskussion über die Zukunft der EU Position. So am 6. Oktober 2000 – wenige Wochen vor dem Gipfel in Nizza – vor der polnischen Börse. Einen «Superstaat» lehnte er ab. Diese Position kehrt in Reden von britischen Regierungsmitgliedern seither wieder, auch nach der Vorlage des Konventsentwurfs. In gemeinsamen Stellungnahmen betonten auch Polen und Großbritannien, eine zwar handlungsfähige EU zu wünschen, aber die nationalstaatlichen Rechte dürften nicht geschmälert werden.

Die Bundespräsidenten Herzog und Rau, in der historischen deutschen Föderalismustradition stehend, warben vor dem Europaparlament für eine föderative europäische Verfassung. Sie brachten wichtige Impulse in die Debatte ein. Rau schlug ein Zweikammersystem für die EU vor. Der Kommissionspräsident sollte gewählt und die Bürger am Prozess der Arbeit an einer Verfassung stärker beteiligt werden. Rau brachte auch ein wichtiges Argument für einen föderativen Aufbau des künftigen Europa: «Die staatlichen Ordnungen unserer europäischen Länder sind historisch gewachsen, ... sie sind unterschiedliche, gleichwertige demokratische Antworten auf bestimmte historische Entwicklungen. Und gerade weil die europäische Entwicklung nicht hin zu einem Einheitsstaat läuft und nicht laufen soll, müssen wir ein Ordnungsprinzip finden, das diesem Willen entspricht, unsere unterschiedlichen Traditionen wahrt und zugleich auf der Höhe der Zeit ist. Dieses Ordnungsprinzip ist die Föderation.»

Der Staatsrechtler Herzog hatte schon 1995 mit guten – auch historischen – Argumenten für eine föderative Ordnung Europas plädiert. In Lebensgefühl und Kultur seien die Europäer schon europäischer, als es Technokraten und die nationalen politischen Klassen wahrhaben wollten. Nichts hindere Vaterländer daran, sich in einer Föderation zusammenzuschließen und dennoch Vaterländer zu bleiben! Die Bürger benötigten Orientierungen und eine «offensive Diskussion über Zukunftsprobleme». Die Geschichte Europas und der europäischen Einigungsidee biete diese Orientierungen an. Der Nationalstaat könne in föderative Formationen überführt werden. Winston Churchill hatte dies 1946 in seiner Züricher Rede bewusst so formuliert: «Die Struktur der Vereinigten Staaten von Europa wird, wenn sie gut und echt gebaut ist, die materielle Stärke eines einzelnen Staates weniger wichtig machen. Kleinere Staaten werden ebenso zählen wie große und werden ihren Ehrgeiz darin setzen, zur gemeinsamen Sache beizutragen.»

Auf dem Weg vom Nationalstaat nach Europa stehen die Bürger Europas nicht ohne Orientierungen da. Die Geschichte der europäischen Integration nach dem Zweiten Weltkrieg, beginnend mit dem Europarat 1949 als Rohmodell und Ideenschmiede im europäischen Einigungsprozess und seinen wichtigen Impulsen für die Ausbildung einer europäischen Identität durch Symbole, Demokratie, Rechtsstaatlichkeit und Menschenrechte, zeigt, wie ein Integrationsmodell auf dem anderen aufbaut. Die EU von Maastricht bedeutet eine «Steigerungsform» der Verträge von Rom. Im Moment ist Europa mit dem Verfassungsentwurf des Konvents «auf dem Wege zur demokratischen Steigerungsform der EU» (R. Herzog). Trotz des Rückschlags, den das europäische Verfassungsprojekt 2005 durch die ablehnenden Referenden erfuhr, ist der Weg zu einem «verfassten Europa» unumkehrbar und ohne Alternative. Europa wird sich in neuen Formen und mit neuen Ideen zurückmelden, ja zurückmelden müssen. Wie immer das künftige Europa aussehen wird, es wird neben dem größeren Europa des Europarats zunächst als Sonderbund ein enger zusammengeschlossenes Europa der EU geben. Das historische und kulturelle Europa war über die Jahrhunderte hinweg *immer* in der Lage, sich aus Erstarrungen zu lösen und neue Formen für das Zusammenleben zu entwickeln, auch für das politische. So wird es hoffentlich auch in der Zukunft sein!

Duchhardt, Heinz/*Morawiec*, Malgorzata (Hg.): Vision Europa. Deutsche und polnische Föderationspläne des 19. und frühen 20. Jahrhundert. Mainz 2003; *Gollwitzer*, Heinz: Europabild und Europagedanke. München [2]1964; *Gruner*, Wolf D.: Europäische Geschichte und Kultur: Kontinuitäten und Brüche, Grundprobleme, Modelle und Perspektiven, in: *Bundeszentrale für Politische Bildung* (Hg.): Lernen für Europa. Arbeitshilfen 1994, S. 13–38; *Gruner*, Wolf D.: Völkerbund, Europäische Föderation oder internationales Schiedsgericht?, in: *ders.*: Deutschland mitten in Europa. Hamburg 1992, S. 173–224; *Gruner*, Wolf D.: Mapping Europe: Europa in der Kartographie, in: *Öhner*, Vrääth et al (Hg.): Europa-Bilder. Innsbruck 2005, S. 167–187; *Gruner*, Wolf D.: Vom Nationalstaatlichen Europa zum verfassten Europa der Nationen? Teil I: Die Epoche der europäischen Transformation

1750–1830, in: GPS 43/2005, S. 9–31; *Hay*, Denys: Europe. The Emergence of an Idea. Edinburgh ²1968; *Heater*, Derek: Europäische Einheit – Biographie einer Idee. Übersetzt und annotiert von Wolfgang *Schmale* und Brigitte *Leucht*. Bochum 2005 (orig.: The Idea of European Unity. Leicester 1992); *Hecker*, Hans (Hg.): Europa – Begriff und Idee. Historische Streiflichter. Bonn 1991 (hier vor allem die Beiträge von Dietmar *Kienast*: «Auf dem Wege zu Europa. Die Bedeutung des römischen Imperialismus für die Entstehung Europas», S. 15–31 und Rudolf *Hiestand*: «‹Europa› im Mittelalter – vom geographischen Begriff zur politischen Idee», S. 33–48); *Joas*, Hans et al. (Hg.): Die kulturellen Werte Europas. Frankfurt a. M. ²2005; *Malettke*, Klaus (Hg.): Imaginer l'Europe. Brüssel 1998; *Matz*, Klaus-Jürgen: Europa-Chronik. München 1999; *Mitterauer*, Michael: Warum Europa? Mittelalterliche Grundlagen eines Sonderwegs. München ²2004; *Ortegya y Gasset*, José: Europäische Kultur und Europäische Völker. Stuttgart 1954; *Pagden*, Anthony (Hg.): The Idea of Europe. From Antiquity to the European Union. Cambridge/New York 2002; *Plessen, Marie-Louise Gräfin von* (Hg.): Idee Europa. Entwürfe zum ‹Ewigen Frieden›. Ordnungen und Utopien für die Gestaltung Europas von der pax romana zur Europäischen Union. Berlin 2003; *Raumer*, Kurt von: Ewiger Friede. Friedensrufe und Friedenspläne seit der Renaissance. Freiburg/München 1953; *Rosenstock-Huessy*, Eugen: Die europäischen Revolutionen und der Charakter der Nationen. Volkscharaktere und Staatenbildung (1932). Moers 1987; *Rougemont*, Denis de: Europa. Vom Mythos zur Wirklichkeit. München 1962; *Salzmann*, Siegfried (Hg.): Mythos Europa. Europa und der Stier im Zeitalter der Industriellen Zivilisation. Bremen 1989/90; *Schulze*, Hagen/*Paul*, Ina Ulrike (Hg.): Europäische Geschichte. Quellen und Materialien. München 1994; *Szöverffy*, Joseph (Hg.): Mittelalterliche Komponenten des europäischen Bewusstseins. Berlin 1983; *Ter Meulen*, Jacob: Der Gedanke der internationalen Organisation in seiner Entwicklung 1300–1800. Den Haag 1917; Vietta, Silvio: Europäische Kulturgeschichte. München 2005.

1.2 Europa – Anmerkungen zu einem geographischen, kulturellen, politischen, historischen, konfessionellen, wirtschaftlichen und sozialen Raum

Die Frage nach den Grenzen Europas findet, je nach Fragestellung und Perspektive des Betrachters, höchst unterschiedliche Antworten. Dies sollte von Anfang an charakteristisch für die inhaltliche Beschreibung und räumliche Ausformung des Europabegriffs seit der Zeit der Antike werden. Was verstehen wir eigentlich unter Europa? Ist Europa lediglich ein geographischer Begriff, wie Otto von Bismarck und andere es im Verlauf der Geschichte gesehen haben, der einen geographischen Raum kennzeichnet, der reich gegliedert und vielgestaltig unter den anderen Erdräumen eine physikalisch-geographische Singularität besitzt? Beschreibt Europa einen Raum, der sich gegenüber anderen Räumen abgrenzt? Welchen Raum meinen wir, wenn wir von Europa sprechen? Diese Wahrnehmung war über die Jahrhunderte mit Blick auf die Raumbeziehung, und die «Konstruktion des Raumes» (U. Schneider), der zeitspezifischen Rahmenbedingungen, des Erkenntnisstandes und der Formen der gewollten und erlaubten Darstellung höchst unterschiedlich.

Paul Valéry hat 1919 in seinem zeitkritischen Essay *Die Krise des Geistes* den geographischen Raum Europa definiert, wenn er meinte, Europa sei eine Halbinsel Asiens. Sicherlich ist diese Aussage inzwischen eine Binsenwahrheit. Dennoch lassen sich die geographischen Grenzen Europas im Norden, im Osten, im Süden und auch an den Seegrenzen nach Westen – dies verdeutlichen die Diskussionen der Geographen – nicht leicht festlegen.

Klare und eindeutige Abgrenzungen gegenüber Asien gibt es nicht. Auf der berühmten Weltkarte des Ptolemaios wird die «Wildnis» im Nordosten des Schwarzen Meeres und der griechischen Kolonien als «Sarmatia» bezeichnet. Eine Grenzziehung erschien ihm aber schwierig, daher unterschied er zwischen dem «europäischen und dem asiatischen Sarmatia» und setzte die Grenze zwischen Asien und Europa am «Tanais» (Don). In schematischen T-O-Weltkarten des Mittelalters und bis in die Renaissance blieb der Don der Grenzfluss zwischen Europa und Asien. Das Mittelgebirge Ural wurde erst Anfang des 18. Jahrhunderts zur Verwaltungsgrenze zwischen dem europäischen und dem asiatischen Teil des Zarenreiches erklärt. Diese neuzeitliche Abgrenzung hat sich bis in die Gegenwart erhalten. Daher ist der längste Fluss Europas nicht die Donau, sondern die Wolga!

Europa ist also keine natürliche geographische Einheit wie Australien, Afrika oder die Amerikas. Damit Europa zum «Erdteil» werden kann, muss es als geographischer Raum Besonderheiten aufweisen. Eine Schulbuchkommission des Europarats für den Erdkundeunterricht stellte daher 1964 fest, dass Europa nur dann als Erdteil angesehen werden könne, wenn «der Mensch und sein Wirken in Siedlung, Wirtschaft, Kultur, Geschichte und Politik in die Betrachtung einbezogen wird». In der modernen Forschung zur historischen Geographie Europas werden für die lokalen Lebensumstände von Menschen drei Faktoren hervorgehoben, die in ihrem wechselseitigem Beziehungsgeflecht von zentraler Bedeutung sind: die Lebensumwelt; die Vorstellungen und Formen über die soziale Organisation von Menschen, die dort leben und lebten; und der Stand der Technologie.

Norman J. G. Pounds hat dieses Grundraster wechselseitiger und unauflöslicher Beziehungen über 2500 Jahre europäischer Menschheitsgeschichte untersucht. Im Mittelpunkt steht der Mensch als Bewohner des geographischen Europa, der durch die Landschaft, in der er lebt, physisch und mental geprägt wird und diese seinerseits im positiven wie im negativen Sinne gestaltet und verändert. Technische Innovationen wurden von den Gesellschaften, in denen sie entwickelt wurden oder die von ihnen Kenntnis erhielten, entweder begrüßt und eingesetzt oder aber abgelehnt. Die Lebensumstände – Berge, Hügel, Flusstäler, Ebenen, Küsten, Inseln – beeinflussten und beeinflussen die vom Menschen gewählten Siedlungsformen, die Verkehrs- und Transportwege, die Möglichkeiten der Kommunikation und die Anbauformen in der Landwirtschaft. Mit dem Begriff Europa verbindet sich also die Vorstellung von Raum und Zeit. Ein wesentliches Element kommt hinzu, der «Geist». Hierauf machte Eugen Rosenstock 1931 in seiner klassischen Studie über Revolutionen aufmerksam, als er die Frage formulierte: «Wie ist nun in das Wort Europa jene eigentümliche Mischbedeutung von Geographie und Geist hineingefahren? Sehen wir heute ein Entblättern der einheitlichen Blüte der europäischen Kultur, eine Abschüttlung zunächst des christlichen, dann des kulturellen Beisatzes überhaupt, so daß nur die europäische Landkarteneinheit übrig bleibt, so ist dies doch eine letzte Verfallserscheinung am Ende der Neuzeit. Das Eigentümliche an dem Namen Europa ist nicht diese Auslaugung des Begriffs, sondern umgekehrt die einstige Zusammenpressung eines geistigen Gehalts in einen rein geographischen Rahmen. Darin offenbart sich ein eigenartiger Glaube.»

Für unser europäisches Selbstverständnis ist die von Rosenstock konstatierte Verbindung der Raum- und Zeitperspektive mit dem Geist auch in der von ihm gezeigten Verknüpfung höchst anregend und hilft uns auch bei dem Versuch, den Beginn der europäischen Geschichte festzulegen. Aus Rosenstocks Sicht wird in «das Vorgebirge von Asien, das die Phönizier des Altertums deshalb das Westland (Ereb) nannten und das für sie in Kreta anfing, Europa, ... ein geistiges Privileg hineingesehen. Kraft dieses geistigen Privilegs gebührt Europa die kulturelle Vorherrschaft über alle Erdteile und Völker. Dieser Raumglaube muß bemerkt und begriffen werden, damit die Tragweite des Wortes Europa sich erschließt. Es ist ein Glaube, der sich auf das Sichtbare, im Raum sich Darstellende richtet. Dieser Glaube ist der Glaube der Neuzeit. Er konnte erst entstehen im Zeitalter der großen Entdeckungen im Himmel und auf der Erde. Europa ist ein Begriff, der erst nach der Entdeckung Amerikas und mit der humanistischen Renaissance sich durchsetzen kann. Der Name Europa in dem pathetischen Sinn der europäischen Kultur hat nichts zu tun mit der antiken Mythologie von Europa.»

Nach diesen Überlegungen wird uns ein in erster Linie ethnographisches Europaverständnis, das unseren Kontinent trotz der Vielgestaltigkeit der Sprachen, Kulturen sowie nationalen und regionalen Eigenheiten als eine von den romanisch-germanisch-slawischen Völkern gebildete Einheit mit gemeinsamer Herkunft versteht, als Erklärungsmuster nicht mehr ausreichen.

Ist Europa ein politischer Begriff? Verbinden wir heute, wenn wir von Europa sprechen, damit einen politischen Raum? Verstehen wir darunter immer noch wie vor 1989/90 den freien, demokratischen, westlich orientierten Teil des europäischen Kontinents unter Einschluss der Britischen Inseln und Islands? Oder umfasst das politische Europa von 2006 die europäische Staatenwelt unter Einschluss oder Ausschluss des europäischen Russland? Möglicherweise wollten viele Europäer im «Kerneuropa der Fünfzehn» die Keimzelle für Vereinigte Staaten von Europa sehen, das allein – aus dieser Perspektive – als Bewahrer der europäischen Traditionen und Werte gelten könne. Mit 2004 und in den kommenden Jahren wurde und wird das «Kerneuropa» zum größeren EU-Europa mit neuen geographischen Herausforde-

rungen, wenn es nicht gelingen sollte, den Raum Europa auch geographisch endlich eindeutig zu definieren.
Versuche, den politischen Raum Europa durch eine hegemoniale Struktur zu einen, sind zwischen dem 18. und 20. Jahrhundert immer wieder unternommen worden und regelmäßig gescheitert. Der Weg zu einem politischen Raum, der von den Europäern gestaltet und angenommen werden kann, geht nur über die freie Entscheidung der Mitglieder in einer für Europa gefundenen politischen Struktur. Hinsichtlich der Organisationsform können unterschiedliche Vorstellungen und Wahrnehmungen existieren. In jüngster Zeit wird für diese Situation der von René Girault geprägte Terminus «Les Europes des Européens» (Die Europa der Europäer) benutzt. Sollte die Europäische Verfassung auf sich warten lassen, weil die europäischen Politiker eine «lange, lange Denkpause» (J. C. Juncker) benötigen, dann sind hoffentlich nur für eine Übergangsphase, ein, zwei oder drei Europas als Politikräume denkbar, ein Modell, das bereits 1994 im Zusammenhang mit der Diskussion über die Vertiefung und Erweiterung der EU diskutiert wurde. Ein Europa der unterschiedlichen Geschwindigkeiten, wie es bereits der irische Ministerpräsident de Valera 1949 im blockierten Dialog zwischen den Föderalisten und den Intergouvernementalisten vorgeschlagen hatte, kann sich ohne größere Verwerfungen für Gesamteuropa nur als kurzfristige Lösung anbieten. Entscheidend ist auch, welche Auswirkungen dies für die gesamte Gemeinschaft hat, wenn es keine verbindenden Strukturen gäbe, wie beispielsweise seit der Einführung des Euro als der gemeinsamen Währung zwischen denjenigen Mitgliedern, die sich für die Währungsunion qualifiziert haben, und den noch abseits stehenden Mitgliedern. Eine «Kerneuropa»-Option, die Bildung einer Avantgarde kann ohne Schaden nur auf Zeit funktionieren.
Die hier angedeuteten, noch beliebig vermehrbaren Definitionsversuche und Problemkreise verdeutlichen, dass sich auf die Frage, was Europa ist, keine klaren, eindeutigen, von allen anerkannten Antworten finden lassen. Zweifelsohne ist Europa, wie es eine Arbeitsgruppe zur europäischen Einigung und Einheit formulierte, «also nicht einfachhin ein geographisch vorgegebener Begriff, Europa ist vielmehr eine gewordene und geprägte Wirklichkeit. Dieses Werden und Prägen aber war eine Sache der Menschen. Europa kann daher nur im Hinblick auf den Menschen und seine Geschichte erfaßt werden, also in seiner geistig-kulturellen Eigenart ... Europa beginnt also da, wo der Mensch das Thema geistiger Bemühungen geworden ist.» Aussagen dieser Art rufen sicherlich Zweifel und Skepsis hervor und werfen die Frage nach der Ermöglichung auf. Lässt sich «Europäertum» über einen langen historischen Zeitraum hinweg, sei es von der Vorgeschichte bis heute, seit der Zeit der Griechen und Römer, seit der Epoche Karls des Großen oder für die Jahrhunderte seit dem 14. Jahrhundert, über sprachliche und zunehmend auch territoriale und staatliche Grenzen hinweg eindeutig definieren? Die erwähnte Europaarbeitsgruppe stellte bei ihren Überlegungen zum Werden und Wesen

der europäischen Eigenart fest, dass sich sicherlich eine Art physikalische oder mathematische Formel für das «Europäische» weder aufstellen noch anwenden lasse, denn der «Mensch ist kein berechenbares Gleichungssystem. Trotzdem werden dem unvoreingenommenen Beschauer der Kulturen bestimmte Eigenschaften unserer europäischen Lebensauffassung deutlich – gleichsam typische Gesichtszüge, die anderswo ähnlich vorkommen können, jedoch nicht mit der gleichen Prägnanz.»

Das, was wir unter Europa verstehen oder verstehen wollen, lässt sich nicht mit einer Momentaufnahme einfangen. Sein Wesen und was wir in der jeweiligen Gegenwart und Vergangenheit damit verbinden, lässt sich «nur mit Blick auf den historischen Wandel ... erfassen, wie er sich in den Köpfen der Menschen spiegelt» (H. Schulze).

Der große italienische Historiker Federico Chabod versuchte sich dem komplexen Phänomen Europas über die Kultur zu nähern und dabei die Frage zu beantworten, «wann und auf welche Weise unsere Ahnen das Bewußtsein erlangten, Europäer zu sein.» Er hat dabei zahlreiche bereits in anderem Zusammenhang berührte Aspekte aufgegriffen und in ein historisches Bett gefasst. Die Prägung des Europäers ist sicherlich durch die Akklimatisierung in einem geographischen Raum erfolgt, «aber vor allem ist sie das Werk der Geschichte, das heißt des menschlichen Willens, das im Verlauf der Jahrhunderte seinen dauerhaften Stempel den Generationen aufgedrückt hat, die in dem Europa genannten Kontinent aufeinander gefolgt sind. Es ist das nunmehr jahrtausend alte Erbe der Väter, das wir von Geburt an in uns tragen und das wir unsererseits bereichern und vervielfältigen durch unsere Erfahrungen, Gedanken und Gefühle, um es unseren Kindern und Enkeln weiterzureichen. Die zu stellende Frage, lautet daher: Zu welcher Zeit begannen die auf europäischem Boden lebenden Menschen, sich darüber klar zu werden, daß sie selbst und mit ihnen ihre Länder durch Sitten, Gebräuche und Denkformen etwas ganz anderes seien als die Menschen, die am gegenseitigen Ufer des Mittelmeers ... lebten? Wann also begann der Name Europa nicht nur einen geographischen, sondern auch einen historischen Komplex zu bezeichnen, nicht nur einen physikalischen Faktor, sondern auch einen Faktor geistiger, politischer, religiöser und künstlerischer Art im Leben der Menschheit? Durch welche Charakterzüge entdeckte sich Europa seinen Kindern, welche waren also die sittlichen Grundsätze, die ihm und nur ihm allein zugeschrieben werden konnten?»

Es gibt Grundelemente eines europäischen Selbstverständnisses und Bewusstseins, die uns erst aus der Außenperspektive deutlich vor Augen geführt werden bzw. die einem Beobachter aus Übersee unmittelbar auffallen, vielfach auch irritieren. Luigi Barzini verwies in seinem Buch *The Impossible Europeans* auf diesen Gesichtspunkt als er meinte, jeder Europäer hege im Grunde seines Herzens den uralten Wunsch, «Europa als ein politisch geschlossenes Gebilde befriedet und geeint zu sehen; den Wunsch, ein für alle Mal offen einzugestehen, was uns allen schon immer klar war und was ausländische Besucher sofort erkennen: daß wir trotz der unbestreitbaren, großen Vielfalt und Unterschiedlichkeit, trotz unterschiedlicher geschichtlicher Entwicklungen, Religionen, Küchen und der unzähligen Sprachen und Dialekte im Grunde alle Menschen eines Schlages sind, Menschen, die sich in den Ländern und Häusern ihrer Nachbarn wohl fühlen. Diese Vorstellung ist zweifellos dazu angetan, das Herz zu erwärmen und zu erfreuen. Sie läßt die Augen der Menschen aufleuchten.»

Die bisherigen Überlegungen verdeutlichten wie facettenreich der Komplex «Grenzen und Räume Europas» ist. Er lässt sich inhaltlich aus verschiedenen Perspektiven betrachten. Der westliche zerklüftete Vorsprung des asiatischen Kontinents ist in seinen Kernbereichen jedoch ein geographisch klar umrissener Raum. Gerade die landschaftliche Vielfalt Europas bietet die Grundlage für nationale, kulturelle, politisch-historische, territoriale, landsmannschaftliche, sprachliche und auch konfessionelle Einheit in Vielheit, bildet Regionen und Geschichtslandschaften aus.

Beim Gang durch die europäische Geschichte stoßen wir immer wieder auf Begriffe, die über Jahrhunderte benutzt werden, die sich vielfach aber inhaltlich verändern bzw. als Klammer für vermeintliche Gemeinsamkeiten herangezogen werden, die dann zur ideellen Begründung der Notwendigkeit der politischen Einheit der Europäer verwendet werden. Zu einem dieser Begriffe gehört das Wort «Kultur». Es ist sicher richtig, dass die Europäer sich in ihrer Kultur ähnlich sind, dass wir gemeinsame Wurzeln feststellen können, und dass wir im kulturellen Fundus Europas gemeinsame Phänomene als «europäisch» ausmachen können. Gerade das gemeinsame kulturelle Erbe Europas als Kraftquelle wurde seit der Katastrophe des Zweiten Weltkriegs, mit Recht, immer wieder beschworen. Zur Untermauerung sei nur ein Beispiel von vielen genannt.

Der englische Dichter T. S. Eliot machte sich am Ende des Zweiten Weltkriegs Gedanken über die europäische Kultur. Er wies auf wesentliche Elemente, die Europa als Kulturraum ausmachen, hin. So sei die Kultur des Individuums auf die Kultur einer Gruppe oder Klasse angewiesen. Die der Gruppe hänge von der Kultur der Gesamtgesellschaft ab, zu der diese gehöre. Eliot verwies darauf, dass wir den Begriff Kultur immer wieder neu definieren und erläutern müssen, d. h. ob wir uns mit europäischer Kultur am Beispiel von Ideengemeinschaften befassen oder am Beispiel der Kunst und anderer Kunstgattungen usw. Nur dann, «wenn wir uns darüber klar sind, was wir unter ‹Kultur› verstehen, können wir uns auch klar sein über den Unterschied zwischen der materiellen Organisation Europas und dem geistigen Organismus Europa. Wenn dieser stirbt, so wird das, was man dann noch organisiert, nicht mehr Europa sein, sondern nur noch eine Masse von Menschenwesen, die soundsoviele Sprachen sprechen.» Eine europäische Kultur könne es nur dann geben, wenn die einzelnen europäischen Länder nicht voneinander isoliert werden, wenn sie sich wechselseitig beeinflussen und wenn sie nicht «auf den Stand völliger Gleichartigkeit herabgedrückt werden». Von einer Einheit der europäischen Kultur dürfe somit nur dann gesprochen werden, wenn sie «die Vielheit» in sich einschließt. Wenn von «europäischer Kultur» gesprochen wird, so müssen wir bei der Analyse neben der europäischen Ebene, auf der wir Übereinstimmungen zwischen den einzelnen nationalen Kulturen feststellen können, auch die Ebene benachbarter Kleinräume und die angrenzender Regionen berücksichtigen. Manche Kulturen stehen sich dabei näher als andere. Von grundlegender Bedeutung ist, dass die Kultur Europas nicht «einfach als die Summe einer Anzahl beziehungsloser Kulturen auf gleichem Raum zu betrachten» ist. Insgesamt sah Eliot gemeinsame Züge in Europa, die es erlauben von einer europäischen Kultur zu sprechen. Ein zentrales Element ist für ihn vor allem die Kraft, «die zwischen Völkern mit eigener Kultur eine Kulturgemeinschaft entstehen läßt, ... die Religion». Die christliche Überlieferung habe Europa zu dem gemacht, was es ist. Zwischen Antike und Moderne übernimmt sie eine Katalysatorfunktion: «Unserem christlichen Erbe verdanken wir viel mehr als einen religiösen Glauben. In ihm liegt die Entwicklung unserer Künste beschlossen, es vermittelt uns die Grundgedanken des römischen Rechts, die so viel zur Gestaltung der westlichen Welt beigetragen haben, und unsere Begriffe von persönlicher Sittlichkeit und öffentlicher Moral. Es vermittelt uns auch die Literatur der Griechen und Römer und damit gemeinsame literarische Maßstäbe. Die Einheit der westlichen Welt beruht auf dieser Hinterlassenschaft, auf dem Christentum und den antiken Zivilisationen von Griechenland, Rom und Israel, auf die wir dank einer zweitausendjährigen Herrschaft des Christentums unsere Herkunft zurückführen können ... Eine politische und wirtschaftliche Organisation ... kann nie ersetzen, was diese Kultureinheit uns gibt. Wenn wir unser gemeinsames Kulturerbe vergeuden oder mißachten, dann kann alles Organisieren und Planen der genialsten Köpfe uns nicht helfen oder uns näher zusammenbringen.»

Das Christentum als Transmissionsriemen der europäischen Kulturentwicklung über Jahrhunderte unterscheidet Europa von anderen Kontinenten und ein morgen zum Christentum bekehrtes Asien wäre damit noch lange kein Teil Europas. Eliot machte auf einen weiteren Aspekt aufmerksam, der für unser Selbstverständnis als Europäer wichtig ist: Die «kulturelle Einheit, im Gegensatz zur politisch-organisatorischen, fordert von uns nicht, daß wir alle nur eine Treuebindung haben, sondern bedeutet eine Vielfalt von Bindungen.» Gerade die kulturelle Dimension der europäischen Geschichte ist als Basis für die einzelnen nationalen, regionalen, europäischen Geschichtslandschaften als Teil der gesamteuropäischen Geschichtslandschaft ein wichtiger und bei der Analyse zu berücksichtigender Baustein.

Der Schweizer Philosoph und Protagonist Europas Denis de Rougemont hat auf das Moment der Dynamik, die sich aus dem Binnenspannungsverhältnis der Geschichtslandschaften ergibt, aufmerksam gemacht. Gerade das aus der Konkurrenz der Kultur- und Geschichtslandschaften erwachsende Spannungsverhältnis werde zur Antriebsfeder der «europäischen Dynamik» über Jahrhunderte und sei das spezifisch europäische Kontinuitätselement. Damit werden Kontinuität und Innovation zur «Formel von Europa». In Abwandlung der Einsteinschen Formel $E = mc^2$ formulierte er daher für Europa: E(Europa) = m(physische Masse von Europa)c (Kultur)². Als Geheimnis des Erfolges Europas sieht er die Spannungsverhältnisse zwischen Kollektivität und persönlicher Freiheit, zwischen Kontinuität und Innovation, zwischen dem Gewicht der Tradition und dem revolutionären Elan, ein gewisses Gemeinschaftsgefühl im Wandel. Möglicherweise ist dies das letzte Geheimnis, das Europa vom Rest der Welt unterscheidet.

Was ist nun ein Europäer? Eugen Kogon hat ihn aus der Perspektive der europäisch-abendländischen Kultur einmal so charakterisiert: «Ein Europäer ist, wer die geistigen Wurzeln des Abendlandes in sich trägt. Das heißt nicht, daß er sie kennen muß, sondern daß er sie in seiner Substanz hat. Wir stammen aus Rom, wir stammen aus Athen, und wir stammen aus Jerusalem. Wir haben den Geist der staatlichen Ordnung und des Rechtes von den Römern übernommen, wir haben den Geist der individuellen Freiheit und der Schönheit, des Sinnes für Schönheit von den Griechen und insbesondere von den Athenern übernommen, und wir haben den Geist des Alten und des Neuen Testaments in uns aufgenommen.»

Zu einem prägenden Faktor der europäischen Geschichte, insbesondere seit dem 16. Jahrhundert, wurde der «konfessionelle Faktor», der mit unterschiedlicher Intensität die Geschichte der europäischen Staatenwelt, trotz des Prozesses der Säkularisierung, bis in das 20. Jahrhundert nachhaltig beeinflusste. Erst an der Schwelle vom 18. zum 19. Jahrhundert wandte sich Europa von der Konfession zur politischen Nation als Integrationsmoment für das Zusammenleben von Großgruppen, zumal mit der europäischen Neuordnung nach den napoleonischen Kriegen viele europäische Staaten gemischtkonfessionell wurden. Die politische Nation löste die Konfession als Orientierungsrahmen ab. Bereits im Vorfeld des Augsburger Religionsfriedens von 1555, in dem das Herrschaftsprinzip «cuius regio eius religio» («Die Konfession des Herrschers bestimmt die Konfession der Untertanen») festgeschrieben wurde, entwickelte sich im 16. Jahrhundert eine politische Organisation von Glaubensgemeinschaften, bei der wir kaum eine Trennung von konfessionellen und politischen Motiven finden, d. h. seit dem 16. Jahrhundert gliedert sich Europa in Konfessionsräume, die sich dann im 17. Jahrhundert zur europäischen Konfessionslandschaft mit drei Großkirchen (Anglikaner, Lutheraner, Reformierte) neben der römisch-katholischen Kirche herausbilden. Dies führte zu einer Ausdifferenzierung des ‹christlichen Abendlandes›. Die religiöse Spaltung Europas hatte vor allem Auswirkungen auf das Heilige Römische Reich deutscher Nation. Territoriale und konfessionelle Zersplitterung wurden kennzeichnend für die Mitte Europas. Das Alte Reich wurde zu einem Modell für das konfessionelle Europa im positiven wie im negativen Sinn. Die bunte Universitätslandschaft im Alten Reich und die damit verbundene Mobilität und individuelle

Wahlmöglichkeit, der Wettbewerb der Reichsterritorien um Effektivität und Funktionsfähigkeit, verbunden mit einem gewissen Veränderungsdruck, bedeuteten Elemente der Modernisierung. Sie fallen unter die Aktiva. Die Religionskriege, die in ihrem Charakter als totale Kriege denen des 20. Jahrhunderts nicht unähnlich waren, wurden unnachsichtig und ideologisch geführt und gerade im Zusammenhang mit ihnen entwickelte sich eine tiefe Friedenssehnsucht, die dann den Faktor Frieden, Sicherheit und Friedenssicherung zu einem Hauptmotiv in europäischen Einigungsplänen im 17. und 18. Jahrhundert werden ließ. Die Religionskriege, vor allem des 17. Jahrhunderts, wurden teilweise auch zum Ventil für soziale, wirtschaftliche und politische Konflikte. Erst im 18. Jahrhundert trat der Machtfaktor als Richtschnur des Denkens und Handelns wieder stärker in den Vordergrund und es entwickelte sich etwas wie eine «konfessionelle Koexistenz». Im Zeichen des Pluralismus wurde der konfessionelle Faktor zurückgedrängt. Neue geistige und geistliche Bewegungen entstanden. Die Religion verlor ihren Orientierungswert und geriet in den Sog der Säkularisierung, als deren sichtbarstes Zeichen die europäische Aufklärung anzusehen ist. Trotz der Veränderungsprozesse seit dem 16. Jahrhundert behielt der konfessionelle Faktor im Leben der Menschen und der Staaten bis in das 20. Jahrhundert überdurchschnittliches Gewicht. Die Konfession ist daher als ein Kontinuitätselement der europäischen Geschichte der Neuzeit anzusehen. Wie stark als konfessionelles Element etwa die Katholizität in einigen Mitgliedstaaten der EU bis heute eine Rolle spielt, verdeutlicht die Debatte um den europäischen Verfassungsvertrag. Für die katholisch geprägten Staaten Irland, Spanien und Polen ist u. a. der Hinweis auf das Christentum und Gott in der Verfassungspräambel ein wichtiges Zustimmungskriterium.

Zu den historischen Traditionen in der europäischen Geschichte gehören auch die «Reichsidee», «die Universalmonarchie», das «europäische Gleichgewicht» und die «christliche Republik», auf die hier noch kurz hingewiesen werden soll. Die Reichsidee entsprach auf der politischen Ebene der abendländischen Kultureinheit. Mit gutem Recht ist argumentiert worden, dass in der Reichsidee «der mittelalterliche Universalismus seine politische Erscheinungsform» fand, wobei unter mittelalterlichem Universalismus ein «religiös gegründetes Ordnungsbild, das alle personalen, sozialen kulturellen, politischen und übernatürlichen Wirklichkeiten einschließt» zu verstehen ist. Der Reichsgedanke geht historisch auf das «Imperium Romanum» zurück und leitete sich später als «Sacrum Imperium aus dem christlich-abendländischen Universalismus ab». Der Reichsbegriff verblasste dann in der Neuzeit, u. a. wegen der aus der Sicht des nationalen Staates scheinbaren Schwäche des Alten Reiches, das seine Rolle als europäische Ordnungsmacht nicht mehr spielen konnte, und kehrte im Zeitalter der Romantik in der Literatur und Politik emotional verklärt wieder (Napoleon, Stein, Novalis, Görres), beeinflusste u. a. die romantisch-rückwärtsgewandte Strömung in der deutschen Nationalbewegung und ließ die Architekten des deutschen Nationalstaates von 1870/71 zur Legitimation ihrer Staatsgründung die nicht vorhandene Kontinuität zum Alten, ersten Reich konstruieren. Den Missbrauch von Reichsideen erfahren wir dann im 20. Jahrhundert im italienischen Faschismus und im deutschen Nationalsozialismus.

Im Zeichen der politischen Nation, des modernen Nationalstaatsdenkens und der nationalen Orientierung der Politik wurden das Wissen um das starke gemeinsame Band der Völker Europas, ihre gemeinsamen politischen, geistigen, ethischen und kulturellen Traditionen und das über Jahrhunderte gewachsene gemeinsame Erbe der Europäer verschüttet. An dieser Entwicklung war die europäische Geschichtswissenschaft nicht ganz unschuldig. Seitdem sie in der ersten Hälfte des 19. Jahrhunderts durch Leopold von Ranke und die historisch-kritische Methode zur anerkannten wissenschaftlichen Disziplin wurde, stand sie in den letzten 150 Jahren eindeutig und sehr oft auch einseitig «im Chor der nationalen Gesänge» so sehr «unter dem Gebot der Nation und des Vaterlandes, daß sie wie eine Kindermagd wirkt, die den Kindern zu enge Jacken anzieht, damit sie sich nicht zu frei bewegen können» (Leonhard Reinisch). Leider gilt diese Aussage mit wenigen, unwesentlichen Abstrichen bis in die Gegenwart. Das aus der Zeit des 19. Jahrhunderts – die u. a. im Zeichen der Nationalisierung von Politik und der zunehmenden Glorifizierung und Überhöhung der eigenen Nation und ihrer Bedeutung stand – heraus durchaus verständliche politisch-historische Legitimierungsbedürfnis für den je eigenen nationalen Staat hat die nationalen Leistungen und Erfolge in den Vordergrund gerückt und die europäische Dimension der Geschichte und die europäischen Gemeinsamkeiten verwischt und in den Hintergrund gedrängt. Eine über den Nationalstaat hinausgreifende europäisch orientierte Geschichtswissenschaft muss daher heute zunächst einmal die schweren Vorhänge beiseite ziehen, die das nationalstaatsfixierte 19. Jahrhundert vor die gemeinsame europäische Geschichte gezogen hat, sie muss die Vorurteile und Fehlperzeptionen aufbrechen und die gemeinsame Geschichte der Europäer in ihrer Tiefe und Breite, in ihrer Vielschichtigkeit, in ihren Gemeinsamkeiten, in ihren Wechselwirkungen, Einzelphänomenen und Unterschieden zurückgewinnen.

Was ist nun europäische Geschichte? Wegen des unterschiedlichen Zeit- und Raumbezugs, der sich mit Europa verbindet, ist es sehr schwer zu entscheiden, was zur europäischen Geschichte gehört, was berücksichtigt werden muss und was nicht, wenn diese Geschichte geschrieben wird. Mit gewissem Recht hat Rudolf Vierhaus in einem Beitrag über die Grundlagen der europäischen Zivilisation betont, dass chronologisch von der europäischen Geschichte im eigentlichen Sinne «deren Voraussetzungen zu unterscheiden» seien, denn das «antike Griechenland, der Hellenismus und das Imperium Romanum gehören nicht zu ihr, auch nicht die Germanenreiche der Völkerwanderung, das merowingische Frankenreich und die frühen Reiche der Slawen im Osten. Europäische Geschichte beginnt frühestens mit dem Karolingerreich, in dem sich herrschaftliche Strukturen wie kulturelle Formen ausbildeten, welche für die europäische Geschichte grundlegend geworden sind.» Allerdings lassen sich auch gute Argumente dafür finden, dass Europa sich erst aus dem «Abendland» heraus entwickeln konnte und dass der Begriff «Europa» erst seit dem 14./15. Jahrhundert bewusst benutzt wird und durch den Humanismus seine Prägung als über das religiös-europäische hinausgehende kulturelle Gemeinschaft erfuhr. So haben wir es bei Enea Silvio Piccolomini, dem späteren Papst Pius II., mit einer neuen Qualität von Europaverständnis zu tun. Mit Europa, mit der Christenheit gleichgesetzt, verbindet sich für Piccolomini bereits mehr als ein geographischer Raum. Für ihn bedeutete Europa «einen Gegenstand religiös-patriotischer Verehrung mit hohen Gefühlswerten». Zwar besaß er kein klares Europakonzept, doch holte er Europa aus dem antiken Mythos und der Propaganda in die politische Wirklichkeit zurück und verfasste im Rahmen einer Art Weltgeschichte auch einen eigenen Band über Europa, in dem er sich mit den Sitten, der Kultur, den Gemeinsamkeiten und der Geographie auseinander setzte. Auf dem Frankfurter Reichstag von 1454, ein Jahr nach dem Fall von Konstantinopel und dem Untergang Griechenlands, spricht er erstmals vom «Europäer» und vom «europäischen Vaterland», vom «europäischen Haus», das verteidigt werden müsse: «Wenn wir die Wahrheit gestehen wollen, hat die Christenheit seit vielen Jahrhunderten keine größere Schmach erlebt als jetzt. Denn in früheren Zeiten sind wir nur in Asien und Afrika, also in fremden Ländern geschlagen worden, jetzt aber wurden wir in Europa, also in unserem Vaterlande, in unserem eigenen Haus, an unserem eigenen Wohnsitz, aufs schwerste getroffen.» Für einen «Beginn» der europäischen Geschichte mit dem 14./15. Jahrhundert sprechen zahlreiche praktische und auch inhaltliche Gesichtspunkte.

Welchen Beitrag kann eine europäische Geschichtsschreibung in einer «visionslosen Zeit» (R. Herzog) zur Orientierung der Bürger in einem zunehmend zusammenwachsenden Europa als «Zielperspektive» anbieten? Kann der Blick in die Vergangenheit dazu beitragen, eine europäische Identität auszubilden, ein europäisches Selbstbewusstsein, ein europäisches Selbstverständnis zu entwickeln, ohne die nationale und regionale Identität zu verleugnen oder aufzugeben? Das Schlagwort von Europa als die «Einheit in der Vielheit» ist mehr als eine griffige Formel. Es dokumentiert, dass Europa aus zahlreichen Geschichtslandschaften besteht, die in ihrer Summe die europäische ausmachen. Charakteristisch sind für die einzelnen Geschichtslandschaften ihre regionalen und nationalen Besonderheiten und die europäischen Gemeinsamkeiten in ihrer oftmals spezifischen Ausprägung. Sie ergeben sich einmal aus historisch geprägten Entwicklungen, geographischen, klimatischen, demographischen und wirtschaftlichen Bedingungen sowie politisch-sozialen und mentalen Prägungen, zum anderen durch wechselseitige Kommunikation und kulturellen «Transfer», durch transnationale, regionenübergreifende europäische Einflüsse, Prozesse und Anpassungen. Um Gemeinsamkeiten und Spezifika herauszuarbeiten, bietet sich der Vergleich an. Die europäische Geschichte kann somit auch dazu beitragen, nationales und regionales Denken durch europäisches zu ergänzen. Wenn wir eine europäische Identität, ein europäisches Selbstverständnis entwickeln wollen, ohne die nationale Identität zu verleugnen oder aufzugeben, wenn wir, was dringend notwendig ist, nationales Denken durch europäisches ergänzen wollen, so müssen wir die Geschichte unseres Kontinents mit europäischen Augen zu betrachten versuchen. Wir müssen hierzu auch die Ursachen und Entwicklungslinien des europäischen Nationalismus kennen lernen, Kenntnisse über die Geschichte der europäischen Idee seit dem 13. Jahrhundert und darüber hinaus besitzen und den Europagedanken in den Gang der europäischen Geschichte einbetten können. Wir sollten auch über die Ursachen und Zusammenhänge Bescheid wissen, die Verfechter und Anhänger der europäischen Einigungsidee in verschiedenen Zeitaltern in das Reich der Phantasten und Utopisten abdrängten, und auch die seit Jahrhunderten aus unterschiedlichen Gründen angeführten antieuropäischen Argumentationen in die Analyse einbeziehen. Für den Bau eines gemeinsamen Gebäudes für das zukünftige Europa ist es zudem wichtig, zahlreiche Gestaltungselemente der europäischen Geschichte, die im Zeitalter einer hauptsächlich am Nationalstaat und der eigenen Nation orientierten Geschichtswissenschaft national vereinnahmt, verfremdet, verbannt oder verschüttet wurden, wieder auszugraben und in ihrer europäischen Dimension und Qualität neu zu entdecken. Was wir brauchen ist die schwierige «Europäisierung des Geschichtshorizonts» (K. Schlögel), damit wir endlich die Europarhetorik hinter uns lassen können.

Berding, Helmut (Hg.): Nationalbewusstsein und kollektive Identität. Frankfurt/M. 1995; *Black*, Jeremy: Maps and History. Constructing Images of the Past. New Haven 1997; *Buisseret*, David: The Mapmaker's Quest. Depicting New Worlds in Renaissance Europe. London 2003; *Cole*, John & Francis: The Geography of the European Community. New York 1993; *Edwards*, John: Language, Society and Identity. Oxford 1985; *Esterbauer*, Fried (Hg.): Regionalismus. Phänomen, Planungsmittel, Herausforderung für Europa. München 1978; *Febvre*, Lucien: A Geographical Introduction to History. London [2]1950; *Fox*, Edward W.: The Emergence of the Modern European World. Cambridge/Mass. 1991; *Gollwitzer*, Heinz: Zur Wortgeschichte und Sinndeutung von Europa, in: *Saeculum* 2/1951, S. 161–165; *Hall*, John (Hg.): States in History. Oxford 1986; *Halecki*, Oskar: Europa. Grenzen und Gliederung seiner Geschichte. Darmstadt 1957; *Harvie*, Christopher: The Rise of Regional Europe. London/New York 1994; *Köpke*, Wulf/*Schmelz*, Bernd (Hg.): Das gemeinsame Haus Europa. Handbuch zur europäischen Kulturgeschichte. München 1999; *Lottes*, Günter (Hg.): Region, Nation, Europa. Historische Determinanten der Neugliederung des Kontinents. Regensburg 1992; *McNeill*, William H.: The Shape of European History. London 1974; *Parker*, W. H.: Europe: How far? In: *Geographical Journal* 126/1960, S. 278–297; *Pounds*, Norman J. G.: A Historical Geography of Europe. Cambridge 1990; *Raffestin*, Claude: Géopolitique et histoire. Lausanne 1995; *Reynold*, Gonzague de: La formation de l'Europe. 8 Bde. Fribourg 1944 ff. Bd. 1: Qu'est-ce que l'Europe? *Roobol*, W. H.: What is Europe?, in: *Yearbook of European Studies* 1/1988, S. 187–204; *Rougemont*, Denis de: Europa. Vom Mythos zur

Wirklichkeit. München 1962; *Schlumberger*, Jörg A./*Segl*, Peter (Hg.): Europa – aber was ist es? Aspekte seiner Identität in interdisziplinärer Sicht. Köln 1994; *Schlögel*, Karl: Im Raume lesen wir die Zeit. Frankfurt a. M. 2003; *Schmale*, Wolfgang: Geschichte Europas. Wien/Köln 2001; *Schmale*, Wolfgang: Historische Komparatistik und Kulturtransfer. Europageschichtliche Perspektiven für die Landesgeschichte. Bochum 1998; *Schulz*, Matthias: Regionalismus und die Gestaltung Europas. Hamburg 1993; *Stourzh*, Gerald (Hg.): Annäherungen an eine europäische Geschichtsschreibung. Wien 2002; *Waites*, Bernard (Hg.): Europe and the Wider World. London 1995.

1.3 Europa: Politik und Gesellschaft

1. Der europäische Integrationsprozess im engeren Sinne hatte unmittelbar nach dem Zweiten Weltkrieg mit Appellen sowohl von politischen als auch gesellschaftlichen Akteuren begonnen. So forderte der frühere britische Premierminister und damalige Oppositionsführer Winston Churchill im September 1946 in seiner berühmten Zürcher Rede die Schaffung der Vereinigten Staaten von Europa. Wenige Tage später trafen sich Vertreter verschiedener Widerstandsbewegungen in Hertenstein am Vierwaldstädter See, um dort ein Aktionsprogramm für Europa zu beschließen. Darin hieß es u. a.: «Eine auf föderativer Grundlage errichtete Europäische Gemeinschaft ist ein notwendiger und wesentlicher Bestandteil jeder wirklichen Weltunion ... Durch den Beweis, dass es seine Schicksalsfragen im Geiste des Föderalismus selbst lösen kann, soll Europa seinen Beitrag zum Wiederaufbau und zu einem Weltbund der Völker leisten.» Überall in Europa bildeten sich in der zweiten Hälfte der 1940er Jahre Gruppen und Verbände, die den föderativen Zusammenschluss Europas forderten.

Als der Ost-West-Konflikt sich verschärfte und in den Kalten Krieg mündete, erhielten diese Gruppen zusätzlichen Auftrieb. So bildete sich 1948 die «Europäische Bewegung». Sie wurde zur Dachorganisation jener Verbände, die sich für die europäische Einigung einsetzten. Ihr erster Erfolg war der 1949 gegründete Europarat. Die erste supranationale Organisation, die 1951 geschaffene Europäische Gemeinschaft für Kohle und Stahl (EGKS) fand ebenfalls die eindeutige Unterstützung der in der Europäischen Bewegung zusammengeschlossenen Verbände. Allerdings war Politik, und erst recht Europapolitik, ein in den 1950er Jahren noch nicht so stark wahrgenommenes Objekt der europäischen Gesellschaften. Die überwiegende Mehrzahl der Bevölkerungen in den meisten europäischen Ländern war zunächst bestrebt, die Folgen des Krieges zu überwinden und sich insbesondere um die Daseinsvorsorge zu kümmern. Es gab jedoch auch damals bereits engagierte Bürgerinnen und Bürger, die sich trotz aller widriger äußerer Umstände für die europäische Einigung engagierten.

Aufgrund der allgemeinen positiven Grundstimmung in Westeuropa für eine engere politische Zusammenarbeit – in welcher Form auch immer – war es nur folgerichtig, wenn sich in einer 1950 in zwölf westeuropäischen Ländern durchgeführten Umfrage 53,25 % der Befragten für die Schaffung einer Westeuropäischen Union, 7,83 % dagegen aussprachen und 38,75 % keine Meinung dazu hatten. Die Werte reichten von 39 % (9 % dagegen, 52 % ohne Meinung) in Norwegen über 43 % (6 % / 51 %) in Dänemark, 51 % (9 % / 40 %) in Großbritannien bis zu 55 % (7 % / 38 %) in der gerade gegründeten Bundesrepublik Deutschland und 67 % (3 % / 30 %) im westlichen Teil Österreichs (Schöndube). Der supranationale Integrationsprozess, begonnen mit der EGKS, fand zu Beginn der 1950er Jahre in den Gesellschaften der EGKS-Staaten mehrheitliche Unterstützung. Auch in den großen politischen Lagern war in den Mitgliedstaaten im Wesentlichen eine positive Einstellung zu einem föderativen Europa vorhanden: «Sozialisten, Christliche Demokraten, Liberale – alle diese Gruppierungen konnten sich jedenfalls vom Leitbild der europäischen Integration in den Staaten, die die Europäischen Gemeinschaften bildeten, angesprochen fühlen, auch vermöge ihrer ideellen Zielsetzungen und Überzeugungsprofile. In der Tat wird man sagen können, daß ihre ‹Ideologien› dem Integrationsprozess einen gewissen zusätzlichen Impetus gaben, sofern er sich als Verwirklichung grundlegender sozialistischer, christlich-demokratischer oder liberaler Zielvorstellungen verstehen ließ» (Heinrich Schneider). Diese proeuropäische Grundstimmung blieb im Zeichen des wirtschaftlichen Aufschwungs und angesichts wachsenden Wohlstands bis in die späten 1960er Jahre erhalten und nahm angesichts des «Ölschocks» und der wirtschaftlichen Probleme seit den 1970er und 1980er Jahren ab. Allerdings blieb auch in diesen Jahren in den Mitgliedstaaten stets eine Mehrheit, die den Integrationsprozess unterstützte. Dies verdeutlichen die seit 1974 durchgeführten Umfragen von Eurobarometer. Es handelte sich im Wesentlichen um einen permissiven Konsens, d. h. die europäischen Eliten konnten so lange die stillschweigende Unterstützung durch ihre Gesellschaften erhalten, solange das «politische System Europa» als vorteilhaft für die Gesellschaft wahrgenommen wurde. Der Trend zu einer nachlassenden Befürwortung der europäischen Integration konnte durch die erstmals 1979 durchgeführten Direktwahlen zum Europäischen Parlament zeitweise gebremst werden. Die mit Wahlkampf und Wahl verbundene Verallgemeinerung der emotionalen und kognitiven Mobilisierung für Europa verflog jedoch sehr schnell. Angesichts der Schwierigkeiten mit der EG-Erweiterung, des Wiederaufkommens protektionistischer Politiken in einigen Mitgliedstaaten und des überragenden Gewichts einer faktischen oder potenziellen Bedrohung des Lebensstandards der EG-Bürger in Krisenzeiten erwies sich die Unterstützung für den Integrationsprozess in großen Teilen der Gesellschaft als wenig tragfähig.

2. Einen Tiefpunkt gesellschaftlicher Unterstützung erfuhr der europäische Integrationsprozess zu Beginn der 1990er Jahre. Hierbei spielten die Wende von 1989/90 in Europa, der Zusammenbruch des Ostblocks und der damit

verbundene nachlassende Einigungsdruck, das Aufkommenen eines neuen Nationalismus in vielen europäischen Ländern sowie die unter neuen, veränderten Rahmenbedinungen stehenden Verhandlungen zum Vertrag von Maastricht eine Rolle. Seit dieser Zeit lässt sich ein deutlicher und dauerhafter Rückgang der öffentlichen Unterstützung des europäischen Integrationsprozesses in zahlreichen Mitgliedsländern feststellen, der mit wachsender Europaskepsis verbunden wird. Mit den Beschlüssen zur Vollendung der Wirtschafts- und Währungsunion mit einer einheitlichen Währung, dem Euro (€), und dem Einstieg in die Politische Union vollzog die Europäische Gemeinschaft eine historische Zäsur, die sich tief greifend auf die Gesellschaften der Mitgliedsländer wie auch die zukünftiger Beitrittsstaaten auswirkte. Der Maastrichter Vertrag bedeutete einen qualitativen Sprung im europäischen Integrationsprozess, wurde doch mit der Übertragung der Währungspolitik auf die nun die EG ersetzende EU ein für die Souveränität der Nationalstaaten als überaus wichtig angesehenes Politikfeld vergemeinschaftet. Aufgrund des Binnenmarkts und der Währungsunion hatte der Integrationsprozess inzwischen eine für den Bürger in immer mehr Lebensbereichen konkret erfahrbare Praxis angenommen. Das bisher abstrakte Thema Europa, dem gegenüber die meisten Bürger keine reflektierten und stabilen Einstellungen entwickelt hatten, hatte nun an subjektiver Bedeutung gewonnen. Die Ablehnung des Maastrichter Vertrags beim ersten Referendum in Dänemark im Sommer 1992, das allerdings nach politischen Zugeständnissen in einem zweiten Referendum im Frühjahr 1993 mit der endgültigen Zustimmung korrigiert wurde, die außerordentlich knappe Zustimmung in Frankreich zum Maastrichter Vertrag, Skepsis in Großbritannien sowie Klagen deutscher Bürger vor dem Bundesverfassungsgericht gegen den Maastrichter Vertrag zeigten, dass der europäische Integrationsprozess zunehmend die Unterstützung in wichtigen Mitgliedstaaten zu verlieren drohte. Es gab zum einen die Befürchtung, dass «Brüssel» zu viel Macht erhalten könnte, und zum anderen entspann sich eine Diskussion über die Legitimation der Entscheidungsprozesse in der Europäischen Union. Der Maastrichter Vertrag muss sicherlich auch als ein nur schwer lesbares, sprachliches Ungetüm bezeichnet werden, dessen geradezu mythologische Undurchschaubarkeit die diffusen Befürchtungen, Vorbehalte und Ängste großer Teile der Gesellschaften auf sich zog. Auch ergab sich aus dem europäischen Entwicklungsprozess ein eindeutiges Dilemma. Einerseits nahmen durch Kompetenzverlagerungen auf die europäische Ebene Aufgabenzuweisungen und Entscheidungsmacht der Europäischen Union deutlich zu, andererseits entwickelten sich demokratische Strukturen außerhalb des engen nationalstaatlichen Raums nicht in gleichem Maße.

Die Auseinandersetzungen um den Maastrichter Vertrag führten jedoch zur dauerhaften Politisierung von Europathemen in den Gesellschaften der Mitgliedstaaten. Aus den negativen Begleitumständen des Maastrichter Vertrags lernten die Akteure des Integrationsprozesses und suchten die Transparenz des

Entscheidungsprozesses und das partizipatorische Element der Gesellschaften am Entscheidungsprozess zu erhöhen. So unternahm z.B. die dänische Präsidentschaft den Versuch, den Rat öffentlich tagen zu lassen, was allerdings von den Gesellschaften in den Mitgliedstaaten weitgehend unbemerkt blieb. Während der Regierungskonferenz zur Verabschiedung des Vertrags von Nizza im Dezember 2000 wurde von einem vom Rat eingesetzten Konvent, bestehend aus 30 Vertretern der nationalen Parlamente, 16 Vertretern des Europaparlaments, 15 Beauftragten der Staats- und Regierungschefs und einem Beauftragten des Präsidenten der Europäischen Kommission, die Charta der Grundrechte der EU vorgelegt. Wenngleich diese Charta nicht offizieller Teil des Vertrages von Nizza wurde, so hatte das Zustandekommen dieser Charta bereits den bisherigen Entscheidungsprozess revolutioniert und eine stärkere parlamentarische – immerhin kamen drei Viertel der Delegierten des Konvents aus Parlamenten – Beteiligung mit sich gebracht. Was aber noch bedeutsamer werden sollte, war die Methode der Ausarbeitung neuer Verträge. Mit der Konventsmethode, die an die Stelle der Regierungskonferenzen der 1990er Jahre trat, wurden die Entscheidungsprozesse transparenter. Der Bürger kann sich so eher als bei der Methode der Regierungskonferenzen über die anstehenden Reformüberlegungen des Integrationsprozesses informieren. Die Staats- und Regierungschefs der EU sprachen sich auf dem Europäischen Rat in Nizza im Dezember 2000 für eine umfassende und eingehende Debatte über die Zukunft der EU aus. Ein Jahr später beschlossen sie in der «Erklärung von Laeken zur Zukunft der Europäischen Union» einen Europäischen Konvent einzuberufen, der die Reform der EU vorbereiten sollte. Zum Präsidenten des Konvents wurde der ehemalige französische Staatspräsident Valéry Giscard d'Estaing berufen; seine Stellvertreter wurden die früheren Ministerpräsidenten von Belgien und Italien, Dehaene und Amato. Dem Konvent gehörten 105 Mitglieder an: neben den drei genannten 28 Vertreter der Regierungen der Mitgliedstaaten und der Beitrittsländer, 56 Vertreter der Parlamente der Mitgliedstaaten und der Beitrittsländer, 16 Vertreter des Europäischen Parlaments und zwei Vertreter der Europäischen Kommission. Außerdem waren der Wirtschafts- und Sozialausschuss, der Ausschuss der Regionen, die Sozialpartner und der Europäische Bürgerbeauftragte durch insgesamt 13 Beobachter vertreten. Der Konvent hat in eineinhalb Jahren nach einer Anhörungs- und Reflexionsphase im Juli 2003 einen in sich geschlossenen Verfassungsentwurf vorgelegt, der von den Staats- und Regierungschefs zunächst verworfen, ein Jahr später aber angenommen wurde. 2005 wurde der Verfassungsvertrag in Referenden in Frankreich und den Niederlanden abgelehnt, so dass die weitere Entwicklung der Verfassung offen wurde.

Bedeutsam am Procedere des Verfahrens war die Bildung von Kontaktgruppen aus Konventsmitgliedern und Vertretern der Zivilgesellschaft, die zu Arbeitssitzungen zusammen kamen. Im Juni 2002 fand eine Plenartagung des Konvents statt, die der Anhörung der Zivilgesellschaft und dem Dialog diente. Sämtliche

Vorschläge, auch Änderungsvorschläge, waren auf der Homepage des Konvents dokumentiert, so dass eine große Transparenz bestand und jeder Bürger, wenn er wollte und über Zugang zum Internet verfügte, sich in den Prozess der Entwicklung der Europäischen Union unmittelbar einschalten konnte. Von dieser Möglichkeit machten Hunderttausende Bürger Gebrauch, doch waren es hauptsächlich die mit diesen Themen befassten professionellen Gruppen, die sich in den Diskussionsprozess einschalteten. Dennoch kann man durchaus sagen, dass sich im Prozess der Verfassungsberatungen des Europäischen Konvents so etwas wie europäische Öffentlichkeit herausbildete.

Die Gesellschaften in den EU-Staaten sind erst im Begriff, eine europäische Öffentlichkeit zu bilden. Die unterschiedlichen Sprachen hindern die überwiegende Mehrheit daran, in einen Diskurs über die Politik in und für Europa zu treten. Das bedeutet, dass mit Hilfe von Massenmedien dieser Diskurs hergestellt werden muss. Fragt man jedoch nach europäischen Medien, also Massenmedien, die EU-weit erscheinen, wird man kaum fündig: Es gibt einen deutsch-französischen Gemeinschaftsfernsehsender (ARTE). Er wird allerdings nur von einer ganz kleinen Minderheit in beiden Ländern angenommen. Auch nach europäischen Zeitungen wird man vergeblich suchen. Die Berichterstattung über den Integrationsprozess erfolgt überwiegend in nationalen Medien und aus nationaler Perspektive. Für 1999 wurde festgestellt, dass sich die Europa-Berichterstattung der Massenmedien weitgehend auf Wirtschaftsthemen beschränkt. Allerdings wird für die Massenmedien der europäische Integrationsprozess zu einem immer wichtigeren Bezugspunkt und die Berichterstattung kann damit zu einer europäischen Öffentlichkeit führen. So konzentrierten sich die Berichte im Frühjahr 1999 auf die problematische Arbeit der EU-Kommission unter Präsident Santer. Dieser trat schließlich, zusammen mit der Kommission, vorzeitig zurück. Zu dieser Zeit war die EU in Form der Kommission ein in allen Ländern diskutiertes Thema, so dass sich hier Anfänge europäischer Öffentlichkeit manifestierten.

3. Seit dem Inkrafttreten des Maastrichter Vertrags 1993 besitzen die EU-Bürger neben ihrer nationalen Staatsangehörigkeit auch eine Unionsbürgerschaft. Sie ersetzt nicht die nationale Staatsangehörigkeit, sondern eröffnet den Bürgern weitere Rechte, so das aktive und passive Wahlrecht bei Kommunalwahlen in den anderen EU-Ländern sowie die konsularische/diplomatische Vertretung, falls das eigene Land keine Vertretung in dem zur Debatte stehenden Land hat. Aufgrund des nun mehr als 50-jährigen Integrationsprozesses treten europäische Identitäten neben nationale und regionale Identitäten, d.h. sie sind komplementär und nicht gegensätzlich. Sie ergänzen sich. Europäische Identität kann sich in Symbolen widerspiegeln, die von der Bevölkerung akzeptiert werden. So gibt es den 5. Mai (Europaratsgründung 1949) und den 9. Mai (Schumanerklärung 1950) als Europatag, ergänzt durch «Europawochen». Die blaue Europaflagge mit den 12 Sternen als Symbol

der Gemeinschaft und der Vollkommenheit, die Europahymne – das Präludium von Beethovens «Hymne an die Freude» –, der Europäische Reisepaß, der Europaführerschein, verschiedene Europapreise, so u. a. den Aachener Karlspreis sowie weitere Symbole machen in komprimierter Form Aussagen über politische Ziele, Programme, Geschichte und Selbstverständnis der Träger. Symbole werden als Mittel politischer Kommunikation benutzt, da sie besonders dazu geeignet sind, Sprachbarrieren mühelos zu überwinden. Politische Symbole sprechen Emotionen an. Sie sollen im Menschen bestimmte Wert- und Wunschvorstellungen hervorrufen. Sowohl nach außen als auch nach innen sollen sie Wertvorstellungen einer bestimmten Organisation, Partei Gruppe o. a. m. dokumentieren. Das am weitesten verbreitete Symbol ist für 12 EU-Mitgliedstaaten der 2002 eingeführte Euro. In seiner Münzform ist er geradezu die Inkarnation europäischer und nationaler Identität, da er auf allen Münzen auf der Vorderseite die gemeinsame europäische Version über den Nennwert der Münze enthält, während auf der Rückseite nationale Symbole zu finden sind.

Das Verhältnis von Gesellschaft und europäischer Integration kommt auch in ihrer Einstellung zum Integrationsprozess zum Ausdruck. Es fragt sich, ob aufgrund der Leistungen des EU-Systems, ob aufgrund emotionaler Affinitäten eine verbindende europäische Identität entstehen kann. Eine gemeinsame europäische Kultur, die auf den Grundlagen und Zielen des Artikels 6 des EU-Vertrags basiert – Grundsätze der Freiheit, der Demokratie, Achtung der Menschenrechte und Grundfreiheiten und Rechtsstaatlichkeit –, sowie ein weiteres alle Europäer verbindendes Projekt, wie eine echte gemeinsame Außen- und Sicherheitspolitik könnten Bausteine für eine europäische Identität bilden. Das bedeutet, dass europäische Identität gerade die Vielfalt nationaler Herkunft und Kultur aufrecht erhalten will, dass aber über diese Teilidentitäten eine gemeinsame, überwölbende europäische Identität entwickelt werden kann. Nur wenn die Gesellschaften in den Mitgliedstaaten dazu bereit sein werden, wird auch der europäische Integrationsprozess erfolgreich sein können.

Cautrès, Bruno/*Reynié*, Dominique (Hg.): L'opinion européenne. Paris 2002; *Meimeth*, Michael/*Schild*, Joachim (Hg.): Die Zukunft von Nationalstaaten in der europäischen Integration. Deutsche und französische Perspektiven. Opladen 2002; *Schneider*, Heinrich: Leitbilder der Europapolitik – Der Weg zur Integration. Bonn 1977; *Schöndube*, Claus: Europataschenbuch. Bonn [4]1974; *Weidenfeld*, Werner: Die Identität Europas. Bonn 1985; Zu den Erhebungsdaten von Eurobarometer: http://ec.europa.eu/public_opinion/archives/eb_special_en.htm; http://ec.europa.eu/public_opinion/archives/eb (Standard EB).

1.4 Europa: Wirtschaft und Recht

1. Die Europäische Union ist eine einmalige Organisation politischer und wirtschaftlicher Provenienz. Sie ist weder ein Staatenbund noch ein Bundesstaat. Gemäß dem Urteil des deutschen Bundesverfassungsgerichtes zum Maastrichter Vertrag aus dem Jahr 1993 handelt es sich bei der Europäischen Union um einen *Staatenverbund*, also eine internationale Organisation *sui generis*. Die Europäische Union ist somit zwischen der Organisationsform eines *Staatenbunds* und eines *Bundesstaats* angesiedelt. Sie ist ein Zusammenschluss von derzeit 27 selbstständigen europäischen Staaten, die gemäß EU-Vertrag u. a. folgende Ziele vereinbart haben:

- Förderung eines ausgewogenen und dauerhaften wirtschaftlichen und sozialen Fortschritts, insbesondere durch die Schaffung eines Raums ohne Binnengrenzen, durch Stärkung des wirtschaftlichen und sozialen Zusammenhalts und durch die Errichtung einer Wirtschafts- und Währungsunion, die auf längere Sicht auch eine einheitliche Währung nach Maßgabe dieses Vertrags umfasst;
- Behauptung ihrer Identität auf internationaler Ebene, insbesondere durch eine gemeinsame Außen- und Sicherheitspolitik, wozu auf längere Sicht auch die Festlegung einer gemeinsamen Verteidigungspolitik gehört, die zu gegebener Zeit zu einer gemeinsamen Verteidigung führen könnte;
- Stärkung des Schutzes und der Rechte und Interessen der Angehörigen ihrer Mitgliedstaaten durch Einführung einer Unionsbürgerschaft;
- Entwicklung einer engen Zusammenarbeit in den Bereichen Justiz und Inneres;
- die volle Wahrung des gemeinschaftlichen Besitzstands und seine Weiterentwicklung.

Untersucht man die Ziele genauer, so fällt die starke wirtschaftliche Ausrichtung der EU auf. Es ist ihre Aufgabe, eine harmonische, ausgewogene und nachhaltige Wirkung des Wirtschaftslebens, ein hohes Beschäftigungsniveau und ein hohes Maß an sozialem Schutz, die Gleichstellung von Männern und Frauen, ein beständiges nichtinflationäres Wachstum, einen hohen Grad von Wettbewerbsfähigkeit und Konvergenz der Wirtschaftsleistungen, ein hohes Maß an Umweltschutz und Verbesserung der Umweltqualität, die Hebung der Lebenshaltung und der Lebensqualität, den wirtschaftlichen und sozialen Zusammenhalt sowie die Solidarität zwischen den Mitgliedsländern zu fördern. In Bezug auf die 1952 wirksam gewordene und bis 2002 in Kraft gewesene EGKS und die 1957 gegründete Europäische Atomgemeinschaft galten und gelten nahezu rein ökonomische Zielsetzungen. Zur Erreichung dieser Ziele stützt sich die Union auf die Verträge der drei früher geschlossenen Gemeinschaften (EGKS, EWG und EURATOM). Insbesondere gilt dies für das Ziel des ausgewogenen und dauerhaften wirtschaftlichen und sozialen Fortschritts.

Die Europäische Union ist nicht die abschließende Stufe des europäischen

Integrationsprozesses, denn die europäische Einigung ist ein dynamischer Prozess, der zu einer schrittweisen Vertiefung der Gemeinschaft führt, wobei aber die endgültige Form der Europäischen Union noch offen ist. Die Europäische Union ist heute ein Verbund von Staaten, die sich geeinigt haben, in bestimmten Politikbereichen gemeinschaftlich zu handeln (Agrar-, Fischerei-, Handels- und Verkehrspolitik, in allen Fragen des Binnenmarkts und seit dem Maastrichter Vertrag auch in der Währungspolitik), in anderen Politikbereichen zusammenzuarbeiten (z. B. der Sozialpolitik, der Gemeinsamen Außen- und Sicherheitspolitik, Innen- und Justizpolitik) und in den restlichen Politiken eng zu kooperieren, dabei aber die Interessen der anderen Mitgliedstaaten zu berücksichtigen. Der EU-Vertrag begründet einen europäischen Staatenverbund, der von den Mitgliedstaaten getragen wird und der die nationale Identität der Mitgliedstaaten achtet. Auch besitzt die Europäische Union noch keine Verfassung. Doch versteht sie sich auch als Rechtsgemeinschaft, wobei das Recht für sie in dreifacher Weise konstitutiv ist:

- Die Gemeinschaft wurde durch Recht gegründet.
- Eine ihrer wichtigsten Aufgaben ist die Rechtsetzung.
- Ihr Handeln steht unter der Kontrolle des Rechts, die durch den Europäischen Gerichtshof vorgenommen wird.

2. Die Europäische Union besteht aus den supranational ausgerichteten Gemeinschaften Europäische Wirtschaftsgemeinschaft (EWG) und Europäische Atomgemeinschaft (EURATOM) sowie den beiden intergouvernemental ausgerichteten Säulen der Gemeinsamen Außen- und Sicherheitspolitik (GASP) und der Zusammenarbeit in den Bereichen Justiz und Inneres (ZBJI). Die EU kann aber auch in der GASP und der ZBJI völkerrechtliche Übereinkommen schaffen. Die Union ist ein heterogenes Gebilde, das über keine Rechtspersönlichkeit verfügt wie die Einzelgemeinschaften. Weiterhin sind die Einzelgemeinschaften E(W)G und EURATOM die völkerrechtlich zuständigen Subjekte. Die Europäische Union besteht also aus unterschiedlichen Rechtsquellen und Zuständigkeiten.

Zwischen der Union und ihren Mitgliedstaaten bzw. den zwei Gemeinschaften und ihren Mitgliedstaaten besteht ein dichtes Beziehungsgeflecht, das durch eine immer stärkere Verrechtlichung gekennzeichnet ist. Dennoch besteht kein einseitiges Abhängigkeitsverhältnis der Mitgliedstaaten von der Union. Die Mitgliedstaaten sind noch immer die «Herren der Verträge». Doch verfügen die Gemeinschaften über Zuständigkeiten, die bisher den Mitgliedstaaten vorbehalten waren. Die Staaten haben Hoheitsrechte endgültig auf die von ihnen geschaffenen Europäischen Gemeinschaften übertragen. Dies können sie durch spätere einseitige, mit dem Gemeinschaftsbegriff unvereinbare Maßnahmen nicht rückgängig machen. Durch die Übertragung auf die EG und die Ausübung der Kompetenzen durch die EG erhielten die Zuständigkeiten eine neue Qualität. Damit wird die Auslegung und Anwendung bestehenden Gemeinschaftsrechts den Organen der Union zugewiesen, die letztendlich dafür die Verantwortung tragen. Somit kann die *Vertragsanwendung* auch nicht mehr von nationalen Gerichten, also z. B. dem Bundesverfassungsgericht, kontrolliert werden, sondern nur noch durch den Europäischen Gerichtshof. Dagegen ist eine *Vertragsänderung*, also z. B. der Maastrichter Vertrag, am Maßstab des Verfassungsrechts der Mitgliedstaaten zu überprüfen. So ist es auch zu verstehen, dass das Bundesverfassungsgericht über die Verfassungskonformität des Maastrichter Vertrags zu befinden hatte und diesen im Herbst 1993 als verfassungsgemäß beurteilte. Die Mitgliedstaaten übernehmen durch die Verträge besondere Pflichten zur Erfüllung und Ausführung des Gemeinschaftsrechts.

Somit gibt es eine Überordnung der Gemeinschaft, die durch ihre Organe die Mitgliedstaaten bzw. deren Staatsbürger auch gegen deren Willen zu einem bestimmten Verhalten zwingen kann. Die Organe der Europäischen Union können durch die Übertragung von Kompetenzen der Nationalstaaten auf die Union Gemeinschaftsrecht schaffen, das dann nicht mehr in die Zuständigkeit der nationalen Verfassungsgerichte fällt. Das bedeutet, dass Gemeinschaftsrecht, das den Bestimmungen der Verträge entsprechend gesetzt wurde, jedem entgegenstehenden Recht der Mitgliedstaaten vorgeht. Für von den EU-Organen entsprechend den Verträgen geschaffenes Recht ist der Europäische Gerichtshof als Kontrollinstanz zuständig. Allerdings können die Mitgliedstaaten als Verfassungsstaaten nur in Bindung an ihre jeweiligen Verfassungen das von den Organen der Europäischen Union gesetzte Europarecht akzeptieren. Die Europäische Union bleibt aber trotz ihrer Hoheitsbefugnisse eine internationale Organisation, die im Unterschied zu souveränen Staaten über keine allgemeine Zuständigkeit verfügt, sondern nur die Zuständigkeiten in Anspruch nehmen darf, die ihr von den Gemeinschaftsverträgen zugewiesen sind. Somit gilt für die Gemeinschaftsorgane der Grundsatz der begrenzten Einzelermächtigung. Anders als im Bundesstaat gilt in der EU keine Normenhierarchie, wonach Bundesrecht Landesrecht brechen kann. Im Verhältnis zwischen den Mitgliedstaaten und der Europäischen Union gilt keine Hierarchie, sondern nur die Vereinbarung. Die Europäische Union hat nur die Kompetenzen, die ihr von den Staaten jeweils vertraglich zugewiesen werden.

Die Mitgliedstaaten sind letztendlich die entscheidenden Subjekte, die die Verträge ändern können. Doch können sie diese Änderung nicht mehr allein vornehmen, selbst wenn sich alle 25 Mitgliedstaaten darin einig sind. Es sind gewisse Prozeduren, an denen die Gemeinschaften beteiligt sind, vorzunehmen. So können die Mitgliedstaaten erst im Rahmen einer vom Rat nach Anhörung des Europäischen Parlaments einberufenen Konferenz der Mitgliedstaaten die Verträge einvernehmlich ändern. Noch weiter eingeschränkt sind die Befugnisse der Staaten bei der Erweiterung der Union. Über den Beitrittsantrag entscheiden Rat und Europäisches Parlament nach Stellungnahme der Kommission. Allerdings müssen sämtliche Änderungen und Ergänzungen der Verträge sowie auch der Beitritt neuer Mitglieder von den Mitgliedstaaten gemäß ihren innerstaatlichen verfassungsrechtlichen Vorschriften ratifiziert werden.

Die Organisationsstruktur der Europäischen Union gewährleistet darüber hinaus, dass die Mitgliedstaaten in einer dominanten Position sind. Denn letztendlich sind sie durch ihre nationalen Vertreter im EU-Organ (Minister-) Rat vertreten und können bei politischen Problemen, in denen Einstimmigkeit erforderlich ist, notfalls mit einem Veto eine Gemeinschaftsentscheidung blockieren. Allerdings unterhöhlt in der politischen Praxis die zunehmende Anwendung des Mehrheitsprinzips im Rat die souveräne Entscheidungsposition der Mitgliedstaaten. In Form des Europäischen Rats, der zwar kein Organ der EU ist, aber die allgemeinen politischen Zielvorstellungen für die weitere Entwicklung der Union festlegt, steht den Mitgliedstaaten eine weitere Möglichkeit offen, ihre Vorstellungen hinreichend zu realisieren. Die Ambivalenz des Maastrichter Vertrags, d. h. dass er sowohl supranationale Elemente wie auch intergouvernementale Instrumente vereint, kommt in der Bestimmung der Achtung der nationalen Identität der Mitgliedstaaten durch die Union ebenso zum Ausdruck wie im Subsidiaritätsprinzip.

3. Hinsichtlich des Europäischen Gemeinschaftsrechts wird zwischen *Primärrecht («Verfassung der EG»)* und *Sekundärrecht* unterschieden. Unter dem Primärrecht werden verstanden die Gründungsverträge (EGKS-Vertrag, EWG-Vertrag, EURATOM-Vertrag), die späteren Änderungsverträge (Fusionsvertrag 1965, Einheitliche Europäische Akte, Maastrichter Vertrag, Amsterdamer Vertrag, Vertrag von Nizza), die Beitritts- und die Assoziierungsverträge sowie die Verträge mit dritten Staaten, an denen neben den EG-Organen auch die Mitgliedstaaten mitgewirkt haben, da Veränderungen erforderlich waren. Zusätzlich werden als ungeschriebenes Recht auch das Gewohnheitsrecht sowie die allgemeinen Rechtsgrundsätze zum Primärrecht gezählt. Das Gewohnheitsrecht, das sowohl auf der Ebene des Primärrechts als auch auf der Ebene des Sekundärrechts entstehen kann, gehört zum ungeschriebenen Gemeinschaftsrecht. Es entsteht durch allgemeine und beständige Übung der Mitgliedstaaten und/oder der Gemeinschaft. So wird innerhalb der Union die Übung gewohnheitsrechtlich anerkannt, dass sich die zuständigen Minister auch durch Staatssekretäre vertreten lassen können.

Nach den allgemeinen Rechtsgrundsätzen, die den Rechtsordnungen der Mitgliedstaaten gemeinsam sind, besteht eine außervertragliche Haftung der Gemeinschaft. Allgemein anerkannte Rechtsgrundsätze sind z. B. die Grundrechte, das Rechtsstaats-, Demokratie- und Sozialstaatsprinzip. Existenz und Inhalte der Grundrechte werden durch den Europäischen Gerichtshof in Anlehnung an die Menschenrechtskonvention des Europarats und die Verfassungsprinzipien der Mitgliedstaaten entwickelt. Das Primärrecht der Europäischen Gemeinschaften enthält keinen Grundrechtskatalog. Allerdings erkennen die Europäischen Gemeinschaften die Grundrechte der Europäischen Menschenrechtskonvention an. Im Verfassungsentwurf des Europäischen Konvents von 2003 werden die Grundrechte berücksichtigt und sollen somit Bestandteil einer europäischen Verfassung werden.

Unter Sekundärrecht werden die Rechtsakte der Europäischen Gemeinschaft bzw. Europäschen Union verstanden. Sekundärrecht ist dem Primärrecht nachrangig. Zur Erfüllung ihrer Aufgaben nach Maßgabe dieses Vertrages erlassen der Rat und die Kommission *Verordnungen, Richtlinien* und *Entscheidungen*, sprechen *Empfehlungen* aus oder geben *Stellungnahmen* ab.

Eine Verordnung hat allgemeine Geltung, ist in allen ihren Teilen verbindlich und gilt unmittelbar in jedem Mitgliedstaat. Die Richtlinie ist für jeden Mitgliedstaat, an den sie gerichtet wird, hinsichtlich des zu erreichenden Ziels verbindlich, überlässt jedoch den innerstaatlichen Stellen die Wahl der Form und Mittel. Mit der Richtlinie wird seitens der Gemeinschaftsorgane in einem ersten Schritt eine Rahmenregelung erlassen, die von jedem Mitgliedstaat, an den sie gerichtet ist, umgesetzt werden muss. Die Entscheidung ist in allen Teilen für diejenigen verbindlich, die sie bezeichnet. Entscheidungen besitzen individuelle Geltung, sind also an Mitgliedstaaten oder Individuen (natürliche oder juristische Personen) gerichtet und binden diese individuell. Empfehlungen und Stellungnahmen sind nicht verbindlich. Sie legen den Adressaten ein bestimmtes Verhalten nahe, begründen aber keine unmittelbare rechtliche Verpflichtung. Trotz ihrer Unverbindlichkeit sind die Empfehlungen und Stellungnahmen aber keineswegs rechtlich und vor allem auch politisch irrelevant.

Das enge Beziehungsgeflecht zwischen Recht und Wirtschaft kommt ganz besonders in der Wettbewerbspolitik immer deutlicher zum Ausdruck. So hat die Kommission insbesondere bei der Verwirklichung der Warenverkehrsfreiheit gegen Marktzugangshindernisse oder bei der Überwindung oder Vermeidung vorschriftenbegründeter Wettbewerbsverfälschungen für die Adressaten z. T. schmerzhafte Machtkompetenzen. So kommt es immer wieder vor, dass die Kommission Geldbußen in Millionenhöhe gegen Unternehmen aus EU-Ländern ausspricht, die gegen Wettbewerbsbestimmungen der Union verstoßen. Eine besonders enge Beziehung zwischen Wirtschaft und Recht zeigt sich in der Europäischen Währungsunion. Die Kompetenzen der Währungspolitik sind auf das Europäische System der Zentralbanken und die Europäische Zentralbank übergegangen. Auch hinsichtlich des im Amsterdamer Vertrag niedergelegten Stabilitätspakts hat die Europäische Kommission die wichtige Funktion der Haushaltsüberwachung, während dem Rat die Feststellungs- und Sanktionsbefugnisse obliegen.

Arndt, Hans-Wolfgang: Europarecht. Heidelberg 1994; *Beutler*, Bengt u. a.: Die Europäische Rechtsordnung und Politik. Baden-Baden 1993; *Fischer*, Hans Georg: Europarecht in der öffentlichen Verwaltung. München [4]2003; *Koenig*, Christian/*Haratsch*, Andreas: Einführung in das Europarecht. Tübingen [4]2003; *Koenig*, Christian/ *Pechstein*, Matthias: Die Europäische Union. Tübingen [3]2000; Mickel, Wolfgang W. / Bergmann, Jan M.: Handlexikon der Europäischen Union. Baden-Baden [3]2005; *Op-*

permann, Thomas: Europarecht. München 1991; *Streinz*, Rudolf: Europarecht. Heidelberg 1995; *Weidenfeld*, Werner (Hg.): Europa-Handbuch. Bonn [3]2004; *Weidenfeld*, Werner (Hg.): Nizza in der Analyse. Gütersloh 2001.

1.5 Das Verhältnis Bund – Länder – Europa in der Geschichte der Bundesrepublik

Historisch bedingt besitzt Deutschland eine lange, bis auf die Zeit des Heiligen Römischen Reiches deutscher Nation zurückgehende, staatsorientierte föderative Tradition. Anders als in den klassischen europäischen Nationalstaaten wie Frankreich, Spanien und Großbritannien mit ihren zentralstaatlichen Verfassungsordnungen erfolgte daher der Prozess der Modernisierung in Mitteleuropa auf der Grundlage der Territorien. Dies hatte auch Auswirkungen auf die Identitäts- und Nationsbildung dieses Raumes. In der deutschen Geschichte stand nicht die Idee von der einen und unteilbaren Nation, sondern stärker die der «föderativen Nation» (D. Langewiesche) im Vordergrund. Nach den Erfahrungen des Nationalsozialismus und des Zweiten Weltkriegs sollte ein deutscher Gesamtstaat auf föderativer Grundlage wiedererstehen. Die Bundesrepublik Deutschland wurde jedoch kein «Bund Deutscher Länder», sondern ein «unitarischer Bundesstaat» in dem die Hauptkompetenzen beim Bund lagen. Zu diesem Zeitpunkt war noch nicht erkennbar, welche Konsequenzen der Verfassungskompromiss zwischen dem Bund und den Ländern auf der europapolitischen Ebene haben würde. Bis zum Beitritt Österreichs 1995 blieb die Bundesrepublik Deutschland der einzige Bundesstaat in der Europäischen Union.

In den Anfangsjahren der westeuropäischen Integration waren bei den anderen Gründungsmitgliedern der Europäischen Gemeinschaft für Kohle und Stahl (EGKS), der Europäischen Wirtschaftsgemeinschaft (EWG) und der Europäischen Atomgemeinschaft (EAG) noch keine Tendenzen zu einer Föderalisierung ihres politischen Systems erkennbar. Unterhalb der nationalstaatlichen Ebene gab es daher keine gesetzgebenden, mitgestaltenden Körperschaften. Es fehlte somit auch vielfach das Verständnis für föderative Formen von Staatlichkeit.

Die ersten nach dem Zweiten Weltkrieg geschaffenen europäischen Institutionen wie die OEEC/OECD und der Europarat schienen die Frage der Beteiligung der Länder am europäischen Einigungsprozess zunächst nicht aufzuwerfen. Die OEEC entstand 1948 vor der Bundesrepublik und die Westzonen wurden bei den Verhandlungen durch die Militärgouverneure vertreten. Zum Zeitpunkt der Gründung des Europarats (5.5.1949) hatte sich die Bundesrepublik Deutschland noch nicht konstituiert. Mit der Einladung des Europarats an die Bundesrepublik, sich an seiner Arbeit zu beteiligen, stellte sich erstmals die Frage nach der Rolle, der Stellung und den Mitwirkungsmöglichkeiten der Länder am politischen Prozess der europäischen Einigung, denn in der Beratenden Versammlung des Europarats waren nicht die Regierungen, sondern Parlamentarier aus den Mitgliedstaaten vertreten. Wer sollte in diesem Gremium die Bundesrepublik Deutschland repräsentieren?

Jeder Schritt in Richtung Integration der europäischen Staaten musste wegen der verfassungsrechtlichen Stellung der Länder Rückwirkungen auf das Verhältnis zwischen den Ländern und dem Bund haben. Musste der Bundesrat Gesetzen oder Verträgen, die sich auf das Zusammenwachsen der europäischen Demokratien bezogen, zustimmen oder fielen sie in die «ausschließliche Gesetzgebung» des Bundes? Das Grundgesetz sah eine Beteiligung der Länder im Bereich der «ausschließlichen Gesetzgebung nur [dann vor], wenn und soweit sie hierzu in einem Bundesgesetze ausdrücklich ermächtigt werden» (Art. 71 GG). Grundlage für den Beitritt zu zwischenstaatlichen Organisationen bildete Art. 24 GG in seiner ursprünglichen Fassung: «Der Bund kann durch Gesetz Hoheitsrechte auf zwischenstaatliche Einrichtungen übertragen.»

Der Deutsche Bundestag befasste sich seit 1950 mit Beitrittsgesetzen (Europarat, Europäische Zahlungsunion, EGKS, Europäische Verteidigungsgemeinschaft) und weiteren Europagesetzen im Zuge der westeuropäischen Integration. Heftig diskutiert wurde dabei auch die Frage, ob der Bundesrat in den Gesetzgebungsprozess für diese überstaatlichen europäischen Organisationen einbezogen werden müsse, ob die Interessen der Länder, die Staaten aus eigenem Recht und in der Mehrzahl Staaten mit einer eigenen historischen Tradition waren und nicht nur «Verwaltungsabteilungen der Bundesrepublik» (K. Porzner), angemessen berücksichtigt wurden. Entscheidend für diese Diskussion war Art. 32 GG, in dem es über die auswärtigen Beziehungen hieß: «Die Pflege der Beziehungen zu auswärtigen Staaten ist Sache des Bundes» und: «Vor dem Abschluß eines Vertrages, der die besonderen Verhältnisse eines Landes berührt, ist das Land rechtzeitig zu hören.»

Mit dem Vertrag über die EGKS vom 18. April 1951 setzte ein Diskussionsprozess zwischen dem Bund und den Ländern über ihre Rechte, Pflichten und die Vertretung auf europäischer Ebene ein. Wichtig war dabei von Anbeginn, dass neben rechtlichen Fragen und Problemen die *politische Dimension* eine zentrale Bedeutung erhielt. Die politischen Grundüberzeugungen und die politischen und wirtschaftlichen Eigen- und Sonderinteressen der Länder sollten immer wieder zu unterschiedlichen Haltungen der Länder in europäischen Fragen führen. Dies wurde insbesondere 1952/53 deutlich, als es um den EVG-Vertrag, den Vertragsentwurf über die Europäische Politische Gemeinschaft (EPG) und um den Generalvertrag zwischen der Bundesrepublik Deutschland und den drei westlichen Besatzungsmächten ging. War es für die Bundesländer sinnvoll und richtig, den Weg zum Verfassungsgericht zu gehen, um die Frage der Mitwirkung und der Mitbestimmung der Länder rechtlich durch eine Normenkontrollklage klären zu lassen? Die Länder entschieden sich bei der Ratifikationsdebatte über den Montanunionsvertrag schließlich gegen eine Anrufung des Verfassungsgerichts, obwohl durch den EGKS-Vertrag unmittelbare Länderinteressen betroffen waren.

Die Auseinandersetzungen zwischen Bund und Ländern sowie unter den Ländern selbst über den EGKS-Vertrag und den EVG-Vertrag trugen in hohem Maße zur Klärung bei. Die Debatten im Bundesrat und in den Ausschüssen verdeutlichten, dass die Entscheidungen der Länder in der Regel aus einem gemeinsamen Interesse heraus getroffen wurden, weniger aus parteipolitischen Überlegungen. Die «Länderkammer» verstand sich dabei als Vertretung der deutschen Länder und nicht als eine weisungsgebundene «Kammer von Oberregierungsräten». Die Erfahrungen im Umgang mit Bundesregierung und Bundestag in diesen Jahren führten dazu, die – aus der Sicht der Länder – als zwingend angesehene Mitsprache und umfassende Information durch die unmittelbaren Bundesorgane immer wieder einzufordern. Einen ersten Test, wie ernst es die Bundesregierung mit einer umfassenden Unterrichtung des Bundesrates meinte, sollten die Beratungen über den EVG-Vertrag und über den Generalvertrag bringen. Dieser verlief jedoch nicht so positiv wie erhofft. Die in den Erörterungen der Jahre 1951/1952 immer wieder aufgetauchten verfassungsrechtlichen und politischen Fragen sollten daher erneut auf die Agenda kommen.

Als im April 1957 in Bundestag und Bundesrat die von der Bundesregierung vorgelegten Ratifizierungsgesetze zu den Römischen Verträgen vom 25. 3. 1957 (EWG-Vertrag, Euratom-Vertrag) vorgelegt wurden, ging es aus der Sicht der Länderkammer um mehr als die Abtretung von Hoheitsrechten an eine europäische Institution. Beim EWG-Vertrag waren unmittelbar auch die Länder betreffende nationale Fragen berührt, nämlich die deutsche Frage. Würde der Prozess der weiteren wirtschaftlichen Integration Westeuropas nicht die Teilung Deutschlands auf Dauer zementieren und die innerdeutsche Grenze zu einer Zollgrenze werden lassen? Die Bundesregierung versicherte, dass durch das Protokoll zum EWG-Vertrag über den innerdeutschen Handel die Wirtschaftsbeziehungen zwischen der Bundesrepublik und der DDR nicht als Außenhandel, sondern als Binnenhandel zu verstehen seien. Die Wiedervereinigungsfrage sollte sich in der Folge bei späteren Europaverträgen und Übereinkünften immer wieder stellen und wurde für die Bundesrepublik Deutschland und ihre Verfassungsorgane in ihrer Europapolitik zunehmend zu einem Dilemma, insbesondere als seit Mitte der 1980er Jahre die Frage des europäischen Binnenmarktes mit Delors' «Europa 92»-Vision konkrete Formen annahm und die Kommission keine Initiativen mit Blick auf den künftigen Status der DDR zum Binnenmarkt ergriff. Die Vereinigung Deutschlands 1989/90 löste dieses Problem für die EG-Kommission.

Das veränderte Selbstverständnis der Länder mit Blick auf die Mitwirkung des Bundesrates im Rahmen der immer stärkeren Integration und Vernetzung innerhalb der EG-Mitgliedstaaten zwang die Bundesregierung, den Ländern in Europafragen entgegenzukommen. Dies betraf beispielsweise den Entwurf des ersten direkt gewählten

Europäischen Parlaments für die Verfassung einer Europäischen Union vom 14.2.1984, mit dem das Parlament einen Weg wies, «der aus dem Integrationskonzept der Europäischen Gemeinschaften hinausführt ... und in die bundesstaatsähnliche Verfassungsstruktur einer Europäischen Union führen soll» (J. Kaiser). Der Präsident des Europäischen Parlaments hatte den Verfassungsentwurf dem Präsidenten des Bundesrates übergeben. Der Bundesrat hatte Gutachten eingeholt und eine Anhörung durchgeführt, die um die Frage kreiste, ob sich für eine «fortschreitende europäische Integration» Grenzen aus dem Wiedervereinigungsgebot des Grundgesetzes und aus Art. 24 GG ergeben. In Entschließungsanträgen und in der Bundesratsdebatte im Januar 1986 wurde deutlich, dass die Länder in der Frage der Übertragung von Hoheitsrechten auf «zwischenstaatliche Einrichtungen» durch eine entsprechende Änderung von Art. 24 eine bessere Position wünschten. Der Bundesrat forderte daher in einer Entschließung über die Änderung der Römischen Verträge, dass Art. 24 Abs. 1 GG zu ändern sei und bei der «Übertragung von Hoheitsrechten auf zwischenstaatliche Einrichtungen» der Bundesrat zustimmen müsse.

Kurze Zeit später sahen sich die Länder mit dem Entwurf eines Gesetzes zur Einheitlichen Europäischen Akte konfrontiert. Sie bemängelten, dass die Bundesregierung bei den Verhandlungen zu wenig Rücksicht auf die Belange der Länder genommen habe. Mit Rücksicht auf die Bundestreue in einem föderalistisch verfassten Staatswesen müsse der Bund bei Verhandlungen über Fortschritte in der europäischen Integration darauf achten, dass die «Staatsqualität der Länder» nicht durch Kompetenzverluste in Gefahr gerate: «Die verbindliche Mitwirkung der Länder in EG-Angelegenheiten ist unerlässlich, wenn man den Föderalismus ernst nimmt – nicht im innerstaatlichen Verhältnis, sondern auch und gerade im Verhältnis zu Europa.» Die Länder wollten durch den Bundesrat keine Blockadepolitik betreiben, sie sahen und sehen vielmehr in der «föderalistischen Struktur der Bundesrepublik Deutschland ... ein Modell für die künftige Europäische Union.» Sie hofften aber auch, durch ihre Mitwirkung zu «mehr Konsequenz in der deutschen Europapolitik» beizutragen. Die Einheitliche Europäische Akte wurde am 17. Februar 1986 unterzeichnet und am 19.12.1986 vom Bundesrat akzeptiert, nachdem die Bundesregierung zugesichert hatte, das Mitwirkungsrecht des Bundesrates im Grundgesetz festzuschreiben. Der Bund war auch bereit, eine «Kammer für Vorlagen der Europäischen Gemeinschaften» beim Bundesrat einzurichten, den Bundesrat «laufend und schriftlich» zu unterrichten und Ländervertreter in EG-Beratungsgremien hinzuzuziehen. Seit Ende 1987 waren die Länder stärker in die EG-Entscheidungsprozesse einbezogen, die vor allem Fragen des künftigen europäischen Binnenmarktes auf dem Weg zum Vertrag von Maastricht betrafen.

Der Maastrichter Vertrag über die «Europäische Union» vom 7.2.1992 ist ebenso wie der Vertrag über die Einheitliche Europäische Akte von 1986 als ein *Mantelvertrag* angelegt. Er versteht sich als «eine neue Stufe bei der Verwirklichung einer immer engeren Union der Völker Europas, in der die Entscheidungen möglichst bürgernah getroffen werden» (Art. A). Er bildet die Klammer für den ebenfalls am 7.2.1992 unterzeichneten «Vertrag zur Gründung der Europäischen Gemeinschaft», durch den der EGKS-Vertrag von 1951 und die Römischen Verträge von 1957 geändert und ergänzt werden. Der EU-Vertrag zielte auf «eine Vertiefung der Integration nach innen und die Stärkung der Handlungsfähigkeit der Gemeinschaft nach außen» (Thomas Läufer) ab und initiierte eine neue Phase im Integrationsprozess der EG/EU, die bis heute nicht abgeschlossen ist. Auf europäischer und nationaler Ebene wurde durch das Vertragswerk von Maastricht, wie das Bundesverfassungsgericht in seiner Entscheidung vom 12.10.1993 feststellte, kein «in seinem Selbstlauf nicht mehr steuerbarer ‹Automatismus› zu einer Währungsunion» eingeleitet, sondern der «Weg zu einer stufenweisen weiteren Integration der europäischen Rechtsgemeinschaft» geöffnet. Es stellte auch fest, dass durch die Mitgliedschaft der Bundesrepublik in einer supranational organisierten zwischenstaatlichen Gemeinschaft «eine vom Volk ausgehende Legitimation und Einflussnahme auch innerhalb des Staatenverbundes gesichert ist.» Die Länder profitierten vom Vertrag über die Gründung der EU insofern, als durch ihn mit dem Ausschuss der Regionen ein eigenes, beratendes Vertretungsgremien geschaffen wurde. Das Vertragswerk von Maastricht musste, da die Verträge in vielen Bereichen unmittelbar in Länderrechte und Länderinteressen eingriffen, vom Bundesrat mit einer qualifizierten Mehrheit ratifiziert werden. Die Länder nutzten diese Situation, um ihre Rolle und Stellung in Fragen der europäischen Integration zu verbessern und grundgesetzlich zu regeln. Aus der Arbeit einer gemeinsamen Kommission von Bundestag und Bundesrat entstand als Ersatz für den alten Artikel 23, der den Beitritt zur Bundesrepublik Deutschland regelte und der 1957 und 1990 zur Anwendung gekommen war, der neue Artikel 23 über die «Europäische Union». In einem Gesetz über die Änderung des Grundgesetzes vom 21.12.1992 wurde dieser genehmigt. Am 18.12.1992 hatte der Bundesrat der Ratifikation des Vertragswerks von Maastricht zugestimmt. In zwei Begleitgesetzen vom 28.12.1992 wurden die Kontroll-, Mitwirkungs- und Informationsrechte von Bundesrat und Bundestag geregelt. Die genauen Formen und Bedingungen der Zusammenarbeit regelten das Gesetz über die Zusammenarbeit von Bund und Ländern in Fragen der Europäischen Union vom 12.3.1993 und die Bund-Länder-Vereinbarung vom 29.10.1993. Die Mitwirkungsmöglichkeiten der Länder waren somit verfassungsrechtlich fixiert und die Rechte und Pflichten des Bundes und der Länder festlegt. Im neuen Grundgesetzartikel 23 heißt es:

(1) «Zur Verwirklichung eines vereinten Europas wirkt die Bundesrepublik Deutschland bei der Entwicklung der Europäischen Union mit, die demokratischen, rechtsstaatlichen, sozialen und föderativen Grundsätzen verpflichtet ist und einen diesem Grundgesetz vergleichbaren Grundrechtsschutz gewährleistet. *Der*

Bund kann hierzu durch Gesetz mit Zustimmung des Bundesrates Hoheitsrechte übertragen ...

(2) In Angelegenheiten der Europäischen Union wirken der Bundestag und durch den Bundesrat die Länder mit. Die Bundesregierung hat den Bundestag und den Bundesrat umfassend und zum frühestmöglichen Zeitpunkt zu unterrichten.

(3) Die Bundesregierung gibt dem Bundestag Gelegenheit zur Stellungnahme vor ihrer Mitwirkung an Rechtsetzungsakten der Europäischen Union. Die Bundesregierung berücksichtigt die Stellungnahmen des Bundestages bei den Verhandlungen ...

(4) Der Bundesrat ist an der Willensbildung des Bundes zu beteiligen, soweit er an einer entsprechenden innerstaatlichen Maßnahme mitzuwirken hätte oder soweit die Länder innerstaatlich zuständig wären.

(5) Soweit in einem Bereich ausschließlicher Zuständigkeit des Bundes Interessen der Länder berührt sind oder soweit im übrigen der Bund das Recht zur Gesetzgebung hat, berücksichtigt die Bundesregierung die Stellungnahme der Länder ...

(6) Wenn im Schwerpunkt ausschließlich Gesetzgebungsbefugnisse der Länder betroffen sind, soll die Wahrnehmung der Rechte, die der Bundesrepublik Deutschland als Mitgliedstaat der Europäischen Union zustehen, vom Bund auf einen vom Bundesrat benannten Vertreter der Länder übertragen werden. Die Wahrnehmung der Rechte erfolgt unter Beteiligung und in Abstimmung mit der Bundesregierung; dabei ist die gesamtstaatliche Verantwortung des Bundes zu wahren.»

Die europarechtliche und europapolitische Stellung der Länder zum Bund hat sich im Vergleich zu den frühen 1950er Jahren zu Gunsten der Länder verändert, wurde aber 2006 durch die *Föderalismusreform* leicht modifiziert. Mit der Ratifikation des EU-Vertrages und der Einfügung des neuen Europaartikels in die Verfassung wurde die Bundesrepublik Deutschland föderativer, ohne dass die Befürchtung, die Länder würden zum «Bremser» im Prozess der europäischen Integration, Realität geworden ist. Die seit einigen Jahren feststellbare Tendenz einer «Reföderalisierung» der Bundesrepublik Deutschland findet auf europäischer Ebene ihre Entsprechung in dem Bemühen in einigen westeuropäischen Staaten nach Dezentralisierung und Föderalisierung. Die in der Bundesratserklärung vom 18.12.1992 niedergelegte Überzeugung, dass die Europäische Union als ein «Gestaltungsrahmen» verstanden werden muss, und das von den Ländern für die EU formulierte Ziel einer «dreistufig-föderalen Struktur» für Europa passen sich in den allgemeinen Dezentralisierungsprozess auf europäischer Ebene ein.

Die Stellung der Länder in der Verfassungsordnung der Bundesrepublik seit 1992 fand ihren Niederschlag auch in der Tatsache, dass von den drei nationalen deutschen Vertretern im «Konvent über die Zukunft Europas», der im Juli 2003 seinen Verfassungsentwurf vorlegte, der Bundesrat einen Vertreter stellte – den baden-württembergischen Ministerpräsidenten Teufel. Für die deutschen Bundesländer ist es schwierig, die von ihnen angestrebte dreistufige Struktur in ihrem Sinne zu verwirklichen. Die Frage nach der Rolle und der Stellung der politischen Regionen – den Typ der Bundesländer kennen die meisten EU-Partner nicht – in einer künftigen europäischen Organisationsstruktur im Zuge der Erweiterung der EU und der Diskussionen über einen Europäischen Verfassungsvertrag bildet für die EU-Länder kein zentrales Thema.

Borkenhagen, Franz H. U. (Hg.): Europapolitik der deutschen Länder. Bilanz und Perspektiven nach dem Gipfel von Amsterdam. Opladen 1998; *Gruner*, Wolf D.: Les Länder allemands et la création de la CECA, in: Marie-Therèse *Bitsch* (Hg.): Le couple France-Allemagne et les institutions européennes. Brüssel 2001, S. 35–61; *Hrbek*, Rudolf/*Thaysen*, Uwe (Hg.): Die deutschen Länder und die Europäischen Gemeinschaften. Baden-Baden 1986; *Hrbek*, Rudolf (Hg.): Europapolitik und Bundesstaatspolitik. Die ‹Europafähigkeit› Deutschlands und seiner Länder im Vergleich mit anderen Föderalstaaten. Baden-Baden 2000; *Kühnhardt*, Ludger: Föderalismus und Subsidiarität, in: *Aus Politik und Zeitgeschichte* B 45/1991, S. 37–45; *Morawitz*, Rudolf/*Kaiser*, Wilhelm (Hg.): Die deutschen Länder und ihre Stellung im europäischen Einigungsprozeß – Ein Beitrag zur Wahrnehmung internationaler Beziehungen im Bundesstaat. Bonn 1969; *Sekretariat des Bundesrates* (Hg.): Bundesrat und Europäische Gemeinschaften. Dokumente. Bonn 1988; *Wilke*, Dieter/*Schultze*, Bernd (Hg.): Der Bundesrat. Darmstadt 1990.

www.bundesrat.de (allgemein)
www.bundesrat.de/c/n_050/nn_43984/DE/parlamentsmaterial/plenarprotokolle/p/pr 2006 (Föderalismusreform 824. Sitzung v. 7.7.06).

2. Länderartikel

Nordeuropa und das Baltikum

In der regionalen Geographie Europas werden die «Nordischen Länder» je nach Zugriff und Verständnis auf die drei skandinavischen Staaten, Finnland und Island beschränkt. Sie haben über Jahrhunderte gemeinsame kulturelle Spezifika entwickelt und können auf eine lange, gemeinsame politisch-territoriale Geschichte zurückblicken. Aus der Sicht des Historikers, aber auch des Geographen bietet es sich an, die nordeuropäischen Staaten in den baltischen Raum, als einen sich neu formierenden und positionierenden politisch-wirtschaftlichen Großraum in der EU, einzubeziehen.

Der Begriff «Baltikum» kommt vom mittellateinischen Begriff für die Ostsee als «mare balticum», als baltischem Meer. «Baltia» ist der lateinische Begriff für Bernstein und kennzeichnet das Bernsteingebiet im Ostseeraum. Das Baltikum war durch seine Bernsteinvorkommen als Handelsgut schon den Römern bekannt. Seit dem ausgehenden 19. Jahrhundert werden unter «Baltikum» die russischen Ostseeprovinzen als Geschichtslandschaften (Livland, Estland, Kurland) verstanden. Seit dem Ersten Weltkrieg heißen die aus der Konkursmasse des Zarenreiches entstandenen Staaten Estland, Lettland und Litauen die «baltischen Staaten».

Die Ostseeanrainerstaaten verbindet eine lange und wechselvolle Geschichte, aber auch die erdgeschichtliche Entwicklung (Eiszeit). Sinnvollerweise werden daher Dänemark, Norwegen, Schweden, Finnland, Estland, Lettland, Litauen und Polen (sowie Island wegen seiner langen Zugehörigkeit zu Dänemark) in einem Regionalbereich zusammengefasst. Dies gilt auch unter der Perspektive der zunehmenden wirtschaftlichen, wissenschaftlichen, kulturellen und politischen Verflechtungen und der Ausbildung eines neuen EU-Verkehrsraums sowie der Zugehörigkeit der genannten Staaten zum Ostsee-Rat. Sie besitzen somit auch eine Brückenfunktion für das Verhältnis Russlands und seiner Enklave Kaliningrad zur EU. Der Ostseeraum gewinnt für die EU – dokumentiert auch durch die seit dem Ende der 1990er Jahre eingeleitete Politik der «Nördlichen Dimension» und die wachsende wirtschaftliche, politische und kulturelle Verflechtung und Vernetzung dieser Region – zunehmend eine gewichtige, Frieden und Stabilität sichernde Bedeutung. Im Falle der Bundesrepublik Deutschland, die geographisch den europäischen Zentralraum umfasst, zugleich aber auch Ostseeanrainer ist, bietet sich an, diese trotz ihrer historisch-politischen, sicherheitspolitischen, kulturellen und wirtschaftlichen Bindungen zum Ostseeraum Mitteleuropa zuzuordnen. Für den Ostseeraum und seine Verknüpfung mit dem europäischen Zentralraum übernehmen die norddeutschen Bundesländer, vor allem Hamburg, Mecklenburg-Vorpommern und Schleswig-Holstein, eine wichtige Vermittlerfunktion, zumal sie, aus der bundesstaatlichen Ordnung Deutschlands resultierend, europapolitisch ein verfassungsmäßiges Eigengewicht erhalten haben.

Dänemark

1. Grunddaten

Staatsname: Kongeriget Danmark (Königreich Dänemark)
Größe: 43 096 km^2, unter Einschluss der Insel Bornholm in der Ostsee, der Inseln Fünen (Fyn) und Seeland (Sjae) und der Halbinsel Jütland. *Außengebiete*: Färöer-Inseln 1398,9 km^2; Grönland: 2 166 086 km^2
Hauptstadt: København (Kopenhagen)
Einwohner: 5 444 203 (1. 10. 2006); ethnische Gruppen und Minderheiten: Deutsche (Nordschleswig), Schweden; Ausländeranteil: 5,0 % (2004)
Bevölkerungsdichte: 125,3 Einw./km^2
Konfessionen: Die evangelische Kirche ist Staatskirche. 90 % Lutheraner/Protestanten; 32 400 Katholiken (0,6 %); 7000 Juden; 50 000 Muslime
Sprachen: Dänisch (Amtssprache); Deutsch (in Nordschleswig teilweise Schulsprache); Färörisch (Färöer-Inseln, Dänisch als Bildungs- und Verkehrssprache); Inuit (Grönland, Dänisch und Englisch als Bildungs- und Verkehrssprachen)
Währung: 1 Dänische Krone (Dkr) = 100 Øre; 1 € = 7,46 Dkr (1. 7. 2006) 1 US-$ = 5,08 Dkr. 1 US-$ = 0,83 € (2005)

2. Sozioökonomische Grundlagen

Bruttoinlandsprodukt (BIP): 1551,5 Mrd. DKr, 208,255 Mrd. €, 251,867 Mrd. US-$ (2005)
BIP/Kopf: 287 316 DKr, 46 642 US-$, 38 566 € (2005)
Erwerbstätigkeit: Landwirtschaft 3 %, Industrie 21 %, Dienstleistungen 76 % (2004)
Arbeitslosigkeit: 4,2 % (September 2006); 5,6 % (Januar 2005)
Inflation: 1,5 % (2006)
Wirtschaftswachstum (BIP): 2,9 % (2005)
Außenhandel (2005): Import: 449,4 Mrd. Dkr, 60,322 Mrd. €, 88,465 Mrd. US-$ Wichtigste Handelspartner 2005: EU 70,0 %, Deutschland 21 %, Schweden 13,8 %, UK 6,0 %, Niederlande 6,7 %, Frankreich 4,2 %), USA 4,2 %, China 4,8 % – Export: 503,6 Mrd. Dkr, 99,133 Mrd. US-$, 67,597 Mrd. €. Wichtigste Handelspartner 2005: EU 65,0 %, Deutschland 17,2 %, Schweden 13,3 %, UK 8,9 %, Frankreich 5,2 %), USA 6,0 %, Norwegen 5,3 %.

3. Geschichte

Die frühesten menschlichen Zeugnisse lassen sich im Süden der Halbinsel Jütland etwa 200 000 Jahre v. Chr. nachweisen. Seit dem 6. Jahrhundert n. Chr. werden erstmals Dänen erwähnt, die von Südschweden aus in das von Germanen besiedelte Land eindrangen und lose organisierte Teilkönigreiche begründeten. Um 800 ließ König Göttrik (Godfred) zum Schutz gegen die Franken südlich der Schlei eine Grenzbefestigung, das Danewerk, bauen. In die Zeit der Wikingerzüge fiel im 10. Jahrhundert die erste erfolgreiche Reichsbildung (Gorm und Harald) durch Zusammenfassung der Teilkönigreiche. König Harald I. trat 962 zum Christentum über und unterstützte die christliche Mission. Das 12. und 13. Jahrhundert sind vom Aufstieg Dänemarks zur Großmacht im Ostseeraum gekennzeichnet. Es geriet damit immer wieder in Konflikt mit der Hanse und musste im Stralsunder Frieden (1370) territoriale Einbußen hinnehmen und Rechte an die Hanse abtreten. Unter Königin Margarete I. begann eine Blütezeit dänischer Großmacht. Ihr gelang es durch die Kalmarer Union (1397), Norwegen und Schweden ihrem Herrschaftsbereich einzugliedern. Der Erwerb von Holstein und später Oldenburgs (1667) machte Dänemark zum Mitglied des Heiligen Römischen Reiches deutscher Nation und eröffnete die Chance, sich eine Vormachtstellung über die nördliche Nordsee zu sichern.

Schweden wurde seit dem 16. Jahrhundert zum machtpolitischen Rivalen im Norden Europas. Der Konflikt um die Vormachtstellung sollte bis in das frühe 19. Jahrhundert andauern (Nordischer Krieg; Siebenjähriger Krieg; Napoleonische Kriege). Erst als beide Staaten sich zwangsläufig außenpolitisch neu orientierten (selbst gewählte Neutralität) und als Ergebnis der europäischen Neuordnung von 1814/15 einen enormen Bedeutungsverlust hinnehmen mussten, kam es zu einer Annäherung und zu den Anfängen des «Skandinavismus».

Die dänischen Großmachtambitionen in der frühen Neuzeit erforderten eine Effektivierung der Staatsverwaltung, eine Verbesserung der Staatseinnahmen und eine Politik der Modernisierung (u. a. durch die Einführung der lutherischen Reformation als «Fürstenreformation»). Sie zwangen überdies zu einer Mobilisierung der materiellen und personellen Ressourcen des Landes. Im Dreißigjährigen Krieg blieb die wirtschaftliche Modernisierung jedoch stecken. Die äußere Gefährdung führte zur Umgestaltung im Innern. Mit dem Übergang von einer «Wahlmonarchie» zur «Erbmonarchie» (1660) und durch die drastische Beschneidung der Rechte der Stände wurden die Voraussetzungen für eine absolutistische Herrschaftsordnung geschaffen. Das «Königsgesetz», das von 1665 bis 1848 galt, war die einzige «schriftliche Verfassung» des europäischen Absolutismus. Verbunden damit waren eine grundlegende Reform der Verwaltung und der Finanzen sowie die Ausbildung einer adelig-bürgerlichen Bürokratie, die zum Träger des dänischen Gesamtstaats werden sollte. Mit dem Gesetzbuch von 1683 wurde rechtlich verbindlich der Handlungsrahmen für die Regierten und die Regierenden festgelegt. Pressefreiheit (1755) und innere Reformen im Geiste der Aufklärung (Agrarreform, Bauernbefreiung 1788) führten zu einem Umbau der dänischen Landwirtschaft und veränderten auch den Charakter der dänischen Landschaft.

Der dänische Absolutismus schuf die Voraussetzungen für die Parlamentarisierung der Monarchie. Die friedliche Revolution in Kopenhagen 1848 öffnete den Weg für das liberale «Grundlov» (Grundgesetz) von 1849, das den Übergang zur konstitutionellen Monarchie brachte. Mit dem «Folketing» und dem «Landsting» wurde ein Zweikammersystem geschaffen. Mit Rücksicht auf die «deutschen Gebietsteile» (Holstein, Schleswig) galt das Grundgesetz nur für den dänischen Kernstaat. Folge war, dass der «nationale» Konflikt zwischen der dänischen und deutschen Nationalbewegung auch «verfassungsrechtlich» vorbereitet wurde. Ausgelöst durch die Einbeziehung Schleswigs in den dänischen Gesamtstaat 1863 kam es zu Konflikten mit dem Deutschen Bund und 1864 zu einer Bundesexekution gegen Dänemark wegen Verletzung der Rechtsordnung. Im Ergebnis führte sie zur Abtretung von Schleswig, Holstein und Lauenburg. Die militärische Niederlage im deutsch-dänischen Krieg sollte nachhaltige Folgen für das Verhältnis zwischen beiden Ländern und für das dänische Deutschlandbild haben.

Mit der Revision des Grundgesetzes von 1866 wurde die innenpolitische Entwicklung in der so genannten «Provisoriumszeit» bis zum Beginn des 20. Jahrhunderts durch den anhaltenden Verfassungsstreit belastet. Mit dem Durchbruch des Parlamentarismus, der seinen Niederschlag im demokratischen Grundgesetz von 1915 fand, das wegen des Krieges erst 1920 in Kraft trat, bildete sich das moderne dänische Parteiensystem aus. Wichtig waren in diesem Zusammenhang die Einführung des allgemeinen, gleichen, direkten und geheimen Wahlrechts, das Wahlrecht für Frauen sowie die Ablösung des die Konservativen begünstigenden Mehrheitswahlrechts durch das Verhältniswahlrecht.

Während des Ersten Weltkriegs verhielt sich Dänemark, trotz der antideutschen Stimmung, neutral. Die Volksabstimmung in Nordschleswig (Sønderjylland) brachte aus dänischer Perspektive die friedliche Wiedervereinigung («genforening») mit Dänemark. In der Zwischenkriegszeit behielt Dänemark seine Neutralitätspolitik bei und schloss 1939 einen Nichtangriffspakt mit Deutschland, der aber 1940 mit dem deutschen Angriff und der Besetzung des Landes gebrochen wurde. 1944 erklärte Island, das seit 1918 durch die Unionsakte ein eigenständiger, in Personalunion mit Dänemark verbundener Staat war, seine vollständige Unabhängigkeit und wurde zur Republik.

Nach der Kapitulation der deutschen Truppen 1945 stellte eine Übergangsregierung die rechtsstaatliche Ordnung wieder her und wirkte erfolgreich für die Anerkennung Dänemarks als «alliierte Macht» (als Voraussetzung für die Mitgliedschaft in der UNO). Die Minderheitenfrage wurde 1949 durch die «Kieler Erklärung» des Schleswig-Holsteinischen Landtags, die Kopenhagener Versicherung über die Grundrechte der deutschen Nordschleswiger sowie schließlich 1955 durch die Bonn-Kopenhagener Erklärung, in der die Rechte der deutschen und dänischen Minderheiten richtungweisend und vorbildlich geregelt wurden, endgültig gelöst.

Die Sozialdemokraten, die bereits in der Zwischenkriegszeit eine wichtige Rolle für die Entstehung des Wohlfahrtsstaats übernommen hatten, wurden in den ersten Nachkriegsjahrzehnten zur bestimmenden politischen Kraft. Wichtig war dabei, dass die vier großen Parteien in grundsätzlichen innen- und außenpolitischen Fragen zum Kompromiss bereit waren. Die Stabilität dieser dänischen «Konsensdemokratie» basierte auf dem Interessenausgleich unterschiedlicher sozialer Gruppierungen (so dass u.a. die sozialen Unterschiede in Dänemark weniger stark ausgeprägt sind). Allerdings wurde die Konsensorientierung aufgrund der sich verändernden sozialen und wirtschaftlichen Nachkriegsbedingungen zunehmend schwieriger. Die Finanzierbarkeitskrise des Wohlfahrtsstaats seit Anfang der 1970er Jahre erforderte einen schmerzhaften Abschied vom «nordischen Sozialmodell».

Die neue Verfassung von 1953 ließ die weibliche Thronfolge zu, löste die erste Kammer (Landsting) auf, begünstigte durch einen niedrigen Wahlquotienten (2 %) die Entstehung kleinerer Parteien, ermöglichte durch die Einführung von Referenden Elemente einer direkten Demokratie und erlaubte die Übertragung nationaler Souveränitätsrechte auf supranationale Institutionen.

Wirtschaftspolitisch setzte Dänemark nach dem Krieg zunächst auf eine stärkere Zusammenarbeit mit den skandinavischen Staaten, näherte sich aber aus praktischen Überlegungen der sich ausbildenden westeuropäischen Wirtschaftsgemeinschaft an und trat 1973 schließlich der EG bei. Seit den 1950er Jahren hat Dänemark – ähnlich wie andere Industrieländer – einen tiefgreifenden gesellschaftlichen und wirtschaftlichen Strukturwandel erlebt, der in der internationalen Wirtschaftskrise seit Anfang der 1970er Jahre auch die Parteienlandschaft des Landes erfaßte und die Dominanz der vier großen Parteien beendete. Protestparteien und politische Splittergruppen entstanden, aber auch neue soziale Bewegungen (am wichtigsten und nachhaltigsten die Umweltschutzbewegung und die Frauenbewegung). Mit Recht ist daher festgestellt worden, daß die «politische Zersplitterung und die wirtschaftliche Krise mit einer ständig ansteigenden Arbeitslosenquote das politische Establishment vor große Herausforderungen» stellte (Bohn). Im Laufe der 1990er Jahre gelang es durch zahlreiche Programme die Arbeitslosigkeit abzubauen und Dänemark im europäischen Vergleich wirtschaftlich wieder nach vorne zu bringen.

Zu Beginn des neuen Jahrtausends geriet Dänemark durch seine rigorose Ausländerpolitik und durch den zum außenpolitischen Problem sich entwickelnden Streit um die Mohamed-Karikaturen erneut in das internationale Blickfeld.

4. Politisches System

Seit der Verfassung vom 5.6.1953 ist Dänemark eine «Parlamentarische Erbmonarchie». Die Monarchin – seit 1972 Margarete II. – (bzw. der Monarch) ist formal das Staatsoberhaupt und Inhaber der Exekutive. Sie ernennt das Kabinett und den Ministerpräsidenten. Die Regierung ist dem Parlament verantwortlich. Der Monarch und das Parlament besitzen die Legislative. Das «Einkammerparlament», der Folketing, wird alle vier Jahre gewählt. Der Folketing hat 179 Mitglieder, unter ihnen je zwei Abgeordnete aus Grönland und den Faröern. Nach schwedischem Vorbild wurde als zusätzliches parlamentarisches Kontrollmittel die Institution eines vom Folketing gewählten Omudsmannes (Ombudsmand) eingeführt, der die Stellung der Bürger stärken soll.

Das Prinzip der repräsentativen Demokratie wurde in der Verfassung durch Elemente direkter Demokratie ergänzt. Möglich ist zwar nicht die Volksinitiative, wohl aber sind fakultative und obligatorische Referenden vorgesehen. Sie vergrößern auch den Aktionsrahmen der Parteien. Mit der Einführung von Elementen direkter Demokratie wurde auch das für die dänische Identität wichtige Element der «folkelighed», der partizipatorischen Einbindung des Volkes in den Prozess politischer Entscheidung, entsprechend berücksichtigt.

Referenden sind obligatorisch, wenn bei Verfassungsänderungen, bei Veränderung des Wahlalters und bei der Übertragung von Souveränitätsrechten an übernationale Institutionen diese im Parlament nicht eine 5/6-Mehrheit erhalten. *Referenden sind fakultativ*, wenn sie von mindestens 1/3 der Abgeordneten des Folketing beantragt werden. Das Ergebnis der Referenden ist in jedem Falle bindend. Das allgemeine Wahlrecht besitzen alle Staatsbürger über 18 Jahre.

Parteiensystem: Um 1920 hatte sich das traditionelle Vierparteiensystem (Sozialdemokraten, Liberale, Radikalliberale, Konservative) ausgebildet, das ca. 90 % der Wählerstimmen zum Folketing auf sich vereinigte und – trotz Verschiebungen innerhalb der Vierergruppe, insbesondere von den Konservativen zu den Sozialdemokraten – über Jahrzehnte stabil blieb. Es erodierte erst in den 1960er Jahren, als sich aufgrund des niedrigen Wahlquotienten (2 %) zahlreiche kleinere Parteien bildeten und im Folketing vertreten waren. Die politischen Parteien besitzen heute keine Massenbasis mehr und sind nicht mehr wie früher in der Bevölkerung verankert. Mit eine Rolle spielte dabei, dass aufgrund der sich verändernden sozialen und wirtschaftlichen Strukturen und Interessen «Klassenparteien» ihre Funktion und Bedeutung verloren hatten. Die «Erdrutschwahl» von 1973 verdeutlichte dies.

Charakteristisch sind heute für Dänemark ein Vielparteiensystem und Minderheitsregierungen. Sie werden jeweils von einer oder zwei der großen vier Parteien getragen. Die Minderheitsregierungen sind dennoch durch ein hohes Maß an Stabilität und Regierungsfähigkeit gekennzeichnet, da sie in verschiedenen Politikfeldern von Oppositionsparteien gestützt werden.

Die wichtigsten Parteien sind die Sozialdemokratische Partei (SD), die liberale Partei (Venstre/V), die Konservative Volkspartei (KF), die sozial-liberale «Radikale Venstre»(RV), die Sozialistische Volkspartei (SF), die fremdenfeindliche Dänische Volkspartei (DF), die Christliche Volkspartei (KrF) sowie die Rot-Grüne-Einheitsliste (E). Die deutsche Minderheit in Südjütland (Nordschleswig) wird durch die Schleswigsche Partei vertreten. Die Zentrumsdemokraten, die 1998 acht Mandate erhielten, und die Fortschrittspartei (4) sind im Folketing seit 2001 nicht mehr vertreten.

Regierungschef einer Minderheitsregierung ist erneut seit den Wahlen vom 8.2.2005 Anders Fogh Rasmussen (V), Außenminister Per Stig Møller (KF). Die Regierung Rasmussen/Møller ist im Parlament auf die Unterstützung der DF angewiesen und verabschiedete im Mai 2002 ein Zuwanderungsgesetz, das stark von der DF beeinflusst wurde und die sozialen Rechte und den Flüchtlingsbegriff stark einschränkt. Die Ausländerpolitik wurde durch die 17-Punkteerklärung der Ministerin für «Flüchtlinge, Einwanderer und Integration» verschärft: Die «Erklärung zu Integration und aktiver Mitbürgerschaft in der dänischen Gesellschaft» verpflichtete die Migranten zu einer Treueerklärung zu den Werten der dänischen Gesellschaft.

Wahlen v. 8.2.2005: V 29,0 % (52 Sitze); SD 25,9 % (47); DF 13,2 % (24); KF 10,3 (18); RV 9,2 % (17); SF 6 % (11); E 3.4 % (6). Je zwei Abgeordnete aus Faröer und Grönland.

5. Politik in und für Europa

Am Ende des Zweiten Weltkriegs hatte sich Dänemark entschieden, seine Politik der Neutralität aufzugeben und aktiv bei der Gründung und Ausgestaltung von internationalen Organisationen sowie supranationalen Organisationsformen mitzuarbeiten. 1949 optierte Dänemark für den Beitritt zur NATO und gegen eine Beteiligung an einem nordeuropäischen Verteidigungsbund. In Kopenhagen war man auch davon überzeugt, dass Dänemark sich an den Bemühungen für eine europäische Einigung der Demokratien beteiligen müsse. Es zeigte sich jedoch, dass die Dänen aufgrund der Tatsache, dass die Regierung und die führenden Politiker während des Krieges im Lande geblieben waren, vom europäischen Einigungsdiskurs zwischen 1940 und 1945 und den von Exilregierungen und Widerstandsgruppen entwickelten Europavorstellungen abgeschottet waren. Hinzu kam das historisch gewachsene dänische Selbstverständnis, auf die innere Stärke zu setzen. Im Mittelpunkt dänischer Nachkriegsüberlegungen standen daher nach wie vor der dänische Nationalstaat und der Wunsch, einen europäischen Wiederaufbau durch internationale wirtschaftliche Zusammenarbeit zu erreichen. Die Organisation für Europäische Wirtschaftliche Zusammenarbeit (OEEC) und der Wirtschaftsrat der UNO für Europa schienen diesen Vorstellungen zu entsprechen und die wiedergewonnene nationale Souveränität kaum zu beschneiden. Dänemark entwickelte schon damals eine Position in seiner Europa- und Außenpolitik, die bis in die Gegenwart sichtbar geblieben ist: ja zu europäischer Zusammenarbeit in den genannten Bereichen, doch nein zu einer zu engen Bindung der europäischen Länder unter Aufgabe von Hoheitsrechten. Dominierend in der dänischen Europapolitik blieben neben der Bewahrung nationaler Souveränität vor allem die wirtschaftlichen Interessen des Landes. Gerade die Agrarinteressen waren es, die Dänemark im westeuropäischen Integrationsprozess in eine Brückenfunktion brachten. Trotz der Attraktivität der seit 1958 existierenden EWG entschloss sich Dänemark 1960 zum Beitritt zur Europäischen Freihandelszone EFTA, obwohl die landwirtschaftlichen Produkte vom Freihandel ausgeschlossen waren. Die rasante und erfolgreiche Entwicklung der EWG in den ersten Jahren und die wachsende Bedeutung des «EWG-Europa» als Markt für die dänische Wirtschaft führten 1961 jedoch dazu, dass Dänemark zusammen mit Großbritannien, Irland und Norwegen den Antrag auf Mitgliedschaft in den westeuropäischen Gemeinschaften stellte. Der Beitritt scheiterte jedoch zwei Mal am französischen Veto gegen einen britischen EWG-Beitritt. 1969 stellte Dänemark erneut einen Antrag auf EG-Mitgliedschaft. Dabei spielte u.a. eine Rolle, dass die EG inzwischen zum wichtigsten Handelspartner des Landes geworden war und vor allem die Landwirtschaft sich durch die «Gemeinsame Agrarpolitik» und die damit verbundenen Förderungen große Vorteile versprach. Die Entscheidung des Folketing vom Dezember 1971, über den EG-Beitritt ein Referendum abzuhalten, führte zu heftigen innenpolitischen Auseinandersetzungen. Es bildete sich eine Bürgerbewegung gegen die EG, die bis heute aktiv ist. Während die Anhänger eines Beitritts wirtschaftlich argumentierten, wiesen die Gegner auf der politischen Linken und am rechten Rand des Parteienspektrums auf die Gefahren für die Souveränität des Landes und das nordische Wohlfahrtsstaatsmodell hin. Die dänischen Wähler entschieden sich am 2.10.1972 mit 63,3 % für eine EG-Mitgliedschaft. Dänemark trat am 1.1.1973 der EG bei.

Die Verfassung von 1953 hatte es dem Land ermöglicht, nationale Hoheitsrechte auf eine übernationale Institution zu übertragen. Bei aller Bereitschaft zur europäischen Integration wollte Dänemark sich jedoch seine Handlungsspielräume als Nationalstaat nur geringfügig beschneiden lassen. Neben europa- und außenpolitischen Überlegungen spielten vor allem auch innenpolitische Faktoren eine Rolle. Nur wenn das Land sich die größtmögliche Autonomie gegenüber der Gemeinschaft (EG) bewahrte, konnte es das nordische Sozialmodell fortentwickeln und die aus dem Skandinavismus gewonnenen Vorstellungen von Demokratie und Partizipation bewahren. Das Spannungsfeld von nationalem Souveränitätserhalt und der Bewahrung des Sozialstaatsmodells machte das Land zu einem schwierigen, skeptischen und zögernden Akteur im Prozess der europäischen Integration.

Mit der Ablehnung des Vertrags von Maastricht durch das Referendum am 2.6.1992 (50,7 %) wurde Dänemark zum Wegbereiter eines «Europa à la carte». In Edinburgh konnte es Ende 1992 Sonderregelungen erreichen. Das Land musste (1) nicht an der gemeinsamen Währungsunion teilnehmen, (2) die EU-Bürgerschaft nicht der dänischen gleichstellen und (3) sich nicht an der gemeinsamen Außen- und Sicherheitspolitik der Union beteiligen. Bei einem erneuten Referendum über das «Edinburgher Zusatzprotokoll» im Mai 1993 stimmte die Mehrheit der Wahlbürger (57 %) dem Vertrag von Maastricht zu.

Warum fällt es Dänemark so schwer, eine konstruktive Rolle auf dem Wege zur künftigen Organisation Europas zu finden? Als mögliches Interpretationsmuster bietet sich die Interdependenz von nationaler Identität der Dänen und der Außenpolitik des Landes an. Für das dänische Identitätsverständnis sind in diesem Zusammenhang drei Hauptelemente grundlegend: das Konzept der «folkelighed» (die breite Einbeziehung des Volkes in den politischen Entscheidungsprozess nach innen und außen), eine allgemeine Ablehnung der Machtpolitik und eine starke Unterstützung des Wohlfahrtsstaats. Die moderne dänische Identität hat sich historisch vor dem Hintergrund von Niederlagen ausgebildet. Dies führte zum nach 1864 entstandenen Motto: «Was draußen verloren wurde, muss innen gewonnen werden!» Das Wohlfahrtsstaatkonzept passt sich ideal in das Motto von der äußeren Schwäche und der inneren Stärke ein und wird, trotz aller Transformationsprozesse in Europa und weltweit, als eine unverzichtbare Errungenschaft angesehen.

Die Dänen sind fest von einem massiven Demokratiedefizit der EU überzeugt, die die in Dänemark hoch geschätzte «folkelig» Legitimität vermissen lässt. Sie fürchten, dass sich in der EU die großen Mächte auf Kosten der kleineren durchsetzen werden und dass die von der EU angestrebte «Finalität» Europas unvereinbar mit dem System des dänischen Wohlfahrtsstaats sei. Es bestehe die Gefahr, dass in einer sich in ihren institutionellen Organisationsstrukturen veränderten EU, verbunden mit der Aufgabe von nationalen Rechten zugunsten einer «Europäischen Autorität» und dem Inkraftsetzen einer vom Konvent ausgearbeiteten Europäischen Verfassung, sich die Kluft zwischen einer pragmatisch Pro-EU orientierten Regierung und einer überwiegend ähnlich orientierten politischen Elite sowie einer die europäische Entwicklung skeptisch begleitenden Bevölkerung vergrößern wird. Es besteht aber nach wie vor die Hoffnung, wie es ein dänischer Beobachter formulierte, dass, weil die «Dänen ein pragmatisches und opportunistisches ‹Folk›» sind, letztlich die möglichen Kosten eines EU-Rückzugs die Skepsis überwinden werden. Möglicherweise hat die Tatsache, dass während der dänischen EU-Präsidentschaft die Verhandlungen über die EU-Erweiterung zum 1.5.2004 abgeschlossen und auf dem Kopenhagener Gipfel im Dezember 2002 besiegelt werden konnten, einen wichtigen Beitrag zum Abbau von Ängsten geleistet und gezeigt, dass auch ein kleineres europäisches Land eine konstruktive Rolle spielen und auf internationaler Ebene einen wichtigen Part übernehmen kann. Mit dem Kurswechsel der Sozialdemokraten zur EU-Integration nach einer Mitgliederbefragung schien die Annahme der EU Verfassung im Referendum gesichert. Nach den Voten in Frankreich und den Niederlanden wurde das für den 27.9. 2005 vorgesehene Referendum jedoch verschoben.

Andrén, Nils: Government and Politics in Nordic Countries. Stockholm 1964; *Bohn*, Robert: Dänische Geschichte. München 2001; *Branner*, Hans/*Kelstrup*, Morten (Hg.): Denmark's Policy towards Europe after 1945 – History, Theory and Options. Odense 2000; *Frandsen*, Steen Bo: Dänemark – der kleine Nachbar im Norden. Darmstadt 1994; *Grane*, P. (Hg.): Dänemark. Kopenhagen 1998; *Hastrup*, B.: Contemporary Danish Society. Kopenhagen 1995; *Heurlin*, Bertel: Dänemark, in: *Weidenfeld*, Europa-Handbuch II, S. 86–94; *Imhof*, Arthur Erwin: Grundzüge der nordischen Geschichte. Darmstadt [2]1985; *Ingebritsen*, Christine: The Nordic States and European Unity. Ithaca/ London 1998; *Jones*, W. G.: Denmark. A Modern History. London 1986; *Kaiser*, Annegret: Dänemark und die Europäische Politische Union (1973–1993). Mosbach 1994; *Mahnert*, Heike/*Putensen*, Dörte: Der Norden auf dem Weg nach Europa. Hamburg 2002; *Nannestad*, Peter: Das politische System Dänemarks, in: *Ismayr*, Politische Systeme Westeuropas, S. 55–92; *Nordic Council of Ministers* (Hg.): The Nordic Countries in Figures. Copenhagen 2005; *Pedersen*, Morgens N.: Eine kurzgefasste Übersicht über die Entwicklung des dänischen Parteiensystems, in: Franz Urban *Pappi*/Hermann *Schmitt* (Hg.): Parteien, Parlamente und Wahlen in Skandinavien. Frankfurt/M. 1994, S. 91–108; *Schulte*, Klaus (Hg.): Die Gegenwart der Vergangenheit. Geschichte und nationale Identität in Deutschland und Dänemark. Kopenhagen 1987; *Schumann*, Wolfgang: Dänemark in der Gemeinschaft – Bestimmungsfaktoren und Handlungsspielräume dänischer EG-Politik. Ebenhausen 1985; *Wæver*, Ole/*Hansen*, Lene (Hg.): European Integration and National Identity: The Challenge of the Nordic States. London 2002.

www.um.dk (Außenministerium); http://denmark.dk (Offizielle Website) www.daenemark.org; www.ambberlin.um.dk www.ft.dk (Folketing); www.dst.dk (Statistik); www.stm.dk (Premierminister) http://denmark.dk/Portal (u. a. Rechtssystem Reichsgemeinschaft; www.norden.org (Nordische Zusammenarbeit)

Färöer Inseln (Schafinseln)

1. Grunddaten

Staatsname: Føroyar (färörisch); Færøerne (dänisch)
Größe: 1399 km² (18 Inseln, davon 17 bewohnt), ohne Seegebiet
Hauptstadt: Tórshavn
Einwohner: 48 219 (1. 1. 2006)
Bevölkerungsdichte: 33 / km²
Konfession: 95 % Lutheraner (evangelisch)
Sprachen: Färörisch, Dänisch (Bildungs- und Verkehrssprache)
Währung: Färörische Krona (FKr) = Dänische Krone (DKr); 1 DKr = 100 Øre; 1 € = 7,45 Dkr. (2005)

2. Sozioökonomische Grundlagen

Bruttoinlandsprodukt (BIP): 1,302 Mrd. €, 9,699 Mrd. FKr, 1,589 Mrd. US-$ (2003)
BIP/Kopf: 23 469 US-$, 19 479 €
Erwerbstätigkeit: Landwirtschaft und Fischerei 27 %; Industrie 11 %, Dienstleistungen 62 % (1999)
Arbeitslosigkeit: 3,2 % (Januar 2006), 3,4 % (2005)
Außenhandel (2005): Import: 4,266 Mrd. Dkr. 572,617 Mio. €, 689,900 Mio. US-$ Haupthandelspartner ist Dänemark (26,7 %) EU25 58,6 %, Spanien 7 %, Deutschland 6,2 %, Schweden 5,4 %, UK 4,7 %, Norwegen 18,1 %, USA 8,8 % – Export: 3,586 Mrd. Dkr., 481,342 Mio. €, 579,83 Mio. US-$ Haupthandelspartner ist Dänemark (14,4 %), EU25 76,8 %, UK 28,6 %, Spanien 9,7 %, Frankreich 8,2 %, Deutschland 5,1 %, Norwegen 5,9 %, Japan 3,5 %

3. Geschichte

Die Inseln wurden seit der Mitte des 7. Jahrhunderts von keltischen Mönchen besiedelt. Auf ihren Raub- und Streifzügen kamen die Wikinger nach Färöer und ließen sich auf den Inseln im Nordatlantik nieder. Im 11. Jahrhundert kamen die Inseln an Norwegen und gingen mit Norwegen 1380 an das Königreich Dänemark über. Nach der Abtretung Norwegens an Schweden als Ergebnis der europäischen Neuordnung von 1814/15 blieben die Färöer Inseln bei Dänemark, das ihnen schließlich 1948 Selbstverwaltung im dänischen Gesamtstaat gewährte. Über die Fischereigrenzen und den Fischfang kam es immer wieder zu Konflikten mit Großbritannien und Island.

4. Politisches System

Die Färöer Inseln besitzen ein *Einkammerparlament* (Logting). Die 32 (mindestens 27) Abgeordneten werden in sieben Wahlkreisen nach dem Verhältniswahlsystem auf vier Jahre gewählt. Wahlberechtigt sind alle Bürger über 18 Jahren. Zwei Abgeordnete aus Färöer vertreten die Inseln im Dänischen Folketing.

Ministerpräsident: Jóannes Eidesgaard (JF – Sozialdemokratische Partei) seit 31. 1. 2004 Chef einer Koalitionsregierung aus JF (Sozialdemokraten), FF (Volkspartei), SF (Unionspartei).

Der Ministerpräsident ernennt das Kabinett.

Wahlen: 20. 1. 2004: SF (Unionistische Partei – Sambandsflokkurin) 23,7 % (7 Sitze), TF (Unabhängigkeitspartei – Tjóðveldisflokkurin) 4,6 % (1), FF (Volkspartei – Fólkaflokkurin) 20,6 % (7), JF (Sozialdemokratische Partei – Javnaraðflokkurin) 21,8 % (7), Republikanische Partei (Hogni Hoydal) 21,7 % (8); (Zentrumspartei – Miðflokkurin) 5,2 % (2).

5. Politik in und für Europa

Als autonome Provinz im dänischen Staat verwaltet sich Färöer zwar selbst, betreibt aber keine eigene Außenpolitik. Wegen der dominierenden Rolle des Fischfangs besteht kein großes Interesse, engere Beziehungen zur EU einzugehen und den Sonderstatus zu verlieren. Teile der Bevölkerung streben nach vollständiger Souveränität.

http://www.hagstova.fo (Hagstova Føroya – Statistisches Amt, Text in färörisch); *Hagstova Føroya* (Hg.): Faroe Islands in figures 2006. Tórshavn 2006; *Nordic Council of Ministers* (Hg.): The Nordic Countries in Figures 2005. Copenhagen 2005 (erscheint seit 2002 und enthält Daten des Vorjahres, wird fortgeschrieben).

Grönland

1. Grunddaten

Staatsname: Kalaallit Nunaat (Land der Menschen), Grønland (dänisch)
Größe: 2 166 086 km² (410 449 km² eisfrei, 1 755 637 km² eisbedeckt)
Hauptstadt: Nuuk (dänisch: Godthåb)
Einwohner: 56 361 (März 2006) 0,14 Einw./km²; davon 12 % Dänen und andere Europäer und Weiße
Konfession: 98 % evangelisch-lutherisch
Sprachen: Inuit (Eskimoisch), Dänisch, Englisch (Bildungs- und Verkehrssprache)
Währung: 1 Dänische Krone (DKr) = 100 Øre; 1 € = 7,45 / 7,46 Dkr (2005/2006)

2. Sozioökonomische Grundlagen

Bruttoinlandsprodukt (BIP): 9,827 Mrd. Dkr, 1,319 Mrd. €, 1,589 Mrd. US-$ (2004)
Bruttoinlandsprodukt (BIP) pro Kopf: 0,2 Mio. DKr, 26 846 €, 32 344 US-$ (2004)
Erwerbstätigkeit: Fischerei und Fischindustrie
Arbeitslosigkeit: 9,3 % (2005)
Inflation: 2,9 % (Juli 2006)
Außenhandel: (2004/5) Import: 498,83/481,073 Mio. € – Export: 398,4/326,98 Mio. €. Der Haupthandelspartner für Import und Export sind 2005 die EU mit 90,3 % (vor allem Dänemark (67,2 % 62,2 %), Japan (Import/Export k. A./ 12,3 %), China (K. A./ 5,2 %), die USA (2 %);

3. Geschichte

Grönland wurde in der Zeit der Wikinger entdeckt und seit dem 10. Jahrhundert besiedelt. Von Grönland aus wurde bereits lange vor Christopher Columbus Nordamerika entdeckt. Bis zum 15. Jahrhundert gehörte die Insel zum norwegischen Einflussbereich. Allerdings wurden die Siedlungen zunehmend aufgegeben. 1721 schließlich besetzte Dänemark die Insel. Die Christianisierung im Sinne der dänischen Staatskirche (Evangelisch-Lutherisch) setzte ein. Im 19. und frühen 20. Jahrhundert war die größte arktische Insel Ziel zahlreicher Expeditionen, die das Landesinnere erforschten. Die Zugehörigkeit zu Dänemark, zunächst als Kolonie, dann als Teil des Gesamtstaats und schließlich als Selbstverwaltungsgebiet, blieb bis heute erhalten. Alle Versuche, Grönland zu annektieren oder aus dem dänischen Gesamtstaat herauszubrechen, blieben bisher erfolglos. Während des Zweiten Weltkriegs kam Grönland 1941 unter die Schutzherrschaft der USA, die damals noch neutral waren. Die USA errichteten Luftwaffenstützpunkte und Wetterstationen. Ihr Verbleib auf Grönland wurde 1951 durch ein amerikanisch-dänisches Schutzbündnis abgesichert. Mit der dänischen Verfassungsreform von 1953 wurde Grönland gleichberechtigter Teil des dänischen Gesamtstaats. Allerdings konnte es das Recht auf Selbstverwaltung erst 1979 erreichen. Es arbeitet im Nordischen Rat mit und entschied sich 1982 in einer zweiten Volksabstimmung für den Austritt aus den Europäischen Gemeinschaften (EG) und besitzt seither einen Sonderstatus. Es gibt starke Kräfte auf Grönland, die mit der Autonomie im Rahmen des Königreichs Dänemark unzufrieden sind und die völlige Unabhängigkeit anstreben. Aufgrund der hohen Verschuldung Grönlands und der hohen finanziellen Unterstützung durch die Regierung in Kopenhagen – etwa die Hälfte des Staatshaushalts wird durch Dänemark finanziert – und auch die EU ist der Weg in die Unabhängigkeit jedoch nicht unproblematisch, zumal das Land auf Importe angewiesen und stark vom Fischfang und der Fischindustrie abhängig ist.

4. Politisches System

Grönland ist eine abhängige Demokratie im Rahmen der parlamentarischen Monarchie Dänemarks. Erbliches Staatsoberhaupt ist der Monarch des Königreichs Dänemark. Dieses wird in Grönland durch einen vom Monarchen ernannten Hochkommissar vertreten.

Grundlage des Staates ist die Verfassung für das Königreich Dänemark vom 5.6.1953, die Grönland zu einem gleichberechtigten Teil des Gesamtstaats machte.

Für die Selbstverwaltung («Home Rule») wird ein *Einkammerparlament* gewählt (Landstinget), das 31 Abgeordnete hat. Sie werden auf vier Jahre gewählt. Wahlberechtigt sind alle Bürger über 18 Jahren.

Der *Premierminister* wird vom Landstinget gewählt. Er ist in der Regel der Führer der Mehrheitspartei. Ministerpräsident seit den Wahlen von 2002 ist Hans Enoksen von der Siumut (Sozialdemokratische Fortschrittspartei). Er steht einer Koalitionsregierung aus Siumut und Assatutpartei vor.

Wahlen: 15.11.2005 (2002): Siumut 30,7 % (28,7 %), 10 Mandate; Inuit Ataqatigiit 22,6 % (25,5 %, 7/8); Assatut 19,1 % (20,4 %, 6/7); Demokratiit 22,8 % (15,6 %, 7/5); Katusseqatigiit 4,1 % (5,3 %, 1/1).

Grönland entsendet zwei Abgeordnete in den Folketing. Vertreter sind je ein Mitglied der Siumut und der Inuit Ataqatigiit.

Parteien: Die *Siumut* ist eine sozialdemokratische Partei, die sich für eine stärkere grönländische Identität einsetzt und eine größere Autonomie von Dänemark anstrebt. Die *Inuit Ataqatigiit*, die Eskimobrüderschaft, ist links orientiert und befürwortet statt der Selbstverwaltung die vollständige Unabhängigkeit von Dänemark. Die *Assatut* ist eine konservative Partei, die weiterhin enge Bindungen an Dänemark befürwortet.

Rechtssystem: Die Rechtsordnung entspricht der Dänemarks. Grönland besitzt einen Gerichtshof (Landsret). Appellationsgerichtshof ist der Ostre Landsret oder der Oberste Gerichtshof in Kopenhagen.

5. Politik in und für Europa

Grönland ist Teil des dänischen Gesamtstaats und besitzt seit 1979 innere

Autonomie. Die Außenvertretung wird durch Dänemark übernommen. Bereits 1972 hatte sich Grönland gegen eine EG-Mitgliedschaft Dänemarks ausgesprochen. Dies hatte jedoch aufgrund des Status des Landes im Gesamtstaat keine Konsequenzen. Mit der Autonomie von 1979 fand ein erneutes Referendum im Jahre 1982 statt, das sich erneut gegen eine EG-Mitgliedschaft und für den Austritt Grönlands aussprach, der 1984 durch Parlamentsbeschluss erfolgte. Es erhielt mit dem Vertrag vom 13.3.1984 seit dem 1.1.1985 einen Sonderstatus als «überseeisches Territorium». Die EG erwartete von dieser Regelung, «die enge und dauerhafte Beziehungen zwischen den Gemeinschaften und Grönland beibehält» den Interessen beider Seiten gerecht zu werden und «insbesondere die Entwicklungserfordernisse Grönlands» zu berücksichtigen. Verschiedene Fischereiprotokolle regeln die Frage des Fischfangs. Ziel der EU ist es, nach 2006 die Beziehungen «auf eine umfassende Partnerschaft für nachhaltige Entwicklung zu gründen».

www.nationmaster.com/country/gl-greenland/gov-government; www.statgreen.gl (Statistics Greenland); www.norden.org (Nordische Zusammenarbeit); www.nanoq/gl/english (Home Rule) *Amtsblatt EG* Nr. L 29/1 v. 1.2.1985 (Vertrag zur Änderung der Verträge zur Gründung der Europäischen Gemeinschaften bezüglich Grönlands v. 13.3.1984). *Statistics Greenland* (Hg.): Greenland in Figures 2005. Nuuk 2005; *The Nordic Council of Ministers* (Hg.): The Nordic Countries in Figures 2005. Copenhagen 2005.

Estland

1. Grunddaten

Staatsname: Eesti Vabariik (Republik Estland)
Größe: 45 227 km², einschließlich 1520 Inseln mit 4133 km²
Hauptstadt: Tallinn (Reval)
Einwohner: 1 324 333 (Juli 2006); davon Esten (67,9 %), Russen (25,6 %), Ukrainer (2,1 %), Weißrussen (1,3 %), Finnen (0,9 %)
Bevölkerungsdichte: 30 Einw./km²
Konfessionen: Die größte Einzelgruppe bekennt sich zum evangelisch-lutherischen Glauben; hinzu kommen Anhänger der russisch-orthodoxen und der estnisch-orthodoxen Kirche, Muslime, Katholiken und Juden sowie ein hoher Anteil von Konfessionslosen.
Amtssprache: Estnisch; weitere Sprachen: Russisch, Ukrainisch, Weißrussisch und Finnisch
Währung: 1 Estnische Krone (EKR) = 100 Senti; 1 EKR = 0,06 €, Bindung an den €, 1 € = 15,65 1 US-$ = 12,93 EKR (1.7.2005).

2. Sozioökonomische Grundlagen

Bruttoinlandsprodukt (BIP): 10,542 Mrd. €, 12,701 Mrd. US-$ (2005)
BIP/Kopf: 7823 €, 9425 US-$ (2005)

Erwerbstätigkeit: Landwirtschaft 7,0 %; Industrie 31,3 %; Dienstleistungen 61,7 % (2002)
Arbeitslosigkeit: 7,5 % (Dezember 2005); 10,2 % (September 2004);
Inflation: 4,6 % (Februar 2006)
Wirtschaftswachstum: 9,8 % (2005)
Außenhandel (2005): Import: 8,1916 Mrd. €, 10,132 Mrd. US-$; Haupthandelspartner: Russland (9,2 %), Finnland (19,7 %), Deutschland (14,0 %), Schweden (8,7 %), EU 76 %; Volksrepublik China (2002: 9 %) – Export: 6,2134 Mrd. €, 7,685 Mrd. US-$; Haupthandelspartner: Finnland (26,6 %), Schweden (13,1 %), Deutschland (6,2 %), Lettland (8,8 %), Großbritannien (3,5 %) EU: 77,8 %, Russland 6,5 %

3. Geschichte

Die Esten waren um 4000 v. Chr. als Nomadenvolk in ihren heutigen Siedlungsbereich eingewandert. Sie sind in der südlichen Ostsee das einzige finnougurische Volk, das als ethnische Gruppe die Wechselfälle der Geschichte in einem geostrategisch sensiblen Raum mit zahlreichen Herrschaftswechseln überdauert hat. Durch Estland führen wichtige Handelsrouten, die den Norden und Süden Europas miteinander verbinden. Die wirtschaftlichen Kontakte zu den Kelten erlaubten es den Esten zunehmend, die Subsistenzwirtschaft aufzugeben und durch die Bernsteinvorkommen einen gewissen Reichtum zu erlangen. Im Römischen Reich war der Bernstein, das «Gold des Nordens», ein begehrtes Gut für die Herstellung von Schmuck. Das von den Esten besiedelte Gebiet wurde im Mittelalter und in der Neuzeit immer wieder Ziel von Machtinteressen der Nachbarn. Im Zuge der christlichen Missionierung des Ostseeraums wurden die Esten zeitweilig von den Deutschen und Dänen unterworfen. Sie gründeten Bistümer, Städte und bauten Handelsstützpunkte auf. Im 13. Jahrhundert war der Schwertbrüderorden («fratres militiae Christi») aktiv. Sein Erbe trat der Deutsche Orden an, der im 14. Jahrhundert das gesamte estnische Territorium in seine Hand bringen konnte. Reval (Tallinn) und Dorpat (Tartu) gehörten als aufstrebende wirtschaftliche Zentren von Anbeginn zur Hanse, später auch Pernau (Pärnu). Gefördert durch die Hanse und die adelige Opposition gegen die katholische Kirche setzte sich in Estland die lutherische Reformation durch, zumal Estland nach dem Livländischen Krieg (1558–1582) als Herzogtum an Schweden kam. Damit endeten die Herrschaft des Deutschen Ordens und der Einfluss der Hanse. Die lange Schwedenherrschaft wurde nach dem Großen Nordischen Krieg im Frieden von Nystad (1721) beendet. Bis zum Ende des Ersten Weltkriegs blieb Estland als baltische Provinz Teil des russischen Zarenreichs. Zur Festigung seiner Stellung im Land erhielt der deutsche Adel seine Privilegien zurück und brachte im Zuge des Wiederaufbaus des durch die langen Kriege verwüsteten Landes die estnische Landbevölkerung zunehmend in seine Abhängigkeit. Der Prozess der europäischen Transformation, des Übergangs vom altständischen zum modernen Europa, der Mitte des 18. Jahrhunderts einsetzte, ging an den russischen Ostseeprovinzen zunächst vorbei. Erst nach 1856 wurden unter Zar Alexander II. wichtige Reformen durchgesetzt.

Zur gleichen Zeit entwickelte sich eine nationale Emanzipationsbewegung, die soziale Gerechtigkeit und nationale Selbstbestimmung forderte und sich seit 1860 in Vereinen organisierte. Die «Sängerbewegung» gewann besondere Bedeutung. 1869 fand in Tartu das erste estnische Sängerfest statt. Die Russifizierungsversuche der Moskauer Regierung nach 1881 waren zunächst auf die deutsche Oberschicht ausgerichtet, trafen aber auch zunehmend die Esten, als Russisch alleinige Amts- und Verwaltungssprache wurde. Estnisch und Deutsch galten nun als Dialekte. Der Gegensatz von Arm und Reich, besonders auf dem Lande, sowie die Entstehung einer Arbeiterschaft im Zuge der Industrialisierung führten 1905 dazu, dass die russische Revolution zahlreiche Anhänger im Lande fand. Der Aufstand wurde von russischen Truppen brutal niedergeschlagen. Erst 1917 gelang es estnischen Politikern, die Erlaubnis für die Zusammenlegung der Gouvernements Nordlivland und Estland sowie die Selbstbestimmung zu erreichen. Als nach der Oktoberrevolution die Autonomie erneut bedroht war, wurde in der Nacht vom 24. auf den 25. Februar 1918 die Unabhängigkeit proklamiert (der 24. 2. ist wieder Nationalfeiertag). Diese wurde von der kommunistischen Regierung zunächst nicht anerkannt und musste militärisch erstritten werden. Im Frieden von Tartu stimmte die kommunistische Regierung schließlich dem Austritt Estlands aus dem russischen Staatsverband zu. Estland wurde 1920 demokratische Republik und gab sich eine Verfassung. Der deutsche Großgrundbesitz war 1919 enteignet worden. Damit endete die alte Vormacht- stellung der Deutschen. Wie in zahlreichen anderen europäischen Ländern führten die Weltwirtschaftskrise, die Krise der internationalen Ordnung und die Krise der Demokratie auch in Estland zur Beseitigung der Demokratie durch einen Staatsstreich von Konstantin Päts. Er regierte bis 1940 auf der Grundlage eines parlamentarisch nicht abgesegneten Verfassungsentwurfs. Päts war kein klassischer autoritärer Diktator, er verstand sich eher als «traditioneller Patriarch» (Ludwig) und genoss bei den Esten großes Ansehen. Im August 1939 wurde Estland durch den Hitler-Stalin-Pakt der sowjetischen Hemisphäre zugeordnet und Ende September 1939 zu einem Beistandspakt mit der Sowjetunion gezwungen. Im Juni 1940 besetzte die Sowjetunion das Land und gliederte es im August 1940 als Estnische SSR in die Sowjetunion ein. Insgesamt wurden etwa 20 000 Esten, die bei der Staatsgründung gegen die Sowjets gekämpft hatten, verhaftet und deportiert. 1941–1944 besetzte die deutsche Wehrmacht Estland. Nach der erneuten sowjetischen Besetzung und neuen Massendeportationen bildete sich eine Widerstandsbewegung, die «Waldbrüder», die bis weit in die 1950er Jahre in einem Partisanenkrieg gegen die Sowjetisierung kämpfte. In der sowjetischen Periode standen die Esten und ihre Kultur am Rande der völligen Vernichtung. Ihr Bevölkerungsanteil sank seit dem Zweiten Weltkrieg von 88 % auf 61,5 % (1989). Estland entwickelte sich zu einer der führenden sowjetischen Regionen für den Maschinenbau und die Herstellung von technischen Geräten. Dies beförderte den Russifizierungsprozess, zumal Russisch zur Amtssprache wurde und auch den Unterrichts-, Medien- und Kulturbereich beherrschte. Erst mit den unter Michail Gorbatschow eingeleiteten Reformen öffneten sich für Estland neue Perspektiven. Die 1988 gebildete «Volksfront» Rahvarinne als erste politische Gruppierung außerhalb des Machtmonopols der KP wurde innerhalb weniger Monate zu einer politischen Massenbewegung. Nach deren Wahlsieg im März 1990 erklärte Estland seine Unabhängigkeit. Anfang Mai 1990 nannte sich die «Estnische SSR» in «Republik Estland» um und setzte Teile der Verfassung von 1937 wieder in Kraft. Abgeschlossen wurde der stufenweise Übergang zur Unabhängigkeit mit der Unabhängigkeitserklärung vom 20. August 1991, nachdem im Zusammenhang mit dem Moskauer Putsch sowjetische Truppen in Estland einmarschiert waren. Im Juni 1992 wurde durch ein Referendum eine demokratische Verfassung angenommen. Aus den Wahlen im September 1992, an denen nur Esten teilnehmen durften, ging das nationalkonservative Parteienbündnis «Vaterland» (Ismaa) als stärkste Partei hervor. Mart Laar wurde Ministerpräsident, Lennart Meri Staatspräsident. 1994 zogen die letzten russischen Truppen ab. Der Transformationsprozess wurde konsequent betrieben und war in seinen Wirkungen oft schmerzlich (Übergang zur Marktwirtschaft, Währungsreform, Privatisierungspolitik, Abbau der Inflation). Die konsequente und tiefgreifende Reformpolitik leitete einen wirtschaftlichen Aufschwung, vor allem im IT-Bereich, ein. Der 2005 (18. 5.) zwischen Russland und Estland abgeschlossene Vertrag über die Land- und Seegrenzen wurde von der russischen Duma nicht ratifiziert. «Geschichtspolitik» spielte auf russischer Seite ebenso eine Rolle wie die Ablehnung des estnischen Präsidenten am 9. 5. 2005 die Einladung zu den Feiern zum 60. Jahrestages des Sieges über Hitlerdeutschland anzunehmen, da dieser Tag für Estland kein «Feiertag» sei. Seit April 2005 regiert in Estland die 12. Regierung nach der Unabhängigkeit, eine Koalition aus Reformpartei, sozial-liberalem Zentrum und Volksunion.

4. Politisches System

Seit 1991 Republik. Die Verfassung von 1992 sieht eine parlamentarische Republik mit Einkammersystem vor. Die *Legislative* ist der *Reichstag* (*Riigikogu*). Seine 101 Abgeordneten werden alle vier Jahre nach dem Verhältniswahlsystem gewählt. Wahlberechtigt sind alle Bürger ab 18 Jahren. Die Sprachenklausel im Wahlgesetz wurde durch ein Reichstagsgesetz 1992 abgeschafft.
Die *Exekutive*: Der *Ministerpräsident* (seit 12. April 2005 Andrus Ansip von der Reformpartei) wird vom Staatspräsidenten nominiert und vom Parlament

bestätigt. Das *Kabinett* (*Ministerrat*) wird vom Ministerpräsidenten ernannt und muss vom Parlament bestätigt werden.

Der *Staatspräsident* wird alle fünf Jahre gewählt. Der international angesehene Lennart Mati musste nach zwei Amtsperioden zurücktreten und wurde im Oktober 2001 durch Arnold Rüütel abgelöst, der als Kommunist Estland 1990/91 in die Unabhängigkeit von der UdSSR geführt hatte. Am 23.9.2006 setzte sich Toomas Hendrik Ilves in der Wahlversammlung mit 174:162 gegen Rüütel durch und trat das Amt am 6.10.2006 an. Der Staatspräsident muss, um gewählt zu sein, im Reichstag nach drei Abstimmungsrunden eine 2/3-Mehrheit erhalten. Wird diese qualifizierte Mehrheit nicht erreicht, tritt eine *Wahlversammlung*, bestehend aus den 101 Abgeordneten des Reichstages und 265 Vertretern der Kommunen und Regionen (Kreise), zusammen. Ihre 387 Mitglieder entscheiden sich zwischen zwei Kandidaten. Gewählt ist, wer den höchsten Stimmenanteil erhält.

Höchstes Gericht: Der Nationale Gerichtshof. Sein Präsident wird vom Parlament auf Lebenszeit gewählt.

Parteien: Estnische Zentrumpartei (Eesti Keskerakond, K) sozial-liberal, Estnische Volksunion (Eestimaa Rahvaliit, ERL) agrarisch-konservativ, Estnische Reformpartei (Eesti Reformierakond, RE), Estnische Vereinigte Russische Volkspartei (EUVRP), Die Gemäßigte Volkspartei (Moodukad) jetzt Sozialdemokratische (Sotsiaaldemokraatlik Erakond, SDE), Vaterlandsunion (Isamaaliit League/ Pro Patria Union, IL) christlich-demokratisch, Republikaner (Ühendus Vabariigi Eest – Res Publica, RP) konservativ, Russische Baltische Partei, Russische Verfassungspartei (Konstitutslooniera-kond, KP), sozialistisch, ethnisch russisch.

Ergebnis der Parlamentswahlen vom 2.3.2003: Zentrumspartei (K) 25,4 % (28 Sitze); Republikaner (RP) 24,6 % (28); Reformpartei (RE) 17,7 % (19); Estnische Volksunion (ERL) 13 % (13); Vaterlandsunion (IL) 7,3 % (7); Sozialdemokratische Partei (SDE) früher Gemäßigte Volkspartei (Moodukad) 7 % (6), Verfassungpartei (KP) 2,8 % (–), Sonstige 2,8 % (–).

5. Politik in und für Europa

Nach den dramatischen Veränderungen von 1989/90 und dem Zusammenbruch der Sowjetunion hat Estland seine Unabhängigkeit als Staat wiedererlangt. Damit strebte das Land zurück in den Schoß der europäischen Völkerfamilie. Grundpfeiler der Außen-, Europa- und Sicherheitspolitik Estlands seit der Unabhängigkeit war daher das von nahezu allen politischen Lagern unterstützte Ziel, der EU und der NATO beizutreten.

Der Wunsch auf NATO-Mitgliedschaft wurde früh artikuliert. Estland arbeitete seit 1991 im Nordatlantischen Kooperationsrat mit und beteiligte sich seit 1994 an der Initiative «Partnerschaft für den Frieden». Aus Rücksicht auf Russland lehnte der NATO-Rat im Juli 1997 den estnischen Wunsch nach Beitrittsverhandlungen ab. Im Januar 1998 wurde jedoch zwischen den baltischen Staaten und den USA eine «Baltische Partnerschaftscharta» abgeschlossen. Die USA unterstrichen darin ihr dauerhaftes Interesse an der Unabhängigkeit, territorialen Integrität und Sicherheit der baltischen Staaten und verpflichteten sich zu sicherheitspolitischer Zusammenarbeit und Konsultationen. Die Initiative von Präsident Clinton zur Erweiterung der NATO wurde von Estland, das zu den Kandidatenländern für die Erweiterung gehörte, begrüßt. Bei der ersten Erweiterungsrunde waren die baltischen Staaten noch nicht eingeladen. Die Chancen verbesserten sich u. a. durch die Gründung eines Russland-NATO-Rates. Der NATO-Gipfel im November 2002 in Prag lud Estland zum NATO-Beitritt ein. Nach Abschluß der Verhandlungen mit dem Beitrittsprotokoll im März 2003 und der Ratifikation der Protokolle durch die Mitglieder trat Estland im April 2004 dem Bündnis bei. Damit verwirklichte Estland die obersten Prioritäten seiner Sicherheits- und Verteidigungspolitik und erfüllte den Verfassungsauftrag, ein für das Land günstiges sicherheitspolitisches Umfeld zu schaffen.

Der Weg von der Sowjetrepublik nach Europa war zunächst schwierig. Seit 1991 hatte Estland einen Gaststatus im Europarat (seit 1993 Mitglied). Es profitierte von Programmen des Europarats beim Aufbau von Demokratie und Rechtsstaatlichkeit und wurde an die legislativen und rechtlichen europäischen Standards herangeführt. Eine Zwischenstufe auf dem Weg zurück nach Europa war 1992 die Gründung des Ostseerats, der zu einem engeren politischen und wirtschaftlichen Zusammenwachsen und zur Ausbildung demokratischer Institutionen im Ostseeraum beitragen wollte. Die Hoffnungen auf einen frühen Beitritt zur EU erfüllten sich zunächst nicht. Brüssel bot 1994 lediglich einen Freihandelsvertrag an. Der EU-Beitritt Finnlands und Schwedens verbesserte die Chancen. Die EU schloss im Juni 1995 einen Assoziierungsvertrag mit Estland, der die ausdrückliche Option auf Beitritt zur EU beinhaltete. Ende 1995 stellte Estland schließlich den Beitrittsantrag. Es dauerte aber bis Juli 1997, ehe Brüssel die Aufnahme von Beitrittsverhandlungen empfahl. Sehr viel schneller und radikaler als die anderen baltischen Staaten ging Estland den Weg der Reformen. Mit hohen sozialen Kosten, vor allem für die ländliche Bevölkerung, wurde der Übergang von der Plan- zur Marktwirtschaft vollzogen. Der wirtschaftliche Aufschwung des Landes, die Finanz- und Haushaltspolitik sowie die Erfüllung der wirtschaftlichen Kriterien verbesserten die EU-Chancen des Landes. Kritisch wurde es für Estland jedoch nochmals, als der französische Premierminister Balladur forderte, dass die EU mit keinem Staat Beitrittsverhandlungen aufnehmen solle, der Grenzprobleme mit Nachbarn habe. Dies traf für Estland zu, konnte aber durch die Abtretung estnischen Gebiets an Russland und durch Festlegung der Seegrenzen zu Lettland vertraglich geregelt werden, trotz weiterer Konflikte. Auf Druck der KSZE, des Europarates, der EU und des Pragmatismus der Esten wurde das Minderheiten- und Ausländerrecht geändert und Estland europafähig gemacht.

In den Kommissionsberichten zur Erweiterung wurden die Anstrengungen und Fortschritte Estlands in zahlreichen Bereichen, vor allem in der Wirtschaft, gelobt, die Änderung des Sprachengesetzes angemahnt und weitere Anstrengungen zur Integration der nichtestnischen Einwohner und ein Minderheitenrecht, das im Einklang stand mit internationalen Normen und dem «Europa-Abkommen» gefordert. Im Abschlussbericht vom Oktober 2002 werden zwar noch einige Defizite und Gefahren in verschiedenen Bereichen (Landwirtschaft, Verwaltung, Leistungsbilanzdefizit, Freizügigkeit, Sozial- und Beschäftigungspolitik, Gleichberechtigung von Mann und Frau) festgestellt, die schnellstmöglich zu beheben seien, doch wurde Estland nach Abschluss der Verhandlungen als beitrittswürdig angesehen. Mit dem Beitritt, der am 14.9.2003 durch ein positives Referendum bestätigt wurde, verwirklichte Estland ein weiteres Verfassungsziel und ist nach Europa zurückgekehrt und arbeitet aktiv in der EU mit. Leider war die Wahlbeteiligung an den Wahlen zum Europäischen Parlament im Juni 2004 mit 26,83 % sehr gering. Hauptwahlkampfthema waren innenpolitische Themen wie die Arbeitslosigkeit (54 %), die Renten und die Wirtschaft (je 42 %).

Blanc-Noël, Nathalie (Hg.): La Baltique. Une nouvelle région en Europe. Paris 2002; *Bungs*, Dzinta: Estland, in: *Weidenfeld*, Europa-Handbuch II, S. 113–123; *Ettmayer*, Wendelin: Estland – Der Aufbruch nach Europa. Berlin 1999; *Lagerspetz*, Mikko/*Maier*, Konrad: Das politische System Estlands, in: *Ismayr*: Politische Systeme Osteuropas, S. 71–110; *Laur*, Mati: History of Estonia. Tallin 2000; *Ludwig*, Klemens: Estland. München 1999; *Pistohlkors*, Gert v. (Hg.): Deutsche Geschichte im Osten Europas. Baltische Länder. Berlin 1994; *Schmidt*, Alexander: Geschichte des Baltikums. München [2]1993; *Stopinski*, Sigmar: Das Baltikum im Patt der Mächte: Zur Entstehung Estlands, Lettlands und Litauens im Gefolge des Ersten Weltkrieges. Berlin 1997; *Tuchtenhagen*, Ralph: Geschichte der baltischen Länder. München 2005.

www.estem.de (Estnische Botschaft in Berlin); www.vm.ee (Estonia Today hg. vom Presse- und Informationsamt); www.riik.ee/en (Offizielles Portal Estlands mit Links); www.president.ee/en (Präsident); www.riigikogu.ee (Estisches Parlament); www.valitsus.ee (Regierung); www.riigikantselei.ee (Europaabteilung); www.riikee/en/omavalitused (Kommunalverwaltung); www.rigiikontroll.ee (Rechnungshof); www.nc.ee (Oberster Gerichtshof); www.oiguskantsler.ee (Justizkanzler); www.bankofestonia.info/frontpage/en (Estnische Staatsbank); www.stat.ee (Statistisches Amt); http://ec.europa.eu (Portal EU mit Zugang zu Dokumenten Beitrittsverhandlungen, Verträge); www.europarl.eu (Portal Europäisches Parlament, Zugang zu Protokollen und Resolutionen u. a. Beitritt).

Finnland

I. Grunddaten

Staatsname: Suomi / Finland
Größe: 338 145 km²
Hauptstadt: Helsinki / Helsingfors
Einwohner: 5 231 372 Einwohner (Juli 2006); davon 91,64 % Finnen, 5,5 % Schweden, 0,75 % Russen, 0,2 %, Esten, 0,11 %, Samen, 0, 2 % Roma, 0,02 % Tataren

Bevölkerungsdichte: 15,5 Einw. / km²
Konfessionen (2005): Evangelisch-Lutherisch: 83,1 %, Russisch-Orthodox: 1,1 %, Sonstige: 1,1 %, 14,1 % ohne Konfession.
Amtssprache: Finnisch / Schwedisch; weitere Sprache: Saamisch und Russisch
Währung: 1 Euro (€) = 100 Cent, 1 US-$ = 0,83 € (1.7.2005)

2. Sozioökonomische Grundlagen

Finnland ist ein hoch industrialisiertes Land mit einer freien Marktwirtschaft. Der Schwerpunkt liegt in der Holz- und Metallverarbeitung, im Schiffbau, im Maschinenbau, in der Telekommunikation und in der IT-Industrie. Mit Ausnahme von Holz und Mineralien ist Finnland rohstoffarm und muss Rohstoffe und Energie einführen.
Bruttoinlandsprodukt (BIP): 157,377 Mrd. € 189,611 Mrd. US-$ (2005); 151,935 Mrd. €, 183 054 Mrd. US-$ (2004) Anteil am BIP: Landwirtschaft 3,1 %, Industrie 30,4 %, Dienstleistungen 66,5 %
BIP/Kopf: 30 005 € (2005), 36 151 US-$, 29 066 €, 35 019 US-$ (2004)
Erwerbstätigkeit: Landwirtschaft 5,4 %, Industrie 26,9 %, Dienstleistungen 67,7 % (2002)
Arbeitslosigkeit: 8,1 % (Juni 2006); 7,6 % (Dezember 2005) 7,9 % (2004)
Inflation: 0,8 % (Januar 2006), 1,2 % (2005), 0,1 % (2004)
Wirtschaftswachstum (BIP): 1,9 % (2005)
Außenhandel (2005): Import: 56,45 Mrd. US-$, 47,27 Mrd. €; Haupthandelspartner: (2005) Deutschland 14,9 %, Schweden 10,6 %, Russland 13,9 %, USA 4,2 %, Frankreich 3,6 %, Großbritannien 4,5 %, China 6,0 % (EU25: 58,7 %) – Export: 67,88 Mrd. US-$, 52,453 Mrd. €; Haupthandelspartner: Deutschland 10,6 %, Großbritannien 6,7 %, Schweden 10,8 %, USA 5,8 %, Russland 11,0 %, Niederlande 4,8 %, Frankreich 3,4 %, China 3,0 % (EU25: 56,8 %)

3. Geschichte

Der Raum des heutigen Finnland wurde seit der älteren Steinzeit besiedelt. Bei Tacitus (98 n. Chr.) findet sich dann die erste schriftliche Erwähnung der «Fennen». Erste schriftliche Quellen besitzen wir erst aus dem 12. Jahrhundert, als die orthodoxe Ostkirche und die katholische Westkirche Finnland missionieren wollten. Nach dem Kreuzzug des schwedischen Königs Erik Jedvardsson setzte sich der Katholizismus durch. Gleichzeitig setzte auch die politische Eroberung und Eingliederung in den schwedischen Staatsverband ein, zu dem Finnland bis zu den napoleonischen Kriegen gehörte. Die Schweden spielten in der Verwaltung eine zentrale Rolle und prägten den «finnischen Reichsteil».
Mit dem Übergang der schwedischen Krone an die Dynastie Wasa zu Beginn des 16. Jahrhunderts wurde auch die Reformation in Finnland eingeführt, die lutherische Kirche wurde Staatskirche. Wichtig für die weitere Entwick-

lung Finnlands und die Ausbildung eines Nationalbewusstseins in der Neuzeit wurde der Reformator Finnlands, Mikael Agricola. Dieser Prozess wurde dadurch begünstigt, dass sich Schweden bis in das späte 18. Jahrhundert nur wenig für sein Großfürstentum Finnland interessierte, aber auch durch die Tatsache, dass Finnland immer wieder Schauplatz der machtpolitischen Auseinandersetzungen zwischen Schweden und Russland im Ostseeraum wurde und mehrfach von Russland über längere Zeit besetzt wurde. Als sich König Gustav III. und sein Nachfolger gegen die Französische Revolution und Napoleon stellten, besetzten die mit Napoleon verbündeten Russen im schwedisch-russischen Krieg 1808/9 Finnland. Zar Alexander I. machte Finnland zum Großfürstentum mit weitgehender Autonomie und gliederte die im 18. Jahrhundert an Russland abgetretenen Gebietsteile wieder Finnland an. Die finnische Sprache und Kultur erhielten größeres Gewicht. Durch die Förderung des finnischen Patriotismus hoffte man den schwedischen Einfluss zurückzudrängen. Vor allem unter Zar Alexander II. kam es zu Reformen und zur Entwicklung der Infrastruktur. Finnland erhielt eine eigene Währung, eine eigene Armee sowie eigene Entscheidungsbefugnisse durch die Wiedereinberufung des finnischen Landtags seit 1863. Seit der Mitte des 19. Jahrhunderts festigte sich ein finnisches Nationalbewusstsein, das unter den Fennomanen radikal-nationalistische Formen annahm und nach völliger Selbstständigkeit strebte. Unter den letzten Zaren setzte eine Russifizierungspolitik, verbunden mit einer stärkeren Zentralisierung ein, um den politischen, kulturellen und wirtschaftlichen Emanzipationsprozess in Finnland zu bremsen. Mit der Revolution von 1905 in Russland entwickelte sich auch in Finnland eine revolutionäre Bewegung. In der Folge kam es 1906 zur Einführung eines Einkammerlandtags, der nach allgemeinem und gleichem Wahlrecht gewählt wurde. Zum ersten Mal waren auch Frauen wahlberechtigt. Stärkste Partei wurden die Sozialdemokraten, die bei der Übernahme der Regierungsgewalt im Frühjahr 1917 und der Unabhängigkeitserklärung von Russland am 6. Dezember 1917 (bis heute finnischer Nationalfeiertrag) eine entscheidende Rolle spielten. Finnland wurde vom Deutschen Reich anerkannt und schloss im März 1918 einen Sonderfrieden. Zu diesem Zeitpunkt tobte ein Bürgerkrieg zwischen den «roten Garden» und den von den Deutschen unterstützten «weißen» Truppen unter General Mannerheim. Finnland wurde 1919 zur ersten Republik in Nordeuropa.

Der erste finnische Präsident Karlo Stålberg versuchte die Wunden des Bürgerkriegs durch Bodenreformen und eine Amnestie zu heilen. Doch die Gegensätze zwischen dem schwedischen und dem finnischen Bevölkerungsteil und dem Links- und Rechtsextremismus blieben in der Innenpolitik bestimmend. In den 1920er Jahren hatten sich in Finnland nationalistische Gruppen gebildet (u. a. die Lapua-Bewegung), die antikommunistisch waren, ideologisch dem Faschismus und Nationalsozialismus nahe standen und den Traum von einem «Großfinnland» bis zum Ural träumten. Die Lapua-Bewegung setzte sich jedoch in der Folgezeit nicht durch. Unter den Sozialdemokraten erlebte Finnland in den 1930er Jahren einen wirtschaftlichen Aufschwung und beteiligte sich im März 1938 zusammen mit Schweden, Dänemark, Island und Norwegen an der Stockholmer Erklärung, in der die Neutralität dieser Länder in einem Konfliktfall festgestellt wurde.

Im Hitler-Stalin-Pakt hatte das Deutsche Reich auch Finnland in die Interessensphäre der Sowjetunion gegeben. Als die Sowjetunion im Herbst 1939 zum Schutz Leningrads Gebietsansprüche an Finnland stellte und dieses ablehnte, griff die Sowjetunion Ende November 1939 Finnland an. Als Ergebnis des «Winterkriegs» zwang es Finnland im Moskauer Frieden vom März 1940 zu weitgehenden Gebietsabtretungen. Nach dem Angriff des Deutschen Reiches auf die Sowjetunion beteiligte es sich im «Fortsetzungskrieg» auf deutscher Seite. Trotz Anfangserfolgen erreichte man die «großfinnischen» Kriegsziele, u.a. die Eroberung von Murmansk, nicht. In einer sowjetischen Großoffensive wurden die Finnen besiegt. Es gelang jedoch unter dem neuen Staatspräsidenten Mannerheim, einen Waffenstillstand zu erreichen und Deutschland den Krieg zu erklären. Durch diesen Schachzug konnte Finnland nach dem Zweiten Weltkrieg seine Selbstständigkeit bewahren.

Der Pariser Frieden von 1947 brachte Finnland massive Territorialverluste und Reparationszahlungen in Höhe von 300 Millionen US-$. 1948 musste das Land mit der UdSSR einen «Vertrag über Freundschaft, Zusammenarbeit und gegenseitigen Beistand» abschließen, der bis 1990 das außenpolitische Verhalten Finnlands gegenüber dem großen Nachbarn bestimmte.

Die Reparationsleistungen Finnlands an die Sowjetunion, die in Sachleistungen erfolgen mussten, zwangen dazu, den Wiederaufbau des Landes schnellstmöglich voranzutreiben und neue industrielle Kapazitäten aufzubauen. Wegen der Wünsche der Sowjets nach Lieferungen von Industriewaren wurden die Kapazitäten für den Schiffs- und Maschinenbau ausgebaut. Der Aufschwung der finnischen Wirtschaft seit dem Ende der 1940er Jahre brachte Wohlstand und Vollbeschäftigung. Finnland wurde durch die erzwungene wirtschaftliche Umstrukturierung und die Gründung neuer Industrien ein hochindustrialisierter, marktwirtschaftlicher Industriestaat. Trotz der engen außen- und innenpolitischen Bindungen an die Sowjetunion sowie der wirtschaftlichen Kooperation orientierte sich die finnische Demokratie am Westen. In einer vorsichtigen, die Interessen des großen Nachbarn berücksichtigenden Politik näherte sich Finnland – unter Wahrung seines Neutralitätsstatus – den nordischen Staaten an, schließlich der EFTA und der EG. Der Zusammenbruch der Sowjetunion, zusammen mit einer weltwirtschaftlichen Rezession zu Beginn der 1990er Jahre und der Zusammenbruch des Hauptabnehmers für Textilien und Schuhe führte in eine tiefe wirtschaftliche Krise, die zu einschneidenden Reformen (Einschnitte im Sozialstaatsmodell, Senkung der Reallöhne) zwang und durch den Zusammenbruch des Ostblocks eine Neuorientierung erforderte. Die Grundlagen für eine Annäherung an die EG wurden durch die Aufkündigung des Freundschaftsvertrags mit der Sowjetunion im Jahre 1992 und die Aufgabe der Neutralitätspolitik geschaffen.

4. Politisches System

Finnland ist seit 1919 eine parlamentarisch-demokratische Republik mit einem *Einkammersystem*. Grundlage ist die Verfassung vom 11. Juni 1999, in Kraft getreten am 1. März 2000. «Träger der Staatsgewalt ist das Volk, das vom Reichstag vertreten wird. Zur Demokratie gehört, daß der Einzelne das Recht hat, an der Entwicklung der Gesellschaft und der Lebensumwelt teilzunehmen und sie zu beeinflussen» (Art. 1).

Staatspräsident/Präsidentin: Tarja Halonen, SDP, (seit 1. 3. 2000, am 29. 1. 2006 mit 51,8 % für weitere sechs Jahre wiedergewählt). Das Staatsoberhaupt (in der Verfassung Staatspräsident genannt) wird für eine sechsjährige Amtszeit direkt vom Volk gewählt (bis 1994 durch ein «Wahlmännergremium»). Eine einmalige Wiederwahl ist möglich. Gewählt ist, wer bei der Wahl mehr als die Hälfte der abgegebenen Stimmen erhält. Das Staatsoberhaupt ernennt den Ministerpräsidenten und den Vizeministerpräsidenten nach den Parlamentswahlen aus der Mehrheitspartei im Parlament. Er entlässt die Staatsregierung oder eines ihrer Mitglieder.

Der Staatspräsident besitzt nach der Verfassung eine starke Stellung: Er bestimmt die Richtlinien der Außenpolitik; er entscheidet über das Inkrafttreten von Gesetzen und hat das Ernennungsrecht für die Führungspersönlichkeiten im militärischen Bereich sowie im geistigen und akademischen Leben; er muss innerhalb von drei Monaten nach Vorlage über die Ratifikation eines Gesetzes entscheiden. Hierzu kann er ein Gutachten des Obersten Gerichts oder des Obersten Verwaltungsgerichtshofs einholen. Er kann ein Gesetz zur erneuten Beratung an den Reichstag zurückverweisen. Beschließt dieser das entsprechende Gesetz erneut und unverändert, dann tritt es ohne Ratifikation durch den Präsidenten in Kraft. Er beruft die Richter und zusammen mit dem Reichsanwalt die Staatsanwälte; er ist Oberbefehlshaber der Streitkräfte und beschließt mit Zustimmung des Reichstags über Krieg und Frieden.

Das neue Grundgesetz beschneidet die Rechte des Präsidenten und erweitert die Kompetenzen von Reichstag und Staatsregierung.

Legislative: Das Finnische Parlament ist ein *Einkammerparlament*. Der *Finnische Reichstag* (*Eduskunta*) hat 200 Mitglieder. Sie werden für vier Jahre vom Volk auf der Grundlage des Verhältniswahlrechts gewählt.

Gesetzesvorlagen werden von der Staatsregierung während der Sitzungsperiode des Reichstags eingebracht. Gesetzesinitiativrecht besitzt aber auch jedes Mitglied des Reichstags.

Der Reichstag nimmt in internationalen Angelegenheiten nach den Bestimmungen des Grundgesetzes «an der nationalen Vorbereitung von in der Europäischen Union zu fassenden Beschlüssen teil» (Art. 93).

Der *Justizombudsmann* wacht darüber, dass Gerichte, staatliche Behörden, Angehörige des öffentlichen Dienstes und Personen, die öffentliche Aufgaben wahrnehmen, «die Grundfreiheiten

und Grundrechte» sowie die Menschenrechte beachten. Er erstattet dem Reichstag jährlich Bericht.
Seit den Parlamentswahlen von 1991 hat Finnland weltweit die relativ höchste Anzahl weiblicher Abgeordneter.
Exekutive: Der *Ministerpräsident*, seit 24.6.2003 Matti Vanhanen (KESK), leitet den Staatsrat (das Kabinett). Der Staatsrat (Staatsregierung) wird vom Präsidenten ernannt und ist dem Parlament verantwortlich. Die Staatsregierung erfüllt die ihr zugewiesenen Aufgaben, soweit sie nicht in die Kompetenz des Präsidenten fallen. Sie vollzieht die Beschlüsse des Parlaments. Zur Staatsregierung gehören auch ein Justizkanzler und sein Stellvertreter, der vom Präsidenten ernannt wird. Er «überwacht die Amtsführung der Staatsregierung und des Präsidenten der Republik hinsichtlich ihrer Gesetzmäßigkeit» (Art. 108). Die Staatsregierung ist für «die nationale Vorbereitung von Beschlüssen in der Europäischen Union sowie für Beschlüsse zu sich darauf beziehenden Maßnahmen Finnlands zuständig».
Derzeit regiert eine Koalition aus KESK (Zentrumspartei), SDP (Sozialdemokratische Partei) und SFP (Schwedische Volkspartei).
Wahlsystem: allgemeines Wahlrecht ab 18 Jahren; für Wahlen gibt es keine landesweite Sperrklausel. Dauerhaft in Finnland lebende Ausländer haben das Wahlrecht bei Kommunalwahlen und kommunalen Volksabstimmungen. Für die Reichstagswahlen wird das Land unter Berücksichtigung der Bevölkerungszahl in mindestens 12 und höchstens 18 Wahlkreise eingeteilt. Die Provinz Åland bildet einen eigenen Wahlkreis und wählt einen Abgeordneten. Nicht wählbar sind: Angehörige des Militärs, der Obersten Gerichte, der Justizkanzler, der Justizombudsmann. Mit dem Tag der Berufung in das Amt des Staatspräsidenten bzw. in eines der Ämter in der Judikative (Richter am Obersten Gericht/Verwaltungsgericht, Reichsstaatsanwalt) endet die Mitgliedschaft als Abgeordneter im Reichstag.
Wahlen: Parlamentswahlen am 16.3. 2003 (Wahlbeteiligung 66,6 %): KESK 24,7 % (55 Sitze); SDP 24,5 % (53); KoK 18,5 % (40); VAS 9,9 % (19); VIHR 8 % (14); KD 5,3 % (7); SFP 4,6 % (8), Perus (3), För Åland i riksdagen (1), Sonstige 2,9 %.
Parteien: Suomen Keskusta (Zentrumspartei, *KESK*) liberal, agrarisch; Suomen Kristiilinen Liitto (Christliche Demokraten, *KD*); Vihreä Liitto (Grüne Liga, *VIHR*); Vasemmistoliitto (kommunistische Linke Allianz, *VAS*); Kansallinen Kokoomus (konservative Nationale Sammlungspartei, *KoK*); Suomen Sosialidemokraattinen Puolue (Sozialdemokratische Partei, *SDP*); Svenska Folkspartiet (Schwedische Volkspartei, *SFP*) liberal, ethnisch schwedisch; Perussuomalaiset (Wahre Finnen, *PeruS*) nationalistisch, agrarisch.
Rechtsordnung: Das Zivilrecht basiert auf dem schwedischen Zivilrecht. Der Oberste Gerichtshof kann die Auslegung von Gesetzen prüfen oder Gesetzesänderungen verlangen. Es besteht auch ein Oberster Verwaltungsgerichtshof. Finnland anerkennt die Jurisdiktion des Internationalen Strafgerichtshofs mit geringen Einschränkungen. Die Richter werden vom Präsidenten berufen und sind unkündbar. Die Staatsanwälte werden vom Präsi-

denten und vom Reichsstaatsanwalt berufen. Besteht ein Widerspruch zwischen einer «anzuwendenden Gesetzesbestimmung mit dem Grundgesetz», dann hat das Grundgesetz «Vorrang» (Art. 106).

5. Politik in und für Europa

In der Zeit des Kalten Krieges verfolgte das Land, insbesondere unter den Präsidenten Paasikivi und Kekkonen, eine Politik des Ausgleichs zwischen Ost und West, um den Frieden zu sichern. Der «finnische Weg», wie dieses außenpolitische Verhalten genannt wurde, versuchte den Konflikt zwischen den politischen und sicherheitspolitischen Interessen, die sich aus der geographischen Nähe zur Sowjetunion ergaben, und der für den wirtschaftlichen Aufbau notwendigen engeren Verzahnung vor allem mit den westeuropäischen Volkswirtschaften zu lösen. Bei aller Rücksichtnahme auf die Sowjetunion war Finnland nicht bereit, sich ideologisch an der Sowjetunion zu orientieren. Die Politik des Wohlverhaltens musste akzeptieren, dass die Sowjetunion mehrmals in die Innenpolitik Finnlands eingriff. Finnland konnte aber so eine freiheitlich-demokratische Gesellschaftsordnung bewahren und blieb von sowjetischen Besatzungstruppen verschont. Die von Paasikivi und Kekkonen verfolgte Außenpolitik engte zwar den Handlungsspielraum finnischer Politik ein, ermöglichte aber unter Wahrung der Neutralität eine Europapolitik der behutsamen Annäherung. Mit der Verlängerung des Freundschaftsvertrags mit der Sowjetunion um 20 Jahre konnte Finnland 1955 die Vorbehalte der Sowjetunion gegen einen Beitritt zerstreuen und wurde Mitglied im Nordischen Rat. Als Dänemark, Norwegen und Schweden 1960 als Gründungsmitglieder der EFTA beitraten, wurde Finnland 1961 zunächst nur assoziiertes Mitglied. 1973 schloss Finnland mit der EG einen Freihandelsvertrag für Industrieprodukte ab. Im gleichen Jahr nahm die von Finnland 1969 angeregte Konferenz über Sicherheit und Zusammenarbeit (KSZE) ihre Arbeit auf, die 1975 mit der Schlussakte von Helsinki erfolgreich beendet wurde.

Finnland trat 1986 der EFTA als Vollmitglied bei. Obwohl Ende der 1980er Jahre etwa 45 % der Exporte des «Japan des Nordens», wie Finnland genannt wurde, in die EG gingen, schien für die Regierung in Helsinki in dieser Hinsicht zunächst kein Handlungsbedarf zu bestehen. Noch 1988 stand Helsinki einer EG-Mitgliedschaft des Landes ablehnend gegenüber. Als Perspektive blieb daher nur die Teilnahme am geplanten Europäischen Wirtschaftsraum.

Mit den dramatischen Veränderungen in Osteuropa und in der Sowjetunion vergrößerte sich für Finnland der außenpolitische Handlungsspielraum. Wenige Tage vor der Wiedervereinigung Deutschlands kündigte Finnland einseitig den Freundschaftsvertrag mit Moskau. Der Zusammenbruch des Osthandels, die Rezession in den USA und in Großbritannien sowie der hohe Schuldenstand des Landes führten zu einem massiven Konjunktureinbruch und rasant steigenden Arbeitslosenzahlen. Ein EG-Beitritt versprach die wirtschaftliche Talfahrt zu stoppen. Im März 1992 stimmte der finnische Reichstag nach eingehender Debatte für eine EG-Mitgliedschaft. Die EG, so Ministerpräsident Esko Aho, «erneuert sich ständig. Finnland kann zur Entwicklung der Gemeinschaftspolitik positive Beiträge leisten, vor allem bei der Förderung der Demokratie und Gleichberechtigung, bei der Überwindung der regionalen Entwicklungsgefälle sowie bei der Sicherung einer ökologisch tragbaren Entwicklung». Diese «positiven Beiträge» bilden bis heute zentrale Elemente der finnischen EU- und Regionalpolitik.

Die Beitrittsverhandlungen konnte Finnland zügig abschließen und nach einem positiven Referendum im Oktober 1994 zum 1. Januar 1995 der EU beitreten. Als einziges nordisches Land trat Finnland als «europäischer Musterschüler» zum 1. 1. 1999 der dritten Stufe der Europäischen Wirtschafts- und Währungsunion bei und gab die Finnmark für den Euro auf. Die von Premierminister Lipponen verfolgte aktive EU-Politik stieß bei der Bevölkerung und auch im eigenen politischen Lager zunehmend auf Kritik. Zwischen ihm und der neugewählten Staatspräsidentin Halonen entwickelte sich ein Dissens über die Europapolitik. Während Lipponen eine stärkere Integration befürwortete, Finnland in der europäischen Avantgarde sah und als einer der ersten eine europäische Verfassung anregte, sehen Staatspräsidentin Halonen und ihr Nachfolger als Außenminister in einer vertieften Integration eine Gefahr für das nordische Wohlfahrtstaatmodell. Lipponen (SDP) fungiert seit der Niederlage bei den Reichstagswahlen von 2003 als Parlamentspräsident. Der Dissens in der Europapolitik ist formell beigelegt, zumal eine Studie zur zehnjährigen Mitgliedschaft Finnlands in der EU feststellte, dass das Land vom Beitritt wirtschaftlich und politisch profitierte und dieser zu einer Diversifizierung der Wirtschaft geführt habe. Finnland entwickelte sich zum «Musterland» (u. a. Umwelt, Korruptionsbekämpfung, PISA). Als Beitrag zu einer europäischen Verteidigungsstruktur vereinbarte Finnland, unter Wahrung der Neutralität, eine gemeinsame Kampftruppe mit Schweden. Nach der Vorlage des Konventsentwurfs für einen Europäischen Verfassungsvertrag nahm Finnland an den Diskussionen zur Vorbereitung der am 4. Oktober begonnenen Regierungskonferenz aktiv teil. Viele Artikel des Entwurfs waren für Finnland akzeptabel, bei einigen bestand Diskussionsbedarf, beispielsweise bei der Frage eines längerfristig eingesetzten Präsidenten des Europäischen Rates, bei den Kompetenzen eines europäischen Außenministers oder bei den Mehrheitsabstimmungen. Finnland sah es als wichtig an, dass jeder Mitgliedstaat weiterhin einen stimmberechtigten Kommissar stellt. Dem Verfassungsvertrag stimmte das Land schließlich zu. Bei den Wahlen zum Europäischen Parlament am 13. 6. 2004 spielten Themen wie Arbeitslosigkeit, Verbrechensbekämpfung, Landwirtschaft und Umweltfragen die wichtigste Rolle. Die Nationale Sammlungspartei (KoK) konnte, bei einer Wahlbeteiligung von nur 39,4 %, gegenüber den nationalen Wahlen zulegen, während die Koalitionsparteien mit Ausnahme der SFP Stimmen einbüßten. Die finnische EU-Präsidentschaft 2006 war wegen der Libanonkrise und der Türkeifrage schwierig, aber erfolgreich.

Albrecht, Wolfgang/*Mantola*, Markku: Finnland. München 1992; *Auffermann*, Burkhard: Das politische System Finnlands, in: *Ismayr*, Politischen Systeme Westeuropas, S. 187–223; *Auffermann*, Burkhard/*Visuri*, Pekka (Hg.): Nordeuropa und die deutsche Herausforderung. Baden-Baden 1995; *Forsberg*, Tuomas: Finnland, in: *Weidenfeld*, Europa-Handbuch II, S. 124–130; *Gehler*, Michael/*Steininger*, Rolf (Hg.): Die Neutralen und die Europäische Integration 1945–1995 – The Neutrals and the European Integration 1945–1995. Wien 2000; *Jakobson*, Max: Finnland im neuen Europa. Berlin 1999; *Jussila*, Osmo/*Hentilä*, Seppo/*Nevakivi*, Jukka: Vom Großfürstentum zur politischen Union. Politische Geschichte Finnlands seit 1809. Berlin 1999; *Kuparinen*, Eero (Hg.): Am Rande der Ostsee. Turku 1998; *Maude*, George: Historical Dictionary of Finland. Landham 1995; *Nordic Council of Ministers* (Hg.): The Nordic Countries in Figures 2005. Copenhagen 2005; *Putensen*, Dörte: Im Konfliktfeld zwischen Ost und West. Finnland, der Kalte Krieg und die deutsche Frage (1947–1973). Berlin 2000; *Putensen*, Gregor: Außen- und Sicherheitspolitik der Staaten Nordeuropas von 1945–1990. Hamburg 1994; *Raunio*, Tapio/*Tiilikainen*, Teija: Finland in the European Union. London 2003; *The Finnish Institute for International Affairs* (Hg.): Northern Dimensions. Yearbook of Finnish Foreign Policy. Helsinki 1999/2000, 2001 ff. *Zentrum für Hungarologie im Institut für Finnougristik Hamburg – Holger Fischer* (Hg.): Geschichte Ungarns und Finnlands / Hungarian and Finnish History. CD Hamburg 2002.

http://www.vnk.fi/vn (Amt des Ministerpräsidenten); www.government.fi/vn (Staatsrat); www.eduskunta.fi (Reichstag); www.tpk.fi. (Staatspräs.); www.finlandemb.de; www.stat.fi (Statistisches Amt für Finnland); www.asub.aland.fi/index.con(Ålandinseln). http://www.eu2006.fi (Finnische EU-Präsidentschaft); www.norden.org (Nordische Zusammenarbeit); www.stat.fi/til/evaa/tau... www.stat.fi/til/euvaa/tau... (Wahlen 2003–2006: Parlament, Europawahlen, Präsidentschaftswahlen, Kommunalwahlen).

Island

1. Grunddaten

Staatsname: Ísland (Lýðveldið Ísland – Republik Island)
Größe: 103 000 km²
Hauptstadt: Reykjavik (nördlichste Hauptstadt der Erde)
Einwohner: 295 864 (Juli. 2005) (9. 1. 2006: 300 00); homogene Bevölkerung; nur etwa 6 % der Bevölkerung stammen nicht aus Island
Bevölkerungsdichte: 2,8 Einw./km²
Konfessionen: Lutheraner 86,2 %, andere Protestanten 4,1 %; Katholiken 2 %, andere Konfessionen 7,1 % (2004), konfessionslos 2,4 %
Amtssprache: Isländisch
Währung: 1 Isländische Krone (IKr) = 100 Auar; 1 € = 79,91 IKr 1 US-$ = 64,86 IKr (1. 7. 2005)

2. Sozioökonomische Grundlagen

Island hat eine kapitalistische Wirtschaftsordnung mit starken wohlfahrtsstaatlichen Elementen nach skandinavischem Muster. Die Wirtschaft hängt wegen der

Rohstoffarmut des Landes in hohem Maße vom Fischfang und der Fischereiindustrie ab. Erdöl- und Erdölprodukte müssen ebenso eingeführt werden wie Nahrungsmittel (jeweils etwa 10 % des Imports). Die Wirtschaft ist daher sehr abhängig von den Weltmarktpreisen für Fisch und leidet unter der Überfischung der Fanggründe. Die Furcht, die Handlungsfähigkeit in Fischereifragen zu verlieren, ist einer der Gründe, warum die Regierung gegen eine EU-Mitgliedschaft ist. In den letzten Jahren hat Island seine Wirtschaft diversifiziert (Software, Biotechnologie, Finanzdienste). Am Ende der 1990er Jahre gab es wirtschaftliche Wachstumsraten zwischen drei und vier %. Die weltwirtschaftliche Rezession wirkt sich jedoch, trotz einer disziplinierten Haushaltpolitik, auch auf die isländische Wirtschaft aus. Seit 2003 wächst die Wirtschaft wieder stärker und nimmt weiter dynamisch Fahrt auf. Während die Exporte 2005 um 7 % anstiegen, erhöhte sich die Einfuhr um 34 % (Energie, Transportgeräte) und vergrößerte das Handelsbilanzdefizit.

Bruttoinlandsprodukt (BIP): 995,991 Mrd. IKr, 12,464 Mrd. €, 15,399 Mrd. US-$ (2005)

BIP/Kopf: 34 600 US-$, 28 711 € (2005)

Erwerbstätigkeit: Landwirtschaft/Fischerei 10,3 %; Industrie 18,3 %; Dienstleistungen 71,4,0 % (2003)

Arbeitslosigkeit: 2,1 % (2005)

Inflation: 4,1 % (2005), 4,4 % (Januar 2006)

Wirtschaftswachstum: 5,9 % (2005)

Außenhandel (2005): Import: 288,895 Mrd. Ikr. 3,615 Mrd. €, 4,582 Mrd. US-$; Haupthandelspartner 2005: Deutschland (14,0 %), USA (9,3 %), Dänemark (7,1 %), Norwegen (7,0 %), UK (5,8 %), Niederlande (4,8 %) und Schweden (8,4 %) EWR(EEA): 68,8 % – Export: 194,355 Mrd. Ikr. 2,432 Mrd. €, 3,215 Mrd. US-$; Haupthandelspartner 2005: UK (17,8 %), Deutschland (15,8 %), Niederlande (12,5 %), USA (8,4 %), Dänemark (4,2 %), Spanien (7,4 %), Frankreich (3,7 %), EWR(EEA): 77,2 %

3. Geschichte

Die «Insel zwischen den Kontinenten», «zwischen Eis und Feuer», wurde möglicherweise bereits um 325 v. Chr. von dem griechischen Seefahrer Pytheas entdeckt, der sie in seinem Reisebericht als «Thule» bezeichnet. Sicher ist, dass die Insel irischen Mönchen bekannt war, die um 800 zeitweilig auf den der Südküste vorgelagerten Inseln siedelten. Island wurde zu der europäischen Insel, die am spätesten dauerhaft besiedelt wurde. «Thule» galt bis an die Schwelle der Neuzeit als das nördliche Ende der Welt.

Im 9. und 10. Jahrhundert – nach der «Gründung» von Reykjavik durch Ingófur Arnarson 874 – wurde Island vor allem durch die Norweger besiedelt. Mit der Gründung des «Althings» – es gilt als eines der ältesten Parlamente und bildete den Verfassungsrahmen für das sich ausbildende «Gemeinwesen» – wurde ein Organ für die «föderative» Gesetzgebung und Rechtsprechung der verschiedenen Kleinstaaten geschaffen. Es existierte bis 1800 und wurde 1843 als Beratungsorgan wiederbegründet. Der Althing übernahm auch eine wichtige Funktion für die Christianisierung Islands. Im späten 13. Jahrhundert geriet Island unter die Herrschaft Norwegens und kam mit Gründung der Dänisch-Norwegischen Union unter Margarete I. an Dänemark, mit dem es bis zur Unabhängigkeitserklärung 1944 verbunden blieb.

Die Zeit der dänischen Herrschaft war nicht die glücklichste Periode in der Geschichte Islands. Die lutherische Reformation wurde Mitte des 16. Jahrhunderts gewaltsam auf Island eingeführt, das katholische Kirchengut eingezogen. Mit der Einführung des dänischen Handelsmonopols auf Island wurde dem kargen Land die Möglichkeit genommen, den Fisch selbst zu vermarkten. Die politische und wirtschaftliche Abhängigkeit von Dänemark führte im 17. und 18. Jahrhundert zu einem wirtschaftlichen Niedergang und einem starken Rückgang der Bevölkerung.

Im Zuge der Entstehung der europäischen Nationalbewegungen seit dem ausgehenden 18. Jahrhundert bildete sich auch in Island eine nationale Bewegung. Sie erreichte die Wiederherstellung des Althings als Beratungsorgan und forderte vor allem in der zweiten Hälfte des 19. Jahrhunderts die Unabhängigkeit vom dänischen Mutterland. Im letzten Drittel des 19. Jahrhunderts erreichten die Isländer zunehmend politische Rechte, vor allem in der Selbstverwaltung der Insel. Als ein wichtiger Schritt zur Unabhängigkeit wurde die kurz vor dem Ersten Weltkrieg erfolgte Gründung der Universität Reykjavik angesehen.

Im Ersten Weltkrieg war Island weitestgehend auf sich selbst gestellt. Konsequenterweise strebte es auch die außenpolitische Unabhängigkeit von Kopenhagen an. In schwierigen Verhandlungen wurde 1918 ein Unionsvertrag ausgehandelt und wenige Wochen nach dem Waffenstillstand erfolgte die Proklamation Islands als souveränes Königreich. Der dänische König blieb für «25 Jahre» oberster Kriegsherr und bestimmte auch die Außenpolitik Islands.

Nach dem deutschen Angriff auf Dänemark im Frühjahr 1940 besetzten die Briten die strategisch wichtige Insel und überließen die Stützpunkte 1941 den Amerikanern, die bis heute auf der Insel präsent sind. Logisch war daher 1949 der Beitritt Islands zur NATO, auch wenn das Land keine eigenen Streitkräfte besitzt. Nach dem Zweiten Weltkrieg wurden enge Beziehungen zu den USA aufgebaut, die ihren Niederschlag unter anderem im Schutzabkommen von 1951 und im Ausbau der US-Stützpunkte fanden.

Am Ende des Krieges mussten in der Regierungspolitik neue Akzente gesetzt werden. Hatte während des Krieges die Auflösung der Union mit Dänemark im Zentrum gestanden, so drängten sich mit der Unabhängigkeit und der Proklamation der Republik zunehmend ökonomische Probleme in den Vordergrund. In diesem Zusammenhang wurde ein nationales Aufbauprogramm initiiert. Island nahm 1947 an der Marshallplanhilfe teil und wurde Gründungsmitglied der OEEC. Politisch orientierte man sich Richtung Nordeuropa und USA, weniger nach Westeuropa. Mit dem Kontinent gab es eher Konflikte, etwa die Auseinandersetzungen um die allmähliche Erweiterung der isländischen Hoheitsgewässer zwischen 1952 und 1975. Sie führten 1958 zum «Kabeljaukrieg» zwischen Großbritannien und Island. Aus isländischer Sicht war dies ein Akt der Selbsterhaltung, denn nach dem Krieg kehrten die Fischereiflotten aus Europa in die isländischen Fischgründe zurück und bedrohten eine der zentralen Rohstoffquellen des Landes.

Mit dem immer intensiveren europäischen Integrationsprozess musste auch Island seine Beziehungen zu EG-Europa überdenken, zumal auch die Partner in der Nordischen Zusammenarbeit einen engeren Anschluss an die EG/EU suchten.

4. Politisches System

Island ist seit 1944 eine parlamentarisch-demokratische Republik mit einem *Einkammersystem.*

Das Staatsoberhaupt: Präsidentin: Ólafur Ragnar Grímsson (seit dem 1.8.1996). Das Staatsoberhaupt wird vom Volk für 4 Jahre gewählt. Im Juni 2000 hatte die Präsidentin keinen Gegenkandidaten, die Wahlen fielen aus. Erneut gewählt am 21.6.2004 mit 85,6 %. Das Amt des Staatsoberhaupts ist vor allem repräsentativ.

Die Legislative: Das Parlament (Althing) mit 63 Mitgliedern wird alle vier Jahre gewählt. Es besitzt die gesetzgebende Gewalt.

Die Exekutive: Regierungschef ist seit dem 15.6.2006 Geir H. Haarde (SSF), den Valgerður Sverrisdóttir (FSF) als erste Außenministerin Islands ablöste. Der Premierminister ernennt das Kabinett, das vom Parlament bestätigt werden muss. Der Regierung steht die Initiative in der Gesetzgebung zu.

Das Wahlsystem: aktives Wahlrecht mit 18 Jahren.

Wahlen: Wahlen zum Althing am 10.5.2003 (Wahlbeteiligung 87,5 %): SSF 33,7 % (22 Sitze), S 31 % (20), Linke Grüne Allianz (VG) 8,8 % (5), Liberale Partei (FF) 7,4 % (4), Fortschrittspartei (FSF) 17,7 % (12), Sonstige 1,4 % (–).

Parteien: Sjálfsæðisflokkurin (Unabhängigkeitspartei, SSF) liberal-konservativ, Vinstrihreyfinf-Grænt framboð (Linksgrüne Partei, VG), Frjálsyndi flokkurinn (sozial-liberale Partei, FF), Fortschrittspartei (FSF) liberal, agrarisch, Samfylkingin (Sozialdemokratische Allianz, S/AL), Samtök um Kvennalista (Frauenliste)

Rechtsordnung: Es besteht ein Oberster Gerichtshof (Hæstirettur). Die Richter werden vom Justizminister auf Lebenszeit ernannt. Zusätzlich existieren acht Bezirksgerichte, deren Mitglieder ebenfalls auf Lebenszeit vom Justizminister ernannt werden.

5. Politik in und für Europa

Bis zur Proklamation der Republik und der Auflösung der Union mit Dänemark im Jahre 1944 blieb Island außenpolitisch fremdbestimmt. Während des Zweiten Weltkriegs waren die Handlungsspielräume der Regierung in Reykjavik durch die Besetzung durch zunächst britische und dann amerikanische Truppen eingeengt. Zwar hatte

Island der Stationierung auch aus Sicherheitsgründen zustimmen müssen, doch beinhaltete die «bedingte Erlaubnis» auch, dass die fremden Truppen bei Kriegsende das Land verlassen mussten. Als die USA im Herbst 1946 Island um die Ausweitung seiner Militärbasen und die Überlassung von Land ersuchten, kam es zu heftigen innenpolitischen Auseinandersetzungen. Die Isländer waren weder zu einem Pachtvertrag noch zu Landabtretungen bereit. Die Amerikaner gaben ihre Militärbasis jedoch nicht auf. Mit der zunehmenden Entfremdung zwischen den früheren Verbündeten der Anti-Hitler-Koalition musste auch Island sich außenpolitisch neu orientieren und konnte nicht auf eine Politik der Neutralität setzen. Hinzu traten die wirtschaftlich schwierigen Rahmenbedingungen in den ersten Jahren nach dem Krieg. Island beteiligte sich daher am Marshallplan und trat schließlich 1949 auch der NATO bei. Eine entscheidende Rolle für die Aufgabe der Neutralitätspolitik spielte dabei die Absicht Dänemarks und Norwegens, der NATO beizutreten. Bedingung für den Beitritt Islands war allerdings, dass Island selbst keine militärischen Verbände stellen müsse und in Friedenszeiten keine fremden Truppen auf Island stationiert sein würden. Der Koreakrieg und der Beginn des Kalten Krieges sowie der sich daraus ergebende Verteidigungsvertrag mit den USA vom 5. Mai 1951 führten jedoch zu einer permanenten militärischen Präsenz der USA auf der Insel.

Die Hinwendung zu Europa erfolgte auch eher zögerlich. Wichtig waren in diesem Zusammenhang die traditionellen Beziehungen zu den skandinavischen Staaten. Es war daher nur konsequent, dass Island dem 1952 gegründeten Nordischen Rat beitrat. Die wirtschaftlichen Integrationsprozesse in Westeuropa seit den späten 1950er Jahren (EWG, EFTA) lösten in Island eine Debatte aus, ob das Land sich einer der entstehenden Freihandelszonen anschließen sollte. Mit Blick auf die nordischen Staaten schien sich die EFTA anzubieten. Zum Zeitpunkt der Gründung dieser britisch geführten Freihandelsorganisation war jedoch der Konflikt zwischen Island und dem Vereinigten Königreich wegen der Ausdehnung der Fischereizonen nicht geregelt. Es dauerte daher bis 1970, ehe Island sich zum EFTA-Beitritt entschloss. Als sich seit Ende der 1980er Jahre die Frage nach der engeren Kooperation zwischen EG und EFTA und der Bildung eines gemeinsamen Europäischen Wirtschaftsraums stellte, entschloss sich Island, dem EWR beizutreten. Heute zählt Island zu den vier verbliebenen Mitgliedern der «Rest-EFTA», von denen alle, mit Ausnahme der Schweiz, auch dem EWR angehören. Mit der Erweiterung der EU auf 25 und bald 27 Mitglieder stellt sich für Island erneut die Frage einer weiteren Annäherung an oder einer Vollmitgliedschaft in der EU. Die EU ist der größte und wichtigste Markt für den Export Islands und steht auch bei den Importen an der Spitze. Damit stellt sich wieder die Frage einer EU-Mitgliedschaft: «Island wird 2015 Mitglied der EU sein». Davon ist der frühere Ministerpräsident Ásgrimsson überzeugt. Für die «Antieuropäer» reicht die Freihandelszone mit der EU, die Island alle Vorteile verschaffe und durch die Übernahme des EU-Rechtes auch einen Modernisierungsschub bringe.

Eythórsson, Grétar Thor/*Jahn*, Detlef: Das politische System Islands, in: *Ismayr*, Politische Systeme Westeuropas, S. 167–186; *Hjálmarsson*, Jón R.: Die Geschichte Islands. Von der Besiedlung bis zur Gegenwart. Reykjavik 1996; *Kristinsson*, Gunnar Helgi: Island, in: *Weidenfeld* II, S. 184–191; *Nordic Council of Ministers* (Hg.): The Nordic Countries in Figures 2005. Copenhagen 2005; *Schröder*, Peter: Island. München 1994.

www.botschaft-island.de (Zugang zu Regierung, Parlament, Gerichtshof und weiteren Links); www.statice.is (Amt für Statistik); www.iceland.org (Zugang zu allen Island-Links); www.mfo.is (Außenministerium), www.government.is (Regierung), http://eng.forsaetisraduneyti.is/ (Amt des Premierministers); www.iceland.is/government-and-politics/Government/OfficeofthePresident (Amt des Präsidenten), www.althingi.is (Althing – das isländische Parlament); www.haestirettur.is (Oberster Gerichtshof); http://iceland.is (Offizielles Portal für Island); www.norden.org (Nordische Zusammenarbeit).

Lettland

1. Grunddaten

Staatsname: Latvijas Republika (Republik Lettland)
Größe: 64 589 km²
Hauptstadt: Riga
Einwohner: 2 294 635 (Juli 2006); (2002): 57,7 % der Bevölkerung sind Letten, 29,6 % Russen, 4,1 % Weißrussen, 2,7 % Ukrainer und 2,5 % Polen, 1,4 % Litauer, 2 % andere.
Bevölkerungsdichte: 36 Einw./km²
Konfessionen: 55 % Lutheraner (Ev.), 24 % Katholiken, 9 % Russisch-Orthodox 12 % Sonstige
Amtssprache: Lettisch, weitere Sprachen: Russisch, Litauisch, Ukrainisch
Währung: 1 Lats (Ls.) = 100 Santims; 1 € = 0,70 Ls.; 1 US-$ = 0,58 Ls. (1. 7. 2005)

2. Sozioökonomische Grundlagen

Bruttoinlandsprodukt (BIP): 8,99373 Mrd. Ls, 12,7131 Mrd. €, 15,8183 Mrd. US-$ (2005)
BIP/Kopf: 12 800 US-$, 10 624 € (2005)
Erwerbstätigkeit: Landwirtschaft 15,5 %, Industrie 25,5 %, Dienstleistungen 59 % (2002)
Arbeitslosigkeit: 7,8 % (März 2006), 8,8 % (2005). 10,0 % (September 2004)
Inflation: 1,8 % (Juni 2006)
Außenhandel (2005): Import: 4,8669 Mrd. Ls, 6,9527 Mrd. €; 8,6909 Mrd. US-$ Haupthandelspartner: (EU25: 75,2 %) Deutschland 13,9 %, Russland 8,7 %, Litauen 12,2 %, Finnland 6,3 %, Schweden 6,1 %, Estland 7 %, Polen 5,4 % – Ex-

port: 2,8882 Mrd. Ls, 4,1260 Mrd. €, 4,9797 Mrd. US-$; Haupthandelspartner: (EU25: 76,4 %) Deutschland 12 %, Großbritannien 12,8 %, Schweden 10 %, Litauen 9,1 %, Russland 6,4 %, Estland 8 %, Dänemark 5,4 %.

3. Geschichte

Hinweise auf erste menschliche Siedlungen im Bereich des heutigen Lettland lassen sich bis in die Altsteinzeit zurückverfolgen. Die «Balten» wanderten erst um 2000 v. Chr. in diesen Raum ein. Sie bilden, anders als die Esten als Teil der finno-ugurischen Völker, einen eigenen Zweig innerhalb der indo-germanischen Sprachfamilie (Litauisch, Lettisch). Seit dem 7. Jahrhundert v. Chr. bestanden Kontakte zur keltischen Hallstatt-Kultur. Wichtiges Handelsgut bildete dabei der Bernstein, der auch in der Römerzeit und in den Jahrhunderten danach von zentraler wirtschaftlicher Bedeutung war. Auf die Wikinger, die sich wegen der «Wehrhaftigkeit der lettischen Völker» nicht langfristig festsetzen konnten, folgten die vergeblichen Versuche der Dänen und Schweden, aber auch der Kiewer Großfürsten, den Raum ihrer Herrschaft zu unterwerfen. Seit dem 12. Jahrhundert geriet das Baltikum aus handelspolitischen und strategischen Überlegungen auch in das Interessenfeld der Deutschen. Seit dem späten 12. Jahrhundert setzte die Missionierung des Baltikums ein, unterstützt durch Papst Innozenz III., der zum «Kreuzzug» aufrief und zahlreiche Adelige und Kaufleute zum «Zug nach Osten» ermunterte. Das sich als Handelszentrum entwickelnde, 1201 gegründete Riga trat 1282 der Hanse bei. Die deutsche Dominanz im Baltikum wurde durch den Deutschen Orden und die Hanse gesichert. Nach dem Ende des Ordensstaates Mitte des 16. Jahrhunderts kam «Lettland» kurzfristig unter litauische und polnische Herrschaft, ehe es im 17. Jahrhundert dem schwedischen Reich angegliedert wurde. Mit dem Nordischen Krieg zwischen Schweden und Russland (1700–1721) errichtete Zar Peter d. Gr. seine Herrschaft über das heutige Lettland und inkorporierte das schwer verwüstete Land nach dem Frieden von Nystad in die russischen Ostseeprovinzen. Peter d. Gr. und seine Nachfolger setzten aus verschiedenen Überlegungen auf den deutschen Adel in den Ostseeprovinzen, der bis weit in die zweite Hälfte des 19. Jahrhunderts eine führende Rolle in Politik und Verwaltung spielte. Die Aufhebung der Leibeigenschaft unter Zar Alexander I. 1817 blieb ohne Folgen. Die Bauern waren zwar persönlich frei, doch der Adel behielt die Verfügungsgewalt über das Land. Erst nach dem verlorenen Krimkrieg kam es Anfang der 1860er Jahre endgültig zur Bauernbefreiung.

In der ersten Hälfte des 19. Jahrhunderts entwickelte sich, mit bedingt durch die schlechte wirtschaftliche und soziale Lage vor allem der Landbevölkerung, eine lettische Nationalbewegung. Sie fand 1868 ihren Niederschlag im «Lettischen Verein», in eigenen Zeitungen und im ersten Sängerfest, das 1873 in Riga stattfand. Die lettische Nationalbewegung grenzte sich dabei bewusst gegenüber der kulturell, wirtschaftlich und politisch dominierenden deutschen Oberschicht ab. Wichtige neue Impulse erhielt sie, als in den 1880er Jahren eine Russifizierungspolitik in den baltischen Provinzen einsetzte, die jedoch weitgehend erfolglos blieb.

Die russische Revolution von 1905 fand in «Lettland» durch Streiks und Demonstrationen Unterstützung. Zaristische Truppen schlugen den Aufstand nieder. Es kam zu Deportationen nach Sibirien und drakonischen Strafmaßnahmen. Das brutale Vorgehen der russischen Behörden gab jedoch der Nationalbewegung Auftrieb. Soziale Forderungen verbanden sich mit dem Wunsch nach nationaler Freiheit. 1917 wurde durch Auflösung der Provinz Livland und einer Grenzziehung nach der Sprachgrenze die künftige politische Einheit «Lettland» geschaffen. Auf die Unabhängigkeitserklärung der bürgerlichen lettischen Nationalbewegung am 18. November 1918 folgte unter Mithilfe der «lettischen roten Schützen» der bolschewistische Angriff auf Lettland und die Proklamation der Sowjetrepublik Lettland. Mit Unterstützung deutscher Freiwilligenverbände gewann die vertriebene Regierung Karlis Ulmanis die Kontrolle über das Land zurück. Im Frieden von Riga anerkannte die Sowjetunion 1920 schließlich die Unabhängigkeit Lettlands, das sich 1922 eine republikanisch-demokratische Verfassung gab. Die deutschen Großgrundbesitzer, 1920 enteignet, wurden zur nationalen Minderheit, erhielten aber in der Verfassung Garantien für ihre kulturelle Eigenständigkeit. In den 1920er Jahren erlebte die junge Republik einen wirtschaftlichen und kulturellen Aufschwung. Es fehlte jedoch die politische Stabilität. In der Saeima mit ihren 100 Abgeordneten waren 20 Parteien vertreten. Im Mai 1934 wurde schließlich die Demokratie durch einen Staatsstreich beseitigt und durch ein autoritäres Regime unter Karlis Ulmanis abgelöst. Der Hitler-Stalin-Pakt wies das Land 1939 der sowjetischen Interessensphäre zu. Auf den erzwungenen Beistandspakt mit der Sowjetunion erfolgte im Juli 1940 die Besetzung Lettlands durch die Rote Armee. Die alten Gegner der Sowjets aus der Zeit der Staatsgründung wurden verhaftet, 20 000 bis zum deutschen Einmarsch im Juni 1941 deportiert. Während der deutschen Besatzungszeit 1941–1944/45 wurden zwei Vernichtungslager (Kaiserwald, Salaspils) und das Rigaer Ghetto errichtet, um Lettland «judenfrei» zu machen. Unterstützung fanden die SS-Kommandos dabei vor allem durch lettische Polizeieinheiten und die Arajs-Brigade. Mit der Wiedereroberung Lettlands durch die Sowjets setzte erneut Terror ein, der sich nicht allein gegen die Kollaborateure richtete. In den folgenden Jahren flohen Zehntausende in den Westen, vor allem nach Skandinavien. Im Land führten die «Waldbrüder» bis Mitte der 1950er Jahre einen erfolglosen Partisanenkampf. Erneut wurde der Versuch einer «Russifizierung» unternommen. Russen wurden vor allem in den Industriezentren und in der Landwirtschaft angesiedelt. Ihr Bevölkerungsanteil stieg bis auf 42 % im Jahre 1989. Russisch wurde zur Amts- und Mediensprache. Mit Gorbatschows Politik der Perestroika verbanden die Letten große Hoffnungen. Die Gruppe «Helsinki 86» organisierte Massendemonstrationen, u.a. zum Gedenken an die stalinistischen Massendeportationen. 1988 schließlich gründete sich die Lettische Volksfront («Tautas Fronte»). Sie wurde zur ersten politischen Gruppierung außerhalb des Machtmonopols der KP und setzte sich bei den Wahlen zum Volksdeputiertenkongress durch. Am 28. Juli 1989 verkündete der Oberste Rat in Riga die Unabhängigkeit Lettlands. Knapp vier Wochen später wurde zum Gedenken an den 50. Jahrestag des Hitler-Stalin-Pakts der «Baltische Weg» organisiert, eine Menschenkette von Tallinn über Riga nach Wilna.

Trotz des Sieges der Volksfront bei den Wahlen zum Obersten Rat im März 1990, der Erklärung der Wiederherstellung der Unabhängigkeit Lettlands im Mai 1990 und der Wiederbelebung des «Baltischen Rates» blieb die Unabhängigkeit gefährdet. In den Jahren 1990/91 kam es wiederholt zu blutigen Konflikten und militärischen Interventionen von Eliteeinheiten der Roten Armee. Mit überwältigender Mehrheit stimmten die Letten in einem Referendum im März 1991 für eine unabhängige und demokratische Republik Lettland. Diese Souveränität schien nach dem Putsch in Moskau im August 1991 erneut gefährdet. Nach der Niederschlagung des Putsches setzte Lettland die Unabhängigkeitserklärung in Kraft und verbot die Kommunistische Partei.

Mit der endgültig abgesicherten Souveränität setzte ein tief greifender Reformprozess ein, um die Voraussetzungen für die «Rückkehr nach Europa» zu schaffen. Dieser Transformationsprozess konnte in seiner ersten Phase bis 1994 durch die Wiederherstellung der demokratischen Verfassung von 1922, die Durchführung von Reformen für Rechtsstaatlichkeit und eine funktionierende Marktwirtschaft abgeschlossen werden. Als problematisch erwies sich dabei die Neuregelung der Staatsbürgerschaft, die vor allem vom Europarat kritisiert wurde und auch bei den Beitrittsverhandlungen zur EU eine Rolle spielte. Durch Änderung des Staatsangehörigkeitsrechts von 1919 in den 1990er Jahren wurde die Einbürgerung erleichtert und der rechtliche Status von Staatenlosen und ehemaligen Sowjetbürgern neu geregelt.

4. Politisches System

Lettland ist eine parlamentarische *Demokratie mit einem Einkammerparlament*. Die Verfassung der Republik von 1922 wurde 1993 wieder in Kraft gesetzt und erfuhr 1997 Änderungen.

Die *Legislative* wird durch das *Parlament* (Saeima) ausgeübt. Es hat 100 Mitglieder und wird alle vier Jahre gewählt.

Der *Staatspräsident* wird alle vier Jahre durch die Saeima (Parlament) gewählt und kann ein Mal wieder gewählt werden (seit 1999 die Kanado-Lettin Professorin Vaira Vike-Freiberga, am 20. 6. 2003 für eine 2. Amtszeit wiedergewählt). Er ernennt und entlässt den Ministerpräsidenten und das Kabinett.

Exekutive: Der *Ministerpräsident* – Aigars Kalvītis (TP) seit 2. 12. 2004, der die Minderheitsregierung des Grünen Indulis Emsis ablöste und einer Regierung aus TP, JL, ZZS und LPP vorsteht – steht an der Spitze der Exekutive. Er schlägt die Mitglieder des Ministerrats vor, die vom Parlament bestätigt werden müssen.

Wahlsystem: Wahlberechtigt sind alle Bürger über 18 Jahren. Die Parteien müssen mindestens vier % (seit 1998 fünf %) der Stimmen erhalten, um in das Parlament einzuziehen. Die Abgeordneten werden nach dem *Verhältniswahlrecht* bestimmt. Als Elemente direkter Demokratie sind Referenden in der Verfassung vorgesehen (EU-Referendum 20. 9. 2003).

Wahlen vom 1. 10. 2006 (5. 10. 2002): Neue Zeit (JL) 16,4 %/23,9 % (18/26 Sitze); Partei für Menschenrechte in einem geeinten Lettland (PCTVL) 6,0 %/ 18,9 % (6/25 Sitze); Volkspartei (TP) 19,3 %/16,7 % (23/21); Union der Grünen und Bauern (LZS-LZP ZZS) 16,71 %/9,5 % (18/12); Erste Partei Lettlands und Lettlands Weg (LPP/LC) 8,5 %/7,6 % (10/10); Union für Vaterland und Freiheit (TB-LNNK) 6,96 %/ 5,4 % (8/7), Sozialdemokratische Arbeitspartei (LSDSP) 3,5 %/4,0. Die Regierungskoalition bekam 44,8 % und 51 Sitze und wurde als erste Regierung seit 1991 wiedergewählt.

Parteien: Die in der Phase der Unabhängigkeit entscheidende politische Kraft, die Lettische Volksfront (TF), zahlte Mitte der 1990er Jahre den Preis für die nicht erfüllten Erwartungen der enttäuschten Wähler und scheiterte mit 2,7 % an der 4 %-Klausel. Inzwischen ist sie wieder zur stärksten politischen Kraft geworden. Ein Parteiensystem im westlichen Sinne entwickelt sich in Lettland allmählich. Eine politisch-ideologische Zuordnung von Parteiem ist oft schwierig. Dominierende Parteiengruppierungen sind vor allem: Neue Zeit Partei (liberal-konservativ); ZZS (Vereinigung der Grünen und Bauern); Polnische Zentrumsallianz; Erste Partei Lettlands; LNNK (Allianz Für Vaterland und Freiheit, nationalkonservativ); PCTVL (Für Menschenrechte in einem Vereinten Lettland); LSP (Lettische Sozialistische Partei); LSDSP (Sozialdemokraten); Volkspartei (TF, liberalkonservativ).

Rechtsordnung: Die Rechtsordnung orientiert sich am kontinentaleuropäischen, vor allem am deutschen Recht. Es besteht ein *Oberster Gerichtshof*. Die Richter werden durch das Parlament bestätigt.

5. Politik in und für Europa

Mit der Wiedererlangung der Unabhängigkeit bemühte sich Lettland wie die anderen baltischen Staaten um seine «Rückkehr» nach Europa. Aus politischen, wirtschaftlichen, kulturellen und auch sicherheitspolitischen Überlegungen strebte das Land die Einbindung in die wirtschaftlichen, politischen und sicherheitspolitischen Strukturen Westeuropas (Europarat, EU, NATO) an. Ein erster wichtiger Schritt erfolgte 1992, als die Außenminister Dänemarks und Deutschlands u. a. Lettland zur Gründung des Ostsee-Rates als Forum regionaler Zusammenarbeit nach Kopenhagen einluden.

Der Weg war vor allem im sicherheitspolitischen Bereich schwierig. Mit Rücksicht auf die Interessen Russlands

– aber auch wegen der rechtlichen Stellung der Russen nach dem lettischen Staatsbürgerschaftsgesetz – blieben die Mitgliedstaaten der NATO gegenüber dem Beitrittsbegehren der baltischen Staaten zurückhaltend. Allerdings wurde Lettland, wie auch die anderen baltischen Staaten, zur Teilnahme an der im Januar 1994 gegründeten «Partnerschaft für den Frieden» eingeladen und nahm auch am euro-atlantischen Partnerschafts-Rat teil. Es dauerte bis zum Prager NATO-Gipfel im November 2002, ehe Lettland zum Beitritt eingeladen wurde. Nach Ratifikation des Beitrittsprotokolls 2003 trat Lettland im April 2004 der NATO bei und war im November 2006 in Riga Gastgeber des NATO-Gipfels.

Nach der Anerkennung Lettlands durch die internationale Staatengemeinschaft (Ende August 1991) und der Aufnahme in die Vereinten Nationen fand Lettland vielfältige Unterstützung bei seinen Bemühungen zum Aufbau von Demokratie und Rechtsstaat. Eine wichtige Rolle spielte in diesem Zusammenhang die vom Europarat im Mai 1990 eingesetzte «Venedig-Kommission», die praktische Hilfe beim Übergang der ehemaligen kommunistischen Staaten auf dem Weg zu einer demokratischen und rechtsstaatlichen Ordnung leistete. In diesen Zusammenhang gehörte auch die Aufnahme Lettlands in den Europarat 1995, nachdem das Land zentrale Grundlagen aus der Menschenrechtskonvention und ihren Ergänzungen sowie im Bereich der Minderheitenrechte erfüllt hatte. Ende 1995 stellte Lettland als erstes baltisches Land den Antrag auf Mitgliedschaft in der EU. Mit Rücksicht auf Russland wurden jedoch Beitrittsverhandlungen zunächst nicht eingeleitet. Lettland gehörte erst zur zweiten Gruppe der bereits mit der EU assoziierten Staaten, mit denen nach der Empfehlung der Kommission und dem Beschluss des Europäischen Rates in Helsinki (10./11.12.1999) Beitrittsverhandlungen eingeleitet werden sollten. Diese wurden im Februar 2000 aufgenommen. Als der Konvent für die Zukunft Europas im Februar 2002 seine Arbeit aufnahm, wurde auch Lettland eingeladen, drei Mitglieder zu den Beratungen zu entsenden. Lettland als Beitrittskandidat unterstützte die Notwendigkeit eines Europäischen Verfassungsvertrags, um die EU zu reformieren und nach innen und außen handlungsfähig zu machen. Zusammen mit den kleineren EU-Staaten vertritt es jedoch die Auffassung, dass die Gleichberechtigung der Mitgliedsländer erhalten bleiben muss und der Konventsentwurf entsprechend geändert werden sollte.

Die EU-Beitrittsverhandlungen wurden im Oktober 2002 erfolgreich abgeschlossen. Der Schlussbericht der Kommission bescheinigte Lettland, dass es die «politischen Kriterien» für den Beitritt erfüllt und eine Stabilisierung und Konsolidierung seiner Institutionen vorangetrieben hat, «die die demokratische und rechtsstaatliche Ordnung, Wahrung der Menschenrechte sowie Achtung und Schutz der Minderheiten garantieren». Defizite wurden im Bereich der Justiz und der Verwaltungsreform, in der Sozialpolitik, der Agrarpolitik, der Umweltpolitik sowie in der Strukturpolitik festgestellt. Nach der Unterzeichnung des Beitrittsvertrags im April 2003 und dem erfolgreichen Referendum über den EU-Beitritt am 20. September 2003 trat das Land am 1. Mai 2004 der EU bei, band die Landeswährung an den Euro (€), schloß sich im Mai 2005 dem europäischen Wechselkursmechanismus an und ratifizierte am 2. 6. 2005 den EU-Verfassungsvertrag.

Blanc-Noël, Nathalie (Hg.): La Baltique. Une nouvelle région en Europe. Paris 2002; *Bungs*, Dzintra: The Baltic States: Problems and Perspectives of Membership in the European Union. Ebenhausen 1998; *Butenschön*, Marianna: Estland, Lettland und Litauen. Das Baltikum auf dem langen Weg in die Freiheit. München 1992; *Ludwig*, Klemens: Lettland. München 2000; *Henning*, Detlef: Lettland, in: *Weidenfeld*, Europa-Handbuch II, S. 212–220 (mit weiterführender Literatur); *Plakans*, Andrejs: The Latvians. A Short History. Stanford 1995; *Rauch*, Georg von: Geschichte der baltischen Staaten. München [2]1990; *Schmidt*, Alexander: Geschichte des Baltikums. München [2]1993; *Schmidt,* Thomas: Das politische System Lettlands, in: *Ismayr*, Politische Systeme Osteuropas, S. 111–151.

www.botschaft-lettland.de; www.am.gov.lv (Außenministerium); www.president.lv (Amt der Staatspräsidentin); www.saeima.lv (Parlament); www.satv.tiesa.lv (Verfassungsgerichtshof); www.mk.gov.lv (Ministerrat); www.csb.lv (Amt für Statistik); www.bank.lv. (Bank von Lettland); www.ruk.gov.lv (Rechnungshof); www.latvia.lv (Portal Lettland).

Litauen

1. Grunddaten

Staatsname: Lietuvos Respublika (Republik Litauen)
Größe: 65 301 km²
Hauptstadt: Wilna (Vilnius)
Einwohner: 3 397 206 (Juli 2006); davon Litauer 83,45 %, Russen 6,31 %, Polen 6,74 %, Weißrussen 1,23 %, Sonstige 2,1 % (Ukrainer 0,65 %)
Bevölkerungsdichte: 53 Einw./km²
Konfessionen: 79 % Katholiken, 4,1 % Orthodoxe, 1,9 % protestantische und muslimische Minderheit, 9,5 % konfessionslos
Amtssprache: Litauisch; weitere Sprachen: Russisch, Polnisch, Weißrussisch, Ukrainisch
Währung: 1 Litas (LTL) = 100 Centas; 1 € = 3,45 LTL, 1 US-$ = 2,85/2,69 LTL (1. 7. 2005 / 1. 7. 2006)

2. Sozioökonomische Grundlagen

Litauen befindet sich im Übergang von einer Kommandowirtschaft zu einer Marktwirtschaft. Da Russland größter Handelspartner war, litt Litauen besonders stark unter der russischen Finanzkrise von 1998 und erholte sich nur langsam. Die Privatisierung der Staatsbetriebe ist vor allem im Energiebereich nahezu abgeschlossen, ansonsten zu 80 % vollzogen. Die Vorbereitung auf die EU-Mitgliedschaft und die Partnerschaftsprogramme beschleunigten den Transformationsprozess. Seit dem EU-Beitritt haben eine gewachsene Inlandsnachfrage und verstärkte Auslandsinvestitionen zur Erholung beigetragen.
Bruttoinlandsprodukt (BIP): 25,452 Mrd. US-$, 20,494 Mrd. € (2005)

BIP/Kopf: (2005) 7487 US-$, 6030 €, (2004) 6544 US-$, 5264 €
Erwerbstätigkeit: Landwirtschaft 19,9 %, Industrie 26,2 %, Dienstleistungen 53,9 % (2000)
Arbeitslosigkeit: 8,3 % (2005), 11,4 % (2004), 12,3 % (2003)
Inflation: 4,4 % (Juli 2006), 2,8 % (2005), – 1,8 % (30. 9. 2003)
Wirtschaftswachstum: 7,5 % (2005), 10,5 % (2003)
Außenhandel*: Import: (2005) 12,5078 Mrd. €, 43,1519 Mrd. LTL, 151510 Mrd. US-$ (gesamt), 25,5860 Mrd. LTL (EU), 7,4163 Mrd. €, 8,977 Mrd. US-$; Haupthandelspartner (2005): Russland 27,8 %, Deutschland 15,2 %, Polen 8,3 %, Schweden 3,4 %, Estland 2,8 %, Großbritannien 2,2 %, EU25: 59,3 % – Export: (2005) 9,4978 Mrd. €, 32,7673 Mrd. LTL (gesamt), 21,4195 Mrd. LTL (EU), 6,2086 Mrd. €, 7,5156 Mrd. US-$; Haupthandelspartner: Großbritannien 13,5 %, Russland 10,4 %, Lettland 10,3 %, Deutschland 9,4 %, Frankreich 7,0 %, Estland 5,9 %, Polen 5,5 %, Schweden 5,0 %, Großbritannien 4,7 %, USA 4,7 %, Dänemark 4,3 %, EU25: 65,4 %
*Mit dem Beitritt zur EU wurden die statistischen Methoden für den Außenhandel verändert. Frühere und Daten seit dem 1. 4. sind nicht mehr unmittelbar vergleichbar. 4 Indikatoren: Export/Import mit nicht-EU-Staaten, «dispatches» und «arrivals» für Handel mit der EU (Vgl. www.std.lt/en/pages/views/?id= 1517).

3. Geschichte

Von den Slawen aus ihren angestammten Siedlungsgebieten verdrängt, nahmen die baltischen Litauer seit dem 9. Jahrhundert das Gebiet des heutigen Litauen an der oberen und mittleren Memel sowie der Neris in Besitz. Bis Ende des 14. Jahrhundert errichteten die Großfürsten ein litauisches Großreich, das bis zum Schwarzen Meer reichte. Litauen kontrollierte den Handel von der Ostsee bis zur Levante. Es wurde zur «dritten Kraft» im östlichen Europa. Vergrößert wurde Litauen durch die Union mit Polen 1385/86. Die Heirat von Großfürst Jogaila (Wladyslaw Jagiello) mit Königin Hedwig gilt als «eine Epochenwende der Geschichte Osteuropas, ja Europas überhaupt» (K. Zernack) und leitete im 15. und 16. Jahrhundert «ein großes Zeitalter der Verwestlichung und strukturellen Umformung weiter Teile Altrusslands nach polnischem Muster» ein. Die Taufe von König Wladyslaw II. bedeutete einen «Landgewinn» für den Katholizismus gegenüber der Ostkirche. Geprägt war diese Periode durch Kriege gegen den Deutschen Orden und durch Konflikte mit den Moskauer Großfürsten bzw. den russischen Zaren. Spätestens seit dem 17. Jahrhundert geriet Litauen-Polen in die machtpolitische Interessensphäre der aufstrebenden Großmacht Russland. In den polnischen Teilungen von 1772 und 1793 verlor es große Gebietsteile an Russland und kam 1795 vollständig unter russische Herrschaft. Bis zu den Revolutionen von 1917 blieb Litauen russische Provinz. Seine Teilnahme an den polnischen Aufständen von 1831 und 1863 gegen die russische Herrschaft verstärkte die Russifizierungspolitik. Als Reaktion hierauf entwickelte sich mit Rückbesinnung auf die eigene Geschichte und Kultur eine litauische Literatur. Sie trug entscheidend zu einer neuen nationalen Identität und zur Ausbildung eines litauischen Nationalismus bei. Als Folge der russischen Revolution von 1905 erhielt Litauen einen eigenen Landtag und entsandte Abgeordnete in die russische Duma. Im Ersten Weltkrieg wurde es 1915 von deutschen Truppen besetzt. Die Deutschen unterstützten einen litauischen Separatismus. Im September 1917 proklamierte der litauische Landtag das Königreich Litauen und erklärte sich am 16. Februar 1918 – heute wieder Nationalfeiertag – für unabhängig.

Im Frieden von Brest-Litowsk (3. 3. 1918) anerkannte die Sowjetunion die Unabhängigkeit seiner früheren baltischen Provinzen. Das litauische Parlament wählte daraufhin im Juli 1918 den deutschen Wilhelm von Urach, der – um die historische Kontinuität zum litauischen Reichsgründer zu unterstreichen – den Namen Mindaugas II. annahm, zum König; er konnte die Krone aber nach der deutschen Niederlage nicht annehmen. In militärischen Auseinandersetzungen mit Polen und der Sowjetunion zwischen 1919 und 1923 entstand das Litauen der Zwischenkriegszeit ohne seine historische Hauptstadt Wilna, die an Polen fiel. Als Kompensation besetzte Litauen 1923 das unter Völkerbundsmandat stehende Memelgebiet, das ihm 1924 zuerkannt wurde. Damit gewann Litauen mit Memel (Klaipeda) einen wichtigen Hafen.

Kennzeichnend für die junge Republik wurde, trotz zahlreicher Reformen im Agrarbereich und in der Arbeits- und Sozialgesetzgebung, die politische Instabilität. Sie führte 1926 nach einem Staatsstreich zur ersten Militärdiktatur im baltischen Raum. Aufgrund der ungelösten Grenzfragen, des Verlusts von Wilna und der späten Anerkennung durch die europäischen Staaten hatte sich Litauen politisch nicht konsolidieren können. Im politisch-militärischen und ideologischen Spannungsfeld zwischen Deutschland und der Sowjetunion gelegen, versuchte sich Litauen, wie die anderen baltischen Staaten auch, aus einem Konflikt herauszuhalten. Die baltischen Staaten schlossen daher in den 1930er Jahren einen Baltischen Verteidigungspakt und erklärten ihre Neutralität. Dennoch zwang Deutschland Litauen im März 1938, das Memelland abzutreten. Als die Sowjetunion im Oktober 1939 ultimativ die Überlassung von Militärstützpunkten forderte, willigte Litauen im November 1939 ein, erhielt aber das Gebiet um Wilna. Wenige Monate später besetzte die Sowjetunion Litauen und gliederte es als Sowjetrepublik in den kommunistischen Herrschaftsbereich ein.

Zwei Tage nach dem deutschen Angriff auf die Sowjetunion besetzten deutsche Truppen Kaunas und Wilna. Die baltischen Staaten und Weißrussland kamen zum Reichskommissariat Ostland. Zwischen 1941 und 1944 kamen etwa 200 000 Litauer um, vor allem aus dem starken jüdischen Bevölkerungsanteil (7,5 %). Seit dem Sommer 1944 besetzte die Rote Armee erneut Litauen und gliederte es in die UdSSR ein. Wie in den anderen baltischen Staaten formierte sich auch in Litauen der Widerstand. Zwischen 1947 und 1949 wurden über 300 000 Menschen deportiert und verschleppt.

Nach 1945 entwickelte sich Litauen vom Agrarland zum planwirtschaftlich organisierten Industriestaat mit einer guten Infrastruktur. Die Industrialisierung brachte russische Spezialisten und Industriearbeiter ins Land. Hinzu kam ein erneuter Versuch der Russifizierung. Seit Mitte der 1980er Jahre bildeten sich Bürgerrechts- und Protestbewegungen. Die wichtigsten waren die «Litauische Freiheitsliga» und die litauische Unabhängigkeitsbewegung (Volksfront) «Saludis». Bei den Parlamentswahlen zum Obersten Sowjet erhielt die «Volksfront» 1990 die Mehrheit, und der Oberste Sowjet von Litauen erklärte am 11. März 1990 die Unabhängigkeit Litauens. Die Sowjetunion versuchte eine Abtrennung Litauens militärisch (13. 1. 1991) und durch eine Wirtschaftsblockade zu verhindern. Der Seimas gedachte am 15. Jahrestag der «Ereignisse vom 13. Januar 1991» der «unbewaffneten Verteidiger der Freiheit» in einer Erklärung, forderte Russland zu gutnachbarlichen Beziehungen, gutem Willen und rechtlicher Zusammenarbeit im Sinne der übernommenen Verpflichtungen gegenüber den Mitgliedern der EU auf.

Bei einer Volksabstimmung im Februar 1991 votierten über 90 % der Bürger für die Unabhängigkeit. Begünstigt durch den Umsturzversuch in Moskau im August 1991 anerkannte Russland schließlich Anfang September die Unabhängigkeit Litauens. Nach mehr als 50 Jahren wurde die Republik Litauen wiederhergestellt, der Führer der Saludis, Vytautas Landsbergis zum Präsidenten gewählt (im Februar 1993 abgelöst durch Algirdas Brazauskas).

Die Unabhängigkeit von der UdSSR brachte wegen der engen Wirtschaftsbeziehungen zur Sowjetunion massive soziale und wirtschaftliche Probleme für das Land mit sich, denn 80 % seines Außenhandels gingen in die Sowjetrepubliken. Es war vor allem auf die russischen Rohstoff- und Energielieferungen angewiesen, die nach 1992 in harten Devisen zu bezahlen waren. Hinzu kam, dass Litauen durch die russische Finanzkrise von 1998 sehr viel stärker betroffen war als die anderen früheren Sowjetrepubliken.

4. Politisches System

Die Republik Litauen ist eine parlamentarische Demokratie mit einem *Einkammersystem*. Die Verfassung wurde am 25. 10. 1992 angenommen und am 20. 3. 2003 ergänzt.

Staatsoberhaupt: Nachfolger des amtsenthobenen Präsidenten Paksas wurde am 27. 6. 2004 der frühere Präsident Valdas Adamkus (mit 51,87 % gewählt, Gegenkandidatin Kazmira Danute Prunskiene: 46,68 %). Der Präsident wird für 5 Jahre direkt vom Volk gewählt. Das passive Wahlrecht für den Präsidenten beträgt 40 Jahre. Er muss auch wählbar für das Parlament sein und darf nicht mehr als zwei Amtsperioden amtieren.

Der Präsident ernennt auf Vorschlag des Ministerpräsidenten den Ministerrat und nach Zustimmung durch das Parlament den Premierminister. Er beruft die erste Sitzung des neu gewählten Seimas ein. Der Präsident hat das Recht, Gesetze abzulehnen, der Seimas kann den Präsidenten jedoch mit absoluter Mehrheit überstimmen. Er schlägt dem Seimas drei Richter für den Verfassungsgerichtshof vor und ernennt einen von ihnen zum Präsidenten. Der Präsident erstattet dem Parlament jährlich einen Bericht über die Lage der Nation.

Legislative: Der Seimas (Parlament) hat 141 Mitglieder und wird auf 4 Jahre gewählt. Er hat jährlich zwei Sitzungsperioden im Frühjahr (10. 3.–30. 6.) und im Herbst (10. 9.–23. 12.). Der Seimas hat u. a. das Recht zur Gesetzgebung, zur Verfassungsänderung, zur Organisation von Referenden, zur Ernennung von Richtern und Präsidenten des Verfassungsgerichtes und des Obersten Gerichtshofs, zur Annahme oder Ablehnung von Regierungsprogrammen, zur Bildung zentraler Wahlkomitees, Kreis- und Gemeinderatswahlen anzukündigen, die Kandidatur des vom Präsidenten vorgeschlagenen Ministerpräsidenten anzunehmen oder abzulehnen und dem Ministerpräsidenten oder einzelnen Ministern das Misstrauen auszusprechen. Das Recht auf Gesetzesinitiative haben neben dem Seimas, dem Präsidenten und der Regierung auch Bürger. Wenn sie einen Gesetzentwurf einbringen, der von 50 000 Wahlberechtigten unterstützt wird, muss das Parlament ihn behandeln. Verfassungsgesetze sind angenommen, wenn mehr als die Hälfte aller Mitglieder zustimmen. Verfassungsänderungen bedürfen einer 3/5-Mehrheit.

Exekutive: Der Premierminister hat den Vorsitz im Ministerrat. Er schlägt dem Präsidenten die Mitglieder des Ministerrates (Kabinetts) vor. *Ministerpräsident* seit dem 6. 7. 2006: Gediminas Kirkilas (LSDP); Koalition aus LSDP, DP, LDP und VNDS.

Wahlsystem: allgemeines Wahlrecht ab 18 Jahren; 71 Mitglieder des Seimas werden direkt, 70 nach dem Verhältniswahlrecht bestimmt. Die Vertretung im Parlament ist an einen landesweit erreichten Stimmenanteil von mindestens 5 % gebunden. Diese Regelung gilt nicht für die polnische Minderheit. Die Diskrepanz zwischen prozentualem Stimmenanteil und Mandaten erklärt sich aus dem gemischten Wahlsystem und Wahlbündnissen in Multi-Wahlkreisen.

Wahlen zum Seimas am 10./24. 10.2004 (Wahlbeteiligung: 45,9/40,2 %): Sozialdemokratische Partei (LSDP) 20,7 % (20 Abgeordnete), Arbeiterpartei (LDP) 28,4 % (39), Neue Union – Soziale Liberale (NS) 6,6 % (11), Zentrumsunion (LLCS) 9,1 % (18), Liberaldemokratische Partei (LLDP) 11,4 % (11), Bauernpartei und Neue Demokratie (VNDS) 6,6 % (10), Vaterlandsunion (TS-LK) 14,6 % (25), Polnische Wahlaktion (LLRA) 3,8 % (2), Litauische Christdemokraten (LKD) 1,4 % (–), Christlich-Konservative Sozialunion (KKSS) 2,0 % (–), Unabhängige (6) Bei den Nachwahlen in Wahlkreis 43 fiel das Mandat erneut an die DP. Von den 13 Mitgliedern im Europäischen Parlament stellt die LDP 5, die LSDP 2, TS-LK 2, LLCS 2, VNDS 1, LLDP 1 Abgeordneten.

Parteien: Wahlbündnis Litauische Polen; die populistische Litauische Arbeitspartei (LDP) des Unternehmers Uspaskich, Heimatunion/Konservative

Partei (TS-LK); Litauische Zentrumsunion (LLCS); Litauische Christdemokraten (LKD); Litauische Bauernpartei (LUP); Litauische Grüne; Litauische Liberale Union; Litauische Nationaldemokratische Partei; Litauische Sozialdemokratische Partei (LSDP); Neue Demokratie und Bauernunion; Neue Union – Sozialliberale. Das Parteiensystem ist noch im Fluß. Neue Gruppierungen bilden sich, alte verschwinden wie die Liberale Union (LLS) und die Demokratische Arbeiterpartei.

Rechtsordnung: Der *Verfassungsgerichtshof* entscheidet über die Verfassungsmäßigkeit von Gesetzen. Die 9 Richter werden auf die Dauer von 9 Jahren gewählt. Alle drei Jahre wird ein Drittel ausgetauscht. Der Seimas wählt drei Kandidaten von den vom Präsidenten vorgeschlagenen Richtern aus. Die Richter sind unabhängig. Das alleinige Entscheidungsrecht in gerichtlichen Verfahren haben die unabhängigen *Gerichte*.

5. Politik in und für Europa

Die historischen Erfahrungen und der schwierige Prozess der Wiedererlangung der Unabhängigkeit haben in Litauen und den anderen baltischen Staaten den Wunsch nach einer engen politischen, wirtschaftlichen und sicherheitspolitischen Bindung an Westeuropa und die USA zum politischen Kernziel werden lassen. Die baltischen Staaten entschlossen sich, zunächst selbst durch Zusammenarbeit untereinander bessere Rahmenbedingungen zu schaffen und Kooperationsstrukturen mit anderen osteuropäischen Staaten auszubilden (Baltischer Rat, Baltischer Ministerrat). Die Agenda der Kooperation reicht von gemeinsamen Absprachen und Konsultationen für den EU-Beitritt über Fragen der wirtschaftlichen Zusammenarbeit, der Kooperation in den Bereichen Kriminalitätsbekämpfung, Migration und Asyl und Rechtspolitik bis zu den Vorbereitungen der NATO-Mitgliedschaft sowie der Zusammenarbeit im Kultur- und Erziehungsbereich.

Vor allem die Ostseeanrainerstaaten der EU und die in der Nordischen Zusammenarbeit verbundenen Länder engagierten sich für eine Rückkehr der baltischen Staaten nach Europa. Einen wichtigen Schritt bedeutete die Gründung des Ostseerats 1992 in Kopenhagen. Er trug entscheidend dazu bei, dass die Anrainerstaaten der Ostsee die Rahmenbedingungen für eine vernetzte politisch-soziale und wirtschaftliche europäische Region «Ostsee» unter Einbeziehung Russlands und der Enklave Kaliningrad schufen und die EU ihre Politik der «nördlichen Dimension» initiierte. Mit dem Beitritt Schwedens und Finnlands zur EU erhöhten sich die Chancen für die Aufnahme von Verhandlungen mit Litauen, doch der Weg von den «Kopenhagener Kriterien» bis zur EU-Aufnahme im Dezember 2002 war lang und schwierig. Am 12. Februar 2000 wurden Beitrittsverhandlungen aufgenommen, die relativ zügig bis Oktober 2002 abgeschlossen werden konnten. In ihrem Strategiepapier für die Erweiterung vom Oktober 2002 bestätigte die Kommission Litauen, dass es «bei der weiteren Festigung und Vertiefung der Stabilität seiner Institutionen erhebliche Fortschritte gemacht und ...

Demokratie, Rechtsstaatlichkeit und Menschenrechte sowie die Achtung und den Schutz der Minderheiten» garantiert. Es verfüge über eine «funktionierende Marktwirtschaft» und werde, sofern es seine Reformen fortführt, «dem Wettbewerbsdruck und den Marktkräften innerhalb der Union gewachsen sein». Litauen wies schon vor dem EU-Beitritt ein starkes Wirtschaftswachstum auf – dies verdeutlichen auch die statistischen Daten zu Handel und Investitionen. Die Bevölkerung schien davon kaum zu profitieren. Die Arbeitslosenzahlen fielen erst in jüngster Zeit auf etwa 7 %. Die Unzufriedenheit war eine der Ursachen dafür, dass das Regierungsbündins «Wir arbeiten für Litauen» (LSDP/NS) die Parlamentswahlen im Oktober 2004 seine Mehrheit verlor.

Ein schwieriger Bereich war die Einbindung Litauens in europäisch-atlantische Sicherheitsstrukturen. Eine NATO-Mitgliedschaft hatte für das Land höchste Priorität. Die instabile Situation in Russland und die von der NATO anerkannten Sicherheitsinteressen Russlands bedingten, dass Litauens Beitrittsantrag – der erste einer früheren Sowjetrepublik – zunächst liegen blieb, aber das Land zumindest am Programm «Partnerschaft für den Frieden» teilnehmen konnte. Es dauerte bis zum Prager NATO-Gipfeltreffen 2002, ehe Litauen zusammen mit den beiden anderen baltischen Staaten zum Beitritt eingeladen wurde. Im März 2003 wurde das Beitrittsprotokoll unterzeichnet. Der NATO-Beitritt wurde im April 2004 vollzogen.

Mit dem NATO-Beitritt ist Litauen aus «der Grauzone strategischer Ungewissheit» herausgetreten. Als erstes baltisches Land hielt es im Mai 2003 ein EU-Beitrittsreferendum ab in dem sich die Bevölkerung mit großer Mehrheit für die EU-Mitgliedschaft ausgesprach. Das Volk erwartet aber auch, dass Litauen im Rahmen einer erweiterten und reformierten EU noch genügend nationale Handlungsspielräume bleiben. In den Beratungen der Regierungskonferenz über den europäischen Verfassungsentwurf des Konvents forderte es ein «demokratisches und transparentes Entscheidungsverfahren». Als kleines Land optierte Litauen für die Beibehaltung des Rotationsverfahrens in der EU-Präsidentschaft, für die Bewahrung des institutionellen Gleichgewichts in der Union und die Gleichheit der Mitgliedstaaten. Es unterstützte den Vorschlag, die Rechte des Europaparlaments auszuweiten, plädierte aber gleichzeitig für eine stärkere Einbindung der nationalen Parlamente. Als erstes Mitgliedsland ratifizierte Litauen am 11.11.2004 den Verfassungsvertrag und betreibt eine aktive EU-Politik. Der Wunsch zum 1.1.2007 der Eurozone beizutreten musste noch zurückgestellt werden.

Blanc-Noël, Nathalie (Hg.): La Baltique. Une nouvelle région en Europe. Paris 2002; *Halecki*, Oskar: Grenzraum des Abendlandes. Eine Geschichte Ostmitteleuropas. Salzburg 1957; *Hellmann*, Manfred: Grundzüge der Geschichte Litauens und des litauischen Volkes. Darmstadt 1990; *Meissner*, Boris u. a. (Hg.): Die deutsche Volksgruppe in Litauen. Hamburg 1998; *Roggemann*, Herwig (Hg.): Die Verfassungen Mittel- und Osteuropas. Berlin 1999, S. 531–569; *Schmidt*, Alexander: Geschichte des Baltikums. München [2]1993; *Tauber*, Joachim: Litauen, in: *Weidenfeld*, Europa-Handbuch II: S. 221–

230; *Tauber*, Joachim: Das politische System Litauens, in: *Ismayr*, Politische Systeme Osteuropas S. 153–188; Ziegler, Uwe, Kreuz und Schwert. Die Geschichte des Deutschen Ordens. Köln/Weimar/Wien 2003. *Department of Statistics* (Hg.): Statistical Yearbook of Lithuania 2005, 2006. Vilnius 2005, 2006.; *Dass.* (Hg.): Economic and Social Development in Lithuania. Vilnius 2006; *Dass.* (Hg.), Economic and Social Development in Lithuania, Latvia and Estonia (März 2006 ISSN 1648–5408).

www.president.lt (Präsident); www.lrs.lt (Seimas – Parlament); www.lrv.lt (Premierminister); www.lrvk.lt (Regierung); www.urm.lt (Außenministerium); www.euro.lt (Europa-Ausschuss) www.std.gov.lt (Amt für Statistik; gibt bei der Import- und Exportstatistik auch eine Aufgliederung nach EU, GUS, CEFTA, EFTA); www.botschaft-litauen.de; www.lrkt.lt/ (VerfGericht); www.lb.lt (Bank von Litauen – Lietuvos Bankas)

Norwegen

1. Grunddaten

Staatsname: Kongeriket Norge (Königreich Norwegen)
Größe: 324 220 km²
Hauptstadt: Oslo (früher: Kristiania nach König Christian IV. von Dänemark)
Einwohner: 4 662 963 (13. 8. 2006); Norweger 95,9 %, davon 40 000 Samit (Lappen) und 12 000 Finnen (Kvener). Ausländeranteil: 4,1 % (Schweden 0,6 %, Dänen 0,4 %, Bosnier 0,3 %, Briten 0,2 %)
Bevölkerungsdichte: 13,9 Einw./km²
Konfessionen: Evangelisch-Lutherisch (Staatskirche) 86 %, Katholiken (2001: 42 546) und weitere protestantische Kirchen 3 %, Sonstige: 1 % (Muslime 2001: 62 051); ohne Angaben: 10 %
Amtssprache: Norwegisch (mit zwei Schriftsprachen Boksmål und Nynorsk); weitere Sprachen: Samisch (Lappen)
Währung: Norwegische Krone (NOK.) = 100 Øre; 1 US-$ = 6,63 / 6,44 NOK. (1. 7. 2006/2005); 1 € = 7,98/8,00 NOK. (2006/2005)

2. Sozioökonomische Grundlagen

Bruttoinlandsprodukt (BIP): 1903,841 Mrd. NOK, 241,6 Mrd. €, 291,1 Mrd. US-$ (2005); Anteil am BIP: Landwirtschaft 1,5 % (2003), Industrie 37,5 % (2003), Dienstleistungen 61,0 % (2003)
BIP/Kopf: 411 793 NOK, 52 258 €; 62 965 US-$ (2005); NOK 373 924 (2004)
Erwerbstätigkeit: Landwirtschaft, Fischerei, Forstwirtschaft 3,8 %, Industrie 22,1 %, Dienstleistungen 74 % (2003)
Arbeitslosigkeit: 3,0 % (2005) (Frauen 2,9 %, Männer 3,2 % 31. 12. 2005)
Inflation: 2,2 % (Juli 2006), 1,5 % (2005)
Wirtschaftswachstum: 3,7 % (2005), 0,3 % (2003)
Außenhandel (2005): Import: 354,0 Mrd. NOK, 44,92 Mrd. €, 54,13 Mrd. US-$; Haupthandelspartner: Schweden 14,7 %, Deutschland 13,7 %, Dänemark 7,1 %,

Großbritannien 6,9 %, China 5,5 %, USA 4,9 %, Niederlande 4,0 % EU 69,4 % – Export: 665,4 Mrd. NOK; 84,44 Mrd. €, 101,74 Mrd. US-$ Haupthandelspartner: Großbritannien 11,1 %, Deutschland 10,2 %, Frankreich 4,5 %, USA 8,0 %, Niederlande 7,3 %, Schweden 12,7 %, EU: 70,9 %

3. Geschichte

Das Gebiet des heutigen Norwegen ist seit Jahrtausenden besiedelt und war bereits zur Römerzeit bekannt. Es trat aber erst durch die Wikinger-Überfälle seit dem Ende des 8. Jahrhunderts stärker in das Bewusstsein der abendländischen Welt. Von den mittelalterlichen Chronisten wurden vor allem die Grausamkeiten der Männer mit der Streitaxt, die auf schnellen Schiffen unvermutet auftauchten, plünderten und zerstörten und dann wieder verschwanden, überliefert, weniger ihre Leistungen in der Schifffahrt, im Handel, als Kulturvermittler und als Staatsgründer.

Unter Harald Schönhaar (Hårfagre) gelang es an der Wende vom 9. zum 10. Jahrhundert, eine «nationale» Reichseinigung der Teilkönigtümer zu schaffen, die aber nach seinem Tode wieder zerfiel. Um 1000 setzte die Christianisierung ein und Mitte des 12. Jahrhunderts gelang mit der Gründung eines eigenen Erzbistums ein erster Schritt zu einer norwegischen Identität – in Abgrenzung zu Dänemark und zum Heiligen Römischen Reich deutscher Nation. Im 13. Jahrhundert stieg Norwegen kurzfristig zur nordatlantischen Großmacht auf. In der Hanse erwuchs Norwegen ein starker Handelskonkurrent. Da man zur Ernährung der Bevölkerung Getreide aus dem von der Hanse dominierten Ostseeraum einführen musste, waren die Herrscher gezwungen, der Hanse Privilegien zu gewähren und eine Art hanseatische Nebenregierung zu dulden.

Mit dem Aussterben des Königshauses 1319 kam Norwegen in Personalunion an Schweden und mit dem Tod Håkons VI., des letzten norwegischen Königs des Mittelalters 1380, für 433 Jahre unter dänische Herrschaft. Mit der zwangsweisen Einführung der Reformation wurde die lutherische Kirche zur Staatskirche. Norwegen sank auf den Status einer wenig beachteten dänischen Provinz herab. Positiv für die Entwicklung Norwegens war erst wieder das Interesse König Christians IV. an seinem nördlichen Königreich. Er gründete wichtige Städte (Kristiansand), betrieb die Modernisierung Oslos, das in Kristiania umbenannt wurde, schuf Strukturen zur Verteidigung des Landes (Milizen) und förderte Kunst und Kultur. In seiner Regierungszeit (1588–1648) wurden die Grundlagen für eine Wirtschaftsstruktur geschaffen (Fischerei, Landwirtschaft, Handel, Schiffbau, Bergbau), die bis zum Beginn der Öl- und Gasindustrie in den 1970er Jahren charakteristisch für Norwegen bleiben sollte.

Im 17. und 18. Jahrhundert nahm Norwegen wieder einen wirtschaftlichen Aufschwung. Es verstand sich als eigenständiges Königreich mit eigenen historisch-politischen und kulturellen Traditionen. In der napoleonischen Zeit wurde von Anhängern der Nationalbewegung eine Trennung von Dänemark diskutiert und nach der Verfassungsreform in Schweden (1809) auch die Möglichkeit einer Union mit Schweden. Mit dem Ende der Kriege Napoleons, in denen Dänemark auf der «falschen Seite» gekämpft hatte, kam Norwegen als Kompensationsgut im Frieden von Kiel an Schweden. Die norwegischen Patrioten versuchten in der Zeit des Interregnums nach dem Ende der Union durch die Einberufung einer verfassungsgebenden Versammlung die Souveränität Norwegens zu erzwingen. Am 17. Mai 1814 wurde eine konstitutionelle Verfassung (Grundgesetz) auf der Grundlage der Gewaltenteilung angenommen und der dänische Statthalter Prinz Christian Frederik zum König gewählt. Das Grundgesetz enthielt auch einen Grundrechtekatalog und legte ein allgemeines, wenn auch eingeschränktes Wahlrecht fest. In einem kurzen Krieg setzte Schweden seinen Rechts- und Herrschaftsanspruch durch. Immerhin konnten die Norweger erreichen, dass der neue schwedische König die innere Autonomie für Norwegen anerkannte und auch die Verfassung respektierte. Das Eidsvoller Grundgesetz von 1814 besaß lange vor den Revolutionen von 1848/49 eine Vorreiterfunktion für eine liberale Verfassung. Es bildet bis heute die Grundlage der norwegischen Verfassung.

Ende des 19. Jahrhunderts erreichten die Norweger in inneren Angelegenheiten schließlich die Souveränität, blieben in den Außenbeziehungen aber von Schweden abhängig. Als der Storting 1905 ein Gesetz über die Einführung eines norwegischen konsularischen Dienstes verabschiedete und Otto II. sich weigerte, das Gesetz zu unterzeichnen, kam es am 7. Juni 1905 zum Bruch der Union. Der Storting wählte den dänischen Prinzen Carl zum König. Er nahm, um die ungebrochene historische Kontinuität des Landes zum mittelalterlichen Königtum zu unterstreichen, den Namen Håkon VII. an.

Im Ersten Weltkrieg blieb Norwegen neutral. Es vollzog den Wandel von einem reinen Agrarstaat zum Industriestaat mit schmerzhaften sozialen Kosten. Neben den etablierten Parteien bildeten sich seit den 1920er Jahren im Zuge der Rekonstruktionsperiode neue Parteien (Bauernpartei, kommunistische Partei). 1933 gründete Vidkun Quisling die faschistische Nationale Sammlung (Nasjonal Samling). Mit der Stabilisierung der wirtschaftlichen Verhältnisse seit 1934 und der langfristigen Regierungsübernahme der Sozialdemokraten in Norwegen entwickelte sich das nordische Wohlfahrtsstaatmodell, das nach dem Zweiten Weltkrieg weiter ausgebaut werden sollte.

Der Versuch Norwegens, auch im Zweiten Weltkrieg seinen Neutralitätsstatus zu bewahren, ließ sich im Spannungsfeld deutscher und alliierter Interessen nicht verwirklichen. Am 9. April 1940 griffen deutsche Truppen das strategisch wichtige Norwegen an und besetzten das Land bis zur Kapitulation am 4. Mai 1945. König und Regierung gingen ins Exil nach London. Unter Reichskommissar Terboven kam es zu Massenverhaftungen, Folterungen, Deportationen und Geiselerschießungen. Erst 1942 wurde eine norwegische Marionettenregierung unter Quisling bestellt. Mit Dauer der Besatzungszeit verstärkte sich der passive und aktive Widerstand der Norweger. Als die deutschen Einheiten kapitulierten, hinterließen sie ein vom Krieg tief gezeichnetes Land, das sich an die Abrechnung mit den Kollaborateuren machte.

Mit dem Kriegsende kehrten Regierung und Monarch aus dem Exil zurück. Die parlamentarische Monarchie wurde wiederhergestellt. Bei den Wahlen zum Storting erhielten die Sozialdemokraten die absolute Mehrheit und sollten Nachkriegsnorwegen bis in die 1960er Jahre ihren Stempel aufdrücken. Seit 1965 wechseln sich Sozialdemokraten und Konservative in der Regierungsverantwortung ab. Mit den Ölvorkommen vor der norwegischen Westküste setzte ein wirtschaftlicher Boom ein, der über Jahre eine aktive Handelsbilanz ermöglichte und den Ausbau des Sozialstaates begünstigte. Die neue wirtschaftliche Situation des Landes schien einem Näherrücken an Westeuropa nicht höchste Priorität zu geben, auch wenn verschiedene Regierungen immer wieder den engeren Anschluss an den europäischen Wirtschaftsraum suchten. Die Öl- und Gasreserven werden in den beiden nächsten Jahrzehnten zurückgehen. Um drastische Einbußen beim Wohlstand und beim nordischen Sozialstaatsmodell in der Zukunft abzufangen wurde von der Regierung ein «Petroleum Fond» eingerichtet dem die Überschüße aus den Gas- und Ölexporten zur Zukunftssicherung zufließen.

4. Politisches System

Norwegen ist seit 1905 eine parlamentarische Erbmonarchie. Die heute gültige Verfassung basiert auf dem Grundgesetz von 1814 (mit zahlreichen wesentlichen Änderungen). Seit 1990 ist auch die weibliche Erbfolge möglich. Die Verfassungspraxis mit einer eher symbolischen Rolle des Monarchen ist mit der Großbritanniens vergleichbar.

Staatsoberhaupt: Harald V. (seit 17. 1. 1991), potenzieller Nachfolger ist Kronprinz Haakon Magnus (* 1973). Er ernennt nach den Parlamentswahlen in der Regel mit Zustimmung des Parlamentes den Führer der Mehrheitspartei/Mehrheitskoalition zum Premierminister. Der König ist formal oberster Inhaber der Exekutive. Er ist Oberbefehlshaber der Streitkräfte.

Legislative: Der *Storting* (Parlament) ist ein modifiziertes Einkammerparlament. Er hat 165 Mitglieder und teilt sich die legislativen Aufgaben in zwei Kammern: *Lagting* (Oberhaus) mit 39 Mitgliedern und *Odelsting* (Unterhaus) mit 126 Mitgliedern. Der Storting wählt ein Viertel seiner Mitglieder für das Lagting. Beide «Tings» halten ihre Sitzungen getrennt ab und wählen eigene Präsidenten. Das Lagting überprüft die vom Odelting vorgeschlagenen Gesetze. Es billigt sie, kommentiert sie oder weist sie zurück. Im Falle der zweimaligen Zurückweisung eines Gesetzes muss der Storting als Gesamtparlament zusammentreten und mit einer Zweidrittelmehrheit entscheiden. Für Verfassungsänderungen ist ebenfalls eine Zweidrittelmehrheit des Storting erforderlich.

Der Storting wird auf vier Jahre nach dem Verhältniswahlrecht gewählt. Das

Parlament kann während der Legislaturperiode nicht aufgelöst werden, da die Verfassung keine Neuwahlen kennt.

Ombudsmann: Vom Storting wurde die Institution des Ombudsmannes eingerichtet, an den sich die Bürger wenden können, wenn sie ihre Rechte als Staatsbürger verletzt sehen.

Exekutive: Der *Staatsrat* (Kabinett) wird mit Zustimmung des Storting vom König ernannt. Regierungschef ist *Premierminister* Jens Stoltenberg (seit dem 17. 10. 2005) von der DnA (Arbeiterpartei).

Wahlsystem: allgemeines Wahlrecht ab 18 Jahren. Norwegen hat ein kompliziertes Wahlsystem, das das Nord-Süd-Gefälle, die Landesstruktur und den Wunsch, die größeren Parteien zu stärken, angemessen berücksichtigen möchte, d. h. in den Gebieten mit größerer Bevölkerungsdichte (im Süden und Südwesten) wird ein Abgeordneter für 30 000 Einwohner bestimmt, im Norden einer für 20 000. Damit sind die Nordprovinzen mit einer Einwohnerzahl von 1,5–7,3/km² gegenüber dem Süden mit 90–180 Einwohnern/km² relativ begünstigt. Hintergrund ist, dass der Versuch einer Dezentralisierung für die Bewohner der dünner besiedelten Regionen keine zu großen Nachteile mit sich bringen sollte.

Hinter dem Gedanken, die größeren Parteien bei der Repräsentation zu stärken, stand der Wunsch, im Storting klare Mehrheitsverhältnisse zu schaffen, um die Regierbarkeit des Landes nicht durch parteipolitische Zersplitterung zu gefährden.

Das Volk hat über das Mittel der Volksabstimmung die Möglichkeit, in den Gesetzgebungsprozess einzugreifen. Die Ergebnisse der Volksabstimmungen haben für das Parlament keinen bindenden Charakter, werden aber, wie bei den EG/EU-Referenden 1972 und 1994, von Regierung und Parlament respektiert.

Zwischen den Wahlen zum Storting finden alle vier Jahre Kommunalwahlen statt.

Parteien: Senterpartiet (Zentrumspartei, SP), Kristelig Folkeparti (Christliche Volkspartei, KFP), Kystpartiet (Küstenpartei, KYST), Høyre (Konservative Partei, H), Det Norske Arbeiderparti (Arbeiterpartei, DnA), Venstre-Partei (Liberale Partei, V), Fremskrittspartiet (Fortschrittspartei, FP), Sosialistisk Venstreparti (Sozialistische Linkspartei, SVP).

Wahlen zum Storting vom 12. 9. 2005 (Wahlbeteiligung 77,1 %): DnA 32,7 % (61 Mandate), FP 22,1 % (38), H 14,1 % (23), SVP 8,8 % (15), KFP 6,8 % (11), SP 6,5 % (11), V 5,9 % (10), Sonstige 3,1 %

Rechtsordnung: Der *Oberste Gerichtshof* nimmt auf Anfrage zu Fragen der Gesetzgebung Stellung. Er kann Gesetze des Parlamentes außer Kraft setzten. In der Praxis hat er von diesem Recht äußerst selten Gebrauch gemacht. Norwegen anerkennt die Jurisdiktion des Internationalen Strafgerichtshofs.

5. Politik in und für Europa

Ähnlich wie Schweden hatte Norwegen versucht, im 20. Jahrhundert eine Politik außenpolitischer Neutralität zu verfolgen. Es engagierte sich in internationalen Organisationen wie dem Völkerbund und genoss hohes Ansehen. Die Erfahrungen der deutschen Besatzungszeit und die sich nach dem Ende des Zweiten Weltkriegs dramatisch verschlechternden Beziehungen zwischen den Westmächten und der Sowjetunion zwangen zu einer außenpolitischen Neuorientierung. Die sicherheitspolitische Lage und die Grenze zur Sowjetunion im Norden des Landes bereiteten den Weg zur engeren Zusammenarbeit mit Westeuropa. Entscheidend war das sich abzeichnende Scheitern der Verhandlungen für einen Nordischen Verteidigungsbund. Hierbei war wichtig, dass die seit Beginn des 20. Jahrhunderts ausgebildete Tradition der Intergouvernementalität (Erhalt der Souveränität unter möglichst geringer Preisgabe von Rechten an eine europäische/internationale Institution) nicht angetastet werden durfte. Norwegen nahm an den Beratungen zur Marshallhilfe 1947/48 teil und wurde Gründungsmitglied der «zwischenstaatlichen» OEEC. Im Mai 1949, kurz nach dem Beitritt zur NATO, unterzeichnete Norwegen die Gründungsakte des Europarats. Gemeinsam mit den Dänen und Schweden setzten sich die Norweger in der Beratenden Versammlung des Europarates entschieden für ein «Ja» zu einem Vereinten Europa ein, doch sprachen sie sich auch gegen zu enge Bindungen der europäischen Länder aus und waren nicht bereit, Hoheitsrechte an eine Europäische Autorität abzugeben. Diese Grundhaltung verfolgt Norwegen bis heute gegenüber dem Prozess der europäischen Integration.

Positiv stand es dagegen der Arbeit des 1952 gegründeten Nordischen Rates und seiner Fortentwicklung im Rahmen der Nordischen Zusammenarbeit gegenüber. In diese zwischenstaatliche Kooperationsform fiel auch die Europäische Freihandelszone (EFTA), zu deren Gründungsmitglied Norwegen 1960 wurde und der es bis heute neben Island, Liechtenstein und der Schweiz angehört. Als die Attraktivität der EWG so groß wurde, dass Großbritannien, Dänemark und Irland einen Beitrittsantrag stellten, entschied sich auch Norwegen dafür, anders als Schweden, eine Vollmitgliedschaft anzustreben. Im zweiten Anlauf konnten dann 1972 die Beitrittsverhandlungen abgeschlossen werden, doch entschied sich der norwegische Souverän gegen eine EG-Mitgliedschaft. Dabei spielten neben der Furcht, Brüssel könnte in den etablierten Wohlfahrtsstaat eingreifen, vor allem die Bedenken, die EG-Mitgliedstaaten würden nun freien Zugang zu den norwegischen Fischgründen erhalten, eine nicht unwesentliche Rolle. Die Folgen der Ablehnung bekamen die Norweger kaum zu spüren, da es mit der Erschließung der Ölvorkommen in der Nordsee auch ohne die EG-Mitgliedschaft zu einem enormen und positiven wirtschaftlichen Aufschwung kam. Norwegen wurde jedoch Mitglied im EWR, der am 1. Januar 1994 in Kraft trat. Parallel zu den EWR-Verhandlungen liefen Beitrittsverhandlungen weiterer EFTA-Mitglieder mit der EG. Auch Norwegen war beteiligt. Die sozialdemokratische Ministerpräsidentin Gro Harlem Brundtland, die als erste Ministerpräsidentin des Landes großen Anteil an der Stabilisierung der norwegischen Wirtschaft in der zweiten Hälfte der 1980er Jahre hatte und die Arbeitslosigkeit erfolgreich bekämpfte, setzte sich entschieden für die EU-Mitgliedschaft Norwegens ein. Die Verhandlungen konnten innerhalb kurzer Zeit erfolgreich abgeschlossen werden, doch erneut stimmte im November 1994 eine Mehrheit der Norweger gegen eine EU-Mitgliedschaft. Neben der Fischereipolitik spielte bei der Entscheidung gegen das Votum der Regierung eine Rolle, dass sich die klimatisch benachteiligte norwegische Landwirtschaft zu wenig gegen die südeuropäische Konkurrenz geschützt sah und die Norweger als ein bevölkerungsmäßig kleines Land ihre nationale Identität und Souveränität gefährdet sahen.

Über den EWR und den Beitritt zum Abkommen von Schengen genießt Norwegen heute, ohne eine Vollmitgliedschaft in der EU, alle Vorteile eines großen gemeinsamen Marktes. Allerdings wird der Anpassungsprozess an die gesetzlichen und handelspolitischen Rahmenbedingungen der EU immer stärker. Damit wird sich möglicherweise in nicht allzu ferner Zeit für Norwegen erneut die Frage stellen, ob es letztlich nicht doch vorteilhafter sein könnte, auch angesichts des Rückgangs der Öl- und Gasreserven, als Vollmitglied unmittelbar am politisch-sozialen und wirtschaftlichen Entscheidungsprozess der EU beteiligt zu sein.

Archer, Clive/*Sogner*, I.: Norway. European Integration and Atlantic Security. London 1998; *Baak*, Sebastian: Die Außen- und Sicherheitspolitik Norwegens von 1949–1989. o. O. 1997; *Claes*, Dag Harald: Norwegen, in: *Weidenfeld*, Europa-Handbuch II, S. 257–268; *Groß*, Hermann/*Rothholz*, Walter: Das politische System Norwegens, in: *Ismayr*, Politische Systeme Westeuropas, S. 131–166; *Ingebritsen*, Christine, The Nordic States and European Unity. Ithaca/London 1998; *Kan*, Aleksander Sergeevic: Geschichte der skandinavischen Länder (Dänemark, Norwegen, Schweden). Berlin 1974; *Mahnert*, Heike/*Putensen*, Dörte: Der Norden auf dem Weg nach Europa. Hamburg 2002; *Norway*. A History from the Vikings to our Times. Olso 1995; *Pagell*, Saskia: Souveränität oder Integration? Die Europapolitik Dänemarks und Norwegens von 1945 bis 1995. o. O. 1998; *Petrick*, Fritz: Norwegen. Von den Anfängen bis zur Gegenwart. Regensburg 2002; *Schmidt*, Dieter A. (Hg.): Norwegen und die Europäische Union. München 1997.

www.norge.no (Offizielles Portal Norwegen); www.odin.dep.no (Regierung); http://odin.dep.no/europaportalen (Europaportal, Europafragen, Verträge); http://odin.dep.no/smk (Amt des Premierministers); www.stortinget.no (Parlament mit weiteren Links); www.norwegen.no (Norwegische Botschaft Berlin, Deutschlandportal); www.kongehuset.no (Königshaus), www.ssb.no (Statistisches Zentralbüro), www.norden.org (Nordischer Rat und Nordischer Ministerrat).

Polen

I. Grunddaten

Staatsname: Polska (Polen) – Rzeczpospolita Polska (Republik Polen)
Größe: 323 250 km²
Hauptstadt: Warszawa (Warschau)
Einwohner: 38 152 660 (Januar 2006); 97,6 % sehen sich als Polen; Deutsche

(1,3 %), Ukrainer (0,6 %), Weißrussen (0,5 %). Juden: ca. 10 000 (1946: 200 000, 1970: 15 000)
Bevölkerungsdichte: 124 Einw./km^2
Konfessionen (2002): Katholisch 95,8 % (75 % praktizierende Katholiken), Polnisch-orthodox 1,3 %, Protestanten 0,3 %, Altkatholisch 0,1 %, muslimische und jüdische Minderheit.
Amtssprache: Polnisch; weitere Sprachen: Deutsch, Ukrainisch, Weißrussisch
Währung: 1 Zloty (Zl) = 100 Groszy (Gr); 1 US-$ = 3,23 /3,07 Zl; 1 € = 4,02 / 4,07 Zl (1.7.2005 / 1.7.2006)

2. Sozioökonomische Grundlagen

Polen verfolgt seit Beginn der 1990er Jahre eine konsequente Politik der wirtschaftlichen Liberalisierung und konnte in der Phase des Übergangs zur Marktwirtschaft große Fortschritte machen. Ein Problem sind der hohe Anteil an landwirtschaftlich Beschäftigten und die gering entwickelte Infrastruktur im ländlichen Raum. Die wirtschaftliche Liberalisierung wird auch durch bürokratische und gesetzliche Hindernisse erschwert. Um die Kriterien für den Gemeinsamen Markt zu erfüllen, gehört die Begrenzung des Staatsdefizits ebenso zu den Hauptprioritäten wie die Herstellung der Wettbewerbsfähigkeit Polens in der EU und die Eindämmung der Korruption, die auch im Sommer 2006 Wahlkampfthema war.
Bruttoinlandsprodukt (BIP): 967,7 Mrd. Zl, 240,5 Mrd. €, 289,759 Mrd. US-$ (2005), 195,2 Mrd. €, 285,181 Mrd. US-$, 885,3 Mrd. Zl (2004)
BIP/Kopf: 6305 €, 7596 US-$, 25 364 Zl (2005), 5113 €, 6160 US-$, 23 059 Zl (2004)
Wirtschaftswachstum (BIP): 3,3 % (2005)
Erwerbstätigkeit (2005): Landwirtschaft und Bauindustrie 25,7 % Industrie 24,8 %, Dienstleistungen 49,5 %
Arbeitslosigkeit: 18,2 % (2005), 19,6 % (2004)
Inflation: 2,2 % (2005), 3,6 % (2004)
Außenhandel (2005): Import: 95,767 Mrd. US-$, 79,487 Mrd. €; Haupthandelspartner (2005): Deutschland 24,6 %, Italien 7,1 %, Russland 8,2 %, Frankreich 6,5 %, Großbritannien 2,9 %, China 4,8 %, Niederlande 3,8 %, Tschechische Republik 3,5 % EU 66,7 % – Export: 70,371 Mrd. €, 84,784 Mrd. US-$; Haupthandelspartner: Deutschland 29,2 %, Frankreich 6,5 %, Italien 6,6 %, Großbritannien 6,0 %, Niederlande 4,4 %, Tschechische Republik 4,1 %, Russland 4,0 %, EU: 78,5 %

3. Geschichte

Im Laufe des ersten nachchristlichen Jahrtausends wurde das Gebiet des heutigen Polen durch verschiedene slawische Stämme besiedelt: die Polanen in Großpolen (Posen), die Wislanen in

Kleinpolen (Krakau), die Masowier um Warschau, die Schlesier in Schlesien und die Obotriten in Pommern. Der polnische Staat bildete sich im 10. Jahrhundert aus verschiedenen Stämmen, die unter dem ersten Fürsten aus dem Hause Piasten, Mieszko I., geeint wurden. Auch aus taktischen Überlegungen trat er 966 zum Christentum über, um Missionierungsbestrebungen aus dem Heiligen Römischen Reich und Rom zuvorzukommen. Vor seinem Tode übereignete er das christianisierte Land dem Papst, der es seinen Nachfolgern erlaubte, eine eigene katholische Kirchenorganisation in Polen aufzubauen. Sein Sohn Bolesław I. gründete das Bistum Gnesen und wurde erster polnischer König. Die gewisse Eigenständigkeit gegenüber dem Heiligen Römischen Reich und die Bindungen an Rom schufen die Voraussetzung dafür, dass Polen sich als Bollwerk des christlichen Abendlands verstand und durch die Personalunion von 1385 und schließlich die Realunion 1569 mit Litauen den Katholizismus gegen die Bestrebungen der Orthodoxie nach Osten ausbreiten konnte. Aufgrund der geographischen Ausdehnung bis zum Schwarzen Meer kam Polen-Litauen im 14. und 15. Jahrhundert nicht nur handelsmäßig, sondern auch militärisch in direkten Kontakt mit dem vordringenden Islam. Ende des 17. Jahrhunderts war es König Johann Sobieski, der dem Hilfeersuchen des deutschen Kaisers folgte, die Türken in der Schlacht am Kahlen Berge bei Wien besiegte und so zum «Retter des Abendlands» wurde.

Im 14. und 15. Jahrhundert strebte Polen nach einer regionalen Vormachtstellung. Der Versuch, sich als «dritte Kraft» zu etablieren, scheiterte jedoch. Hierbei spielten u.a. innere Bedingungen eine Rolle. Seit dem ausgehenden 15. Jahrhundert wurde die Stellung des Königs durch die wachsende Macht des Adels («Schlachta») geschwächt. Politischer Mittelpunkt Polens wurde seit 1483 der erstmals zusammentretende Reichstag. Nach dem Aussterben der Jagellonen wurde die Stellung des Monarchen durch die Etablierung der Adelsrepublik und der Wahlmonarchie weiter geschwächt. Seit Mitte des 18. Jahrhunderts wurde die neue europäische Großmacht Russland zum bestimmenden Faktor der Innen- und Außenpolitik. Nach dem polnischen Erbfolgekrieg verzichtete Frankreich auf seine Politik einer Barriere in Osteuropa («Barrière de l'Est») und überließ den «weißen Adler» Polen den drei «schwarzen Adlern» Russland, Österreich und Preußen. Zur Wahrung des Gleichgewichts zwischen diesen Mächten wurde Polen zum Spielball der Machtinteressen. Zwischen 1772 und 1795 ging die polnische Adelsrepublik nach drei Teilungen unter. Letzter Anstoß zur endgültigen Vernichtung des polnischen Staates war die erste geschriebene europäische Verfassung, die das Prinzip der Gewaltenteilung und der Volkssouveränität anerkannte. Unter enormem Reformdruck hatte die polnische Adelsrepublik die richtungweisende «Konstytucia», Maiverfassung von 1791 – der 3. Mai ist zur Erinnerung an die ‹Konstytucia› Nationalfeiertag – verabschiedet. Ihr Tenor bot Zarin Katharina II., dem österreichischen Kaiser und dem König von Preußen den Anlass, gegen den revolutionären «Bazillus» an ihren Grenzen vorzugehen und die zweite Polnische Teilung 1793 zu vollziehen. Als General Tadeusz Kosciuszko 1794 versuchte, die Adelsrepublik durch einen Aufstand zu retten, einigten sich die Teilungsmächte darauf, «Restpolen» vollständig unter sich aufzuteilen. Nach den Napoleonischen Kriegen wurde auf dem Wiener Kongress 1814/15 «Kongresspolen» als Königreich im russischen Kaiserreich geschaffen, verlor jedoch durch die Aufstände von 1830/31 und 1863 gegen das Zarenreich die ihm gewährten Rechte. Zwischen 1795 und der Wiederbegründung eines souveränen polnischen Staates 1918 waren die Polen eine «Nation ohne Staat».

Der Erste Weltkrieg brachte mit dem Zusammenbruch der Vielvölkerreiche Russland und der Donaumonarchie die Chance zur Wiedergeburt Polens, doch in welchen historischen Grenzen? Um diese in seinem Sinne zu ziehen, riskierte Polen Konflikte mit fast allen Nachbarn. Durch einen erfolgreichen Waffengang gegen die Sowjetunion erreichte es 1920/21 eine Grenze 200 km östlich der 1919 vorgesehenen «Curzon-Linie». Das Verhältnis zu Litauen wurde durch die Annexion des Gebiets um Wilna belastet. Mit der Weimarer Republik gab es wegen der polnischen Minderheitenpolitik gegenüber den Deutschen, wegen Oberschlesien und wegen des Wirtschaftskriegs Konflikte. Die Tschechoslowakei und Polen trennte die Teschenfrage. Eingeklemmt zwischen der Sowjetunion und Deutschland blieb dem multinationalen polnischen Staat nur die Option einer Allianz mit Frankreich, das erneut einen sicherheitspolitischen «cordon sanitaire» zwischen Deutschland und der Sowjetunion schaffen wollte. Hinzu kam die schwierige politische und wirtschaftliche Situation des Landes, das Territorien in den Gesamtstaat integrieren sollte, die seit dem Ende des polnischen Staates 1795 zu fremden Staaten mit unterschiedlichen politischen, wirtschaftlichen und sozialen Ordnungen gehört hatten. Die schwierige Konsolidierung und Integration führte mit dazu, dass die demokratische Republik Polen schon 1926 durch einen Staatsstreich in ein autoritäres Regime unter Piłsudski übergeführt wurde, das 1935 seinen Niederschlag in einer autoritären Präsidialverfassung fand. Die Nichtangriffsverträge mit Deutschland und der Sowjetunion und die Zugehörigkeit zur französischen «Kleinen Entente» bedeuteten noch keine Existenzgarantie. Das zeigte sich nach dem 1. September 1939, dem deutschen Angriff auf Polen. Anfang Oktober 1939 war die fünfte Teilung auf der Grundlage der Geheimklauseln des Hitler-Stalin-Pakts vollzogen. Im sowjetisch besetzten Teil, der der Weißrussischen bzw. der Ukrainischen SSR angegliedert wurde, setzte eine «Zwangsentnationalisierung» von 5,3 Millionen Polen ein, über eine Million Polen wurden zwangsdeportiert. In dem von den Deutschen kontrollierten Teil wurden Konzentrations- und Vernichtungslager wie das KZ Auschwitz eingerichtet. 6 Millionen Polen, davon etwa 3 Millionen Juden aus Polen, Litauen und anderen europäischen Ländern, kamen in den Lagern und als Zwangsarbeiter um. Der Aufstand im Warschauer Ghetto wurde 1943 blutig niedergeschlagen. Der Warschauer

Aufstand der Heimatarmee von August bis Oktober 1944 blieb wegen fehlender Unterstützung durch die Rote Armee erfolglos. Im Juni 1945 war eine Regierung der nationalen Einheit aus dem kommunistischen Lubliner Komitee und der Londoner Exilregierung gebildet worden, die der Potsdamer Konferenz ein Memorandum über die künftigen Grenzen Polens vorlegte. In den von Polen verwalteten deutschen Gebieten hatte bereits zuvor die Vertreibung der Deutschen («Bevölkerungstransfer») begonnen.

Mit der Verschlechterung des politischen Klimas zwischen den Siegermächten wurden in Polen die bürgerlichen Parteien zunehmend aus der Regierung der nationalen Einheit hinausgedrängt. Offen stellten sich die neuen Machthaber gegen die katholische Kirche. Bis zum Beginn der 1950er Jahre war der Übergang Polens zur Volksrepublik vollzogen. Dieser auch mit einer Neuorientierung der Wirtschaft verknüpfte Transformationsprozess zwang die Menschen zum Konsumverzicht. Die Unzufriedenheit artikulierte sich 1956 im Posener Generalstreik, der vom Militär niedergeschlagen wurde. Als Folge wurde unter Gomolka eine zaghafte Liberalisierung eingeleitet, die jedoch in den 1960er Jahren wieder abgebrochen wurde. Zur Herrschaftsstabilisierung, vor allem auch im Innern, beteiligte sich Polen am Einmarsch der Truppen des Warschauer Pakts in der Tschechoslowakei 1968.

Die 1970er und 1980er Jahre waren immer wieder durch Unruhen und Aufstände gekennzeichnet. Gomolkas Nachfolger Edward Gierek konnte zwar die wirtschaftliche Situation kurzfristig verbessern, doch auch er musste 1980 zurücktreten, als, erneut von Danzig ausgehend, die Arbeiter die Werften besetzten. Mit den Protesten gegen Preiserhöhungen und die Versorgungslage verknüpften sich auch erstmals offen politische Forderungen. Das von polnischen Intellektuellen unterstützte Danziger Streikkomitee unter Führung von Lech Wałęsa erreichte in Verhandlungen mit der Regierung die Verbesserung der sozialen Lage, Lohnerhöhungen, Preiskontrollen und die Anerkennung unabhängiger Gewerkschaften. Die im Herbst 1980 gegründete Gewerkschaft Solidarnósc entwickelte sich schnell zu einer politischen Massenbewegung, die in den anderen «sozialistischen Bruderländern» und in der Sowjetunion mit großem Misstrauen beobachtet wurde. Um eine Intervention der Sowjetunion zu vermeiden, rief General Jaruzelski das Kriegsrecht aus, das bis 1983 in Kraft blieb. Doch auch danach kam es immer wieder zu Streiks und Unruhen. Sie zwangen im August 1988 die Regierung zu Zugeständnissen, zumal seit der Berufung Gorbatschows zum sowjetischen Parteichef mit einer militärischen Lösung im Sinne der «Breschnew-Doktrin» nicht mehr zu rechnen war. Unter dem Druck der Bevölkerung ermöglichte Jaruzelski durch seinen Rücktritt als Vorsitzender des Staatsrats und seine Wahl zum Staatspräsidenten 1989 die Wahl von Tadeusz Mazowiecki zum ersten nicht kommunistischen Regierungschef seit dem Zweiten Weltkrieg. Nach dem Rücktritt Jaruzelskis im Herbst 1990 als Staatspräsident wurde Lech Wałęsa im Dezember zum polnischen Staatspräsidenten gewählt. Nach den ersten

Parlamentswahlen im Oktober 1991 kam es wegen der Zersplitterung der Parteienlandschaft und der schwierigen wirtschaftlichen Situation zu wechselnden (Minderheits-)Regierungen. Zu einer gewissen politischen Stabilität führte 1993 die Wahlrechtsreform, durch die eine 5 %-Klausel für die beiden Kammern der Nationalversammlung eingeführt wurde.

Der Übergang von einer sozialistischen Planwirtschaft zu einer freien Marktwirtschaft, die Gründung einer demokratischen und rechtsstaatlichen Ordnung im postkommunistischen Polen wurde, wie es Wałęsa nach seiner Wahl zum Präsidenten prophezeit hatte, eine «furchtbar schwere Zeit». Mit dem Ende der Sowjetunion und der Auflösung des RGW brachen die Handels- und Wirtschaftsverbindungen mit dem Osten zusammen. Die Arbeitslosenzahlen stiegen dramatisch an und die Inflation erreichte die Marke von über 1000 %. Die notwendigen Reformen brachten hohe soziale Kosten für die Menschen mit sich. Verantwortlich gemacht wurde die «Solidarnósc», die sich politisch zersplitterte und in die Bedeutungslosigkeit absank. Die Währungsreform von 1994 und weitere Maßnahmen seit 1995 führten zu einem Rückgang von Inflation und Arbeitslosigkeit. Die seit 1996 konkrete Aussicht zur Gruppe der Staaten Mittel- und Mittelosteuropas zu gehören mit denen Beitrittsverhandlungen aufgenommen werden sollten, machte Polen als Markt und Platz für Investitionen interessant. Die Reformen in zahlreichen zentralen Feldern (u. a. Verwaltung, Freizügigkeit, Korrpuptionsabbau) schritten jedoch nicht in dem gewünschten Maße voran und wurden von der EU-Kommission in den Fortschrittsberichten immer wieder angemahnt. Der Transformationsprozeß hinterließ auch tiefe Spuren im politisch-sozialen und wirtschaftlichen Bereich. Das sich seit Mitte der 1990er Jahre neu ausbildende, instabile Parteienspektrum brachte eine Polarisierung des zwischen Links und Rechts zersplitterten Parteienspektrums. Die Dauerkrise führte zu unterschiedlichen Regierungskonstellationen und schwächte die auf wechselnde Mehrheiten im Sejm angewiesenen Minderheitsregierungen in ihren Handlungsspielräumen. Dies wurde insbesondere im Sommer 2005 deutlich. Hinzu traten Spannungen zwischen Polen und Deutschland in der Vertriebenenfrage und die Diskussionen über die Errichtung eines Denkmals der Vertreibung, die vor allem in der polnischen Öffentlichkeit zu emotionalen Reaktionen und geschichtspolitischen Karikaturen und Artikeln führten. Die permanente Regierungskrise und die Skandale des regierenden demokratischen Linksbündnisses (SDL) unter Ministerpräsident Belka bereiteten den politischen Machtwechsel in Polen bei den Sejm- und Präsidentenwahlen im Herbst 2005 vor. Die nationalkonservative Partei «Recht und Gerechtigtigkeit» (PiS) und die rechtsliberale Bürgerplattform (PO) erhielten eine klare Mehrheit. Die Wahl des Bürgermeisters von Warschau, Lech Kaczyński (PiS) zum Staatspräsidenten im 2. Wahlgang am 23. 10. 2005 vollendete den politischen Rechtsruck in Polen mit dem Ziel die Nation moralisch zu erneuern und den Weg in eine starke, nationale und soziale «IV. Republik» zu gehen. Die Neuorientierung der Ziele polnischer Politik, wie sie der neue Präsident formulierte, «Solidarität», «Gerechtigkeit» und «Anstand» mußten auch Auswirkungen auf die polnische Europa- und Deutschlandpolitik haben. Der große westliche Nachbar ist der wichtigste Handelspartner und einer der großen Investoren in Polen und hat das Land bei seinem Wunsch der Rückkehr nach Europa nachhaltig unterstützt. Der Prozess der Versöhnung muss weitergehen, trotz aller Misstöne und Irritationen, es gibt keine sinnvolle Alternative. Das deutsch-polnische Jugendwerk und die Europauniversität Viadrina leisten hierzu einen wichtigen Beitrag und sollten finanziell gefördert werden.

4. Politisches System

Die Verfassung der Republik Polen trat am 1.10.1997 in Kraft, nachdem sie der Sejm am 2.4. angenommen hatte und sie in einem Referendum am 23.5.1997 die Zustimmung der Bevölkerung fand. Der historische Bezug der Verfassung ist die Maiverfassung von 1791, deren Kernsatz lautet: «Alle Macht in der Gesellschaft findet ihren Anfang im Willen des Volkes.» Die Republik Polen ist nach der Verfassung von 1997 ein demokratischer Einheitsstaat. Der Präsident besitzt in der Verfassung eine starke Stellung. Die Verfassung verbindet Elemente der präsidialen und der parlamentarischen Demokratie miteinander.

Staatsoberhaupt: Lech Kaczyński (PiS) setzte sich am 23.10.2005 in einer Stichwahl mit 54,47 % gegen Donald Tusk (PO) durch, der 45,53 % erhielt und im ersten Wahlgang noch vorne gelegen hatte (36,3 % zu 33,1 %), bei einer Wahlbeteilungung von 50,9 %. Er amtiert seit dem 23.12.2005. Der Präsident wird vom Volk für 5 Jahre gewählt. Er ernennt den Premierminister und die Minister, die vom Parlament bestätigt werden müssen.

Legislative: Polen hat ein Zweikammersystem. Die *Nationalversammlung* (Zgromadzenie Narodowe) besteht aus dem *Sejm* (460 Mitglieder) und dem *Senat* (100 Mitglieder). Beide Kammern werden auf vier Jahre gewählt. Die Mitglieder des Sejm werden nach dem Verhältniswahlrecht gewählt. Der Sejm kann mit einer 2/3-Mehrheit aufgelöst und Neuwahlen ausgeschrieben werden. Die Mitglieder des Senats werden in den Provinzen durch Mehrheitswahl bestimmt.

Exekutive: Der *Premierminister*, seit 10.7.2006 Jaroslaw Kaczyński (PiS), Zwillingsbruder des Präsidenten, der den Übergangspremier Kazimierz Matcinkiewicz ablöste, ist Vorsitzender des Ministerrats. Der Ministerrat wird auf Vorschlag des Premierministers vom Präsidenten ernannt und muss vom Parlament (Sejm) bestätigt werden. Der Ministerrat ist dem Sejm und dem Premierminister gegenüber verantwortlich. Seit dem 31.10.2005 regierte schließlich eine populistisch-nationalkonservative Regierung aus PiS, SRP und LRP, die im September 2006 durch den Austritt der SRP und der Entlassung Leppers ihre parlamentarische Mehrheit verlor, sie aber durch die erneute Ernennung Leppers vor der Vertrauensabstimmung im Sejm wiederherstellen, die Macht erhalten und Neuwahlen vermeiden konnte.

Wahlsystem: Allgemeines Wahlrecht ab 18 Jahren. Die deutsche Minderheit ist von der Sperrklausel von 5 % befreit. Bis 1993 galt ein reines Verhältniswahlrecht.

Wahlen zu *Sejm* und *Senat* am 25.9. 2005 (Wahlbeteiligung: 40,6 %):

Sejm: SLD 11,31 % (Sitze: 55), PO 24,14 % (133), Partei der Selbstverteidigung (SRP) 11,41 % (56), PiS 26,99 % (155), PSL 6.96 % (25), LPR 7,97 % (34), Deutsche Minderheit (MNSO) 0,29 % (2), SDPL 3,89 % (–), PD 2,35 % (–), Sonstige 10.9 %.

Senat: PiS 49, PSL 2, Selbstverteidigung (Samoobrona) 3, LRP 7, PO 34, Unabhängige 5

Parteien: Liga Polskich Rodzin (Liga Polnische Familie, *LPR*); Deutsche Minderheit Niederschlesiens (*MNSO*); Polnischer Bauernblock (*PBL*); Prawo i Sprawieliwosc (Recht und Gerechtigkeit, *PiS*); Demokratische Bauernpartei (*PLD*); Platforma Obywatelska (Bürgerplattform, *PO*); Polskie Stronnictwo Ludowe (Bauernpartei, *PSL*); Samoobrona Rzeczypospolitej Polskiej (Polnische Partei der Selbstverteidigung); Demokratische Linksallianz (*SLD*); Union der Arbeit (Unia Pracy, *UP*).

Rechtsordnung: Das Rechtssystem ist eine Mischung aus Napoleonischem Zivilrecht (Code Civil) und den Überresten einer kommunistischen Rechtsauffassung. Im Rahmen des EU-Beitritts und eines Demokratisierungsprozesses hin zum Rechtsstaat findet ein Wandel statt. Legislative Akte werden nur bedingt verfassungsrechtlich überprüft. *Oberster Gerichtshof*: Die Richter werden vom Präsidenten auf unbestimmte Zeit auf Empfehlung des Nationalen Gerichtsrates ernannt. *Verfassungsgerichtshof*: Die Richter werden vom Sejm für eine 9-jährige Amtszeit gewählt. Die Entscheidungen des Verfassungsgerichts sind endgültig. Gegen Gerichtsentscheidungen kann beim Europäischen Gerichtshof für Menschenrechte in Straßburg Einspruch erhoben werden.

5. Politik in und für Europa

Polen verstand sich immer als Teil Europas und für lange Perioden seiner Geschichte auch als Bollwerk Europas gegen Osten. Der Beitritt zur EU am 1.5.2004 wird daher konsequenterweise als «Rückkehr in die europäische Familie» verstanden. Mit der Formierung der Blöcke in Europa wurde Polen politisch, wirtschaftlich und militärisch in den Ostblock integriert. Nur in Zeiten der Entspannung oder wenn es den Interessen der Sowjetunion entsprach, eröffneten sich außenpolitische Handlungsspielräume.

Mit dem Ende des Zweiten Weltkriegs war für Polen die Existenz- und Sicherheitsfrage nicht auf Dauer befriedigend geregelt. Die historische «Sandwich-Situation» zwischen Deutschland und Russland blieb erhalten. Als Gegenleistung für die diplomatische Anerkennung der DDR erreichte Polen 1950 den Görlitzer Vertrag, in dem die DDR die Oder-Neiße-Grenze als Westgrenze Polens bestätigte. Wichtig war auch, dass die Bundesrepublik Deutschland 1970 im Warschauer Vertrag die Oder-Neiße-Linie für sich als Westgrenze Polens akzeptierte. Mit der Wende 1989/90 kam für Polen erneut die Grenz- und Sicherheitsfrage hoch. Von den «Zwei-Plus-Vier»-Verhandlungen war Polen praktisch ausgeschlossen und trotz der Zusicherungen der Bundesregierung in

Bonn, die Grenzfrage nicht zur Disposition zu stellen, war die Oder-Neiße-Linie aus unterschiedlichen Motiven ein innenpolitisches Thema. Durch einen Grenzvertrag im November 1990 (ergänzt durch einen Nachbarschaftsvertrag im Juni 1991) erhielt Polen sichere Grenzen nach Westen. In der Folgezeit versuchten beide Länder gute Beziehungen zueinander aufzubauen (u.a. polnisch-deutsch-französische Konsultation, deutsch-polnisches Jugendwerk). Die Bundesrepublik Deutschland wurde zum größten Investor in Polen und ist der größte Handelspartner Polens. Allerdings treten in den Beziehungen Polens zu seinem großen westlichen Nachbarn immer wieder historisch bedingte Verstimmungen und Irritationen auf.

Mit dem Ende des Warschauer Pakts und des RGW hatte für Polen eine Anbindung an europäisch-atlantische Wirtschafts- und Sicherheitsstrukturen höchste Priorität. Ein wichtiger Schritt war es, Polen bereits 1991 als Vollmitglied in den Europarat aufzunehmen und Unterstützung beim Aufbau von Rechtsstaatlichkeit und Demokratie zu gewähren. Wichtig für den Prozess der Demokratisierung war auch die von Dänemark und Deutschland ausgesprochene Einladung, sich am Ostseerat zu beteiligen. 1994 nahm Polen am Programm «Partnerschaft für den Frieden» teil. Im Juli 1997 lud der NATO-Gipfel in Madrid Polen zum Beitritt zur NATO ein, der dann im März 1999 erfolgte.

Zu den Hauptzielen Polens gehörte seit 1990/91 auch die Integration in das sich politisch und wirtschaftlich vereinende Westeuropa. Erste Schritte waren die Freihandels- und Assoziationsabkommen mit der EFTA und der EG. 1991 gründete Polen zusammen mit Ungarn und der Tschechoslowakei die «Visegrád-Gruppe» zur politischen und wirtschaftlichen Kooperation dieser Länder. 1992 bildeten diese Staaten, ergänzt durch weitere ehemalige Staaten Ost- und Südosteuropas, die Mitteleuropäische Freihandelszone (CEFTA), deren erste Stufe im März 1993 in Kraft trat. Diese regionalen Kooperationsgremien übernehmen auf dem Wege «zurück nach Europa» eine wichtige flankierende Funktion und werden auch nach dem EU-Beitritt, ähnlich dem Benelux-Kooperationsgremium, bedeutsam bleiben.

Als der Europäische Rat 1997 in Amsterdam beschloss, im Jahre 1998 Beitrittsverhandlungen mit sechs Staaten aufzunehmen, zählte Polen zu dieser Gruppe. Zu den Kernbestandteilen der Verhandlungen gehörten u. a. die Übernahme des Besitzstands («acquis communautaire»), wirtschaftliche Reformen, die Verbesserung der Leistungsfähigkeit der Verwaltung, die Erfüllung der politischen Kriterien, Landwirtschaft und Fischerei, die Beschäftigung und soziale Fragen sowie die Regionalpolitik. Voraussetzung für die finanzielle Unterstützung durch EU-Programme war die Einhaltung der Europaabkommen sowie der Kopenhagener Kriterien. Wenn Polen schließlich Ende 2002 die Einladung zur Aufnahme erhielt, so spielten bei dieser politischen Entscheidung neben der Tatsache, dass eine EU-Erweiterung ohne Polen äußerst problematisch gewesen wäre, noch weitere Aspekte eine Rolle. In ihrem Monitoringbericht für 2003 hebt die Kommission zwar hervor, dass die «gesamtwirtschaftliche Lage Polens ... nach wie vor stabil» sei, doch kritisiert sie die Finanzpolitik. Bemängelt wird auch, dass der «Reformkurs seit dem Vorjahresbericht so gut wie nicht fortgeführt» wurde (genannt werden v. a. die Sektoren Landwirtschaft, Privatisierung, Umstrukturierung, Finanzpolitik, Freizügigkeit und Einrichtung einer effektiven Verwaltung).

Unter den 10 neuen Mitgliedern ist Polen nach Fläche und Bevölkerung mit Abstand das größte Mitgliedsland. Es sieht sich als «großes» Land, nahezu mit gleichem Status wie die vier großen EU-Staaten. Bei der im Vertrag von Nizza festgelegten Stimmengewichtung unter den einzelnen Mitgliedstaaten erhielt Polen mit 27 Stimmen das gleiche Stimmengewicht wie Spanien, also zwei weniger als die großen Vier. Der Konventsentwurf für einen Europäischen Verfassungsvertrag hat hier Änderungen vorgeschlagen, die aus Sicht Spaniens und Polens nicht hinnehmbar sind. In einer gemeinsamen Erklärung hatten beide Länder betont, dass das im Verfassungsentwurf für die Abstimmungen im Rat vorgeschlagene Verfahren «gefährlich für die Zukunft der Union ist, da es das bisherige fundamentale Gleichgewicht, das im Rat zwischen den Staaten der Union besteht, eliminiert». Polen und Spanien bestehen auf der Beibehaltung der komplizierten Mechanismen des Vertrags von Nizza und lehnen das im Konventsentwurf vorgesehene System der «doppelten Mehrheit» ab. Bei den strittigen Punkten (Stimmengewichte im Ministerrat, Zusammensetzung der Kommission, Budgetrecht des Europaparlaments, Fragen der Verfassungsänderung und Hinweis auf das Christentum in der Präambel) gab es kaum Fortschritte, auch wegen der fehlenden Kompromissbereitschaft Polens. Seit den Parlaments- und Präsidentenwahlen 2005 verfolgt Polen eine stärker nationale, trotz aller Beteuerungen eher aniteuropische Politik und sieht die EU als «künstliches Gebilde», dessen «möglicher Integrationsgrad» heute erreicht sei (Lech Kaczyński 13. 3. 2006). Dies wird von vielen jüngeren Polen anders gesehen. Sie sehen in der Rückkehr Polens nach Europa eine Chance und auch eine Möglichkeit zur Aussöhnung mit dem westlichen Nachbarn Deutschland. Wer immer in Warschau regieren wird: Europa darf und wird sich kein «neues Liberum Veto» (Einspruchsrecht des Einzelnen gegen Beschlüsse) aufdrängen lassen, das im 18. Jahrhundert mit zum Untergang der polnischen Adelsrepublik geführt hat.

Alexander, Manfred: Kleine Geschichte Polens. Stuttgart 2003; *Davis*, Norman: Im Herzen Europas. Geschichte Polens. München ³2002; *Feldmann*, Eva: Polen: Für euere und unsere Freiheit. Frankfurt/M. 2000; *Krzeminski*, Adam: Polen im 20. Jahrhundert. Ein historischer Essay. München ²1998; *Mackow*, Jerzy: Die Entstehung der Dritten Republik 1989–1991. Hohenhausen 1992; *Ochmann*, Cornelius: Polen, in: *Weidenfeld*, Europa-Handbuch II, S. 279–290; *Tymowski*, Michal: Une histoire de la Pologne. Montricher/Suisse ²2003; *Zernack*, Klaus: Polen und Rußland. Zwei Wege in der europäischen Geschichte. Berlin 1994; *Ziemer*, Klaus/*Matthes*, Claudia-Yvette: Das politische System Polens, in: *Ismayr*, Politische Systeme Osteuropas, S. 189–248.

www.poland.pl (Portal Polen im Internet, englisch); www.polska.pl; www.president.pl (Präsident); www.sejm.gov.pl (Parlament); www.senat.gov.pl (Senat); www.kprm.gov.pl (Amt des Premierministers); www.msz.gov.pl

(Außenministerium); www.sn.pl (Oberster Gerichtshof); www.stat.gov.pl (Zentrales Statistisches Amt); www.botschaft-polen.de; www.polhost.de/gateway (Polennachrichten deutsch); www.brukselaeu.polemb.net (Vertretung Polens bei der EU)

Schweden

1. Grunddaten

Staatsname: Konungariket Sverige (Königreich Schweden)
Größe: 449 964 km²
Hauptstadt: Stockholm
Einwohner: 9 103 551 (30. 9. 2006); Schweden 90,8 %, 20 000 Samen (Lappen), einheimische Finnen 2,5 %, Ausländer 6,7 %
Bevölkerungsdichte: (2002) 19,9 Einw./km²
Konfessionen: Die evangelisch-lutherische Kirche war bis Ende 1999 Staatskirche. 87 % der Schweden sind Lutheraner, Minderheit von Katholiken, Orthodoxen, Baptisten, Muslimen, Juden und Buddhisten
Amtssprache: Schwedisch; weitere Sprachen: Finnisch, Samisch; Handelssprachen: Englisch, Deutsch
Währung: 1 Schwedische Krone (SEK) = 100 Øre; 1 € = 9,282 SEK, 1 US-$ = 7,461 SEK (2005)

2. Sozioökonomische Grundlagen

Bedingt durch die lange Friedenszeit im 20. Jahrhundert und die Politik der Neutralität hat das Land einen hohen Lebensstandard entwickelt. Schweden hat eine kapitalistische Wirtschaftsordnung mit ausgeprägten wohlfahrtsstaatlichen Elementen («Schwedisches/Skandinavisches Sozialmodell»). Das schwedische Sozialmodell wurde lange Zeit weltweit als Idealmodell für einen «kapitalistisch-sozialistischen Mittelweg» angesehen. Seit Anfang der 1990er Jahre stellt sich zunehmend die Frage der Finanzierbarkeit des Sozial- und Wohlfahrtsstaats und ob es gelingen wird, das Sozialmodell den neuen Rahmenbedingungen anzupassen und dieses ohne zu tiefe soziale Einschnitte abzubauen. Grundlage der Wirtschaft sind die Holzindustrie, das Erz und die Wasserkraft. Die Wirtschaft ist stark exportorientiert. Die Annäherung an die westeuropäische Wirtschaftsintegration erfolgte erst zu Beginn der 1990er Jahre. Die Schweden lehnten es, trotz einer befürwortenden Stellungnahme der Wirtschaft und der Regierungsmehrheit, auch 1999 und 2003 ab, dem Europäischen Währungssystem (EWS – Eurozone) beizutreten. Die Schwedische Reichsbank (Riksbank) verfolgt eine strikte Politik der Preisstabilität.
Bruttoinlandsprodukt (BIP): 2005: 2673 Mrd. SEK, 287,977 Mrd. €, 363,0 Mrd. US-$; 2004: 2573,176 Mrd. SEK, 271,146 Mrd. €
BIP/Kopf: 296 670 SEK, 40 289 US-$, 31 962 € (2005)
Erwerbstätigkeit: Landwirtschaft 2,1 %, Industrie 23,1 %, Dienstleistungen 74,7 % (2003)

Arbeitslosigkeit: 4,6 % (Oktober 2006), 5,9 % (2005)
Inflation: 0,5 % (2005) 1,3 % (Oktober 2006)
Wirtschaftswachstum (BIP): 2,7 % (2005)
Außenhandel (2005): Import: 831,214 Mrd. SEK, 89,551 Mrd. €, 111,407 Mrd. US-$; Haupthandelspartner: Deutschland 18,1 %, UK 6,9 %, Dänemark 9,4 %, Niederlande 6,8 %, Frankreich 5,1 %, Finnland 6,1 %), Norwegen 8,1 %, USA 3,4 %, EU 71,3 % – Export: 971,956 Mrd. SEK, 104,714 Mrd. €, 130,271 Mrd. US-$; Haupthandelspartner: EU 72,1 % (Deutschland 10,4 %, UK 7,4 %, Dänemark 6,9 %, Finnland 6,1 %, Niederlande 4,5 %, Frankreich 4,9 %), USA 10,6 %, Norwegen 8,7 %

3. Geschichte

Erste Siedlungen lassen sich auf dem Territorium Schwedens, das sich in seinen Grenzen seit der napoleonischen Zeit nicht mehr verändert hat, seit dem 4. vorchristlichen Jahrhundert nachweisen. In den letzten Jahrhunderten vor Christus ließen sich Germanenstämme nieder, die der römische Geschichtsschreiber Tacitus als «Suiones» bezeichnet. Unter diesen Germanenstämmen dominierten die «Svear», die dem Land den Namen «Sveariket» (Sverige, Reich der Svear) gaben. Mit den Wikingerzügen traten die Schweden stärker in das Licht der Geschichte. Die schwedischen Waräger wurden seit der zweiten Hälfte des 9. Jahrhunderts im Ostseeraum und in Russland aktiv. Sie kontrollierten den nordeuropäischen Fernhandel (Zentren: Birka, Haithabu) und gründeten als «Kriegerkaufleute» auch Siedlungen und Herrschaften (Nowgorod, Kiew).
Seit dem späten 10. Jahrhundert vollzog sich zusammen mit der Christianisierung eine erste Reichs- und Nationsbildung. In der zweiten Hälfte des 12. Jahrhunderts kam es zum Aufbau eines schwedischen Städtewesens nach deutschem Vorbild. Nach den Kriegs- und Kreuzzügen des 12. und 13. Jahrhunderts wurde auch Finnland Teil des schwedischen Bauernstaates. Das schwedische Reich trat im 13. und 14. Jahrhundert in immer stärkeren Kontakt zur Hanse. Das mittelschwedische Stockholm wurde wegen des Eisen- und Kupferhandels zu einem Zentrum für die Hanse.
Nachdem die Dänenkönigin Margarete I. König Albrecht von Schweden militärisch besiegt hatte, vereinigte sie durch die Kalmarer Union von 1397 die drei skandinavischen Königreiche unter dänischer Herrschaft. Die Schweden widersetzten sich der dänischen Oberherrschaft in erbitterten Auseinandersetzungen, die bis in das frühe 16. Jahrhundert reichten. In dieser Zeit bildete sich auch ein leidenschaftliches schwedisches Nationalgefühl aus, das seinen Niederschlag u. a. in der Gründung der Universität Uppsala fand. Als Christian II. von Dänemark während des Stockholmer Blutsonntags die Verfechter schwedischer Unabhängigkeit hinrichten ließ, kam es zum Ende der Kalmarer Union. Gustav Erikson Wasa (Vasa) organisierte in Mittelschweden einen Aufstand gegen die Dänen. Er

wurde zunächst Reichsverweser und schließlich 1523 als Gustav I. Wasa König von Schweden und Begründer der Dynastie. Seinen Kampf gegen Christian II. unterstützte die Hanse finanziell und personell (Söldner).

Mit dem Ende der Kalmarer Union begann eine Phase in den schwedisch-dänischen Beziehungen, die von Rivalitäten und machtpolitischen Auseinandersetzungen um die politische und wirtschaftliche Vorherrschaft in Nordeuropa gekennzeichnet war. Seit der Mitte des 16. Jahrhunderts stieg Schweden zur europäischen Großmacht auf. Es wurde Garantiemacht des Westfälischen Friedens und erwarb Besitz im Territorium des Alten Reiches, der es ihm erlaubte, die Mündungsgebiete von Oder, Elbe und Weser zu kontrollieren. Erst im Zweiten Nordischen Krieg verlor es seine Vormachtstellung im Norden an Russland und bewahrte nur formal seine europäische Stellung. Die Kriege Karls XII. hatten die Ressourcen des Landes aufgebraucht und die Besitzverhältnisse zwischen Adel, Krone und freiem Bauernstand verändert.

In dem halben Jahrhundert nach dem Ende der «Großmachtzeit» («stormaktstid») wurde der Reichstag zur entscheidenden Kraft. Es kam zu Reformgesetzen, u. a. im Agrarbereich. Die «Freiheitszeit» gilt als die formative Phase für den schwedischen Parlamentarismus. König Gustav III. stellte 1772 in einem «Staatsstreich von Oben» die beschnittene königliche Macht wieder her. Allerdings hob er als aufgeklärter Herrscher nicht alle Rechte des Reichstags auf. Sein Sohn Gustav IV. Adolf unterstützte den Kampf gegen die Französische Revolution und trat 1805 gegen Napoleon in den Krieg ein. Im Krieg mit dem mit Napoleon verbündeten russischen Zarenreich 1808/9 verlor Schweden Finnland. Gustav IV. wurde abgesetzt, in einer Verfassungsreform das Gleichgewicht zwischen Krone und Ständen wiederhergestellt und der napoleonische Marshall Bernadotte als Karl Johann zum König gewählt. Aus den napoleonischen Kriegen ging Schweden letztlich siegreich hervor und gewann in der Friedensordnung von 1814/15 als Kompensation für den Verlust Finnlands und Pommerns das Königreich Norwegen.

Die Industrialisierung Schwedens setzte erst in der zweiten Hälfte des 19. Jahrhunderts ein. Damit einhergehend begann auch ein Prozess der sozialen Erneuerung. Grundlage waren die Gründung von Parteien und Gewerkschaften sowie die gegen die dogmatische Staatskirche gerichtete religiöse Erweckungsbewegung. 1909 erhielten die Schweden das allgemeine Wahlrecht für die zweite Kammer. Für beide Kammern wurde das Verhältniswahlrecht eingeführt. Hierbei spielten als politische Kraft die Liberalen und zunehmend die Sozialdemokraten eine Rolle, die 1920 erstmals den Ministerpräsidenten stellten. Im ersten Jahrzehnt nach dem Ersten Weltkrieg, in dem Schweden neutral geblieben war, wurden die Grundlagen für den Wohlfahrtsstaat geschaffen, der dann unter den Sozialdemokraten seit Mitte der 1930er Jahre und schließlich nach dem Zweiten Weltkrieg zum schwedischen Sozial- und Wohlfahrtsstaatsmodell als Mittelweg zwischen Kapitalismus und Sozialismus fortentwickelt wurde.

Während des Zweiten Weltkriegs befand sich Schweden, vor allem nach der Besetzung Norwegens, in einer schwierigen Situation. Schweden konnte seine Neutralität bewahren, musste aber den deutschen Truppen in gewissem Umfang Transiterlaubnis erteilen und die Deutschen mit kriegswichtigem Erz und anderen Industriegütern beliefern. Unter der Regierungsverantwortung des sozialdemokratischen Ministerpräsidenten Tage Erlander entschied sich Schweden nach dem Zweiten Weltkrieg dafür, weiterhin neutral zu bleiben, sich aber westlich zu orientieren und eine Ordnung zwischen Kapitalismus und Sozialismus zu finden. Eine Zusammenarbeit mit den europäischen Demokratien wurde angestrebt, jedoch nur in dem Umfang, der sich mit der Neutralitätspolitik vereinbaren ließ. Schweden beteiligte sich seit Juli 1947 an den Beratungen für das Europäische Wiederaufbauprogramm im Rahmen der Marshallplanhilfe und wurde 1948 Gründungsmitglied der OEEC und 1949 des Europarats.

Seit Beginn der 1950er Jahre entwickelte sich zwischen den nordischen Ländern über den Nordischen Rat und den Nordischen Ministerrat die Zusammenarbeit in verschiedenen Politikbereichen ohne feste institutionelle Formen. Es wurden zahlreiche Fortschritte auf informellem, freiwilligem Weg erreicht, die auf der EU-Ebene bis heute nicht realisiert wurden. Mit bedingt durch eine erfolgreiche Neutralitätspolitik entwickelte sich Nachkriegsschweden zu einem gut funktionierenden und wohlhabenden europäischen Staat.

Als Anfang der 1990er Jahre der Ost-West-Konflikt beendet wurde und sich für Schweden neue Perspektiven für Handel und Wirtschaft im nordischen Raum eröffneten, musste das Land entscheiden, wie es sich im neuen internationalen Umfeld positionieren wollte. Zu Beginn der 1990er Jahre erfasste Schweden, mit bedingt durch eine globale Absatzkrise, eine wirtschaftliche Rezession mit dramatisch ansteigenden Arbeitslosenzahlen und das skandinavisch-schwedische Modell des Sozialstaats geriet zunehmend in Finanzierungsnöte. Bürgerliche und sozialdemokratische Regierungen versuchten sich in neuen, kostensparenden Modellen, die von den anderen europäischen Ländern aufmerksam beobachtet werden, um Wege für die eigene Rückführung der Kosten des Sozialstaats zu finden. Inzwischen scheint Schweden aus dem wirtschaftlichen Tief herausgekommen und auf den «Wachstumspfad» zurückgekehrt zu sein. Aufgrund der Exportabhängigkeit Schwedens haben weltwirtschaftliche Krisen und Rezessionen unmittelbare Rückwirkungen auf die Wirtschaft. Dies zeigte sich Anfang des neuen Jahrtausends als das Wirtschaftswachstum dramatisch zurück ging. Inzwischen ist das Wirtschaftswachstum, auch Dank der Exportüberschüsse, wieder überdurchschnittlich im europäischen Vergleich. Wirkungsvoll waren hierbei die Haushaltspolitik der Regierung und die inflationshemmende Geldpolitik der Staatsbank. Positive Auswirkungen könnte auch die neue Energiepolitik des Landes haben, die bis 2020 Schweden weltweit zur ersten «ölfreien Wirtschaft» machen soll.

4. Politisches System

Schweden ist eine Konstitutionelle Monarchie auf parlamentarisch-demokratischer Grundlage.

Staatsoberhaupt: Staatsoberhaupt ist der König (seit 1973 Carl XVI. Gustaf). Seine Rechte und Kompetenzen beschränken sich im Wesentlichen jedoch auf repräsentative Funktionen.

Legislative: Schweden hat seit 1971 und der Verfassungsreform ein *Ein-Kammer-System* (vorher Zweikammersystem), repräsentiert durch den *Reichstag* (*Riksdag*). Er hat 349 Sitze und wird nach dem Verhältniswahlrecht auf vier Jahre gewählt. Im Reichstag von 2002 waren 43,8 % Frauen.

Exekutive: Der Ministerpräsident (1996–2006 Göran Persson, SAP, seit 5.10.2006 Frederik Billstedt, MS) wird vom Parlament gewählt. Er ernennt die Mitglieder des Kabinetts. Derzeit stellen die Frauen die Mehrheit der Minister in der Regierung. Persson war Chef einer Minderheitsregierung. Er führte das Land aus der Wirtschaftskrise und vermochte die Arbeitslosenzahlen drastisch zu reduzieren.

Wahlsystem: Allgemeines Wahlrecht ab 18 Jahren. Die Mitglieder des Reichstags werden nach dem Verhältniswahlsystem auf vier Jahre gewählt. Es besteht eine 4 %-Klausel für die Vertretung im Reichstag.

Reichstagswahlen vom 17.9.2006 (15.9. 2002) mit einer Wahlbeteiligung von 80,4 % (2002: 79 %): SAP 35,2 % (39,8 %) (130/144 Sitze), MS 26,1 % (97)(15,2 % 55), FP 7,5 % (13,3 %) (28/48), KdS 6,6 %/ 9,1 % (24/33), VP 5,8/8,3 % (22/30), CP 7,9 %/6,1 % (29/22), MpG 5,2 %/4,6 % (19/17).

Parteien: Sveriges Socialdemokratiska Arbetarepartiet (SAP), Moderata Samlingspartiet (MS), Centerpartiets Riksorganisation (CP), Miljöpartiet de Gröna (MpG), ehemalige Kommunisten Vänsterpartiet (VP), Folkpartiet Liberalerana (FP), Kristdemokratiska Samhällspartiet (KdS).

Rechtsordnung: Oberster Gerichtshof (*Hogsta Domstolen*).

5. Politik in und für Europa

Schweden hat spätestens seit Mitte des 19. Jahrhunderts eine konsequente und pragmatische Politik der Neutralität verfolgt und diese im Ersten und im Zweiten Weltkrieg aufrechterhalten. Seit den 1920er Jahren hatte sich Schweden auch in internationalen Organisationen wie dem Völkerbund engagiert. Nach dem Zweiten Weltkrieg übernahm Dag Hammerskjöld die wichtige Aufgabe als UN-Generalsekretär (1953–1961) und Karl Gunnar Myrdal wirkte als Chef der Wirtschaftsorganisation der UN für Europa (1947–1957). Dieses Engagement entsprach durchaus den Anstrengungen und dem Einsatz des Landes in der Frage der Entkolonialisierung und der Entwicklungshilfe.

Die schwedischen Versuche nach dem Zweiten Weltkrieg, einen Nordischen Verteidigungsbund zu gründen und einen gemeinsamen nordischen Wirtschaftsraum zu schaffen, scheiterten an den Sicherheitsinteressen Dänemarks und Norwegens, die, anders als Schweden, im Krieg von deutschen Truppen besetzt waren und sich daher nach dem Ende der Neutralitätspolitik für einen Beitritt zur NATO entschieden, die ihnen größere Sicherheit bieten konnte. Die Aufrechterhaltung der schwedischen Neutralität brachte Stabilität und Wohlstand, zwang das Land aber auch, ähnlich wie die Schweiz, für seine Verteidigungsfähigkeit große Finanzmittel einzusetzen. In den 1980er Jahren offenbarten sich die Verteidigungsschwächen des Landes, als sowjetische U-Boote unentdeckt bis zum schwedischen Kriegshafen Karlskrona vordringen konnten. Für die Bevölkerung stellte sich die Frage, ob die eigenen Streitkräfte die Sicherheit Schwedens noch gewährleisten konnten und ob die pragmatische Neutralitätspolitik militärisch überhaupt noch glaubhaft war. Die Debatten über diese Fragen führten schließlich 1992 dazu, dass der schwedische Reichstag beschloss, die traditionelle Neutralitätspolitik aufzugeben und sich 1994 am NATO-Programm «Partnerschaft für den Frieden» zu beteiligen. Dennoch ist die Frage eines NATO-Beitritts für Schweden nicht aktuell. Schweden ist jedoch bereit, sich den entstehenden europäischen Sicherheitsstrukturen anzunähern.

Schweden betrieb eine Neutralitätspolitik mit westlicher Orientierung. Es beteiligte sich daher am Marshallplan und verfolgte eine Europapolitik, die das Land an die westeuropäischen Demokratien heranführte, ihm aber die eigenstaatliche Souveränität und Handlungsfähigkeit bewahrte. Bis zum Zusammenbruch des Ostblocks schien eine Politik der westeuropäischen Integration, die über eine lockere zwischenstaatliche Form wie den Europarat hinausging, für Schweden unannehmbar. Modellhaft für diese politische Strategie wurde die zwischenstaatliche Zusammenarbeit im Rahmen des Nordischen Rats und des Ostseerats.

Die erfolgreiche wirtschaftliche Integration der westeuropäischen Demokratien mit ihrer attraktiven Ausstrahlung auf andere europäische Volkswirtschaften seit 1951/52 zwang auch Schweden, sich über die möglichen Optionen für seine exportorientierte Wirtschaft Gedanken zu machen. Das Land entschied sich mit Rücksicht auf seinen Neutralitätsstatus – der eine Mitgliedschaft in der EWG wegen der über das Wirtschaftliche hinausgehenden politischen Zielsetzungen ausschloss – für eine Mitgliedschaft in der EFTA und wurde 1960 zu deren Gründungsmitglied. 1972 schloss Schweden als Mitglied der «Rest-EFTA» ein Freihandelsabkommen mit der EG, das mit dem EG-Beitritt Großbritanniens, Irlands und Dänemarks zum 1. Januar 1973 in Kraft trat.

Für Schwedens Verhältnis zu den Europäischen Gemeinschaften ergab sich nach Verabschiedung der Einheitlichen Europäischen Akte 1987 eine neue Situation. Der Präsident der EU-Kommission Jacques Delors schlug dann 1989 die Bildung eines europäischen Wirtschaftsraums zwischen den EG-Staaten und den EFTA-Staaten sowie die rechtliche Angleichung an das Gemeinschaftsrecht vor, der von den EFTA-Mitgliedern positiv aufgenommen wurde. Die Vereinigung Deutschlands und die Veränderungen in Osteuropa sowie der Zusammenbruch der Sowjetunion beschleunigten den Prozess und zwangen zur Neuorientierung. 1991 stellte auch Schweden einen Antrag auf Vollmitgliedschaft in der

EG ohne Neutralitätsvorbehalt. Parallel zu den Beitrittsverhandlungen liefen auch die Verhandlungen für einen Europäischen Wirtschaftsraum, der schließlich am 1. 1. 1994 in Kraft trat. Wenig später hatte Schweden die Beitrittsverhandlungen mit der EU erfolgreich abgeschlossen. In einer Volksabstimmung wurden die Schweden aufgefordert, dem von der Regierung ausgehandelten Vertragswerk zuzustimmen. Das Referendum, das bei hoher Wahlbeteiligung eine knappe Mehrheit (52,3 %) für den Beitritt erbrachte, wurde zugleich auch eine Volksabstimmung gegen die Stockholmer Regierung. Vor allem die Gemeinden und Provinzen im Norden des Landes votierten gegen einen EU-Beitritt, während der Süden, ähnlich wie in Norwegen, sich für eine Mitgliedschaft aussprach. Die schwedische Wirtschaft hatte sich entschieden für den Beitritt ausgesprochen und vor den nachteiligen Folgen eines negativen Votums gewarnt. Die Verfechter eines Beitritts verwiesen auf die Chancen Schwedens bei der Mitgestaltung der europäischen Integration und die Umsetzung von Umweltfragen auf EU-Ebene. Die Gegner sahen die Eigenständigkeit Schwedens bedroht, warnten vor dem Brüsseler Bürokratismus, der Einwandererflut und dem «Import» von Kriminalität und Drogen.

Die Hoffnungen, die viele Befürworter der EU auf diese gesetzt hatten, erfüllten sich nicht in dem erwarteten Ausmaß. 1996 war die Stimmung bereits gekippt und mehr als 60 % der Schweden sahen die EU zunehmend kritisch. Ende der 1990er Jahre wurde die EU mehr und mehr zum Sündenbock für hohe Arbeitslosigkeit, wirtschaftliche Probleme und die Gefährdung des Sozialstaats gemacht. Angesichts dieser Stimmungslage war nicht zu erwarten, dass Schweden der Empfehlung der EU-Kommission, der Europäischen Währungsunion beizutreten, folgen würde. Die Mehrheit der Schweden lehnte den Euro 1999 ab und das Ergebnis war bei der Abstimmung im September 2003 kaum verändert.

Die Diskussion über die «Zukunft Europas» begann 2002 während des von der schwedischen EU-Präsidentschaft eingesetzten Verfassungskonvents. Ministerpräsident Göran Persson, die ermordete Außenministerin Anna Lindh und andere Mitglieder der Regierung äußerten sich in Vorträgen, Reichstagshearings und Interviews positiv zu den Perspektiven eines Europäischen Verfassungsvertrags. In Stellungnahmen wurde für die Stärkung der Rolle und Stellung der Parlamente einer künftigen Verfassung plädiert. Zusammen mit anderen EU-Staaten legte die schwedische Entwicklungsministerin zusammen mit ihren Kollegen aus Belgien, Deutschland, den Niederlanden, Österreich und Großbritannien ein Positionspapier zur Entwicklungszusammenarbeit im neuen Verfassungsvertrag vor. Mit der Militärreform von 2004 wurden auch die Voraussetzungen für eine flexibel und international einsetzbare Kriseninterventionsarmee geschaffen, die im Rahmen des Aufbaus einer schnellen Einsatztruppe der EU in Kooperation mit Finnland und Schweden zur Verfügung stünde.

Austrup, Gerhard: Schweden. München [2]1997; *Hadenius*, Stig: Schwedische Politik im 20. Jahrhundert. Stockholm 1990; *Jahn,* Detlef: Das politische System Schwedens, in: *Ismayr*, Politischen Systeme Westeuropas, S. 93–130; *Jungar*, Ann-Cathrine: Schweden, in: *Weidenfeld*, Europa-Handbuch II, S. 310–318; *Krüger*, Kersten (Hg.): Schweden in Europa. Hamburg 1990; *Weibull*, Jörgen: Schwedische Geschichte. Stockholm 1994; *Nordic Council of Ministers* (Hg.): The Nordic Countries in Figures 2005. Copenhagen 2005.

www.sverige.se; www.sweden.se (Offizielles Portal)
www.sweden.gov.se (Schwedische Regierung)
www.ud.se (Außenministerium)
www.riksdagen.se
www.schweden.org; www.scb.se (Statistika centralbyrån – Statistics Sweden).
www.norden.org (Nordische Zusammenarbeit).

Mitteleuropa

Michel Foucher hat in seinem interessanten Atlas *Bruchstücke Europas* (*Fragments d'Europe*) die immer neu gestellte Frage aufgeworfen: Wo liegt die Mitte zwischen dem Westen und Osten Europas? Er zeichnet die variable Geographie von «Zentraleuropa» über die Jahrhunderte nach, den Wettbewerb von vier Reichen (Russland, Österreich-Ungarn, das Deutsche Reich, das Osmanische Reich) zwischen 1815 und 1914 – und auch schon früher – um die Vorherrschaft in diesem Raum, die funktionale Rolle von «Zwischen-Europa» zwischen 1919 und 1939 als Bollwerk gegen den Kommunismus und schließlich zwischen 1945 und 1989 die Funktion dieses Raumes als politisches, militärisches und wirtschaftliches Glacis für die Sowjetunion. Foucher findet angesichts der sich wandelnden politisch-ökonomischen Raumstrukturen und der Ausbildung neuer infrastruktureller ökonomischer Wachstumsachsen für den Augenblick gute Argumente, warum für ihn das «Europe médiane» (Die Mitte Europas) zwischen der Ostsee und dem Mittelmeerraum liegt. Es ist der Staatengürtel von Polen an der Ostsee über die Tschechische Republik, die Slowakei, Ungarn, das ehemalige Jugoslawien, Albanien und Rumänien bis Bulgarien.

In der Zeit zwischen 1919 und 1939 finden sich ähnliche, von der Tschechoslowakei ausgehende Überlegungen zur wirtschaftlichen Neuordnung des Donauraums. Mitteleuropa schloss aus tschechischer Sicht Deutschland aus. Die bis weit in die Zeit nach dem Zweiten Weltkrieg erschienene Zeitschrift *Central Europe* hatte denn auch auf dem Deckblatt eine geographische Definition, die Deutschland dem Westen zuordnete. Aus deutscher politisch-ideologischer Perspektive war das Deutsche Reich das Herzstück Europas, es stellte die Mitte Europas dar. In deutschen Mitteleuropakonzepten von Friedrich Naumann bis zu den Nationalsozialisten war dies ein politisch-ideologisches Programm und hatte mit geographischen Bedingungen nur wenig zu tun.

Die nachstehend vorgenommene Zuordnung erfolgt unter pragmatischen Gesichtspunkten. Gemeint ist der «mittlere Teil Europas, zwischen dem ozeanischen Westeuropa und dem kontinentalen Osteuropa, den Mittelmeerländern im Süden und den skandinavischen Ländern im Norden. Im Süden im Wesentlichen durch die Alpen begrenzt, im Norden durch Nord- und Ostsee» (Brockhaus).

Die Mitteleuropadefinition der Lexika schließt dann oftmals die Stromgebiete von der Schelde bis zur Weichsel sowie das Stromgebiet der Donau bis zur mährischen Pforte ein. Zu Mitteleuropa werden dann auch Polen, die Tschechische Republik, die Slowakei, Ungarn und im weiteren Sinne Rumänien gezählt. Vielfach wird Oberitalien Mitteleuropa ebenso zugerechnet wie die

Niederlande, Belgien und Luxemburg. Diese «Ziehharmonikabeschreibung» von Mitteleuropa verdeutlicht, dass es äußert schwierig ist und sein wird, Mitteleuropa als geographischen Raum abzugrenzen. Für die Zwecke der Darstellung, wegen der über Jahrhunderte bestehenden historischen und sprachlichen Zusammengehörigkeit und aus praktischen Erwägungen erscheint es daher sinnvoll, nachfolgend unter der «Region» Mitteleuropa neben Deutschland auch die Schweiz, Liechtenstein und Österreich zu behandeln.

Deutschland

1. Grunddaten

Staatsname: Bundesrepublik Deutschland
Größe: 357 023 km²
Hauptstadt: Berlin
Einwohner: 82,464 Millionen (31. 1. 2006); 91,2 % Deutsche, 8,8 % Ausländer (2004). Ethnische Gruppen und Minderheiten: Sorben (60 000) in Brandenburg und Sachsen, Dänen (50 000) in Südschleswig, Friesen (12 000) in Nordfriesland, Helgoland und Saterland, Sinti und Roma (50 000)
Bevölkerungsdichte: 231 Einw./km²
Amtssprache: Deutsch, Sorbisch (regionale Amtssprache in der Lausitz), Dänisch (teilweise Schulsprache) im Landesteil Schleswig von Schleswig-Holstein; Friesisch (Nordfriesland); Niederdeutsch (Plattdeutsch) in Norddeutschland
Konfessionen (2003): Römisch-Katholisch 26,165 Mio., Evangelische Kirche 25,836 Mio., Muslime 3,3 Mio., Orthodoxe 890 000, Neuapostolische 380 000, Juden 190 000, Zeugen Jehovas 166 000 Tausend
Währung: 1 Euro (€) = 100 Cent, 1 € = 0,79 / 0,83 US-$ (1. 7. 2006 / 1. 7. 2005)

2. Sozioökonomische Grundlagen

Deutschland als freie Marktwirtschaft ist die größte Volkswirtschaft in Europa und besitzt traditionell eine Schlüsselstellung und Motorfunktion. Seit Mitte der 1990er Jahre, nach dem kurzen Wiedervereinigungsboom, geht das Wirtschaftswachstum im Vergleich zu den anderen EU-Staaten stärker zurück. Die Inflationsrate lag im Jahresdurchschnitt 2003 bei 1,1 % und war damit zusammen mit Österreich (1,0 %) die niedrigste im «Euro-Land» (2,1 %). Seit 2005 verbessert sich die deutsche Konjunktur. Die Zahl der Arbeitslosen sinkt und die Steuereinnahmen des Staates steigen. 2006 wird die Bundesrepublik erstmals seit 2001 wieder die Kriterien des Stabilitätspaktes der EU erfüllen.
Bruttoinlandsprodukt (BIP): 2, 24 400 Billionen € (2005); 2,703615 Billionen US-$ (2005)
BIP/Kopf: 27 230 € (2005) 33 874 US-$
Anteil am BIP: (2005) Landwirtschaft 1,1 %, Industrie 29,6 %, Dienstleistungen 69,3 %

Arbeitslosigkeit: 9,8 % (Oktober 2006: W: 8,2 % – Bayern 5,8 %, Baden-Württemberg 5,6 %, Hamburg 10,3 O: 15,7 %, Mecklenburg-Vorpommern 17,3 %, Berlin 16,5 %) 10,5 % (August 2006: Baden-Württemberg 6,2 % – Mecklenburg-Vorpommern 18,2 %), 11,6 % (2005); alte Bundesländer (März 2006): 10,1 %, neue Bundesländer: 19,3 %, im November 2006 9,6 % erstmals seit 2001 unter 4 Millionen Erwerbslose

Inflation: 1,0 % (September 2006), 2,0 % (2005)

Wirtschaftswachstum: 1990–2001: 1,5 %, (2004): 1,6 %, (2005): 0,9 % (2006): 2,6 %

Erwerbstätigkeit: (2005) Landwirtschaft 2,2 %, Industrie 25,8 %, Dienstleistungen: 70,0 %

Außenhandel (2005): Import: 753,773 Mrd. US-$ 625,632 Mrd. €; Haupthandelspartner: EU25 64,2 %, Frankreich 8,73 %, Niederlande 8,53 %, USA 6,61 %, UK 6,3 %, Italien 6,7 %, Belgien 4,97 %, Österreich 4,04 %, China 6,38 %, Schweiz 3,72 %, Japan 3,9 %, Russland 3,5 %, Polen 2,6 % (EU25 368,8 Mrd. €) – Export: 786,186 Mrd. €; 947,212 Mrd. US-$ Haupthandelspartner: EU25 63,4 %, Frankreich 10,2 %, USA 8,8 %, UK 7,85 %, Italien 6,9 %, Niederlande 6,1 %, Österreich 5,41 %, Belgien 5,6 %, Spanien 5,14 %, Schweiz 3,8 %, China 2,71 %, Polen 2,79 %, Russland 1,74 % Japan 1,7 % (EU25 498,6 Mrd. €)

3. Geschichte

Das Staatsgebiet der 1990 durch die Vereinigung der beiden 1949 gegründeten zwei deutschen Staaten, der Bundesrepublik Deutschland und der DDR, entstandenen neuen Bundesrepublik Deutschland liegt im Herzen Europas. Es reicht von der Nord- und Ostsee im Norden über das Norddeutsche Tiefland als Teil einer sich von Belgien bis nach Litauen ziehenden Tiefebene und die Mittelgebirge bis zu den Alpen. Das Gebiet wurde bereits vor Christi Geburt von den Kelten und Germanen besiedelt. Der Süden und Westen wurden durch die Jahrhunderte lange Zugehörigkeit zum Römischen Reich in ihrem Charakter, ihrer Kultur und in ihrer Städtelandschaft geprägt. Die Germanen drangen in der Spätzeit des Römischen Reiches über den Limes, die befestigte Rhein-Donaugrenze, in den römischen Herrschaftsbereich ein, besetzten 476 Rom und führten das Ende des Weströmischen Reiches herbei. Die innerhalb der Reichsgrenzen entstandenen Germanenreiche übernahmen zahlreiche Grundelemente der römischen Rechtsordnung, der Verwaltung, der Kultur, der wirtschaftlichen Strukturen und profitierten von der verkehrsmäßigen Infrastruktur des Römischen Reiches. Das 486 von Chlodwig gegründete fränkische Merowingerreich entwickelte sich bis zum Beginn des 9. Jahrhunderts unter Karl d. Gr. zu einem fränkischen Gesamtreich, das von Nordwestspanien und der Lombardei bis nach Böhmen, Sachsen, Mitteleuropa, der südlichen Ostsee und Frankreich reichte. Unter Karls Nachfolgern zerfiel sein Reich und wurde durch Reichsteilungen in ein Ostreich, ein Mittelreich und ein Westreich aufgegliedert. Aus dem Ostreich entwickelte sich seit dem späten 9. Jahrhundert das Heilige Römische Reich deutscher Nation, das bis zu seiner Auflösung 1806 den politisch-sozialen Rahmen für Mitteleuropa bilden sollte.

Aus dem ostfränkischen Reich Ludwigs I. (840–876), des «Deutschen», bildete sich das Deutsche Reich, das zu Beginn des 10. Jahrhunderts zu einem unteilbaren Herrschaftsverband wurde. Um 920 entstand der Begriff des «Regnum teutonicum». Otto I. (936–973) erneuerte 962 durch die Kaiserkrönung in Rom die karolingische Tradition des weströmischen Kaisertums. Es entwickelte sich das hochmittelalterliche Imperium, das durch den Konflikt zwischen Kaisertum und Papsttum, durch die Bildung von Stammesherzogtümern als territorialen «Subherrschaften» geschwächt und durch die Entstehung von frühmodernen dynastischen Nationalstaaten in Europa in seinem Universalitätsanspruch in Frage gestellt wurde. Die deutschen Könige und Kaiser gaben gleichwohl die «römisch-universelle Auffassung» ihres Kaisertums nicht auf und benutzten seit 1157 als Kennzeichen ihres Herrschaftsanspruchs die Formel «Sacrum Imperium Romanum» (Heiliges Römisches Reich). Für die weitere Entwicklung des Reiches bedeutsam war, dass es, anders als die benachbarten europäischen Monarchien (Frankreich, England), aus unterschiedlichen Gründen nicht den Schritt zum frühmodernen Staat vollziehen konnte, sondern bis zu seiner faktischen Auflösung im August 1806 in den Formen des «Personenverbandsstaates» des Mittelalters verhaftet blieb. Der Universalanspruch des Reiches wurde schließlich unter Kaiser Maximilian I. aufgegeben, der 1512 mit der Formel «Heiliges Römisches Reich *deutscher Nation*» formal die Beschränkung auf das Reich zum Ausdruck brachte. Das «westeuropäische Kaisertum» wurde durch den habsburgischen Kaisertitel ersetzt. Bis zum Ende des Alten Reiches kamen die deutschen Kaiser mit wenigen Ausnahmen aus dem Haus Habsburg.

Als sich in Westeuropa die zentralistisch organisierten dynastischen Nationalstaaten ausformten, hatte sich als Lebensform für das Heilige Römische Reich deutscher Nation nicht der nationale, sondern der partikulare Staat mit partikularem Bewusstsein und partikularen Loyalitäten entwickelt. Der Prozess der Innovation und Modernisierung vollzog sich hier im Rahmen des landesherrlichen Territoriums und nicht auf der Ebene des nationalen Staates. Die den Territorialfürsten des Reiches zugewachsene Macht war so groß, dass alle Versuche der deutschen Kaiser, eine effektive staatliche Organisationsform durchzusetzen, die den Frieden nach innen und außen bewahren konnte, scheiterten. Während in Westeuropa der Schritt zur dynastischen Nation und schließlich zur politischen Nation vollzogen wurde, existierte für die «deutsche Nation» kein klarer, scharf umrissener geographischer, kultureller und sprachlicher Raum. Ein «politisches Volksbewusstsein», das einen nationalen deutschen Staat forderte, sollte sich erst unter den Wirkungen der Französischen Revolution von 1789 ausformen.

Seit dem 16. Jahrhundert wurde Deutschland zu einem konfessionell geteilten Land. Das Prinzip des Augsburger Religionsfriedens von 1555 lautete, dass die Konfession des Herrschers maßgebend für die Konfession der Untertanen war («cuius regio, eius religio»). Die Mehrkonfessionalität wurde zu einem Charakteristikum des Alten Reiches und nach dem Dreißigjährigen Krieg (1618–1648) im Westfälischen Frieden festgeschrieben. Regionalisierung und konfessionelle Spaltung erhielten für den Weg Deutschlands in die Moderne zentrale Bedeutung. Eine der Folgen der Reformation des 16. Jahrhunderts für das Reich war die scharfe Trennung von weltlichem und geistlichem Reich. Sie bedeutete den «Anfang von Säkularisierung und Rationalität» (Th. Nipperdey).

Unter den Marschstiefeln der französischen Armeen der Revolution und Napoleons zwischen 1792 und 1806, dem territorialen Aderlass sowie der mitteleuropäischen «Flurbereinigung» durch die Säkularisierung und Mediatisierung der meisten kleineren Reichsstände zerbrach das Alte Reich schließlich. Am Ende der langen Kriegsjahre und den damit verbundenen tief greifenden Veränderungen zwischen 1792 und 1814/15 stellte sich die Frage nach der künftigen Organisationsform für das Band der deutschen Nation. Unter den deutschen und europäischen Großmächten Österreich und Preußen und den aus der Zwangsjacke des Reiches befreiten, territorial vergrößerten, arrondierten und jetzt souveränen Mittelstaaten wie Bayern, Baden und Württemberg bestand Einigkeit, dass eine Rückkehr zur Struktur des Alten Reiches oder eines reformierten Reiches für sie weder sinnvoll noch wünschenswert war. Allerdings hatten die langen Kriegsjahre und der Kampf gegen die Franzosenherrschaft die Frage der Einheit der Nation zu einem zentralen Thema werden lassen.

Nach den Napoleonischen Kriegen musste daher eine Ordnung für Mitteleuropa gefunden werden, die im Einklang mit ihrer europäischen Umwelt stand und für das «Band der deutschen Nation» einen Rahmen schuf, der den deutschen Staaten Schutz und Sicherheit garantierte. Als Nachfolgeorganisation des Alten Reiches wurde auf dem Wiener Kongress der Deutsche Bund als Teil einer multipolaren europäisch-internationalen, völkerrechtlich abgesicherten Ordnung geschaffen. Er bildete das Band für die «föderative Nation» (Langewiesche) und entsprach durchaus den Interessen und Bedürfnissen der deutschen und europäischen Staaten am Ende einer langen Kriegsepoche. Die deutschen Großmächte, vor allem aber auch die deutschen Mittelstaaten waren nicht bereit, die gerade erst gewonnene neue Souveränität für einen zentralstaatlich organisierten Nationalstaat, den Teile der deutschen Nationalbewegung forderten, zu opfern. Damit bot sich als Form von Staatlichkeit nur eine Föderativordnung an. Eine eingehende Betrachtung der Geschichte des Deutschen Bundes zwischen 1815 und 1866 in einem europäischen Kontext verdeutlicht, dass die Gründung des preußisch-kleindeutschen Kaiserreichs 1870/71 nicht das zentrale Ereignis der deutschen und europäischen Geschichte im 19. Jahrhundert war. Die Reichsgründung war nicht der erfolgreiche Abschluss von «Preußens deutscher Mission» seit dem 17. Jahrhundert. Die Geschichte der deutschen Territorien und Staaten lässt sich nicht auf die preußische Geschichte reduzieren.

Die lange Friedensperiode nach den Napoleonischen Kriegen, verbunden mit der auch in den deutschen Staaten einsetzenden Industrialisierung, förderte die Bestrebungen, größere Märkte, vor allem für die Industriewaren, zu schaffen und die verkehrsmäßige Infrastruktur (Kanalbau, Schiffbarkeit der Flüsse, Straßen- und Eisenbahnbau) in den Staaten des Deutschen Bundes zu verbessern. Nicht zuletzt mit dem Deutschen Zollverein von 1834 wurden die Voraussetzungen für das wirtschaftliche Zusammenwachsen und die Verbesserung der Wettbewerbsfähigkeit der deutschen Staaten geschaffen. Bis in das Vorfeld der Reichsgründung von 1870/71 schlossen sich die meisten Staaten des Deutschen Bundes, soweit es ihre Wirtschaftsstruktur, ihr Modernisierungsstadium und ihre Interessen zuließen, dem Zollverein an, der sich 1867 mit dem Zollparlament eine eigene parlamentarische Vertretung schuf. 1862/66 wurde der Zollverein zu einer europäischen Freihandelszone. Er sollte im 19. und 20. Jahrhundert häufig als Modell für die wirtschaftliche und politische Einigung Europas herangezogen werden.

Die preußisch-kleindeutsche Lösung der deutschen Frage zwischen 1864 und 1871 und die Gründung des deutschen Kaiserreichs im Spiegelsaal von Versailles am 18. Januar 1871 – 170 Jahre nach der Krönung der Kurfürsten von Brandenburg als Könige in Preußen – schufen einen deutschen Bundesstaat mit dem König von Preußen als erblichem kaiserlichen Oberhaupt und dem Bundesrat als Souverän. Die Bildung der neuen Großmacht Preußen-Deutschland im Zentrum Europas störte das europäisch-internationale Gleichgewicht zunächst nicht. Bis zur Jahrhundertwende stieg das Deutsche Reich, das im Vergleich zu den anderen europäischen Staaten ein überdurchschnittliches Bevölkerungswachstum hatte, zu einer führenden Wirtschafts-, Wissenschafts- und Militärmacht auf, die auch weltpolitisch ihren «Platz an der Sonne» beanspruchte. Im politisch-sozialen System hingegen kam es durch modernisierungshemmende Einflüsse zu gesellschaftlichen Verwerfungen, die dann zu spät (1917/18) zu einer Anpassung des politisch-sozialen sowie des ökonomischen Systems an die Erfordernisse einer industriellen Massengesellschaft führten.

Das politische, wirtschaftliche, demographische und militärische Potenzial sowie ein überschäumender Nationalismus machten das Deutsche Reich um 1900 zunehmend zu einer kritischen Größe für die europäische Ordnung. Die weltpolitischen Ambitionen des Deutschen Reiches im Zeitalter des Imperialismus trugen im Vorfeld des Ersten Weltkriegs in hohem Maße zur Destabilisierung der internationalen Ordnung, zur Entstehung eines Quasi-Blocksystems und zu einem Rüstungswettlauf bei. Die Ermordung des österreichischen Thronfolgers in Sarajewo und die deutsche Haltung in der Julikrise von 1914 entluden sich im Ersten Weltkrieg, für dessen Entstehung

Deutschland in hohem Maße mit verantwortlich war. Vor dem Zusammenbruch Russlands und dem Kriegseintritt der USA 1917 hatten die Mittelmächte unter deutscher Führung eine hegemoniale Stellung in Europa erreicht. Ein deutscher Sieg und die Verwirklichung deutscher Kriegsziele schienen, wie die Friedensverträge von Brest-Litowsk und Bukarest 1918 zeigten, greifbar nahe. Das Potenzial der außereuropäischen Großmacht USA, die aus dem Ersten Weltkrieg als dominierende Weltwirtschafts- und Finanzmacht hervorgehen sollte, ließen das Pendel auf die Seite der Kriegsgegner der Mittelmächte ausschlagen. Nach dem Krieg versuchten die Sieger 1919/20 die deutsche Frage im Rahmen einer internationalen Organisation und durch wirtschaftliche, finanzielle, militärische und territoriale Maßnahmen unter Wahrung der staatlichen Einheit Deutschlands zu regeln. Trotz der Niederlage im Krieg und der Bestimmungen des Versailler Friedensvertrages blieb das Deutsche Reich aufgrund seiner geographischen Lage, seines Bevölkerungspotenzials und seiner Wirtschaftskraft ein gewichtiger Machtfaktor und besaß das entwicklungsfähigste Potenzial unter den europäischen Mächten, die am Kriegsende 1918 alle, Sieger oder Besiegte, geschwächt waren.

In der Weimarer Republik wurde Deutschland erstmals wirklich zum Nationalstaat. Mit der Demokratiegründung 1918/19 schien Deutschland seinen Platz unter den westlichen Demokratien mit einer freiheitlichen, fortschrittlichen Verfassung westlichen Zuschnitts, die politische, ideologische und verfassungspolitische Traditionen kompromisshaft einband, verspätet eingenommen zu haben. Mit der Weimarer Verfassung vom 11. August 1919 schien sich das «andere Deutschland» durchgesetzt zu haben und in der Nachkriegsordnung als Demokratie den Schritt vom «Militärstaat zum Handelsstaat» (Niedhart), die politische und wirtschaftliche Einbindung in globale Strukturen ohne machtpolitische Ambitionen zu vollziehen und eine Politik der illusionären Verblendung durch europäische Realitätspolitik zu ersetzen. Begünstigt durch die einsetzende Weltwirtschaftskrise und mit bedingt auch durch die Verfassungsordnung kam es, wie auch in anderen europäischen Industrieländern und den USA, zur Krise der Demokratie. Hinzu kam eine Krise der internationalen Ordnung. Im Falle der Weimarer Republik kamen 1930–1933 verschiedene Faktoren zusammen, die am 30. 1. 1933 zur «Ermöglichung Hitlers» und zum «Dritten Reich» führten. Das Ziel eines von der deutschen Nation losgelösten Rasseimperiums, eines Großgermanischen Reiches, gegründet auf einem biologischen Nationalismus ihrer Rassen- und Lebensraumpolitik, konnte nur mit kriegerischen Mitteln unter Zerstörung der internationalen Ordnung der Zwischenkriegszeit erreicht werden. Mit dem Ausbau des nationalsozialistischen Staates erhielt die Innenpolitik eine andere Qualität. Sie wurde klar durch die außenpolitische Zielsetzung formiert und dominiert. Hierzu gehörte neben der Emotionalisierung der nationalen Frage und der Um- und Neudeutung von Begriffen und ihren Inhalten, wie beispielsweise «Patriotismus» und «Volksgemeinschaft», eine Mobilisierung aller Kräfte und Ressourcen des deutschen Volkes, ohne die die als Langzeitkonzept angelegten Ziele nicht verwirklicht werden konnten. Mit der Entfesselung des Zweiten Weltkriegs 1939 versuchte das nationalsozialistische Deutschland nicht den Weg zum «Handelsstaat», sondern den zum «Militärstaat» zu gehen und zu verwirklichen. Mitteleuropa sollte die Basis für ein «germanisches Europa» werden. Diesem Ziel schien Hitler zu Beginn der 1940er Jahre nahe gekommen, ein deutscher Friede für Europa und eine Hegemonie über den Kontinent schienen nur noch eine Frage der Zeit. Mit der Kriegswende 1942/43 und dem Übergang vom europäischen Hegemonialkrieg zum ideologischen Weltkrieg setzten die Planungen der Anti-Hitler-Koalition für eine europäische Nachkriegsordnung ein. Mit der deutschen Kapitulation am 7./8. Mai 1945, der Übernahme der Regierungsgewalt durch die Alliierten und der Einteilung Deutschlands in vier Besatzungszonen schien Hitler auch den deutschen Nationalstaat verspielt zu haben. Mit der Entfremdung der Kriegsalliierten und der Teilung Deutschlands und Europas 1948/49 ging die militärische und ideologische Demarkationslinie quer durch Deutschland und brachte mit der Gründung von zwei Staaten in Deutschland 1948/49 und der damit verbundenen Verwirklichung von zwei unterschiedlichen Staatskonzepten die historisch unnatürliche Teilung Deutschlands. Die Bundesrepublik und die DDR wurden politisch, ideologisch, militärisch und wirtschaftlich in das Blocksystem ihrer jeweiligen Vormacht eingebunden und entwickelten sich unterschiedlich. Beide deutsche Staaten beanspruchten für sich – bis zur überraschenden Vereinigung von 1989/90 – die Rolle als deutscher «Kernstaat» für die Wiedervereinigung der Nation unter ihren Vorzeichen. Die Bundesrepublik entwickelte sich mit einem «Wirtschaftswunder» seit dem Beginn der 1950er Jahre, einer raschen wirtschaftlichen Erholung, begleitet von einem nachhaltigen Demokratisierungsprozess, zu einer der wichtigsten Wirtschafts- und Handelsmächte und wurde zunehmend in westeuropäische Strukturen integriert, die mit der Verdichtung der Integration zunehmend zum Dilemma für die Lösung der nationalen Frage wurden. Der Auftrag der Präambel des Grundgesetzes, die «nationale und staatliche Einheit zu wahren und … in freier Selbstbestimmung die Einheit und Freiheit Deutschlands zu vollenden» und zugleich «als gleichberechtigtes Glied in einem vereinten Europa dem Frieden der Welt zu dienen», war für Bonn immer schwieriger miteinander zu vereinen, auch wenn die Bundesrepublik durch Zusatzprotokolle in internationalen Verträgen das Wiedervereinigungsgebot betonte. Mit dem Mauerbau von 1961 wurde die DDR für die meisten Westdeutschen zu einem «fernen Land», auch nach dem Abschluss der Ostverträge, zu denen auch der Grundlagenvertrag mit der DDR gehörte. Die Bundesrepublik entwickelte sich in den 1980er Jahren zunehmend zu einer eigenen «Staatsnation», und wenige Monate vor dem Fall der Berliner Mauer wurde die Abschaffung des

Wiedervereinigungsgebots in der Präambel des Grundgesetzes gefordert. Die Vereinigung der beiden deutschen Staaten innerhalb nur weniger Monate kam überraschend und entwickelte eine eigene Dynamik. Nach den Volkskammerwahlen vom 18. März 1990 und den Kommunalwahlen im Mai wurde ein Vertrag über eine Währungs-, Wirtschafts- und Sozialunion abgeschlossen, der zum 1. Juli 1990 u. a. die Mark der DDR durch die DM ablöste. Gut einen Monat nach dem Einigungsvertrag wurde die Vereinigung Deutschlands am 3. Oktober 1990 vollzogen. Die Erwartungen der ersten Stunde, dass die Angleichung der Lebensbedingungen im Osten und Westen des Landes innerhalb weniger Jahre erfolgen werde, haben sich im 17. Jahr nach dem Fall der Mauer noch nicht erfüllt. Die Unterschiede in Struktur, Mentalität und sozio-ökonomischen Realitäten sind, trotz eines sichtbaren Angleichungsprozesses, noch immer beträchtlich und werden wohl auch auf absehbare Zeit, trotz intensiver Bemühungen, das für den politischen und sozialen Frieden wichtige Ziel der Binnenintegration noch nicht erreichen können. Hier wurden die Chancen und Möglichkeiten am Anfang der 1990er Jahre überschätzt. Das «Erfolgsrezept der Vereinigung» (Weidenfeld) konnte durch verschiedene günstige innere und äußere und persönliche Bedingungen ermöglicht und umgesetzt werden. Der 3. 10. 1990 schuf eine neues, tiefgreifend verändertes deutsches, europäisches und internationales Umfeld. Es ging jetzt im vereinigten Deutschland «um nichts Geringeres als um die Neubildung der Nation. Viel schwerer wog deshalb, aber das war 1990 für viele noch nicht absehbar oder wurde im (berechtigten) Hochgefühl ausgeblendet, die Last der ‹inneren› Einheit einer Nation, die sich im Verlauf von 40 Jahren politisch, wirtschaftlich, kulturell und mental auseinandergelebt hatte» (Wolfrum).

In der Außen-und Sicherheitspolitik sowie in der Nachbarschaftspolitik muß die neue Bundesrepublik ihre europäische und internationale Rolle finden. Hierzu gehören neben Friedenssicherungseinsätzen weltweit und internationalen Vermittlungen auch seit Ende 2005 eine aktive und dezente Europa- und Nachbarschaftspolitik. Sie findet ihren Niederschlag in einer Europapolitik, die den kleineren Partnern in der EU wieder mehr Aufmerksamkeit schenkt, bereit ist wieder eine Vermittlerrolle zu übernehmen und realisiert, daß Deutschland und Frankreich als Motor der Europapolitik ihre Hochzeit im Prozess der europäischen Integration hinter sich haben. Im Verhältnis zum größten östlichen Partner, Polen, bleiben die Beziehungen schwierig. Ursache sind die im polnischen Sejm geforderte Zahlungen von deutschen Reparationen, die Flüchtlingsproblematik («Bevölkerungstransfer»), die Überlegungen zur Errichtung eines «Zentrums gegen Verteibungen», der Bau einer Pipeline durch die Ostsee von Rußland nach Vorpommern, der polnische Vorschlag einer «Energie-NATO», die Haltung Polens zum Europäischen Verfassungsvertrag, zum Euro und zur weiteren politischen Integration der EU sowie die von der national-konservativen Regierung Kaczyński wiederbelebten Ängte von einer deutschen Dominanz in Europa.

4. Politisches System

Deutschland ist ein unitarischer Bundesstaat mit einem *Zweikammersystem* (Bundestag – Bundesrat), wobei der Bundesrat kein Organ der Länder, sondern ein Organ des Bundes ist. Die Bundesrepublik Deutschland ist «ein demokratischer und sozialer Bundesstaat» (Art. 20,1 GG). «Alle Staatsgewalt geht vom Volke aus. Sie wird vom Volke in Wahlen und Abstimmungen und durch besondere Organe der Gesetzgebung, der vollziehenden Gewalt und der Rechtssprechung ausgeübt» (Art. 20,2). Wichtig und von grundlegendem Gewicht ist auch Art. 20,3: «Die Gesetzgebung ist an die verfassungsmäßige Ordnung, die vollziehende Gewalt und die Rechtsprechung sind an Gesetz und Recht gebunden.»

Anders als in früheren deutschen Verfassungen stehen die Grundrechte im Grundgesetz am Anfang der Verfassung: «Die Würde des Menschen ist unantastbar. Sie zu achten und zu schützen ist Verpflichtung aller staatlichen Gewalt» (Art. 1,1 GG). Die Grund- und Menschenrechte als Grundlage jeder menschlichen Gemeinschaft sind unveräußerlich und «binden Gesetzgebung, Verwaltung und Rechtssprechung als unmittelbar geltendes Recht» (Art. 1,3).

Staatsoberhaupt: Bundespräsident (1. 7. 1999–30. 6. 2004) Johannes Rau (1931–2006, SPD). Nachfolger wurde der am 23. 5. 2004, im ersten Wahlgang von der Bundesversammlung mit 604 Stimmen gewählte Horst Köhler (CDU).

Anders als in der Weimarer Republik sind die Kompetenzen des Präsidenten eingeschränkt. Seine Aufgaben sind stärker repräsentativ.

Der Präsident der Bundesrepublik Deutschland wird durch die Bundesversammlung auf fünf Jahre gewählt. Eine einmalige Wiederwahl ist möglich (Art. 54 GG). Die *Bundesversammlung* besteht aus den Mitgliedern des Bundestages «und einer gleichen Anzahl von Mitgliedern, die von den Volksvertretungen der Länder nach den Grundsätzen des Verhältniswahlrechts gewählt werden». Gewählt ist, wer die Mehrheit der Stimmen der Bundesversammlung auf sich vereinigt. Wird diese Mehrheit nach zwei Wahlgängen von keinem Kandidaten erreicht, so ist gewählt, wer im dritten Wahlgang «die meisten Stimmen auf sich vereinigt».

Der Bundespräsident darf nicht der Regierung, einer «gesetzgebenden Körperschaft» des Bundes oder eines Landes angehören. «Der Bundespräsident darf kein anderes besoldetes Amt, kein Gewerbe und keinen Beruf ausüben und weder der Leitung noch dem Aufsichtsrat eines auf Erwerb gerichteten Unternehmens angehören» (Art. 55,2 GG).

Der Bundespräsident vertritt Deutschland nach innen und außen. Er vertritt den Bund völkerrechtlich, schließt im Namen des Bundes Verträge und beglaubigt und empfängt die Gesandten (Art. 59,1 GG).

Der Bundespräsident schlägt, faktisch an die Mehrheitsverhältnisse gebunden, dem Bundestag einen Kandidaten zur Kanzlerwahl vor. Er ernennt und entlässt den Bundeskanzler und löst den Bundestag auf. Er ernennt die Bundesrichter und die Bundesbeamten. Er fertigt die Gesetze aus und beansprucht ein «materielles Prüfrecht». Im Einzelfall übt der Bundespräsident das Begnadigungsrecht aus.

Der Bundespräsident hat eine «Nothelferfunktion» in Krisensituationen, d. h. er kann den Bundestag auflösen, wenn ein Kanzlerkandidat im dritten Wahlgang vom Bundestag nicht die «Kanzlermehrheit», sondern lediglich die «relative Mehrheit» erreicht und er ihn nicht ernennen will (Art. 63,4 GG: «Erreicht der Gewählte diese Mehrheit nicht, so hat der Bundespräsident binnen sieben Tagen entweder ihn zu ernennen oder den Bundestag aufzulösen») oder wenn dem Bundeskanzler vom Bundestag das Vertrauen verweigert und der Bundestag mit der Mehrheit seiner Mitglieder keinen anderen Bundeskanzler wählt (Art. 68 GG).

Der Bundespräsident kann auch den «Gesetzesnotstand» aussprechen (Art. 81 GG).

Legislative: Der *Bundestag* hat die ihm grundgesetzlich zugeschriebene Funktion der Regierungsbildung. Er gehört typologisch zum parlamentarischen Regierungssystem, «in dem Legislative und Exekutive miteinander verschmelzen. Die regierende Mehrheit bildet eine Funktionseinheit, ihr Führungspersonal besetzt die Kabinettsposten und ihr Programm ist zugleich Basis für das Programm der Regierung» (H. Oberreuter). Der Bundestag ist das autonome oberste Staatsorgan. Er unterliegt keiner Kontrolle, regelt seine Angelegenheiten selbstständig und ist an keine Weisungen gebunden. Er ist die «Vertretung» des ganzen Volkes. Er wird auf vier Jahre in «allgemeiner, unmittelbarer, freier, gleicher und geheimer Wahl gewählt» (Art. 38 GG). Die Abgeordneten sind «Vertreter des ganzen Volkes». Sie sind an keine Weisungen oder Aufträge gebunden «und nur ihrem Gewissen unterworfen». Der Bundestag ist durch Parlamentsrechte geschützt (Immunität und Indemnität für seine Mitglieder) und besitzt die Kompetenz zur Wahlprüfung. Zu seinen Aufgaben gehören die Gesetzgebung des Bundes (Art. 71, 73 GG), das Haushaltsrecht für den Bundeshaushalt sowie seine Mitwirkung an der «konkurrierenden Gesetzgebung» zwischen Bund und Ländern (Art. 72, 74, 74a GG). Der Bundestag wirkt mit der Gesamtheit seiner Mitglieder bei der Wahl des Bundespräsidenten mit (Bundesversammlung), besitzt das Recht der Präsidentenanklage vor dem Bundesverfassungsgericht, entsendet 2/3 der Mitglieder des Gemeinsamen Ausschusses (Art. 53a GG) und stellt den Spannungs- und den Verteidigungsfall fest.

Der Bundestag übt die politische Kontrolle über das Regierungshandeln aus.

Bundesrat: «Durch den Bundesrat wirken die *Länder* bei der Gesetzgebung und Verwaltung des Bundes mit» (Art. 50). In der Realität sind die Kompetenzen des Bundesrates aber weitergehender. Das Grundgesetz hat dies in zahlreichen einzelnen Verfassungsartikeln festgelegt. Durch die am 1. 9. 2006 in Kraft getretene Föderalismusreform wurde der Anteil der Beteiligung der Länder am Prozess der Bundesgesetzgebung reduziert von ca. 60 % auf 35–40 % gesenkt.

Durch den Bundesrat wirken die Länder bei der «Politikgestaltung des Zentralstaates» mit. Der Parlamentarische Rat hatte sich 1948/49 gegen das *Senatsmodell* (Wahl der Senatoren direkt durch das Volk; gleiche Senatorenzahl für jeden Gliedstaat; gleichberechtigte Mitentscheidung im Gesetzgebungsverfahren) und für das Bundesratsmodell als «Parlament der Regierenden» entschieden.

Im Bundesrat hat jedes Land mindestens drei Stimmen. Länder mit einer Bevölkerungszahl von mehr als zwei Millionen erhalten vier, solche mit mehr als sechs Millionen führen fünf, und Länder mit über sieben Millionen Einwohnern erhalten sechs Stimmen im Bundesrat.

Der Bundesrat tagt öffentlich und entscheidet mit absoluter Mehrheit (derzeit 35 von 69 Stimmen).

Die *Mitwirkung an der Gesetzgebung* gehört zu den zentralen Aufgaben des Bundesrats. Diese kann durch beratendes, durch initiierendes und durch beschlussfassendes Mitwirken erfolgen. Gesetzentwürfe der Bundesregierung sind zunächst dem Bundesrat zur Stellungnahme zuzuleiten (Art. 76,2 GG). Der Bundesrat prüft in diesem Durchlauf zunächst, ob die Gesetzesvorlage «ein Zustimmungs- oder ein Einspruchsgesetz» sein wird. Einwände und Gegenvorschläge müssen zusammen mit dem Gesetzentwurf von der Regierung dem Bundestag mitgeteilt werden. Nach Art. 76,1 GG besitzt der Bundesrat auch das Gesetzesinitiativrecht. Eine entsprechende Vorlage des Bundesrates muss von der Regierung mit Stellungnahme dem Bundestag zugeleitet werden.

Eine beschlussfassende Mitwirkung besitzt der Bundesrat bei

- verfassungsändernden Gesetzen. Sie bedürfen im Bundesrat einer 2/3-Mehrheit (Art. 77,2 GG). Wird diese nicht erreicht, kommt die Grundgesetzänderung nicht zustande, d. h. der Bundesrat besitzt das absolute Vetorecht. Der Bundesrat musste beispielsweise dem Vertrag von Maastricht mit einer 2/3-Mehrheit zustimmen und erreichte als «Gegenleistung» den neuen Art. 23 GG über die Mitwirkung der Länder auf europäischer Ebene.
- Gesetzen, die Auswirkungen auf die Länderfinanzen, deren Verwaltungshoheit, die Neugliederung des Bundesgebietes sowie die Gemeinschaftsaufgaben von Bund und Ländern (Art. 91a GG) haben. Ihnen muss der Bundesrat mit absoluter Mehrheit zustimmen. Wird diese nicht erreicht, scheitert das Gesetz. Etwa die Hälfte aller vom Bundestag beschlossenen Gesetze sind zustimmungspflichtig.
- Bei «einfachen» oder «Einspruchsgesetzen» kann der Bundesrat mit absoluter Mehrheit gegen ein Gesetz Einspruch erheben, den der Bundestag mit absoluter Mehrheit (Kanzlermehrheit) überstimmen kann. Bei diesen Gesetzen besitzt der Einspruch des Bundesrates aufschiebende Wirkung.
- Bei divergierenden Entscheidungen des Bundestages und des Bundesrates kann der «Vermittlungsausschuss» angerufen werden (Art. 77,2 GG).

Zu den Kompetenzen des Bundesrats gehört es auch, die Hälfte der Richter des Bundesverfassungsgerichts zu wählen. Er ist in alle Ausnahmemaßnahmen im Rahmen der Notstandsverfassung verfahrensmäßig einzubeziehen.

Der *Präsident des Bundesrats* vertritt

den Bundesrat nach außen und den Bundespräsidenten im Verhinderungsfalle (Art. 57 GG). Als Bundesratspräsident amtiert vom 1. 11. 2006–31. 10. 2007 der Ministerpräsident von Mecklenburg-Vorpommer (Dr. Harald Ringsdorff). Das Amt wechselt jährlich und ist keine politisch umkämpfte Entscheidung. Nach dem Königsteiner Abkommen wurde eine feste Reihenfolge bestimmt. Diese richtet sich «absteigend nach der Einwohnerzahl der Länder zu einem bestimmten Stichtag».

Die Länder der Bundesrepublik Deutschland

Die Bundesrepublik Deutschland besteht derzeit aus 16 Bundesländern. Mit dem Länderneugliederungsgesetz der DDR vom 22. 7. 1990 wurden die 1952 aufgelösten Länder (Brandenburg, Mecklenburg-Vorpommern, Sachsen-Anhalt, Sachsen, Thüringen) wiedererrichtet.

Die Länder haben eigenen Staatscharakter. Sie nehmen an der Gesetzgebung des Bundes teil und haben eigene Kompetenzen in der Gesetzgebung, der Verwaltung und der Rechtsprechung.

Im Bundesstaat wird die klassische «*horizontale Gewaltenteilung*» (Legislative – Exekutive – Judikative) durch die «*vertikale Gewaltenteilung*», d. h. die Gewaltenteilung zwischen dem Bund als Gesamtstaat und den Ländern als Gliedstaaten, ergänzt.

Alle Länder haben eigene Verfassungen, die vielfach bereits vor dem Grundgesetz durch Verfassungsgebende Versammlungen oder die Landtage erarbeitet und verabschiedet wurden (z. B. Bayern) oder – wie im Fall der neuen Bundesländer – nach der Wiedervereinigung erarbeitet und durch die Landtage verabschiedet wurden bzw. in denen die «provisorischen Verfassungen» – aus dem Verständnis der Bundesrepublik Deutschland als «Provisorium» – durch neue abgelöst wurden (z. B. Niedersachsen).

Mit dem Inkrafttreten des Grundgesetzes musste sichergestellt sein, dass die Landesverfassungen «den Grundsätzen des republikanischen, demokratischen und sozialen Rechtsstaates … entsprechen. In den Ländern, Kreisen und Gemeinden muß das Volk eine Vertretung haben, die aus allgemeinen, unmittelbaren, freien, gleichen und geheimen Wahlen hervorgegangen ist» (Art. 28,1 GG). Die Bewahrung der verfassungsmäßigen Ordnung und der Grundrechte werden durch den Bund garantiert (Art. 28,3).

Die *Neugliederung des Bundesgebiets* gemäß Art. 29 GG war ein Auftrag der Frankfurter Dokumente vom 1. 7. 1948. Der zwingende Verfassungsauftrag wurde durch Grundgesetzänderungen 1969, 1976 und 1994 zunehmend zu einer Option verwässert: «Das Bundesgebiet kann neu gegliedert werden, um zu gewährleisten, daß die Länder nach Größe und Leistungsfähigkeit die ihnen obliegenden Aufgaben wirksam erfüllen können … Maßnahmen zur Neugliederung des Bundesgebietes ergehen durch Bundesgesetz, das der Bestätigung durch Volksentscheid bedarf. Die betroffenen Länder sind zu hören» (Art. 29,1,2 GG).

Die Länder üben die staatlichen Befugnisse aus. Soweit vom Grundgesetz nicht anders geregelt, ist «die Erfüllung der staatlichen Aufgaben … Sache der

Länder» (Art. 30 GG). Wie in jedem Bundesstaat bricht Bundesrecht Landesrecht (Art. 31 GG).

Der Bund besitzt gegenüber den Ländern in der Gesetzgebung Vorrang. Ausschließlich Ländersache ist jedoch die Gesetzgebung im Bereich der Verwaltung. In der Rechtsprechung besteht eine «Verzahnung» zwischen den Ländern und dem Bund.

In der *Finanzverfassung* (Art. 104a–115 GG), die seit der Verabschiedung des Grundgesetzkompromisses 1949 zu einem Grundproblem des Verhältnisses von Ländern und Bund geworden ist, sah das Grundgesetz ursprünglich einen «gleichmäßigen Anspruch» beider Ebenen bei der Verteilung der Staatseinnahmen vor. Neben den «vertikalen Finanzausgleich» zwischen Bund und Ländern (Art. 106 GG) tritt der horizontale zwischen den finanzkräftigeren und den ärmeren Ländern. Durch den Länderfinanzausgleich soll erreicht werden, dass durch «Ausgleichszahlungen» zwischen den reichen und den armen Ländern etwa 95 % des Bundesdurchschnitts je Einwohner erreicht werden können.

Die Pflege der auswärtigen Beziehungen ist Sache des Bundes (Art. 32 GG). Durch den europäischen Integrationsprozess seit den 1950er Jahren traten seit dem Montanunionvertrag und dem EWG-Vertrag immer wieder Probleme in der Triade Bund-Länder-Europa auf, die schließlich 1993 zum neuen Artikel 23 GG («Europaartikel») führten, in dem die Rechte und Pflichten des Bundes und der Länder geregelt werden. Durch ihn wurde die Bundesrepublik Deutschland wieder föderativer. Die schwarz-rote Bundesregierung und die Konferenz der Ministerpräsidenten verständigten sich am 6. 3. 2006 auf eine Föderalismusreform. Die Bildungspolitik, das Besoldungsrecht (Land, Kommunen), der Strafvollzug, das Gaststättenrecht, und der Ladenschluss sollen in die ausschließliche Kompetenz der Länder fallen. Die Länder erhalten u. a. in verschiedenen Bereichen ein «Abweichungsrecht» (u. a. Umweltverordnungen, Presse-, Sport-, Jagdrecht). Im Umweltrecht erhält der Bund direkte Kompetenzen (Naturschutz, Wasserhaushalt, Landschaftspflege). Ein Umweltgesetzbuch soll bis 2010 verabschiedet werden. Der Bund erhält im Gegenzug stärkere Kompetenzen in der Gesetzgebung durch eine Verringerung der Gesetze, die im Bundesrat zustimmungspflichtig sind. In seine «ausschließliche Gesetzgebungskompetenz» fallen u. a. das Melde- und Ausweiswesen, das Atomrecht, das Sprengstoff- und Waffenrecht und das Notarrecht. Die Bundeskompetenzen wurden bei der Terrorabwehr und in der EU-Politik erweitert. Festgelegt wurde auch die «gemeinsame Haushaltsdisziplin» von Bund und Ländern. Bei Sanktionszahlungen wegen des Nichteinhaltens von Verpflichtungen gegenüber der EU müßten die Länder 35 %, der Bund 65 % der Strafzahlungen übernehmen. Damit wurde der Weg frei gemacht für den «Umbau des deutschen Staatswesens.» Der Bundestag stimmte der Föderalismusreform am 30. 6. 2006 mit 2/3-Mehrheit zu, der Bundesrat am 7. 7. 2006. Am 1. September trat die größte Verfassungsreform in der Geschichte der Bundesrepublik Deutschland in Kraft.

Eine fünfjährige Legislaturperiode haben: Baden-Württemberg, Bayern,

Brandenburg, Hessen, Mecklenburg-Vorpommern, Nordrhein-Westfalen und das Saarland. Alle übrigen haben eine vierjährige Legislaturperiode. Die Ministerpräsidenten der Länder treffen sich regelmäßig in den Ministerpräsidentenkonferenzen. Der Vorsitz wechselt. Eine ständige Einrichtung ist die Kultusministerkonferenz der Länder.

Wahlrecht und Wahlsystem: Das aktive und das passive Wahlrecht sind seit dem 1.1.1975 an das vollendete 18. Lebensjahr gebunden. Mit der *Erststimme* für die Wahl zum Bundestag wird der Wahlkreiskandidat bestimmt, mit der *Zweitstimme* die Landesliste einer Partei. Die Anzahl der einer Partei zustehenden Sitze richtet sich nach der Anzahl der Zweitstimmen. Die Hälfte der Bundestagsmandate wird durch die Direktwahl in den einzelnen Wahlkreisen, die andere Hälfte wird durch die Anzahl der Zweitstimmen erschlossen. Erringt eine Partei in einem Land mehr Direktmandate als ihr prozentual nach den Zweitstimmen zusteht, erhält sie ein «Überhangmandat». Im derzeitigen Bundestag fielen der SPD 4 (Hamburg 1, Sachsen-Anhalt 2, Thüringen 1) und der CDU 1 (Sachsen) zu. 1953 wurde eine bundesweite Sperrklausel eingeführt. Die Parteien müssen im gesamten Bundesgebiet mindestens 5 % der Zweitstimmen erringen, um in den Bundestag einziehen zu können, oder mindestens 3 Direktmandate. Noch 1949 mussten von einer Partei, mit Ausnahme nationaler Minderheiten, lediglich 5 % der Stimmen in einem Bundesland oder ein Wahlkreismandat erreicht werden.

Wahlen zum 16. Deutschen Bundestag am 18.9. und 2.10.2005: CDU/CSU 35,2 % (226 Mandate, 2002: 248) SPD 34,2 % (222 / 251), FDP 9,8 % (61/47) Die Linke.PDS 8,7 % (54/2), B'90/ Grüne 8,1 % (51/55), Sonstige 3,8 % (0).

Parteien: Nach dem Grundgesetz wirken die Parteien «bei der politischen Willensbildung des Volkes mit. Ihre Gründung ist frei. Ihre innere Ordnung muß demokratischen Grundsätzen entsprechen. Sie müssen über die Herkunft ihrer Mittel öffentlich Rechenschaft geben» (Art. 21,1 GG). Parteien, deren Ziele gegen die «freiheitlich-demokratische Grundordnung» gerichtet sind oder den Bestand der Bundesrepublik Deutschland gefährden, «sind verfassungswidrig. Über die Frage der Verfassungswidrigkeit entscheidet das Bundesverfassungsgericht» (Art. 21,2).

Größte Parteien: Die Sozialdemokratische Partei Deutschlands (SPD), die Christlich-Demokratische Union (CDU), die Christlich-Soziale Union (CSU, in Bayern), Bündnis 90 – die Grünen (B'90/Grünen), die Freie Demokratische Partei (FDP), Die Linke. PDS (Partei des Demokratischen Sozialismus).

Exekutive: Aufgabe der *Bundesregierung* ist es, die deutschen Gesamtinteressen nach außen und innen zu vertreten und als zentrales Exekutiv- und Koordinierungsorgan für die Bundesrepublik Deutschland zu fungieren. Sie besteht aus dem Kabinett (Bundesminister) unter Vorsitz des Bundeskanzlers und ist oberstes Organ der Exekutive. Die *Bundeskanzlerin* (seit dem 22.11. 2005 die Christdemokratin (CDU) Dr. Angela Merkel) wird vom Bundestag ohne Aussprache gewählt. «Gewählt ist,

wer die Mehrheit der Mitglieder des Bundestages auf sich vereinigt. Der gewählte ist vom Bundespräsidenten zu ernennen» (Art. 63,2 GG). Der Bundeskanzler «bestimmt die Richtlinien der Politik und trägt dafür die Verantwortung» (Art. 65 GG). Die Bundesminister üben ihren «Geschäftsbereich» im Rahmen dieser Richtlinien selbstständig und eigenverantwortlich aus. Die Bundesminister werden auf Vorschlag des Bundeskanzlers ernannt bzw. entlassen.
Im Vergleich zur Weimarer Republik und zur Weimarer Reichsverfassung besitzt der Bundeskanzler im Grundgesetz (Art. 62–69 GG) eine starke Stellung. Eine Abwahl durch einen Misstrauensantrag des Bundestages ist, anders als im Reichstag der Weimarer Republik, nur durch ein «konstruktives Misstrauensvotum» möglich: «Der Bundestag kann dem Bundeskanzler das Mißtrauen nur dadurch aussprechen, daß er mit der Mehrheit seiner Mitglieder einen Nachfolger wählt und den Bundespräsidenten ersucht, den Bundeskanzler zu entlassen. Der Bundespräsident muß dem Ersuchen entsprechen und den Erwählten ernennen» (Art. 67,1 GG).
Die *Senate* und die *Landesregierungen* sind die obersten Exekutiv- und Koordinierungsorgane auf Länderebene. Die Länder als Exekutivorgane «führen die Bundesgesetze als eigene Angelegenheit aus, soweit dieses Grundgesetz nichts anderes bestimmt oder zulässt» (Art. 83 GG).
Rechtsordnung: Das Rechtsstaatsprinzip ist im politischen System der Bundesrepublik verankert. Staatliches Handeln ist den Gesetzen unterworfen. Die Unabhängigkeit der Gerichte ist durch die Gewaltenteilung gesichert. Im Einigungsvertrag zwischen der Bundesrepublik Deutschland und der DDR vom 31. 8. 1990 sind die Ausnahmen vom Bundesrecht für die neuen Länder in der Anlage festgelegt.
«Die rechtsprechende Gewalt ist den Richtern anvertraut, sie wird durch das Bundesverfassungsgericht, durch die in diesem Grundgesetz vorgesehenen Gerichte und durch die Gerichte der Länder ausgeübt» (Art. 92 GG).
Die Gerichtsordnung für die ordentliche Gerichtsbarkeit gliedert sich von unten nach oben vom *Amtsgericht* (erste Instanz) über das *Landgericht* (zweite Instanz, für Sachen von größerer Bedeutung als erste Instanz) zum *Oberlandesgericht*. Das OLG ist ein Gericht der ordentlichen Gerichtsbarkeit zwischen dem Landgericht und dem Bundesgerichtshof. Als höheres Gericht der Länder ist es in der Regel für mehrere Landgerichtsbezirke zuständig. In Berlin heißt das OLG «Kammergericht». Als Strafkammer beim Landgericht ist ein *Schwurgericht* eingerichtet, das für Mord, Totschlag und für andere Delikte mit Todesfolge zuständig ist.
Die höchsten Gerichtsinstanzen sind das *Bundesverfassungsgericht*, der *Bundesfinanzgerichtshof*, das *Bundesverwaltungsgericht*, das *Bundesarbeitsgericht* und das *Bundessozialgericht*.

5. Politik in und für Europa

Mit der totalen Niederlage von 1945 stellte sich für das besetzte Deutschland die Frage nach einer «anderen» Außenpolitik zunächst nicht. Deutschland war zum Objekt der Politik geworden. Sein völkerrechtlicher Status war unklar. Eine friedensvertragliche Regelung war nicht in Sicht. Nach der Gründung der beiden deutschen Staaten und auch nach ihrer 1955 teilweise erlangten Souveränität blieben sie für die Bewahrung ihrer Existenz und Sicherheit auf den Schutz durch ihre Vormacht angewiesen. Mit der Staatsgründung setzte für beide der Prozess der Ost- bzw. Westintegration ein. Erst in der Periode der Entspannung erhöhten sich ihre außenpolitischen Handlungsspielräume.

In den westlichen Besatzungszonen wurde seit dem Ende des Krieges nicht nur die für Deutschland angemessene Form von Staatlichkeit diskutiert, sondern, aus den Erfahrungen des Widerstands und des Exils erwachsen, die Überwindung des Nationalstaats durch eine Vereinigung der europäischen Nationen erörtert. Die meisten Politiker nach dem Kriege hatten ihre politische Arbeit bereits zu Zeiten der Weimarer Republik begonnen und sich entweder bereits damals an der Europadiskussion beteiligt oder sich durch die Erfahrungen von Diktatur und Krieg zu Verfechtern der europäischen Einigungsidee gewandelt. In die meisten Parteiprogramme kamen, sofern sie nicht bereits wie die SPD in ihrem Parteiprogramm von 1925 die europäische Einigung forderten, programmatische Aussagen zur Übertragung von Kompetenzen an eine zu schaffende übernationale europäische Institution.

Am Haager Europakongress im Mai 1948 nahm eine deutsche Delegation aus den westlichen Besatzungszonen teil, unter ihnen der spätere Bundeskanzler Konrad Adenauer und der Sozialdemokrat Carlo Schmid. Seit dem Ende der 1940er Jahre begann die Bundesrepublik mit den ersten freiwilligen Schritten im Prozess der Westintegration über den Europarat, die Europäische Gemeinschaft für Kohle und Stahl, die Europäische Wirtschaftsgemeinschaft und die Europäische Atomgemeinschaft. Das Angebot der Westintegration nutzte die Bundesrepublik, um in den Verhandlungen für die zu schaffenden europäischen Institutionen die Souveränität zu erreichen und bei den Verhandlungen als gleichberechtigter Partner anerkannt zu werden. Über die «Westverträge» und die Wiederbewaffnung kam es in der Bundesrepublik zu heftigen innenpolitischen Auseinandersetzungen. Vor allem die SPD und ihr Parteivorsitzender Schumacher sahen in der Westintegration eine Gefahr für die Wiederherstellung der deutschen Einheit, während Adenauer die Einheit über die Freiheit und Westintegration erlangen wollte. Erst Ende der 1950er Jahre erreichten die großen westdeutschen Parteien einen außen- und europapolitischen Konsens. Nach dem Scheitern der EVG kam es in der Frage eines Wehrbeitrags der Bundesrepublik innerhalb weniger Wochen im Oktober 1954 zum Abschluss der Pariser Verträge, mit denen die Souveränität der Bundesrepublik unter Aufrechterhaltung der alliierten Vorbehaltsrechte hergestellt wurde. Am 14. Mai 1955 erfolgte der Beitritt der Bundesrepublik zur Westeuropäischen Union und zur NATO.

Für die DDR begann nach der Unterzeichnung des Görlitzer Vertrags über die Anerkennung der Grenze zu Polen (Oder-Neiße) und der diplomatischen Anerkennung durch die osteuropäischen Staaten der Prozess der Ostintegration. Durch ihn wurde die DDR über den Rat für gegenseitige Wirtschaftshilfe (RGW) wirtschaftlich eingebunden und auch militärisch durch den im Januar 1956 erfolgten Beitritt in den im Mai 1955 gegründeten Warschauer Pakt integriert. Aufgrund von Interzonenabkommen seit 1949/50 waren die wirtschaftlichen Beziehungen zwischen den Westzonen und der Ostzone bzw. der Bundesrepublik Deutschland und der DDR geregelt worden. Wegen des Rechtsverständnisses der Bundesrepublik und der damit verbundenen Verfassungszwänge wurden diese Wirtschaftsbeziehungen nicht als «Außenhandel», sondern als «Interzonenhandel» bzw. als «innerdeutscher Handel» verstanden. In einem Zusatzprotokoll zum EWG-Vertrag vom 25. März 1957 wurde dieser Sonderstatus ausdrücklich bestätigt und die DDR von den Partnern der Bundesrepublik als das «n^{te}» Mitglied in EGKS, EWG und Euratom akzeptiert. Seit 1958 war die DDR somit «unsichtbares Mitglied» der EWG und profitierte hiervon wirtschaftlich. Erst mit Delors' Vision «Europa 92» seit 1985 und der Schaffung eines Binnenmarkts zum 1. 1. 1993 schien diese Sonderstellung, die den anderen Mitgliedstaaten schon lange ein Dorn im Auge war, gefährdet. Der überraschende Fall der Mauer und die, nach einigem Zögern und Widerständen in der Kommission und bei den Partnern, erfolgte rasche Integration der DDR in die EG erübrigte weitere Diskussionen über diese Frage.

Die Entscheidungen der Bundesrepublik zur Gründung von und zum Beitritt zu europäischen Institutionen war von Anbeginn stets politisch motiviert, da sie, wie im Falle der EGKS oder der EWG, wirtschaftlich zunächst nicht unbedingt der Interessenlage entsprachen. Die Mitgliedschaft im «Europa der Sechs» seit 1952 und schließlich in einer sich seit 1973 erweiternden EG erhöhte die politischen Handlungsspielräume der Bundesrepublik und vergrößerte ihr außenpolitisches und internationales Gewicht. Von der schnellen wirtschaftlichen Integration und der Ausbildung einer Zollunion profitierte die Bundesrepublik enorm. Die europäischen Partner von der EWG bis zur EG und EU wurden die wichtigsten Handelspartner für die Bundesrepublik Deutschland.

Im Prozess der (west)europäischen Integration spielte die Bundesrepublik, auch befördert durch den deutsch-französischen Vertrag vom 22. 1. 1963 (Elysee-Vertrag) und die sich daraus entwickelnde enge europapolitische Zusammenarbeit zwischen Bonn und Paris, zunehmend nicht allein wirtschaftlich eine Motorrolle. Zwischen den deutschen Bundeskanzlern und den französischen Präsidenten bestanden seit der Zusammenarbeit zwischen Konrad Adenauer und Charles de Gaulle Ende der 1950er Jahre gute und oft freundschaftliche Beziehungen. Das französisch-deutsche Tandem wurde in Krisensituationen immer wieder zum Integrationsmotor. Dies galt gleichermaßen in den 1970er Jahren für die Initiativen von Helmut Schmidt und Valéry Giscard d'Estaing für ein Europäisches Währungssystem wie für die Zusammenarbeit zwischen Helmut Kohl und François Mitterrand in den 1980er Jahren. Allerdings darf dabei nicht übersehen werden, dass in Fragen der Europapolitik eine enge Kooperation mit allen Partnern bestand und dass auch immer wieder deutsch-italienische Initiativen in Phasen einer stagnierenden Integration Europas Fortschritte brachten.

Schwierig war für die Partner der Bundesrepublik in der EG zunächst der Umgang mit der Einheit Deutschlands. Die Dynamik des Vereinigungsprozesses der beiden deutschen Staaten 1989/90 warf erneut die historische Kernfrage nach der Stellung Deutschlands in Europa und zu Europa auf. Diese Dynamik stieß bei den Nachbarn und den vier Siegermächten zunächst auf große Reserven. Dies galt vor allem für die britische Premierministerin Margret Thatcher, aber auch für den französischen Staatspräsidenten François Mitterrand und die EG-Kommission in Brüssel. Als seit Januar 1990 erkennbar wurde, dass die deutsche Einheitsfrage eine politische Eigendynamik entwickelte und alle Zwei-Staaten- und Stufenmodelle obsolet waren, bekannte sich auch die EG zur einer «EG-isierung» der deutschen Einigungsfrage. Die Weichen hierfür wurden auf dem Straßburger Gipfel 1989 und dem Gipfel von Dublin im Juni 1990 gestellt, wobei die Bundesrepublik auf einem auf deutsch-französische Initiative stattfindenden Sondergipfel der EG am 28. April 1990 versicherte, aktiv zur Vertiefung der EG durch eine Wirtschafts- und Währungsunion und den Übergang zu einer Europäischen Union bis zum Jahre 1992 beizutragen und auf finanzielle EG-Hilfen für die DDR durch die EG zu verzichten. Europäische Einigung und deutsche Einigung waren nun eng verknüpft. Parallel zu der EG-Entscheidung, die «Vereinigung Deutschlands unter einem europäischen Dach» stattfinden zu lassen und dafür Sorge zu tragen, dass «die Eingliederung des Staatsgebietes der DDR in die Gemeinschaft reibungslos und harmonisch vollzogen wird», liefen die Zwei-Plus-Vier-Verhandlungen über die äußeren Rahmenbedingungen der deutschen Vereinigung, die durch den Moskauer Vertrag vom 12. September 1990 abgeschlossen wurden, mit der deutschen Vereinigung am 3. Oktober 1990 vorzeitig in Kraft gesetzt wurden und mit der Charta von Paris im November ihre internationale Absegnung fanden.

Durch die deutsche Vereinigung am 3. Oktober 1990 stellte sich erneut die Frage nach der «doppelten Integration» – nämlich der europäischen Integration des neuen Deutschland und dem Zusammenwachsen der beiden deutschen Staaten zu einer historisch-politischen, wirtschaftlichen, kulturellen und auch mentalen Einheit – unter veränderten Rahmenbedingungen. Die EG-Kommission hatte in einer Erklärung zur deutschen Vereinigung der Hoffnung Ausdruck gegeben, dass durch diese neuen Impulse «für eine noch stärker und enger verbundene Gemeinschaft, für eine Wirtschafts- und Währungsunion, für eine politische Union» erfolgen und die deutsche Einheit «den Weg zur Einheit des gesamten Europa» öffnen werde.

Die optimistische Perspektive der Erklärung versprach Deutschland Solidarität und Unterstützung im innerdeutschen Integrationsprozess und wies dem neuen Deutschland zugleich eine tragende Rolle für die zu schaffende gesamteuropäische Integration zu. In den Jahren seit der Herstellung der Einheit und der Erweiterung der EU in den Ostseeraum profitierten die ostdeutschen Länder neben der finanziellen Unterstützung durch den Bund und den Länderfinanzausgleich in hohem Maße von Fördermitteln der EG/EU. Die EU-Erweiterung des Jahres 2004 bringt für die neuen Länder der Bundesrepublik sicherlich Probleme mit sich, doch bedeutet diese auch eine große Chance, insbesondere für strukturschwache Länder wie Mecklenburg-Vorpommern, das aus einer Randlage in eine verkehrsmäßig günstige Mittellage am Südrand der Ostsee kommt. In den Jahren seit der Vereinigung hat die Bundesrepublik sich nicht nur intensiv für die «Osterweiterung» der EU und der NATO eingesetzt, sondern auch durch Kooperationsinitiativen wie die Gründung des Ostseerats zu einer engeren Zusammenarbeit und Vernetzung der Staaten des Ostseeraums beigetragen. An der Entstehung und Fortentwicklung der EU-Verträge von Maastricht bis Nizza, der Charta der Grundrechte und der Arbeit des Verfassungskonventes hatte Deutschland, trotz einiger Anpassungsprobleme nach dem Regierungswechsel von 1998, großen Anteil. Wichtig wurde in diesem Zusammenhang auch die Verbesserung der deutsch-französischen Zusammenarbeit, die durch die feierliche Vierzigjahr-Feier des deutsch-französischen Vertrages im Januar 2003 neue Impulse für eine gemeinsame Europapolitik brachte. Durch deutsche und französische Initiativen wurde seit 1994, mit dem Schäuble-Lamers-Papier der CDU/CSU-Bundestagsfraktion, den Reden der Bundespräsidenten Herzog und Rau von 1995 und 2001 vor dem Europäischen Parlament, dem ‹privaten› Vortrag von Außenminister Fischer am 12. Mai 2000 an der Humboldt-Universität und der Rede von Staatspräsident Chirac vor dem Deutschen Bundestag am 26. Juni 2000, die Diskussion über die «Finalität» der Entwicklung der EU eröffnet. Die deutschen Beiträge zur europäischen Verfassungsdiskussion bewegten und bewegen sich traditionell in föderativen Bahnen. Nach dem Scheitern der Referenden zur Europäischen Verfassung in Frankreich und in den Niederlanden im Frühsommer 2005 versucht die neue Bundesregierung in zahlreichen Feldern der Europapolitik neue Impulse zu setzen, auch mit Blick auf die deutsche EU-Präsidentschaft im ersten Halbjahr 2007 in der Frage des Verfassungsvertrages, aber auch mit Blick auf Umweltprobleme und die Energiepolitik.

Abromeit, Heidrun: Der verkappte Einheitsstaat. Opladen 1992; *Andersen*, Uwe/*Woyke*, Wichard (Hg.): Handwörterbuch des politischen Systems der Bundesrepublik Deutschland. Bonn [4]2003; *Brockhaus-Redaktion* (Hg.): 1949–1999. 50 Jahre deutsche Geschichte. Leipzig/Mannheim 1999; *Elvert*, Jürgen/*Krüger*, Friederike (Hg.): Deutschland 1949–1989. Von der Zweistaatlichkeit zur Einheit. Stuttgart 2003; *Eppelmann*, Rainer u. a. (Hg.): Bilanz und Perspektiven der DDR-Forschung. Paderborn 2003; *Feldkamp*, Michael F. (Bearb.): Die Entstehung des Grundgesetzes für die Bundesrepublik Deutschland 1949. Eine Dokumentation. Stuttgart 1999; *Feldkamp*, Michael F.: Der Parlamentarische Rat 1948–1949. Göttingen 1998. *Fraenkel*, Ernst: Deutschland und die westlichen Demokratien. Frankfurt/M. 1990; *Görtemaker*,

Manfred: Geschichte der Bundesrepublik Deutschland. Von der Gründung bis zur Gegenwart. München 1999; *Gruner*, Wolf D.: Die deutsche Frage in Europa 1800–1990. München/Zürich 1993; *Gruner*, Wolf D.: Deutschland mitten in Europa. Hamburg 1992; *Gruner*, Wolf D. (Hg.): Jubiläumsjahre – Historische Erinnerung – Historische Forschung. Rostock 1999; *Gruner*, Wolf D.: The German Debate on Europe: Expectations – Positions – Perceptions – Ideas (1945–2005), in: *Bitsch*, Marie-Therèse / *Loth*, Wilfried / *Barthel*, Charles (Hg.): Cultures politiques, opinions politiques et intégration européenne, Bruxelles 2006; *Gunlicks*, Arthur (Hg.): German Public Policy and Federalism. Current Debates on Political, Legal and Social Issues. New York/Oxford 2003; *Gunlicks*, Arthur: The Länder and German Federalism. Manchester 2003; *Hacke*, Christian: Die Außenpolitik der Bundesrepublik Deutschland. Von Konrad Adenauer bis Gerhard Schröder. Berlin 2003; *Hartmann*, Jürgen (Hg.): Handbuch der deutschen Bundesländer. Frankfurt/M [2]1997; *Ismayr*, Wolfgang: Das politische System Deutschlands, in: *Ismayr*, Politische Systeme Westeuropas, S. 445–486; *Heisenberg*, Wolfgang (Hg.): Die Vereinigung Deutschlands in europäischer Perspektive. Baden-Baden 1992; *Herzog*, Roman: Vision Europa. Hamburg 1996; *Kielmansegg*, Peter Graf: Nach der Katastrophe. Eine Geschichte des geteilten Deutschland. Berlin 2000. *Küsters*, Hanns-Jürgen/*Hofmann*, Daniel (Bearb.): Deutsche Einheit. Sonderedition aus den Akten des Bundeskanzleramts 1989/90. München 1998; *Le Gloannec*, Anne-Marie (Hg.): L'État en Allemagne. La Republique fédérale après la réunification. Paris 2001; *Maiwald*, Christian (Hg.): Grundgesetz. Text – Föderalismusreform mit Begleitgesetz und Einführung. Heidelberg 2006; *Meyer*, Carsten: Die Eingliederung der DDR in die EG. Köln 1993; *Rau*, Johannes: Handlungsfähigkeit stärken und Vielfalt bewahren. Anstöße zur europäischen Verfassungsdebatte. Berlin 2001; *Spence*, David: Enlargement without Accession: The EC's Response to German Unification. London 1991; *Stern*, Fritz: Der Traum vom Frieden und die Versuchung der Macht. Deutsche Geschichte im 20. Jahrhundert. Berlin [2]1999, *Weber*, Hermann: Die DDR 1945–1989. München [3]1999. *Weidenfeld*, Werner: Außenpolitik für die deutsche Einheit. Die Entscheidungsjahre 1989/90. Stuttgart 1998; *Weidenfeld*, Werner/*Korte*, Karl-Rudolf (Hg.): Handbuch zur deutschen Einheit 1945–1989–1999. Bonn 1999. *Wilkens*, Andreas (Hg.): Interessen verbinden. Jean Monnet und die europäische Integration der Bundesrepublik Deutschland. Bonn 1999; *Wolfrum*, Edgar: Die geglückte Demokratie. Stuttgart 2006; *Wood*, Stephen: Germany, Europe and the Persistence of Nations. Transformation, Interests and Identity, 1989–1996. Aldershot 1998.

www.bundesregierung.de
www.auswaertiges-amt.de
www.bundeskanzlerin.de
www.bundestag.de
www.bundesrat.de
www.bundespraesident.de
www.bundesverfassungsgericht.de (Karlsruhe)
www.bundesrechnungshof.de (Bonn)
www.deutschebundesbank.de (Frankfurt a. M.)
www.destatis.de (Statistisches Bundesamt)
www.baden-wuerttemberg.de (Bundesländer, Baden-Württemberg ...)
www.bayern.de (Bundesländer, Bayern ...)
www.deutschland.de (Deutschlandportal) ...

Liechtenstein

1. Grunddaten

Staatsname: Fürstentum Liechtenstein
Größe: 160 km²
Hauptstadt: Vaduz
Einwohner: 34 600 Einwohner (2004); 34,3 % sind Ausländer (Schweizer, Österreicher, Deutsche)
Bevölkerungsdichte: 206 Einw./km²
Konfessionen: Katholiken: 80,4 % (2002); Protestanten: 7,1 %, 12,5 % gehören anderen Religionen an.
Sprachen: Deutsch (Hochsprache); alemann. Dialekt
Währung: 1 Schweizer Franken (Sfr) = 100 Rappen; 1 € = 1,55 / 1,57 Sfr (1.7. 2005/1.7.2006)

2. Sozioökonomische Grundlagen

Bruttoinlandsprodukt (BIP): 4,135 Mrd. SFr. (CHF), 2,685 Mrd. € (2005), 4,205 Mrd. Sfr. (2001). Alle in Liechtenstein Erwerbstätigen tragen zum BIP bei, auch die Pendler (2004: 47,1 %)
Bruttoinlandsprodukt pro Kopf (BIP): 84 500 € (2005)
Erwerbstätigkeit: Landwirtschaft 1,3 %, Industrie 44,2 %, Dienstleistungen 54,5 % (31.12.2004)
Arbeitslosigkeit: 2,4 % (2004), 2,2 % (2003)
Inflation: 1,2 % (2005), 0,8 % (2004), 0,8 % (2003)
Außenhandel ohne Schweiz (2005): Import: 1,909 Mrd. Sfr., 1,231 Mrd. €, Wichtigste Handelspartner: 43 % Deutschland, 34 % Österreich, 5 % Italien, 4 % USA, 3 % Frankreich – Export: 3,227 Mrd. Sfr., 2,081 Mrd. €; wichtigste Handelspartner: EU 62,6 % (Deutschland 21,0 %, Österreich 10 %, Frankreich 12 %, Italien 6,6 %), USA 16 %, Export (2004): EWR 2,339 Mrd. Sfr. (45,5 %), 602 Mio. Sfr. Schweiz (11,7 %), 2,203 Mrd. Sfr. übrige Länder.

3. Geschichte

Das Gebiet des heutigen Liechtenstein war seit dem 5. Jahrtausend vor Christus besiedelt. Kurz vor der Zeitenwende wurde es von den Römern der Provinz Rätien eingegliedert. In der Zeit der Völkerwanderung drangen die Alemannen von Norden in das Ober- und Unterland ein. Die romanische und die alemannische Kultur entwickelten sich lange Zeit nebeneinander. Im 8. Jahrhundert wurde ‹Liechtenstein› in das fränkische Reich eingegliedert und erhielt zur Zeit Karls d. Gr. die «fränkische Gauschaftsverfassung». Im Hochmittelalter kam das Gebiet an die Grafen von Montfort. Durch Erbteilung entstand schließlich 1342 die Grafschaft Vaduz, die am Ende des 14. Jahrhunderts die Reichsunmittelbarkeit erhielt. Die Grafschaften Vaduz (Oberland) und Schellenberg (Unterland) kamen schließlich im 15. Jahrhundert unter eine Herrschaft. Damit wurde ein Herrschaftsterritorium geschaffen, das bis heute die Grenzen Liechtensteins bestimmt. In der Reformationszeit wie auch während des Dreißigjährigen Krieges blieben die Herrschaften katholisch und lehnten sich an die Habsburger an. Aufgrund der hohen Verschuldung der Landesherren wurden Schellenberg (1699) und Vaduz (1712) an die österreichischen Fürsten von Liechtenstein verkauft. Mit der Gründung des Reichsfürstentums 1719 waren für Liechtenstein ein definiertes Staatsgebiet, ein Staatsvolk und eine Staatsgewalt vorhanden. Wegen der Zugehörigkeit zum Heiligen Römischen Reich deutscher Nation fehlte aber die Souveränität. In den Napoleonischen Kriegen wurde das Land wiederholt Kriegsschauplatz. Im Juli 1806 wurde Liechtenstein von Napoleon in den Rheinbund aufgenommen und erhielt seine Unabhängigkeit (es ist der einzige Rheinbundstaat, der bis heute seine Unabhängigkeit erhalten konnte). Bis 1866 wurde es Mitglied im Deutschen Bund. 1818 war Johann I. der erste Bundesfürst, der in seinem Land eine landständische Verfassung einführte. Als Ergebnis des Revolutionsjahrs 1848 kam es in einem mehr als zehnjährigen Prozess zur Ausarbeitung einer Verfassung, die Liechtenstein 1862 zu einer konstitutionellen Monarchie machte. 1852 trat Liechtenstein in eine Zoll- und Währungsunion mit Österreich. Dies wirkte sich auf seine wirtschaftliche Entwicklung positiv aus. Während des Ersten Weltkriegs blieb das Land zwar neutral, wurde jedoch von den Alliierten wegen seiner engen Bindungen an Österreich wie ein Feindstaat behandelt und geriet in eine schwierige wirtschaftliche Lage. Mit dem Ende der Donaumonarchie und der Annäherung an die Schweiz orientierte sich das Fürstentum politisch neu. Die Bürger forderten die direkte Wahl der Abgeordneten durch das Volk. Es bildeten sich 1918 die «Fortschrittliche Bürgerpartei» (FBP) und die «Volkspartei» (Vorläuferin der Vaterländischen Union, VU). Eine neue Verfassung kam schließlich 1921 zustande und war ein Kompromiss zwischen Monarchie und Demokratie. Das dort festgeschriebene duale System, die Balance zwischen der Herrschaft des Fürsten und der Herrschaft des Volkes, hat bis in die Gegenwart Bestand und wurde 2003 kaum verändert.

Mit der Verwirklichung der Zoll- und Währungsunion seit 1924 setzte eine enge Verflechtung mit der Schweiz ein, die auch auf andere Politikfelder ausgeweitet wurde und bis heute fortdauert. Während des Zweiten Weltkriegs, in dem Liechtenstein erneut neutral blieb, erwies sich die Anlehnung an die Schweiz als vorteilhaft.

Die Nachkriegszeit war durch einen enormen wirtschaftlichen Aufschwung gekennzeichnet. Es kam zur Ansiedlung einer leistungsfähigen Industrie und zum Ausbau des Dienstleistungssektors. Aufgrund der niedrigen Steuersätze (20 %) entwickelte sich Liechtenstein zu einem wichtigen Bankenplatz und zum Sitz von Internationalen Holdings und «Briefkastenfirmen». Das Land kam

zwischendurch in den Verdacht, Geldwäsche zu befördern. Anfang 2002 traten nach internationaler Kritik gesetzliche Regelungen gegen die Geldwäsche und die organisierte Kriminalität in Kraft und zeigten erste Erfolge.
Die vielfältigen Verflechtungen zwischen der Schweiz und Liechtenstein führten dazu, dass die Schweiz auch in der Zeit nach dem Zweiten Weltkrieg wesentliche Teile der Außenvertretung Liechtensteins übernahm (so auch in der EFTA). Seit Ende der 1980er Jahre veränderten sich mit der Idee der Gründung eines Europäischen Wirtschaftsraums die Rahmenbedingungen auch für Liechtenstein, das zunehmend eine eigenständige Außen- und Europapolitik verfolgte.
Über die Europapolitik kam es zum ersten Konflikt mit Fürst Hans-Adam II., als die Bevölkerung sich in einem Referendum für den Beitritt zum EWR aussprach. Seit Anfang der 1990er Jahre schwelte ein Verfassungskonflikt. Eine Verfassungskommission arbeitete schließlich im Dezember 2002 einen Kompromiss zur Verfassungsreform aus, der das duale System und die Grundprinzipien der Verfassung von 1921 erhielt, aber die Gewichte in der Kompetenzverteilung verschob. In einer Volksabstimmung wurde das Verfassungsgesetz am 16. März 2003 mit einer Mehrheit von 64,3 % angenommen. Die abgeänderte Verfassung wurde am 15. September 2003 in Kraft gesetzt. Die novellierte Verfassung erweiterte die Kompetenzen des Fürsten, stärkte aber auch die Volksrechte im Sinne einer direkten Demokratie.

4. Politisches System

Nach der Verfassung vom 5.10.1921 ist das «Fürstentum Liechtenstein eine *konstitutionelle Erbmonarchie auf demokratischer und parlamentarischer Grundlage* ... Die Staatsgewalt ist im Fürsten und im Volk verankert und wird von beiden nach Maßgabe dieser Verfassung ausgeübt» (Art. 2). Kennzeichnend ist der «Dualismus von Fürst und Volk». Es dominieren weder das monarchische noch das demokratische Prinzip. «Fürst und Volk stehen auf gleicher Stufe nebeneinander.»
Staatsoberhaupt seit 1989 Fürst Hans-Adam II., seit dem 15. 8. 2004 ist Erbprinz Alois sein Stellvertreter mit dem ihm zustehenden Hoheitsrechten.
Legislative: Das Parlament (Landtag, Einkammersystem) mit 25 Mitgliedern wird alle vier Jahre nach dem Verhältniswahlrecht gewählt. Der Landtag hat das Recht, die Richter zu wählen, ein Recht, das der Fürst gerne in einer Verfassungsreform beschränkt sehen möchte.
Wahlen: Bei den Wahlen am 11. und 13. 3. 2005 erhielt die FBP 48,7 % (12 Sitze), die VU 38,2 % (10), die FL 13 % (3). Wahlbeteiligung: 86,5 %
Parteien: Fortschrittliche Bürgerpartei FBP, Vaterländische Union VU (hervorgegangen aus der Volkspartei), FL – Grün-Alternative Freie Liste.
Exekutive: Der Fürst ernennt den Führer der Mehrheitspartei im Landtag zum Regierungschef (Otmar Hasler, FBP), den Führer der zweitstärksten Partei zu dessen Stellvertreter (Dr. Klaus Tschütscher, VU). Das Kabinett wird vom Landtag gewählt und vom Fürsten bestätigt.
Wahlsystem: Es besteht Wahlpflicht

(ab 18). Die 25 Abgeordneten des Landtags werden nach dem Proporzverfahren (Verhältniswahlrecht) mit allgemeiner, gleicher, geheimer und direkter Stimmabgabe gewählt. Eine Partei muss mindestens 8 % der gültigen abgegebenen Stimmen erhalten, um bei der Mandatsverteilung berücksichtigt zu werden.
Rechtsordnung: Es bestehen ein Obergericht und ein Oberster Gerichtshof. Zivil- und Strafsachen werden in erster Instanz durch das Landgericht, in zweiter Instanz durch das Obergericht und in dritter und letzter Instanz durch den Obersten Gerichtshof verhandelt. Gerichte des öffentlichen Rechts sind die Verwaltungsbeschwerdeinstanz und der Staatsgerichtshof.

5. Politik in und für Europa

Wegen der engen wirtschafts- und währungspolitischen Verbindungen mit der Schweiz seit 1923 lässt sich Liechtenstein diplomatisch durch die Schweiz vertreten und besitzt heute eine eigene Repräsentanz nur noch in Bern. In der Außen- und Europapolitik orientierte sich das Land lange an der Schweiz. In der EFTA, der Liechtenstein durch einen Sonderstatus angehörte, ließ es sich wegen der engen Wirtschaftsbeziehungen zur Schweiz durch diese in den entsprechenden Gremien vertreten. 1991 wurde es dann wegen des sich anbahnenden Europäischen Wirtschaftsraums Vollmitglied der EFTA. Anders als die Schweizer stimmten die Liechtensteiner am 13. Dezember 1992 für einen Beitritt des Landes zum EWR. Das Votum der Liechtensteiner war auch Ausdruck der wieder entdeckten eigenen Identität. Hierbei spielt auch die Bewahrung der Souveränität eine wichtige Rolle. Ein Beitritt zur EU steht für den Kleinstaat Liechtenstein aus verschiedenen Überlegungen derzeit nicht zur Diskussion, doch wenn «man die Zukunft Liechtensteins sichern will, muß man sich an der Integration beteiligen» (Hans Brunhart). Im EWR und in der Rest-EFTA übernimmt Liechtenstein daher eine aktive Rolle. Regierungschef Otmar Hasler sah im Beitritt zum EWR einen handelspolitischen Erfolg. Der EWR sei für Liechtenstein «nicht lediglich ein ‹Warteraum›, sondern kann auch weiterhin eine echte Alternative zum EU-Beitritt darstellen». Ziel der Regierungspolitik ist es daher, die Wirtschaftspolitik mit der sich integrierenden und erweiternden EU zu harmonisieren.

Allgäuer, Robert: Die parlamentarische Kontrolle über die Regierung im Fürstentum Liechtenstein. Vaduz 1989; *Amt für Volkswirtschaft* (Hg.): Liechtenstein in Zahlen 2005. Vaduz 2005; *Batliner*, Gerard (Hg.): Die liechtensteinische Verfassung von 1921. Elemente der staatlichen Organisation. Vaduz 1994; *Batliner*, Martin: Die politischen Volksrechte im Fürstentum Liechtenstein. Freiburg 1993; *Geiger*, Peter/*Waschkuhn*, Arno (Hg.): Liechtenstein: Kleinheit und Interdependenz. Vaduz 1990; *Kellenberger*, Ralph: Kultur und Identität im kleinen Staat. Das Beispiel Liechtenstein. Bonn 1996; *Raton*, Pierre: Liechtenstein. Staat und Geschichte. Vaduz 1969; *Waschkuhn*, Arno: Politisches System Liechtensteins: Kontinuität und Wandel. Vaduz 1994.

www.lol.li (Liechtenstein online)
www.liechtenstein.li; www.avw.llv.li (Link Statistik)
www.presseamt.li (Presse- und Informationsamt)

Österreich (Austria)

1. Grunddaten

Staatsname: Republik Österreich
Größe: 83 871 km²
Hauptstadt: Wien
Einwohner: 8 197 881 (1. 7. 2006); ethnische Gruppen und Minderheiten: Slowenen, Ungarn, Kroaten
Bevölkerungsdichte: 98 Einw./km²
Konfession: 73,6 % Katholiken, 4,7 % Protestanten, 4,2 % Muslime, 0,1 % Juden, Altkatholiken und Orthodoxe. Religionslos: 12 %
Amtssprache: Deutsch; weitere Sprachen: Slowenisch, Kroatisch, Ungarisch
Währung: 1 Euro (€) = 100 Cents, 1 US-$ = 0,83 / 0,79 € (2005/2006),

2. Sozioökonomische Grundlagen

Bruttoinlandsprodukt (BIP): 246,5 Mrd. €, 306,1 Mrd. US-$ (2005)
BIP/Kopf: 37 300 US-$, 29 940 € (2005)
Erwerbstätigkeit: Landwirtschaft 0,8 %, Industrie 29,1 %, Dienstleistungen 69,8 %
Arbeitslosigkeit: 5,6 % (Juni 2006), 7,2 % (2005)
Inflation: 1,8 (August 2006), 2,3 % (2005)
Wirtschaftswachstum (BIP): 1,9 % (2005)
Außenhandel (2005): Import: 95,493 Mrd. €, 115,052 Mrd. US-$ – Haupthandelspartner: EU25 75,5 %, Deutschland 42,4 %, Italien 6,7 %, USA 3,3 %, Schweiz 2,76 %, Frankreich 4,1 %, UK 1,9 % – Export: 93,996 Mrd. €, (EU25 66,85 Mrd. €). 113,248 Mrd. US-$ Haupthandelspartner: EU25 71,12 %. Deutschland 31,9 %, Italien 8,7 %, USA 5,7 %, Schweiz 4,6 %, Frankreich 4,3 %, UK 4,11 %, Wichtiger Wirtschaftszweig ist der Tourismus mit 119,24 Mill. Übernachtungen (2005) und einer direkten und indirekten Wertschöpfung 2005 von 21,597 Mrd. € (2004: 20,878 Mrd. €). Dies entspricht 6,4 % des BIP.

3. Geschichte

Österreich gehört zu den ältesten Staaten Europas und hat nachhaltig die Geschichte des Kontinents geprägt. Aufgrund seiner geographischen und geostrategischen Lage übernahm dieser historische Raum eine Brücken- und Mittlerfunktion zwischen europäischen Regionen, die sich klimatisch, politisch, mental, ethnisch und kulturell unterschieden.
Im Gebiet des heutigen Österreich zeugen Höhlenfunde von den ersten Spuren menschlichen Lebens im Mittelpaläolithikum. Zur Zeit der Hallstattkultur fand ein reger Austausch mit den

Kulturen Südeuropas statt. Das im 2. Jahrhundert v. Chr. entstandene keltische Königreich Noricum wurde von Kaiser Augustus in die römische Provinz Rätien einbezogen. Die Römer prägten diesen Raum nachhaltig. Mit dem Zusammenbruch des Weströmischen Reiches im 5. Jahrhundert kam es zum Zusammenstoß zwischen germanischen und slawischen Stämmen. Schließlich besiedelten Germanen, unter ihnen die Bajuwaren, das Gebiet. Mit der Teilung des Frankenreichs kam das heutige Österreich zum «Ostreich» und wurde unter dem Babenberger Heinrich II. zu einem eigenen Herzogtum. Unter dem 1273 zum deutschen König gewählten Rudolf von Habsburg, dem Stammvater des Hauses Österreich, kamen Österreich, Steiermark und Krain unter die Herrschaft der Habsburger.

Ende des 15. Jahrhunderts wurden die Grundlagen für den Aufstieg Österreichs zur europäischen Großmacht gelegt. Durch die Heirat Maximilians I. mit Maria von Burgund 1477 begann eine kluge und teilweise verwirrende Heiratspolitik der Habsburger, die das «Haus Österreich» mit friedlichen Mitteln vergrößern und seine Macht beträchtlich erweitern sollte. Die mit dieser Heirat geschaffene Westorientierung der Habsburger bedeutete aber auch den Ausgangspunkt eines Dauerkonflikts mit Frankreich, der sich verschärfte, als der Enkel Kaiser Maximilians zugleich als Karl V. deutscher Kaiser und als Karl I. König von Spanien wurde. Für Frankreich, das erfolglos nach der deutschen und spanischen Krone gegriffen hatte, entstand seit dem frühen 16. Jahrhundert das Gefühl der «territorialen Umklammerung» durch die Habsburger.

In den Kriegen des 16. und 17. Jahrhunderts bewahrte das «Land mitten in Europa» seine Stellung als europäische Großmacht und ging auch aus den zahlreichen Erbfolgekriegen und machtpolitischen Konflikten des 18. Jahrhunderts nahezu unbeschadet hervor. Dabei spielten die theresianischen und josephinischen Reformen in Österreich und seinen Nebenländern eine zentrale Rolle. In den Kriegen gegen die Französische Revolution und Napoleon agierte Österreich zwischen Reichs- und Eigeninteressen und trug mit zum Untergang des Alten Reiches 1803/6 bei.

Die Neuordnung Europas auf dem Wiener Kongress war für den Weg Österreichs von der europäischen Großmacht zum Mittelstaat von nachhaltiger Bedeutung. Die Gefahr der Überdehnung seiner materiellen und personellen Ressourcen, die permanente schlechte Finanzsituation sowie das Sicherheitsbedürfnis waren ursächlich für zwei Entscheidungen mit Langzeitwirkung: (1) Österreich zog sich aus den habsburgischen Niederlanden (Belgien) zurück und gab seinen Besitz im Alten Reich auf. (2) Es arrondierte seinen Besitz um den Kernbereich der Monarchie durch den Erwerb von Salzburg sowie die einnahmeträchtigen Königreiche Venetien und Lombardei.

1814/15 wurde Österreich zur Schutzmacht Italiens und prägte das nördliche Italien politisch, wirtschaftlich und kulturell. Zwischen 1859 und 1866 musste es die Lombardei und Venetien an das Königreich Italien abtreten und nach dem Ersten Weltkrieg auch noch Südtirol. Nach dem Zweiten

Weltkrieg war die Südtirolfrage ein Konfliktpunkt zwischen beiden Ländern, der in den 1950er und 1960er Jahren eine Annäherung Österreichs an die Europäischen Gemeinschaften erschwerte. Erst mit dem EU-Beitritt Österreichs 1995 und dem Wegfall der Binnengrenzen konnte die Südtirolfrage europäisch gelöst werden.

Mit dem Ausschluss aus Deutschland 1866 stellte sich die Frage einer neuen und sinnvollen Organisationsform der Donaumonarchie. Sie wurde mit dem österreichisch-ungarischen Ausgleich von 1867 und den liberalen Staatsgrundgesetzen nur zeitweilig gelöst, auch wenn das Staatsgrundgesetz über die Rechte der Bürger noch heute Teil der Verfassung der Republik Österreich ist. Ein Charakteristikum der Donaumonarchie vor dem Ersten Weltkrieg war daher der Nationalitätenkonflikt in verschiedenster Ausprägung. Mit der Ermordung des Kronprinzen Franz Ferdinand am 28. Juni 1914 in Sarajewo, die letztlich den Ersten Weltkrieg auslöste, schwanden auch alle Hoffnungen in den böhmischen Kronländern, dass die Habsburger Monarchie zu einer Organisationsform finden werde, die ein gleichberechtigtes staatliches und politisches Nebeneinander der Kronen Österreichs, Ungarns und Böhmens (Tschechien) ermöglichen würde. 1918 wurde die Donaumonarchie als miteinander verbundener politischer, wirtschaftlicher und multikultureller Großraum zerschlagen.

Die Erste Republik, die das Anschlussverbot der Pariser Friedenskonferenzen streng einhalten musste, durchlief in der ersten Dekade eine schwierige innen-, außen- und wirtschaftspolitische Phase. Mit dem Scheitern der Bemühungen um ein engeres Zusammenwachsen der europäischen Staaten sowie den Auswirkungen der Weltwirtschaftskrise geriet auch die österreichische Demokratie in die Krise. Dies führte zu einem autoritären, ständestaatlichen Staatsmodell, begünstigte den Einfluss der Nationalsozialisten und bereitete den von vielen emotional gewünschten «Anschluss» an das Deutsche Reich vor. Dieser erfolgte am 12. 3. 1938 und wurde im April 1938 durch eine Volksabstimmung gebilligt. Als Teil des Deutschen Reiches nahm Österreich am Zweiten Weltkrieg teil. In österreichischen Konzentrationslagern (u. a. Mauthausen) kamen viele Juden um. Mitte April 1945 wurde Wien von der Roten Armee besetzt und Ende April marschierten Amerikaner und Franzosen in die westlichen Landesteile ein. Zum Zeitpunkt der deutschen Kapitulation am 8. Mai 1945 war die zweite österreichische Republik bereits proklamiert und äußerlich die Eigenstaatlichkeit wiederhergestellt worden.

1943 hatten sich die Alliierten darauf verständigt, Österreich nach dem Krieg als unabhängigen Staat wieder erstehen zu lassen. Mit dem ersten Kontrollabkommen vom 4. Juli 1945 übernahmen die Alliierten die oberste Regierungsgewalt in Österreich. Mit den Nationalrats- und Landtagswahlen am 25. 11. 1945 und der Wahl Renners zum ersten Bundespräsidenten endete der «provisorische» Status der Republik Österreich. Gleichwohl blieb das Land unter alliierter Kontrolle. Anders als Finnland und Italien hatte Österreich 1947 keinen

Friedensvertrag erhalten. Es war Teil der «deutschen Frage». Die Wiener Regierung hatte zwar größere Handlungsspielräume als die Bonner, doch gestaltete sich eine Regelung der Österreichfrage wegen der geostrategischen Lage am Schnittpunkt zwischen Ost und West schwierig. Es musste eine Lösung gefunden werden, die auch für die Sowjets annehmbar war. Die «Staatsvertragspolitik» von Bundeskanzler Raab im Frühjahr 1955 sowie die Verhandlungen in Moskau führten schließlich am 15. Mai 1955 zur Unterzeichnung des Österreichischen Staatsvertrags. Im November 1955 verabschiedete der Österreichische Nationalrat das Gesetz über die immerwährende Neutralität des Landes.

Die Zeit zwischen 1955 und 1970 war durch ein Zusammenwirken der beiden großen Volksparteien ÖVP und SPÖ bestimmt. Ihre Zusammenarbeit brachte die für Nachkriegsösterreich so wichtige innenpolitische Stabilität, die den wirtschaftlichen Aufschwung ohne größere soziale Konflikte beförderte («Sozialpartnerschaft»). In den 21 Jahren großer Koalition herrschte bei gutem Wirtschaftswachstum nahezu Vollbeschäftigung bei geringer Inflation. Flankiert wurde die Entwicklung durch Reformen und strukturpolitische Maßnahmen. In der Zeit der SPÖ-Alleinregierung zwischen 1970 und 1983 realisierte die Bundesregierung unter Bruno Kreisky tief greifende Reformen im Sozial- und Justizbereich. Zu einer Polarisierung der Republik kam es, als der langjährige österreichische UN-Generalsekretär Kurt Waldheim für das Amt des Bundespräsidenten kandidierte und seine NS-Vergangenheit bekannt wurde. Waldheim wurde gewählt, doch war er international isoliert und blieb innenpolitisch umstritten.

Die Zeit der bis 2000 bestehenden SPÖ-ÖVP-Koalition brachte erneut einen wirtschaftlichen Aufschwung, vor allem im Dienstleistungssektor, der das Land veränderte. Die Koalitionsregierung versäumte es aber, notwendige Reformen auf den Weg zu bringen, und war in das alte «Proporzsystem» bei der Vergabe von Posten verfallen. Jörg Haider konnte als populistischer «Saubermann» beim Aufdecken von «Filz» bei Wahlen profitieren. Die Bildung einer «schwarz-blauen» Regierungskoalition unter Bundeskanzler Schüssel Anfang 2000 führte zu einem einmaligen und heute nicht mehr wiederholbaren Schritt innerhalb der EU, der Ausgrenzung Österreichs durch die anderen 14 Mitglieder. Für die Akzeptanz der EU und Europas in Österreich war diese Politik, wie Umfragen zeigen, nicht sehr hilfreich. Die Regierungskoalition wurde 2002 bestätigt, wobei die ÖVP einen «Erdrutschsieg» errang (+15,4 %), während die FPÖ massiv verlor. Die von Bundeskanzler Schüssel eingeleitete «Reformpolitik des Umbaus» geriet angesichts eines innen- und außenpolitisch zunehmend unkalkulierbaren Koalitionspartners und dessen Spaltung sowie vor dem Hintergrund steigender Arbeitslosigkeit in die Krise. Das Schüsselsche soziale und wirtschaftliche Erfolgsmodell, das den Deutschen 2005 angepriesen wurde, scheint immer schwieriger zu verwirklichen sein. Die Regierung Schüssel konnte nur darauf hoffen, dass eine äußerst erfolgreiche EU-Präsidentschaft im ersten Halbjahr 2006 sich bei den

Nationalratswahlen im Herbst positiv auswirken würde. Das Wahlergebnis brachte der ÖVP hohe Verluste, aber auch die SPÖ konnte nicht zulegen, wurde aber stärkste Partei.

4. Politisches System

Österreich ist eine *parlamentarisch-demokratische Bundesrepublik* mit neun Bundesländern (Burgenland, Kärnten, Nieder- und Oberösterreich, Salzburg, Steiermark, Vorarlberg, Tirol und Wien). Die erste Republik wurde 1918 gegründet und am 27.4.1945 nach dem Ende des Zweiten Weltkriegs erneut proklamiert. Die Verfassung von 1920 mit den Änderungen von 1929 wurde wieder in Kraft gesetzt und gilt auch für die Zweite Republik mit Ergänzungen (beispielsweise über die EU Art. 23a–f) und Änderungen.

Staatsoberhaupt: Der *Bundespräsident* wird alle sechs Jahre direkt von den Bürgern, die an der Nationalratswahl teilnehmen dürfen, gewählt und kann ein Mal wiedergewählt werden (passives Wahlalter: 35 Jahre). Erhält ein Kandidat nicht die absolute Mehrheit, kommt es zu einer Stichwahl. Der Bundespräsident kann durch Volksabstimmung abgesetzt werden.

1992–2004 Thomas Klestil (ÖVP); seit 8.7.2004 Heinz Fischer (SPÖ), der sich gegen Außenministerin Benita Ferrero-Waldner mit 52,4 % durchsetzen konnte. Der Bundespräsident ist Oberbefehlshaber der Streitkräfte und benennt den Bundeskanzler. Auf Vorschlag des Bundeskanzlers ernennt er die Kabinettsmitglieder. Diese müssen das Vertrauen des Nationalrates haben.

Die Bundesversammlung: Sie wird von Nationalrat und Bundesrat gemeinsam gebildet und tritt nur zur Vereidigung des Bundespräsidenten sowie zum Beschluss über eine Kriegserklärung zusammen.

Legislative: *Zweikammersystem*: Nationalrat (183 Mitglieder), der alle vier Jahre gewählt wird, und der *Bundesrat* mit derzeit 62 Mitgliedern als «Länderparlament»: «Die Gesetzgebung des Bundes übt der Nationalrat gemeinsam mit dem Bundesrat aus» (Art. 24 ÖBVG).

Die *Mitglieder des Nationalrates* werden nach dem Verhältniswahlrecht gewählt. Das Bundesgebiet ist in «räumlich geschlossene Wahlkreise» eingeteilt, die Ländergrenzen nicht überschreiten dürfen. In den Wahlkreisen sind räumlich geschlossene Regionalwahlkreise zu bilden. Die Anzahl der zu wählenden Abgeordneten richtet sich nach der Bevölkerungszahl der Wahlkreise.

Die *Mitglieder des Bundesrats* und ihre *Stellvertreter* werden von den Landtagen nach dem Verhältniswahlrecht gewählt. Sie müssen nicht Abgeordnete, aber wählbar für ein Landesparlament sein. Das bevölkerungsmäßig größte Land entsendet 12 Mitglieder, die anderen entsprechend ihrer Bevölkerungszahl. Jedes Bundesland muss aber mindestens drei Mitglieder entsenden. Unter den Mitgliedern eines Landes muss auch die zweitstärkste Partei des Landtages vertreten sein. Der Vorsitz im Bundesrat wechselt unter den Ländern im halbjährigen Turnus in alphabetischer Reihenfolge.

In den 1980er Jahren wurde mit der *Volksanwaltschaft* eine Ombudsmann-Einrichtung geschaffen. Die Volksanwaltschaft hat drei Mitglieder. Sie werden auf sechs Jahre gewählt.

Exekutive: Die «obersten Verwaltungsgeschäfte des Bundes», sofern sie nicht vom Bundespräsidenten ausgeübt werden, sind der Bundesregierung unter Vorsitz des Bundeskanzlers übertragen. Der Bundeskanzler und auf seinen Vorschlag die Bundesminister werden vom Bundespräsidenten ernannt. Der Bundeskanzler und die Bundesminister sind dem Nationalrat verantwortlich. *Bundeskanzler* (4. 2. 2000–Oktober 2006) Wolfgang Schüssel (ÖVP), wird abgelöst von Alfred Gusenbauer (SPÖ), der eine Große Koalition bilden wird.

Wahlsystem: Das aktive Wahlrecht liegt bei 18 Jahren. Der Nationalrat wird nach dem Verhältniswahlrecht gewählt. Sperrklausel 4 %. *Wählbar* (passives Wahlrecht) sind alle Männer und Frauen, «die vor dem 1. Januar des Jahres der Wahl das 19. Lebensjahr vollendet haben» (Art. 26.4).

Wahlen zum *Nationalrat* (183 Sitze) am 1. 10. 2006/24. 11. 2002: ÖVP 34,2 %/42,3 % (66/79 Sitze); SPÖ 35,7 %/36,9 % (68/69); FPÖ 11,0 %/10,2 % (21/18); Grüne 11,0 %/9 % (21/17) BZÖ 4,1 % (7). Die Freiheitlichen (FPÖ) spalteten sich im Mai 2005 in BZÖ (Bündnis zur Zukunft Österreichs) 11 und FPÖ 7 Abgeordnete. *Mitglieder des Bundesrats nach Parteizugehörigkeit:* ÖVP 29, SPÖ 21, FPÖ 10, Die Grünen 2 (Juli 2003)

Parteien: Österreichische Volkspartei (ÖVP); Sozialdemokratische Partei Österreichs (SPÖ); Freiheitliche Partei Österreichs – Die Freiheitlichen (FPÖ); Bündnis Zukunft Österreich (BZÖ), Die Grünen – Die Grüne Alternative.

Föderalismus: Der Föderalismus gehört zu den Grundlagen der Republik Österreich und ist in Art. 2 ÖBVG festgeschrieben: «Österreich ist ein Bundesstaat.» Die Republik Österreich hat neun Bundesländer. Sie sind im Verhältnis ihrer Bürgerzahl im *Bundesrat* vertreten. Das größte Land entsendet 12 Vertreter. Jedes Bundesland erhält aber mindestens drei Vertreter.

An der Spitze eines Bundeslandes steht ein *Landeshauptmann* («Ministerpräsident»). Er ist Chef der Landesverwaltung und der mittleren Bundesverwaltung in den Ländern. Dies gibt ihnen eine starke Stellung. In den meisten Landesverfassungen ist ein Koalitionszwang vorgeschrieben. In den Landtagen gibt es aufgrund dieser Vorgaben kaum Opposition.

Die Vertreter eines Bundeslandes im Bundesrat werden nach dem Proportionalsystem durch die Landtage gewählt. Dem Bundesrat müssen alle im Nationalrat beschlossenen Gesetze – ausgenommen das Haushaltsgesetz – vorgelegt werden. Ein vom Bundesrat abgelehntes Gesetz kann der Nationalrat durch «Beharrungsbeschluss» überstimmen. Ausgenommen hiervon sind verfassungsändernde Gesetze, die sich auf die Kompetenzen der Länder im Bundesstaat beziehen. Ein Einspruch des Bundesrats hat hier keine «aufschiebende Wirkung», sondern die Ablehnung ist endgültig.

Die Gesetzgebung der Länder wird von den Landtagen ausgeübt. Vor ihrer Veröffentlichung müssen sie jedoch dem Bundeskanzler durch den Landeshauptmann zur Kenntnis gebracht werden.

Rechtsordnung: Alle Gerichtsbarkeit in Österreich geht vom Bund aus. Die

Richter sind unabhängig und werden vom Bundespräsidenten ernannt.
Gerichte erster Instanz in Straf- und Zivilsachen sind die *Bezirksgerichte*. Die zweite Instanz sind die *Landes-* oder *Kreisgerichte*. Die *Oberlandesgerichte* sowie der *Oberste Gerichtshof* sind reine Berufungsgerichte.
1991 wurde ein *Verwaltungsgerichtshof* eingerichtet, der die Gesetzmäßigkeit der gesamten Verwaltung sichern soll.
Der *Verfassungsgerichtshof* ist «Schiedsrichter» und «Wächter der Verfassung» und garantiert die dem Bürger zustehenden verfassungsmäßigen Rechte. Er hat einen Präsidenten, einen Vizepräsidenten und 12 weitere Mitglieder sowie sechs Ersatzmitglieder. Der Bundespräsident ernennt auf Vorschlag der Bundesregierung den Präsidenten, den Vizepräsidenten, sechs Mitglieder und drei Ersatzmitglieder. Der Nationalrat schlägt drei Mitglieder und zwei Ersatzmitglieder vor. Auf Vorschlag des Bundesrats werden zwei Mitglieder und ein Ersatzmitglied ernannt. Die Richter sind – bei einer Altersgrenze von 70 Jahren – auf Lebenszeit gewählt.

5. Politik in und für Europa

Vor dem Abschluss des Staatsvertrags 1955 war für Österreich eine aktive Integrationspolitik nicht möglich, da es auf die Interessen der Sowjetunion Rücksicht nehmen musste. Die Bewahrung der territorialen Integrität hatte Priorität gegenüber den Wünschen nach westeuropäischer Integration. Beim Europarat erhielt Österreich 1951 Beobachterstatus und trat 1956 als Vollmitglied bei. Der Europäischen Zahlungsunion war es zunächst assoziiert und wurde 1953 Vollmitglied. Nach Abschluss des Staatsvertrags wurden der Beitritt zum Europarat und der Abschluss eines Zollabkommens mit der Montanunion im Rahmen des GATT für Österreich zum Testfall. Er wurde von der Sowjetunion «zur Kenntnis genommen».
In der Folgezeit versuchte Österreich den neu gewonnenen außenpolitischen Handlungsspielraum zu nutzen. Eine Teilnahme am westeuropäischen Integrationsprozess blieb für Österreich in dem Maße erstrebenswert, wie es den außenpolitischen Status nicht belastete und für die «staatliche und nationale Konsolidierung» förderlich war. 1956 diskutierte die Wiener Regierung öffentlich über einen EGKS-Beitritt. Es wurde aber sehr schnell deutlich, dass die UdSSR darin eine Verletzung der «immerwährenden Neutralität» sehen würde. Nach dem Scheitern einer «Großen Europäischen Freihandelszone» beteiligte sich Wien als «Ersatz» vehement an den Verhandlungen über die Gründung einer «kleinen» Freihandelszone, die mit dem Neutralitätsstatus vereinbar war. Auf diesem Wege wollte Österreich wenigstens eine «Teilintegration» mit seinen wichtigsten westlichen Handelspartnern herbeiführen. Wegen der engen wirtschaftlichen Verflechtung mit dem «Europa der Sechs» konnte die 1960 gegründete EFTA aber nur eine «Notlösung» (M. Gehler) sein. Als kurz darauf Großbritannien, Dänemark, Irland und später auch Norwegen einen Antrag auf Mitgliedschaft in der EWG stellten, setzte Österreich zusammen mit den verbliebenen neutralen EFTA-Mitgliedern auf eine multilaterale Verhand-

lungsstrategie, um eine Assoziierung mit der EWG zu erreichen. Als diese scheiterte, versuchte Österreich in einem «Alleingang» handelspolitische Erleichterungen mit Brüssel zu erreichen. In den 1960er Jahren kam immer wieder Störfeuer aus Moskau, Prag und anderen osteuropäischen Hauptstädten gegen Verhandlungen und Gespräche zwischen Österreich und der EWG/EG und schließlich, als Österreich 1967 zu vertraglichen Vereinbarungen mit der EG gekommen war, legte Italien sein Veto ein. Nach Regelung der Südtirolfrage trat 1973 das Freihandelsarrangement zwischen EG und EFTA in Kraft. Damit begann eine neue Phase der österreichischen Europapolitik, die dem Land den EG-Markt erschloss und ihm handelspolitische Vorteile brachte.

Als Michail Gorbatschow in der Sowjetunion seit 1985 eine Politik der Liberalisierung einleitete, ergaben sich auch für das neutrale Österreich neue Handlungsspielräume. Eine Annäherung an die EG konnte nun nicht mehr als «Anschluss» an das EG-Mitglied Bundesrepublik Deutschland interpretiert werden. Zudem zwang die Luxemburger Erklärung der EG-Staaten vom April 1984, einen Europäischen Wirtschaftsraum zwischen EG und EFTA zu gründen, die EFTA-Staaten, sich Gedanken über ihr künftiges Verhältnis zur EG zu machen. Beide Ereignisse, die schließlich am 17. Juli 1989 zum Beitrittsantrag Österreichs in Brüssel führten, gaben der österreichischen Europapolitik eine neue Qualität in der Kontinuität: «Wie immer *re*agierte Wien auf Fortschritte im Integrationsprozeß, versuchte einen Ausschluß davon zu verhindern und orientierte sich nun an der neuen Vorgabe ‹EG 92›, wobei die EFTA-Zugehörigkeit nicht voreilig zur Disposition gestellt wurde – eine Parallele zu den 60er Jahren. Mit dem EWR-Projekt wurde parallel zum laufenden Beitrittsgesuch der multilaterale Brückenschlag in Form einer vorläufigen Zwischenlösung – ein typischer österreichischer Mittelweg – versucht» (M. Gehler).

Im Juli 1991 empfahl die EU-Kommission in einem Prüfbericht, den Beitrittsantrag anzunehmen und mit den Verhandlungen 1993 zu beginnen. Als problematisch sah sie vor allem die «immerwährende Neutralität» in ihrer derzeitigen Definition an. 1993 nahm Bundespräsident Klestil hierzu Stellung: Der «Mythos, der sich um den Begriff ‹immerwährende Neutralität› in der Vergangenheit gebildet» habe, müsse «auf die tatsächlichen Inhalte» zurückgeführt werden. Diese seien, dass von österreichischem Territorium keine Kriege ausgehen werden, dass Österreich keine Stationierung fremder Truppen zulassen und keinem Militärbündnis beitreten werde. Österreich werde sich aber als EU-Mitglied an der Ausarbeitung einer gemeinsamen Außen- und Sicherheitspolitik beteiligen.

In einem Verhandlungsmarathon Anfang 1994, bei dem vor allem die Kapitel Landwirtschaft, Zweitwohnungen, Regionalpolitik und Transit höchst kontrovers waren, wurden schließlich am 1. März 1994 die Verhandlungen abgeschlossen. Nach einer überwältigenden Zustimmung der Österreicher trat das Land zusammen mit Schweden und Finnland zum 1. Januar 1995 der EU bei. Der österreichische Beitrittsvertrag vom 24. Juni 1994 enthielt keine Sonderregelungen hinsichtlich der Neutralität. Vor diesem Hintergrund war es nur konsequent, dass Österreich 1995 der NATO-Partnerschaft für den Frieden beitrat.

Mit der EU-Erweiterung 2004 ergeben sich für Österreich Chancen und Risiken. Vier der neuen Mitglieder grenzen an Österreich. Dies kann sich kurzfristig, trotz der Übergangsfristen für die Freizügigkeit, problematisch auf den Arbeitsmarkt auswirken und einen stärkeren Wettbewerb vor allem im Waren- und Dienstleistungsbereich mit sich bringen. Dennoch wird der Beitritt von Ungarn, Slowenien, der Tschechischen Republik und der Slowakei auf lange Sicht große Vorteile mit sich bringen. Hinzu kommt, dass Österreich als Kern der alten Donaumonarchie wieder eine wichtige Brückenfunktion zu den Ländern Ost- und Südosteuropas übernehmen kann und bereits übernommen hat. In der Diskussion über die Zukunft Europas ist Österreich in der Gruppe der «kleinen» EU-Staaten aktiv. Hatte man in Wien während der ersten österreichischen Präsidentschaft noch davon gesprochen, dass sich Europa langfristig zu einem Bundesstaat entwickeln werde, ist in der Zwischenzeit wieder stärker die intergouvernementale Position hervorgetreten. Sicherlich hat hierbei auch die Behandlung Österreichs in der Zeit der «Sprachlosigkeit» im Jahr 2000 eine nicht unwesentliche Rolle gespielt. Es war kein Zufall, dass im Frühjahr 2003 die Initiative zu einer Abstimmung der Positionen der kleineren EU-Mitglieder mit Blick auf die Europäische Verfassung und die Reform der europäischen Institutionen von Österreich ausging. In seiner EU-Ratspräsidentschaft 2006 war für Österreich vor allem die Frage der Anbindung der Balkanstaaten an die EU ein Schwerpunkt.

Chorherr, Thomas: Eine kurze Geschichte Österreichs. Wien 2003; *Dachs*, Herbert (Hg.): Handbuch des politischen Systems Österreichs. Wien ²1992; *Gehler*, Michael/*Steininger*, Rolf (Hg.): Österreich und die Europäische Integration 1945–1993. Wien 1993; *Gehler*, Michael: Der lange Weg nach Europa. Österreich vom Ende der Monarchie bis zum EU Beitritt. 2 Bde. Innsbruck 2002; *Gehler*, Michael: Österreichs Außenpolitik der Zweiten Republik [1945–2005], 2 Bde. Innsbruck 2005; *Gehler*, Michael: Vom Marschall-Plan bis zur EU. Österreich und die europäische Integration, Innsbruck 2006; *Gerlich*, Peter/*Neisser*, Heinrich (Hg.): Europa als Herausforderung. Wandlungsimpulse für das politische System Österreichs. Wien 1994; *Hanisch*, Ernst: Der lange Schatten des Staates. Österreichische Gesellschaftsgeschichte im 20. Jahrhundert 1890–1990. Wien 1994; *Luif*, Paul: Österreich, in: *Weidenfeld*, Europa-Handbuch II, S. 269–278; *Pelinka*, Anton: Das politische System Österreichs, in: *Ismayr*, Politische Systeme Westeuropas, S. 521–552; *Suppan*, Arnold u. a. (Hg.): Der österreichische Staatsvertrag 1955, Wien 2000; *Vocelka*, Karl: Geschichte Österreichs. Kultur – Gesellschaft – Politik. Wien 2002; *Wehdorn*, Manfred: Das kulturelle Erbe. Vom Einzeldenkmal zur Kulturlandschaft. Innsbruck 2006; *Wolfram*, Herwig (Hg.), Geschichte Österreichs. 10 Bde. Wien 1994–2002. *Statistik Austria* (Hg.), Statistisches Jahrbuch Österreich. Wien 2006.

www.austria.org; www.austria.at
www.austria.gv.at; www.bmaa.gv.at (Außenministerium); www.bmwa.gov.at (Ministerium für Wirtschaft und Arbeit)
http://wahl06.bmi.gv.at, www.bmi.gv.at/Wahlen/NRW_06_gesamterg (Nationalratswahlen); www.oesterreichische-botschaft.de
www.bka.gv.at (Bundeskanzleramt);
www.hofburg.at (Bundespräsident)
www.vfgh.gv.at (Verf.Gericht);
www.statistik.at

Schweiz

1. Grunddaten

Staatsname: Schweizerische Eidgenossenschaft – Confédération suisse – Confederazione svizzera – Confederaziun Svizra. Die Schweiz ist eine Bundesrepublik
Größe: 41 293 km²
Hauptstadt: Bern
Einwohner: 7 461 100 (1. 1. 2006); Deutschschweizer 65 %, Franzosen 18 %, Italiener 10 %, Rumansch 1 %, sonstige 6 %
Bevölkerungsdichte: 180 Einw./km²
Konfessionen: Katholiken 41,8 %, Protestanten 35,3 %, Muslime 4,3 %, Orthodoxe 1,8 %, Juden 0,2 %, konfessionslos: 11,1 %
Amtssprache: Deutsch, Französisch, Italienisch, Rätoromanisch. Erstsprache: Deutsch 63,7 %, Französisch 20,4 %, Italienisch 6,5 %, Rätoromanisch 0,5 %
Währung: 1 Schweizer Franken (CHF/Sfr.) = 100 Rappen (Rp)/Centimes (c); 1 US-$ = 1,25 Sfr (1. 7. 2005), 1 € = 1,55 / 1,57 CHF (1. 7. 2005 / 1. 7. 2006)

2. Sozioökonomische Grundlagen

Die Schweiz besitzt eine entwickelte und stabile Marktwirtschaft. Die Arbeitslosenzahlen sind relativ niedrig und die Arbeitnehmerschaft ist hoch qualifiziert. Das Bruttoinlandsprodukt je Einwohner liegt höher als in den großen europäischen Volkswirtschaften. Seit den 1980er Jahren hat die Schweiz ihre Rahmenbedingungen und Wettbewerbsregeln der EU angeglichen («acquis»), auch wenn der Zeitpunkt einer Mitgliedschaft offen ist. Die Schweiz ist zudem wichtiger europäischer und internationaler Bankenplatz.
Bruttoinlandsprodukt (BIP): 456,931 Mrd. CHF, 297,794 Mrd. €, 367,0 Mrd. US-$ (2005)
BIP/Kopf: 61 618 CHF, 49 494 US-$, 39 754 € (2005)
Erwerbstätigkeit: Landwirtschaft 4,5 %, Industrie 26,4 %, Dienstleistungen 69,1 %
Arbeitslosigkeit: 3,3 % (Mai 2006)
Inflation: 1,4 % (Februar 2006)
Wirtschaftswachstum: 1,9 % (2005), 1,4 % (2004), -0,4 % (2003)
Außenhandel (2005): Importe: 150,9 Mrd. CHF, 97,355 Mrd. €, 120,72 Mrd. US-$; Haupthandelspartner (2005): Deutschland 32,1 %, Italien 10,7 %, Frankreich 9,3 %, Niederlande 5,0 %, USA 5,1 %, UK 4,4 %, Österreich 4,5 %, EU 80,4 % – Export: 156,8 Mrd. CHF, 125,44 Mrd. US-$, 101,161 Mrd. €; Haupthandelspartner: Deutschland 19,6 %, USA 10,9 %, Frankreich 8,6 %, Italien 8,1 %, UK 4,9 %, Japan 3,8 %, Österreich 3,5, EU 61,8 %

3. Geschichte

Das Gebiet der heutigen Schweiz war vor der Gründung der Schweizer Eidgenossenschaft keine historisch gewachsene politische, wirtschaftliche, sprachliche und kulturelle Einheit. Zum Durchgangsland für Handel und Verkehr wurde die «Schweiz» erst mit der Eröffnung des Gotthardpasses im 13. Jahrhundert, der die kürzeste Verbindung zwischen dem Römischen Reich deutscher Nation und Italien darstellte. Zwischen der Mitte des 14. und des 15. Jahrhunderts nahm dieser Raum politische Gestalt in der Form eines «einheitlichen Staatswesens» an, das dann im 16. Jahrhundert vollendet war und sich mit der neuen Eidgenossenschaft nochmals territorial ausdehnte. Erst allmählich verschwanden die Grenzen zwischen den einzelnen Gebietsteilen. Die klimatischen und sprachlichen Unterschiede blieben jedoch erhalten.

Archäologische Funde zeigen, dass bis zum 16. vorchristlichen Jahrhundert die alpine Landnahme abgeschlossen war. Im 2. Jahrhundert v. Chr. wanderten die keltischen Helvetier in das «Mittelland» und in die Gebiete nördlich des Rheins ein, in den westlichen Gebieten siedelten Kelten, in den östlichen Rätier, während das römische Gebiet bis nach Como und an den Genfer See reichte. Kurz vor der Zeitenwende wurde die gesamte heutige Schweiz Teil des Römischen Reichs. Während des Zerfallsprozesses des Weströmischen Reichs im 5. Jahrhundert siedelten Burgunder im Westen, Alemannen im Norden der Schweiz und der Süden kam unter den Einfluss der Langobarden. Damit waren um 500 die bis heute bestehenden Sprachräume ausgebildet. Im 8./9. Jahrhundert wurde das Gebiet in das Frankenreich eingegliedert und dessen Gaugrafschaftsstruktur übernommen. Es begann die zweite Christianisierung, die vor allem in der Gründung von Klöstern und Bistümern wie St. Gallen und Einsiedeln bzw. Konstanz und Basel ihre Ausprägung fand. Mit der Reichsteilung von 843 kam der größte Teil der heutigen Schweiz territorial zum Ostreich, die Westschweiz zu Burgund. Es bildeten sich zahlreiche geistliche und weltliche Herrschaften aus (Kloster St. Gallen, Herzöge von Zähringen).

Kaiser Barbarossa (Friedrich II.) hatte 1231 bzw. 1240 Uri und Schwyz die Reichsunmittelbarkeit verliehen. Diese wurde von den Habsburgern, die 1273 die Kaiserkrone erlangten, nicht anerkannt und führte am 1. August 1291 dazu, dass die «Urkantone» Uri, Schwyz und Unterwalden durch den Rütlischwur einen «ewigen Bund» eingingen und sich gegenseitige Unterstützung zusagten. Ob hinter der «Befreiungslegende» tatsächlich ein historischer Kern zu finden ist, lässt sich nicht klären. In militärischen Auseinandersetzungen mit den Habsburgern konnten die Urkantone die Eidgenossenschaft im Laufe des 14. Jahrhunderts auf die «Acht Alten Orte» erweitern («Schwyz»). Im Basler Frieden von 1499 erlangte die inzwischen weiter gewachsene Eidgenossenschaft die faktische Unabhängigkeit vom Reich. Das Ende der Expansionspolitik kam, als die Eidgenossen im Kampf um das Herzogtum Mailand den französischen Truppen bei Marignano 1515 unterlagen und 1516 einen «ewigen Frieden» mit Frankreich schließen mussten. Zwar konnte die Eidgenossenschaft das Tessin sichern, doch entschloss sie sich, künftig eine Politik der Neutralität in territorialer Saturiertheit zu verfolgen.

Wichtig für die politische und konfessionelle Entwicklung der Schweiz wurde die Reformation. Seit 1519 hatte sie durch Zwingli in Zürich, Basel und Bern Fuß gefasst. Während die städtischen Kantone zur Reformation übergingen, blieben die ländlichen Urkantone katholisch. 1530/31 kam es im Zuge der Ausbreitung der Reformation zu den Kappeler Kriegen und zur konfessionellen Spaltung der Schweiz. In Genf, das seit 1536 eidgenössisch war, führte Johannes Calvin 1541 gegen Widerstände die Theokratie ein. Genf wurde zum «Rom des Protestantismus» und zur Hochburg des Calvinismus. Die Zwinglianer und die Calvinisten schlossen sich 1566 zur Reformierten Kirche zusammen.

Die alte Eidgenossenschaft zerbrach 1798, als französische Truppen, die von den Anhängern der Revolution ins Land gerufen worden waren, einmarschierten und nach der Besetzung von Bern die «Helvetische Republik» ausriefen. Die von Peter Ochs ausgearbeitete Verfassung schuf die «Eine und unteilbare Helvetische Republik» als einen zentral organisierten demokratischen Einheitsstaat, wurde aber de facto 1803 durch die von Napoleon vermittelte «Mediationsverfassung» (1803–1813) abgelöst. Damit wurde die föderative Kantonsstruktur wiederhergestellt. Durch den Reichsdeputationshauptschluss im Heiligen Römischen Reich wurden neue Kantone angegliedert (St. Gallen, Aargau, Thurgau, Waadt, Tessin, Graubünden). Mit dem Einmarsch der Alliierten 1813/14 wurde der französische Einfluss beendet. Im Rahmen der europäischen Neuordnung von 1814/15 wurde die «Confoederatio Helvetica» wiederhergestellt und dem Land wegen seiner geostrategischen Bedeutung die «immerwährende Neutralität» garantiert. Mit der Bundesverfassung vom 8. August 1815 wurde eine staatenbündische Organisationsform für die Schweiz festgelegt. Unter dem Eindruck der Französischen Julirevolution 1830/31 setzten sich in zahlreichen Kantonen die Kräfte des Liberalismus durch und erwirkten in den Verfassungen eine stärkere politische Mitsprache der Bürger. Wie schon in der Periode der «Helvetik» (1798–1803) standen sich in der schweizerischen «Regenerationszeit» (1830–1848) die Verfechter einer staatenbündischen und einer stärker zentralstaatlichen Organisationsform gegenüber. Die konservativen katholischen Kantone schlossen sich 1845 zum «Sonderbund» zusammen. Im Sonderbundskrieg 1847/48 setzten sich die liberalen Kantone durch und erzwangen eine liberale Bundesverfassung. Die Schweiz wurde damit zu einem Bundesstaat mit Bern als Hauptstadt. Bundessache wurden Post, Münzen, Zoll, Maße und Gewichte. Als Regierung wurde ein Bundesrat eingesetzt. 1874 kam es zu einer neuen Bundesverfassung, in der die Rechte des Bundes und die Demokratie durch plebiszitäre Elemente gestärkt wurden.

Im Ersten Weltkrieg verfolgte die Schweiz eine Politik der absoluten

Neutralität. Die isolierte Lage, Konflikte zwischen der deutsch- und französischsprachigen Bevölkerung sowie kriegsbedingt massive wirtschaftliche Probleme sorgten für soziale Spannungen und führten zum Aufstieg der Sozialdemokratie. Charakteristisch für die Zwischenkriegszeit wurde der Gegensatz zwischen Sozialdemokratie und dem von den Freisinnigen geführten Bürgerblock. An die Stelle dieses Gegensatzes trat nach dem Zweiten Weltkrieg die «Konsensdemokratie». Auf Bundesebene wurde sie durch die «Zauberformel» 2:2:2:1 im Verhältnis der vier großen Parteien (FDP – SP – CVP – SVP) umgesetzt. Seit den Wahlerfolgen der rechtspopulistischen Schweizerischen Volkspartei unter Christoph Blocher wird sie jedoch zunehmend in Frage gestellt.

Nach heftigen innenpolitischen Auseinandersetzungen trat die Schweiz 1920 dem Völkerbund bei und setzte vor allem darauf, dass diese neue globale Organisation Frieden, Sicherheit und Recht weltweit garantieren würde. Diese Erwartungen zu erfüllen war der Völkerbund aus strukturellen Gründen nicht in der Lage. Folgerichtig kehrte die Schweiz bereits vor dem Zweiten Weltkrieg von der «differenziellen Neutralität» zur «integralen» Neutralitätspolitik zurück, die sie auch nach dem Zweiten Weltkrieg verfolgte. Dies war u. a. dadurch bedingt, dass sich mit dem nationalsozialistischen Deutschland und dem faschistischen Italien zwei mächtige Diktaturen als Nachbarn ausbildeten und die Schweiz nicht sicher sein konnte, ob ihr Status in Berlin und Rom akzeptiert werden würde. Im Zweiten Weltkrieg musste die Schweiz, vor allem nach der Besetzung Frankreichs 1940, gegenüber dem Dritten Reich immer wieder Konzessionen machen, um durch Wohlverhalten ihre Souveränität zu wahren. Hierbei spielte u. a. die Versorgungsfrage eine wichtige Rolle. Kritisch bewertet werden heute vor allem die damalige restriktrive Asylpolitik, die Zusammenarbeit mit dem Dritten Reich auf dem Energiesektor, der Weiterverkauf ehemaligen jüdischen Eigentums sowie die Gold- und Devisengeschäfte mit Deutschland («Raubgold»).

Mit begünstigt durch die Politik der Neutralität nahm die Schweiz nach dem Zweiten Weltkrieg einen rasanten wirtschaftlichen Aufstieg. Das kleine Land wurde zu einem der reichsten Länder der Erde (u. a. durch den Schweizer Franken als eine der wichtigsten Währungen) und erhielt – auch durch die gesetzliche Regelung des Schweizer Bankgeheimnisses 1934 – besonderes Gewicht als Banken- und Börsenplatz. Internationale Organisationen (u. a. IKRK, ILO) behielten ihren Sitz in der Schweiz. Genf wurde, obwohl die Schweiz nicht UN-Mitglied war, zum europäischen Hauptsitz der UNO. Die Entwicklungen und Probleme der Nachbarn und weltweit wirkten sich jedoch auch in der Schweiz aus. Dies zwang, sich den veränderten politischen, wirtschaftlichen und gesellschaftlichen Rahmenbedingungen anzupassen, insbesondere nach dem Zweiten Weltkrieg. Die Referendenpolitik brachte in dieser Hinsicht immer wieder Rückschläge und Verzögerungen.

4. Politisches System

In der Schweiz gilt seit dem 1.1.2000 die «Bundesverfassung der Schweizerischen Eidgenossenschaft» vom 18.4. 1999. Die Schweiz ist seit 1848 ein *parlamentarischer Bundesstaat* mit einem Zweikammersystem. In der Präambel der Verfassung heißt es «*Das Schweizervolk und die Kantone ... geben sich folgende Verfassung ...*». Es wird festgestellt: «Die Kantone sind Souverän, soweit ihre Souveränität nicht durch die Bundesverfassung beschränkt ist; sie üben alle Rechte aus, die nicht dem Bund übertragen sind» (Art. 3) und die «Kantone wirken nach Massgabe der Bundesverfassung an der Willensbildung des Bundes mit, insbesondere an der Rechtsetzung» (Art. 45).

Das Staatsoberhaupt: Bundespräsident, vom 1.1.–31.12.2006 Moritz Leuenberger (SP), und Vizepräsidentin, 1.1.–31.12.2006 Calmey-Rey (SP). Sie werden jeweils im Dezember von der Bundesversammlung aus den Mitgliedern des Bundesrats gewählt. Am 13.12.2006 wurde Michele Calmy-Rey (SP) mit 147 von 215 Stimmen von der Vereinigten Bundesversammlung zur Bundespräsidentin gewählt. Vizepräsident wurde mit 166 von 228 abgegebenen Stimmen Pascal Couchepin (FDP). Sie werden für die Zeit vom 1.1.2007–31.12.2007 amtieren. Der Bundespräsident ist zugleich auch Regierungschef. Bundeskanzlerin ist Annemarie Huber-Hotz (Bundeskanzlei).

Die Legislative: Die Schweiz hat ein Zweikammerparlament. Die *Bundesversammlung* teilt sich in den *Nationalrat* und den *Ständerat.*

Die 200 Mitglieder des *Nationalrats* werden auf vier Jahre direkt vom Volk gewählt. Nach dem Verhältniswahlrecht werden die Sitze entsprechend den Ergebnissen der amtlichen Volkszählung auf die Kantone und Halbkantone verteilt. Jeder Kanton oder Halbkanton erhält mindestens einen Sitz.

Die 46 Mitglieder des *Ständerats* werden – in der Regel alle vier Jahre, entscheidend für die Amtsdauer ist das jeweilige Kantonsrecht – durch Mehrheitswahlrecht direkt in den Kantonen (Stände) oder Halbkantonen gewählt. Den Vollkantonen stehen mindestens zwei, den Halbkantonen mindestens ein Ständerat zu.

Die Exekutive: Der *Bundesrat* (Kabinett) wird von der Bundesversammlung auf vier Jahre gewählt. Der Bundespräsident/Bundespräsidentin, zugleich Chef der Exekutive, wird jährlich im Dezember neu gewählt. Zur Erfüllung der Aufgaben des Bundesrats besteht eine *Bundeskanzlei.*

Regierungschef: Chef der Exekutive als «primus – prima – inter pares» ist immer der amtierende Bundespräsident/Bundespräsidentin. Der Regierungskoalition gehören die FDP, SP, CVP und SVP an.

Wahlrecht: allgemeines Wahlrecht ab 18 Jahren. Die Mitglieder des Nationalrats werden nach dem Verhältniswahlsystem bestimmt, die des Ständerats durch Mehrheitsvotum. Um im Nationalrat vertreten zu sein, müssen mindestens fünf % der Wählerstimmen erreicht werden.

Wahlen: Ständerat 1999 (keine Prozentangaben): FDP 18 Mandate, CVP 15, SVP 7, SPS 6; *Nationalratswahlen am 10.10.2003:* FDP 36 Mandate, CVP 28, SPS 52, SVP 55, GPS 13, LPS 4, SD 1, PdA 2, Lega 1, EDU 2, Links-Alternative 1, Solidarité 1.

Parteien: Christliche Demokratische Volkspartei der Schweiz (CVP/PDC/PCD), Grüne Partei der Schweiz, Freisinnige Demokratische Partei der Schweiz (FDP/PRD/PLR), Sozialdemokratische Partei der Schweiz (SPS/PSS), Schweizerische Volkspartei (SVP/UDC).
Kantone: Die Schweiz hat 20 *Vollkantone* und 6 *Halbkantone* mit jeweils eigener Verfassung, Parlament und Regierung sowie 2973 Gemeinden. Die Kantone sind souverän, soweit Hoheitsrechte nicht durch die Bundesverfassung eingeschränkt werden. Sie wirken an der Gesetzgebung über den Ständerat mit. Der Bund hat eine rechtzeitige Informationspflicht für geplante Vorhaben. Der Bund ist für «Aufgaben, die einer einheitlichen Regelung bedürfen», zuständig. Die Kantone bestimmen, «welche Aufgaben sie im Rahmen ihrer Zuständigkeiten erfüllen» (Art. 43).
Die «*Gemeindeautonomie*» muss nach «Maßgabe des kantonalen Rechts» gewährleistet werden. Der Bund hat bei «seinem Handeln die möglichen Auswirkungen auf die Gemeinden» zu berücksichtigen (Art. 50,2). «Er nimmt dabei Rücksicht auf die besondere Situation der Städte und der Agglomerationen sowie der Berggebiete» (Art. 50,3).
Rechtsordnung: Oberster Bundesgerichtshof. Seine Mitglieder werden von der Bundesversammlung auf 6 Jahre gewählt. Das 2007 in Kraft tretende Bundesgerichtsgesetz reduziert die Zahl der Bundesrichter von 41 auf 38.

5. Politik in und für Europa

Aufgrund der Erfahrungen mit dem Völkerbund und angesichts der potenziellen Bedrohung der Schweiz durch das nationalsozialistische Deutschland und das faschistische Italien war die Schweiz 1938 zur Politik der integralen Neutralität zurückgekehrt und verfolgte auch nach 1945 konsequent eine westlich orientierte Neutralitätspolitik. Diese bedingte, dass sie an internationalen Vereinbarungen, Institutionen und Bündnissen nicht teilnahm, die mit der Schweizer Neutralität unvereinbar schienen. Gleichzeitig aber war die Schweiz während und nach dem Krieg ein wichtiger Platz für den europapolitischen Dialog. In Zürich etwa hielt Winston Churchill 1946 seine berühmte, als wegweisend angesehene Rede zur Gründung «Vereinigter Staaten von Europa».
Die Schweiz beteiligte sich aber auf wirtschaftlichem Gebiet an europäischen Aktivitäten. So nahm sie am amerikanischen Wiederaufbauprogramm für Europa («Marshallplanhilfe») teil und wurde Gründungsmitglied der 1948 gegründeten OEEC. Dies eröffnete die Möglichkeit, aus der außenpolitischen Isolation herauszutreten und «ihre neue außenpolitische Maxime der Solidarität auf europäischem Niveau zu konkretisieren» (M. Zbinden). Im Sinne der Wirtschafts- und Handelsinteressen der Schweiz war auch die Gründung der Europäischen Zahlungsunion (EZU), deren Mitglied die Schweiz 1951 wird. Die Beteiligung am GATT und am Internationalen Währungsfonds (IMF) lehnte sie dagegen ab. Als seit 1955 klar wurde, dass die EGKS-Mitglieder sich auch wirtschaftlich im größeren Rahmen integrieren wollten, intensivierte die Schweiz ihre seit 1954 verfolgten Bemühungen, im Rahmen der OEEC eine große Europäische Freihandelszone

zu schaffen. Als diese 1958 u.a. am Einspruch Frankreichs scheiterte, beteiligte sich die Schweiz an den Vorbereitungen zu einer kleinen Freihandelszone und wurde 1960 Gründungsmitglied der EFTA. Ein Arrangement mit der EWG und eine erfolgreiche Assoziierungspolitik scheiterten in den 1960er Jahren. Wichtig für eine Verbesserung des politischen Klimas war 1963 der Beitritt der Schweiz zum Europarat.

1972 schloss die Schweiz einen Zoll- und Freihandelsvertrag mit der EWG. Damit schien sich die Freihandelskonzeption der Schweizer Integrationspolitik zu behaupten. Zunächst reagierte die wirtschaftlich starke Schweiz, in Fehleinschätzung der Rahmenbedingungen, nicht auf den EG-Vorschlag, einen Europäischen Wirtschaftsraum und damit eine Brücke zwischen EG und EFTA zu schaffen. Bern glaubte mit einer Politik der Teilnahme am Binnenmarkt ohne Vollbeitritt Erfolg zu haben. Die EWR-Verhandlungen entwickelten aber eine eigene Dynamik, der sich auch die Schweiz nicht entziehen konnte. Der EWR schien nach den Beitrittsgesuchen Österreichs, Schwedens und Finnlands zur EG für die Schweiz nicht mehr das Ziel, sondern die «Interimslösung» (M. Gehler) darzustellen. Der Bundesrat war gezwungen, den «acquis communautaire» der EG zu übernehmen. Damit war die traditionelle Politik des Bilateralismus und der sektoriellen Kooperation mit der EG «durchlöchert». Die Schweiz stellte dann im Mai 1992 in Brüssel den Antrag auf Vollmitgliedschaft ohne Neutralitätsvorbehalt. Als in einer Volksabstimmung die Bevölkerung den Beitritt zum EWR mit äußerst knapper Mehrheit (50,3 %) ablehnte – allerdings war die Ablehnung bei den Kantonen mit 16:7 sehr deutlich –, zog der Bundesrat das Beitrittsbegehren zur EG/EU nicht zurück; es wird derzeit jedoch nicht weiter verfolgt.

Der Schweizer Bundesrat entschied sich nunmehr für eine Doppelstrategie. Hierzu gehörten innenpolitisch die Neuordnung des Kartellrechts und ein neues «Binnenmarktgesetz», das die Handelshemmnisse unter den Kantonen beseitigen sollte. In den Außenwirtschaftsbeziehungen wollte man die Nachteile, die sich aus dem Fernbleiben vom EWR ergaben, durch bilaterale Abkommen verringern. Die entsprechenden Verhandlungen zwischen der Schweiz und der EU begannen Ende 1994 und konzentrierten sich auf sieben Bereiche: Straßenverkehr; Luftverkehr; Forschungskooperation; technische Handelshemmnisse; Landwirtschaft; Freizügigkeit von Personen; öffentliches Beschaffungswesen. Das Gesamtpaket wurde schließlich im Mai 2000 in einer Volksabstimmung mit großer Mehrheit angenommen.

Nach der Ablehnung des EWR-Beitritts 1994 hatte sich eine Volksinitiative gebildet, deren Ziel es war, sofortige Beitrittsverhandlungen mit der EU aufzunehmen. Die Volksabstimmung im März 2001, bei der weniger als ein Viertel der Wahlbürger für die sofortige Aufnahme von Beitrittsverhandlungen votierte, wurde jedoch zu einem Debakel. Sie wird zunächst einmal eine politische Annäherung der Schweiz an die EU verhindern. Die Entscheidung des Schweizer Wahlvolks hat verschiedene Ursachen. Man glaubte 2001, dass eine engere Bindung an die EU dem Land keine wirtschaftlichen Vorteile bringen würde, dass durch eine EU-Integration der Föderalismus und die direkte Demokratie gefährdet sein könnten und dass man erst einmal abwartend beobachten wolle, wie sich die EU-Erweiterung und die Wirtschafts- und Währungsunion auswirken würden.

Wann auch immer die Mehrheit der Schweizer Bevölkerung bereit sein wird, den Schritt vom Beobachter zum Mitspieler zu vollziehen – dies wird wahrscheinlich ein längerer Entscheidungs- und Bewusstseinsprozess sein –, wird sie auch die Frage der «immerwährenden Neutralität» klären müssen. Der Beitrittsantrag von 1992 hatte keinen Neutralitätsvorbehalt formuliert und bedeutete damit ein Abgehen von früheren Positionen. Diese außenpolitische Wende und eine Neuinterpretation der Neutralität werden von der Bevölkerung noch nicht mit getragen. Es spricht viel dafür, dass die Position des Bundesrats, in der Neutralitätspolitik Spielräume «zu Gunsten kollektiver Sicherheitsmaßnahmen sowie wirtschaftlicher und politischer Kooperation» zu nutzen, mittelfristig der richtige Weg sein wird, zumal die Schweiz zu ihrer europäischen Umwelt in einer engen politischen, wirtschaftlichen und kulturellen Interessengemeinschaft steht. In Volksabstimmungen votierten die Schweizer 2005 für die Assoziierung an das Schengener Abkommen und die Erweiterung der Freizügigkeitsabkommen als Folge des Beitritts von zehn neuen Staaten zur EU im Jahre 2004. Am 24. September 2006 wurde in Referenden das Ausländer- und Asylrecht verschärft. Über Zwei-Drittel der Abstimmenden unterstützten die von Justizminister Blocher (SVP) vorgelegten Veränderungen. Das neue Ausländer- und Asylrecht ist heute das restriktivste unter allen europäischen Staaten.

Christen, Heinrich: Schweiz, in: *Weidenfeld*, Europa-Handbuch II, S. 319–328; *Du Bois*, Pierre: Die Schweiz und die europäische Herausforderung 1945–1992. Zürich 1990; *Fahrni*, Dieter: Schweizer Geschichte. Ein historischer Abriss von den Anfängen bis zur Gegenwart. Zürich 2000; *Gehler*, Michael/ *Steininger*, Rolf (Hg.): Die Neutralen und die europäische Integration 1945–1995. Wien 2000; *Hettling*, Manfred u. a.: Eine kleine Geschichte der Schweiz. Der Bundesstaat und seine Traditionen. Frankfurt/M. 1998; *Im Hof*, Ulrich: Mythos Schweiz. Identität – Nation – Geschichte 1291–1991. Zürich 1991; *Im Hof*, Ulrich: Geschichte der Schweiz. Stuttgart [6]1997; *Linder*, Wolf: Das politische System der Schweiz, in: *Ismayr*, Politische Systeme Westeuropas, S. 487–520; *Marchal*, Guy P./*Mattioli*, Aram (Hg.): Erfundene Schweiz. Konstruktionen nationaler Identität. Zürich 1992; *Reinhardt*, Volker: Geschichte der Schweiz. München 2006; *Rougemont*, Denis de: Die Schweiz – Modell Europas. Wien/München 1965; *Schenker*, Mark: EG als Chance – die Schweiz am europäischen Scheideweg. Zürich 1991; *Bundesamt für Statistik* (Hg.), Statistisches Jahrbuch der Schweiz 2005. Bern 2006.

www.admin.ch (Bundesbehörden), www.admin.ch/br (Bundesrat = Regierung der Schweiz); www.bk.admin.ch (Bundeskanzlei); www.parlament.ch (Bundesversammlung); www.eda.admin.ch (Eidgenössisches Department für auswärtige Angelegenheiten); www.bger.ch (Schweizerisches Bundesgericht); www.bstger,ch (Bundesstrafgericht); www.bj.ch (Bundesverrwaltungsgericht); www.bfs.admin.ch/bfs/portal/de/index (Bundesamt für Statistik); www.ch.ch/ (Portal Schweiz).

Mittelost- und Osteuropa

Die Unterteilung Europas in einzelne Räume wird von verschiedenen wissenschaftlichen Disziplinen unterschiedlich vorgenommen. So stimmen die unterschiedlichen Arten von Grenzen – geografische, sprachliche, konfessionelle, kulturelle, historische, politische, sozioökonomische – meistens nicht überein. Darüber hinaus haben sich die meisten von ihnen im Lauf der Jahrhunderte z.T. mehrfach und erheblich verschoben. In der Geschichts- und Politikwissenschaft, aber auch noch sehr stark in der öffentlichen Meinung wird z.B. mit dem *Begriff Osteuropa* jenes Europa bezeichnet, das in der Zeit des Ost-West-Konflikts durch die Mitgliedstaaten des Warschauer Pakts gekennzeichnet war, also Albanien, Bulgarien, Rumänien, Ungarn, die Tschechoslowakei, die DDR, Polen und der europäische Teil der Sowjetunion. Er wurde sehr stark durch den Ost-West-Konflikt, auch politisch-psychologisch bestimmt. In Polen, ja selbst in Weißrussland hingegen wurde und wird Osteuropa erst ostwärts der jeweiligen eigenen nationalen Grenzen gesehen. Polen und Weißrussen sehen sich als zum östlichen Teil Mitteleuropas zugehörig. Mit diesem Begriff sollte gleichzeitig auch ein Entweichen aus der Zugehörigkeit zu Osteuropa vorgenommen werden. Untersucht man dagegen z.B. die geographische Lage Prags, so liegt die Stadt westlicher als Wien. Doch aufgrund der faktischen Zugehörigkeit Österreichs zum Westen und der Tschechoslowakei zum Ostblock wurde Österreich immer mit dem Westen assoziiert, während Prag dem Osten zugeordnet wurde. Dabei gehörte der tschechische Raum im Mittelalter eindeutig zum Zentrum Europas. Nicht zuletzt wurde 1348 mit der Karls-Universität die erste deutsche Universität in Prag errichtet. Auf «verkörperlichten» Europakarten, beispielsweise auf Sebastian Münsters «Regina Europa» (1588) finden wir «Bohemia» (Böhmen) als den Mittelpunkt, als das «Herz Europas». Nach dem tschechischen Selbstverständnis leben die Tschechen in «Mitteleuropa». Die Beispiele verdeutlichen, dass die Einteilung der europäischen Teilräume in gewisser Weise willkürlich ist, von der jeweiligen Wahrnehmung bestimmt und von verschiedenen Autoren unterschiedlich vorgenommen wird. Da wir Europa in zahlreiche Teilräume gliedern, zählen wir zu Mittelost- und Osteuropa die Slowakei, die Tschechische Republik, Ungarn, die Ukraine und Weißrussland. Einige dieser Staaten haben im Vorfeld des EU-Beitritts auch seit 1992 durch die CEFTA (Mitteleuropäisches Freihandelsabkommen) und seit 1991 durch die Viségrad-Zusammenarbeit sich auf den Beitritt vorbereitet und auch historische Modelle wiederbelebt, die auf die Zwischenkriegszeit, aber auch auf Überlegungen der Exilregierungen zurückgehen. Da die Sowjetunion fast 50 Jahre lang den Raum Osteuropa dominierte, entstanden in diesem Gebiet eine «andere politische Kultur, andere politisch/psychologische Mechanismen, andersartige wirtschaftliche Wirkungszusammenhänge, abweichende Perzeptionsmuster und spezifische Denkstrukturen ..., deren wirkliches Ausmaß erst jetzt deutlich wird – bei dem Versuch, die Teilung zu überwinden». Die anderen Europäer müssen diese unterschiedlichen Wahrnehmungen und Verhaltensmuster erkennen und bei der Analyse und Einschätzung der nach Europa zurückgekehrten Länder angemessen berücksichtigen.

Slowakei

1. Grunddaten

Staatsname: Slovenská Republika (Slowakische Republik)
Größe: 49 034 km²
Hauptstadt: Bratislava (Pressburg)
Einwohner: 5 389 181 (1. 1. 2006), 5,384822 (31. 12. 2004), davon 85,8 % Slowaken, 9,7 % Madjaren (Ungarn), 1,7 % Roma, Minderheiten von Tschechen, Ruthenen, Ukrainern, Deutschen, Polen, Russen.
Bevölkerungsdichte: 110 Einw./km²
Konfessionen: 68,9 % römisch-katholisch, 4,1 % griechisch-katholisch, 0,9 % orthodox, 7,9 % Protestanten, 6,9 % Evangelische Augsburger Kirche, 2,0 %, 0,6 % Sonstige
Amtssprache: Slowakisch, Ungarisch (regional); weitere Sprachen: u. a. Tschechisch
Währung: 1 Slowakische Krone (SK) = 100 Heller; 1 € = 38,59 Sk (2005), 1 US-$ = 31,02 SK (2005)

2. Sozioökonomische Grundlagen

Die Verfassung der Slowakei trifft eine normative Aussage zur Wirtschaftsordnung, wenn sie den Staat auf die Grundsätze einer sozial und ökologisch orientierten Marktwirtschaft verpflichtet. Die Industrialisierung der Slowakei begann nach der Machtübernahme der Kommunisten 1948, sodass sich zwischen 1948 und 1990 die Industrieproduktion in der Slowakei um das 33-fache erhöhte, während in Tschechien die Erhöhung lediglich beim 12-fachen lag. Die Wirtschaftsstruktur der ČSSR wurde den Bedürfnissen des Rats für gegenseitige Wirtschaftshilfe (RGW) untergeordnet. Ende der 80er Jahre waren 60 % der Rüstungsbetriebe der ČSSR in der Slowakei konzentriert, so dass das Land als Waffenschmiede des Warschauer Pakts galt. Mit etwa 15 % Anteil an der gesamten Industrieproduktion gehört die Nahrungsmittelindustrie zu den wichtigsten Branchen der slowakischen Wirtschaft. Weitere wichtige Industrien sind die chemische Industrie, der

Maschinenbau und die Textilindustrie. Die Privatisierung in der Slowakei ist bereits weit vorangeschritten, denn mittlerweile erwirtschaften die privatisierten Unternehmen mehr als 80 % des BIP. Dennoch versucht die Regierung, «strategisch wichtige» Unternehmen in direkter Staatskontrolle zu belassen.

Bruttoinlandsprodukt (BIP): 1440 Mrd. SK, 37,3 Mrd. € (2005),
BIP/Kopf: 267 300 SK, 6900 €, 8617 US-$ (2005)
Erwerbstätigkeit: Landwirtschaft 5,8 %, Industrie 38,3 %, Dienstleistungen 55,9 % (2003)
Arbeitslosigkeit: 13,5 % (Juni 2006), 16,2 % (2005), 18,2 % (2004)
Wirtschaftswachstum (BIP): 5,6 % (2005)
Inflation: 2,5 % (September 2006), 2,7 % (2005)
Außenhandel (2005): Import: (EU: 71,1 %) 1069 Mrd. SK, 27,70 Mrd. €; Haupthandelspartner: Deutschland 21,0 %, Tschechische Republik 12,7 %, Russland 10,7 %, Italien 4,8 %, Frankreich 3,9 %, Österreich 3,8 %, Polen 4,1 % – Export: (EU: 85,4 %) 993 Mrd. SK, 25,73 Mrd. €; Haupthandelspartner: Deutschland 26,1 %, Tschechische Republik 14,1 %, Italien 6,6 %, Österreich 7,1 %, Ungarn 5,6 %, Polen 6,3 %, USA 4,5 %

3. Geschichte

Die Slowakei existiert als Staat oder eigenes Herrschaftsgebilde erst seit dem 20. Jahrhundert. Die slowakische Geschichte ist daher weitgehend Teil der ungarischen Geschichte. Im 6.–8. Jh. n. Chr. entstanden auf dem Gebiet der heutigen Slowakei erste slawische «Großreiche». Sie wurden im 9. Jh. Teil des Großmährischen Reiches. Nach dessen Vernichtung 906 begannen die Ungarn ihren Staat auf slawischem Siedlungsland zu errichten. Unter den beiden ungarischen Herrschern Fürst Geza (972–997) und Stephan I. (997–1038) erfolgte die allmähliche Eroberung des Gebiets, wobei die heutige Slowakei zur Provinz Oberungarn wurde. Nach den Mongolenverwüstungen 1241 holte Béla IV. in großer Zahl deutsche Siedler ins Land (1271 Zipser Willkür). Im 14. Jh. waren bereits ein Viertel der Bewohner des heutigen slowakischen Gebiets Deutsche, die sich vor allem als Bergleute, Händler und Handwerker betätigten. Nach dem Sieg der Türken über die Ungarn 1526 wurde die ungarische Hauptstadt von Stuhlweißenburg nach Pressburg verlegt, der Bischofssitz von Gran (Esztergom) nach Tyrnau. Der ungarische Adel floh in oberungarische Städte und vermischte sich mit dem slowakischem Adel. Dieser Adel erhob sich in teilweiser Kollaboration mit den Türken, später auch mit protestantischen (deutschen) Städten der Slowakei immer wieder gegen das Haus Habsburg. Am Ende aber setzte sich die Gegenreformation durch, und es kam zu einem Niedergang der Städte. Erst im 18. Jh. brachten die Reformen Maria Theresias und Josephs II. eine Liberalisierung und führten zu einem kulturellen und wirtschaftlichen Aufschwung.

Obwohl die Slowaken trotz ihrer ungünstigen Position im Königreich Ungarn ihre Volkssprache aufrechterhalten konnten, bildeten sich vor der Mitte des 19. Jahrhunderts Geschichtsbewusstsein und eigenständige Traditionen nur in Ansätzen heraus. 1848 etwa sprachen sich slowakische Intellektuelle in Liptau für eine Föderalverfassung der k.u.k-Monarchie aus. Als die Regierung Schwarzenberg 1849 die Forderung nach slowakischer nationaler Autonomie ablehnte, wandte sich die slowakische Intelligenz zunehmend dem Panslawismus zu. Eine große Zahl von Slowaken wanderte aus wirtschaftlichen Gründen aus (vor allem nach Amerika). Nach dem österreichisch-ungarischen Ausgleich 1867 setzte eine intensive Magyarisierungspolitik ein. Nach dem Ende des Ersten Weltkriegs entstand 1918 die Tschechoslowakei, nachdem tschechische Exilpolitiker slowakischen Exilpolitikern im Abkommen von Pittsburgh zugesichert hatten, dass sie ihre eigene Verwaltung, ihren eigenen Landtag und ihre eigenen Gerichte erhalten würden. So wurde die Gründung des tschechoslowakischen Staates in den Friedensverträgen von St. Germain-en-Laye (1919) und Trianon (1920) sanktioniert. Allerdings waren die Konflikte zwischen Tschechen und Slowaken bereits vorprogrammiert, da die im Pittsburgher Abkommen festgelegten Rechte der Slowaken im politischen und wirtschaftlichen Bereich kaum Berücksichtigung finden sollten. Nachdem das Münchener Abkommen 1938 zur Abtretung der Sudetengebiete an das Deutsche Reich mit Billigung Frankreichs, Großbritanniens und Italiens geführt hatte, erkannte die geschwächte tschechoslowakische Zentralregierung das Selbstbestimmungsrecht des slowakischen Volkes an und garantierte dem «autonomen Land Slowakei» eine weitreichende politische Selbstverwaltung. Nachdem das nationalsozialistische Deutschland im Frühjahr 1939 in die Tschechoslowakei einmarschiert war, wurde der Staat in drei Teile geteilt: die Ruthenen in der Karpato-Ukraine kamen zu Ungarn, die Slowaken erhielten einen eigenen Staat und die besetzte Rest-Tschechei wurde das «Protektorat Böhmen und Mähren». Der neue slowakische Staat verfügte als deutscher «Schutzstaat» nur über eine geringe Souveränität. Unter der Regierung Tiso erhielt der erste slowakische Staat eine autoritäre Verfassung mit ständestaatlichen Einrichtungen. 1940 trat die Slowakei dem Dreimächtepakt bei und beteiligte sich anschließend aktiv am Krieg gegen die UdSSR. Das Land produzierte u.a. in großem Maße Rüstungsgüter für das Deutsche Reich (Hermann-Göring-Werke). Der slowakische Nationalaufstand vom 29. August 1944 führte dann jedoch zum De-facto-Austritt des Landes aus dem Dreimächtepakt und zu verstärkten Aktivitäten kommunistischer Partisanen.

Nach der Besetzung des Landes durch die Rote Armee wurde 1945 die Volksdemokratie Tschechoslowakei proklamiert. Die Sudeten- und Karpatendeutschen wurden unter z.T. grausamen Umständen ausgesiedelt. 1948 übernahmen die Kommunisten endgültig die Macht. Die slowakische Rüstungsindustrie wurde zu einem wichtigen Bestandteil des Warschauer Pakts. 1960 wurde die Tschechoslowakei in Tschechoslowakische Sozialistische Republik (ČSSR) umbenannt und das Land erhielt eine neue Verfassung. Ende der 1960er Jahre kam es zum «Prager

Frühling», der einen Kommunismus mit menschlichem Antlitz schaffen wollte. Alexander Dubček wurde als erster Slowake Erster Sekretär des Zentralkomitees der KP. Dubček lockerte die Pressezensur, ließ mehr Meinungs- und Versammlungsfreiheit zu und machte die Staatsgrenzen durchlässiger. Doch die Reformversuche scheiterten mit dem Einmarsch von fünf Warschauer-Pakt-Staaten unter Führung der Sowjetunion am 21. August 1968. Dubček wurde mit einigen weiteren Revolutionsführern festgenommen und nach Moskau gebracht, wo er Zugeständnisse an Moskau machen musste und bald durch Gustav Husak ersetzt wurde, der eine «Normalisierung» in Richtung des bekannten sozialistischen Systems Moskauer Prägung durchsetzte. Im Oktober 1968 verabschiedete das Parlament ein Verfassungsgesetz über die tschechoslowakische Föderation, die allerdings nur zu einer kulturellen Autonomie der Slowakei führte. Der Einmarsch der Warschauer-Pakt-Staaten führte zu wachsendem Widerstand in der Bevölkerung.

Im November 1989 kam es zur «samtenen Revolution». Die kommunistische Herrschaft wurde mit der Einsetzung einer neuen Zentralregierung, Regierungen in den beiden Republiken sowie der Wahl von Vaclav Havel zum neuen Staatspräsidenten im Dezember 1989 ohne Blutvergießen beendet. Die Umbenennung des Staates in Tschechische und Slowakische Föderative Republik ließ zunächst einen demokratischen Neuanfang eines Bundesstaates mit zwei gleichberechtigten Teilstaaten vermuten. Allerdings wurden die Differenzen zwischen Tschechien und der Slowakei nach der «samtenen» Revolution deutlich, die noch durch die jeweiligen Regierungschefs Klaus und Meciar verstärkt wurden. So kam es folgerichtig zur Auflösung der Tschechoslowakei und zur Trennung der beiden Republiken. Durch Verfassungsgesetz wurde die Tschechoslowakei mit der notwendigen Dreifünftelmehrheit des Parlaments aufgelöst. Der slowakische Ministerpräsident Mečiar proklamierte am 17. Juli 1992 die Souveränität der Slowakei, die mit dem 1. Januar 1993 in Kraft trat. Vor allem in der zweiten Hälfte der 1990er Jahre setzte im Vorfeld der EU-Beitrittsverhandlungen eine intensive, markwirtschaftlich orientierte Reformpolitik ein, die die Slowakei zu einem interessanten Investitionsstandort machten. Mit dem Regierungswechsel im Juli 2006 und einer Koalition zwischen der sozialdemokratischen SMER-SD unter Fico mit der rechtspopulistischen, fremdenfeindlichen Partei SNS (Slowakische Nationalpartei) mit ihrem Parteivorsitzenden Slota und der LS-HZDS (Bewegung für eine demokratische Slowakei) mit ihrem Exponenten Mečiar. Das Regierungsprogramm, das u. a. eine Beendigung der Privatisierungspolitik, die Einführung einer «Reichensteuer», eine höhere Besteuerung der Gewinne der Monopole und sowie eine stärkere Förderung der Arbeitnehmer, Rentner und Familien vorsieht, stößt auf große Kritik. Hinzu kommt, daß die Minderheitenpolitik, vor allem gegenüber den Ungarn, kaum eine Rolle spielt aber seit der Regierungsübernahme bereits zu Spannungen mit dem Nachbarland geführt hat. Die ersten Regierungsmaßnahmen im Sozialbereich (Abschaffung der Praxisgebühren, zusätzliche Altersrente ab Weihnachten) ließen die Sympathiewerte für Fico steigen, während die Regierung sich durch Äußerungen aus der SNS zugleich außenpolitisch zunehmend isolierte.

4. Politisches System

Die *Verfassung* vom 1. September 1992 bringt den politischen Willen zum Ausdruck, bewährte internationale Standards zu übernehmen. Die Slowakei ist ein parlamentarisches System, das sich an westeuropäische Demokratien wie z. B. die Bundesrepublik Deutschland anlehnt. Die gesetzgebende Gewalt wird von dem aus einer Kammer bestehenden Parlament (Nationalrat) ausgeübt. Gleichzeitig enthält die Verfassung Elemente der direkten Demokratie. So müssen Verfassungsgesetze über die Zugehörigkeit der Slowakei zu einem Staatenverband durch Referendum bestätigt werden. Andere wichtige Fragen des öffentlichen Interesses können mit einer Volksabstimmung entschieden werden.
Seit der Verfassungsnovellierung von 1999 wird auch der *Staatspräsident* direkt für eine Amtszeit von fünf Jahren gewählt. Die einmalige Wiederwahl ist zulässig. Gewählt ist – wie in Frankreich – der Bewerber mit absoluter Mehrheit im ersten Wahlgang; im zweiten Wahlgang kandidieren die beiden bestplatzierten Bewerber. Seit 15. 6. 2004 ist Ivan Gasparovic zweiter direkt gewählter Staatspräsident der Slowakei. Eine vorzeitige Abwahl des Staatspräsidenten ist durch Volksabstimmung möglich, allerdings nur, wenn das Parlament mit einer Mehrheit von mindestens drei Fünfteln dafür gestimmt hat. Der Staatspräsident hat im Wesentlichen repräsentative Funktionen, wie die Vertretung des Staates nach außen, die Ausfertigung der Gesetze, den Oberbefehl über die Streitkräfte, die Ernennung von hohen staatlichen Funktionsträgern sowie die Verleihung von Orden, Auszeichnungen u. a. m. Unter bestimmten, restriktiven Bedingungen kann er auch das Parlament auflösen. Der Präsident ernennt den Ministerpräsidenten, wobei er allerdings die Mehrheit im Parlament beachten muss. Bei der Ernennung und Entlassung von Ministern muss er sich seit 1999 an den Vorschlag des Ministerpräsidenten halten.
Das *Parlament* (Národná rad Slovenkej republiky – Nationalrat) besteht aus 150 Abgeordneten. Sie werden für eine Legislaturperiode von vier Jahren nach dem Verhältniswahlsystem gewählt. Das ganze Land bildet einen Wahlbezirk. Die Parteien müssen mindestens 5 % aller gültigen Stimmen auf sich vereinigen, um im Parlament vertreten zu sein. Wichtigste Aufgabe des Parlaments ist die Gesetzgebung und die Kontrolle der Regierung. Das Parlament tagt permanent und kennt keine festgelegten Sitzungsperioden wie z. B. in Frankreich. Es kann zu jeder Zeit der Regierung oder auch einem einzelnen Minister das Misstrauen aussprechen. Die Abgeordneten genießen Immunität und Indemnität.
Die *Regierung* besteht aus dem Ministerpräsidenten, seinen Stellvertretern sowie den Ministern. Sie muss innerhalb von 30 Tagen nach ihrer Ernennung ihr Regierungsprogramm vorlegen und das Vertrauen des Parlaments erhalten. Die Regierung ist allerdings

gegenüber dem Parlament im Vorteil, kann sie doch jede Abstimmung im Parlament mit der Vertrauensfrage koppeln und so die die Regierung stützenden Abgeordneten der Koalitionsfraktionen faktisch zur Zustimmung zwingen. Die Verfassung verleiht dem Kabinett als Einheit eine starke Position. Gemäß Art. 119 entscheidet es u. a. über Grundsatzfragen der Innen- und Außenpolitik, über den Entwurf des Staatshaushaltsplans, über Gesetzesvorlagen und Regierungsverordnungen sowie internationale Abkommen des Staates. Der Ministerpräsident, Robert Fico (SMER-SD) löste am 4. Juli 2006 den Wirtschaftsreformer Mikulas Dzurinda (SDKU) ab, besitzt allerdings keine formelle Richtlinienkompetenz wie z. B. der deutsche Bundeskanzler.

Während und nach der Wende gründeten sich zahlreiche *Parteien* und politische Organisationen, die sich jedoch – wie auch in vielen anderen Transitionsstaaten – nicht zu einem stabilen Parteiensystem fügten. Erst mit der Novellierung des Wahlgesetzes 1998, die eine Verschärfung der Sperrklausel mit sich brachte, kam es zu einem Konzentrationsprozess im Parteiensystem. Bei den ersten Nationalratswahlen nach dem EU-Beitritt am 17. 6. 2006 schafften von 21 Parteien nur 6 den Sprung in das Parlament. Wahlsieger wurde die links orientierte populistische SMER-SD mit 29,1 % (50 Sitze). Dzurindas Demokratische und Christliche Union (SDKU) erreichte 18,4 % (31). Drittstärkste Kraft wurden überraschend die Slowakische Nationalpartei (SNS) mit 11,7 % (20), die ebenso wie die Partei der Ungarischen Koalition (SMK) auf 11,7 % (20) kam. Die Bewegung für eine Demokratische Slowakei (Hnutie za demokratické Slovenskoko/HZDS) des früheren Ministerpräsidenten Mečir fiel mit 8,8 % (15) erstmals unter die 10 %-Marke. Sie war 1991 aus den Reihen der slowakischen Oppositionsbewegung gegründet worden und kann als slowakisches Pendant zum tschechischen Bürgerforum um Vaclav Havel verstanden werden. Die HZDS versteht sich als breite Sammlungsbewegung einer demokratischen Mitte. Die durch den autoritären Führungsstil ihres Vorsitzenden Meciar geprägte HZDS startete 1992 mit 74 Sitzen und schrumpfte seit den Wahlen von 2002 von 36 auf 15 Mandate. Mit 34 000 Mitgliedern ist sie eine der größeren Mitgliederparteien. Mit 8,3 % (14) schaffte die Christlich-Demokratische Bewegung (KHD) den Sprung in den Nationalrat. Die Slowakische Demokratische Koalition (Slovenská demokratická koalícia/SDK) entstand 1997 durch den Zusammenschluss von fünf Parteien.– die Christlich-Demokratische Bewegung (KDH), die Demokratische Union (DU), die Demokratische Partei (DS), die Sozialdemokratische Partei (SDSS) und die Partei der Grünen (SZ). Die SDK hatte bei den Nationalratswahlen 1998 noch 42 Sitze erhalten. Die Partei der Demokratischen Linken (Strana demokratickej l'avice/SDL) wurde 1991 als Nachfolgerin der Kommunistischen Partei gegründet. Sie löste sich von den ideologischen Grundlagen des Marxismus-Leninismus und versteht sich heute als sozialdemokratische Reformpartei. Seit 2002 ist sie nicht mehr im Nationalrat vertreten (2002: 1,39 %, 2006: 0,1 %). Die ungarische

Minderheit hatte sich in der Slowakei zunächst in drei unterschiedliche Parteien gespalten. Nach der Wahlrechtsnovelle 1998 schlossen sich die drei Parteien in der Ungarischen Koalitionspartei (Strana mad'arskej koalície/Magyar Koalicío Pártja/SMK/MKP) zusammen und kamen auf 15 Mandate (8,1 %). Seit 1998 konnte die SMK ihren Stimmenanteil vergrößern. Mit etwa 40 000 Mitgliedern ist sie die zahlenmäßig stärkste Partei in der Slowakei. Die 1990 gegründete Slowakische Nationalpartei (Slovenská národná strana/SNS) ist eine national ausgerichtete Partei und hatte sich seit ihrer Gründung für die Trennung von Tschechien ausgesprochen und gehört der neuen Regierungskoalition an. Schließlich komplettierte die 1998 vom damaligen Bürgermeister von Kosice Rudolf Schuster gegründete und inzwischen in die Bedeutungslosigkeit abgesunkene Partei der Bürgerverständigung (Strana obcianskeho porozumenia/SOP) das Parteiensystem. Charakteristisch für die Zeit seit der Mitte der 1990er Jahre waren Parteispaltungen, Parteineugründungen und erneute Fragmentierung. Die 2001 neu gegründete Allianz der Bürger (ANO) des Medienzars Pavol Rusko, die 2002 mit 15 Sitzen (8 %) im Nationalrat saß, scheiterte 2006 mit 1,4 % an der Sperrklausel.

5. Politik in und für Europa

Die Slowakei stand hinsichtlich ihrer europapolitischen Bedeutung immer im Schatten Tschechiens. Nach dem Beitritt Ungarns, Polens und Tschechiens zur NATO wurde das Land in Europa noch weiter marginalisiert. Erst die von der NATO im November 2002 ausgesprochene Einladung zur NATO-Mitgliedschaft führte das Land näher an den Westen heran. Zwar haben bisher alle Regierungen ihr Interesse an einer Mitgliedschaft in der Europäischen Union zum Ausdruck gebracht, doch verfolgte der langjährige Premierminister Mečiar gegenüber der EU einen sehr unklaren Kurs. 1993 wurde zwischen der Slowakei und der EU ein Assoziierungsabkommen geschlossen, das 1995 in Kraft trat. Auch wurde das Land 1993 Mitglied des Europarats und der OSZE. 1994 trat die Slowakei als assoziierter Partner der Westeuropäischen Union bei. 1997 wurde der Slowakei seitens der EU konstatiert, dass sie als einziger der Bewerberstaaten die 1993 vom EU-Gipfel in Kopenhagen verabschiedeten Kriterien nicht erfüllte. So war die Slowakei auch nicht in der ersten Gruppe der Beitrittskandidaten (Luxemburg-Gruppe), mit denen 1998 Verhandlungen aufgenommen wurden. Erst nachdem 1998 nach den Nationalratswahlen eine neue Regierung in der Slowakei installiert war, die alle politischen Anstrengungen für eine schnelle Integration in die EU vornahm, wurde im Dezember 1999 auch die Slowakei aufgefordert, in der zweiten Gruppe (Helsinki-Gruppe) ab 2000 Beitrittsverhandlungen mit der EU aufzunehmen. Die Slowakei wurde zusammen mit den anderen Bewerberstaaten gleichzeitig zum 1. Mai 2004 in die EU aufgenommen, nicht zuletzt da sie noch einen außerordentlichen geostrategischen Vorteil besitzt. Hätte die EU z. B. nur Polen und Tschechien aufgenommen, die Slowakei aber nicht, hätte ein mehr als 1000 km langes EU-

Grenzregime um die Slowakei gezogen werden müssen, was außerordentlich hohe Kosten verursacht hätte. In der Slowakei haben im Mai 2003 92,5 % der abstimmenden Slowaken bei einer Wahlbeteiligung von 52,2 % dem Beitritt zur EU zugestimmt. Im Juli 2003 ratifizierte das Parlament den EU-Beitritt mit einer überragenden Mehrheit. Sicherheitspolitisch ist die Slowakei aber noch klar auf die USA und die NATO ausgerichtet. So wurde der NATO-Beitritt der Slowakei im März 2003 besiegelt und parallel zum EU-Beitritt wirksam. In der Irakkrise optierte die Slowakei für die US-amerikanische Position und war einer der zehn mittel- und osteuropäischen Staaten, die in einem Brief Präsident Bush ihre Unterstützung zuteil werden ließen. Die aus den Wahlen vom 17.6.2006 hervorgegangene Regierungskoalition aus der sozialdemokratischen SMER-SD und den rechts-nationalen Parteien SNS und LS-HZDS versprach bei ihrer Einsetzung am 4. Juli 2006 und in ihrem Regierungsprogramm eine proeuropäische Politik zu verfolgen. Die Regierung Fico hält an der Einführung des Euro zum 1.1.2009 fest, verspricht die Zusammenarbeit mit den Partnern bei der «EU- und NATO-Erweiterung» sowie die «Ratifizierung des Vertrages für die Verfassung Europas» zu unterstützen. Mit der Tschechischen Republik wird eine strategische Partnerschaft angestrebt. Die Beziehungen zu Rußland sollen aktiviert werden. Die Regierungskoalition der sozialdemokratischen SMER-SD mit rechtsnationalen Parteien führte Anfang Oktober 2006 zur Aussetzung der Mitgliedschaft der SMER-SD in der Sozialdemokratischen Partei Europas (SPE) für zunächst 10 Monate.

Bútora, Martin/*Hunčik*, Peter (Hg.): Global report on Slovakia. Comprehensive Analyses from 1995 and Trends from 1996. Bratislava 1997; *Bútora*, Martin/*Skladony*, Thomas W. (Hg.): Slovakia 1996–1997. A Global Report on the State of Society. Bratislava 1998; *Cramer-Langer*, Katrin: Demokratisierung in der Slowakischen Republik. Entstehung und Entwicklung des Parteiensystems seit 1989. BIOST, Sonderveröffentlichung (Juni), Köln 1998; *Hoensch*, Joerg K.: Geschichte der Tschechoslowakischen Republik 1918–1978. Stuttgart [3]1992; *Kipke*, Rüdiger (Hg.): Abschied von der Tschechoslowakei. Ursachen und Folgen der tschechoslowakischen Trennung. Köln 1993; *Kipke*, Rüdiger: Das politische System der Slowakei, in: *Ismayr*, Politische Systeme Osteuropas, S. 285–321; *Schneider*, Eleonara: Quo vadis, Slowakei? Berichte des BIOST, Nr 36/1997; *Vykoupil*, Susanna: Slowakei. München 1999; *Wallat*, Josefine: Slowakische Republik, in: *Weidenfeld*, Europa-Handbuch II, S. 341–348.

www.botschaft-slowakei.de; www.prezident.sk (Staatspräsident); www.nrsr.sk (Nationalrat – Parlament); www.vlada.gov.sk (Regierung); www-8.vlada.gov.sk (Ministerpräsident); www.government.gov.sk/eu_en/ (Die EU und die Slowakei); www.infovek.sk; www.ivo.sk (Institute for Public Affairs, auch zur EU); www.statistics.sk (Amt für Statistik); www.nbs.sk (Nationalbank); www.pressburg.diplo.de/Vertretung/Pressburg/de/Newsletter (Wochenspiegel Presse); www.statistics.sk/volbyep2004 (Europawahlen 2004); www.slowakei-net.de (Daten, Fakten, Informationen)

Tschechische Republik

1. Grunddaten

Staatsname: Česká Republika; Kurzform: Česko, auch Tschechien
Größe: 78 866 km²
Hauptstadt: Praha (Prag)
Einwohner: 10 259 017 (31. 3. 2006), davon 90,3 % Tschechen, 3,7 % Mährer, 1,9 % Slowaken, 2,5 % Sonstige
Bevölkerungsdichte: 130 Einw./km²
Konfessionen: 39 % Katholiken, 2,5 % Protestanten, 1,7 % Hussiten, 16,9 %, Sonstige (Orthodoxe, Juden u. a.), 39,9 % konfessionslos
Amtssprache: Tschechisch
Währung: 1 Tschechische Krone (CZK) = 100 Heller; 1 Euro = 29,77 CZK (2005), 1 US-$ = 21,91 CZK, 1 € = 28,60 (1. 7. 2006)

2. Sozioökonomische Grundlagen

Im Vergleich zu anderen Staaten des Ostblocks befand sich die Tschechoslowakei 1989 in einer relativ guten Ausgangslage. Dank ihrer industriellen Entwicklung, ihrer geringen Auslandsverschuldung und des hohen Bildungsniveaus gehörte sie zu den wirtschaftlich führenden Ländern im Rat für gegenseitige Wirtschaftshilfe. So gelang es ihr auch relativ gut, den wirtschaftlichen Transitionsprozess zu bewältigen, wenngleich die Umwandlung des Anfang der 1950er Jahre auf Druck der Sowjetunion eingeführten Schwerindustriesektors Probleme bereitete. Die neue tschechische Regierung ging zügig den Weg der Marktwirtschaft und begann schon 1991 mit der «kleinen Privatisierung», bei der erfolgreich kleine Betriebe im Handels- und Dienstleistungsbereich versteigert wurden. Die «große Privatisierung» betraf die großen Staatsbetriebe. Die Bevölkerung konnte in der sog. Coupon-Privatisierung Anteilsscheine an Großbetrieben für eine Verwaltungsgebühr erhalten. Jedoch konzentrierten sich die Anteilsscheine bald in den großen Investitionsfonds, die oft den Banken gehörten. So kam es gerade in diesem Bereich zu keiner Privatisierung. Die tschechische Wirtschaft war bis Mitte der 1990er Jahre erfolgreich, geriet dann jedoch in eine Rezession. Seit 1998 ist die tschechische Volkswirtschaft wieder auf einem Wachstumskurs, der seit 2004 über 4 % liegt.
Bruttoinlandsprodukt (BIP): 2931,1 Mrd. CZK, 98,458 Mrd. €, 122,4 Mrd US-$ (2005),
BIP/Kopf: 284 600 CZK, 9560 €, 11 882 US-$ (2005)
Erwerbstätigkeit (2003): Landwirtschaft 4,5 %, Industrie 39,7 %, Dienstleistungen 55,8 %
Arbeitslosigkeit: 7,1 % (10/2006), 8,0 % (2005), 8,4 % (2004)
Inflation: 2,9 % (Juli 2006), 2,2 % (2005)
Wirtschaftswachstum (BIP): 6,0 %

Außenhandel (2005): Import: 61,662 Mrd. €, 74,292 Mrd. US-$; Haupthandelspartner: (EU 70,9 %) Deutschland 29,9 %, Russland 5,7 %, Polen 5,0 %, Italien 4,7 %, Slowakei 5,4 %, Frankreich 4,5 %, VR China 5,1 % – Export: 63,003 Mrd. €, 75,907 Mrd. US-$; Haupthandelspartner: EU 84,2 %, Deutschland 33,4 %, Slowakei 8,7 %, Österreich 5,6 %, Großbritannien 4,6 %, Frankreich 5,3 %, Polen 5,5 %

3. Geschichte

Zur Zeit der Völkerwanderung im 6. Jh. drangen Slawen in die Gebiete Böhmens ein, wobei Samo das Gebiet Anfang des 7. Jahrhundert beherrschte. Im 9. Jahrhundert baute Fürst Mojmir sein Einflussgebiet zum Großmährischen Reich aus. Im 10. Jahrhundert übernahmen die um Prag ansässigen Tschechen unter ihren Herzögen (Premysliden) die Macht und breiteten ihr Herrschaftsgebiet bis an die obere Weichsel, in das Lausitzer Sorbenland und nach Mähren aus. Mit dem Tode Wenzels III. 1306 starb die Dynastie aus. Im 14. Jahrhundert wurden Böhmen und Mähren zu Kernländern des Heiligen Römischen Reiches und als «Länder der Böhmischen Krone» unter den Herrschern aus dem Hause Luxemburg zusammengefasst. 1471 wurde Böhmen nach dem Tode des Hussitenkönigs Georg Podiebrad mit Polen vereinigt und 1491 unter die Herrschaft der Jagellonen mit Ungarn gestellt. Nach dem Tode des letzten Jagellonen 1526 in der Schlacht gegen die Osmanen wurde der Habsburger Ferdinand I. 1527 König von Böhmen. Bis zum Ende der Donaumonarchie im Jahre 1918 blieb das Land unter der Herrschaft der Habsburger. Die Hoffnungen nach dem österreichisch-ungarischen Ausgleich, dass die Monarchie sich zur Tripelmonarchie entwickeln könnte, erfüllten sich nicht. Am 28. Oktober 1918 wurde die Tschechoslowakische Republik (ČSR) ausgerufen. Im Friedensvertrag von St. Germain wurde die ČSR als einer der Nachfolgestaaten der Donaumonarchie bestätigt. Sie bestand aus der Slowakei und Tschechien. Erster Staatspräsident wurde Thomas G. Masaryk. Die erste Republik sollte nach den Versprechungen von Beneš und Masaryk nach dem Schweizer Vorbild (Kantonsmodell) organisiert werden, um die unterschiedlichen ethnischen Gruppen zusammenzufassen. Die Weltwirtschaftskrise seit Ende der 1920er Jahre traf den Industriestaat Tschechoslowakei, auf dessen Territorium sich ein Großteil der Industriekapazität der alten Monarchie befand, nachhaltig, ließ die Zahl der Arbeitslosen dramatisch ansteigen und führte wie in anderen europäischen Staaten neben der ökonomischen und sozialen Krise zu einer Krise des demokratischen Systems. Die Auswirkungen der Weltwirtschaftskrise und die scheinbaren Erfolge des Nationalsozialistischen Deutschland begünstigten eine Radikalisierung der Minderheiten, die eine stärkere Berücksichtung im öffentlichen Leben forderten und nach politischer Autonomie ihrer Siedlungsgebiete strebten. Besonders die von Konrad Henlein geführte Sudetendeutsche Partei strebte eine Föderalisierung der ČSR an. Im Münchener Abkommen 1938 anerkannten Frankreich, Großbritannien und Italien die Abtretung der Sudetengebiete durch die Tschechoslowakei an Deutschland und befürworteten später auch die Übergabe polnischer und ungarischer Siedlungsgebiete an die Nachbarstaaten. Am 15. März 1939 marschierten deutsche Truppen in der «Rest-Tschechei» ein. Sie wurde zum «Reichsprotektorat Böhmen und Mähren», während die Slowakei formal souverän und deutscher «Schutzstaat» wurde. Die Kontinuität des tschechoslowakischen Staates wurde 1940 in London durch die Bildung einer Exilregierung unter der Führung von Edvard Beneš gewährleistet, der 1945 erster Präsident der zweiten tschechoslowakischen Republik (1945–47) werden sollte. Die Regierung der Nationalen Front unter dem sozialdemokratischen Premierminister Fierlinger («Kaschauer Programm») wie auch Präsident Beneš erstrebten die Errichtung eines Wohlfahrtsstaates, nationalisierten die Schlüsselindustrien, versuchten einen konstruktiven Modus vivendi mit der Sowjetunion herzustellen und befürworteten mit der Aufgabe der Föderationsidee die Wiederangliederung der Slowakei. Die Sudeten- und Karpatendeutschen wurden unter z. T. grausamen Umständen ausgesiedelt. Nachdem die Kommunistische Partei (KPČ) bereits bei den Parlamentswahlen 1946 zur stärksten Kraft geworden war, übernahm sie nach dem gescheiterten Versuch der demokratischen Parteien, im Herbst 1947 die KP aus ihrer dominierenden Stellung zu verdrängen, im Februar 1948 mit dem «zweiten Prager Fenstersturz» vollständig die Macht und begann das Land nach sowjetischem Muster umzugestalten. 1960 wurde die Tschechoslowakei in Tschechoslowakische Sozialistische Republik (ČSSR) umbenannt und erhielt eine neue Verfassung. Seit Mitte der 1960er Jahre wurde der Reformflügel der KPČ zunehmend gestärkt, der eine Liberalisierung anstrebte und einen Kommunismus mit menschlichem Antlitz schaffen wollte. Der «Prager Frühling» ist mit dem Namen des Parteichefs Alexander Dubček verbunden. Er wurde als erster Slowake Erster Sekretär des Zentralkomitees der KP. Dubček lockerte die Pressezensur, ließ mehr Meinungs- und Versammlungsfreiheit zu und machte die Staatsgrenzen durchlässiger. Mit dem Einmarsch von fünf Warschauer-Pakt-Staaten unter Führung der Sowjetunion am 21. August 1968 wurde das Reformmodell des «Sozialismus mit menschlichem Antlitz» gewaltsam beendet. Dubček wurde mit einigen weiteren Führern der Reform festgenommen und nach Moskau gebracht, wo er Zugeständnisse an Moskau machen musste. Er wurde durch Gustav Husák ersetzt, der auf die Moskauer Linie zurückkehrte. Im Oktober 1968 verabschiedete das Parlament ein Verfassungsgesetz über die tschechoslowakische Föderation, die zum 1. 1. 1969 in Kraft trat, Forderungen der Reformer erfüllte, allerdings de facto nur zu einer kulturellen Autonomie der Slowakei führte. Unter dem Eindruck der Schlussakte von Helsinki entwickelte sich eine Bürgerrechtsbewegung. Besonderes Gewicht erhielt dabei die Unterzeichnung der «Charta 77» durch führende Intellektuelle (u. a. Vaclav Havel). Die Bürgerrechtsbewegung, von der Regierung bekämpft, nahm oppositionelles Ideengut auf und wurde im Oktober und November 1989 zum Träger der «samtenen Revolution». Die kommunistische Herrschaft wurde mit der Einsetzung einer neuen Zentralregierung, Regierungen in den beiden Republiken sowie der Wahl von Vaclav Havel zum neuen Staatspräsidenten im Dezember 1989 endgültig beendet. Die Umbenennung des Staates in Tschechische und Slowakische Föderative Republik ließ zunächst einen demokratischen Neuanfang eines Bundesstaates mit zwei gleichberechtigten Teilstaaten vermuten. Allerdings wurden die Differenzen zwischen Tschechien und der Slowakei nach der «samtenen» Revolution deutlich, die noch durch die persönlichen Differenzen der Regierungschefs Klaus und Mečiar verstärkt wurden. So kam es folgerichtig zur Auflösung (Dismembration) der Tschechoslowakei und zur Trennung der beiden Republiken. Durch Verfassungsgesetz wurde die Tschechoslowakei mit der notwendigen Dreifünftelmehrheit des Parlaments aufgelöst. Als Ursachen der Spaltung können vor allem die unterschiedlichen politischen Kulturen von Tschechen und Slowaken, aber auch die wirtschaftliche Adaptionskrise als Begleiterscheinung der Transformation, ein übersteigerter Nationalismus sowie fehlende Konfliktregelungsinstanzen genannt werden. Während die Slowakei einen konsequenten Reformkurs verfolgte und als Standort interessant wurde, tat sich die Tschechische Republik schwerer. Hierbei spielten, trotz des bemerkenswerten, vom Export getragenen Aufschwungs, die innenpolitische Lage und das Verhältnis der Parteien eine gewichtige Rolle. Die ersten Parlamentswahlen nach dem EU-Beitritt führten zu einem Patt zwischen den beiden großen Parteiblöcken. Die Regierung Topolanek (ODS) mußte Anfang Oktober 2006 zurücktreten, da sie im Parlament keine Mehrheit erhielt und versucht eine Regierungsbildung ohne die ČSSD.

4. Politisches System

Die Tschechische Republik ist eine parlamentarische Republik mit vergleichsweise weitgehenden Befugnissen des Staatspräsidenten. Die 1993 in Kraft getretene *Verfassung* orientiert sich sehr stark an der Verfassung der Ersten Republik. Tschechien definiert sich als ein «einheitlicher und demokratischer Rechtsstaat, der die Achtung der Rechte und Freiheiten des Menschen zur Grundlage hat» (Art. 1 VerfG). Zentrale unaufhebbare Verfassungsgebote sind neben dem parlamentarischen System die Menschenrechtsstaatlichkeit, die Volkssouveränität, das Demokratiegebot, das Mehrheitsprinzip einschließlich seiner Einschränkungen und die Gewaltenteilung. Die Verfassung unterscheidet drei Staatsgewalten, denen entsprechende Verfassungsorgane zugewiesen werden: die gesetzgebende Gewalt in Form des Abgeordnetenhauses und des Senats, die vollziehende Gewalt, die Präsident, Regierung und Staatsanwaltschaft ausüben sowie die richterliche Gewalt, die vom Verfassungsgericht und anderen Gerichten wahrgenommen wird. Der *Staatspräsident* wird durch Abgeordnetenhaus und Senat für fünf Jahre gewählt. Einmalige Wiederwahl ist zulässig. Im ersten Wahlgang benötigt er die absolute Mehrheit. Im zweiten und dritten

Wahlgang wird nach komplizierten Verfassungsbestimmungen gewählt, die gewährleisten sollen, dass auch unter schwierigen Konstellationen die Wahl eines Präsidenten zustande kommt. Seit der Gründung der Tschechischen Republik 1993 wurde Vaclav Havel Staatspräsident, der bereits von 1989 bis 1992 Präsident der Tschechoslowakei gewesen war und amtierte bis 2003. Sein Nachfolger wurde Vaclav Klaus. Der Präsident hat die üblichen Funktionen eines Staatsoberhaupts, also die Vertretung des Staates nach innen und außen, Oberbefehlshaber der Streitkräfte, Ernennung von Botschaftern, Richtern und Generälen. Das tschechische Staatsoberhaupt ist politischer als die Kollegen anderer Länder, da es auch über selbstständige Befugnisse verfügt, die keiner Gegenzeichnung bedürfen. Es ernennt und entlässt die Mitglieder der Regierung. In bestimmten Krisensituationen kann der Präsident die Abgeordnetenkammer auflösen. Er ernennt ebenfalls im Rahmen seiner selbstständigen Befugnisse die Richter des Verfassungsgerichts, den Vorsitzenden des Obersten Gerichts, den Präsidenten und Vizepräsidenten der Obersten Kontrollbehörde sowie die Mitglieder des Bankrats der Tschechischen Nationalbank. Der Präsident verfügt über ein suspensives Veto bei Gesetzen. Der Staatspräsident hat das Recht zur Teilnahme an Parlamentssitzungen wie auch an den Kabinettssitzungen. Er kann von der Regierung und einzelnen Ministern Berichte anfordern.

Das *Parlament* (*Parlament Ceské republiky*) besteht aus der Abgeordnetenkammer (Poslaneckà snymovna) und dem Senat (Senát). Die 200 Abgeordneten der Kammer werden entsprechend der Verfassungsvorgabe nach dem Verhältniswahlsystem für vier Jahre gewählt. Die Wahlen zum Senat finden nach dem Mehrheitswahlsystem statt. Jeweils ein Drittel der 81 Senatoren wird alle zwei Jahre neu gewählt. Gemäß der Verfassung werden im Oktober 27 Senatoren neu bestimmt. Eine gleichzeitige Mitgliedschaft in Abgeordnetenkammer und Senat ist nicht möglich. Die wichtigste Funktion des Parlaments besteht in der Verabschiedung von Verfassungs- und anderen Gesetzen. Auch bedürfen völkerrechtliche Verträge der Zustimmung des Parlaments. Eine weitere wichtige Funktion des Parlaments ist die Regierungskontrolle, die durch die Abgeordnetenkammer allein wahrgenommen wird. Die *Regierung* muss spätestens 30 Tage nach Regierungsantritt die Abgeordnetenkammer um das Vertrauensvotum ersuchen. Während der Legislaturperiode kann die Abgeordnetenkammer der Regierung das Misstrauen aussprechen und sie zum Rücktritt zwingen. Die Regierung besteht aus dem Ministerpräsidenten, seinen Stellvertretern sowie den Ministern. Sie hat eine vergleichsweise starke Stellung. Sie entscheidet formell als Kollegium. Faktisch verfügt der Ministerpräsident aber über eine Richtlinienkompetenz. Ministerpräsident seit dem 16. 8. 2006 ist Mirek Topolanek (ODS), nachdem der Sozialdemokrat Jiri Paroubek (ČSSD) schließlich zurückgetreten war. Bei den Europawahlen am 12. 6. 2004 verlor die ČSSD Stimmen und kam nur noch auf 8,33 % und 2 Mandate. Stärkste Partei wurde mit 37,5 % (9) die Bürgerliche Demokratische Partei (ODS), seit ihrer Gründung 1991 von Vaclav Klaus geprägt. Bei den ersten Wahlen nach dem EU-Beitritt am 2./3.6.2006 errang die EU-kritische konservative ODS 35,4 % (81 Sitze), die (ČSSD) Sozialdemokraten erhielten 32,3 % (74), die Kommunisten (KSČM) 12,8 % (26), die Christdemokraten (KDU-ČSL) 7,2 % (13). Die Grünen zogen mit 6,3 % (6) erstmals in das Parlament ein. Zwischen einer Mitte-Rechts-Koalition (ODS, KDU-ČSL, SZ) und einer Mitte-Links-Koalition (ČSSD, KSČM) besteht nach dem Wahlausgang ein Patt (100:100), das bis zum August 2006 die Regierungsbildung blockierte und verzögerte. Nach den Senatswahlen 2006: 41 Senatoren ODS (+14), 12 ČSSD (+11), KDU-ČSL 4 (-3), KSČM - (2).

5. Politik in und für Europa

Nachdem Warschauer Pakt, RGW und Sowjetunion als Referenzsysteme der tschechoslowakischen Außenpolitik kollabiert waren, verfolgte zunächst die Tschechoslowakei und dann auch Tschechien die Strategie der Einbindung in die westlichen Gemeinschaften. Der neue Staatpräsident Havel machte bereits zu Beginn der 90er Jahre deutlich, dass der zukünftige Platz seines Landes wie aber auch anderer osteuropäischer Länder in den westlichen Gemeinschaften sei. Aufgrund seiner hervorragenden ökonomischen Bilanz glaubte Tschechien im Alleingang vor allen anderen die EG-Mitgliedschaft erreichen zu können. Doch da die Slowakei in ihrer Entwicklung hinter Tschechien lag und beide Länder von der EG gleich behandelt wurden, verzögerte sich die Aufnahme Tschechiens. Bereits die Aufnahme in den Europarat hatte sich bis Juli 1993 hingezogen, da Tschechien zur gleichen Zeit wie die Slowakei aufgenommen wurde. Der Assoziierungsvertrag mit der EU wurde im Oktober 1994 unterzeichnet und trat im Februar 1995 in Kraft. 1996 wurde der offizielle Antrag auf Aufnahme in die EU gestellt. Im März 1998 wurden die Beitrittsverhandlungen mit Tschechien eröffnet und 2002 abgeschlossen.

Deutschland unterstützte den tschechischen Beitrittswunsch aktiv, wenngleich die deutsch-tschechischen Beziehungen durch die Beneš-Dekrete belastet wurden. Während des Zweiten Weltkriegs und kurz danach arbeitete die tschechische Exilregierung insgesamt 147 Rechtsnormen zur Wiederherstellung der Verfassungsordnung in der Tschechoslowakei aus, die Präsident Beneš zwischen April und Oktober 1945 als Dekrete erließ. Dabei handelte es sich vor allem um die entschädigungslose Enteignung «des Vermögens der staatlichen unzuverlässigen Personen», womit vor allem Sudetendeutsche betroffen waren. Darüber hinaus verloren tschechoslowakische Staatsbürger deutscher bzw. magyarischer Nationalität diese Staatsbürgerschaft und damit alle damit verbundenen Rechte. Und schließlich wurde Schutz vor Strafverfolgung für Handlungen gewährt, die zwischen dem 30.09. 1938 und dem 18.10.1945 als Beitrag zum Kampf um die Wiedergewinnung der Freiheit der Tschechen und Slowaken vorgenommen wurden, auch wenn sie sonst nach geltendem Recht strafbar gewesen wären. Diese Dekrete legitimierten somit auch Ausschreitungen tschechoslowakischer Bürger an Sudetendeutschen. Diese Dekrete belasteten neben den deutsch-tschechischen Beziehungen auch den Beitrittsprozess zur EU. Im September 2002 wurde in einem für das tschechische Parlament angefertigten Gutachten die nach wie vor formell rechtsgültigen Beneš-Dekrete als Verstoß gegen europäische Rechtsnormen bezeichnet. Jedoch entfalten sie heute keine Wirkung mehr. Diese Erklärung machte sich auch das Europäische Parlament im November 2003 zu Eigen, so dass aus EU-Sicht einem tschechischen Beitritt nichts mehr entgegen stand. Seitens Tschechiens wurde die Vertreibung der Sudetendeutschen aus der heutigen Sicht als unannehmbar bezeichnet, jedoch weiterhin auf der formalen Existenz der Beneš-Dekrete bestanden. So verwundert es nicht, dass gerade Tschechien mehr Gegenstimmen bei der Abstimmung im Europäischen Parlament (von deutscher CSU-Seite) als andere Bewerberstaaten hinnehmen musste.

Im Juni 2003 stimmte die Bevölkerung mit 77 % bei einer Wahlbeteiligung von 55,2 % für die Mitgliedschaft Tschechiens in der EU, sodass Tschechien zum 1. Mai 2004 vollwertiges Mitglied der EU wurde. Innerhalb des politischen Kräftespektrums ist die Bürgerliche Partei ODS die einzige politische Kraft von Bedeutung, die öffentlich in Erwägung gezogen hatte, dass Tschechien nicht unbedingt der EU beitreten müsse. Neben dem Europarat ist Tschechien Mitglied der OSZE. Eine außenpolitische Aufwertung, aus der auch eine gewisse Dynamik für den europäischen Integrationsprozess erhofft wird, erfuhr Tschechien durch den im Frühjahr 1999 erfolgten Beitritt zur NATO. Hinsichtlich der Haltung zur Irakkrise kam es zu unterschiedlichen Verhalten der jeweiligen Präsidenten. Während Vaclav Havel den Krieg der USA billigte und Tschechien in die «Koalition der Willigen» einbrachte, distanzierte sich sein Nachfolger Vaclav Klaus von dieser Politik. Die Mitte-Rechts-Minderheitsregierung Topolaneks scheiterte am 3. Oktober 2006 bei der Vertrauensabstimmung im Abgeordnetenhaus (96:99). Mirek Topolanek (ODS) hatte im Falle eines positiven Votums Neuwahlen im Frühjahr 2007 versprochen. Der frühere Ministerpräsident Jiri Paroubek (ČSSD) sah in der konservativen Regierung Topolanek dagegen eine Gefahr für die tschechischen Interessen in der EU: «Diese Regierung gefährdet mit ihrer skeptischen Haltung die Stellung unseres Landes in der EU». Die Senatswahlen – 27 Mitglieder waren neu zu bestimmen – und die Kommunalwahlen, bei denen erstmals EU-Bürger in Tschechien mitstimmen dürfen, im Oktober 2006 waren für die ODS erfolgreich. Präsident Klaus wird das Mandat für eine Regierungsbildung erneut Topolanek übertragen.

Bosl, Karl (Hg.): Handbuch der Geschichte der böhmischen Länder. 4 Bde. Stuttgart 1967–1974; *Hoensch*, Joerg K.: Geschichte Böhmens von der slavischen Landnahme bis zur Gegenwart. München [3]1997; *Kipke*, Rüdiger/*Vodička*, Karel (Hg.): Abschied von der Tschechoslowakei. Köln 1993; *Marko*, Joseph u. a. (Hg.): Revolution und Recht. Systemtransformation und Verfassungsentwicklung in der Tschechischen und Slowakischen Republik. Frankfurt/M. u. a. 2000; *Schmid*, Karin/*Horský*, Vladimir (Hg.): Das Ende der Tschechoslowakei 1992 in verfassungsrechtlicher Sicht. Berlin 2000; *Seibt*, Ferdinand: Deutschland und die Tschechen. Geschichte einer Nachbarschaft in der Mitte Europas. München [3]1997; *Vodička*, Karel: Politisches System Tschechiens. Münster 1996; *Vodička*, Karel: Das politische System Tschechiens, in: *Ismayr*, Politischen Systeme Osteuropas, S. 247–284; *Wallat*, Josefine: Tschechische Republik, in: *Weidenfeld*, Europa-Handbuch II, S. 373–381.

www.psp.cz (Parlament);
www.senat.cz (Senat);
www.hrad.cz (Präsident);
www.vlada.cz (Regierung), www.czso.cz (Amt für Statistik);
www.tschechien-online.org (Aktuelle Nachrichten zu Tschechien);
www.concourt.cz (Verfassungsgericht)
www.czech.cz (Offizielles Portal Tschechische Republik)

Ukraine

1. Grunddaten

Staatsname: Ukraïna
Größe: 603 700 km²
Hauptstadt: Kiew
Einwohner: 47,1 Mill. (Januar 2006), davon 77,8 % Ukrainer, 17,3 % Russen, 0,9 % Belorussen, 0,6 % Moldauer, 0,5 % Bulgaren, 0,4 % Polen sowie Ungarn, Griechen, Rumänen, Tataren u. a.
Bevölkerungsdichte: 80 Einw./km²
Konfessionen: Ukrainisch-Orthodoxe, Griechisch-Katholische, Russisch-Orthodoxe, Römisch-Katholische
Amtssprache: Ukrainisch; weitere Sprachen. Russisch, Sprachen der Minderheiten
Währung: 1 Griwna (UAH) = 100 Kopeken; 1 € = 6,37 UAH (2005), 1 US-$ = 5,12 UAH

2. Sozioökonomische Grundlagen

Die Ukraine galt in der Sowjetzeit als die Kornkammer der UdSSR. Noch heute produziert das Land viele Agrarprodukte und ist in der Lage, sich selbst zu versorgen, auch wenn Ende der 1990er Jahre ca. 20 Mio. t weniger Getreide als 1990 produziert wurden. Die Privatisierung in der Landwirtschaft ist nur sehr schleppend vorangekommen. Die Folgen der nuklearen Katastrophe von Tschernobyl 1986 belasten auch weiterhin die Wirtschaft der Ukraine. Nach wie vor dominiert die Schwerindustrie, wobei wiederum Bergbau, Raketen- und Panzerfabriken, Flugzeug- und Maschinenbau den Schwerpunkt bilden. Die Ukraine ist reich an Kohle- und Eisenerzvorkommen, Mangan, Titan und Graphit. Im Jahr 2003 erzielte die Ukraine das beste Wirtschaftsergebnis seit 1991. Das BIP stieg um 9,4 %.

Bruttoinlandsprodukt (BIP): 418,5 Mrd. UAH, 65,699 Mrd. €, 81,7 Mrd. US-$ (2005)
BIP/Kopf (2005): 8 849 UAH, 1 389 €, 1 727 US-$

Erwerbstätigkeit: Landwirtschaft 19,8 %, Industrie 30,8 %, Dienstleistungen 49,3 %
Arbeitslosigkeit: 7,5 % (2005), 8,5 % (2004)
Inflation: 13,5 % (2005), 12,3 % (2004); Durchschnitt 1990–2001: 220 %
Wirtschaftswachstum (BIP): 2,6 % (2005), 12,1 % (2004)
Außenhandel (2005): Import: 29,963 Mrd. €, 36,1 Mrd. US-$; Haupthandelspartner: EU25 35,1 %, GUS 47,1 %, Russland 35,5 %, %, Turkmenistan 7,4 %, Deutschland 9,4 %, Polen 3,9 % – Export: 29,469 Mrd. €; 34,3 Mrd. US-$; Haupthandelspartner: EU25 29,9 % GUS 26,2 %, Russland 18 %, Türkei 5,7 %, Italien 5 %, Deutschland 6 %, VR China 2,5 %, USA 4,6 %, Ungarn 2,5 % %, Rumänien 2,2 %, Polen 3 %

3. Geschichte

Ukraine bedeutet Grenzland. Sie bildet den Kern des seit dem 10. Jh. am mittleren Dnjepr entstandenen Kiewer Rus' (9.–12. Jh.), der im Verständnis der Ukrainer den Ausgangspunkt ihrer Geschichte bildet. Im 13. Jh. geriet die Ukraine unter die Herrschaft der Mongolen. Im 14. und 15. Jh. besetzten die Nachbarn Polen und Litauen Gebiete der Ukraine. Nach der polnisch-litauischen Realunion von Lublin 1569 fiel fast die gesamte Ukraine an das Königreich Polen. Mit der Union von Brest (1596) wurde neben der orthodoxen eine griechisch-katholische Kirche geschaffen. Der Widerstand gegen die polnische Herrschaft ging vor allem von den ukrainischen Kosaken aus. Nach dem Kosaken- und Volksaufstand unter Führung von Bohdan Chmelnizky 1648, bei dem es zu Massakern gegen die polnische und jüdische Bevölkerung kam, wurde ein eigener Kosakenstaat gegründet (Hetmanat der ukrainischen Kosaken), der sich jedoch schon 1654 im Vertrag von Perejaslaw eng an das Moskauer Reich anlehnen musste. Mit dem Waffenstillstand von Andrusowo zwischen Polen-Litauen und Moskau 1667 fiel der östliche Teil der Ukraine vollständig ans Russische Reich. Aufgrund der polnischen Teilungen 1772, 1775 und 1795 geriet dann der größte Teil der Ukraine unter russische Herrschaft, während der kleinere Teil (Galizien und die Bukowina) zu Österreich-Ungarn kam. Im russischen Teil der Ukraine wurde im 18. und 19. Jh. eine drastische Russifizierungspolitik – u. a. Verbot der ukrainischen Sprache und der unierten Kirche – durchgeführt. Im 19. Jh. entstand daraufhin eine ukrainische Nationalbewegung (Hauptrat der Ruthenen in Lemberg 1848) sowie eine Nationalliteratur.

Mit dem Zusammenbruch des Zarenreiches erreichte die Ukraine mit der Ausrufung der Ukrainischen Volksrepublik 1917 zunächst ihre politische Souveränität. Die Unabhängigkeitsbewegung gipfelte nach dem Ersten Weltkrieg in der Gründung einer Ukrainischen Nationalrepublik in Kiew und einer Westukrainischen Volksrepublik in Galizien. Beide vereinigten sich 1919. Allerdings verhinderten bewaffnete Auseinandersetzungen zwischen Russland und der Ukraine sowie ein verheerender Bürgerkrieg zwischen 1918 und 1921 die ukrainische Nationalstaatsbildung. Während die Westukraine im Frieden von Riga 1921 unter die Verwaltung des wieder entstandenen polnischen Staates gestellt wurde (bis 1939), hatte sich der östliche Teil der Ukraine bereits 1920 mit Russland verbündet. 1921 wurde in der Ostukraine die Ukrainische Sozialistische Sowjetrepublik (USSR) ausgerufen. 1922 begründete dann die USSR zusammen mit der Russischen Sozialistischen Föderativen Sowjetrepublik (RSFSR), Weißrussland und der Transkaukasischen Föderation die Union der Sozialistischen Sowjetrepubliken. Die Ukrainisierung des öffentlichen Lebens (Politik der «Einwurzelung») wurde durch Stalins konsequente Russifizierungspolitik schnell rückgängig gemacht. Auch ließ Stalin, wie auch in anderen Republiken, einen großen Teil der ukrainischen Parteikader und der Intelligenz als so genannte Volksfeinde vernichten, um den Widerstand gegen die Sowjetisierung zu brechen. Zudem starben bei der durch sowjetische Landreformmaßnahmen und Getreiderequisition verursachten Hungersnot 1932/33 allein in der Ukraine vier bis sechs Millionen Menschen. Im Zuge des Hitler-Stalin-Pakts wurde die Westukraine in einem Geheimem Zusatzprotokoll der sowjetischen Einflusssphäre zugeschlagen. 1941 wurde die Ukraine durch deutsche Truppen besetzt; die Organisation der ukrainischen Nationalisten (OUN) rief daraufhin einen ukrainischen Staat aus. Im Reichskommissariat Ukraine unter Erich Koch wurden Millionen Ukrainer als Zwangsarbeiter ins Deutsche Reich deportiert. Bei einem Massaker in der Schlucht von Babi Jar bei Kiew wurden 30 000 Juden ermordet.

Nach der Rückeroberung der Ukraine durch sowjetische Truppen 1943/44 kam 1945 die Karpato-Ukraine zum Staatsgebiet der Ukraine, ebenso Ostgalizien, Wolhynien, die Nordbukowina sowie der Südteil Bessarabiens. Mit der Gründung der Vereinten Nationen (UNO) 1945 wurde die Ukraine stimmberechtigtes Mitglied, musste also nach dem Zerfall der UdSSR und Unabhängigkeitserklärung nicht die Mitgliedschaft beantragen. Unter Chruschtschow konnten dann Hunderttausende unter Stalin deportierte Ukrainer in ihre Heimat zurückkehren. 1954 «schenkte» Chruschtschow der Ukraine die Krimprovinz, um die brüderliche Verbundenheit mit der Sowjetrepublik zu dokumentieren. In den 1960er Jahren kam es, u.a. gefördert durch den ukrainischen Parteisekretär Petro Schelest (1966–71), zu einem Wiederaufleben der Ukrainisierung. 1976 wurde die oppositionelle ukrainische Helsinki-Gruppe gegründet, woraufhin die Staatsorgane in den Folgejahren hart gegen Dissidenten vorgingen. Die von Gorbatschow eingeleitete Politik von Glasnost und Perestrojka fand denn auch in der Ukraine zunächst keine Entsprechung, da der seit 1972 die Ukraine beherrschende Parteichef Schtscherbyzky sich als reformresistent erwies. Mit dem GAU im Kernkraftwerk Tschernobyl, ca. 200 km nördlich von Kiew gelegen, richtete sich nicht nur der Blick der Weltöffentlichkeit auf die Ukraine, auch die Oppositionsgruppen wurden gestärkt. Im September 1989 schlossen sich mehrere von ihnen zur «Volksbewegung der Ukraine für Perestrojka» (Ruch) zusammen, die u. a. das Ziel einer unabhängigen Ukraine verfolgte. Nachdem ein Teil der kommunistischen Parteiführung, insbesondere Leonid Krawtschuk, den Kurs von Ruch unterstützte, stellte sich sehr bald die Unabhängigkeit ein. Im Juli 1990 verabschiedete der Oberste Sowjet mit überwältigender Mehrheit die Souveränitätserklärung der Ukraine. Der gescheiterte Putsch gegen Gorbatschow im August 1991 bildete den Anlass, die Unabhängigkeit der Ukraine zu proklamieren. Im Dezember 1991 votierten 90 % der Wähler für die Unabhängigkeit der Ukraine, die unmittelbar danach den 1922 geschlossenen Vertrag über die Bildung der Sowjetunion aufkündigte. Staatspräsident wurde Leonid Krawtschuk. 1992 erhielt die Krim innerhalb der Ukraine weitgehende Autonomie. 1997 wurde der Russisch-Ukrainische Freundschaftsvertrag geschlossen, der eine Einigung über die zwischen beiden Ländern umstrittene Schwarzmeerflotte sowie über die endgültige Grenze brachte.

Der Prozess der Verfassungsgebung sollte sich in der Ukraine jedoch über sechs Jahre hinziehen, denn erst im Juni 1996 wurde die neue Verfassung vom Parlament (Werchowa) mit der erforderlichen Zweidrittelmehrheit verabschiedet. In den Beratungen gingen die Auseinandersetzungen vor allem um die Form und Funktion des Parlaments, die Rolle des Präsidenten, die Definiton des Volkes der Ukraine, den Status der russischen Sprache und die Rolle der sozialen Grundrechte. Da eine schnelle Lösung des Verfassungsproblems nicht möglich war, erließ Staatspräsident Kutschma ein provisorisches Organisationsgesetz als Verfassungsersatz. In der neuen Verfassung definiert sich die Ukraine als «souveräner und unabhängiger, demokratischer, sozialer und Rechtsstaat». Die Staatsform der Republik, die Prinzipien der *Volkssouveränität*, der *Gewaltenteilung* und des *Unitarismus* sind wichtige Aspekte der neuen Verfassung. Auch finden sich neben den liberalen Freiheitsrechten soziale Grundrechte im Grundrechtskatalog. Die durch Wahlmanipulationen bei den Präsidentenwahlen 2004 ausgelöste «Revolution in Orange» und die Wiederholung der Präsidentenwahlen brachten den prowestlichen Wiktor Juschtschenko an die Macht. Sein angekündigtes Reformprogramm zur Demokratisierung und zur Marktwirtschaft konnte bisher kaum umgesetzt werden. Hierbei spielten das Zerwürfnis zwischen Präsident und Premierminister ebenso ein Rolle wie Korruptionsaffären. Im Herbst 2005 machte Juschtschenko in einem Zehn-Punkte-Memorandum Zugeständnisse an den Führer der Partei der Regionen Wiktor Janukowitsch, u. a. in Verfassungs- und Wahlrechtsfragen. Bei den Wahlen zum Obersten Rat im März 2006 erhielten die Parteien der Organgenen Revolution eine knappe Mehrheit (BJUT, NU, SPU). Monatelange, schließlich erfolgreiche Koalitionsverhandlungen führten nicht zur Regierungsbildung und brachten am 4. 8. 2006 die «Anti-Krisen-Koalition» aus Sozialisten (SPU), Kommunisten (KPU) und der Partei der Regionen

(PR) und Unsere Ukraine (NU) mit Janukowitsch an die Macht, die durch den Austritt der fünf prowestlichen Minister der Präsidentenpartei am 19. 10. 2006 (NU) parlamentarisch geschwächt wurde.

4. Politisches System

Von der Verfassungsnorm her kann die Ukraine analog zur V. Republik Frankreichs als ein semi-präsidentielles System bezeichnet werden, in dem der Präsident direkt durch das Volk gewählt wird und über bestimmte eigenständige legislative Rechte verfügt. Der *Präsident* (seit 23. 1. 2005 Wiktor Juschtschenko, NU) wird in allgemeinen, direkten, gleichen und geheimen Wahlen für fünf Jahre gewählt, wobei einmalige Wiederwahl möglich ist. Als Staatsoberhaupt ist der Präsident «Garant der staatlichen Souveränität, der territorialen Integrität der Ukraine, der Einhaltung der Verfassung, der Rechte und Freiheiten des Menschen und des Bürgers» (Art. 102). Der Präsident vertritt die Ukraine in den internationalen Beziehungen, schließt internationale Verträge ab und ist für die Führung der Außenpolitik verantwortlich. Er ist Oberbefehlshaber der Streitkräfte; er kann die Einführung des Ausnahmezustandes beschließen. Auch hat er das Recht, ein Referendum anzuberaumen. Mit Zustimmung des Obersten Rates ernennt er den Premierminister, für dessen Entlassung er ebenfalls das Recht besitzt. Der Präsident verfügt gegenüber den vom Obersten Rat verabschiedeten Gesetzen über ein suspensives Veto. Dagegen besitzt er nur ein eingeschränktes Recht zur Parlamentsauflösung. Nur im Fall von Hochverrat oder eines anderen Verbrechens kann der Präsident über ein Impeachment-Verfahren seines Amts enthoben werden. Durch die Verfassungsreform, die am 1. 1. 2006 in Kraft trat und mit der Neuwahl des Obersten Rates im März 2006 wirksam wurde, werden die Rechte des Präsidenten zugunsten des Parlamentes und der Regierung eingeschränkt. Es ist nun Recht des Parlamentes den Ministerpräsidenten und die meisten Minister zu nominieren. Der Präsident behält aber das Recht den Außen- und den Verteidigungsminister sowie den Chef des Geheimdienstes zu ernennen. Erster Staatspräsident war Leonid Krawtschuk (1990–1994), dem der ehemalige Ministerpräsident Leonid Kutschma 1994 nachfolgte. 1999 wurde Kutschma mit deutlicher Mehrheit wieder gewählt und blieb bis 2004 Staatspräsident. Kutschma betrieb seit seiner Wahl eine Machtsicherungsstrategie, die sich auf einen ständig wachsenden Apparat aus Fachleuten und Vertrauenspersonen stützte.

Drittes Organ im Machtdreieck ist neben dem Präsidenten und der Regierung das *Parlament (Werchowna Rada)*. Art. 75 bestimmt als einziges Organ der gesetzgebenden Gewalt der Ukraine den Obersten Rat. Er besteht aus 450 Abgeordneten, die alle vier Jahre in allgemeinen, gleichen, direkten und geheimen Wahlen gewählt werden. Seit 1997 diente als Wahlsystem ein Mischwahlsystem. Die Hälfte der 450 Abgeordneten werden nach dem relativen Mehrheitswahlsystem in Einerwahlkreisen vergeben. Die andere Hälfte der Abgeordneten gelangt über

Parteilisten in den Obersten Rat. Mit den Parlamentswahlen vom 26. 3. 2006 trat auch eine Wahlrechtsreform in Kraft. An die Stelle des gemischten Wahlsystems tritt nun ein reines Verhältniswahlrecht, wie es beispielsweise die Weimarer Republik kannte. In die Rada gelangen nur Parteien, die die 3 % (früher 4 %) – Sperrklausel überwinden. Art. 85 der Verfassung postuliert die Kompetenzen des Parlaments. Dazu gehören u. a. die Zustimmung zur Ernennung des Premierministers durch den Präsidenten sowie die Möglichkeit der Regierung das Misstrauen auszusprechen, die Einbringung von Verfassungsänderungen, die Anberaumung eines landesweiten Referendums, die Verabschiedung der Gesetze, die Bestätigung des Staatshaushalts, Verabschiedung der Grundlagen der Innen- und Außenpolitik, die Erklärung des Kriegszustandes und des Friedensschlusses, die Billigung des Einsatzes der Streitkräfte durch den Präsidenten, die Kontrolle der Tätigkeit der Regierung sowie die Wahl eines Drittels der Verfassungsrichter. Aufgrund der Herrschaftspraxis durch Präsident Kutschma wie auch eines stark fragmentierten Parteiensystems kann von einer stabilen Strukturierung des Parlaments nicht gesprochen werden. Um die Rada noch besser in die von ihm gewünschte Richtung lenken zu können, hatte Präsident Kutschma eine intensive Personalpolitik betrieben. Dabei arbeitete er besonders stark mit den zahlreichen Geschäftsleuten zusammen, die sich im Wahlblock «Für eine Geeinte Ukraine» im Parlament zusammengeschlossen hatten.

In der 2002 gewählten Rada gelang nur sechs *Parteien* und Wahlblöcken sowie vier weiteren Parteien durch ihre Direktkandidaten der Einzug. Dennoch kann man dies nicht als Konzentration des Parteiensystems bezeichnen. So kam es in vier der acht Fraktionen zu Spaltungen. Stärkste Fraktion war das Wahlbündnis «Für eine geeinte Ukraine» mit 112 Abgeordneten. Von den zur Reformergruppe gehörenden politischen Kräften wurde das Wahlbündnis «Unsere Ukraine» mit 121 Mandaten zweitstärkste Fraktion. Die Kommunistische Partei der Ukraine wurde mit 66 Abgeordneten drittstärkste Fraktion. Von der oppositionellen Gruppe gewann der Wahlblock von Julija Tymoschenko 22 und die Sozialistische Partei der Ukraine 23 Mandate. Die Sozialdemokratische Partei der Ukraine erreichte 24 Mandate. Vier Parteien konnten die 4 %-Sperrklausel nicht überwinden, waren jedoch durch direkt gewählte Abgeordnete vertreten: Wahlbündnis zwischen der demokratischen Partei der Ukraine und der Partei der Demokratischen Union (4), Wahlbündnis «Einheit», Partei der nationalen und ökonomischen Entwicklung (1), ukrainische Meerespartei (1). Schließlich waren noch 93 Selbstnominierte als Abgeordnete in der Rada vertreten. Das Wahlergebnis von 2002 bestätigte die bisherige Fragmentierung des Parteiensystems. Mit dem Parteiengesetz von 2001 erhielten die Parteien eine über die Verfassung hinausgehende gesetzliche Basis. Das Parteiengesetz verfolgt das Ziel, die knapp 130 Parteien zu verringern und zu einer Stabilisierung des Parteiensystems beizutragen. Ukrainische Parteien müssen für ihre Registrierung 10 000 Unterschriften von Bürgern aus mindestens zwei Dritteln der Gebiete des Landes beibringen. Auf diese Weise soll die Herausbildung von regionalen Parteien verhindert werden. Programmatisch lassen sich sieben Lager festmachen: die linken Parteien, das linke Zentrum, das Zentrum, die christdemokratischen Parteien, die Nationaldemokraten, die Rechten und die Ultra-Rechten. In Bezug auf ihr Entstehen können die Parteien zwei verschiedenen Gruppen zugeordnet werden. Einmal gibt es Parteien, die unmittelbar aus der nach dem Putsch im August 1991 gegen Gorbatschow verbotenen KPdSU-KPU hervorgingen. Dazu zählt zunächst die Kommunistische Partei der Ukraine (KPU), die Sozialistische Partei der Ukraine (SPU), die Bauernpartei der Ukraine (SelPU) und die Volksdemokratische Partei der Ukraine (NDPU). Ihre Mitglieder rekrutieren sich überwiegend aus ehemaligen KPdSU-Mitgliedern. Ihre Wurzeln außerhalb der KPdSU und innerhalb der nationaldemokratischen Volksbewegung haben zunächst *Ruch*, die Volksbewegung der Ukraine für Perestrojka, die Demokratische Partei der Ukraine (DPU) und die Ukrainische Republikanische Partei (URP). Andere Parteien, deren Führer lange im Exil lebten und von Exil-Ukrainern finanziert wurden, sind der Kongress der Ukrainischen Nationalisten (KUN) und die Organisation der ukrainischen Nationalisten (OUN). Fast zwei Drittel der mehr als 125 zu Beginn des Jahres 2002 registrierten Parteien waren kleine bzw. Kleinstparteien. Bei den Präsidentschaftswahlen 2004 kam es laut OSZE-Wahlbeobachtern zu massiven Verletzungen demokratischer Standards, so dass nach einem Generalstreik das oberste Gericht der Urkaine die Klage des unterlegenen Präsidentschaftskandidaten Juschtschenko zuließ, und das Parlament im November 2004 die Wahlen für ungültig erklärte. Das Oberste Gericht schloss sich dieser Entscheidung an und setzte eine Wiederholung für Dezember 2004 an. Bei der Präsidentschaftswahl setzte sich Juschtschenko mit 52 % gegen den von Kutschma und dem russischen Staatspräsidenten Putin offen unterstützten Kandidaten Janukowitsch mit 44 % durch. Damit hatte in der Ukraine ein historischer Machtwechsel stattgefunden. Der Sieg Juschtschenkos war nur möglich, weil sich die wichtigsten Oppositionsparteien, die Bewegung Unsere Ukraine (NU) und der Block Julia Timoschenko (JT), auf den NU Vorsitzenden Juschtschenko als gemeinsamen Präsidentschaftskandidaten einigten und große Teile der Bevölkerung angesichts der offensichtlichen Wahlfälschung in Massendemonstrationen die Opposition unterstützten. Wochenlang harrten die Demonstranten, ausgestattet mit orangener Kleidung und orangenen Fahnen – orange die Farbe der Opposition – vor den wichtigsten Regierungsgebäuden aus und dokumentierten nachdrücklich ihre Unterstützung, so dass auch von der orangenen Revolution gesprochen wurde. Juschtschenko beauftragte Julia Timoschenko mit der Regierungsbildung, die die Durchsetzung rechtstaatlicher Prinzipien, den Kampf gegen die Korruption und die Förderung der Wirtschaft als wichtigste Ziele nannte. Doch Julia Timoschenko scheiterte nach noch nicht einem Jahr Regierungstätigkeit. Bei den Parlamentswahlen am 26.3.2006 (Wahlbeteiligung 67,7 %) erhielt die Partei des Gegenspielers des Präsidenten bei den Wahlen 2004 mit seiner Partei der Regionen (Partija Regioniv – PR) 32,14 % (186 Sitze). Die frühere Ministerpräsidentin Tymoschenko erreichte mit ihrem Block (Blok Juliji Tymošenko – NJUT) 22,3 % (129), der Block Unsere Ukraine (Blok Naša Ukrajiny – NU) kam auf 14 % (81). Die Sozialistische Partei der Ukraine (Socialistyčna Partija Ukrajiny – SPU) wählten 5,7 % (33), die Kommunisten (Komunistyčna Parija Ukrajiny – KPU) 3,7 % (21). Sonstige: 22,2 % (–).

5. Politik in und für Europa

Die Ukraine als «Grenzland» liegt zwischen den mittel- und westeuropäischen Staaten einerseits und Russland andererseits. Die bei Präsidentschafts- und Parlamentswahlen immer wieder zutage tretende Spaltung der Ukraine wird auch in den außenpolitischen Zielvorstellungen erkennbar. Während der Osten, der Süden und die Autonome Republik Krim zu Russland tendieren, richtet sich der westliche Teil der Ukraine klar nach Europa aus. In der KSZE arbeitet die Ukraine als Nachfolgestaat der Sowjetunion seit ihrer Gründung mit. In den Vereinten Nationen besaß die Ukraine bereits seit der Gründung der Weltorganisation Sitz und Stimme. Im Juni 1994 wurde mit der EU ein Vertrag über Partnerschaft und Zusammenarbeit abgeschlossen. Viele der Auflagen des im März 1998 in Kraft getretenen Partnerschafts- und Kooperationsabkommens mit der EU blieben allerdings unerfüllt. Der Monopolcharakter der ukrainischen Wirtschaft wurde kaum abgebaut. Die Ukraine forderte ungeduldig eine sofortige Assoziation mit der EU, was diese jedoch ablehnte. 1995 wurde die Ukraine Mitglied des Europarats; allerdings wurde aufgrund der inneren Entwicklung in der Ukraine im Jahr 2000 die Mitgliedschaft der Ukraine im Europarat von dessen Parlamentarischer Versammlung in Frage gestellt. Im Mai 2002 erklärte der Sekretär des Nationalen Sicherheits- und Verteidigungsrates, Martschuk, dass die Ukraine einen NATO-Beitritt anstrebe. Bereits im September 2001 hatte die Ukraine im Rahmen der Antiterrorallianzbemühungen der USA den Amerikanern die Überflugrechte eingeräumt. Gerade vor dem Hintergrund der Erweiterung der NATO und der Verbesserung des Verhältnisses der Atlantischen Allianz zu Russland will die Ukraine mit dieser Öffnungspolitik nach Westen bei gleichzeitiger Aufrechterhaltung der engen Beziehungen zu Russland – der ukrainische Präsident Kutschma wurde 2003 zum Präsidenten der GUS gewählt – ihre unabhängige Position bewahren. Nach dem demokratischen Machtwechsel 2004/5 bot die EU der Ukraine eine privilegierte politische und ökonomische Zusammenarbeit im Rahmen der «Politik der einen Nachbarschaft» an. Im April 2005 gab Außenminister Terasjuk bekannt, dass die Ukraine die NATO-Mitgliedschaft für 2008 anstrebe. Die von der Ukraine verfolgte Westpolitik und Orientierung hin nach EU-Europa und zur NATO führte im Winter 2005/2006 zu Versorgungsengpässen bei den Gaslieferungen als Rußland die wirtschaftliche Abhängigkeit der Ukraine, vor allem auf dem Energiesektor, als Waffe einsetzte. Die innen-, partei- und regierungspolitischen Konstellationen erschweren die außen- und wirtschaftspolitische Orientierung der Ukraine zwischen Fortsetzung der «Westorientierung» und Reaktivierung der Beziehungen zum russischen Nachbarn. Der Ukraine werde, so Ministerpräsident Janukowitsch im Oktober 2006 beim Besuch einer Delegation des Europäischen Parlamentes, als verläßlicher Partner ihre europäische Option weiter aufrechterhalten und die Voraussetzungen für eine Mitgliedschaft in der WTO schaffen. Nach der Äußerung des Kommissionspräsidenten die Erweiterung der EU nach dem Beitritt Rumäniens und Bulgariens «auszusetzen» sprach sich Präsident Juschtschenko für eine baldige Aufnahme der Ukraine in die EU aus. Das 2006 auslaufende Partnerschafts- und Kooperationsabkommen müsse durch einen Assoziierungsvertrag abgelöst werden. Die Ukraine müsse eine «Perspektive für den Beitritt unseres Landes zur europäischen Völkerfamilie» erhalten.

Bos, Ellen: Das politische System der Ukraine, in: *Ismayr*, Politische Systeme Osteuropas, S. 469–514; *D'Anieri*, Paul/*Kravchuk*, Robert/*Kuzio*, Taras: Politics and Society in Ukraine. Boulder 1999; *Kappeler*, Andreas: Kleine Geschichte der Ukraine. München 1994; *Kuzio*, Taras: Ukraine under Kuchma. Political Reform, Economic Transformation and Security Policy in Independent Ukraine. New York 1997; *Kuzio*, Taras/*Kravchuk*, Robert S./*D'Anieri*, Paul (Hg.): State and Institution Building in Ukraine. New York 1999; *Schneider*, Eberhard: Das politische System der Ukraine. Eine Einführung, Wiesbaden, 2005. *Siemers*, Wilhelm Johann: Im Schatten des Präsidenten. Die Parlamentswahl in der Ukraine vom 31. März 2002, in: KAS- Auslandsinformationen 4/2002, S. 23–40; *Vorndran*, Oliver: Die Entstehung der ukrainischen Verfassung. Berlin 2000; *Wittkowsky*, Andreas: Fünf Jahre ohne Plan: Die Ukraine 1991–1996. Nationalstaatsbildung, Wirtschaft und Eliten. Hamburg 1997.

http://portal.rada.gov.ua (Parlament)
www.kmu.gov.ua (Regierung) (Ukraine Today);
www.ukrweekly.com (Ukrainian Weekly)
www.ukrstat.gov.ua (Amt für Statistik)
www.ukraine-info.de

Ungarn

1. Grunddaten

Staatsname: Magyar Köztársaság (Republik Ungarn); Kurzform: Magyarszág
Größe: 93 030 km²
Hauptstadt: Budapest
Einwohner: 10 077 000 (1. 1. 2006); davon 89,9 % Ungarn (Madjaren); Minderheiten von Roma (4 %), Deutschen (2,6 %), Serben (2 %), Slowaken (0,8 %) und Rumänen (0,7 %)
Bevölkerungsdichte: 109 Einw./km²
Konfessionen: 52 % Katholiken, 16 % Calvinisten, 3 % Lutheraner
Amtssprache: Ungarisch; weitere Sprachen: Romani, Deutsch, Kroatisch u. a.

Währung: 1 Forint (Ft/HUF))= 100 Fillér (f); 1 Euro = 248,37 HUF, 1 US-$ = 199,66 HUF (2005), 1 € = 283,95 Ft. (HUF), 1 US-$ = 204,16 (HUF) Ft. (1.7.2006)

2. Sozioökonomische Grundlagen

Ungarn befindet sich in der zweiten Phase des Transformationsprozesses, der durch eine umfangreiche wirtschaftliche Modernisierung gekennzeichnet ist. Das Land betreibt seit Mitte der 1990er Jahre eine export- und investitionsorientierte Wachstumspolitik. Ungarn hat weitreichende Privatisierungen vorgenommen. So sind die strategisch bedeutsamen Versorgungsbereiche wie Energie, Wasserwerke, Telekommunikation, aber auch Banken und Versicherungen vollkommen privatisiert worden. Etwa 80 Prozent des Bruttoinlandsprodukts werden inzwischen vom Privatsektor mit echten Eigentümern erzeugt. Ungarn konnte zudem über vierzig Prozent des gesamten Auslandskapitals in Mittel- und Osteuropa anlocken. Die Investitionsbedingungen gelten als sehr gut, die Behörden erledigen Formalitäten für ausländische Verhältnisse im Rekordtempo. Die Qualifikation der Arbeitskräfte ist gut und auch die Löhne sind (noch) günstig.

Bruttoinlandsprodukt (BIP): 21,785 Billionen HUF, 87,712 Mrd. €, 109,111 Mrd. US-$ (2005)

BIP/Kopf: 2160000 HUF, 8713 €, 10498 US-$ (2005)

Erwerbstätigkeit: Landwirtschaft 6,2 %, Industrie 34,1 %, Dienstleistungen 59,7 %

Arbeitslosigkeit: 7,2 % (2005), 5,8 % (2004)

Inflation: 3,6 % (2005), 6,8 % (2004)

Wirtschaftswachstum (BIP): 4,1 % (2005)

Außenhandel (2005): Import: 52,559 Mrd. €, 63,224 Mrd. US-$; Haupthandelspartner: (2005 EU25 67,9 %), Deutschland 27,3 %, Italien 4,9 %, Österreich 6,7 %, Russland 7,4 %, VR China 5,4 %, – Export: 49,721 Mrd. €, 59,904 Mrd. US-$; Haupthandelspartner: (2005 EU25 76,3 %), Deutschland 29,1 %, Österreich 6,0 %, Italien 5,4 %, Frankreich 4,8 %, UK 4,7 %, Niederlande 3,0 %, Rumänien 3,7 %; USA 3,1 %

3. Geschichte

Der mittlere Donauraum wurde früh besiedelt und gehörte in der Römerzeit zur Provinz Pannonien. Im 5. Jahrhundert war er Mittelpunkt des Hunnenreiches. Seit dem 9. Jahrhundert besiedelten Teile der finnisch-ugurischen Uralvölker das Gebiet des heutigen Ungarn («Landnahme») und assimilierten u. a. die dort lebenden Slawen, Dakromanen und Germanen. Im Jahr 1001 wurde das christianisierte Land unter Stephan I., dem Heiligen (997–1038), als unabhängiges Königreich Ungarn gegründet. Ein wichtiges Datum bildet 1222 der Erlass der Goldenen Bulle über adelige Freiheitsrechte durch König Andreas II. (1175–1235), die eine ähnliche Rolle wie die Magna Charta von 1215 spielte. Nach dem Einfall der

Mongolen 1241/1242 war das Land weitgehend verwüstet, die Zentralgewalt verfiel zusehends und konnte erst unter der Herrschaft des Hauses Anjou (1308–1382) wieder hergestellt werden. Unter Sigismund von Luxemburg (1368–1437) entwickelte sich Ungarn immer mehr zu einem Ständestaat; gleichzeitig nahm die Bedrohung durch das sich ausdehnende osmanisch-türkische Reich zu. 1526 erlitt das königliche Heer im Kampf gegen die Osmanen bei Mohács eine vernichtende Niederlage. Das Land wurde dreigeteilt: Den Westen erhielten die Habsburger, im Osten regierte der Fürst von Siebenbürgen, die Mitte wurde türkisch besetzt. Unter der Herrschaft der Türken (1541–1686) wurde Buda zur westlichen Grenzstadt des Osmanischen Reiches.

Als die Türken den Aufstand gegen die Habsburger im österreichischen Teil Ungarns unterstützten, kam es zum «Großen Türkenkrieg» (1683–1699). Unter Prinz Eugen von Savoyen eroberten kaiserliche Truppen 1686 Buda und Pest zurück. Im Frieden von Karlowitz (1699) mussten die Türken schließlich ganz Ungarn an die Habsburger abtreten. In der Folge kam es in der Zeit Kaiserin Maria Theresias zur verstärkten Ansiedlung der Ungarndeutschen. Zwischen 1703 und 1711 vollzog sich unter der Führung des Fürsten Ferenc II. Rákóczi der ungarische Freiheitskampf gegen die absolutistische Habsburger Herrschaft, der mit dem Frieden von Sathmar die ständische Verfassung sowie die Religionsfreiheit sicherte. 1722/23 schließlich nahmen die Stände Ungarns die sog. Pragmatische Sanktion an (Unteilbarkeit des Habsburger Reiches, Anerkennung weiblicher Thronfolge). 1848 brach in Ungarn die Revolution aus. Der Aufstand wurde 1849 mit russischer Hilfe militärisch niedergeschlagen. Ungarn erhielt eine neue Verwaltungseinteilung und wurde entsprechend den übrigen österreichischen Kronländern zentralistisch regiert. Nach der österreichischen Niederlage von 1866 wurde durch den Ausgleich von 1867 die Doppelmonarchie Österreich-Ungarn geschaffen, die bis 1918 Bestand hatte. Ungarn erhielt neben Österreich einen gleichberechtigten Status in der Monarchie. Pest wurde Sitz des Ungarischen Reichstages, der ungarischen Regierung sowie Sitz aller ungarischen Ämter in der Doppelmonarchie.

Die Niederlage der Donaumonarchie im Ersten Weltkrieg führte am 16. 11. 1918 zur Ausrufung der Republik. Doch Nachkriegswirren und Krieg mit den Nachbarn führten zur Instabilität, die u. a. die kurzzeitige Ausrufung einer Räterepublik unter Bela Kun 1919 brachte. Die im Januar 1920 gewählte Nationalversammlung bestimmte im März Miklós Hórthy zum Reichsverweser. Die Monarchie wurde wieder eingeführt. Im Friedensvertrag von Trianon vom 4. Juni 1920 verlor Ungarn 68 % seines früheren Staatsgebietes und 59 % seiner früheren Bevölkerung. Die Ungarn lehnten das Friedensdiktat ab. Trotz Reformen brachten die Reparationen und die Wirtschaftslage, verschärft durch die Weltwirtschaftskrise, soziale Spannungen, führten zu einem autoritären System und begünstigten den Aufstieg der Rechten. Ungarn näherte sich außenpolitisch und wirtschaftlich an Italien und Deutschland an und konnte zwischen 1938 und 1941 große territoriale «Rückgewinne» verzeichnen (u. a. von der Slowakei und von Teilen Siebenbürgens). Wenige Tage nach dem deutschen Angriff auf die Sowjetunion erklärte Ungarn der Sowjetunion den Krieg. Im März 1944 rückten deutsche Truppen in Budapest ein, um einen Abfall des Bündnispartners zu verhindern, und stürzten die Regierung Hórthy. Im April 1945 wurde Ungarn von der Roten Armee besetzt.

Im Pariser Friedensvertrag von 1947 wurden Ungarns Grenzen vom 1. 1. 1938 wieder hergestellt. Das Land vollzog unter schweren wirtschaftlichen und politischen Deformationen die Anpassung an das sowjetische Sozialismusmodell. Am 23. 10. 1956 kam es zu einem Volksaufstand gegen das kommunistische Regime, der allerdings wenige Tage später von sowjetischen Truppen blutig niedergeschlagen wurde. Imre Nagy, Ministerpräsident während des Ungarn-Aufstands, wurde später hingerichtet. Ungarn wurde jedoch dasjenige Ostblockland, das seit 1978 den «dritten Weg» einführte, d. h. wirtschaftliche Liberalisierungsmaßnahmen betrieb («Gulasch Kommunismus»). Der langjährige kommunistische Parteichef Janos Kádár musste auf Druck der Reformkräfte innerhalb der Partei 1988 zurücktreten. Im September 1989 öffnete Ungarn seine Westgrenzen für DDR-Bürger zur freien Ausreise. Damit war ein wesentlicher Mosaikstein aus dem kommunistischen Machtbereich herausgebrochen. Am 23. 10. 1989 wurde die Republik Ungarn ausgerufen. Das Datum wurde bewußt gewählt, denn an diesem Tag begann 1956 die ungarische Revolution, die von den Russen blutig niedergeschlagen worden war. Anfang 1990 kam es zu den ersten freien Wahlen, die mit einem Sieg des konservativen «Ungarischen Demokratischen Forums» unter Ministerpräsident Antall endeten. Für das ungarische Selbstverständnis ist dabei von Bedeutung, daß im historischen Gedächtnis der Ungarn dem Aufstand von 1956 zentrale Bedeutung zukommt, aber auch der Revolution von 1848. Sowohl 1849 als auch 1956 kehrten die alten Herrschaftsträger nach dem militärischen Eingreifen der Russen an die Macht zurück. 1991 verließen die letzten Soldaten der Roten Armee das Land. Bei den Wahlen 1994 siegte die Ungarische Sozialistische Partei unter Ministerpräsident Gyula Horn, der mit dem Bund der Freien Demokraten eine Regierungskoalition bildete. Die 2002 gebildete soziallibérale Koalition wurde als erste ungarische Regierung nach 1989/90 bei den Wahlen im April 2006 im Amt bestätigt. Allerdings geriet sie im Herbst 2006 durch Aussagen des Ministerpräsidenten über den Wahlkampf und zu den erreichten Reformen innenpolitisch durch Massendemonstrationen unter Druck.

4. Politisches System

Mit dem Systemwandel 1989/90 wurden in Ungarn politische Maßnahmen getroffen, die sukzessive ein neues politisches System installierten. Eine neue Verfassung wird z. Z. beraten, so dass das neue politische System auf einzelnen, Anfang der 1990er Jahre erlassenen Verfassungsänderungen der seit

1948 gültigen Verfassung beruht. Im Zentrum des politischen Systems steht das *Parlament*, das lediglich aus einem Haus, dem Landtag, besteht. Die 386 Mitglieder werden alle vier Jahre gemäß einem kombinierten Verhältnis- und Persönlichkeitswahlsystem gewählt. Das Wahlrecht besitzen alle Ungarn ab 18 Jahren. Das Parlament verfügt über die Gesetzgebungskompetenz und kann auch der Bevölkerung Entscheidungen zur Abstimmung unterbreiten. Der Premierminister wird vom Staatspräsidenten vorgeschlagen. Er bedarf der Bestätigung durch das Parlament. Der Schwerpunkt der exekutiven Gewalt liegt beim *Premierminister (seit 29.9.2004 Ferenc Gyurcsány)*, wenngleich er nicht über eine dem deutschen Bundeskanzler vergleichbare Richtlinienkompetenz verfügt. Durch die Möglichkeit, Verordnungen und Beschlüsse unabhängig vom Parlament durchzusetzen, wird die starke Stellung der Regierung gegenüber dem Parlament gesichert. Das Parlament wählt auch die elf Richter des *Verfassungsgerichts*. Da seine Mitglieder durch eine Zweidrittel-Mehrheit des Parlaments auf Vorschlag eines speziellen Ausschusses gewählt werden, der durch ein Mitglied jeder Fraktion besetzt ist, wird eine notwendige Ausgewogenheit der Richter gewährleistet. Das Verfassungsgericht besitzt eine relativ große Kompetenzausstattung; so kann es Gesetze außer Kraft setzen, was es auch mehrfach bereits getan hat. Der Staatspräsident (seit 2005: László Sólyom) wird durch das Parlament für fünf Jahre gewählt, wobei eine einmalige Wiederwahl möglich ist. Er ist Oberbefehlshaber der Streitkräfte und besitzt das Recht, Volksabstimmungen anzuberaumen. Er kann auch die Gesetzesinitiative ergreifen und beschlossene Gesetze zur Neuberatung an das Parlament zurückverweisen.

Die ungarische Verfassung ermöglicht es den Parteien, sich frei zu gründen und ihre Tätigkeiten auszuüben, soweit sie die Verfassung und ihre Rechtsnormen respektieren. Ein Parteiengesetz präzisiert diesen grundlegenden Verfassungsrahmen und überträgt einerseits den Parteien die Geltendmachung der politischen Rechte der Bürger und andererseits die Förderung der Interessenartikulation der Gesellschaft. Bereits 1990 gab es mehr als 80 Parteien, von denen über 50 an den ersten freien Wahlen 1990 teilnahmen. In allen bisherigen fünf Legislaturperioden haben davon jeweils vier Parteien den Sprung in das Parlament geschafft. Dabei handelt es sich um folgende Parteien: Die ungarische Sozialistische Partei (MSZP) ist die Nachfolgerin der kommunistischen Partei. Sie bekennt sich zum demokratischen Sozialismus und zur Marktwirtschaft und verfügt über die beste, da übernommene innerparteiliche Infrastruktur. Die Allianz Freier Demokraten (SzDSz) entwickelte sich aus den oppositionellen Strömungen der 1980er Jahre und der Teilnahme an den Verhandlungen am runden Tisch 1989; sie bekennt sich zur europäischen Integration und zur liberalen Marktwirtschaft mit möglichst geringer staatlicher Intervention. Der Bund Junger Demokraten – ursprünglich eine Partei junger Oppositioneller – ist seit 1998 unter dem Namen FIDESZ bekannt. Er ist eine zentrumsorientierte Partei, die sich klar von sozialistischen und christlich-nationalen Haltungen abgrenzt. Das Ungarisch-Demokratische Forum (MDF) wurde 1988 von 350 Intellektuellen gegründet und entwickelte sich schnell zu einer Oppositionsbewegung. Sie vereint verschiedene Strömungen zwischen der politischen Mitte und der Rechten und betont insgesamt stärker nationale Haltungen als die FIDESZ oder die SzDSz. 1993 spaltete sich die MIEP (Partei für Ungarische Gerechtigkeit und Leben) ab. Die MIEP positioniert sich am rechten Rand des Parteienspektrums und kann durch ihre Stellungnahmen zu «Verschwörungen des Weltjudentums» und zu den ethnischen Minderheiten als extrem rechts-populistische Partei bezeichnet werden. Die Christlich-Demokratische Volkspartei (KNDP) ist geistiger Nachfolger der zwischen 1945 und 1949 bestehenden Demokratischen Volkspartei. Sie vertritt konservativ-christliche Werte, Marktwirtschaft und Westintegration. Die Unabhängige Partei der Kleinbauern (FGKP) wurde 1988 von ehemaligen Funktionären der bereits 1945 bestehenden Partei neugegründet. Sie setzt sich besonders für die Interessen der ländlichen Bevölkerung in Ungarn ein. Das Parteiensystem ist hinsichtlich ökonomischer Fragen eher zentripetal, hinsichtlich sozio-kultureller Fragen eher zentrifugal ausgerichtet. Das Parteiensystem kennt weder Fragmentation noch Polarisierungstendenzen, so dass es als stabil bezeichnet werden kann.

Im neuen Ungarn wurden fünf Mal Parlamentswahlen abgehalten, wobei trotz zweimaliger Ablösung der jeweiligen Regierung eine bemerkenswerte innenpolitische Stabilität des Landes zu verzeichnen ist. Alle bisherigen Regierungen amtierten die volle Legislaturperiode. Es fand eine Konzentration des Parteiensystems statt. Größtes Parteienbündnis im Parlament bei den Wahlen 1998 war der Bund der Jungen Demokraten/FIDESZ-MPP mit 148 Sitzen, vor der Sozialistischen Partei/MSZP mit 134 Sitzen. Drittgrößte Partei war die Unabhängige Partei der Kleinbauern/FGKP, die mit 48 Parlamentariern im Landtag vertreten war. Der Bund Freier Demokraten/SzDSz mit 24 Abgeordneten, das Demokratische Forum/MDF mit 17 und die Gerechtigkeitspartei/MIEP mit 14 Abgeordneten vervollständigten die Fraktionen. Bei den Wahlen 2002 (7./21.4.): Fidesz / MDF 48,7 % (164/24 Sitze), MSzP 46,11 % (178), SzDSz 4,92 % (20), Sonstige: 0,27 % (–).

Die Regierung Ferenc Gyurcsány wurde seit 2004 aus einer Koalition aus MSZP und SZDSZ gebildet. Bei den Parlamentswahlen am 9./23.4.2006 erhielt die Sozialliberale Koalition eine deutliche Mehrheit: MSzP / SzDSz (49,7 %) 210 Sitze, FIDESZ-KDNP (42 %) 164 Sitze, MDF (5,%) 11 Sitze, 1 Unabhängiger, Sonstige (3,3 %) 0 Sitze.

Das durch die Verfassung bestimmte politische System ist durch ausgewogene und klare Kompetenzzuweisungen charakterisiert. Weder überschneiden sich die Handlungsspielräume von Regierung, Parlament und Präsident, noch besteht die Gefahr gegenseitiger Blockierungen zwischen den einzelnen Verfassungsorganen. Die zukünftige Stabilität der Demokratie in Ungarn ist davon abhängig, ob es gelingt die neuen gesellschaftlichen Konfliktlinien, die durch die Entwicklung einer durch Individualisierung und Marktwirtschaft gekennzeichneten Gesellschaft entstehen, erfolgreich in das politische System zu integrieren. Ungarn stellt in Europa die größte Minderheiten-Gruppe außerhalb seiner Landesgrenzen. So leben etwa 1,6 Mio. gebürtige Ungarn im rumänischen Siebenbürgen, etwa 600 000 in der Slowakei, 350 000 in der Vojvodina in Serbien und 160 000 in der Ukraine. Die Minderheitenfrage könnte dann zu Spannungen zwischen Ungarn und seinen Nachbarn führen, wenn die Minderheiten innerhalb ihrer Staaten ein großungarisches Verhalten an den Tag legen würden.

5. Politik in und für Europa

Bereits in der Spätphase des Sozialismus pflegte Ungarn ein enges Beziehungsnetz zu den westlichen Ländern. Ab 1968 begann Ungarn mit den ersten bescheidenen marktorientierten Wirtschaftsreformen. 1982 trat Ungarn als erstes sozialistisches Land dem internationalen Währungsfonds und der Internationalen Bank für Wiederaufbau und Entwicklung bei. So gehörte Ungarn neben Polen und der ČSSR auch zu den führenden Reformstaaten des ehemaligen Warschauer Pakts. Diese drei Staaten kooperieren seit Anfang 1991 in ihrer regionalen und europapolitischen Zusammenarbeit unter dem Namen Visegrád, benannt nach dem Treffen der drei Staatspräsidenten im Februar 1991 in der ungarischen Stadt Visegrád. Ziel war es, auf dem Weg zu Demokratie, Rechtsstaat und Marktwirtschaft zusammenzuarbeiten und den Weg zur Mitgliedschaft in europäischen politischen, wirtschaftlichen und sicherheitspolitischen Strukturen zu koordinieren. Seit 1994 arbeitete Ungarn in der NATO-Partnerschaft für den Frieden mit und wurde 1999 NATO-Mitglied. Die Aufnahme Ungarns in den Europarat im November 1990 zeigt die Hinwendung Ungarns zu den westeuropäischen Organisationen. Auch seitens der EG war Ungarn das erste Land, das ökonomische Unterstützung erhielt. So wurde 1990 das PHARE-Programm (Poland, Hungary – Assistance for Restructuring of their Economies) aufgelegt, das das Ziel verfolgte, den Prozess wirtschaftlicher Reformen in den ost- und mitteleuropäischen Ländern sowie deren Annäherung an die EG zu fördern. Im Dezember 1991 unterzeichnete Ungarn – wie auch die beiden anderen Visegrád-Staaten – das sog. Europa-Abkommen mit der EG. Dieses Abkommen anerkannte den Wunsch Ungarns, Mitglied der EG zu werden. In diesen Abkommen bekennt sich Ungarn zur Rechtsstaatlichkeit, zur Achtung der Menschenrechte, zum Aufbau liberal-pluralistischer Demokratiestrukturen sowie zur Entwicklung eines marktwirtschaftlichen Systems. So wurde der Beitritt zur EG/EU das wichtigste außenpolitische Ziel Ungarns, was sich auch in einem breiten gesellschaftlichen Konsens widerspiegelte. Ende März 1998 wurden die offiziellen Beitrittsgespräche mit Ungarn aufgenommen. Mit der erfolgreichen Volksabstimmung im Sommer 2003 bestätigte die ungarische Bevölkerung den ausgehandelten Beitrittsvertrag und somit wurde Ungarn zum 1. Mai 2004 Mitglied der Europäischen Union.

Bozóki, András: Democracy in Hungary 1990–1997, in: Mary *Kaldor*/Ivan *Vejvoda* (Hg): Democratisation in Central and Eastern Europe. London/New York 1998, S. 99–122; *Dalos*, György: Ungarn. Geschichte meines Landes. München 2004; *Ehrhart*, Christof: Transformation in Ungarn und der DDR. Eine vergleichende Analyse. Opladen 1998; *Fischer*, Holger: Ungarische Geschichte. Frankfurt/M. 2001; *Inotai*, András: Ungarn, in: *Weidenfeld*, Europa-Handbuch II, S. 392–401; *Körösényi*, András/*Fodor*, Gabor G.: Das politische System Ungarns, in: *Ismayr*, Politischen Systeme Osteuropas, S. 323–372; *Hanák*, Peter (Hg.): Die Geschichte Ungarns. Budapest [2]1991; Hungary, the Czech Republic and Slovakia. New York 1998; *Kurtán*, Sándor/*Liebhart*, Karin/*Pribersky*, Andreas: Ungarn. München 1999; *Szabo*, Mate: Die Zivilgesellschaft in Ungarn vor und nach der Wende, in: Aus Politik und Zeitgeschichte B6–7 (1998), S. 21–28. Hungarian Central Statistical Office (Hg.): Hungary 2005. Budapest 2006; Hungarian Central Statistical Office (Hg.): Hungary in Figures 2005. Budapest 2006.

www.keh.hu (Amt des Staatspräsidenten); www.meh.hu/english/Primeminister (Amt des Ministerpräsidenten); www.meh.hu (Regierung); http://portal.ksh.hu (Amt für Statistik); www.parlament.hu; www.mkab.hu (Verfassungsgericht) www.gallup.hu (Meinungsforschung); www.de/mkd.cec.eu.int (EU Mission Mazedonien)

Weißrussland (Belarus)

1. Grunddaten

Staatsname: Respublíka Belarus' (Republik Weißrussland)
Hauptstadt: Minsk
Größe: 207 595 km^2
Einwohner: 10 293 011 (Juli 2006); davon 81 % Weißrussen, 11 % Russen, 4 % Polen, 2,1 % Ukrainer und 1,9 % Sonstige
Bevölkerungsdichte: 48 Einw./km^2
Konfessionen: 60 % Russisch-orthodoxe Christen, 8 % Römisch-Katholische, Minderheiten von Muslimen, Protestanten und Juden, 30 % Konfessionslose
Amtssprachen: Weißrussisch; Russisch
Währung: Belarus-Rubel (1 BYR = 100 Kopeken); 1 Euro = 2527,091 BYR (November 2005)

2. Sozioökonomische Grundlagen

Das Land besitzt nur wenig Rohstoffe, so z. B. nur wenige Erdöl- und Erdgasvorkommen. Zu Zeiten der UdSSR war die Industrie gut entwickelt und vielseitig. So wurden Maschinen, chemische Erzeugnisse, Elektronik, Waffen und Kriegsausrüstung produziert. Doch inzwischen ist der Maschinenpark veraltet und für Neuinvestitionen fehlt Kapital. Das Land leidet auch heute, 20 Jahre nach der Katastrophe, noch unter den Auswirkungen des Reaktorunfalls von Tschernobyl (Ukraine). So sind noch immer ganze Landstriche verstrahlt und unbewohnbar; Kinder wachsen mit Missbildungen auf.
Bruttoinlandsprodukt (BIP): 58,669 Mrd. €, 70,6849 Mrd. US-$ (2005),
BIP/Kopf: 5644 €, 6800 US-$ (2005)

Erwerbstätigkeit: Landwirtschaft 14 %, Industrie 34,7 %, Dienstleistungen 51,3 %
Arbeitslosigkeit: 2,0 % (2005 offizielle Zahlen, doch hoher Anteil Unterbeschäftigter)
Inflation: 17,4 % (2005); 1990–2001: 318 % (Durchschnitt)
Außenhandel (2005): Import: 16,94 Mrd. US-$, 14,06 Mrd. €; Haupthandelspartner: Russland 68,2 %, Deutschland 7 %, Ukraine 3,3 %, Polen 3 %, Italien 2 % – Export: 16,14 Mrd. US-$, 13,396 Mrd. €; Haupthandelspartner: Russland 47 %, Lettland 6,4 %, Großbritannien 8,3 %, Deutschland 4,3 %, Ukraine 4 %, Niederlande 6,7 %, Polen 5 %.

3. Geschichte

Das weißrussische Siedlungsgebiet war, seiner geopolitischen Lage entsprechend, über Jahrhunderte abwechselnd den Einflüssen und der Herrschaft der benachbarten Machtzentren im Osten bzw. Westen unterworfen. Im Frühmittelalter war es Teil des altostslawischen Kiewer Reichs und wurde nach dessen Zerfall in mehrere Fürstentümer geteilt. Im frühen 13. Jahrhundert können in den Smolensker Urkunden erste weißrussische Sprachelemente nachgewiesen werden. Im Großfürstentum Litauen wurde Weißrussisch zeitweilig zur Kanzleisprache. Das Gebiet des heutigen Weißrussland gehörte vom 13. bis zum 18. Jahrhundert zunächst zum Großherzogtum Litauen und danach zum Königreich Polen. Die polnischen Teilungen (1772–95) führten allmählich zur Eingliederung Weißrusslands in das Zarenreich. Im August 1917 bildete sich als nationale Bewegung die weißrussische Rada, die einen selbstständigen Staat anstrebte. Nach dem Abzug deutscher Truppen, die Weißrussland kurzzeitig besetzt hatten, wurde 1918 die Weißrussische Volkrepublik ausgerufen, die jedoch schon kurz darauf, nach dem Sieg der Bolschewiken im russischen Bürgerkrieg, in Belorussische Sozialistische Sowjetrepublik umbenannt wurde. Nach dem sowjetisch-polnischen Krieg musste Sowjetrussland die westlichen Teile Weißrusslands im Frieden von Riga 1921 an Polen abtreten. 1922 wurde der Rest der belorussischen SSR Gründungsmitglied der Sowjetunion. Aufgrund des deutsch-sowjetischen Vertrags von 1939 wurden die 1921 an Polen abgetretenen Gebiete wieder in die Weißrussische Sowjetrepublik eingegliedert. Während des Stalin-Regimes litt Weißrussland ganz besonders, bis 1941 wurden mindestens 600 000 Menschen von den Kommunisten umgebracht. Im Zuge des deutschen Überfalls auf die Sowjetunion wurde Weißrussland von deutschen Truppen besetzt. Während der bis 1944 andauernden Besatzung kamen mehr als zwei Millionen Menschen ums Leben, d. h. mindestens ein Viertel der Bevölkerung Weißrusslands, darunter sehr viele Juden. Belorussland war überdies im Zweiten Weltkrieg Schauplatz zahlreicher Kampfhandlungen.

Bei Gründung der Vereinten Nationen 1945 erhielt Weißrussland neben der Sowjetunion und der Ukraine eine Stimme in der Weltorganisation. Die weißrussische kommunistische Führung hielt lange an den Prinzipien der sozialistischen Planwirtschaft fest und lehnte die von Gorbatschow eingeleitete politische und gesellschaftliche Liberalisierung ab. Versuche in der Gesellschaft, die neuen Freiheiten im Zeichen von Glasnost und Perestroijka auch in Weißrussland umzusetzen, wurden von der politischen Führung unterdrückt. Der Oberste Sowjet der Weißrussischen Sozialistischen Sowjetrepublik erklärte 1990 lediglich die Souveränität des Landes innerhalb der UdSSR. Erst nach dem gescheiterten Putsch der Altkommunisten in Moskau im August 1991 – die weißrussische Führung sympathisierte mit den Putschisten – stellte sich die Frage der Unabhängigkeit des Staates. Auf Antrag der Opposition erfolgte Ende August 1991 die Unabhängigkeitserklärung. Im Dezember 1991 gründete Weißrussland zusammen mit Russland und der Ukraine die Gemeinschaft Unabhängiger Staaten (GUS). Allerdings wurde die Auflösung der Sowjetunion von der weißrussischen Bevölkerung kaum akzeptiert, ebenso wenig wie die im Prinzip ungewollte Selbstständigkeit Weißrusslands. Neben der verschleppten Liberalisierung zählt auch diese nicht gewollte Eigenständigkeit zu den wichtigsten Gründen für das vorläufige Scheitern des Systemwandels in Weißrussland. Konsequenterweise wurde denn auch 1997 der Vertrag zur Gründung der Union Russland-Weißrussland unterzeichnet, der Anfang 2000 in Kraft trat. Er wird ergänzt durch einen Unionsvertrag (1997) und weitere Abkommen über eine Integration beider Staaten (1998 und 1999).

4. Politisches System

Bis 1994 hat es in Weißrussland eine Fortsetzung der Regierungsstrukturen aus sowjetischer Zeit gegeben. In einem vierjährigen Ringen um die Verfassung wurde diese schließlich 1994 mit der notwendigen Zweidrittelmehrheit im Parlament angenommen. Seit 1994 ist Weißrussland eine *Präsidialrepublik*. Die Politik des Staates wird seit dieser Zeit durch den einzigen Amtsinhaber des Präsidentenamtes, Alexander Lukašenka, weitgehend bestimmt. Hielt sich Lukašenka, der 1994 als Sieger aus den ersten Präsidentschaftswahlen seit der Unabhängigkeit hervorgegangen war, in den ersten zwei Jahren seiner Amtszeit noch weitgehend an die Verfassungsbestimmungen, so setzte er seit 1996 die Verfassung in wichtigen Teilen außer Kraft und regiert seitdem autokratisch. So verlängerte er sein ursprünglich 1999 auslaufendes Mandat um weitere zwei Jahre, was er mit dem Inkrafttreten der Verfassungsrevision von 1996, und nicht mit der Wahl 1994, begründete. Während die erste fünfjährige Wahlperiode Lukašenkas noch als kompetitiv bezeichnet werden konnte, fand die Präsidentschaftswahl im September 2001 unter undemokratischen Bedingungen statt. Die begrenzte OSZE-Beobachtungskommission konstatierte «grundlegende Mängel» im gesamten Wahlverfahren. Lukašenka (Lukaschenko) weitete seine Präsidialvollmachten massiv aus, was gleichzeitig eine Schwächung der legislativen und judikativen Staatsgewalt bedeutete, obwohl die Verfassung nach wie vor die Gewaltenteilung und die Rechtsstaatlichkeit postuliert. Der Präsident konnte zunächst nur dem Parlament die Kandidaten für den Vorsitz im Verfassungsgericht, im Obersten Gericht, im Obersten Wirtschaftsgericht und der Nationalbank vorschlagen. Die eigentliche Wahl erfolgte durch das Parlament. Inzwischen vergibt der Staatspräsident diese Posten. Die zweite Kammer, deren Zusammensetzung der Präsident wesentlich beeinflussen kann, muss die Personalentscheidungen lediglich bestätigen. Auch wurden die Bedingungen für die Amtsenthebung des Präsidenten verschärft. Außer dauerhafter schwerer Erkrankung sind nur noch Hochverrat oder ein schweres Verbrechen Voraussetzung dafür, dass beide Kammern mit einer Zweidrittelmehrheit ihrer Mitglieder den Präsidenten zum Rücktritt zwingen können. Der Staatspräsident ernennt den Premierminister und die Fachminister. Er kann allein Erlasse und Anordnungen verabschieden oder Referenden ansetzen. Auch besitzt der Präsident ein weitgehendes Auflösungsrecht gegenüber dem Repräsentantenhaus. Insgesamt verlagerte sich das Machtzentrum der Exekutive immer stärker auf die Person von Lukašenka und seinen Apparat. 2004 wurde durch Volksabstimmung der Verfassungsartikel über die einmalige Wiederwahl des Präsidenten aufgehoben Bei den Präsidentenwahlen am 19. 3. 2006 entfielen auf Lukašenka 88,6 %, auf Milinikewitsch nur 6 %. Allerdings gab es massive und berechtigte Zweifel an der Legitimität dieser Abstimmung. Die Proteste der Opposition gegen das Wahlergebnis wurden durch repressive staatliche Maßnahmen bekämpft, der Führer der Opposition und Gegenkandidat Milinkewitsch wurde zunächst kurzzeitig inhaftiert und dann verurteilt.

Noch bis 1994 nannte sich das *Parlament* der «Oberste Sowjet», der sich nun in eine ständig tagende Institution wandelte. «Es gehört zu den Paradoxa der politischen Entwicklung im postsowjetischen Weißrussland, dass der Oberste Sowjet erst in den letzten Monaten seiner Existenz begann, die (wenigen) demokratischen Errungenschaften des Systemwandels zu verteidigen, die er jahrelang selbst verzögert und unterminiert hatte» (von Steinsdorff, 422). Die 1994 geschaffene Nationalversammlung setzt sich aus der *Repräsentantenkammer* und dem *Rat der Republik* zusammen. Die 110 Abgeordneten der Repräsentantenkammer werden nach der absoluten Mehrheitswahl im ersten Wahlgang und der relativen Mehrheit im zweiten Wahlgang gewählt, wobei eine Mindestwahlbeteiligung von 50 % erforderlich ist. Der Rat der Republik besteht aus 64 Vertretern der Regionen, von denen je acht durch die Organe der sechs regionalen Verwaltungseinheiten sowie der Hauptstadt Minsk bestimmt werden. Acht Senatoren ernennt der Präsident persönlich. Die Kompetenzen der Repräsentantenkammer sind beschnitten. So werden – ähnlich wie in der französischen Verfassung – in Art. 97 detailliert jene Politikbereiche genannt, in denen die Kammer «Gesetzentwürfe behandeln» kann. Alle anderen Bereiche fallen in die Rechtsetzungskompetenz der Exekutive. Das Parlament besitzt wenige Kontrollmöglichkeiten gegenüber der Regierung. Lediglich die Einsetzung des Premierministers bedarf der mehrheitlichen Zustimmung durch die Repräsentantenkammer. Allerdings kann eine zweimalige Ablehnung des Kandidaten zur Auflösung der Kammer führen. Der Rat der Republik übt verschiedene Funktionen bei der Besetzung staatlicher Ämter aus. So muss er den Personalentscheidungen des Präsidenten zustimmen und wählt jeweils sechs Verfassungsrichter und Mitglieder der Zentralen Wahlkommission.

Die Verfassung bekennt sich zum politischen Pluralismus und zum Mehrparteiensystem. Analog zum Parteienartikel im Grundgesetz betont Artikel 5 der Verfassung ausdrücklich die Rolle der politischen Parteien bei der «Förderung der politischen Willensbildung der Bürger». Jedoch wird die Bedeutung der politischen Parteien in der Praxis durch die faktische Präsidialdiktatur Lukašenkas weitgehend relativiert. Bereits vor der Amtsübernahme Lukašenkas spielten die Parteien – mit Ausnahme der Kommunistischen Partei – in Weißrussland eine noch unbedeutendere Rolle als in den anderen Transitionsländern. Die Pluralisierung in der Belorussischen Sowjetrepublik setzte deutlich später ein als in den anderen Republiken. Wichtigste politische Parteien sind die Kommunistische Partei (PKB) und die Belorussische Agrarpartei (AP), die beide Lukašenka unterstützen. Die wichtigsten Oppositionsparteien sind die «Vereinigte Bürgerpartei», ein Zusammenschluss aus «Bürgerpartei» und «Vereinigter demokratischer Partei», der liberal-zentristische Positionen vertritt, sowie die Sozialdemokraten als ein Zusammenschluss vieler sozialdemokratischer Gruppen. Daneben gibt es noch kleinere Parteien wie z. B. die Frauenpartei Nadzeja (Hoffnung). Wichtigste Funktion der weißrussischen Parteien – mit Ausnahme der PKB und der AR – war ihre Oppositionspolitik gegen das autoritäre Regime Lukašenkas. Allerdings ist die weißrussische Opposition äußerst heterogen und zum Teil auch kaum an liberalen, rechtsstaatlichen Demokratievorstellungen orientiert. Zwar postuliert die Verfassung die Unabhängigkeit der rechtsprechenden Gewalt – und damit auch die Existenz eines Verfassungsgerichtshofs –, doch wird aufgrund des autoritären Präsidialregimes die Unabhängigkeit der rechtsprechenden Gewalt ebenso wenig gewährleistet wie die Rechtssicherheit und -gleichheit der Bürger.

5. Politik in und für Europa

Nach Erhalt der Unabhängigkeit praktizierte Weißrussland zunächst eine neutrale Außenpolitik, wobei sowohl eine Loslösung von Russland als auch eine Hinwendung zum Westen versucht wurden. Doch mit der Amtsübernahme Lukašenkas wurde der Versuch der Reintegration mit der Russischen Föderation gestartet. Inzwischen wurde auch ein weißrussisch-russischer Unionsvertrag unterzeichnet, wobei allerdings seitens Russlands keine Anstrengungen für einen engeren Zusammenschluss unternommen werden. 1992 erhielt Weißrussland beim Europarat einen Beobachterstatus; jedoch setzte der Europarat den Beobachterstatus als Reaktion auf Lukašenkas Verfassungscoup von 1996 aus. Auch die EU ratifizierte ein bereits ausgehandeltes Europaabkommen mit Weißrussland nicht, wie auch westliche Finanz- und Wirtschaftshilfen drastisch zurückgingen. Im Frühjahr 1998 provozierte Lukašenka einen Skandal, als er 22 Botschafter westlicher Staaten aufforderte, ihre Residenzen zu verlassen, um dort mit seiner Administration einzuziehen. Als sie sich weigerten, wurde ihnen die Zufuhr von Gas und Wasser gesperrt. Unter Protest verließen die Botschafter Weißrussland. Die EU verfügte daraufhin ein Einreiseverbot für alle Repräsentanten des weißrussischen Staates. Im Januar 1999 kehrten die EU-Botschafter nach Minsk zurück, nachdem man sich auf einen Kompromiss geeinigt hatte. Die Botschafter konnten ihre Residenzen wieder beziehen, sollten jedoch mittelfristig umziehen. Als ein Nachfolgestaat der Sowjetunion wurde Weißrussland automatisch Mitglied der KSZE, die 1995 in die OSZE umgewandelt wurde.

Die Handhabung der Politik in Weißrussland durch Präsident Lukašenka führte zu Besorgnissen in den USA und Europa. In der Irakkrise stellte sich Lukašenka demonstrativ auf die Seite des Irak. Die USA verdächtigten Weißrussland, Waffen in den Irak zu liefern und irakische Militärs auszubilden. Im Oktober 2002 erklärten die EU-Staaten ihre Besorgnis über die Handhabung der Menschenrechte und der Demokratie in Weißrussland. Aufgrund von Schikanen gegen die Vertreterin der OSZE-Mission in Minsk verhängten die EU-Staaten (mit Ausnahme Portugals) wie auch die USA im November 2002 ein Einreiseverbot für Präsident Lukašenka und weitere führende Funktionäre. Nachdem sich die OSZE-Mitarbeiter sich wieder frei bewegen konnten, hoben im April 2003 auch die EU und die USA ihre Einreiseverbote auf.

Holtbrügge, Dirk: Weißrußland. München 1996; *Sahm*, Astrid: Die weißrussische Nationalbewegung nach der Katastrophe von Tschernobyl. Münster/Hamburg 1994; *Steinsdorff*, Silvia von: Das politische System Weißrußlands (Belarus), in: *Ismayr*, Politische Systeme Osteuropas, S. 429–467; *Timmermann*, Heinz: Belarus: Eine Diktatur im Herzen Europas? Berichte des BIOST Nr. 10/ 1997.

www.belarus-botschaft.de
www.president.gov.by (offizielle Präsidenten- bzw. Regierungshomepage; Links zu allen Verfassungsorganen);
www.bdg.minsk.by (aktuelle Informationen und zahlreiche wichtige Links zur weißrussischen Politik); http://ncpi.gov.by (Archiv weißrussischer Gesetzestexte und Gesetzentwürfe)

Die Britischen Inseln

Unter den «britischen Inseln» mit einer Gesamtfläche von 314 000 km² versteht man die während der letzten Eiszeit – durch den «nacheiszeitlich» angestiegenen Meeresspiegel – vom europäischen Kontinent abgetrennte Inselgruppe mit den beiden Hauptinseln Großbritannien und Irland. Sie stehen erdgeschichtlich somit in engem Zusammenhang mit Kontinentaleuropa. Die Fortsetzung der kontinentaleuropäischen Strukturen zeigt sich auch bei den Bodenschätzen (Kohle). Die reichen Kohlelager gehören zu den wichtigsten Bodenschätzen auf der Hauptinsel und waren eine der Quellen für die von Großbritannien ausgehende Industrielle Revolution seit Mitte des 18. Jahrhunderts.

Die britischen Inseln sind stark gegliedert. Neben den beiden Hauptinseln und zahlreichen kleineren, küstennahen Inseln gehören drei größere Inselgruppen (Orkney-Inseln, Shetlandinseln und die Hebriden) dazu. Der Golfstrom bewirkt für die Breitenlage ungewöhnlich milde Temperaturen und führt an der Südwestküste Großbritanniens und Irlands zu subtropischen klimatischen Bedingungen, die eine frostempfindliche Vegetation erlauben.

Die Flüsse leisten und leisteten einen wichtigen Beitrag zur Erschließung der beiden Länder. Gerade auf der britischen Hauptinsel wurde seit dem 18. Jahrhundert zusätzlich ein ausgedehntes Kanalsystem aufgebaut, das die Flussgebiete und die See miteinander verbindet. Irland wird vor allem durch den Atlantik und den Golfstrom geprägt. Charakteristisch ist ein fast geschlossener Mittelgebirgsring, der sich um die ausgedehnte Tiefebene im Zentrum der Insel legt. Großbritannien ist vor allem durch zwei «Großlandschaften» geprägt: die «Midlands» – später das industrielle Herz des Landes – und die Ebenen im Süden und Südosten sowie die «Highlands», das schottische Hochland im Norden mit zahlreichen Seen und Fjorden. Den Norden und die Mitte der britischen Hauptinsel durchzieht von Norden nach Süden das Penninische Mittelgebirge (*Pennes*). Es war als «Niederschlagsgrenze» und als «Rückgrat» von großer Bedeutung für die Ausbildung der industriellen Struktur. Wegen der zergliederten Küsten und der vielfach in Trichtermündungen sich in das Meer ergießenden Flüsse besitzen sowohl Irland als auch Großbritannien für die Entwicklung des Handels wichtige Naturhäfen.

Mit dem Zeitalter der Entdeckungen seit dem 16. Jahrhundert und dem Ausgreifen der Europäer nach Übersee rutschten die Britischen Inseln aus einer ungünstigen europäischen Randlage für den Handel in eine zentrale Position. Die Geographie, die Bodenschätze und die Veränderung der Handelsströme hin zum Atlantik wurden zu einer wichtigen Voraussetzung für den Aufstieg Großbritanniens – Irland

gehörte zwischen dem 16. Jahrhundert und dem Ende des Ersten Weltkriegs herrschaftlich zum Vereinigten Königreich – zur Weltmacht und zur ersten Weltwirtschaftsmacht. Hinzu kommt, dass aufgrund der Geographie kein Ort im Vereinigten Königreich weiter als 125 km vom Meer entfernt liegt.
Die geographische Randlage sowie die Trennung vom «Kontinent» durch die Nordsee und den Ärmelkanal trugen zur Ausbildung eines Eigenbewusstseins bei. Die britischen Inseln, kulturell und wirtschaftlich eng mit dem Kontinent verknüpft, befanden sich sicherheitspolitisch in einer anderen Situation. Seit den Eroberungen der Normannen 1066 waren Großbritannien und Irland von einer Invasion verschont geblieben. Die großen Kriege wurden auf dem Kontinent oder in Übersee, nicht aber auf den britischen Inseln selbst geführt, wenn man von den «Binnenauseinandersetzungen» mit Schottland und Irland absieht. Daran änderte sich auch in den Weltkriegen des 20. Jahrhunderts nichts. Gelangte man vor der Entwicklung der Luftfahrt nur per Schiff nach Großbritannien oder Irland und akzeptierte die Aussage, dass die Briten oder Iren «zu» Europa gehörten, aber nicht «in» Europa seien, so hat sich dies in den letzten Jahrzehnten verändert. Großbritannien und Irland sind – trotz aller fortbestehenden Besonderheiten – durch die Mitgliedschaft in den Europäischen Gemeinschaften und der Europäischen Union näher an Europa herangerückt. Seit dem Bau des Kanaltunnels besteht zur Hauptinsel Großbritannien auch eine Landverbindung. Innerhalb weniger Stunden gelangt der Reisende heute von Paris oder der «europäischen Hauptstadt» Brüssel nach London.

Großbritannien

I. Grunddaten

Staatsname: United Kingdom of Great Britain and Northern Ireland (UK) (Vereinigtes Königreich von Großbritannien und Nordirland)
Größe: 244 820 km², davon England 130 422 km², Schottland 78 133 km², Nordirland 13 576 km², Wales 20 779 km²; Außengebiete (Crown Dependencies; sie sind nicht Teil des UK und nicht Mitglieder der EU): Kanalinseln 194 km², Isle of Man 572 km²; hinzu kommen die Überseeterritorien (u. a. Gibraltar, Bermuda)
Hauptstadt: London
Einwohner: 60 609 133 (1. 7. 2006); davon (Juli 2004) England: 50,093 Mio., Schottland: 5,078 Mio., Nordirland 1, 71 Mio., Wales 2,95 Mio.; ethnische Gruppen und Minderheiten: 81,5 % Engländer, 9,6 % Schotten, 1,9 % Waliser, 1,8 % Nordiren, 2,8 % Sonstige (Westinder, Inder, Pakistaner u. a.)
Bevölkerungsdichte: 244 Einw./km²
Konfessionen: 71,6 % Christen (29 % Anglikaner [Staatskirche in England], 14 % Presbyterianer und andere protestantische Kirchen [Presbyterianer in Schottland

Staatskirche], 11 % Katholiken), 2,7 % Muslime, 0,6 % Sikhs, 1,0 % Hindus, 0,5 % Juden, 0,3 % Buddisten, 23,1 % konfessionslos
Amtssprache: Englisch; weitere Sprachen: Walisisch (26 % der walisischen Bevölkerung sprechen Kymrisch), schottische Form des Gälischen in den Highlands und den Lowlands (60 000 in Schottland), Scots und Irisch-Gälisch (Nordirland)
Währung: 1 Pfund Sterling (£) = 100 New Pence (p); 1 US-$ = 0,55 £ (2005), 1 € = 0,68 £ (2005) 1 £ = 1,79 US-$, 1 £ = 1,471 € (2005)

2. Sozioökonomische Grundlagen

Großbritannien als Marktwirtschaft ist seit 2 Jahrhunderten eine der führenden Handelsnationen der Erde. London ist europäischer Hauptfinanzplatz. In den letzten Jahrzehnten wurde ein Großteil der nationalisierten Industrien privatisiert (British Rail, British Airways, British Telecom), der Wohlfahrtsstaat mit seinen Sozialprogrammen eingedämmt. Großbritannien besitzt eine hoch entwickelte, technisierte Landwirtschaft, die mit weniger als 2 % der gesamten Beschäftigten 60 % des heimischen Bedarfes produziert. Großbritannien hat unter den Industrienationen mit 10 % den höchsten Anteil an Primärenergien (Kohle, Erdgas, Öl). Die Wirtschaftsentwicklung Großbritanniens war bis 1999/2000 deutlicher besser als in der EU, mit dem privaten Verbrauch als wichtigen Wachstumsfaktor. Der Export entwickelte sich seit den Handelsbilanzüberschuss von 1997 (1,456 Mrd. £) höchst ungünstig. Das Defizit stieg von 15,4 Mrd. £ (1999) über 31,5 Mrd. £ (2002) auf 38,98 Mrd. £ (2004). Es steigt weiter (34,4 Mrd. £ I–III/05) an und erreichte im Dezember 2005 und Januar 2006 monatlich jeweils 3,8 Mrd. £.
Bruttoinlandsprodukt (BIP): 1216, 3 Mrd. £, 1780,82 Mrd. €, 2211,9 Mrd. US-$ (2005)
BIP/Kopf: 20 339 £, 29 779 €, 36 988 US-$ (2005)
Erwerbstätigkeit: Landwirtschaft 1,4 %, Industrie 19,9 %, Dienstleistungen 78,7 % (ohne Nordirland; 2003)
Arbeitslosigkeit: 5,6 % (September 2006)
Inflation: 2,4 % (Oktober 2006)
Wirtschaftswachstum (BIP): 1,8 % (2005), 3,2 % (2004)
Außenhandel: (2005) Import: 275,813 Mrd. £, 405,721 Mrd. € 493,705 Mrd. US-$; Haupthandelspartner: EU25 154,016 Mrd. £, 55,84 %, (Deutschland 14 %, Frankreich 8 %, Irland 4 %, Niederlande 7,32 %, Belgien/Luxemburg 5,4 %), USA 8 %, China 4,66 %, – Export: 210,182 Mrd. £, 309,178 Mrd. €, 376,226 Mrd. US-$; Haupthandelspartner: EU25 119,324 Mrd. £, 56,8 %, (Deutschland 10,9 %, Frankreich 9,4 %, Irland 7,8 %, Niederlande 6 %, Belgien/Luxemburg 5,4 %), USA 14,7 %, China 1,3 %

3. Geschichte

Im ersten vorchristlichen Jahrtausend besiedelten die Kelten Britannien. Sie vermischten sich mit der einheimischen Bevölkerung. In den Jahren 54 und 55 v. Chr. unternahm Cäsar zwei Militärexpeditionen nach Britannien, doch kam es erst fast ein Jahrhundert später zur Eroberung und Eingliederung des Landes in das Römische Weltreich. In der Zeit ihrer mehrhundertjährigen Herrschaft gelang es den Römern nicht, auch Schottland und Irland zu unterwerfen. Ähnlich wie in Germanien der Limes schützte der Hadrianswall die römische Provinz Britannien vor Einfällen aus dem Norden. In der Zeit der Römer gelang es zudem nicht, Britannien zu «romanisieren».

Nach dem Abzug der Römer kamen Mitte des 5. Jahrhunderts nordwestgermanische Angeln, Sachsen und Jüten nach Britannien und gründeten Stammeskönigtümer. Wales und Schottland blieben keltisch. Mit der von Irland seit dem 7. Jahrhundert erfolgten christlichen Missionierung wuchsen die englischen Teilkönigreiche zur «angelsächsischen Nation» zusammen und wurden unter Egbert von Wessex zu einem Königreich vereint. Mit der erfolgreichen Zurückdrängung der Wikinger wurde der Grundstein für ein nationales englisches Königtum gelegt.

Ein wichtiger Einschnitt in der Geschichte Großbritanniens war die Invasion der Normannen 1066, die nach der siegreichen Schlacht bei Hastings England unterwarfen. Im historischen Gedächtnis der Engländer ist die normannische Invasion bis in die Gegenwart die letzte militärische Invasion vom Kontinent. Mit der Wahl des Normannenherzogs Wilhelm dem Eroberer als Wilhelm I. zum englischen König kam England in unmittelbareren Kontakt mit dem Kontinent als je zuvor. Seit dem 12. Jahrhundert wurde es immer wieder in verlustreiche militärische Konflikte mit Frankreich verwickelt, beispielsweise in den «hundertjährigen Krieg» (1337/39–1453), und verlor seinen französischen Besitz bis auf Calais.

Der Aufstieg Englands zu einer ernst zu nehmenden europäischen Macht erfolgte unter dem Haus Tudor (1475–1603). Unter Heinrich VII., der am Ende der Rosenkriege die Dynastie der Tudors («rote Rose» des Hauses Lancaster) begründete, setzte eine grundlegende Reform der Staatsverwaltung ein, die unter Heinrich VIII. und Elisabeth I. fortentwickelt wurde und von einem mittelalterlichen Herrschaftssystem zu einem veränderten Regierungssystem mit einer effektiven und modernen Staatsverwaltung führte. Die «Tudor Revolution in Government» (G. Elton) bedeutete einen für die englische Entwicklung grundlegenden Schritt in die Moderne.

Mit der «Magna Charta Libertatum» erzwangen 1215 die «Barone» von König Johann ohne Land (John Lackland), der den festländischen Besitz in Frankreich im Krieg verloren hatte, einen Herrschaftsvertrag, in den auch die Städte und die freien Bauern einbezogen wurden. Dieser Vertrag, der zur Grundlage des englischen Verfassungsrechts wurde, enthielt eine Rechtsschutzgarantie gegen königliche Übergriffe. In inneren Auseinandersetzungen mit der Krone bildeten sich im 13. und 14. Jahrhundert die Grundzüge des englischen Parlamentssystems heraus. Im Oberhaus saßen die «Barone» (Hochadel), im Unterhaus die Vertreter der Städte und Grafschaften. Seit Mitte des 14. Jahrhunderts sind ohne Mitsprache des Parlaments den Gesamtstaat betreffende Entscheidungen nicht mehr möglich. In der «Reformationskrise» wurde mit dem «Reformation Parliament» dann der Übergang vom mittelalterlichen zum modernen Parlament vollzogen. Es bildete sich die Formel des «King in Parliament» aus. Aus dieser neuen Beziehung zwischen König und Parlament entwickelte sich dann zu Beginn der elisabethanischen Zeit das bis heute – auch auf europäischer Ebene – dominierende Selbstverständnis der «Parlamentssouveränität», nämlich, dass es über dem Parlament im englischen Reich keine höhere Autorität gebe. In den folgenden Jahrhunderten gelang es dem selbstbewussten Parlament immer wieder, in Konflikt- und Krisensituationen mit den Herrschern oder dem Lord Protector rechtlich abgesicherte Vereinbarungen zu treffen – trotz der formellen Suprematie des Monarchen –, die zu einer Verbesserung der Rechtsstellung und der Kompetenzen der Parlamente führten (u.a. die «Petition of Right» von 1628, in der dem Parlament von Karl I. zugesichert wurde, dass «Steuerauflagen» der Krone ohne Zustimmung des Parlaments unwirksam, da gesetzeswidrig, seien). Im Bürgerkrieg setzte sich dann 1643/45 die «Parlamentspartei» gegen die «Königspartei» durch. Mit der Restauration der Stuarts nach 1660 und vor dem Hintergrund der absolutistischen Bestrebungen König Karls II. setzte das Parlament mit der «Test-Akte» von 1673 fest, dass öffentliche Ämter nur von Angehörigen der Staatskirche ausgeübt werden können – somit waren Katholiken ausgeschlossen –, und sicherte 1679 mit der «Habeas-Corpus-Akte» die persönliche Freiheit des Einzelnen ab. Kein Untertan durfte ohne Gerichtsbeschluss in Haft gehalten werden. Unter Jakob II., der den Katholizismus wieder einführen und die Testakte beseitigen wollte, kam es zur «Glorreichen Revolution» von 1688. Das Parlament berief den protestantischen Wilhelm von Oranien zum König. Jakob II. floh nach Frankreich. Um das Parlament und das Land künftig vor Übergriffen des Monarchen zu schützen, legte das Parlament mit der «Bill of Rights» von 1689 Sicherungen gegen Machtmissbrauch fest. Zugleich wurde in einer Toleranzakte den anderen protestantischen Kirchen außerhalb der «Church of England» die Glaubensfreiheit zugesichert und diese auch in Schottland und Irland durch Wilhelm I. durchgesetzt. Mit den Parlamentsreformen des 19. Jahrhunderts (1832, 1866) vollzog sich in Großbritannien der Übergang zum Verfassungsstaat. Eingeschränkt wurden die Rechte des Oberhauses, das seit 1911 in seinem Vetorecht beschnitten wurde. Heute werden durch die Oberhausreform – u.a. die Aufhebung der Erblichkeit von Mitgliedschaften für den Hochadel – die Bedeutung und die Rechte der Ersten Kammer zugunsten des Unterhauses und der Exekutive weiter reduziert.

Wie in anderen europäischen Staaten kamen die lutherischen Ideen der Reformation auch nach England. Zentrum war Oxford. Als Anfang der 1530er Jahre König Heinrich VIII. vom Papst die Annullierung seiner Ehe wünschte, diese aber verweigert wurde, entschied er sich, vom Parlament unterstützt, 1532 zum Bruch mit Rom. Der König war nun Oberster Herr der

Staatskirche (Church of England), die in ihrer Struktur und in ihren Formen zunächst weitgehend «katholisch» blieb. In den 1540er Jahren wurde sie unter dem Einfluss des Calvinismus protestantischer. Den kurzen, blutigen Rekatholisierungsversuchen unter Königin Maria («Bloody Mary») folgte mit dem Regierungsantritt Elisabeths I. die Wiederherstellung der Anglikanischen Kirche und die Durchsetzung der Reformation unter dem Einfluss der Puritaner. Als sich der Papst in die innerenglischen Angelegenheiten einmischte und Elisabeth I. 1570 exkommunizierte und die Untertanen zum Ungehorsam gegenüber der illegitimen Königin und zur Unterstützung der schottischen Königin Maria Stuart aufforderte, ließ Elisabeth diese nach längerer Gefangenschaft hinrichten. Im Kampf zwischen der anglikanischen Staatskirche und der katholischen Papstkirche setzte sich schließlich die Staatskirche u. a. mit der Hilfe des Parlaments, das seine Stellung stärken konnte, durch. Mit der «Glorreichen Revolution» holte das Parlament den protestantischen Wilhelm von Oranien auf den englischen Thron, der den Protestantismus auch militärisch durchsetzte, wobei das katholische Irland erneut zum Schlachtfeld wurde. Die Thronfolge wurde im Sinne der Church of England geregelt. Der Monarch musste Anglikaner sein. Durch die «Test-Akte» konnte kein Katholik und kein Angehöriger einer anderen als der Anglikanischen Kirche ein öffentliches Amt ausüben. Mit der Union von 1707 zwischen England und Schottland (wo die Presbyterianer Staatskirche waren) wurde auch den anderen protestantischen Kirchen die Religionsfreiheit gegeben. Die Union vollzog sich jedoch nicht ohne innerprotestantische Konflikte zwischen Anglikanern und Presbyterianern. Durch die katholische Politik der Stuarts wurde die Situation zu Beginn des 18. Jahrhunderts noch komplizierter, stabilisierte letztlich jedoch die Union. Die 1801 vollzogene Union mit Irland brachte wegen des Widerstandes des Monarchen nicht die Emanzipation der Katholiken, die dann 1829 weitgehend durchsetzt werden konnte. Bis heute ist die «Church of England» ein wichtiger Faktor in Großbritannien.

Im Zeitalter der Tudors begann auch der englische Versuch, in der europäischen Politik eine größere Rolle zu spielen. Heinrich VIII. kämpfte zu Beginn seiner Regierungszeit erfolgreich gegen Frankreich und sein wichtigster Berater, Kardinal Wolsey, trug durch eine geschickte Politik zum Aufstieg Englands bei, das sich im Verlaufe des 16. Jahrhunderts anschickte, protestantische Großmacht zu werden. Durch die außereuropäischen Entdeckungen, die Überseeexpansion Spaniens und die Neuorientierung der europäischen Handelsströme kam England in eine für seine weitere Entwicklung wichtige, Europa vorgelagerte, politisch, strategisch und wirtschaftlich günstige Position zum Atlantik. In Auseinandersetzungen mit Spanien und Frankreich besiegte die kleine britische Flotte die spanische Armada 1588 vernichtend. Die Niederlage Spaniens leitete den Aufstieg Englands als führende Seemacht für mehr als drei Jahrhunderte ein. England intensivierte seine Überseeexpansion nach Nordamerika, auch durch die Emigration des religiösen Dissent. Es wurden Kolonien in Übersee erworben (Jamaika) und den Holländern und später den Franzosen große Kolonialgebiete abgenommen. Durch seine Intervention in die verschiedenen Erbfolgekriege und schließlich in den Siebenjährigen Krieg trug das Land entscheidend zur Ausbildung des klassischen europäischen Gleichgewichtssystems des 18. Jahrhunderts, der europäischen Pentarchie (Frankreich, Österreich, Großbritannien, Russland, Preußen), bei, dadurch zur Festigung seiner europäischen Großmachtstellung, seiner Vormachtstellung zur See sowie seiner führenden Rolle als «Handelsstaat» und Kolonialmacht. Durch die amerikanische Revolution und den Unabhängigkeitskrieg verlor Großbritannien im Frieden von Paris (1783) die nordamerikanischen Kolonien, konnte aber Kanada behaupten und expandierte nun auf dem Indischen Subkontinent.

Mit der Französischen Revolution von 1789 und ihren Wirkungen auf Europa wurde Großbritannien seit 1792 erneut in einen lang anhaltenden Konflikt mit dem «europäischen Erbfeind» Frankreich hineingezogen. Hinzu kam 1812–1814 ein Krieg mit den USA, u. a. ausgelöst durch handelspolitische Differenzen und die britischen Navigationsgesetze. Der Versuch Napoleons, eine französische Hegemonie auf dem Kontinent zu begründen und Großbritannien seine Weltmachtstellung streitig zu machen, bekämpfte es erfolgreich und ging aus der langen Kriegsperiode als erste wirkliche Welt- und Welthandelsmacht hervor. Auf dem Wiener Kongress 1814/15 wurde Großbritannien zum entscheidenden Gestalter der Neuordnung Europas.

Eine wesentliche Ursache dafür, dass Großbritannien aus der langen Kriegsperiode zwischen 1792 und 1815 siegreich hervorging, lag in den tief greifenden Veränderungen und Transformationsprozessen, die Europa zwischen der Mitte des 18. und des 19. Jahrhunderts erfassten und den Übergang vom «Alten Europa» zum Europa der Moderne einleiteten. Diese gingen in entscheidenden Bereichen, ausgelöst durch eine Bevölkerungsexplosion und eine Agrarrevolution, von England aus. Hierzu gehörte neben wichtigen Erfindungen, Entdeckungen und Entwicklungen in Wissenschaft und Technik vor allem deren technologische Umsetzung durch die um die Mitte des 18. Jahrhunderts einsetzende Industrielle Revolution. Sie bedeutete den Übergang von der Handarbeit zur Maschinenarbeit, den Einsatz neuer Produktionstechniken, die Beschleunigung der Urbanisierung, die Verbesserung der Infrastruktur und die Schaffung neuer, größerer Märkte für den Absatz der industriell hergestellten Waren. Sie bedeutete aber auch den Übergang zu einer industriellen Massengesellschaft. Das wirtschaftliche und industrielle Potenzial zusammen mit der Bereitschaft der politischen Eliten, das politisch-soziale und wirtschaftliche System durch zeitgemäße Anpassung an die Rahmenbedingungen und durch innenpolitische Reformen zu verändern, trugen entscheidend dazu bei, dass Großbritannien alle politischen, sozialen, wirtschaftlichen und finanziellen Krisen zwischen 1792 und 1815 überlebte. Die Erfahrungen der Kriegsjahre hatten jedoch die enge Verknüpfung von äußerer Sicherheit, stabilen internationalen Beziehungen, Freiheit des Handels, sozialem Frieden und wirtschaftlicher Lage verdeutlicht. «Friede als nationales Interesse» wurde zur Grundlage britischer Politik im 19. und 20. Jahrhundert.

Am Ende der Kriege war Großbritannien die führende Industrienation und überschwemmte mit seinen Produkten, die wieder für den britischen Handel offenen Märkte auf dem Kontinent und platzierte sich auch auf den durch die Unabhängigkeit der ehemals spanischen und portugiesischen Kolonien geschaffenen neuen Märkten in Mittel- und Südamerika und geriet dort in Konflikt mit den Interessen der USA in deren «Hemisphäre». Aufgrund seiner macht- und wirtschaftspolitischen Weltstellung genoss Großbritannien bis zum Ende des Ersten Weltkriegs eine «Weltmachtstellung zum Nulltarif». Mit dem wirtschaftlichen Aufstieg Deutschlands, der USA und auch Japans im letzten Drittel des 19. Jahrhunderts wurde die Vorrangstellung Großbritanniens in Frage gestellt. Am Ende des Ersten Weltkriegs verlor Großbritannien seine Weltmachtstellung endgültig. Zwar hatte es sein Kolonialreich in Asien und Afrika 1919/20 nochmals erweitern können und so die größte Ausdehnung des «British Empire» erreicht, doch fehlten zunehmend die materiellen und personellen Ressourcen, um seinen weltpolitischen Status zu bewahren.

Der «Great War» hatte das Britische Empire als weltweit operierenden Handels- und Finanzakteur empfindlich getroffen. London hatte seine Stellung als führender Finanzplatz an New York verloren. Großbritannien war vom Gläubigerland zum Schuldnerland geworden und hatte seine Überseemärkte weitgehend verloren. Die britische Industrie war aufgrund ausgebliebener Modernisierungs- und Rationalisierungsmaßnahmen nur noch bedingt wettbewerbsfähig. Bis zum Ende der 1920er Jahre war die britische Handelsbilanz negativ. Das Land war aus dem Ersten Weltkrieg formell als Sieger hervorgegangen, hatte aber, wie alle europäischen Staaten, Sieger und Besiegte, de facto den Krieg verloren. Unmittelbar nach dem Krieg sah sich Großbritannien mit dem Unabhängigkeitskampf Irlands und mit dem Irlandproblem konfrontiert und auch im Empire rumorte es. Der Übergang von einer Kriegs- zur Friedenswirtschaft führte zu sozialen Verwerfungen und Spannungen, die ihren Niederschlag u. a. im Großen Generalstreik von 1926 fanden. Die Liberalen wurden durch die Labour Party als zweite politische Kraft abgelöst. Die Weltwirtschaftskrise, begleitet von einer Krise der Demokratie, traf Großbritannien, das die wirtschaftlichen und sozialen Folgen des Krieges noch nicht überwunden hatte, nachhaltig.

In der Zwischenkriegszeit sah sich Großbritannien gezwungen, die Erhaltung des Friedens als Primärziel seiner nationalen Politik zu verfolgen. Dies wurde zunehmend zu einem Dilemma, da Großbritanniens Weltmachtanspruch, seine Stellung als größte Kolonialmacht und die personellen und materiellen Ressourcen sowie die Leistungsfähigkeit des Landes immer weniger miteinander vereinbar waren. Als

Garantiemacht der Pariser Ordnung von 1919/20 stand es nach dem Ausscheiden der USA vor dem Problem, die Friedensordnung in Europa zu sichern, einen Ausgleich mit den ehemaligen Kriegsgegnern herbeizuführen und vor allem einen neuen Krieg zu verhindern. Voraussetzung für die Sicherung von wirtschaftlicher, gesellschaftlicher und politischer Stabilität im Innern war eine stabile Sicherheitslage in den Außenbeziehungen. Aufgrund seiner Stellung als europäische Macht und zugleich Kolonialmacht wurde es in alle internationalen Konflikte in Europa und Übersee unmittelbar oder mittelbar hineingezogen. In Europa galt es zugleich, eine Hegemonialstellung Frankreichs auf dem Kontinent zu verhindern und ein mitteleuropäisches Machtvakuum zu vermeiden. Großbritannien setzte daher auf eine Politik der Entspannung («appeasement») und des Ausgleichs. Die Rückkehr Deutschlands zum Status einer europäischen Großmacht und die Anerkennung berechtigter Revisionsbestrebungen waren für Großbritannien, trotz der Einschätzung Deutschlands als eines potenziellen kriegerischen Gefahrenherds seit der Regierungsübernahme der Nationalsozialisten, bis zum Einmarsch in die Tschechoslowakei im März 1939 hinnehmbar. Gleiches galt für das faschistische Italien. Die britische Politik der Kriegsverhinderung durch Verhandlungslösungen wurde durch die aggressive Politik des Dritten Reiches in Mitteleuropa und Italiens im Mittelmeerraum und Afrika sowie die japanische Expansionspolitik in Ostasien seit 1931 in ihren Grundfesten erschüttert. Bedingt durch die Doktrin des «balanced budget» (ausgeglichener Haushalt) wurden u.a. die Verteidigungsausgaben und Verteidigungsanstrengungen drastisch zurückgefahren. Erst seit 1934/35, mit der Verbesserung der Finanzsituation, konnte die Verteidigungsfähigkeit des Britischen Empire wieder verbessert werden. Die Handlungsfähigkeit und Handlungsbereitschaft Großbritanniens wurde dabei von Deutschland, Italien und auch Japan unterschätzt. Der britische Kriegseintritt am 3. September 1939 kam daher überraschend. Friede als nationales Interesse britischer Politik bedeutete nicht Frieden um jeden Preis. Während des Krieges zählte Großbritannien zu den «Großen Drei» in der Anti-Hitler-Koalition (Roosevelt, Churchill, Stalin) und hatte großen Anteil an der Diskussion über die Neuordnung Deutschlands und Europas auf den Kriegskonferenzen (Teheran, Jalta, Potsdam) und den Vorbereitungskonferenzen für die politische und wirtschaftliche internationale Nachkriegsordnung (Dumbarton Oaks, Bretton Woods). Am Ende des Krieges zeigte sich, dass Großbritannien die machtpolitische Überdehnung und seine Rolle als Ordnungsmacht personell und materiell weltweit nicht mehr durchhalten konnte – es wurde von den USA abgelöst. In der Folge setzte ein Prozess der Entkolonialisierung ein, der bis zum Beginn der 1960er Jahre weitestgehend durch die freiwillig gewährte oder militärisch erzwungene Unabhängigkeit abgeschlossen war. Als Insignien früherer weltpolitischer Machtstellung blieben dem Land nur noch der Ständige Sitz im Sicherheitsrat der Vereinten Nationen und die Rolle als Besatzungsmacht in Deutschland und Österreich.

Während des Krieges hatte eine Allparteienregierung mit Winston Churchill als Premierminister (seit 1940) bereits Reformen im Sozialsystem eingeleitet und versucht, die Forderungen aus dem «Beveridge Report» nach mehr sozialer Gerechtigkeit umzusetzen. Damit wurde der Weg zum britischen Wohlfahrtsstaat vorbereitet. Die Wähler trauten aber eher der Labour Party als den Konservativen unter Führung Churchills zu, tief greifende Reformen in Großbritannien durchzusetzen. Bei den Unterhauswahlen im Juli 1945 kam es zu einem «Erdrutschsieg» der Labour Party unter Clement Attlee, der es der Regierung erlaubte, ihr Programm der Ausgestaltung des Wohlfahrtsstaates und der Nationalisierung der Schlüsselindustrien durchzuführen. Trotz der von Anfang an massiven Finanzierungsprobleme wurden die sozialen Reformen, die im Vergleich zu anderen europäischen Ländern überfällig waren, und die Nationalisierungsmaßnahmen bei der Regierungsübernahme der Konservativen 1951 nur teilweise zurückgenommen. Erst in der Ära Margret Thatcher, als – wie auch in anderen europäischen Staaten – der Sozialstaat zunehmend nicht mehr finanzierbar war, kam es zum Abbau des Wohlfahrtsstaats und zur teilweisen Reprivatisierung der verstaatlichten Industrien.

Anders als die kontinentalen Volkswirtschaften war die britische relativ intakt aus dem Krieg hervorgegangen. Es schien kein Modernisierungsbedarf zu bestehen. Es zeigte sich jedoch schnell, dass die britischen Produkte auf den Weltmärkten nicht mehr konkurrenzfähig waren. Folge waren drastische Einbrüche beim Export, wachsende Zahlungsbilanzprobleme, Vergrößerung der Auslandsverschuldung, Schwäche des britischen £, hohe Inflationsraten und eine steigende Arbeitslosigkeit. Vor dem schließlich 1973 erfolgten Beitritt zur EG lagen das britische Wirtschaftswachstum und die Investitionstätigkeit beträchtlich hinter denen der EG-Staaten. In den 1970er Jahren entstand mit dem «Ölschock» und einer weltwirtschaftlichen Rezession eine sozioökonomische Krise in Großbritannien. Die Antiinflationsprogramme der Labourregierungen unter Harold Wilson und James Callaghan blieben wirkungslos. Die durch Streiks immer noch weiter verschärften wirtschaftlichen Probleme Großbritanniens trugen 1979 entscheidend zum Wahlsieg der Konservativen unter Margret Thatcher bei, die während ihrer elfjährigen Amtszeit u. a. durch ein Gewerkschaftsgesetz, die Einschränkung des Streikrechts, Reformen, Privatisierungen und eine äußerst restriktive Währungs- und Wirtschaftspolitik eine wirtschaftliche Stabilisierung, eine Verbesserung der Beschäftigungslage und einen Abbau der Inflation erreichte. Die von den Regierungen Margret Thatchers und – nach ihrem erzwungenen Rücktritt – John Majors seit dem Ende der 1980er eingesetzten wirtschafts- und sozialpolitischen Instrumente konnten die drohende Rezession nicht abwenden und brachten 1997 der Labour Party unter ihrem neuen Führer Tony Blair einen hohen Sieg. Die Wähler setzten auf das Blairsche Reformprogramm und seine «New Labour Party». Als erstem Labour-Premierminister gelang es ihm, mit dem Wahlsieg von 2001 zwei Wahlen hintereinander für seine Partei zu gewinnen. Inzwischen geht das Ansehen der Regierung, der Labour Party und des Premierministers wegen des Engagements im Irakkrieg und der zu engen Bindung an die USA und Präsident Bush, dramatisch zurück. Auf innerparteilichen Druck erklärte Blair seine Bereitschaft bis zum Sommer 2007 sein Amt abzugeben.

4. Politisches System

Großbritannien (das Vereinigte Königreich von Großbritannien und Nordirland) ist eine parlamentarisch-demokratische Erbmonarchie mit einem Zweikammersystem ohne geschriebene Verfassungsurkunde. Die Verfassungsordnung beruht in erster Linie auf ungeschriebenem Recht bzw. auf einzelnen Gesetzen und Statuten. Grundlage sind die «Magna Charta Libertatum» von 1215, die «Petition of Right» von 1628, die «Habeas Corpus Akte» von 1679, die «Bill of Rights» von 1689, der «Act of Settlement» von 1701, die Schottische Unionsakte von 1707, die Irische Unionsakte von 1800, die «Representation of the People Acts» von 1832 und 1928, die «Parliamentary Acts» von 1911 und 1949, der im Jahre 2000 in Kraft getretene «Human Rights Act» von 1998 sowie Gerichtsentscheidungen in Verfassungsfragen, Gewohnheitsrechte und Konventionen (Conventions).

Staatsoberhaupt: Königin Elisabeth II. seit 6.2.1952. Der Monarch/die Monarchin ist Staatsoberhaupt und zugleich Chef der Exekutive. Die Königin ist integraler Teil der Legislative. Sie ist Oberbefehlshaberin der Streitkräfte und «Supreme Governor» (weltliches Oberhaupt) der Staatskirche (Church of England, Anglikanische Kirche) sowie Oberhaupt des Commonwealth. Das Staatsoberhaupt muss der anglikanischen Kirche angehören und darf auch keine Ehe mit einem Mitglied der katholischen Kirche eingehen. In der Thronfolge steht der älteste Sohn als Kronprinz (Prince of Wales) an der Spitze. Weibliche Thronfolge ist möglich.

Die politischen Rechte des Monarchen sind beschränkt, doch hat das Staatsoberhaupt das Recht, alle Akten der Regierung einzusehen. Die Thronrede zur Eröffnung der Parlamentssession wird vom Staatsoberhaupt verlesen. Sie ist das vom Premierminister verfasste Regierungsprogramm. Der Monarch übt eher repräsentative Aufgaben aus. Das Staatsoberhaupt kann daher auch nicht für sein Handeln zur Verantwortung gezogen werden.

Das Staatsoberhaupt allein ernennt den Premierminister. Die Minister werden auf Vorschlag des Premierministers vom Monarchen ernannt.

Die Krone symbolisiert die historisch-politische Kontinuität des Landes.

Als Beratungsorgan steht dem Staatsoberhaupt der *Privy Council* (Geheime Staatsrat) zur Verfügung, der früher das eigentliche Exekutivorgan war. Der P. C. hat etwa 474 Mitglieder (August 2002), die ihm auf Lebenszeit angehören. Es sind dies die derzeitigen und früheren Mitglieder der Regierung, die zwei Erzbischöfe, erfahrene Politiker (senior politicians), der Sprecher des Unterhauses, hohe Richter, Vertreter aus dem Com-

monwealth und Persönlichkeiten des öffentlichen Lebens. Den Vorsitz hat der Lord President of the Council. Der P.C. tritt im Buckingham Palast in Gegenwart des Monarchen zusammen. Als Vollversammlung kommt er nur dann zusammen, wenn der Monarch stirbt oder seine Heiratsabsicht ankündigt. Der P.C. kann das Gesetzgebungsverfahren durch Verordnungen (Orders in Council) abkürzen, königliche Proklamationen erlassen, um den Notstand auszurufen, das Parlament aufzulösen oder den Kriegszustand zu erklären.
Der P.C. bildet Ausschüsse – das Kabinett ist einer von ihnen – darunter auch der Rechtsausschuss (The Judicial Committee of the Privy Council), der die letzte Appellationsinstanz für Gerichte im Vereinigten Königreich ist.
Legislative: Das *Parlament – House of Commons* (Unterhaus) und *House of Lords* (Oberhaus) – ist für die Gesetzgebung zuständig, ausgenommen sind Rechte und Gesetze, die in die Kompetenz des Schottischen Parlamentes oder der Nordirischen Versammlung fallen: «Die höchste und absolute Gewalt im englischen Reich verkörpert das Parlament» (Beschreibung der Parlamentsrechte 1565). Es besitzt die höchste Autorität über die Regierung und die Ausarbeitung von Gesetzen für das gesamte Vereinigte Königreich. Entscheidendes Element ist die «*Parlamentssouveränität*», die drei verschiedene Aspekte enthält: 1. Absage an jede Form von übergeordnetem Recht. 2. Die Souveränität des Parlaments besteht «fortwährend» und 3. umschreibt die *Doktrin der Parlamentssouveränität* die Rolle und Stellung der britischen Gerichte.
Das Unterhaus wird spätestens alle 5 Jahre gewählt. Die MPs (Members of Parliament) werden in Wahlkreisen direkt nach dem Mehrheitswahlrecht gewählt.
Das *House of Lords* (Oberhaus) wird nicht gewählt. Ihm gehörten vor der Parlamentsreform von 1999 1294 Mitglieder an, davon 759 erbliche Peers, 480 auf Lebenszeit gewählte, von der Regierung vorgeschlagene Mitglieder, 26 Bischöfe der Anglikanischen Kirche, 29 Lordoberrichter. Den Vorsitz führt der Lord Chancellor (Lordkanzler). Er ist zugleich oberster Richter und Mitglied der Regierung. In seiner Person ist die Gewaltenteilung aufgehoben.
Die Rechte des Oberhauses im Gesetzgebungsprozess sind begrenzt. Während bis 1911 ein Vetorecht des Oberhauses bestand, kann es heute Gesetze nur noch ein Jahr blockieren (aufschiebende Wirkung). Daneben besitzt das Oberhaus Beratungs- und Vorschlagsrechte.
Die Parlamentsreform von 1999 sah eine Verkleinerung des Oberhauses auf 635 Mitglieder vor. Die erblichen Sitze wurden abgeschafft. Für eine Übergangszeit wird es noch 92 erbliche Mitglieder geben. Die zweite Stufe der Oberhausreform, alle Lords in Zukunft zu ernennen, scheiterte im Februar 2003 und brachte Blair die erste parlamentarische Abstimmungsniederlage seiner Amtszeit.
Exekutive: *Premierminister*, seit 2.5.1997 Tony Blair (Labour). Formal liegt die Exekutive bei der Krone und die Parlamentssouveränität steht über der Regierung. De facto liegt die Macht im Staat in der Hand des Premierministers und des von ihm vorgeschlagenen

Kabinetts. Die Mitglieder des Kabinetts müssen dem Unterhaus angehören. Neben dem engeren Kabinett von etwa 20 Mitgliedern gibt es weitere Regierungsmitglieder. Hierzu gehören u. a. der Lordkanzler, der Lordpräsident (des Privy Council) und der Kanzler des Herzogtums Lancaster.
Der Premierminister kann nach seinem Willen Mitglieder des Kabinetts ernennen und entlassen lassen.
In seiner zweiten Legislaturperiode als Premierminister richtete Blair ein Ministerium für Verfassungsfragen ein (Department for Constitutional Affairs), das eine Modernisierung der Verfassung und der Gesetze zur Aufgabe hat.

Wahlsystem: aktives Wahlrecht mit 18 Jahren, passives mit 21. Kirchliche Würdenträger (Anglikaner, Presbyterianer, Katholiken), Polizisten, Richter, Soldaten und Mitglieder des Oberhauses dürfen kein Unterhausmandat ausüben.
Unterhauswahlen vom 5.5.2005 (646 Sitze): Labour 35,2 % (356 Mandate), Conservatives and Unionists 32,3 % (198), Liberal Democrats 22,0 % (62), Sonstige 10,5 % (34: Democratic Unionists 9, Scottish Nationalists 5, Plaid Cymru 3, Sinn Féin 5, Social Democratic and Labour Party 3, Ulster Unionists 1).
Parteien: Conservative and Unionist Party, Democratic Unionist Party (Nordirland), Labour Party, Liberal Democrats, Plaid Cymru (Wales), Scottish National Party/SNP, Sinn Féin (Nordirland), Social Democratic and Labour Party/SDLP (Nordirland), Ulster Unionist Party (Nordirland).

Rechtsordnung: Das Vereinigte Königreich gehört zu den europäischen Staaten, die kein einheitliches Rechtssystem besitzen. Hierbei spielt eine Rolle, dass die römische Herrschaft in England weniger Spuren hinterlassen hat als in der Mehrzahl der kontinentaleuropäischen Länder. In England und Wales wurde und wird die Rechtsordnung noch immer durch das alte germanische «common law» geprägt, während Schottland, auch aufgrund der engen Bindungen zum Kontinent, stärker durch römische Rechtstraditionen beeinflusst wurde. Diese Unterschiede sind, trotz der engen Verbindung zwischen Schottland und England über Jahrhunderte, nicht vollständig aufgehoben. Regionale Rechtstraditionen blieben somit noch erhalten. Das «common law», das nie kodifiziert wurde, als Hort der englischen Rechtstradition, wird von den Richtern angewandt. Es kann aber durch die Parlamentsgesetzgebung überlagert werden. Neben die parlamentarischen Rechtsquellen treten die Rechtsnormen der EG/EU, die im «acquis communautaire», im Rechtskörper der Union, ihren Niederschlag finden. Es findet somit ein Annäherungsprozess statt.
Großbritannien kennt, im Gegensatz zu den anderen EU-Staaten, keine Verfassungsgesetzgebung. Die Überwachung der Rechtsordnung oblag früher dem für England und Wales zuständigen Innenminister bzw. den Staatsministern für Schottland und Nordirland. Ein Justizministerium besteht bisher nicht. Mit dem 2001 neu eingerichteten Ministerium für Verfassungsangelegenheiten übernahm dieses die Überwachungsaufgaben im Rahmen der

Rechtsordnung und verfolgt auch die EU-Gesetzgebung.

Kompetenzkonflikte zwischen den einzelnen Organen des Staates werden nicht als rechtliche Konflikte, sondern vielmehr als politische Auseinandersetzungen verstanden.

Das Vereinigte Königreich kennt auch keine eigene Verwaltungsgerichtsbarkeit und daher auch keine Verwaltungsgerichte.

Das *House of Lords* (*Oberhaus*) ist das höchste Berufungsgericht, der *Oberste Gerichtshof* für England, Wales und Nordirland (umfasst die Courts of Appeal, die High Courts of Justice und die Crown Courts). Für Schottland existieren ein *Court of Session* und ein *Court of the Judicary.* Der Lordkanzler ist Oberster Richter, Führer des Oberhauses und Mitglied der Regierung und vereint in seiner Person Legislative, Exekutive und Judikative.

5. Politik in und für Europa

Britische Außenpolitik seit dem ausgehenden 18. Jahrhundert vollzog sich im Spannungsfeld von Empire-Engagement («Imperial Commitment») und Europa-Engagement («European Commitment»). Je nach historischer Situation erhielt das eine oder das andere Konzept Vorrang, um die Friedenserhaltung als nationales Interesse umzusetzen.

Die Weltmachtstellung ließ sich bereits nach dem Ersten Weltkrieg nicht mehr aufrechterhalten, war doch die Schere zwischen machtpolitischem Anspruch und realen Möglichkeiten immer weiter auseinandergeklafft. Dennoch hielt Großbritannien auch nach dem Zweiten Weltkrieg und dem Desaster der Suezintervention 1956 am Weltmachtanspruch fest, der schon längst ausgehöhlt war. Noch in den 1960er Jahren sprach Premierminister Harold Wilson von Großbritannien als «Weltmacht». Unter den politischen Eliten gab es bis in die 1960er Jahre einen Konsens über die Europapolitik und das Verhältnis Großbritanniens zum Kontinent. Dominant war das von Winston S. Churchill auf den Punkt gebrachte Konzept der «drei Kreise» als «Leitbild» britischer Weltpolitik. Danach befand sich Großbritannien im Schnittpunkt von drei sich überlappenden Kreisen: das Commonwealth/Empire – die USA/Nordamerika – Europa. Das Commonwealth und die «special relationship» zu den USA hatten eine höhere Priorität als Festlandseuropa. Eine direkte Beteiligung am kontinentalen Integrationsprozess kam daher für Großbritannien zunächst nicht in Frage. Lange Zeit «glaubte man in London nicht an den Erfolg der europäischen Einigungsbestrebungen, hielt man britische Führung und Beteiligung für deren Gelingen für erforderlich. Nationale Mythen, eine bestimmte Version der Geschichte und eine überhöhte Deutung der eigenen Vergangenheit erwiesen sich als starke Barrieren gegen Wandel und rechtzeitige Anpassung» (C. Wurm) im Innern und in der Europapolitik.

Mit seiner berühmten Züricher Rede von 1946 rief Churchill zur Gründung von Vereinigten Staaten von Europa auf, zur Gründung eines Europarats und zur Aussöhnung zwischen Frankreich und Deutschland als Kernelement für die Einigung des Kontinents. Was oft übersehen wird, ist die Tatsache, dass Churchill und andere britische Politiker sich eher als Schutzmacht des Kontinents denn als Teil des Kontinents verstanden («We are with Europe, but not of it»). Als Teil des «continental commitment» war Großbritannien an Einigung und Stabilität auf dem Kontinent interessiert und auch zur Mitarbeit bereit. Es wurde Gründungsmitglied der OEEC, die Akte des Europarats wurde am 5. Mai 1949 in London unterzeichnet. Eine Mitgliedschaft in OEEC und Europarat war für die Briten zumutbar, weil diese ersten europäischen Organisationen zur wirtschaftlichen und politischen Zusammenarbeit der europäischen Demokratien auf zwischenstaatlicher (intergouvernementaler) Grundlage geschaffen wurden, d. h. anders als in einer Föderation oder einem Bundesstaat mussten die Mitglieder im Europarat oder in der OEEC keine Souveränitätsrechte abgeben. Zusammen mit den Iren und Skandinaviern waren die Briten Verfechter einer zwischenstaatlichen Organisationsform, während die Kontinentaleuropäer eher eine föderative Ordnung anstrebten. Alle Bemühungen zur Gründung einer «Europäischen Autorität» scheiterten an diesen Gegensätzen und führten dazu, dass mit dem Schuman-Plan der erste Schritt zu Gründung einer supranationalen Institution, der EGKS, ohne britische Beteiligung eingeleitet wurde. Großbritannien war zur Teilnahme an den Verhandlungen zur Gründung der EGKS ebenso eingeladen worden wie später zur Bildung einer Europäischen Verteidigungsgemeinschaft, einer Europäischen Wirtschaftsgemeinschaft und einer Europäischen Atomgemeinschaft, schickte zeitweilig Beobachter, lehnte eine Mitgliedschaft jedoch ab. Stattdessen gründete es zusammen mit den Neutralen und den skandinavischen Ländern 1960 die Europäische Freihandelsassoziation als «Gegeninstitution». Der große Erfolg der EWG führte schließlich 1961 zum britischen Antrag auf Beitritt zur EWG, der 1963 am Veto General de Gaulles scheiterte. Erst nach dem Regierungswechsel in Paris 1969 kam es schließlich zum EG-Beitritt des Landes am 1. Januar 1973. Bei seinem Beitritt war es «Außenseiter» in der EG und «hatte einige der spezifischen Eigenschaften der EG nicht verstanden, eine Schwäche, die sich in der breiten politischen und öffentlichen Meinung widerspiegelte» (H. Wallace). Großbritannien hatte bei seinem späten Beitritt auch wenig Verhandlungsspielraum. Es musste den Besitzstand der EG und ihr Regelwerk («acquis communautaire») anerkennen und Bedingungen akzeptieren, die als Demütigung empfunden wurden. In einem Referendum im Juni 1975 votierten zwar 67,2 % für einen Verbleib Großbritanniens in der EG. Das Verhältnis von Politik und britischer Öffentlichkeit zu EG-Europa blieb jedoch ambivalent und euroskeptisch. In der Ära Thatcher konnte Großbritannien nicht allein wegen seiner kompromisslosen Haltung in verschiedenen Feldern der EG-Politik (etwa der Haushaltspolitik) seine Ziele durchsetzen, sondern betrieb auch eine durchaus konstruktive Europapolitik auf der Basis eines nationalstaatlich verfassten Europa. Die ambivalente Grundstimmung britischer Politik gegenüber dem europäischen Einigungswerk wirkt bis heute fort.

Großbritannien bleibt, trotz aller Fortschritte seit den 1950er Jahren, «ein rätselhaftes und unentschlossenes Mitglied der europäischen Familie» (H. Wallace). In diesem Zusammenhang spielten verschiedene strukturelle Faktoren eine Rolle: (a) *die historisch-politische Dimension*: Aus Tradition, historischem Selbstverständnis und der Eigenwahrnehmung seiner Weltstellung war Großbritannien nicht bereit, Souveränitätsrechte an ein föderativ organisiertes demokratisches Europa abzutreten, sondern plädierte für zwischenstaatliche Organisationsformen; (b) *die sozialpsychologische Dimension*: Die emotionalen Bindungen der politischen Eliten und der britischen Öffentlichkeit waren eher auf das Commonwealth und die USA ausgerichtet, weniger auf Europa. Noch in der zweiten Hälfte der 1960er Jahre sahen nur 34 % der Briten in den Europäern ihre Verbündeten und Freunde, dagegen votierten 53 % für die USA. Im Kern hat sich an diesen Präferenzen bis heute wenig geändert, auch wenn die Hinwendung zu Europa stärker wird; (c) *die außen- und finanzwirtschaftliche Dimension:* Seit dem Aufstieg zur Weltwirtschaftsmacht im 19. Jahrhundert orientierte sich der britische Außenhandel zunehmend hin zu den überseeischen Märkten, weniger zum Kontinent. Zu Beginn der 1950er Jahre gingen noch immer über 50 % des britischen Außenhandels in das Commonwealth/Empire und lediglich 10 % nach Westeuropa. Hierbei spielten sicher das Zollpräferenzsystem für die Staaten des Commonwealth und die Existenz des «Stirlingblocks» mit dem britischen £ als Leitwährung eine Rolle. Nur etwa 10 % der britischen Auslandsinvestitionen gingen zu Beginn der 1960er Jahre nach Westeuropa. Seit dem EG-Beitritt haben sich die Gewichte zugunsten der EG/EU verschoben. Die Wirtschaftsinteressen scheinen heute, anders als in der formativen Phase des westeuropäischen Integrationsprozesses, stärker an einer engeren EU-Bindung interessiert zu sein.

Nach wie vor findet in Großbritannien das «europäische Projekt» zur politischen, wirtschaftlichen, gesellschaftlichen und währungspolitischen Integration weniger Anklang als in den sechs Gründerstaaten der EG. Großbritannien ist mit seiner ambivalenten und halbherzigen Europapolitik bis heute kein «normales Mitglied der EU» geworden. Hierbei spielt sicherlich im Gegensatz zu einer auf politischen Konsens bauenden Politik in anderen EU-Ländern der «antagonistische Charakter des britischen politischen Wettbewerbs» eine Rolle.

Seit dem Wahlsieg der Labour Party unter Tony Blair 1997 versucht Großbritannien bei der Ausgestaltung der europäischen Institutionen eine aktivere Rolle zu spielen. Blair sieht die Grundlagen der EU im «demokratischen Nationalstaat». Großbritannien lehnt einen europäischen «Superstaat» ab, dennoch wolle die Regierung das Land nicht aus Europa herausführen, sondern es solle seinen «Platz in Europa» als «ein Teil» von Europa einnehmen. Die kommenden Jahre werden zeigen, ob Großbritannien den Mut und das Selbstvertrauen hat, pragmatisch und «mutig nach vorn zu gehen» und dem Kontinent an einem entscheidenden Punkt seiner Entwicklung «eine neue

Gestalt» zu geben. Nach den negativen Verfassungsreferenden in Frankreich und den Niederlanden wurde in Großbritannien der sowie wenig geliebte Verfassungsvertrag zunächst nicht zur Diskussion und Abstimmung gestellt. Der potentielle Nachfolger Blairs, Schatzkanzler Brown, ist ein Euroskeptiker und bei den Konservativen hat Europa derzeit auch keine Konjunktur.

Bulmer, Simon / *Wallace*, Helen: Großbritannien, in: *Weidenfeld*, Europa-Handbuch II, S. 156–171; *Gelfert*, Hans-Dieter: Kleine Kulturgeschichte Großbritanniens. München 1999; *Gruner*, Wolf D./*Wendt*, Bernd-Jürgen (Hg.): Großbritannien in Geschichte und Gegenwart. Hamburg 1994; *Händel*, Heinrich/ *Gossel*, Daniel: Großbritannien. München [4]2002; *Hübner*, Emil/*Münch*, Ursula: Das politische System Großbritanniens. München [2]1999; *Jennings*, W. Ivor: Die britische Verfassung. Paderborn 1946; *Kaiser*, Wolfram: Großbritannien und die Europäische Wirtschaftsgemeinschaft 1955–1961. Berlin 1996; *Kastendiek*, Hans / *Rohe*, Karl / *Volle*, Angelika: Großbritannien. Länderbericht. Bonn 1994; *Kluxen*, Kurt: Geschichte Englands. Stuttgart [5]2001; *Krüger*, Peter/*Schroeder*, Paul W. (Hg.): ‹The Transformation of European Politics, 1763–1848›: Episode or Model in European History? Münster u. a. 2002; *Niedhart*, Gottfried: Geschichte Englands im 19. und 20. Jahrhundert. München [2]1996; *Wende*, Peter (Hg.): Englische Könige und Königinnen. Von Heinrich VIII. bis Elisabeth II. München 1998; *Schröder*, Hans-Christoph: Englische Geschichte. München 2000; *Sturm*, Roland: Großbritannien. Wirtschaft, Gesellschaft, Politik. Opladen [2]1997; *Sturm*, Roland: Das politische System Großbritanniens, in: *Ismayr*, Politische Systeme Westeuropas' S. 225–262; *Wallace*, Helen: Großbritannien, in: Werner *Weidenfeld* (Hg.): Europa-Handbuch. Gütersloh [2]2002, S. 144–155; *Young*, Hugo: This Blessed Plot: Britain and Europe from Churchill to Blair. London 1998. *Wilson*, Frank L.: European Politics today. The Democratic Experience. Englewood/N. J. 1990.

www.gov.uk; www.cabinetoffice.gov.uk
www.parliament.uk;
www.parliament.uk/commons (House of Commons – Unterhaus);
www.parliament.uk/lords (House of Lords – Oberhaus);
www.number-10.gov.uk (Amt des Premierminsters – Downing Street 10);
www.fco.gov.uk (Foreign and Commonwealth Office, Außenministerium);
www.dca.gov.uk (Department for Constitutional Affairs – Amt für Verfassungsfragen);
www.statistics.gov.uk (National Statistics Office – Amt für Nationale Statistik);
www.britischebotschaft.de;
www.direct.gov.uk/ Homepage (Portal Government UK)

Irland

I. Grunddaten

Staatsname: Poblacht Na h'Éireann – Republic of Ireland (Republik Irland)
Größe: 70 284 km^2
Hauptstadt: Dublin – Baile Atha Cliath
Einwohner: 4 234 925 (23. 4. 2006 Census night)
Bevölkerungsdichte: 59,6 Einw./km^2; 59 % der Bevölkerung leben in Städten
Konfessionen: 91,6 % Römisch-Katholisch, 2,5 % Church of Ireland (Anglikaner) 5,9 % Sonstige

Amtssprache: Gälisch (Irisch, offizielle erste Amtsprache, wird 2007 auch Amtssprache EU), Englisch und regional Scots
Währung: 1 Euro (€) = 100 Cent, 1 US-$ = 0,8319 € (März 2006)

2. Sozioökonomische Grundlagen

Bruttoinlandsprodukt (BIP): 161 163 Mrd. € (2005), 194 17 Mrd. US-$ (2005)
Anteil am BIP: Land-Forstwirtschaft 2,7 %, Industrie 33,6 %, Dienstleistungen 40 %
BIP/Kopf: 39 016 € (2005); 47 007 US-$ (2005)
Erwerbstätigkeit: Landwirtschaft 8 %, Industrie 29 %, Dienstleistungen 63 % (2002)
Arbeitslosigkeit: 4,4 % (September 2006), 4,4 % (2005)
Inflation: 3,9 % (Oktober 2006), 2,7 % (2005)
Wirtschaftswachstum (BIP): 4,7 % (2005); 4,5 % (2004)
Außenhandel (2005): Import: 57,5422 Mrd. €; 69,3780 Mrd. US-$ (2005); Haupthandelspartner: Großbritannien 31,8 % USA 13,9 %, Belgien 14,4 % Deutschland 8,%, China 8 %, Frankreich 4 %, Japan 5 %, Niederlande 4 % – Export: 88,9634 Mrd. €; 107,1848 Mrd. US-$ (2005); Haupthandelspartner: Großbritannien 17,3 %, USA 18,6 %, Belgien 13 %, Deutschland 7 %, Frankreich 6 %, Niederlande 5 %

3. Geschichte

Im 5. Jahrhundert v. Chr. wanderten die Kelten in das bereits vorher besiedelte Irland ein. Sie prägten bis zur Anglisierung weit über tausend Jahre die Kultur des Landes, da Irland weder unter germanischen noch römischen Einfluss geriet und aufgrund seiner Randlage von den europäischen Entwicklungen abgeschnitten war. Es konnten sich so Kultur- und Gesellschaftsformen erhalten, die im übrigen Europa nicht überlebten. Die «gälische Kultur» wird als entscheidendes Merkmal der nationalen Identität angesehen. In einem englischsprechenden Umfeld wird versucht, das Gälische als irische Sprache – obwohl nur 2 % der Iren Gälisch als erste Sprache sprechen – zu bewahren. Einen epochalen Einschnitt bildete die seit dem 5. Jahrhundert n. Chr. einsetzende Christianisierung. Das Christentum wurde durch die keltische Religion und Mythologie beeinflusst. Nach der Missionierung Irlands durch den Hl. Patrick wurde Irland zum religiösen Gelehrtenzentrum der damaligen Welt. Von irischen Klöstern aus wurden zunächst Großbritannien und später Mitteleuropa und Teile Nordeuropas missioniert und Klöster gegründet (u. a. St. Gallen, Reichenau, Würzburg, Wien). Die «englische Zeit» Irlands begann im ausgehenden 12. Jahrhundert, als der König von Leinster den englisch-normannischen König Heinrich II. zur Durchsetzung seiner Thronansprüche um Hilfe ersuchte. Bis zum 16. Jahrhundert beschränkte sich der englische Herrschaftseinfluss jedoch vornehmlich auf den Osten Irlands. Mit der Einverleibung Irlands in das englische Königreich unter Heinrich VIII. setzte seit Mitte des 16. Jahrhunderts der «Freiheitskampf» der Iren ein, die sich weigerten, den katholischen Glauben aufzugeben, sich einer Anglisierung widersetzten und sich gegen Ausbeutung und Landenteignungen wehrten.

Spätestens seit dem ausgehenden 15. Jahrhundert entwickelte sich die «Irische Frage». Sie besaß eine konfessionelle, eine kulturell-identitätsbezogene und eine machtpolitische Dimension. Sie sollte über Jahrhunderte (und bis in die Gegenwart in Form des noch immer ungelösten Nordirlandkonflikts) das Verhältnis zwischen Großbritannien und Irland belasten.

Heinrich VIII. hatte versucht, die anglikanische Kirche als Irische Kirche gegen den Katholizismus durchzusetzen und scheiterte ebenso wie seine Tochter Elisabeth I. Das Aufzwingen des englischen Verwaltungssystems und die Enteignungen schufen die Basis für den Hass der unterdrückten Iren gegen die herrschenden Engländer. Es kam zu Aufständen, die blutig niedergeschlagen wurden, und zur Ansiedlung («plantation») von Engländern und Schotten, um den anglikanischen Einfluss über Dublin hinaus zu erweitern. Hinzu kam, dass in der zweiten Hälfte des 16. Jahrhunderts der Kampf zwischen dem katholischen Spanien und dem elisabethanischen England um die Vorherrschaft zur See tobte und der Papst, zusammen mit der spanischen Krone, in Irland eine ideale Bastion sah, um England zurück in den Schoß der römischen Kirche zu bringen. Ein englisches Heer besiegte 1601 bei Kinsale die irisch-spanischen Truppen. Mit dem Ende des «neunjährigen Krieges» verließ die «gälische Oberschicht» Irland, was einen tiefen gesellschaftlichen und kulturellen Einschnitt bedeutete.

Seit 1610 wurden in der Grafschaft Ulster (Nordirland) systematisch über 150 000 protestantische Siedler aus Schottland und Nordengland angesiedelt und die katholische irische Bevölkerung in den Westen der Insel mit seinen schlechten Böden zwangsumgesiedelt («Ulster Plantation»). Damit beginnt die tief greifende religiöse und gesellschaftliche Spaltung des Landes. Die presbyterianisch geprägten Protestanten im Norden befestigten im 17. Jahrhundert ihre Siedlungen. Katholiken durften in ihren Mauern nicht wohnen und arbeiten. Der Norden Irlands entwickelte sich wirtschaftlich durch die Förderung von Handel und Industrie sowie durch den Einsatz verbesserter Anbaumethoden in der Landwirtschaft. In «Ulster» entwickelte sich ein eigenes Selbstbewusstsein. Die «Nordiren» sahen sich als technisch und wirtschaftlich überlegen an und orientierten sich an einer «Union» mit England.

1690 kam es dann am Fluss Boyne zwischen dem katholischen Stuartkönig Jakob II. und dem protestantischen König Wilhelm III. von Oranien zur wohl bedeutendsten Schlacht in der Geschichte Irlands. Die Iren hatten den 1688 in der «glorious revolution» abgesetzten katholischen Stuartkönig Jakob II. unterstützt und 1689 monatelang (London-)Derry belagert, ehe Wilhelm III. mit überlegenen Kräften die katholische Armee besiegte. Der Sieg der Protestanten wird noch heute alljährlich am 12. Juli mit der «Orange

Parade» gefeiert und führt immer wieder zu blutigen Auseinandersetzungen zwischen Protestanten und Katholiken. Mit dem Sieg des protestantischen Oraniers und der Einführung der «Penal Laws» verließen zahlreiche Iren ihre Heimat. Die Strafgesetze von 1695 verboten den Katholiken u. a. den Zugang zu öffentlichen Ämtern und die Lehrtätigkeit in Schule und Universität. Katholiken durften kein Land von Protestanten erwerben oder als Geschenk erhalten. Damit vergrößerte sich die Kluft zwischen der vorwiegend armen katholischen irischen Unterschicht und der wohlhabenden protestantischen Oberschicht. Unter dem Einfluss der Französischen Revolution versuchten die 1791 gegründeten «Vereinigten Iren» (United Irishmen), Irland mit französischer Unterstützung zu befreien und eine Republik zu gründen. Diese Versuche scheiterten zwischen 1796 und 1798 und waren Anlass dafür, dass Premierminister William Pitt zur besseren Kontrolle eine Union zwischen Irland und England anstrebte und die Diskriminierungen der katholischen Bevölkerungsmehrheit aufzuheben gedachte. Die Union kam 1801 zustande, doch der König widersetzte sich der Katholikenemanzipation. Es dauerte bis 1829, ehe König und Parlament durch friedliche Proteste und konstitutionelle Mittel zur Katholikenemanzipation gezwungen wurden. Danach waren die (katholischen) Iren zunächst bestrebt, die Union mit England rückgängig zu machen («Repeal of the Union») und die Selbstverwaltung zurückzuerhalten («Home Rule»). Neben diesen in konstitutionellen Bahnen verlaufenden Bestrebungen bildete sich die militante «Jungirlandbewegung» («Young Ireland»), die weiter gehende nationale Ziele verfolgte.

Neue Anläufe, die «irische Frage» durch die Schaffung von «Gerechtigkeit und Frieden» (Gladstone) zu lösen, wurden von den Liberalen immer wieder unternommen. Sie lassen sich unter dem Begriff der «Home Rule», der irischen Selbstverwaltung, zusammenfassen. Gesetzliche Regelungen dazu scheiterten jedoch zwischen 1881 und 1914 immer wieder im englischen Parlament. In Irland und in Ulster bildeten sich militante Gruppen, deren Ziel die Verwirklichung der irischen Unabhängigkeit («Irish Volonteer Force», aus der sich später die IRA entwickelte) bzw. die Bewahrung der Union («Ulster Volonteer Force») waren. Im Juli 1914 stand Irland vor einem Bürgerkrieg. Am Ostermontag 1916 kam es in Dublin zum «Osteraufstand», der blutig niedergeschlagen wurde. Trotz der Niederlage stärkte der Aufstand das irische Nationalbewusstsein und den Widerstandswillen. Zur Trägerin der Unabhängigkeitsbewegung wurde die Partei Sinn Feín («Wir alleine») unter Führung des Iroamerikaners Eamon de Valera. Aus den Unterhauswahlen im Dezember 1918 ging sie mit drei Viertel der irischen Mandate als Siegerin hervor. Die irischen Unterhausabgeordneten nahmen ihr Mandat in London nicht an, sondern konstituierten am 21. Januar 1919 in Dublin das Irische Parlament, den Dáil Éireann (Irische Versammlung) und ernannten de Valera zum Präsidenten. Da Großbritannien die Unabhängigkeit Irlands nicht anerkannte, kam es zu einem eineinhalbjährigen Bürgerkrieg, an dessen

Ende 1921 der Anglo-Irische Vertrag stand, in dem die Insel geteilt und der Süden zum Irischen Freistaat als Dominion im Britischen Reich wurde. Für die kompromisslosen Anhänger der Irischen Frage im gesamtirischen Sinne war damit der Kampf um völlige Souveränität und Wiedervereinigung noch nicht beendet. Er sollte seit den 1960er Jahren von der IRA wieder aufgegriffen werden und stieß auf die ebenso kompromisslose Haltung der radikalen Protestanten in Nordirland. Die Teilung von 1921 blieb somit ein Provisorium und nicht die von vielen Iren erhoffte friedliche Dauerlösung. Ein friedliches Ende ist trotz des Karfreitagabkommens von 1998 noch nicht in Sicht.

Der Irische Freistaat hatte sich Ende 1922 seine zweite Verfassung gegeben mit einem Zweikammerparlament (Repräsentantenhaus und Senat). In den Auseinandersetzungen um den Vertrag mit Großbritannien bildeten sich zwei der bis heute die irische Politik dominierenden Parteien heraus: die von de Valera 1926 gegründete Fianna Fáil («Soldaten des Schicksals») und die Fine Gael («Unser Irland»). Fianna Fáil wurde bei den Parlamentswahlen 1932 stärkste Partei und bildete unter de Valera eine Minderheitsregierung. Der republikanische, antibritische de Valera schaffte 1933 den Treueeid auf den englischen König ab, stellte die Zahlungen an Großbritannien ein und begann einen ruinösen, fünfjährigen Handelskrieg mit Großbritannien. Mit der neuen, bis heute gültigen Verfassung von 1937 – sie enthielt den Anspruch der Republik auf ganz Irland, unterstrichen durch den neuen Staatsnamen Éire – wurde Irland de facto zur Republik mit eigenem Staatsoberhaupt. Die katholische Kirche erhielt eine starke Stellung, die erst 1972 aus der Verfassung gestrichen wurde. Dennoch zeigt sich ihre besondere Stellung im Leben Irlands bis heute. So konnten etwa Verfassungsbestimmungen über die Unauflöslichkeit der Ehe erst 1997 gestrichen werden. Bei der Ablehnung des Vertrags von Nizza in einem Referendum spielten, ähnlich wie in Polen, durchaus die Abtreibung und der Schutz des ungeborenen Lebens eine gewichtige Rolle. Mit Blick auf die Verabschiedung eines Europäischen Verfassungsvertrags dürfte, trotz der irischen EU-Präsidentschaft, auch im irischen Fall die noch nicht abgeschlossene Diskussion über die Aufnahme eines Gottesbezugs Gewicht erhalten.

Im Zweiten Weltkrieg war die Republik Irland neutral, fand sich aber in einer eigenartigen Situation. Als einziges Commonwealthland verweigerte sie Großbritannien ihre Unterstützung im Krieg. Trotz der Neutralität arbeiteten zahlreiche Iren in der britischen Kriegsindustrie und dienten in den britischen Streitkräften. Nach der Besetzung Frankreichs erhielt Irland eine erhöhte geostrategische Bedeutung und es bestand die Gefahr einer Invasion durch deutsche Truppen, aber auch eines britischen Einmarschs. Es wurde daher eine Armee von 250 000 Mann aufgestellt und die Regierung erhielt durch ein (bis 1954 geltendes) Notstandsgesetz weitgehende Vollmachten (u. a. die Rationierung von Lebensmitteln, Mineralöl und Kleidern).

Am Ende des Zweiten Weltkriegs versuchte Irland die enge Beziehung zu Großbritannien aufzubrechen. Es trat aus dem Commonwealth aus und proklamierte an Ostern 1949 die Irische Republik. In den Jahren nach dem Krieg versuchten die irischen Regierungen Irland vom Armenhaus Europas zu einem modernen Staat umzuformen. Mit dem Übergang zur freien Marktwirtschaft und zu einer Politik der Investitionsanreize für ausländisches Kapital konnte seit dem Beginn der 1960er Jahre der demografische Abwärtstrend gestoppt werden. Zwischen 1980 und 1996 stieg der Anteil der Dienstleistungen am Bruttoinlandsprodukt (BIP) von 52 % auf 83 %. Die Arbeitslosigkeit ging zurück und es entwickelte sich ein gewisser materieller Wohlstand. Seit Mitte der 1980er Jahre zählt Irland zu den Ländern der EG/EU mit dem höchsten Wirtschaftswachstum.

4. Politisches System

Irland ist eine demokratisch-parlamentarische Republik seit 1937/1949 mit einem *Zweikammersystem*. Grundlage ist die am 29. 12. 1937 in Kraft getretene Verfassung mit den 26 Verfassungsänderungsgesetzen zwischen 1939 und 2002, die nicht alle in Kraft traten, da sie durch ein Referendum nicht bestätigt wurden.

Staatsoberhaupt: Der Präsident (Uachtarán na hÉireann) – seit dem 11. 11. 1997 Mary McAleese – ist nach der Verfassung «Wächter der Bürgerrechte» und Repräsentant Irlands nach Innen und Außen. Er wird auf 7 Jahre direkt vom Volk gewählt und kann sich zu einer weiteren Amtsperiode zur Wahl stellen. Ein Kandidat muss von mindestens 20 Mitgliedern des Nationalparlaments oder von den Räten von mindestens 4 Counties (Landkreisen) vorgeschlagen werden. Frühere oder amtierende Präsidenten können sich selbst vorschlagen. Wird nur ein Kandidat vorgeschlagen, entfällt eine Wahl. Der Präsident darf das Land nur mit Zustimmung der Regierung verlassen.

Der Präsident ernennt auf Vorschlag des Repräsentantenhauses den Ministerpräsidenten und nach Zustimmung des Repräsentantenhauses die anderen Mitglieder der Regierung. Der Präsident beruft das Repräsentantenhaus ein und löst es auf. Er kann jederzeit, nach Konsultation des Staatsrats, eine Sitzung eines oder beider Häuser einberufen. Der Präsident muss jedes Gesetz vor seiner Inkraftsetzung unterzeichnen. Er ist Oberbefehlshaber der Streitkräfte. Bei Abwesenheit oder wenn er vorübergehend oder dauernd hierzu nicht in der Lage ist, geht die Amtsgewalt auf eine Kommission, bestehend aus dem Präsident des Obersten Gerichts (Chief Justice) und den Präsidenten des Abgeordnetenhauses und des Senats, über.

Er kann Gesetze durch den Obersten Gerichtshof auf ihre Verfassungsmäßigkeit überprüfen lassen, er kann auf Ersuchen des Senats und eines Drittels der Dáil-Abgeordneten die Unterschrift unter ein Gesetz verweigern, muss dieses jedoch unterzeichnen, wenn eine Referendumsmehrheit für das Gesetz stimmt.

Der *Staatsrat* (*Council of State*) berät und unterstützt den Präsidenten. Ihm gehören neben dem Ministerpräsidenten und seinem Stellvertreter die Präsidenten des Repräsentantenhauses und des Senats, der Generalanwalt, der

Oberste Richter sowie der Präsident des Oberlandesgerichts (High Court) an.
Legislative: Die gesetzgebende Gewalt liegt bei den beiden Häusern des Nationalparlaments. Das *Repräsentantenhaus* (*Dáil Éireann*) hat seit der 22. Legislaturperiode (1981) 166 Mitglieder. Sie werden auf 5 Jahre nach dem Verhältniswahlrecht gewählt. Ein Mandat ist für je 20 000–30 000 Einwohner vorgesehen. Das Land ist derzeit in 41 Wahlbezirke eingeteilt. Die Festlegung der Wahlbezirke bzw. die Anzahl der Mandate wird alle 12 Jahre neu festgelegt. Der Dáil hat alleine das Initiativrecht für Finanzgesetze. Von ihm verabschiedete Gesetze sind an den Senat zu senden und treten nach Zustimmung beider Häuser nach der Unterzeichnung durch den Präsidenten in Kraft (bei verfassungsändernden Gesetzen oder solchen von nationalem Interesse nach erfolgreichem Referendum). Das Recht, den Krieg zu erklären oder sich an Kriegen zu beteiligen, liegt beim Dáil.
Der *Senat* (*Seanad Éireann*) hat 60 Mitglieder. 11 Mitglieder werden nominiert, 49 Mitglieder werden gewählt. Wählbar für den Senat sind alle Personen, die für das Repräsentantenhaus wählbar sind. Die nominierten Mitglieder werden vom Ministerpräsidenten nach ihrer Zustimmung ernannt. Von den gewählten Mitgliedern kommen drei aus der Irischen Nationaluniversität, drei aus der Universität Dublin. 43 werden aus den Korporationen gewählt, davon je 11 aus Landwirtschaft und Arbeiterschaft, neun aus Industrie und Handel, sieben aus der öffentlichen Verwaltung und fünf aus dem Bereich des Erziehungswesens und der Kultur. Der Senat kann Gesetzesvorschläge einbringen, muss solche des Dáil prüfen und kann Verbesserungsvorschläge machen, die der Dáil dann nochmals beraten muss (ausgenommen Finanzgesetze). Die führende Rolle in der Legislative übt nach dem Willen der Verfassung der Dáil aus.
Exekutive: Die Regierung unter Führung des *Ministerpräsidenten* (*Taoiseach*) – seit dem 26. 6. 1997 Bertie Ahern (FF) – besteht aus mindestens 7 und höchstens 15 Mitgliedern. Zur Zeit regiert eine Koalition aus FF und PD.
Die Regierung ist ausschließlich dem Dáil gegenüber kollektiv verantwortlich. Sie wird vom Präsidenten ernannt. Die Exekutivgewalt des Staates liegt im Rahmen der Verfassungsbestimmungen bei der Regierung. Sie legt den Haushaltplan vor.
Der *Taoiseach* informiert den Präsidenten über innere und internationale Fragen. Vertreter des Ministerpräsidenten ist der *Tánaiste*. Der Ministerpräsident, sein Stellvertreter und der Finanzminister müssen Mitglieder des Dáil Éireann sein, die übrigen Regierungsmitglieder müssen entweder dem *Dáil* oder dem *Seanad* angehören.
Wahlsystem: Das aktive Wahlrecht besitzt jeder Bürger, der das 18. Lebensjahr vollendet hat. Das passive Wahlrecht für das Repräsentantenhaus beträgt 21 Jahre. Wählbar für das Präsidentenamt sind alle Personen über 35 Jahre, die alle Voraussetzungen hierfür erfüllen (wählbar als Abgeordneter). Ein Referendum wird in Fällen abgehalten, wenn Gesetze von nationaler Bedeutung verabschiedet werden, für die die Zustimmung des Volkes sichergestellt werden sollte.
Wahlen: Wahlen zum Repräsentanten-

haus 17.5.2002: FF 41,5 % (81 Mandate), FG 22,5 % (31), Labour Party 10,8 % (21), PD 4,0 % (8), GP 3,8 % (6), SF 6,5 % (5), SP (1), Unabhängige (13); Senatswahlen 17.7.2002: FF 30, FG 15, Labour 5, PD 4, Sonstige 6.

Parteien: Fianna Fáil (Soldaten des Schicksals, FF); Fine Gael (Familie der Iren, FG); Green Party (GP); Labour Party (LAB); Progressive Democrats (PD); Sinn Fein (SF); Socialist Party (SP).

Rechtsordnung: Die irische Rechtsordnung basiert seit dem 17. Jahrhundert auf dem britischen Gewohnheitsrecht (Common Law). Die erste Instanz sind in Zivilsachen die *Bezirksgerichte* (*District Courts*), für Strafsachen die *Schwurgerichte* (*Circuit Courts*). Die zweite Instanz in Zivilsachen ist das *Oberlandesgericht* (*High Court*), das in Strafsachen als «*Central Criminal Court*» tagt. Die höchste Berufungsinstanz ist der *Oberste Gerichtshof* (*Supreme Court*). Der Oberste Gerichtshof besteht aus sieben Mitgliedern, dem Obersten Richter (Chief Justice), fünf weiteren Richtern und ex officio dem Präsidenten des Oberlandesgerichtes.

Der *Generalanwalt* (*Attorney General*) berät die Regierung in Rechtsfragen. Er wird auf Vorschlag des Ministerpräsidenten vom Präsidenten ernannt.

5. Politik in und für Europa

Nach der Lösung der politischen Bindungen zu Großbritannien blieben die wirtschaftlichen weiterhin bestehen. Dennoch sind eine feindliche Haltung gegenüber Großbritannien und ein historisch geprägter antienglischer Nationalismus zentrale Elemente irischer Außenpolitik und ein wichtiger Faktor für die Beibehaltung der irischen Neutralitätspolitik. Wegen Großbritannien wollte Irland nicht NATO-Mitglied werden. Eine irische NATO-Option könnte aber möglicherweise, so hoffte man in Dublin, bei den USA für die Lösung der Nordirlandfrage im Sinne Dublins eingesetzt werden. Die Neutralität übernahm somit in der irischen Außenpolitik eine funktionale Rolle.

Auch in der irischen Europapolitik der unmittelbaren Nachkriegszeit findet sich die «britische Dimension», denn ein Aufschwung der irischen Wirtschaft konnte nur «im Verbund mit der britischen und der europäischen Ökonomie gelingen» (Zöllner). Das Angebot, sich am Europäischen Wiederaufbauprogramm der USA zu beteiligen, kam daher zum rechten Zeitpunkt. Irland wurde Mitglied der OEEC und erhielt damit auch internationale Anerkennung. Die Mitgliedschaft wurde der Ausgangspunkt für die wirtschaftliche und auch politische Zusammenarbeit Irlands mit den Staaten Westeuropas. Irland wurde Gründungsmitglied des Straßburger Europarats und zählte dort zu den Anhängern einer intergouvernementalen Zusammenarbeit der europäischen Demokratien. Charakteristisch für Irland blieb die zunächst von de Valera im Europarat und anderswo formulierte Haltung zu Europa, nämlich eines Europas der zwei Geschwindigkeiten. Irland wurde nicht Mitglied der britisch geführten kleinen Freihandelszone EFTA, sondern stellte 1961 den Antrag auf Mitgliedschaft in der EWG. Mit dem de Gaulleschen Veto gegen den EWG-Beitritt Großbritanniens verzögerte sich der Beitritt Irlands bis zum Beginn der 1970er Jahre.

Nach einem zustimmenden Referendum im Mai 1972 wurde Irland zum 1. Januar 1973 Mitglied der EG. Damit begann für Irland auch eine erfolgreiche Teilnahme an den Agrar-, Förder- und Strukturprogrammen der EG/EU. Irland gehört zu den erfolgreichsten und reicheren Mitgliedstaaten der EU und war auch ohne Probleme in der Lage, die Kriterien von Maastricht für den Beitritt zur Wirtschafts- und Währungsunion zu erfüllen.

Anders als der große Nachbar hatte Irland von Anbeginn eine aktive Integrationspolitik betrieben. Durch die Zugehörigkeit zur EG/EU konnte es sich aus der engen wirtschaftlichen Bindung an Großbritannien lösen, auch wenn dieses nach wie vor der wichtigste Handelspartner ist. Irland hat seit dem Beginn seiner Mitgliedschaft «eine Politik der fortschreitenden Integration» (Lee) befürwortet. Für Deutschland war es ein Glücksfall, dass die entscheidende Phase des deutschen Einigungsprozesses in die Zeit der irischen Präsidentschaft fiel, die einer Wiedervereinigung sehr positiv gegenüberstand. Die irische Ratspräsidentschaft 2004 war erfolgreich, auch wenn ihr Motto «Europäer – zusammen arbeiten» (Europeans – working together) nicht mit einem erfolgreichen Abschluss der Verfassungsfrage gekrönt werden konnte.

Jeder Schritt in Richtung auf eine stärkere Verflechtung der EU als Staatenverband hat in Irland verfassungsändernden Charakter, d. h. «Irland ist der einzige Mitgliedstaat der Europäischen Union, dessen Verfassung die Souveränität des Volkes derart respektiert, dass sie ein Referendum über die Verträge der Europäischen Union vorschreibt» (Lee). Die Ablehnung des Vertrags von Nizza durch die Bevölkerung traf Europa völlig unvorbereitet. Hierbei spielten neben der nachlassenden Europabegeisterung auch strukturelle und innenpolitische Fragen eine Rolle.

Die irische Regierung hat dem Dáil den «Entwurf eines Vertrags über eine Europäische Verfassung» im Oktober 2003 sowie die Position der Regierung vorgelegt. Hierbei spielte eine wichtige Rolle, dass Irland zum Zeitpunkt der Erweiterung der Union die EU-Präsidentschaft innehatte und auch deswegen daran interessiert war, dass der Europäische Verfassungsvertrag nicht scheitert. Wichtig sei, dass die auf 25 Mitglieder erweiterte EU durch eine Verfassung so effektiv und demokratisch entscheiden könne wie die EU15. Für Irland als eines der kleineren EU-Länder müssten bei der institutionellen Reform der EU die «institutionelle Balance» und «die fundamentale Gleichheit aller Mitglieder» gewährleistet werden. Bausteine der Union seien die Nationalstaaten. Sie müssten anerkannt werden, aber auch bereit sein, Souveränität in weiteren Feldern gemeinsam auszuüben («pooling of sovereignties»). In seiner Antrittsrede vor dem Europäischen Parlament am 14. 1. 2004 verwies der Taoiseach Bertie Ahern auf die historische Situation, in der sich die EU befinde. Eine «neue Verfassung» sei für die Zukunft der EU «fundamental». Irland strebe einen Abschluss zum frühestmöglichen Zeitpunkt an. Alle Beteiligten müssten den erforderlichen «kollektiven politischen Willen» zum Kompromiss haben. Es liege im «ureigensten Interesse der Union und ihrer Bürger, und in der Tat auch der einzelnen Mitgliedstaaten, neue und alte, große und kleine. Eine neue Verfassung würde es der Union erlauben, auf die Forderungen und Erwartungen ihrer Bürger zu reagieren. Sie würde der Union helfen weltweit eine geschlossenere und effektivere Rolle zu spielen. Anderseits, ein übermäßiges Hinauszögern wird unserer Glaubwürdigkeit Schaden zufügen und unsere Stellung schwächen. Stillstand ist keine Option an der irgendeiner von uns interessiert sein kann.» Für Irland besitze die Verfassungsfrage daher «höchste Priorität». Ziel Irlands sei es, wie Ahern vor dem Repräsentantenhaus am 20. 1. 2004 und Außenminister Brian Cowen vor dem Verfassungsausschuss des Parlaments betonten, nichts unversucht zu lassen («leave no stone unturned»), um unparteilich in den strittigen Fragen Kompromisse zu erarbeiten, die eine Einigung ermöglichen werden. In dieser schwierigen europäischen Führungsaufgabe war Irland erfolgreich, auch wenn der Verfassungsvertrag schließlich doch blockiert wurde. Es zeigte sich am irischen Beispiel, dass die kleineren EU-Mitglieder, wenn sie in der europäischen Verantwortung stehen, diese in inneren und äußeren Krisen der EU bestens lösen. Dies hatte sich bereits im Frühjahr 1990 in der entscheidenden Phase der Vereinigung Deutschlands auf dem EU-Sondergipfel in Dublin im April 1990 gezeigt.

Breuer, Rolf: Irland. Eine Einführung in seine Geschichte, Literatur und Kultur. Stuttgart 2003; Central Statistics Office Ireland (Hg.): Statistical Yearbook of Ireland 2006. Dublin 2006 (auch: http://www.cso.ie/releasepublications/statistical_yearbook_ireland_2006.htm); *Coakley*, John/*Gallagher*, Michael (Hg.): Politics in the Republic of Ireland. Galway 1992; *Chubb*, Basil: The Government and Politics of Ireland. London/New York ³1992; *Church*, Clive C./*Keogh*, Dermot (Hg.): The Single European Act: A Transnational Study. London 1991; *Dooge*, Jim/*Barrington*, Ruth (Hg.): A Vital Rational Interest – Ireland in Europe 1973–98. Dublin 1999; *Elvert*, Jürgen: Geschichte Irlands. München ²2000; *Elvert*, Jürgen: Das politische System Irlands, in: *Ismayr*, Politische Systeme Westeuropas, S. 263–300; *Elvert*, Jürgen (Hg.): Nordirland in Geschichte und Gegenwart / Northern Ireland – Past and Present. Stuttgart 1994; *Gallagher*, Michael: Political Parties in the Republic of Ireland. Manchester 1985; *Gehler*, Michael/*Steininger*, Rolf (Hg.): Die Neutralen und die europäische Integration 1945–1995. Wien 2000; *Hederman*, Miriam: The Road to Europe. Irish Attitudes 1948–1961. Dublin 1983; *Huber*, Christian H.: Irische Parteien und die Europäische Gemeinschaft. Aus der Isolierung zur Partnerschaft. Bonn 1983; *Kee*, Robert: Ireland. A History. London ²1992; *Keogh*, Dermot: Twentieth Century Ireland: Nation and State. Dublin 1994; *Keogh*, Dermot: Ireland and Europe 1919–1989. A Diplomatic and Political History. Dublin 1990; *Lee*, Joseph J./ *Creed*, Fiona: Irland, in: *Weidenfeld*, Europa-Handbuch II, S. 172–183; *Maurer*, Michael: Kleine Geschichte Irlands. Stuttgart 1998; *O'Donnell*, Rory (Hg.): Europe: The Irish Experience. Dublin 2000; *Tieger*, Manfred P.: Irland. Die grüne Insel. München ³1996.

www.ireland.ie; www.irlgov.ie; www.irlgov.ie/aras und www.president.ie (Amt des Präsidenten); www.oireachtas.ie (Irisches Parlament mit Abgeordnetenhaus und Senat); www.taoiseach.gov.ie (Amt des Premierministers); www.gov.ie/iveagh und http://foreignaffairs.gov.ie (Außenministerium); www.botschaft-irland.de; www.cso.ie (Central Statistics Office -Zentralamt für Statistik);
www.cso.ie/census/census_2006_latest_news.htm (hier u. a. Vorläufiger Bericht);
www.eu2004.ie (Irische EU-Präsidentschaft).

West- und Südwesteuropa

Westeuropa wird verstanden als das kontinentale europäische Gebiet westlich von Deutschland. Es umfasst die Benelux-Staaten, Frankreich, Monaco, Andorra sowie Spanien und Portugal. Mit Ausnahme von Andorra und Luxemburg ist für diese Staaten der direkte Zugang zum Meer charakteristisch. Mit dem Zeitalter der Entdeckungen und der Verschiebung der Handelsströme von Südeuropa, dem Mittelmeerraum und Mitteleuropa hin zum Atlantik stiegen diese Staaten zu Groß-, Wirtschafts- und Kolonialmächten auf bzw. wurden Teil eines größeren Herrschaftsverbandes. Zwar weisen auch diese Gebiete deutliche geografische Unterschiede auf – und man könnte dieses durch die Pyrenäen geteilte Gebiet – noch in Südwesteuropa und Westeuropa unterteilen. Der Begriff Westeuropa ist allerdings auch sehr stark historisch-politisch befrachtet, denn gerade im Zeitalter des Ost-West-Konflikts wurde Europa im allgemeinen Sprachgebrauch in Ost und West geteilt. Die Teilung begann bereits formal 1948 mit der Gründung der Westunion, bestehend aus Großbritannien, Frankreich und den Benelux-Staaten. Diese Westunion wurde 1955 in die Westeuropäische Union (WEU) umgewandelt, in die neben den Mitgliedstaaten der Westunion noch die Bundesrepublik Deutschland und Italien aufgenommen wurden. Auch die Staaten Nordeuropas, die u. a. im Europarat waren, wurden politisch als Teil Westeuropas begriffen. Die politische Trennlinie zwischen West- und Osteuropa bildete der «Eiserne Vorhang». So stimmte der politische Westeuropa-Begriff nicht mit dem eigentlichen geografischen Westeuropabegriff überein, aber er dominierte ihn doch zumindest bis zur Überwindung des Ost-West-Konflikts zu Beginn der 1990er Jahre.

Andorra

I. Grunddaten

Staatsname: Principat d'Andorra (Fürstentum Andorra)
Größe: 467,76 km²
Hauptstadt: Andorra la Vella
Einwohner: 71 201 (1.7.2006); davon 36,0 % ethn. Katalanen; 40,6 % Spanier, 10,2 % Portugiesen, 6,5 % Franzosen, 6,7 % Sonstige
Bevölkerungsdichte: 141 Einw./km²
Konfession: überwiegend Katholiken

Amtssprache: Katalanisch; weitere Sprachen: Spanisch, Französisch
Währung: 1 Euro (€) = 100 Cent 1 US-$ = 0,79 € (2006); 1 US-$ = 0,83 € (2005)

2. Sozioökonomische Grundlagen

Der langjährige Regierungschef Molne strebte eine Liberalisierung der Wirtschaft an, um insbesondere ausländische Unternehmen für Investitionen in Andorra zu gewinnen. Die bisher monokausal auf den Verkauf steuerfreier Waren (Spirituosen, Tabakerzeugnisse, Schmuck, Parfum, elektronische Geräte) an Touristen ausgerichtete Wirtschaft soll umgebaut werden. Etwa neun Millionen Touristen besuchen jährlich Andorra, die besonders den Duty-free-Status des Landes wie auch die hervorragenden Wintersportmöglichkeiten schätzen. Die Einwohner Andorras zahlen keine Einkommens- oder sonstige direkte Steuer. Der Dienstleistungssektor macht etwa 80 % des BIP in Andorra aus. Andorra muss sehr viele Waren, vor allem Nahrungsmittel, importieren, exportiert gleichzeitig aber nur sehr wenige Produkte (Tabakwaren, Möbel), so dass ein großes Handelsdefizit besteht. Nur zwei % der Landesfläche sind agrarisch zu bewirtschaften. In der Landwirtschaft dominiert die Schafzucht. Weitere Einnahmequellen sind der Export von Wasserkraft, Konzessionsgebühren der örtlichen Rundfunkanstalten sowie der Verkauf von Briefmarken. Andorra gilt jedoch nicht als Null-Steuerland, da alle Güter mit einer Steuer von vier bis sieben % belegt werden. Hinsichtlich ausländischer Beteiligungen an andorranischen Firmen ist eine Grenze von maximal 33 %, im Falle der Banken von 51 % vorgesehen.
Bruttoinlandsprodukt (BIP): 1,482 Mrd. €, 1,84 Mrd. US-$ (2004).
BIP/Kopf: 19 330 €; 24 000 US-$ (2004)
Erwerbstätigkeit (2004): Landwirtschaft 0,3 %, Industrie 19,6 %, Dienstleistungen 80,1 %
Inflation: 3,5 (2004)
Arbeitslosigkeit: 0,0 % (2005)
Außenhandel (2004): Import 1,412 Mrd. Euro; Haupthandelspartner: Spanien 49 %, Frankreich 25,9 % – Export: 145 Mio. € (2004); Haupthandelspartner: Spanien 52 %, Frankreich 27 %, Deutschland 8 %

3. Geschichte

Die Unabhängigkeitsrechte Andorras sollen aus der Zeit Karl des Großen resultieren, der den Andorranern für die Hilfe gegen die vorrückenden Mauren mit einer Charta gedankt haben soll. 1278 wurde zwischen dem spanischen Bischof von Seo de Urgel und dem französischen Grafen von Foix ein Abkommen (*paréage*) geschlossen, in dem sich beide die Herrschaft über Andorra teilten. So wurde zwischen Frankreich und Spanien liegend ein Fürstentum ohne Fürsten geschaffen, das bis zum heutigen Tag unter doppelter ausländischer Herrschaft steht. Lange Zeit wurden die von den Souveränen delegierten landesherrlichen Rechte durch zwei Landvögte wahrgenommen: einmal durch den Präfekten des französischen Departements Pyrenées-Orientales und zum anderen durch den Zivilgouverneur der spanischen Provinz Lérida. Diese Landvögte betrauten wiederum sog. in Andorra residierende Vikare mit der Ausübung ihres Amts, den «Viguier de France» und den «vigeur episcopal». Ende des 18. Jahrhunderts zerbrachen aufgrund der Französischen Revolution die Beziehungen zwischen Frankreich und Andorra, doch 1806 normalisierte sich das Verhältnis aufgrund eines Dekrets von Napoleon I. Zu Beginn des 19. Jahrhunderts entstanden Differenzen mit dem Bischof von Urgel, die 1868 beigelegt wurden. 1933 kam es zu Unruhen unter den Andorranern, die mit der Einführung des allgemeinen Männerwahlrechts beigelegt wurden. 1971 erhielten auch die Frauen das Wahlrecht. In der Zeit des Spanischen Bürgerkriegs und während des Zweiten Weltkriegs bewahrte Andorra seine Neutralität. Erst 1993 gab sich Andorra eine Verfassung, um damit ein souveränes Fürstentum zu werden.

4. Politisches System

Das Fürstentum Andorra ist seit 1993 eine parlamentarische Demokratie, an deren Spitze gleichberechtigt als Staatsoberhäupter der französische Präsident und der Bischof von Seo de Urgel amtieren. Der *Consell General* (Generalrat) repräsentiert das andorranische Volk, übt die Gesetzgebung aus, genehmigt den Staatshaushalt und regt die politischen Handlungen der *Govern* (Regierung) an. Die Mitglieder des Generalrats werden in allgemeinen, freien, direkten und geheimen Wahlen für einen Zeitraum von vier Jahren gewählt. Der Generalrat besteht aus mindestens 28, höchstens 42 Mitgliedern. Die Hälfte von ihnen wird anteilsgleich in jeder der sieben *Parròquies* (Bezirke) gewählt, die andere Hälfte in nationalem Wahlgang. Folgende internationale Verträge müssen die Zustimmung mit absoluter Mehrheit des Generalrats finden: Verträge, die den Staat an eine internationale Organisation binden; Verträge, die sich auf die innere Sicherheit und die Verteidigung beziehen; Verträge, die sich auf das Staatsgebiet von Andorra beziehen; Verträge, die Einfluss auf die Grundrechte haben; Verträge, die zu neuen Verpflichtungen für das öffentliche Finanzwesen führen; Verträge, die Verfügungen gesetzgeberischer Art treffen oder ändern; und Verträge, die die diplomatische Vertretung oder konsularische Funktionen, die Rechtshilfe oder die Zusammenarbeit bei der Strafverfolgung betreffen. Der Regierungschef (*Cap de Govern*) wird vom Generalrat mit Mehrheit gewählt und von den beiden Ko-Fürsten (*Co-Princeps*/Staatsoberhäuptern) ernannt. Zusammen mit den Ministern bildet er das *Govern* (Regierung), das unter der Leitung des Premierministers die nationale und internationale Politik von Andorra leitet.

Regierungschef ist seit 2005 Albert Pintat Santolaria, der gleichzeitig Vorsitzender der liberalen Partei (PLA) ist. Bei den Wahlen von 2005 erhielt die PLA 14 der insgesamt 28 Sitze im Generalrat. Zweitstärkste Partei wurde die neu gegründete Partit Socialdemòcrata mit elf Sitzen. Die Centre Democreta Andorra CDA (früher Partit Democrata) erhielt zwei Mandate, die Renovacio Democrtica RD ein Mandat.

Wahlberechtigt sind nur jene ca. 13 500 Andorraner, die die andorranische Staatsbürgerschaft besitzen.
Die Rechtsprechung wird von unabsetzbaren und in ihren Rechtsprechungsfunktionen lediglich der Verfassung und dem Gesetz unterworfenen Richtern ausgeübt. Dem *Tribunal Constitucional* (Verfassungsgericht) obliegt die Auslegung der Verfassung als höchster Autorität.

5. Politik in und für Europa

Andorra ist Mitglied der Zollunion der EU und wird als Mitglied im Handel mit Industriegütern gewertet, so dass es dafür keine Zölle zahlen muss. Für Agrarprodukte gilt diese Regel nicht. Bis 1999 waren sowohl die spanische Pesete als auch der französische Franc gesetzliches Zahlungsmittel; seit dem 1. 1. 2002 ist der Euro alleiniges Zahlungsmittel. Im Verhältnis zur Europäischen Union kommt Andorra Bedeutung als Niedrigsteuergebiet zu. Ob Andorra bei einer Zuweisung der Quellensteuereinnahmen ohne personifizierte Daten zu 75 % seitens der EU auch die von der EU verlangte Quellensteuer von 15 % einführen wird, ist noch nicht entschieden. Die Sicherheitspolitik des Fürstentums liegt in den Händen von Frankreich und Spanien. Andorra gehört seit 1994 dem Europarat an. 2003 hinterlegte es beim Europarat die Ratifizierungsurkunde des Protokolls zur Wahrung der Menschenrechte und Grundfreiheiten in Bezug auf die Abschaffung der Todesstrafe. 1993 wurde Andorra 184. Mitgliedstaat der Vereinten Nationen. Innerhalb der EU genießt Andorra den Status eines Quasi-Mitglieds. Es ist Teil der Zollunion unter den EU-Staaten und profitiert von der Tatsache, dass es in Handelsfragen alle Vorzüge des Gemeinsamen Marktes genießt. Lediglich im Agrarbereich wird es als Nicht-EU-Mitglied behandelt und unterliegt Einfuhrzöllen in den Gemeinsamen Markt. Allerdings muss Andorra den Bedarf an Nahrungsmitteln weitestgehend importieren. Mit der Einführung des Euro als Gemeinschaftwährung wurde diese auch von Andorra übernommen.

www.govern.ad
www.estadistica.ad (Amt für Statistik)
Anuari Estadístic 2006 (Jahrbuch für Statistik) Andorra La Vella 2006.

Belgien

I. Grunddaten

Staatsname: Royaume de Belgique (frz.); Koninkrijk Belgie (flämisch); Königreich Belgien
Größe: 30 528 km²
Hauptstadt: Brussel/Bruxelles (Brüssel)
Einwohner: 10 379 067 (Juli 2006), davon 5,766 Mio. Flamen, 3,259 Mio. Wallonen, 112 000 Deutschsprachige
Bevölkerungsdichte: 319 Einw./km²

Konfessionen: 76,3 % Katholiken, 12 % Freisinnige, 250 000 Muslime, 35 000 Juden
Amtssprachen: Niederländisch (57 %), Französisch (42 %), Deutsch (1,1 %)
Währung: 1 Euro (€) = 100 Cent, 1 US-$ = 0,79 € (2006); 1 US-$ = 0,83 € (2005)

2. Sozioökonomische Grunddaten

Belgien stützte sich nach dem Zweiten Weltkrieg in seiner wirtschaftlichen Entwicklung zunächst auf seine bedeutende Eisen- und Stahlindustrie sowie den Kohlebergbau, nahm seit Mitte der 1950er Jahre einen vollständigen Strukturwandel vor, der in Richtung moderne Industrien und Dienstleistungsbetriebe ging. Besonders wichtig für die Umstrukturierung und Modernisierung der belgischen Wirtschaft war der Aufbau einer leistungsfähigen petrochemischen Industrie, der in besonderem Maße Flandern zugute kam. Entscheidend hierfür waren die günstigen Standortbedingungen, insbesondere im Gebiet um Antwerpen mit seinem bedeutsamen Hafen. Neben der Chemieindustrie zählen die Maschinen- und Ausrüstungsindustrie sowie Metallverarbeitung, auf die 30 % der gewerblichen Arbeitsplätze entfallen, und die Elektroindustrie zu den wichtigen Industriezweigen. Belgien ist ein bedeutsamer Exporteur, der zusammen mit den beiden anderen Benelux-Staaten den viertgrößten Wirtschaftsakteur im internationalen Wirtschaftssystem stellt. Mit fast 130 % Anteil am BIP hatte Belgien 1998 eine extrem hohe Staatsverschuldung, jedoch mit rückläufiger Tendenz, so dass das Land – auch bedingt durch die Währungsunion mit Luxemburg, das die Maastrichtkriterien erfüllte – zum 1.1.1999 Gründungsmitglied der Europäischen Währungsunion wurde.
Bruttoinlandsprodukt (BIP): 298,4 Mrd. €, 370,6 Mrd, US-$ (2005), 287,5 Mrd. €, 357,712 Mrd. US-$ (2004)
BIP/Kopf: 28 690 €, 35 630 US-$ (2005), 27 700 €, 33 875 US-$ (2004)
Wirtschaftswachstum (BIP): 1,5 % (2005), 2,5 % (2004)
Erwerbstätigkeit: Landwirtschaft 0,8 %, Industrie 23,1 %, Dienstleistungen 76,1 %
Arbeitslosigkeit: 8,4 % (2005), 7,8 % (2004)
Inflation: 2,5 % (2005), 1,9 % (2004)
Außenhandel: Import: 257,3 Mrd. €, 310 Mrd. US-$ (2005), 229,6 Mrd. € (2004); Haupthandelspartner: Deutschland 16 %, Niederlande 20 %, Frankreich 13 %, Großbritannien 8 %, Irland 2 %, USA 7 %, Italien 4 %, China 4 % – Export: 246,7 Mrd. €, 285,076 Mrd. US-$; (2004), 268,4 Mrd. €, 323,4 Mrd. US-$ Haupthandelspartner: (2005) Deutschland 22 %, Frankreich 23 %, Niederlande 16 %, Großbritannien 11 %, USA 6 %, Italien 7 %

3. Geschichte

Das heutige Belgien war aufgrund seiner geographischen und geostrategischen Lage über Jahrhunderte Schauplatz der Auseinandersetzungen der europäischen Großmächte, die dieses Gebiet in ihre Einflusssphäre einbeziehen wollten.

Zwischen 59 und 51 v. Chr. wurde das von einem germanisch-keltischen Mischvolk, den «Belgae», besiedelte Gebiet von Julius Cäsar erobert und dem Römischen Reich als Provinz «Belgica» eingegliedert. Bis zum Einfall der Franken Mitte des 5. Jahrhunderts blieb es Teil des Imperium Romanum. Die heutige Sprachgrenze zwischen Flamen und Wallonen entstand in der Zeit der Völkerwanderung. Bis zur Reichsteilung durch den Vertrag von Verdun (843) blieb das Gebiet des heutigen Belgien Teil des Karolingischen Reiches Karls d. Großen Mit der weiteren Teilung kam das heutige Staatsgebiet mit Ausnahme Flanderns an das ostfränkische Reich (880/925). Im Hoch- und Spätmittelalter entwickelten sich durch die Zugehörigkeit zu unterschiedlichen Herrschaftsbereichen (Frankreich, Heiliges Römisches Reich) die Gebietsteile höchst unterschiedlich. Flandern nahm seit dem 12. Jahrhundert einen enormen wirtschaftlichen Aufschwung (Textilindustrie, «flandrisches Tuch») und wurde zu einer der reichsten Regionen Europas. Mit dem Ausbau der burgundischen Herrschaft zwischen dem späten 14. und dem 15. Jahrhundert wurde das heutige Belgien im Herzogtum Burgund staatlich zusammengeführt und kam nach dem Tode Karls des Kühnen 1477 durch die «burgundische Heirat» des späteren Kaisers Maximilian I. an das Haus Habsburg und schließlich 1556 als die «spanischen Niederlande» an die spanische Linie der Habsburger. Als Folge des Aufstands der Niederlande von 1572 gegen die spanische Herrschaft blieben die katholischen südlichen Niederlande bei Spanien (1579), während die calvinistischen nördlichen Provinzen (die heutigen Niederlande, Unabhängigkeitserklärung 1581) in einem 80-jährigen Kampf ihre Unabhängigkeit erlangen. Frankreich beanspruchte im 17. Jahrhundert wiederholt die katholischen südlichen Niederlande, auch mit dem Argument der «natürlichen Grenzen» Frankreichs («Rhein»). Sie kamen 1713 (Friede von Utrecht) als «Österreichische Niederlande» an die deutschen Habsburger, wurden aber wiederholt zum Schlachtfeld für die französischen und österreichischen Machtinteressen. Die Französische Revolution von 1789 strahlte auf die südlichen Niederlande aus und löste 1789/90 die «Brabanter Revolution» aus, die zur Unabhängigkeitserklärung der «Vereinigten Belgischen Staaten» führte. Nach verschiedenen Einfällen der französischen Revolutionsheere seit 1792 wurde das heutige Belgien (Österreichische Niederlande, Herzogtum Bouillon, Fürstbistum Lüttich) Ende 1795 der Französischen Republik einverleibt, übernahm das französische Verwaltungssystem und schließlich als Teil des Napoleonischen Empire auch den «Code Napoléon» (Zivilgesetzgebung). Nach der endgültigen Niederlage Napoleons bei Waterloo 1815 wurden die in ihrer Wirtschaftsstruktur, in ihrem Modernisierungsstadium, in ihrem Steuersystem sowie in ihrem kulturellen und religiösen Selbstverständnis bevölkerungsreicheren und durch französisches Gebiet vergrößerten südlichen Niederlande mit dem Norden unter Wilhelm I. aus sicherheitspolitischen und gesamteuropäischen Überlegungen zum «Königreich der Vereinigten Niederlande» vereint. Dem als Stabilitätsfaktor in der europäischen Ordnung nach dem Wiener Kongress gedachten neuen Mittelstaat gelang es aus verschiedenen Gründen nicht zu einer gesamtstaatlichen Einheit zu werden. Hierbei spielten die unterschiedlichen Handelsinteressen beider Landesteile, die Sprachenfrage, parlamentarische Repräsentanz, die Konfession sowie die Unzufriedenheit über die Benachteiligung des vom Norden regierten Südens eine Rolle, die nach dem Überspringen des Funkens der Französischen Julirevolution von 1830 auf die südlichen Niederlande zunächst zur Forderung nach Autonomie und wegen der militärischen Reaktion der Regierung in Den Haag am 4. Oktober 1830 zur Unabhängigkeitserklärung des Südens führte. Die europäischen Großmächte verständigten sich am 20. 1. 1831, den belgischen Staat anzuerkennen. Belgien wurde zum neutralen Staat unter der Garantie der Großmächte. Erstmals wurde das Nationalitätsprinzip anerkannt, die Nation musste sich aber erst bilden. Die Trennung der südlichen und nördlichen Niederlande und die Gründung eines eigenständigen belgischen Staates war nur wegen der günstigen internationalen Rahmenbedingungen 1830/31 möglich gewesen. Die belgisch-luxemburgische Frage sollte endgültig erst im April 1839 geregelt werden.

Der Nationalkongress verabschiedete im Juni 1831 eine liberal-parlamentarische, zentralstaatliche Verfassung für Belgien als konstitutionelle Monarchie, die erst 1993 durch die föderale Verfassung abgelöst wurde. Sie wurde für lange Zeit zur liberalen europäischen Modellverfassung und war so konzipiert, dass der Verfassungstext den Weg zu einer weiteren *Parlamentarisierung* des politischen Systems offen ließ. In wesentlichen Teilen konnte die Verfassung ihrer inneren Struktur nach durchaus als fast republikanisch bezeichnet werden. Der ausgeprägte republikanische Charakter der Verfassung ist zu verstehen als das Bestreben, sich von der autokratischen Herrschaftspraxis des niederländischen Monarchen Wilhelms I. abzusetzen. Nach der Staatsgründung brachen jedoch die Gegensätze zwischen Liberalen und Katholiken vor allem in der Kultur- und Schulpolitik auf. Hinzu kam als weiteres Langzeitproblem ein bereits 1830 mit der Flämischen Bewegung einsetzender und sich nach 1848 verschärfender Konflikt um die Rolle und Stellung des Flämischen in der belgischen Gesellschaft, das durch die Sprachengesetze seit 1873 und die Anerkennung des Flämischen als offizielle Landessprache (1898) nicht endgültig gelöst werden konnte.

Außenpolitisch hielt sich Belgien im 19. Jahrhundert an die 1831 auferlegte Neutralität und die in der Festungskonvention von 1831 mit Großbritannien, Russland, Österreich und Preußen übernommenen Verpflichtungen. Es wurde durch die Übertragung des Kongo an Leopold II. auch zur Kolonialmacht. Als eines der ersten Zentren der Industriellen Revolution und wegen der geographischen, finanziellen und wirtschaftlichen Rahmenbedingungen, begünstigt durch die Freihandelspolitik seit 1861, entwickelte sich Belgien zu einer der «industriellen Großmächte» Kontinentaleuropas.

Die Neutralität Belgiens wurde vom

Deutschen Reich im August 1914 mit Bezug auf die Verträge von 1831 verletzt, das Land wurde von deutschen Truppen besetzt. Nach dem Ersten Weltkrieg trat Belgien dem Völkerbund bei, gab seine Neutralität auf und lehnte sich politisch und militärisch an Großbritannien und Frankreich an.

Die Regierungen der Zwischenkriegszeit wurden in wechselnden Koalitionen von Katholiken, Sozialisten und Liberalen gestellt. Ein immer bedeutsamerer Faktor in der belgischen Politik wurde in dieser Zeit der Sprachenkonflikt; die Flamen wandten sich zunehmend gegen zunächst kulturell gesehene Diskriminierung. Ein erster Schritt zur Anerkennung der Gleichberechtigung von französischer und niederländischer Sprache wurde mit der Abschaffung der Zweisprachigkeit in Flandern Mitte der 1930er Jahre getan.

Angesichts der Krise des internationalen Systems (Weltwirtschaftskrise, Scheitern der Völkerbundspolitik, Bildung einer Volksfrontregierung in Frankreich) kehrte Belgien nach Aufkündigung der Militärkonvention mit Frankreich unter Premierminister van Zeeland und Außenminister Paul Henri Spaak im Herbst 1936 zur Neutralitätspolitik zurück. Trotz deutscher Zusicherungen, die belgische Neutralität zu achten, marschierten deutsche Truppen am 10. 5. 1940 in Belgien ein. Belgien kam unter deutsche Militärverwaltung. Die belgische Regierung ging ins Londoner Exil und entwickelte neue Formen der Zusammenarbeit mit den Exilregierungen der Niederlande und Luxemburgs.

Die Neutralitätspolitik im 20. Jahrhundert hatte nicht die vom Land erhoffte Sicherheit gebracht. Nach dem Zweiten Weltkrieg gab Belgien seine Neutralitätspolitik auf und ging Bündnisse ein. Neben dem Atlantischen Bündnis sollte die Mitgliedschaft in den europäischen Organisationen zum wichtigsten Feld der belgischen Außenpolitik werden. Noch während des Krieges wurde am 5. 9. 1944 das Abkommen über die Benelux-Wirtschaftsunion geschlossen, die 1948 in Kraft trat. Anders als in der Außen-, Sicherheits- und Europapolitik war die innenpolitische Entwicklung kompliziert und durch Konflikte geprägt. Die aus dem Exil zurückgekehrte Regierung musste die Wirtschaft und die politischen Strukturen auf nationaler Ebene wieder aufbauen. Bis zum Rücktritt Leopolds III. 1951 belastete die «Königsfrage» die Innenpolitik, ließ den Sprachenstreit neu ausbrechen und stellte damit den staatlichen Zusammenhalt des Landes in Frage. 1960/62 entließ Belgien seine afrikanischen Kolonien in die Unabhängigkeit (Kongo, Ruanda, Burundi). Seit 1960 begann der Prozess des staatlichen Umbaus des Landes vom unitarischen Staat über die Regionalisierung (1970) und Föderalisierung (1980) zu den Verfassungsreformen von 1988/93, der mit der neuen 1994 in Kraft getretenen bundestaatlichen Verfassung abgeschlossen wurde.

Der Sprachenstreit hatte seit 1960 erneut eingesetzt und zusammen mit sozialen und wirtschaftlichen Problemen zur Gründung von Regionalparteien geführt. Die veralteten Industrieanlagen und Bergwerke in der Wallonie waren nicht mehr wettbewerbsfähig, Flandern überholte die Wallonie in der Produktivität. Hinzu kamen in den

1970er Jahren die mit dem «Ölschock» verbundenen Probleme mit steigender Arbeitslosigkeit und Exportrückgang. Die Regierungsbildungen unter Führung der Christdemokraten wurden erschwert. Die Unzufriedenheit der Bevölkerung sowie innenpolitische Krisen und Skandale ließen seit Anfang der 1990er Jahre den nationalistischen Vlaams Blok und die Grünen erstarken. Im Juli 1999 wurde die christlich-soziale Regierung Dehaene durch eine «Regenbogenkoalition» unter dem flämischen Liberalen Guy Verhofstadt abgelöst, die 2003 bestätigt wurde.
Seit Anfang der 1990er Jahre gelang ein erfolgreicher wirtschaftlicher Strukturwandel durch den sich Belgien als Wirtschaftsstandort im Binnenmarkt behaupten und seine Wettbewerbsfähigkeit steigern konnte. Durch eine rigorose Sparpolitik wurde die Staatsschuld (über 100 %) zurückgeführt, um die Kriterien für die Wirtschafts- und Währungsunion der EU zu erfüllen.

4. Politisches System

Seit der 1994 in Kraft getretenen vierten Verfassungsreform ist aus dem Einheitsstaat Belgien ein föderaler Staat geworden. Die Entscheidungsbefugnisse sind zwischen dem nationalen Parlament und den regionalen Parlamenten geteilt. Belgien verbindet die Herrschaftsform der Demokratie und die Organisationsform der Monarchie in einer parlamentarischen Monarchie, in der das Prinzip der Gewaltentrennung mit dem der Gewaltenverschränkung verknüpft wird. «Die föderale gesetzgebende Gewalt wird vom König, von der Abgeordnetenkammer und dem Senat gemeinsam ausgeübt» (Art. 36). Direktdemokratische Verfahren sieht die Verfassung nicht vor. Die verfassungsmäßige Gewalt des Königs sowie seine Rolle innerhalb der Exekutive sind von der Verfassung genau normiert. Die Regierung ist den beiden Kammern gegenüber verantwortlich. Sie kann beim König die Auflösung der Kammern beantragen. Die rechtsprechende Gewalt wird von den Gerichten ausgeübt (Art. 30). Ein weiteres Verfassungsprinzip ist die Repräsentation, die durch Wahlen für die Abgeordnetenkammer zum Ausdruck kommt (Art. 47 ff.). Die Verfassung enthält darüber hinaus einen Grundrechtskatalog, der den Bürgern Freiheitsrechte als Abwehrrechte gegen den Staat garantiert. Belgien versteht sich von der Verfassung her als Rechtsstaat, nicht aber unbedingt als Sozialstaat.
Das *Parlament* besteht auf Bundesebene aus zwei Kammern (Abgeordnetenhaus, Senat) mit nun unterschiedlichen Rechten. «Die Kammern treten von rechts wegen jedes Jahr am zweiten Dienstag im Oktober zusammen, falls sie nicht schon vorher vom König einberufen worden sind» (Art. 70). Trotz der Verlagerung wichtiger politischer Prozesse in die Gesprächsrunden der Parteivorsitzenden (tables rondes/ronde-tafel-gesprekken) hat das Parlament weiterhin die Funktion der Kontrolle der Regierung durch das Interpellations-, Enquete- und Fragerecht. Seit der Wahl vom 21. Mai 1995 steht die Abgeordnetenkammer ganz eindeutig im Zentrum des politischen Entscheidungsprozesses auf Bundesebene, da sie zahlreiche Befugnisse ohne die Zustimmung des Senats ausüben kann. So

stimmt sie allein ab über Vertrauens- bzw. Misstrauensanträge gegen Regierungsmitglieder, Gesetze über die zivil- und strafrechtliche Verantwortlichkeit der Minister, die Haushaltspläne und Rechnungen des Staates, die Festlegung des Armeekontingentes und die Verleihung von Einbürgerungen (Naturalisierungen). Daneben gibt es aber auch Bestimmungen, für die Senat und Kammer gleichberechtigt zuständig sind: u. a. die Erklärung zur Verfassungsrevision sowie die Revision selbst, Verabschiedung von Sondergesetzen, Verabschiedung von Gesetzen, die die jeweiligen Zuständigkeiten der föderalen Behörde, der Gemeinschaften und Regionen festlegen und die Vorbeugung und Beilegung von Konflikten zwischen diesen Gliedstaaten zum Ziele haben, Gesetze zur Gewährleistung der internationalen und überstaatlichen Verpflichtungen, das Vorschlagsrecht für Kandidaten zum Schiedshof und dem Staatsrat. Diese gemeinsam auszuübenden Befugnisse sind also Angelegenheiten, die die Fundamente des belgischen Staates, betreffen.

Um die Effizienz der Beratungen zu erhöhen und Kosten einzusparen, wurde die Zahl der Abgeordneten durch die vierte Staatsreform von 212 auf 150 reduziert, so dass erstmals nach den Wahlen vom Mai 1995 eine deutlich verkleinerte Kammer gewählt wurde. Die Abgeordneten werden für vier Jahre gewählt. Meistens wird die Wahlperiode kaum ausgeschöpft, da aus parteipolitischen Zweckmäßigkeitserwägungen häufig das Parlament vorzeitig aufgelöst wird. Die Abgeordneten vertreten die Nation, nicht aber die Wähler ihres Wahlkreises (Art. 32). Auch verfügen sie über ein freies Mandat (Art. 44). Die eigentlichen Entscheidungsakteure, die, wenn sie zu einer Einigung gelangen, das Votum des Parlaments dominieren, sind das *Kabinett*, die die Regierung tragenden Parteien, d. h. deren Vorstände, sowie die mächtigen *Interessengruppen und -verbände*. Die Parteien, nicht so sehr die Parlamentsfraktionen, wirken auch auf den Meinungsbildungsprozess im Kabinett ein. Angesichts dieser Machtkonstellation, in der das Parlament zwischen den mächtigen Akteuren Kabinett einerseits und Parteien andererseits sowie drittens den auf diese beiden Akteure einwirkenden Interessengruppen steht, nimmt es nicht wunder, dass die Bedeutung des im engeren Sinne parlamentarischen Prozesses in Belgien nicht sehr hoch eingeschätzt wird. Die Durchdringung des politischen Systems durch Parteien ist in Belgien noch stärker als in Deutschland ausgeprägt. Es erfolgt eine Aushöhlung der ausführenden Regierungsgewalt und ihrer Verwaltung durch die Parteien. Die eigentliche politische Kontrolle erfolgt nicht so sehr im Parlament, als vielmehr durch die Parteien, deren Vorsitzende bewusst nicht Mitglieder der Regierung werden, um aus einer unabhängigeren Position heraus besser wirken zu können.

Wahlen am 18. 6. 2003:

Senat: SPA-Spirit 15,5 % (7), VLD 15,4 % (7), CD&V 12,7 % (6), PS 12,8 % (6), MR 12,1 % (5), VB 9,4 (5), CDH 5,6 % (2), 2 Unabhängige und 31 indirekt gewählte Senatoren

Kammer der Deputierten: Christen-Democratisch Vlaams 13,3 % (CD&V) (21); Centre Democrate Humaniste

(CHD) 5,5 % (8); Socialistische Partij. Anders (SPA-Spirit) 14,9 % (23); Parti Socialiste (PS) (25); Vlaamse Liberalen Democraten (VLD) 15,4 % (25); Mouvement Réformateur (MR) 14 % (24); Centre Democrate Humaniste 5,5 % (8) Ecologistes Confédérés (Ecolo) 3,1 % (4); Vlaams Block (VB) 11,6 %(18), Nieuw Vlaamse Alliantie (N-VA)(1) und Front National (FN) (1). Die Fraktionen bilden die einzige organisatorische Klammer der flämischen und wallonischen Parteien hinsichtlich einer nationalen Repräsentation. Die Regierung wird seit 1999 aus einer Koalition aus Liberalen, Sozialisten und Reformern unter der Führung des Liberalen Verhofstadt gebildet.

5. Politik in und für Europa

Die Erfahrungen der Zwischenkriegszeit und des Krieges ließen Belgien eine enge politische und sicherheitspolitische Anbindung an Westeuropa und an die internationale Gemeinschaft suchen. Dabei wurde es zu einem Grundpfeiler belgischer Europapolitik, Großbritannien in die europäischen Strukturen verantwortlich einzubinden (u. a. Brüsseler Pakt 1948, OEEC 1948, Europarat 1949). Das Land wurde Gründungsmitglied der Vereinten Nationen (1945) und Gründungsmitglied der NATO (1949). Bereits 1945 hatte Paul Henri Spaak den europäischen Zusammenschluss gefordert, der aber angesichts der weltpolitischen Konstellationen zunächst nicht zu verwirklichen war. Belgische Persönlichkeiten wie van Zeeland und Spaak spielten auf dem Haager Europakongress 1948 und im Europarat eine tragende Rolle und appellierten an die Bereitschaft der Europäer zum engeren Zusammenschluss. Als eine Fortentwicklung des Europarates durch eine Europäische Autorität an der gegenseitigen Blockade zwischen Föderalisten und Intergouvernementalisten scheiterte, optierte Belgien für eine europäische Integration ohne Großbritannien und eine Aussöhnung mit Deutschland durch Einbindung in europäische Strukturen. Belgien wurde Gründungsmitglied der EGKS (1951) und spielte bei den Verhandlungen für den Vertrag über eine Europäische Verteidigungsgemeinschaft (1952) und eine Europäische Politische Gemeinschaft (1953) eine zentrale Rolle. Nach dem Scheitern der EVG und der EPG war es der belgische Außenminister Paul Henri Spaak, im Krieg vom Nationalisten zum Europäer mutiert, der durch die Spaak-Kommission die Grundlagen für die Gründung der EWG (1957) und der Euratom (1957) schuf.

Als Anfang der 1960er Jahre der französische Staatspräsident de Gaulle neue europapolitische Vorstellungen einbrachte, die auf einen Abbau bis zu diesem Zeitpunkt erreichter Integration zielten und dem Nationalstaat größere Kompetenzen zuweisen sollten, fand er in den Regierungsvertretern Belgiens und der Niederlande die schärfsten Widersacher. Außenminister Spaak verfolgte noch in den frühen 1960er Jahren das Konzept der supranationalen Integration, musste jedoch zunehmend erkennen, dass die Vorstellungen eines Europa der Vaterländer (de Gaulle) und eines supranationalen Europa zu weit auseinander lagen, als dass sie kompromissfähig gewesen wären. Schließlich ging auch Belgien Mitte der 1960er Jahre vom supranationalen Konzept der Europapolitik ab und schlug seinen Partnern in der Gemeinschaft verstärkte Zusammenarbeit auf intergouvernementaler Ebene vor. Kontinuität behielt jedoch die belgische Forderung nach einem britischen EWG-Beitritt, der schließlich zum 1. Januar 1973 erfolgte.

Auch in den 1970er Jahren zeichneten sich belgische Politiker durch europapolitische Vorschläge aus, deren bekanntester der *Tindemansbericht* ist. Der damalige Ministerpräsident schlug 1976 weitere vorsichtige Schritte im westeuropäischen Integrationsprozess vor. Seine Vorstellungen berührten sehr stark das Sicherheitsproblem und widerspiegelten somit die Kontinuität belgischer Europapolitik auch als Mittel der Allianzpolitik. Ende der 1980er Jahre diagnostizierte Ministerpräsident Dehaene eine zunehmende Orientierungslosigkeit der Gemeinschaft. Da aber die EG gerade durch ihre Anziehungskraft entscheidend zu den Umwälzungen in Mittel- und Osteuropa beigetragen habe, müsse sie auch auf dem Weg der wirtschaftlichen und politischen Einigung weiter voranschreiten. Belgien forderte eine Bündelung der Kräfte und sprach sich eindeutig für eine Vertiefung der Gemeinschaft vor einer Erweiterung aus. Auf der Regierungskonferenz in Nizza im Dezember 2000 verteidigte Premierminister Verhofstadt insbesondere die Position der kleineren Länder im Entscheidungsprozess der EU, konnte sich dabei aber nicht in allen Belangen durchsetzen.

Als Kleinstaat mit begrenzten Ressourcen und Kapazitäten, dessen Existenz vor allem vom ökonomischen Erfolg abhängig ist, musste Belgien die ökonomische Zusammenarbeit mit seinen Nachbarstaaten suchen, so dass das Königreich die Strategie der regionalen Subsystem-Zusammenarbeit in Form der Benelux-Union aktiv betrieb. Daneben verfolgte Belgien Strategien, die einmal die Komplexität des internationalen Systems ausnutzten und zum anderen auf eine Veränderung der internationalen Umwelt im eigenen, kleinstaatlichen Interesse abzielten. Als sich 1947 der Ost-West-Konflikt verschärfte, forderten die Benelux-Staaten ihre Beteiligung an der Gestaltung der europäischen Nachkriegsordnung. Sie erhielten nicht nur das Zugeständnis Frankreichs und Großbritanniens, an der zukünftigen Gestaltung Deutschlands mitzuwirken, sondern sie konnten ihre internationale Umwelt auch dahingehend beeinflussen, dass sie im Brüsseler Pakt von 1948 die automatische militärische Beistandspflicht seitens der großen Staaten wie Frankreich und Großbritannien gewährleistet bekamen. Auch dem klassischen außenpolitischen Ziel, der ökonomischen Union, kam man durch diesen Vertrag näher.

Die wichtigste Strategie verfolgte Belgien mit der aktiven europäischen Integration. Belgien war immer ein den Integrationsprozess fördernder Staat, dessen Politiker sowohl mit Hilfe theoretischer Konzepte, aber noch mehr mit Hilfe praktischer Funktionen den europäischen Integrationsprozess befördern konnten.

Alen, André: Der Föderalstaat Belgien. Nationalismus – Föderalismus – Demokratie. Baden-Baden, 1995; *Bitsch*, Marie-Therèse: Histoire de la Belgique. Paris 1993; *Bitsch*,

Marie-Therèse: La Belgique entre la France et l'Allemagne, 1905–1914. Paris 1994; *Busekist*, A. von: La Belgique. Politiques des langues et construction de l'État de 1780 à nos jours. Paris 1998; *Coenen*, Marie-Therèse / *Govaert*, Serge / *Heinen*, Jean (Hg.): L'État de la Belgique 1989–2004. Quinze années à la chranière du siècle. Bruxelles 2004; *Coolsaet*, Rik: La politique extérieure de la Belgique – Au coeur de l'Europe, le poids d'une petite puissance, Brüssel 2002; *Craeybeckx*, Jan/*Witte*, Els: La Belgique politique de 1830 à nos jours. Brüssel 1987; *Delwit*, Pascal/*De Waele*, Jean- Michel/ *Magnette*, Paul: Gouverner la Belgique. Clivages et compromis dans une société complexe. Paris 1999; *Delwit*, Pascal/*De Waele*, Jean-Michel: Les partis politiques en Belgique. Brüssel 1997; *Deprez*, K. u. a.: Nationalism in Belgium. Shifting Identities, 1780–1995. Basingstoke 1998; *Dumoulin*, Michel (Hg.): La Belgique et les débuts de la construction européene. De la guerre aux traités de Rome. Louvin-la-Neuve 1987; *Erbe*, Michael: Belgien, Niederlande, Luxemburg. Geschichte des niederländischen Raumes. Stuttgart 1993; *Hecking*, Claus: Das politische System Belgiens. Opladen 2003; *Lagasse*, Charles-Etienne: Les nouvelles institutions politiques de la Belgique et de l'Europe. Namur 1999; *Witz*, Cornelia: Benelux-Ploetz. Belgien – Niederlande – Luxemburg zum Nachschlagen. Freiburg i. Br. 1997; *Woyke*, Wichard: Erfolg durch Integration. Die Europapolitik der Benelux-Staaten von 1947 bis 1969. Bochum 1985.

www.fed-parl.be (föderales Parlament); www.belgium.fgov (Föderalregierung); www.lachambre.be (Abgeordnetenkammer); www.senate.be (Senat); www.vlaanderen.be (Region Flandern); www.wallonie.be (Region Wallonien); www.cfwb.be (Französische Gemeinschaft in Belgien); www.statbel.fgov.be (Statistisches Amt); www.nbb.be (Belgische Nationalbank); www.dgparlament.be (Parlament Deutschsprachige Gemeinschaft).

Frankreich

1. Grunddaten

Staatsname: République Française (Französische Republik)
Größe: 543 965 km²
Hauptstadt: Paris
Einwohner: 60 876 136 (1. 7. 2006), davon 94,4 % Franzosen, u. a. 1,2 Mio. Elsässer und Lothringer, 900 000 Bretonen, 300 000 Katalanen, 200 000 Italienischsprachige, 200 000 Flamen, 100 000–200 000 Basken; 5,6 % Ausländer
Bevölkerungsdichte: 111 Einw./km²
Konfessionen: 78,8 % Katholiken, 5 Mio. Muslime, 950 000 Protestanten, 650 000 Juden
Amtssprache: Französisch; weitere Regionalsprachen (u. a. Baskisch, Bretonisch, Provencal, Katalanisch, Elsässisch, Flämisch)
Währung: 1 Euro (€) = 100 Cent 1 US-$ = 0,79 € (1. 7. 2006) 1 US-$ = 0,83 € (2005)

2. Sozioökonomische Grundlagen

Frankreich war bis Mitte der 1950er Jahre noch ein Agrarstaat, der die Entwicklung der Weltmärkte wenig zur Kenntnis nahm. 1946 war die Landwirtschaft der

Sektor, in dem die meisten Menschen beschäftigt waren. Dann setzte eine gewaltige Industrialisierung ein. Bereits nach dem Zweiten Weltkrieg begann eine Modernisierung des Staates, die mit Nationalisierungen (Entprivatisierung) z. B. der Banken und Versicherungen, von Energie- und Transportunternehmen einherging. Der Staat schuf sich mit der indikativen Wirtschaftsplanung (*planification*) eine neue Wirtschaftsverwaltung und ein leistungsfähiges Instrument volkswirtschaftlicher Gesamtrechnung. Seit 1975 sind die Wachstumsraten gering und die Arbeitslosigkeit beläuft sich auf etwa 10 %. Ab 1986 setzte eine Reprivatisierung ein, die u. a. zu den unabhängigen Unternehmen Crédit Lyonais, BNP und Société Générale führte. Private Dienstleistungen (36,7 %) und öffentliche Dienstleistungen (18,6 %) sowie der Handel (11,1 %) trugen Mitte der 1990er Jahre vor der Investitionsgüterindustrie (6,3 %) und der Grundstoff- und Produktionsgüterindustrie (5,6 %) am stärksten zum Sozialprodukt bei. Frankreich ist nach den USA, Japan und Deutschland unter den OECD-Ländern das viertgrößte Industrieland sowie weltweit viertgrößter Exporteur.

Bruttoinlandsprodukt (BIP): 1693,8 Mrd. €, 2107,2 Mrd. US-$ (2005) 1645,3 Mrd. €, 2046,645 Mrd. US-$ (2004)

BIP /Kopf: 28 136 €, 35 003 US-$, (2005) 27 331 €, 33 998 US-$ (2004)

Erwerbstätigkeit: Landwirtschaft 4,1 %, Industrie 25,4 %, Dienstleistungen 70,5 % (2002)

Wirtschaftswachstum (BIP): 1,4 % (2005)

Arbeitslosigkeit: 8,8 % (Oktober 2006), 9,7 % (Oktober 2005)

Inflation: 1,7 % (September 2006), 1,6 % (2005), 2,3 % (2004)

Außenhandel (2005): Import: 387,5 Mrd. €, 466,9 Mrd. US-$; Haupthandelspartner: Deutschland 17 %, Italien 9 %, USA 6 %, Großbritannien 6 %, Spanien 7 %, Belgien/Luxemburg 8 % – Export: 351,4 Mrd. € 423,4 Mrd. US-$; Haupthandelspartner: Deutschland 15 %, Großbritannien 9 %, Spanien 10 %, Italien 9 %, Belgien/Luxemburg 8 %, USA 7 %

3. Geschichte

Im 5. vorchristlichen Jahrhundert drangen Kelten (Gallier) von Norden in das heutige Frankreich ein und vermischten sich mit der «vorkeltischen» Bevölkerung. Der von den Griechen kolonisierte Küstenstreifen am Mittelmeer mit dem von ihnen gegründeten Massilia sowie das Baskenland konnten ihre sprachliche und kulturelle Eigenart – bis in die Gegenwart – bewahren. Die Gallier bildeten keinen einheitlichen Gesamtstaat, sondern das von ihnen bewohnte Gebiet zerfiel in zahlreiche Herrschaftsgebiete. Durch Kriegszüge nach Britannien, Spanien und Italien und die zeitweilige Begründung von Herrschaften verbreiteten sie die keltische Kultur über Europa. Seit dem 3. Jahrhundert v. Chr. begann die schrittweise Unterwerfung der Kelten und ihre Eingliederung in das Römische Reich, die Julius Caesar 52 v. Chr. abschloss. Als Provinz «Gallia» gehörte es vierhundert Jahre zum Römischen Imperium. In dieser Zeit der «pax romana» nahm die Provinz einen wirtschaftlichen und kulturellen Aufschwung und erhielt eine gute Infrastruktur (Straßennetz; Städtegründungen). Mit dem Zerfall des Weströmischen Reiches im 5. Jahrhundert nach Christus wurden die Franken zum dominierenden Machtfaktor auf dem Gebiet des heutigen Frankreich, neben Westgoten, Alemannen und Burgundern. Die Franken konnten sich bis zum 8. Jahrhundert durchsetzen. Durch Papst Stephan II. wurde der Karolinger Pippin III. 754 zum rechtmäßigen König der Franken gesalbt. Sein Sohn Karl (d. Gr.), an Weihnachten 800 vom Papst zum römischen Kaiser gekrönt, baute das Frankenreich durch Expansion zur europäischen Großmacht von Norddeutschland bis zu den spanischen Marken, von Italien bis zur Ostsee aus. Die römische Kaiserwürde war auf die Franken übergegangen, eine Tradition, die sowohl für die «Westfranken» (Franzosen) wie für die «Ostfranken», die Deutschen, mit Blick auf die Wiederbegründung des Karlsreiches des «Rex Europae» wichtig werden sollte. Historisch sollte der europäische «Karlsmythos» für die politische Legitimation von Staatlichkeit bedeutsam werden. Mit der Reichsteilung von 843 durch den Vertrag von Verdun wurde das «Westfränkische Reich» zur Keimzelle Frankreichs. In den folgenden Jahrhunderten konnte sich das karolingische Königtum und nach deren Aussterben die Kapetinger (nach ihrem Dynastiegründer Hugo Capet) zwar behaupten, wurde aber durch die Normanneneinfälle und den Verlust Lothringens an das Ostfränkische Reich geschwächt. Durch äußere Machterweiterung (durch Konflikte mit England), innere Reformen und Vergrößerung des könglichen Besitzes setzten die Könige aus dem Haus Capet zu Beginn des 13. Jahrhundert die Erbmonarchie durch. In der Folge gelang es den französischen Königen Frankreich als dynastischen Nationalstaat und europäische Macht – mit zunehmend größerem Einfluß als das Heilige Römische Reich deutscher Nation – zu etablieren, mit Rückwirkungen auf das «christliche Abendland» und die Einheit der «Christianitas». Ausdruck dieser neuen Machtstellung Frankreichs waren der moderne Europaplan von Pierre Dubois (1306), der die wahren Machtverhältnisse verdeutlichte, und die Gefangennahme des Papstes durch König Philipp den Schönen (1303) und die «Babylonische Gefangenschaft der Päpste» in Avignon (1303–1377). Ausgelöst durch Erbfolgekonflikte führten die «Erbfeinde» England und Frankreich einen hundertjährigen Krieg (1328/38–1453). Mit dem Sieg der Jungfrau von Orleans, Jeanne d'Arc, 1429 über die Engländer neigte sich das Kriegsglück auf die Seite Frankreichs und beendete die englische Herrschaft (mit Ausnahme von Calais) auf dem Kontinent. Es war dies der erste längere Krieg zwischen beiden Staaten. In der Geschichte der Neuzeit sollte es immer wieder zu militärischen Auseinandersetzungen zwischen Frankreich und England auf dem Kontinent und seit dem 18. Jahrhundert auch in den Kolonien in Übersee kommen (u. a. Spanischer Erbfolgekrieg, Siebenjähriger Krieg 1756–63, der auch in Nordamerika gefochten wurde), der vor allem auf machtpolitische und wirtschaftliche Gründe zurückzuführen war.

Der französische Sieg im hundertjährigen Krieg wurde von den Königen zur Konsolidierung ihrer Herrschaft, zum Ausbau des Zentralstaates und zur Festigung des dynastischen Nationalstaates genutzt.

Im späten 15. Jahrhundert entstand ein weiterer Langzeitkonflikt, der für die Geschichte Frankreichs prägend werden sollte. Der spätere Habsburger Kaiser Maximilian I. hatte durch die «burgundische Heirat» mit Maria von Burgund die Westorientierung der Habsburger begründet und in einer Koalition mit Spanien und dem Papst eine Südexpansion Frankreichs nach Italien verhindert. Mit der Wahl seines Enkels Karl zum deutschen Kaiser – nach einem «Wahlkampf» gegen den französischen König Franz I. – und König von Spanien begann wegen der «territorialen Umklammerung» durch das Haus Habsburg – ein mehrere Jahrhunderte andauernder oftmals kriegerischer Konflikt zwischen den europäischen Führungsmächten Frankreich und Habsburg, der sich unter veränderten Rahmenbedingungen in den Kriegen der Revolution und Napoleons zwischen 1792 und 1814/15 fortsetzen sollte und bis zur Gründung des Königreichs Italien 1859/61 Frankreich und Österreich immer wieder in Kriege, Krisen und Konflikte in und um Italien hineinziehen sollte. Bis zur italienischen Nationalstaatsgründung spielte Italien wegen seiner Ressourcen und seiner geostrategischen Lage nicht nur für die Mittelmeerpolitik Frankreichs als Macht- und Expansionsziel eine zentrale Rolle.

Die Reformation in der calvinistischen Variante wirkte sich in Frankreich – mit bedingt durch die Schwäche des Königtums nach dem frühen Tod Heinrichs II. – erst mit Verzögerung aus und stürzte das Land zwischen 1562 und 1598 in einen Bürgerkrieg zwischen Katholiken und calvinistischen Hugenotten, der erst mit dem Übertritt Heinrich IV. zum Katholizismus (1593) und dem Toleranzedikt von Nantes, das den Hugenotten regionale Glaubensfreiheit zusicherte, beendet werden konnte. Die konfessionellen Konflikte, die bis zur endgültigen Herstellung der Glaubensfreiheit 1787 immer wieder aufflammten, sollten die königliche Zentralgewalt nicht mehr in Frage stellen. In der Hoch- und Glanzzeit des französischen Absolutismus unter dem Sonnenkönig Ludwig XIV. wurde 1685 das Edikt von Nantes aufgehoben und führte zu einer Auswanderungswelle der Hugenotten in aufnahmebereite europäische Staaten, u. a. nach Brandenburg und Hamburg. Die katholische Zentralgewalt der Könige von Frankreich löste so «die Religionsfrage auf ihre Weise».

Im 17. und frühen 18. Jahrhundert stieg Frankreich durch eine geschickte europäische «Realpolitik», die «Sprengung des habsburgischen Ringes um Frankreich», die Politik der «Reunionen» zur scheinbar rechtlich abgesicherten Machterweiterung, den Aufbau eines Kolonialreiches in Übersee, die Verbesserung seiner Wirtschafts- und Finanzstruktur zur quasi-hegemonialen europäischen Großmacht auf und löste Spanien in dieser Rolle ab. Französisch wurde die Sprache der Gebildeten und der Diplomatie. Der französische Absolutismus mit seinem Hofzeremoniell wurde von den Fürsten Europas ebenso nachgeahmt wie die Mode, die Prachtschlösser und Gartenanlagen. In zahlreichen europäischen Staaten bauten sich die Fürsten ihr kleines «Versailles». Die vom französischen Finanzminister Colbert entwickelte Wirtschaftsform des Merkantilismus, der u. a. die Staatseinnahmen verbessern sollte, wurde ebenfalls zu einem Modell für die Herrscher Europas. Die zahlreichen Kriege seit dem Anfang des 18. Jahrhunderts hatten die Staatsfinanzen zerrüttet. Hinzu kam der Verlust des Kolonialreiches in Nordamerika an England. Die Misswirtschaft der Krone und die Willkürherrschaft seit der Mitte des 18. Jahrhunderts schürten die Unzufriedenheit. Ein zunehmend selbstbewusstes und einflussreiches Bürgertum forderte als «dritter Stand» grundlegende Reformen und eine Teilhabe an der politischen Macht. Wegen der Steuerbefreiung des Adels und des Klerus, schlechter Ernten und einer Wirtschaftskrise stiegen die Abgaben für das Bürgertum und die Bauern. Hinzu kamen die hohen Ausgaben für die Beteiligung am amerikanischen Unabhängigkeitskrieg. Die desolate Finanzsituation des Staates führte, trotz der Reformversuche der Finanzminister Turgot und Necker, 1788 in den Staatsbankrott. Die seit 1614 nicht mehr einberufenen französischen Generalstände sollten einen Ausweg finden. Die im Mai 1789 einberufenen Stände spalteten sich und der «dritte Stand» konstituierte sich als Nationalversammlung. Mit dem «Sturm auf die Bastille» am 14. Juli (heute französischer Nationalfeiertag) radikalisierte sich die Situation und führte durch die Französische Revolution zum Ende des Ancien Régime, zum Ende des alten Europa. Zunächst wurde, beeinflusst durch die Ideen der Aufklärung und das Beispiel der USA, mit der Proklamation der Menschen- und Bürgerrechte und der Formel «Gleichheit – Freiheit – Brüderlichkeit» eine konstitutionelle Monarchie – sie fand ihren Niederschlag in der französischen Verfassung von 1791 – angestrebt. Mit der Radikalisierung der Revolution, mit der Herrschaft des Terrors und dem Export der Revolution verlor die Revolution ihren Modellcharakter und ihre Akzeptanz. Dennoch bedeutete die Französische Revolution einen tiefen Einschnitt für die Geschichte Europas: Die Ideen der Revolution von 1789 wurden zum Traditionsbestand und wirkten in vielfältiger ideologischer Form fort, u. a. in der Idee der politischen Nation, der «einen und unteilbaren Nation», des politischen Nationalstaates, aber auch in einer tiefen Ablehnung der westlichen «Ideen von 1789». Seit der Französischen Revolution 1789 gilt Frankreich als das klassische Land des politischen Nationalstaats, also als ein Land, in dem territoriale Abgrenzung, nationale Zugehörigkeit und politische Organisationsform wesentlich stärker übereinstimmen als in anderen europäischen Staaten. Französische Geschichte beginnt jedoch vor der Herausbildung des Nationalstaats. Die Große Revolution von 1789 hat das politische Leben, die Sozialstruktur wie auch die Verfassungsentwicklung Frankreichs, aber auch die anderer europäischer Staaten im 19. und 20. Jahrhundert nachhaltig beeinflusst. Die erste französische Republik etablierte sich 1792 nach dem Scheitern der konstitutionellen Monarchie, die jedoch sehr bald vom Terrorregime abgelöst wurde. Die neue Republik wurde unitarisch, so dass seit 1793 von der einen und unteilbaren Republik (République Une et Indivisible) gesprochen wird. Nach einem Interregnum wurde das erste Kaiserreich unter Napoleon I. gebildet, der sein Imperium über Europa ausbreitete. Der erneute Versuch unter Napoleon, eine französische Hegemonie über den Kontinent zu begründen, scheiterte. Es gelang Napoleon immer wieder sich gegen ihn bildende Koalitionen militärisch zu zerschlagen. Die von Napoleon durchgeführten Reformen, wie der «code Napoléon», das Zivilgesetzbuch, wurden grundlegend und bildeten in zahlreichen Staaten des Kontinents bis weit in das 19. Jahrhundert die Rechtsnorm. Von allen europäischen Staaten kämpfte allein Großbritannien, mit einer kleinen Unterbrechung 1802/3 über 20 Jahre gegen das Frankreich der Revolution und Napoleons. Die 1813 entstandene Allianz konnte Napoleon schließlich besiegen und ihn nach seiner Rückkehr aus Elba, das ihm 1814 als Herrschaftsgebiet überlassen worden war, schließlich endgültig in der Schlacht bei Waterloo niederringen und nach St. Helena verbannen. Die in Paris und Wien 1814/15 geschaffene Neuordnung Europas war als Sicherheitssystem gegen Frankreich gedacht. Dennoch sollte Frankreich als Großmacht erhalten und in die Ordnung eingebunden werden. In Geheimverträgen vereinbarten die anderen Großmächte, England, Russland, Österreich und Preußen, als «Europäischer Konzert» und «Sicherheitsrat» gemeinsam gegen Frankreich vorzugehen, sollte es erneut versuchen zu expandieren. Frankreich seinerseits versuchte mit unterschiedlichen Mitteln zwischen 1815 und 1860 aus dem «Käfig der Verträge von 1815» auszubrechen.

Im Jahr 1814 kam es zur Restauration der Bourbonen zwischen 1815 und 1830. Die französische Julirevolution von 1830 lässt sich auf verschiedene innen-, wirtschafts- und außenpolitische Ursachen zurückführen. Die europäischen Mächte kamen Karl X. nicht zur Hilfe, u. a. weil er die Verfassung von 1814 verletzt hatte. Louis Philippe herrschte als «König der Franzosen» bis 1848. Die in jenem Jahr stattfindende Revolution führte zur zweiten Republik, die sich jedoch nur drei Jahre halten konnte. Ihr wichtigster Beitrag zur französischen Verfassungsentwicklung war die Einführung des allgemeinen Wahlrechts. Von 1852 bis 1870 existierte das Zweite Kaiserreich, das durch die Herrschaft Napoleon III., einem Neffen Napoleon I., wesentlich geprägt wurde.

Nach der Niederlage von Sedan gegen die deutschen Truppen am 2. September 1870 wurde zwei Tage später die Dritte Republik ausgerufen, die bis 1940 den politischen Rahmen für die weitere Entwicklung Frankreichs bildete. Die Republik konnte sich gegen die Monarchie langsam durchsetzen, da aufgrund der Industrialisierung die Industriebevölkerung immer stärker ins Gewicht fiel und die gemäßigten Republikaner um Adolphe Thiers einen Teil der Bauern und der großbürgerlichen Notablen überzeugten, dass auch eine republikanische Ordnung sozial konservativ sein konnte. Verfassungspolitisch gelang es nach heftigen Auseinandersetzungen die Republik zu etablieren. Die Schlüsselfunktion im politischen System der III. Republik (wie auch der IV. Republik) sollte der Ministerpräsident erhalten. Zu Beginn des Ersten Weltkriegs wurde die Union Sacrée gebildet. Sozialisten wie Marcel Sembat und Jules Guesde traten in die Regierung ein und das Parlament erteilte der Regierung einstimmig außerordentliche Vollmachten für die Kriegführung. Am 11. November 1918 wurde der Waffenstillstand zwischen Frankreich und Deutschland in Compiègne unterzeichnet, der in Frankreich eine allgemeine Euphorie auslöste. Nun entwickelte sich hier ein antideutsch bestimmter Nationalismus, der gleichzeitig zum wichtigsten Integrationsmittel der französischen Gesellschaft wurde und somit die nächste kriegerische Auseinandersetzung zwischen Frankreich und Deutschland faktisch programmiert wurde. Zwar kam es im Vertrag von Locarno 1925 zu einem deutsch-französischen Ausgleich, der zur Garantie der französischen Ostgrenze führte. Doch mit der Machtübernahme Hitlers in Deutschland 1933 sollte sich das deutsch-französische Verhältnis verschlechtern, waren doch die Nationalsozialisten mit dem Ziel einer Revision des Versailler Vertrags angetreten. Auch die Appeasement-Politik Ministerpräsident Daladiers, der 1938 unter Druck dem Münchener Abkommen auf Abtretung der sudetendeutschen Gebiete der Tschechoslowakei zustimmte, konnte den zukünftigen Krieg nicht mehr verhindern.

Nachdem der deutsche Angriff an der Westfront unerwartet erfolgreich war, wurde schon am 22. Juni 1940 der Waffenstillstand mit Frankreich abgeschlossen. Nördlich und westlich der Linie Genf, Dole, Tours, Mont-de Marsan wurde Frankreich von Deutschland besetzt; Elsass-Lothringen und Pas-de-Calais wurden vom Staatsgebiet abgetrennt, während die unbesetzten Gebiete unter der Verwaltung der französischen Regierung verblieben. Die nach Vichy übergesiedelte Regierung unter Marschall Pétain betrieb eine Politik der nationalen Revolution: Abschaffung des Parlaments, Auflösung der Gewerkschafts- und Arbeitgeberverbände zugunsten korporativer Berufsverbände und dirigistische Wirtschaftslenkung. Pétain erklärte sich zu einer wirtschaftlichen, aber nicht zu einer militärischen Zusammenarbeit mit Hitler-Deutschland bereit. Hatte das Vichy-Regime in den ersten Jahren durchaus Unterstützung in der Gesellschaft, so verlor es diese mit zunehmender Kollaboration mit Deutschland. In Frankreich und auch außerhalb bildete sich die «Résistance», der Widerstand, aus, dessen verschiedene Gruppen von de Gaulle 1943 in einem *Conseil National de la Résistance* zusammengefasst werden konnten. Nachdem Anfang Juni 1944 die Alliierten in der Normandie und in Südfrankreich landeten, konnte de Gaulle am 25. August 1944 in Paris einziehen. Der Krieg war für Frankreich beendet. Unter de Gaulle nahm eine provisorische Regierung ihre Arbeit auf. Im Oktober 1946 wurde die Verfassung der IV. Republik in einem zweiten Versuch knapp angenommen.

Die IV. Republik bestand nur 12 Jahre. Sie war durch politische Instabilität mit zahlreichen Regierungswechseln gekennzeichnet. Nicht weniger als 25 Regierungen versuchten, Frankreich auf die nationalen und internationalen Herausforderungen nach dem Zweiten Weltkrieg einzustellen. Außenpolitisch bildeten der beginnende Kalte Krieg, die deutsche Frage und die Entkolonialisierung die größten Probleme. Frühzeitig wurde die Grundsatzentscheidung für die Westorientierung gefällt, der Versuch eines dritten Weges zwischen Sowjetunion und den USA aufgegeben. 1948 wurde zusammen mit Großbritannien und den Benelux-Staaten im Brüsseler Vertrag eine gemeinsame Sicherheits- und Verteidigungspolitik des Westens eingeleitet. 1949 wurde Frankreich Gründungsmitglied der NATO. Das Deutschlandproblem suchte Frankreich im Rahmen westeuropäischer Gemeinschaftsstrukturen zu lösen. Frankreich konnte mit Hilfe der Integration die weitere Entwicklung Deutschlands in gewisser Weise kontrollieren.

Die IV. Republik stand immer im Krieg. Von 1946 bis 1954 wurde in Indochina ein zunehmend sinnloserer Kolonialkrieg geführt, der im Mai 1954 mit einer schweren Niederlage in Dien Bien Phu besiegelt wurde. 1954 begannen die Aufstände in Algerien, die zu einem blutigen Kolonialkrieg und 1958 zum Ende der IV. Republik führten. De Gaulle wurde aus seiner lothringischen Einsamkeit als «erneuter Retter» Frankreichs gerufen und zum Ministerpräsidenten mit außerordentlichen Vollmachten bestellt. Er ließ eine Präsidialverfassung ausarbeiten, die in einem Referendum im September 1958 von 79,2 % der Wähler angenommen wurde. Die V. Republik war geboren.

4. Politisches System

Frankreich ist ein zentralistisch aufgebauter und regierter Staat. Die 36383 Gemeinden im Mutterland in den 96 Departements resultieren aus der Zeit Napoleon I. «Frankreich ist eine unteilbare, laizistische, demokratische und soziale Republik» heißt es in Artikel 1 der Verfassung der Republik, womit die Verfassungsgrundsätze zusammengefasst werden. Mit den Grundsätzen der «Unteilbarkeit» und der «Republik» bekannte sich die neue Republik zum wesentlichen Ziel der französischen Revolution von 1789 bzw. 1792. Versucht man die V. Republik zu klassifizieren, so wird sie als «semi-präsidentiell», «republikanische Monarchie» oder «semi-parlamentarisch» beschrieben. Dennoch ist die V. Republik vom Ansatz her ein parlamentarisches System, in dem die politische Verantwortung der Regierung gegenüber dem Parlament erhalten blieb. Allerdings ist es ein äußerst «rationalisierter Parlamentarismus», der sich deutlich von der Parlamentsdemokratie der IV. Republik unterscheidet, d. h. das Parlament musste deutliche Funktionsverluste hinnehmen; die Stellung des Staatspräsidenten wurde gestärkt. Mittlerweile hat die V. Republik unterschiedliche Spielarten ihrer Handhabung erfahren, so dass Verfassungswirklichkeit und Verfassungsnorm sich häufig unterscheiden.

4.1 Der Staatspräsident

Der Staatspräsident steht im Zentrum des politischen Entscheidungsprozesses der V. Republik. Ohne die Persönlichkeit de Gaulles wie auch die Geschichte der IV. Republik wäre die politische Bedeutung des Staatspräsidentenamtes nicht zu verstehen. Angesichts der instabilen Regierungen in der III. und IV. Republik wollte de Gaulle einen überparteilichen, interessenneutralen, mit Machtkompetenzen ausgestatteten Staatspräsidenten als Stabilitätsanker der Republik. Der Präsident wird seit der Verfassungsänderung von 1962 bis 2002 durch das Volk direkt auf sieben Jahre gewählt, seitdem für fünf Jahre. Damit besitzt der Präsident die gleiche Legitimität wie die Nationalversammlung. In einer weiteren Verfassungsänderung im Jahr 2000 wurde das Septennat auf ein Quinquenat, also fünf Jahre, reduziert. Dafür kann aber ein Präsident mehrfach wiedergewählt werden.

Der Präsident ist der Hüter der Verfassung. Mit «seinem Schiedsspruch gewährleistet er das ordnungsgemäße Funktionieren der öffentlichen Gewalten sowie die Kontinuität des Staates». Er ist nur dem Volk gegenüber verantwortlich, nicht dem Parlament oder dem Verfassungsgericht. Im Falle von Kompetenzstreitigkeiten zwischen Verfassungsorganen kann der Präsident von seinem Recht der Verfassungsinterpretation Gebrauch machen. Der Präsident besitzt auch eine zentrale Rolle bei Verfassungsänderungen, kann er doch den Weg eines Referendums wählen oder den aus der Nationalversammlung und Senat gemeinsam gebildeten «Kongress» einberufen.

Der Präsident besitzt gemäß Artikel 8 das alleinige Recht zur Ernennung des Premierministers. Mit Ausnahme der *Cohabitation* stützt sich damit das Vertrauen des Premierministers auf den Präsidenten. Stimmen Präsidialmehrheit und Parlamentsmehrheit überein, kann kein Premierminister gegen den Willen des Präsidenten im Amt bleiben. Auch kann in diesem Fall der Präsident direkten Einfluss auf die Regierungsbildung nehmen. Nicht selten mussten Premierminister dem Präsidenten ihre Ministerliste zur Genehmigung vorlegen. Sieht sich der Präsident allerdings einer gegnerischen Parlamentsmehrheit gegenüber, reduziert sich sein Handlungsspielraum bei der Ernennung des Premierministers erheblich.

Mit dem Recht zur Parlamentsauflösung besitzt der Präsident ein zentrales Machtmittel gegenüber dem Parlament. Von diesem Vorrecht wurde bisher fünfmal Gebrauch gemacht: 1962, 1968, 1981, 1988 und 1997. Die Drohung mit Neuwahlen nimmt den Abgeordneten die Möglichkeit, die Regierung in regelmäßigen Abständen zu stürzen, ohne sich selbst dem Wähler stellen zu müssen.

Mit dem Volksentscheid (Referendum) kann der Präsident faktisch die Vertrauensfrage an das Volk richten. Der Präsident kann auf Vorschlag der Regierung während der Sitzungsperioden des Parlaments oder auf gemeinsamen Vorschlag beider Kammern jeden Gesetzentwurf zum Volksentscheid bringen, der die Organisation der öffentlichen Gewalten betrifft, auf Reformen der staatlichen Wirtschafts- und Sozialpolitik sowie die dazu beitragenden öffentlichen Dienste oder auf die Ermächtigung zur Ratifizierung eines

Vertrages abzielt, der, ohne gegen die Verfassung zu verstoßen, Auswirkungen auf das Funktionieren der Institutionen hätte.

Schließlich besitzt der Präsident eine außerordentlich starke Position im Notstandsfall. Nach der Proklamation des Notstands ist seine Macht verfassungsmäßig unbegrenzt. Erst einmal machte de Gaulle beim Putsch einiger Generale 1961 in Algerien von diesem Artikel Gebrauch, ohne allerdings die Notstandsmöglichkeiten auszuschöpfen.

Letztlich verfügt der Präsident über außen- und sicherheitspolitische Befugnisse, die z. T. aus der Verfassung, z. T. aus der politischen Entwicklung abgeleitet werden. Der Präsident besitzt das Recht internationale Verträge auszuhandeln, ist Garant der nationalen Unabhängigkeit, Oberbefehlshaber der Streitkräfte und Vorsitzender des Verteidigungsrates. Durch Dekret von 1964 besitzt er das alleinige Recht zum Atomwaffeneinsatz. Auch wenn die Regierung in der Sicherheits- und Außenpolitik Mitspracherechte besitzt, blieben diese dem Präsidenten erhalten, da schon 1959 die gaullistische Partei dem Präsidenten diese «domaines réservés» zubilligten. Alle de Gaulle nachfolgenden Präsidenten hielten daran fest.

4.2 *Der Premierminister und die Regierung*

Gemäß Artikel 20 der Verfassung bestimmt und leitet die Regierung die Politik der Nation und gemäß Artikel 21 leitet der Premierminister die Politik der Regierung. Diese Bestimmungen fanden aber bis zur ersten Cohabitation kaum Anwendung. Der Premierminister war unter der Voraussetzung der Übereinstimmung von präsidialer und parlamentarischer Mehrheit immer der erste Mitarbeiter des Staatschefs. Wenn dieser ihn nicht mehr im Amt halten wollte, musste er gehen. Mit den drei Cohabitationen hat sich die Position des Premierministers verändert, ist er doch zu einem echten Widersacher des Staatspräsidenten geworden. Doch auch als «Mann des Präsidenten» verfügt der Premierminister über wichtige Kompetenzen. So besitzt er in der Alltagspolitik einen großen Freiraum. Auch hat er das Recht zur Gesetzesinitiative. Auf sein Verlangen kann das Parlament zu einer außerordentlichen Sitzung zusammentreten. Nur der Premierminister kann den Vermittlungsausschuss zwischen Nationalversammlung und Senat einberufen. Auch kann er mit Hilfe des «rationalisierten Parlamentarismus» die Versammlung zur Unterstützung seiner Politik zwingen, spätestens mit der Stellung der Vertrauensfrage. Die Regierung wird auf Vorschlag des Premierministers vom Präsidenten ernannt. Aufgrund dieser doppelten Abhängigkeit sind die Minister Zuarbeiter bzw. Berater des Präsidenten geworden. Die Einflussnahme des Präsidenten auf die Auswahl der Minister ist permanent, wenngleich in Zeiten der Cohabitation der Präsident nicht so starken Einfluss ausüben kann. Die Ministerien für Äußeres und Verteidigung haben sich die Präsidenten auch in Cohabitationszeiten vorbehalten.

4.3 *Nationalversammlung und Senat*

Das Parlament der V. Republik besteht aus der Nationalversammlung und dem Senat. Die 577 Abgeordneten der Nationalversammlung (555 für das Mutterland, 22 für die überseeischen Territorien) werden direkt vom Volk auf fünf Jahre nach einem Mehrheitswahlsystem in Einerwahlkreisen in zwei Wahlgängen gewählt. Im ersten Wahlgang werden 50 % plus eine Stimme benötigt. Jeder Kandidat, der im ersten Wahlgang mindestens 12,5 % der Wahlberechtigten erreicht, kann seine Kandidatur im zweiten Wahlgang aufrechterhalten.

Bei den Wahlen zur Nationalversammlung 2002 wurde die UMP (Union pour un Mouvement Populaire) mit 33,7 % (257 Sitze) wieder stärkste politische Kraft vor den der PS (Parti Socialiste) 24,1 % (140). Der FN (Rechtsextreme) erhielt 11,3 %, stellte jedoch keinen Abgeordneten. Die kommunistische Partei PCF kam auf 4,8 % (21), die UDF ebenfalls auf 4,8 % (29). Die Grünen VERTS zogen mit 4,5 % (3) in die Nationalversammlung ein. Die radikale Linke PRG (Parti Radical de Gauche) erhielt 1,5 % (7), das konservative RPF (Rassemblement pour la France) 0,4 % (2), das MPF (Mouvemont pour la France) 0,8 % (1). Die sozialistische MRC (Mouvemont Républicain et Citoyen) kam auf 1,1 %, zog aber nicht in die Nationalversammlung ein. Bei den Wahlen zur Nationalversammlung 2007 könnte es erneut zu einem Regierungswechsel kommen.

Die 321 Senatoren werden indirekt von einem Wahlgremium für neun Jahre gewählt, wobei alle drei Jahre eine Teilwahl für ein Drittel der Mitglieder stattfindet.

Im Gesetzgebungsprozess äußert sich der «rationalisierte Parlamentarismus» am deutlichsten, wird er doch eindeutig von der Regierung beherrscht. In Art. 34 beschränkt die Verfassung die Gesetzgebung auf bestimmte, exakt definierte Bereiche. Alle dort nicht genannten Gebiete fallen gemäß Art. 37 in den Verordnungsbereich. Ein weiteres Mittel, die parlamentarischen Kontrollrechte gegenüber der Regierung einzugrenzen, sind gemäß Art. 38 die Rechtsverordnungen (Ordonnanzen). Danach kann auf Antrag des Parlaments die Regierung ermächtigt werden, durch Rechtsverordnungen Maßnahmen zu treffen, die üblicherweise Gegenstand der Gesetzgebung sind. Haushaltsgesetze unterliegen einem besonderen Verfahren. Aufgrund seiner Gesetzesinitiative wird der Haushaltsentwurf vom Premierminister eingebracht, der ihn dem Parlament zuleitet. Verabschiedet das Parlament den Haushalt nicht in den vorgesehenen Fristen – 40 bzw. 70 Tage – kann die Regierung ihn in Kraft setzen.

Die schärfste Maßnahme des rationalisierten Parlamentarismus ist die Anwendung des Art. 49 Abs. 3. Es heißt dort: «Der Premierminister kann auf Beschluss des Ministerrats in der Nationalversammlung die Vertrauensfrage mit der Abstimmung über eine Vorlage verbinden. In diesem Falle gilt die Vorlage als angenommen, wenn innerhalb der darauf folgenden 24 Stunden kein Misstrauensantrag eingebracht ... wird.» Dieser Verfassungsartikel ermöglicht es einem Premierminister, seine ihn unterstützenden Fraktionen zu disziplinieren, selbst wenn sie einem Gesetzentwurf ablehnend gegenüberstehen, droht doch sonst die Auflösung des Parlaments.

Bei den Kontrollrechten ist das Misstrauensvotum die schärfste Waffe der

Nationalversammlung. Aber auch hier macht sich der rationalisierte Parlamentarismus bemerkbar, wird doch die häufige Anwendung des Misstrauensvotums verfassungsmäßig eingeschränkt. Auch zählen Parlamentarier, die sich enthalten sowie die Nichtanwesenden für die Regierung, so dass es sehr schwer ist, dies zu erreichen. Zwischen 1958 und 1990 waren die Parlamentarier bei 36 Versuchen nur einmal erfolgreich (Pompidou 1962). Neben Misstrauensvotum und Vertrauensfrage stehen dem Parlament mündliche und schriftliche Anfragen zur Verfügung. Auch besteht die Möglichkeit der Einsetzung von Untersuchungsausschüssen, wobei die Opposition solch eine Einsetzung des Ausschusses nicht erzwingen kann, da man dafür eines Mehrheitsbeschlusses bedarf. Der Senat besitzt meistens nur ein aufschiebendes Veto. Eine zentrale Rolle spielt der Senat dagegen bei Verfassungsfragen, bei denen er gemäß Art. 89 ein echtes Vetorecht besitzt.

4.4 *Staatsrat, Verfassungsrat und Wirtschafts- und Sozialrat*

Der Staatsrat (Conseil d'Etat) besteht aus 192 Mitgliedern, die durch Dekret nach Beschlussfassung im Ministerrat ernannt werden. Der Staatsrat ist einerseits Beratungsorgan der Regierung bzw. der einzelnen Ministerien, andererseits die des obersten Verwaltungsgerichts. Die Stellungnahmen des Staatsrates binden in der Regel die Regierung nicht. Als höchste Instanz der Verwaltungsgerichtsbarkeit ist der Staatsrat in einigen Fällen Berufungsinstanz für die Urteile der Verfassungsgerichte in erster Instanz.

Der Verfassungsrat (Conseil Constitutionel), institutionelle Neuerung der V. Republik, besteht aus neun Mitgliedern, je zu einem Drittel ernannt vom Staatspräsidenten, dem Präsidenten der Nationalversammlung und dem Präsidenten des Senats. Auch ehemalige Staatspräsidenten – z. Z. Giscard d'Estaing – gehören dem Verfassungsrat auf Lebenszeit an. U. a. prüft der Verfassungsrat die Verfassungsmäßigkeit der Gesetze (Normenkontrolle), wacht über die ordnungsgemäße Durchführung der Wahlen des Staatspräsidenten, der Abgeordneten und Senatoren wie auch beim Volksentscheid und muss vor der Verhängung des Notstands angehört werden. Erklärt der Verfassungsrat eine Bestimmung für verfassungswidrig, so darf sie weder verkündet noch angewandt werden.

Der Wirtschafts- und Sozialrat (Conseil National Economique) besteht aus 231 Mitgliedern aus den verschiedenen gesellschaftlichen Gruppen (Gewerkschaften, Unternehmensverbände, berufsständische Organisationen etc.) und kann (unverbindliche) Stellungnahmen abgeben. Seine Aufgabe ist vor allem die Zusammenarbeit zwischen den sozialen Gruppen zu fördern.

4.5 *Das Parteiensystem*

Im Vergleich zu politischen Systemen wie Großbritannien, den skandinavischen Staaten oder Deutschland spielen Parteien in der V. Republik nur eine begrenzte Rolle. Bereits die Verfassung sieht für Parteien im Art. 4 nur die Mitwirkung bei Wahlen vor. Französische Parteien haben auf die Regierungsbildung, die Auswahl der politischen und administrativen Eliten sowie auf die

Formulierung des Regierungsprogramms nur einen geringen Einfluss. Französische Parteien haben einen deutlich niedrigeren Organisationsgrad, eine geringe Finanzkraft und sind zersplittert. Dennoch kann man von einem bipolaren Parteiensystem sprechen, das aus einem Block der Rechten und einem Block der Linken besteht. Die Rechte bildet das gaullistische *Rassemblement pour la République* (RPR) und die liberale Parteienkonföderation *Union pour la Démocratie Française* (UDF). Die Linke setzt sich zusammen aus der *Parti Socialiste* (PS) und der *Parti Communiste Française*. Seit Beginn der 80er Jahre fächerte sich dieses Parteiensystem auf, als am rechten Rand der rechtsradikale *Front National* einerseits und im Block der Linken die *Grünen* Fuß fassten. So kann das französische Parteiensystem auch als Mehrparteiensystem bezeichnet werden. Allerdings bestätigte sich die Blockbildung sowohl bei den Wahlen zum Staatspräsidenten 1995 als auch bei den Wahlen zur Nationalversammlung 1997. Das französische Wahlrecht – Mehrheitswahl in zwei Wahlgängen – fördert die Notwendigkeit, Wahlbündnisse einzugehen, will man im zweiten Wahlgang erfolgreich sein.

Der Beginn der V. Republik war durch die Dominanz der gaullistischen Partei (UNR, später UNR-UDT, dann UDR) gekennzeichnet. Mit Hilfe des kleineren Koalitionspartners *Républicains Indépendants* konnten die Gaullisten die ersten zwei Jahrzehnte der V. Republik dominieren, so dass man sogar vom UDR-Staat sprach. Mit der Wahl Giscard d'Estaings 1974 zum Präsidenten der Republik wurde erstmals ein Nichtgaullist Staatspräsident. 1981 erfolgte mit der Wahl des Parteichefs der Sozialisten Mitterrand eine grundlegende Veränderung auch im Parteiensystem, denn nun wurde die Parti Socialiste die stärkste politische Kraft, die diese Rolle erst 1993 einbüßte, um 1997 wiederum stärkste politische Partei in der Nationalversammlung zu werden.

Gaullisten (*Rassemblement pour la République*)

1958 wurde die Union für die Neue Republik gegründet und war sofort erfolgreich. Ihre Aufgabe in der Anfangsphase sah die Partei in der bedingungslosen Unterstützung des Staatspräsidenten. Sie war zu jener Zeit eine locker organisierte Honoratiorenpartei, der es gelungen war, fast das gesamte bürgerliche Lager aufzusaugen. Nachdem die Gaullisten 1974 mit dem Machtverlust des Präsidentenamtes und dem Rücktritt Chiracs als Premierminister 1976 in eine Krise gerieten, formte Chirac die Partei um: Sie heißt seit dieser Zeit *Rassemblement pour la République*. Chirac gelang es, die Partei zu neuer Dynamik zu führen und er wurde ihr überragender Parteiführer zwischen 1976 und 1995. Auch zwei Niederlagen bei der Präsidentschaftswahl 1981 und 1988 jeweils gegen Mitterrand konnten seine Ausnahmestellung in der Partei nicht schmälern. Bei der Präsidentschaftswahl 1995 war Chirac dann endlich erfolgreich. Allerdings musste zwei Jahre später die RPR die schlimmste Niederlage seit ihrer Gründung bei den Parlamentswahlen hinnehmen, die Chirac angelastet wurde. Der Präsident hatte die alte Nationalversammlung aufgelöst und damit

eine bürgerliche Mehrheit aufs Spiel gesetzt. Nur noch 16,8 % der Wähler stimmten im ersten Wahlgang für die Gaullisten, so dass Premierminister Juppé als Premierminister und als Parteichef abgelöst wurde.
Seit der Übernahme des Parteivorsitzes durch Chirac wurde das RPR zu einer modernen, strikt zentralistisch und hierarchisch organisierten Massenpartei. Innerparteiliche Macht und wesentliche Entscheidungsprozesse konzentrieren sich an der Parteispitze. Unter den nahezu 100 000 Parteimitgliedern sind Führungskräfte und Freiberufler überrepräsentiert, während Arbeiter und einfache Angestellte unterrepräsentiert sind. Die Wählerschaft des RPR wird durch ein Übergewicht von Landwirten, Handwerkern und Gewerbetreibenden, Freiberuflern und Führungskräften gekennzeichnet. Bei den Präsidentschaftswahlen 1995 konnte Chirac seine soziale Basis bei jungen Wählern und bei Arbeitern und kleinen Angestellten ausweiten. Allerdings musste genau bei diesen Gruppen die gemäßigte Rechte bei den Parlamentswahlen 1997 herbe Verluste hinnehmen. Zu den Doppelwahlen im Frühjahr 2002 schlossen sich die RPR, große Teile der UDF und weitere kleinere Gruppierungen zur «Union pour la Majorité» (UMP) für Präsident Chirac zusammen.

Parteienbündnis UDF (Union pour la Démocratie Française)

Die UDF wurde vor den 1978 abgehaltenen Parlamentswahlen auf Betreiben des Staatspräsidenten Giscard d'Estaing aus drei kleineren zentristischen Parteien gegründet. Mit der UDF sollte ein wahlpolitisches Gegengewicht zum RPR geschaffen werden. Die UDF erhielt seit den Wahlen 1978 immer zwischen 15 und 20 % der Stimmen und konnte tatsächlich das von Giscard avisierte Ziel – Gegengewicht – erreichen. Innerhalb der UDF ist die Republikanische Partei (Parti Républicain/PR) die stärkste Kraft. Sie bildet den liberalen Bestandteil der UDF. Allerdings strebt die Partei nicht mehr eine Art soziale Marktwirtschaft wie noch zu Zeiten des Präsidenten Giscard d'Estaing an, sondern einen kompromisslosen Neoliberalismus mit einem «Minimum an Staat». Zweite Partei innerhalb der UDF ist die Force Démocrate (FD), die 1995 als Neugründung des *Centre des démocrates sociaux/CDS* entstand. Das CDS verkörperte die christdemokratische und zentristische Tradition der politischen Mitte. Hauptziel der FD ist eine Verbreiterung der politischen Mitte sowie die Sammlung der proeuropäischen Kräfte. Dritte Partei des Parteienbündnisses ist die Radikale Partei (Parti radical/PR), die 1901 als radikalsozialistische Partei gegründet wurde. Sie hat im Verlauf der Geschichte zahlreiche Spaltungen erlebt und ist heute die kleinste Partei in der UDF.

Sozialistische Partei (Parti Socialiste/PS)

Als *Section Française de l'Internationale Ouvrière* (SFIO) 1901 gegründet durchlebte die sozialistische Partei im 20. Jahrhundert zahlreiche Krisen und letztlich das Scheitern in der V. Republik. Die 1971 neu gegründete Sozialistische Partei unter Führung von François Mitterrand wurde in den 80er Jahren zur vorherrschenden Partei in Frankreich, wobei der Wahlsieg Mitterrands bei der Präsidentschaftswahl 1981 ein wichtiger Einschnitt war. Als ursprünglich sozialistische Partei 1971 gestartet – mit dem 1972 verabschiedeten Parteiprogramm ‹Changer la vie› wollte die Partei eine sozialistische Gesellschaft aufbauen – hat die PS inzwischen, bedingt durch ihre Regierungsbeteiligung, Anfang der 90er Jahre ein pragmatisches Programm entwickelt. Es brach mit dem antikapitalistischen und revolutionären Sozialismus. Doch diese Entwicklung führte zu einem Wählerrückgang, so dass die Partei, die in den 80er Jahren etwa ein Drittel der Wähler hinter sich bringen konnte, zu Beginn der 90er Jahre nur noch die Stimmen von etwa einem Fünftel der Wähler bei den Regional- und Parlamentswahlen erhielt. Von 1997 bis 2002 führte die PS unter Führung von Premierminister Jospin die Regierung. Bei der Parlamentswahl 2002 erlitt die PS jedoch eine schwere Niederlage. 2007 kandidiert mit Ségoline Royal erstmals eine Frau für die Sozialistische Partei um das Amt des Staatspräsidenten.

Kommunistische Partei (Parti Communiste/PC)

Die Kommunistische Partei entstand 1920 als Abspaltung von der SFIO. In der ersten Dekade nach dem Zweiten Weltkrieg hatte die PC über 400 000 Mitglieder und 25 % der Wählerstimmen. Noch zu Beginn der V. Republik 1958 kam sie auf 19 % der Stimmen. 1972 ging sie mit der PS eine strategische Allianz ein, die zwar zum Aufstieg der Linken mit dem Sieg Mitterrands 1981 und auch einer Regierungsbeteiligung der PC führte, gleichzeitig aber die PC in der Wählergunst marginalisierte. Nach dem Zusammenbruch des «realen Sozialismus» geriet die Partei Anfang der 90er Jahre in eine Identitätskrise. Aufgrund einer relativ starken Verankerung in den Gemeinden verfügt die PC über großen politischen Einfluss.

Umweltschutzparteien Les Verts (Die Grünen) und Génération Ecologie

Die Partei Les Verts entstand 1984, nachdem bereits seit den 70er Jahren mehrere Umweltpartei- und -verbandsgründungen, -spaltungen und -fusionen stattgefunden hatten. Der politische Durchbruch gelang den Grünen erst 1989, als sie bei den Kommunalwahlen mehr als 1200 Mandate erringen konnten. Die von Antoine Waechter geführte Liste der Grünen konnte bei den Wahlen zum Europäischen Parlament 1989 10,8 % der Stimmen erringen. Doch in der Gründung der «*Génération écologie*», betrieben durch den ehemaligen Umweltminister Lalonde, entstand für die Grünen eine interne Konkurrenz. Diese Spaltung führte natürlich zum Einflussverlust.

Front National (FN)

Seit Mitte der 1980er Jahre ist die 1972 von Jean Marie Le Pen gegründete rechtsextremistische Partei *Front National* bei Wahlen erfolgreich. So erreichte sie bei den Europawahlen 1984 mit 11 % den Durchbruch und konnte bei den Parlamentswahlen 1997 etwa 15 % der Stimmen gewinnen. Antirepublikanische, faschistische und antisemitische Strömungen hatte es bereits in der Dritten Republik in den 1930er Jahren gegeben. Auch wenn der FN nicht als Nachfolgeorganisation dieser Bewegungen angesehen werden kann, so beeinflusst doch Antisemitismus, Fremdenfeindlichkeit und der Hang zum autoritären Staat das Denken des FN. Die Wahlgewinne der Partei hängen mit der Veränderung des politischen und sozialen Umfeldes in Frankreich zusammen. Besonders erfolgreich ist der FN in Regionen mit einem hohen Anteil an nordafrikanischen Gastarbeitern, aber z. B. auch im Elsass. Anfang 1999 erfolgte eine Spaltung der FN, die ihre zukünftige Position innerhalb des Systems schwächte. Dennoch gelang es ihrem Parteivorsitzenden Le Pen in den zweiten Wahlgang der Präsidentschaftswahlen 2002 zu kommen, in der er jedoch eine schwere Niederlage erlitt.

5. Politik in und für Europa

Nach dem Zweiten Weltkrieg musste Frankreich seine Europapolitik, die nachhaltig durch die Beziehungen zu Deutschland bestimmt wurde, von der Doktrin der «Sicherheit vor Deutschland» in die Doktrin der «Sicherheit mit Deutschland» umwandeln. Es war der Vorschlag des französischen Außenministers Schuman vom 9. Mai 1950, der 1951 zur ersten supranationalen Einrichtung in Form der Europäischen Gemeinschaft für Kohle und Stahl (EGKS) für die Benelux-Staaten, Italien, Frankreich und Westdeutschland führte. Durch diesen Ansatz anerkannte Frankreich den neu gegründeten westdeutschen Teilstaat als gleichberechtigten Partner in Europa, erhielt aber gleichzeitig auch Sicherheit, da nun die ehemals kriegswichtigen Industrien Kohle und Stahl durch die Vergemeinschaftung der nationalen Verfügungsgewalt entzogen waren. Die Idee der Europäischen Verteidigungsgemeinschaft (EVG) kam 1952 zu früh und scheiterte. 1957 wurde Frankreich wie auch die übrigen EGKS-Staaten Gründungsmitglied von EWG und Euratom. Frankreich war somit den Weg der immer engeren Verschmelzung der Nationalstaaten gegangen. De Gaulle (1958–1969) behinderte den wirtschaftlichen Integrationsprozess nicht, betrieb aber eine Blockadepolitik hinsichtlich weiterer politischer Integration. Er favorisierte die intergouvernementale Kooperation und hoffte mit Hilfe des deutschen Partners – gestützt auf den deutsch-französischen Vertrag von 1963 (Elysée-Vertrag) – Europa in seinem Sinne zu entwickeln. Doch de Gaulle scheiterte 1969 mit seiner Politik und schied nach einem verlorenen Referendum aus dem Amt. Unter de Gaulles Nachfolgern setzte eine verstärkte Hinwendung nach Europa ein. Während Pompidou (1969–1974) noch vorsichtig Frankreich nach Europa öffnete, wurde sein Nachfolger Giscard d'Estaing (1974–1981) zusammen mit dem deutschen Bundeskanzler Schmidt zum Motor des europäischen Integrationsprozesses. Der aktive französisch-deutsche Bilateralismus führte zur Einrichtung des Europäischen Rats (1975), der erstmaligen Direktwahl des Europäischen Parlaments (1979) sowie der Schaffung des Europäischen Währungssystems (1979). Die 14-jährige Amtszeit Mitterrands (1981–1995) war durch eine äußerst aktive Europapolitik gekennzeichnet. So förderte er die Einheitliche Europäische Akte, die 1993 zur Realisierung des Binnenmarktes führte. Mitterrand entwickelte ein sehr intensives Verhältnis zum deutschen Bundeskanzler Kohl, so dass während ihrer Amtszeit das deutsch-französische Tandem zum Motor der europäischen Integration wurde. Daran änderte auch die deutsche Einheit grundsätzlich nichts, wenngleich die Zeit von der Maueröffnung im November 1989 bis zum Sommer 1990 durch Irritationen und Auseinandersetzungen gekennzeichnet war. So kam auf deutsch-französische Initiative der Maastrichter Vertrag (1992) zustande, der zur Währungsunion mit der gemeinsamen Währung führte. Ein zweites Feld der deutsch-französischen Kooperation war die Sicherheits- und Verteidigungspolitik, die in der Gemeinsamen Außen- und Sicherheitspolitik (GASP) des Maastrichter Vertrags etabliert und im Amsterdamer Vertrag unter Mitterrands Nachfolger Chirac (seit 1995) fortentwickelt wurde. Unter der Präsidentschaft Frankreichs wurde im Dezember 2000 der Vertrag von Nizza abgeschlossen, der eine Reform der EU-Institutionen vorsieht und die EU damit erweiterungsfähig machen soll. Frankreich unterstützte zu Beginn des neuen Jahrhunderts den Erweiterungsprozess der Union, hält aber an gleichzeitiger Vertiefung fest. Unsicher sind noch die Vorstellungen in Frankreich über die Finalität Europas, d. h. über die politische Form der EU. Einerseits hat man erkannt, welche großen Vorteile Integration auch für den Nationalstaat Frankreich mit sich bringt, andererseits möchte man aber auch weiterhin einen starken und stolzen Nationalstaat Frankreich in Europa verankert sehen. Im Mai 2005 lehnten 54,9 % der Wähler bei einer Wahlbeteiligung von 69,7 % den EU-Verfassungsvertrag ab. Damit geriet der europäische Integrationsprozess in eine tiefe Krise.

Borella, François: Les partis politiques. Paris [5]1990; *Braudel*, Fernand: L'identité de la France. Paris 1996; *Braudel*, Fernand: Frankreich. 3 Bde. Stuttgart 1989–90; *Charlot*, Jean: La Politique en France. Paris 1994; *Favier*, Jean (Hg.): Geschichte Frankreichs. 7 Bde. Stuttgart 1989 ff.; *Gruner*, Wolf D./*Müller*, Klaus Jürgen (Hg.): Über Frankreich nach Europa. Frankreich in Geschichte und Gegenwart. Hamburg 1998; *Haensch*, Günther/*Tümmers*, Hans J.: Frankreich. München [3]1998; *Haensch*, Günther/*Lory*, Alain: Frankreich. Bd. 1: Staat und Verwaltung. München o. J.; *Kempf*, Udo: Von de Gaulle bis Chirac – Das politische System Frankreichs. Opladen [3]1997; *Kempf*, Udo; Das politische System Frankreichs, in: *Ismayr* Politische Systeme Westeuropas, S. 301–347; *Kimmel*, Adolf (Hg.): Länderbericht Frankreich. Geschichte, Politik, Wirtschaft, Gesellschaft, Wiesbaden, [2]2005. *Lasserre*, René/*Schild*, Joachim/*Uterwedde*, Henrik: Frankreich – Politik, Wirtschaft, Gesellschaft. Opladen 1997; *Loth*, Wilfried: Geschichte Frankreichs im 20. Jahrhundert. Stuttgart u. a. 1992 u. ö. (Neuausgabe); *Maillard*, Pierre: De Gaulle et l'Europe entre la nation et Maastricht. Paris 1995; *Ménudier*, Henri: Frankreich, in: *Weidenfeld*, Europa-Handbuch II, S. 131–145; *Safran*, William: The French Polity. New York/London [4]1995; *Weisenfeld*, Ernst: Geschichte Frankreichs seit 1945. München [3]1997; *Woyke*, Wichard: Frankreichs Außenpolitik von de Gaulle bis Mitterrand. Opladen 1987; *Woyke*, Wichard: Die deutsch-französischen Beziehungen seit der Wiedervereinigung – Das Tandem faßt wieder Schritt. Opladen [2]2004; *Zürn*, Peter: Die republikanische Monarchie. Zur Struktur und Verfassung der V. Republik in Frankreich. München 1965.

www.elysee.fr (Präsident der Republik); www.assemble-nationale.fr (Nationalversammlung); www.senat.fr; www.premier-ministre.gouv.fr (Portal frz. Regierung); www.diplomatie.gouv.fr (Außenministerium); www.botschaft-frankreich.de; www.insee.fr (Amt für Statistik)

Luxemburg

1. Grunddaten

Staatsname: Großherzogtum Luxemburg; Groussherzogtom Lëtzebuerg (letzeburgisch); Grand-Duché de Luxembourg (franz.)
Hauptstadt: Lëtzebuerg / Luxembourg /Luxemburg
Größe: 2586 km²
Einwohner: 474 413 (1.7.2006); 2006: davon Luxemburger 60,4 %, (Ausländer 39,6 %: Portugiesen 14,8 %, Italiener 4,1 %, Franzosen 4,98 %, 3,5 % Belgier, 2,3 % Deutsche, 0,9 % Briten, 2,9 % andere EU-Bürger, Sonstige 6,1 %); Luxemburg – sicherlich mit bedingt durch die in Luxemburg-Stadt angesiedelten EU-Institutionen und die Bedeutung Luxemburgs als Finanzplatz – ist das Land mit der höchsten Ausländerquote in der EU
Bevölkerungsdichte: 176 Einw./km²
Konfessionen: Katholiken (86 %) Protestanten 13 % (2002)
Amtssprachen: Lëtzebuergisch, Französisch, Deutsch
Währung: 1 Euro (€) = 100 Cent 1 US-$ = 0,79 € (1.7.2006), 1 US-$ = 0,83 € (1.7.2005)

2. Sozioökonomische Grundlagen

Wie auch andere westeuropäische Industriegesellschaften hat Luxemburg einen strukturellen Umwandlungsprozess durchlaufen. Bis zur Jahrhundertwende 1899/1900 war Luxemburg ein Agrarland und entwickelte sich auch zu einem Montanstandort. 85 % der gesamten landwirtschaftlichen Nutzfläche dienen der Viehzucht. Daneben ist nur noch der Weinbau im Moseltal ein bedeutsamer landwirtschaftlicher Produktionszweig. Luxemburg hat sich zu einem wichtigen Bankenplatz in Europa entwickelt, in dem mehr als 170 Institute angesiedelt sind Es ist ebenfalls ein wichtiges Dienstleistungszentrum und eine der drei EU-Hauptstädte. Luxemburg ist Sitz der EU-Verwaltung, des Europäischen Gerichtshofes, des Rechnungshofes und der Investitionsbank. Luxemburg erfüllte ohne Probleme die Konvergenzkriterien für die Wirtschafts- und Währungs-Union (WWU), die mit auf den Plan des luxemburgischen Premierminister Werner zurückgeht und gehörte zu ihren Gründungsmitgliedern. Luxemburg ist bei dem Pro-Kopf-Einkommen der Bevölkerung seit Jahren weltweit der Spitzenreiter. 30 % der Arbeitskräfte sind Pendler aus den benachbarten Staaten.
Bruttoinlandsprodukt (BIP): 28,303 Mrd. €, 34,1 Mrd. US-$, (2005) 27,1 Mrd. €, 31,9 Mrd. US-$ (2004)
BIP/Kopf: 62 200 €, 74 940 US-$ (2005), 59 560 €, 70 640 US-$ (2004)
Erwerbstätigkeit: Land- und Forstwirtschaft 1,0 %, Bau 13,6 %, Industrie 32,2 %, Dienstleistungen 53,4 % (2004)
Wirtschaftswachstum (BIP): 4,5 % (2004 und 2005)

Arbeitslosigkeit: 4,7 % (2005), 4,2 % (2004)
Inflation: 2,0 % (1. 11. 2006), 2,5 % (2005), 2,1 % (2004)
Außenhandel (2005/4): Import: 14,0 Mrd. €,/ 13,5 Mrd.€; **Haupthandelspartner:** Belgien 28,2 % / 36 %, Deutschland 21,8 % / 27 %, Frankreich 16,3 % / 14 %, Niederlande 5 %, UK 5 %, USA 4 %, China 12,8 % (2005) – **Export:** 10,1 Mrd. €, / 9,7 Mrd. €; **Haupthandelspartner:** Deutschland 21 % / 26 %, Frankreich 16,3 % / 20 %, USA 3 %, UK 8,3 % / 5 %, Belgien 9,2 % / 12%, 2005: Italien 7,5 %, Spanien 6,6 %, Niederlande 4,3 %

3. Geschichte

Das Gebiet des heutigen Luxemburg an der mittleren Mosel wurde im 5. Jahrhundert v. Chr. von Kelten (Treverern) besiedelt und kulturell geprägt. (La Tène-Zeit). Die Treverer unterhielten zunächst Handelskontakte mit den Römern. Das Gebiet kam dann im 1. Jahrhundert unter römische Herrschaft und wurde Teil der Provinz Belgica Prima. Mit dem Ende des Römischen Reiches 476, in dem Trier in der Spätphase Hauptstadt des Römischen Reiches war, kam Luxemburg in den Einflussbereich der Franken und wurde unter Chlodwig Teil des Frankenreiches. Einen ersten Höhepunkt bildete das Reich Karls d. Gr., der sich gerne in seiner Luxemburgischen Kaiserpfalz Diedenhofen aufhielt. Mit der Reichsteilung von 843 kam Luxemburg zunächst zum Mittelreich Lothars und wurde zum Zankapfel zwischen den westlichen und östlichen Karolingerkönigen, um 925 schließlich für Jahrhunderte an das Ostreich zu fallen. Der Grundstein für die Grafschaft Luxemburg wurde unter Graf Siegfried in der zweiten Hälfte des 10. Jahrhunderts gelegt. Siegfried erwarb 963 einen befestigten Marktflecken, an dem er die «Lützelburg» baute. Dies wurde später zum Zentrum der Grafschaft und bildet die Keimzelle für die Hauptstadt des heutigen Großherzogtums. Im 14. Jahrhundert stiegen die Grafen von Luxemburg zur deutschen Kaiser- und Königswürde auf. Unter den Luxemburger Herrschern sollte dann Böhmen zum Kernland der Luxemburger werden. Mit Kaiser Sigismund (1437) erlosch die Linie der Luxemburger und Luxemburg fiel zusammen mit den Niederlanden an das Haus Habsburg und kam mit der Teilung des Hauses Habsburg in eine spanische und eine deutsche Linie 1555 an die spanische, blieb aber Teil des Heiligen Römischen Reiches deutscher Nation. In der Zeit der «Reunionskriege» Ludwig XIV. wurde das Herzogtum Luxemburg mehrfach von Frankreich besetzt, blieb aber bei den Habsburgern. Im Zuge der Kriege der Revolution und Napoleons fiel das karge, aber strategisch wichtige Luxemburg erneut an Frankreich. Im Verlauf der europäischen Neuordnung auf dem Wiener Kongress erhielt Luxemburg eine Rangerhöhung zum Großherzogtum und wurde in Personalunion mit der Krone der Niederlande verbunden. Der König der Niederlande als Großherzog von Luxemburg war zugleich Mitglied des Deutschen Bundes (1815–1866). Luxemburg wurde Festung des Deutschen Bundes. Der Aufforderung des Wiener Kongresses, Luxemburg eine eigene Verfassung zu geben, kam der niederländische König nicht nach. Luxemburg wurde von Den Haag aus regiert. Als der Funke der Pariser Julirevolution von 1830 auch auf Belgien übersprang und sich Belgien seine Unabhängigkeit von den nördlichen Niederlanden erstritt, forderte der belgische Nationalkongress Luxemburg in den belgischen Staat einzubeziehen. Als Ergebnis der Belgisch-Luxemburgischen Frage (1830–1839), die endgültig erst 1839 geregelt werden konnte, kam der westliche Teil des Großherzogtums – die heutige belgische Provinz Luxemburg mit dem Zentrum Arlon – an Belgien. Bis zur Auflösung des Deutschen Bundes gehörte Luxemburg zum Deutschen Bund und zum Deutschen Zollverein. Als 1867 der König der Niederlande bereit war, Luxemburg an Frankreich zu verkaufen, führte dies zu einer ernsthaften internationalen Krise zwischen Frankreich und Preußen über die Frage der Zugehörigkeit des Landes. Auf der Londoner Konferenz wurde eine Kompromisslösung gefunden: Die Festung Luxemburg wurde geschleift, Luxemburg wurde neutral und unabhängig, blieb aber Mitglied im Deutschen Zollverein. 1868 wurde dann die Erbmonarchie festgeschrieben. Die Personalunion mit den Niederlanden endete 1890.

Im Ersten Weltkrieg wurde Luxemburg wie Belgien unter Missachtung der Neutralität von Deutschland besetzt. Nach dem Ersten Weltkrieg löste Luxemburg die bestehende Wirtschaftsunion mit dem Deutschen Reich auf, nachdem die von Frankreich angestrebte Eingliederung nicht zustande kam, und ging 1921 eine fünfzigjährige Zoll und Handelsunion mit Belgien ein. In gewisser Weise wurde die Zoll- und Handelsunion von 1921 die Keimzelle für die Versuche in den 1920er Jahren und vor allem nach dem Zweiten Weltkrieg, eine engere politische, wirtschaftliche und währungspolitische Zusammenarbeit im Benelux-Raum zu schaffen.

Im Zweiten Weltkrieg wurde Luxemburg 1940 erneut durch deutsche Truppen besetzt. Der Krieg und die Besatzungszeit haben tiefe Spuren hinterlassen, die dann u. a. 1946 ihren Niederschlag in der Landessprache finden sollten.

1848 erhielt das Land seine erste Verfassung, die deutlich durch das belgische Vorbild geprägt war. Im Verlauf der Jahrzehnte erfuhr die Verfassung mehrere Änderungen. So war bedeutsam, dass Luxemburg 1867 unter dem Schutz der Unterzeichnerstaaten des Londoner Vertrags den Status immerwährender Neutralität erhielt und ein Jahr später die Erbmonarchie festgeschrieben wurde. Zu den jüngeren Verfassungsreformen zählen u. a. die Herabsetzung des Wahlalters (1972), die Neuformulierung über den Status der Gemeinden (1979), die Festlegung der Abgeordnetenzahl auf 60 Deputierte (1988) sowie ein spezieller Artikel über den Staatsrat (1989). Die 1994 gewählte Abgeordnetenkammer erhielt von ihrer Vorgängerin den ausdrücklichen Auftrag, bis 1999 eine umfassende Verfassungsreform – etwa ein Drittel der Bestimmungen – vorzunehmen.

4. Politisches System

Das politische System des Großherzogtums Luxemburg ist eine parlamentarische Monarchie auf der Basis eines Einkammersystems. Es wird durch eine doppelte Exekutive, die vom Großherzog und seiner Regierung gebildet wird, gekennzeichnet. Die Exekutive wird von den Regierungsmitgliedern unter der Leitung des Premierministers ausgeübt, seit 1. 1. 1995 Jean-Claude Juncker (CSV). Die in Art. 33 der Verfassung dem Großherzog garantierte Teilhabe an der Exekutive beschränkt sich vor allem auf die Bestätigung und Verkündung der Gesetze. Der Regierung steht die Legislative gegenüber, die aus der Abgeordnetenkammer besteht. Durch die Verfassungsreform von 1988 wurde die Abgeordnetenzahl auf 60 Deputierte begrenzt. In der 14. Legislaturperiode (2004–2009) sind folgende fünf Parteien vertreten: *Christliche-Soziale Volkspartei* (CSV), *Luxemburger Sozialistische Arbeiterpartei* (LSAP), *Demokratische Partei* (DP), Grüne und *Aktionskomitee für Demokratie und Gerechtigkeit* (ADR).

Wahlen zur Abgeordnetenkammer (14. Legislaturperiode) am 13. 6. 2004: CSV (Chrëschtlech Sozial Vollekpartei) 36,1 % (24 Sitze) christlich-demokratisch; LSAP (Lëtzebuergesch Sozialistesch Arbechterpartei) 23,4 % (14) sozialdemokratisch; DP (Demokratesch Partei) 16,1 % (10) liberal; die Grünen GRENG (Déi Gréng) 11,6 % (7); die konservative ADR (Alternativ Demokratesch Renformpartei) 10,0 % (5); die Linke L (Déi Lénk) 0,9 % (0). Die Wahlbeteiligung war mit 91,7 % hoch (1999: 86,5 %).

Die Abgeordneten werden nach dem Verhältniswahlsystem gewählt, wobei die getrennte Mandatsberechnung in den vier bevölkerungsreichsten Wahlbezirken einen stark disproportionierenden Effekt zwischen Stimmen und Mandatsanteil verursacht. Das luxemburgische Wahlsystem begünstigt eine Konzentration des Parteiensystems. Luxemburg verfügt über einen Staatsrat, der aus 22 Staatsrechtlern besteht, die vom Großherzog auf Vorschlag vom Staatsrat wie auch der Abgeordnetenkammer ernannt werden. Die Funktion des Staatsrats besteht in der Überprüfung der Kompatibilität neuer Gesetzesvorhaben mit dem geltenden Recht des Großherzogtums. Erst nach der Befassung durch den Staatsrat kann eine Gesetzesvorlage in Kraft treten.

Das luxemburgische Parteiensystem ist trotz einer nicht zu übersehenden Dynamik in den letzten zehn Jahren durch trigonale Konkurrenz zwischen CSV, LSAP und DP gekennzeichnet. Die CSV kann als Staatspartei bezeichnet werden, war sie doch seit 1919 an fast allen Regierungen beteiligt und bildet auch z. Z. eine große Koalition mit der LSAP. Die CSV ist in allen Schichten der luxemburgischen Gesellschaft verankert und die bürgerliche Volkspartei des Landes. Die LSAP erfüllt die Funktion einer linken Volkspartei, ist aber gleichzeitig auch eine sozialreformerische Partei. Programmatisch setzt sie sich für die Überwindung der sozialen, weltanschaulichen und ökonomischen Konflikte in der Demokratie ein. Die dritte große Partei bildet die Demokratische Partei, die ihre Wähler vor allem in den freien Berufen, bei Unternehmern, höheren Angestellten und höheren Beamten findet. Die vierte Traditionspartei, die Kommunistische Partei Luxemburgs, hat nach dem Ende des Ost-West-Konflikts vollkommen ihre Anziehungskraft für einen kleinen Teil der luxemburgischen Gesellschaft verloren und ist seit 1994 nicht mehr in der Abgeordnetenkammer vertreten. Wie auch in anderen europäischen Staaten hatte sich aus der ökologischen Bürgerbewegung in den 80er Jahren eine Grüne-Alternative Partei gebildet, die heute unter dem Namen «Die Grünen» etwa 10 % der Wähler auf sich vereinigt. Besonders bedeutsam ist die Herausbildung der *one-issue*-Partei *Aktionskomitee für Demokratie und Rentengerechtigkeit* (ADR), die etwa 10 % der Wähler an sich bindet und für die Einführung einer einheitlichen Rentenversicherung eintritt. Auch ist in den 1990er Jahren die Gründung von rechtsextremen Parteien zu bemerken, die mit Ressentiments gegen Ausländer und den Maastrichter Vertrag von sich reden machten, jedoch mit drei bis vier % kein Mandat in der Abgeordnetenkammer erringen konnten.

5. Politik in und für Europa

Luxemburg betrieb bis zum Zweiten Weltkrieg eine Neutralitätspolitik, war mit dieser jedoch wenig erfolgreich. Deutschland verletzte sowohl im Ersten als auch im Zweiten Weltkrieg die luxemburgische Neutralität, was dazu führte, dass das Großherzogtum die Sicherheit des Landes in Anlehnung an bzw. Mitgliedschaften in Bündnissen suchte. 1945 trat Luxemburg den Vereinten Nationen als Gründungsmitglied bei. 1949 wurde es Gründungsmitglied der NATO, Mitglied des Europarats und 1951 der neu gebildeten Europäischen Gemeinschaft für Kohle und Stahl (EGKS). Die Entscheidung, das Exekutivorgan der EGKS, die Hohe Behörde, in Luxemburg anzusiedeln, führte dazu, dass Luxemburg neben Brüssel und Straßburg zu einer der «europäischen Hauptstädte» wurde. 1957 trat Luxemburg der neu gegründeten Europäischen Wirtschaftsgemeinschaft (EWG) sowie der Europäischen Atomgemeinschaft (EURATOM) bei, wodurch weitere europäische Einrichtungen ihren Sitz nach Luxemburg verlegten. Luxemburg wurde 1955 auch Gründungsmitglied der Westeuropäischen Union. 1991 unterzeichnete Finanzminister Juncker den Maastrichter Vertrag, der zur Gründung der Wirtschafts- und Währungsunion und zur Einführung der Gemeinschaftswährung zum 1. 1. 2002 führte. Der europäische Integrationsprozess bestimmte nachdrücklich die luxemburgische Nachkriegsgeschichte, wodurch auch die luxemburgische Bevölkerung offener für andere Nationalitäten wurde. Der Anteil der Ausländer, die insbesondere in den in Luxemburg arbeitenden europäischen Behörden und Banken erwerbstätig sind, schnellte von 10 % im Jahr 1947 auf 26 % im Jahr 1979 hoch und betrug 2006 etwa 182 000 (33,9 %). Im Herbst 2006 kamen täglich 130 000 Pendler aus den Nachbarländern nach Luxemburg bei 700 Luxemburger Pendlern. Die Außenpolitik des Großherzogtums seit dem Zweiten Weltkrieg – atlantische Zusammenarbeit und europäische Integration – wurde und wird von der luxemburgischen Bevölkerung und ihren politischen Repräsentanten nachhaltig unterstützt wie dies auch das Referendum zur Europäischen Verfassung dokumentierte.

Luxemburg verfolgte schon vor der Gründung der Europäischen Organisationen eine enge Zusammenarbeit mit Belgien und den Niederlanden. So gründeten noch während des Zweiten Weltkriegs die Londoner Exilregierungen 1944 die Benelux-Union, die 1948 in Kraft gesetzt wurde. Handelte es sich zunächst um ein Zollabkommen, so wurde dieses 1960 zur Benelux-Wirtschaftsunion erweitert. Auch heute versteht sich die Benelux-Union als ein Laboratorium für den europäischen Integrationsprozess. Zusammen mit Belgien und den Niederlanden hat das Großherzogtum immer wieder Initiativen zur Beschleunigung der europäischen Integration ergriffen, so zuletzt im Herbst 2001. Die Benelux-Staaten ließen dem Europäischen Rat in Laeken ein Memorandum zukommen, das eine Fortentwicklung im Bereich der Inneren Angelegenheiten und der Justiz anmahnte.

Luxemburgs Politiker haben dem europäischen Integrationsprozess immer wieder wichtige Impulse gegeben. So wurde der gebürtige Luxemburger Robert Schuman später als Franzose Außenminister Frankreichs und einer der Gründungsväter der EGKS. Zusammen mit Luxemburgs Premierminister Joseph Bech steuerte er den Integrationsprozess in der ersten Hälfte der 1950er Jahre. 1970 erhielt der luxemburgische Premierminister Werner den Auftrag, den Plan einer Wirtschafts- und Währungsunion (WWU) auszuarbeiten, die zwar zu jener Zeit noch nicht in der im Wernerplan vorgeschlagenen Form realisiert werden konnte, jedoch für die spätere WWU eine wichtige Grundlage bilden sollte. Luxemburger Politiker wie die Außenminister Gaston Thorn – von 1981–1985 Präsident der Kommission – und Poos wurden von der EG/EU immer wieder mit besonderen Missionen beauftragt, die durch die Vertreter von Kleinstaaten effizienter durchgeführt werden konnten als von Vertretern großer Staaten. Den Kleinstaaten wurden keine «hegemonialen» Interessen unterstellt. Regierungschef Juncker wird immer wieder für verschiedene europäische Top-Positionen – Präsident der EU-Kommission, Präsident der Europäischen Zentralbank – ins Gespräch gebracht. Juncker äußerte sich auch immer wieder mit konstruktiven Vorschlägen zu Fragen der «Finalität» des Europäischen Prozesses. In einem Referendum sprachen sich – wenige Wochen nach der Ablehnung des Verfassungvertrages durch die Niederländer und Franzosen – 56,52 % der Stimmberechtigten Luxemburger für die Annahme des EU-Verfassungsvertrages aus. Jean Claude Juncker bedankte sich bei den Wählern für das Ergebnis, das «es uns erlaubt den Verfassungsvertrag auf der Tagesordnung der Europäischen Union zu halten» und der Luxemburger EU-Präsidentschaft des ersten Halbjahres 2005 einen versöhnlichen Ausklang zu geben.

Boyer, Jean Claude: Pays-Bas, Belgique, Luxembourg. Paris 1994; *Erbe*, Michael: Belgien, Niederlande, Luxemburg. Geschichte des niederländischen Raumes. Stuttgart 1993; *Fally*, Vincent: Le Grand-Duché de Luxembourg et la construction européenne. 2 Bde. Luxemburg 1992; *Gruner*, Wolf D.: Die belgisch-luxemburgische Frage im Spannungsfeld europäischer Politik 1830–1839. in: Francia 5/1977, S. 299–398; *Handbuch der Luxemburger Geschichte*. 4 Bde. Luxemburg 1971–1981. *Hirsch*, Mario: Luxemburg, in: *Weidenfeld*, Europa-Handbuch II, S. 231–239; *Lehners*, Jean-Paul/*Bolle*, *Lepszy*, Norbert/*Woyke*, Wichard: Belgien, Niederlande, Luxemburg – Politik, Gesellschaft, Wirtschaft. Leverkusen 1985; *Majerus*, Pierre: Das Staatswesen im Großherzogtum Luxemburg. Luxemburg 1995; *Schroen*, Michael: Das Großherzogtum Luxemburg. Portrait einer kleinen Demokratie. Bochum 1986; *Schroen*, Michael: Das politische System Luxemburgs, in: *Ismayr* Politische Systeme Westeuropas, S. 415–444; *Statec* (Hg.): Luxemburg in Zahlen 2006. Luxemburg 2006 ; *Trausch*, Gilbert: Histoire de Luxembourg. Paris 1992; *Trausch*, Gilbert: Le Grand-Duché de Luxembourg face à la construction européenne. Luxembourg 1996; *Veit*, Manfred: Luxemburg. Heroldsberg 1979; *Weil*, Gordon L.: The Benelux Nations. The Politics of Small-Country Democracies. Santa Barbara 1970; *Witz*, Cornelia/*Laule*, Ulrike: Benelux Ploetz. Belgien, Niederlande, Luxemburg. Freiburg i. Br. 1998; *Woyke*, Wichard: Erfolg durch Integration. Die Europapolitik der Benelux-Staaten von 1947 bis 1969. Bochum 1985.

www.etat.lu (Portal Luxemburg);
www.chd.lu;
www.mae.lu (Außenministerium);
www.government.lu (Regierung);
www.chamb.lu (Abgeordnetenkammer);
www.statistique.public.lu (Amt für Statistik, französisch)

Monaco

1. Grunddaten

Staatsname: Principauté de Monaco (Fürstentum Monaco)
Größe: 1,95 km²
Hauptstadt: Monaco-Ville
Einwohner: 32 546 (2006); davon Franzosen 32 %, Italiener 20 %, Monegassen 19 %, Deutsche 2,5 %; Sonstige 26,5 %
Bevölkerungsdichte: 16 923 Einw./km²; städtische Bevölkerung: 100 %
Konfessionen: 91 % Katholiken, 6 % Freisinnige, Minderheit von Orthodoxen und Juden
Amtssprache: Französisch; weitere Sprache: Monegassisch, Italienisch
Währung: 1 Euro (€) = 100 Cent 1 US-$ = 0,79 € (2006), 1 US-$ = 0,83 € (2005)

2. Sozioökonomische Grundlagen

Mit fast 17 000 Einwohnern pro km² ist Monaco einer der am dichtesten besiedelten Staaten der Welt, der weitgehend durch seine Dienstleistungen gekennzeichnet ist. Monaco erwirtschaftet seine Steuern aus den hohen Gewinnen des Spielkasinos sowie aus Rundfunkabgaben, Tabaksteuern und Briefmarkenverkauf, dem Zollausgleich mit Frankreich und der Besteuerung von Unternehmen. Wichtigstes Unternehmen ist die staatliche Gesellschaft Société des Bains de Mer. In Monaco existieren 45 Banken mit 360 000 Konten, die sehr zum Wohlstand des Landes beitragen. Wichtigste Wirtschaftsgrundlage des Fürstentums ist der ganzjährige Fremdenverkehr. Monaco galt seit 1869 als Steuerparadies, als die Einkommenssteuer abgeschafft wurde. Seit dieser Zeit wird die Einkommenssteuer für Privatpersonen nicht erhoben. Seit dem 1. Januar 2002 sind auch jene Monegassen vermögenssteuerpflichtig, die nach 1989 die Staatsbürgerschaft erworben haben. Monaco stand im April 2002 auf der von der OECD erstellten Liste «unkooperativer Steueroasen», gilt doch Monaco als ein Land, das große Vermögen anzieht.

BIP: 2,5 Mrd. Euro (2003)

BIP/Kopf: 27 000 US-$

Erwerbstätigkeit: Landwirtschaft 0 %, Industrie 27 %, Dienstleistungen 73 % (1997)

Inflation: K. A. [1,9 %]

Arbeitslosigkeit: K. A. [22 %]

Außenhandel: Der Außenhandel wird wegen der vollen Zollintegration mit Frankreich statistisch über Frankreich abgewickelt. Es sammelt den monegassischen Handelszoll ein und zahlt ihn an Monaco zurück. Hauptexportpartner Monacos sind Rußland mit 35,8 %, Italien mit 13,9 %, Rumänien mit 10 %, Deutschland mit 7,3 % und die USA mit 4,6 %

3. Geschichte

Der Mikrostaat Monaco – vier Kilometer lang, 600 m breit, kleiner als der Pariser Stadtwald Bois de Boulogne –, an einer Bucht des Ligurischen Meeres im Schutz der Provencalischen Alpen an der Côte d'Azur gelegen, wurde 1191 von Kaiser Heinrich VI. der Herrschaft Genuas unterstellt und gelangte 1297 in den Besitz der welfisch-genuesischen Familie Grimaldi. Seit dem 15. Jahrhundert, als der französische König Karl VIII. die monegassische Unabhängigkeit anerkannte (1489), bestehen besondere Beziehungen zwischen Frankreich und dem Fürstentum. Seit dem Vertrag von Péronne 1641 ist Monaco Verbündeter Frankreichs. Während der Französischen Revolution wurde Monaco 1793 von Frankreich annektiert. Im Zuge der europäischen Neuordnung zu Beginn des 19. Jahrhunderts wurde 1814/15 die Dynastie Grimaldi-Matignon wieder in Monaco eingesetzt. Die Rechte Frankreichs gingen 1815–1861 an das Königreich Sardinien über. 1865 schlossen sich Monaco und Frankreich nach dem Schutzvertrag von 1861 zu einer Zollunion zusammen und im Vertrag vom 17. Juli 1918 vereinbarten die beiden Staaten «privilegierte Beziehungen». Frankreich wurde in diesem Vertrag zur Schutzmacht des Mikrostaats. Es bestätigte die Unabhängigkeit und Souveränität des Fürstentums, erklärte sich zu seiner Verteidigung bereit, erhielt jedoch auch das Recht, dass im Falle des Aussterbens der Grimaldi-Dynastie Monaco unter französisches Protektorat kommen sollte. 1911 erließ Fürst Albert I. (1889–1922) eine erste Verfassung, die am 17. Dezember 1962 von der auch heute noch gültigen Verfassung abgelöst wurde. 1951 unterzeichneten Monaco und Frankreich ein wechselseitiges Verwaltungsabkommen.

4. Politisches System

Monaco ist seit Verkündung der ersten Verfassung 1911 eine erbliche konstitutionelle Monarchie. Staatsoberhaupt und Inhaber der Exekutivgewalt war von 1949 bis 2005 Fürst Rainier III. Er war der 33. Herrscher der Grimaldis. Seit April 2005 ist sein Sohn Albert als Albert II. monegassisches Staatsoberhaupt. Es übt zusammen mit dem Nationalrat die *Legislative* aus. 1962 trat eine Neufassung des monegassischen Grundgesetzes in Kraft, die zu einer Stärkung der Rechte des Parlaments führte. Allerdings behielt der Fürst weitgehend die Kontrolle über Legislative und Exekutive. Der Fürst ist unverletzlich. Er ernennt einen von Frankreich vorgeschlagenen Verwaltungsbeamten zum Staatsminister, der zusammen mit drei Regierungsräten den Regierungsrat (Conseil de Gouvernement) bildet und vom Vertrauen des Fürsten abhängig ist. Die Regierungsmitglieder sind ausschließlich dem Fürsten verantwortlich, der allen Entscheidungen seiner Regierung die Zustimmung erteilen muss. Das Recht zur Gesetzesinitiative besitzt der Fürst. Der Nationalrat kann gegenüber der Regierung kein Misstrauensvotum aussprechen. Der Fürst verfügt über das Begnadigungs- und Amnestierecht sowie über das Recht zur Naturalisierung, d.h. zum Erhalt der monegassischen Staatsbürgerschaft. Der Fürst wird bei der Ausübung seiner Rechte durch den Kronrat unterstützt. Ihn muss der Fürst beim Abschluss internationaler Verträge und anderen wichtigen Entscheidungen konsultieren. Die Souveränität des Fürstentums ist begrenzt, verpflichtete sich doch Monaco 1918 im Vertrag mit Frankreich, «seine Souveränitätsrechte in völliger Übereinstimmung mit den politischen, militärischen, maritimen und wirtschaftlichen Interessen Frankreichs auszuüben» und sich mit der französischen Regierung «über alle Maßnahmen, die die internationalen Beziehungen des Fürstentums betreffen, zu verständigen».

Der Nationalrat (Conseil National) besteht seit 2002 aus 24, auf fünf Jahre gewählten Abgeordneten. Die Mitglieder des Nationalrats beschließen die Gesetze und das Budget. Die juristische Gewalt wird durch die Gerichte ausgeübt. Außerdem gibt es einen Staatsrat (Conseil d'Etat). Er besteht aus 12 Mitgliedern, die vom Staatsminister und dem Direktor der juristischen Dienste bestimmt werden. Seine Aufgabe ist es, Stellungnahmen zu den Gesetzestexten abzugeben. Französisch ist die offizielle, verfassungsmäßig abgesicherte Staatssprache. Die bedeutsamste Partei ist die Demokratische Union (UND), die bei den Wahlen zum Nationalrat 1998 damals alle 18 Mandate erhielt. Bei den Wahlen 2003 wurde die seit mehr als 40 Jahren regierende Honoratiorenpartei Union Nationale et Démocratique (UND) von der jungen dynamischen Opposition Union pour Monaco (UMP) abgelöst, die 21 der 24 Sitze erhielt. Neuer Parlamentspräsident wurde Stéphane Valeri. Bei den Wahlen waren von den etwa 33000 Einwohnern des Fürstentums 5800 Monegassen stimmberechtigt.

5. Politik in und für Europa

Da die außenpolitischen Belange Monacos von Frankreich vertreten werden, hat das Land auch keine dezidierte Europapolitik. Monaco gehört der Europäischen Währungsunion an und bekam das Recht zugestanden, eigene Euro-/Cent-Münzen zu prägen, deren geringes Ausgabevolumen neben den Euro-Münzen aus San Marino und dem Vatikanstaat unter Sammlern zu höchster Wertschätzung führt. Im Oktober 2004 wurde Monaco 46. Mitglied des Europarats, dadurch erhöhte sich die Eigenständigkeit des Fürstentums.

www.monaco.gouv.mc

Niederlande

1. Grunddaten

Staatsname: Koninkrijk der Nederlanden (Königreich der Niederlande); Kurzform: Nederland
Größe: 41 526 km²
Hauptstadt: Amsterdam
Regierungssitz: Den Haag
Einwohner: 16 353 720 (1. 10. 2006); 83,0 % Niederländer (darunter ca. 360 000 Friesen), 17 % Andere (davon, 9 % Türken, 0,7 % Marokkaner, 0,4 % Deutsche, Indonesier, 1,3 % Sonstige
Bevölkerungsdichte: 393Einw./km²
Konfessionen: 33 % Katholiken, 14 % Holländisch Reformierte, 4,4 % Muslime, 30 000 Juden, 35 % Konfessionslos, Sonstige 5 %
Amtssprachen: Niederländisch, Friesisch (regional)
Währung: 1 Euro (€) = 100 Cent 1 US-$ = 0,79 € (2006), 1 US-$ = 0,83 € (2005)

2. Sozioökonomische Grundlagen

Mit einer Einwohnerzahl von 393 Einwohner pro km² weisen die Niederlande die größte Bevölkerungsdichte aller europäischen Staaten auf. Die industrielle Entwicklung der Niederlande begann im Vergleich zu Großbritannien, Deutschland und Frankreich erst gegen Ende des 19. Jahrhunderts. Zwischen den beiden Weltkriegen setzte die Umstrukturierung vom Agrarstaat zu einer Industrie- und Handelsnation ein, die nach dem Zweiten Weltkrieg fortgesetzt wurde. Die Konvergenzkriterien für die Wirtschafts- und Währungsunion wurden von den Niederlanden erfüllt, so dass sie zu den elf Euro-Gründungsmitgliedern der WWU gehören.
Bruttoinlandsprodukt (BIP): 501,9 Mrd. €, 621,3 Mrd. US-$ (2005), 488,8 Mrd. €, 606,7 Mrd. US-$ (2004)
BIP/Kopf: 30 790 €, 38 120 US-$ (2005), 29 975 €, 37 320 US-$ (2004)
Erwerbstätigkeit: Landwirtschaft 3,1 %, Industrie 20,0 %, Dienstleistungen 76,9 %
Arbeitslosigkeit: 5,2 % (Oktober 2006), 6,1 % (Januar 2006), 6,6 % (2005)
Inflation: 1,0 % (November 2006), 1,3 % (Januar 2006), 1,7 % (2005)
Wirtschaftswachstum: 0,9 % (2005), 1,7 % (2004)

Außenhandel (2005/2004): Import: 238,9 Mrd. € / 218,2 Mrd. €; Haupthandelspartner: Deutschland 19 % / 20 %, Belgien/Luxemburg 11 % / 11 %, Großbritannien 6 % / 7 %, USA 8 % / 8 %, VR China 8 % / 6 %, Frankreich 5 % / 5 %, Japan 3 % / 3 % – Export: 274,4 Mrd. € / 253,4 Mrd. €; Haupthandelspartner: Deutschland 24 % / 24 %, Belgien/Luxemburg 12 % / 12 %, Großbritannien 9 % / 10 %, Frankreich 9 % / 10 %, Italien 4 % / 6 %, USA 5 % / 5 %

3. Geschichte

Die territoriale staatliche Zusammenfassung niederländischer bzw. heute belgischer Provinzen und Luxemburgs zu einer autonomen staatlichen Einheit wurde von den Habsburgern Anfang des 16. Jahrhunderts durch die Einbeziehung der nördlichen Provinzen (1524–1543) vollendet, nachdem dem Haus Habsburg schon 1477 durch die «burgundische Erbschaft» (Hochzeit mit Maria von Burgund») die südlichen niederländischen Provinzen zugefallen waren. Der Aufstand der niederländischen Provinzen gegen Spanien begann 1568 und dauerte achtzig Jahre. Die niederländische Rebellion wurde vor allem von den sieben nördlichen protestantischen Provinzen (Holland, Utrecht, Geldern, Overijssel, Drente, Friesland und Groningen) getragen, die sich 1579 unter Führung Hollands in der *Union von Utrecht* zusammenschlossen und sich 1581 in der Unabhängigkeitserklärung von der spanischen Krone lossagten. Im Westfälischen Frieden kam ein Teil der umkämpften, vorwiegend katholischen Grenzgebiete (heute die Provinzen Nord-Brabant, Limburg, Zeeland) zur niederländischen Republik. Im 17. Jahrhundert stiegen die Niederlande zu einer Weltmacht auf und erlebten eine wirtschaftliche Blüte. Als führende See- und Handelsmacht besaßen die Niederlande die größte Handelsflotte der Welt. Doch im 18. Jahrhundert mussten sie die Führungsrolle Frankreichs auf dem Kontinent und Englands zur See anerkennen. Dem Niedergang im 18. Jahrhundert folgte zwischen 1792 und 1814 die Besetzung durch Truppen der französischen Revolution und Napoleons und schließlich die Einverleibung in das französische Empire. Am Ende der Napoleonischen Kriege wurden die nördlichen mit den südlichen Niederlanden zum Königreich der Vereinigten Niederlande verbunden. Als Folge der Julirevolution von 1830 trennte sich Belgien von den Niederlanden. Nach der endgültigen Regelung der belgisch-luxemburgischen Frage entschieden sich die Niederlande 1840 für eine Politik der Neutralität.

Die politische Diskussion in den Niederlanden wurde bis zum Ersten Weltkrieg von folgenden drei Konfliktfeldern bestimmt: Im Vordergrund standen einmal die Forderungen vor allem der sich organisierenden Sozialisten nach einer Arbeits- und Sozialgesetzgebung zur Sicherung der Lebensbedingungen der Arbeiterschaft; zum zweiten die Forderung nach dem allgemeinen und gleichen Wahlrecht, auch für Frauen, ebenfalls von den Sozialisten gefordert. Schließlich ging es um die in der liberalen Verfassung von 1848 verankerte strikte Trennung von Kirche und

Staat, hier besonders die staatliche Subventionierung von Konfessionsschulen. 1917 einigten sich alle Gruppen über die Einführung des allgemeinen Wahlrechts wie auch die Anerkennung und Unterstützung von Konfessionsschulen. Während des Ersten Weltkriegs konnten die Niederlande ihre strikte Neutralität bewahren. Dagegen wurde die Neutralität im Zweiten Weltkrieg durch den Einmarsch Deutschlands schwer verletzt. Ohne Kriegserklärung überfielen deutsche Truppen im Mai 1940 die Niederlande. Der deutsche Überfall, die mehrjährige Besatzung, die Bombardierung Rotterdams sowie die Vernichtung der in den Niederlanden lebenden Juden führten zu antideutschen Einstellungen, die sich bis in die heutige Zeit bemerkbar machen.

Nach dem Zweiten Weltkrieg nahmen die Niederlande eine außenpolitische Kurskorrektur vor und gaben ihre seit 1840 verfolgte Neutralitätspolitik auf. Im aufkommenden Ost-West-Konflikt wurden sie zu einem verlässlichen Partner des Westens. Die Mitgliedschaft in westlichen Organisationen wie der NATO, der OEEC, der Westeuropäischen Union und anderer internationaler Organisationen war eine Konsequenz aus der gescheiterten Neutralitätspolitik.

4. Politisches System

Ausgangspunkt für das heutige politische System der Niederlande ist die Verfassung von 1814, als die Erbmonarchie eingeführt wurde. Seit dieser Zeit wurden zahlreiche Verfassungsänderungen vorgenommen, wobei die letzten aus den 1990er Jahren datieren. Die Verfassung enthält einen umfangreichen Grundrechtskatalog im ersten Hauptteil. An oberster Stelle steht das Verbot jeglicher Diskriminierung aufgrund von Religionszugehörigkeit, der politischen Überzeugung, der Rasse, des Geschlechts oder irgendeines anderen Grundes. Die Niederlande sind eine parlamentarische Monarchie mit gleichberechtigter männlicher und weiblicher Erbfolge. Das Haus Oranien stellt seit den Freiheitskriegen die Monarchen, weshalb auch das Königshaus in den Niederlanden tief verwurzelt ist. Der Monarch gilt als Träger der obersten Staatsgewalt, kann sie aber nur gemeinsam und im Einvernehmen mit den verantwortlichen Ministern ausüben. Obwohl die Stellung der Königin heute im Wesentlichen auf die Aufgaben eines Staatsoberhaupts reduziert ist, dürfte die Monarchin durchaus versuchen, Einfluss auf den politischen Entscheidungsprozess zu nehmen. Beratungsorgan der Monarchin ist der Staatsrat, der aus bis zu 28 Mitgliedern besteht. Seit 1964 ist der Staatsrat auch oberste Berufungsinstanz in Rechtsstreitigkeiten zwischen Bürgern und Verwaltung. Die Niederlande sind seit 1814 ein dezentralisierter Einheitsstaat, der in 11 Provinzen sowie mehrere tausend Gemeinden aufgeteilt ist. Das politische System kennt keine Verfassungsgerichtsbarkeit. Oberstes Rechtssprechungsorgan in Verwaltungsgerichtsangelegenheiten ist die Rechtskammer des Staatsrats.

Im Zentrum des politischen Systems steht das Parlament, die Generalstaaten, die sich aus zwei Kammern zusammensetzen. Die Erste Kammer besteht aus 75 Mitgliedern (Senatoren), die von den Mitgliedern der Provinziallandtage (Provinzialstaaten) für vier Jahre gewählt werden. Der Zweiten Kammer gehören 150 Abgeordnete an, die nach dem Verhältniswahlsystem ohne Sperrklausel von den über 18-jährigen Wahlberechtigten gewählt werden. «Die besondere verfassungsrechtliche Ausformung des parlamentarischen Regierungssystems in den Niederlanden hat, verbunden mit der historischen Tradition, zur Herausbildung eines eigenständigen Selbstbewusstseins des Parlaments geführt, so dass sich zwei potenzielle Konfliktlinien überlagern: Zum einen ist es eine wichtige, zentrale Aufgabe der Mitglieder der die Regierung tragenden Koalitionsfraktionen, die Regierung und ihre Gesetzesvorhaben zu unterstützen; zum anderen versteht sich das Parlament als Ganzes, einschließlich der Regierungsfraktionen, als eigenständiges, der Regierung gegenüberstehendes Verfassungsorgan (Lepszy, 326). Weder die Regierung noch der Regierungschef werden durch das Parlament ausdrücklich bestätigt. Auch gehören die Regierungsmitglieder dem Parlament aufgrund des Inkompatibilitätsgebots nicht an, so dass sich die Zweite Kammer zu einem sehr selbstbewussten, unabhängigen Organ entwickeln konnte. Der Ministerpräsident ist *primus inter pares*, d.h. er besitzt keine Richtlinienkompetenz. Auch die ständige Notwendigkeit, mit mehreren Koalitionsparteien regieren zu müssen, beeinträchtigt seine Position als Chef der Regierung. Bis Ende der 70er Jahre wurde von den führenden Parteipolitikern das Amt des Regierungschefs nicht als höchstes Ziel angestrebt. Ministerpräsident Ruud *Lubbers* gelang es aber in seiner Amtszeit (1982–1994), durch seine Persönlichkeit dem Amt ein Profil zu geben.

Das niederländische Parteiensystem ist durch eine große Anzahl verschiedener Parteien gekennzeichnet, die auf die fragmentierte politische Kultur des Landes wie auch auf das Fehlen einer Sperrklausel zurückzuführen sind. Ein Spezifikum niederländischer politischer Kultur des 20. Jahrhunderts war die *Versäulung*. Damit ist gemeint, dass religiös und ideologisch voneinander geschiedene Gruppen in so genannten Säulen nebeneinander existierten (Katholiken, Protestanten, Sozialisten und Liberale), ohne dass es zwischen ihnen ein hohes Maß an Kommunikation und Interaktion gab. Dennoch stützten diese Säulen das gemeinsame Dach der Niederlande. Grundlage der traditionellen Versäulungsstruktur war die weitgehende Integration des einzelnen Bürgers in die weit gefächerte Gesamtstruktur «seiner Säule», die sich über Parteien, Gewerkschaften, Rundfunk, Vereinsleben wie auch das Schul- und Bildungswesen erstreckte. Das auf Versäulung beruhende Parteiensystem erwies sich bis Mitte der 1960er Jahre als stabil. Fünf Versäulungsparteien dominierten das Parteiensystem: die *sozialistisch/sozialdemokratische Partij van de Arbeit/PvdA*, die *Katholieke Volkspartij/KVP*, die beiden protestantischen Parteien *Christelijk-Historische Unie/CHU* und die *Anti-revolutionaire Partij/ARP* sowie die liberal-konservative *Vereeniging voor Vrijheid en Democratie/*VVD. Die christdemokratischen Parteien besaßen wegen ihrer Position in der Mitte und ihrer starken Wählerbasis eine Schlüsselposition im Parteiensystem. Die strikte Versäulungsstruktur wurde jedoch aufgelöst aufgrund zunehmender Partizipationsforderungen von Bürgern, der weiteren Durchdringung der Gesellschaft durch pluralistische Medien wie auch des Rückgangs des Einflusses der Kirchen. So entstand in dieser Krisenphase des Parteiensystems mit den Demokraten 66 (D 66) eine neue linksliberale Erneuerungs- und Reformpartei, die sich mittlerweile mit einem Stimmenanteil von 10–15 % etabliert hat. Die Blockbildung der «progressiven Drei» – der PvdA, D 66 und der pazifistisch-orientierten *Politieke Partij Radikalen/PRP* – bei den Wahlen 1971 und 1972 stellte einen wichtigen Einschnitt in das Parteiensystem dar und beschleunigte den Zusammenschluss der drei christlichen Parteien KVP, CHU und ARP zum *Christen-demokratischen Appel/CDA* im Jahr 1975 zunächst als Parteienföderation und 1980 als integrierte fusionierte Partei. Die in den 1980er Jahren gegründete Partei *Grün-Links* konnte erst 1989 ihre ersten Parlamentssitze gewinnen, da die etablierten Parteien das Umweltthema weitgehend abgedeckt hatten. Wie auch in den anderen Benelux-Staaten entstanden in den 1990er Jahren neue Parteien wie die kleinen orthodox-calvinistischen Parteien *Gereformeerd Politiek Verbond/PV* und *Staatkundig Gereformeerde Partij/SGP* wie auch zwei Seniorenparteien *AOV* und *55 Plus*, die einige Sitze im Parlament erringen konnten. Auch die rechtspopulistische *Centrumdemokraten* konnten bei den Wahlen von 1994 drei Sitze erringen. Die Bindekraft der Volksparteien hat nachgelassen. Die Parlamentswahlen von 1994 führten zu einer Wende in der niederländischen Politik. Die seit 1989 regierende Koalition aus CDA und PvdA verlor mehr als ein Drittel ihrer Stimmen, wobei die Verluste der Christdemokraten vom 35,3 % auf 22,2 % am größten ausfielen. Und auch 1998 setzte sich der Abstieg der CDA in der Wählergunst fort, sodass die Partei nur noch auf 18,4 % der Stimmen kam. Von 1994 bis 2002 regierte die Niederlande eine Koalition aus PvdA, der liberal-konservativen VVD und den Demokraten 66. Zum ersten Mal wurde nach dem Zweiten Weltkrieg eine Regierung ohne eine christdemokratische Partei gebildet. 2002 geriet die niederländische Gesellschaft und damit auch das niederländische Parteiensystem in eine Krise. Dem Rechtspopulisten Pim Fortuyn gelang es mit seiner Liste (LPF) bei den Kommunalwahlen in Rotterdam im Frühjahr 2002 stärkste Fraktion mit mehr als einem Drittel der Stimmen zu werden. Die Liste Pim Fortuyn hatte auch bei den im Mai 2002 abgehaltenen Parlamentswahlen gute Chancen. Gut eine Woche vor dem Wahltag wurde Fortuyn erschossen. Die LPF wurde trotz des Tods ihres Spitzenkandidaten zweitstärkste Partei. CDA und VVD bildeten mit der LPF eine Regierung, die jedoch aufgrund des mangelnden Politikmanagements in der LPF nach 87 Tagen aufgeben musste. Bei den anschließenden Neuwahlen 2003 gewann der CDA mit 28,6 % (44 Sitzen) vor der PvdA mit 27,3 % (42). Die liberale Volkspartei VVD (Volkspartij voor Vrijheit en Democratie) kam auf 17,9 % (28), die nationalistische LPF erreichte nur noch 5,7 % (8). In die Zweite Kammer zogen zudem ein: Die GL (Groene

Links) 5,1 % (8), die sozialliberalen D66 (Demokraten 66) 4,1 % (6), die christlich-konservative CU (Christen Unie) 2,1 % (2) sowie die christlich-fundamentalistische SGP (Staatkundig Gereformeede Partij) 1,6 % (2). Es schien, als ob der «Spuk» mit diesem Wahlergebnis vorüber war, doch sollten die von Fortuyn aufgeworfenen Probleme – Ausländerproblematik, Gesundheitskosten, staatliche Bürokratie – die niederländische Gesellschaft weiterhin beschäftigen. Balkenendes Koalition zerbrach schließlich an der Immigrationsproblematik. Bei den vorgezogenen Neuwahlen am 22. 11. 2006 blieben die Christdemokraten stärkste Partei, doch wird sich die Regierungsbildung schwierig gestalten, da auch eine große Koalition mit der PvdA aufgrund des Wahlergebnisses – es fehlen drei Sitze – nicht möglich ist.

Wahlen am 22. 11. 2006: CDA 26,5 % (41 Sitze), PvdA 21,2 % (33), SP 16,6 % (25), VVD 14,6 % (22), PVV 5,9 % (9), GL 4,6 % (7), CU 4,0 % (6), D66 2 % (3), PvdD 1,8 % (2), SGP 1,6 % (2), LVF (List Five Fortuyn) 0,2 % (–).

5. Politik in und für Europa

Nachdem die Niederlande im Zweiten Weltkrieg mit ihrer Neutralitätspolitik gescheitert waren, begann eine Umorientierung, deren entscheidendes Datum das Jahr 1947 darstellt. Die Niederlande beteiligten sich nun an Allianzen, in denen die atlantische Komponente zunächst Priorität erhielt. Anschließend gingen die politischen Führungen der Niederlande von der Prämisse aus, dass die europäische Integration nur innerhalb der atlantischen Partnerschaft entstehen und sich fortentwickeln könne. Niederländische Außenpolitik hatte also auf zwei sich gegenseitig bedingenden Säulen zu ruhen; eine These, die bis zum heutigen Tage Gültigkeit besitzt. 1948 wurden die Niederlande Mitglied der OEEC und 1949 ebenfalls Gründungsmitglied des neu geschaffenen Europarats. Allerdings waren diese Organisationen intergouvernemental, d. h. durch die Zusammenarbeit von Regierungen gekennzeichnet. Souveränität wurde nicht abgetreten. Erst der Schumanplan von 1950 (Initiative zur Gründung der EGKS) führte zur Abtretung von Souveränität und damit zum Prinzip der Supranationalität, das seit dieser Zeit von den Niederlanden als europapolitische Maxime vertreten wird. Zwar beteiligten sich die Niederlande nicht sofort an den im Anschluss an die Vorstellung des Schumanplans aufgenommenen Verhandlungen über eine europäische Armee – sie nahmen nur als Beobachter teil, da sie die Integration von Armeen für verfrüht hielten –, aber bei zunehmender Konkretisierung dieses Projekts über die Europäische Verteidigungsgemeinschaft stiegen sie als gleichberechtigtes Verhandlungsmitglied ein, da sie erkannten, mit Hilfe der EVG zum einen ihre Europakonzeption der Supranationalität besser verwirklichen und zum anderen gemeinsam mit Belgien und Luxemburg ihre Position im europäischen Mächtekonzert verbessern zu können.

Zusammen mit Belgien und Luxemburg ergriffen die Niederlande 1955 die Initiative und legten einen Plan zur weiteren europäischen Integration vor, der zur Schaffung der Europäischen

Wirtschaftsgemeinschaft und der Europäischen Atomgemeinschaft (25. 3. 1957) führte. Während der Verhandlungen über diese beiden Gemeinschaften konzentrierte sich die niederländische Position dabei vor allem auf folgende Punkte: 1. Die neu zu errichtende Gemeinschaft musste offen für einen potenziellen Beitrittskandidaten sein; 2. es musste Supranationalität im Sinne von übernationalen Organen geben; 3. es musste eine demokratische Kontrolle für die Organe der Gemeinschaft gewährleistet sein. Die Unterstützung von EWG und EURATOM war im Parlament genauso wenig umstritten wie die EGKS oder die nicht zustande gekommene EVG.

Die Niederlande entwickelten sich zu einem aktiven EG-Partner, der sich insbesondere die Vertiefung der wirtschaftlichen Integration zum Ziel setzte. Besonders die Verkehrs- und Agrarpolitik waren Schwerpunkte niederländischer Europapolitik, war das Königreich doch von diesen Gemeinschaftspolitiken überproportional betroffen. So wandte man sich strikt gegen eine Renationalisierung der Agrarpolitik, die Mitte der 1980er Jahre diskutiert wurde. Die niederländische Agrarpolitik sah grundsätzlich eine Marktorientierung vor. Die niederländische Regierung drängte Mitte der 1980er Jahre auf eine Reform der EG-Agrarpolitik, da sie nur durch eine Lösung dieser Frage weitere Fortschritte im Integrationsprozess für möglich hielt.

Die Niederlande konnten 1973 endlich den britischen EG-Beitritt begrüßen, mussten jedoch sehr bald feststellen, dass sich die britische EG-Mitgliedschaft zu einem Problem im Entscheidungsprozess der Gemeinschaft entwickelte. So wandten sich die Niederlande mehrfach innerhalb der EG gegen britische Vorschläge wie z. B. eine Veränderung der Finanzierung der Gemeinschaft. Mitte der 1980er Jahre unterstützten die Niederlande aktiv den Plan zur Schaffung eines Europäischen Binnenmarkts. Die Einheitliche Europäische Akte wurde ohne jegliche Probleme im Parlament ratifiziert.

Die Europapolitik der Niederlande in den 1990er Jahren, nach der Vereinigung Deutschlands, war insbesondere durch die Problemkreise der Politischen Union und der Wirtschafts- und Währungsunion gekennzeichnet. Als ein den supranationalen Integrationsprozess stets förderndes Land fanden die neuen Impulse im europäischen Einigungsprozess in den Niederlanden große Zustimmung. Gerade angesichts der Umwälzungen in Ost- und Mitteleuropa sowie der deutschen Vereinigung hielten die Niederlande die Beschleunigung des europäischen Integrationsprozesses für erforderlich. Niederländische Europapolitik beinhaltete und beinhaltet z. T. auch noch heute folgende vier Zielvorstellungen: 1. Offenheit der Gemeinschaft; 2. Kontrolle der großen Mitglieder; 3. Errichtung einer supranationalen Gemeinschaft und 4. Heraushalten Europas aus der Machtpolitik.

Die Niederlande übten gerade jeweils die EU-Ratspräsidentschaft aus, als die für den Integrationsprozess wichtigen Verträge – Maastrichter Vertrag 1992 und Amsterdamer Vertrag 1997 – unterzeichnet wurden. Zusammen mit den beiden anderen Benelux-Staaten verfassten die Niederlande ein Memorandum für den Europäischen Rat in Laeken im Dezember 2001, in dem sie ein weiteres energisches Voranschreiten bei der europäischen Integration anmahnten. An der Arbeit des Verfassungskonvents beteiligten sie sich aktiv und die Politiker in ihrer Mehrheit unterstützten eine europäische Verfassung. Allerdings lehnte die Mehrheit der Niederländer – nicht unbedingt aus europapolitischen Gründen, sondern vielmehr aus innenpolitischen Überlegungen – im Mai 2005 den EU-Verfassungsvertrag mit 61,7 % der abgegebenen Stimmen ab.

Boyer, Jean-Claude: Pays-Bas, Belgique, Luxembourg. Paris/Mailand/Barcelona 1994; *Daalder*, Hans/*Irwin*, Galen A. (Hg.): Politics in the Netherlands. How much change? Special Issue of West European Politics 12/1; *Dunk*, Hermann von den: Die Niederlande im Kräftespiel zwischen Kaiserreich und Entente. Wiesbaden 1980; *Erbe*, Michael. Belgien, Niederlande, Luxemburg. Geschichte des niederländischen Raumes. Stuttgart 1993; *Gladdish*, Ken: Governing from the Centre. Politics and Policy-Making in the Netherlands. London 1991; *Gruner*, Wolf D.: Die belgisch-luxemburgische Frage im Spannungsfeld europäischer Politik 1830–1839, in: Francia 5/1977, S. 299–398; *Kossmann*, E. H., The Low Countries 1780–1940. Oxford 1978; *Israel*, Jonathan I.: The Dutch Republic. Oxford 1998; *Lademacher*, Horst: Die Niederlande. Politische Kultur zwischen Individualität und Anpassung. Berlin 1993; *Lademacher*, Horst: Zwei ungleiche Nachbarn. Wege und Wandlungen der deutsch-niederländischen Beziehungen im 19. und 20. Jahrhundert. Darmstadt 1990; *Lepszy*, Norbert: Regierung, Parteien und Gewerkschaften in den Niederlanden. Düsseldorf 1979; *Lepszy*, Norbert: Das politische System der Niederlande, in: *Ismayr*, Politische Systeme Westeuropas S. 349–387; *Lepszy*, Norbert/*Woyke*, Wichard: Belgien, Niederlande, Luxemburg – Politik, Gesellschaft, Wirtschaft. Opladen 1985; *Pastoors*, Sven: Anpassung um jeden Preis? Die europapolitischen Strategien der Niederlande in den Neunziger Jahren. Münster 2005; *Schilling*, Jörg/*Täubrich*, Rainer: Niederlande. München 1988; *van Tijn*, Th. u. a. (Hg.): Geschiedenis van het moderne Nederland Politieke, economische en sociale ontwikkelingen. Houten 1988; *Wels*, Cornelis B., Aloofness & Neutrality. Studies on Dutch Foreign Relations and Policy-making institutions. Utrecht 1982; *Wielenga*, Friso: Vom Feind zum Partner. Die Niederlande und Deutschland seit 1945. Münster 2000; *Witz*, Cornelia: Benelux Ploetz. Belgien Niederlande Luxemburg. Freiburg i. Br. 1997; *Woyke*, Wichard. Erfolg durch Integration. Die Europapolitik der Beneluxstaaten von 1947 bis 1969. Bochum 1985; Woyke, Wichard: Niederlande, in: *Weidenfeld*, Europa-Handbuch II, S. 252–256.

www.minaz.nl; www.koninklijkhus.nl; www.overheid.nl (Portal Regierung); www.minbuza.nl (Außenministerium); www.eerstekamer.nl; www.tweede-kamer.nl; www.dutchembassy.de www.cbs.nl (Statistsiches Büro Niederlande); www.parties-and-elections.de/netherlands.html

Portugal

1. Grunddaten

Staatsname: República Portuguesa (Portugiesische Republik)
Größe: 92 345 km²
Hauptstadt: Lisboa (Lissabon)
Einwohner: 10 695 125 (1. 10. 2006), davon 99 % Portugiesen, 1 % Sonstige.
Bevölkerungsdichte: 114,7 Einw./km²

Konfessionen: 95 % Christen (88 % Katholiken, Minderheiten von Protestanten), 5 % Muslimen und Juden (2005)
Amtssprache: Portugiesisch
Währung: 1 Euro (€) = 100 Cent 1 US-$ = 0,79 € (2006), 1 US-$ = 0,83 € (2005)

2. Sozioökonomische Grundlagen

Portugal war nach dem Zweiten Weltkrieg eines der ärmsten Länder Europas. Durch die Mitgliedschaft in der EG/EU hat Portugal große ökonomische Fortschritte gemacht. Vor allem die Landwirtschaft entwickelte sich gut, musste allerdings größere Konkurrenz in Kauf nehmen. Die EG-Mitgliedschaft führte zu ausländischen Investitionen und zum Ausbau der Schuh-, Leder- und Textilindustrie. Bedeutsam sind auch der Maschinen- und Motorenbau, die Fahrzeugmontage sowie die Glas-, Papier- und Arzneimittelherstellung. Der Fremdenverkehr wird zunehmend wichtiger. Im Außenhandel übersteigt der Import nach wie vor den Export.
Bruttoinlandsprodukt (BIP): 144,6 Mrd. €, 179,917 Mrd. US-$ (2005)
BIP/Kopf: 13 771 €, 17 133 US-$ (2005), 13 029 €, 15 971 US-$ (2004)
Wirtschaftswachstum (BIP): 0,3 % (2005), 1,1 % (2004), -1,2 % (2003)
Erwerbstätigkeit: Landwirtschaft 12,3 %, Industrie 38 %, Dienstleistungen 53,8 %
Arbeitslosigkeit: 7,4 % (1. 10. 2006) 7, 6 % (2005), 6,7 % (2004)
Inflation: 3,1 % (Oktober 2006), 2,3 % (2005)
Außenhandel (2005): Import: 49,146 Mrd. €; 59,212 Mrd. US-$, Haupthandelspartner: Spanien 29 %, Deutschland 14 %, Frankreich 9 %, Italien 6 %, Großbritannien 10 %, Niederlande 4 % USA 2 % – Export: 30,652 Mrd. €; 39,93 Mrd. US-$, Haupthandelspartner: Spanien 25 %, Deutschland 14 %, Frankreich 14 %, Großbritannien 10 %, USA 6 %, Italien 5 %, Niederlande 4 %

3. Geschichte

Um 2000 v. Chr. wanderten die Iberer, wahrscheinlich aus Nordafrika auf die Pyrenäeninsel ein und entwickelten eine Stadtkultur. Seit dem 1. Jahrhundert v. Chr. trat das heutige Gebiet Portugals mit den mittelmeerischen Kulturen in Kontakt. Phönizier (seit 1200 v. Chr.) und Griechen (seit 700 v. Chr.) gründeten in Portugal Kolonien. Um 600 v. Chr. kamen die Kelten und vermischten sich mit den Iberern. Die Lusitanen, die dem Land seinen lateinischen Namen geben sollten (Lusitania), waren wohl ein keltischer Stamm. Um 450 v. Chr. eroberten die Karthager das Land und verloren es 202 v. Chr. nach dem Zweiten Punischen Krieg an Rom. Unter den Römern wurde «Lusitanien» Teil der römischen Provinz Hispania Ulterior und 27 v. Chr. eine eigene Provinz. Sueben und andere Germanenstämme eroberten im 5. Jh. die Iberische Halbinsel. Unter den Suebenkönigen ging Portugal Mitte des 6. Jahrhunderts zum Christentum über. Die Westgoten setzten sich schließlich gegen die anderen Stämme durch und herrschten bis zum Sieg der Mauren 711 über das Land. Das heutige Portugal wurde Teil des Kalifats von Córdoba. Christen und Juden konnten ihren Glauben weiter ausüben. Im 10. Jahrhundert erreichten die arabische Kunst und Wissenschaft auf der Iberischen Halbinsel ihren Höhepunkt. Im kollektiven Gedächtnis Europas und der arabischen Welt bleibt die Katalysatorfunktion der Araber und des Islams für die Überlieferung der antiken Wissenschaft verankert. Die Werke Platons, Socrates', Pythagoras' und von Aristoteles sowie die Schriften des Ptolemäus – von der Kirche verbannt und verbrannt – wurden in das Arabische übersetzt und weiterentwickelt und kamen über Portugal und Spanien sowie Sizilien in das lateinische Europa. Mit dem Sieg der Portugiesen 1212 gegen die Mauren kamen wissenschaftliche Werke der Antike aus Musik, Philosophie, Medizin, Astronomie, Mathematik nach Europa und sollten zu einer wichtigen Grundlage der wissenschaftlichen Entwicklung werden Die *Reconquista* setzte im 8. Jahrhundert ein und war im 12. Jahrhundert von Erfolg gekrönt. 1139 gründete Graf Afonso Henriques als Afonso I. die Burgunder-Dynastie (bis 1383) und begründete das staatlich selbständige Königreich Portugal. 1143 wurde Portugal von Spanien als Königreich anerkannt. 1267 erreichte das Königreich etwa die heutigen territorialen Ausmaße Portugals. Als die nationale Unabhängigkeit in mehreren Kriegen gegen Kastilien verloren zu gehen drohte, sicherte 1385 Joco I., Begründer der Dynastie Aviz, mit englischer Hilfe erneut die portugiesische Unabhängigkeit.

Seit dem ausgehenden 14. Jahrhundert stieg Portugal zu führenden Seemacht und zur Weltmacht auf. Portugiesen befuhren und erforschten in dieser Zeit die Westküste Afrikas: 1419 initiierte Heinrich der Seefahrer (der jüngste Sohn Joãos I.) Entdeckungsfahrten entlang der Küste Afrikas; Madeira, die Azoren und die Kapverdischen Inseln wurden besiedelt, in Marokko Ceuta und Tanger besetzt; später traten wichtige Handelsstationen in West- und Ostafrika hinzu; 1495–1521 führte Emanuel I., «der Glückliche», die portugiesische Handelsmacht zur Blüte; 1497/98 entdeckte Vasco da Gama den Seeweg nach Ostasien. Zwischen 1505 und 1515 wurden wichtige Handelsplätze mit Goa, Hormus, Malakka und Diu gewonnen. 1518 kam Ceylon und 1512/29 die Molukken hinzu. Portugal beherrschte den gesamten Handel im Indischen Ozean. In den Verträgen von Tordesillas (1494) und Zaragoza (Saragossa 1529) einigten sich Portugal und Kastilien mit Hilfe des Papstes Alexander VI. auf die Aufteilung der Welt in eine kastilische (spanische) und eine portugiesische Interessensphäre: In Tordesillas wurden Spanien alle Gebiete westlich einer 370 spanische Meilen westlich der Kapverden von Pol zu Pol verlaufenden Linie mit der Maßgabe der «Heidenmission» zugesprochen. So kam Brasilien (1500 von Cabral entdeckt) an Portugal und ist heute das größte Land Lateinamerikas und das einzige in Südamerika, in dem Portugiesisch gesprochen wird. Nach der Weltumsegelung des Portugiesen Magalhães wurde eine Aufteilung im

Pazifischen Ozean erforderlich. Der Vertrag von Saragossa schuf eine ähnliche «Seescheide» im Pazifik (180° Abstand von der atlantischen Seescheidelinie). Unter der Herrschaft Emanuel I. wurden die Juden und Mauren vertrieben. Die Katholizität unterstrich die Einführung der Inquisition (1536). Der Aufstieg der Niederlande und Großbritanniens zu See-, Handels und auch Weltmächten seit dem 16. und 17. Jahrhundert bedeutete für Portugal den Abstieg als europäische Großmacht, Handelsmacht und kulturelles Zentrum. Zwischen 1580 und 1640 regierten die Habsburger in Personalunion Spanien und Portugal. 1640 stellte João (Johann) IV. mit englischer Hilfe die Unabhängigkeit wieder her, die Spanien schließlich 1668 anerkannte. Mit ihm begann die Dynastie Bragança, die bis 1910 herrschte. Die Regierungszeit Johanns V. (1706–1750) gilt als eine der glänzendsten in der portugiesischen Geschichte. Die aus Brasilien kommenden riesigen Goldmengen ermöglichten eine aufwendige Unabhängigkeits- und Neutralitätspolitik sowie eine Ausdehnung des monarchischen Absolutismus, der zwischen 1750 und 1777 (Joseph I.) zum aufgeklärten Absolutismus mutierte. Nach dem Erdbeben von 1755, das Lissabon zerstörte, wurde der Wiederaufbau durch den Marquis de Pombal organisiert, der als Erster Minister die Grundlagen für den Übergang Portugals zur Moderne legte. Gleichzeitig zerstörte der Geldüberfluss jedoch die Ansätze für eine eigenständige gewerbliche Produktion im Lande. 1807 wurde Portugal durch Napoleon besetzt. Das Könighaus floh nach Brasilien. 1822 erklärte Brasilien seine Unabhängigkeit vom Mutterland. 1820 wurde als Folge der liberalen Revolution eine Verfassung eingeführt, in der die Rechte des Parlamentes (Cortes) gegenüber dem Monarchen gestärkt wurden. Eine Reihe dynastischer Kriege im 19. Jahrhundert schwächten schließlich die Krone, auch wenn sie ihren Kolonialbesitz in Afrika ausbauen konnte. Trotz des kolonialen Zugewinns blieben die portugiesischen Staatsfinanzen zerrüttet und die Wirtschaftsentwicklung blieb hinter der europäischen zurück. Die konstitutionelle Monarchie hatte bis 1910 Bestand. In einem Staatsstreich der radikal-liberalen Linken wurde die Monarchie gestürzt und eine antikleralistische Republik mit strenger Trennung von Staat und Kirche ausgerufen. Es folgten instabile, unruhige 15 Jahre, in denen Portugal acht Präsidenten und 44 Regierungen verschliss und das rückständige Land, das an der Seite der Entente im Ersten Weltkrieg gekämpft hatte, die Belastungen der Kriegsfolgen zu tragen hatte. 1926 putschte die Armee und errichtete eine Diktatur. 1932 wurde der Wirtschaftsprofessor und Finanzminister Antonio de Oliveira Salazar zum Premierminister mit unumschränkten Vollmachten ernannt. Unter Salazar entwickelte sich Portugal mit der ständisch-autoritären Verfassung von 1933 zu einem «Estado Novo» (neuer Staat), einem korporatistisch autoritären Ordnungssystem, das nur die Syndikate der Arbeiter und Unternehmen als wirtschaftliche und eine Einheitspartei als politische Organisation zuließ. Im Zweiten Weltkrieg blieb Portugal neutral und trat 1949 der NATO bei. 1968 wurde Marcelo

Caetano Nachfolger des aus Krankheitsgründen zurückgetretenen Salazar. 1974 kam es dann unter Führung General Spinolas zur unblutigen «Revolution der Nelken», als die «Bewegung der Streitkräfte» putschte und in Portugal eine demokratische Republik einrichten wollte. Auslöser waren die blutigen Kolonialkriege in Afrika (Angola, Mosambik, Kap Verde) mit denen das Land seinen Kolonialbesitz mit Waffengewalt erhalten wollte, die meisten Kolonien dann aber 1975 in die Unabhängigkeit entlassen mußte. Zwei Jahre war offen, in welche Richtung sich das zukünftige politische System Portugals entwickeln würde. Es standen ein orthodox-kommunistisches, sozialistisches Modell, ein institutionalisiertes progressives Militärregime oder ein liberal-demokratisches System zur Debatte. In der «Bewegung der Streitkräfte» setzte sich eine linke Fraktion durch, so dass auch die Kommunistische Partei an der neuen Regierung beteiligt war. Es erfolgte die Enteignung der Großgrundbesitzer, die Nationalisierung der Bahn, der Banken und einiger großer Industriebetriebe. Zwischen 1974 und 1987 verschliss Portugal 14 Regierungen, um diese Maßnahmen erfolgreich durchzuführen. 1976 wurde eine Verfassung verabschiedet, die ein liberal-demokratisches System ermöglichte. Mit dem Sieg der Sozialisten unter Mário Soares 1976 und der Wahl des gemäßigten Generals Eanes zum Staatspräsidenten setzten sich die gemäßigten demokratischen Kräfte in der Führung des Landes durch. Sie waren eine wichtige Voraussetzung für Portugals Weg in die EG. Bei einer Verfassungsreform von 1989 wurden die sozialistischen Verfassungselemente getilgt. 1987 kommt die Partido Social Democrata (PSD) durch einen Erdrutschsieg mit absoluter Mehrheit an die Regierung. Unter Ministerpräsident Cavaco Silva werden die letzten Verstaatlichungsmaßnahmen zurückgenommen und das Land auf einen neoliberalen Reformkurs gebracht. Zwischen 1995 und 2004 wechselten sich Sozialisten und bürgerliche Parteien in der Verantwortung für Portugal ab, das seit seinem Beitritt zur EG einen enormen wirtschaftlichen Aufschwung genommen hat und nicht mehr das Armenhaus Europas ist. Der Wirtschaftsprofessor und langjährige Ministerpräsident Aníbal Cavaco Silva wurde im Januar 2006 zum ersten bürgerlichen Präsidenten seit der Nelkenrevolution gewählt.

Mit der «Nelkenrevolution» begann sich auch das portugiesische Kolonialreich rasch aufzulösen. Nach und nach wurden die portugiesischen Besitzungen in die Unabhängigkeit entlassen. Einzige Ausnahme bildete Macau, das erst 1999 an China übergeben wurde.

4. Politisches System

Zunächst bildete sich ein semipräsidentielles Regierungssystem heraus, das bis 1982 den politischen Prozess prägte. Die Regierung war gegenüber Präsident und Parlament politisch verantwortlich. Der Präsident verfügte über ein Vetorecht in der Gesetzgebung und war gleichzeitig Vorsitzender des Revolutionsrates und Generalstabschef der Streitkräfte. 1982 erfolgte eine Machtverschiebung vom Präsidenten hin zu Regierung, Parlament und Parteien.

Seit dieser Zeit ist die Regierung nur noch dem Parlament verantwortlich. Auch erlosch die revolutionäre Legitimation des Militärs, das nun wie in anderen westlichen Demokratien ziviler, parlamentarischer Kontrolle unterstellt wurde. Mit dem Staatsrat (*Conselho de Estado*) und dem Verfassungsgericht (*Tribunal Constitucional*) sowie dem Hohen Verteidigungsrat (*Conselho Superior de la Defesa)* wurden neue Staatsorgane eingesetzt und die zivile Komponente des portugiesischen Systems betont. Der Staatspräsident (seit 9.3.2006 Anibal Cavaco Silva, PSD mit 50,6 % gewählt) wird in direkter, allgemeiner und geheimer Wahl für eine Amtszeit von fünf Jahren gewählt. Einmalige Wiederwahl ist möglich. Danach kann sich ein Präsident erst nach zehnjähriger Pause erneut zur Wahl stellen. Neben den repräsentativen Aufgaben des Staatsoberhaupts übt der Staatspräsident die Funktionen des Vermittlers und Schiedsrichters aus. Darüber hinaus ist er im politischen System hinsichtlich der Verfassungswahrung und für das reguläre Funktionieren der demokratischen Organe zuständig. Seine wichtigsten Kompetenzen bestehen in der Berufung und Abberufung des Premierministers, wobei er natürlich die Wahlergebnisse beachten muss. Er besitzt die Auflösungskompetenz für das Parlament, das Gesetzgebungsveto und die Kontrolle der Verfassungsmäßigkeit von Gesetzen. Das Parlament (*Assembleia da República*) erfuhr 1982 eine Aufwertung und wurde seit diesem Zeitpunkt zum wichtigsten politischen Organ des iberischen Staates, so dass man nun von einem parlamentarischen System sprechen kann. Die Versammlung hat sich zusehends professionalisiert und sich von einem Rede- zu einem Arbeitsparlament entwickelt. Ihre wesentlichen Kontrollinstrumente gegenüber der Regierung sind die Ablehnung des Regierungsprogramms, die Vertrauensfrage, das Misstrauensvotum, die Fragestunde, parlamentarische Anfragen und die Einrichtung von Untersuchungsausschüssen. Die 230 Abgeordneten der Versammlung werden gemäß der Verfassung nach dem Verhältniswahlsystem ohne Sperrklausel gewählt. Dabei bestehen 22 Wahlkreise, in denen zwischen 2 und 50 Mandate vergeben werden. Diese Mehrpersonenwahlkreise haben die Wirkung von Sperrklauseln, so dass in Portugal in einem Vierwahlkreis praktisch eine 13 %-Sperrklausel wirkt. Dies führte dazu, dass das zu Beginn der Republik entstandene Vierparteiensystem «eingefroren» wurde. Bei der vorgezogenen Parlamentswahl im Februar 2005, bei einer Wahlbeteiligung von 65 %, gewannen die oppositionellen Sozialisten (PS) unter ihrem Parteichef José Sócrates Carvalho die absolute Mehrheit der Mandate mit 45,1 % (121). Die bislang regierende liberalkonservative sozialdemokratische Partei (PSD) fiel von 40,2 % auf 28,7 % (75). Drittstärkste Kraft wurde das Bündnis von Kommunistischer Partei (PCP) und Grünen (BCB) mit 7,6 % (12/2). Die konservatische Volkspartei (PP) erreichte 7,3 % (12) und der Block der Linken (BE) kam auf 6,4 % (6). Den Parteien wird ähnlich wie im Grundgesetz eine bedeutsame politische Rolle bei der Aggregation gesellschaftlicher Interessen eingeräumt, wenn es in Art. 117,1 heißt: «Die politischen Parteien sind gemäß ihrer demokratischen Repräsentativität an den aus allgemeiner und direkter Wahl hervorgehenden Organen beteiligt.» Im portugiesischen Parteiensystem wird der linke Pol von dem orthodox-kommunistischen Partido Kommunista Portugês (PCP) besetzt, der allerdings erstmals 1999 keinen Abgeordneten mehr in die Versammlung entsenden konnte, während er von 1975 bis 1995 durchschnittlich 12,5 % der Wählerschaft hinter sich brachte. Die straff organisierte PCP zählte noch in den 1990er Jahren mehr als 200 000 Mitglieder. Ebenfalls im linken Spektrum des Parteiensystems, jedoch mit einer Tendenz zum Zentrismus agiert die Partido Socialista (PS), die im Vergleich mit anderen westeuropäischen sozialistischen und sozialdemokratischen Parteien zu den gemäßigten Parteien zählt. Die Partei erreichte zwischen 1975 und 1995 einen Wählerdurchschnitt von 31 % und dominierte die Regierungen in der zweiten Hälfte der 1970er Jahre. Die PS hat rund 100 000 Mitglieder und hat eine zentralistische und oligarchische Tendenz. Die Partido Social-Democrata (PSD) besetzt den Raum zwischen der Mitte und der Rechten. Diese Partei ist mit 35 % Wählerdurchschnitt zwischen 1975 und 1995 die wählerstärkste Partei Portugals. Mit etwa 120 000 Mitgliedern ist sie gleichzeitig eine starke Mitgliederpartei. Der rechte Pol des Parteienspektrums wird von der Volkspartei (Partido Popular/CDS-PP) besetzt. Bei den Wahlen zwischen 1975 und 1995 erreichte sie im Durchschnitt 9 % der Wählerstimmen und ist damit die kleinste Partei innerhalb des überwiegenden Vierparteiensystems. Das portugiesische Parteiensystem spiegelt im Wesentlichen die Konfliktstruktur der Gesellschaft wider.

5. Politik in und für Europa

Portugal war ebenso wie Spanien durch seine jahrhundertealte Kolonialpolitik ein auf seine überseeischen Besitzungen konzentrierter europäischer Staat, der nach dem Zweiten Weltkrieg sich erst spät zurück nach Europa orientierte und an der europäischen Zusammenarbeit teilnahm. Die Portugiesen lebten von 1926–1974 unter einer Diktatur, die erst 1974/75 in der Nelkenrevolution überwunden wurde. Doch nicht nur die Überwindung der Diktatur sollte zur zögerlichen Rückkehr nach Europa beitragen. Die Entwicklung der Handelsströme bewegte sich sukzessive von den Kolonialländern fort zur EG, die nun zum Hauptabnehmer portugiesischer Waren wurde. Folgerichtig stellte Portugal 1977 den Antrag auf Mitgliedschaft in der EG. Im Oktober 1978 wurden die Beitrittsverhandlungen aufgenommen, die in der Mitgliedschaft des iberischen Staates in der EG zum 1.1.1986 mündeten. Hierbei spielten durchaus Überlegungen eine Rolle, dass eine Mitgliedschaft in den Europäischen Gemeinschaften die junge Demokratie in Portugal stärken und stabilisieren würde. Die EG-Mitgliedschaft bedeutete für Portugal eine große politische und ökonomische Herausforderung, so dass das Land in den ersten Jahren seiner EG-Mitgliedschaft vor allem damit befasst war, die Auswirkungen der Integration im Land zu bewältigen. Die ökonomischen Folgen des Beitritts sollten allerdings sehr schnell Früchte tragen. Allein zwischen 1994 und 1999 erhielt Portugal mit 17,3 Mrd. ECU fast doppelt so viele Finanzzuweisungen wie zwischen 1989 und 1993. Portugal hat sich zu einem aktiven Integrationsstaat entwickelt, dessen Gesellschaft die Mitgliedschaft in der EU mit großer Mehrheit unterstützt. Mitunter wird Portugal auch als der perfekte Europäer bezeichnet. Portugal setzt sich intensiv für die Vertiefung des europäischen Integrationsprozesses ein, hat jedoch auch klare Interessen. So wendet sich das Land vehement gegen eine Verschiebung sowohl des institutionellen Gleichgewichts als auch der Balance zwischen den großen und kleinen Staaten. 1999 wurde Portugal Mitglied der Europäischen Währungsunion. Portugal war allerdings das erste Land in der Währungsunion, gegen das wegen eines Haushaltsdefizits von 4,1 % im Jahr 2001 – erlaubt sind nur bis zu 3 % Anteil am BSP – ein Defizitverfahren eingeleitet wurde. Das Land hat sich jedoch verpflichtet, bis zum Jahr 2006 einen ausgeglichenen Haushalt vorzulegen. Mit dem früheren Ministerpräsidenten José Manuel Durão Barroso (PSD) wurde 2004 erstmals ein Portugiese zum Präsidenten der Europäischen Kommission gewählt.

Bernecker, Walther/*Pietschmann*, Horst: Geschichte Portugals. München 2001; *Brueneau*, Thomas C./*MacLeod*, Alex: Politics in Contemporary Portugal. Boulder 1986; *Eisfeld*, Rainer: Sozialistischer Pluralismus in Europa. Ansätze und Scheitern am Beispiel Portugal. Köln 1984; *Grohs*, Gerhard/*Cadete*, Eduardo Maria/*Noelke*, Michael: Portugals Beitritt zur Europäischen Gemeinschaft. Bonn 1982; *Labourdette*, Jean-François: Histoire du Portugal. Paris 1995; *Merkel*, Wolfgang/*Stiehl*, Volker: Das politische System Portugals, in: *Ismayr*, Politische Systeme Westeuropas, S. 651–686; *Picard*, Christophe: Le Portugal muselman (VIIIe – XIIIe siècle). Paris 2000; *Ruhl*, Klaus J.: Spanien-Portugal-Ploetz. Die Geschichte Spaniens und Portugals zum Nachschlagen. Mit einer kurzen Geschichte Andorras. Freiburg i. Br.[4]1998; *Thomashausen*, André: Verfassung und Verfassungswirklichkeit im neuen Portugal. Berlin 1981; *Vasconcelos*, Álvaro de: Portugal, in: *Weidenfeld*, Europa-Handbuch II, S. 291–299.

www.presidencia.pt (Staatspräsident);
www.parlamento.pt (Parlament);
www.portugal.gov.pt (Regierung);
www.ine.pt (Nationales Statistikinstitut);
www.stape.pt (Informationen zu Wahlen und Referenden)

Spanien

1. Grunddaten

Staatsname: Reino de España (Königreich Spanien); Kurzform España
Größe: 504 782 km^2
Hauptstadt: Madrid
Einwohner: 43, 301 000 (1. 1. 2006); 72,3 % kastilische Spanier, ca. 16,3 % Katalanen, 8,1 % Galicier, 2,3 % Basken
Bevölkerungsdichte: 86 Einw./km^2

Konfessionen: 94 % Katholiken, ca. 300 000 Muslime; 15 000 Juden
Amtssprachen: Spanisch, Katalanisch, Baskisch und Galizisch
Währung: 1 Euro (€) = 100 Cent, 1 US-$ = 0,79 € (2006), 1 US-$ = 0,83 € (2005)

2. Sozioökonomische Grundlagen

Die spanische Volkswirtschaft hat durch den Beitritt in die Europäischen Gemeinschaften Mitte der 1970er Jahre erheblich profitiert und seit dieser Zeit große Wachstumsraten erzielt. Allein zwischen 1990 und 2000 hatte Spanien mit jeweils 4,1 % ein überdurchschnittliches Wachstum in der EU. Die spanische Gesellschaft hat sich zunehmend zu einer Dienstleistungsgesellschaft entwickelt. Einen großen und bedeutsamen Zweig der spanischen Wirtschaft bildet der Tourismus, der mit seinen Hochburgen auf den Balearen, den Kanaren, den Mittelmeerküsten und der Atlantikküste über das ganze Jahr Millionen von Urlaubern anzieht und damit erheblich zur Verbesserung der spanischen Leistungsbilanz beiträgt.

Bruttoinlandsprodukt (BIP): 904,3 Mrd. €, 1124,6 Mrd. US-$ (2005), 837,6 Mrd. €, 1039,7 Mrd. US-$ (2004)
BIP/Kopf: 20 880 €, 25 970 US-$ (2005)
Erwerbstätigkeit: Landwirtschaft 5,9 %, Industrie 31,2 %, Dienstleistungen 62,9 %
Arbeitslosigkeit: 8,2 % (September 2006), 10,8 % (2004)
Inflation: 4,0 % (Juli 2006)
Wirtschaftswachstum (BIP): 3,3 % (2005), 3,1 % (2004)
Außenhandel (2005): Import: 231,4 Mrd. €, 278,795 Mrd. US-$; Haupthandelspartner: Frankreich 14 %, Deutschland 15 %, Italien 9 %, UK 6 %, USA 3 %, China 5 % – Export: 153,6 Mrd. €, 185,060 Mrd. US-$; Haupthandelspartner: Frankreich 19 %, Deutschland 11 %, Portugal 10 %, UK 8 %, Italien 8 %, USA 4 %,

3. Geschichte

Seit dem Neolithikum wurde die Halbinsel von den Iberern, später auch von den Kelten besiedelt. Seit dem 11. Jahrhundert v. Chr. entstehen Kolonien der Phönizier an der Südküste (z. B. Gades – Cadiz), seit dem 7. Jahrhundert v. Chr. gründen die Griechen Handelsposten (z. B. Málaga). Im 4. und 5. vorchristlichen Jahrhundert wandern Kelten aus dem Norden ein und verschmelzen mit den Iberern (Keltiberer). Im 3. Jahrhundert v. Chr. erobern die Karthager den Süden und Osten der Halbinsel. Wichtigster Stützpunkt wurde Cartagena (‹Neukarthago›). Nach dem Ende der Herrschaft der Karthager gehörte die Iberische Halbinsel bis in die Spätantike als wichtige Wirtschaftsregion zum Römischen Reich. Mehrere Kaiser (u. a. Trajan), bedeutende Familien (Marc Aurel, Hadrian) und Schriftsteller (Lucanus, Seneca) kamen in der spätrömischen Zeit aus dem blühenden Spanien, das seit dem

3. Jahrhundert christianisiert wurde. Mit dem Ende des weströmischen Reiches drangen im 5. Jahrhundert Germanen in diesen Raum ein (u. a. Westgoten). Die Westgoten unterlagen 711 den Mauren. Seit 714 bildete das muslimische Spanien (arabisch: Al Andalus = Andalusien) ein abhängiges Emirat des Kalifats der Omajaden in Damaskus. Der Widerstand gegen die Muslime setzte bereits im 8. Jahrhundert von Asturien ausgehend ein. Die «Reconquista» zog sich, begleitet von Kämpfen der christlichen Königreiche untereinander und Feldzügen gegen die Mauren, über mehrere Jahrhunderte hin. Am 2. 1. 1492 siegte mit der Eroberung der Festung Granada endgültig die *Reconquista.* Das Königreich von Granada als letztes maurisches Reich in Spanien musste kapitulieren. Nach jahrhundertealten Rivalitäten wurden die beiden Königreiche Kastilien und Aragon durch die Heirat Isabellas I. von Kastilien-Leon (1474–1504) und Ferdinands II. von Aragon (1479–1516) nach dem kastilischen Erbfolgekrieg 1479 in Personalunion zum Spanien der «Katholischen Könige» vereinigt. Königin Isabella von Kastilien hatte die Reisen Christopher Kolumbus' finanziert, der mit seinen Entdeckungsreisen die Grundlagen für das spanische Kolonialreich und den Aufstieg Spaniens zur politischen und wirtschaftlichen Großmacht legen sollte. Durch die Verträge von Tordesillas (1494) und Saragossa (1529) wurden die Interessensphären zwischen Spanien und Portugal im Atlantik und im Pazifik abgegrenzt. 1516 wurde Karl I. von Habsburg König von Spanien und als Karl V. (1519) zugleich Kaiser des Heiligen Römischen Reiches deutscher Nation. Unter dem Haus Habsburg erreichte Spanien im frühen 16. Jahrhundert eine europäische Hegemonie wurde aber durch die dynastischen und territorialen Verbindungen in alle europäischen Konflikte hineingezogen; Spanien stand bis 1700 unter der Herrschaft der Habsburger. Im 16. Jahrhundert wurde es zur Weltmacht und stieg neben Portugal zur führenden Kolonialmacht auf. Die spanischen Conquistadoren Cortez und Pizarro eroberten den größten Teil Süd- und Mittelamerikas. 1580, nach der Vereinigung Spaniens und Portugals, stand Spanien auf dem Höhepunkt seiner Macht und territorialen Ausdehnung. Die langen Kriege gegen die Niederlande seit 1581, der Kampf mit England, die kriegerischen Auseinandersetzungen um die Bewahrung des Kolonialreiches sowie die Beteiligung am 30-jährigen Krieg auf seiten Österreichs und der Konflikt mit Frankreich überforderten die Finanzkraft Spaniens und leiteten den wirtschaftlichen und politischen Niedergang ein. Spanien mußte als Groß- und Weltmacht abdanken. 1701 kam Spanien mit Philipp V. von Bourbón unter die Herrschaft der Bourbonen (bis 1808). Nach dem Spanischen Erbfolgekrieg (1705–1713) wurde die spanische Monarchie in den Friedenschlüssen von Utrecht und Rastatt aufgeteilt: England erhielt Gibraltar und Menorca, die spanischen Niederlande, Mailand, Neapel und Sardinien fielen an Österreich, Sizilien an Savoyen. In den Kriegen der Revolution und Napoleons stand das strategisch wichtige Spanien auf Seiten Frankreichs und geriet zunehmend in Abhängigkeit zu

Napoleon. Der britische Admiral Nelson besiegte 1805 bei Trafalgar die vereinigten französischen und spanischen Flotten. Der Volksaufstand von 1808 und die Einsetzung von Napoleons Bruder Joseph zum König wurden zum europäischen Signal für den Widerstand gegen die Fremdherrschaft Napoleons. Nach der Besetzung durch französische Truppen wurde Joseph Bonaparte (Bruder von Napoleon I.) 1808–1814 König von Spanien; gleichzeitig begann mit einem Volksaufstand der Unabhängigkeitskrieg der spanischen Kolonien in Lateinamerika, die sich bis in die 1820er Jahre endgültig vom Mutterland lösten. 1812 traten in Cádiz die alten Stände (Cortes) zu einer Volksversammlung zusammen und arbeiteten einen ersten Verfassungsentwurf aus, nach dem die Prinzipien der Französischen Revolution auch in Spanien verwirklicht werden sollten. 1814 kehrten jedoch die Bourbonen mit Ferdinand VII. auf den spanischen Thron zurück. Als 1820 die liberale Revolution unter Riego y Nuñez den König zwang die Verfassung von 1812 anzuerkennen, intervenierte Frankreich mit Zustimmung der konservativen Großmächte und stellte den alten Verfassungszustand wieder her. Bürgerkrieg, dynastische Konflikte und Parteikämpfe (Karlistenkriege) kennzeichneten die Entwicklung im 19. Jahrhundert zwischen Monarchie und Republik in Spanien. 1873/74 wurde Spanien kurzzeitig zur Republik, die angesichts einer chaotischen innenpolitischen Situation jedoch schon bald durch einen Staatsstreich und die Verfassung von 1876, die das Land zurück auf konstitutionelle Bahnen lenkte, beendet wurde. Im Krieg mit den USA, ausgelöst durch einen Aufstand in Kuba, verlor Spanien schließlich 1898 seine letzten Kolonien an die USA (Kuba, Puerto Rico, Philippinen) und verkaufte einige Kolonien im Pazifik (Karolinen, Marianen) an das Deutsche Reich.

Nach dem Ersten Weltkrieg, in dem Spanien neutral geblieben war, führten Streiks und politische Forderungen der katalonischen Industriearbeiter im Gefolge einer schweren wirtschaftlichen Krise zum Zusammenbruch des oligarchischen Parlamentarismus der grund- und kapitalbesitzenden Eliten. 1923 errichtete General Primo de Rivera eine Militärdiktatur nach italienischem Vorbild, die allerdings 1930 durch eine Rückkehr zur Zweiten Republik beendet wurde. Doch sollte diese Republik nur bis 1936 bestehen. Nach einem Aufstand der Militärs unter General Franco kam es von 1936 bis 1939 zu einem blutigen Bürgerkrieg, den «Spanischen Bürgerkrieg». Die Republik wurde u.a. durch die Sowjetunion, Frankreich und zahlreiche Freiwillige militärisch und materiell unterstützt, die Frankisten vor allem durch Italien und das Nationalsozialistische Deutschland. Der Bürgerkrieg endete 1939 mit dem Sieg Francos, der Spanien zur Monarchie erklärte. Franco berief jedoch keinen Thronfolger, sondern setzte sich selbst als «Thronverwalter» ein und regierte Spanien vier Jahrzehnte lang autoritär. Kennzeichen des Franco-Systems waren ein absolutes Parteienverbot, die Wiedereinsetzung der katholischen Kirche in ihre weltlichen Privilegien – z.B. Kontrolle des Bildungssystems – Einrichtung von Syndikaten als Einheitsorganisationen von Unternehmern und Arbeitern, ein generelles Streikverbot, Unterdrückung der regionalen Organisationen und Sprachen sowie eine Pressezensur. Als Franco 1975 starb, wurde Juan Carlos I., der seit 1971 als Stellvertreter Francos amtierte, zum König Spaniens proklamiert. Zielstrebig wurde unter seiner Regentschaft der Weg der Demokratisierung eingeschlagen, wenngleich zwischen 1975 und 1977 eine Übergangszeit u. a. zur Ausarbeitung einer Verfassung diente. Wichtig wurde, daß Katalanisch, Baskisch und Galizisch 1975 als Regionalsprachen anerkannt wurden. Aus den ersten demokratischen Wahlen 1977 ging die Union des Demokratischen Zentrums (UCD) mit Ministerpräsident Suárez Gonzáles als stärkste politische Kraft hervor. In einer Volksabstimmung wurde im Dezember 1978 die Verfassung, in der den Regionen das Recht auf Autonomie zugestanden wurde, von 87,8 % der Abstimmenden bei einer Wahlbeteiligung von 67,7 % angenommen. Sowohl von der extremen Linken als auch von der extremen Rechten wurden Versuche unternommen, den Weg Spaniens zu einer Demokratie aufzuhalten. So versuchten etwa 1981 Teile der Guardia Civil und des Offizierskorps zu putschen. Spanien ging seit der Demokratisierung konsequent den Weg in die europäische Integration, vor allem unter dem sozialistischen Ministerpräsidenten Felipe González, der von 1982 bis 1996 die Regierungsgeschäfte leitete. Mit dem Beitritt zur EG 1986 – er sollte ähnlich wie in Portugal auch der Stabilisierung der demokratischen Ordnung dienen – mußte sich Spanien den Herausforderungen EG-Europas stellen und erlebte unter abwechselnden sozialistischen und konservativen Regierungen zwischen 1977 und 2004 einen eindrucksvollen wirtschaftlichen Aufschwung. Neben die erfolgreiche Wirtschaftspolitik und die massiven Unterstützungen aus den Regionalfonds der EG/EU traten innenpolitische Spannungen und Probleme, vor allem die Terroranschläge der ETA und Terroranschläge von Al Kaida im März 2004, die das öffentliche Leben in Spanien immer wieder erschütterten.

4. Politisches System

Die *Verfassung* postuliert Spanien als eine parlamentarische Monarchie, womit das Primat des Parlaments gewährleistet wird, dessen Legitimität sich aus der Volkssouveränität ableitet. Darüber hinaus definiert die Verfassung Spanien als «sozialen und demokratischen Rechtsstaat». Damit lässt Spanien sich erstmals eindeutig als parlamentarische Demokratie kennzeichnen. *Staatsoberhaupt* ist der Monarch – seit 1975 Juan Carlos I. –, dessen Person unverletzlich ist und nicht zur Verantwortung gezogen werden kann. Die Monarchie ist erblich. Der Monarch verfügt ausschließlich über repräsentative und notarielle Funktionen. Der König vertritt als höchster Repräsentant den Staat nach außen. Er ist Oberbefehlshaber der Streitkräfte. Als notarielle Funktionen verfügt der König über das Recht der Ausfertigung und Verkündung der vom Parlament verabschiedeten Gesetze, der Auflösung des Parlaments auf Ersuchen des Premierministers sowie der formellen Ansetzung von Parlamentswahlen und Referenden. Ein politisch bedeutsames

Recht besitzt der König bei der Bestellung der Regierung. Er schlägt den Kandidaten für das Amt des Ministerpräsidenten vor. Der König wird allerdings den politischen Kräfteverhältnissen Rechnung tragen, indem er einen Kandidaten zum Ministerpräsidenten vorschlagen wird, der auch den Mehrheitsverhältnissen im Parlament entspricht und eine gute Chance hat, gewählt zu werden. Der Ministerpräsident benötigt wie auch der deutsche Bundeskanzler eine absolute Mehrheit in der Kammer. Die weiteren Regierungsmitglieder ernennt der König auf Vorschlag des Ministerpräsidenten. Die Regierung ist dem Abgeordnetenhaus gegenüber verantwortlich, das den Ministerpräsidenten praktisch mit Hilfe eines konstruktiven Misstrauensvotums abwählen kann.

Die Bedeutung des Königs innerhalb des politischen Systems erklärt sich neben den normativen Verfassungsbestimmungen auch aus der erfolgreichen Rolle, die Juan Carlos I. in der Zeit des Übergangs, der *transición,* eingenommen hatte. Der König trug wesentlich dazu bei, den historischen Gegensatz zwischen Demokratie und Monarchie in Spanien aufzuheben. Insbesondere während des Putsches von Oberst Tejero 1981 stellte sich Juan Carlos auf die Seite der Demokratie und gegen die Putschisten, so dass er dem neuen politischen System durch seine Amtsführung große Unterstützung gab.

Das *Parlament* (Cortes Generales) besteht aus zwei Kammern, dem Abgeordnetenhaus (Congreso de los Diputados) und dem Senat (Senado), womit der spanischen Tradition eines Zweikammersystems Rechnung getragen wurde. Allerdings hat das Abgeordnetenhaus politisch ein deutlich höheres Gewicht als der Senat. Das Abgeordnetenhaus besteht aus mindestens 300, höchstens 400 Abgeordneten. Sie werden nach dem Prinzip der Verhältniswahl in allgemeiner, freier, gleicher, unmittelbarer und geheimer Wahl für vier Jahre gewählt. Sie verfügen über ein freies Mandat; das imperative Mandat wird in der Verfassung ausdrücklich untersagt. Der Präsident des Abgeordnetenhauses, der mit absoluter Mehrheit gewählt wird, hat eine herausgehobene Funktion. Neben der Vertretung der Kammer nach außen hat er das Recht der Übermittlung des vom König benannten Kandidaten für das Amt des Regierungschefs, die Aufgabe der Überwachung der Einhaltung der Geschäftsordnung sowie in Zweifelsfällen das Recht zu ihrer Auslegung. Die Fraktionen, für deren Bildung mindestens 15 Abgeordnete erforderlich sind, spielen eine zentrale Rolle in der Gesetzgebung und hinsichtlich der politischen Kontrolle. Der Senat ist die Kammer der territorialen Vertretung; 208 der 255 Mitglieder werden in den Provinzen direkt auf vier Jahre gewählt. Die übrigen Senatoren werden von den Autonomen Gemeinschaften entsandt.

Die parlamentarische Verantwortlichkeit der *Regierung* gemäß der Verfassung von 1978 ist in der spanischen Verfassungsentwicklung eine bedeutsame Neuerung. Der Regierungschef hat – ähnlich dem deutschen Bundeskanzler – gegenüber den anderen Regierungsmitgliedern eine herausgehobene Stellung inne. So ist die Auswahl der Regierungsmitglieder eine seiner Kernkompetenzen. Von den bisherigen neun Regierungen seit 1977 gab es sechs Minderheitsregierungen, die mit Hilfe der Tolerierung kleinerer Parteien regierten. Bei den Parlamentswahlen 2000 wurde die Volkspartei (PP) von Ministerpräsident Aznar mit 45,2 % und 183 Abgeordneten die stärkste parlamentarische Kraft. Unter dem Eindruck der schrecklichen Terroranschläge von Madrid am 11.3.2004, zu denen sich Al-Kaida bekannte, und der unbefriedigenden Informationspolitik der Regierung vor dem Wahltag, siegten bei den Parlamentswahlen am 14.3.2004 überraschend die Sozialisten (PSOE) mit 42,6 % (164 Sitze) vor der Volkspartei (PP) 37,6 % (148). Die Vereinigte Linke (IU) errang 5 % (4), die katalanischen gemäßigten Sozialisten (CiU) 3,2 % (10), die linken katalanischen Separatisten (ECR) 2,5 % (8), die gemäßigten baskischen Nationalisten (EAJ-PNV) 1,6 % (7) sowie verschiedene Einzelparteien (Sonstige) 8 Sitze. Neuer Ministerpräsident ist seit dem 17.4.2004 der Wahlsieger José Luis Rodríguez Zapatero (PSOE). Im Baskenland bildet die Herri Batasuna (HB) eine wichtige politische Kraft, die über enge Verbindungen zur Terrororganisation ETA verfügt. Somit ist eine Besonderheit des spanischen Parteiensystems die Bedeutung regionaler Subsysteme, die vornehmlich im Baskenland und in Katalonien ihre Basis haben. Seit der *transición* unterlag die Entwicklung des Parteiensystems einem Wandel. Auf der Linken entstanden mit der PSOE und der Kommunistischen Partei neue Parteien, deren Vertreter unter Franco im Exil waren. Dagegen war die Rechte bzw. die rechte Mitte durch Neugründungen geprägt. Die Demokratische Zentrumsunion (Union de Centro Democrático, UCD) wurde mit 34,6 % bei den ersten Wahlen in der *transición* größte Partei und prägte den Entwicklungsprozess Spaniens sehr stark zu Beginn der neuen Republik. Sie wurde 1982 von der PSOE an der Regierung abgelöst, die bis 1996 die Regierungsverantwortung innehatte. Mit der Neuformierung der Rechten gelang es mit der Gründung der Volkspartei 1989 politisches Terrain zurück zu gewinnen, was 1996 zur erneuten Regierungsübernahme der Rechten führte.

Verwaltungsmäßig ist Spanien in 17 autonome Regionen (Andalusien, Aragón, die Balearen, die Canaren, Cantabrien, Castilla y León, Castilla – La Mancha, Katalonien, Extremadura, Galizien, Madrid, Murcia, Foral de Navarra, Pais Vasco, Rioja, Valenzia, Ceuta, Melilla, Fürstentum Asturien) und 52 Provinzen, darunter die auf afrikanischem Boden befindlichen Exklaven Ceuta und Melilla, untergliedert. Die Verfassung sieht drei unterschiedliche Autonomiestatuten vor. Die höchste Autonomiestufe besitzen die drei historischen Regionen Baskenland, Katalonien und Galizien, die bereits während der Zweiten Republik Autonomiestatute besaßen. Die Kompetenzaufteilungen zwischen Zentralstaat und Regionen sind noch nicht endgültig gelöst und bieten immer wieder Grund für Streitigkeiten zwischen den verschiedenen Ebenen. Allerdings kann Spanien (noch nicht) als föderales Staatswesen gekennzeichnet werden, sondern als «Staat der Autonomen Gemeinschaften» (Nohlen/Gonzáles Encinar). Die Regierung Zapatero kündigte eine Reform der Rolle der Deputiertenkammer und des Senats an sowie eine verfassungsmäßig klar formulierte Stellung der «autonomen Gemeinschaften» als «zentrale Bestandteile des Staates» und ihre nicht allein symbolische Anerkennung im Gesamtgefüge des spanischen Staates. Eine Konferenz der Präsidenten der Autonomen Gemeinschaften «sobre el Estado des las Autonomias» wird, so Zapatero im Senat am 18.10.2006, im Dezember 2006 stattfinden.

5. Politik in und für Europa

Die einzige politische Außenorientierung besaß Spanien in der Franco-Zeit nach dem Zweiten Weltkrieg im bilateralen amerikanisch-spanischen Sicherheitsvertrag, durch den vor allem die strategische Bedeutung Spaniens im Ost-West-Konflikt seitens der Amerikaner gewürdigt wurde. Nachdem der Diktator 1975 gestorben war, suchte das Land Anschluss an Westeuropa. 1977 wurde Spanien Mitglied des Europarats und im gleichen Jahr stellte es den Antrag auf Mitgliedschaft in der EG. Nach langwierigen Verhandlungen wurde Spanien zum 1.1.1986 zusammen mit Portugal Mitglied der EG. Zunächst lag das Pro-Kopf-Einkommen deutlich unter dem EG-Durchschnitt, so dass nach dem Beitritt große Probleme aufgrund wirtschaftlicher Disparitäten entstehen mussten. Zusammen mit Portugal produzierte Spanien vor allem landwirtschaftliche Erzeugnisse, die in Konkurrenz zu den Produkten der EG-Mittelmeerländer Frankreich, Italien und Griechenland standen.

Die Mitgliedschaft in der wichtigsten europäischen Organisation bedeutete für Spanien die Rückkehr nach Europa wie auch die Gewährleistung der Freiheit, die in Spanien über so viele Jahrzehnte vermisst wurde. Die EG wurde in Spanien lange Zeit als auswärtiger Garant der Demokratie sowie als Impulsgeber für eine notwendige Modernisierung des Landes gesehen. Vom EG-Beitritt versprachen sich die meisten Spanier einen ökonomischen Aufschwung, der auch einsetzte. Spanien verstand sich zunehmend als Sprecher der ärmeren Länder in der EG und legte besonderen Wert auf die wirtschaftliche und soziale Kohäsion der Gemeinschaft. 1988 vollzog Spanien einen weiteren Schritt in seiner europäischen Integration, als es Mitglied der Westeuropäischen Union (WEU) wurde. Im Juli 1989 wurde die spanische Peseta in das Europäische Währungssystem EWS aufgenommen. Mit dieser Maßnahme wollte die spanische Regierung ihr besonderes europapolitisches Engagement am Ende ihrer ersten EG-Präsidentschaft betonen. Spanien unterstützte zu Beginn der 1990er Jahre zwar die Erweiterung der EU um die EFTA-Länder, wollte jedoch dafür Kompensationen in der für das Land so wichtigen Fischereipolitik erhalten. Auch die Osterweiterung wird seitens Spaniens akzeptiert, doch wollte man auch hier Kompensationen in der Mittelmeerpolitik und in der Aufstockung der Struktur- und Kohäsionsfonds erreichen. So konnte Ministerpräsident Aznar auf dem Europäischen Gipfel in Nizza im Dezember 2000 wichtige Erfolge für Spanien erzielen. Insbesondere die Stimmengewichtung im Ministerrat wie auch die Entscheidung, auch die Finanzplanung 2007–2013 noch einmal einstimmig zu beschließen, sind als spanischer Erfolg, allerdings als integrationspolitischer Misserfolg, zu vermerken. Auch in der Regierungskonferenz 2003, die über den vom Europäischen Konvent im Juli 2003 vorgelegten Verfassungsentwurf zu beraten hatte, suchte Spanien – zusammen mit Polen – die in Nizza vereinbarte großzügige Stimmengewichtung im Ministerrat mit allen Mitteln zu erhalten und in die Präambel auch einen direkten christlichen Bezug aufzunehmen. Der 2004 gewählte Ministerpräsident Zapatero kündigte einen Kurswechsel in der Außenpolitik an (Rückzug spanischer Einheiten aus dem Irak) und erklärte die Bereitschaft Spaniens den Weg für die EU-Verfassung frei zu machen und die Blockadehaltung aufzugeben. In seiner Regierungserklärung am 15.4.2004 sagte Zapatero, dass «das, was gut für Europa ist auch gut für Spanien ist» und kündigte eine aktive spanische Politik für die Europäische Verfassung an. Beide Ankündigungen wurden umgesetzt. Im Oktober 2004 stimmte die Mehrheit von 76,5 % – bei einer Wahlbeteiligung von nur 42,4 % – für den EU-Verfassungsvertrag.

Barrios, Harald: Das politische System Spaniens, in: *Ismayr*, Politische Systeme Westeuropas, S. 609–649; *Bernecker*, Walther L./*Oehlein*, Josef (Hg.): Spanien heute. Politik-Wirtschaft-Kultur. Frankfurt/M. 1991; *Bernecker*, Walther L./*Pietschmann*, Horst: Geschichte Spaniens von der frühen Neuzeit bis zur Gegenwart. Stuttgart [3]2000; *Bernecker*, Walther L.: Spaniens Geschichte seit dem Bürgerkrieg. München [4]1997; *Bernecker*, Walther: Spanische Geschichte. Vom 15. Jahrhundert bis zur Gegenwart. München [4]2006; *Carrillo*, Marc: Spanien, in: *Weidenfeld*, Europa-Handbuch II, S. 360–372; *Cespo MacLennan*, Julio: España en Europa, 1945–2000. Del ostracismo a la modernidad. Madrid 2004; *Clot*, André: Das maurische Spanien. 800 Jahre islamische Hochkultur in Al Andalus. Düsseldorf 2004; *Garcia Delgado*, J. L.: Lecciones de Economia Española. Madrid 2005: *Haubrich*, Walter: Spaniens schwieriger Weg in die Freiheit. Von der Diktatur zur Demokratie. 2 Bde., Berlin 1997; *Heywood*, Paul: The Government and Politics of Spain. Houndsmills u. a. 1995; *Nohlen*, Dieter/*González Encinar*, José Juan (Hg.): Der Staat der Autonomen Gemeinschaften in Spanien. Opladen 1992; *Madariaga*, Salvadore de: Spanien. Land, Volk und Geschichte (Neuausgabe) München 1983; *Nohlen*, Dieter/*Hildebrand*, Andreas: Spanien – Wirtschaft, Gesellschaft, Politik. Opladen 1992. *Piedrafita*, Sonia u. a.: 20 Años de España en la Unión Europea (1986–2006). Madrid 2006; *Schmidt*, Peer (Hg.): Kleine Geschichte Spaniens. Stuttgart 2004.

www.sispain.org (allgemeine Informationen zu Geschichte, Landeskunde, Wirtschaft und Politik); www.casareal.es (Königshaus) www.congreso.es/ingles/index (Congreso de los Diputados / Deputiertenkammer); www.senado.es (Senat); www.la-moncloa.es (Ministerpräsident, Regierung, derzeit nur spanisch); www.mae.es (Außenministerium); www.tribunalconstitucional.es (Verfassungsgericht); www.ine.es/ (Instituto Nacional Estadistica – Nationales Statistisches Institut); www.icex.es (Portal des Instituto Español de Comercio Exterior) www.map.es/ministerio/delegaciones_gobierno/delegaciones.html (Zugang zu der jeweiligen autonomen Gemeinschaften – Comunidad Autónoma: www.map.es/ministerio/delegaciones_gobierno/deleganciones/dgov_andalucia.html; ... dgov_canarias.html; ... dgov_ceuta.html; ... dgov_balears.html; ... dgov_cat.html; ... dgov_cat_ leon.html: ... dgov_aragon.html: ... dgov_mad.html; ... dgov_mur.html; ... dgov_nav.html; ... dgov_ast.html; ... dgov_gal.html; ...).

Südeuropa und der Mittelmeerraum

Südeuropa gehört zu den europäischen Teilräumen, die sehr schwer gegen andere abzugrenzen sind. Die Übergänge zu Kleinasien, West- und Mitteleuropa sowie nach Südosteuropa und dem Balkan sind fließend. Südeuropa bildet keine zusammenhängende Kernlandschaft. Der Mittelmeerraum zählt geographisch, politisch und historisch zu den europäischen Zentralräumen. Er umfasst geographisch auch die südeuropäischen Landschaften, die klimatisch und kulturell durch das Mittelmeer als «interkontinentales Binnenmeer» geprägt sind. Unter Mittelmeerraum ist zunächst einmal die zusammenfassende Bezeichnung für die Länder zu verstehen, die an der Mittelmeerküste liegen. Sie bilden natur- und kulturgeographisch eine Einheit. Ursprünglich war dieser Raum bewaldet. Durch die intensive Landnutzung über Jahrtausende (u. a. für den Schiffsbau) wurde die natürliche Vegetation weitestgehend zerstört und es setzte in den abgeholzten Gebieten rings um das Mittelmeer bereits seit dem Altertum die Bodenerosion ein. Charakteristisch für den europäischen Mittelmeerraum sind die Apenninenhalbinsel mit Italien und den Inseln, die Balkanhalbinsel, vor allem mit Griechenland, der europäischen Türkei und den Inseln, die Inseln Malta und Zypern sowie die Iberische Halbinsel mit Spanien und den Balearen. Das Mittelmeer war, auch wegen der geographischen Gegebenheiten durch die die Halbinseln durchziehenden Gebirgszüge, nie etwas Trennendes, sondern vielmehr Bindeglied für die Kontakte und den Austausch der einzelnen Regionen über das Meer. Es wurde Durchgangsraum für den Handel, den Kulturaustausch und die Migration von Menschen zwischen dem Osten und Westen, dem Süden und Norden. Zwischen den einzelnen Regionen besteht seit der Vor- und Frühgeschichte eine enge kulturelle, politische und wirtschaftliche Verflechtung und gegenseitige Beeinflussung. Die einzelnen Kulturlandschaften haben lange vor dem Römischen Reich, das diesen Raum politisch umspannte, als eigenständige Geschichtslandschaften wichtige Impulse für die europäische Entwicklung gegeben. Die Kultur der Antike wirkte aus diesem Raum in das nördliche und westliche Europa. Das Christentum breitete sich entlang der Mittelmeerküsten nach Westen und Norden aus. Gleiches gilt für den Islam. Als Brücke zwischen dem Orient und dem Okzident spielte er bis in das Zeitalter der Entdeckungen eine zentrale Rolle. Der Mittelmeerraum war auch aufgrund seiner geostrategischen Bedeutung bis in die Gegenwart Schauplatz von Machtkonflikten und hat insbesondere in jüngster Zeit wegen der EU-Erweiterung 2004 (mit der Aufnahme Maltas und Zyperns) und aufgrund der wachsenden Bedeutung der südlichen und östlichen Mittelmeeran-

rainer neues, zusätzliches Gewicht erhalten. Die Krisen und Konflikte dieses Raums haben unmittelbare Rückwirkungen auf die Europäische Union, aber auch auf Gesamteuropa.
In den nachfolgenden Länderartikeln wurden gewisse Regionen anderen europäischen Teilräumen zugeordnet, auch wenn ein enger Bezug zum Mittelmeerraum und Südeuropa vorhanden ist. Hierbei spielten verschiedene Gesichtspunkte eine Rolle. Sie sind teilweise durch historische Entwicklungen in der Neuzeit bedingt, teilweise Ergebnis der Orientierung dieser Länder hin zu anderen geographischen, wirtschaftlichen und ethnischen Räumen. So gehört beispielsweise Spanien als größtes Land auf der Iberischen Halbinsel zwar geographisch und kulturell über Jahrhunderte zum Mittelmeerraum. Seit dem Zeitalter der Entdeckungen, in dem Spanien zur kolonialen Groß- und Handelsmacht mit globalen Interessen aufstieg, orientierte sich das Land jedoch zunehmend politisch und wirtschaftlich weg vom Mittelmeer und hin nach Übersee. Der Mittelmeerraum wurde im Zeitalter der Entdeckungen und der Überseeexpansion vom europäischen Zentrum zur Peripherie. Die spanische Orientierung nach Übersee wird allmählich revidiert und Spanien wendet den Blick zunehmend wieder Europa zu. Ähnliches gilt für Frankreich. Es ist Teil dieses politisch, wirtschaftlich und kulturell verknüpften Raumes. Auch wenn Frankreich über Jahrhunderte vielfältige Mittelmeerinteressen hatte und Italien lange Zeit im Zentrum französischer Außenpolitik stand, lag sein Schwerpunkt als europäische Groß- und Kolonialmacht stärker in Westeuropa und Übersee. Mit der zunehmend engeren wirtschaftlichen und politischen Verflechtung der europäischen Staaten und Regionen erhält der europäische Kontinent auch neue Konturen.

Italien

1. Grunddaten

Staatsname: Repubblica Italiana (Italienische Republik)
Größe: 301 336 km² (davon Sizilien: 25 426 km²; Sardinien: 23 813 km²; Elba: 224 km²)
Hauptstadt: Roma (Rom)
Einwohner: 58 498 353 (Juli 2006); ethnische Gruppen und Minderheiten: Rätoromanen: 35 000 Ladiner (Südtirol, Venetien, Trentino); 450 000 Friauler (Provinz Udine); 1,5 Mio. Sarden (Sardinien); ca. 100 000 Albaner (Arbesh) in 50 Gemeinden in Apulien, Kalabrien, Abruzzen, Sizilien; 50 000 Okzitanier (Piemont); ca. 12 500 Griechen (2 Gemeinden in Apulien); ca. 125 000 Slowenen (Provinzen Triest, Udine, Görz); ca. 2200 Kroaten (2 Gemeinden Provinz Campobasso); ca. 150 000 Francoprovinciale (Aostatal, Provinz Turin)

Bevölkerungsdichte: 191,9 Einw./km^2; 67 % der italienischen Bevölkerung leben in Städten
Konfessionen: 94 % Katholiken; ca. 50 000 Protestanten (Lutheraner; Waldenser, Methodisten); ca. 150 000 Muslime; 40 000 Juden
Sprachen: Italienisch (Amtssprache); Deutsch, Französisch, Slowenisch und Ladinisch (Regionalsprachen)
Währung: 1 Euro (€) = 100 Cent, 1 US-$ = 0,79 € (2006), 1 US-$ = 0,83 € (2005)

2. Sozioökonomische Grundlagen

Bruttoinlandsprodukt (BIP): 1388,954 Mrd. €, 1728,0 Mrd. US-$ (2005)
BIP/Kopf: 23 784 €, 29 589 US-$ (2005)
Wirtschaftswachstum (BIP): 0,1 % (2005)
Erwerbstätigkeit: Landwirtschaft 3 %, Industrie 29 %, Dienstleistungen 68 % (2001)
Arbeitslosigkeit: 7,8 % (2005)
Inflation: 1,8 % (Oktober 2006), 2,2 % (Juli 2006)
Außenhandel: Import (2005): 305,69 Mrd. €, 368,3 Mrd. US-$; Haupthandelspartner: Deutschland 18 %, Frankreich 11 %, Niederlande 6 %, Großbritannien 5 %, Belgien/Luxemburg 5 %, Spanien 5 %, USA 5 % – Export (2005): 295,73 Mrd. €, 356,3 Mrd. US-$; Haupthandelspartner: Deutschland 14 %, Frankreich 12 %, USA 10 %, Großbritannien 7 %, Spanien 7 %, Niederlande 2 %

3. Geschichte

Die Geschichte der italienischen Halbinsel und ihrer Bewohner besaß in ihren Wandlungen und Kontrasten nachhaltigen Einfluss, materiell und geistig, auf die Ausformung der Kultur des modernen Europa. Die Geschichte Italiens bildet somit ein vitales und zentrales Element in der Geschichte Europas.

Die bei Ausbruch der Französischen Revolution 1789 bestehenden politischen Einheiten in Italien hatten, anders als etwa das Heilige Römische Reich deutscher Nation, keinen gemeinsamen politischen oder institutionellen Bezugspunkt. Mit dem Zusammenbruch des Imperium Romanum wurde auch die politische und rechtliche Einheit Italiens beendet. Eine politische Nation mit einer gesamtstaatlichen politischen Identität existierte nicht. Noch im 18. Jahrhundert verstand sich die «italienische Nation» bestenfalls als «Kulturnation». Hierbei spielte u. a. eine Rolle, dass einzelne Regionen Italiens Teil von übernationalen Großstaaten waren oder, wie im Falle des Kirchenstaats, der päpstlichen Herrschaft mit ihren weltweiten kirchlichen Interessen unterstanden. Bis weit in das 19. Jahrhundert hinein standen die Stadt und das Dorf im Mittelpunkt der politisch-sozialen Welt der Menschen. Dieses als «campanilismo» bezeichnete Phänomen besitzt einen hohen Stellenwert für das Verständnis der Geschichte Italiens.

Das Ausgreifen der Französischen Revolution und Napoleons auf Italien, die Gründung von «Tochterrepubliken» und der «Italienischen Republik», die Reformen und die politischen, gesellschaftlichen, rechtlichen und ideologischen Wirkungen der Zugehörigkeit zum Königreich Italien bzw. zum napoleonischen Kaiserreich brachten einen tief greifenden Wandel mit sich und schufen die Voraussetzungen für die Entstehung eines politischen Nationalbewusstseins und den Wunsch, einen italienischen Nationalstaat zu begründen. Der dynastische Staat und die oligarchischen Stadtrepubliken sollten durch den Staat des Volkes abgelöst werden.

Die Hoffnungen vieler Italiener, am Ende der napoleonischen Ära einen nationalen Staat zu erhalten, erfüllten sich nicht. Die Neuordnung Europas 1814/15 auf dem Wiener Kongress schuf auf der Apenninhalbinsel ein Mehrstaatensystem mit fünf wichtigen politischen Einheiten: das Königreich Piemont-Sardinien im Nordwesten, das Königreich beider Sizilien (Neapel und Sizilien) im Süden, das Großherzogtum Toskana und der Kirchenstaat in Mittelitalien sowie das unter österreichischer Herrschaft stehende Königreich Lombardo-Venetien im Norden und Nordosten. Hinzu kamen die Herzogtümer Parma und Modena. Diese Staaten waren äußerst heterogen, was ihre politisch-soziale und wirtschaftliche Verfassung betraf. Daran änderte sich bis zur Nationalstaatsgründung 1859/60 auch wenig. Die Rückkehr zu einem Mehrstaatensystem war nicht im Sinne der kleinen, elitären italienischen Nationalbewegung. Sie strebte das «risorgimento», die «Wiedergeburt» Italiens, an und verknüpfte damit scheinbar auch die Idee der Wiederherstellung des «imperium romanum», des Römischen Weltreichs. Die Mehrheit der Menschen dachte nur selten in nationalstaatlichen Kategorien. Ihre Orientierung und ihre Loyalitäten waren regional – ein Phänomen, das bis heute weiterwirkt und einer der Impulse für die Bildung handlungsfähiger, historischer Regionen im italienischen Gesamtstaat darstellt.

Mit der europäischen Neuordnung von 1814/15 wurde Österreich zur Schutzmacht Italiens und übte einen dominierenden Einfluss in der Region aus. Den Aufstand 1820/21 in Neapel, u. a. mit dem Ziel, einen italienischen Nationalstaat zu schaffen, konnte König Ferdinand I. mit österreichischer Hilfe niederschlagen. Als 1821 in Piemont die Revolution ausbrach und die Revolutionäre Österreich den Krieg erklärten, konnte die Herrschaft des Königshauses wiederhergestellt werden. 1848/49 führte das Eingreifen der Habsburger Monarchie zum Scheitern der italienischen Nationalstaatsgründung, die dann im Krieg von 1859 mit französischer Unterstützung gegen Österreich erreicht werden konnte. Die Lombardei kam zum neu gegründeten Königreich Italien. Trotz der Niederlage gegen Österreich 1866 konnte Italien wegen des preußischen Sieges im deutschen Krieg von 1866 das Königreich Venedig in seinen Staatsverband eingliedern. Trotz zeitweiliger Annäherung in der Zeit des Dreibundes trat Italien im Ersten Weltkrieg auf der Seite der Alliierten in den Ersten Weltkrieg ein und konnte im Friedensvertrag von Saint Germain-en-Laye

(1919) Südtirol bis zum Brenner aus dem österreichischen Staatsverband herausbrechen. Die historischen Erfahrungen mit dem nördlichen Nachbarn und die Südtirolproblematik haben bis in die Zeit nach dem Zweiten Weltkrieg das italienisch-österreichische Verhältnis belastet und den EU-Beitritt Österreichs nicht beschleunigt. Mit dem europäischen Binnenmarkt, dem Abkommen von Schengen, der Bildung einer Euroregion Tirol/Trento und der weitgehenden Autonomie der Provinz Bozen/Bolzano (seit 1972) im italienischen Staat wurde diese Problematik zu einem Phänomen der Vergangenheit.

Mit der Nationalstaatsgründung 1860/61, die bis 1870 durch die Eingliederung Neapels, Siziliens, Venetiens und Roms abgeschlossen war, wurde das Italienisch Dantes zur gemeinsamen Sprache. Das politische System Piemonts und sein einheitsstaatliches Verwaltungssystem wurden auf den Gesamtstaat übertragen. Die historisch gewachsenen regionalen Besonderheiten, die unterschiedlichen Stadien der Modernisierung und Industrialisierung und das enorme wirtschaftliche Nord-Süd-Gefälle führten zu Spannungen und Problemen, deren Auswirkungen bis in die Gegenwart fortexistieren. Zwischen dem armen, agrarisch-feudalen «Mezzogiorno» und dem hoch entwickelten, industrialisierten Norden verschärften sich mit dem Industrialisierungsschub seit dem ausgehenden 19. Jahrhundert die wirtschaftlichen und sozialen Gegensätze. Die Wirtschafts-, Industrie- und Finanzzentren liegen in der Lombardei und in Piemont, wo der Löwenanteil des italienischen Bruttoinlandsprodukts erwirtschaftet wird. Mit der Westorientierung und der Teilnahme Italiens am Integrationsprozess der europäischen Volkswirtschaften konnte das Wohlstandsgefälle zwischen Nord und Süd durch europäische Förderprogramme abgebaut werden. Ausdruck der noch immer vorhandenen Gegensätze und gegenseitigen Vorurteile sind die Bestrebungen einzelner Parteien wie der «Lega Nord», die zeitweise einen gegen den «faulen Süden» gerichteten extremen Föderalismus und die Sezession vom Süden zur Bewahrung der regionalen kulturellen Identität, der Sprache und des wirtschaftlichen Potenzials verfolgten.

Im letzten Drittel des 19. Jahrhunderts stieg Italien in den Rang einer europäischen Großmacht auf und wurde Kolonialmacht in Afrika und im Mittelmeerraum. In den Ersten Weltkrieg trat es auf der Seite der Alliierten ein. In den Pariser Friedensverträgen musste sich die Siegermacht Italien mit – aus seiner Sicht – unzureichenden Territorialgewinnen zufrieden geben. Italien hatte seine machtpolitische Stellung kaum verbessern können. Der Krieg hatte die wirtschaftlichen und finanziellen Ressourcen des Landes aufgebraucht. Verarmung, Hunger, Arbeitslosigkeit und Firmenzusammenbrüche führten zu sozialen Konflikten. Zwischen 1919/20 und 1922 herrschten bürgerkriegsähnliche Zustände. In diesem Klima entwickelte sich eine radikale Protestbewegung, die nationale und sozialistische Ideen verknüpfte. Sie wurde vor allem vom bürgerlichen Mittelstand getragen, der Furcht vor Terror und sozialem Abstieg hatte.

Der von Mussolini 1919 gegründete Kampfbund («Fascio di combattimento») versprach den Bürgern Schutz vor der «roten Revolution» und Ordnung. Als bei den Parlamentswahlen die Sozialisten (PSI) und die katholische Volkspartei (PPI) zwar eine Mehrheit hatten, aber nicht zur Zusammenarbeit bereit waren, es zu laufenden Regierungswechseln kam, die liberalen politischen Kräfte es nicht verstanden, die Kirche und die Gewerkschaften politisch einzubinden und sich auf den Straßen bürgerkriegsähnliche Zustände mit Terror und Gewalt abspielten, die Regierungen Ruhe und Ordnung nicht wiederherstellen konnten, zerschlugen die paramilitärischen «Schwarzhemden» Mussolinis die Organisationen der sozialistischen Massenbewegung. Mussolini hatte 1921 die Faschistische Partei (Partito Nazionale Fascista, PNF) gegründet. Mit seinen Schwarzhemden marschierte er am 27. Oktober 1922 auf Rom, um die Übernahme der Macht zu erzwingen. Ohne Kampf übertrug König Viktor Emmanuel III. Mussolini das Amt des Ministerpräsidenten. Die faschistischen Herrschaftsstrukturen, die Institutionalisierung des Führerprinzips und die Beseitigung der Freiheitsrechte, das Verbot von Parteien und Gewerkschaften sowie die Auflösung parlamentarisch-demokratischer Strukturen erfolgte erst im Laufe der 1920er Jahre. Italien war somit das erste europäische Land, in dem es in der tiefen Übergangskrise nach dem Ersten Weltkrieg zu einer Beseitigung des demokratisch-parlamentarischen Systems kam.

Der Faschismus verknüpfte revolutionäre Ziele mit traditionellen. Mussolini rührte an die romantischen Vorstellungen der italienischen Nationalbewegung, als er die Wiederbegründung des antiken Imperium Romanum und die Herrschaft über das Mittelmeer, das «Mare Nostro» proklamierte. Außenpolitische Erfolge in den 1920er Jahren (Korfu, Fiume) und die Kolonialambitionen (Eroberung Äthiopiens 1936) sowie die mit der katholischen Kirche abgeschlossenen Lateranverträge brachten ihm innenpolitisch Ansehen. Italien war als Großmacht am Münchner Abkommen beteiligt und trat nach den militärischen Erfolgen Hitlerdeutschlands schließlich auf dessen Seite in den Krieg ein. Die Großmachtambitionen des «Duce» endeten mit der Besetzung Italiens durch die Alliierten und der Niederlage. Trotz Absetzung Mussolinis 1943, trotz der Gründung des Nationalen Befreiungskomitees («Comitato di Liberazione Nazionale», CLN), der Kriegserklärung an Deutschland nach der Entmachtung Mussolinis und der Einsetzung einer Übergangsregierung musste Italien als ehemaliger Feindstaat 1947 einen Friedensvertrag mit den Alliierten abschließen, in dem der unmittelbare Kolonialbesitz aufgegeben und die Gebiete in Dalmatien und im östlichen Mittelmeer abgetreten werden mussten.

Als nach Kriegsende eine Allparteienregierung unter Ferruccio Parri eine Politik der Demokratisierung, der radikalen politisch-sozialen und wirtschaftlichen Erneuerung und Säuberung einleitete, ging dies den Christdemokraten und Liberalen zu schnell. Unter Einbindung der Kommunisten bildete Alcide de Gasperi eine Regierung. Sie betrieb eine Politik der «gemäßigten

Neuordnung» (Loth). In einer Volksabstimmung am 2. Juni 1946 entschied sich die Mehrheit der Italienerinnen und Italiener gegen die Monarchie und für die Republik. In der Verfassungsgebenden Versammlung («Assemblea Costituente») wurde die DC (Democrazia Cristiana), die Nachkriegsitalien bis zum Beginn der 1990er Jahre entscheidend prägen sollte, zur stärksten Kraft vor den Linksparteien. Die schließlich 1947 angenommene Verfassung der italienischen Republik war ein Kompromiss zwischen den unterschiedlichen politischen Kräften in der Konstituante und löste das «Statuto Albertino» von 1848 ab, das 1861 auch Verfassung Italiens geworden war.

Durch die amerikanische Wirtschaftshilfe und die Teilnahme am westeuropäischen Integrationsprozess von Anfang an – über die EGKS und die Römischen Verträge von 1957 zur Gründung der EWG und zur Europäischen Atomgemeinschaft – hatte auch Italien sein «Wirtschaftswunder». Die erste größere Rezession – ausgelöst durch den «Ölschock» Anfang der 1970er Jahre – brachte auch Italien, wie andere westeuropäische Demokratien, in die Krise. Neben studentischen Protestbewegungen formierten sich Gruppen, die Themen wie Ehescheidung, Frauenrechte und Bürgerrechte auf die politische Bühne brachten. Hinzu trat seit Beginn der 1970er Jahre der politische Terrorismus, der den Staat als Institution beseitigen wollte (u.a. die Roten Brigaden). Aldo Moro versuchte die Krise des Landes 1977/78 durch eine möglichst breite Koalition unter Einbeziehung der Kommunisten zu lösen («Compromesso Storico» – Historischer Kompromiss). Zu Beginn der 1990er Jahre geriet Italien erneut in eine tiefe innenpolitische Krise, als die Verquickung zwischen der Mafia und führenden Vertretern der Politik offenbar wurde. Alte Parteien lösten sich auf, neue wurden gegründet, so dass der Weg für den politischen Umbruch zur zweiten italienischen Republik frei wurde. Quasi aus dem Nichts gelang es der kurz vorher gegründeten «Sforza Italia» («Vorwärts Italien»), bei den Wahlen von 1994 zur stärksten Partei zu werden und zusammen mit den Neofaschisten und der Lega Nord den politischen Wechsel zu vollziehen. Die Mitte-Rechts-Regierung unter Silvio Berlusconi war nur von kurzer Dauer. Ihr folgte unter Lamberto Dini eine Übergangsregierung von Experten, die 1996 durch eine Mitte-Links-Koalition unter dem späteren EU-Kommissionspräsidenten Romano Prodi abgelöst wurde. Im März 2001 kehrte der Unternehmer und Medienzar Silvio Berlusconi an der Spitze des Bündnisses «Haus der Freiheit» («Casa delle libertà») in die Regierungsverantwortung zurück. Durch eine 2005 verabschiedete Verfassungsreform (Föderalismusreform oder Devolution), die auch den Wahlmodus änderte, die Stellung der Regionen gegenüber der Zentrale stärkte, das Gewicht zwischen Deputiertenkammer und Senat zu Gunsten des Parlamentes verschob und die Stellung des Ministerpräsidenten zu Lasten des Staatspräsidenten stärkte, erhoffte sich Berlusconi im Frühjahr 2006 eine Wiederwahl. Das Mitte-Links-Bündnis Romano Prodis hatte im Wahlkampf eine Rücknahme der Verfassungsreform versprochen. Nach der Regierungsübernahme wurde am 25./26.6.2006 ein Referendum abgehalten, in dem sich 61,3 % bei einer Wahlbeteiligung von 53,6 % gegen die Reform aussprach. Bei der Abstimmung stand wohl weniger das notwendige Thema einer von allen Parteien seit Jahren gewünschten Staatsreform im Mittelpunkt, sondern vielmehr ein «neuerliches Kräftemessen zwischen Links- und Rechtsblock» (von Kempis / Gorawantschy). Die Regierung Prodi plant nun über die grundlegende Staatsreform und eine erneute Änderung des Wahlrechtes in einem ‹umfassenden Dialog› mit der Opposition einen ‹breiten Konsens› zu erreichen. In der Außen- und Sicherheitspolitik ist zu erkennen, dass die Regierung Prodi/d'Alema sich aus den zu engen Bindungen an den amerikanischen Präsidenten George W. Bush löst, wie der Rückzug italienischer Soldaten im Sommer 2006 aus dem Irak und Afghanistan verdeutlicht, Italien ist aber auch bereit, internationale Verantwortung zu übernehmen wie das Engagement bei der UN-Friedenstruppe im Libanon verdeutlicht.

4. Politisches System

Republik seit 18.6.1946, nachdem sich in einer Volksabstimmung über die künftige Staatsform 54,3 % der Wähler für die Republik und gegen den Fortbestand der Monarchie (1861–1946) ausgesprochen hatten. Die Verfassung der Republik wurde am 22.12.1947 von der *Assemblea Costituente* (Verfassunggebende Versammlung, Konstituante) angenommen und trat zum 1. Januar 1948 in Kraft. Art. 139 legte fest, dass die «*republikanische Staatsform ... nicht Gegenstand einer Verfassungsänderung* sein» kann. Italien wurde zu einer *Parlamentsdemokratie*. Es war aufgrund der Parteienkonstellation (Christdemokraten, Kommunisten, Liberale) in der Verfassungsgebenden Versammlung die einzige westliche Verfassung, in der das Recht auf Arbeit (Art. 3) festgeschrieben wurde. Die Verfassung bedeutete einen «historischen Kompromiss» und war auf Konsens angelegt. Hieraus ergaben sich neben historischen Strukturelementen Schwächen für das politische System. Die häufigen Regierungswechsel in der «ersten Republik» wurden charakteristisch für Nachkriegsitalien.

Staatsoberhaupt: Der Staatspräsident, (13.5.1999–Mai 2006) Carlo Azeglio Ciampi (sein Nachfolger wurde am 10.5.2006 in 4. Wahlgang mit 543 Stimmen Giorgio Napolitano), wird von einem Wahlkollegium auf 7 Jahre gewählt. Das Wahlkollegium besteht aus den Mitgliedern beider Kammern und 58 Vertretern der Regionen. Er hatte das Recht, das Parlament aufzulösen, den Ministerpräsidenten zu ernennen und zu verlangen, dass bestimmte Gesetzesvorlagen und Gesetze beraten werden.

Legislative: Zweikammersystem: Zwei im Gesetzgebungsverfahren gleichberechtigte Kammern. Die Kammer der Deputierten (*camera dei deputati*) mit 630 Abgeordneten wurde bis 1993 nach Mehrheitswahlrecht direkt gewählt. Seither werden drei Viertel durch Mehrheitswahl direkt (475) und ein Viertel (155) nach dem Verhältniswahlrecht regional bestimmt. Der Senat (*senato della repubblica*) hat 325 auf regionaler Basis gewählte Mitglieder. Seit 1993 werden von den 315 gewählten Senatoren 232 direkt und 83 nach dem Verhältniswahlrecht regional bestimmt. Der Präsident ernennt 9 Mitglieder auf Lebenszeit. 2 frühere Präsidenten sind Senatsmitglieder.

Der Senat ist, anders als der Bundesrat im politischen System Deutschlands, nicht Ausdruck einer föderativen Staatsordnung, sondern ein «Relikt des alten Zweikammersystems der konstitutionellen Monarchie» (Drüke) und geht auf das «Statuto Albertino» vom 8. 2. 1848 zurück. Legislaturperiode: 5 Jahre. Die Deputiertenkammer und der Senat verabschiedeten die von der Regierung Berlusconi auf Anregung der Lega Nord und ihres Vorsitzenden Bossi eingeleitete Verfassungsreform (14. 10./16. 11. 2005) mit absoluter Mehrheit. Durch das Referendum vom 25./26. 6. 2006 lehnte eine Mehrheit (61,3 %) die Staats- und Wahlrechtsreform ab. Im Dialog zwischen Regierung und Opposition wird es innerhalb der laufenden Legislaturperuiode zu einer erneuten Veränderung kommen. Zwischen beiden Lagern besteht ein Konsens, dass eine Reform dringend notwendig ist und in zahlreichen Punkten sind Regierung und Opposition nicht weit auseinander.

Exekutive: Präsident des Ministerrats, nach Abwahl Silvio Berlusconis wurde am 17. 5. 2006 der ehemalige Präsident der EU-Kommission Romano Prodi. Er schlägt die Mitglieder des Ministerrats vor (Minister), die vom Präsidenten ernannt werden. Diese Bestimmung wurde 2005 durch eine Verfassungsänderung zu Lasten des Präsidenten und des Parlamentes aufgehoben. Der Präsident des Ministerrates ernennt die Minister und kann auch das Parlament auflösen. Die Rechte der Regionen (Schule, Gesundheitssystem) wurden gestärkt.

Wahlsystem: allgemeines Wahlrecht für die Abgeordnetenkammer ab 18 Jahren, für den Senat ab 25 Jahren. Drei Viertel der Mitglieder von Senat und Abgeordnetenhaus werden direkt gewählt, ein Viertel regional nach dem Verhältniswahlrecht. Damit sollte eine bessere Repräsentation erreicht werden. Das neue Wahlgesetz macht die Parlamentswahl zur Persönlichkeitswahl. Das Prinzip der Verhältniswahl ersetzt das gemischte Mehrheitswahlsystem. Die kandidierenden Parteien müssen mindestens 4 % erreichen (Ausnahme SVP 2 %). Die siegreiche Koalition erhält eine «Mehrheitsprämie».

Parlamentswahlen 9./10. April 2006 (Mai 2001): Kammer: Casa delle libertà / Polo per le libertà Mitte-Rechts-Bündnis Berlusconi (B): 49,739 % (281 Sitze)/ (45,4 %, 367 Sitze), 1 (15) nicht «blockgebunden»; L'Unione / L'Ulivio Mitte-Links-Bündnis Prodi (P): (49,805 %, 348) / (43,7 %, 248); Senat: Casa delle libertà / Polo per le libertà 50,212 % (156) / (42,5 %, 177 Sitze), Ulivio/Unione 48,958 % (158) / (39,2 %, 128), nicht gebunden 1.

2006 (2001) Kammer: Forza Italia (B) 23,7 % 140 Sitze (29,5 %), L'Ulivio: Democatici di sinistra / La Margherita (P) 31,3 % 220 Sitze (16,6 /14,5 %), Alleanza Nazionale (B) 12,3 % 71 Sitze (12,0 %), La Rosa nel Pugno(P) 2,6 % 18 Sitze, Rifondanzione Comunista (P) 5,8 % 41 Sitze (5.0 %), Lega Nord (B) 4,6 % 26 Sitze (3.9 %), Unione dei Democratici Cristiani (B) 6,8 % 39 Sitze

(3,2 %), Comunisti Italiani 2,3 % 16 Sitze Verdi (P) 2,1 % 15 Sitze (2,2 %), Sonstige 12 /5 l'Unione / Casa Sitze *2006(2001) Senat:* Forza Italia (B) 24,0 % 79 Sitze, l'Ulivio (P) 15,5 % / 10,7 % 101 (62/39), Alleanza Nazionale (B) 12,4 % 41, Rifondazione Comunista (P) 7,4 % 27; UDC (B) 6,8 % 21, Lega Nord (B) 4,5 % 13; Insieme con l'Unione (P) 4,2 % 11; Di Pietro Italia dei Valori (P) 2,9 % 4; UDEUR Popolari (P) 1,4 % 3; Sonstige P (12) B (2).

Parteiensystem: Das traditionelle italienische Parteiensystem, das sich nach dem Zweiten Weltkrieg nach dem Ende des Faschismus herausgebildet hatte, brach Anfang der 1990er Jahre mit der Gründung der «zweiten Republik» zusammen. Keine der 1987 noch im Parlament vertretenen Parteien ist heute weder im Senat noch in der Abgeordnetenkammer repräsentiert.

Die wichtigste politische Kraft in der «ersten Republik» seit 1946/47 war die *Democrazia Cristiana (DC)*, die zwischen 1948 und 1992 allein oder in Koalitionen regierte und die Politik Italiens geformt hat. Aufgrund ihrer ideologischen Differenzierung und konfessionellen Orientierung spaltete sich die DC nach 1991 in unterschiedliche Parteien auf, die heute dem mitte-rechten «Casa delle Libertà» (Haus der Freiheit: CCD – Centro Cristiano Democratico, CDU – «Cristiani Democratici Uniti») oder dem Mitte-Links Bündnis «L'Unione», (PPI – «Partito Populare Italiano») zuzurechnen sind oder nur noch regionale Bedeutung haben (die Anti-Mafiabewegung «La Rete» und der «Patto Segni»). Bis zum Scheitern des sozialistischen Modells der Sowjetunion bildete die Kommunistische Partei Italiens (PCI – Partito Comunista Italiano) die stärkste in Westeuropa, die zweite Kraft im politischen System Italiens, war aber nie direkt an der Regierung beteiligt. Nach 1990 wurden die PDS («Partito Democratico della Sinistra») und die «Rifondazione Comunista» zu den wichtigsten Nachfolgeparteien der PCI. Eine wichtige Aufgabe in den Koalitionsregierungen hatten die Liberalen (PLI – Partito Liberale Italiano), die Republikaner (PRI), die Sozialdemokraten (PSDI – Partito Socialista Democratico Italiano) und die Sozialistische Partei (PSI – Partito Socialista Italiano).

In der Endphase der ersten Republik entstanden neue politische Kräfte wie die «Grünen» oder die Regionalpartei «Lega Nord». Die politische Landschaft der 1990er und des beginnenden 21. Jahrhunderts wird durch zwei politische Blöcke geprägt: «Haus der Freiheit» («Casa delle Libertà», das frühere Wahlbündnis «Pol der Freiheit» von 1996 ohne die Lega Nord) und «L'Ulivio». Bedingt durch die Parteienbündnisse sind alle Parteien auf der Suche nach einer «politischen Identität» und einer organisatorischen Konsolidierung.

«Haus der Freiheit» – «Casa delle Libertà»: Stärkste Kraft in der Allianz ist auch nach der Abwahl Berlusconis 2006 die «*Forza Italia*» – «Vorwärts Italien» (*FI*), die sich an Berlusconi ausrichtet und als «eine reine Führerpartei» (Große/Trautmann) angesehen wird, die sich programmatisch noch nicht konsolidiert hat. Die «*Alleanza Nazionale*» (*AN*), aus den Neofaschisten (MSI) hervorgegangen, hat den

Wandlungsprozess zur demokratischen Rechtspartei vollzogen. Die «*Lega Nord*» – 1984 als Protestbewegung gegen die Parteienherrschaft («partitocrazia») entstanden – hat sich von einer separatistischen föderalistischen norditalienischen Partei weg entwickelt. Mehrheitsbringer sind im Mitte-Rechtsbündnis das aus der DC hervorgegangene CCD und die CDU sowie der Nuovo PSI (Neue Sozialisten).

L'Ulivio – Olivenbaum: Stärkste Partei der Mitte-Links-Gruppierung ist der aus der PCI hervorgegangene PDS (Demokraten der Linken), die Gruppierung «Margariten (Margharita)» mit dem PPI, dem RI/Liste Dini, der Demokratischen Union für Europa sowie der Gruppierung «Sonnenblume (Girasole)»: «Grüne (Federazione dei Verdi)», SDI (Socialisti Democratici Italiani)» und «CI (Comunisti Italiani)». Die neokommunistische «RC (Rifondazione Comunista)» unterstützte die Olivenallianz, als sie 1996 die Regierung übernahm und gehörte 2006 zur L'Unione Prodis.

Rechtsordnung: Die Verfassungsgebende Versammlung vermied 1947, die Judikative ausdrücklich als «drittes Element der Staatsgewalt» zu definieren. Hinweise finden sich in der Verfassung an verschiedenen Stellen. Die Gerichtsordnung sieht eine Pluralität der Gerichte in den Hauptbereichen vor. Es gibt eine gegliederte Zivilgerichtsbarkeit und eine gegliederte Strafgerichtsbarkeit. Der *Verfassungsgerichtshof* (Corte Costituzionale) wurde erst 1955 eingerichtet. Seine 15 Mitglieder werden zu je einem Drittel durch den Präsidenten, das Parlament und vom Obersten Verwaltungsgerichtshof ernannt.

Regionen: Nach der Verfassung ist Italien ein Zentralstaat. Durch die Bildung von Regionen ist eine gewisse Dezentralisierung festgeschrieben. Anders als in der Bundesrepublik Deutschland oder in Österreich haben die Regionen beschränkte legislative Kompetenzen. Dies gilt auch für die Provinzen und die Kommunen.

Die Republik gliedert sich in 20 Regionen mit 103 Provinzen. 5 Regionen besitzen einen autonomen Sonderstatus: Val d'Aosta (Aosta-Tal), Trentino-Alto Adige (Trient-Südtirol), Friuli-Giulia Venezia (Friaul-Julisch Venetien), Sicilia (Sizilien), Sardegna (Sardinien).

5. Politik in und für Europa

Eine Europaorientierung, die ihren Niederschlag in Europakonzepten und Europazielen hatte, findet sich in Italien traditionell seit dem Mittelalter. In der Neuzeit äußerten sich Vertreter unterschiedlichster sozialer und politischer Gruppen immer wieder zu europäischen Einigungsfragen (Guiseppe Mazzini, Giovanni Agnelli, Carlo Graf Sforza, Altiero Spinelli).

Am Ende des Zweiten Weltkrieges hatte das besetzte Italien zunächst keinen eigenen außen- und europapolitischen Handlungsspielraum. Der Beginn des Kalten Krieges und die Existenz einer starken Kommunistischen Partei machten Italien – aus negativen Gründen – zu einem interessanten Bündnispartner. Es lag im Interesse des Westens, insbesondere Großbritanniens und der USA, Italien in seiner Einflusssphäre zu halten. Italien seinerseits hatte die Wahl, angesichts der schwierigen innenpolitischen Lage nach dem Kriege, eine Politik der Neutralität zwischen den sich ausbildenden Blöcken zu verfolgen und seine massiven sozialen und wirtschaftlichen Probleme allein zu lösen oder für den Westen zu optieren und auf diese Weise die Folgen des Krieges und den Wiederaufbau mit Mitteln aus dem Marshallplan zu bewältigen. Nüchtern betrachtet hatte Italien 1948/49 keine andere Wahl als die Option für den Westen und damit einer Neuorientierung der italienischen Politik weg vom Mittelmeer und dem Balkan nach Norden, nach Europa.

Am Prozess der europäischen Einigung waren italienische Politiker aktiv beteiligt. Italien gehörte zu den 10 Gründungsmitgliedern des Europarats. Als Robert Schuman 1950 seine Pläne für eine Montanunion präsentierte, beteiligte sich Italien an den Verhandlungen zur Gründung einer Europäischen Gemeinschaft für Kohle und Stahl und wurde Mitglied. Als es um die Bildung einer Europäischen Verteidigungsgemeinschaft (EVG) ging, war es der damalige italienische Außenminister de Gasperi, der eine Klausel über die Gründung einer Europäischen Politischen Gemeinschaft, die als politisches Dach und Kontrollorgan dienen sollte, in den Vertragstext einbrachte. Die Mitgliedschaft in Europäischen Organisationen war für Italien aus wirtschaftlichen Gründen, aber auch aus Stabilitätsüberlegungen von grundlegender Bedeutung. Es waren immer wieder diese Motive, die Italien zu einem Motor – und das wird oft übersehen – im europäischen Einigungsprozess machten. Die mit den Römischen Verträgen vom 25. März 1957 gegründete Europäische Wirtschaftsgemeinschaft (EWG) und die Europäische Atomgemeinschaft (EAG) waren für die wirtschaftliche Entwicklung ebenso bedeutsam wie die Gemeinsame Agrarpolitik der EG, die Regional- und Strukturpolitik sowie die Bildung einer Zollunion und eines gemeinsamen Marktes. In der Phase der «Eurosklerose», als der Integrationsprozess stagnierte, brachten die Colombo-Genscher-Initiative zur Demokratisierung der Gemeinschaftsorgane und der Verbesserung der Europäischen Zusammenarbeit (EPZ) sowie der von Spinelli als Ergebnis der ersten Legislaturperiode des direkt gewählten Europaparlaments präsentierte Verfassungsentwurf wieder Bewegung in den europäischen Einigungsprozess. In Abstimmungen und in Umfragen erhält Europa immer gute Werte. Diese europäische Grundhaltung der Italiener hat sich auch in der Zweiten Republik nicht verändert. Hierbei spielt, trotz gelegentlicher nationaler Ausrutscher von Politikern, eine gewichtige Rolle, dass die Teilnahme Italiens als einer der Großen am europäischen Integrationsprozess das internationale Ansehen und Profil des Landes gestärkt hat und dass die Zugehörigkeit zur Europäischen Gemeinschaft, zur Europäischen Wirtschafts- und Währungsunion und zu einem großen Binnenmarkt nicht nur das Nord-Süd-Gefälle abzubauen vermochte, sondern angesichts der oftmals schwierigen politischen, gesellschaftlichen und wirtschaftlichen Landschaft auch vielfach zum «Stabilitätsanker der italienischen Demokratie» wurde.

Mit der Übernahme der Ratspräsidentschaft Italiens im Juli 2003 setzte das

Land große Hoffnungen auf eine spektakuläre und erfolgreiche Präsidentschaft. Mit der Verabschiedung des Europäischen Verfassungsvertrages sollte im Dezember 2003 der «zweite historische Römische Vertrag» unterzeichnet werden, als krönender Abschluss der italienischen Präsidentschaft. Diese begann zunächst jedoch mit einem Eklat, als Ministerpräsident Berlusconi am 2. Juli im Europäischen Parlament das Programm für die italienische Präsidentschaft vortrug. Auf wiederholte Nachfrage des deutschen Europaabgeordneten Martin Schulz von der Sozialistischen Fraktion über seine Verwicklung in Finanzskandale ließ sich Ministerpräsident Silvio Berlusconi aus der Fassung bringen und schlug den Abgeordneten als «Idealbesetzung für den Aufseher in einem KZ-Film» vor. Eine Entschuldigung für diese Entgleisung kam dann aber nicht aus Überzeugung und sollte die Beziehungen zum Europaparlament sowie die deutsch-italienischen Beziehungen nachhaltig belasten, auch wenn nach außen die Formen gewahrt wurden. Es sollte sich während der gesamten italienischen Präsidentschaft zeigen, dass der italienische Ministerpräsident, wie es ein Kommentator des ORF formulierte, «von einem Fettnäpfchen ins nächste» trat. So bei seinen Äußerungen beim Putinbesuch zur russischen Tschetschenienpolitik und zum autoritären Vorgehen Russlands in der Affäre um den Topmanager der Ölfirma Yukos und schließlich kurz vor Weihnachten die Attacke des Ministerpräsidenten und EU-Ratsvorsitzenden gegen die Gemeinschaftswährung Euro. Angelastet wurde Rom auch, dass es im «Defizitstreit» zwischen der Kommission und den Haushaltssündern Frankreich und Deutschland – trotz Protest kleinerer EU-Staaten – nicht klar Position im Sinne des Stabilitätspaktes bezog. Die Union geriet damit in eine Krise, die dann in den Regierungskonferenzen und auf dem Brüsseler Gipfel sichtbar wurde.

Während Berlusconi selbst im Dezember 2003 auf einer Pressekonferenz, trotz der harschen Kritik des Europäischen Parlaments, von einer «triumphalen Präsidentschaft» sprach, war in den Wandelgängen des Rats in Brüssel davon die Rede, dass man das Scheitern des Gipfels über den Europäischen Verfassungsvertrag «nicht der italienischen Diplomatie anlasten könne». Als am 18. Juli der Präsident des Verfassungskonvents Valéry Giscard d'Estaing die «Erklärung von Rom» abgab und den italienischen Mitgliedern des Konvents für ihre wertvolle und konstruktive Mitarbeit dankte, rief er den «italienischen Vorsitz» auf, «die Regierungskonferenz auf höchster politischer Ebene so zu führen, dass sie unter italienischem Vorsitz im Dezember 2003 zum Abschluss gebracht wird. So würde nach dem Vertrag von Rom nun die Verfassung von Rom entstehen. Italien als Gründerstaat der Europäischen Union wird dabei einen entscheidenden Beitrag zu leisten haben.» Giscard d'Estaing setzte sein ganzes Vertrauen in den italienischen Vorsitz: «er wird dieser Verantwortung gerecht werden, und die Europäische Union wird am 9. Mai 2004 ihre Verfassung in Rom unterzeichnen können»!

Das Management der Verfassungsfrage im Vorfeld der Regierungskonferenzen im Oktober 2003 und schließlich in der kritischen Phase vor dem Brüsseler Gipfel im Dezember 2003 entsprach nicht den Erwartungen. Die Mitgliedstaaten hatten zum Konventsentwurf Stellung bezogen und ihre Wünsche artikuliert, sei es über den Gottesbezug in der Präambel, sei es bei der Frage der Gleichheit der Mitglieder, der Repräsentanz der Mitglieder durch eigene Kommissare in einer aufgewerteten Europäischen Kommission oder sei es bei der Stimmengewichtung im Rat, die vor allem für Spanien und Polen ein Streitpunkt war und zu der es auch eine polnisch-spanische Erklärung gab. Rom entwickelte keine Kompromisslösungen, um ein Scheitern zu verhindern. Der Ratsvorsitzende soll beim gemeinsamen Abendessen der Staats- und Regierungschefs, als sich ein mögliches Scheitern abzeichnete, geäußert haben: «Reden wir doch lieber von Frauen und vom Fußball.» Der Traum von der «Verfassung von Rom», auf die so viele Europäer gehofft hatten, war geplatzt. Das Motto der italienischen Präsidentschaft – «Europa: der gemeinsame Traum der Bürger» – blieb auf der Strecke. Mit der Regierung des früheren Kommissionspräsidenten Romano Prodi als Ministerpräsident und des stellvertretenden Vorsitzenden des Europäischen Verfassungskonventes und heutigen Außenministers Massimo d'Alema gewinnt Europa für die italienische Gesamtpolitik wieder größeres Gewicht.

Altgeld, Wolfgang (Hg.): Kleine Geschichte Italiens. Stuttgart 2002; *Ambrosiani*, Gianguilio (Hg.): Costituzione italiana. Turin 1975; *Brice*, Catherine: Histoire de l'Italie. Paris 2003. *Candeloro*, Giorgio: Storia dell'Italia moderna. 11 Bde. Mailand 1956–86; *Chiellino*, Carmine/*Marchio*, Fernando/*Rongoni*, Giocondo: Italien. München [3]1995; *Chiellino*, Carmine: Kleines Italien Lexikon. München 1989; *Colomer*, J. M. (Hg.): La Politica in Europa. Rom 1995; *Drüke*, Helmut: Italien. Wirtschaft, Gesellschaft, Politik. Opladen [2]2000; *Galasso*, Giorgio (Hg.): Storia d'Italia. 24 Bde. Turin 1979–1996; *Galli*, Giorgio: I Partiti Politici Italiani (1943–2004). Milano [2]2004; *Gruner*, Wolf D./*Trautmann*, Günter (Hg.): Italien in Geschichte und Gegenwart. Hamburg 1991; *Große*, Ernst-Ulrich/*Trautmann*, Günter, Italien verstehen. Darmstadt 1997; *Italien-Ploetz*, Italienische Geschichte zum Nachschlagen. Würzburg [2]1996; *ISTAT* (Istituto Centrale di Statistica – Statistisches Zentralamt): Annuario Statistico (Statistisches Jahrbuch), Rapporto annuale (Jahresberichte); Italia in breve (Italien kurz gefasst); *Kimmel*, Adolf/*Kimmel*, Christiane: Verfassungen der EU-Mitgliedstaaten. München 2000, S. 249–276; *Lill*, Rudolf: Geschichte Italiens in der Neuzeit. Darmstadt [4]1988; *Masala*, Carlo: Italien, in: *Weidenfeld*, Europa-Handbuch II, S. 192–204; *Petersen*, Jens: Quo vadis Italia? Ein Staat in der Krise. München 1995; *Reinhardt*, Volker: Geschichte Italiens. Von der Spätantike bis zur Gegenwart. München [2]2005; *Spadolini*, Giovanni (Hg.): Nazione e nazionalità in Italia. Rom 1994. *Thomas*, Brigitta: Die Europa-Politik Italiens. Der Beitrag Italiens zur europäischen Einigung zwischen EVG und EG. Baden-Baden 2005; *Trautmann*, Günter/*Ullrich*, Hartmut: Das politische System Italiens, in: *Ismayr*, Politische Systeme Westeuropas, S. 553–607; von *Kempis*, Stefan / *Gorawantschy*, Beatrice: Referendum zur Verfassungsreform in Italien (KAS Länderberichte 28. 6. 2006) (www.kas.de/proj/home/pub/30/1/year-2006/dokument_id-8667/index.html)

www.parlamento.it; www.camera.it (Parlament, mehrsprachig); www.senato.it;
www.mi.cnr.it (Forschungsrat);
www.quirinale.it (Präsident);
www.governo.it; www.palazzochigi.it;
www.esteri.it (Außenministerium);
www.istat.it (Istituto Nazionale di Statistica)

San Marino

1. Grunddaten

Staatsname: Serenissima Repubblica di San Marino (RSM, Republik San Marino)
Größe: 61,2 km^2
Hauptstadt: San Marino – San Marino Cità
Einwohner: 29 251 (April 2006), 28 119 (Juli 2003)
Bevölkerungsdichte: 458 Einwohner/km^2
Konfessionen: 95,2 % Katholiken, Konfessionslos 3 %, Sonstige 1,2 %
Sprachen: Italienisch; Emiliano-Romagnolo (romagnolischer Dialekt)
Währung: 1 Euro (€) = 100 Cent, 1 US-$ = 0,79 € (2006), 1 US-$ = 0,83 € (2005)

2. Sozioökonomische Grundlagen

Bruttoinlandsprodukt (BIP): 940 Mio. € (2002)
BIP/Kopf: 34 600 US-$ (2002)
Erwerbstätigkeit: Landwirtschaft 1 %, Industrie 42,%, Dienstleistungen 57 % (2005)
Inflation: 3,3 % (2005) 2,5 % (2003)
Wirtschaftswachstum (BIP): 1 % (2005), 7,5 % (2001)
Arbeitslosigkeit: 2,6 % (2005)
San Marino gilt als «Steueroase» und verpflichtete sich 2002 gegenüber der OECD, wettbewerbsverzerrende Steuerpraktiken zu beseitigen.
Außenhandel: Exportgüter sind vor allem Wein, Möbel, Keramikprodukte, Wolle und handwerkliche Erzeugnisse. Wegen der Zollunion mit Italien (seit 1862) fließen die statistischen Angaben teilweise bei Italien ein. Genaue Angaben sind daher nicht möglich.

3. Geschichte

San Marino wurde 301 – in der Zeit der Diokletianischen Christenverfolgungen – durch dalmatinische Christen (Namensgeber war der Eremit Marinus) nach der Legende am 3. 9. (Nationalfeiertag) gegründet. Seit der urkundlichen Erwähnung von 885 konnte die «älteste Republik» der Erde ihre Unabhängigkeit bewahren. Alle Versuche benachbarter weltlicher oder geistlicher Herren, San Marino in ihren Herrschaftsbereich einzubeziehen, scheiterten. Seit der Mitte des 15. Jahrhunderts wurde die Republik vom Großen Rat, der «Arengo», regiert. Der Große Rat rekrutierte sich aus 60 Männern der Versammlung der Familien. Zur Bewahrung seiner Unabhängigkeit hat sicherlich San Marinos Geographie (Isoliertheit, Bergfestungen) im hohen Maße beigetragen, aber auch die Tatsache, dass Kleinstaaten charakteristisch für die politische Landschaft und Herrschaftsstruktur Italiens im späten Mittelalter und in der frühen Neuzeit wurden. Die Katholizität der Republik verhinderte auch die Einverleibung San

Marinos in die es umgebenden Päpstlichen Staaten (Kirchenstaat). In der Revolutionsepoche lehnte das Land ein Angebot Napoleons auf Gebietserweiterung und Meerzugang ab und wurde in seinem neutralen Status von Frankreich anerkannt. Auf dem Wiener Kongress wurde 1814/15 die Unabhängigkeit San Marinos bestätigt. Nach den gescheiterten Revolutionen in den italienischen Staaten und der nicht erfolgten Nationalstaatsgründung 1849, gewährte San Marino Guiseppe Garibaldi und 2000 seiner Kämpfer politisches Asyl. Auch nach der Gründung des Königreichs Italien 1859/61 konnte es seine Eigenständigkeit bewahren und schloss 1862 einen Freundschafts- und Zollunionsvertrag mit Italien ab. Im 19. und 20. Jahrhundert bewegte sich die Zwergrepublik politisch, wirtschaftlich und auch außenpolitisch in gewissem Gleichtakt mit Italien. So erfuhr auch San Marino zwischen 1923 und 1943 eine faschistische Periode. Allerdings bewahrte es im Zweiten Weltkrieg seine Neutralität und gewährte Verfolgten – etwa 100 000, meist Italienern – politisches Asyl. In der Endphase des Krieges wurde es von deutschen Truppen besetzt und von britischen Streitkräften befreit. In der ersten Nachkriegsdekade regierte in San Marino eine Koalitionsregierung aus Sozialisten und Kommunisten. Seit Mitte der 1950er Jahre traten die Christdemokraten immer wieder in die Regierungsverantwortung. Charakteristisch für San Marino sind Koalitionsregierungen. Der «Compromesso Storico», die Zusammenarbeit zwischen Christdemokraten und Kommunisten, wurde in San Marino 1986 Realität. Die Republik San Marino ist seit dem Zweiten Weltkrieg ein beliebtes Urlauberziel. Der Tourismus mit mehr als 3 Millionen Gästen jährlich zählt ebenso zu den Haupterwerbsquellen des Landes wie die bunten Briefmarkeneditionen.

Ähnlich wie die anderen europäischen Zwergstaaten Monaco und Andorra profitierte San Marino, dessen Staatsgebiet von Italien umgeben ist, aufgrund seiner Zollunion mit Italien vom Prozess der politischen und wirtschaftlichen Integration (West)Europas und der durch das NATO-Mitglied Italien gewährten Sicherheit. Internationalen Organisationen wie dem Europarat (1988), den Vereinten Nationen (1992) oder der OSZE trat es daher erst spät bei.

San Marino zählt neben Andorra und Liechtenstein zu den einzigen europäischen Staaten, die seit 1789 ihr Territorium nicht verändert haben und ihr politisches System bewahrten. Allerdings wurde das politische System den sich verändernden Gegebenheiten angepasst. So erhielten die Frauen 1960 das Wahlrecht und erreichten 1973 die volle Gleichberechtigung. Versuche, die Benachteiligung von Frauen bei Heirat mit Ausländern zu beseitigen – das Bürgerrecht ist nur vom Vater auf die Kinder vererbbar – scheiterten trotz höchstrichterlicher Entscheidung des «Consiglio die XII» in verschiedenen Volksabstimmungen. Mit der Einführung des Euro 2002 und der währungspolitischen Trennung von Italien wurde auch die Gründung einer Zentralbank erforderlich, die 2003 («Banca Centrale della Repubblica di San Marino – BCSM») erfolgte.

4. Politisches System

Republik, seit 1599 Parlamentarische Republik. San Marino ist in 10 Gemeindebezirke aufgegliedert (Castelli = Kirchengemeinden). An der Spitze des Staates stehen zwei «Capitani Reggenti» (Staats- und Regierungschefs). Sie werden vom «Consiglio Grande e Generale» (Großen Generalrat), dem aus 60 Mitgliedern bestehenden Parlament, jeweils für sechs Monate – am 1.4. und am 1.10. – gewählt: 1.4.2006–30.9.2006: Gian Franco Terenzi III (PDCS) und Loris Francini II (PDCS), 1.10.2006–31.3.2007: Antonio Carattoni (PSD), Roberto Giogetti (Alleanza Popolare). Die «Capitani» können nach 3 Jahren erneut gewählt werden. Sie stehen dem Staatsrat vor, der die Exekutive bildet. Die 10 gewählten Mitglieder des Staatsrats stehen den einzelnen Ministerien vor. Daneben besteht noch der «Rat der Zwölf» als rechtliche Appellationsinstanz. Der Große Generalrat wird alle fünf Jahre gewählt. Wahlberechtigt sind alle in San Marino lebenden Bürger – auch Ausländer – ab 18 Jahren.

Das Sozialsystem ist gut organisiert mit wohlfahrtsstaatlichen Einrichtungen, Familienförderprogrammen, Beschäftigungs- und Arbeitslosenhilfen und einem günstigen Gesundheits- und Rentensystem.

San Marino besitzt keine eigene Armee, sondern nur eine uniformierte Miliz, die vor allem am Nationalfeiertag und bei Paraden eingesetzt wird. Die öffentliche Ordnung wird durch die Gendarmerie gewährleistet.

Mit dem Übergang zum Euro am 1.1.2002 wurde die Währungspartnerschaft mit Italien beendet. San Marino verzichtete auf eine eigene Währungshoheit. Diese ging auf die Europäische Zentralbank (EZB) über.

Bei den Generalratswahlen 2001 erhielten die christlich-demokratische PDCS (Partito Democratico Cristiano Sanmarinese) 25 Sitze, die PSS (Partito Socialista Sanmarinese, 1902 gegründet) 15, die sozialistische PPDS (Partito Progressista Democratico Sanmarinese, 1990 neu gegründet) 12, die liberale ADPS (Alleanza Populare dei Democratici Sanmarinese, 1993 gegründet) 5, die RC (Rifondazione Comunista) 2 und Sonstige 1. Die Wahlen von 2006 (Wahlbeteiligung 71,8 %) verschoben die Gewichte und brachten neue Parteien in den Großen und General Rat: Partito Democratico Cristiano Sammarinese (PDCS) 32,9 % (21), Partito die Socialisti e die Democratici (PSD) 31,8 % (20), Alleanza Popolare (AP) 12,1 % (7), Sinistra Unita (SU) 8,7 % (5), Nuovo Partito Socialistica 5,4 % (3/-), Noi Sammarinese (NS) 2,5 % (1), Popolari Sammarinese (POPOLARI) 2,4 % (1/-), Alleanza Nazionale Sammarinese (ANS) 2,3 % (1/-), Sammarinesi per la Libertà (SpL) 1,8 % (1/-).

Edwards, Adrian/*Michaelides*, Chris: San Marino. Oxford 1996; *Fattori*, Marino: Ricordi storici della Repubblica di San Marino. San Marino 1956; *Hecker*, Hellmuth: Das Staatsangehörigkeitsrecht von Andorra, Liechtenstein, Monaco, San Marino, der Vatikanstadt. Frankfurt/M. 1958; *Matteini*, Nevio: Repubblica di San Marino. San Marino 1980.

www.consigliograndeegenerale.sm;
www.esteri.sm;
www.sanmarinosite.com

Vatikanstadt – Heiliger Stuhl (Santa Sede)

1. Grunddaten

Staatsname: Stato della Città del Vaticano (Staat der Vatikanstadt)
Größe: 0,44 km^2
Hauptstadt: Vatikanstadt
Einwohner: 532 (Schätzung 2004: 62 Kardinäle, 350 Geistliche, 101 Mitglieder der Schweizer Garde, 48 Laien) (CIA Factbook 17.10.06: 932 Juli 2006)
Konfession: katholisch, offizielle Religion
Amtssprache: Latein, Italienisch und weitere Sprachen
Währung: 1 (Euro) € = 100 Cent 1 US-$ = 0,79 € (2006), 1 US-$ = 0,83 € (2005)

2. Sozioökonomische Grundlagen

Die Einnahmen der Vatikanstadt kommen vor allem aus den Erträgen des angelegten Vermögens aus der Entschädigung für die Annexion des Kirchenstaates in den Lateranverträgen (1929) in Höhe von 1,75 Mrd. Lire (Wert von 1929), aus den Abgaben der kirchlichen Einrichtungen und den Diözesen sowie aus der Kollekte des «Peterspfennig», der jährlich anlässlich des Festes des Heiligen Petrus und Paulus weltweit erhoben wird. Weitere Finanzquellen sind die Erlöse aus dem Briefmarkenverkauf und der Tourismus.
Bruttoinlandsprodukt (BIP): keine Angaben
Erwerbstätigkeit: keine Angaben
Außenhandel: keine Angaben

3. Geschichte

Die Ursprünge des Kirchenstaates gehen auf das sog. «Patrimonium Petri» (Besitz des Petrus) zurück. Es bestand zunächst aus dem Grundbesitz der römischen Kirche, den diese seit dem 4. Jahrhundert durch Schenkungen und Erbübertragungen in Italien und Sizilien erwerben konnte. Die sog. «Langobardische Schenkung» Pippins des Jüngeren an den «Heiligen Petrus» aus dem Jahre 754 – als Dank für die kirchliche Legitimierung der Karolinger durch Papst Stephan II. – wurde durch Karl den Großen bestätigt. Damit verbunden war eine Schutz- und Oberhoheit der ‹abendländischen Kaiser› über den kirchlichen Besitz. Die historische Forschung konnte die «Pippinsche Schenkung» als Fälschung nachweisen. Die durch diese Schenkung erworbenen Gebiete in Norditalien sowie weitere Schenkungen in Mittelitalien führten zur Ausbildung des Kirchenstaates. Innozenz III. († 1216) gilt als «Gründer» der «Päpstlichen Staaten». Die Anerkennung als souveräner Staat auf der italienischen Halbinsel gelang jedoch erst zu Beginn des 16. Jahrhunderts unter Julius II. Unter diesem bedeutendsten Renaissancepapst wurde der moderne Kirchenstaat zu einem zentralistisch organisierten Staatswesen. Der für die Finanzierung des Baus der Peterskirche vom Medicipapst Leo X. ausgeschriebene Ablass wurde zu einem Auslöser der Reformation. Deren Folgen versuchte das Papsttum auf verschiedenen Wegen zu überwinden. Das Territorium des Kirchenstaates wurde erfolgreich vergrößert und durch das Konzil von Trient, die Bestätigung des Jesuitenordens und die Zentralisierung der Inquisition gelang es, die Folgen der Reformation zunächst zu begrenzen. Bis zum Ende des 18. Jahrhunderts spielen die päpstlichen Staaten im Gefüge der italienischen Staatenwelt eine wichtige Rolle.

Französische Truppen eroberten 1798 den Kirchenstaat, verhafteten den Papst und errichteten bis zur Befreiung Roms 1799 durch die Zweite Koalition die römische Republik. Der neu gewählte Papst Pius VII. und sein Kardinalstaatssekretär Ercole Consalvi handelten 1801 ein Konkordat mit Napoleon zum Wiederaufbau der französischen Kirche aus. Im Zuge der napoleonischen Italienpolitik kam es 1807/8 erneut zur Annexion des Kirchenstaates, zur Absetzung des Papstes und zur Beendigung der weltlichen Herrschaft der Päpste durch Eingliederung zunächst in das Königreich Italien und von 1809–1814 in das französische Kaiserreich. Auf dem Wiener Kongress wurde der Kirchenstaat wiederhergestellt, nachdem der Plan für eine «Lega Italia» auch am Widerstand des Papstes gescheitert war.

Im Vergleich zu anderen italienischen Staaten wies der Kirchenstaat ein geringes Modernisierungsstadium auf. Er wurde in der Zeit nach 1815 zum reformunfähigen und reformunwilligen Polizeistaat, der bei den Aufständen von 1831 und 1848/49 nur durch die Intervention Österreichs gerettet werden konnte. Im Zuge des italienischen Einigungskrieges 1859/60 wurden große Teile der «päpstlichen Staaten» durch Volksabstimmungen dem Königreich Italien eingegliedert. Nur Rom blieb, Dank einer französischen Garnison, bis 1870 als Rest-Kirchenstaat erhalten. Nach dem Abzug der Franzosen wurde Rom von italienischen Truppen besetzt und im Oktober die Herrschaft des Papstes über Rom beendet. Durch Plebiszit wurde der Anschluss bestätigt. Rom wurde Hauptstadt Italiens. Die «Römische Frage» belastete das Verhältnis Italiens zum Papst. Pius IX. verbot den Katholiken, am politischen Leben Italiens teilzunehmen. Erst zur Zeit des Faschismus kam es zu einem Ausgleich zwischen Römischer Kirche und italienischem Staat. In den Lateranverträgen von 1929 wurde die Römische Frage beigelegt, die katholische Religion durch Konkordat als Staatsreligion bestätigt, die staatliche Souveränität des Papstes über den «Staat der Vatikanstadt» anerkannt, die Freiheit der Seelsorge und des Religionsunterrichtes zugesichert, dem Papst eine hohe materielle Entschädigung für den Verlust des Kirchenstaates gewährt und die zivilrechtliche Anerkennung der kirchlich geschlossenen Ehe anerkannt. In der Folge traten die Päpste vor allem im kirchlichen Bereich hervor (z. B. in den Sozialenzykliken «Quadragesimo anno» 1931 und «Populorum progressio» 1967 sowie durch das 2. Vatikanische

Konzil). 1984 schließlich wurden die Lateranverträge durch ein neues Konkordat mit Italien ersetzt, das die Trennung von Kirche und Staat festlegte.

4. Politisches System

Das Staatsgrundgesetz vom 22. 2. 2001 bestimmt den Vatikanstaat als eine «absolute Wahlmonarchie». Der jeweilige Papst, seit dem 19. 4. 2006 Benedikt XVI (vorher: Kardinal Joseph Ratzinger), vom Konklave der Kardinäle auf Lebenszeit gewählt, ist Staatsoberhaupt sowie Inhaber der höchsten exekutiven, legislativen und judikativen Gewalt. Er ist mit absoluter Machtfülle ausgestattet. Über die Kurie übt der Papst seine Vollmachten aus. Die Kurie fungiert als Hauptverwaltung der römisch-katholischen Gesamtkirche. Die weltlichen Amtsgeschäfte werden an Präsidenten der aus 5 Mitgliedern bestehenden Kardinalskommission delegiert. Das Staatssekretariat mit dem Kardinalstaatssekretär (seit dem 15. 9. 2006 Kardinal Tarcisio Bertone als Nachfolger von Kardinalstaatssekretär Angelo Sodano) ist für die Außenbeziehungen sowie für die Kontakte zum Papst, u. a. bei wichtigen Staatsangelegenheiten, zuständig. Die Jurisdiktion des Papstes ruht während der «Sedivakanz», d. h. zwischen dem Ableben eines Papstes und der Neuwahl seines Nachfolgers. Für diese Zeit liegen die Handlungs- und Entscheidungskompetenzen beim Camerlengo.

Da der Vatikanstaat aufgrund seiner Struktur und Tradition keine Demokratie ist, kann er nicht Mitglied des Europarats werden und erhält dort nur einen permanenten Gaststatus. Selbstständiges Völkerrechtssubjekt ist nicht der Vatikanstaat, sondern der «Heilige Stuhl».

5. Politik in und für Europa

Während des Zweiten Weltkriegs verfolgte der Vatikan eine strikte Politik der Neutralität und wurde zu einer Verbindungsstelle für Kontakte, u. a. des deutschen Widerstands mit den Alliierten. Vor allem nach dem Zweiten Weltkrieg haben die Päpste durch Auslandsreisen nicht allein seelsorgerische und kirchliche Missionen durchgeführt, sondern auch politischen Einfluss genommen. 1965 sprach mit Paul VI. erstmals ein Papst vor der UN-Vollversammlung. Johannes Paul II. aktivierte nach seiner Wahl seine politischen Pilgerreisen – 1979 auch in seine Heimat Polen – und seine Auslandsreisen, trat vor der UN-Generalversammlung auf, bemühte sich in internationalen Konflikten zu vermitteln, nahm zu wirtschaftlichen und sozialen Problemen der Welt Stellung und rief immer wieder zur Friedenswahrung und zur Toleranz auf.

Die Geschichte des Kirchenstaates wird in der Regel auch in Darstellungen zur Geschichte Italiens behandelt (→ **Italien**).

Altgeld, Wolfgang u. a.: Kleine italienische Geschichte. Stuttgart 2002; *Fuhrmann*, Horst (Hg.): Quellen zur Entstehung des Kirchenstaats. Göttingen 1968; *Rossi*, Fabrizio: Der Vatikan. München [2]2005; *Sonne*, K.: Der Vatikan als Staatsorganisation. München [2]1996; *Weber*, C., Die Territorien des Kirchenstaats im 18. Jahrhundert. Frankfurt/M. 1991.

www.vatican.va

Griechenland

1. Grunddaten

Staatsname: Éllas (Hellenische Republik – Ellinikí Dimokratía)
Größe: 131 990 km^2
Hauptstadt: Athina (Athen)
Einwohner: 11 165 989 (Januar 2006); offiziell 100 % Griechen. Es leben in Griechenland jedoch mazedonische, türkische, bulgarische, armenische und albanische (oft illegal) Minderheiten sowie Roma
Bevölkerungsdichte: 84,2 Einw./km^2
Konfessionen: 98 % griechisch-orthodox. Muslimische (1,3 %), jüdische, katholische und protestantische Minderheiten (0,7 % andere)
Amtssprache: Neugriechisch; weitere Sprachen: Regionaldialekte (Pontisch, Tsakonisch) sowie Englisch und Französisch (2 %)
Währung: 1 Euro (€) = 100 Cent 1 US-$ = 0,79 € (2006), 1 US-$ = 0,83 € (2005)

2. Sozioökonomische Grundlagen

Griechenland hat ein gemischtes kapitalistisches Wirtschaftssystem. Der Tourismus ist ein wichtiger Wirtschaftsfaktor (ca. 15 % BIP). Etwa 1/5 der Beschäftigten sind Immigranten, die vor allem Niedriglohnarbeitsplätze besetzen. Die griechische Wirtschaft ist seit 1997 stetig gewachsen (im Schnitt 4 %) und liegt im Schnitt 1 % über den anderen EU-Mitgliedern. Griechenland profitiert in hohem Maße von Mitteln aus verschiedenen Fonds der EU (u. a. Strukturfonds, Regionalfonds: 2000 5,4 Mrd. US-$). Probleme sind jedoch die Arbeitslosigkeit, die Umstrukturierung der Wirtschaft, die Inflation und die Staatsverschuldung.
Bruttoinlandsprodukt (BIP): 181,1 Mrd. €, 222,8 Mrd. US-$ (2005)
Anteil am BIP (2004): Landwirtschaft 7,1 %, Industrie 22 %, Dienstleistungen 70,9 %
BIP/Kopf (2005): 16 315 €, 20 072 US-$
Wirtschaftswachstum (BIP): 3,7 % (2005), 4,2 % (2004)
Erwerbstätigkeit: Landwirtschaft 20 %, Industrie 22 %, Dienstleistungen 60 %
Arbeitslosigkeit (2005): 10,4 %
Inflationsrate: 3,6 % (2005)
Außenhandel: (2005) Import: 43,9 Mrd. €, 52,892 Mrd. US-$; Haupthandelspartner: EU25 55,1 %, Italien 12,2 %, Deutschland 13,2 %, Frankreich 5,7 %, Niederlande 5,5 %, GUS-Staaten 7,7 %, China 3,9 %, Saudi-Arabien 4,1 %, – Export: 14,0 Mrd. €; 16,9 Mrd. US-$, davon EU25 52,2 %, Deutschland 12,3 %, Italien 10,5 %, UK 6,7 %, Türkei 5,4 %, USA 5,3 %, Bulgarien 4,5 %, Frankreich 4,2 %.

3. Geschichte

Zur griechischen Geschichte im engeren Sinn zählt das, was die Griechen «Hellas» und die Römer «Graecia» nannten. Seit dem 2. vorchristlichen Jahrtausend wanderten indogermanische Stämme in diesen Raum ein, vermischten sich mit der dort lebenden mediterranen Bevölkerung und bildeten die mittelhelladische Kultur aus. Wichtig für die kulturelle Ausprägung wurden die minoische (auf Kreta) und mykenische Kultur. Seit dem 8. Jahrhundert entstanden die Stadtstaaten (Polis), die sich von adeligen Herrschaftsstrukturen zu «demokratischen» Organisationsformen fortentwickelten, die den Staatsbürgern größere politische Beteiligung zugestanden. Das Recht wurde kodifiziert (Drakon) und Solon führte die «timokratische Verfassung» ein, nach der die politische Beteiligung auf der Basis der Vermögensverhältnisse festgelegt wurde. Griechenland gilt als die «Wiege der Demokratie». Sparta, Korinth und Athen wurden zu den politischen Machtzentren. Es begann die griechische Kolonisation im Mittelmeer- und Schwarzmeerraum und in Kleinasien durch die Gründung von Siedlungen. Als die aufständischen griechischen Städte Unterstützung durch die anderen Griechen erhielten, kam es zu den Perserkriegen, aus denen die Griechen siegreich hervorgingen und Athen zur griechischen Führungsmacht wurde.

Ein «letztes Aufleuchten griechischer Größe und Macht» erfolgte unter Alexander d. Großen. In zahlreichen Feldzügen baute er ein riesiges Weltreich auf, das von Indien und Persien bis nach Ägypten reichte. Die griechische Sprache und Kultur verbreiteten sich im gesamten Reich. Nach seinem Tod zerfiel sein Reich, doch die griechischen Siedlungen und die griechische Kultur überdauerten bis in die Neuzeit. Mit der Eingliederung in das Römische Reich im späten 2. Jahrhundert sank Griechenland zu politischer Bedeutungslosigkeit ab. Mit der Reichsteilung (395) wurde Griechenland eine unbedeutende Provinz des byzantinischen Reiches, das sich auf die griechische Kultur und Sprache stützte und nach den arabischen Eroberungen im 7. Jahrhundert ein Staat mit fast rein griechischer Bevölkerung wurde. Mit der Eroberung von Byzanz durch die Osmanen 1453 begann eine mehrhundertjährige Herrschaft der Türken, die im 16. und 17. Jahrhundert durch einen wirtschaftlichen Aufschwung gekennzeichnet war. Durch den Fernhandel kamen die Griechen in Kontakt mit den Ideen der Aufklärung und der europäischen Nationalbewegungen. Einer der Auslöser für den Aufstand war, dass der Sultan 1821 in Konstantinopel den Patriarchen hinrichten ließ und Hunderte von Griechen getötet wurden. Mit dieser Tat hörte die «beinahe symbiotische Beziehung zwischen Griechen und Türken» (Eichheim) auf zu existieren. Unterstützt durch die öffentliche Meinung Europas und vor allem auch durch Großbritannien, Frankreich und Russland führten die Griechen einen Unabhängigkeitskampf gegen die Türken. Die Unabhängigkeitserklärung von 1822 gilt als die Geburtsstunde des modernen Griechenland. Während die «Philhellenen» und die europäischen Großmächte das «antike Griechenland» wiederherstellen wollten, waren die Griechen über das ihnen zugebilligte Staatsgebiet enttäuscht und strebten nach der Gründung eines «neuen byzantinischen Reiches» mit Konstantinopel als Hauptstadt. 1830/32 entstand immerhin ein anerkannter griechischer Staat als Erbmonarchie, der sich 1864 eine auf der Volkssouveränität und einem parlamentarischen System beruhende Verfassung gab. Außenpolitisch verfolgten die Griechen erneut die «Megáli Idéa», die Bildung eines «großgriechischen Nationalstaats» und es war daher kein Zufall, dass Griechenland 1883 «Hellas» zum offiziellen Staatsnamen erklärte. Von den Kriegen, die von der Türkei gegen Russland geführt wurden, profitierte Griechenland durch territorialen Zugewinn. Nach einer Verfassungskrise und der erzwungenen Abdankung von König Konstantin II. unter Druck der Alliierten trat Griechenland in den Ersten Weltkrieg gegen die Mittelmächte (Deutschland, Österreich-Ungarn, Bulgarien, Türkei) ein und erhielt 1920 im Friedensvertrag von Sèvres u.a. das kleinasiatische Smyrna (Izmir) zugesprochen. Mit der Niederlage im griechisch-türkischen Krieg 1920–22 verlor es Smyrna und wurde auf die Grenzen von 1913 zurückgedrängt. Die über Jahrhunderte in Kleinasien siedelnden Griechen mussten nach Griechenland fliehen oder wurden umgesiedelt. Im Austausch gegen die türkische Minderheit musste Griechenland mehr als 1,5 Millionen Griechen aufnehmen. Die instabile politische und wirtschaftliche Situation seit den 1920er Jahren, der Wechsel zwischen Monarchie, Republik und Wiedereinführung der Monarchie, begünstigten 1936 den Putsch von General Ioánnis Metáxas und den Übergang zu einem autoritären Regime. Jegliche Opposition wurde ausgeschaltet. Während des Zweiten Weltkriegs bildeten sich Widerstandsgruppen, die gegen die deutschen Besatzer kämpften, sich aber Ende 1944 in «Königstreue» (EDES) und «Kommunisten» (EAM/ELAS) spalteten und sich bis 1949 in einem blutigen Bürgerkrieg gegenüber standen. Die Kommunisten wurden schließlich mit massiver militärpolitischer und wirtschaftlicher Unterstützung Großbritanniens und später der USA gestürzt. Im Rahmen der Truman-Doktrin kam Griechenland in den Genuss der Marshallplanhilfe, die nach dem Ende des Bürgerkriegs eine schnelle wirtschaftliche Erholung einleitete. Mit dem Beitritt zur NATO 1952 verankerte sich Griechenland endgültig im Westen. Ministerpräsident Konstantínos Karamanlís erreichte 1962 zudem einen Assoziierungsvertrag mit der EWG. Mit dem Londoner Vertrag von 1959 schien auch eine Lösung der Zypernfrage erreicht. Die politische Polarisierung zwischen der konservativen Partei von Karamanlís (ERE – Nationalradikale Union) und der links gerichteten Zentrumspartei von Geórgios Papandréou ließen Anfang der sechziger Jahre die noch nicht verheilten politischen und gesellschaftlichen Wunden aus der Bürgerkriegszeit wieder aufbrechen. Hinzu kamen die eskalierende Zypernfrage und das wachsende Zerwürfnis zwischen den NATO-Partnern Griechenland und Türkei. Bei den Parlamentswahlen 1963 erhielt die Zentrumspartei die absolute Mehrheit und Papandréou wurde Ministerpräsident. 1965 entließ ihn der König. Der vom König ernannte Nachfolger wurde vom Parlament nicht bestätigt. Die innenpolitische Situation spitzte sich zu, als König Konstantin II. Neuwahlen ablehnte. Die Auseinandersetzungen verlagerten sich zunehmend auf die Straße. Es kam zu politischen Morden, die dem Schattenstaat («parakrátos») zugeschrieben wurden. Als im Mai 1967 endlich Parlamentswahlen stattfinden sollten, putschten am 21. April 1967 Obristen und errichteten ein nationalistisch-autoritäres Regime. In einer neuen Verfassung – sie löste die auf parlamentarischen Prinzipen aufbauende von 1952 ab – wurden 1968 die Grundrechte aufgehoben und die Parteien verboten. Um einem Ausschluss aus dem Europarat zuvorzukommen, trat Griechenland 1969 aus. Die Militärjunta fand im Volk keine Unterstützung und war auch außenpolitisch isoliert. Der gescheiterte, von Athen gesteuerte Putschversuch auf Zypern und die türkische Militärintervention auf der Insel führten schließlich nach sieben Jahren zum Zusammenbruch der Militärdiktatur. Unter Ministerpräsident Karamanlís kehrte Griechenland seit 1974 wieder zu parlamentarisch-demokratischen Verhältnissen zurück. In einer Volksabstimmung war 1974 die Monarchie abgeschafft worden. Um die Demokratie in Griechenland zu stabilisieren, wurde das Land 1981 als Vollmitglied in die Europäischen Gemeinschaften aufgenommen. Allerdings ging aus den Parlamentswahlen von 1981 der EG-Gegner Papandréou als Sieger hervor und versuchte eine nicht sehr erfolgreiche außenpolitische Neuorientierung durch Annäherung an die Blockfreien und die arabischen Anrainerstaaten des Mittelmeers. Mit Kostas Simitis löste 1996 ein proeuropäischer Technokrat den Antieuropäer Papandréou ab und setzte ganz auf die EU-Option. Als Ergebnis der Parlamentswahlen vom 7. 3. 2004 wurde die skandalerschütterte PASOK durch die ND in der Regierungsverantwortung abgelöst. Die Regierung Karamanlis steuerte einen strikten finanzpolitischen Stabilitätskurs mit einschneidenden Reformen, um den Stabilitätspakt der EU, der 2004 mit 6,9 % Haushaltsdefizit drastisch überschritten worden war, bis 2007 wieder einzuhalten. Der Arbeitsmarkt wurde liberalisiert. Die Reformmaßnahmen waren nicht populär und führten zu sozialen Spannungen und Streiks, die Karamanlis durch eine Kabinettsumbildung und die Berufung der populären Athener Bürgermeisterin Dora Bokojannis zur Außenministerin im Frühjahr 2006 abfedern wollte. Wegen der Zypernproblematik, der freien Religionsausübung der Griechisch-Orthodoxen in der Türkei und Hoheitsfragen in der Ägäis gestaltete sich das Verhältnis zum Nachbarn Türkei erneut schwierig und spannungsreich. Der Ministerpräsident verschob daher einen geplanten Besuch in der Türkei, den ersten eines griechischen Ministerpräsidenten seit 1959, auf unbestimmte Zeit.

4. Politisches System

Griechenland ist eine parlamentarisch-demokratische Republik mit einem Einkammersystem. Die Verfassung der Hellenischen Republik wurde am 11. Juni 1975 in Kraft gesetzt. Ergän-

zungen und Änderungen erfolgten im März 1986 und im April 2001.
Staatsoberhaupt: Konstantinos (Kostis) Stephanopoulos (10. 3. 1995–11. 3. 2005), seit dem 12. 3. 2005 Karolos Papoulias (276 von 300 Stimmen). Der Präsident wird vom Parlament für 5 Jahre gewählt. Der Präsident ernennt den Premierminister (Ministerpräsidenten) und auf Vorschlag des Premierministers das Kabinett. Der Präsident übernimmt vornehmlich repräsentative Aufgaben. Er nimmt zusammen mit dem Parlament die «gesetzgebende Funktion» wahr (Art. 25,1) und zusammen mit der Regierung auch die «vollziehende Funktion» (Art. 25,2). Der Präsident ist auch «das oberste politische Schiedsorgan» der Republik (Art. 30,1). Voraussetzung für die Wählbarkeit sind die Vollendung des 40. Lebensjahres, die Wählbarkeit zum Parlament und eine mindestens 5-jährige Staatsangehörigkeit.
Legislative: Einkammerparlament (*Vouli* ton Ellinon). Es hat 300 Abgeordnete, die vom Wahlvolk direkt für 4 Jahre gewählt werden. Die Anzahl der in einem Wahlkreis zu wählenden Abgeordneten richtet sich nach der Bevölkerungszahl (Art. 54, 2 VHR). Das Parlament hat das Recht der Gesetzesinitiative und übt zusammen mit dem Präsidenten die «gesetzgebende und vollziehende Funktion» aus.
Exekutive: Premierminister (19. 1. 1996–8. 3. 2004) Konstantinos Simitis. Er tritt nach den vorgezogenen Parlamentswahlen am 7. 3. 2004 zurück. Neuer Führer der PASOK wurde am 10. 2. 2004 Außenminister Andreas Papandréou. Durch den Wahlerfolg der ND bei den Parlamentswahlen 2004 wurde Konstantinos Karamanlis neuer Ministerpräsident (seit dem 7. 3. 2004). Der *Ministerpräsident* sitzt dem *Ministerrat* vor. Er schlägt dem Präsidenten die Minister zur Ernennung vor. Die *Regierung* hat zusammen mit dem Parlament das Recht der Gesetzesinitiative und übt im Gesetzgebungsprozess zusammen mit dem Präsidenten die «vollziehende Funktion» aus. Die Regierung «bestimmt und leitet die allgemeine Politik des Landes gemäß der Verfassung und der Gesetze» (Art. 82, 1 VHR). Die Regierung bedarf des Vertrauens des Parlaments.
Rechtsordnung (Judikative): Die Rechtsordnung basiert auf dem römischen Recht. Die Gerichtsordnung ist in Zivil-, Verwaltungs- und Strafgerichte aufgegliedert. Als oberste Gerichte wurden ein *Oberster Gerichtshof* und ein *Oberster Sondergerichtshof* eingerichtet. Ein *Staatsrat* ist bei «materiellen Verwaltungsstreitigkeiten» und Gesetzesverletzungen und Befugnisüberschreitungen der Verwaltungsbehörden zuständig. Die Richter werden vom Präsidenten nach Konsultation mit dem Rat der Richter ernannt.
Wahlrecht: allgemeines Wahlrecht ab 18 Jahre, Wahlpflicht; Parteien müssen landesweit mindestens 3 Prozent der Wählerstimmen erhalten, um im Parlament vertreten zu sein.
Wahlen: *Parlamentswahlen* vom 7. 3. 2004: Neue Demokratie (Nea Dimokratia, ND) 45,3 % (165); Panhellenische Sozialistische Bewegung (Panhellinio Socialistiko Kinima, PASOK) 40,5 % (117 Sitze); Kommunistische Partei Griechenlands (KKE) 5,9 % (12); Linke Fortschrittsallianz (Synaspismos) 3,2 % (6).

Parteien: Das politische Geschehen im Lande bestimmen seit dem Niedergang der Kommunistischen Partei Griechenlands KKE (Kommunistiko Komma Ellados) vor allem die demokratisch-sozialistische PASOK und die konservative ND.

5. Politik in und für Europa

Das Ergebnis des Bürgerkriegs zwischen Royalisten und Kommunisten war nach dem Zweiten Weltkrieg die Aufgabe der Jahrhunderte langen Ostorientierung zugunsten einer Westorientierung. Hierbei spielten ökonomische und sicherheitspolitische Motive eine nicht zu unterschätzende Rolle. Die Marshallplanhilfe war wichtig für den Wiederaufbau des Landes. Griechenland wurde Gründungsmitglied der OEEC. Als der wirtschaftliche Aufschwung in den 1950er Jahren durch innere und äußere Einflüsse gebremst wurde, musste Griechenland einen innereuropäischen Ausweg aus der wirtschaftlichen Krise finden. Athen entschied sich dabei für die vertraglich abgesicherte Westoption, die das Land weiter nach Europa bringen sollte. Als die Bildung einer Freihandelszone unter den Mitgliedstaaten der OEEC 1958 scheiterte, beantragte Griechenland den Anschluss an die EWG. Aus politischen Gründen befürwortete der EWG-Ministerrat die Assoziierung, doch wegen Einsprüchen Italiens, das seine Interessen berührt sah, wurde der Assoziierungsvertrag erst 1962 in Kraft gesetzt.

Inzwischen war ein altes Problem wieder in den Vordergrund getreten, nämlich der Konflikt um Zypern, das seit 1925 britische Kronkolonie war und für das die Türkei alle Territorialansprüche aufgegeben hatte. Die griechischen Zyprioten strebten jedoch die «Wiedervereinigung» mit Griechenland an und wurden dabei seit Anfang der 1950er Jahre von Griechenland aus unterstützt. Der Konflikt eskalierte, als die Türkei Zypern 1957 als eine «verlängerte Türkei» ansah und Griechenland seine NATO-Einheiten aus der Türkei zurückzog. Mit dem Londoner Abkommen von 1959 über die Unabhängigkeit Zyperns war das Problem nur scheinbar gelöst. Als Putschisten, unterstützt durch das Obristenregime in Athen, 1974 versuchten, Staatspräsident Makarios zu stürzen, intervenierte die Türkei und es kam zur Teilung der Insel.

Der gescheiterte Putsch brachte das Ende der Militärdiktatur in Griechenland. Der frühere Ministerpräsident Karamanlís bemühte sich um einen demokratischen Neuanfang. 1974 kehrte Griechenland in den Europarat zurück. 1975 stellte Griechenland den Beitrittsantrag zur EG und trat 1981 als «erste der jungen Demokratien Südosteuropas» der EG bei. Diese erste Etappe der EG-Süderweiterung sollte nicht zuletzt der Stabilisierung der Demokratie dienen. Zudem war die EG ebenso wie die NATO aus politischen und stabilitätspolitischen Überlegungen an einer engeren Anbindung des Landes an den Westen interessiert. Die griechische Volkswirtschaft war, trotz der Anpassungshilfen und finanziellen Förderung durch EG-Mittel, dem durch die Liberalisierung und die Marktöffnung eingetretenen Wettbewerb im Agrar- und Industriebereich nur unzureichend gewachsen. Die Handelsbilanz verschlechterte sich. Die Arbeitslosigkeit stieg drastisch an und das Einkommensgefälle zwischen Griechenland und den anderen EG Mitgliedstaaten vergrößerte sich noch mehr. Deshalb drängte Griechenland seit Mitte der 1980er Jahre darauf, das «Wohlstandsgefälle» zwischen den einzelnen Ländern durch Struktur- und Entwicklungsfonds abzubauen. Von den in diesem Zusammenhang entstandenen «Integrierten Mittelmeerprogrammen» der EG (IMP) profitierte Griechenland am meisten. Zwischen 1981 und 1991 erhielt Griechenland 21 Milliarden US-$ aus EG-Mitteln. Dennoch zählte Griechenland auch nach der Aufnahme von Portugal und Spanien zu den wirtschaftlichen Schlusslichtern der EG. Mit der Wahl des Sozialisten Simitis zum Ministerpräsidenten 1996 unternahm dessen Regierung große Anstrengungen, um die Kriterien für den Beitritt zur Wirtschafts- und Währungsunion zu erfüllen. Durch die Abwertung der Drachme wurde Griechenland im März 1998 in das Europäische Währungssystem aufgenommen und der Weg nach «Euro-Land» geebnet. Im April 2003 wurden unter der griechischen EU-Präsidentschaft die Beitrittsverträge zur EU-Erweiterung 2004 unterzeichnet und gut zwei Monate später auf dem EU-Gipfel in Thessaloniki der Entwurf eines Europäischen Verfassungsvertrags überreicht.

Getrübt wurde die Freude durch die Tatsache, dass es trotz der verbesserten Beziehungen zwischen Griechenland und der Türkei nicht gelungen war, eine Wiedervereinigung Zyperns herbeizuführen. Lange Zeit hatte Griechenland immer wieder seine EG/EU-Mitgliedschaft als Trumpf eingesetzt, um die Beteiligung der Türkei an den Mittelmeerprogrammen zu verhindern und einen Beitritt der Türkei zu blockieren oder zumindest zu verzögern. Seit 2000 ist Athen jedoch weitgehend bemüht, die Beziehungen zum Nachbarn, NATO-Partner und EU-Kandidaten zu verbessern. Die Weigerung der Türkei die 2004 EU-Mitglied gewordene Republik Zypern auch völkerrechtlich anzuerkennen und seine Häfen zypriotischen Schiffen zu öffnen, erschwerte die Normalisierung zwischen Griechenland und der Türkei und blockierte u. a. auch deswegen Fortschritte bei den 2005 aufgenommenen Beitrittverhandlungen der EU mit der Türkei und den Gesprächen im Herbst 2006.

Axt, Heinz-Jürgen: Griechenlands Außenpolitik und Europa. Baden-Baden 1992; *Axt*, Heinz-Jürgen: Griechenland, in: *Weidenfeld*, Europa-Handbuch II, S. 146–159; *Axt*, Heinz-Jürgen: Griechenland und seine Nachbarn, in: Günther *Wagenlehner* (Hg.): Konflikte, Konfliktlösung und Friedenssicherung in Südosteuropa. München 1994, S. 147–159; *Eichheim*, Hubert: Griechenland. München 1999; *Grothusen*, Klaus-Detlev (Hg.): Griechenland (= Südosteuropahandbuch III). Göttingen 1980; *Lotze*, Detlef: Griechische Geschichte. Von den Anfängen bis zum Hellenismus. München [5]2002; *Wenturis*, Nikolaus: Griechenland und die EG. Die soziopolitischen Rahmenbedingungen griechischer Europapolitik. Tübingen 1990; *Zervakis*, Peter A.: Das politische System Griechenlands, in: *Ismayr*, Politische Systeme Westeuropas, S. 687–730.

www.griechenland-botschaft.de;
www.primeminister.gr (Premierminister);
www.mfa.gr (Außenministerium);
www.greece.gr;
www.parliament.gr; www.statistics.gr (Generalsekretariat des Nationalen Statistischen Dienstes)

Malta

1. Grunddaten

Staatsname: Malta
Größe: 384 km²
Hauptstadt: La Valetta
Einwohner: 403 420 (Juli 2006); ethnische Gruppen und Minderheiten: Briten und Italiener. Die Malteser sind ethnisch ein mediterranes Mischvolk mit arabischer Sprache
Bevölkerungsdichte: 1274 Einw./km²
Konfessionen: Katholiken 98 %, protestantische Minderheit
Amtssprache: Maltesisch, (2. Amtssprache Englisch); weitere Sprachen: Italienisch
Währung: 1 Maltesische Lira (Lm) = 100 cents (c); 1 Lm = 2,32 €, 1 Lm = 2,90 US-$, 1 € = 0,43 Lm, 1 US-$ = 0,345 Lm (2005), 1 € = 0,43 Lm, 1 US-$ = 0,33 Lm (1.7.2006)

2. Sozioökonomische Grundlagen

Bruttoinlandsprodukt (BIP): 1,9271 Mrd. Lm, 4,310 Mrd. €, 5,581 Mrd. US-$ (2005),
BIP/Kopf: 4 782 Lm, 11 097 €, 13 879 US-$ (2005)
Erwerbstätigkeit: Landwirtschaft 5 %, Industrie: 24 %, Dienstleistungen 71 % (2005)
Inflation: 2,8 % (2005)
Arbeitslosigkeit: 5,3 % (Juni 2006), 7,2 % (2005)
Wirtschaftswachstum(BIP): 0,9 % (2005), 4,1 % (2004)
Außenhandel: Wie die Statistiken zeigen, ist das Land von Importen abhängig, da es keine Rohstoffe besitzt. Über ein Drittel aller Arbeitsplätze liegt in der Tourismusbranche. Industrieller Schwerpunkt sind die Werften in La Valetta. Die maltesische Regierung versucht durch Investitionsanreize Anleger in das Land zu holen. Import (2005): 1,305 Mrd. Lm, 3,028 Mrd. €; 3,785 Mrd. US-$; Haupthandelspartner: EU25 72,1 %, Frankreich 9,2 %, Italien 31 %, USA 5,3 %, Großbritannien 10,9 %, Deutschland 8,1 %, Singapur 3,9 % – Export (2005): 802 Mio Lm, 1,861 Mrd. €, 2,326 Mrd. US-$; wichtigste Handelspartner: EU25 51,1 %, USA 14,1 %, Deutschland 11,4 %, Frankreich 15,1 %, Großbritannien 11 %, Italien 5 %, Libyen 4,5 %, Singapur 12,1 %

3. Geschichte

In der Jungsteinzeit war Malta eines der Zentren der Megalithkulturen im mediterranen Raum. Im 8. Jahrhundert vor Christus wurde es durch die Phönizier besiedelt und kam seit dem späten 7. Jahrhundert unter die Herrschaft Karthagos. Seit 218 v. Chr. war Malta eine römische Kolonie. Nach dem Besuch des Apostels Paulus 60 n. Chr. soll

Malta christianisiert worden sein. Im Jahre 395 n. Chr. wurde Malta Teil des Oströmischen Reiches und während der Völkerwanderung von Vandalen und Ostgoten besetzt, ehe es 533 n. Chr. wieder an Ostrom (Byzanz) fiel und bis 870 unter dessen Herrschaft blieb. 870 durch die arabischen Aghlabiden erobert, blieb es bis 1070 unter deren Herrschaft. Sie hatten nachhaltigen Einfluss auf Kultur und Sprache der Insel. Auf die Herrschaft der sizilianischen Normannen (1070–1194) folgten die Staufer und schließlich das spanische Haus Aragon (1282–1530). Im Jahre 1530 schließlich überließ Kaiser Karl V. den durch die Türken aus Rhodos (1522/23) vertriebenen Johannitern die Insel als Lehen («Malteser», «Malteserritter»). Im Zuge der Reformation spaltete sich der Johanniterorden in einen evangelischen (Johanniter) und einen katholischen Zweig. Der katholische Malteserorden baute Malta zu einer Festung aus und widerstand erfolgreich wiederholten Angriffen der Türken. Aufgrund seiner geographischen Lage konnte Malta den Handel zwischen dem östlichen und dem westlichen Mittelmeer kontrollieren. Der Eroberung durch Napoleon Bonaparte 1798 folgte im Jahre 1800 die Besetzung durch die Briten, die von den Maltesern zur Hilfe geholt worden waren. Die im Frieden von Amiens (1802) zwischen Frankreich und Großbritannien vereinbarte Räumung Maltas durch die Briten erfolgte aus sicherheits- und handelspolitischen Überlegungen nicht. Hinzu kam, dass die maltesische Nationalversammlung sich der britischen Krone unterstellte, um die Rückkehr des Landes unter die Herrschaft des Malteserordens zu verhindern. Dies führte 1803 zur Wiederaufnahme des Krieges zwischen Großbritannien und dem napoleonischen Frankreich. Im ersten Pariser Frieden (1814) kam Malta auch völkerrechtlich abgesichert unter britische Herrschaft. Großbritannien baute seine Kronkolonie zum wichtigsten Marinestützpunkt im Mittelmeer, zum Schutz und zur Sicherung der Handelswege aus. Den Wunsch der Malteser nach Unabhängigkeit nach dem Ersten Weltkrieg lehnte Großbritannien ab, räumte der Insel aber in der Verfassung von 1921 eine beschränkte Autonomie ein. Nach Beginn des Zweiten Weltkriegs wurde das strategisch wichtige Malta von den Briten als Flotten- und Luftwaffenstützpunkt ausgebaut. Mit dem nach dem Zweiten Weltkrieg forciert einsetzenden Prozess der Entkolonialisierung erhielt Malta 1947 eine Verfassung, die dem Land die Selbstverwaltung gewährte. Die über lange Jahre auf Malta regierende Labour Party strebte, vor allem unter Premierminister Dom Mintoff, eine unabhängige Politik des Landes an und näherte sich der Blockfreien-Bewegung an. Dies verstärkte sich nach der Unabhängigkeit Maltas 1964 (21.9. – bis heute Nationalfeiertag). Allerdings blieb das Land Mitglied des britischen Commonwealth. Königin Elisabeth II. blieb Staatsoberhaupt. 1974 erklärte sich Malta zu einer unabhängigen parlamentarischen Republik, trat aus dem Commonwealth aus und schloss sich endgültig der Bewegung der Blockfreien an. Nach einer Verfassungsänderung 1987 gewann die Christlich-Demokratische Nationalpartei die Parlamentswahlen. In ihrem Bemühen, das Land wieder an Europa heranzuführen, stellte sie 1990 einen Beitrittsantrag zur EG. Die Beitrittsverhandlungen wurden nach dem Wahlsieg der Labour Party 1996 abgebrochen. Der erneute Regierungswechsel 1998 ließ Malta unter Premierminister Edward Adami und dem neuen Präsidenten und früheren Außenminister de Marco die Beitrittsverhandlungen im Jahre 2000 wieder aufnehmen und im Herbst 2002 erfolgreich abschließen. Nach der knappen Zustimmung im Referendum über den EU-Beitritt im März 2003 entschloss sich die Regierung zu Neuwahlen, bei denen sie im April 2003 bestätigt wurde. 2005/6 kam es wegen der anhaltenden Flüchtlingsströme aus Nordafrika, die Malta mit seiner verfügbaren Kapazität für die Aufnahme von Flüchtlingen überforderten, zu einer «echten Krise der Inselrepublik» (Innenminister Borg), die dringend europäische Lösungen erforderten, zumal auch Italien und Spanien massiv betroffen waren.

4. Politisches System

Parlament: Malta hat ein *Einkammersystem.* Das maltesische Abgeordnetenhaus wird alle 5 Jahre gewählt. Es hat 65 Mitglieder zuzüglich einem Präsidenten des Parlaments. Das Parlament wählt einen *Staatspräsidenten* auf 5 Jahre (1994–1999 Ugo Mifsud Bonnici, seit dem 4.4.1999 Guido de Marco). Am 4. April 2004 wurde Edward Fenech-Adami zum Präsidenten gewählt.
Regierung: Der *Premierminister* (seit März 2004 Dr. Lawrence Gonzi, PN), in der Regel der Führer der Mehrheitsfraktion oder einer Koalition, die auf die Mehrheit im Abgeordnetenhaus zurückgreifen kann, wird vom Präsidenten auf 5 Jahre ernannt. Der Stellvertretende Premierminister wird eben- falls vom Präsidenten auf Vorschlag des Premierministers ernannt. Der Staatspräsident ernennt das Kabinett auf Vorschlag des Premierministers.
Wahlsystem: «Single Transferable Vote System». Wahlberechtigt sind alle Bürger über 18 Jahre. Gewählt wird in 13 Wahlbezirken.
Wahlen: Vorgezogene Parlamentswahlen am 12.4.2003: PN 51,7 % (34), MLP 47,6 % (31), AD 0,7 % (0).
Politische Parteien: Das politische Leben des Landes wird im Wesentlichen durch zwei etwa gleich starke Parteien geprägt, die sich seit den 1970er Jahren in der Regierungsverantwortung ablösen. Sie repräsentieren politische Strömungen, die ihre Wurzeln in der zweiten Hälfte des 19. Jahrhunderts haben: die Reformpartei und die Antireformpartei. An die Tradition der Reformpartei knüpft heute die 1921 gegründete MLP (Malta Labour Party / Partit tal-Haddiema) an, an die der Antireformisten die 1926 gegründete heutige PN (National Party / Partit Nazzjonalista). Führer der NP ist derzeit Premierminister Edward Fenech Adami. Vorsitzender der MLP ist der frühere Premierminister Alfred Sint. Neben den beiden großen Parteien existiert die Alternative Demokratika / Alliance for Social Justice (AD, Vorsitzender Harry Vassallo).
Rechtsordnung: Neben einem *Verfassungsgerichtshof* besteht ein *Appellationsgerichtshof.* Die Richter beider Gerichtshöfe werden vom Präsidenten auf Vorschlag des Premierministers ernannt. Grundlage der Rechtsordnung

sind das Englische «Common Law» und das Römische Zivilrecht.

5. Politik in und für Europa

Als britische Kolonie bzw. als politische Einheit mit eingeschränkter Souveränität war eine eigenständige Außenpolitik nur in beschränktem Maße möglich. Als die Sozialdemokraten 1955 an die Regierung kamen, versuchten sie eine unabhängige Außenpolitik zu verfolgen. Im September 1964 erhielt Malta die volle Souveränität. Während seiner zweiten Periode als Premierminister setzte Mintoff die Verlegung des NATO-Stützpunkts von der Insel durch sowie den Abzug der britischen Einheiten. Nach der Regierungsübernahme durch die Nationale Partei unter Edward Fenech Adami bemühte sich Malta um eine engere politische und wirtschaftliche Bindung an Westeuropa und stellte 1990 den Antrag auf Mitgliedschaft in der EG. Diese Entscheidung war Ergebnis der seit dem Assoziationsvertrag mit der EG intensivierten Handelsbeziehungen mit den Mitgliedstaaten der EG, vor allem mit Deutschland und Italien. Nach dem Regierungswechsel im Oktober 1996 stoppte die Labourregierung unter Alfred Sint alle Beitrittsbemühungen und fror den maltesischen Antrag ein. Sie befürwortete enge Beziehungen zur EU, aber keine Mitgliedschaft. Als 1998 die PN wieder die parlamentarische Mehrheit erhielt, nahm die von ihr geführte Regierung erneut einen Dialog mit der Kommission über den Beitritt auf. Im Fortschrittsbericht der Kommission 2001 wurde Malta bescheinigt, «weiterhin die politischen Kriterien von Kopenhagen» zu erfüllen, über eine «funktionierende Marktwirtschaft» zu verfügen, die in der Lage sein dürfte, «dem Wettbewerbsdruck und den Marktkräften innerhalb der Union standzuhalten». Es seien auch erste Anzeichen für eine «Stärkung der gesamtwirtschaftlichen Leistung Maltas erkennbar». Bemängelt wurde, dass die demokratischen Institutionen zwar reibungslos funktionieren, dass aber den Rechtsvorschriften für «die Behandlung von Flüchtlingen» und für die Gleichbehandlung von Frauen und Männern mehr Geltung verschafft und die Reform der öffentlichen Verwaltung vorangetrieben werden müsse. Auf dem Kopenhagener Gipfel am 13. Dezember 2002 wurden die Verhandlungen mit Malta förmlich beendet. Die Regierung legte die Ergebnisse der Beitrittsverhandlungen vor und sprach sich für die EU-Mitgliedschaft aus. Die oppositionelle Labour Party sah in einem EU-Beitritt Maltas keine Perspektiven. Bei einem Referendum am 8. März 2003 entschied sich eine knappe Mehrheit für einen EU-Beitritt zum 1. Mai 2004. Die in den Wahlen 2003 bestätigte Regierung betrieb eine pragmatische Europapolitik. Als bisher einziges Land ratifizierte Malta den EU-Verfassungsvertrag am 6. 7. 2005 *einstimmig*. Allerdings gibt es auch Probleme zwischen Brüssel und La Valetta. Malta versucht seine geographische Lage zwischen Afrika und Europa zu nutzen und Anlegern Steuervergünstigungen (Offshore-Regelungen für die Versteuerung von Einkünften) zu bieten, die aus Sicht der EU den Wettbewerb und Handel im Binnenmarkt verzerren. Die Kommission erwartet daher, dass Malta bis spätestens 2010 dieses System beendet.

Berg, Warren G.: Historical Dictionary of Malta. La Valetta 1999; *Bradford*, E.: Kreuz und Schwert. Der Johanniter/Malteser-Ritterorden. Frankfurt/M. ²1995; *Frendo*, Henry: The Origins of Maltese Statehood: A Case Study of Decolonialisation in the Mediterranean. La Valetta 1999; *Frendo*, Henry/ *Friggieri*, Oliver (Hg.): Malta: Culture and Identità. La Valetta 1994; *Tzermias*, Pavlos: Malta, in: *Weidenfeld*, Europa-Handbuch II, S. 240–246.

www.gov.mt (Government of Malta); www.doi.gov.mt (Department of Information); www.nso.gov.mt (Amt für Nationale Statistik, Auskünfte u. a. zum BSP/BIP, Handel); www.visitmalta.com
http://president.gov.mt (Präsident)
www.parliament.gov.mt (Repräsentantenhaus)

Türkei

1. Grunddaten

Staatsname: Türkiye Cumhuriyeti (Republik Türkei)
Größe: 779 452 km²
Hauptstadt: Ankara
Einwohner: 72 137 958 (August 2006), 68 109 469 (Juli 2003); ethnische Gruppen und Minderheiten: 20 % Kurden, die aber nicht als Minderheit im Sinne des Staatsverständnisses anerkannt werden («Bergtürken»). Im endgültigen Friedensvertrag von Lausanne (1923) sind lediglich die religiösen Minderheiten mit Sonderrechten, die Armenier, Griechen und Juden, anerkannt
Bevölkerungsdichte: 92,5 Einw./km²; 66 % der Türken leben in Städten
Konfessionen: 99,8 % Muslime (vorwiegend Sunniten), 0,2 % Christen und Juden
Amtssprache: Türkisch; weitere Sprachen: Kurdisch (Zweitsprache seit 1991), Arabisch, Armenisch, Griechisch
Währung: seit Januar 2005: 1 Neue Türkische Lira (YTL) = 100 Kurus, 1 YTL = 1000 000 TRL =; 1 US-$ = 1,3480 YTL, 1 € = 1 6701 YTL

2. Sozioökonomische Grundlagen

Die türkische Wirtschaft ist eine komplexe Mischung aus moderner Industrie/ Handel und einer traditionellen landwirtschaftlichen Struktur. Der Anteil der Beschäftigten in der Landwirtschaft liegt noch immer um die 40 % (2001). Charakteristisch ist das Gefälle zwischen dem industriell entwickelten Westen mit den Küstenregionen und dem strukturschwachen, vor allem agrarischen Osten. Durch Reprivatisierung ist seit Mitte der 1980er Jahre der Anteil der Staatsbetriebe zurückgegangen. 2001 führte eine Wirtschaftskrise zur Rezession. Das Pro-Kopf-Einkommen sank von 3200 US-$ (1999) auf 2160 US-$ (2001) und damit auf das Einkommen in einem «mittleren Entwicklungsland». Inzwischen hat es die 5000 US-$-Marke wieder überschritten.
Bruttoinlandsprodukt (BIP): 487,2 Mrd. YTL, 299,547 Mrd. €, 360,9 Mrd. US-$, (2005), 147,683 Mrd. US-$ (2001)

Anteil am BIP: Landwirtschaft 12,9 %, Industrie 30,4 %, Dienstleistungen 56,7 %

BIP/Kopf: 6767 YTL, 4156 €, 5007 US-$ (2005), 3390 US-$ (2003), 7000 US-$ (2002), 2160 US-$ (2001)

Wirtschaftswachstum (BIP): 7,4 % (2005)

Erwerbstätigkeit: Landwirtschaft 35,9 %, Industrie 22,8 %, Dienstleistungen 41,2 % (2005)

Arbeitslosigkeit: 10,3 % (2005), 10,6 % (2002). Hinzu kommen 6,1 % «Unterbeschäftigung» (die Berechnung der Arbeitslosenzahlen entspricht nicht den EU-Standards)

Inflation: 8 % (2005), 45,2 % (2002)

Außenhandel (2005): Import: 96,61 Mrd. €, 116,4 Mrd. US-$; Haupthandelspartner: EU25 42,2 %, Deutschland 11,7 %, Russland 11 %, Italien 6,5 %, China 5,9 %, Frankreich 5,1 %, USA 4,6 %, UK 4 % – Export: 60,839 Mrd. €, 73,3 Mrd. US-$; Haupthandelspartner: EU25 52,4 %, Deutschland 12,9 %, UK 8,1 %, USA 6,7 %, Italien 7,7 %, Frankreich 5,2 %, Irak 3,7 %, Spanien 4,1 %

3. Geschichte

Seit Jahrhunderten ist die Geschichte der Türkei (des Osmanischen Reiches) ein zentrales Element der Geschichte Europas. Das heutige Staatsgebiet der Türkei liegt nicht allein auf der geographischen Grenze zwischen Asien und Europa, sondern diese Region bildet seit den Perserkriegen «die Schnittstelle zwischen den Kulturen».

Vor dem Einfall der Turkvölker in Kleinasien und der Ausbreitung des Islams wurde Kleinasien durch die griechische, römische, christliche und byzantinische Kultur geprägt, deren bauliche Überreste bis in die Gegenwart zu sehen sind. Das heutige Istanbul, das frühere Konstantinopel und Byzanz, war über viele Jahrhunderte politischer, kultureller und wirtschaftlicher Mittelpunkt des (Ost)Römischen Reiches, ehe es Mehmet II. 1453 eroberte und zur Hauptstadt des Osmanischen Reiches machte, das auf seinem Höhepunkt im 16. und 17. Jahrhundert große Teile Nordafrikas, des Mittleren Ostens, des Schwarzmeergebiets und Südosteuropas beherrschte. Das Osmanische Reich seinerseits beeinflusste nachhaltig die über Jahrhunderte unter seiner Herrschaft stehenden Regionen Europas, von Griechenland über die Donaufürstentümer und den Balkan bis nach Ungarn.

Der Einfall der seldschukischen Türken in Kleinasien im 11. Jahrhundert leitete den Niedergang von Byzanz ein. Seit dem späten 13. Jahrhundert begann unter Osman I. der Aufstieg des Osmanischen Reiches zur islamischen und europäischen Großmacht. Der territoriale Expansionismus im Mittelmeerraum, Nordafrika und im Nahen Osten konnte durch die Kreuzzüge nur zeitweilig aufgehalten werden. Die Kreuzzüge haben im kollektiven Gedächtnis Europas und der muslimischen Welt tiefe Spuren hinterlassen.

Sie haben «das Abendland und die arabische Welt geformt» und über Jahrhunderte ihre Beziehungen, das Bild vom Anderen maßgeblich bestimmt. Es ist daher sicherlich kein Zufall, dass als Instrument zur Einigung Europas vom Mittelalter bis in das 18. Jahrhundert der «Kreuzzugsgedanke», die «Türkenkriege» und die «Türkengefahr» eingesetzt wurden, dass das Osmanische Reich, das *auch* europäische Großmacht war, aus dem «christlichen Europa» ausgeschlossen wurde.

Eine Schwäche, die zum Zeitpunkt größter Machtexpansion im 17. Jahrhundert noch nicht sichtbar, aber mit dem zunehmenden Machtverfall deutlicher wurde, war die mangelnde Fähigkeit, funktionierende dauerhafte Institutionen zu bilden, die eine Beherrschung des Osmanischen Reiches mit zentralstaatlichen Strukturen erlaubten. Als die Sultane halbherzig versuchten, ihre Stellung durch Zugeständnisse an die Nationalitäten und Konfessionen in ihrem Vielvölkerstaat zu stabilisieren, stießen sie auf den Widerstand des türkischen Nationalismus.

Die territorialen Verluste seit den 1770er Jahren, die Reformunfähigkeit, die wirtschaftlichen und finanziellen Schwierigkeiten führten 1908/9 dazu, dass die «Jungtürken» den Sultan absetzten und die politische Macht übernahmen. Ihr Ziel war die Modernisierung des Staates nach europäischem Vorbild. Ihre liberal-reformerischen Vorstellungen verknüpften sie mit einem türkischen Nationalismus und Pantürkismus. Die Balkankriege und die Teilnahme am Ersten Weltkrieg blockierten die innere Erneuerung. Aus den Trümmern des Osmanischen Reiches entstand nach dem Friedensvertrag von Sèvres unter der Führung Mustafa Kemal Paschas 1923 die moderne türkische Republik. Kemal Atatürk, der «Vater der Türken», versuchte die Umgestaltung des rückständigen osmanischen Staates mit seinen traditionellen Strukturen zu einem modernen, westlich orientierten Staatswesen. Die Türkei wurde ein laizistischer Staat mit Trennung von Staat und Religion, der Übernahme des westeuropäischen Rechtssystems, der Gleichstellung von Mann und Frau und dem Frauenwahlrecht. Atatürk führte die Ein-Ehe ein, die lateinische Schrift ersetzte das Arabische. Grundprinzipien des «Kemalismus» wurden die 1931 im Parteiprogramm der Republikanischen Volkspartei festgeschriebenen sechs Säulen: Nationalismus; Republikanismus; Volksverbundenheit (Populismus); Etatismus (staatliche Kontrolle über die Hauptindustrien); Laizismus; revolutionäre Gesinnung (Reformismus).

Trotz Annäherungen an Deutschland verfolgte die Türkei im Zweiten Weltkrieg eine «bewaffnete Neutralität» und trat erst Ende Februar 1945 in den Krieg gegen Deutschland und Japan ein. Sie verfolgte in der Nachkriegszeit weiter eine westlich und europäisch-atlantisch ausgerichtete Politik. Nach dem Wahlsieg der Demokratischen Partei 1950 hielt die neue Regierung unter Andan Menderes zwar offiziell am Kemalismus fest, betrieb jedoch eine weitere Westöffnung, eine Entbürokratisierung von Wirtschaft und Politik und leitete eine behutsame Re-Islamisierung der Türkei ein. Im Mai 1960 putschte das Militär, das sich seit

Atatürks Tod als Hüter des Kemalismus verstand. Nach kurzer Militärherrschaft wurde durch Volksabstimmung eine neue, liberale Verfassung eingeführt, in der rechtsstaatliche Prinzipien und die Grundrechte verankert waren. Um die Stellung des Militärs als «Hüter des Staates» abzusichern, sah die Verfassung einen über dem Kabinett stehenden «Rat für nationale Sicherheit» vor. 1971, als durch einen ideologischen Linksruck erneut ein Abdriften von den nationalen Traditionen drohte, suspendierte das Militär die Grundrechte, verbot Gewerkschaften und verhängte über mehrere Provinzen das Kriegsrecht. Nach der Rückkehr zu parlamentarischen Formen 1973 unter Führung der inzwischen sozialdemokratisch ausgerichteten Republikanischen Volkspartei von Bülent Ecevit vollzog sich mit dem Wahlsieg der Gerechtigkeitspartei Demirels ein politischer Rechtsruck. Erneut waren aus der Sicht des Militärs die Traditionen des «Kemalismus» in Gefahr. Im September 1980 ergriff das Militär unter Führung von Generalstabschef Kenan Evren erneut die Macht. Als Staatspräsident versuchte General Evren die Grundprinzipien des Kemalismus zu bewahren, zeigte sich jedoch für islamische Werte offen, um die traditionellen Gruppen politisch an sich zu binden. Sein «Neokemalismus» vermochte jedoch die innenpolitischen Spannungen, verschärft durch wirtschaftliche Probleme, nicht zu überwinden. Hinzu kam die Kurdenfrage. Das im Friedensvertrag von Lausanne festgelegte Minderheitenrecht wollten die Türken nicht für die Kurden gelten lassen. Die Aufstände der Kurden wurden blutig niedergeschlagen. Ihre Kultur und Sprache nicht anerkannt. Eigene politische Parteien wurden ihnen verweigert oder sofort nach Gründung – wie im Falle der 1978 gegründeten PKK, der Kommunistischen Partei Kurdistans – verboten. Der Versuch einer militärischen Lösung der Kurdenfrage schürte die nationalistischen Gefühle der Türken und Kurden. Auf die marktwirtschaftliche Öffnung, die Demokratisierung, die Revision einiger Verfassungsbestimmungen und die Unterzeichnung zusätzlicher Menschenrechtskonventionen des Europarats unter Ministerpräsidentin Tansu Çiller folgte 1995 mit dem Sieg der Wohlfahrtspartei ein islamistisches Intermezzo unter Ministerpräsident Neçmettin Erbakan. Die Militärs zwangen ihn zum Rücktritt, die Wohlfahrtspartei wurde verboten. Mit Bülent Ecevit als Ministerpräsident trat in einer schweren Wirtschafts- und Finanzkrise nach Neuwahlen im April 1999 eine Koalitionsregierung ihr Amt an, die sich bemühte, durch Reformgesetze und Verfassungsänderungen die politischen Kriterien für die Aufnahme von Beitrittsverhandlungen mit der EU zu erfüllen. Die «Partei der Nationalen Bewegung» (MHP) war jedoch nicht bereit, drei der von der EU geforderten Bedingungen (Abschaffung der Todesstrafe; kurdischer Schulunterricht; Lösung der Zypernfrage) zu akzeptieren. Die Koalition zerbrach und aus den Neuwahlen im November 2002 ging die islamistische «Partei für Gerechtigkeit und Entwicklung» (AKP) als große Siegerin hervor. Einzige Oppositionspartei wurde die Republikanische Volkspartei (CHP). Damit sind zum ersten Mal seit 1950 nur zwei Parteien im Parlament vertreten. Der Führer der AKP Erdoğan, der nach seiner Nachwahl in das Parlament im März 2003 Ministerpräsident wurde, versuchte die Bedenken im Ausland gegen eine gemäßigt islamistische Partei zu zerstreuen und betonte als Hauptziel seiner Politik den Beitritt der Türkei zur EU.

Die Verfassungsänderungen und die Reformgesetze haben die Türkei auf dem Weg in die EU vorangebracht. Die Zukunft muss zeigen, wie die Türkei das Strukturproblem ihrer Existenz als Nationalstaat lösen kann, nämlich einen befriedigenden Kompromiss zwischen den revolutionären, westlich orientierten und laizistischen Vorgaben und Reformen des «Kemalismus», der Rolle und Stellung der Streitkräfte im Staat, den Bedingungen einer modernen industriellen Massengesellschaft, den Erfordernissen der Marktwirtschaft und den überkommenen traditionellen patriarchalischen Strukturen aus der Zeit des Osmanischen Reiches zu finden und so eine nationale Identität für den türkischen Gesamtstaat jenseits des türkischen Nationalismus als gemeinsamen Kitt auszubilden. Diese multiperspektivische Herausforderung zu lösen oder aber an ihr zu scheitern wird die Zukunft des Landes entscheidend bestimmen.

4. Politisches System

Die Türkei ist seit 1961 eine republikanisch-parlamentarische Demokratie mit einem *Einkammersystem*. Nach der Verfassung von 1982, mit letzten Revisionen 1999 und 2002 (u.a. Abschaffung der Todesstrafe) ist die Türkei eine parlamentarische Republik. Im Vergleich zur Verfassung von 1961, die auch einen Katalog über die Grundrechte enthielt, ist die Stellung des Parlaments geschwächt worden. Die Stellung des Staatspräsidenten wurde gestärkt.

Als allgemeine Grundsätze legt die Verfassung in Art. 2 fest: «Die Republik Türkei ist ein im Geiste des Friedens der Gemeinschaft, der nationalen Solidarität und der Gerechtigkeit die Menschenrechte achtender, dem Nationalismus Atatürks verbundener und auf den in der Präambel verkündeten Grundprinzipien beruhender demokratischer, laizistischer und sozialer Rechtsstaat.» Nach der Verfassung sind Staat und Nation eine unteilbare Einheit.

Staatspräsident: Ahmet Necdet Sezer (seit dem 16. 5. 2000). Der frühere Präsident des Verfassungsgerichtshofs ist der erste Präsident der Türkei, der vor seiner Wahl keine militärische oder politische Karriere durchlaufen hatte. Der Präsident wird von der Nationalversammlung für 7 Jahre gewählt. Eine Wiederwahl ist nicht möglich. Um gewählt zu werden, ist in den beiden ersten Wahlgängen eine Zweidrittel-Mehrheit erforderlich, ab dem dritten Wahlgang die einfache Mehrheit. Der Präsident ernennt den Premierminister und seinen Stellvertreter und auf Vorschlag des Premierministers die Mitglieder des Kabinetts. Der Präsident hat das Recht, dem Ministerrat vorzusitzen, das Parlament aufzulösen und Neuwahlen anzusetzen. Er hat den Vorsitz im Nationalen Sicherheitsrat – einem Beratungsgremium für die Regierung, dem die Chefs der drei Teilstreitkräfte und Kabinettsmitglieder angehören. Der «Rat für Nationale Sicherheit» wurde 1961 eingeführt und gibt dem Militär Einfluss auf die Politik. Er steht über dem Kabinett. Durch Parlamentsbeschluss wurden seine Rechte 2002 eingeschränkt.

Legislative: Das Parlament ist ein Einkammersystem: Die Große Nationalversammlung der Türkei (*Turkiye Buyuk Millet Miclisi*) hat 550 Mitglieder, die auf 5 Jahre vom Volk gewählt werden. Das Parlament hat die Gesetzgebungskompetenz, kann Gesetze aufheben und ändern und kontrolliert die Regierung. Mit der Kandidatur für die Große Nationalversammlung müssen Militärs, Richter, Staatsanwälte und Staatsbeamte ihr Amt aufgeben.

Exekutive: Premierminister ist Recep Tayyip Erdoğan (seit dem 14. 3. 2003). Der Regierungschef wird aus der «Reihe der Mitglieder der Großen Nationalversammlung» ernannt. Er muss in einer Vertrauensabstimmung vom Parlament bestätigt werden. Er ist dem Parlament verantwortlich und schlägt die Kabinettsmitglieder vor.

Rechtsordnung: Das Rechtssystem orientiert sich an verschiedenen kontinentaleuropäischen Rechtsordnungen. Die Aufgaben der Gerichte werden in der Verfassung beschrieben. Die Gerichte sind unabhängig und weisungsfrei. Das Gerichtswesen kennt keine zweite Tatsacheninstanz. Das türkische Gerichtssystem ist als zweistufiges System organisiert. Die Revisionsgerichte sind daher chronisch überlastet. Die Amtsgerichte sind für Zivil- und Strafsachen zuständig. Das Justizwesen der Türkei besitzt ein *Verfassungsgericht*, dessen Mitglieder vom Präsidenten ernannt werden, einen Staatsrat, ein *Oberstes Gericht*, ein *Kompetenzkonfliktgericht*, und einen *Obersten Appellationsgerichtshof*, dessen Mitglieder vom Obersten Rat der Richter und Staatsanwälte gewählt werden. Neben den genannten Gerichten bestehen auch *Militärgerichte* und *Staatssicherheitsgerichte*.

Wahlrecht: Allgemeines und gleiches Wahlrecht ab 18 Jahren. Das passive Wahlrecht (Wählbarkeit) mit 30 Jahren besitzen alle Staatsbürger, die lesen und schreiben können. Um im Parlament vertreten zu sein, müssen die Parteien mindestens 10 % der Wählerstimmen erreichen.

Wahlen: *Parlamentswahlen vom 3. 11. 2002* und besondere Nachwahl am 9. 3. 2003 in der Provinz Siirt: AKP 34 % (363 Sitze, verfehlt die verfassungsändernde 2/3 Mehrheit um 4 Sitze), CHP 19,4 % (178); DYP 9,6 % (0/1999: 85); MHP 8,3 % (0/1999: 129); ANAP 5,1 % (0/1999: 86); DSP 1,1 % (0/1999: 136). FP 0 / 1999: 111. Hinzu kommen 9 Unabhängige Abgeordnete.

Recep Tayyip Erdoğan, Vorsitzender der AKP war zum Zeitpunkt der Parlamentswahlen am 3. 11. 2002 nicht wählbar. Nach einem späteren Gerichtsbeschluss erhielt er die Wählbarkeit zurück und wurde in der Provinz Siirt am 9. 3. 2003 zum Abgeordneten gewählt. Nach dem Rücktritt von Premierminister Abdullah Gul konnte er das Amt als Premierminister antreten.

Parteien: Demokratische Partei der Linken (DSP); Partei für Gerechtigkeit und Entwicklung (AKP); Mutterlandspartei (ANAP); Partei der Nationalen Bewegung (MHP); Republikanische Volkspartei (CHP); Partei des Rechten Weges (DYP); Junge Partei (GP); Tugendpartei (FP; Nachfolgerin der RP/ Islamischen Wohlfahrtspartei).

5. Politik in und für Europa

Die außenpolitische Isolierung der Türkei am Ende des Zweiten Weltkriegs wurde überwunden, als das ohnehin schwierige Verhältnis zur Sowjetunion sich verschlechterte und wirtschaftliche und sicherheitspolitische Überlegungen mehr oder minder zwangsläufig zu einer Westorientierung der türkischen Außenpolitik führten. Die Türkei wurde 1948 Gründungsmitglied der Organisation für Wirtschaftliche Zusammenarbeit in Europa (OEEC). 1949 trat sie ebenso wie Griechenland dem Europarat bei.

Nachdem der Integrationsprozess in Westeuropa sich zunächst bei der Gründung der EGKS auf Italien, die Bundesrepublik, Frankreich und die Beneluxstaaten beschränkte und sie auch Vertragspartner bei der Europäischen Verteidigungsgemeinschaft und der Europäischen Politischen Gemeinschaft wurden, die für andere Staaten prinzipiell offen waren, wünschte die Türkei, in europäische Sicherheitsstrukturen einbezogen zu werden und wurde daher 1952 Mitglied der NATO und 1955 Mitglied des Bagdadpakts. Damit wurde ihre strategische Brückenfunktion zwischen dem europäisch-atlantischen Raum und dem Mittleren Osten unterstrichen. Nach der Lösung des Zypernproblems durch den Londoner Vertrag zwischen Großbritannien, der Türkei und Griechenland 1959 stellte die Türkei einen Assoziierungsantrag zur Europäischen Wirtschaftsgemeinschaft (EWG), dessen Abschluss sich wegen des Militärputschs 1960 verzögerte und erst 1964 zu Stande kam. 1973 wurde ein Zusatzprotokoll mit der EG abgeschlossen. Die Zypernintervention von 1974 belastete die Beziehungen zur EG. Der erneute Militärputsch von 1980, die innenpolitischen Spannungen, der Kurdenkonflikt und die Einschränkung demokratischer Freiheiten sowie der EG-Beitritt Griechenlands 1981 erschwerten die türkischen Wünsche nach engeren Bindungen an die Europäischen Gemeinschaften. Auf den im Juli 1987 gestellten Beitrittsantrag reagierte die EG zunächst nicht und lehnte einen Beitritt im Februar 1990 ab. Eine Rolle spielte dabei u.a. die Aufhebung demokratischer Grundrechte und Menschenrechtsverletzungen. Das Europäische Parlament lehnte ein Freihandelsabkommen mit der Türkei zunächst ab, ließ es später jedoch passieren. Der Freihandelsvertrag trat 1996 in Kraft, doch es sollte bis 1999 dauern, ehe die EU das Thema Türkei während der deutschen EU-Präsidentschaft wieder aufgriff.

Mit dem Ende der Sowjetunion eröffneten sich für die Türkei neue außenpolitische und wirtschaftliche Perspektiven. 1992 schloß die Türkei den Schwarzmeerkooperationsrat ab und intensivierte die Kontakte zu den Turkvölkern. Pantürkische Ambitionen kamen wieder hoch. Als die EU im Dezember 1997 Beitrittsverhandlungen mit einer ersten Gruppe von Staaten ohne Beitrittsperspektive für die Türkei beschloss, brach die Türkei die Beziehungen zur EU ab. Erst auf dem Kölner EU-Gipfel im Juni 1999 wurden schließlich die Weichen für den Kandidatenstatus der Türkei gestellt und auf

dem Helsinki-Gipfel im Dezember 1999 festgeschrieben. Im «Strategiepapier zur Erweiterung» vom 8. November 2000 wurde positiv festgehalten, dass in der «türkischen Gesellschaft eine breit angelegte Debatte über die Reformen begonnen hat, die im Hinblick auf den Beitritt zur EU notwendig sind». Die Türkei weise «nach wie vor die Grundmerkmale eines demokratischen Systems auf, doch kommt die Umsetzung der institutionellen Reformen, die die Voraussetzung für die Garantie der Demokratie und der Rechtsstaatlichkeit sind, nur langsam voran».
Im März 2001 verabschiedete das türkische Parlament ein «Nationales Programm zur Übernahme des Acquis». Unter der Regierung Ecevit wurden die erforderlichen Reformpakete und Verfassungsänderungen in den Jahren 2000–2002 vom Parlament nach heißen Diskussionen, Marathonsitzungen und Regierungskrisen verabschiedet, um die «Kopenhagenkriterien» zu erfüllen. Als die Regierungskoalition unter Ecevit zerbrach, ging dieser davon aus, dass die Türkei nun alle Voraussetzungen für die Aufnahme von Beitrittsverhandlungen erfüllt habe. Nach dem überraschenden Wahlausgang und der absoluten Mehrheit der AKP äußerte sich der Präsident des Europäischen Konvents, Valéry Giscard d'Estaing, am 8. November dahingehend, dass die Türkei «kein europäisches Land» sei und ein EU-Beitritt der Türkei das Ende der Union bedeute. Diese Position sorgte für Aufsehen und führte zu einer neuen Runde in der Diskussion, ob die Türkei ein europäisches Land sei oder nicht.
In ihrem Bericht vom 9. Oktober 2002 bewertete die Kommission die Verabschiedung der Reformpakte und die Einführung eines neuen Bürgerlichen Gesetzbuches 2001 als «ein wichtiges Zeichen der Entschlossenheit der Mehrheit der politischen Führer der Türkei, mit der Angleichung an die Werte und Normen der Europäischen Union voranzukommen». Der Türkei werden «erkennbare Fortschritte» bescheinigt, doch in mehreren Bereichen Mängel aufgelistet. Die durchgeführten Reformen enthielten noch «zahlreiche Einschränkungen des vollständigen Genusses der Grundrechte und Grundfreiheiten ... So gelten weiterhin wichtige Beschränkungen der Meinungsfreiheit, insbesondere bei der Presse und beim Rundfunk, der Versammlungsfreiheit zu friedlichen Zwecken, der Vereinigungsfreiheit, der Religionsfreiheit, und des Berufungsrechts vor Gericht».
Der Kopenhagener Gipfel beschloss im Dezember 2002, über die Aufnahme der Beitrittsverhandlungen Ende 2004 zu entscheiden. Voraussetzung seien allerdings weitere Reformen im Polizei- und Justizwesen sowie Fortschritte bei den politischen Kriterien. In der Zwischenzeit wurden vom türkischen Parlament weitere «Harmonisierungspakete» beschlossen. Hierzu gehörte auch die drastische Einschränkung der Rolle des Nationalen Sicherheitsrats.
Für den neuen Regierungschef Erdoğan war vor dem Hintergrund der Haltung der Türkei zum Irakkrieg, der innenpolitischen Probleme und der anhaltenden Finanzkrise das Europathema ein Feld, auf dem sich die neue Regierung profilieren konnte. Das Signal von Kopenhagen wurde innenpolitisch als Erfolg verkauft, auch wenn es in Kopen-

hagen als unzureichend kritisiert wurde. Die im Laufe des Jahres 2003 eingeleiteten Reformmaßnahmen und Pläne der Regierung stießen, wie erwartet, auf den Widerstand des «kemalistischen Establishments». Erdoğan fühlt sich aber stark genug, für seine Regierung Handlungsspielräume von den mächtigen «Oligarchien der Bürokraten» zurückzugewinnen. Dies war auch notwendig, wenn die Türkei bis Ende 2004 die politischen Kriterien für die förmliche Aufnahme von Beitrittsverhandlungen erreichen wollte. Es zeigten sich immer wieder Probleme bei der Umsetzung von Vorgaben und Forderungen der Europäischen Union. Sie führten 2004 bei der Reform des Strafrechtes zu Konflikten mit Brüssel als die AKP islamische Rechtsvorstellungen in den Gesetzestext einbauen wollte. Der umstrittene Paragraph wurde schließlich nicht aufgenommen. Der Begriff «Volksverhetzung» musste inhaltlich neu gefasst werden, Vergewaltigung in der Ehe wurde unter Strafe gestellt, die mögliche Strafreduktion bei «Ehrenmorden» aufgehoben. Als sich die EU am 3. 10. 2005 entschied, die Beitrittsverhandlungen mit der Türkei bei offenem Ausgang aufzunehmen, führte u. a. das Thema der Erweiterung der Zollunion zwischen der EU und der Türkei auf die Republik Zypern zu Problemen. Seit dem Spätjahr 2004 schlägt die Pro-EU-Stimmung in der Türkei um. Damals hatten sich bei einer Umfrage 70,2 % für eine EU-Mitgliedschaft ihres Landes ausgesprochen. Exemplarisch waren Demonstrationen nationalistischer und islamisch-nationalistischer Parteien in den ersten Monaten des Jahres 2005 gegen die EU-Forderungen die Religionsfreiheit zu garantieren und gegen den Rassismus vorzugehen. Diese Forderungen seien der Versuch, die «Kreuzfahrergeographie» auf die Türkei auszudehnen und die türkische Nation «von ihren moralischen Werten zu trennen» (Şevket Kazan). Der Europäische Rat hatte im Dezember 2005 darauf hingewiesen, daß die Verhandlungen in dem Maße voranschreiten werden, «wie die Türkei Fortschritte bei der Vorbereitung auf den Beitritt erzielt; diese Fortschritte werden unter anderem an der Umsetzung der Beitrittspartnerschaft gemessen, die regelmäßig überprüft wird ... Im Rahmen der Beitrittsvorbereitungen wird die Türkei ein Programm mit Zeitplan und gezielten Maßnahmen zur Umsetzung der Prioritäten dieser Beitrittspartnerschaft vorlegen». Zu diesen Grundsätzen gehörten u. a. das Verhältnis Zivilgesellschaft – Militär, das Justizsystem, die Korruptionsbekämpfung, Menschenrechte und Minderheitenschutz, Religionsfreiheit, Frauenrechte und die Presse- und Meinungsfreiheit. Die Behebung der in diesen Bereichen festgestellten Defizite müsse höchste Priorität haben. Bis Ende 2006 muß die Türkei auch das Ankara-Zusatzprotokoll, in dem die Zollunion auf die zehn im Jahre 2004 beigetretenen Staaten ausgedehnt wird, einschließlich Zyperns, erfüllen. Der Fortschrittsbericht 2006 stellt der Türkei bei ihren Bemühungen, die Voraussetzungen für einen Beitritt zu erfüllen ein schlechtes Zeugnis aus und mahnt energische Anstrengungen an.

Adanir, Fikret: Geschichte der Republik Türkei. Mannheim 1995; *Borgolte*, Michael:

Türkei ante portas, in: FAZ v. 21. 2. 2004, S. 39; *Faroqhi*, Suraiya: Geschichte des osmanischen Reiches. München [3]2005; *Hütteroth*, Wolf-Dieter/*Höhfeld*, Volker: Türkei. Geographie, Geschichte, Wirtschaft, Politik. Darmstadt 2002; *König*, Wolf (Red.): Tatsachen über die Türkei. Ankara 1998; *Kreiser*, Klaus: Kleines Türkei Lexikon. München 1991; *Rüstow*, Dankwart A.: Die Türkei – Brücke zwischen Orient und Okzident. Göttingen 1990; *Schwarz*, Hans-Peter/*Kaiser*, Karl (Hg.): Die Zukunft des Mittelmeerraumes. Bonner Botschaftervorträge. Bonn 1997; *Steinbach*, Udo: Geschichte der Türkei. München [3]2006; *State Institute of Statistics* (Hg.): Attidtudes of Individuals toward European Union Membership in Turkey. Ankara 2005; *Steinbach*, Udo: Türkei, in: *Weidenfeld*, Europa-Handbuch II, S. 382–391; *Steinbach*, Udo/*Rumpf*, Christian: Das politische System der Türkei, in: *Ismayr*, Politische Systeme Osteuropas, S. 847–886. *Tibi*, Bassam; Aufbruch am Bosporus. Die Türkei zwischen Europa und Islamismus. München 1998; *Ven*, Faruk/*Rehwinkel*, Dieter (Hg.): Türkei und europäische Integration. Köln 1990; *Ven*, Faruk: Türkei. München [4]1996; *Wedekind*, Rudolf: Die türkische Verfassung von 1982. Hannover 1984; *Weithmann*, Michael W.: Atatürks Erben auf dem Weg nach Westen. Die Türkei im Spannungsfeld zwischen Nahost und Europa. München 1997.

www.turkishembassy.org; www.tbmm.gov.tr (Große Nationalversammlung); www.mfa.gov.tr (Außenministerium); www.turkstat.gov.tr (Staatsinstitut für Statistik); www.cankaya.gov.tr (Staatspräsident); www.eu.turkey.org; http://ec.europa.eu/embargement/turkey/key_documents.htm [{Com (2004)656 final}Fragen im Zusammenhang mit der möglichen Mitgliedschaft der Türkei in der Europäischen Union v. 6. 10. 2004; {KOM(2005) 561 final} Türkei. Fortschrittsbericht 2005 (9. 11.); {SEC/2005) 1426} v. 9. 11. 2005 «Beschluß des Rates über die Grundsätze und Bedingungen der Beitrittspartnerschaft mit der Türkei» (Vorlage der Kommission).

Zypern

1. Grunddaten

Staatsname: Kypriaki Dimokratía (Republik Zypern)
Größe: 9251 km²; griechisch-zypriotisches Gebiet: 5896 km²; türkische Republik Nordzypern (TRNC): 3355 km²
Hauptstadt: Lefkosia (Nicosia)
Einwohner: 784 301 (Juli 2006); griechische Zyprioten 80 %, türkische Zyprioten 19 %, Briten und Sonstige 1,0 %
Bevölkerungsdichte: 78 Einw./km²
Konfessionen: 78 % Griechisch-Orthodox, 19 % Muslime; 4 % Sonstige (armenische Christen, Mononiten, Anglikaner, Katholiken)
Amtssprachen: Griechisch, Türkisch, Englisch
Währung: 1 Zypern-Pfund (Z£) = 100 Pence; 1 € = 0,577 Z£, 1 US-$ = 0,465 Z£ (2005); 1 € = 0,575 Z£, 1 US-$ = 0,479 Z£ (März 2006)

2. Sozioökonomische Grundlagen

Bruttoinlandsprodukt (BIP): 7,7396 Mrd. Z£, 13,414 Mrd. €, 16,6401 Mrd. US-$ (2005) – Nordzypern: 3,768 Mrd. €, 4,54 Mrd. US-$ (2005)
BIP/Kopf: 9 834 Z£, 17 043 €, 21 143 US-$ (2005)

Wirtschaftswachstum (BIP): 3,8 % (2005), 3,8 % (2004), 1,9 % (2003)
Erwerbstätigkeit (Zypern/Nordzypern): Landwirtschaft 4,9/15,1 %, Industrie 19,4/27 %, Dienstleistungen 75,6 /57,9 % (2005)
Arbeitslosigkeit: 4,9 % (2005); 5,6 % (türkischer Teil)
Inflation 2,1 %(2005); 12,6 % (türkischer Teil)
Außenhandel Zypern/Nordzypern (2005): Import: 2,967 Mrd. Z£, 5,142 Mrd. € / 344,62 Mio. €, 0,4152 Mrd. US-$ Haupthandelspartner: EU25 65,8 %, Großbritannien 8,8 %, Italien 10,1 %, Griechenland 17,1 %, Deutschland 8,3 %, Japan 4,7 %, China 3,8 % – Export: 719 Mio. Z£, 1,246 Mrd. €, 1,546 Mrd. US-$ / 40,92 Mio. €, 49,3 Mio US-$; Haupthandelspartner: EU25 57,8 %, Frankreich 16,9 %, Großbritannien 16,82 %, Griechenland 11,4 %, Deutschland 5,3 %, Vereinigte Arabische Emirate (VAE) 2,6 %

3. Geschichte

Eine erste Besiedelung Zyperns lässt sich vor etwa 9000 Jahren nachweisen. Um 1500 v. Chr. erstehen erste städtische Siedlungen und Zypern wird durch Kupferexport und -verarbeitung zu einem wichtigen Handelsplatz im östlichen Mittelmeer. Seit 1400 v. Chr. gehört die Insel, kolonisiert von den Griechen, zum griechisch-mykenischen Kulturkreis und entwickelt auch eine eigene Silbenschrift. Es entwickeln sich «Stadtkönigtümer». Aufgrund seiner geographischen und strategischen Lage kommt Zypern seit 1000 v. Chr. immer wieder unter fremde Herrschaft. Den Griechen folgen die Phönizier, Perser und Ägypter. Mit der Eingliederung in das Römische Reich (58 v. Chr.) wurde Zypern für Jahrhunderte zur «Insel im römischen Binnenmeer» und entwickelte sich zu einem kulturellen Zentrum, dessen Reste bis heute zu sehen sind (Tempel, Foren, Theater). Die Missionsreise des Apostel Paulus 45 n. Chr. führte zur ersten Christianisierung der Insel und langfristig zur Entstehung einer eigenen, anerkannten christlichen Kirche. Die Teilung des Römischen Reiches brachte Zypern seit 395 unter die Herrschaft Ostroms. Die 300 Jahre der Zugehörigkeit zu Byzanz hatten nachhaltige Wirkungen auf die kulturellen Ausprägungen und Bindungen der Insel bis in die Gegenwart. Im 7. Jahrhundert geriet Zypern erneut in das Spannungsfeld machtpolitischer Interessen zwischen dem sich ausbreitenden Islam und Byzanz mit zahlreichen Herrschaftswechseln. Im späten 10. Jahrhundert konnte Byzanz seine Herrschaft dauerhaft wiederherstellen. Nikosia wurde wegen seiner nicht exponierten Zentrallage erstmals zur Hauptstadt der Insel. Nach der Eroberung durch Richard Löwenherz 1191 und dem Verkauf an ein französisches Adelsgeschlecht blieb die Insel als «Kreuzfahrerstaat» bis 1489 in französischer Hand und ging dann an die Venezianer über. 1571 eroberten die Türken Zypern. Die Insel blieb bis ins 19. Jahrhundert Provinz des Osmanischen Reiches. Der Sultan gewährte den in Zypern lebenden und zuwandernden ethnischen und religiösen

Gruppen weitgehende innere Autonomie. Auch die griechisch-orthodoxe Kirche blieb in ihren Rechten unangetastet. Zypern verlor in der Folgezeit seine Rolle als Handelsplatz und verarmte zusehends. Aufgrund eines militärischen Beistandspakts zwischen dem Osmanischen Reich und Großbritannien 1878 willigte der Sultan ein, dass Zypern künftig von Großbritannien «besetzt und verwaltet wird». Im Juli 1878 errichtete Großbritannien einen Flottenstützpunkt zur Sicherung des Seeweges nach Indien, der seit 1869 durch den Suezkanal führte. Die Hoffnungen der Zyprioten auf Verbesserung ihrer wirtschaftlichen und sozialen Lage unter britischer Verwaltung erfüllten sich jedoch nicht. Im Ersten Weltkrieg annektierte Großbritannien die Insel, ab 1925 war sie Kronkolonie. Die griechischen Zyprioten verfolgten aber nach wie vor die «Enosis», den politischen Anschluss an Griechenland, verbunden mit der Hoffnung auf eine schnellere wirtschaftliche Entwicklung und Modernisierung. Voraussetzung hierfür war der Rückzug der Briten. Das zentrale zweite Thema war die Repräsentation der Zyprioten im politischen Entscheidungsprozess. Hierzu gehörten auch die Steuerpolitik und die Tributzahlungen zur Tilgung der Schulden des seit dem Ende des Krieges nicht mehr existierenden Osmanischen Reiches. Diese Mischung aus sozialer und politischer Unzufriedenheit, verbunden mit Steuer- und Zollerhöhungen, entlud sich 1931 in einem Aufstand gegen die Kolonialmacht, der niedergeschlagen wurde. Im Zweiten Weltkrieg erhielt Zypern für Großbritannien nach dem Verlust von Kreta und der Landung deutscher Truppen in Nordafrika eine wichtige militärische Bedeutung. Auf seinem «vorgeschobenen Außenposten» stationierte Großbritannien Truppen. Die Hoffnung der griechischen Zyprioten, die im Krieg auf Seiten der Alliierten für die Befreiung Griechenlands gekämpft hatten, Großbritannien werde die Vereinigung mit Griechenland zulassen, erfüllte sich jedoch nicht. Seit Mitte der 1950er Jahre, als sich auch Griechenland aktiv zugunsten der griechischen Zyprioten einmischte, wurde Zypern zu einem Konfliktherd der internationalen Politik und beschäftigte auch erstmals die Vereinten Nationen. Dem Druck der Griechen und den Aktivitäten der Guerillabewegung E.O.K.A. («Nationale Organisation des Zypriotischen Kampfes») begegneten die Briten mit dem Argument, dass die britischen Truppen die türkische Minderheit schützen müssten. Der türkische Nationalismus auf der Insel entwickelte sich allmählich und «zeitversetzt» nach der Gründung eines türkischen Nationalstaats 1923. Ein Eigengewicht erhielt er in Zypern aber erst, als der Druck der Enosis-Verfechter seit 1950 wuchs und die Türkei im Zuge des eskalierenden Konflikts in der Insel «eine Fortsetzung des Festlands der Türkei» sah und 1957 die «Wiedervereinigung» forderte. Die Jahre zwischen 1955 und 1959 waren durch Guerillaaktionen, Sabotage und Gewalt geprägt, verschärft durch die Aktionen der TMT (Türkische Verteidigungsorganisation) unter Rauf Denktasch und den Angriff nationalistischer türkischer Zyprioten auf ein griechisches Wohnviertel in Nikosia im Juni 1958. Beide Volksgruppen standen sich von nun an unversöhnlich gegenüber. Angesichts dieser Situation erklärte sich Bischof Makarios auch mit der Unabhängigkeit Zyperns als der «zweitbesten Lösung» einverstanden. In Verhandlungen zwischen Großbritannien, Griechenland und der Türkei Anfang 1959 verständigten sich die Konfliktparteien auf eine Unabhängigkeit Zyperns. Das Zypernabkommen vom 23.2.1959 hat bis heute Gültigkeit. Es regelt die Verfassungsprinzipien und die Teilhabe der einzelnen Volksgruppen an der Regierung des gemeinsamen Staatswesens. Im Dezember 1959 wurde Makarios zum ersten Präsidenten der Republik Zypern gewählt. Sein Stellvertreter wurde Fazil Kutchuk. Das politische Handeln der neuen Republik Zypern, die am 16. August 1960 ihre Unabhängigkeit proklamierte, wurde jedoch in erster Linie durch die in der Verfassung festgeschriebenen partikularen Interessen der jeweiligen Bevölkerungsgruppen bestimmt, deren politische Vertreter sich allein ihrer Gruppe und nicht dem Gesamtstaat verpflichtet fühlten. Diese Konstellation führte schließlich Ende Dezember 1963 zum erneuten Bürgerkrieg. Durch den Einsatz von UN-Blauhelmen versuchte der UN-Sicherheitsrat die Konfliktparteien durch eine «grüne Linie» zu trennen. Als Putschisten im Juli 1974 Präsident Makarios beseitigen wollten, besetzte die Türkei den Nordteil der Insel. Mit dem Waffenstillstand im August 1974 kontrollierte die Türkei 37 % des Territoriums. Zypern war damit geteilt und das Ziel der türkischen Nationalisten und Militärs nach Teilung der Insel («Taksim») schien verwirklicht.

Seit der gewaltsamen Teilung der Insel gab es immer wieder Versuche, vor allem durch die Vereinten Nationen, den Europarat und die EG, den zypriotischen Gesamtstaat auf dem Verhandlungswege wiederherzustellen. Auch die neue Mittelmeerpolitik der EU seit Mitte der 1990er Jahre zielte in diese Richtung, ergänzt durch eine Annäherung zwischen Griechenland und der Türkei. Durch die Aufnahme Zyperns in die EU hoffte man das Zypernproblem zu lösen. Im März 1998 gehörte Zypern zur ersten Gruppe der Staaten, mit denen die EU Beitrittsverhandlungen aufnahm. Sie wurden im Dezember 2002 erfolgreich abgeschlossen und durch den Kopenhagener Gipfel bestätigt. Das Europäische Parlament votierte im April 2003 für die Aufnahme Zyperns. Präsident Papadopoulos unterzeichnete schließlich am 16. April 2003 in Athen die Beitrittsdokumente. Die EU setzte auch große Hoffnungen darauf, dass die Stimmung der Bevölkerung im Norden Zyperns für einen EU-Beitritt Gesamtzyperns Druck auf die Politiker der «Nordrepublik» – der «Türkischen Zypriotischen Gemeinschaft» wie sie offiziell heißt – ausüben wird. Nach einer Umfrage unter türkischen Zyprioten im September 2002 sahen 88 % in der Mitgliedschaft Zyperns in der EU «etwas Gutes» und würden bei einem Referendum für eine EU-Mitgliedschaft stimmen. Viel wird auch von der Haltung der «Schutzmacht» der TRNZ, Türkei, abhängen. Wie und in welcher Form sie die Republik Zypern anerkennt – ein zentrales Kriterium für die Fortführung der Beitrittsverhandlungen seitens der EU – und ob sich auch die griechischen Zyprioten bewegen und Vermittlungsvorschläge der UN bzw. der EU-Ratspräsidentschaft anerkennen wollen. Im Moment scheint eine Lösung, die beide Teile Zyperns wiedervereinigen würde, nicht absehbar.

4. Politisches System

Nach der noch gültigen Verfassung vom 16. 8. 1960 ist Zypern eine Präsidialrepublik im Britischen Commonwealth mit zwei sich selbst verwaltenden Volksgruppen. De facto ist die Insel jedoch in zwei politische Einheiten, durch eine von der UN gesicherte Demarkationslinie getrennt, geteilt. Beide, die völkerrechtlich anerkannte Republik Zypern und die nur von der Türkei anerkannte TRNZ, sind politisch, wirtschaftlich und verwaltungstechnisch getrennt.

Präsident/Vizepräsident: Das Staatsoberhaupt ist als Präsident zugleich Regierungschef und Inhaber der Exekutivgewalt. Es wird auf 5 Jahre *direkt* gewählt. Nach der Verfassung von 1960 steht dem türkischen Bevölkerungsteil das Amt des Vizepräsidenten zu. Seit der Teilung ist diese Position nicht besetzt. Der Präsident und der Vizepräsident ernennen und entlassen die Regierungsmitglieder gemeinsam.

Der *Präsident der TRNZ* wird ebenfalls direkt vom Volk auf 5 Jahre gewählt. Am 24. 4. 2005 löste Mehmet Ali Talat (CTP) den nationalistischen Volksgruppenführer Raul Denktasch als Präsidenten mit 55,6 % ab. Talats nationalistischer Gegenkandidat Eroglu UBP – Partei Nationale Einheit) kam auf 22,7 %.

Wahlrecht: Allgemeines Wahlrecht ab 18 Jahren.

Parlament: *Einkammerparlament*. Das Repräsentantenhaus (Vouli Antiprosopon) besteht aus 80 Mitgliedern. 56 stellt der griechische Bevölkerungsteil, 24 der türkische. Seit 1963 sind die türkischen Mandate nicht besetzt. Die Abgeordneten sind auf 5 Jahre gewählt. Bei den Wahlen vom 21. 5. 2006 (21. 5. 2001) entfielen auf die AKEL (Kommunistische Partei) 31,2 % 18 Mandate (34,7 % -20 Mandate), auf die DISY (Demokratische Sammlungsbewegung) 30,3 %, 18 (34 % – 19), auf die DIKO (Demokratische Partei) 17,9 %,11 (14,8 %, 9), auf die KISOS (Sozialdemokratische Bewegung) 8,9 % (5)/ 6,5 % (4), Europäische Partei (EK) 5,8 % (3) / 5,2 % (2), Grüne (KOP) 2,0 % (1) / 2,0 % (1), Vereinigte Demokraten 1,6 % (–) / 2,6 % (1) sowie 9 % auf weitere Parteien (4).

Parlament türkischer Teil: *Einkammerparlament* mit 50 auf 5 Jahre gewählten Mitgliedern. Eine Partei muss mindestens 5 % der Stimmen erreichen, um vertreten zu sein.

Wahlen vom 13. Dezember 2003: UBP (Nationale Einigungspartei UBP) 32,93 % (18), DP (Demokratische Partei) 12,93 % (7), NPP (Nationale Friedenspartei) 3,23 % (0), PDM (Friede und Demokratische Bewegung) 13,13 % (6), RTP (Republikanische Türkische Partei CTP) 35,18 % (19), SEUP (EUPartei) 1,97 % (0), CJP (Zypriotische Gerechtigkeitspartei) 0,60 % (0), Unabhängige 0,01 % (0).

Damit bestand ein Patt von 25:25 Mandaten zwischen NUP/DP und RTP/PDM. Auf Druck aus Ankara ernannte der Volksgruppenführer (Präsident) Denktasch den Führer der PRO-EU-Opposition, Mehmet Ali Ta-

bat (CTP), zum Ministerpräsidenten, dessen Partei bei Neuwahlen CTP am 20.5.2005 zur stärksten Kraft wurde und mit 44,5 % (24 Sitze) die absolute Mehrheit nur knapp verfehlte. Auf die UBP entfielen 31 % (16), auf die Demokratische Partei (DP) 13,5 % (6), die zusammen mit der CTP die Regierung bildete. Die Bewegung für Frieden und Demokratie (BDH) kam nur noch auf 5,8 % (1). Mit der Wahl zum Staatspräsidenten der TRNZ wurde Ferdi Sabit Soyer (CTP) neuer Ministerpräsident.
Rechtsordnung: Oberster Gerichtshof. Die Richter werden gemeinsam vom Präsidenten und vom Vizepräsidenten ernannt. In der TRNZ wurde ebenfalls ein Oberster Gerichtshof eingerichtet.

5. Politik in und für Europa

Aufgrund der Verfassungsordnung von 1959/60, der Rolle der Garantiemächte und des Konflikts zwischen den Bevölkerungsgruppen war eine unabhängige Außenpolitik nur schwer zu realisieren. Dennoch versuchte Präsident Makarios sich der Bewegung der Blockfreien anzunähern und eine Politik der Neutralität zu verfolgen. Dies lag jedoch nicht im Interesse der griechischen Militärjunta und der griechisch-zypriotischen Nationalisten unter Führung von General Grivas.
Seit den 1960er Jahren bemühte sich Zypern aus wirtschaftlichen Gründen um eine Annäherung an die EG. 1972 schloss die EWG mit Zypern ein Assoziierungsabkommen. Aufgrund der türkischen Besetzung Nordzyperns verzögerte sich jedoch der Abschluss des von der Republik Zypern angestrebten Zollunionsvertrages bis 1987. Am 4.7.1990 stellte Zypern einen Beitrittsantrag in Brüssel und setzte damit neue politischen Rahmenbedingungen. Die Regierung ergriff Maßnahmen zur Ankurbelung der Wirtschaft, um das Land möglichst schnell den EG-Gegebenheiten anzupassen. Mit der EG-Mitgliedschaft verband sich die Hoffnung auf Frieden, Sicherheit und Wohlstand für alle Zyprioten. Bei den Europäischen Gipfeltreffen 1994 in Korfu und Essen wurde die Aufnahme Zyperns bei der kommenden Runde der EU-Erweiterung befürwortet. In den Überlegungen der EU spielte dabei stets eine Rolle, einen Beitrag zur Friedenssuche zu leisten. Diese Politik der EU stand im Zusammenhang mit der neuen Mittelmeerpolitik der Gemeinschaft (Barcelona-Erklärung), den Mittelmeerraum zu einer Region des Friedens, des Wohlstandes und der Stabilität werden zu lassen. Vor dem EU-Beitritt hofft die Kommission jedoch noch immer auf eine Lösung der Zypernfrage. Zypern hat den Beitrittsvertrag im April 2003 in Athen unterschrieben, nachdem das Europäische Parlament einer Mitgliedschaft Zyperns mit großer Mehrheit zugestimmt hatte. Es bleibt die Hoffnung, dass der Druck der Bevölkerung Nordzyperns auf ihre politischen Führer so groß wird, dass sie sich zu einer Lösung bereit finden und so auch die griechischen Zyprioten das Scheitern aller Bemühungen nicht länger den türkischen Zyprioten anlasten können. Eine tragfähige Regelung könnte zum Vorbild werden, um andere «ethnische Konflikte» in der Region zu lösen. Unter Vermittlung von UN-Generalsekretär Kofi Annan waren Denktasch und Papadopoulus Anfang Febru-

ar 2004 zu Gesprächen in New York zusammengekommen. Der internationale Druck – der Wunsch der Türkei, Ende 2004 als Beitrittskandidat anerkannt zu werden und Beitrittsverhandlungen mit der EU aufnehmen zu können, das Interesse der EU, Gesamtzypern zum 1. 5. 2004 in die EU aufnehmen zu können, und der Wunsch der UN, einen jahrzehntelangen Konflikt endlich lösen zu können – sowie auch der Wille der Zyprioten im türkischen Teil, in die EU einbezogen zu werden, haben dazu geführt, dass ernsthafte Verhandlungen begonnen wurden, die bis April 2004 zu einem abschließenden Ergebnis führen sollten. Am 21. 4. 2004 lehnten die griechischen Zyprioten in einem Referendum den UN-Plan ab. Ganz Zypern trat der EU zum 1. 5. 2004 bei, doch gilt der Rechtsbestand der EU («acquis communautaire») nur für die von der Republik Zypern kontrollierten Gebiete. Alle Bemühungen der EU, den nördlichen Teil Zyperns durch wirtschaftliche Verbindungen und direkten Handelsaustausch einzubeziehen, scheiterten bisher am Widerstand des griechischen Teils der Insel. Allerdings unterstützt Brüssel mit Finanzhilfen die strukturllen Verbesserungen im türkischen Teil.

Seit Mai 2005 gehört Zypern zum EWS und unterliegt seinen Bedingungen. Um zum 1. 1. 2008 den Euro einführten zu können, verfolgt die zypriotische Regierung eine massive Sparpolitik und reduzierte das Haushaltsdefizit, um die Maastricht-Kritierien zu erfüllen.

Ackermann, Michael: Türkisch-Zypern. Geschichte und Gegenwart. Ulm 1998; *Axt*, Heinz-Jürgen/*Brey*, Hansjörg (Hg.): Cyprus and the European Union. New Chances for Solving an Old Conflict? München 1997; *Baier-Allen*, Susan (Hg.): Looking into the Future of Cyprus-EU Relations. Baden-Baden 1999; *Boroviec*, Andrew: Cyprus. A Troubled Island. Westport/Conn. 2000; *Faroqhi*, Suraiya: Geschichte des Osmanischen Reiches. München [3]2005; *Giegerich*, Thomas (Hg.): The EU Accession of Cyprus – Key to the Political and Legal Solution of an «Insoluble» Ethnic Conflict? Baden-Baden 2006; *Hillenbrand*, Klaus: Cypern. München 1990; *Maier*, Franz Georg: Cypern. Insel am Kreuzweg der Geschichte. München 1982; *Schwarz*, Hans-Peter/*Kaiser*, Karl (Hg.): Die Zukunft des Mittelmeerraumes. Bonner Botschaftervorträge. Bonn 1997; *Tzermias*, Pavlos: Geschichte der Republik Zypern. Tübingen [3]1998. *Tzermias*, Pavlos: Zypern, in: *Weidenfeld*, Europa-Handbuch II, S. 402–409.

www.kypros.org (Allgemeines Portal Zypern);
www.cyprus.gov.cy (Portal Regierung);
www.moi.gov.cy (Innenministerium, Presse- und Informationsmat);
www.mof.gov.cy (Finanzministerium, Zugang Statistischer Dienst);
www.moi.gov.cy/moi/pio.nsf/documents (Materialien Zypernfrage);
www.parliament.cy (Parlament);
www.trncpresidency.org (Präsident Türkische Republik Nordzypern mit weiteren links);
www.devplan.org (State Planning Organization TRNC Statistik)

Südosteuropa und der Balkan

Südosteuropa und der Balkan sind sowohl geographische wie historische europäische Großregionen, die immer wieder als randständig charakterisiert wurden. Der Balkan bekam darüber hinaus immer einen pejorativen Beigeschmack, galt er doch sehr oft als «Pulverfass», als Hinterhof oder Krisenregion Europas. Nicht zuletzt hatte die innenpolitische Situation in den im Auflösungsprozeß des Osmanischen Reiches sich ausbildenden Balkanstaaten die politischen Entwicklungen im restlichen Europa immer wieder, bis zur heutigen Zeit, nachhaltig beeinflusst. Unter Südosteuropa werden in der Regel die Territorien der Staaten Bulgarien, Rumänien, Albanien sowie die Gebiete des früheren Jugoslawien verstanden. Auch der Stabilitätspakt für Südosteuropa, in dem nach dem Ende des Kosovokrieges 1999 mehr als 40 Industriestaaten finanzielle Mittel zur Verfügung stellen, um diese Staaten bei der Förderung des Friedens, der Demokratie, der Achtung der Menschenrechte sowie des wirtschaftlichen Wohlstands zu unterstützen, wendet sich an die Nachfolgestaaten des ehemaligen Jugoslawien sowie Albanien, Bulgarien und Rumänien. Kulturhistorisch gilt Südosteuropa seit Jahrhunderten als Durchzugsgebiet. Durch die slawische Landnahme auf byzantinischem Reichsboden im 6. Jahrhundert wurden die ethnischen Strukturen dieses Raums nachhaltig geprägt. Immer wieder kam es im Verlauf der Jahrhunderte zu Auseinandersetzungen unterschiedlicher Ethnien. Seit Mitte des 14. Jahrhunderts breitete sich das Osmanische Reich nach Südosteuropa und auf den Balkan aus. Über fünf Jahrhunderte besaß das Osmanische Reich einen dominierenden Einfluß in der Region. Im 17. Jahrhundert drangen die Habsburger in diesen Raum vor. Mit der Orientalischen Frage seit dem ausgehenden 18. Jahrhundert bis zur Auflösung des Osmanischen Reiches am Ende des Ersten Weltkrieges geriet der Balkan zunehmend in das Spannungsfeld europäischer Großmachtinteressen, gekennzeichnet durch ein zunehmendes Zurückdrängen der Türken aus diesem Raum. Fast 500 Jahre lang war der größere Teil Südosteuropas von den Entwicklungen im christlich dominierten Teil Europas abgeschlossen, befand er sich doch unter direkter oder indirekter osmanischer Herrschaft. Diese Entwicklung musste natürlich auch Rückwirkungen auf die Entwicklung in Südosteuropa haben. So wurde hier die Industrielle Revolution, die in Westeuropa bereits im 19. Jahrhundert begonnen hatte, nicht mitvollzogen. So überrascht es nicht, dass Südosteuropa sehr lange weitgehend agrarisch strukturiert blieb, nur wenige industrielle Kerne besaß und der Industrialisierungsprozess erst in kommunistischer Zeit forciert wurde.

Albanien

1. Grunddaten

Staatsname: Republika e Shqipërisë (Republik Albanien)
Hauptstadt: Tirana
Fläche: 28 748 km²
Einwohner: 3 581 655 (Juli 2006); 97 % Albaner, Tosken, 1,8 % Griechen, 1,2 % Sonstige
Bevölkerungsdichte: 111 Einw./km²
Konfessionen: 65 % Muslime, 33 % Albanisch-orthodoxe Christen, Katholiken, 2 % Sonstige
Amtssprache: Albanisch (Toskisch); weitere Sprachen: Griechisch, Mazedonisch
Währung: 1 Lek (ALL) = 100 Quindarka; 1 US-$= 100,02 ALL 1 € = 124,07 ALL (2005)

2. Sozioökonomische Grundlagen

Albanien ist ein extrem armer Staat, in dem die Bevölkerung sich mit einem minimalen Lebensstandard zufrieden geben muss. Das Land hat eine der höchsten Geburtenraten in Europa und erlebte im Verlauf des Umbruchs zu Beginn der 1990er Jahre eine ungeordnete Privatisierung der bisher in Genossenschaften und Staatsfarmen vollständig kollektivierten Landwirtschaft. Der Haushalt des Landes war lange Zeit defizitär. Erst Ende der 1990er Jahre setzte ein wirtschaftliches Wachstum von 8 % ein, das vor allem durch ausländische Hilfsgelder und Überweisungen albanischer Arbeitsmigranten aus dem westlichen Ausland stimuliert wurde.
Bruttoinlandsprodukt (BIP): 6,745 Mrd.€, 8,126 Mrd. US-$ (2005) – durchschnittliches Wachstum 1990–2001: 3,7 %, 2005: 5,5 %; Anteil am BIP: Landwirtschaft 25 %, Industrie 19 %, Dienstleistungen 56 %
BIP/Kopf: 2215 €, 2669 US-$ (2005)
Wirtschaftswachstum (BIP): 5,5 % (2005), 6,7 % (2004)
Erwerbstätigkeit: Landwirtschaft 72,2 %, Industrie 6,5 %, Dienstleistungen 21,4 % (2003)
Inflation: 2,9 % (2006), 2,5 % (2005)
Arbeitslosigkeit: 13,9 % (Juni 2006), 14,7 % (2005 inoffiziell 25 %)
Außenhandel (2005): Import: 2,109 Mrd. €. 2,617 Mrd. US-$; Handelspartner: EU25 63,6 %, Italien 29,3 %, Griechenland 16,4 %, Türkei 7,5 %, Deutschland 5,4 % – Export: 530,071 Mio. €; 657,528 Mio US-$; Haupthandelspartner: EU25 88,7 %, Italien 72,4 %, Griechenland 10,5 %, Deutschland 3,3 %, Serbien und Montenegro 5,0 %

3. Geschichte

Das Gebiet des heutigen Albanien gehörte seit 395 zum Oströmischen Reich. Gegen Ende des 6. Jahrhunderts drangen slawische Stämme in die Balkanhalbinsel ein. Im 11. Jahrhundert wurde der Name Albanien gebräuchlich. Zu dieser Zeit begann eine albanische Expansion nach Süden und Südosten, die im späten 14. Jahrhundert sogar bis zum Peloponnes führte. Im 13. und 14. Jahrhundert übten Bulgaren, Venezianer und Serben abwechselnd die Hoheit über diesen Raum aus. Ende des 14. Jahrhunderts bildeten sich albanische Fürstentümer heraus, die aber auch vereint unter dem albanischen Nationalhelden Gjergi Kastriota, genannt Skanderbeg, den Osmanen unterlagen; Albanien verblieb danach bis ins 20. Jahrhundert unter türkischer Herrschaft. 1878 entstand eine albanische Nationalbewegung, die zunehmend in Aufstände gegen die Türkisierungspolitik der Osmanen mündete. 1912 rief Ismail Kemal Bey im Zuge der Balkankriege ein unabhängiges Albanien aus. 1921 wurde der neue Staat, der im Ersten Weltkrieg von Italien und anderen Nachbarländern besetzt worden war, von den Großmächten in den Grenzen von 1913 anerkannt. Ende 1924 begann mit der Machtübernahme Ahmet Bej Zogus eine bis 1991 andauernde Herrschaft autoritärer bzw. diktatorischer Regime. 1939 besetzten italienische Truppen Albanien. Die Nationalversammlung beschloss die Vereinigung in Personalunion mit Italien, die allerdings nach dem Übertritt Italiens in das Lager der Alliierten 1943 wieder aufgehoben wurde. 1941 erfolgte die Gründung der Kommunistischen Partei unter Enver Hoxha, der sich gleichzeitig zum Führer der albanischen Befreiungsbewegung emporarbeitete. Nach dem Abzug deutscher Truppen aus Albanien am 5. Januar 1945 wurde mit Hoxha als Ministerpräsident eine Volksfrontregierung gebildet, die ein Jahr später die Volksrepublik Albanien ausrief. In Albanien wurde noch radikaler als in anderen osteuropäischen Staaten das sowjetische Modell kopiert, d. h. die Wirtschaft verstaatlicht und der Boden enteignet; die Kommunistische Partei wurde Staatspartei. Doch ab 1956 geriet die albanische Führung in ideologischen und politischen Gegensatz zur Sowjetunion und näherte sich der VR China an. Albanien betrieb eine Politik der Isolierung. 1961 brach das Land die diplomatischen Beziehungen zur Sowjetunion ab und ließ die Mitgliedschaft im Warschauer Pakt ruhen, aus dem es 1968 endgültig austrat. Nach dem Tod Hoxhas 1985 trat Ramiz Alia die Nachfolge als Staatspräsident und Führer der Kommunistischen Partei an und begann mit einer geringfügigen Öffnung des Landes, setzte aber den Personenkult fort. Im Rahmen der allgemeinen Auflösungserscheinungen des Sozialismus kam es auch in Albanien im Dezember 1990 zu Massendemonstrationen, die die Legalisierung der politischen Organisationsfreiheit erzwangen. Das Kommunistische System brach weitgehend anarchisch zusammen. Plünderungen, Massenkriminalität und zerstörungswütige Gewalt nicht nur gegen Institutionen und Symbole des Systems, sondern auch gegen Schulen, Kultureinrichtungen und Einrichtungen landwirtschaftlicher Kooperativen kennzeichneten die Quasi-Bürgerkriegssituation in Albanien. Albanien ist geprägt durch eine grundsätzliche Distanz großer Teile der Bevölkerung zur staatlichen Autorität. Trotzdem gelang es auch in Albanien, ein pluralistisch-demokratisches System einzuführen.

4. Politisches System

Albanien hat im 20. Jahrhundert eine sehr instabile Entwicklung durchlaufen und sich 1998 bereits die zwölfte Verfassung seit 1912 gegeben. In der Verfassung von 1991 bezeichnete sich Albanien als parlamentarische Republik, die auf den Prinzipien der Rechtsstaatlichkeit, der Menschenrechte, dem demokratischen Pluralismus und der Gewaltenteilung beruhe. Das Land versteht sich als einheitliche, also nicht föderale, Republik. Albanien ist eines der wenigen Länder, das die Marktwirtschaft in der Verfassung festgeschrieben hat. Der Präsident wird mit einer Dreifünftel-Mehrheit (in der 1991 Verfassung Zweidrittel-Mehrheit) vom Parlament auf fünf Jahre gewählt. Eine einmalige Wiederwahl ist möglich. Der Präsident kann nicht abgewählt werden. Eine Amtsenthebung ist lediglich bei Verfassungsbruch, Verbrechen oder Amtsunfähigkeit zulässig. Unter Sali Berisha wurde bis 1998 ein quasi präsidentielles Regierungssystem praktiziert. Gemäß der Verfassung von 1998 ist der Staatspräsident Oberkommandierender der Streitkräfte, hat den Vorsitz im Obersten Justizrat, ernennt die Verfassungsrichter und Richter an den obersten Gerichten sowie den Generalstaatsanwalt und verfügt über das Vorschlagsrecht für den Ministerpräsidenten. Anders als in der Verfassung von 1991 besitzt er nicht mehr das Recht zur Gesetzesinitiative, zur Teilnahme an Ministerratssitzungen, darf keine Referenden mehr vorschlagen und verlor auch das Recht zur Parlamentsauflösung – es sei denn, eine Regierungsbildung kommt nicht zustande. Seit 2002 ist Alfred Moisiu von der Versammlung gewählter Präsident. Im Zentrum der neuen Verfassung von 1998 steht die Versammlung (*Kuvendi Popullor*), bis 1998 Volksversammlung. Im Einkammerparlament sitzen 140 Abgeordnete, die auf vier Jahre gewählt sind. In der auf 140 Mandate begrenzten Versammlung werden 100 Mitglieder direkt, 40 nach dem Verhältniswahlrecht gewählt. Das Parlament wählt den Staatspräsidenten und kann dem vom Präsidenten vorgeschlagenen Ministerpräsidenten das Vertrauen oder Misstrauen aussprechen. Das Wahlverhalten in Albanien ist bipolar. Etwa 80 % der Stimmen konzentrieren sich auf die großen Parteien, die Sozialistische Partei (PSSH – Partia Socialiste e Shqipërisë) und die Demokratische Partei (PD – Partia Demokratike). «Entsprechend den krisenhaften Eruptionen pendelt die Wählerschaft zwischen ihnen und den sie umgebenden Bündnissen hin und her, mit Schwankungen von über 30 % innerhalb eines Jahres» (Schmidt-Neke).

Die Regierung, der Ministerrat, wird vom Präsidenten ernannt, muss allerdings vom Parlament bestätigt werden. Kennzeichnend für fast 16 Jahre parlamentarische Erfahrung ist, trotz ausreichender Koalitionsmehrheiten, eine fehlende Kontinuität, die sich aus oft-

maligen Regierungswechseln und aus Richtungskämpfen und Rivalitäten im jeweiligen Regierungslager ergibt.
Die 2001 gewählte sozialistische Regierung verlor die Parlamentswahlen 2005. Ministerpräsident Fatos Nano wurde am 10.9.2005 durch den Führer der Demokratischen Partei Sali Berisha abgelöst, der eine Koalitionsregierung aus PD, PR, PDR, PAA, PBDNJ, PDK und BLD bildete (80 Mandate).
Wahlen zur Versammlung am 5.7. 2005: Demokratische Partei (PD) 7,7 % (56 Sitze), Sozialistische Partei (PSSH) 8,9 % (42), Republikanische Partei (PR) 20 % (11), Sozialdemokratische Partei (PSD) 12,7 % (7), Sozialistische Integrationsbewegung (LSI) 8,4 % (5), Reformdemokraten (PDR) 7,4 % (4), Agrar- und Umweltpartei (PAA) 6,6 % (4), Demokratische Allianz (AD) 4,8 % (3), Sozialdemokratische Partei (PDSSH) 4,3 % (2), Menschenrechtsunion (PBDNJ) 4,1 % (2), Christlich-Demokratische Partei (PDK) 3,3 % (2), Liberaldemokratische Union (BLD) 1,1 % (1), Sonstige 10,7 %, 1 Mandat an Unabhängigen.
Eine Besonderheit im albanischen Regierungssystem ist die Zentrale Wahlkommission. Sie ist ein eigenständiges Verfassungsorgan mit siebenjähriger Amtszeit. Seit 1990 hat sich ein differenziertes Parteiensystem herausgebildet. Noch während der kommunistischen Herrschaft entstand 1990 mit der Gründung der Demokratischen Partei Albaniens (PD) der Versuch, die Opposition zur ehemaligen kommunistischen, inzwischen zur sozialistischen Partei (PSSH) gewandelten, Partei zu sammeln. Die PD hat sich von einer pluralistischen Sammlungsbewegung aller nichtkommunistischen Kräfte zu einer populistischen, autoritären, international isolierten Führerpartei entwickelt, die durch Sali Berisha dominiert wird. PSSH und PD binden sowohl die meisten Wähler und verfügen auch über die jeweils größte Mitgliederbasis. Wichtigster Partner der PSSH im Bündnis «Allianz für den Staat» ist die Sozialdemokratische Partei Albaniens (PSD). Sie wurde 1991 von Intellektuellen gegründet, die die PSSH nicht für reformierbar hielten. Der Verband der griechischen Minderheit OMONIA schloß sich 1991 in der Partei Union für die Menschenrechte (PBDNJ) zusammen. Schließlich ist noch die Albanische Agrar- und Umweltpartei mit vier Abgeordneten im Parlament vertreten. Verglichen mit anderen ost- und südosteuropäischen Staaten weist Albanien die schwächsten Traditionen eines demokratischen Pluralismus und einer zivilen Kultur auf. Außer 1992 wurde nach jeder Wahl die Legitimität des Siegers durch den Verlierer in Frage gestellt. Gut eine Dekade nach der Durchsetzung des Parteienpluralismus befindet sich Albanien auf dem Wege der Stabilisierung. Ein Rückfall in Anarchie und/oder Bürgerkrieg kann jedoch keinesfalls ausgeschlossen werden.

5. Politik in und für Europa

Albanien hatte sich in der Zeit eines orthodoxen Kommunismus international isoliert. Der erste postkommunistische Präsident Sali Berisha verfolgte eine weitgehende Öffnung des Landes. Es wurden enge Beziehungen zu den USA und Europa gesucht und Albanien trat auch der Islamischen Konferenz-Organisation bei. 1991 wurde das Land Mitglied der KSZE und wurde 1995 in den Europarat aufgenommen. 1994 unterzeichnete es die *Partnership for Peace* (PFP) mit der NATO, deren Truppenverbände nicht zuletzt aufgrund des Kosovokriegs im Land stationiert sind. Albaniens großzügige Politik der Flüchtlingsaufnahme während des Kosovokriegs beschleunigte zweifellos die Integration des Landes in die europäisch-atlantische Strukturen. Albanien ist am europäischen Stabilitätspakt beteiligt, erhält im Rahmen dieses Pakts finanzielle Unterstützung zur Entwicklung seiner Infrastruktur, seines Bildungssystems sowie anderer Politiksegmente und profitiert von weiteren regionalen und EU-Programmen. Die Mitgliedschaft in der EU ist ein sehr langfristiges Ziel, das nur im Falle großer ökonomischer Fortschritte realisiert werden dürfte. Im Fortschrittsbericht der EU vom Oktober 2005 anerkannte die Kommission die Reformfortschritte Albaniens, mahnte aber auch verstärkte Anstrengungen beim Kampf gegen Korruption, Geldwäsche, Terrorismus, Drogenhandel und organisierte Kriminalität an. In ihrem Regierungsprogramm vom September 2005 legte die neue Regierung, die auch einen eigenen Minister für Europäische Integration benannt hatte, Priorität auf diese Fragen und strebte auf der Grundlage der Evaluation der verschiedenen Berichte der Kommission an, die europäischen Standards einer «Demokratie basierend auf freien und fairen Wahlen, der Herrschaft des Rechts, sicherer Grenzen, Respektierung der Menschen- und Minderheitsrechte und einer freien Marktwirtschaft» zu erreichen. Im Juni 2006 konnte die Regierung Berisha eines ihrer Ziele, die Unterzeichnung des Stabilisierungs- und Assoziierungsvertrages mit der EU verwirklichen. Hauptziel der außenpolitischen Aktivitäten Albaniens sind die Mitgliedschaft in der EU und in der NATO. Wegen der angestrebten NATO-Mitgliedschaft besitzen die transatlantischen Beziehungen und ein enges Verhältnis zu den USA «hohe strategische Bedeutung». Vor dem Hintergrund dieser sicherheitspolitischen Ziele unterstützte die sozialistische Vorgängerregierung in der Irakkrise 2003 die US-amerikanische Position und unterzeichnete einen gemeinsamen Brief von zehn mittel-, ost- und südosteuropäischen Staaten. Diese Haltung wie auch ein Abkommen über die Nichtauslieferung amerikanischer Staatsbürger an den Internationalen Strafgerichtshof führten zur Fortsetzung der für Albanien nicht unbedeutenden Militärhilfe durch die USA.

Barftl, Peter: Albanien. Regensburg/München 1995; *Biberaj*, Elez: Albania in Transition. Boulder 1998; *Grothusen*, Klaus-Detlev (Hg.): Südosteuropa-Handbuch. Bd. VII: Albanien. Göttingen 1993; *Malcolm*, Noel: Kosovo. A Short History. London 1998; *Schmidt*, Fabian: Albanien, in: *Weidenfeld*, Europa-Handbuch II, S. 55–62; *Schmidt-Neke*, Michael: Das politische System Albaniens, in: *Ismayr*, Politische Systeme Osteuropas, S. 805–845; *Schubert*, Peter: Groß-Albanien: Vision oder Mythos? Ebenhausen 2000; *Vickers*, Miranda/*Pettifer*, James: Albania. From Anarchy to a Balkan Identity. London 1997; *Wildermuth*, Andreas: «Sich stützen auf die eigenen Kräfte». Die Wirtschaftspolitik Albaniens nach dem Zweiten Weltkrieg. München 1995.

www.ata-al.net (Albanische Nachrichtenagentur ATA); www.president.al (Präsident); www.keshilliministrave.al (Regierung); www.parlament.al; www.instat.gov.al (Amt füt Statistik); www.albanian.com; www.stabilitypact.org (Materialien zum Stabilitätspakt für SO-Europa seit 1999). http://ec.europa.eu/enlargement/albania/key_documents.htm (dort finden sich Strategiepapiere, Fortschrittsberichte und EU-Partnerschaft).

Bosnien-Herzegowina

1. Grunddaten

Staatsname: Republika Bosna i Hercegovina (Republik Bosnien und Herzegowina)
Größe: 51 129 km²
Hauptstadt: Sarajewo
Einwohner: 4 498 976 (Juli 2005), davon 49 % Bosniaken, 31 % Serben, 17 % Kroaten, 3 % Sonstige
Bevölkerungsdichte: 81 Einw./km²
Konfessionen: 44 % Muslime, 48 % Christen (31 % Serbisch-Orthodoxe, 15 % Katholiken) 8 % Sonstige,
Amtssprachen: Bosnisch, Kroatisch, Serbisch
Währung: 1 Dinar [Konvertible Mark, KM] = 100 Para; 1 US-$ = 1,717970 KM, 1 € = 195583 KM, 1 US-$ = 0,8084 € (2004),1 US-$ = 0,83 € (2005), 1 US-$ = 0,79 € (2006)

2. Sozioökonomische Grundlagen

Der Bürgerkrieg zwischen 1992 und 1995 zerstörte die Infrastruktur des Landes; das Bruttosozialprodukt sank um 80 %. Nach dem Abschluss des Dayton-Abkommens setzte ein starkes Wachstum ein, da nun bedeutende Finanzleistungen in das Land kamen. Ende 2001 war die Entstaatlichung der kleinen und mittleren Betriebe weitgehend abgeschlossen, während der Verkauf der meisten Großunternehmen noch ansteht. Die Umstrukturierung der Industrie, die Konsolidierung des Bankensystems und der Ausbau des Privatsektors werden als wichtigste ökonomische Reformaufgaben gesehen.
Bruttoinlandsprodukt (BIP): 4544,8 Mio. €, 5622 Mio US-$ (2004), 4969,9 Mio €, 6973 Mio. US-$ (2003)
BIP/Kopf: 5974 €, 7430 US-$ (2004)
Erwerbstätigkeit: Landwirtschaft 11 %, Industrie 64 %, Dienstleistungen 25 % (2000)
Arbeitslosigkeit: 45,5 % (offiziell 2005)
Inflation: 1,1 % (2005)
Außenhandel: Import (2005): 5,644 Mrd. €, 6,8 Mrd. US-$ Haupthandelspartner: Kroatien 23,8 %, Slowenien 15,8 %, Deutschland 14,8 %, Italien 11,4 %, Öster-

reich 6,6 %, Ungarn 6,1 % – Export: 2,241 Mrd. €, 2,7 Mrd. US-$ Haupthandelspartner: Italien 22,3 %, Kroatien 21,1 %, Deutschland 20,8 %, Österreich 7,4 %, Slowenien 7,1 %, Ungarn 4,8 %

3. Geschichte

Im sechsten Jahrhundert n. Chr. gelangten Slawen auf den Balkan, die sich um 730 im Norden des späteren Jugoslawiens ansiedelten. Bosnien – sein Name ist seit dem 10. Jahrhundert belegt – war zwischen Serbien, Kroatien, Byzanz und den Montenegrinern umstritten. Vom 12. Jahrhundert an beanspruchte auch Ungarn die Oberhoheit über das Fürstentum. Unter Ban Kulin (1180–1204) duldete das bosnische Fürstentum nach vorübergehender Befreiung von den Ungarn die religiöse Bewegung der Bogomilen, die in anderen Gebieten des westlichen Balkans als Ketzerbewegung verfolgt wurde. Bosnien wurde daraufhin Ziel zweier vom Papst angeregter Kreuzzüge. In zahlreichen Kriegen (u. a. gegen das katholische Ungarn) konnten sich die Bogumilen jedoch behaupten und schufen die Grundlage für ein unabhängiges Staatswesen. Im 14. Jahrhundert annektierte Bosnien das Land der Hum (Herzegowiner) und befand sich unter König Tvrtko I. auf dem Höhepunkt seiner Macht.

1463 wurde Bosnien (und 1483 die Herzegowina) durch die Osmanen erobert. Als Folge konvertierten viele Menschen zum Islam. 1580 wurden Bosnien und Herzegowina zu einem «Paschaluk» vereinigt. Nach zahlreichen Kriegen stabilisierten sich erst um 1700 die Grenzen zwischen dem Osmanischen Reich («bosnischer Paschaluk») und der Habsburger Monarchie. Nach anti-türkischen Aufständen der feudalen islamischen Oberschicht wurde die Selbstverwaltung Bosniens 1839 aufgelöst. Während des Niedergangs des Osmanischen Reiches kam es jedoch erneut zu bäuerlichen Aufständen, die 1877/78 schließlich zur militärischen Intervention Russlands führten. Auf dem Berliner Kongress 1878 wurde Bosnien-Herzegowina an Österreich «zur Verwaltung» abgetreten und 1908 nach der jungtürkischen Revolution von Österreich annektiert. Die Österreicher versuchten Bosnien-Herzegowina vor allem während der Balkankriege 1912/13 gegen den wachsenden serbischen Nationalismus zu immunisieren. Am 28. Juni 1914 kam es in Sarajewo zur Ermordung des österreich-ungarischen Thronfolgerpaars durch den serbischen Nationalisten Gavrilo Princip, die mit zum Ausbruch des Ersten Weltkriegs führte. Die Mehrheit der bosnisch-herzegowinischen Bevölkerung stand loyal zur Donaumonarchie. Nach dem Zusammenbruch des Habsburger Reiches wurde Bosnien-Herzegowina 1918 in einen neuen jugoslawischen Staatsverband eingegliedert. Im Königreich der Serben, Kroaten und Slowenen hatten die Serben in der mit knapper Mehrheit 1921 verabschiedeten Verfassung zwar ihren Führungsanspruch durchgesetzt, doch kennzeichnete eine große politische Instabilität den neuen Staat. 1928 kam es zur offenen Staatskrise, die König Alexander durch die Auflösung des Parlaments, Suspendierung der Verfassung und Übergang zu einer «Königsdiktatur» zu lösen suchte. 1929 wurde der Staat in Königreich Jugoslawien umbenannt. 1939 vereinbarten Serben und Kroaten die Teilung Bosnien-Herzegowinas in serbisch und kroatisch dominierte Banovinas (Cvetkovic-Macek). 1941 brach das Königreich zusammen, nachdem es von deutschen, italienischen, ungarischen und bulgarischen Truppen angegriffen und besiegt worden war und zwischen den Siegerländern aufgeteilt wurde. Bosnien-Herzegowina wurde Teil des unter deutschem Patronat stehenden faschistischen großkroatischen Staates. 1943 konstituierte sich der Antifaschistische Volksbefreiungsrat Bosnien-Herzegowinas. 1946 erhielt die Volksrepublik Bosnien-Herzegowina eine neue Verfassung. Inzwischen war 1945 Jugoslawien als neuer Staat durch Tito ausgerufen worden, der durch das Prinzip des Föderalismus gekennzeichnet sein sollte und dessen Teilstaat Bosnien-Herzegowina wurde. 1953 bekam Bosnien-Herzegowina eine zweite Verfassung, die das gesamte politische und wirtschaftliche Leben den Prinzipien der Selbstverwaltung des jugoslawischen Bundesstaates anpasste. 1963 kam es zu einer erneuten Verfassungsänderung, in der das Land in Sozialistische Republik Bosnien und Herzegowina umbenannt und Muslime erstmals als eigenes «Volk» aufgeführt wurden. Bei der Volkszählung 1971 konnten sich Muslime erstmals offiziell als «Muslime im Sinne einer Nation» registrieren lassen (ca. 800 000 taten dies). Als sich Jugoslawien 1974 eine neue Bundesverfassung gab, erfolgte auch in den Teilrepubliken, eine Anpassung an die neue, stärker dezentrale Bundesverfassung. Nach Titos Tod 1980 kam es zu einer Desintegration Jugoslawiens, von der auch Bosnien-Herzegowina nicht ausgenommen war. Nach dem Ende des Ost-West-Konflikts wandelten sich die mittel- und osteuropäischen Systeme, so dass auch die Veränderung Jugoslawiens auf der Agenda stand. Kroatien und Slowenien separierten sich 1991 von Jugoslawien, was zum Krieg mit der jugoslawischen Bundesarmee führte. Im März 1992 erklärte sich Bosnien-Herzegowina für unabhängig, nachdem sich 99 % der Wähler in einem Referendum für die Unabhängigkeit ausgesprochen hatten. Die Serben hatten die Abstimmung boykottiert und bereits zu Beginn des Jahres die «Serbische Republik Bosnien» ausgerufen. In der Folge kam es zu einem grausamen Bürgerkrieg, als nach den bosnischen Serben auch die bosnischen Kroaten (in der Herzegowina) möglichst große Landesteile unter ihre Gewalt zu bringen suchten, um sie letztlich dem jeweiligen «Mutterland» einzuverleiben (ca. 278 000 Tote und Vermisste, 1,325 Mio. Flüchtlinge und Vertriebene). Durch den Krieg wurde nicht nur die Infrastruktur des Landes nahezu vollständig zerstört, sondern auch die einmalige multi-ethnische Struktur des Landes. Im März 1994 unterzeichneten Bosniaken und Kroaten in Washington den Vertrag zur Bildung einer «Föderation von Bosnien-Herzegowina». Das endgültige Ende des Kriegs brachte schließlich die Unterzeichnung des Daytoner Friedensvertrags in Paris am 14. 12. 1995. Er sah einen einheitlichen und politisch unabhängigen Gesamtstaat Bosnien-Herzegowina vor, bestehend aus der Bosniakisch-Kroatischen Föderation und der Republika Srpska (RS). Die Gesamtverantwortung für die politisch-zivile Implementierung des Friedensabkommens lag beim Hohen Repräsentanten (2002–2006 Lord Paddy Ashdown, seit 31.1.2006 Christian Schwarz-Schilling). Dieser erhält seine politische Richtlinien vom Lenkungsausschuss des «Peace Implementation Council» (PIC), das Vertreter der P8-Staaten, der EU-Präsidentschaft, der EU-Kommission und der Türkei umfasst. Er berichtet an internationale Gremien (UN-Sicherheitsrat, EU). Die Trennung der Kriegsparteien und die Stabilisierung der Sicherheitslage wurden unter der Führung der NATO von Ende 1995 an zunächst durch die IFOR und seit Ende 1996 durch die «stabilisation force» SFOR gewährleistet. Schwarz-Schilling verfolgte nicht weiter die rigide Interventionspolitik seines Vorgängers, setzte neue Akzente und übernahm es im Auftrag der EU das Land an die Europäische Union heranzuführen.

4. Das politische System

Im 1995 geschlossenen Abkommen von Dayton, das z.T. auch als Friedensvertrag bezeichnet wird, bilden die Serbische Republik und die muslimische Bosniakische-Kroatische Föderation den Staat Bosnien-Herzegowina. Faktisch wird mit dem Friedensvertrag von Dayton ein Protektorat errichtet, da es von einem Hohen Beauftragten geleitet wird und von einer militärischen Schutztruppe der Vereinten Nationen abgesichert wird. Im Abkommen war vorgesehen, dass die Präsidentschafts- und Parlamentswahlen unter internationaler Aufsicht vorgenommen werden sollten. Eine von der UNO mandatierte internationale Schutztruppe (IFOR) von 60 000 Mann sollte die Einhaltung des Friedensvertrags und die Rückkehr von Vertriebenen und Flüchtlingen überwachen. Inzwischen ist die IFOR auf ein Viertel reduziert und in Stabilisation Forces (SFOR) umbenannt worden, doch ist ihre Anwesenheit zur Aufrechterhaltung von Staatlichkeit in Bosnien-Herzegowina noch immer erforderlich. Im Dezember 2004 übernahm die EU die Führung der bislang unter NATO Kommando stehenden Friedenstruppe SFOR. Grundlage des politischen Systems ist nach wie vor das Dayton-Abkommen, das faktisch eine Verfassung für den Staat enthält. Danach besteht Bosnien-Herzegowina aus den zwei Entitäten, der Bosniakisch-Kroatischen Föderation und der Serbischen Republik. 2002 hat es leichte Änderungen in der Verfassung gegeben. Danach existiert ein Parlament Bosnien-Herzegowinas aus Abgeordnetenhaus und Kammer. Von den 42 auf vier Jahre direkt gewählten Mitgliedern des Abgeordnetenhauses kommen 28 aus der Bosniakisch-Kroatischen Föderation und 14 aus der Serbischen Republik. In die aus 15 Mitgliedern bestehende Kammer der Völker werden je fünf Bosniaken, Kroaten und Serben für vier Jahre gewählt. Darüber hinaus wird das Präsidium – ein kollektives Staatsoberhaupt, bestehend aus je einem Bosniaken, Kroaten und Serben –

für zwei Jahre gewählt (derzeit der Serbe Radmanović (SNSD), der Bosniake Komšić (SDP) sowie von der kroatischen demokratischen Gemeinschaft (SBiH) Silajdžić), wobei der Vorsitz alle acht Monate wechselt. Dazu kommen die Nationalversammlung der Serbischen Republik, das Präsidium der Republik Serbien, das Abgeordnetenhaus und die Kammer der Völker der Bosniakisch-Kroatischen Föderation. Unterhalb der Entitätenebene gibt es die kantonalen legislativen Gremien sowie die Bezirksregierungen. Im Februar 2002 erließ der Hohe Repräsentant der Vereinten Nationen ein Dekret zur Anpassung der Verfassungen der beiden Teilstaaten. Danach müssen die beiden Teilstaaten sowie der Gesamtstaat angemessen vertreten sein. Beide Parlamente müssen über eine zweite Kammer verfügen, in der jede der drei Volksgruppen ein Vetorecht in Fragen von vitalem ethnischen Interesse besitzt. Als solches Interesse gelten z. B. Regierung und Justiz, die Identität als staatstragendes Element, Verfassungsänderungen, Bildung, Religion, Sprache und öffentliche Medien. Quotenregelungen und damit eine angemessene Vertretung sind ebenfalls für die Volksgruppen auf allen Ebenen des Staatsapparates vorgesehen. In beiden Entitäten erhalten das Bosniakische, das Serbische und das Kroatische den Status gleichberechtigter Amtssprachen.

Bosnien-Herzegowina ist ein Staat, in dem die Machtpyramide in der Verfassungsrealität auf den Kopf gestellt ist. Zentrale Staatsorgane haben keine Macht, regionale einige und kantonale fast alle. Die institutionelle Abfolge von Zentral-, Entitäts-, Kantonal- und Kommunalgremien wird durch ein gegenläufiges Geflecht nationalistischer Parteien konterkariert. Die Verfassungsreform, die zu einer Stärkung der gesamtstaatlichen Institutionen führen sollte, scheiterte am 26. 4. 2006 im Parlament. Die erforderliche 2/3-Mehrheit wurde um zwei Stimmen verfehlt.

Die Partei der demokratischen Aktion (SDA) ist die entscheidende Partei in der Bosniakisch-Kroatischen Föderation; die Serbische Demokratische Partei (SDS) ist die für die Serben dominierende Partei und die Kroatische Demokratische Union (HDZ) spricht vor allem für die Kroaten. Bei den Wahlen am 1. 10. 2006 wurde die Allianz Unabhängiger Serbischer Sozialdemokraten (SNSD) zur stärksten politischen Kraft.

Wahlen zur Abgeordnetenkammer am 1. 10. 2006 (2002): Allianz Unabhängiger Sozialdemokraten (SNSD) 20,9 % – 7 Sitze (10,1 % 3 Sitze), bosniakisch-konservative Partei der Demokratischen Aktion (SDA) 15,7 % – 9 (23,7 %, 10), die bosnische Zentrumspartei (SBiH) 15,5 % – 8 (12 % 6), Sozialdemokratische Partei Bosnien und Herzegowina (SDP) 10,1 % – 5 (11,3 % 4), Serbische Demokratische Partei (SDS) 8,4 % 3 (15,2 % 5), Kroatische Demokratische Gemeinschaft in BiH (HDZ) 4,9 % – 3 (10,1 % 5), Kroaten Gemeinsam (HZ) 3,7 % – 2 (–). Bosnisch-Herzegowinische Patriotenpartei (BPS) 2,7 % – 1 (–), Serbische Partei des Demokratischen Fortschritts (PDP) 2,3 % (4,7 % 2), Volkspartei für Wohlstand (NS) 2,3 % (–), Serbische Radikale Partei (SRS) 1,3 % (2,2 % 1), Demokratische Volksallianz (DNZ) 1,3 % (9,3 % 6), Sonstige 12,6 % (9,3 % 6).

5. Politik in und für Europa

Nachdem Bosnien-Herzegowina lange Zeit einen besonderen Gaststatus in der parlamentarischen Versammlung des Europarats besaß, wurde das Land im Januar 2002 Mitglied des Europarats. Die Fortschritte in der Kooperation der drei Volksgruppen untereinander sowie die Zusammenarbeit der Regierung mit dem Kriegsverbrechertribunal in Den Haag wurden damit gewürdigt. Allerdings ist diese Mitgliedschaft an die Erwartung geknüpft, dass die Regierung von Bosnien-Herzegowina die eingeleiteten Reformen fortsetzt sowie das Rechtssystem und dessen Praxis mit den Normen des Europarats in Übereinstimmung bringt. Im Juni 2000 hat die Europäische Union Bosnien-Herzegowina den Status eines Beitrittskandidaten in Aussicht gestellt. Eine mögliche Assoziierung macht die EU von weiteren Fortschritten bei der Privatisierung von Staatsunternehmen abhängig. Anfang 2003 nahm die European Police Mission (EUPM) in Bosnien-Herzegowina ihre Arbeit auf. Sie löste die seit 1995 tätige und ca. 2000 Mann umfassende UN-Polizei-Gruppe (International Police Task Force, PTF) ab. Die EUPM untersteht dem Hohen Beauftragten der EU für den Balkan. Ihre Aufgabe besteht im Aufbau einer einheitlichen gesamtstaatlichen Polizei. Die im Rahmen der Europäischen Sicherheits- und Verteidigungspolitik vorgenommene Maßnahme ist auf drei Jahre befristet. Nachdem Bosnien-Herzegowina 2002 zahlreiche Verfassungsänderungen vorgenommen hatte, so u. a. die Gleichberechtigung der Volksgruppen, wurde es im April 2002 das 44. Mitglied des Europarats. Das Scheitern der Verfassungsreform im April 2006 bedeutete für das Land und auch für die internationale Gemeinschaft einen Rückschlag, für das Land auf dem Weg zu einer engeren Verbindung zur EU, für die internationale Gemeinschaft die Fortführung des von dem «Hohen Repräsentanten» ausgeübten Regimes.

Brusis, Martin: Bosnien-Herzegowina, in: *Weidenfeld*, Europa-Handbuch II, S. 71–76; *Calic*, Marie-Janine: Der Krieg in Bosnien-Herzegovina. Ursachen, Konfliktstrukturen, internationale Lösungsversuche. Frankfurt/M. [2]1996; *Malcolm*, Noel: Geschichte Bosniens. Frankfurt/M. 1996; *Oschlies*, Wolf: Das politische System Bosnien-Herzegowinas, in: *Ismayr*, Politische Systeme Osteuropas, S. 739–768; *Vukadinovic*, Radovan: The International Community and Bosnia-Herzegovina, in: Erich *Reiter* (Hg.): Krisengebiete in Europa. Forschungen zur Sicherheitspolitik, Bd. 5. Hamburg u. a. 2001, S. 44–54.

www.balkanweb.com
www.fbihvlada.gov.ba (Portal Regierung)
www.stabilitypact.org; www.bhas.ba (Agentur für Statistik Bosnien und Herzogowina);
www.fza.ba (Bundesamt für Statistik)
www.predsjednistvobih.ba (Präsident);
www.parlament.ba;
www.parlamentbih.ba (Bundesparlament);
www.vijeceministara.gov.ba (Ministerrat);
www.ohr.int (Hoher Repräsentant B&H).

Bulgarien

1. Grunddaten

Staatsname: Republika Bälgarija (Republik Bulgarien)
Größe: 110994 km^2
Hauptstadt: Sofia
Einwohner: 7723000 (2005), davon 83,5 % Bulgaren, 9,5 % Türken, 4,7 % Roma, 2 % Sonstige (Russen, Armenier, Walachen, Griechen)
Bevölkerungsdichte: 69,5 Einw./km^2
Konfessionen: 85,7 % bulgarisch-orthodoxe Christen, 13,1 % Muslime, Minderheiten von Katholiken, Protestanten und Juden
Amtssprache: Bulgarisch; weitere Sprachen: u. a. Türkisch
Währung: 1 Lew (Lw) = 100 Stotinki; 1 US-$ = 1,5726 Lw (2005), 1 € = 1,95583 Lw (Festkurs seit 5. 7. 1999)

2. Sozioökonomische Grundlagen

Das sozialistische System hatte Bulgarien in die Wirtschaftsordnung des Ostblocks integriert. Die Wirtschaft war wie auch in anderen sozialistischen Ländern Ende 1989 zerrüttet. Es hat sich seit dem wirtschaftlichen Tiefpunkt, der zum Sturz der sozialistischen Regierung führte gut erholt. Sicherlich spielten dabei auch die mit einem EU-Beitritt notwendigen Reformen und Anpassungen an das Recht der Union eine Rolle. Bis zum Jahr 2000 wurden knapp 70 % der Wirtschaft privatisiert. Die strukturellen Reformen verbesserten das Investitionsklima. Das Wirtschaftswachstum lag zwischen 2000 und 2006 stets zwischen 4 % und 5,7 %. Die in den fruchtbaren Tiefebenen betriebene Landwirtschaft – vor allem mit den Sonderkulturen Sonnenblumen, Baumwolle, Tomaten, Paprika, Reis, Wein, Rosen, Tabak und Lavendel – besitzt neben der Viehzucht nach wie vor einen hohen Stellenwert. Das industrielle Schwergewicht liegt in den Sektoren Hüttenbau und Maschinenwesen. Die Bodenschätze des Landes sind vor allem Braunkohle, Eisenerze, Kupfer und Mangan.
Bruttoinlandsprodukt (BIP): 41,948 Mrd. Lw, 21,448 Mrd. €, 26,629 Mrd. US-$ (2005)
BIP/Kopf: 5434 Lw, 2778 €, 3450 US-$, (2005)
Erwerbstätigkeit: Landwirtschaft 25,6 %, Industrie 27,9 %, Dienstleistungen 46,4 % (2002)
Arbeitslosigkeit: 8,8 % (1. 10. 2006), 10,8 % (März 2006), 12,2 % (2005)
Inflation: 4,1 % (März 2006), 6,5 % (2005)
Außenhandel: Import (2005): 28,7164 Mrd. Lw; 14,682 Mrd. €, 18,260 Mrd. US-$ Haupthandelspartner: Russland 15 %, Deutschland 13 %, Italien 9 %, Griechenland 5 %, Frankreich 4,7 %, Türkei 6 %, USA 2,6 %, China 3,9 %, EU 49,6 % – Export (2005): 18,4906 Mrd. Lw, 9,554 Mrd. €, 11,758 Mrd. US-$ Haupthandelspartner: Italien 12 %, Deutschland 9,8 %, Türkei 10,5 %, Grie-

chenland 9,4 %, Frankreich 4,6 %, Belgien 6 %, USA 3 %, Rumänien 3,8 %, Spanien 3,3 %, EU 56,6 %

3. Geschichte

Erstes historisch fassbares Volk im Gebiet des heutigen Bulgarien sind die Thraker, die sich etwa um 1000 v. Chr. hier ansiedelten. Seit dem fünften Jahrhundert wanderten Slawen in das Gebiet ein, das lange von den umliegenden Völkern umkämpft wurde. Im siebten Jahrhundert erfolgte die Gründung des ersten bulgarischen Reiches. Das byzantinische Reich erkannte die bulgarische Herrschaft nach einer schweren Niederlage 681 an. Bulgarien übernahm das orthodoxe Christentum und die kyrillische Schrift. Unter Simeon I., dem Großen (893–927), erreichte das erste bulgarische Reich seine größte Ausdehnung und Macht. Das Territorium erstreckte sich vom Schwarzen Meer bis zur Adria und von der Donau-Save-Linie bis nach Thessalien. 1014 geriet Bulgarien unter die Herrschaft des byzantinischen Kaisers Basileios II., der den Beinamen «Bulgarentöter» trägt. Nach der Befreiung von der byzantinischen Herrschaft entstand 1185 das zweite bulgarische Reich, das nach mehr als zweihundertjähriger Unabhängigkeit und Blüte 1393 von den Osmanen erobert wurde. Etwas mehr als 500 Jahre blieb Bulgarien als türkische Provinz unter osmanischer Herrschaft, was zur Ansiedlung türkischer Bevölkerungsteile führte. Auch wurde die Islamisierung des Landes vorangetrieben.

Angeregt durch die erfolgreichen Freiheitskämpfe der Griechen, Serben und Rumänen bildeten sich im 19. Jahrhundert bewaffnete bulgarische Gruppen in Belgrad und Bukarest. Aufstände in Bulgarien wurden 1877/78 niedergeschlagen. Als Folge des russisch-türkischen Krieges wurde der bulgarische Staat 1878 auf dem Berliner Kongress zunächst als ein der Türkei tributpflichtiges Fürstentum wiederhergestellt. Erst 1908 wurde das Land ein unabhängiges Königreich. Mit dem Ende des Zweiten Balkankriegs 1913 fiel der größte Teil Makedoniens an Griechenland, ein weiterer großer Teil ging an Serbien, die Süddobrudscha an Rumänien. Bulgarien behielt damit lediglich 10 % seines bisherigen Territoriums. Im Ersten Weltkrieg beteiligte sich Bulgarien auf der Seite der Mittelmächte an der Niederwerfung Rumäniens und Serbiens. Die seit 1919 amtierende Regierung Stambuklijski, die vor allem Agrarreformen in Angriff nahm, wurde 1923 durch einen Militärputsch gestürzt. Als es 1935 erneut zu Unruhen kam, setzte Zar Boris III. (1918–1943) eine autoritäre Regierung ein, die sich politisch den Achsenmächten annäherte. Nicht zuletzt auf deutschen Druck erhielt Bulgarien 1940 die Süddobrudscha von Rumänien zurück. Im Zweiten Weltkrieg schloss sich Bulgarien 1941 zunächst dem Dreimächtepakt (Deutschland, Italien und Japan) an, um nach einem Putsch und dem Einmarsch der Roten Armee 1944 Deutschland den Krieg zu erklären. Die Kommunisten unter Georgij Dimitrow ergriffen 1946 mit sowjetischer Hilfe die Macht und führten die Volksrepublik Bulgarien in das sozialistische Lager. Es entwickelte sich eine enge Bindung an die Sowjetunion, und Bulgarien wurde Mitglied des Rats für Gegenseitige Wirtschaftshilfe wie auch des Warschauer Pakts. Seit den 1970er Jahren wurde auch eine Verbesserung der Beziehungen zu Jugoslawien angestrebt, an das 1944 Mazedonien gefallen war. Mit dem Niedergang des sowjetischen Kommunismus mussten auch die Kommunisten in Bulgarien abdanken. Der langjährige Partei- und Staatschef Todor Schiwkow trat im November 1989 zurück. Es kam zu einem unblutigen Systemwechsel, der Bulgarien im April 1990 mit der Abschaffung des Staatsrats durch die Bulgarische Kommunistische Partei (BKP), von nun an Bulgarische Sozialistische Partei (BSP), und mit einer Verfassungsänderung im gleichen Jahr zu einem «demokratischen und parlamentarischen Rechtsstaat» umgestaltete. Mit dem Bekenntnis zum politischen Pluralismus hatte sich der Balkanstaat vom Prinzip des demokratischen Zentralismus wie auch der Gewalteneinheit verabschiedet.

4. Politisches System

Im Zentrum des politischen Systems steht das Parlament, das aus 240 Abgeordneten besteht. Es handelt sich dabei um ein Einkammerparlament in Form der Nationalversammlung (Narodno săbranje). Neben der Nationalversammlung gibt es die Große Nationalversammlung (Veliko narodno scbranie). Sie besteht aus 400 Abgeordneten und hat die Aufgabe, Verfassungsänderungen zu beschließen. Die Nationalversammlung wird für eine Legislaturperiode von vier Jahren gewählt. Eine ihrer wichtigsten Aufgaben ist die Wahl des Ministerpräsidenten wie auch des Ministerrats. Ein Fünftel der Abgeordneten kann ein Misstrauensvotum gegen den Ministerpräsidenten bzw. den Ministerrat einbringen, wovon in der parlamentarischen Republik Bulgariens bereits sehr oft Gebrauch gemacht wurde. Der Staatspräsident wird direkt für eine Amtszeit von fünf Jahren gewählt. Ein Kandidat muss bei der Wahl über 50 % der Stimmen erhalten. Die Wahlbeteiligung muss mindestens 50 % der Wahlberechtigten erreichen. Eine einmalige Wiederwahl ist möglich. Mit Petar *Mladenov*, Zelju *Zelev*, Petar *Stojanov* und Georgi *Parwanow* hat Bulgarien innerhalb von nur 12 Jahren bereits den vierten Staatspräsidenten gewählt. Parwanow (BSP) erhielt am 21. 10. 2006 im ersten Wahlgang 60 % der abgegebenen Stimmen, mußte sich aber am 29. 10. 2006 in einer Stichwahl dem ultranationalistischen Kandidaten Siderov stellen, da die Wahlbeteiligung nur bei 42 % gelegen hatte. Im 2. Wahlgang erhielt er 75,3 % (Wahlbeteiligung 41 %) und wurde damit der erste wieder gewählte Staatspräsident seit 1990. Der Staatspräsident hat die üblichen Aufgaben eines Staatsoberhaupts. Politisch bedeutsam ist sein Recht, ein Drittel der Verfassungsrichter selbst zu berufen und das Verfassungsgericht anzurufen. Auch ist er Oberbefehlshaber der Streitkräfte. Er steht an der Spitze eines «Konsultativrats für nationale Sicherheit», woraus einige Staatspräsidenten eigene außenpolitische Ambitionen abgeleitet haben. Phasenweise tendierte das bulgarische System zu einem Mischsystem einer parlamentarisch-präsidentiellen Demokratie. Die Regierung ist für die Führung der Innen- und Außenpolitik verantwortlich. Wie im französischen System gibt es für die Minister eine Trennung von Amt und Mandat. Seit Beginn des Systemwechsels in Bulgarien hat es bereits fünf Präsidentschaftswahlen, sechs Parlamentswahlen und drei Kommunalwahlen gegeben. Die EU-Kommission hat daher Bulgarien zu Recht bescheinigt, dass das Land den Übergang von einem autoritären sozialistischen System zu einer liberal-pluralistischen Demokratie geschafft hat. Allerdings hat Bulgarien hinsichtlich der politischen Praxis noch einige Defizite aufzuweisen. Die Herausbildung eines stabilen Parteiensystems ist auch nach 16-jähriger Transition noch nicht abgeschlossen. Aufgrund eines 1990 verabschiedeten Parteiengesetzes sind zwar zahlreiche Parteien entstanden, die allerdings mehr die Struktur von Parteienkoalitionen haben und hinsichtlich ihrer Programmatik für den Wähler immer noch nicht hinreichend überzeugend sind. Im linken Spektrum dominiert die Bulgarische Sozialistische Partei (BSP), die aus der ehemaligen Kommunistischen Partei hervorgegangen ist. Die BSP hat sich allerdings kaum mit der Rolle der KP auseinander gesetzt. In ihr wirken noch immer einige Politiker, die unter der kommunistischen Führung aktiv waren. So kann die BSP nicht mit anderen sozialistischen Parteien in östlichen Transitionsländern verglichen werden, da sie keine sozialdemokratische Alternative zu vermitteln vermag. Die BSP wurde bei den ersten Parlamentswahlen 1990 stärkste parlamentarische Kraft, konnte sich später aber nur mit anderen politischen Kräften der Linken im Parlament behaupten. Der BSP steht die Union der Demokratischen Kräfte (UDK) gegenüber, die eine Sammelbewegung bürgerlicher Parteien darstellt. In der UDK kommen sowohl der Zentrum-Peripherie-Konflikt als auch die personellen Auseinandersetzungen einiger ihrer Führer zum Ausdruck, die die Position der Union im Parteiensystem insgesamt schwächen. Die dritte im Parlament vertretene Partei ist die Partei der türkischen Minderheit (Bewegung für Freiheit und Recht/BRF – Dvizenie za prava i svobodi), die bei den Parlamentswahlen zwischen 5,4 und 7,6 % der Stimmen erhalten hat.

An der grundsätzlichen Struktur des bulgarischen Parteiensystems hat auch die Gründung der Nationalen Bewegung Simeon II. (NBS II) nichts geändert. Der frühere Zar Simeon II., 1943 im Alter von sechs Jahren emigriert, kehrte 2001 aus dem Exil zurück und gründete, aus rechtlichen Gründen auf zwei politisch unbedeutenden Parteien aufbauend, seine Nationale Bewegung. Innerhalb von 10 Wochen gelang es der NBS II, eine weit reichende Unterstützung beim Wähler zu erhalten. Bei den Parlamentswahlen von 2001 gewann die NBS II mit 42,7 % genau die Hälfte der 240 Sitze. Unter dem bürgerlichen Namen Simeon Sakskoburggotski bildete der ehemalige Zar eine Regierung und übernahm das Amt des Ministerpräsidenten. Sakskoburggotski kündigte ein sehr umstrittenes, aber populistisches Wahlprogramm an, in dem vor allem eine schnelle Verbesserung der ökonomischen Situation versprochen wurde. In 800 Tagen sollte das Wirtschaftsprogramm der NBS II greifen, da in Zukunft Moral, Verantwortungsbewusstsein und Professionalität die Leitmotive der Politik sein würden und Klientelismus und Korruption der Kampf angesagt würde. Simeon II. praktizierte einen parternalistischen Politikansatz und konnte gerade aufgrund der wirtschaftlichen Rückständigkeit Bulgariens gegenüber anderen Transitionsländern die Unterstützung vieler seiner Landsleute erhalten. Doch schon ein Jahr nach der Regierungsübernahme hatte sich herausgestellt, dass die hoch gesteckten Ziele kaum zu erreichen waren. So scheiterte er bei den Parlamentswahlen 2005, aus denen die BSP als klare Siegerin hervorging und ihren Wähleranteil von 17,1 % (2001) auf 31 % fast verdoppeln konnte. So wurde im September 2005 eine Regierung unter dem Sozialistenchef Sergei Stanischew (BSP) mit der Nationalen Bewegung (NDSV-NBS II) und der Türkenpartei (DPS) gebildet.

Wahlen zur Nationalversammlung am 25.6.2005 (Wahlbeteiligung 53,8 %): Bulgarische Sozialistische Partei (BSP) 31,0 % (82 Sitze), Nationale Bewegung Simeon II (NDSV-NBS II) 19,9 % (53), Bewegung für Recht und Freiheit, ethnisch türkisch (DPS) 12,7 % (34), National Union Attack (ATAKA) 8,2 % (21), christliche-demokratische Union Demokratischer Kräfte (SDS) 7,7 % (20), Demokraten für ein Starkes Bulgarien (DSB) 6,5 % (17), Bulgarische Volksunion (BNB) 5,2 % (13), Sonstige 8,8 % (–).

5. Politik in und für Europa

Nachdem das außenpolitische Bezugssystem Bulgariens mit dem Zusammenbruch des Warschauer Pakts und des Rats für gegenseitige Wirtschaftshilfe 1991 verschwunden war, boten sich für Bulgarien sehr schnell die westeuropäischen Organisationen als zukünftiger außenpolitischer Referenzrahmen an. Schon 1990 erklärte der damalige Staatspräsident Zelju Zelev die Mitgliedschaft in der Europäischen Gemeinschaft als wichtigstes außenpolitisches Ziel des Landes, eine wirtschaftspolitische Notwendigkeit zur Absicherung neuer Märkte für die heimischen Produkte. Im Mai 1992 wurde Bulgarien Mitglied des Europarats. Mit der EU wurde 1993 das Europaabkommen, eine Art Assoziierungsabkommen, unterzeichnet, das 1995 in Kraft trat. Im gleichen Jahr wurde mit der EFTA ein Freihandelsabkommen unterzeichnet, das Bulgarien schrittweise bis zum Jahr 2002 in die Freihandelszone einbezog. Seine Bedeutung hatte sich allerdings durch den Beitritt der wichtigsten EFTA-Länder Schweden, Österreich und Finnland zur EU 1995 relativiert. Mitte 1998 unterzeichnete Bulgarien als siebter Staat das Statut über die Zentraleuropäische Freihandelszone (CEFTA), ein Vorgang, der die bulgarische Außenpolitik der regionalen Zusammenarbeit stärken sollte. Im Kosovo-Konflikt nahm Bulgarien eine prowestliche Haltung ein, was zu innenpolitischen Problemen führte, da eine Mehrheit der Bevölkerung die NATO-Luftschläge gegen die Bundesrepublik Jugoslawien ablehnte. 1993 stellte Bulgarien den Antrag auf Mitgliedschaft in der EU. Zum 1. Januar

1996 trat zwischen der EU und Bulgarien eine Freihandelszone in Kraft, die von Bulgarien als Vorstufe einer Mitgliedschaft perzipiert wurde. 1998 zählte Bulgarien aufgrund des großen ökonomischen Rückstands jedoch nicht zu den ersten fünf Bewerberländern, mit denen Beitrittsgespräche aufgenommen wurden. Erst die Kriege auf dem Balkan, insbesondere im Kosovo, stärkten die Position der noch nicht in Verhandlungen befindlichen Beitrittsländer, so dass Bulgarien seit 2000 über den Beitritt mit der Europäischen Union verhandelt. Einen weiteren Schritt in Richtung europäische Integration konnte Bulgarien 2001 erreichen. Nach einem Beschluss der EU-Innen- und Justizminister durften seit 2001 bulgarische Staatsbürger ohne Visum in den Schengenraum einreisen. Auf dem EU-Gipfel in Kopenhagen im Dezember 2002 wurde für Bulgarien – wie auch für Rumänien – die Beitrittsperspektive auf das Jahr 2007 fixiert, was natürlich zu einer gewissen Enttäuschung führte. Im April 2005 unterzeichnete Ministerpräsident Saksko-burggotski den Beitrittsvertrag zur EU, der den Beitritt Bulgariens zum 1.1. 2007 vorsieht. Seit dem Frühjahr 2002 arbeiteten bulgarische Vertreter im Europäischen Konvent zur Ausarbeitung einer Verfassung mit. In einem eigenen Positionspapier formulierte Bulgarien seine Vorstellungen: Stärkung der Autorität und Effizienz der Kommission und ihres Präsidenten, Wahl des EU-Kommissionspräsidenten durch das Europäische Parlament, Ausweitung der Legislativmöglichkeiten des Europäischen Parlaments; selbstständige Budgetkompetenz des EP, Begrenzung der legislativen und exekutiven Funktionen des Rats, Ausweitung der Abstimmung mit qualifizierter Mehrheit im Rat, vertiefte Zusammenarbeit des Europäischen Parlaments mit den nationalen Parlamenten sowie Überwindung des Demokratiedefizits. Der Weg zum EU-Beitritt als Vollmitglied zum 1.1.2007 ist nun gesichert, allerdings mit Auflagen. Der Bericht der Kommission vom 29.9.2006 bemängelte, daß der «Gemeinsame Besitzstand» (Acquis) in vielen Bereichen noch nicht erreicht sei. Hierzu zählten die Schaffung rechtlicher Rahmenbedingungen für die Korruptionsbekämpfung, die Geldwäsche und das Organisierte Verbrechen. Fortschritte seien im Bereich des Aufbaus einer Integrierten Verwaltung, der Finanzkontrolle, des Menschenhandels, des Kinderschutzes, des Minderheitenschutzes und der Landwirtschaft erzielt worden. Es werden aber weitere Anstrengungen zu Reformen angemahnt. Die Wirtschaftsreformen und ihre Fortführungen werden dazu beitragen, dass Bulgarien «dem Wettbewerbsdruck und den Marktkräften in der Union» wird standhalten können. Handlungsbedarf bestehe weiterhin bei der Gesundheitsvorsorge, dem Umgang mit Behinderten, den Haftbedingungen sowie im Rundfunk. «Darüber hinaus muss Bulgarien unbedingt die Nachhaltigkeit der Reform der öffentlichen Verwaltung sicherstellen». Um ein reibungsloses Funktionieren zu gewährleisten sei der Kommission auch bereit, «Präventiv- und Abhilfemaßnahmen» zu ergreifen.

Einen weiteren Schritt in Richtung Europa unternahm Bulgarien durch seine Annäherung an die NATO. So öffnete die bulgarische Regierung während des Kosovokriegs den Luftraum für NATO-Flugzeuge, die damit leichter in die Bundesrepublik Jugoslawien eindringen konnten. Anfang 2001 schloss Bulgarien mit der NATO ein Abkommen, das den Transit von Truppen und ihre zeitweilige Stationierung auf bulgarischem Boden im Rahmen befristeter Operationen gestattet. Im November 2002 wurde Bulgarien auf dem NATO-Gipfel in Prag zum Beitritt in die NATO eingeladen, der 2004 erfolgte. In der Irakkrise 2003 unterstützte Bulgarien, das zu dieser Zeit nichtständiges Mitglied des UN-Sicherheitsrats war, die Position der USA. Außerdem gehörte es zu den zehn Unterzeichnerstaaten der Erklärung von Wilna, in der osteuropäische Staaten ihre Unterstützung für US-Präsident Bush zum Ausdruck brachten.

Deimel, Johanna: Quo vadis, Bulgaria?, in: Europäische Rundschau 1/2002, S. 79–88; *Gruber*, Josef: Bulgarien im ersten Jahr der Regierung von Ex-König Simeon Sakskoburggotski, in: KAS-Auslandsinformationen Nr. 3/02, S. 57–71; *Höpken*, Wolfgang (Hg.): Revolution auf Raten. Bulgariens Weg zur Demokratie. München 1996; *Knaus*, Gerald: Bulgarien. München 1997; *Petkova*, Ivanka: Bulgarien, in: *Weidenfeld*, Europa-Handbuch II, S. 77–85; *Riedel*, Sabine: Das politische System Bulgariens, in: *Ismayr*, Politische Systeme Osteuropas, S. 593–636; *Riedel*, Sabine: Bulgarien und die Europäische Union. Die soziale Dimension des Integrationsprozesses, in: Südosteuropa 48 (1999), S. 567–598.

www.president.bg (Staatspräsident);
www.government.bg (Regierung);
www.parliament.bg (Parlament);
www.constcourt.bg (Verfassungsgericht);
www.sac.government.bg (Verwaltungsgerichtshof);
www.vks.bg (Oberstes Kassationsgericht);
www.nsi.bg (Nationales Statistisches Institut)

Kroatien

1. Grunddaten

Staatsname: Republika Hrvatska (Republik Kroatien)
Größe: 56 542 km²
Hauptstadt: Zagreb
Einwohner: 4 495 105 (Juli 2006); davon 89,6 % Kroaten, 4,5 % Serben, 0,9 % Bosnier, 0,5 % Slowenen, 0,5 % Ungarn
Bevölkerungsdichte: 78,5 Einw./km²
Konfessionen: 87,8 % Katholiken; 4,4 % Serbisch-Orthodoxe; 1,3 % Muslime
Amtssprache: Kroatisch; weitere Sprachen: Serbisch, Italienisch, Albanisch, Ungarisch, Slowenisch
Währung: 1 Kuna (K) = 100 Lipa; 1 € = 7,41/7,32 K (2005/31. 3. 2006), 1 US-$ = 5,96 K / 6,07 K (2005/ 31. 3. 2006)

2. Sozioökonomische Grundlagen

Die heutige Wirtschaftslage in Kroatien wird noch weitgehend durch den Krieg in der ersten Hälfte der 1990er Jahre bestimmt. Die Kosten für den Wiederaufbau wurden auf etwa 20 Mrd. US-$ geschätzt, angesichts eines vor dem Krieg erzielten Bruttosozialprodukts von ca. 15 Mrd. US-$ eine gigantische Summe. Die Wirtschaftslage war durch einen durchschnittlichen Rückgang des Bruttosozialprodukts von – 0,4 % zwischen 1990 und 1998 gekennzeichnet. Erst seit 2000 sind wieder positive Wachstumsraten zu vermerken. Der konjunkturelle Aufschwung wurde u. a. auf die Privatisierung von Banken und des Telekom-Sektors sowie die große Zunahme ausländischer Investitionen zurückgeführt. Insbesondere der Tourismus gilt als wichtige Einnahmequelle Kroatiens. Seit 2000 ist ein deutlicher Anstieg des Tourismus zu vermerken. Bis 2010 will das Land den Anteil des Mittelmeertourismus von 3 % (2000) auf 10 % steigern.

Bruttoinlandsprodukt (BIP): 229 Mrd. K, 31,895 Mrd. €, 38,428 Mrd. US-$ (2005)

BIP/Kopf: 6 961 €, 8 655 US-$ (2005)

Erwerbstätigkeit: Landwirtschaft 14,5 %, Industrie 28,8 %, Dienstleistungen 56,7 %

Arbeitslosigkeit: 13,6 % (2005), 13,8 % (2004), 25,9 % (2002)

Inflation: 2,6 % (September 2006), 3,2 % (2005), 2,1 % (2004)

Wirtschaftswachstum (BIP): 4,3 % (2005), 3.8 % (2004)

Außenhandel (2005): Import: 15,394 Mrd. €, 18,547 Mrd. US-$; Haupthandelspartner: EU25 65,6 %, Italien 16,0 %, Deutschland 14,8 %, Russland 9,1 %, Österreich 5,7 % – Export: 7,312 Mrd. €, 8,809 Mrd. US-$; Haupthandelspartner: EU25 62 %, Italien 21,3 %, Bosnien-Herzegowina 14,3 %, Deutschland 10,6 %, Slowenien 8,1 %, Österreich 7,5 %, USA 3,5 %

3. Geschichte

Während der römischen Herrschaft – ab 35 v. Chr. – gehörte das von Illyriern bewohnte Gebiet des heutigen Kroatien zur Provinz Pannonien. Eine erste Landnahme durch südslawische Stämme lässt sich im siebten Jahrhundert nachweisen. Als Gründer der kroatischen Herrschaftsdynastie wird Herzog *Trpmir* (845–865) angesehen. 910 gründete Tomislav I. ein kroatisches Königreich. Dynastieprobleme führten Ende des 11. Jahrhunderts dazu, dass das Land seine Unabhängigkeit verlor und zu einem Teil Ungarns wurde. 1526 wurde Kroatien der habsburgischen Monarchie eingegliedert und blieb bis zum Ende des Ersten Weltkriegs mit Ungarn vereint. Kroatien wurde in dieser Zeit zu einem Eckpfeiler der habsburgischen Macht, die sich vor allem gegen osmanische Initiativen richtete. Im 17. Jahrhundert wurden die Türken vor Wien zurückgeschlagen, doch die südlich der Una gelegenen Teile Kroatiens blieben beim Osmanischen Reich. Das 1849 geschaffene Kronland Kroatien – mit Slawonien, aber ohne Istrien – wurde zusammen mit Fiume/Rijeka 1867 im Zuge des Ausgleichs der ungarischen Krone unterstellt, während Dalmatien zur österreichischen Reichshälfte kam. Es kam zu einer fortgesetzten Magyarisierungspolitik, gegen die sich kroatische und föderalistische Bewegungen wandten. Im Dezember 1918 vereinigten sich Serbien, Kroatien und Slowenien zu einem gemeinsamen Königreich. Doch die slowenischen und kroatischen Hoffnungen auf Gleichberechtigung und Föderalismus gingen nicht in Erfüllung. Serbien setzte seine Vorherrschaft durch. Immer wieder kam es zu Konflikten zwischen Serben und Kroaten, wobei das serbische Streben nach Zentralismus und das kroatische Werben um Föderalismus aufeinander stießen. Nach der italienischen und deutschen Invasion 1941 errichtete der Ustascha-Führer Ante Pavelic ein von den Achsenmächten gestütztes faschistisches Regime, unter dem es zu erheblichen Massakern an der serbischen Minderheit kam. 1946 wurde Kroatien eine der sechs Teilrepubliken der Bundesrepublik Jugoslawien. Nachdem 1990/91 Verhandlungsversuche zu größerer Autonomie Kroatiens innerhalb Jugoslawiens gescheitert waren, erklärte Kroatien am 25.6. 1991 seine Unabhängigkeit. In einer im Mai 1991 abgehaltenen Volksabstimmung hatte sich eine große Mehrheit der Bevölkerung für die Unabhängigkeit ausgesprochen. Gleichzeitig begannen die militärischen Auseinandersetzungen mit der jugoslawischen Bundesarmee und den Serben in der Krajina, Knin und Slawonien. Im Januar 1992 kam es zu einem Friedensabkommen zwischen Kroatien und Jugoslawien, auf dessen Grundlage Blauhelm-Soldaten der Vereinten Nationen in den umkämpften Gebieten stationiert wurden; die Kämpfe gingen jedoch weiter. Im Januar 1994 unterzeichneten Kroatien und Jugoslawien ein Abkommen, das die schrittweise Normalisierung der Beziehungen zwischen den beiden Ländern ermöglichen sollte. Schließlich vereinbarte im März 1994 der Bundesstaat von Bosniern und Kroaten in Bosnien-Herzegowina ein Abkommen mit Kroatien über eine Föderation.

4. Politisches System

Kroatien war in den 1990er Jahren vor die doppelte Herausforderung gestellt, die Nationalstaatsbildung und die gleichzeitige Demokratisierung zu meistern. Kroatien erreichte seine Unabhängigkeit unter schwierigeren Bedingungen als das Nachbarland Slowenien. «Die politische Pluralisierung führte in Kroatien dazu, dass die nationalistische Kroatische Demokratische Gemeinschaft (HDZ) unter der charismatischen Führung von Franjo Tudjman die ersten freien Wahlen im Mai 1990 gewann» (Brusis 181). Nachdem die kroatische Führung das Land in der neuen Verfassung 1991 in einen ethnischen Nationalstaat umwandelte und im Mai 1991 erfolgreich ein Referendum über die Unabhängigkeit abhielt, führte diese Entwicklung zum militanten Widerstand der vor allem in der Krajina und Slawonien lebenden Serben. Im Krieg mit der serbisch geführten Bundesarmee Jugoslawiens 1991/92 wurden große Teile Kroatiens verwüstet. 1991 verzeichnete Kroatien durch kriegsbedingte Schäden einen Produktionsrückgang von 40 %; die Tourismus-Einnahmen entfielen fast vollständig. Im Januar 1992 kam es zu einem Friedensabkommen zwischen Kroatien und Jugoslawien. Bis 1995 existierte die von den Krajina-Serben gegründete Serbische Republik Krajina.

Kroatien ist seit 1990 eine Republik, die sich 1991 eine Verfassung gegeben hat, zuletzt geändert im Jahr 2000. An der Spitze des Staates steht der Staatspräsident, von 1990 bis 1999 Franjo Tudjman von der HDZ. In der ersten Verfassung erhielt Tudjman eine umfangreiche Machtposition im Verhältnis zum Parlament. Tudjman dominierte das politische Leben in Kroatien während seiner Amtszeit. In einer Verfassungsänderung zu Beginn des neuen Jahrhunderts wurden die Rechte des Staatspräsidenten eingeschränkt und die der Regierung und des Parlaments gestärkt. Der Staatspräsident hat die für dieses Amt üblichen Aufgaben. Er kann das Parlament nur noch auf Vorschlag der Regierung und nicht mehr durch seine alleinige Entscheidung auflösen. Er ist an den Wahlausgang gebunden und muss den Kandidaten der Parlamentsmehrheit mit der Regierungsbildung beauftragen. Seit Februar 2000 ist Stipe Mesic (HNS) Präsident Kroatiens. Er wurde 2005 mit 66 % wiedergewählt. Die Regierung ihrerseits ist nicht mehr dem Präsidenten, sondern nur noch dem Parlament gegenüber verantwortlich. Gleichzeitig wurden die Bedingungen für ein Misstrauensvotum seitens des Parlaments gegenüber der Regierung verschärft. Das Parlament (Sabor) bestand bis 2001 aus zwei Kammern: dem Abgeordnetenhaus (Zastpunički dom) und dem Haus der Gespanschaften (Županijski dom), das 2001 abgeschafft worden ist. Die wichtigsten Kompetenzen des Parlaments sind Verfassungsgebung und Verfassungsänderung, Gesetzgebung, Beratung und Verabschiedung des Staatshaushalts, Ausschreibung eines Referendums, Kontrolle der Regierung und anderer dem Parlament verantwortlicher Amtsträger, Entscheidung über Krieg und Frieden sowie Veränderung von Grenzen und schließlich Gewährung einer Amnestie. Das Parlament besteht aus 100 bis 160 Abgeordneten.

Zunächst dominierte die von Tudjman 1989 gegründete Kroatische Demokratische Gemeinschaft (HDZ) das politische Leben in Kroatien. Wichtigstes politisches Ziel der HDZ war zunächst, die Freiheit Kroatiens zu erringen und zu verteidigen, sodass in ihr katholische Konservative ebenso wie ehemalige Kommunisten wie auch der Mittelstand und Nationalisten vertreten sind. Doch mit dem Tode Tudjmans verlor auch die HDZ an Bedeutung. Bei den Parlamentswahlen im Jahr 2000 wurde die HDZ mit 30,5 % der Stimmen knapp stärkste Partei vor der Sozialdemokratischen Partei (SDP) mit 29,1 %. Die Kroatische Sozialliberale Partei (HSLS) kam mit 15,9 % vor der Kroatischen Bauernpartei (HSS) mit 10,6 % auf den dritten Rang. Darüber hinaus konnten noch Vertreter von vier kleineren Parteien und einige Unabhängige in das Parlament einziehen. Aufgrund der noch jungen Entwicklung hat sich ein breites Parteiensystem herausgebildet, in dem nicht weniger als 75 Parteien im Jahr 2001 registriert waren, von denen 14 mit mindestens einem Abgeordneten im Parlament vertreten sind. In das Repräsentantenhaus werden mindestens 100 Abgeordnete und höchstens 160 Abgeordnete gewählt. 8 Sitze sind für

Minderheiten vorbehalten. Bei den Parlamentswahlen vom 23. 11. 2003 erhielten die HDZ 43,4 % (66), die SDP 23 % (34), HNS 7,4 % (10), HSS 6,57 % (9), HSP 6 % (7). Seit Dezember 2003 regiert eine Koalition aus HDZ und HSLS unter Ministerpräsident Ivo Sanader (HDZ).

5. Politik in und für Europa

Kroatien war während der Zeit Präsident Tudjmans weitgehend isoliert, nicht zuletzt wegen der Einmischung in den Krieg in Bosnien-Herzegowina. Anfang Januar 1992 vermittelte die UNO eine Waffenruhe zwischen Serben und Kroaten. Es wurden 14 000 UNO-Soldaten zur Aufrechterhaltung des Friedens und der Sicherheit in Kroatien stationiert. Erst 1995 wurden mit dem Abkommen von Dayton die 1991 ausgebrochenen kriegerischen Verwicklungen in Jugoslawien (in Kroatien zwischen Serben und Kroaten, in Bosnien-Herzegowina zwischen Serben auf der einen sowie Kroaten und Moslems auf der anderen Seite) beendet. Zwar erkannten die EU-Staaten Anfang 1992 Kroatien diplomatisch an, doch konnte das Land lange Zeit nicht die Auflagen im Hinblick auf Demokratie und Schutz der Menschenrechte, Status der serbischen Minderheit in Kroatien und Zusammenarbeit mit dem internationalen Strafgerichtshof in Den Haag erfüllen. Allerdings gelang es dem Balkan-Staat 1996, Mitglied des Europarats zu werden. Langfristiges Ziel der kroatischen Außenpolitik ist die Mitgliedschaft in der EU. 2001 unterzeichnete Kroatien das Stabilisierungs- und Assoziierungsabkommen mit der EU, das einerseits dem Land den freien Zugang zum europäischen Binnenmarkt sichert, andererseits ihm aber auch umfangreiche Wirtschafts-, Finanz-, Sozial- und Rechtsreformen abverlangt. Die kroatischen Bürger sind sehr stark pro-westlich und pro-europäisch orientiert, was nicht zuletzt auf die zahlreichen kroatischen Gastarbeiter in EU-Ländern sowie auf die Touristen aus den EU-Ländern zurückzuführen ist. Mehr als drei Viertel der Bürger Kroatiens befürworten eine Mitgliedschaft des Landes in der EU. Im Dezember 2002 legte die Regierung dem Parlament ein umfangreiches Gesetzgebungsprogramm vor, das die Voraussetzungen für einen EU-Beitritt schaffen soll. Beitrittsverhandlungen wurden im Oktober 2005 aufgenommen.

Doch vor dieser Mitgliedschaft müssen erst die regionalen Probleme des Landes gelöst werden. Ein offenes Problem bleibt in den Beziehungen zu Serbien und Montenegro die Regelung der Position der serbischen Minderheit in Kroatien. Kroatien sucht die Folgen aus den Kriegen mit den Nachbarn zu überwinden. So kam es im Sommer 2002 zu einer historisch genannten Begegnung der drei Staatsoberhäupter von Kroatien, Jugoslawien und Bosnien-Herzegowina, während der eine engere Zusammenarbeit in Wirtschaftsfragen, in der Flüchtlingspolitik wie auch bei der Bekämpfung der organisierten Kriminalität vereinbart wurde. Die Beziehungen zu Slowenien sind weniger konflikthaft, wenngleich es auch hier Probleme gibt. So ist z. B. die Grenzlinie zwischen beiden Staaten, vor allem auf See, umstritten.

In der Irakkrise 2003 unterstützte

Kroatien die US-Position, indem es u.a. zu den Unterzeichnerstaaten des Briefs der zehn mittel- und osteuropäischen Staaten an Präsident Bush gehörte und den Koalitionsstreitkräften die Nutzung seines Luftraums und seiner Militärstützpunkte einräumte.

Brusis, Martin: Kroatien, in: *Weidenfeld*, Europa-Handbuch II, S. 205–211; *Eisermann*, Daniel: Der lange Weg nach Dayton. Die westliche Politik und der Krieg im ehemaligen Jugoslawien. Baden-Baden 2000; *Elvert*, Jürgen (Hg): Der Balkan. Eine europäische Krisenregion in Geschichte und Gegenwart. Stuttgart 1997; *Hatschikjan*, Margarditsch/*Troebst*, Stefan (Hg.): Südosteuropa. Ein Handbuch. München 1999; *Meier*, Viktor: Jugoslawiens Erben. Die neuen Staaten und die Politik des Westens. München 2001; *Zakošek*, Nenad: Das politische System Kroatiens, in: *Ismayr* (Hg), Politische Systeme Osteuropas, S. 677–726.

www.sabor.hr (Parlament); www.predsjednik.hr (Präsident); www.vlada.hr (Regierung); www.dzs.hr (Statistisches Amt); www.hidra.hr (Kroatischer Informations-, Dokumentations- und Referenzdienst)

Mazedonien

1. Grunddaten

Staatsname: Republika Makedonija (Republik Mazedonien); bei der UNO registriert als: FYROM/Frühere Jugoslawische Republik von Mazedonien
Größe: 25 713 km²
Hauptstadt: Skopje
Einwohner: 2 050 554 (Juli 2006) davon 64,2 % Mazedonier, 25,2 % Albaner, 3,9 % Türken, 2,7 % Roma, Serben 1,8 % Sonstige 2,2 %
Bevölkerungsdichte: 78,96 Einw./km²
Konfessionen: 66,6 % mazedonisch-orthodoxe Christen, 30,1 % Muslime (vor allem Albaner), Minderheiten von Katholiken
Amtssprachen: Mazedonisch, Albanisch; weitere Sprachen: Türkisch, Serbisch, Romani
Währung: 1 Denar (MKD) = 100 Deni; 1 Euro (€) = 65,30 MKD 1 US-$ = 49,36 MKD (2005)

2. Sozioökonomische Grundlagen

Mazedonien war innerhalb des jugoslawischen Staatsverbands von allen sechs Republiken vor 1991 das am wenigsten entwickelte Land. Es erhielt seitens der Bundesregierung oft wirtschaftliche Unterstützung. 1989 trug die Industrie mehr als die Hälfte zum BIP, die Landwirtschaft lediglich ein Sechstel bei. 1997 lag der Anteil der Industrie am BIP nur noch bei 28 %, der Anteil der Dienstleistungen dagegen bei 60 %. Das Land wird durch eine große Arbeitslosigkeit gekennzeichnet. Auch hemmte die große Inflation, die zwischen 1990 und 1999 mehr als 94 % betrug, die wirtschaftliche Entwicklung. Der Kosovo-Krieg hat zu weiteren wirtschaftlichen Problemen für das Land geführt, da der traditionell wichtige jugoslawische Markt aufgrund der Kriegshandlungen und die Transportwege nach Zentraleuropa geschlossen waren.

Bruttoinlandsprodukt (BIP): 224714 Mio MKD 4,349 Mrd. € 5,769 Mrd. US-$ (2005)

BIP/Kopf: 1806 €, 2224 US-$ (2005)

Erwerbstätigkeit: Landwirtschaft 23,9 %, Industrie 33,3 %, Dienstleistungen 42,5 %

Arbeitslosigkeit: 37,3 % (2005), 36 % (2004)

Inflation: 2,8 % (März 2006), 2,1 % (2005), 1,9 % (2004)

Außenhandel (2005): Import: 2,679 Mrd. €, 3,228 Mrd. US-$; Haupthandelspartner: EU25 45,5 %, Rußland 13,2 %, Deutschland 10,4 %, Griechenland 9,2 %, Serbien/Montenegro 8,2 %, Slowenien 4 %, Bulgarien 7,3 %, Italien 6 %, China 3,6 % – Export: 1,694 Mrd. €, 2,041 Mrd. US-$; Haupthandelspartner: EU25 53,1 %, Deutschland 17,8 %, Serbien/Montenegro 22,5 %, Griechenland 15,3 %, Italien 8,3 %, Bulgarien 3,7 %, Kroatien 4 %, USA 2,2 %, Türkei 3,5 %

3. Geschichte

Alexander der Große, 336–323 v. Chr. regierend, gilt als der berühmteste Sohn des Landes, der den im achten Jahrhundert v. Chr. entstandenen Staat der Makedonen zu seiner Blüte führte. Im zweiten Jahrhundert v. Chr. wurde das antike Makedonien von den Römern besiegt. Es blieb bis 395 n. Chr. römische Provinz und fiel dann an das Oströmische Reich. Die früheren mazedonischen Stämme waren ethnisch, sprachlich und kulturell stärker mit den Griechen als mit den Slawen verbunden. Erst im 6./7. Jahrhundert kam es zur Einwanderung slawischer Stämme, das Griechentum beschränkte sich zunehmend auf die Städte. Im 9. Jahrhundert dehnte der Bulgarenzar Simeon I. sein Erstes Bulgarisches Reich bis nach Mazedonien aus. Im 10. Jahrhundert wurde der erste slawisch-mazedonische Staat gegründet. Ab 1230 gehörte Mazedonien dann auch vollständig zum Zweiten Bulgarischen Reich. Um 1300 dehnte sich das Serbenreich bis nach Mazedonien aus. 1371 wurde das Gebiet von den Türken erobert (Skopje erst 1392) und blieb bis zum 18. Jahrhundert beim Osmanischen Reich. Die Jahrtausende währende Herrschaft zahlreicher Völker hat einerseits zur Verschmelzung verschiedener Kultureinflüsse geführt, andererseits aber die Bildung einer Nationalkultur verhindert. 1878 wurde Mazedonien im russisch-türkischen Frieden von St. Stefano zunächst an das autonome Bulgarien gekoppelt, um aber auf dem Berliner Kongress im gleichen Jahr erneut an das Osmanische Reich zu fallen. Aufstände gegen die Osmanen seit Ende des 19. Jahrhunderts (u. a. der Ilinden-Aufstand 1903) eskalierten zu kriegerischen Auseinandersetzungen zwischen Griechenland, Serbien und Bulgarien. Nach den beiden Balkankriegen 1912 und 1913 wurde das Land zwischen Bulgarien, Serbien und Griechenland aufgeteilt. Bulgarien erhielt Pirin-Bulgarien, Griechenland das ägäische Mazedonien und Serbien das Gebiet des heutigen Mazedonien. Von 1918 bis 1991 war das Land faktisch oder vollkommen eine Teilrepublik Jugoslawiens (mit Ausnahme einer kurzzeitigen Besetzung großer Gebiete durch Bulgarien im Zweiten Weltkrieg). 1944 «ernannte» Tito die sozialistische Republik Mazedonien als sechste Republik der Jugoslawischen Föderation. Im Zuge der Desintegration Jugoslawiens 1991 schied auch Mazedonien aus dem jugoslawischen Staatsverband aus. In einem im September 1991 abgehaltenen Referendum stimmten 95,1 % der Wähler bei einer Wahlbeteiligung von 71,9 % für die Unabhängigkeit, allerdings mit der Option, sich einem zukünftigen Bund jugoslawischer Staaten anzuschließen. Erst mit dem friedlichen Abzug der Jugoslawischen Volksarmee im März 1992 kann von einer Souveränität des Staates gesprochen werden. Mazedonien gilt von allen mittel- und osteuropäischen Ländern als der Staat, der sich der idealtypischen Vorstellung eines Gradualismus bei der Systemtransformation am meisten annähert.

4. Politisches System

Mazedonien ist eine Republik, in deren 1991 verabschiedeter Verfassung sich das Land als Rechtsstaat und Nationalstaat des makedonischen Volkes definiert. Die Souveränität geht von allen Bürgern aus, ungeachtet ihrer ethnischen Zugehörigkeit. Die Verfassung orientiert sich an westlichen Vorbildern mit Gewaltenteilung und bürgerlichen Freiheitsrechten. Es ist ein parlamentarisches System, in dem der Staatspräsident weitgehend repräsentative und formelle Befugnisse besitzt. Er wird in allgemeinen, unmittelbaren und geheimen Wahlen für fünf Jahre gewählt. Eine zweimalige Wiederwahl ist möglich. Der Präsident repräsentiert die Republik nach innen und nach außen. Bei der Regierungsbildung besitzt er nur eingeschränkte Rechte und beauftragt den von der stärksten Parlamentsgruppe vorgeschlagenen Kandidaten für das Amt des Ministerpräsidenten. Er schlägt dem Parlament zwei der neun Verfassungsrichter sowie zwei der sieben Mitglieder des Republik-Justizrats vor. Der Präsident ist Oberbefehlshaber der Streitkräfte und Vorsitzender des Sicherheitsrats. Bis 1998 hatte Präsident Gligorov faktisch ein Präsidialregime eingerichtet, da die postkommunistische Regierung dieses Regime akzeptierte. Mit dem Sieg der Demokratischen Partei für Makedonien 1998 und einem postkommunistischen Präsidenten Trajkowski gab es eine Art Kohabitation, in der sich die Konflikte zwischen Präsident und Regierung häuften. Seit Dezember 2004 übt der Sozialdemokrat Branko Crvenkowski (SDSM) das Amt des Staatspräsidenten aus. Das Parlament – die *Sobranie* – besteht aus einer Kammer, die zwischen 120 und 140 Abgeordnete besitzt. Die Wahlperiode beträgt vier Jahre. Das Parlament besitzt ein eigenes Auflösungsrecht, über das weder der Präsident noch die Regierung verfügen. Das Parlament ist Kontrollorgan für die Exekutive und die Judikative. Nachdem zunächst das reine Mehrheitswahlsystem zur Anwendung kam, wurde 1998 nach vierjähriger Debatte ein neues Wahlsystem verabschiedet. Danach gibt es anstelle der bisherigen

120 Wahlkreise nur noch 85. Die weiteren 35 Sitze werden an Parteien bzw. Wahlbündnisse nach dem Verhältniswahlsystem (d'Hondtsche System) vergeben. 1998 kam es erstmals nach Einführung des Mehrheitswahlsystems 1990 zu einem Machtwechsel. Es gelang dem Bündnis aus Demokratischer Partei für Makedonische Nationale Einheit (VMRO-DPMNE) und der Partei der Demokratischen Alternative (DA), insgesamt 62 der 120 Sitze zu erringen. Die Sozialistische Partei Mazedoniens (SDSM) erlebte einen Einbruch von 59 auf 27 Sitze. Drittstärkste Partei wurde die Partei für demokratische Prosperität (PPD) mit 14 Sitzen. Die Demokratische Partei für die Albaner (PDSH) war mit elf Abgeordneten vertreten. Die Liberaldemokratische Partei (LDP) konnte vier Abgeordnete entsenden, während das «Bündnis der Roma Makedoniens» ein Mandat bei der Parlamentswahl erzielen konnte. Artikel 20 der Verfassung garantiert die Bildung von politischen Parteien. Das makedonische Parteiensystem hatte sich im Wesentlichen bereits bei der ersten Parlamentswahl 1990 herausgebildet. Zwei Konfliktlinien kennzeichnen seit den 1990er Jahren vor allem das Parteiensystem: eine ethnisch/nationale, nämlich makedonisch gegen albanisch, und eine politische. Hierbei handelt es sich um die Auseinandersetzung zwischen Kommunisten und Postkommunisten. Die Kommunistische Partei wurde in SDSM umbenannt und gab sich ein sozialdemokratisches Parteiprogramm. Die Partei verfügt über einen verlässlichen Wählerstamm. Ihre Mitgliedschaft umfasst einen großen Teil der alten jugoslawischen Eliten sowie der neuen Funktionseliten. Bei den Parlamentswahlen 2002 konnte sie sich in einem Wahlbündnis «Gemeinsam für Mazedonien» mit der liberalen LDP und kleineren ethnischen Parteien durchsetzen und unter Branko Crvenkovski erneut die Regierung übernehmen. Die Sozialistische Partei Makedoniens (SPM) ist eine regionale Partei, die vom Firmeninhaber des Unternehmens Silek instrumentalisiert wird. In der politischen Mitte sind die LDP und die DA einzuordnen, die jedoch aufgrund der Polarisierung von SDSM und VMRO-DPMNE eine marginale Position einnehmen. VMRO-DPMNE bildet die einzig relevante anti-kommunistische Partei. Die VMRO versteht sich als Nachfolgerin der antiosmanischen Verschwörerorganisation zu Beginn des 20. Jahrhunderts. Sie setzt sich programmatisch für die Wiedervereinigung der nach den Balkankriegen aufgeteilten drei Teile Mazedoniens ein. Der postkommunistischen PPD gelang es zunächst erfolgreich, als albanische Sammlungsbewegung zu wirken. Sie spaltete sich. Mit der PDSH (Partia Demokratike Shqiptare – Demokratische Partei der Albaner) kämpft eine zweite albanische Partei um die Wählerstimmen. 2001 musste die PDSH Anhänger an die radikalere, 2001 gegründete Nationaldemokratische Partei (NDP) abgeben. Trotz großer gesellschaftlicher Auseinandersetzungen zwischen Albanern und Mazedoniern werden zwischen den Parteien in politischen Koalitionen die ethnischen Hindernisse eher überwunden als die politisch-ideologischen.

In der Staats- und Systemkrise des Jahres 2001 konnte der Präsident seine politische Stellung stärken. Um der Gefahr eines Bürgerkriegs zu begegnen, bildete sich im Mai 2001 unter starkem internationalen Druck eine «Regierung der nationalen Einheit», der sieben Parteien angehörten. Bedeutsam war, dass die bisherigen Oppositionsparteien Sozialdemokraten und Demokratische Partei der Albaner in die Regierung eintraten. Doch konnte auch die neue Regierung die Ausweitung der Staatskrise nicht verhindern. Die bürgerkriegsähnlichen Auseinandersetzungen konnten im August 2001 durch einen von der EU und der USA erreichten unbefristeten Waffenstillstand beendet werden. Seit dieser Zeit kontrolliert eine internationale Schutztruppe die Entwicklung in Mazedonien. Im September 2002 löste die Sozialdemokratische Partei die Nationalisten als stärkste Partei ab, die zusammen mit der Demokratischen Union für Integration die Regierung übernahmen. Die Parlamentswahlen vom 5.7. 2006 brachten einen erneuten Machtwechsel. Die Bündnis von VMRO-DPMNE, LPM und SPM erreichte 32,3 % (39/3/3 Sitze), die SDSM und die LDP kamen auf 23,2 % (27/5), Die albanischen Parteien BDI (Demokratische Union für Integration) und die PPD (Demokratische Wohlstandpartei) brachten es auf 12,2 % (14/3), die PDSH auf 7,5 % (11). Die nationalistische Volkspartei (VMRO-NP) erreichte 6,1 % (6), die Neuen Sozialdemokraten (NSDP) bekamen ebenfalls 6,1 % (7). Im Parlament vertreten sind noch die Demokratische Erneuerung für Mazedonien (DOM) mit 1,9 % und die agrarisch orientierte Partei für die Europäische Zukunft (PEI) mit 1,2 % und je einem Mandat (Sonstige 9,6 %).

Am 26. August 2006 übernahm der Führer der National-Konservativen Partei (VMRO-DPMNE) Nikola Gruevski das Amt des Ministerpräsidenten in einer Koalition aus National-Konservativen, Liberalen, Sozialisten und der Albanischen Demokratischen Partei.

5. Politik in und für Europa

In den verschiedenen Parteien besteht Einvernehmen darüber, dass es langfristig zu einer vollständigen Integration in die internationalen und europäischen Organisationen kommen soll. Bereits heute sind die EU-Staaten die wichtigsten Handelspartner für Mazedonien. Trotz der ethnischen Probleme zwischen Mazedoniern und Albanern betrieb Mazedonien während des Kosovo-Kriegs letztlich doch eine großzügige Aufnahmepolitik für kosovarische Flüchtlinge (mehr als 250 000 Flüchtlinge kampierten zeitweise in Mazedonien). Mit dieser Beherbergungsstrategie versuchte Mazedonien auch eine stärkere Unterstützung seitens der EU zu erlangen. Von dem in Köln 1999 verabschiedeten Stabilitätspakt für Südosteuropa konnte Mazedonien Zusagen über ca. 250 Mio. US-$ erreichen. Im April 2001 wurde seitens der EU mit Mazedonien ein Stabilitäts- und Assoziierungsabkommen geschlossen, in dem Mazedonien langfristig die Perspektive der Integration erfährt. Mit der EU wurde darüber hinaus eine asymmetrische Freihandelszone eingerichtet. Mazedoniens Exporte in die EU können danach zu 95 % zollfrei ausgeführt werden, während Mazedonien innerhalb von zehn Jahren stufenweise die Importbeschränkungen für Waren aus der EU aufhebt. Aufgrund innerer Unruhen zu Beginn des neuen Jahrzehnts erfolgte eine NATO-Mission im Auftrag der UN in Mazedonien, die 2003 von der EU übernommen wurde. Zum ersten Mal hatte die Europäische Union damit im Rahmen ihrer Sicherheits- und Verteidigungspolitik eine von der NATO unabhängige Sicherheitspolitik betrieben. Zu den Prioritäten der 2006 gewählten Regierung Gruevski gehört es, die Mitgliedschaft in der EU – Mazedonien ist seit 2005 Beitrittskandidat – schnell zu erreichen und die entsprechenden Voraussetzungen hierfür zu schaffen.

Büschenschütz, Ulrich: Die Mazedonien-Krise (electronic ed.). Bonn 2001 (23 S.); *Büschenschütz*, Ulrich: Die Verfassung der Republik Makedonien auf dem Prüfstand, in: Südosteuropa 50 (2001), S. 134–149; *Hatschijkan*, Margaditsch A./*Troebst*, Stefan (Hg.): Südosteuropa. Gesellschaft, Politik, Wirtschaft, Kultur. Ein Handbuch. München 1999, S. 199–222; *Hatschijkan*, Margaditsch A.: Reparierte Nationen, separierte Gesellschaften. Makedonien und seine neue große Frage, in: Osteuropa 51 (2001), S. 316–330; *Oschlies*, Wolf: Makedonien im Sommer 1998. Politisch-ökonomische Momentaufnahmen im Schatten des Kosovo-Konflikts. Köln 1998; *Schrameyer*, Klaus: Die Verfassung der Republik Makedonien vom 17. November 1991, in: Südosteuropa 46 (1997), S. 661–697; *van Meurs*, Wim: Mazedonien, in: *Weidenfeld*, Europa-Handbuch II, S. 247–251; *Willemsen*, Heinz: Das politische System Makedoniens, in: *Ismayr*, Politische Systeme Osteuropas, S. 769–804; *Willemsen*, Heinz/*Troebst*, Stefan: Transformationskurs gehalten. 10 Jahre Republik Makedonien, in: Osteuropa 51 (2001), S. 299–315.

www.president.gov.mk;
www.vlada.mk (Regierung);
www.sobranie.mk (Parlament);
www.sec.mk (Parlament varia);
www.stat.gov.mk (Staatliches Amt für Statistik);
nbrm.gov.mk (Nationalbank)

Moldawien

1. Grunddaten

Staatsname: Republica Moldova (Republik Moldau/Moldawien)
Größe: 33 800 km^2
Hauptstadt: Chisinau
Einwohner: 4 466 706 (Juli 2006), davon 65,0 % Moldawier, 13,8 % Ukrainer, 13 % Russen, 3,2 % Gagausen, 2 % Bulgaren, 3 % Sonstige
Bevölkerungsdichte: 125 Einw./km^2
Konfessionen: Orthodoxe Christen (88,5 %), Juden (10 %) und Sonstige (1,5 %)
Amtssprache: Moldawisch; weitere Sprachen: Russisch, Ukrainisch, Gagausisch
Währung: 1 Moldau-Leu (MDL) = 100 Bani; 1 US-$ = 12,91 MDL

2. Sozioökonomische Grundlagen

Moldawien ist eines der ärmsten Länder in Europa. So betrug das Bruttoinlandsprodukt 2001 nur ca. 30 % des Umfangs von 1989. Etwa 80 % der Bevölkerung lebten 2001 unterhalb der Armutsgrenze von 1 US-$ pro Tag. Das Land ist noch stark landwirtschaftlich geprägt. Reformen in der Wirtschaft führten dazu, dass im Jahr 2000 der Privatsektor an der Wirtschaft bereits mehr als 56 % ausmachte. Wichtigste Anbauprodukte sind Wein, Obst, Tabak und Zuckerrüben. Die Industrie verarbeitet die landwirtschaftlichen Erzeugnisse und stellt Landmaschinen her. Darüber hinaus gibt es Schuh-, Textil- und Möbelindustrie.

Bruttoinlandsprodukt (BIP): 6,785 Mrd. €, 8,175 Mrd. US-$ (2005)

Erwerbstätigkeit (BIP): Landwirtschaft 22,4 %, Industrie 24,8 %, Dienstleistungen 52,8 % (2005)

BIP/Kopf: 1577 €, 1900 US-$ (2005)

Erwerbstätigkeit: Landwirtschaft 40 %, Industrie 14 %, Dienstleistungen 46 % (2005)

Arbeitslosigkeit: 7,9 % (2005) (25 % der Beschäftigten arbeiten im Ausland)

Inflation: 11,5 % (2005); Durchschnitt 1990–2001: 103 %

Außenhandel (2005): Import: 2,23 Mrd. US-$, 1,851 Mrd. €; Haupthandelspartner: Ukraine 24,6 %, Russland 12,2 %, Deutschland 8 %, Rumänien 9,3 %, Italien 7,4 %, – Export: 1,04 Mrd. US-$, 863,2 Mio. €; Haupthandelspartner: Russland 33 %, Ukraine 6 %, Italien 10 %, Deutschland 6 %, Rumänien 9 %

3. Geschichte

Moldova, das Gebiet im Nordosten Rumäniens zwischen den Ostkarpaten im Westen, der russischen Grenze im Norden und Osten sowie der Walachei im Süden gelegen, hat im Rahmen der Auflösung der Sowjetunion seine Unabhängigkeit erreichen können. Das Gebiet des heutigen Rumänien und Moldova wurde seit dem 4. Jahrhundert in stetem Wechsel von Hunnen, Awaren, Slawen und Magyaren heimgesucht. Dabei führte die Aufnahme slawischer Sprach- und Kulturelemente in die dakisch-römische Kultur zur Herausbildung des rumänischen Volkes. Im 12. und 13. Jahrhundert bestanden auf dem Gebiet Moldovas einheimische Zwergstaaten. Mitte des 14. Jahrhunderts, nach der Befreiung von der ungarischen Herrschaft, entstand der spätere Feudalstaat Moldau als Grenzmark und umfasste noch die Bukowina und Bessarabien. Doch sollte diese Unabhängigkeit nicht von langer Dauer sein. Zunächst musste Moldau seit 1538 als Vasallenstaat den Türken als Schutzmacht Tribut zollen und mit Beginn der russischen Expansionspolitik im frühen 18. Jahrhundert wurde das Gebiet eines der wichtigsten Objekte in der Auseinandersetzung zwischen Türken und Russen. 1775 wurde die Bukowina vom Osmanischen Reich an Österreich abgetreten. Ende des 18. Jahrhunderts erhielt Russland nach dem Türkenkrieg das Küstenland bis zum Djnestr. 1812 eroberten die Truppen des russischen Zaren ganz Bessarabien. 1862 ging die Moldau in Rumänien auf. 1878 annektierte Russland Bessarabien, das bis 1917 Teil Russlands blieb.

1918 wurde kurzzeitig eine unabhängige Republik ausgerufen, die sich jedoch schon nach zwei Monaten wieder Rumänien anschloss. 1924 errichtete die Sowjetunion unter Stalin im rumänisch-ukrainischen Grenzgebiet innerhalb der «Ukrainischen Sozialistischen Sowjetrepublik» (SSR) die «Autonome Sozialistische Sowjetrepublik Moldau»(ASSR, heute Transnistrien), um damit Ansprüche auf Bessarabien zu dokumentieren. Entsprechend der Abgrenzung der Interessensphären zwischen Deutschland und der Sowjetunion wurde Bessarabien 1939 von sowjetischen Truppen besetzt. Im September 1940 kam es überdies zur deutsch-sowjetischen Vereinbarung «über die Umsiedlung der deutschstämmigen Bevölkerung aus den Gebieten von Bessarabien und der nördlichen Bukowina in das Deutsche Reich». Zwar besetzte Rumänien als Verbündeter Hitlerdeutschlands zwischen 1941 und 1944 erneut die Moldau, doch mit der Rückkehr der Roten Armee 1944 wurde auch die Moldauische Sozialistische Republik im alten Umfang wieder hergestellt und 1947 im Pariser Friedensvertrag von Rumänien als Teil der Sowjetunion anerkannt. Die Moldauische SSR entwickelte sich aufgrund ihrer ertragreichen landwirtschaftlichen Nutzfläche zu einem wichtigen Nahrungsmittellieferanten innerhalb der UdSSR. Hauptanbauprodukte und gleichzeitig Exportgüter waren Getreide, Obst, Gemüse, Sonnenblumen und Tabak bzw. damit erzeugte Fertigprodukte sowie Wein.

Seit 1988 bildete sich in der Moldauischen SSR im Zuge von Gorbatschows Reformen (Perestrojka, Glasnost) auch eine moldauische Nationalbewegung. 1989 erhob ein Sprachengesetz Rumänisch zur einzigen Amtssprache; in der Folge kam es aufgrund der Existenz starker Minderheiten (14 % der Bevölkerung sind ukrainischer Abstammung, 13 % russischer, 3,5 % gagausischer, außerdem Gruppen bulgarischer und jüdischer Abstammung) zu zum Teil gewaltsamen Konflikten. Für Gagausien wurde mit der Annahme eines Autonomiestatuts im Jahre 1995 eine Sonderregelung getroffen, während die Situation in Transnistrien ungeklärt blieb. Moldau und Transnistrien verhandeln unter Vermittlung von Russland, der Ukraine und der OSZE bis heute über die Statusfrage für dieses Gebiet. Auch ein im Mai 1997 unterzeichnetes Grundlagenmemorandum konnte den Konflikt bisher nicht lösen.

Die ersten partiell kompetitiven Wahlen zum Obersten Sowjet der MSSR fanden im Februar 1990 statt. Die Deklaration der Souveränität erfolgte am 23.6. 1990. Unmittelbar nach dem gescheiterten Putsch gegen Gorbatschow erklärte am 27. August 1991 die «Republik Moldova» ihre Unabhängigkeit. Das Verhältnis zum großen Nachbarn Russland blieb in den folgenden Jahren gespannt. Als die moldauische Regierung 1992 versuchte, die Kontrolle über die selbsternannte «Moldauische SSR am Dnjestr» mit militärischen Mitteln zurückzugewinnen, kam die dort stationierte 14. Russische Armee den Separatisten zur Hilfe. Erst zwei Jahre später wurde zwischen Moldau und Russland der Abzug der 14. Armee innerhalb von drei Jahren vereinbart (das Abkommen wurde jedoch von der russischen Duma bis heute nicht ratifiziert). Inzwischen sind die Truppen auf ca. 2500 Mann reduziert. Ähnlich wie gegenüber anderen

Staaten Ost- und Südosteuropas setzt Rußland auch gegenüber Moldawien 2005/6 dessen Abhängigkeit von russischen Energielieferungen als ökonomische und politische Waffe ein.

4. Politisches System

Das politische System Moldovas hat noch keine endgültigen Strukturen etablieren können. Zunächst entwickelte Moldova Züge eines parlamentarischen Systems, doch schon 1991 wurde mit einer Verfassungsänderung der Präsident an die Spitze der Exekutive gestellt. Seine Direktwahl durch die Wählerschaft etablierte eine präsidiale Ordnung. 1994 wurde eine Verfassung verabschiedet, die ein parlamentarisch-präsidiales Mischsystem einführte. Während die verschiedenen Präsidenten versuchten, dieses System stärker in Richtung Präsidialsystem zu entwickeln, versucht das Parlament seit 1999/2000, ihm mehr parlamentarische Strukturen zu geben. Oberhaupt und Repräsentant des Staates ist der bis 2000 direkt auf vier Jahre gewählte Staatspräsident. Seit dieser Zeit wird der Präsident mit drei Fünftel der Stimmen der Abgeordneten des Parlaments gewählt. Zu den wichtigsten Aufgaben des Präsidenten gehört die Ernennung des Premierministers nach Konsultation mit der Parlamentsmehrheit. Der Präsident verfügt seit 2000 nicht mehr über das Recht, an Ministerratssitzungen teilzunehmen und dort den Vorsitz zu führen. Auch hat der Präsident das Recht verloren, ein Verfassungsreferendum zu initiieren und zwei der sechs Verfassungsrichter zu ernennen. Nachdem die Kommunisten bei den Parlamentswahlen 2001 einen Erdrutschsieg erzielt hatten, wurde Vladimir *Voronin* zum neuen Präsidenten der Republik Moldova (Moldau) gewählt und 2005 wiedergewählt (75 von 101 Stimmen). Die Regierung ist sowohl dem Präsidenten als auch dem Parlament verantwortlich. Der vom Präsidenten nominierte Premierminister muss innerhalb von 15 Tagen für sein Regierungsprogramm und seine Regierung das Vertrauensvotum des Parlaments erhalten. Der Premierminister, seit 2005 Vasile Tarlev, ist der Eckstein des Systems, denn ihm obliegt gemäß der Verfassung die Leitung der Regierung und die Koordination der Regierungsarbeit der Minister. Das Parlament hat die Kontrollfunktion gegenüber der Regierung und kann diese mit einem erfolgreichen Misstrauensvotum stürzen. Es besteht aus 101 Abgeordneten, die für vier Jahre gewählt werden. Neben der Wahl des Staatspräsidenten sind die wichtigsten Befugnisse des Parlaments: Gesetzgebung und Gesetzesauslegung; Ansetzung von Referenden; Genehmigung der innen- und außenpolitischen Leitlinien des Staates sowie der Militärdoktrin; Kontrolle der Exekutive; Ratifizierung völkerrechtlicher Verträge; Verabschiedung des Staatshaushalts und Kontrolle staatlicher Anleihen und Darlehen; Mobilmachung und Ausrufung des Kriegszustands sowie gewisse personelle Kompetenzen wie die Wahl von zwei der sechs Verfassungsrichter, der Mitglieder des Obersten Gerichtshofs und des Generalstaatsanwalts. Die Abgeordneten werden in allgemeiner, gleicher, unmittelbarer, geheimer und freier Wahl gewählt. Die Parlamentswahlen erfolgen nach dem Verhältniswahlsystem in einem landesweiten Mehrpersonenwahlkreis. Dadurch soll verhindert werden, dass aufgrund eines Wahlboykotts der transnistrischen Separatisten die östlichen Wahlkreise eventuell unbesetzt bleiben. Inzwischen wurde eine Sechs-Prozent-Sperrklausel eingeführt, nachdem im ersten Jahrzehnt der Existenz des Staates eine Drei-Prozent-Sperrklausel galt. Bei den bisherigen drei Parlamentswahlen hat die Sperrklausel dazu geführt, dass eine hohe Anzahl von Stimmen im Parlament nicht vertreten war, nämlich 18,1 % (1994), 23,6 % (1998) und 28,3 % (2001). Wie auch in den anderen östlichen Staaten bildeten sich nach der politischen Wende zahlreiche Parteien, so bis 1998 allein über 50. Mit der Verschärfung des Parteiengesetzes im Jahr 1998 reduzierte sich deren Zahl auf 28. Die Verfassung verbietet antipluralistische, antirechtsstaatliche, separatistische, gegen die Souveränität und Unabhängigkeit kämpfende, geheime und von Ausländern zusammengesetzte Parteien und Organisationen. Die moldauische Gesellschaft ist im Grunde durch zwei klare Konflikte gekennzeichnet, die sich auch im Parteiensystem widerspiegeln: die Frage der Staatlichkeit, also die außenpolitische Orientierung und die Rolle Rumäniens für Moldova, sowie die Wirtschaftsreformen, nämlich Marktwirtschaft mit liberalen Wirtschaftsreformen oder Rückkehr zur zentralen Planwirtschaft. Im 2001 gewählten Parlament waren nur noch drei Parteien vertreten. Bei den Parlamentswahlen am 6. 3. 2005 erhielt die Partei der Kommunisten der Republik Moldau (PCRM) mit 46,1 % der Stimmen, 56 der 101 Mandate und bildete die Regierung. Zweitstärkste Fraktion ist das Wahlbündnis Demokratisches Moldawien (BDM), das 28,4 % (34 Sitze) der Stimmen erhielt. Die nationalpopulistische Christdemokratische Volkspartei (PPCD) erhielt 9,1 %. (11) Die Herausbildung einer demokratischen Zivilkultur befindet sich in Moldova erst im Entwicklungsstadium, wobei eine politische und gesellschaftliche Apathie der Bevölkerung festgestellt werden kann. Bisher hat es das politische System nicht geschafft, die für eine erfolgreiche Transformation erforderliche institutionelle Stabilität und Effektivität der Entscheidungs- und Exekutivstrukturen zu gewährleisten.

5. Politik in und für Europa

Die moldawische Republik bewegt sich in ihrer Außenpolitik zwischen den Polen Europäische Union einerseits und Russland andererseits. Rhetorisch hat sich das Land der EU angenähert und sogar einen EU-Beitritt als außenpolitisches Ziel vorgegeben, doch durch seine Wirtschaftspolitik stärkt Moldova seine Bindungen an Russland. So wurden z. B. ausländische, westeuropäische Investoren behindert und entmutigt, während russische Unternehmen generell bevorzugt werden. Die große einseitige Energieabhängigkeit von Russland verstärkt darüber hinaus die bilateralen Beziehungen zwischen beiden Ländern. 2007 wird das Land EU-Nachbar, da der rumänische EU-Beitritt in jenem Jahr wirksam wird. In den vergangenen Jahren haben etwa 300 000 Moldauer rumänische Pässe erhalten, was dann Reise- und Niederlassungsfreiheit im EU-Raum bedeuten würde. Allerdings hat das Land noch eine lange Strecke auf dem Weg in die EU zurückzulegen, auch wenn es 1995 ein Partnerschafts- und Kooperationsabkommen mit der EU abschloss. 1995 trat das Land dem Europarat bei. Problematisch ist die Entwicklung des Landes nicht nur durch die mögliche Entwicklung zu einem «failed state», sondern auch durch die Entwicklung an seiner Ostgrenze. Hier hat sich zu Beginn der 1990er Jahren die «Transnistrische Moldauische Republik» gebildet, die international nicht anerkannt ist, in der aber eine Art Staatlichkeit herrscht, sich aber gleichzeitig eines der größten Waffenlager der Welt, weitgehend aus alten Restbeständen der Sowjetunion, befindet. Befürchtungen, dass auch Terroristen zu den Waffenkäufern gehören könnten, haben sich bis jetzt noch nicht bestätigt. Angesichts einer unvorstellbaren Armut und zunehmender Perspektivlosigkeit für die Menschen sollte diese Möglichkeit jedoch nicht ausgeschlossen werden. So hat Moldova immer wieder die Verhängung internationaler Sanktionen gegen Transnistrien wegen illegalen Waffenhandels gefordert. Trotzdem gibt es Verhandlungen zwischen Moldova und Transnistrien über eine Vereinigung beider Gebiete unter der Schirmherrschaft von OSZE, Russland und der Ukraine. Diese kamen im Jahr 2003 jedoch nicht richtig voran, so dass die EU und die USA Einreisebeschränkungen gegen führende Politiker Transnistriens verhängten. Russland hatte 2003 in Transnistrien noch Truppen stationiert, obwohl es im Istanbuler Abkommen, das 1999 im Rahmen der OSZE geschlossen worden war, seinen Rückzug bis 2002 festgelegt hatte.

Brunner, Georg: Präsident, Regierung und Parlament, in: *Luchterhandt*, Otto (Hg.): Neue Regierungssysteme in Osteuropa und der GUS. Berlin 1996, S. 63–113; *Büscher*, Klemens: Das politische System Moldovas, in: Ismayr, politische System Osteuropas, S. 515–552; *Edinger*, Michael: Die Verfassung der Republik Moldova, in: Der Donauraum 36 (1996), H. 3/4, S. 63–72.

www.parliament.md (offizielle Seite des Parlaments); www.moldova.md (offizielle Seite der Exekutive), www.elections2005.md; www.un.md (UN-Repräsentanz in Moldova)

Rumänien

I. Grunddaten

Staatsname: România
Größe: 238 391 km^2
Hauptstadt: Bucureşti (Bukarest)
Einwohner: 22 303 557 (1. 7. 2006); 89,5 % Rumänen, 6,6 % Ungarn, 2,5 % Roma, 0,3 % Deutsche (insgesamt 18 anerkannte nationale Minderheiten)
Bevölkerungsdichte: 91 Einw./km^2
Konfessionen: 86,8 % Rumänisch-Orthodox, 5,1 % Römisch-Katholisch, 3,5 %

Anhänger der Reformierten Kirche, 1 % Griechisch-Orthodox, 1 % Pfingstchristen, 0,5 % Baptisten

Amtssprache: Rumänisch; weitere Sprachen: Ungarisch, Romani, Deutsch

Währung: 1 Leu (l) = 100 Bani; 1 Euro = 3,62 Lei (neu), 1 US-$ = 2,91 neue Lei (2005)

2. Sozioökonomische Grundlagen

Rumänien ist das einzige ehemalige sozialistische Land, dessen Bruttosozialprodukt im Jahr 2000 unter dem Wert vor der Revolution von 1989 gelegen hat. Allein zwischen 1997 und 1999 war das BIP um insgesamt ein Viertel zurückgegangen. Rund 62 % der Landfläche Rumäniens werden landwirtschaftlich genutzt; nicht zuletzt bis zum Zweiten Weltkrieg war Rumänien ein ausgesprochenes Agrarland. Wenngleich mehr als ein Drittel der Beschäftigten in der Landwirtschaft ihrem Erwerb nachgehen, trägt die Landwirtschaft doch nur zu 20 % zum Bruttoinlandsprodukt bei. Wichtige Bodenschätze Rumäniens sind Erdöl und Erdgas. Daneben werden Braunkohlelager sowie Steinkohle, Eisen-, Zink-, Blei-, Kupfer und Manganerze abgebaut. Die Wirtschaftstransformation wurde in Rumänien nur sehr zögerlich angegangen, sodass das Land im Vergleich zu anderen ehemaligen sozialistischen Staaten in Rückstand geriet. Der Übergang zur Marktwirtschaft wurde durch mangelnde Erfahrung wie auch einen sich gegen den Wandel wehrenden konservativen Staatssektor erschwert. So hat Rumänien alle fünf Abkommen mit dem Internationalen Währungsfonds, die es seit 1990 eingegangen ist, nicht erfüllt. Die Perspektive eines EU-Beitritts, die Anpassung an die Bedingungen des Europäischen Binnenmarktes und die erforderlichen Reformen vermittelten der Wirtschaft Rumäniens wichtige Impulse und verbesserten das Investitionsklima. Der von Dacia gebaute «Logan» wurde zum Symbol des Aufschwungs und als robuster Kleinwagen zum Exportschlager.

Bruttoinlandsprodukt (BIP): 287,1 Mrd. Lei, 79,24 Mrd. €, 95,47 Mrd. US-$ (2005)

BIP/Kopf: 12 525 Lei, 3 459 €, 4 167 US-$ (2005)

Wirtschaftswachstum (BIP): 4,1 % (2005)

Erwerbstätigkeit: Landwirtschaft 36,4 %, Industrie 29,5 %, Dienstleistungen 34,1 %

Arbeitslosigkeit: 5,9 % (2005), 7,1 % (2004)

Inflation: 8,6 % (2005), 11,9 % (2004)

Außenhandel (2005): Import: 32,568 Mrd. €, 39,239 US-$; Haupthandelspartner: EU25 52,2 %, Italien 15,5 %, Deutschland 14 %, Russland 8,3 %, Frankreich 6,7 %, Türkei 4,9 %, Ungarn 3,3 %, Großbritannien 2,9 % – Export: 22,255 Mrd. €, 26,777 Mrd. US-$; Haupthandelspartner: EU25 67,6 %, Italien 19,1 %, Deutschland 14 %, Frankreich 7,4 %, Großbritannien 5,5 %, Ungarn 4,1 %, Türkei 7,9 %

3. Geschichte

Die Provinz Dacia auf dem Gebiet des heutigen Rumänien wurde 106 n. Chr. dem Römischem Reich eingegliedert. Die Bevölkerung wurde sprachlich und kulturell romanisiert. Unter dem Druck germanischer Wanderstämme mussten sich die Römer 271 zurückziehen. Goten, Hunnen, Bulgaren, Awaren, Petschenegen, Komanen und Tataren wechselten sich in den folgenden Jahrhunderten in der Herrschaft ab. Im Jahre 900 geriet Transsilvanien (Siebenbürgen) unter den Einfluss Ungarns.

Im 10. bis 13. Jahrhundert entstanden die ersten politischen Formationen als kleine Woiwodschaften der bodenständischen rumänischen Bevölkerung. Im 13. Jahrhundert wurden die Rumänen erstmals urkundlich als Volk erwähnt. Im 14. Jahrhundert bildeten sich die beiden rumänischen Teilgebiete der Walachei (südlich des Karpatenbogens) und Moldaus (östlich des Karpatenbogens) heraus. Sie kamen im 15. Jahrhundert unter osmanische Oberhoheit, konnten sich aber durch Tributzahlungen eine gewisse Selbstständigkeit bewahren. Nach dem griechischen Unabhängigkeitskrieg (1821–1830) versuchten die «Donaufürstentümer» zwischen Russland, Habsburg und dem zerfallenden Osmanenreich nicht wieder in einseitige Abhängigkeit zu geraten. Die beiden Fürstentümer schlossen sich 1859 zusammen und nahmen 1862 den Namen Rumänien an. Der Berliner Kongress 1878 anerkannte die uneingeschränkte Souveränität Rumäniens. 1881 wurde das Land Königreich. Nach dem zweiten Balkankrieg fiel 1913 auch die südliche Dobrudscha an Rumänien. 1916 trat Rumänien mit der Kriegserklärung an Österreich-Ungarn an der Seite der Entente in den Ersten Weltkrieg ein und mußte im März 1918 mit den Mittelmächten den Friedensvertrag von Bukarest schließen, verbunden mit Gebietsverlusten. Im November 1918 trat Rumänien erneut in den Krieg ein und erreichte in den Friedensverträgen von Trianon, Neuilly und Saint Germain 1919/20 den Anschluss der Bukowina, die Rückgabe der gesamten Dobrudscha, die Eingliederung Siebenbürgens (Transsylvanien) und des östlichen Banats, Gebiete die Rumänien bereits im Spätjahr 1918 de facto besetzt hatte. Als Ergebnis des Ersten Weltkriegs erfuhr das Land eine enorme territoriale Erweiterung und verdoppelte nahezu seine Bevölkerung. 1923 wurde eine neue Verfassung verabschiedet, die jedoch wegen der Willkürherrschaft des Königs kaum wirksam wurde. So konnte sich Rumänien zwischen den Weltkriegen auch nicht stabilisieren. 1940 erzwang die Sowjetunion aufgrund des Hitler-Stalin-Paktes die Abtretung Bessarabiens und der Nordbukowina. Im August dekretierte Hitler im «Wiener Schiedsspruch» die Rückgabe von Nord-Siebenbürgen an Ungarn, Bulgarien erhielt die Süd-Dobrudscha. In Rumänien wurden deutsche Truppen stationiert. Nach dem Staatsstreich von General Antonescu musste König Carol II. das Land verlassen, sein Sohn Michael I. bestieg den Thron. Antonescu errichtete 1940/41 zusammen mit faschistischen Gruppen, die seit den 1930er Jahren immer mehr Zulauf gefunden hatten, eine Diktatur und beteiligte sich 1941 am Überfall auf die Sowjetunion. Bessarabien und die Bukowina wurden zurückerobert. Ein Teil der Ukraine wurde als «Transnistrien» Rumänien angegliedert. Am 23. August 1944 wurde Antonescu durch König Michael gestürzt. Das Land öffnete sich der Roten Armee, dem früheren Bündnispartner Deutschland erklärte das Land den Krieg.

Nach dem Zweiten Weltkrieg hatte Rumänien zunächst ein Mehrparteiensystem, in dem die traditionellen bürgerlichen Parteien dominierten. Im März 1945 wurde auf sowjetischen Druck eine von der Kommunistischen Partei dominierte Koalitionsregierung eingesetzt. Die Nationale Bauernpartei und die Nationalliberale Partei wurden im Verlauf der nächsten beiden Jahre aufgelöst. 1948 folgte – ähnlich wie in der Sowjetischen Besatzungszone Deutschlands – eine Zwangsvereinigung des linken Flügels der Sozialdemokraten mit der Kommunistischen Partei. Am 30. Dezember 1947 wurde unter Ministerpräsident Groza per Gesetz die Monarchie abgeschafft, die Verfassung von 1923 aufgehoben und die Volksrepublik Rumänien proklamiert. Bis 1989 wurde das Land zentralistisch durch die Kommunistische Partei und deren Führer Gheorgiu-Dej (1947–1964) und Nicolae Ceauşescu (1965–1989) regiert. 1965 erfolgte die Umwandlung der Staatsbezeichnung in «Sozialistische Republik Rumänien»; gleichzeitig trat eine neue Verfassung in Kraft. Sie verkündete den «Sieg des Sozialismus». Rumänien wurde Mitglied der internationalen Organisationen des Ostblocks, nämlich Kominform (1947), Rat für Gegenseitige Wirtschaftshilfe (1949) und Warschauer Pakt (1955). Unter Ceauşescu konnte Rumänien innerhalb des sozialistischen Lagers eine gewisse Eigenständigkeit erreichen. Es beteiligte sich 1968 nicht an der Intervention der übrigen Warschauer-Pakt-Staaten in der Tschechoslowakei. Bereits 1958 hatten die letzten sowjetischen Truppen das Land verlassen. Dies erfolgte allerdings auf Kosten einer drakonischen Innenpolitik. Sie trug u. a. dazu bei, dass als einzigem Ostblock-Land der Zusammenbruch des kommunistischen Systems in Rumänien im Dezember 1989 blutig, mit mehr als 1500 Toten, vollzogen wurde. Eine «Front der Nationalen Rettung» unter Führung von Ion Iliescu etablierte sich im Kampf gegen die Ceauşescu-Geheimpolizei Securitate und übernahm nach der Hinrichtung von Ceauşescu im Dezember 1989 die politische Führung bis zu den ersten freien Wahlen 1990, die die Front, nun in eine Partei umgewandelt, gewann. Präsident des Landes wurde Ion Iliescu. Doch schon kurze Zeit später kam es zu Demonstrationen gegen die neue Regierung; diese rief daraufhin Bergarbeiter nach Bukarest, die unter Beteiligung des ehemaligen Sicherheitsdienstes die Demonstrationen gewaltsam auflösten. Rumänien blieb anschließend mehrere Monate international isoliert. Im September 1991 kam es erneut zu Bergarbeiter-Unruhen, in deren Folge Ministerpräsident Petre Roman zurücktreten musste. 1992 wurde Präsident Iliescu, der sich auf seine «Partei der Sozialen Demokratie Rumäniens» (PDSR), die Nachfolgerin der «Front der nationalen Rettung» stützte, wiedergewählt. Im Frühjahr 1992 spaltete sich die Partei jedoch. Der für weiter gehende Reformen eintretende Flügel unter Petre Roman ging als «Demokratische Partei» (PD) in die Opposition, während der andere Teil eine Minderheitsregierung bildete.

4. Politisches System

Mit der 1991 eingeführten Verfassung erklärte sich Rumänien zur Republik. Zum ersten Präsidenten des neuen Rumänien wurde 1990 Ion Iliescu mit 85 % der abgegebenen Stimmen gewählt, der dieses Amt bis 1996 inne hatte von 2000 bis 2004 erneut als Präsident amtierte. Die Rolle des Präsidenten orientiert sich an der französischen Verfassung, so dass er über viele Kompetenzen verfügt. Der Präsident kann das Parlament auflösen. Er ist Oberbefehlshaber der Streitkräfte. Wie auch der französische Präsident kann der rumänische Präsident eine Volksabstimmung anberaumen. Er ernennt die Regierung, die sich allerdings einer Parlamentsmehrheit gegenüber verantworten muss. Der Präsident verfügt über ein aufschiebendes Vetorecht gegenüber Entscheidungen des Abgeordnetenhauses. Das Parlament besteht aus dem Abgeordnetenhaus (Camera Deputaţilor) und dem Senat. Das Abgeordnetenhaus besteht aus 332 Abgeordneten. Im Senat sind 137 Mitglieder vertreten. Die Wahlen finden alle vier Jahre statt. Da unmittelbar nach der Bildung des neuen Rumänien sich zahlreiche Parteien gründeten und in das Parlament gelangten, führte man zu den Wahlen 1992 eine Dreiprozentklausel ein. Das Abgeordnetenhaus ist zusammen mit dem Senat für die Gesetzgebung sowie für die Kontrolle der Regierung zuständig. Das Verfassungsgericht besteht aus neun Richtern, von denen je drei durch den Präsidenten, den Senat und das Abgeordnetenhaus ernannt werden.

Nach der Revolution entwickelte sich in Rumänien ein sehr weit reichendes Parteiensystem. Allein bis März 1990 wurden 54 Neugründungen gezählt. Bei den Parlamentswahlen 1990 erreichte die Front der Nationalen Rettung, einem aus der Revolutionszeit hervorgegangenen Zusammenschluss unter Führung von Iliescu, mit 66,3 % der Stimmen ein überragendes Resultat. Der Ungarische Demokratische Verband, eine Interessenvertretung der ungarischen Minderheit in Rumänien, konnte 7,2 % der Stimmen erzielen, während die National-Liberale Partei auf 6,4 % der Stimmen kam. Innerhalb der Front der nationalen Rettung kam es Anfang der 90er Jahre zu einer Spaltung in die von Premierminister Roman auf die westliche Sozialdemokratie ausgerichtete Partei FNR/Sozialdemokratische Union und Iliescus exkommunistische konservative Partei der Sozialen Demokratie in Rumänien (PDSR). Bei den Parlamentswahlen von 1992 konnte zwar Iliescus PDSR mit 27,7 % stärkste Partei werden; doch faktisch wurde sie gegenüber 1990 halbiert. Der eigentliche Machtwechsel in Rumänien vollzog sich 1996, als zunächst das Oppositionsbündnis die Parlamentswahlen gewann und im zweiten Wahlgang der Kandidat der Demokratischen Konvention Rumäniens, Emil Constantinescu, zum neuen Staatspräsidenten gewählt wurde. Neuer Ministerpräsident an der Spitze einer Koalitionsregierung aus der Demokratischen Konvention Rumäniens (mit 30,2 % der Stimmen stärkste Partei), der Sozialdemokratischen Union (21,5 %) und dem Ungarischen Demokratischen Verbund (UDVR) (6,6 %) wurde Viktor Ciorbea. Die aus der früheren kommunistischen Partei hervorgegangene Partei der Sozialen Demokratie kam nur noch auf 12,9 % der Stimmen. Doch auch Ciorbea gelang es nicht, die politische Neustrukturierung Rumäniens zu beschleunigen, so dass Radu Vasile 1998 sein Nachfolger wurde. Allerdings konnte auch er nur ein Jahr amtieren, um dann von Mugur Isărescu, dem früheren Chef der Notenbank, abgelöst zu werden.

Ende 2000 vollzog sich mit den Parlamentswahlen und den Präsidentenwahlen ein erneuter, tief greifender Wandel. Bei den Wahlen zum Abgeordnetenhaus wurde die Parteienallianz Polul Democrat din România (PDR), in der sich die dominierende postkommunistische Partei der Sozialen Demokratie (PDSR) mit der Sozialdemokratischen Partei (PSDR) und der humanistischen Partei (PUR) zusammengeschlossen hatte, eindeutiger Sieger mit 38 % der Stimmen. Sie gewann 155 von 346 Sitzen. Die rechtsextreme Großrumänien-Partei verfünffachte ihren Anteil auf 24,4 % und wurde mit 84 Sitzen zweitstärkste Fraktion im Abgeordnetenhaus. Der Stimmenanteil der konservativen Parteien halbierte sich nahezu. Die Demokratische Konvention verfehlte den Einzug in das Parlament mit 5 % der Stimmen, da ein Parteienzusammenschluss mindestens 10 % der Stimmen erreichen muss, um in das Parlament zu gelangen. Auch Iliescu wurde im Dezember 2000 erneut zum Staatspräsidenten gewählt. Die Wahlniederlage der konservativ-liberalen Regierungskoalition war durch permanente Streitereien innerhalb der Regierung sowie die schlechte Wirtschaftslage bedingt. Auch konnten sich die Regierungsparteien nicht auf einen Kandidaten für die Nachfolge von Präsident Constantinescu einigen, der auf eine erneute Kandidatur verzichtet hatte. Neuer Ministerpräsident wurde Adrian Năstase, der eine Minderheitsregierung bildete. Gerade vor dem Hintergrund der in Rumänien existierenden Minderheiten wurde ein im Frühjahr 2001 verabschiedetes Gesetz bedeutsam, das den nationalen Minderheiten mehr Rechte für den Gebrauch ihrer Muttersprache gewährt. Danach dürfen Minderheiten im Umgang mit der Verwaltung ihre Muttersprache benutzen, wenn ihr Anteil in einer Ortschaft mindestens 20 % beträgt. Bei den Wahlen zum Parlament 2004 und der Präsidentenwahl vollzog sich ein erneuter Machtwechsel. Zwar blieben die postkommunistischen Sozialdemokraten stärkste Partei, doch bildeten Nationalliberale Partei, Demokratische Partei, die Ungarische Demokratische Union für Rumänien und die Humanistische Union eine Koalition unter Ministerpräsident Căliu Popescu-Tărinceanu. Bei der Präsidentschaftswahl gewann der USA-orientierte bürgerliche Oppositionspolitiker Trlian Băsescu.

5. Politik in und für Europa

Durch Ceauşescus Politik der Ablehnung der sowjetischen Reformpolitik

(Perestrojka), durch die Minimalisierung des Westhandels im Rahmen der Schuldenrückzahlung sowie durch die delikate Menschenrechtssituation war Rumänien am Ende des Ceauşescu-Regimes isoliert. Doch sehr schnell nach der Revolution setzte die demokratische Opposition auf die Einbindung in die euro-atlantischen Strukturen mit dem Ziel der politischen und wirtschaftlichen Transformation. 1993 schloss Rumänien das Europa-Abkommen mit der EG, in dem die Mitgliedschaft in der Europäischen Union angestrebt wurde. Im gleichen Jahr wurde Rumänien Vollmitglied des Europarats. Auf dem Europäischen Rat von Kopenhagen im Juni 1993 wurde die Osterweiterung mit der Festlegung von Kriterien festgezurrt. Inzwischen sprachen sich alle bedeutenden politischen Kräfte Rumäniens für die Mitgliedschaft in der EU aus. So waren bei einer Umfrage 1996 97 % der Befragten für den EU-Beitritt; ein Wert, der allerdings deutlich gefallen ist, insbesondere als 1998 Rumänien nicht zu der ersten Gruppe der Länder zählte, mit denen über den Beitritt verhandelt wurde. Erst nach der Entscheidung des Europäischen Rats von Helsinki im Dezember 1999 wurden auch mit den Ländern der zweiten Gruppe Verhandlungen aufgenommen. Ende 2000 war Rumänien jedoch das Land, das die wenigsten Kapitel in den Verhandlungen mit der EU abgeschlossen hatte, sodass Rumänien nicht zu den ersten Erweiterungskandidaten gehörte. Hinsichtlich der politischen Kriterien wurde jedoch Rumänien attestiert, dass es aufgrund des Wandels seines politischen Systems dieses Kriterienbündel erfüllt. Auf dem Europäischen Rat in Nizza vom Dezember 2000 wurden die institutionellen Reformen der EU beschlossen. Danach sind für Rumänien 14 Stimmen im Ministerrat und 33 Sitze im Europäischen Parlament vorgesehen. Damit wurde erstmals in einem europäischen Vertrag die Westbindung Rumäniens dokumentiert. Auf dem Europäischen Rat in Thessaloniki im Sommer 2003 wurde Rumänien (wie auch Bulgarien) eine Vollmitgliedschaft für 2007 in Aussicht gestellt, wenn die Beitrittsverhandlungen bis Ende 2004 erfolgreich verlaufen. 2004 wurden die Beitrittsverhandlungen abgeschlossen. Im April 2005 wurde der Beitrittsvertrag feierlich unterzeichnet. Rumänien wird zum 1. 1. 2007 der EU als Vollmitglied beitreten können. Die EU hat sich aber Sanktionsmöglichkeiten offen gehalten sollte das Land nicht die in den Fortschrifttsbreichten vom Mai 2006 und vom September 2006 angemahnten Defizite für die «unverzügliche Abhilfemaßnahmen» eingefordert werden, erfüllt sein sollten. Das Land könne mit der umfassenden Unterstützung der EU rechnen. Dringende Veränderungen seien, trotz Fortschritten, im Justizwesen erforderlich. Der Oberste Richterrat habe «die Lösung grundlegender Probleme in Angriff genommen» (IT-Ausrüstung, konsistente Rechtsauslegung), die Defizite aber nicht behoben. Einige Mitglieder des Obersten Richterrates stünden bei Untersuchungen «weiter vor möglichen Interessenkonflikten». Fortschritte wurden durch entsprechende Gesetze im Bereich der Korruptionsbekämpfung erreicht. Erforderlich sei jedoch «ein klares politisches Bekenntnis zur

Nachhaltigkeit und Unumkehrbarkeit der jüngsten positiven Entwicklung». Der Bericht bemängelt, dass beim Schutz und der Integration von Minderheiten «nur begrenzte Fortschritte» vorzuweisen seien. «Hier besteht Handlungsbedarf. Darüber hinaus muss Rumänien die Nachhaltigkeit der Reform der öffentlichen Verwaltung sicherstellen und außenpolitische Positionen der EU, z. B. beim Internationalen Strafgerichtshof, uneingeschränkt zu übernehmen». Verwiesen wird auch auf Rechtsinstrumente, die angewandt werden müssten (Präventiv- und Abhilfemaßnahmen), «die die Kommission anwenden muss, um eventuellen Unzulänglichkeiten zu begegnen, die das reibungslose Funktionieren der EU-Politik beeinträchtigen könnten»!

Im Mai 2004 wurde Rumäniens Beitritt zur NATO wirksam. In der Irakkrise 2003 unterstützte Rumänien die US-amerikanische Position und stellte den Schwarzmeerhafen Constanza sowie seine Luftwaffenbasen zur Verfügung. Das Land gehörte ebenfalls zu den zehn mittel- und osteuropäischen Unterzeichnerstaaten eines Briefes, in dem diese Staaten ihre Unterstützung für Präsident Bush in der Irakkrise zum Ausdruck brachten. Das bedeutet, Rumänien setzt in Sicherheitsfragen mehr auf die NATO als auf die EU.

EU-Kommission: Mitteilung der Kommission. Monitoring-Bericht über den Stand der Beitrittsvorbereitungen Bulgariens und Rumäniens. KOM (2006) 214 (16. 5. 2006) und KOM (2006) 549 (26. 9. 2006); *Gabanyi*, Anneli U.: Systemwechsel in Rumänien. Von der Revolution zur Transformation. München 1998; *Gabanyi*, Anneli U.: Das politische System Rumäniens, in: *Ismayr*, Politische Systeme Osteuropas, S. 553–592; *Hartwig*, Ines: Die Europapolitik Rumäniens. Entwicklung institutionalisierter Kooperation. Baden-Baden 2001; *Pop*, Ioan-Aurel: Die Rumänen und Rumänien. Deutsch von Rudolf *Gräf*. Cluj-Napoca 2005; *Roth*, Harald: Kleine Geschichte Siebenbürgerns. Köln 1996; *Treptow*, Kurt W./ *Ionescu*, Mihail E. (Hg.): Romania and the Euro-Atlantic Integration. Iaşi/Oxford/Portland 1999; *Tismăneanu*, Vladimir: Communism and Post-Communism in Romania: Challenges to Democratic Transition. Washington 1998; *van Meurs*, Wim: Rumänien, in: *Weidenfeld*, Europa-Handbuch II, S. 300–309; *Verseck*, Keno: Rumänien. München ^{2}2001; *Völkl*, Ekkehard: Rumänien: Vom 19. Jahrhundert bis in die Gegenwart. Regensburg 1995; *Weidenfeld*, Werner (Hg.): Demokratie und Marktwirtschaft in Osteuropa. Strategien für Europa. Bonn ^{2}1996.

www.cdep.ro (Abgeordnetenkammer); www.senat.ro (Senat); www.insse.ro (Nationales Institut für Statistik); www.presidency.ro (Staatspräsident); http://ec.europa.eu/enlargement/romania/ index.htm (Berichte Beitritt Rumäniens); www.guv.ro (Regierungsportal)

Serbien und Montenegro (ehemalige Teilrepubliken Jugoslawiens) bis 21.5.2006

1. Grunddaten (soweit auch für Montenegro verfügbar)

Staatsname: Srbija i Crna Gora (SCG)
Größe: 102 173 km² / Montenegro 13 812 km²
Hauptstadt (Serbien): Belgrad (Montenegro): Podgorica
Einwohner: 8 104 000 (2003)/ Montenegro: 620 000; 62,3 % Serben (32 % Montenegro), 16,6 % Albaner (8 %), 5 % Montenegriner (43 %), 3,3 % Ungarn, 3,3 % Jugoslawen (Eigenbezeichnung), 3,1 % Sonstige (5 % Bosnier)
Bevölkerungsdichte: 103 Einw./km²
Konfessionen: 65 % Serbisch-Orthodoxe, 19 % Muslime, 16 % Sonstige
Amtssprache: Serbisch; weitere Sprachen: Albanisch, Montenegrinisch, Ungarisch
Währung: Neuer Dinar (1 N Din = 100 Para); 1 € = 100 c (Montenegro) 1 US-$ = 69,3476 N Din

2. Sozioökonomische Grundlagen

Bereits unter Tito wurde in Jugoslawien 1965 die sozialistische Marktwirtschaft eingeführt, die eine Arbeiterselbstverwaltung hervorbrachte und eine weitgehende Dezentralisierung der Entscheidungsprozesse bewirken sollte. Allerdings hat die Kommunistische Partei diesen Dezentralisierungsbemühungen immer wieder entgegengewirkt. Serbien ist reich an Bodenschätzen. Neben Braunkohle verfügt das Land vor allem über Erze sowie Erdöl- und Erdgasvorkommen im Norden des Landes. Automobilherstellung, Elektroindustrie sowie Handwerk und Kunsthandwerk erreichen eine gewisse Bedeutung. Bis zum Ende der sozialistischen Bundesrepublik betrug der Anteil Serbiens und Montenegros etwa 45 % am gesamten Sozialprodukt. Die Balkankriege der 1990er Jahre sowie die UN-Sanktionen haben sehr stark zum ökonomischen Niedergang beigetragen.
Bruttoinlandsprodukt (BIP): 20,729 Mrd. US-$ (2003)
BIP/Kopf: 772 €, 930 US-$ (2001) / 2638 € (2005 Montenegro)
Erwerbstätigkeit (2002): Landwirtschaft 4 %, Industrie 35,5 %, Dienstleistungen 60,6 %
Arbeitslosigkeit 36 % (2004) (Montenegro 2005: 19 %)
Inflation: 12,5 % (2004)
Außenhandel: Import 11,752 Mrd. US-$; Haupthandelspartner: Deutschland 13,1 %, Italien 10 %, China 5 %, USA 4 %, Frankreich 3 %, Slowenien 3 %, Ungarn 3 %, Mazedonien 7 %, Russland 4 %, Kroatien 4 %, Slowenien 4 % – Export 3,979 Mrd US-$; Haupthandelspartner: Bosnien-Herzegowina 18 %, Deutschland 10 %, Italien 13 %, Frankreich 4 %

3. Geschichte

Jugoslawien (Südslawien) war über Jahrhunderte hinweg ein Grenzland. Schon in der Spätantike verlief an der Drina die wichtige Grenze zwischen dem west- und oströmischen Reich, zwischen dem römisch-katholischen und dem orthodoxen Christentum. Im siebten Jahrhundert besiedelten Slawen die an die nordwestliche Adria angrenzenden römischen Gebiete, der südslawische Stamm der Serben bildete sich heraus. 1282 fiel das Kernland Sloweniens, die Krain, an die Habsburger und blieb zu erheblichen Teilen bis 1918 unter ihrer Herrschaft. Die Gebiete der späteren Bundesrepublik Jugoslawien gehörten bis zur Bildung des Königreichs der Serben, Kroaten und Slowenen 1918 zu Österreich-Ungarn, zum Osmanischen Reich und zum 1878 gegründeten unabhängigen Königreich Serbien. Von historischer Bedeutung bis in die Gegenwart war vor allem die Schlacht auf dem Kosovo Plje (Amselfeld, heute im Kosovo gelegen) 1389, in der die Serben den Türken unterlagen, womit die jahrhundertlange osmanische Fremdherrschaft begann.

Im Zuge der Balkankriege fielen das Kosovo und Teile Mazedoniens an Serbien, das nunmehr ein großserbisches Reich anstrebte. Der Serbe Gavrilo Princip, der im Juni 1914 das österreichische Thronfolgerpaar in Sarajewo ermordete, handelte im Auftrag großserbisch-südslawischer Nationalisten. Im 1918 proklamierten Königreich der Serben, Kroaten und Slowenen hatten die Serben in der mit knapper Mehrheit 1921 verabschiedeten Verfassung zwar ihren Führungsanspruch vor allem gegenüber dem kroatischen Jugoslawismus durchgesetzt, doch kennzeichnete eine große politische Instabilität den neuen Staat. 1928 kam es zur offenen Staatskrise, die König Alexander durch die Auflösung des Parlaments, Suspendierung der Verfassung und den Übergang zu einer «Königsdiktatur» zu lösen suchte. 1929 wurde der Staat in Königreich Jugoslawien umbenannt. Zu Beginn des Zweiten Weltkriegs neutral, musste Jugoslawien seinem wirtschaftlichen und politischen Gewicht Tribut zollen. Im Rahmen der Operation gegen Griechenland wurde Jugoslawien 1941 zerschlagen und sein Territorium unter Italien, Deutschland, Ungarn und Bulgarien aufgeteilt. Gleichzeitig wurde ein unabhängiger Staat Kroatien geschaffen. Doch in Jugoslawien wuchs der Widerstand, der zum Antifaschistischen Rat der Nationalen Befreiung Jugoslawiens sowie zu einer jugoslawischen Exilregierung in London führte. Zwar gehörte Tito dieser Regierung nicht an, doch kündigte sich bereits in den ersten Jahren des Krieges seine bedeutsame Rolle für Jugoslawien an. Bei den Wahlen zur verfassungsgebenden Versammlung am 11. November 1945 gewann die kommunistische Volksfront 88 % der Stimmen. Am 29. November 1945 wurde die Republik ausgerufen. 1946 erhielt das Land eine Verfassung und wurde in die Föderative Volksrepublik Jugoslawien umgewandelt. In den Friedensverträgen von Paris 1947 wurde das Staatsgebiet von 1941 wieder hergestellt. Hinzu kamen noch die ehemals italienischen Gebiete Istriens und Dalmatiens. Auch die Triestfrage wurde in den 1950er Jahren gelöst. Die Stadt

Triest kam zu Italien, der Kreis Triest zu Jugoslawien.
Das Land gehörte zwar dem Ostblock an, vertrat aber zunehmend eine eigene außenpolitische Position sowie ein eigenes Sozialismusmodell. Tito wurde zum unbestrittenen Führer des neuen Staates. Der 1948 wegen sowjetischer Einmischung in die Innenpolitik ausgelöste Konflikt mit der Sowjetunion konnte zwar unter Chruschtschow vorübergehend beigelegt werden, doch führten die sowjetischen Invasionen in Ungarn (1956) und der ČSSR (1968) zu erneuten Spannungen mit Jugoslawien. 1963 gab sich Jugoslawien eine neue Verfassung und den neuen Namen Sozialistische Föderative Republik Jugoslawien (SFRJ). Mit der Verfassung von 1974 wurden Föderalismus und Selbstverwaltung der einzelnen Republiken weiter ausgebaut. Nachdem die weithin anerkannte Integrationsfigur des Vielvölkerstaats, Marschall Tito, 1980 gestorben war, wurde die Ämterrotation an der Spitze des Staates eingeführt. Doch Anfang der 1990er Jahre brach der Vielvölkerstaat auseinander. Die Teilrepubliken Slowenien und Kroatien erklärten sich 1991 unabhängig. Es kam daraufhin zu kriegerischen Auseinandersetzungen mit Slowenien und einem längeren Krieg der Bundesarmee mit Kroatien. Diese blutigen Balkankriege führten letztendlich zur Unabhängigkeit von Slowenien, Kroatien und Bosnien-Herzegowina, so dass Jugoslawien faktisch nur noch aus der Republik Serbien, der Republik Montenegro sowie der autonomen Region Kosovo und Mazedonien bestand. Dies hat sich durch das Referendum vom 21. 5. 2006 geändert. Montenegro scheidet aus dem Bundesstaat aus. Es erklärte am 3. 6. 2006 durch Parlamentsbeschluss seine Selbständigkeit. Die im April 1992 gegründete Bundesrepublik Jugoslawien steht damit vor der endgültigen Auflösung. Sie hatte allerdings von Anbeginn einen schwerwiegenden Geburtsfehler: Nur etwa ein Drittel aller Mitglieder des Parlaments waren an seiner Gründung beteiligt. 1996 wurde Serbiens Ministerpräsident Slobodan Milosevic zugleich Bundespräsident Jugoslawiens. Als er im Zuge seiner nationalistischen Politik 1998 den Druck auf den Kosovo verschärfte («ethnische Säuberungen»), reagierte die NATO 1999 mit massiven militärischen Luftschlägen gegen Serbien. Der Kosovo erhielt eine von der UNO mandatierte Schutztruppe (KFOR), die die Wiederherstellung von Recht und Ordnung und den Wiederaufbau gewährleisten sollte. Als Milosevic bei den Präsidentenwahlen im September 2000 nur durch massive Wahlmanipulation eine Stichwahl gegen seinen Herausforderer Koštunica erzwingen konnte, kam es zu massiven Protesten und zur Erstürmung des serbischen Parlaments. Milosevic zog sich von seinen Ämtern zurück und wurde schließlich unter der neuen Regierung von Ministerpräsident Zoran Djindjic (der 2003 einem Attentat zum Opfer fiel) an das UNO-Kriegsverbrechertribunal in Den Haag überstellt. Anfang 2003 brach schließlich die Bundesrepublik Jugoslawien auseinander und die beiden Teilrepubliken Serbien und Montenegro bildeten einen Staatenverbund als Nachfolgestaat Jugoslawiens. Doch hatte die Legislative der Staatenunion ihre symbolische Bedeutung, da alle Entscheidungen durch die Einzel-

staaten getroffen werden. Seit 2006 hat sich Montenegro in einem Referendum endgültig von Serbien getrennt und durch die Parlamentswahlen am 10.9. 2006 einen Schlußstrich gezogen. Es setzten sich die Parteien durch, die für die Trennung optiert hatten: Bei einer Wahlbeteiligung von 71,4 % erhielten die DPS (Demokratische Sozialistische Partei) und die SDP (Sozialdemokratische Partei) 47,7 % (41 Sitze), die serbische Volkspartei SNS zusammen mit den radikalen Nationalisten SRS 14,4 % (12), Die SNP (Sozialistische Volkspartei), die Volkspartei NS sowie die Serbische Demokratische Partei erhielten 13,8 % (11). Die PZP (Bewegung für den Wandel) erhielt 12,9 % (11), die liberale Partei LPCG sowie die BS Bosnische Partei kamen auf 3,7 % (3). Die albanische Minderheit stellte mit 3,1 % 3 Abgeordnete.

4. Politisches System

Bis zur Wende im Jahr 2000 war die Bundesrepublik Jugoslawien ein autoritärer Staat, der weitgehend durch die politische Herrschaft von Slobodan Milosevic gekennzeichnet war. Die 1992 geschaffene Verfassung wurde 2000 geändert. So bestand das Bundesparlament aus zwei Kammern. Die erste Kammer, der Rat der Bürger, bestand aus 138 direkt gewählten Abgeordneten, wobei aus Serbien 108 und aus Montenegro 30 Abgeordnete kamen. In der Zweiten Kammer, dem Rat der Republik, waren zuletzt 30 Abgeordnete vertreten, die jeweils zur Hälfte aus Serbien und Montenegro kamen und direkt gewählt wurden. In der Bundesrepublik Jugoslawien gab es unter Milosevic zwar drei Wahlen zum Bundesparlament (Mai und Oktober 1992 sowie 1996), doch waren diese weder frei noch fair. «Er und seine Sozialistische Partei Serbiens (SPS) haben, zusammen mit ihren engsten Verbündeten von der extremistischen Serbischen Radikalen Partei (SRS) und den Neo-Kommunisten in der Jugoslawischen Vereinigten Linken (JUL) unter seiner Frau Mirjana Markovic, bei jeder dieser Wahlen gröbste Manipulationen unternommen» (Reljic). So wurde die Entwicklung Jugoslawiens zu einem vergleichbaren politischen System wie dem anderer postkommunistischer Staaten nicht zuletzt durch Milosevics Herrschaft behindert. Im Oktober 2000 erhob sich das jugoslawische Volk gegen die Machthaber und stürzte Präsident Milosevic. Die Auslieferung Milosevics an den Internationalen Strafgerichtshof in Den Haag, vor dem sich Milosevic seit Oktober 2000 für Kriegsverbrechen im ehemaligen Jugoslawien verantworten muss, führte zu innenpolitischen Auseinandersetzungen. Nicht zu übersehen war auch ein Machtkampf zwischen den nationalkonservativen und den westlich orientierten Reformkräften innerhalb des Regierungsbündnisses, repräsentiert durch den Präsidenten der Föderation, Vojislav Kostunica, und den Ministerpräsidenten der Teilrepublik Serbien, Zoran Djindjic. Letztendlich führte diese innenpolitische Dauerkrise schließlich auch zum Zusammenbruch der Bundesrepublik Jugoslawien.

Serbien und Montenegro

Gemäß der neuen Verfassung definierte sich Serbien und Montenegro als ein

Bündnis zweier gleichberechtigter Teilstaaten. Ziel dieses Staatenbündnisses war u.a. die Anerkennung der Menschenrechte, Einführung der freien Marktwirtschaft und Integration des Staatenbundes in die europäischen Integrationsverbünde. Wichtigstes politisches Organ war das Parlament, das aus 126 Abgeordneten bestand. Für eine Übergangszeit von zwei Jahren wurde bestimmt, dass 91 Abgeordnete aus Serbien und 35 aus Montenegro die Aufgaben wahrnahmen. Im Jahr 2005 sollten die Abgeordneten direkt vom Volk für vier Jahre gewählt werden, doch wurde mit einer Verfassungsänderung die Legislaturperiode verlängert. Die Hauptaufgaben des Parlaments waren u.a. die Wahl des Präsidenten und des Ministerrats, die Ausrufung des Ausnahme- und Kriegszustandes in Abstimmung mit den nationalen Parlamenten Serbiens und Montenegros, die Ratifizierung internationaler Verträge, die Garantie des freien Kapital-, Personen- und Warenverkehrs zwischen Serbien und Montenegro sowie die Regelung der Visa- und Asylpolitik. Der Präsident des Staatenverbunds wurde vom Parlament für vier Jahre gewählt. Wiederwahl war nicht möglich, da der Präsident abwechselnd aus einem der beiden Mitgliedstaaten kommen musste. Der Präsident hatte den Vorsitz im Ministerrat und war Mitglied des Verteidigungsrates. Ansonsten hatte der Präsident lediglich repräsentative Aufgaben. Der Ministerrat hatte die Exekutivfunktion im Staatenbund. Er koordinierte die Arbeit der Ministerien und besaß das Gesetzesinitiativrecht. Der Ministerrat wurde für vier Jahre bestimmt und war dem Parlament gegenüber verantwortlich. An der Spitze der Judikative stand der gemeinsame Gerichtshof. Seine Hauptaufgaben bestanden in der Entscheidung über Streitigkeiten zwischen den Republiken und ihrer Organe, Überwachung der Verfassungs- und Rechtmäßigkeit der Gesetze und Rechtsakte.

5. Politik in und für Europa

Nach der Gründung der Volksrepublik Jugoslawien verstand sich diese zunächst als zum Ostblock gehörig. Doch im Frühjahr 1948 kam es wegen sowjetischer Einmischungen in die Innenpolitik zum jugoslawisch-sowjetischen Konflikt. Die Sowjetunion wollte Jugoslawien nach dem Vorbild der anderen Ostblockstaaten zu einem Sozialismus führen, der die Vorherrschaft der Kommunistischen Partei der Sowjetunion akzeptierte. Doch Staatspräsident Tito setzte der UdSSR sein eigenes Sozialismusmodell entgegen, das sich durch eine Blockfreiheit auszeichnete. Mit Hilfe einer engeren Kooperation mit den Balkanstaaten, mit den Staaten der Blockfreienbewegung sowie US-amerikanischer wirtschaftlicher Unterstützung gelang es Jugoslawien, die Neutralitätspolitik in der ersten Hälfte der 50er Jahre erfolgreich zu gestalten. 1955 kam es zur Aussöhnung mit der KPdSU unter Chruschtschow. Doch bereits schon ein Jahr später bei der Invasion der Sowjetunion in Ungarn zur Niederschlagung des Aufstands und der sowjetischen Intervention in der ČSSR 1968 kam es zu erneuten sowjetisch-jugoslawischen Spannungen. Tito orientierte sich jetzt immer mehr an der

Blockfreienbewegung. Er wurde zu einem führenden Akteur dieses internationalen Zusammenschlusses. Nach Titos Tod 1980 konzentrierte sich die Politik Jugoslawiens weitgehend auf den Zusammenhalt des Vielvölkerstaats, wenngleich die unter Tito eingeleitete wirtschaftliche Öffnung nach Westeuropa konsequent fortgesetzt wurde. Jugoslawien entsandte Millionen Gastarbeiter in die EG-Staaten, vor allem nach Deutschland, und war eine preiswerte Urlaubsalternative, vor allem die adriatischen Badeorte, zu den französischen und spanischen Angeboten.

Seit 1990 beschleunigte sich die Auflösung der Vielvölkerföderation Jugoslawien dramatisch. Ethnische Konflikte und Autonomiebestrebungen in den sechs Teilrepubliken bestimmten die politische Entwicklung und führten zu einem enormen wirtschaftlichen Niedergang. Im Mai 1990 schlug die EG-Kommission einen Ausbau der Beziehungen zu Jugoslawien vor mit dem Ziel, das seit 1980 bestehende Kooperationsabkommen schrittweise in ein Assoziationsabkommen zu überführen. 1991 zerbrach Jugoslawien und die Kriege zwischen Serbien und Kroatien, Serbien und Bosnien-Herzegowina und Kroatien und Bosnien-Herzegowina führten zum weiteren wirtschaftlichen Niedergang. Jugoslawien wurde unter seinem Führer Milosevic zum Störenfried in Europa erklärt, was eine Reduzierung der Beziehungen der übrigen europäischen Länder zu Jugoslawien nach sich zog. Jugoslawiens Mitgliedschaft in der OSZE wurde suspendiert. Die EU beschloss wirtschaftliche Sanktionen gegen Jugoslawien, die 1998 in Kraft traten. Es durften keine militärischen Güter mehr nach Jugoslawien exportiert werden. Gesperrt wurden auch alle Finanzmittel für den Handel und Investitionen in Jugoslawien. Nachdem unter Milosevic der Druck auf den Kosovo Ende der 90er Jahre immer stärker wurde, kam es im Frühjahr 1999 zur Intervention der NATO im Kosovo und in Serbien. Das Kosovo wurde praktisch ein unter der Aufsicht der NATO stehendes, wenngleich mit UNO-Mandat versehenes, Protektorat. Im Oktober 2000 kam es zum Machtwechsel in Jugoslawien. Als Folge des Machtwechsels tagte im Sommer 2001 eine Geberkonferenz von 42 Staaten und 25 internationalen Organisationen unter Federführung der Weltbank und der EU-Kommission. Für den Wiederaufbau der Wirtschaft und der Verwaltung wurde Jugoslawien finanzielle Unterstützung in Höhe von 1,28 Mrd. $ zugesagt. Nach dem Machtwechsel in Jugoslawien verbesserten sich auch wiederum die Beziehungen zwischen der EU und der OSZE einerseits und Jugoslawien andererseits. Im März 2003 wurde Serbien-Montenegro das 45. Mitglied des Europarats. Im April 2005 bescheinigte die EU Serbien und Montenegro so viele politische und ökonomische Fortschritte, dass die Aufnahme von Verhandlungen über ein Stabilitäts-, Sitzungs- und Assoziationsabkommen erwogen wurde. Wegen der bislang nicht erfolgten Auslieferung von Kriegsverbrechern an das Haager Tribunal hat die EU den Beginn der Verhandlungen ausgesetzt. Mit der erfolgten Trennung Montenegros von Serbien wird die EU-Kommission vom Ministerrat den Auftrag erhalten einen Bericht zu Montenegro zu erstellen und die Wege für Verhandlungen zu einem Assoziierungabkommen aufzunehmen. Ziel Montenegros ist die Mitgliedschaft in der EU und in der NATO.

Bremer, Thomas/*Popov*, Neboša/*Stobbe*, Heinz-Günther (Hg.): Serbiens Weg in den Krieg. Kollektive Erinnerung, nationale Formierung und ideologische Aufrüstung. Berlin 1998; *Brusis*, Martin: Serbien und Montenegro, in: *Weidenfeld*, Europa-Handbuch II, S. 329–340; *Reljic*, Dušan: Das politische System Serbien-Montenegros, in: *Ismayr*, Politische Systeme Osteuropas, S. 727–738; *Hatschikjan*, Margarditsch/*Troebst*, Stefan (Hg.): Südosteuropa: Gesellschaft, Politik, Wirtschaft, Kultur. Ein Handbuch. München 1999; *Woodward*, Susan L.: Balkan Tragedy: Chaos and Dissolution After the Cold War. Washington, D. C. 1995.

www.gov.yu; www.mfa.gov.yu; www.srbija.sr.yu; www.vlada.cg.yu

Slowenien

1. Grunddaten

Staatsname: Republika Slovenija (Republik Slowenien)
Größe: 20 253 km²
Hauptstadt: Ljubljana (Laibach)
Einwohner: 2 006 106 (14. 8. 2006); davon 83,6 % Slowenen, 2 % Serben, 1,8 % Kroaten, 1,1 % Bosniaken sowie Minderheiten von Ungarn, Mazedoniern, Montenegrinern, Albanern, Italienern und Deutschen
Bevölkerungsdichte: 98,3 Einw./km²
Konfessionen: 57,8 % Katholiken, 4,2 % Serbisch-Orthodoxe, 2,7 % Muslime, 7,1 % religionslos
Amtssprache: Slowenisch; weitere Sprachen: Kroatisch, Serbisch, Bosnisch, Deutsch, Italienisch
Währung: 1 Tolar (SLT) = 100 Stotin; 1 € = 239,67 SLT, 1 US-$ = 192,96 SIT (2005) Beitritt zur Eurozone zum 1. 1. 2007

2. Sozioökonomische Grundlagen

In Slowenien leben etwas mehr als 2 Mio. Menschen. Die Einwohnerdichte entspricht mit 99 je km² der Frankreichs. Aufgrund von Bevölkerungszahl, geographischer Lage und Wirtschaftssystem gehört Slowenien zu den kleinen offenen Marktwirtschaften in Europa. Es liegt geographisch günstig als Nachbar- und Durchgangsland zu Österreich und Italien. Traditionell hat es Zugang zu westlichen Märkten. Slowenien besitzt darüber hinaus eine relativ gut ausgebaute Infrastruktur. Das BIP pro Kopf im Jahre 2005 entspricht dem Portugals und liegt über dem Griechenlands. Ausgangspunkt für den wirtschaftlichen Aufschwung Sloweniens war das Ende 1992 eingeführte Privatisierungsgesetz, das mit Ausnahme des Banken- und Versicherungswesens sowie des öffentlichen Dienstes alle Wirtschaftszweige zur Privatisierung vorsah. Inzwischen werden fast zwei Drittel des Bruttoinlandproduktes durch den Privatsektor erwirtschaftet, der etwa 60 % der Arbeitnehmer beschäftigt. Slowenien verfügt kaum über Bodenschätze. Es entwickelte aber die modernste Verarbeitungsindustrie im ehemaligen Jugoslawien. Nachdem durch die staatliche Unabhängigkeit der jugoslawische Markt weggebrochen war, begann eine verstärkte Ausrichtung auf den westeuropäischen Markt. So ist der Modernisierungsprozess in der Textil- und Bekleidungsindustrie gut vorangekommen, und auch in der chemischen und pharmazeutischen Industrie wurde das Land konkurrenzfähig. Voraussetzung für den erfolgreichen wirtschaftlichen Umbau Sloweniens waren konsequent durchgeführte Wirftschaftsreformen. Die wirtschaftliche Leistungsfähigkeit, auch nach dem EU-Beitritt, stellte die Weichen für die Aufnahme des Landes in die Eurozone, da Slowenien alle Kriterien erfüllt.

Bruttoinlandsprodukt (BIP): 6651,5 Mrd. SIT. 27,51 Mrd. €, 32,182 Mrd. US-$ (2005)

BIP/Kopf: 13 755 € (2005), 17 128 US-$ (2005)

Erwerbstätigkeit: Landwirtschaft 3 %, Industrie 36 %, Dienstleistungen 61 %

Arbeitslosigkeit: 6,5 % (2004)

Inflation: 1,9 % (Juli 2006)

Wirtschaftswachstum (BIP): 3,9 %

Außenhandel (2005): Import: 15,804786 Mrd. € 19, 041 911 Mrd. US-$; Haupthandelspartner: EU25 82,2 %, Deutschland 20,1 %, Italien 19 %, Frankreich 9 %, Österreich 12 %, Kroatien 4 %, – Export: 14,397054 Mrd. € 12,686 Mrd. US-$; Haupthandelspartner: EU25 66,9 %, Deutschland 19,7 %, Italien 12,5 %, Kroatien 9 %, Österreich 7,9 %, Frankreich 8,1 %, Serbien und Montenegro 3 6 %

3. Geschichte

Das Gebiet des heutigen Slowenien wurde, wie archäologische Funde zeigen, früh besiedelt (Hallstattkultur) und seit dem 4. Jahrhundert v. Chr. von den Kelten bevölkert. Um die Zeitenwende wurde es Teil der römischen Provinz Noricum und gehörte über 400 Jahre zum Imperium Romanum. In den Stürmen der Völkerwanderungszeit blieben Germanenstämme (Ostgoten, Langobarden) in dem Durchgangsland zwischen Adria und Donau. Seit dem 6. Jahrhundert n. Chr. begann auch die slawische Besiedlung. Um 620 wurde das südslawische Fürstentum Karantien gegründet und schon bald durch Karl den Großen unterworfen und germanisiert. Im Zuge der deutschen Ostkolonisation wurden seit 955 die sog. Alpenslawen in Tschechen, Slowaken und Slowenen getrennt. Das 976 gegründete Herzogtum Karantanien wurde zu Beginn des zweiten Jahrtausends in die Provinzen Kärnten, Steiermark und Krain aufgelöst. Als die Dynastien der Markgrafen von Spanheim bzw. Babenberg Mitte des 13. Jahrhundert ausstarben, übernahm der böhmische König Ottokar II.

während des Großen Interregnum deren Besitztümer. Nach dem Tod Ottokars II. in der Schlacht auf dem Marchfeld 1278 brachten die Habsburger nach und nach die Steiermark (1278), Sanneck (1308), Kärnten, die Krain (1335), das March, die Weißkrain, Istrien (1374) sowie Triest samt Karstgebiet (1382) unter ihre Herrschaft, die mit kurzen Unterbrechungen (z. B. in der Napoleonischen Zeit als das Siedlungsgebiet der Slowenen 1797, 1805 und 1809 französisch besetzt war und 1809–1813 zu den Illyrischen Provinzen gehörte) bis zum Ersten Weltkrieg dauerte.

Im Zuge der europäischen Revolutionen von 1848/49 entstand das erste umfassende nationalpolitische Programm der Slowenen, in der erstmals eine Verwaltungseinheit für die slowenisch besiedelten Gebiete der Habsburger Monarchie sowie politische und kulturelle Gleichberechtigung der Slowenen (Slowenisch als Amtssprache, slowenische Schulen, slowenische Universität usw.) gefordert wurden. Nach dem Zerfall der Habsburger Monarchie erklärte der slowenische Nationalrat das Ausscheiden aus dem bisherigen Staatsverband. Im Oktober 1918 beschloss der slowenische Nationalrat, sich mit den Nachbarvölkern zum unabhängigen Staat der Slowenen, Kroaten und Serben mit der Hauptstadt Zagreb zu vereinen. Dieser neue Staat bestand nur einen Monat. Unter dem Druck der Nachkriegswirren – Aufruhr in Kroatien und Besetzung Dalmatiens durch Italien – entschloss sich die Übergangsregierung der habsburgischen Südslawen zu einer raschen Vereinigung mit Serbien, da man sich durch den starken Partner eine bessere Sicherung der nationalen Existenz erhoffte. Der neue Staat hieß «Königreich der Serben, Kroaten und Slowenen» mit der Hauptstadt Belgrad. Aber auch Serbien konnte nicht verhindern, dass sich 1920 mehr als ein Viertel des slowenischen Volkes bei einer Volksabstimmung in Südkärnten für den Anschluss an die Republik Österreich entschied. Damit war die Karawankengrenze mit Österreich festgelegt. Im November 1920 musste das Land im Vertrag von Rapallo zudem seine westlichen Gebiete an Italien abtreten. 1929 kam es dann zum Staatsstreich des Königs, zur Aufhebung der Verfassung und zur Neueinteilung des Landes, das sich fortan «Königreich Jugoslawien» nannte.

Nachdem Deutschland und Italien im April 1941 in Slowenien einmarschiert waren, wurde das slowenische Gebiet durch Italien (3. 5. 1941: Karstgebiet, Ljubljana, südliches Unterkrain;), Ungarn (Dezember 1941: Übermurgebiet) und Deutschland (ab Januar 1942: Oberkrain, Südkärnten, Untersteiermark, nördliches Unterkrain) annektiert. Nach dem Ende des Zweiten Weltkriegs wurde im November 1945 das Demokratische Föderative Jugoslawien ausgerufen worden. Slowenien wurde wiederhergestellt und um wesentliche Teile Julisch-Venetiens vergrößert. Die Selbstständigkeit konnte Slowenien nicht erreichen, allerdings eine relativ große kulturelle und verwaltungsmäßige Selbstständigkeit. Es war eine Republik mit eigener Staatsbürgerschaft, eigenen staatlichen Emblemen, eigener Staatssprache und autonomem Kultur- und Bildungswesen.

Die politische und militärische Macht konzentrierte sich jedoch in Belgrad. Seit Mitte der 1960er Jahre profitierte Slowenien von der Öffnung Jugoslawiens für den Tourismus und die Entsendung von Gastarbeitern nach Westeuropa.

Nach dem Tod Titos begann der Zerfallsprozess der jugoslawischen Föderation. Zwischen 1989 und 1991 vollzog sich der Unabhängigkeitsprozess des kleinen Alpenlandes, gekoppelt mit Forderungen nach echter Demokratie, Rechtsstaatlichkeit, politischem Pluralismus und freien Wahlen. Das slowenische Parlament forcierte den Abspaltungsprozess, als es im September 1989 einige Verfassungszusätze verabschiedete, die auf die Souveränität Sloweniens abzielten. Die ersten freien Wahlen im April 1990 brachten die erste nichtkommunistische Regierung an die Macht. Die Unabhängigkeitserklärung wurde am 23. Dezember 1990 von 88 % der slowenischen Wähler in einem Volksentscheid unterstützt. Formal erhielt das Land die Unabhängigkeit am 25. Juni 1991, als die Verfassungsurkunde über die Unabhängigkeit verabschiedet wurde. Serbien unter Milosevic wollte die Unabhängigkeit nicht akzeptieren und entsandte die Bundesarmee. Doch nach einem zehntägigen Krieg war der Machtkampf zwischen Slowenien und Serbien zugunsten Sloweniens entschieden. Die neue Bundesrepublik Jugoslawien anerkannte nun die Unabhängigkeit Sloweniens. Am 23. Dezember 1991 konnte die slowenische Verfassung in Kraft treten in der Menschen- und Minderheitenrechte garantiert wurden. Die nach den Parlaments- und Präsidentenwahlen zustande gekommene Koalition der beiden großen Parteien – der «historische Kompromiss» vom Januar 1993 – wirkte sich positiv auf das Wirtschaftswachstum und die politische und wirtschaftliche Konsolidierung in den 1990er Jahren aus. Verbunden mit dem Transformationsprozess war auch die Annäherung an die politischen, wirtschaftlichen und sicherheitspolitischen Strukturen in Westeuropa.

4. Politisches System

Slowenien hat sich mit seinem politischen System dem Typus des parlamentarischen Regierungssystems angepasst. Menschenrechte, Mehrparteiendemokratie und Marktwirtschaft wurden bereits in der Verfassung von 1989 verankert und in der durch Volksentscheid im Dezember 1991 legitimierten Verfassung wieder aufgenommen. Staatsoberhaupt ist der für die Dauer von fünf Jahren direkt gewählte Staatspräsident. Einmalige Wiederwahl ist möglich. Der Staatspräsident hat im Wesentlichen Repräsentationsaufgaben und ist nur mit beschränkter politischer Macht ausgestattet. Er ist Oberbefehlshaber der Streitkräfte und vertritt die Republik Slowenien nach außen. Er setzt Parlamentswahlen an und bestimmt den Regierungschef.

Nach der Abspaltung von Jugoslawien bestand das Parlament zunächst noch aus drei Kammern. Seit den Wahlen von 1992 besteht es nur noch aus einer Kammer. Gesetzgebende und kontrollierende Instanz ist die Staatsversammlung (*Drýavni zbor*); in Deutschland gelegentlich auch als Nationalversammlung bezeichnet. Die Staatsversammlung besteht aus 90 Abgeordneten, von denen 88 über Parteilisten in acht Elf-Mandats-Wahlkreisen gemäß dem Verhältnis direkt gewählt werden. Zwei weitere Abgeordnete werden als Vertreter der ungarischen bzw. italienischen Minderheit in Einer-Wahlkreisen nach dem Mehrheitswahlsystem bestimmt. Der Staatsrat (*Drýavni svet*) ist ein beratendes Gremium und im strengen Sinn keine zweite Kammer. Er ist ein beratendes Gremium, das Gesetze vorschlagen, Stellungnahmen abgeben und parlamentarische Aussprachen fordern kann. Der Staatsrat ist die Vertretung von Trägern der sozialen, wirtschaftlichen, beruflichen und örtlichen Interessen.

Oberstes Organ der vollziehenden Gewalt ist die Regierung, die aus dem Ministerpräsidenten und bis zu insgesamt 18 Ministern besteht. Der Ministerpräsident wird auf Vorschlag des Staatspräsidenten mit den Stimmen der Mehrheit aller Abgeordneten gewählt. Die Regierung als Exekutivorgan hat in Slowenien «nur die von der Staatsversammlung vorgegebene Politik zu koordinieren und die Gesetze zu vollziehen. Minister, die ihre politische Bewegungsfreiheit ausdehnen wollen, werden zurückgepfiffen oder müssen gehen, wie alle bisherigen Legislaturperioden gezeigt haben» (Rehder 1999, 17).

Judikative Kontrollinstanz ist der Oberste Gerichtshof, dessen Richter auf unbegrenzte Zeit auf Vorschlag eines Richterrates der Staatsversammlung gewählt werden.

In Slowenien hat sich in der ersten Dekade nach der Unabhängigkeit ein Parteiensystem herausgebildet, das in wesentlichen Teilen anderen Parteiensystemen in Westeuropa entspricht, das aber noch keine Stabilität erlangt hat. Zunächst regierte wie auch in anderen Transitionsländern die DEMOS-Koalition (DEMOS = Demokratische Opposition Sloweniens), eine Sammlungsbewegung der reformorientierten Kräfte zur Ablösung des alten Regimes aus Christdemokraten, Sozialdemokraten, Bauernbund (jetzt Volkspartei), Grünen und Liberalen. Die wichtigsten Parteien sind heute die Slowenische Volkspartei (Slovenska ljudska stranka/SLS), eine Partei, die konservativ-christlich, unternehmerfreundlich ausgerichtet ist und für die Einschränkung des Staatseigentums ebenso wie für eine Dezentralisierung in Wirtschaft und Recht eintritt. Die slowenischen Christdemokraten (Slovensk kr šýanski demokrati/SKD) sehen sich als christlich-konservative Volkspartei, die traditionelle Werte wie Familie, Heimat und Kulturerbe vertritt. Die Vereinigte Liste der Sozialdemokraten (Združena lista socijalnih demokratov/ZLSD) besteht aus den Reformkommunisten. Sie tritt für einen ausgeprägten Sozialstaat, völlige Gleichberechtigung der Frauen und gegen die Ideologisierung der Kultur ein. Die liberale Demokratie Sloweniens (Liberalna demokracija Slovenije/LDS) sieht sich links von der Mitte. Sie tritt für einen starken Staat ein. Sie setzt sich für einen schnellen, aber sozialen marktwirtschaftlichen Umbau und weitreichende Privatisierung ein. Die Sozialdemokratische Partei Sloweniens (Socialdemokratska stranka Slovenije/SDS) ist national patriotisch orientiert und setzt sich für eine starke Marktwirtschaft ein. Die slowenische

Nationalpartei (Slovenska narodna stranka/SNS) ist die kleinste Partei. Sie ist rechtspopulistisch, national, befürwortet militärische Stärke und ist gegen Ausländerzuzug und -rechte.
Bis zu den Wahlen im Oktober 2004 gewannen immer die Liberaldemokraten und bildeten mit wechselnden Partnern die Regierung. Bei den Wahlen 2004 kam es zum Machtwechsel, als durch den Sieg der Demokratischen Partei eine Mitte-Rechts-Koalition gebildte wurde. Sie besteht aus der Slowenisch-Demokratischen Partei, der Christdemokratischen Partei Neues Slowenien, der Slowenischen Volkspartei und der DeSUS. Die kleine linksgerichtete Demokratische Partei der Rentner Sloweniens (DeSUS) ist ein spezifisches slowenisches Parteienphänomen.

5. Politik in und für Europa

Außenpolitische Kernziele des neuen Staates waren die politische, wirtschaftliche und sicherheitspolitische Einbindung in europäische und transatlantische Strukturen. 1993 konnte Slowenien aufgrund seiner Entwicklung in den Europarat aufgenommen werden und wurde 1994 Mitglied in der «Partnerschaft für Frieden (Partnership for Peace)». Bereits im Zuge seiner Unabhängigkeit hatte Slowenien eine besondere Affinität zur EG. Innerhalb der EG war die diplomatische Anerkennung Sloweniens – wie auch diejenige Kroatiens – zwischen den EG-Mitgliedsländern äußerst umstritten. So setzte sich Deutschland nachdrücklich für das Recht auf Selbstbestimmung und damit die Unabhängigkeit des neuen Staates Slowenien ein, während Frankreich die alten staatlichen Strukturen in Europa aufrechterhalten wollte. Ende 1991 kam es zur diplomatischen Annerkennung Sloweniens durch Deutschland und Anfang 1992 durch die Europäischen Gemeinschaften. Für den neuen Staat wurde die Mitgliedschaft in der EU das wichtigste außenpolitische Ziel, denn die Mitgliedschaft in der EU bedeutete für Slowenien die Sicherung eines stabilen politischen und wirtschaftlichen Umfelds. So wurde am 13. Juli 1992 der Beitrittsantrag gestellt und im September 1993 trat ein Kooperationsabkommen mit der EU in Kraft. Im Juni 1996 wurde das Assoziierungsabkommen unterzeichnet und im März 1998 eine Beitrittspartnerschaft geschlossen. Slowenien profitierte dabei von den Vorbereitungshilfen der EU in Form des PHARE-Programms, des ISPA- und des SAPARD-Programms. Zwischen 1992 und 2002 erhielt Slowenien Hilfen zur Vorbereitung des Beitritts im Rahmen des PHARE-Programms von 402 Mio. €. Beim ISPA-Programm erhielt das Land zwischen 2000 und 2002 Unterstützungsbeihilfen für den Infrastukturbereich in Höhe von 52 Mio. €. Für die Entwicklung der Landwirtschaft unterstützt die EU das Land seit 2000 mit jährlich ca. 6,6 Mio. €.
Als die EU 1998 in Luxemburg beschloss, mit sechs Staaten Beitrittsverhandlungen aufzunehmen, gehörte Slowenien zu dieser Gruppe. Inzwischen hat das Land weitere politische und ökonomische Fortschritte gemacht. Die EU-Kommission bescheinigte Slowenien mehrfach bei der Erweiterung zu den ersten Staaten zu gehören. Slowe-

nien avancierte zum «Musterschüler» der Bewerberstaaten, nicht nur weil es mit 73 % BIP des EU- Durchschnitts von allen Bewerberstaaten den höchsten Wert aufwies, sondern weil es bis September 2002 bereits 28 der 31 Kapitel in den Verhandlungen mit der EU abgeschlossen hatte. Darüber hinaus nahm Slowenien 2003 eine Verfassungsänderung vor, die die Voraussetzung für die Übertragung von nationalen Befugnissen auf internationale Organisationen beinhaltete. Eine Mitgliedschaft in der EU bedeutet für Slowenien nicht nur, vom gemeinsamen Markt zu profitieren, sondern sie bedeutet auch die Übertragung von Souveränität an EU-Institutionen. Im März 2003 stimmten in zwei parallelen Referenden knapp 90 % der Wähler für den Beitritt Sloweniens zur Europäischen Union und rund 66 % für den Beitritt zur NATO. Zum 1. Mai 2004 wurde Slowenien Mitglied der EU und ist seit dieser Zeit mit Sitz und Stimme in den Organen der EU vertreten. Am 1. Februar 2005 billigte das slowenische Parlament mit 79 gegen 4 Stimmen bei 7 Enthaltungen als einer der ersten Staaten den EU-Verfassungsvertrag und beantragte Anfang März 2006 als erstes der 2004 beitretenen Länder die Aufnahme in die Eurozone. Als einziges der neuen Länder erfüllt es die Beitrittskriterien und wird zum 1. Januar 2007 Mitglied der Eurozone. Der Tollar wird durch den Euro abgelöst.

Hatschikjan, Margarditsch/*Troebst*, Stefan (Hg.): Südosteuropa. Ein Handbuch. München 1999; *Lukšič*, Igor: Das politische System Sloweniens, in: *Ismayr*, Politische Systeme Osteuropas, S. 637–675; *Prunk*, Janko: Slowenien – ein Abriß seiner Geschichte. Zalozba Grad/ Ljubljana 1996; *Rehder*, Petra: Slowenien. München 1999; *Stanovnik*, Peter: Slowenien, in: *Weidenfeld*: Europa-Handbuch II, S. 349–359; *Walter*, Michael: Musterländle in den Alpen? – Slowenien im zehnten Jahr nach der Unabhängigkeitserklärung, in: Aktuelle Ostinformationen 3/4 2000, S. 28–42; *Walter*, Michael: Everybody gets a second chance – Ein Rückblick auf die Wahlen in Slowenien und in Litauen, in: Aktuelle Ostinformationen 1/2 2001, S. 15–24.

www.gov.si;
www.gov.si/up-rs/enindex.htm (Staatspräsident);
www.gov.si/vrs/ang/index-ang.html (Regierung);
www.us-rs.si/ (Verfassungsgericht);
www.gov.si/dz (Staatsversammlung);
www.stat.si (Amt für Statistik); www.dihk.si (Deutsche Industrie- und Handelskammer).

3. Kurzartikel zu europäischen Institutionen und Politikfeldern

Ausschuss der Regionen (AdR)

Während der Verhandlungen zum Maastrichter Vertrag drängten vor allem die belgische Regierung, die deutschen Bundesländer und die «Versammlung der Gemeinden und Regionen Europas» auf die Errichtung eines Regionalgremiums auf europäischer Ebene. Im Vertrag von Maastricht wurde mit dem Ausschuss der Regionen dieser Forderung Rechnung getragen. Der AdR ist wie auch der Wirtschafts- und Sozialausschuss (WSA) ein Nebenorgan der Europäischen Union und bildet keine Dritte Kammer. Er ist ein beratendes Gremium, das bei insbesondere regionale Interessen berührenden Politikfeldern angehört werden muss. Dazu gehörten ursprünglich folgende Politikbereiche: Bildung, Kultur, Gesundheit, transeuropäische Netze sowie wirtschaftlicher und sozialer Zusammenhalt. Mit dem Vertrag von Amsterdam sind folgende fünf Politikfelder hinzugekommen: Beschäftigungsfragen, Berufsausbildung, Verkehr sowie Sozial- und Umweltpolitik. In allen anderen die Verträge berührenden Politiken *kann* der AdR gehört werden. 1994 hielt der AdR seine konstituierende Sitzung und gab seitdem mehr als 400 Stellungnahmen ab. In der EU 15 setzt sich der AdR aus 222 Mitgliedern zusammen. Gemäß dem Vertrag von Nizza wird der AdR in einer EU 27 aus 344 Vertretern bestehen. Die Mitglieder des AdR, die gemäß dem Vertrag von Nizza ein auf Wahlen beruhendes Mandat einer regionalen oder lokalen Gebietskörperschaft innehaben oder gegenüber einer gewählten Versammlung politisch verantwortlich sein müssen, werden auf Vorschlag des Rats mit qualifizierter Mehrheit für vier Jahre gewählt. Das gilt auch für ihre Stellvertreter.

Die Vertreter der einzelnen Regionen haben ein sehr unterschiedliches Gewicht. So wird z. B. Deutschland im AdR allein durch vier Ministerpräsidenten vertreten; z. T. werden in den AdR auch Staatsskretäre und Minister entsandt. Einige Länder hingegen entsenden nur wenig bekannte Lokalpolitiker. In der zweiten Wahlperiode (1998–2002) gehörten dem AdR 92 Vertreter regionaler und 130 Repräsentanten lokaler Gebietskörperschaften an. Wie auch im → Europäischen Parlament vollzieht sich die politische Willensbildung im AdR entlang der Zugehörigkeit zu politischen Parteien. So hatten in der zweiten Wahlperiode die Sozialdemokraten 93 Mandate, die Europäische Volkspartei 79, die Europäische Liberale und Demokratische Reformpartei 23, die Europäische Allianz 16 Sitze. Dazu kamen 11 fraktionslose Mitglieder. Allerdings gibt es auch die

Parteigrenzen überwindende Konflikte im AdR wie z. B. zwischen einzelnen Nationen, zwischen nord- und südeuropäischen Regionen oder zwischen Kommunen und Regionen.
Aufgrund seiner mangelnden Organqualität wird die Funktion des AdR immer begrenzt bleiben. Er dient als Resonanzboden für die Wünsche und Forderungen der unterschiedlichen Regionen in der EU. Allerdings versuchen diese auch am Ausschuss vorbei in direktem Zugang zu den Organen der EU ihre Interessen dort vorzutragen.

Hrbek, Rudolf: Der Ausschuß der Regionen – Eine Zwischenbilanz zur Entwicklung der jüngsten EU-Institution und ihrer Arbeit, in: *Europäisches Zentrum für Föderalismusforschung* (Hg.): Jahrbuch des Föderalismus 2000. Baden-Baden 2000, S. 461–478.

www.cor.eu.int/

Einheitliche Europäische Akte (EEA)

Um den Stillstand im westeuropäischen Integrationsprozess («Eurosklerose») zu überwinden, kam es seit Anfang der 1980er Jahre zu verschiedenen Initiativen, vor allem im Zusammenspiel zwischen der Bundesrepublik Deutschland, Frankreich und der EG-Kommission, deren Ziel es war, den politischen und wirtschaftlichen Integrationsprozess voranzubringen. Die Einheitliche Europäische Akte (EEA) wurde am 17. 2. 1986 in Luxemburg zunächst nur von Belgien, Luxemburg, den Niederlanden, Frankreich, der Bundesrepublik Deutschland, Großbritannien, Irland, Spanien und Portugal unterzeichnet. Nach dem positiven Referendum in Dänemark folgten am 27. 2. in Den Haag die Unterschriften Dänemarks, Italiens und Griechenlands. Sie trat am 1. Juli 1987 in Kraft.

1. Das → *Europäische Parlament* hatte sich neben der → *Europäischen Kommission* seit Beginn der 1980er Jahre als «Motor» für den Integrationsprozess profiliert. Auf Initiative des italienischen Europaprotagonisten und Parlamentsmitgliedes Altiero Spinelli hatte das erste 1979 direkt gewählte Europaparlament am Ende seiner Legislaturperiode den Entwurf für eine Verfassung der Europäischen Union vorgelegt und damit die anderen Organe der EG unter Zugzwang gebracht. Indem es den seit dem Pariser Gipfel von 1972 immer wieder benutzten Begriff «Europäische Union» – darunter sollten alle Maßnahmen verstanden werden, die über die wirtschaftliche «Vergemeinschaftung» hinaus das Feld der stärkeren politischen Integration betrafen – für ihren Entwurf benutzte, versuchte es erstmals konkrete Zukunftsziele für den Zusammenschluss der europäischen Demokratien zu formulieren. Als «finales Ziel» des europäischen Integrationsprozesses sah das Parlament die Gründung einer bundesstaatlich verfassten Europäischen Union mit einer europäischen Regierung und einem Zweikammersystem (Parlament – Ministerrat) vor. Für diesen europäischen «Qualitätssprung» waren die Mitglied-

staaten noch nicht zu gewinnen. Sie mussten aber reagieren, zumal das Parlament, vom europäischen Souverän durch Wahlen legitimiert, immer wieder mit institutionellen Initiativen hervortrat. Der Ministerrat musste die Legitimation des Parlaments anerkennen und hatte dies ja auch bereits 1981 mit der Initiative der Außenminister Italiens und der Bundesrepublik, Colombo und Genscher, im Prinzip getan. In einer feierlichen Erklärung hatten 1983 die Außenminister als Ziel eine politische Einheit im Rahmen einer Europäischen Union formuliert. Auch für die im Ministerrat vertretenen Mitgliedstaaten war klar, dass, sollten Fortschritte erreicht werden, es zu einer Verknüpfung zwischen der Europäischen Politischen Zusammenarbeit (EPZ) und der EWG kommen musste. Unter ihrem neuen Präsidenten Jacques Delors wurde die Kommission aktiv. Sie legte im Sommer 1985 ein Weißbuch über die Vollendung des Binnenmarktes vor. Ziel war es dabei, neben den vom EWG-Vertrag vorgesehenen «vier Grundfreiheiten» (freier Warenverkehr – freier Personenverkehr – freier Verkehr für Dienstleistungen und freier Kapitalverkehr) auch die «materiellen Schranken» abzuschaffen. Hierunter wurden die Beseitigung der Personen- und Warenkontrollen an den Grenzen verstanden, aber auch «technische» und «steuerliche» Schranken.
Die vom Parlament und von der Kommission ausgehenden Impulse führten zu Verhandlungen unter den Mitgliedstaaten, die bestehenden Hemmnisse für einen Binnenmarkt zu beseitigen und vertraglich zu fixieren. Da es sich um die Regelung von politischen und wirtschaftlichen Fragen der Gemeinschaften handelte, mussten auch die Gemeinschaftsverträge geändert werden. Mit der Unterzeichung der EEA, in der erstmals Fragen der Wirtschaftsunion und der Politischen Zusammenarbeit in einem Vertrag fixiert wurden, erfolgte ein «verfassungsändernder Akt». Die Reform der Institutionen erforderte eine Änderung der Verträge, die von den Parlamenten der Mitgliedstaaten ratifiziert werden mussten. Als die EEA bei den parlamentarischen Beratungen im dänischen Folketing keine Mehrheit erhielt, kam es zu einem Referendum, in dem sich die Dänen mit knapper Mehrheit für die EEA aussprachen.

2. Neben den bestehenden Vertragszielen aus den Römischen Verträgen von 1957 (EWG, EAG) und dem Pariser Vertrag (EGKS) von 1951 traten als weitere Ziele, die auch eine Kompetenzerweiterung vorbereiten sollten:
- gemeinsame Umweltpolitik,
- «wirtschaftlicher und sozialer Zusammenhalt»,
- gemeinsame Forschungs- und Technologiepolitik,
- Harmonisierung der Rechtsvorschriften und, zur Erleichterung dieses Prozesses,
- Mehrheitsabstimmungen im Rat,
- Stärkung der Mitbestimmungsrechte des Europäischen Parlaments,
- Vollendung des Binnenmarktes zum 31.12.1992,
- Verwirklichung der Politischen Union.

3. Die EEA war ein wichtiger Schritt auf dem Weg zu einer stärkeren Inte-

gration. Von ihr gingen zahlreiche richtungweisende Impulse aus, die nicht nur den Weg über Jacques Delors' → «Europa 92» zum Europäischen Binnenmarkt und zum → *Vertrag von Maastricht* beschleunigten, sondern auch bei den europäischen Demokratien, die nicht der EG angehörten, zu einer wachsenden Bereitschaft führten, zu einer Annäherung und engeren Zusammenarbeit zwischen der EG und der EFTA zu gelangen. Am Ende sollte hier 1994 die Gründung des → *Europäischen Wirtschaftsraums* (EWR) stehen. Der entscheidende Beitrag der EEA bestand darin, dass sie die «Eurosklerose» der frühen 1980er Jahre zu überwinden half. Die Verhandlungen zum EEA-Vertrag können als ein gutes Beispiel dafür gelten, dass Initiativen, die von den Mitgliedstaaten den «großen Sprung» vorwärts verlangen, die Regierungen meistens überfordern. Die «mentale Bereitschaft» für einen derartigen Schritt muss erst vorbereitet und durch eine schrittweise Gewöhnung herbeigeführt werden.

Hrbek, Rudolf/*Läufer*, Thomas: Die Einheitliche Europäische Akte. Das Luxemburger Reformpaket: eine neue Etappe im Integrationsprozeß, in: *Europa Archiv* 6/1986, S. 173–184; *Weidenfeld*, Werner/*Wessels*, Wolfgang (Hg.): Wege zur Europäischen Union. Vom Vertrag zur Verfassung? Bonn 1986.

www.ec.europa.eu

Eurokorps

Nachdem bereits 1987 eine deutsch-französische Brigade aufgestellt worden war, kam es im Prozess der Schaffung einer → Gemeinsamen Außen- und Sicherheitspolitik der Europäischen Union zur Ankündigung der Errichtung eines Eurokorps durch den französischen Präsidenten François Mitterrand und den deutschen Bundeskanzler Helmut Kohl: «Die deutsch-französische militärische Zusammenarbeit wird über die bestehende Brigade hinaus verstärkt. Diese verstärkten deutsch-französischen Einheiten könnten somit den Kern für ein europäisches Korps bilden, wobei Streitkräfte anderer Mitgliedstaaten der WEU hinzugezogen werden könnten. Die neue Strategie könnte damit auch Modellcharakter für eine engere militärische Zusammenarbeit zwischen den Mitgliedstaaten der WEU haben» (Bulletin 117/91, 931). Auf dem Europäischen Gipfel von La Rochelle im Mai 1992 wurden die operativen Pläne für den Aufbau eines gemeinsamen Armeekorps, des späteren Eurokorps, die Verdeutlichung seiner Aufgaben, die Präzisierung des Grundsatzes einer europäischen Verteidigung im Rahmen der → WEU und ihrer Zuordnung zum → NATO-Bündnis verabschiedet. In den USA kam die Befürchtung einer Abkoppelung europäischer militärischer Strukturen auf. Doch das Problem der Zuordnung des Eurokorps wurde im Januar 1993 gelöst, als in einem Abkommen zwischen dem NATO-Oberbefehlshaber in Europa (SACEUR) und dem französischen Generalstabschef die Unterstellung des Eurokorps unter den SA-

CEUR vorgesehen ist. Gleichzeitig sollte das Eurokorps aber auch im Rahmen der WEU eingesetzt werden können. Für das Eurokorps sind folgende vier Auftragsarten vorgesehen:

- die gemeinsame Verteidigung der Verbündeten entsprechend Artikel 5 des NATO-Vertrags oder entsprechend Artikel 5 des Brüsseler Vertrags;
- Aufrechterhaltung und Wiederherstellung des Friedens;
- humanitäre Einsätze sowie
- Einsätze im Rahmen der WEU und in Übereinstimmung mit den Zielsetzungen der Europäischen Union.

Fragen des Nukleareinsatzes werden ausgeklammert und gehören auch nicht in den Zuständigkeitsbereich des Eurokorps. Seit November 1995 ist das Eurokorps einsatzfähig. Der multilaterale Militärverband besteht aus etwas mehr als 50000 Soldaten aus fünf Ländern und ist der größte seiner Art. Das Eurokorps hat zwar auch in Friedenszeiten eine integrierte Kommandostruktur, jedoch bleibt die Kooperation strikt intergouvernemental angelegt. Die französischen Verbände des Eurokorps unterstehen dem nationalen Kommando, die deutschen sind dagegen der NATO unterstellt. Lediglich die Stäbe des Eurokorps sind multinational organisiert. Der Stab des Eurokorps ist als Joint Combined Headquarter konzipiert, der einerseits eigenständige Operationen ausführen, andererseits als Forces Headquarter die Truppenkontingente anderer Nationen bei Operationen koordinieren kann. Die Führungspositionen werden im Wechsel von den beteiligten Nationen wahrgenommen. Der Kommandierende General darf keine nationale Verantwortung tragen, sondern soll als «Europäer» dem gemeinsamen Komitee des Eurokorps unterstehen.

Auch wenn unter militärischen Gesichtspunkten mit dem Eurokorps ein gewaltiger Fortschritt erzielt wurde, ließ es politisch einige Fragen offen. Hinsichtlich der Aufgaben wurden gleich zu Beginn die unterschiedlichen deutsch-französischen Sichtweisen erkennbar. Während Deutschland den Einsatz vor allem im NATO-Rahmen bzw. als logistische Unterstützungsmaßnahme wie z. B. der NATO-Kräfte in Bosnien-Herzegowina sah, wurden in Frankreich Ideen geäußert, das Eurokorps auch außerhalb Europas, z. B. in Afrika, einzusetzen. Frankreich legt den Schwerpunkt des Einsatzes auf Kriseninterventionen und sieht die Möglichkeit des Einsatzes unter dem SACEUR nur als eine Einsatzmöglichkeit. Die Wirksamkeit des Eurokorps für die militärische Praxis bleibt somit begrenzt; seine politische Bedeutung ist deutlich höher einzuschätzen.

www.eurocorps.org

Europa 92

In der ersten Reform der Römischen Verträge, der → Einheitlichen Europäischen Akte von 1987, wurde das Ziel avisiert, bis Ende 1992 den gemeinsamen Binnenmarkt in der EG zu vollenden. Im veränderten Römischen Vertrag hieß es in den Artikeln 7a und 8a: «Der Binnenmarkt umfasst einen Raum ohne Binnengrenzen, in dem der freie Verkehr von Waren, Personen, Dienstleistungen und Kapital gemäß den Bestimmungen des Vertrages gewährleistet ist.» Bereits 1985 hatte die neue EG-Kommission unter ihrem Präsidenten Jacques Delors ein «Weißbuch» zur Vollendung des Binnenmarkts bis zum Ende des Jahres 1992 vorgelegt. In ihm waren ursprünglich knapp 300, später auf 272 reduzierte Maßnahmen (Richtlinien) vorgesehen, deren Verabschiedung für die Vollendung des Binnenmarkts als unabdingbar angesehen wurden. Die Vollendung des Binnenmarktes zum 31. 12. 1992 und die Einführung von Entscheidungen mit qualifizierter Mehrheit im EU-Rat bei einer Vielzahl den Binnenmarkt betreffenden Maßnahmen wurden vertraglich festgeschrieben. Um den einheitlichen Raum ohne Binnengrenzen zu schaffen, mussten alle Hemmnisse im innergemeinschaftlichen Handel mit dem Ziel der Verschmelzung der nationalen Märkte zu einem einzigen EG-Markt beseitigt werden. Dieses Ziel konnte nur schrittweise erreicht werden, galt es doch dreierlei unterschiedliche Schranken zu beseitigen: materielle, technische und steuerliche. Unter materiellen Schranken ist die Beseitigung von Waren- und Personenkontrollen an den EG-Binnengrenzen zu verstehen. Technische Schranken bilden unterschiedliche nationale Normen, technische Vorschriften und Zulassungsverfahren, die vereinheitlicht werden mussten. Mit ca. 70 % aller Maßnahmen war dies der weitaus stärkste Komplex, den es zu reformieren galt. Hinsichtlich der steuerlichen Schranken galt es Unterschiede, die sich bei der Mehrwertsteuer und speziellen Verbrauchssteuern herausgebildet hatten, innerhalb bestimmter Bandbreiten auszugleichen. Somit sollten nach Verwirklichung des Binnenmarkts folgende vier Grundfreiheiten realisiert sein: freier Warenverkehr, freier Dienstleistungsverkehr, freier Kapitalverkehr und freier Personenverkehr. Jedoch waren 1992 noch längst nicht alle Richtlinien in nationales Recht umgesetzt, und auch Ende 2003 waren noch immer 12,4 % der Richtlinien unionsweit nicht umgesetzt.

Allerdings bewirkte die Binnenmarktinitiative eine bis dahin nicht gekannte Dynamik in den Mitgliedstaaten der Europäischen Gemeinschaft. Die Wettbewerbssituation hatte sich enorm verbessert. Der Binnenmarkt hat sicherlich zu einer Erhöhung des Sozialprodukts ebenso beigetragen wie zur Schaffung neuer Arbeitsplätze, wenn auch die im Ceccini-Bericht von 1988 vorgesehene Schaffung von mindestens 1,8 Mio. neuen Arbeitsplätzen in der Gemeinschaft wohl nicht erreicht wurde. Die Binnenmarktinitiative wirkte sich auch auf die Rechts- und die Innenpolitik aus. Der Fortfall der Personenkontrollen an den Binnengrenzen erforderte ein gemeinsames Vorgehen in der Asyl-, Einwanderungs- und Visapolitik. Die Errichtung des Europäischen Polizeiamts *Europol* mit Sitz in Amsterdam soll der Bekämpfung grenzüberschreitender Kriminalität dienen. Schließlich wirkten sich die Binnenmarktrichtlinien sehr stark auf die wirtschaftspolitischen Entscheidungsträger in den Mitgliedstaaten aus. Bisher stark regulierte Bereiche wie z. B. Telekommunikation, Verkehr und Energie mussten aufgrund der Liberalisierung des grenzüberschreitenden Angebots dereguliert werden und brachten positive Effekte für den Verbraucher mit sich. So fand eine enorme Preissenkung bei den Fernsprechgebühren statt, die auf den größeren Wettbewerb des Binnenmarkts zurückzuführen ist.

Im Oktober 1999 legte die EU-Kommission eine neue Binnenmarktstrategie für die Periode 2000–05 vor. Darin nennt sie folgende langfristige Ziele: Verbesserung der Lebensqualität der Bürger; Effizienzsteigerung der Güter- und Kapitalmärkte; Verbesserung der Rahmenbedingungen für die Wirtschaft; bessere Nutzung der sich aus dem Binnenmarkt ergebenden Möglichkeiten in einer Welt ständigen Wandels. Demnach sollen alle zukünftigen Binnenmarktrichtlinien einen Bezug zu mindestens einem dieser vier Ziele aufweisen. Die Vollendung des Binnenmarkts hatte immer einen hohen Stellenwert im europäischen Integrationsprozess. Durch die Folgewirkungen auf andere Politikfelder hat das Binnenmarktkonzept ohne Zweifel den Integrationsprozess beschleunigt und dürfte dabei auch in Zukunft eine Schlüsselstellung einnehmen.

Europäische Atomgemeinschaft (EAG oder Euratom)

1. Die Erwartung vieler Europapolitiker, dass nach dem Scheitern von EVG und EPG der europäische Integrationsprozess zum Stillstand kommen werde, trat nicht ein. Hierbei spielte die Erkenntnis in weiten Bereichen von Wirtschaft und Politik der europäischen Demokratien eine Rolle, dass sich die technologische Lücke zwischen den neuen Supermächten USA und Sowjetunion und den bis in die ersten Dekaden des 20. Jahrhunderts hinein führenden europäischen Industrienationen seit dem Zweiten Weltkrieg ständig ausweitete. Als eine der Ursachen wurde das Fehlen eines gemeinsamen Marktes für den freien Verkehr von Gütern, Kapital und Arbeitskräften angesehen. Mit der EGKS war eine supranational organisierte Gemeinschaft für den Spezialbereich Montanindustrie und Montanwirtschaft geschaffen worden. Wollte die westeuropäische Industrie in den Bereichen Flugzeugbau, Elektronik und Atomforschung wettbewerbsfähig bleiben, mussten die Westeuropäer ihre materiellen, personellen und technologisch-wissenschaftlichen Potenziale zusammenlegen, da ein Staat alleine nicht

mehr in der Lage sein würde, im technologischen Wettbewerb mit den USA und der UdSSR mitzuhalten.

Auf ihrer Konferenz in Messina Anfang Juni 1955 setzten die Außenminister der Mitgliedstaaten der EGKS einen Sachverständigenausschuss für die Fortentwicklung des Integrationsprozesses ein. Die so genannte Spaak-Kommission legte am 21. 4. 1956 ihren Bericht vor und empfahl die Gründung einer Europäischen Wirtschaftsgemeinschaft zur Erleichterung und Verbesserung des Handels in einem gemeinsamen Markt und einer Europäischen Atomgemeinschaft zur friedlichen Nutzung der Kernenergie. Auf der Grundlage dieses Berichts wurden die Verhandlungen fortgeführt und zwischen Juni 1956 und März 1957 in drei Arbeitsgruppen erfolgreich abgeschlossen. Gerade die Errichtung einer Gemeinschaft für die friedliche Nutzung der Atomenergie sollte die Voraussetzungen schaffen, um durch die Förderung des Reaktorbaus und die Verwertung gemeinsam entwickelter Techniken den zu erwartenden rapide ansteigenden Energiebedarf zu decken. Zu diesem Zeitpunkt war bereits deutlich geworden, dass die Kohle – bisher der Hauptenergieträger – zunehmend durch das Öl abgelöst werden würde und die Atomenergie zu einem weiteren «sauberen» Energieträger werden sollte, der die Abhängigkeit der europäischen Industriestaaten vom Öl verringern würde.

Am 25. März 1957 wurden schließlich der EAG-Vertrag und der EWG-Vertrag in Rom feierlich unterzeichnet und traten nach erfolgter Ratifikation durch die Mitglieder (Belgien, Bundesrepublik Deutschland, Frankreich, Italien, Luxemburg, die Niederlande) am 1. 1. 1958 in Kraft.

2. Das zentrale Organ der EAG ist die fünfköpfige *Kommission*. Sie ist personell anders besetzt, sonst aber genauso zusammengesetzt wie die EWG-Kommission. Sie gliedert sich in 9 Generaldirektionen, zu deren Aufgaben es u. a. gehört, die Kernforschung in den Mitgliedstaaten zu fördern, eine gemeinsame Forschungsstelle einzurichten, Forschungsprogramme zur Ergänzung der nationalen zu erarbeiten, zum Forschungsprogramm der Mitgliedstaaten kritisch Stellung zu nehmen, auf Forschungsdefizite hinzuweisen, für einen Erfahrungs- und Informationsaustausch unter den Mitgliedern zu sorgen, die von Euratom erarbeiteten Kenntnisse und Lizenzen den Mitgliedern zugänglich zu machen, finanzielle und personelle Hilfe zu leisten, den fachlichen Nachwuchs zu fördern, die Euratom-Agentur zu kontrollieren und Verträge mit Drittländern abzuschließen, die Grundsätze für den Strahlenschutz festzulegen und auf die nationale Umsetzung durch Ausführungsbestimmungen zu achten und Empfehlungen über Form und Inhalt für die Mitteilungen über den radioaktiven Gehalt von Gewässern, Luft und Boden zu geben, gegebenenfalls durch den → Europäischen Gerichtshof zu erzwingen.

Der Ausschuss für Wissenschaft und Technik berät die Kommission in allen einschlägigen Fragen. Die Hälfte seiner insgesamt 20 Mitglieder sind wissenschaftliche Spezialisten, die andere Hälfte technische Spezialisten. Frankreich, die Bundesrepublik Deutschland,

Italien und die Beneluxstaaten entsenden jeweils 5 Mitglieder in den Ausschuss.

Die Versorgungsagentur ist für die Sicherstellung der in Art. 2d und f EAGV eingegangenen Verpflichtungen verantwortlich.

Die gemeinsame Forschungsstelle schließlich unterhält vier Forschungsanstalten in Karlsruhe, Ispra, Pletten und Geel.

3. Der EAG-Vertrag war als Vertrag für die Gründung einer Spezialorganisation auf unbestimmte Zeit abgeschlossen worden und sollte die westeuropäischen Demokratien durch die Zusammenlegung ihrer Ressourcen und Forschungskapazitäten im internationalen Wettbewerb konkurrenzfähig halten.

Die EAG war aus einer «Notlage» heraus entstanden und wurde zu einem Kompromiss zwischen divergierenden Interessen und Zielen der Mitglieder der Gemeinschaft. Westeuropa brauchte zum Aufbau und zur Finanzierung einer friedlich genutzten Atomindustrie eine gemeinsame Organisation jenseits der 1954 gegründeten Atomenergiegesellschaft und dem Genfer kernphysikalischen Forschungszentrum CERN. Bei der Entwicklung der EAG kam es kurz nach der Gründung bei der Errichtung eines gemeinsamen Forschungszentrums zu Konflikten. Die Vertragspartner waren sich einig, dass der Forschungsrückstand durch die Vergabe von Forschungsaufträgen schnellstmöglich verringert werden musste. Der Vertrag hatte zwar die Aufgaben der EAG festgelegt, doch wurde die Koordination zwischen gemeinsamer Atompolitik und den nationalen Atompolitiken zunehmend schwieriger. Wenn eine Koordination letztendlich scheiterte, dann lag dies u. a. an den unterschiedlichen Interessen und Zielen, die von den Mitgliedstaaten mit der EAG verbunden wurden. Erschwert wurde eine gemeinsame, koordinierte Politik der EAG insbesondere, als Frankreich sich entschloss, eine eigene Atomstreitmacht aufzubauen («Force de frappe») und die EAG nur als Vehikel benutzen wollte. Während die anderen Mitglieder den Schwerpunkt auf die Euratomprogramme legten und die nationalen Programme reduzieren wollten, sah Frankreich im Forschungsprogramm der Euratom nicht das Schwerpunktprogramm, sondern verstand es als Ergänzung zu seinen eigenen, nationalen Programmen.

Mit der Fusion der drei Gemeinschaften im Jahre 1967 trat die EAG im Vergleich zur EWG in den Hintergrund. Von den ursprünglich drei Gemeinschaften bestehen heute – nach dem Auslaufen des EGKS-Vertrages im Jahre 2002 – im Gesamtrahmen der Europäischen Union die EAG und nun EG genannte frühere EWG weiter.

Armand, Louis/*Etzel*, Franz/*Giorandi*, Francesco: Ziele und Aufgaben für Euratom. Bericht im Auftrag der Regierungen Belgiens, der Bundesrepublik Deutschland, Frankreichs, Italiens, Luxemburgs und der Niederlande. 1957; *Margulies*, Robert: Atome für den Frieden. Köln/Opladen 1965; *Weilemann*, Peter: Die Anfänge der Europäischen Atomgemeinschaft. Zur Gründungsgeschichte von Euratom 1955–1957. Baden-Baden 1982.

www.ec.europa.eu

Europäische Freihandelsassoziation – European Free Trade Association (EFTA)

1. Die Europäische Freihandelsassoziation mit Sitz in Genf wurde am 20.11.1959 in Stockholm gegründet und trat am 3.5.1960 nach Ratifikation durch die Mitgliedstaaten in Kraft. Zweck war die Schaffung einer Freihandelszone – als Konkurrenzvereinigung zur EWG – und die engere Zusammenarbeit der Mitglieder in wirtschaftlichen Fragen.
Gründungsmitglieder waren Österreich, Dänemark, Portugal, Schweden, die Schweiz und Großbritannien. Finnland schloss sich 1961 als assoziiertes Mitglied an, gab aber seine Verbindungen zum → RGW nicht auf. 1985 wurde es Vollmitglied. Island trat am 1.3. 1970 der EFTA bei. Mit dem Beitritt zur EG zum 1.1.1973 verließen Dänemark, Großbritannien und Irland die EFTA. Portugal folgte 1986. Zum 1.1.1995 traten Finnland, Österreich und Schweden der EU bei. Heute gehören nur noch die Schweiz, Island, Norwegen und Liechtenstein der EFTA als Teil des → *Europäischen Wirtschaftsraums (EWR)* an.

2. Seit Mitte der 1950er Jahre, der Periode der «Rélance européenne», gab es Überlegungen und Verhandlungen für eine weitere wirtschaftliche Integration Westeuropas. Bei den Beratungen, die schließlich 1957 zu den Römischen Verträgen und zur Gründung der EWG/EAG führten, standen den Vorstellungen der klassischen Freihandelslehre, die keine Souveränitätsaufgabe vorsah, die Verfechter einer stärkeren Wirtschaftsintegration durch die Bildung eines gemeinsamen Marktes gegenüber. Die auf der «Gemeinschaftsidee» und den «vier Freiheiten» basierende → *EWG* wollte mehr sein als ein Zollverein oder eine Freihandelszone. Dies bedeutete die Abtretung von Souveränitätsrechten an die Kommission. Großbritannien und Dänemark waren hierzu nicht bereit. Die europäischen Neutralen Irland, Schweden und die Schweiz wollten sich keiner Organisation anschließen, die auch langfristig politische Ziele verfolgte, da dies mit ihrem internationalen Status nicht vereinbarzu sein schien. Der britische Vorschlag, eine Europäische Freihandelszone zu gründen, der die EWG-Mitglieder und alle → *OEEC*-Staaten angehören sollten, entsprach den britischen Vorstellungen von einer lockeren Wirtschaftsorganisation, die keine zu enge Bindung an Kontinentaleuropa bedeuten und das Land nicht zwingen würde, den Handelsverkehr mit dem Britischen Commonwealth zugunsten einer europäischen Wirtschaftsgemeinschaft aufzugeben. Die auf Initiative Großbritanniens im Rahmen der OEEC 1958 eingeleiteten Verhandlungen führten wegen der unvereinbaren Positionen zu keinem Ergebnis: Die EWG-Länder sahen in einer Freihandelszone die vertraglich formulierten politischen und wirtschaftlichen Ziele gefährdet, Großbritannien wollte keine vertraglichen Verpflichtungen eingehen, die seine wirtschaftliche und politische Handlungsfreiheit beschneiden

könnten. Im Spätherbst 1958 wurden daher Verhandlungen der «Siebenergruppe» zur Gründung einer Europäischen Freihandelsassoziation aufgenommen. Die Konvention für die EFTA wurde am 20. 11. 1959 paraphiert und am 4. 1. 1960 in Stockholm unterzeichnet.

3. Der *Rat*, zusammengesetzt aus Vertretern der Mitgliedstaaten, leitet die Freihandelsassoziation, er fasst in der Regel gemeinsame Beschlüsse einstimmig und bildet das Forum für die Beratung der Organisation. Zu seiner Unterstützung kann er *Komitees* einsetzen sowie Expertengruppen berufen. Das *Sekretariat*, geleitet von einem Generalsekretär, unterstützt die Arbeit des Rates, der Expertengruppen und der Komitees. Es besitzt keine Handlungsvollmachten. Die vom Rat ausgewählten Generalsekretäre, bis 1971 ausschließlich Briten, waren erfahrene, fachkompetente Beamte (1960–65 Sir Frank Figures, 1965–72 Sir John Coulson, 1972–76 Bengt Rabaeus, 1976–81 Charles Muller, 1981–88 Per Kleppe, 1988–94 Georg Reisch; seit 1994 Kjartan Jóhannsson). Die EFTA kennt keinen Gerichtshof, der sich mit Klagen der Mitglieder befasst. Vom Rat kann ein *Prüfungskomitee* eingesetzt werden (Art. 31,33), das sich mit den Beschwerden beschäftigt. Es kann dem Rat Empfehlungen geben, die dieser mit Mehrheit annehmen und durch Mehrheitsvotum Maßnahmen beschließen kann. Diese «halb-rechtliche» Schlichtungsform wurde bisher nie angewandt.

Mit der Gründung des EWR 1994 wurden weitere Institutionen eingerichtet: das *Sekretariat in Brüssel* (Unterstützung des Ständigen EFTA-Komitees, des Gemeinsamen EWR-Komitees sowie des EWR-Rates), das *Sekretariat in Luxemburg* (bearbeitet statistische Fragen im Zusammenhang mit dem EWR), die *EFTA-Überwachungsbehörde* (EFTA Surveillance Authority), die die Einhaltung der Bestimmungen des EWR überwacht, sowie ein *EFTA-Gerichtshof*, der Verletzungen des EWR-Vertrages, vorgebracht durch die Überwachungsbehörde, behandelt.

4. Gründungszweck der EFTA waren die Bildung einer Freihandelszone für Industriewaren und das Bestreben, handelspolitische Konflikte und Differenzen mit allen westeuropäischen Ländern durch Verträge und Konventionen zu lösen. Die Erfolgsbilanz ist umstritten. Das Ziel einer industriellen Freihandelszone wurde schneller als vertraglich vorgesehen bereits 1966 (statt 1970) erreicht. Die Beschleunigung der Zollsenkungen führte bei einigen Mitgliedern, die bestimmte heimische Industrien schützen wollten, zu Problemen und wurde durch Übergangsfristen und Ausnahmebestimmungen geregelt. Anfang der 1960er Jahre kam das erhoffte Arrangement mit der EWG nicht zustande, zumal diese ebenfalls die vertraglich vorgesehenen Stufen schneller realisierte (u. a. Zollsenkungen) und eine Zollunion herstellte. Im Rahmen der Beitrittsverhandlungen Großbritanniens, Dänemarks und Norwegens mit der EG wurden auch für die verbliebenen EFTA-Mitglieder Freihandelsarrangements abgeschlossen. Während der 1980er Jahre begann die Periode des «kombinierten Bilateralismus» (Peder-

sen). Grundlage war die Idee, zwischen beiden Organisationen einen «größeren Europäischen Wirtschaftsraum» zu schaffen. Vor dem Hintergrund eines von der EG für 1993 geplanten «gemeinsamen Binnenmarktes» legte der Präsident der EG-Kommission Jacques Delors Alternativmodelle für die künftige Kooperation von EG und EFTA vor. Bewegung kam 1989 mit dem EG-Beitrittsantrag Österreichs in die Verhandlungen. Der Vertrag über die Bildung eines Europäischen Wirtschaftsraums wurde am 2.5.1992 in Porto unterzeichnet und trat zum 1.1.1994 in Kraft. Mit der Bildung eines Europäischen Wirtschaftsraumes zwischen der EU und der EFTA – und Sonderbestimmungen für die Schweiz – wurde das ursprüngliche Ziel der EFTA, «eine Brücke zwischen den beiden Zonen wirtschaftlicher Integration in Westeuropa zu bauen und die Grundlage für eine engere und tiefere Zusammenarbeit zwischen ETFA und EG» herzustellen, verwirklicht.

Die EU-Erweiterung wurde von der EFTA intensiv verfolgt. Sie bietet neue Möglichkeiten für die EFTA-Staaten im Rahmen des EWR. Gleiches gilt für die Arbeit des EU-Konventes über die Zukunft Europas. Eine EU-Verfassung, die an die Stelle der Verträge treten würde, hätte auch Auswirkungen auf die am EWR beteiligten EFTA-Mitglieder. Die beiden Entwicklungen – Erweiterung und EU-Verfassung – würden eine Anpassung des EWR-Abkommens erfordern und die Mitgliedstaaten der EFTA zu Überlegungen zwingen, wie und in welcher Form sie weiterhin eine aktive und wirkungsvolle Rolle im Prozess der Entscheidungsfindungen im Rahmen des EWR und der EU-Gesetzgebung spielen können.

Archer, Clive: Organizing Europe. New York [2]1994; *EFTA* (Hg.): EFTA-Übereinkommen zur Errichtung der Europäischen Freihandelsassoziation. Textausgabe mit Einführung. Baden-Baden [2]1979; *EFTA* (Hg.): EFTA Bulletin 1960 ff.; *Senti*, R.: EG, EFTA, Binnenmarkt. Organisation, Funktionsweise, Perspektiven. Zürich [2]1992; *Pedersen*, Thomas: European Union and the EFTA Countries. Enlargement and Integration. London/New York 1994; *Wallace*, Helen (Hg.): The Wider Western Europe. London 1991; *Weidenfeld*, Werner/ *Wessels*, Wolfgang (Hg.): Jahrbuch der Europäischen Integration 1989/90, 1993/94. Bonn 1990, 1994.

Europäische Gemeinschaft für Kohle und Stahl (EGKS, Montanunion);
Europäische Gemeinschaft für Kohle und Stahl (EGKS, Montanunion);
www.efta.int; www.efta.int/structure/main/index.html; www.secretariat.efta.int

Europäische Gemeinschaft für Kohle und Stahl (EGKS, Montanunion)

1. Das Auslaufen der Mittel aus dem Marshallplan machte eine engere wirtschaftliche Zusammenarbeit der europäischen Staaten zwingend erforderlich. Die zu gründende Gemeinschaft sollte eine engere Verflechtung der wieder aufgebauten europäischen Volkswirtschaften ermöglichen, als dies im Rahmen der zwischenstaatlichen Kooperation in der → *OEEC* und durch

die Zusammenarbeit im → *GATT* zu verwirklichen war. In den Debatten der beratenden Versammlung des Europarats wurden Modelle für eine «Politische Autorität», eine «Hohe Behörde» vorgeschlagen und diskutiert, die sich in der Organisationsstruktur des → *Europarats* nicht verwirklichen ließen. Aufgrund eines von Jean Monnet, dem Planungschef für die französische Industrie, und seinen Mitarbeitern vorgelegten Projekts verkündete der französische Außenminister Robert Schuman am 9. 5. 1950 in Paris den nach ihm benannten Plan für die Zusammenlegung der Montanindustrien Frankreichs und der Bundesrepublik Deutschland. Es sollten zunächst Bereiche integriert werden, die dazu in der Lage waren und für deren Integration auch der politische Wille vorhanden war. Die zu gründende Gemeinschaft sollte auch anderen Staaten offen stehen. Durch eine Montanunion sollten die für den Wiederaufbau Westeuropas nach dem Kriege wichtigen Schlüsselindustrien in eine übernationale Gemeinschaft unter einer Hohen Behörde eingebracht werden. Die zu bildende Organisation sollte die erste supranationale Einrichtung der europäischen Demokratien werden und den Kern für den weiteren europäischen Integrationsprozess bilden. Anders als der Europarat sollte die Montanunion keine zwischenstaatliche Einrichtung werden, d.h. die Mitglieder mussten Hoheitsrechte an die Hohe Behörde abtreten. Durch eine «sektorale Integration» der Montanindustrie sollte die Blockadesituation zwischen Verfechtern einer intergouvernementalen Organisationsform und den Anhängern einer föderativen Struktur eines zu integrierenden Europas überwunden werden. Die Verhandlungen wurden am 20. 6. 1950 aufgenommen. In schwierigen, aber doch zügigen Verhandlungen schlossen die Beneluxstaaten, Frankreich, Italien und die Bundesrepublik Deutschland am 18. April 1951 in Paris den Vertrag über die Gründung der Europäischen Gemeinschaft für Kohle und Stahl. Nach einem teilweise schwierigen parlamentarischen Ratifikationsverfahren wurden die Ratifikationsurkunden im Sommer 1952 hinterlegt. Die EGKS konnte dann im August 1952 als erste supranationale europäische Organisation ihre Arbeit aufnehmen. Sollte die EGKS erfolgreich arbeiten – daran zweifelte keiner der Verantwortlichen in den Mitgliedsländern –, dann würden auch andere Bereiche der Wirtschaft dem Beispiel der Montanindustrie folgen. Sie war äußerlich erfolgreich und wurde so zum Modell für den weiteren Integrationsprozess und für den Weg zu einem «Europa der Institutionen». Der Gründungsvertrag der EGKS wurde «gerade in seinem Kompromisscharakter und in seiner Vieldeutigkeit das Spiegelbild sowohl der gemeinsamen Interessen als auch der Interessenkonflikte, die nicht *harmonisiert*, sondern *institutionalisiert* wurden» (U. Röndigs).

2. Wie der Europarat besaß auch die EGKS vier Hauptorgane, allerdings waren die Kompetenzen unter den Organen anders gewichtet. *Die Hohe Behörde* wurde zum entscheidenden Organ. Ihre Aufgabe war es, «für die Erreichung der in diesem Vertrag festgelegten Zwecke nach Maßgabe des Vertra-

ges zu sorgen» (Art. 8). Sie besteht aus neun Mitgliedern, die auf 6 Jahre gewählt werden. Die großen Länder stellten je zwei Mitglieder, die kleinen je eines. Wichtig für die Arbeit der Hohen Behörde war es auch – und dies wurde bis in die Gegenwart Grundsatz der Arbeit in der Kommission –, dass die Mitglieder «ihre Tätigkeit in voller Unabhängigkeit im allgemeinen Interesse der Gemeinschaft» ausüben. Die Mitgliedstaaten mussten sich verpflichten, den «überstaatlichen Charakter» der EGKS zu achten und die Mitglieder der Hohen Behörde bei der Erfüllung ihrer Aufgaben nicht zu beeinflussen. Wegen des supranationalen Charakters der EGKS konnte die Hohe Behörde Empfehlungen und Stellungnahmen abgeben, aber auch Beschlüsse fassen. Die mehrheitlich gefassten Beschlüsse des Gremiums waren «in allen ihren Teilen verbindlich» (Art. 14). Bei der Hohen Behörde wird ein *Beratender Ausschuss* eingerichtet, der aus der gleichen Zahl «von Vertretern der Erzeuger, der Arbeitnehmer sowie der Verbraucher und Händler» besteht. Die (Beratende parlamentarische) *Versammlung* «besteht aus den Vertretern der Völker der in der Gemeinschaft zusammengeschlossenen Staaten; sie übt die Kontrollbefugnisse aus, die ihr nach diesem Vertrag zustehen» (Art. 20). Die Abgeordneten der Versammlung werden jährlich durch die nationalen Parlamente ernannt oder in «allgemeiner direkter Wahl» gewählt (D, F, I je 18, B, NL je 10 L 4). Die Behörde hat der Versammlung einen jährlichen Bericht vorzulegen, den diese erörtert. Die Versammlung kann in offener Abstimmung der Behörde das Misstrauen aussprechen (Art. 24). Eingeführt wurde auch, gegen Widerstände, der *Rat*. Ihm gehören je ein Vertreter der Mitgliedsländer an. Die Präsidentschaft wechselt alle drei Monate in «alphabetischer Reihenfolge der Mitgliedstaaten». Seine Aufgabe ist es, «die Tätigkeit der Hohen Behörde und der für die allgemeine Wirtschaftspolitik ihrer Länder verantwortlichen Regierungen aufeinander abzustimmen» (Art. 26).

Der *Gerichtshof* «sichert die Wahrung des Rechts bei der Auslegung und Anwendung dieses Vertrages und der Durchführungsvorschriften» (Art. 31). Er besteht aus 7 Richtern, die auf Vorschlag der Mitgliedsländer auf 6 Jahre ernannt werden. «Alle drei Jahre findet eine teilweise Neubesetzung statt» (Art. 32).

3. Mit der EGKS war auf dem Gebiet von Kohle, Stahl, Schrott und Eisenerz die erste supranationale europäische Gemeinschaft gegründet worden. Die Hohe Behörde wurde zum ersten europäischen Organ mit wirklichen Machtbefugnissen und erhielt auch eine eigene Finanzhoheit. Sie besaß ein direktes Einspruchsrecht in den Mitgliedstaaten und konnte unmittelbar in ihnen tätig werden. Mit der Gründung der Montanunion sollten nicht allein kriegswichtige Grundstoffindustrien aus den nationalen Kompetenzen herausgelöst und einer europäischen Spitze unterstellt werden, sondern es lag im Interesse der Mitglieder, die Versorgungsfrage für den wichtigen Energieträger Kohle zu lösen, einen supranational regulierten Binnenmarkt zu schaffen, die für den globalen Wettbewerb erforderliche Modernisierung zu forcieren und die

Effizienz zu steigern. Dies sollte im Montanbereich wettbewerbsfähige Preise ermöglichen und die Anpassungsprozesse an den Weltmarkt sollten zugleich durch die Vertragsziele der EGKS arbeitsmarkt- und sozialpolitisch abgefedert werden. Zum Zeitpunkt der Gründung war die Kohle noch der Energieträger Nr. 1 in Europa, obwohl das europäische Kohleproblem bereits erkennbar war. Im Laufe der 1950er und frühen 1960er Jahre wurde die Kohle zunehmend von Öl, Atomenergie und Erdgas abgelöst. Die Globalisierung brachte die Energiewirtschaft in die Krise. Neben neuen Energieträgern drängte billige Importkohle auf den europäischen Markt und zwang den europäischen Bergbau, insbesondere in der EGKS, zu «strukturellen Anpassungen».

Die Hohe Behörde unter ihrem ersten Präsidenten Jean Monnet verstand sich von Anbeginn als supranationale Institution. Monnet versuchte die europapolitische Komponente zu stärken und verwies in seiner Antrittsrede darauf, dass seine Behörde ihre «Tätigkeit in voller Unabhängigkeit im allgemeinen Interesse der Gemeinschaft ausüben» und Weisungen von Regierungen und anderen Institutionen bei der Erfüllung ihrer Aufgaben nicht akzeptieren werde. Das angestrebte «Europa der Solidarität» wurde jedoch, vor allem in der Kohlekrise von 1958, zu einem «Europa des Egoismus». Die Strategien der Hohen Behörde scheiterten immer wieder an den eigenstaatlichen Interessen und divergierenden Zielsetzungen. Kleinster gemeinsamer Nenner wurde die «Subventionspolitik». Sie wurde erst unter dem Druck der staatlichen Finanzkrise aufgegeben. Die «Kohlekrise» wurde so Ende der 1950er Jahre zur «Krise der Supranationalität» und zugleich zur «institutionellen Krise». Die Hohe Behörde wollte eine neue europäische Energiepolitik formulieren, um auf diese Weise den Problemen des Strukturwandels zu begegnen und zugleich ein Auseinanderdriften der Sechsergemeinschaft durch energiepolitische nationale Alleingänge zu verhindern. Zur Erhaltung der globalen Wettbewerbsfähigkeit Europas als Industrieregion war man in der Luxemburger Behörde bereit, einen hohen Preis zu zahlen. Durch eine konsequente Subventionspolitik sollten die sozialen Kosten des notwendigen Strukturwandels abgefedert werden und den «Erfordernissen der Energiesicherung» Rechnung getragen werden, doch die nationalen Regierungen wollten das Tempo der Anpassung nicht der Behörde überlassen, sondern es auf nationaler Ebene selbst bestimmen, d. h. der «Gedanke der Supranationalität ging in der Kohlekrise weitestgehend verloren – ein Prozeß, der auf der Ebene der EWG- und Atomgemeinschaft in den Folgejahren seine Parallele und Fortsetzung fand» (Uwe Röndigs). Konsequenterweise waren die Institutionen der EWG und der EAG (Euratom), vor allem die Kommission, mit weniger supranationalen Kompetenzen ausgestattet, während durch den Ministerrat das zwischenstaatliche Element wieder gestärkt werden sollte. Seit 1958 war die EGKS eine von drei Gemeinschaften, sollte umstrukturiert werden und büßte zunehmend ihre Rolle ein. Mit der Zusammenlegung der drei Gemeinschaften 1967 zu den «Europäischen

Gemeinschaften» (EG) büßte die EGKS ihre Eigenständigkeit ein. Sie überlebte den Versuch bei den Verhandlungen zur Gründung einer Europäischen Union und der Schaffung einer Europäischen Gemeinschaft durch das Vertragswerk von Maastricht vollständig eingeschmolzen zu werden. Als die EGKS am 22.7.2002 nach 50 Jahren aufhörte, als die Pilot-Gemeinschaft der europäischen Integration zu existieren, war dies immerhin eine Pressenotiz wert.

Bitsch, Marie-Therèse: Histoire de la construction européenne de 1945 à nos jours. Brüssel [2]1999; *Bitsch*, Marie-Therèse (Hg.): Le couple France-Allemagne et les institutions européennes. Une posterité pour le plan Schuman? Brüssel 2001; *Bossuat*, Gérard/*Wilken*, Andreas (Hg.): Jean Monnet et les chemins de la paix. Paris 1999; *Europäische Gemeinschaft für Kohle und Stahl* (Hg.): EGKS: 1952–1962. Ergebnisse, Grenzen, Perspektiven. Bericht eines Sachverständigenausschusses unter Vorsitz von Rudolf Wagenführ. Luxemburg 1963; *Röndigs*, Uwe: Globalisierung und europäische Integration. Der Strukturwandel des Energiesektors und die Politik der Montanunion, 1952–1962. Baden- Baden 2000; *Schwabe*, Klaus (Hg.): Die Anfänge des Schumanplans / The Beginnings of the Schuman Plan. Baden-Baden 1988; *Spierenburg*, Dirk/*Poidevin*, Raymond: The History of the High Authority of the European Coal and Steel Community. Supranationality in Operation. London 1994.

www.ec.europa.eu

Europäische Kommission

1. Die Kommission ist ein echtes europäisches, die Gemeinschaftsinteressen vertretendes Organ, das ursprünglich als Exekutive der Gemeinschaft die Vorstufe einer europäischen Regierung bilden sollte. Zusammen mit dem → *Europäischen Gerichtshof* bildet die Kommission die reinste Ausprägung eines supranationalen Organs. An ihrer Spitze stehen seit dem 1. 1. 2007 27 Kommissare, die seit 1995 für fünf Jahre auf Vorschlag der nationalen Regierungen erst nach Zustimmung des Europäischen Parlaments ernannt werden. Seit dem Inkrafttreten des → Maastrichter Vertrages am 1. November 1993 muss das Parlament auch seine Zustimmung zu den Kommissaren geben. Jeder Mitgliedstaat entsendet einen Kommissar. Eine Wiederernennung ist zulässig. Nach ihrer Ernennung durch die Regierungen der Mitgliedstaaten und das Europäische Parlament sind die Kommissare von Weisungen der nationalen Regierungen wie auch sonstigen Institutionen unabhängig. Mit dem Vertrag von Nizza (2001) hat sich auch die Zusammensetzung und Ernennung der Kommission in zentralen Punkten geändert. Sobald die EU 27 Mitgliedstaaten erreicht hat, wird die Kommission verkleinert. Ein Rotationsverfahren, über das der Ministerrat noch zu entscheiden hat, soll dann Anwendung finden. Der Präsident der EU-Kommission, der bisher einstimmig von den Regierungen der EU-Mitgliedstaaten vorgeschlagen und vom Europäischen Parlament bestätigt werden musste, wird nach dem Inkraft-

treten des Nizza-Vertrages vom Rat – in der Zusammensetzung der Staats- und Regierungschefs – mit qualifizierter Mehrheit bestimmt. Auch muss das Europäische Parlament dem Kommissionspräsidenten seine Zustimmung erteilen. Die endgültige Ernennung der gesamten Kommission erfolgt in Zukunft durch den Rat mit qualifizierter Mehrheit nach Zustimmung des Europäischen Parlaments. Insgesamt ist damit eine Erleichterung bei der Kommissionseinsetzung erfolgt, gleichzeitig auch eine weitere Parlamentarisierung vorgenommen worden.

Zum Kommissar berufen werden kann, wer die «allgemeine Befähigung» besitzt und «volle Gewähr» für seine Unabhängigkeit bietet. Die «allgemeine Befähigung» ist ein sehr dehnbarer Begriff, der den die Kommissare vorschlagenden Regierungen einen weiten Beurteilungsspielraum lässt. Unabhängigkeit bedeutet, dass die Kommissare bei der Erfüllung ihrer Pflichten keine Anweisungen von einer Regierung oder einer anderen Stelle annehmen oder anfordern dürfen. Somit ist die Abberufung eines Kommissionsmitglieds während der Amtszeit durch seine Regierung gegen den Willen des Kommissars nicht möglich. Trotz des Unabhängigkeitsgebots kann es in der politischen Praxis durchaus enge Beziehungen der Kommissionsmitglieder zu ihren Regierungen, zu ihrer Partei oder zu ihren Interessengruppen geben. Wie sehr sich aber Kommissionsmitglieder *europäisieren* und damit von den nationalen Institutionen teilweise entfernen, wurde in den 1990er Jahren an Entscheidungen der Kommission deutlich, als sowohl das britische Kommissionsmitglied Sir Leon Brittan 1996 die Exportverbote britischen Rindfleisches durch die EU-Kommission mit trug wie auch die beiden deutschen Kommissionsmitglieder Monika Wulf-Mathies und Martin Bangemann sich für von deutschen Umweltverbänden abgelehnte europäische Umweltrichtlinien aussprachen. Die Kommission übt ihre Befugnisse kollegial aus. Die Beschlussfassung in der Kommission erfolgt mit einfacher Mehrheit, d. h. es sind 14 von 27 Stimmen erforderlich. Anders als in der deutschen Bundesregierung gibt es kein Ressortprinzip. In der Regel werden erfahrene Politiker aus den Mitgliedstaaten zu Kommissaren vorgeschlagen und ernannt. Auch wenn die Kommission ein Kollegialorgan ist, so ist doch jedes Kommissionsmitglied in einem bestimmten Sachgebiet federführend. Ein Kommissar entspricht einem Minister in einem Mitgliedstaat. Jedes Kommissionsmitglied ist für eine oder mehrere der 23 Generaldirektionen verantwortlich.

2. Als *das* europäische Gremium par excellence ist die Kommission allein dem Interesse der Gemeinschaft und den europäischen Verträgen verpflichtet. Die Kommission besitzt ein weitgestecktes Aufgabenfeld.

- Sie ist Hüterin der Verträge und sorgt für die Einhaltung der Gemeinschaftsverträge und Grundsätze des Gemeinsamen Marktes;
- sie führt die Gemeinschaftspolitiken auf der Grundlage der Beschlüsse des Ministerrats oder in direkter Anwendung der Vertragsbestimmungen durch. Für die Bereiche → *EGKS* und → *EURATOM* hat die

Kommission weitgehende eigene Befugnisse, z.B. Koordinierung der Investitionen und Preiskontrollen auf dem Kohle- und Stahlsektor, Verfolgung von Monopolen und Kontrolle staatlicher Beihilfen auf dem Wettbewerbssektor, Kontrolle von Kernkraftanlagen auf dem Atomenergiesektor. Die Einheitliche Europäische Akte sieht vor, dass der Ministerrat der Kommission – von einigen Ausnahmen abgesehen – die Befugnisse zur Durchführung der von ihm erlassenen Rechtsakte überträgt;

- sie verfügt allein über das Initiativrecht und macht dem Ministerrat Vorschläge zur weiteren Entwicklung der Gemeinschaftspolitiken. Sie bereitet den Haushaltsplan der EU vor, der vom Rat aufgestellt, dem Parlament zugeleitet und vom Präsidenten des Europäischen Parlaments nach Zustimmung des Parlaments «festgestellt», also in Kraft gesetzt wird. Die Kommission erstellt Berichte über die wirtschaftliche, soziale und rechtliche Situation in der Gemeinschaft, insbesondere einen jährlichen Gesamtbericht;
- sie repräsentiert die EU (z.B. beim Weltwirtschaftsgipfel (G 8) der wichtigsten sieben Industrieländer und Russlands sowie im Ostsee-Rat);
- nicht zuletzt verwaltet sie die Fonds und gemeinsamen Programme, die den Hauptanteil des Gemeinschaftsbudgets bestreiten. Hier sind vor allem der Europäische Sozialfonds (ESF), der Europäische Ausrichtungs- und Garantiefonds für die Landwirtschaft (EAGFL), der Europäische Fonds für regionale Entwicklung (EFRE) und der Europäische Entwicklungsfonds (EEF) sowie der durch den Maastrichter Vertrag geschaffene Kohäsionsfonds zu nennen. 2004 hatte die Kommission einen Haushalt von fast 100 Mrd. Euro (€) zu verwalten.

3. Die Rolle der Kommission kann unter verschiedenen Leitbildfunktionen verstanden werden: a) als «föderale Regierung» in einem europäischen Bundesstaat; b) als «Technokratie» in einem Europa der kooperativen Wohlfahrtsstaaten; c) als «vorwärtstreibender Makler» in einer zunehmend fusionierten Europäischen Union sowie d) als «Sekretariat» in einem «Europa der Vaterländer».

Seit Beginn der Integration verstand sich die Kommission immer als Motor der Integration und als engagierter Sachwalter des Gemeinschaftsinteresses gegenüber dem Ministerrat. Sie hat deshalb das ihr zustehende Initiativrecht immer wieder genutzt, um die Gemeinschaft fortzuentwickeln. So ist es aufgrund des Eigenverständnisses des ersten Kommissionspräsidenten Walter Hallstein, der die EG zu einem Bundesstaat fortentwickeln wollte, und der dem supranationalen Prinzip diametral gegenüberstehenden Europakonzeption des französischen Staatspräsidenten Charles de Gaulle zu Konflikten gekommen, die faktisch mit einer politischen Kompetenzbeschneidung der Kommission Mitte der 1960er Jahre endete. Erst die EG-Kommission unter dem Franzosen Jacques Delors hat wieder eine bedeutsame politische Rolle spielen können. Die Initiative für einen Binnenmarkt und einen Europäischen Wirtschaftsraum geht auf die Kommission Delors zurück. Von 1999 bis 2005 amtierte mit Romano Prodi die erste Kommission, die parallel zu den Direktwahlen des Europäischen Parlaments eingesetzt wurde, Nachfolger Prodis wurde der Portugiese Manuel Barroso.

Unterhalb der obersten Ebene gibt es die Kabinette der Kommissare, geleitet von politischen Vertrauten eines jeden Kommissars. Sie beraten ihren Kommissar in allen Angelegenheiten, sind diesem direkt unterstellt und spielen eine wichtige Rolle. Die dritte Ebene bilden die 23 Generaldirektionen sowie zehn eigenständige Dienststellen wie z. B. das Generalsekretariat, der Juristische Dienst, das Statistische Amt etc. Die Zahl von etwa 19 000 Beamten in der Kommission mag hoch erscheinen, doch muss dabei bedacht werden, dass etwa 10 Prozent der Mitarbeiter der Kommission im Übersetzungs- und Dolmetscherdienst tätig sind, da die elf Sprachen der Gemeinschaft offiziell gleichgestellt sind. Die Beamten werden aus dem Haushalt der EU bezahlt und unterliegen einem eigenen europäischen Beamtenstatut.

4. Aufgrund der auf drei Pfeilern beruhenden Struktur der Europäischen Union – dem ersten supranational ausgerichteten EG-Pfeiler und den beiden mehr intergouvernemental ausgerichteten Pfeilern → Gemeinsame Außen- und Sicherheitspolitik (GASP) sowie Innen- und Justizpolitik – nimmt die Kommission in diesen Bereichen ein begrenztes Mandat wahr. Laut Vertrag wird die Kommission an den Arbeiten in der GASP sowie in der polizeilichen und justiziellen Zusammenarbeit in Strafsachen «in vollem Umfang» beteiligt. Das bedeutet, dass die Kommission durchaus auch hier ein Vorschlagsrecht besitzt, das sie aber mit den Mitgliedstaaten teilen muss. Art. 21 EUV überträgt der Kommission die Aufgabe, innerhalb der GASP den Vorsitz und das Europäische Parlament über die laufende Entwicklung zu informieren. Durch die Installierung des Hohen Beauftragten für die Außen- und Sicherheitspolitik und dessen Ansiedlung beim Rat – er ist in Personalunion Generalsekretär des Rats – ist ein Konflikt über die Ausführung der EU-Außenbeziehungen angelegt. Nur wenn der EU-Außenkommissar und der Hohe Beauftragte übereinstimmen, dürfte sich solch ein Verhalten auch positiv auf die EU-Außenbeziehungen auswirken. Der Verfassungsvertrag sieht die Einrichtung eines europäischen Außenministers vor, der gleichzeitig Vizepräsident der Kommission sein, und damit Reibungsverluste zwischen Rat und Kommission mindern soll.

Fischer, Hans-Georg: Europarecht. München 2005; *Rometsch*, Dietrich: Die Europäische Kommission, in: Werner *Weidenfeld*/Wolfgang *Wessels* (Hg.): Jahrbuch der Europäischen Integration 2002/2001, S. 75–84; *Spence*, David (Hg.): The European Commission. London [2]1997.

www.ec.Europa.eu

Europäische Politische Gemeinschaft (EPG)

1. Auslöser für den Weg zur Gründung einer Europäischen Politischen Gemeinschaft (EPG) waren die Debatten in der Beratenden Versammlung des Europarates 1949/50 über die Bildung einer «Europäischen Politischen Autorität». Die Selbstblockade der Anhänger einer Föderativordnung und einer zwischenstaatlichen Organisationsform ebnete den Weg für die Gründung von funktional zusammengehörigen Sonderorganisationen. Die im April 1951 abgeschlossenen Verhandlungen zur Gründung einer → Europäischen Gemeinschaft für Kohle und Stahl (EGKS) bildeten den Anfang. Nach dem Beginn des Koreakriegs (1950–53), der den Ost-West-Konflikt verschärfte, forderte Churchill im August 1950 in der Beratenden Versammlung des Europarats die Gründung einer Europäischen Armee, an der auch die Bundesrepublik Deutschland beteiligt sein sollte. Der französische Premierminister Pleven griff diesen Gedanken auf und legte einen Plan für eine integrierte Europäische Armee vor. Nach schwierigen Beratungen kam es am 27. Mai 1952 in Paris zur Unterzeichnung des Vertrages über die → Europäische Verteidigungsgemeinschaft (EVG). Unterzeichnerstaaten waren, wie schon beim EGKS-Vertrag, die Benelux-Staaten, Frankreich, Italien und die Bundesrepublik Deutschland.

Der EVG-Vertrag war in der innenpolitischen Diskussion Frankreichs und der Bundesrepublik aus unterschiedlichen Motiven und Prioritäten heftig umstritten. Um den zweiten Schritt einer Teilintegration – nach der erfolgreich gegründeten EGKS – nicht zu gefährden, wurde ein immer wieder erörterter Gedanke aufgegriffen: Die EGKS und die EVG sollten durch eine Politische Gemeinschaft ergänzt werden. Durch eine konstitutionelle Struktur sollten die wirtschaftliche, die militärisch-sicherheitspolitische und die politische Dimension europäischer Integration verknüpft werden. In ihrer Luxemburger Erklärung vom 10. September 1952 beschlossen die Außenminister der EGKS, eine Sonderversammlung aus den Mitgliedern der Gemeinsamen Versammlung und der Beratenden Versammlung des Europarats zu beauftragen, «den Entwurf eines Vertrages über die Gründung einer Europäischen Politischen Gemeinschaft bis zum 10. 3. 1953 auszuarbeiten». Die im September 1952 ihre Arbeit aufnehmende Ad-Hoc-Versammlung setzte einen Verfassungsausschuss unter Leitung des deutschen Christdemokraten Heinrich von Brentano ein, der schließlich am 26. Februar 1953 einen Verfassungsentwurf vorlegte, der zu einem Europa der «konkreten Verwirklichung» führen sollte. Im Mittelpunkt standen die Fragen der Bildung einer Politischen Autorität, der Kompetenzen und der Beziehungen der zu schaffenden Europäischen Gemeinschaft zum Europarat. Die Politische Autorität («Europäischer Exekutivrat») sollte nicht von den nationalen Regierungen, sondern von einem direkt gewählten Europäischen Parlament bestätigt und kontrolliert werden. Damit sollte von Anfang an ein «Legitimitätsdefizit» vermieden werden. Die Ad-Hoc-Versammlung wusste, dass mit der Gründung einer Europäischen Gemeinschaft das Europa der Nationalstaaten noch nicht überwunden sein würde, und trug diesem Bedürfnis in ihrem Entwurf durch einen «Rat der nationalen Minister» sowie durch einen «Senat», der durch die nationalstaatlichen Parlamente beschickt werden würde, Rechnung. Im Sommer 1953 etablierte sich der → Europarat als europäische Kerninstitution, als «Oberdach» für den europäischen Integrationsprozess. Im Vertragsentwurf für eine EPG war in einem Protokoll die Notwendigkeit hervorgehoben worden, zwischen der Europäischen Gemeinschaft und dem Europarat «so zahlreiche und so enge Bindungen wie möglich» herzustellen.

Warnsignale über Probleme für den Fortgang des Integrationsprozesses und damit für die Umsetzung der Verfassungsarbeit der Ad-Hoc-Versammlung deuteten sich verstärkt bereits im Sommer und Herbst 1953 an. Die Ergebnisse der Sonderversammlung der europäischen Demokratien hatten die Gegner des EVG-Vertrages nicht überzeugt. Die Einbettung der EVG in eine supranationale EPG mit konföderativen Elementen machte den Vertrag für sie nicht akzeptabler. Nationale Interessen und die Bedenken, zu viele Souveränitätsrechte an eine Europäische Politische Autorität abgeben zu müssen, spielten dabei eine nicht zu unterschätzende Rolle. Hinzu kamen im französischen Fall Elemente, die mit Europa weniger zu tun hatten. Mit dem Scheitern des EVG-Vertrags in der französischen Nationalversammlung im August 1954 kam auch das Ende für die Gründung der EPG. Das Scheitern beider Verträge und Initiativen bedeutete für die Europaidee und den Integrationsprozess der europäischen Demokratien einen schweren Rückschlag.

2. Ziel des Entwurfs des Verfassungsausschusses für die Gründung einer «Europäischen Gemeinschaft» ist es, durch «schöpferische» und «angemessene» Anstrengungen den Weltfrieden zu sichern. Ein «organisiertes, freies und lebendiges Europa» leiste einen Beitrag «für die Zivilisation und die Wahrung unseres gemeinsamen geistigen Erbes», der «zur Aufrechterhaltung friedlicher Beziehungen unerlässlich ist». Die angestrebte Gemeinschaft bemühe sich, «durch Ausweitung der Produktion zur Hebung der Lebenshaltung und zur Förderung des Werkes des Friedens beizutragen», gewährleiste «die Würde, Freiheit und Gleichheit der Menschen, ohne Unterschied des Standes, der Rasse oder der Religion» und überwinde durch «eine Verschmelzung unserer wesentlichen Interessen» die Jahrhunderte langen Rivalitäten unter den europäischen Staaten, die durch gemeinsame Einrichtungen ihr «Geschick von nun an gemeinsam» lenken werden. Die Präambel betont auch, für alle «von demselben Ideal beseelten Völker» offen zu sein. Wie schon im Falle des Europarats und der EGKS sind die Wahrung der Menschenrechte und Grundfreiheiten sowie Demokratie und Rechtsstaatlichkeit die Grundvoraussetzungen für einen Beitritt.

Die Europäische Gemeinschaft versteht sich als eine Organisation «übernationalen Charakters». Sie gründet sich «auf den Zusammenschluss der Völker und Staaten, die Achtung ihrer Eigenart, die Gleichheit der Rechte und Pflichten. *Sie ist unauflöslich*» (Art. 1 EGVE).

Als Ziele und Aufgaben der Gemeinschaft werden formuliert: Ihr gehe es darum,

- zur Wahrung der Menschenrechte und Grundfreiheiten in den Mitgliedstaaten beizutragen;
- mit den anderen freien Nationen zum Schutze der Mitgliedstaaten gegen jede Aggression beizutragen;
- in den Fragen, die den Bestand, die Sicherheit oder den Wohlstand der Gemeinschaft berühren können, die Koordinierung der Außenpolitik der Mitgliedstaaten zu sichern;
- im Einklang mit der Gesamtwirtschaft der Mitgliedstaaten die Ausweitung der Wirtschaft, die Steigerung der Beschäftigung und die Hebung der Lebenshaltung in den Mitgliedstaaten zu fördern, insbesondere durch fortschreitenden Ausbau eines gemeinsamen Marktes, wobei durch Übergangsbestimmungen oder andere Maßnahmen tiefgreifende und anhaltende Störungen in der Wirtschaft der Mitgliedstaaten zu vermeiden sind;
- auf die Erreichung der in der Satzung des Europarates, im Vertrag über die europäische wirtschaftliche Zusammenarbeit und im Nordatlantikpakt aufgestellten allgemeinen Ziele gemeinsam mit den Mitgliedstaaten und den anderen Staaten, die an diesen Verträgen beteiligt sind, hinzuarbeiten» (Art. 2 EGVE).

Vorgesehen war die Integration der EGKS und der EVG in die «Gemeinschaft». So ersetze die «Völkerkammer» mit ihrer Konstituierung die «Gemeinsame Versammlung» der EGKS und der EVG, der «Rat der nationalen Minister» die Besonderen Ministerräte dieser Organisationen.

Die Gemeinschaft hat das Recht, im Rahmen ihrer Befugnisse «zwischenstaatliche Verträge oder Abkommen» zu schließen oder solchen beizutreten und Assoziierungsverträge und -abkommen mit Drittstaaten abzuschließen. Die Gemeinschaft erhält das «aktive und passive Vertretungsrecht» (Art. 74 EGVE) und somit die *doppelte Völkerrechtssubjektivität*, d.h. sie hat das aktive und passive Gesandtschaftsrecht.

Die Gemeinschaft erhält auch *eigene Finanzmittel*. Neben den Beitragszahlungen der Mitgliedstaaten fließen dieser eigene Einnahmen zu, «welche die Steuern, Anleihen und sonstigen Erträge der Gemeinschaft umfassen» (Art. 77 EGVE).

Mit Blick auf die *wirtschaftlichen Zuständigkeiten* hat die Gemeinschaft «die Aufgabe, einen gemeinsamen Markt, der auf dem freien Umlauf der Güter und des Kapitals und der Freizügigkeit der Menschen beruht, zwischen den Mitgliedstaaten fortschreitend zu verwirklichen». Sie hat auch die Aufgabe, «die Währungs-, Kredit- und Finanzpolitik der Mitgliedstaaten in Einklang zu bringen» (Art. 82 EGVE).

Zum «fortschreitenden Ausbau» und zur Realisierung eines gemeinsamen Marktes richtet die Gemeinschaft einen «*europäischen Umstellungsfonds*» ein, der sich aus den Beiträgen der Mitgliedstaaten, aus einer jährlichen Umlage und aus Anleihen der Gemeinschaft speist. Ziel des Fonds ist es, «den Unternehmen und den Arbeitnehmern erforderlichenfalls Beihilfen ... zu gewähren». Antragsberechtigt sind auch die Regierungen der Mitgliedstaaten. Verwaltet wird der Fonds vom Exekutivrat unter Kontrolle des Parlaments. Zu den Zielen der Europäischen Gemeinschaft zählt auch eine enge Beziehung zum Europarat. Beitrittsanträge sind an den Europäischen Exekutivrat zu richten, der sie dem Rat der «nationalen Minister» und dem Parlament vorlegt. Der Ministerrat muss dem Beitritt zustimmen, das Parlament muss ihn genehmigen. Ein Protokoll, das in seinem Wortlaut auch der Satzung des Europarates beigefügt werden sollte, regelte die stärkere Vernetzung der Beziehungen zwischen Europäischer Gemeinschaft und Europarat.

3. Der Entwurf zu einem Vertrag zur Bildung einer Europäischen Gemeinschaft enthielt zahlreiche Elemente und Überlegungen, die fortan zum festen Bestandteil der europäischen Verfassungsdiskussionen werden sollten und in ihren Bestimmungen teilweise weitergehender waren als der derzeit erreichte Organisationsstand in der EU. Über die Debatten der Beratenden Versammlung des Europarats und des Europaparlaments mit ihrem Verfassungsentwurf über die Gründung einer Europäischen Union von 1984 wirkt das Ergebnis der Ad-hoc-Versammlung von 1953 bis in die aktuelle Diskussion über eine Europäische Verfassung als einem geeigneten politischen und identitätsstiftenden Rahmen für die europäischen Völker hinein.

Bitsch, Marie-Therèse: Histoire de la construction européenne de 1945 à nos jours. Brüssel ^{2}1999; *Forschungsinstitut der Deutschen Gesellschaft für Auswärtige Politik im Auftrag des Auswärtiges Amtes* (Hg.): Europa. Dokumente zur Frage der Europäischen Einigung. 3 Bde. Bonn 1962; *Loth*, Winfried: Der Weg nach Europa. Geschichte der europäischen Integration 1939–1957. Göttingen ^{3}1996; *Loth*, Winfried: Die EVG und das Projekt der Europäischen Politischen Gemeinschaft, in: Historische Zeitschrift, Beiheft 21: Europa im Blick der Historiker. München 1995, S. 191–201; *Siegler*, Heinrich von (Hg.): Europäische Politische Einigung 1949 bis 1968. Dokumentation von Vorschlägen und Stellungnahmen. Bonn u. a. 1968; *Trausch*, Gilbert (Hg.): Die Europäische Integration vom Schuman-Plan bis zu den Verträgen von Rom. Baden-Baden 1993.

Europäische Verteidigungsgemeinschaft (EVG)

1. Seit dem Ende der 1940er Jahre wurden immer wieder die Frage einer Europäischen Armee und ein möglicher Wehrbeitrag der Bundesrepublik Deutschland diskutiert. Als wenige Wochen nach der Schuman-Plan-Erklärung, die zu Verhandlungen über die Gründung einer → Europäischen Gemeinschaft für Kohle und Stahl (EGKS) führte, der Korea-Krieg ausbrach und Befürchtungen, die Sicherheit Westeuropas könnte durch die Sowjetunion und den Kommunismus gefährdet werden, die Menschen bedrückten, regte Winston Churchill in der Beratenden Versammlung des Europarats im August 1950 die Gründung einer Europäischen Armee unter Einschluss der Bundesrepublik Deutschland an. Um einen militärischen Beitrag der Bundesrepub-

lik Deutschland zu erhalten und sie dennoch europäisch einzubinden, schlug der französische Premierminister René Pleven im Oktober 1950 die Bildung einer integrierten europäischen Armee unter Einbeziehung deutscher Kontingente vor. An die Stelle nationaler Armeen sollte eine integrierte europäische treten. Die im Plan vorgesehene deutsche Beteiligungsform war für die Bundesrepublik Deutschland, die den Status eines gleichberechtigten Partners anstrebte und diesen bei den Verhandlungen zur EGKS auch erhalten hatte, nicht akzeptabel. Hinzu kam, dass die Verhandlungspartner in Plevens Vorschlag zu sehr ein Instrument zur Verfolgung französischer Sicherheitsinteressen sahen und dass für die Bundesrepublik Deutschland der Deutschlandvertrag, der ihr auch de jure die Souveränität geben sollte, vor dem EVG-Vertrag unterzeichnet werden musste.

Die Verhandlungen zwischen Frankreich, Italien, der Bundesrepublik Deutschland, Belgien und Luxemburg begannen am 15. Februar 1951. Später beteiligten sich auch die Niederlande. In schwierigen Verhandlungen kam es schließlich am 27. 5. 1952 in Paris nach dem Vorbild des EGKS-Vertrags zum Abschluss des Vertrags über die Europäische Verteidigungsgemeinschaft zwischen den Mitgliedstaaten der EGKS und zu dem Auftrag, einen Verfassungsvertrag für eine → Europäische Politische Gemeinschaft (EPG) als politische Dachorganisation auszuarbeiten.

Ziel der Vertragspartner war es, «zusammen mit den übrigen freien Völkern im Geiste der Satzung der Vereinten Nationen zur Erhaltung des Friedens beizutragen und insbesondere in enger Zusammenarbeit mit den Organisationen gleichen Zieles die Verteidigung Westeuropas gegen jeden Angriff zu sichern».

- Die Vertragspartner verpflichteten sich auf 50 Jahre, einen Angriff auf eines der Mitglieder wie einen Angriff auf sie selbst zu bewerten und automatisch mit allen militärischen Mitteln zur Hilfe zu kommen.
- Die nationalen Streitkräfte sollten vom Korps aufwärts integriert werden.
- Die EVG-Streitkräfte sollten im Kriegsfall dem NATO-Oberbefehlshaber Europa (SACEUR) unterstellt werden.
- Die Vertragspartner verpflichteten sich schnellstmöglich gemeinsame Organe einzusetzen, gemeinsame Rüstungsprogramme zu entwickeln und einen gemeinsamen Verteidigungshaushalt aufzustellen.
- Ein EVG-Parlament sollte durch demokratische Wahlen geschaffen werden. Seine Befugnisse sollten gemäß Art. 38 EVGV festgelegt werden.
- Die EVG-Organe sollten nach Art. 38 Teil einer integrierten europäischen Gemeinschaft mit einem Zweikammersystem und Gewaltenteilung werden.

2. Unter heftigen innenpolitischen Auseinandersetzungen, vor allem in der Bundesrepublik Deutschland zwischen Regierung und sozialdemokratischer Opposition über Wehrbeitrag und Wiedervereinigung, wurde der EVG-Vertrag bis zum Sommer 1954 von vier der Vertragsparteien parlamentarisch rati-

fiziert. In Italien stand die Ratifikation vor dem Abschluss. In Frankreich hatte seit der Vertragsunterzeichnung eine heftige Debatte über den EVG-Vertrag und seinen Nutzen für Frankreich sowie über die deutsche Frage die Parteien und die Nation gespalten. In der entscheidenden Phase der Diskussionen im Sommer 1954 stand Frankreich noch unter dem Schock der militärischen Niederlage in Indochina. Es war auch nicht gelungen, Großbritannien näher mit der EVG zu verbinden. Hinzu kamen vor allem von den Gaullisten geäußerte Zweifel, ob Frankreich sich durch die EVG nicht die Möglichkeiten, selbst Atommacht zu werden, verbauen würde. In diesem emotionalen Gemisch aus nationalem Eigeninteresse, machtpolitischen Ambitionen und «Grandeur» drohte das Projekt zu scheitern. Der französische Ministerpräsident Mendès-France, der sich bei einer Abstimmung in der Nationalversammlung seiner eigenen sozialistischen Abgeordneten nicht sicher sein konnte, versuchte die fünf anderen Vertragspartner zu Zugeständnissen zu bewegen. Vor allem schien ihm der Artikel 38 des Vertrags als «nicht anwendbar». Der Entwurf für eine EPG ging Frankreich mit der Perspektive Europäischer Bundesstaat zu weit. Die Versuche der Außenminister der Partnerstaaten, Frankreich entgegenzukommen und eine Einigung herbeizuführen, scheiterten. Die Französische Nationalversammlung setzte die Debatte und Abstimmung über den EVG-Vertrag am 30. 8. 1954 auf unbestimmte Zeit von der Tagesordnung ab, da eine Mehrheit für die Ratifizierung nicht zu erwarten war.

Die französische Entscheidung gegen die EVG und damit auch die EPG stürzte Westeuropa in eine tiefe Krise. Die Absage an die EVG bedeutete einen massiven Rückschlag für den westeuropäischen Integrationsprozess. Vor allem für die Bundesrepublik Deutschland ergab sich wegen des Junktims zwischen Deutschlandvertrag und EVG/EPG-Vertrag eine schwierige Situation. Die Pariser Entscheidung würde den Weg zur Souveränität der Bundesrepublik Deutschland verzögern. Dank einer britischen Initiative und einer Erklärung des französischen Ministerpräsidenten Mendès-France vor der Beratenden Versammlung des Europarats am 20. September 1954 wurden neue Verhandlungen für Ersatzlösungen aufgenommen. Die USA, die zunächst aus Enttäuschung über das Scheitern der EVG überlegten, ihr Europaengagement zu reduzieren und die Truppen zurückzuziehen, waren mit der sich abzeichnenden Lösung, den Brüsseler Pakt von 1948 durch Aufnahme der Bundesrepublik und Italiens zur Westeuropäischen Union (WEU) zu erweitern und die Bundesrepublik Deutschland in die → NATO aufzunehmen, einverstanden. Am 23. Oktober 1954 wurden die Pariser Verträge unterzeichnet, die den Weg zum NATO-Beitritt der Bundesrepublik Deutschland öffneten, der im Mai 1955 erfolgen sollte und der Bundesrepublik Deutschland die ersehnte Souveränität gab. Die schnelle Lösung der Verteidigungsfrage und des deutschen Wehrbeitrags im NATO-Rahmen schien die Perspektiven für die Wiederaufnahme und Weiterführung des westeuropäischen Integrationsprozesses zu verbessern.

Die zwischen 1950 und 1954/55 diskutierten Fragen haben bis heute nichts an Aktualität verloren. Eine Gemeinschaft wie die EU darf nicht im wirtschaftlichen Bereich stecken bleiben. Ein gemeinsamer Markt reicht langfristig nicht aus, wenn nicht die wirtschaftliche Komponente durch eine politische und eine sicherheitspolitische ergänzt wird. Wirtschaftliche Integration, sicherheitspolitische Integration und politische Integration sind auf Dauer nicht zu trennen. Sie bilden die Säulen einer Gemeinschaft. Dass dies so ist, zeigen zum einen die Fortschritte, die auf diesen Integrationsfeldern erreicht wurden, aber auch der Entwurf des Konvents für einen Europäischen Verfassungsvertrag.

Archer, Clive: Organizing Europe. London 1994; *Forschungsinstitut der Deutschen Gesellschaft für Auswärtige Politik* (Hg.): Europa – Dokumente zur Frage der europäischen Einigung. 3 Bde. München 1962; *Loth*, Wilfried: Die EVG und das Projekt der Europäischen Politischen Gemeinschaft, in: *Historische Zeitschrift*, Beiheft 21: Europa im Blick der Historiker. München 1995, S. 191–201; *Militärgeschichtliches Forschungsamt Freiburg* (Hg.): Anfänge deutscher Sicherheitspolitik 1945–1956. Bd. 1: Von der Kapitulation bis zum Pleven-Plan, Bd. 2: Die EVG-Phase. München/Wien 1982, 1990; *Thoß*, Bruno/*Volkmann*, Hans-Erich (Hg.): Zwischen Kaltem Krieg und Entspannung. Sicherheits- und Deutschlandpolitik der Bundesrepublik Deutschland im Mächtesystem der Jahre 1953–1956. Boppard 1988; *Trausch*, Gilbert (Hg.): Die Europäische Integration vom Schuman-Plan zu den Verträgen von Rom. Pläne und Initiativen, Enttäuschungen und Misserfolge. Baden-Baden 1989; *Volkmann*, Hans Erich/*Schwengler*, Walter (Hg.): Die Europäische Verteidigungsgemeinschaft. Stand und Probleme der Forschung. Boppard 1985.

Europäische Wirtschaftsgemeinschaft (EWG) – Europäische Gemeinschaften – Europäische Gemeinschaft

Die Europäische Wirtschaftsgemeinschaft (EWG) wurde im Rahmen der Römischen Verträge – Vertrag über die → Europäische Atomgemeinschaft (EAG – Euratom) und Vertrag über die Europäische Wirtschaftsgemeinschaft – am 25. März 1957 in Rom gegründet. Die EWG wurde zur grundlegenden Institution für die Fortentwicklung des wirtschaftlichen Integrationsprozesses über den reinen Wirtschaftsbereich hinaus. Durch die «Gemeinschaftsidee» und die weiteren Vertragsziele wollte sie von Anfang an mehr sein als eine Zollunion. Alle zentralen Entwicklungselemente für den Weg zu einer Europäischen Gemeinschaft sind im EWG-Vertrag bereits angelegt.

Als «Kerninstitution», die bereits zahlreiche Ansätze für die Fortentwicklung zu einer «Europäischen Gemeinschaft» besaß, wurde die EWG mit der Zusammenlegung der drei Gemeinschaften 1967 zu den «Europäischen Gemeinschaften» (EG) und schließlich mit der Inkraftsetzung des → Vertrags von Maastricht zum Herzstück des Integrationsprozesses auf dem Wege zur immer engeren politischen Gemeinschaft der Staaten und Völker Europas.

1. Die Vertragspartner haben sich, wie es in der Präambel formuliert wird, «in dem festen Willen, *die Grundlagen für einen immer engeren Zusammenschluß der europäischen Völker zu schaffen*, entschlossen, durch gemeinsames Handeln den wirtschaftlichen und sozialen Fortschritt ihrer Länder zu sichern, indem sie die Europa trennenden Schranken beseitigen, in dem Vorsatz, die stetige Besserung der Lebens- und Beschäftigungsbedingungen ihrer Völker als wesentliches Ziel anzustreben, der Erkenntnis, daß zur Beseitigung der bestehenden Hindernisse ein einverständliches Vorgehen erforderlich ist, um eine beständige Wirtschaftsausweitung, einen ausgewogenen Handelsverkehr und einen redlichen Wettbewerb zu gewährleisten, in dem Bestreben ihre Volkswirtschaften zu einigen und deren harmonische Entwicklung zu fördern, indem sie den Abstand zwischen einzelnen Gebieten und den Rückstand weniger begünstigter Gebiete verringern, in dem Wunsch, durch gemeinsame Handelspolitik zur fortschreitenden Beseitigung der Beschränkungen im zwischenstaatlichen Wirtschaftsverkehr beizutragen, in der Absicht, die Verbundenheit Europas mit den überseeischen Ländern zu bekräftigen ..., entschlossen, *durch diesen Zusammenschluß ihrer Wirtschaftskräfte Frieden und Freiheit zu wahren und zu festigen, und mit der Aufforderung an die anderen Völker Europas, die sich zu den gleichen hohen Zielen bekennen, sich diesen Bestrebungen anzuschließen*, haben beschlossen, eine Europäische Wirtschaftsgemeinschaft zu gründen.»

In diesen allgemeinen Zielen, die über den Rahmen einer Zollunion weit hinausreichen und die Idee der im Schuman-Plan formulierten politischen Einigung Europas wieder aufgreifen, artikuliert sich das, was man die «*Gemeinschaftsidee*» genannt hat. Angestrebt wird nicht die «Europäische Wirtschaftsgemeinschaft», sondern die «Europäische Gemeinschaft». Ziel und Aufgabe der EWG ist es «durch die Errichtung eines Gemeinsamen Marktes und die schrittweise Annäherung der Wirtschaftspolitik der Mitgliedstaaten eine harmonische Entwicklung des Wirtschaftslebens innerhalb der Gemeinschaft, eine beständige und ausgewogene Wirtschaftsausweitung, eine größere Stabilität, eine beschleunigte Hebung der Lebenshaltung und engere Beziehungen zwischen den Staaten zu fördern, die in dieser Gemeinschaft zusammengeschlossen sind» (Art. 2 EWGV).

Zur Errichtung eines *Gemeinsamen Marktes* und zur Erreichung des Zieles einer *gemeinsamen Wirtschaftspolitik* sah der Vertrag vor (Art. 3 a–k EWGV):

- die Abschaffung von Zöllen und Mengenbeschränkungen bei der Ein- und Ausfuhr unter den Mitgliedstaaten,
- die Einführung eines gemeinsamen Zolltarifs und einer gemeinsamen Handelspolitik gegenüber Drittländern,
- die Beseitigung von Hindernissen für den freien Personen-, Dienstleistungs- und Kapitalverkehr zwischen den Mitgliedstaaten,
- die Einführung einer gemeinsamen Agrarpolitik,
- die Einführung einer gemeinsamen Verkehrspolitik,
- die Einrichtung eines Systems, das

den Wettbewerb innerhalb des Gemeinsamen Marktes vor Verfalschungen schützt,
- die Anwendung von Verfahren zur Koordinierung der Wirtschaftspolitik der Mitgliedstaaten und die Behebung von Störungen im Gleichgewicht ihrer Zahlungsbilanzen,
- die Angleichung innerstaatlicher Rechtsvorschriften, die zum Funktionieren des Gemeinsamen Marktes notwendig sind,
- die Schaffung eines Europäischen Sozialfonds zur Verbesserung der Beschäftigungsmöglichkeiten der Arbeitnehmer und zur Verbesserung ihrer Lebenshaltung,
- die Errichtung einer Europäischen Investitionsbank und
- die Assoziierung überseeischer Länder und Hoheitsgebiete zur Steigerung des Handelsverkehrs und der wirtschaftlichen Entwicklung.

Kernziel der EWG ist die Schaffung einer Zollunion durch schrittweisen Abbau von Zöllen und Handelsbeschränkungen und die Errichtung eines gemeinsamen Außenzolls.

Sonderfragen wurden in Anlageprotokollen den Verträgen beigefügt. Hierzu gehörten beispielsweise ein Protokoll über die besonderen Bedingungen für Italien, die es Italien erlaubten, seinen Zehnjahresplan zur Strukturverbesserung in Süditalien fortzusetzen, und das Protokoll über den innerdeutschen Handel, der den Handel zwischen der Bundesrepublik Deutschland und der DDR zum Binnenhandel und die DDR so zum n[ten] Mitglied der EWG machte.

2. In die Römischen Verträge, und vor allem in den «Leitvertrag» über die EWG, sind zahlreiche Überlegungen und Erfahrungen aus der gescheiterten → Europäischen Verteidigungsgemeinschaft (EVG) und vor allem aus der → Europäischen Politischen Gemeinschaft (EPG) und der sie vorbereitenden Ad-Hoc-Versammlung eingeflossen. Die von Anbeginn über den wirtschaftlichen Bereich einer Zollunion hinausgehenden Zielsetzungen unterschieden die EWG von Bestrebungen, eine → Europäische Freihandelszone (EFTA) zu begründen, die mehr auf der zwischenstaatlichen Ebene angesiedelt sein sollte. Die dynamische Entwicklung der EWG in den ersten Jahren nach ihrer Gründung machte sie für die anderen europäischen Demokratien interessant und führte auch im → Rat für Gemeinsame Wirtschaftshilfe (RGW) zu Überlegungen, diesen attraktiver zu gestalten. Kurz nach der Gründung der EFTA stellten Großbritannien, Dänemark und Irland, später auch Norwegen Anträge auf Mitgliedschaft in der EWG, die im Verlauf der 1960er Jahre wiederholt durch das Veto des französischen Staatspräsidenten Charles de Gaulle blockiert wurden, der mit Großbritannien nicht ein «trojanisches Pferd» der USA in der Gemeinschaft haben wollte.

Die EWG konnte die Zollunion, für die 12 Jahre in drei Etappen vorgesehen waren, bereits 18 Monate früher als vorgesehen verwirklichen. Der stufenweise Abbau im innergemeinschaftlichen Warenverkehr wirkte sich positiv auf den Binnenhandel der Gemeinschaft aus, zumal auch weitere Handelshemmnisse wie Kontingentierungen und nationale Marktordnungen beseitigt wurden. Auch der Handel der EWG-Mitgliedstaaten mit «Drittländern» hat sich bis zur ersten Erweiterung der EG 1973 mehr als verdreifacht. Hierbei spielten auch die Assoziierungsverträge und Freihandelsabkommen eine nicht zu unterschätzende Rolle.

Schwieriger gestaltete sich die Harmonisierung und Angleichung im Bereich der Steuern. So konnten zwar die Zollgrenzen abgebaut werden, doch blieben zunächst noch die «Steuergrenzen» erhalten. Im landwirtschaftlichen Bereich vollzog sich der Übergang zu einem gemeinsamen Markt und zur Einführung europäischer Marktordnungen mit großen Problemen und mit großen Diskussionen und Krisen. Die Gemeinsame Agrarpolitik (CAP) war eine der Ursachen für de Gaulles Politik des «leeren Stuhles». Bis heute ist die Agrarpolitik der Gemeinschaft, die einen hohen Anteil des EU-Haushalts bindet, ein nicht befriedigend gelöstes Gemeinschaftsproblem.

Am 8.4.1965 unterzeichneten die Mitgliedstaaten einen «Vertrag zur Einsetzung eines gemeinsamen Rates und einer gemeinsamen Kommission der Europäischen Gemeinschaften» durch den die EGKS, die EWG und die EAG-Euratom verschmolzen werden sollten. Der Fusionsvertrag, der am 1. Juli 1967 in Kraft trat, legte die drei Gemeinschaften zusammen. Mit den «*Europäischen Gemeinschaften*» (*EG*) wurde vollzogen, was bereits seit 1958 für das → Europäische Parlament, den Wirtschafts- und Sozialausschuss und den → Europäischen Gerichtshof galt: An die Stelle der einzelnen Räte und Kommissionen traten *ein Rat* und *eine Kommission*. Mit der ersten Erweiterung der EG 1973 wurde auch die bis zu diesem Zeitpunkt für eine Übergangszeit erhöhte Anzahl von Kommissaren (14 statt 9) reduziert. Vorgesehen war auch, die drei Verträge zu einem zu verschmelzen. Verschiedene Anläufe zwischen 1973 und 1992 brachten zwar Fortschritte, nicht aber die Verschmelzung der Verträge. Bei den Verhandlungen zum Vertrag über die Gründung der Europäischen Union, dem 1992 abgeschlossenen → Vertrag von Maastricht, gelang es nicht, einen Vertrag für die EU zu schaffen. Im Wesentlichen kam es vor allem zu Änderungen im EWG-Vertrag. Im weiteren Prozess der Integration seit Beginn der 1990er Jahre und vor dem Hintergrund der EU-Erweiterung 1995 durch den Beitritt Österreichs, Schwedens und Finnlands und der bisher größten Erweiterung der EU durch weitere 10 neue Mitglieder zum 1. Mai 2004 muss es im Vertrag über eine Europäische Verfassung, den der Konvent ausgearbeitet hat und der von der Regierungskonferenz beraten wurde, gelingen, endlich zu *einem* Vertragskörper zu gelangen.

Seit dem Beginn der 1970er Jahre – und verstärkt seit den frühen achtziger Jahren – musste die EG, mit bedingt durch äußere politische und weltwirtschaftliche Einflüsse, Maßnahmen ergreifen, um den gemeinsamen Markt funktionsfähig zu halten. Vor diesem Hintergrund wurde nach schwierigen Verhandlungen ein → Europäisches Währungssystem (EWS) eingeführt, das in den folgenden Jahren weiter entwickelt wurde und in seiner Konsequenz zur Gründung der → Europäischen Zentralbank geführt hat.

Mit der → Einheitlichen Europäischen Akte (EEA) wurde dann 1986/87 die

Verknüpfung zwischen der Europäischen Politischen Zusammenarbeit der EG-Mitglieder und dem Gemeinsamen Markt hergestellt. Die entsprechenden Initiativen der Institutionen der EG, vor allem die des Kommissionspräsidenten Jacques Delors, ebneten seit 1987/88 mit der Vision → Europa '92 und dem Ziel, einen europäischen Binnenmarkt zu schaffen, den Weg zum → Vertrag von Maastricht und den darauf aufbauenden Diskussionen und Verträgen über die Zukunft Europas.

Archer, Clive: Organizing Europe. The Institutions of Integration. London ²1994; *Bitsch*, Marie-Therèse: Histoire de la construction européenne de 1945 à nos jours. Brüssel ²1999; *Brunn*, Gerhard: Die Europäische Einigung 1945 bis heute. Stuttgart 2002; *Deighton*, Anne (Hg.): Building Postwar Europe. National Decision-Makers and European Institutions 1948–1963. Houndsmill 1995; *Deighton*, Anne/*Milward*, Alan (Hg.): Widening, Deepening, Acceleration: The European Economic Community 1957–1963. Baden-Baden 1999; *Gerbet*, Pierre: La construction de l'Europe. Paris ²1994; *Gillingham*, John: European Integration 1950–2003. Superstate or New Market Economy. Cambridge 2003; *Küsters*, Hans-Jürgen: Die Gründung der Europäischen Wirtschaftsgemeinschaft. Baden-Baden 1982; *Loth*, Wilfried: Der Weg nach Europa. Göttingen ²1996.

www.europa.eu.int

Europäische Zentralbank (EZB)

Im Zentrum der → Wirtschafts- und Währungsunion stehen das Europäische System der Zentralbanken (ESZB) sowie die Europäische Zentralbank (EZB), die am 1. Januar 1999 die im Maastrichter Vertrag vorgesehenen Kompetenzen übernommen hat. Zusammen mit den nationalen Zentralbanken der 25 EU-Mitgliedstaaten bildet die EZB das ESZB. Dieses ist verantwortlich für die gemeinsame Geldpolitik der Euro-Mitgliedstaaten. Oberstes Ziel ist dabei die Sicherung der Preisstabilität. Soweit es mit dem Primat der Preisstabilität vereinbar ist, soll die EZB die allgemeine Wirtschaftspolitik und die Ziele der EU unterstützen. Die Hauptaufgaben des ESZB umfassen die Festlegung und Durchführung der gemeinsamen Währungspolitik, die Durchführung von Wechselkursoperationen, die Aufbewahrung und Verwaltung der bei ihr hinterlegten Devisenreserven der Mitgliedstaaten, die Gewährleistung eines reibungslosen Zahlungsverkehrs. Die EZB ist zwar unabhängig, doch ist sie zu einem umfassenden Berichtswesen verpflichtet. Wöchentliche und monatliche sowie Jahresberichte geben Auskunft über ihre Tätigkeit. Darüber hinaus können Mitglieder des Direktoriums vom zuständigen Ausschuss des Europäischen Parlaments gehört werden bzw. haben das Recht, aus eigener Initiative dort zu sprechen.

Die ESZB hat eine zweistufige föderative Struktur. Sie besteht einerseits aus den Zentralbanken der Teilnehmerstaaten und andererseits der EZB. Die Leitung der EZB obliegt dem Direktorium. Ihm gehören der Präsident, der Vizepräsident und vier weitere Mitglieder an. Sie werden auf Empfehlung des Ministerrats von den Staats- und Regierungschefs der Mitgliedstaaten ausgewählt und nach Inkrafttreten des Vertrags von Nizza 2003 mit qualifizierter Mehrheit ernannt. Das Europäische Parlament und der Rat der EZB haben bei Neubenennungen ein Anhörungsrecht. Das Direktorium ist verantwortlich für die Ausgestaltung der Geldpolitik gemäß den Leitlinien und Entscheidungen des EZB-Rats und der damit verbundenen Weisungen an die nationalen Zentralbanken sowie für die Führung der laufenden Geschäfte. Die Mitglieder des Direktoriums werden für acht Jahre ernannt, Wiederwahl ist nicht zulässig. Auf diese Weise ist die personelle Unabhängigkeit der EZB garantiert. Der Rat der EZB setzt sich aus den Mitgliedern des Direktoriums sowie den Präsidenten der Nationalbanken, die den Euro eingeführt haben, zusammen. Der EZB-Rat ist das oberste Beschlussorgan im ESZB. Er erlässt die maßgeblichen Leitlinien, Entscheidungen und Verordnungen und ergreift die notwendigen Maßnahmen zur Erfüllung der im Maastrichter Vertrag vorgesehenen Aufgaben. Dem erweiterten EZB-Rat gehören alle Präsidenten der nationalen Zentralbanken der EU an, die Mitglieder des Direktoriums sind jedoch bis auf den Präsidenten und den Vizepräsidenten nicht stimmberechtigt. Der erweiterte Rat hat vor allem für die Koordination der Währungspolitik der Euroländer mit den drei anderen EU-Ländern zu sorgen.

Die Unabhängigkeit der EZB ist durch den Vertrag von Maastricht besonders geschützt. So sind die Mitglieder der EZB nicht an Weisungen gebunden. Die EZB hat ein Klagerecht vor dem → Europäischen Gerichtshof. Sie hat einen eigenen Haushalt und wird hinsichtlich ihres Finanzgebarens vom → Europäischen Rechnungshof überprüft.

Trotz mancher Versuche, die Unabhängigkeit der EZB in Frage zu stellen, hat sich die EZB eine bedeutsame Funktion im Institutionengefüge der EU erarbeitet. Sie ist ihrem primären Ziel, der Preisstabilität, gerecht geworden und hat mit ihrer Zinspolitik dazu beigetragen, dass der Euro eine «harte» Währung geworden ist.

Simmert, Diethard B. / *Welteke*, Ernst (Hg.): Die Europäische Zentralbank. Stuttgart 1999: www.ecb.europa.eu

Europäischer Gerichtshof (EuGH)

Der Europäische Gerichtshof bildet im institutionellen System der Europäischen Gemeinschaften das gemeinsame Rechtsprechungsorgan. Der EuGH mit Sitz in Luxemburg übt den überwiegenden Teil der Rechtsprechungsaufgaben im Rahmen der Gemeinschaft aus. Er wird aus 25 Richtern sowie acht Generalanwälten gebildet. Sie werden von den Regierungen der Mitgliedstaaten im gegenseitigen Einvernehmen für eine Amtszeit von sechs Jahren ernannt. Wiederernennung ist zulässig und wird auch praktiziert. Die Aufgaben des Gerichtshofs bestehen allgemein in der Wahrung des Rechts bei der Auslegung und Anwendung der Gemeinschaftsverträge sowie in der Sicherung der von Rat und Kommission erlassenen Normen. Bei der Erfüllung dieser Aufgaben wird der EuGH als internationales Gericht, als Verfassungsgericht, als Verwaltungsgericht, als Zivilgericht und als Schiedsgericht tätig. Er behandelt u. a.

- Klagen von Regierungen gegen Entscheidungen der Kommission,
- Klagen der Kommission wegen Vertragsverletzung einzelner Regierungen,
- Klagen von Behörden, Firmen oder Personen, die unmittelbar von EG-Entscheidungen betroffen sind.

In der Zuständigkeit des EuGH wird unterschieden in folgende Verfahren: Vertragsverletzungsverfahren; Nichtigkeitsklage; Untätigkeitsklage; Amtshaftungsklage; Vorabentscheidungsverfahren. Beim Vertragsverletzungsverfahren können sowohl die Kommission als auch die Mitgliedstaaten den EuGH anrufen. Bei der Nichtigkeitsklage prüft der EuGH die Rechtmäßigkeit der Rechtsakte der anderen Organe (Verordnungen, Richtlinien und Einzelentscheidungen des Rats, der Kommission und in Einzelfällen des Parlaments). Bei der Untätigkeitsklage kann gegen Parlament, Rat und die Kommission durch die Mitgliedstaaten bzw. andere Organe (z. B. Parlament gegen Rat) vorgegangen werden. Der EuGH ist für Streitsachen über die Haftung der Union für durch ihre Organe oder Bediensteten in Ausübung ihrer Amtstätigkeit verursachte Schäden und über den Schadenersatz zuständig. Um die einheitliche Auslegung des Gemeinschaftsrechts durch die Gerichte in den Mitgliedstaaten zu gewährleisten, wurde das Vorabentscheidungsverfahren eingeführt.

Durch Beschluss des Rates vom 24. Oktober 1988 ist dem EuGH ein «Gericht erster Instanz der EG» (Instanzgericht/GeI) beigeordnet worden. Am 2. 11. 2004 beschloss der Rat die Errichtung des Gerichtes für den Öffentlichen Dienst der Europäischen Union. Aufgrund des Vertrages von Nizza nimmt es nun die Position eines eigenständigen Instanzengerichts ein. Es besteht ebenfalls aus 25 Richtern, so dass jeder Mitgliedsstaat einen Richter entsendet. Das Instanzengericht soll den EuGH entlasten.

Rechtmitteleinlegung ist möglich:

Rechtsmittel (appeals): «Schließlich können beim Gerichtshof auf Rechtsfragen beschränkte Rechtsmittel gegen Urteile des Gerichts erster Instanz eingelegt werden. Ist das Rechtsmittel zulässig und begründet, hebt der Gerichtshof die Entscheidung des Gerichts erster Instanz auf. Wenn die Rechtssache spruchreif ist, kann der Gerichtshof den Rechtsstreit entscheiden. Anderenfalls muss er die Rechtssache an das Gericht zurückverweisen, das an die Rechtsmittelentscheidung gebunden ist». (http://curia.eu.int/de7instit/presentationfr/index_cje.htm (4. 3. 2006).

Der EuGH hat insgesamt etwa 700 Bedienstete. Durch seine Vorabentscheidungen, die er aufgrund von Vorlagen von nationalen Gerichten abgibt, wenn EU-Recht im nationalen Gerichtsverfahren eine Rolle spielt, hat er eine wachsende Bedeutung in der Rechtsprechung sowohl der Mitgliedsländer als auch der Gemeinschaft insgesamt erreicht. Durch seine Tätigkeit leistet der EuGH einen bedeutsamen Beitrag zur Entwicklung der EG als Rechtsgemeinschaft. Er hat das Gemeinschaftsrecht integrationsfreundlich fortentwickelt und wurde damit neben der Kommission zu einem «Motor der Integration». Die Urteile des EuGH sind für die Mitgliedstaaten unmittelbar bindend; Berufung gegen seine Urteile ist nicht zulässig. Bis zum Inkrafttreten des Vertrages von Maastricht war der EuGH bei der Vollstreckung seiner Urteile allerdings auf die Akzeptanz der jeweiligen Adressaten angewiesen. Seit 1993 kann der Gerichtshof Zwangsgelder gegen jene Mitgliedstaaten verhängen, die ihren Pflichten aus einem Urteil des EuGH nicht nachkommen.

Fischer, Hans-Georg: Europarecht. München 2005; *Hakenberg*, Waltraud/*Stix-Hackl*, Christine: Handbuch zum Verfahren vor dem Europäischen Gerichtshof. Wien 2000; *Kirschner*, Heinrich: Das Gericht erster Instanz der Europäischen Gemeinschaften. Köln 1998; *Wolf-Niedermaier*, Anita: Der Europäische Gerichtshof. Baden-Baden 1997.

www.curia.europa.eu

Europäischer Rat

Der Europäische Rat wurde 1975 geschaffen. Der Ministerrat hatte sich immer mehr mit Detailfragen befasst und darüber seine politische Führungsrolle für die Gemeinschaft eingebüßt. So sollte mit der Übertragung der wichtigsten Problembereiche auf die «Chefebene» eine Beschleunigung notwendiger europäischer Maßnahmen erreicht werden. Der Europäische Rat wird aus den Staats- und Regierungschefs der Mitgliedstaaten sowie dem Präsidenten der EU-Kommission gebildet. Dazu kommen unterstützend die Außenminister und ein weiteres Mitglied der EU-Kommission.

Zunächst sah sich der Europäische Rat als Lenkungs- und Impulsgeber des Integrationsprozesses. Durch die Einheitliche Europäische Akte ist der Europäische Rat integraler Bestandteil der europäischen Verträge, wenngleich kein formelles Organ, geworden. Seine Aufgabe besteht im Erlassen allgemeiner politischer Leitlinien für die EU und Bestimmung der Grundsätze der EU, der Eröffnung neuer Bereiche der Zusammenarbeit sowie der Außenrepräsentanz der EU. Er berät über Fragen der Europäischen Union und berichtet dem → Europäischen Parlament über seine Tagungen. Befasst sich der Europäische Rat mit EU-Angelegenheiten, so handelt er als Rat im Sinne der Verträge. So wurde der Europäische Rat ausdrücklich zum → Ministerrat umfunktioniert, als er endgültig über den Eintritt in die dritte Stufe der → Wirtschafts- und Währungsunion 1997 entschieden hatte. Auch ist der Europäische Rat Entscheidungsorgan bei der Aussetzung der Rechte von Mitgliedstaaten im Falle von schwerwiegenden Verletzungen von Menschen- und Grundrechten (Art. 7 EUV). Nach Inkrafttreten des → Vertrags von Nizza kann der Rat in Zusammensetzung der Staats- und Regierungschefs auch den Kandidaten für das Amt des Kommissionspräsidenten mit qualifizierter Mehrheit benennen (Art. 214, 2 EGV-N).

Die Bedeutung des Europäischen Rats hat in den letzten Jahren immer mehr zugenommen, da in diesem Gremium die wichtigsten strukturellen Entscheidungen über die Gemeinschaft fallen. So sind wichtige Beschlüsse, die der Europäische Rat initiiert hat, die Einführung der Direktwahl des Europäischen Parlaments und des Europäischen Währungssystems, die Aufnahme neuer Mitglieder in die Gemeinschaft sowie die Reform der Agrarpolitik. Damit ist der Europäische Rat insbesondere bei strittigen institutionellen und finanziellen Fragen zum eigentlichen Entscheidungsgremium geworden, wenngleich er in keinem Fall rechtsverbindliche Beschlüsse für die Gemeinschaft fassen konnte. Dies hat sich erstmals 1998 geändert, als der Europäische Rat als (Minister-)Rat der Union die Beschlussfassung über die dritte Stufe der Währungsunion und die Benennung der Teilnehmer vornahm.

Allerdings ist es auch im Europäischen Rat zu erheblichen Konflikten, z. B. über die britischen Beitragszahlungen, die Agrarpolitik und die Europäische Verfassung gekommen, so dass auch der Europäische Rat nicht jedes Mal während seiner Sitzungen zu Problemlösungen fand. Insgesamt hat der Europäische Rat jedoch einen wesentlichen Beitrag zur Stabilisierung der EG wie auch der EU geleistet. Insgesamt hat der Europäische Rat eine nachhaltige integrationspolitische Wirkung erzeugt.

Bulmer, Simon/*Wessels*, Wolfgang: The European Council. London 1987; *Reichenbach*, Horst u. a.: Integration: Wanderung über europäische Gipfel. Baden-Baden 1999; *Westlake*, Martin. Tue Council of tue European Union. London 1995.

http://ue.europa.eu (Rat der EU)

Europäischer Rechnungshof (EuRH)

Durch den Maastrichter Vertrag wurde der 1977 gegründete Europäische Rechnungshof zum fünften Hauptorgan der EG aufgewertet. Er überwacht die Recht- und Ordnungsmäßigkeit aller Einnahmen und Ausgaben der Organe der EU. Die Prüfungstätigkeit des EuRH erstreckt sich prinzipiell auch auf nachgeordnete Instanzen der EU wie z. B. das Statistische Amt. Seit dem Inkrafttreten des Amsterdamer Vertrags 1999 kamen als Prüfungsfelder des EuRH die Ausgaben in den Bereichen der → Gemeinsamen Außen- und Sicherheitspolitik sowie der polizeilichen und justiziellen Zusammenarbeit in Strafsachen, wenn diese zu Lasten des Gemeinschaftshaushalts gehen, hinzu. Einschränkungen der Prüfungsbefugnis des EuRH gelten für das Finanzmanagement der Europäischen Zentralbank und der Europäischen Investitionsbank. Die Prüfungen des EuRH erfolgen anhand der von den

Organen der EU übermittelten Rechnungsunterlagen. Der Rechnungshof setzt sich aus 25 für dieses Amt besonders geeigneten Mitgliedern – ein Vertreter pro Mitgliedstaat – zusammen, die vom Ministerrat in gegenseitigem Einvernehmen nach Anhörung des Europäischen Parlaments auf sechs Jahre mit qualifizierter Mehrheit ernannt werden. Sie müssen Gewähr für ihre Unabhängigkeit bieten. Die Mitglieder wählen aus ihrer Mitte den Präsidenten des EuRH für eine Amtszeit von drei Jahren. Wiederwahl der Mitglieder wie auch des Präsidenten ist zulässig. Die Mitglieder des Rechnungshofes dürfen während ihrer Amtszeit keine andere entgeltliche oder unentgeltliche Tätigkeit ausüben. Der Rechnungshof beschließt als Kollegialorgan. Er nimmt seine Berichte, Sonderberichte und Stellungnahmen mit der Mehrheit seiner Mitglieder an. Der EuRH berichtet jährlich in einem Rechnungsprüfungsbericht über seine Tätigkeit, womit er zu einem wichtigen Hilfsmittel des Europäischen Parlaments bei dessen Kontrollfunktion wird. Der EuRH hat sich im Verlauf seiner nunmehr fast 30-jährigen Tätigkeit zu einer unabhängigen und vielseitigen Prüfungsinstanz in finanziellen Angelegenheiten der Gemeinschaft entwickelt.

Grundsätzlich erfolgt die Rechnungsprüfung nachträglich. Um die Wirksamkeit der Kontrolle zu erhöhen, kann auch eine «begleitende Kontrolle» vorgenommen werden. Die Durchführung der Prüfung wird aufgrund der eingereichten Rechnungsunterlagen vorgenommen und, falls erforderlich, an Ort und Stelle bei den Gemeinschaftsorganen. Die Prüfungen in den Mitgliedstaaten erfolgen in Zusammenarbeit mit den dortigen Rechnungsprüfungsorganen. Der EuRH veröffentlicht nach Abschluss jedes Haushaltsjahrs einen allgemeinen Jahresbericht. Der EuRH muss dem Europäischen Parlament und dem Rat eine Zuverlässigkeitserklärung hinsichtlich der Rechnungsführung und der Rechtmäßigkeit und Ordnungsmäßigkeit der zugrundeliegenden Vorgänge vorlegen.

Graf, R.: Die Finanzkontrolle der EG. Baden-Baden 1999; *Magiera*, Siegfried/ Trautmann, Ramona: Der Rechnungshof, in: Werner *Weidenfeld*/Wolfgang *Wessels* (Hg.): Jahrbuch der Europäischen Integration. Bonn 2003/2004

www.eca.europa.eu

Europäischer Verfassungsvertrag

Bereits auf dem EU-Gipfel in Nizza im Dezember 2000 sprachen sich die Staats- und Regierungschefs der EU dafür aus, eine umfassende, eingehende Debatte über die Zukunft der Europäischen Union einzuleiten. Im Dezember 2001 entschieden sie mit der Annahme der «Erklärung von Laeken zur Zukunft der Europäischen Union», einen Europäischen Konvent einzuberufen, der die Reform der EU vorbereiten sollte. Dabei erhielt der Konvent die Aufgabe, einen strukturellen Rahmen für die EU zu entwerfen, der die globale

Entwicklung ebenso berücksichtigen sollte wie die Bedürfnisse der europäischen Bürgerinnen und Bürger. In der Erklärung stellte der Europäische Rat 62 Fragen zur zukünftigen Entwicklung der Europäischen Union, die eine Art Leitgerüst für den Konvent bildeten. Zum Vorsitzenden des Konvents wurde der ehemalige französische Staatspräsident Giscard d'Estaing berufen; seine Stellvertreter wurden die früheren Regierungschefs von Italien, d'Amato, und Belgien, Dehaene. Insgesamt gehörten dem Konvent 105 Mitglieder an. Dabei handelte es sich um 28 Vertreter der Staatschefs/Regierungen der Mitglied- und Bewerberstaaten, 56 Vertreter der Parlamente der Mitgliedstaaten und der Bewerberländer, 16 Vertreter des Europäischen Parlaments und zwei Vertreter der Europäischen Kommission.

Im Juni 2003 legte der Konvent den Entwurf über einen Verfassungsvertrag für die EU vor. Es handelt sich dabei um einen geschlossenen Text in vier Teilen und insgesamt 460 Artikeln. Dabei werden die beiden großen Ziele – mehr Demokratie und bessere Handlungsfähigkeit der EU – verfolgt. So wurden die bisherigen Verträge in einem Gesamtdokument zusammengefasst. Es sieht eine Dreiteilung der Zuständigkeiten vor: ausschließliche EU-Zuständigkeiten (z. B. Währungspolitik für die Euro-Staaten, gemeinsame Handelspolitik, Zollunion und Erhaltung der biologischen Meereschancen, Abschluss internationaler Übereinkommen), geteilte EU- und Mitgliedstaatenzuständigkeiten (u. a. Binnenmarkt, Raum der Freiheit, der Sicherheit, des Rechts, Landwirtschaft und Fischerei, Verkehr, transeuropäische Netze, Umwelt, Verbraucherschutz etc.) sowie nur unterstützende EU-Maßnahmen (Industrie, Gesundheit, Bildung, Jugend, Sport, Kultur und Zivilschutz). Die Koordinierung der Wirtschafts- und Beschäftigungspolitik sowie der → Gemeinsamen Außen- und Sicherheitspolitik werden als eigene Zuständigkeitsformen verankert. Die Institutionen der EU sollen modernisiert und umgestaltet werden. Der Europäische Rat, die Staats- und Regierungschefs der Mitgliedstaaten sowie der Präsident der EU-Kommission, erhält einen Präsidenten, der von den Staats- und Regierungschefs für zweieinhalb Jahre gewählt wird. Der neue Präsident darf kein nationales Regierungsamt innehaben. Einmalige Wiederwahl ist möglich. Der Präsident des Europäischen Rats soll für größere Kontinuität sorgen als die bisherige halbjährige Ratspräsidentschaft. Aufgaben des neuen Ratspräsidenten sind die Vorbereitung der vierteljährlichen Treffen sowie die Vertretung der EU nach außen, wobei er aber die Zuständigkeit des Außenministers wahren muss. Das Amt des Europäischen Außenministers soll neu eingeführt werden. Er vereint die Funktion des bisherigen Hohen Vertreters für die Gemeinsame Außen- und Sicherheitspolitik sowie des EU-Kommissars für Außenbeziehungen. Der vom Europäischen Rat mit qualifizierter Mehrheit mit Zustimmung des Kommissionspräsidenten ernannte EU-Außenminister ist gleichzeitig stellvertretender Kommissionspräsident und soll somit eine enge Verbindung zwischen Rat und Kommission ermöglichen. Der Außenminister hat im Bereich der Gemeinsamen Außen- und Sicherheitspolitik der EU das Initiativrecht und ist für die Durchführung der Außenpolitik verantwortlich. Der Ministerrat wird gemeinsam mit dem Europäischen Parlament als Gesetzgeber tätig und übt gemeinsam mit ihm die Haushaltsbefugnisse aus. Der Ministerrat besteht aus je einem Fachminister aus jedem Mitgliedstaat. Im Normalfall beschließt er mit qualifizierter Mehrheit, die ab 1. November 2009 der Mehrheit der Mitgliedstaaten und drei Fünftel der Unionsbevölkerung entsprechen soll. Der Rat «Allgemeine Angelegenheiten und Gesetzgebung» koordiniert die Arbeiten des Ministerrats. Der Rat «Auswärtige Angelegenheiten» formuliert die Außenpolitik der Union gemäß den strategischen Vorgaben des Europäischen Rates und soll die Kohärenz des Handels gewährleisten. Das Europäische Parlament erhält weitere Rechte, so z. B. in der Ausweitung des Mitentscheidungsverfahrens von derzeit 37 auf etwa 80 Bereiche. Es wählt den zukünftigen EU-Kommissionspräsidenten, der aber nach wie vor durch den Europäischen Rat vorgeschlagen wird. Der Verfassungsentwurf sieht bis 2009 eine Begrenzung auf 736 Abgeordnete vor. Die EU-Kommission soll ab 2009 aus einem auf 15 Mitgliedern verkleinerten Gremium bestehen, sodass nicht mehr jeder Mitgliedstaat über einen Kommissar verfügt. Neben dem Präsidenten und dem Vizepräsidenten (in Personalunion Außenminister) werden also nur noch 13 Kommissare zu benennen sein. Ein Rotationssystem soll dazu führen, dass im Laufe der Zeit alle Staaten in der Kommission vertreten sind. Die Charta der Grundrechte, die in Nizza im Dezember 2000 proklamiert, aber nicht Bestandteil des Vertrags von Nizza geworden war, wird vollständig in die Verfassung übernommen. Der Verfassungsentwurf verleiht der EU Rechtspersönlichkeit und ermöglicht ein Bürgerbegehren. Mindestens eine Million Bürger aus mehreren Mitgliedstaaten können die Kommission auffordern, einen Rechtsakt auszuarbeiten. Die Union verfolgt folgende Werte: Achtung der Menschenwürde, Freiheit, Demokratie, Gleichheit, Rechtsstaatlichkeit und die Wahrung der Menschenrechte. Neben dem Grundsatz der partizipativen Demokratie beruht die Arbeitsweise der Europäischen Union auf dem Grundsatz der repräsentativen Demokratie. Die Union achtet die nationalen Identitäten der Mitgliedstaaten, wobei das Prinzip der loyalen Zusammenarbeit zwischen der Union und den Mitgliedstaaten gilt. Im Oktober 2003 begann die EU-Regierungskonferenz, die den Verfassungsentwurf zunächst ablehnte. Im Sommer 2004 einigten sich die Staats- und Regierungschefs über die strittigen Punkte: Zusammensetzung der Kommission, doppelte Mehrheit, Ratspräsidentschaft und Gottesbezug. Allerdings lehnte im Sommer 2005 die Mehrheit der französischen und niederländischen Bevölkerung den Verfassungsentwurf ab. Somit ist die Zukunft der europäischen Verfassung unbestimmt. Die Union steht allen europäischen Staaten offen, die die Werte der Union achten und sich zu ihrer Durchsetzung verpflichten.

Der Verfassungsentwurf stellt einen großen Fortschritt im europäischen Integrationsprozess dar, wird doch eine

Neustrukturierung und Zusammenfassung der bisherigen Verträge vorgenommen. Auch die institutionellen Neuerungen könnten tatsächlich den Entscheidungsprozess in der EU beschleunigen und transparenter machen. Doch gleichzeitig ist durch die unzulängliche Kompetenzabgrenzung zwischen dem neuen Europäischen Ratspräsidenten und dem Europäischen Außenminister Konflikt vorprogrammiert. Auch das Vorschlagsrecht des Europäischen Rats für den Kommissionspräsidenten sollte auf das Europäische Parlament übergehen, würde doch durch solch eine Maßnahme die Bedeutung der Europawahl für die Bürger gestärkt.

Amt für Amtliche Veröffentlichungen (der EU) (Hg.): Entwurf – Vertrag über eine Verfassung für Europa. Luxemburg 2003; *Giering*, Claus (Hg.): Der EU-Reformkonvent – Analyse und Dokumentation. Gütersloh 2003 (mit CD-ROM); *Krause*, Arno/*Timmermann*, Heinz (Hg.): Europa – Integration durch Konvente. Mit dem Text des Vorentwurfs des Verfassungsvertrags. Münster/Hamburg/London 2003; *Liebert*, Ulrike / *Falke*, Josef / *Maurer*, Andreas (Hg.): Postnational Constitutionalisation in the New Europe. Postnationaler Verfassungsprozess im neuen Europa. Baden-Baden 2006; *Schwarze*, Jürgen (Hg.): Der Verfassungsentwurf des Europäischen Konvents. Baden-Baden 2004; *Weidenfeld*, Werner (Hg.): Die EU-Verfassung in der Analyse. Gütersloh 2004; *Zulegg*, Manfred (Hg.): Die neue Verfassung der Europäischen Union. Baden-Baden 2006.

www.europa.eu/constitution

Europäischer Wirtschaftsraum (EWR) – European Economic Area (EEA)

1. Der Europäische Wirtschaftsraum, zum 1. 1. 1994 in Kraft getreten, vereinigt die Mitglieder der → EFTA und der EU sowie die Europäische Gemeinschaft in einem gemeinsamen Wirtschaftsraum. Seit der Entstehung der EFTA 1960 als Freihandelsassoziation kam es ab Mitte der 1960er Jahre zu einer Annäherung beider Organisationen. Hierbei spielte die Attraktivität der EWG/EG eine Rolle, aber auch der Austritt Großbritanniens und Dänemarks aus der EFTA 1972 und der Portugals 1986. 1984 hatte der Luxemburger EG-Gipfel erstmals die Idee eines Europäischen Wirtschaftsraums erörtert. Mit der → Einheitlichen Europäische Akte entschloss sich die EG 1987 zum Ausbau der vertraglichen Grundlagen der Gemeinschaft. Der Präsident der Kommission Jacques Delors ergriff unter dem Schlagwort → «Europa 92» die Initiative zur Dynamisierung der EG und zur Gründung eines Binnenmarktes. Im Januar 1989 regte Delors vor dem Europäischen Parlament die Gründung eines multilateralen Europäischen Wirtschaftsraumes zwischen der EG und der EFTA an und schlug eine Anpassung der EFTA-Staaten an das Gemeinschaftsrecht sowie die Bildung gemeinsamer Institutionen vor. Nach schwierigen Verhandlungen, die u. a. die vier Freiheiten der EG, den Kohäsionsfonds der EG und das EG-Recht betrafen, kam es im Oktober 1991 in Luxemburg zu einem erfolgreichen Abschluss der EWR-Verhandlun-

gen. Der → Europäische Gerichtshof als Hüter des EG-Rechts sah in einer Entscheidung vom 15. Dezember 1991 durch die institutionellen und rechtlichen Bestimmungen des EWR-Vertrages die Autonomie des EG-Rechtes gefährdet. Daraufhin kam es zu einer Neuverhandlung über die institutionellen Vereinbarungen. Das Abkommen über den *gemeinsamen Europäischen Wirtschaftsraum* zwischen der EG und der EFTA wurde schließlich am 2. 5. 1992 in Porto unterzeichnet. Die Präambel unterstrich die Bedeutung des EWR für den Aufbau Europas auf der Grundlage von Frieden, Demokratie und Menschenrechten und wies auf die gemeinsamen Werte und die gemeinsame europäische Identität hin. Sie betonte auch, dass die Unterzeichnung dieses Abkommens es für die Mitglieder der EFTA nicht ausschließe, den Europäischen Gemeinschaften beizutreten. Nach Österreich, Schweden und Finnland stellten auch die Schweiz (20. 5. 1992) und Norwegen (21. 11. 1992) Anträge auf EG-Mitgliedschaft. Die Schweizer lehnten in einer Volksabstimmung den Beitritt zum EWR ab. Die Schweiz zog aber ihren Beitrittsantrag nicht zurück, sondern entschied, diesen zunächst nicht weiter zu verfolgen. Die Liechtensteiner votierten, anders als die Schweizer, 1992 für den Beitritt zum EWR. Nach Ratifikation durch die Mitgliedstaaten der EG und der Annahme des EWR-Vertrages durch den Rat der Europäischen Union am 13. 12. 1993 konnte das Abkommen – nicht wie ursprünglich vorgesehen zeitgleich mit dem Beginn des Binnenmarktes zum 1. 1. 1993 – erst ein Jahr später zum 1. 1. 1994 in Kraft treten.

2. Der *EWR-Rat* tagt auf Ministerebene mindestens zwei Mal jährlich. Er besteht aus Mitgliedern des EU-Rates, aus Vertretern der EU-Kommission sowie der EFTA-Regierungen. Seine Hauptaufgabe ist es, einvernehmlich politische Leitlinien für den EWR festzulegen. Der Vorsitz im EWR-Rat wechselt halbjährlich zwischen EFTA und EU. Der *Gemischte Parlamentarische EWR-Ausschuss* setzt sich aus Mitgliedern des Europaparlamentes und den Parlamenten der EFTA-Staaten zusammen. Er kann Stellungnahmen in der Form von Entschließungen oder Berichten abgeben und hat das Recht, den Jahresbericht des EWR-Komitees zu prüfen. Das *Gemeinsame EWR-Komitee* (Joint EEA Committee) hat die Umsetzung des EWR-Vertrages zu gewährleisten. Die Entscheidungen werden im Konsens getroffen. Die EFTA-Mitglieder müssen sich auf eine Position verständigen, die im *Ständigen Ausschuss der EFTA* (EFTA Standing Committee) erarbeitet werden muss. Der Vorsitz wechselt halbjährlich zwischen EU und EFTA. Der *Beratende EWR-Ausschuss* setzt sich paritätisch aus Mitgliedern des Wirtschafts- und Sozialausschusses der EU und des Beratenden Ausschusses der EFTA zusammen. Seine Aufgabe ist es, die Kontakte zwischen den Sozialpartnern der EU- und EFTA-Staaten zu stärken. Er hat das Recht, Stellungnahmen abzugeben und Berichte vorzulegen. Die *EFTA-Überwachungsbehörde* (EFTA Surveillance Authority, ESA) wurde 1994 als unabhängiges Gremium in Brüssel eingerichtet. Sie kontrolliert die Einhaltung der Vertragsverpflichtungen in den Bereichen Wettbewerb, Auftrags-

wesen, Beihilfen und arbeitet in diesen Fragen mit der EU-Kommission zusammen. Ihre Beschlüsse werden mit Mehrheit gefasst. Der *EFTA-Gerichtshof* (EFTA Court) erstellt auf Antrag Gutachten zur Auslegung des EWR-Vertrages, behandelt Klagen gegen Entscheidungen der ESA und ist für die Schlichtung von Streitigkeiten zwischen zwei oder mehr EFTA-Staaten zuständig.

3. Um die wissenschaftlichen und technologischen Grundlagen der europäischen Industrie zu stärken und ihre Wettbewerbsfähigkeit auf internationaler Ebene zu verbessern, beabsichtigt die Übereinkunft zur Gründung des EWR, den Handel zwischen der EFTA und der EG auf der Grundlage gleicher Wettbewerbsbedingungen und der Achtung der Vertragsbestimmungen zu fördern und zu stärken, um einen «homogenen europäischen Wirtschaftsraum zu schaffen» (Art. 1.1). Zur Verwirklichung dieser Ziele vereinbaren die Vertragsparteien, dass die vier Freiheiten des Binnenmarktes – freier Warenverkehr, freier Personenverkehr, freier Dienstleistungsverkehr und freier Kapitalverkehr – Anwendung finden, dass ein System zur Vermeidung von Wettbewerbsverzerrungen eingerichtet und die entsprechenden Regelungen allgemein eingehalten werden müssen und dass eine engere Zusammenarbeit in weiteren Bereichen wie Forschung, Entwicklung, Umwelt, Erziehung und Sozialpolitik erfolgen soll. Einzelheiten zur Umsetzung der 4 Freiheiten, zum Niederlassungsrecht, zum Gemeinschaftsrecht sowie zu Einzelproblemen wie Landwirtschaft, Fischerei, Kohle und Stahl sowie zur Wirtschafts- und Währungspolitik wurden in weiteren Kapiteln und Artikeln festgelegt.

4. Mit der Hinterlegung der Ratifikationsurkunden des EWR-Vertrages im Dezember 1993 konnte der EWR zum 1.1.1994 in Kraft treten. Mit dem EWR wurde der weltweit größte Wirtschaftsraum geschaffen. Seinem Charakter nach ist er «eine stark verbesserte Freihandelszone» (Michael Gehler). Seit 1994 kamen daher mehr als 370 Millionen Menschen in den Genuss eines großen europäischen Marktes. Mit der EU-Erweiterung wird von 2004 an ein immer stärker zusammenwachsender Binnenmarkt geschaffen, in dem fast 500 Millionen Menschen leben. Wegen der Verzögerungen der Jahre 1992/93 konnte der Binnenmarkt seine Dynamik erst seit Mitte der 1990er Jahre richtig entfalten. Die Institutionen des EWR arbeiten effektiv. Die Anzahl der vom gemeinsamen Ausschuss des EWR getroffenen Entscheidungen stieg von 44 (1994) und 75 (1995) auf 168 (2002) an. Die EFTA-Staaten wurden zunehmend auch in EU-Programme einbezogen. Mit Ausnahme der Steuer- und Wirtschaftsgesetzgebung wurde die gesamte, den Binnenmarkt betreffende Gesetzgebung in das EWR-Abkommen integriert. Die EU-Erweiterung hat unmittelbare, vielfältige Auswirkungen auf den EWR. Die verbliebenen Mitglieder der EFTA verfolgten den Verhandlungsprozess intensiv, zumal ein erweiterter Markt «EFTA-Bürgern, Unternehmen und Organisationen» große Möglichkeiten für Handel, Investitionen, Beschäftigung und Partnerschaften eröffnet. Die Arbeit des

EU-Konventes für die Zukunft Europas und der Verfassungsentwurf haben zwangsläufig Auswirkungen auf alle Mitglieder des EWR.
Die Bedeutung des EWR wird oft unterschätzt. Dies liegt mit daran, dass er neben einer dominierenden EU zu wenig wahrgenommen wird und zahlreiche Reisende es als normal ansehen, dass Grenz- und Zollkontrollen im Geltungsbereich des EWR fast vollständig weggefallen sind.

EFTA Secretariat (Hg.): 40 Years of Free Trade. EFTA at a Glance. Genf 2001; *EFTA Secretariat* (Hg.): The EEA Agreement. May 2, 1992. Genf 2003; *Langejürgen*, Ralf: Die Eidgenossenschaft zwischen Rütli und EWR. Der Versuch einer Neuorientierung der Schweizer Europapolitik. Chur/Zürich 1993; *Luif*, Paul: Die EFTA-Staaten und der Europäische Wirtschaftsraum, in: *Jahrbuch der Europäischen Integration* 1993/94. Bonn 1994, S. 379–388; *Pedersen*, Thomas: European Union and the EFTA Countries. Enlargement and Integration. New York/London 1994; *Wallace*, Helen (Hg.): The Wider Western Europe. Reshaping the EC/EFTA Relationship. London 1991.

www.europa.eu; www.efta.int; secretariat.efta.int

Europäisches Parlament (EP)

Das ursprünglich in den Gründungsverträgen «Europäische Versammlung» genannte Europäische Parlament verkörpert das demokratisch-repräsentative Element und demokratische Repräsentativorgan der Europäischen Union, das die Völker der in der EU zusammengeschlossenen Staaten vertritt. Das EP übt seine Tätigkeit in Straßburg, Luxemburg und Brüssel aus, was vom Europäischen Rat im Dezember 1992 noch einmal bestätigt wurde. Es ist das einzig direkt gewählte Organ der EU.
Das EP wird seit 1979 in allgemeiner und direkter Wahl für eine Wahlperiode von fünf Jahren gewählt. Nach Art. 189 EGV darf die Anzahl der Mitglieder des EP 732 nicht übersteigen. Für die Wahlperiode 2004 bis 2009 beträgt die Zahl der in jedem Land gewählten Abgeordneten: Deutschland 99, Frankreich 78, Großbritannien 78, Italien 78, Spanien 54, Niederlande 27, Belgien 24, Griechenland 24, Portugal 24, Schweden 19, Österreich 18, Dänemark 14, Finnland 14, Irland 13 und Luxemburg 6, Estland 6, Lettland 9, Litauen 13, Polen 54, Ungarn 24, Tschechien 24, Slowakei 14, Slowenien 7, Malta 5 und Zypern 6. Die Zahl der Abgeordneten spiegelt nicht die Größe der Bevölkerung der Mitgliedstaaten wider. In Deutschland erfolgt die Wahl nach den Grundsätzen der Verhältniswahl mit Listenvorschlägen, die als (verbundene) Landeslisten oder als Bundesliste aufgestellt werden können. Im Gegensatz zur Bundestagswahl hat jeder Wähler nur eine Stimme. Mit der Mitgliedschaft im EP sind verschiedene Ämter mit exekutiven und rechtsprechenden Funktionen auf europäischer und nationaler Ebene nicht vereinbar.
Politisch bedeutsamer als die nationale Herkunft der Abgeordneten ist ihre

Zusammensetzung nach Parteizugehörigkeit. Die 732 Abgeordneten verteilten sich auf mehr als hundert Parteien aus den 25 Mitgliedstaaten. Einerseits ist dies ein Zeichen politischer Vielfalt und Spiegelbild des unterschiedlichen Wählerverhaltens, andererseits erschwert diese Vielfalt auch die Steuerung dieser verschiedenen politischen Kräfte im Parlament. Die Steuerungsfunktion nehmen die übernationalen politischen Fraktionen wahr. Dennoch wird man den von anderen Parlamenten bekannten Gegensatz von Mehrheits- und Minderheitsfraktionen im EP vergeblich suchen. Es bilden sich meist unterschiedliche Koalitionen nach bestimmten Sachbereichen. So sind «Interessengemeinschaften» quer durch die Fraktionen ebenso festzustellen wie gemeinsame nationale Positionen unterschiedlicher Fraktionen in bestimmten Fragen (z. B. dem Sitz eines Organs). Da aber das EP für eine bedeutsamere Rolle im Entscheidungsprozess bestimmter Mehrheiten bedarf, sind Absprachen zwischen den großen Fraktionen – Sozialisten und Europäische Volkspartei – notwendig und werden auch in aller Regel getroffen. In den Fraktionen vollzieht sich die eigentliche politische Willensbildung des EP. Zur Bildung einer Fraktion sind entsprechend der Geschäftsordnung mindestens 16 Mitglieder erforderlich. Einer Fraktion müssen Mitglieder angehören, die in mindestens einem Fünftel des Mitgliederstatus gewählt wurden.

Die Arbeiten des EP leitet das Präsidium, das aus dem alle zweieinhalb Jahre zu wählenden Präsidenten sowie den Vizepräsidenten besteht. Dem Präsidium obliegen Verwaltungsaufgaben, organisatorische Beschlüsse (z. B. die Ernennung des Generalsekretärs des EP), vorbereitende Beschlüsse für die Tätigkeit der Ausschüsse sowie die Aufstellung des EP-Haushaltsvorentwurfs. Die Ausschüsse bereiten die Tätigkeit des Plenums vor. Die Beschlussfassung erfolgt im Regelfall gemäß Art. 141 EGV durch absolute Mehrheit der abgegebenen Stimmen. Neben den 20 ständigen Ausschüssen kann das EP auch jederzeit nichtständige Ausschüsse mit einem befristeten Mandat einsetzen. Durch den → Maastrichter Vertrag wurde es dem EP auch ermöglicht, Untersuchungsausschüsse einzurichten, von denen es erstmals 1996/97 im Zusammenhang mit der BSE-Krise erfolgreich Gebrauch gemacht hat.

Das EP wurde im Entscheidungsprozess lange Zeit als Annex ohne Befugnisse betrachtet. Allerdings konnte es seine Rolle im Verlauf des Integrationsprozesses, besonders durch die 1979 erstmals durchgeführte Direktwahl, die → Einheitliche Europäische Akte (EEA) von 1987 sowie den Vertrag von Maastricht 1992 bedeutend verstärken. Seine Tätigkeiten beinhalten Mitwirkungsrechte an der EU-Gesetzgebung, Haushaltsrechte, Kontrollrechte und Zustimmungsrechte bei Assoziierungs- und Beitrittsabkommen.

- Das EP hat zwar wesentlich begrenztere Mitwirkungsrechte im «Gesetzgebungsprozess» als z. B. der Deutsche Bundestag; jedoch ist aus dem reinen Anhörungsrecht bei allen Fragen der Verwirklichung des Binnenmarktes ein Mitwirkungsrecht geworden.
- Im Haushaltsbereich verfügt das

Parlament über echte Mitsprachebefugnisse. Der Haushaltsplan, der von der → Kommission ausgearbeitet wird und → Rat und Parlament als Haushaltsbehörde zugeleitet wird, kann in seiner Gesamtheit vom EP aus schwerwiegenden Gründen abgelehnt werden. Bei den obligatorischen Ausgaben – sie machen etwa zwei Drittel des Etats aus – hat der Rat das letzte Wort. Bei den nichtobligatorischen Ausgaben liegt die letzte Entscheidung beim Parlament.

- Die Kontrollrechte des EP bestehen im Wesentlichen aus Anfragen an den Rat und die Kommission sowie aus monatlichen Fragestunden und jährlichen Debatten über den von der Kommission vorgelegten «Gesamtbericht über die Tätigkeit der Gemeinschaft». Das Parlament hat ferner das Recht, Rat und Kommission wegen Untätigkeit vor dem → Europäischen Gerichtshof zu verklagen, und hat davon z. B. in der Verkehrspolitik auch erfolgreich Gebrauch gemacht, als der Rat 1985 vom EuGH verurteilt wurde. Er wurde angehalten, in kurzer Zeit die betreffenden Vertragsartikel zu erfüllen. Schließlich kann das Parlament mit einer Zwei-Drittel-Mehrheit die Kommission zum Rücktritt zwingen. Sechs bisherige Misstrauensanträge haben keine erforderliche Zwei-Drittel-Mehrheit gefunden. Anfang 1997 hatte das Parlament erstmals mit überwältigender Mehrheit ein in den Verträgen nicht vorgesehenes «bedingtes Misstrauensvotum» im Zusammenhang mit der Haltung der Kommission zur BSE-Politik ausgesprochen. Mit dieser politischen Resolution wollte das Parlament der Kommission sechs Monate Zeit gewähren, um die von einem Untersuchungsausschuss aufgedeckten Mängel zu beseitigen. Das EP besitzt keine Gestaltungskompetenzen bei der personellen Zusammensetzung der EU-Kommission. Es kann nur ihm nicht genehme Kandidaten ablehnen.

Durch die EEA wurde ein Verfahren der Zusammenarbeit eingeführt, wodurch das EP bei allen für die Verwirklichung des Binnenmarktes erlassenen Beschlüssen erweiterte Mitwirkungsrechte im rechtsetzenden Bereich erhält. Beim Mitentscheidungsverfahren ist die Entscheidungsbefugnis auf Parlament und Rat gleich verteilt. Können sich beide nicht einigen, wird seit dem Inkrafttreten des Maastrichter Vertrags ein *Vermittlungsausschuss* einberufen. Er besteht aus Mitgliedern des Rats und ebenso vielen Mitgliedern des Parlaments. Er bemüht sich um einen Kompromiss, der für Rat und Parlament annehmbar ist. Kommt es auch im Vermittlungsauschuss zu keiner Einigung, gilt der Vorschlag als endgültig abgelehnt. Eine Erweiterung der EU und Abschlüsse von Abkommen mit dritten Staaten bedürfen ebenfalls der Zustimmung des EP. Somit hat das EP wichtige Mitwirkungsrechte bei der Gestaltung der Außenbeziehungen der Gemeinschaft.

Das EP hat somit eine *Politikgestaltungsfunktion*. Sie umfasst diejenigen Aktivitäten, die auf eine Beeinflussung der EU-Politiken abzielen. Dabei muss zwischen Initiative, Mitwirkung an der Rechtsetzung und Kontrolle unterschieden werden. Der zweite große

Funktionsbereich ist die *Rechtsetzungsfunktion*, die sich auf die Weiterentwicklung des EU-Systems ausrichtet. In der *Interaktionsfunktion* kommt die Beziehung zwischen Bürgern und Abgeordneten zum Ausdruck. Hierbei geht es vor allem um die Artikulation und Aggregation der unterschiedlichen Wählerinteressen wie auch die Mobilisierung der Bürger für wichtige Angelegenheiten. Durch die Ernennung eines *Ombudsmannes*, also eines Bürgerbeauftragten des Parlaments, soll die Interaktionsfunktion gestärkt werden.

Das EP stellt den Ort dar, der am besten geeignet ist, die unterschiedlichen Interessen in EG-Europa zu artikulieren. Die Existenz von mehr als 80 Parteien im Parlament garantiert, dass sehr unterschiedliche, sowohl politische als auch regionale Interessen, Stimmen, Meinungen im EP zum Ausdruck kommen. Als Mittelpunkt der Debatten über die politischen Ziele sowie über die anzuwendende Politik kann das Parlament zu einem bedeutsamen Faktor im weiteren Integrationsprozess werden. Die in der EEA sowie dem Maastrichter Vertrag erweiterten Kompetenzen des Europäischen Parlaments sind ein wichtiger Markstein, das nach wie vor vorhandene Demokratiedefizit im Entscheidungsprozess zu beseitigen. Dennoch ist das EP mit seiner jetzigen Rolle unzufrieden. 1990 hat es in einer Entschließung (Bericht Martin) sein Rollenverständnis aufgelistet. Das EP verlangt dabei:

- ein Mitentscheidungs- sowie ein Initiativrecht bei der Gesetzgebung;
- ein Wahlrecht für den Kommissionspräsidenten und ein Zustimmungsrecht zur Ernennung der Kommission (inzwischen erfolgt), des Gerichtshofs sowie des (→) Europäischen Rechnungshofs;
- ein umfassendes Untersuchungsrecht;
- ein Ratifizierungsrecht im Hinblick auf jene wesentlichen konstitutionellen Rechtsakte, die von den Gemeinschaftsstaaten ratifiziert werden müssen;
- ein Mitentscheidungsrecht bei allen wesentlichen außenpolitischen Verträgen, einschließlich der Handelsabkommen.

Der Präsident des EP stellte 1995 die Andersartigkeit des EP heraus, als er erklärte: «Das Europäische Parlament kann und darf nicht zu einem allein entscheidenden Parlament werden. Der Parlamentarismus, den wir auf der nationalen Ebene in den vergangenen 100 oder 150 Jahren entwickelt haben, ist auf die europäische nicht übertragbar. Nicht allein, aber auch weil die Union eine Union der Staaten ist und bleiben wird, ist die erhebliche Disproportionalität in der nationalen Zusammensetzung des Europäischen Parlaments unvermeidbar und unaufhebbar.»

Maurer, Andreas/*Wessels*, Wolfgang: Das Europäische Parlament: Akteur, Arena oder Alibi? Baden-Baden 2001; *Maurer*, Andreas: Parlamentarische Demokratie in der Europäischen Union. Der Beitrag des Europäischen Parlaments und der Parlemente der Mitgliedstaaten. Baden-Baden 2002; *Smith*, Julie: Europe's Elected Parliament. Sheffield 1999.

www.europarl.europa.eu

Europäisches Währungssystem (EWS)

Die Idee, ein gemeinsames europäisches Währungssystem zu schaffen, ist nicht neu. Sie kommt in zahlreichen Europaplänen seit dem 18. Jahrhundert als wichtiges Element für einen funktionsfähigen Zollverein vor. Im EWG-Vertrag vom 25.3.1957 waren bereits währungspolitische Vereinbarungen vorgesehen, um Störungen in einem gemeinsamen Markt zu verhindern. Als institutionelles Instrument wurde ein Währungsausschuss eingesetzt. Genaue Festlegungen für die Geld- und Währungspolitik waren nicht erforderlich, weil bis zum Beginn der 1970er Jahre die Wechselkursregelungen des Systems von Bretton Woods galten, die feste Wechselkurse mit geringen Schwankungsbreiten gegenüber dem US-$ festlegten. Mit der Krise der Weltwährungsordnung Ende der 1960er Jahre und der Freigabe der Wechselkurse wurde es erforderlich, europäische Regeln und Schwankungsbreiten zwischen den Gemeinschaftswährungen festzulegen, um den Waren- und Kapitalverkehr innerhalb des Gemeinsamen Marktes durch währungspolitische Verzerrungen nicht zu gefährden. Diskutiert wurde auch die Einführung einer Gemeinschaftswährung. Vor diesem Hintergrund, beschleunigt durch den Ölschock der 1970er Jahre, wurden Verhandlungen für ein gemeinsames Währungssystem der EG-Mitgliedstaaten aufgenommen und schließlich 1979 als Europäisches Währungssystem (EWS) errichtet.

Als Kernelemente des EWS lassen sich drei «Bausteine» herausarbeiten:

1. Der *Wechselkursmechanismus.* Er sichert die Wechselkurse der EG-Mitgliedstaaten innerhalb festgelegter Schwankungsgrenzen (+/– 2,25).
2. Der *Interventionsmechanismus.* Er zwingt die Nationalbanken der Mitgliedstaaten zu einer automatischen Intervention wenn eine Mitgliedswährung den oberen oder unteren Interventionspunkt über- oder unterscheitet.
3. Der *Kreditmechanismus.* Er gewährt kurzfristigen Währungsbeistand.

Mit der «Kunstwährung» ECU («Europäische Währungseinheit – European Currency Unit») war eine gemeinsame Basis geschaffen worden, über die gemeinsame Leitkurse festgelegt werden konnten. Zu Beginn nahmen alle EG Länder am EWS teil. Großbritannien beteiligte sich bis 1990 allerdings nicht an den vereinbarten Interventionsmechanismen. Das EWS versuchte, wie es einmal treffend charakterisiert wurde, «die Vorzüge von Floating und Bretton Woods zu kombinieren, nämlich Wechselkursstabilität, doch ohne die Starrheit von Bretton Woods, zugleich Flexibilität ohne die Hektik der Devisenmärkte im Floating-System» (Wimmer/Weixner). Mit dem EWS wurde eine wirkungsvollere Unabhängigkeit vom Dollar erreicht. Der ECU erwies sich für die Regierungen der Mitgliedstaaten als ein wichtiges Instrument der Zusammenarbeit, insbesondere der Finanzminister, um die Inflation zu bekämpfen und das Wachstum zu befördern. Das EWS trug vor allem entscheidend dazu bei, in einer kritischen Situation ein Auseinanderbrechen der EG zu verhindern und den Binnenmarkt zu sichern.

Das EWS zählt zu den wichtigsten und erfolgreichsten Integrationsleistungen zwischen den Römischen Verträgen und dem Vertrag von Maastricht. Mit der Einführung der → Wirtschafts- und Währungsunion wurde das EWS aufgegeben. An die Stelle der ECU trat der Euro. Als Kontrollmechanismus für die Währungs- und Stabilitätspolitik wurde die → Europäische Zentralbank geschaffen.

Brunn, Gerhard: Die Europäische Einigung. Stuttgart 2002; *Patat*, Jean-Pierre: L'Europe monétaire. Paris [2]1998; *Weber*, Manfred (Hg.): Europa auf dem Weg zur Währungsunion. Darmstadt 1991; *Wimmer*, Michaela/ *Weixner*, Bärbel: Stichwort ECU. München 1993.

Europarat – Conseil de l'Europe – Council of Europe (COE)

1. Ausgehend von einer Initiative der verschiedenen Europaverbände, deren Ziel die Vereinigung Europas mit unterschiedlicher Akzentsetzung war, wurde im Mai 1948 ein Europakongress nach Den Haag (7.–11.5.) einberufen. An ihm nahmen Delegationen aus 18 europäischen Demokratien und Beobachter aus den osteuropäischen Ländern, den USA und Kanada teil. In Plenarsitzungen und in drei Ausschüssen (Politischer Ausschuss – Wirtschafts- und Sozialausschuss – Kulturausschuss) wurde über die Probleme und die Zukunftsperspektiven Europas diskutiert. Der Kongress verabschiedete eine «Politische Resolution», eine «Resolution zu wirtschaftlichen und sozialen Fragen», eine «Resolution zur Kultur» sowie eine «Botschaft an die Europäer». In der Botschaft forderten die Delegierten eine Charta für Menschenrechte, einen Menschenrechtsgerichtshof sowie die Bildung einer Parlamentarischen Versammlung. Frankreich und Belgien ergriffen die Initiative. In schwierigen Verhandlungen erzielten die Beneluxstaaten (Belgien, Niederlande. Luxemburg), Frankreich und Großbritannien einen Kompromiss und luden die skandinavischen Staaten (Dänemark, Norwegen, Schweden), Irland und Italien zu Verhandlungen ein. Sie unterzeichneten am 5.5.1949 in London die Akte des Europarates als zwischenstaatliche Organisation der europäischen Demokratien. Sie trat am 3.8.1949 in Kraft. Am 10. August 1949 traf sich die Beratende Versammlung zu ihrer ersten Plenarsitzung in Straßburg (bis heute Sitz des Europarats). Der Europarat, der lange Zeit durch andere europäische Institutionen in den Hintergrund gedrängt worden war, zählt heute zum wichtigsten «paneuropäischen» Band.

Im Jahr 2006 hat der Europarat 46 Mitglieder: Neben den Gründungsmitgliedern kam hinzu, Griechenland, Türkei (1949), Island, Bundesrepublik Deutschland (1950), Österreich (1956), Zypern (1961), Schweiz (1963), Malta (1965), Portugal (1976), Spanien (1977), Liechtenstein (1978), San Marino (1988), Finnland (1989),

Ungarn (1990), Polen (1991), Bulgarien (1992), Estland, Litauen, Slowenien, Tschechische Republik, Slowakei, Rumänien (1993), Andorra (1994), Lettland, Albanien, Moldawien, Mazedonien, Ukraine (1995), Russland, Kroatien (1996), Georgien (1999), Armenien, Aserbeidschan (2001), Bosnien-Herzegowina (2002), Serbien-Montenegro (2003), Monaco (2004). Gaststatus besitzen der «Heilige Stuhl», der Staat der Vatikanstadt (permanent, MK), Israel (PV), die USA (MK), Mexiko (MK, PV), Japan (MK) sowie Kanada (MK, PV).

2. Als zwischenstaatliche Verbindung der europäischen Demokratien besitzt der Europarat vier Hauptorgane: Das *Ministerkomitee* (MK) ist *das* Entscheidungsorgan des Europarates. Jeder Mitgliedstaat hat eine Stimme. Beschlüsse, die den Regierungen zur Annahme empfohlen werden sollen erfordern Einstimmigkeit. Die *Beratende Versammlung* (seit 1974 Parlamentarische Versammlung, PV) ist das «Parlament» des Europarates. Die Mitglieder werden durch die nationalen Parlamente in die Versammlung delegiert und spiegeln das politische Kräfteverhältnis des jeweiligen Mitgliedlandes wider. Ausschüsse und Plenum können nur Empfehlungen abgeben. Das *Generalsekretariat* mit einem Generalsekretär an der Spitze bereitet die Sitzungen des Ministerkomitees und der Versammlung vor, führt die Geschäfte und koordiniert die Arbeit des Europarates.

3. Der *Europäische Gerichtshof für Menschenrechte* (seit 1959) zusammen mit der *Europäischen Menschenrechtskommission*: Der Gerichtshof, seit 1998 als reformierter, ständiger Gerichtshof für Menschenrechte (EGMR) eingerichtet, ist für die Auslegung und Anwendung der Konventionen des Europarates zuständig und lässt «Individualbeschwerden» und «Staatenbeschwerden» bei Menschenrechtsverletzungen zu. Er ist von enormer, paneuropäischer Bedeutung für die Ausbildung eines einheitlichen «Rechtsraum Europa». 2005 erließ er 1198 verbindliche Urteile. Der neue EGMR ersetzt das alte System aus Kommission für Menschenrechte und Gerichtshof.

4. Mit dem *Kongress der Gemeinden und Regionen Europas* seit 1994 (er löste die Konferenz der Gemeinden und Regionen Europas ab) sind auch die lokalen und regionalen Gebietskörperschaften vertreten.

5. Aufgabe des Europarates ist es, «eine enge Verbindung zwischen seinen Mitgliedern zum Schutze und zur Förderung der Ideale und Grundsätze, die ihr gemeinsames Erbe bilden, herzustellen und ihren wirtschaftlichen und sozialen Fortschritt zu fördern» (Art. 1). Vor allem das Entscheidungsorgan Ministerkomitee soll diese Aufgaben durch Abkommen in diesen Bereichen sowie beim Schutz und der Fortentwicklung der Menschenrechte und Grundfreiheiten erfüllen. Voraussetzung für eine Mitgliedschaft im Europarat ist es, dass die Mitgliedsländer den «Grundsatz der Vorherrschaft des Rechts» und den Grundsatz anerkennen, «dass jeder, der seiner Hoheitsge-

walt unterliegt, der Menschenrechte und Grundfreiheiten teilhaftig werden soll» (Art. 3). In zahlreichen Konventionen, u. a. der Sozialcharta, hat der Europarat u. a. auch die Sicherung der wirtschaftlichen und sozialen Menschenrechte, die Bewahrung des kulturellen Erbes, die Harmonisierung der Gesetzgebung und die Angleichung der Erziehungs- und Bildungssysteme, den Schutz von Natur und Umwelt, der Minderheiten und der Kinder in seinen Aufgaben- und Zielkatalog aufgenommen. Offizieller Auftrag des Europarates seit 1993 ist es, zur ersten und einzigen paneuropäischen Organisation zu werden und die Koopertation mit den Staaten Mittelost-, Osteuropas und der UdSSR aktiv zu gestalten. Er hat seither «einen enormen internen und externen Reformbedarf entwickelt und umgesetzt» (Melzer). Die Generalsekretäre Ctaherine Lalumière, Daniel Tarschys und vor allem Walter Schwimmer haben seit 1999 die Modernisierung der Binnenorganisation des Europarates (Auditing, Management- und Evaluierungsmethoden, Internetpräsenz und verbesserte Kommunikationspolitik) intensiv vorangetrieben und die Zusammenarbeit mit den neuen Mitgliedsstaaten im Bereich «demokratische Stabilität» mit einem «Europa ohne Trennungslinien» durch Förderung von Demokratie, Rechtstaatlichkeit und Menschenrechtsschutz forciert.

6. Der Europarat als erste übernationale Nachkriegsorganisation der europäischen Demokratien wurde zum Forum der politischen Debatten über die Form eines künftigen wieder vereinten Gesamteuropa und zur Ideenschmiede für die Europäische Integration. Zu den wichtigsten Erfolgen der formativen Jahre gehörte die 1950 unterzeichnete Konvention über die Menschen- und Bürgerrechte. Die intergouvernementale, zwischenstaatliche Organisationsstruktur behinderte die Entwicklung des Europarates, da nicht bei allen Mitgliedern der politische Wille hierzu bestand. Nachdem sich Anhänger einer stärker zwischenstaatlichen Struktur und Anhänger einer föderativen Lösung blockierten, entstanden aus dem Europarat heraus Sonderorganisationen als «Bund im Bund» (EGKS, EWG, EAG, EG, EU), die größere öffentliche Beachtung erhielten und die «Dachorganisation» und das «Rohmodell» der europäischen Einigungsentwicklung in den Hintergrund drängten, trotz seiner wichtigen Erfolge in zahlreichen Bereichen des rechtlichen, kulturellen, sozialen und politischen Lebens Europas. Seit 1989/90 engagierte sich der Europarat durch verschiedene Einrichtungen, Programme und Kommissionen für den Aufbau von Demokratie, Rechtsstaatlichkeit und Sicherheit in den ehemals kommunistischen Staaten Europas. Als einzige paneuropäische Organisation übernimmt der Europarat heute wichtige Aufgaben für das *eine* Europa und besitzt als paneuropäische Organisation mit flexiblen Strukturen gute Perspektiven, sich als Band der europäischen Demokratien fortzuentwickeln.

Bauer, Hans-Joachim: Der Europarat nach der Zeitenwende 1989–1999. Zur Rolle Straßburgs im gesamteuropäischen Integrationsprozeß. Hamburg London 2000; *Council of Europe Publishing/Éditions Conseil de l'Europe* (Hg.): Congress of Europe / Congrès de l'Europe. The Hague, 7–11 May 1948 / La Haye, 7–11mai 1948. Strasbourg 1999; *Gruner*, Wolf D.: Der Europarat wird fünfzig – ‹Vater› der europäischen Integration, in: Jubiläumsjahre – Historische Erinnerung – Historische Forschung, hg. v. Wolf D. *Gruner*. Rostock 1999, S. 117–234; Gruner, Wolf D.: ‹Les Europe des Européens›. The Perceptions of Europe in the Debates of the Consultative Assembly of the Council of Europe 1949–1951, in: *Bitsch*, Marie-Therèse/*Loth*, Wilfried/*Poidevin*, Raymond (Hg.), Institutions européennes et identités européennes. Brüssel 1998, S. 89–122; *Holtz*, Uwe (Hg.): 50 Jahre Europarat. Baden-Baden 2000; *Meyer-Ladewig*, Jens (Hg.): Konvention zum Schutz der Menschenrechte und Grundfreiheiten. Handkommentar. Baden-Baden [2]2006; *Schmuck*, Otto (Hg.): Vierzig Jahre Europarat: Renaissance in gesamteuropäischer Perspektive? Bonn 1990; *Schwimmer*, Walther: Der Traum von Europa. Straßburg 2003. *Wittinger*, Michaela: Der Europarat. Die Entwicklung seines Rechts und der «europäischen Verfassungswerte». Baden-Baden 2005.

www.coe.int (Portal des Council of Europe);
www.coe.int/t/e/SG/ (The Council of Europe Secretary General);
www.echr.coe.int (Europäischer Gerichtshof für Menschenrechte);
www.coe.int/cm (Ministerkomitee);
http://assembly.coe.int (Parlamentarische Versammlung);
www.commissioner.coe.int (Menschenrechtskommissar);
conventions.coe.int (Konventionen);
www.local.coe.int (Lokale Demokratie, grenzüberschreitende Zusammenarbeit);
http://social.coe.int (Gesellschaftlicher Zusammenhalt);
http://culture.coe.int (Kultur);
www.nature.coe.int (Umwelt);
www.coe.fr.oviedo (Bioethik);
www.venice.coe.int (Venedigkommission)

Gemeinsame Außen- und Sicherheitspolitik (GASP)

Zu Beginn der 1970er Jahre erwies sich der von den Gründungsvätern der europäischen Verträge ausgesprochene Verzicht auf eine koordinierte bzw. sogar gemeinsame Außenpolitik als nicht länger praktikabel. Die EG selbst wurde durch ihre wirtschaftliche Dynamik zu einem wichtigen Akteur in den internationalen Beziehungen. Zum anderen forderten die internationalen Entwicklungen – Entspannungspolitik, Konferenz über Sicherheit- und Zusammenarbeit, Nahostkonflikt – von den EG-Staaten ein koordiniertes Vorgehen. So einigten sich die EG-Staaten 1970 auf die Einrichtung einer Europäischen Politischen Zusammenarbeit (EPZ), die aber lediglich eine Koordination der Außenpolitiken der Mitgliedstaaten außerhalb der Europaverträge beinhaltete. In der → Einheitlichen Europäischen Akte von 1987 wurde erstmals völkerrechtlich die EPZ festgeschrieben. Mit dem → Vertrag von Maastricht wurden 1992 die Grundlagen der Gemeinsamen Außen- und Sicherheitspolitik (GASP) geschaffen. Die GASP hat zum Ziel die Wahrung der gemeinsamen Werte, der grundlegenden Interessen und der Unabhängigkeit der Union, die Sicherstellung der Sicherheit der Union und ihrer Mitgliedstaaten in all ihren Formen, die Wahrung des Friedens und die Verbesserung der internationalen Sicherheit entsprechend den Grundsätzen der Charta der Vereinten Nationen sowie den Prinzipien der Schlussakte der KSZE von Helsinki und dem Ziel der KSZE-Charta von Paris, die Förderung der internationalen Zusammenarbeit sowie die Entwicklung und Stärkung von Demokratie und Rechtsstaatlichkeit sowie der Achtung der Menschenrechte und Grundfreiheiten. Die GASP soll eine handlungsfähige Außen- und Sicherheitspolitik der EU herstellen. Ihr wird im Maastrichter Vertrag auch eine weit gehende Zuständigkeit für die Sicherheit der EU zugewiesen, «wozu auf längere Sicht auch die Festlegung einer gemeinsamen Verteidigungspolitik gehört, die zu gegebener Zeit zu einer gemeinsamen Verteidigung führen könnte». Auch in der GASP, die die zweite Säule des Maastrichter Vertrags bildet, verfolgt jeder EU-Mitgliedstaat zunächst seine eigene Außenpolitik, nimmt jedoch eine Abstimmung in jeder außen- und sicherheitspolitischen Frage von allgemeiner Bedeutung vor. Damit soll gewährleistet werden, dass die Mitgliedstaaten der EU möglichst einheitlich auftreten. Zur Erreichung der außenpolitischen Ziele stehen der EU drei Instrumentarien zur Verfügung: gemeinsame Strategien, gemeinsame Aktionen und gemeinsame Standpunkte. Oberstes Entscheidungsorgan für die GASP ist der → Europäische Rat, der auf seinen Gipfeltreffen die Grundsätze und allgemeinen Leitlinien der GASP einstimmig festlegt und gemeinsame Strategien für das Vorgehen der Union ausarbeitet (bisher für Russland, die Ukraine und den Mittelmeerraum). Diese Vorgaben berücksichtigt der → Minister(rat) bei seinen Entscheidungen. Während es sich bei gemeinsamen Strategien um umfassende außenpolitische Konzeptionen handelt, sind gemeinsame Aktionen und gemeinsame Standpunkte speziellerer Natur. Der Rat beschließt eine gemeinsame Aktion, wenn eine besondere Situation das Eingreifen der EU erfordert. In diesem Fall sind alle Mitglieder an den einstimmig getroffenen Beschluss gebunden. Der Rat formuliert auch gemeinsame Standpunkte, die für die EU zu wichtigen außenpolitischen Themen maßgeblich sind. Für diese Maßnahmen genügt die qualifizierte Mehrheit. Da sich aber sehr schnell gerade vor dem Hintergrund der Balkankriege herausstellte, dass die Mechanismen der GASP versagten, wurden im → Vertrag von Amsterdam 1997 die Konsequenzen gezogen. So wurde der Posten des «Hohen Beauftragten für die Gemeinsame Außen- und Sicherheitspolitik» geschaffen, um der EU-Außenpolitik Konturen zu geben. Zusammen mit dem Ratspräsidenten und dem zuständigen Kommissar für Außenbeziehungen bildet er die neue Troika. Gleichzeitig ist er der Generalsekretär des Rates, so dass der Rat weiterhin in die Außenpolitik involviert ist. Erster Hoher Beauftragter wurde der ehemalige spanische Außenminister und NATO-Generalsekretär Javier Solana. Der Hohe Beauftrage sollte darüber hinaus die Planungskapazitäten in der Außen- und Sicherheitspolitik stärken, weshalb ihm eine neu gegründete Strategieplanungs- und Frühwarneinheit zugewiesen wurde.

Die Kriege auf dem Balkan hatten deutlich gemacht, dass die EU stärker auch die Sicherheits- und Verteidigungspolitik in ihren Rahmen einfügen musste. Auch im Amsterdamer Vertrag erhielt die EU keine militärischen Kapazitäten; dies sollte sich erst nach dem Kosovo-Krieg 1999 ändern. Es wurden ein Ständiges Politisches und Sicherheitspolitisches Komitee (PSK), aus hohen Beamten/Botschaftern in den Ständigen Vertretungen der EU-Länder in Brüssel bestehend, sowie ein Militärausschuss, aus Vertretern der Generalstabschefs zusammengesetzt, und ein Militärstab geschaffen, um Krisensituationen zu identifizieren, Handlungsoptionen zu entwerfen und künftige Kriseneinsätze zu leiten. Auf dem Europäischen Rat in Helsinki im Dezember 1999 und auf der Gipfelkonferenz von Nizza im Dezember 2000 wurde von den Staats- und Regierungschefs der EU beschlossen, bis 2003 50000 bis 60000 Mann an Bodentruppen und 30000 Mann an Luftwaffen- und Marinesoldaten für 100 Schiffe und 400 Flugzeuge mit ausreichenden Reservekräften aufzustellen. Diese sollen innerhalb von 60 Tagen einsatzfähig sein, um die sog. Petersbergaufgaben (humanitäre Aufgaben und Rettungseinsätze, friedenserhaltende Aufgaben sowie Kampfeinsätze bei der Krisenbewältigung einschließlich friedensschaffender Maßnahmen) wahrzunehmen. Mit Hilfe der europäischen Einsatzstreitkräfte soll die europäische Komponente innerhalb der → NATO gestärkt werden. Gleichzeitig soll es der EU durch die europäischen Streitkräfte auch ermöglicht werden, bei Krisen und Konflikten an der europäischen Peripherie zu intervenieren, wenn die USA dazu nicht in der Lage oder Willens sind.

Der vom europäischen Verfassungskonvent im Juli 2003 vorgelegte → Verfassungsentwurf sieht nur eine geringfügige Ausweitung der Mehrheitsentscheidungen vor. Es besteht zusätzlich die Möglichkeit, dass der Europäische Rat weitere Bereiche benennt, in denen vom Rat mit qualifizierter Mehrheit beschlossen werden kann. Die Gemeinsame Sicherheits- und Verteidigungspolitik wird nun integraler Bestandteil der GASP. Die wichtigste Neuerung in diesem Bereich ist die Einrichtung des Amtes eines Europäischen Außenministers (→ Europäischer Verfassungsentwurf). Er soll u.a. unter Aufsicht des Rates und in Abstimmung mit dem PSK zur zentralen Koordinierungsinstanz für zivile und militärische Operationen der Union werden. Im Dezember 2003 verabschiedete der Europäische Rat die Europäische Sicherheitsstrategie (ESS). Demnach beziehen sich die strategischen Ziele der EU auf die Abwehr von Bedrohungen – Terrorismus, Massenvernichtungswaffen, regionale Konflikte – die Sträkung der Sicherheit in Nachbarschaftsregionen sowie eine multilaterale Weltordnung. Der Einsatz von Gewalt als Mittel zur Lösung internationaler Konflikte ist gemäß der ESS möglich.

Dietrich, Sascha: Europäische Sicherheits- und Verteidigungspolitik (ESVP). Baden-Baden 2006; *Jopp*, Matthias/*Regelsberger*, Elfriede: GASP und ESVP im Verfassungsvertrag – eine neue Angebotsvielfalt mit Chancen und Mängeln, in: Integration 4/2003; *Kremer*, M./*Schmalz*, U.: Nach Nizza – Perspektiven der Gemeinsamen Europäischen Sicherheits- und Verteidigungspolitik, in: Integration 2001, S. 167 ff.; *Regelsberger*, Elfriede: Die Gemeinsame Außen- und Sicherheitspolitik nach Nizza – begrenzter Reformeifer und außervertragliche Dynamik, in: Integration 2001, S. 156 ff.; Regelsberger, E./*de Schoutheete de Tervarent*, P. /*Wessels*, W. (Hg.): Foreign Policy of the European Union – From EPC to CFSP and Beyond, London 1997.

Maastrichter Vertrag

Der Vertrag von Maastricht – offiziell der Vertrag über die Europäische Union (EUV) –, vorbereitet durch zwei Regierungskonferenzen zur → Wirtschafts- und Währungsunion (WWU) und zur Politischen Union 1990/91, wurde im Februar 1992 von den Außen- und Finanzministern der Mitgliedstaaten unterzeichnet.

Kernstück des Vertrags ist der Ausbau der EWG zu einer Wirtschafts- und Währungsunion. Darüber hinaus wurde die Bildung einer Politischen Union beschlossen. Ergebnis war die Europäische Union, die aus drei Pfeilern besteht. Den ersten Pfeiler bilden die drei Europäischen Gemeinschaften, deren Aufgabenbereiche erheblich erweitert werden. Im Mittelpunkt der Erweiterung der Kompetenzen steht die Wirtschafts- und Währungsunion. Ihr Ziel ist die Schaffung einer einheitlichen Währung sowie die Festlegung und Durchführung einer einheitlichen Geld- und Währungspolitik, die dem Ziel der Preisstabilität verpflichtet ist. Ein weiteres die Integration betonendes Element ist die → Europäische Zentralbank, die seit 1999 die Zuständigkeit für die Währungspolitik der 11 (inzwischen 12) Euro-Staaten besitzt, die seit dieser Zeit auch die Euro-Zone bilden. Den zweiten Pfeiler bildet die → Gemeinsame Außen- und Sicherheitspolitik. Längerfristig ist auch eine gemeinsame Verteidigungspolitik vorgesehen. Daher soll die → Westeuropäische Union integraler Bestandteil der EU werden und in dieser aufgehen. Der dritte Pfeiler, der ebenfalls wie der zweite auf dem intergouvernementalen Prinzip beruht, sieht eine enge Zusammenarbeit in der Innen- und Justizpolitik vor. Dazu gehören: Asylpolitik, Grenzkontrollen, Einwanderungspolitik, Drogenbekämpfung, Bekämpfung der internationalen Kriminalität, Zusammenarbeit der Justiz in Zivil- und Strafsachen, Kooperation im Zollwesen und schließlich die polizeiliche Zusammenarbeit. Darüber hinaus wurde die institutionelle Struktur der ersten Säule behutsam verändert. So erhielt das → Europäische Parlament für einige wenige Bereiche im Rahmen des neu eingeführten Verfahrens der Mitentscheidung die Möglichkeit, vom Rat beschlossene Rechtsakte endgültig zu verhindern. Eine weitere wichtige Bestimmung war die Einführung des Subsidiaritätsprinzips. Danach sollen Entscheidungen nur dann von der Gemeinschaft getroffen werden, «sofern und soweit die Ziele der in Betracht gezogenen Maßnahmen auf Ebene der Mitgliedstaaten nicht ausreichend erreicht werden können» (Art. 3b EUV a. F.). Schließlich wurde durch den Maastrichter Vertrag die Unionsbürgerschaft eingeführt, die die nationale Staatsangehörigkeit der Mitgliedstaaten ergänzt. Die Unionsbürgerschaft verleiht zusätzliche Rechte neben der Staatsbürgerschaft. Unionsbürger mit Wohnsitz in einem anderen EU-Land erhalten durch die Unionsbürgerschaft das aktive und passive Wahlrecht bei Kommunal- und Europawahlen. Schließlich besitzt ein Unionsbürger in einem Drittland das Recht auf diplomatischen Schutz und konsularische Betreuung durch einen anderen Mitgliedstaat der EU, wenn der Staat dieses Bürgers in diesem Drittland nicht vertreten ist. Der Unionsbürger verfügt zudem über das Beschwerderecht bei einem vom Europäischen Parlament eingesetzten Bürgerbeauftragten.

Der Maastrichter Vertrag stellte die umfassendste und weit gehendste Revision der bisher abgeschlossenen Verträge dar. In der Wirtschafts- und Währungspolitik handelte es sich um einen qualitativen Sprung, der eine Souveränitätsübertragung in diesen Politikfeldern von den Nationalstaaten auf die europäische Ebene zum Inhalt hatte. Daher kam es in einzelnen Ländern auch zu Problemen mit der Ratifizierung. Durch diese Schwierigkeiten – u. a. wurde der Vertrag in Dänemark in einer ersten Volksabstimmung 1992 abgelehnt und erst in einer zweiten Volksabstimmung 1993 angenommen – konnte der Maastrichter Vertrag erst am 1. 11. 1993 in Kraft treten. Darüber hinaus hatte sich in den Mitgliedstaaten in weiten Teilen der Gesellschaft eine nicht zu unterschätzende Anti-Maastricht-Stimmung entwickelt, der es Rechnung zu tragen galt.

Zur Literatur vgl. Literaturverzeichnis S. 534 ff.

(Minister)Rat

1. Der Rat ist die «Legislative der EU», gleichzeitig aber auch das eigentliche Entscheidungszentrum in der Gemeinschaft. Im institutionellen Gefüge der Europäischen Gemeinschaften bildet der Rat das Gemeinschaftsorgan mit der größten Kompetenzfülle. Im Rat wirken die Mitgliedstaaten am gemeinschaftlichen Entscheidungsprozess mit, so dass ihm eine wichtige Scharnierfunktion zwischen Gemeinschaft und Mitgliedstaaten zukommt. Das bedeutet, dass der Rat durch eine gewisse Doppelnatur gekennzeichnet ist. Einerseits wirkt er als Gemeinschaftsorgan, andererseits vertreten seine Mitglieder (die Regierungsvertreter der Mitgliedstaaten) nationale Interessen. Die Ratsmitglieder handeln nicht allein als Gemeinschaftsorgan, sondern als Vertreter von (Verfassungs-)Organen der Mitgliedstaaten, die auch Bindungen innerstaatlichen Rechts unterliegen. Er beschließt alle wesentlichen Rechtsakte der Europäischen Union. Er kann aber nur – abgesehen von einigen wenigen Fällen – auf Vorschlag der → Europäischen Kommission entscheiden. Seine Verordnungen gelten in den Mitgliedstaaten wie Gesetze. Der Rat trifft somit verbindliche Beschlüsse über gemeinschaftsinterne Gesetzesvorhaben. Er schließt zudem Verträge mit Drittstaaten, in manchen Bereichen sogar

dann, wenn sie gegen die Stimme einzelner Länder beschlossen werden.
Durch die Neufassung der Regelung über die Zusammensetzung des Rates im → Maastrichter Vertrag besteht der Rat aus jeweils einem Vertreter der Regierungen der Mitgliedstaaten, der befugt ist, für die Regierung des Mitgliedstaats verbindlich zu handeln. Somit wird nun Staaten mit föderaler Struktur, z. B. Deutschland, Österreich oder Belgien, ermöglicht, auch Minister ihrer Gliedstaaten zu entsenden. Die Außenminister bilden den Allgemeinen Rat, während die Ressortminister unterschiedliche Fachräte bilden. So kommen z. B. die Landwirtschaftsminister als Landwirtschaftsrat, die Umweltminister als Umweltrat usw. zusammen. Die Wirtschafts- und Finanzminister bilden den «ECOFIN-Rat». Auf diese Weise kann der Ministerrat in verschiedener Zusammensetzung in mehreren Sitzungen gleichzeitig tagen. Bei besonderen Fragen kann der Rat in der Zusammensetzung der Staats- und Regierungschefs tagen, so z. B. bei der Entscheidung über die dritte Stufe der Währungsunion. (vgl. Art. 109j Abs. 3 EGV). Damit wird eine organische und rechtlich verbindliche Einbeziehung des Europäischen Rats in das Organgefüge der Union vorgenommen. Ein sektorieller Rat tagt in der Regel zweimal während einer Präsidentschaft. Der «Allgemeine Rat», der Rat der Agrarminister sowie der ECOFIN-Rat tagen häufiger. 2003 tagte der Rat formell 76 Mal. Er hat in jenem Jahr 189 Verordnungen, 60 Richtlinien und 39 Beschlüsse verabschiedet.

2. Der Rat tagt gewöhnlich in Brüssel, dreimal pro Jahr in Luxemburg. Alle sechs Monate, jeweils zum 1. Januar und zum 1. Juli eines Jahres, wechselt der Vorsitz im Rat in alphabetischer Reihenfolge. Der Vorsitzende des Ministerrats beruft die Sitzungen des Ministerrats ein; er ist dazu verpflichtet, wenn ein Mitglied des Ministerrats oder die Kommission die Einberufung einer Sitzung verlangen. Er stellt zudem die Tagesordnung auf, die vom Rat zu bestätigen ist. Der Präsident leitet die Sitzungen, unterzeichnet die Rechtsakte des Rates und ordnet deren Bekanntmachung oder Veröffentlichung an. Auch vertritt der Ratspräsident den Rat gegenüber anderen EG-Organen und die Gemeinschaft nach außen.
In der politischen Praxis hatte sich die Troika-Lösung eingebürgert. Sie besagte, dass der amtierende, der vorhergehende sowie der nachfolgende Ratspräsident in bestimmten Angelegenheiten, z. B. internationalen Missionen der EU, gemeinsam auftreten, um die Kontinuität zu wahren. Mit dem Vertrag von Nizza entstand ein neues Troika-Verfahren. Nun vertreten der jeweilige Ratspräsident, der Kommissar für Auswärtige Angelegenheiten und der Hohe Beauftragte die EU nach außen.

3. Der Rat trifft als oberstes Beschlussorgan der EU verbindliche Beschlüsse über gemeinschaftsinterne Gesetzesvorhaben. Insbesondere ist er daneben zuständig für die Abstimmung der Wirtschaftspolitik als Mittel zur Erreichung der Vertragsziele. Die vom Rat erlassenen Regelungen zur Verwirklichung des Binnenmarkts und der Marktfreiheiten sind von besonderer Bedeutung. Der Rat beschließt über den Beitritt weiterer Staaten zur Europäischen Union. Er

ist zuständig für den Abschluss von Abkommen der Gemeinschaft mit Drittstaaten oder internationalen Organisationen bzw. Assoziierungsabkommen mit Drittstaaten, Staatenverbindungen oder internationalen Organisationen. Im Rahmen der zweiten Säule der EU sichert der Rat innerhalb seiner Zuständigkeit die «Kohärenz» außenpolitischer Maßnahmen bei der Ausübung seiner Kompetenzen als Gemeinschaftsorgan. Zur Verwirklichung einer → Gemeinsamen Außen- und Sicherheitspolitik ist der Rat für gemeinsame Maßnahmen zuständig. In der dritten Säule, der Innen- und Justizpolitik, wirkt der Rat insbesondere durch die Annahme gemeinsamer Standpunkte und gemeinsamer Maßnahmen sowie durch die Ausarbeitung völkerrechtlicher Abkommen zwischen den Mitgliedstaaten. Schließlich stellt der Rat auf Vorschlag der Kommission den Haushaltsplan auf. Nicht zuletzt besitzt der Rat auch Kreationsbefugnisse. Er ernennt die Mitglieder des Wirtschafts- und Sozialausschusses, des → Ausschusses der Regionen und des → Europäischen Rechnungshofs. Der Rat setzt die Besoldung der Mitglieder der Kommission, der Richter, der Generalanwälte und des Kanzlers des Gerichtshofs fest und regelt die Rechtsstellung der Beamten und der sonstigen Bediensteten der Gemeinschaft.

4. Im Rat gibt es drei unterschiedliche Entscheidungsverfahren: Beschlüsse mit einfacher Mehrheit, mit qualifizierter Mehrheit oder Beschlüsse einstimmiger Art. Abstimmungen im Rat finden entsprechend ihrer Bedeutung mit verschiedenen Mehrheitsanforderungen statt. Beim Entscheidungsverfahren mit einfacher Mehrheit verfügt jeder Mitgliedstaat über eine Stimme. Ein Beschluss kommt zustande, wenn sich die Mehrheit der Mitglieder dafür ausspricht. Jedoch kommt dieses Abstimmungsverfahren lediglich bei ganz wenigen Entscheidungen wie z. B. Tagesordnungen zur Anwendung. Die qualifizierte Mehrheitsentscheidung ist die Regel des Entscheidungsprozesses. Bei ihr werden die Stimmen der Mitglieder des Rats in unterschiedlicher Weise gewichtet und der Beschluss kommt mit qualifizierter Mehrheit zustande, wenn eine bestimmte Mindestzahl an Stimmen erreicht wird. Seit dem 1.11.2004 gilt folgende Stimmverteilung: Deutschland, Frankreich, Italien, Großbritannien je 29; Spanien, Polen je 27; Niederlande 13; Belgien, Tschechien, Griechenland, Ungarn, Portugal je 12; Österreich, Schweden je 10; Dänemark, Irland, Litauen, Slowakei, Finnland je 7; Zypern, Estland, Lettland, Luxemburg, Slowenien je 4; Malta 3. Die Gesamtzahl beträgt 321 Stimmen. Für Beschlüsse mit qualifizierter Mehrhehit ist eine Mindestzahl von 232 Stimmen (72,27 %) erforderlich. Beschließt der Rat auf Vorschlag der Kommission, muss die Mindestzahl der Zustimmung die Mehrheit der Mitgliedstaaten umfassen, in allen anderen Fällen die Zustimmung von mindestens zwei Dritteln der Mitglieder. Sollte ein Mitgliedstaat die demographische Überprüfung verlangen, muss der Beschluss der Staaten, die die qualifizierte Mehrheit bilden, mindestens 62 % der Gesamtbevölkerung der Union umfassen, um Gültigkeit zu erlangen. Das dritte Verfahren der Einstimmigkeit be-

sagt, dass zwar grundsätzlich alle Mitglieder einem Rechtsakt zustimmen müssen. Jedoch besagt der EG-Vertrag, dass die Stimmenthaltung von anwesenden oder vertretenen Mitgliedern dem Zustandekommen von Beschlüssen, bei denen Einstimmigkeit erforderlich ist, nicht entgegenstehen. Mit den beiden ersten Verfahren sollte verhindert werden, dass im Rat als Gemeinschaftsorgan nationale Interessen Vorrang gewinnen und somit die Weiterentwicklung der Gemeinschaft blockieren könnten. So kann der Rat in der Regel nur über Entwürfe beschließen, die von der Europäischen Kommission vorgelegt wurden.

Der als Folge der französischen Politik des «leeren Stuhls» 1966 gefundene Luxemburger Kompromiss besaß zwar völkerrechtlich keine Verbindlichkeit, wurde politisch jedoch die Handlungsmaxime für die nächsten zwei Jahrzehnte. Er führte dazu, dass weiterhin die meisten Beschlüsse im Rat einstimmig gefasst wurden. Lediglich in Haushalts- und Verwaltungsfragen wurde das Mehrheitsprinzip angewandt. Auf der Grundlage des «Luxemburger Kompromisses» konnten die Mitgliedstaaten ein bestimmtes Politikfeld als «vitales Interesse» deklarieren und damit den Entscheidungsprozess im Rat verzögern, bis ein Konsensus gefunden wurde. Da sich dieses Verfahren jedoch bei zwölf Mitgliedern als zu schwerfällig erwies und eine missbräuchliche Anwendung der Einstimmigkeitsregel die EG zur Funktionsunfähigkeit führen könnte, wurde im Rat immer häufiger – auch bei Fragen grundsätzlicher Bedeutung – mit Mehrheit entschieden. Die → Einheitliche Europäische Akte (EEA) von 1987 verankerte auch formal die Anwendung des Mehrheitsprinzips, denn die Entscheidungen über die Entwicklung des Binnenmarktes werden – von wenigen Ausnahmen wie z. B. der Steuerharmonisierung abgesehen – mit Mehrheit getroffen. Die EEA dynamisierte die Entscheidungsfindung in der Gemeinschaft, sodass seit dieser Zeit Mehrheitsentscheidungen im Rat zu einem üblichen Verfahren geworden sind.

Bei der Erweiterung um Schweden, Finnland und Österreich kam es erneut zu einer Kontroverse über das Quorum im Rat. Mit Großbritannien und Spanien widersetzten sich zwei Staaten lange Zeit der arithmetischen Anpassung der für eine qualifizierte Mehrheit bzw. Minderheit notwendigen Stimmenzahl auf 62 bzw. 26 Stimmen. Beide Staaten wollten bei der alten Regelung von 23 Stimmen bleiben, was eine einfachere Vetoposition ermöglicht hätte. Im so genannten «Kompromiss von Ioannina» vom 29. März 1994 wurde folgendes Verfahren festgelegt: «Falls Mitglieder des Rates, die über insgesamt 23 bis 25 Stimmen verfügen, erklären, dass sie beabsichtigen, sich einem Beschluss des Rates, für den eine qualifizierte Mehrheit erforderlich ist, zu widersetzen, so wird der Rat alles in seiner Macht stehende tun, um innerhalb einer angemessenen Zeit und unbeschadet der zwingenden Fristen, die durch die Verträge und durch das abgeleitete Recht ... vorgeschrieben sind, eine zufrieden stellende Lösung zu finden, die mit mindestens 65 Stimmen angenommen werden kann ...»

In Angelegenheiten, die die Unionsinteressen in besonderem Maße berühren, ist nach wie vor ein einstimmiger

Beschluss des Rates erforderlich, z. B. in Bezug auf Kompetenzerweiterung, Erweiterung und Assoziierung mit dritten Staaten oder internationalen Organisationen.
Der Rat wird in seiner Arbeit unterstützt von einem Generalsekretär und dem Ausschuss der Ständigen Vertreter (COREPER), d. h. der zur EG entsandten Botschafter der Mitgliedstaaten. Dieser Ausschuss bildet die eigentliche Schaltzentrale zwischen EU und nationalen Mitgliedstaaten, sodass die Verzahnung von hoher fachlicher Autorität und politischer Instruktion aus den Mitgliedstaaten dieses Gremium auszeichnet. Daher kommt ihm eine kaum zu unterschätzende Bedeutung zu, die noch dadurch erhöht wird, dass er mindestens einmal wöchentlich tagt und somit für eine Kontinuität in der Europapolitik sorgt. Dem Ständigen Ausschuss sind fast 200 Unterausschüsse und Arbeitsgruppen mit Beamten der nationalen Fachministerien zugeordnet, die auf der Grundlage von Kommissionsvorschlägen eine gemeinsame Position für den Ständigen Ausschuss erarbeiten, der seinerseits wiederum die Vorlage für den Rat erarbeitet.

5. Die EU-Erweiterung erforderte eine Reform der Institutionen, die durch den Vertrag von Nizza 2004 vorgenommen wurde. In einer EU 27 erhöht sich somit die Schwelle für die qualifizierte Mehrheit auf 255 Stimmen (74 % der Stimmen) von insgesamt 345 gewogenen Stimmen.

Arndt, Hans-Wolfgang: Europarecht. Heidelberg [2]1995; *Haynes-Renshaw*, Fiona/*Walace*, Helen: The Council of Ministers. London 1997.

http://ue.europa.eu/

NATO (Nordatlantische Verteidigungsorganisation)

1. Die NATO wurde am 4. 4. 1949 durch einen Vertrag zwischen den USA und Kanada sowie zehn europäischen Staaten (Großbritannien, Frankreich, Benelux-Staaten, Norwegen, Dänemark, Island, Portugal, Italien) als Sicherheitsbündnis gleichberechtigter Staaten geschlossen. 1952 traten Griechenland und die Türkei, 1955 Deutschland, 1982 Spanien und 1999 Polen, Ungarn und die Tschechische Republik der NATO bei. 2003 wurden die Beitrittsverträge mit Litauen, Lettland, Estland, Bulgarien, Rumänien, Slowakei und Slowenien unterzeichnet, die 2004 wirksam wurden. Wichtigste Aufgabe der NATO ist der Schutz sämtlicher NATO-Partner gegen eine mögliche Aggression. Ein bewaffneter Angriff gegen einen oder mehrere von ihnen in Europa oder Nordamerika wird als Angriff gegen alle Mitglieder gesehen. Allerdings enthält der Vertrag keine automatische militärische Beistandspflicht, da es jedem Mitgliedstaat überlassen bleibt, unverzüglich und im Zusammenwirken mit den anderen Partnern die Maßnahmen zu treffen, einschließlich der Anwendung von Waffengewalt, die er für erforderlich hält. Ein in der Geschichte der Bündnissysteme neues Phänomen ist die Tatsache,

dass der NATO-Vertrag neben der militärischen auch die politische, soziale, ökonomische und kulturelle Zusammenarbeit vorsieht und sich somit die Verteidigung einer Lebensform zum Ziel setzt. Die Vertragsmitglieder anerkennen das Prinzip der liberal-pluralistischen Demokratie, wenngleich sie in einigen Mitgliedsländern lange Zeit nicht praktiziert wurde (Portugal/Griechenland) und in der Türkei seit 1981 nur in Ansätzen praktiziert wird.

2. Die NATO ist eine internationale Organisation, die auf dem Prinzip der intergouvernementalen Zusammenarbeit beruht, d.h. dass die dem Bündnis angehörenden Staaten keine Souveränitätsrechte an das Bündnis abgegeben haben. Die NATO gliedert sich in eine politische und eine militärische Organisation. Wichtigstes Grundprinzip der NATO ist der Primat der Politik; die militärische Führung untersteht der politischen Führung. Mitglied der politischen Organisation sind alle 26 Mitgliedstaaten, während der militärischen Organisation Frankreich seit den Zeiten de Gaulles, Spanien und Island aufgrund fehlenden Militärs nicht angehören. Oberstes Entscheidungsorgan ist der NATO-Rat, dessen Hauptaufgabe darin besteht, die Mitgliedstaaten bei der Durchführung des Vertrages zu unterstützen. Der Rat, der sowohl auf der Ebene der Regierungschefs, der Außen- und Verteidigungsminister als auch der ständigen Vertreter tagen kann, fasst seine Beschlüsse einstimmig durch Konsens. Dieses Beschlussverfahren bedeutet, dass gerade die kleineren Mitgliedstaaten über ein erhebliches Mitbestimmungspotenzial im Entscheidungsprozess sowie bei den Grundsatzfragen der Allianz verfügen. Weitere Organe sind der Ausschuss für Verteidigungsplanung (DPC), die Nukleare Planungsgruppe (NPG) und die Nordatlantische Versammlung, bestehend aus Parlamentariern aller 26 Mitgliedstaaten. Exekutivorgan der NATO ist das Generalsekretariat, dem der auf fünf Jahre gewählte Generalsekretär vorsteht. Das Generalsekretariat ist international zusammengesetzt und weist innerhalb der zivilen NATO-Organe den höchsten Integrationsstand auf, da die Beamten internationale Beamte und dem Generalsekretär unterstellt sind. Mehr und mehr wurde der NATO-Generalsekretär, besonders durch die letzten Amtsinhaber Wörner, Solana und Lord Robertson, zu einem international außerordentlich bedeutsamen Akteur.

Seit 1966 bildet der Militärausschuss die höchste militärische Instanz. Er besteht aus den Stabschefs aller Bündnispartner. Island kann einen zivilen Beamten in den Militärausschuss entsenden. Der zweimal im Jahr tagende Ausschuss hat die Aufgabe, die Maßnahmen zu erarbeiten und zu empfehlen, die für die gemeinsame Verteidigung des NATO-Gebiets für erforderlich gehalten werden. Außerdem berät er den NATO-Rat in militärischen Fragen. Zwischen den Tagungen des Militärausschusses tagt der «Ständige Militärausschuss». Zur Durchführung der Politik und Beschlüsse des Militärausschusses wurde der internationale Militärstab geschaffen, ein aus einigen hundert Offizieren und Unteroffizieren bestehendes Gremium. Für die Funktionsfähigkeit der militärischen Organisation wurden 1993 zwei regionale Kommandobehörden gebildet, das Allied Command Europe (ACE) mit dem Oberbefehlshaber SACEUR (Supreme Allied Commander Europe) – inzwischen in Alliierte Kommando Operationen umgewandelt – und das Allied Command Atlantic (ACLANT) – heute Alliiertes Kommando Transformation-mit dem SACLANT (Supreme Allied Commander Atlantic). Aufgabe der obersten Befehlshaber in den Kommandobereichen ist die Ausarbeitung der Verteidigungspläne, Feststellung des Streitkräftebedarfs und Vorbereitung und Durchführung von Stabsrahmen- und Truppenübungen. Im Frieden unterstehen die Streitkräfte der Mitgliedstaaten größtenteils nationalen Oberbefehlshabern. Die integrierten Stäbe der NATO-Hauptquartiere, die Einheiten der integrierten Luftverteidigung, die Flotte der Frühwarnflugzeuge (AWACS) und die drei ständigen Einsatzflotten (Atlantik, Mittelmeer und ein Minenabwehrverband) sind auch in Friedenszeiten NATO-Oberbefehlshabern unterstellt.

3. Vierzig Jahre hatte die NATO ihre wichtigste Aufgabe, nämlich die Sicherheit ihrer Mitglieder zu gewährleisten, erfolgreich wahrgenommen. Mit dem Zusammenbruch des Sozialismus, der Implosion der Sowjetunion und der Auflösung des → Warschauer Pakts ergab sich für die NATO eine vollkommen neue geopolitische und strategische Situation, der das Bündnis Rechnung tragen musste. 1991 änderte das Bündnis seine Strategie und löste sich von der Fixierung auf den Ostblock als Gegner. Eine direkte Bedrohung wurde seitens der NATO nun nicht länger perzipiert.

4. Die NATO ist nach wie vor die für die Sicherheit in Europa entscheidende internationale Organisation. Doch mit der Überwindung des Ost-West-Konflikts und dem Fortfall seiner Disziplinierungsfunktion sind Kriege in Europa wieder führbar geworden und stellen die für Sicherheit zuständigen Organisationen vor neue Aufgaben. Nach dem Ende des Ost-West-Konflikts hat die NATO eine stärkere Verlagerung ihrer Funktionen in den politischen Bereich vorgenommen. Neben der Osterweiterung stellt die Bereitschaft der NATO, den Vereinten Nationen bzw. der OSZE Einheiten für *peace-keeping*-Missionen zur Verfügung zu stellen, die drastischste Veränderung im Aufgabenfeld des Atlantischen Bündnisses dar. 1992 erklärte der NATO-Rat seine Bereitschaft, Friedensoperationen im Rahmen der OSZE und der Vereinten Nationen auch außerhalb des Bündnisgebietes zu unterstützen. Seit 1992 engagierte sich die NATO im Bosnien-Krieg, u. a. um das UN-Embargo mit Seestreitkräften in der Adria zusammen mit Einheiten der WEU zu überwachen. Auch bot die NATO an, der UN-Schutztruppe UNPROFOR in Bosnien-Herzegowina Luftunterstützung zu gewähren. Einen entscheidenden Meilenstein bildete das NATO-Gipfeltreffen von Brüssel im Januar 1994, als die Staats- und Regierungschefs der NATO-Staaten bekräftigten, friedenserhaltende Operationen der Vereinten Nationen bzw. der KSZE/OSZE zu unterstützen.

5. In den 1990er Jahren durchlief die NATO einen massiven Veränderungsprozess hinsichtlich ihrer Aufgaben und Strukturen. Von einem im Ost-West-Konflikt auf den potenziellen Gegner im Osten fixierten, primär militärischen Bündnis entwickelte sich die NATO sukzessive zu einer politisch-militärischen Allianz, die den internationalen Herausforderungen in wachsendem Maße politisch zu begegnen versucht, im Einzelfall aber auch zu militärischem Eingreifen entschlossen ist. Zwar ist die gegenseitige Verteidigung bei einem Angriff auf einen NATO-Partner gemäß Artikel 5 des NATO-Vertrags nach wie vor die Kernfunktion des Bündnisses, doch sieht sich die NATO gemäß ihres strategischen Konzepts vom April 1999 zusätzlich mit neuen militärischen Risiken konfrontiert: möglichen, wenngleich unwahrscheinlichen Sicherheitsbedrohungen für Europa, die sich etwa aus nicht auszuschließenden Rückwärtsentwicklungen in Russland ergeben könnten; Krisen und Kriegen bzw. Bürgerkriegen an der Peripherie des Bündnisses (etwa Balkan, Kaukasus, Nordafrika, Nahost), neuen Bedrohungen außerhalb Europas (Proliferation von Massenvernichtungswaffen, Auseinandersetzungen um Ressourcen, organisierter Terrorismus), die allesamt hohes Eskalationspotenzial haben.
Die denkbaren militärischen Einsatzszenarien der Atlantischen Allianz haben sich damit nach dem Ende des Ost-West-Konflikts zweifellos ausgeweitet. Die Bedrohungen sind globaler, vielfältiger und zugleich diffuser geworden. Der Eintritt des Bündnisfalles schien nach dem Ende des Ost-West-Konflikts vor dem Angriff von Terroristen auf das New-Yorker World Trade Center am 11.9.2001 eher unwahrscheinlich. Am 12.9.2001 beschloss der NATO-Rat jedoch zum ersten Mal in seiner Geschichte, dass mit dem Angriff von außen auf die USA der Artikel 5 («Die Parteien vereinbaren, dass ein bewaffneter Angriff gegen eine oder mehrere von ihnen in Europa oder Nordamerika als ein Angriff gegen sie alle angesehen wird …») wirksam geworden sei. Die Eintrittswahrscheinlichkeit im Bereich der Krisen- und Konfliktbewältigung ist hingegen – bei mittlerer Intensität des militärischen Engagements – vergleichsweise hoch, wird jedoch hinsichtlich der Eintrittswahrscheinlichkeit der Krisenvorbeugung und der Abschreckung gegen Proliferation von Massenvernichtungswaffen übertroffen, die vergleichsweise geringeres militärisches Engagement erfordern.
Diesen Herausforderungen kann kein Staat mehr erfolgreich alleine begegnen, so dass die Kooperation im Bündnis weiterhin dringend erforderlich ist. Der Krieg im Kosovo hat allerdings gezeigt, dass die Atlantische Allianz im Bereich der Krisen- und Konfliktbewältigung trotz ihres gewaltigen Militärpotenzials Schwierigkeiten hat, ihre Drohungen glaubhaft umzusetzen und ihre politischen Ziele militärisch zu erreichen, was daran liegt, dass diese neuen Aufgaben die Allianzmitglieder nicht unmittelbar in ihrer Sicherheit berühren.
Zu den militärischen Aufgaben kommen jedoch zunehmend politische Aufgaben hinzu. Politische Stabilisierung ihres Bündnisgebietes sowie ihres Sicherheitsumfeldes ist die zentrale Aufgabe der NATO.

6. Zu Beginn des 21. Jahrhunderts ergeben sich damit für die NATO mehrere militärische und politische Funktionen, die zum Teil weit über das hinausgehen, was sie in der Zeit des Ost-West-Konflikts an Aufgaben zu erfüllen hatte. Der NATO können zusammenfassend sieben Hauptfunktionen zugeschrieben werden:

erstens hat sie gemäß Artikel 5 die Aufgabe, militärische Aggressionen gegen das Bündnisgebiet kollektiv abzuschrecken, und im Falle eines Angriffs auf einen oder mehrere Bündnispartner die Verpflichtung zu gegenseitigem Beistand;
zweitens trägt die NATO weiterhin trotz aller immer wieder aufkommenden Irritationen als Stabilitätsanker einer euro-atlantischen Sicherheitsordnung Verantwortung;
drittens ist die NATO das wichtigste institutionalisierte transatlantische Bindeglied;
viertens nimmt die NATO als Verifikations- und Durchsetzungsinstrument der Rüstungskontrolle und Abrüstung bzw. als Instrument zur Verhinderung der Proliferation von Massenvernichtungswaffen eine immer wichtigere Rolle ein;
fünftens ist die NATO in zunehmendem Maße Instrument kollektiver Sicherheit, das für *peace-keeping*-Aktionen im Auftrag der Vereinten Nationen und der OSZE – im Einzelfall auch ohne eindeutiges Mandat der Vereinten Nationen – Know-how, Waffen, Gerät und notfalls auch Soldaten zur Verfügung stellt;
sechstens erfüllt die NATO weiterhin die Funktion, Konfliktverhütung und Krisenmanagement innerhalb des Bündnisses gemäß Artikel 4 des NATO-Vertrags zu betreiben, wobei in diesem Zusammenhang auch an die Funktion der NATO als *balancer* in Europa erinnert werden muss; und schließlich kann die NATO
siebtens einen Rückfall in eine Renationalisierung der Sicherheitspolitik verhindern helfen.

Die neue NATO ist also nur ein Baustein in einer tragfähigen transatlantischen Sicherheitsordnung, der durch weitere Elemente ergänzt werden muss. Der transatlantische Dialog bedarf jenseits der NATO weiterer, vertiefter Institutionalisierung. Die im Dezember 1995 verabschiedete «Transatlantische Agenda» weist hier zwar in die richtige Richtung, ist jedoch noch zu schwach ausgestattet, um das Band gemeinsamer Interessen zwischen Nordamerika und Europa institutionell abzusichern und eventuell aufkommende Konflikte bearbeiten zu können. Die länger werdende Liste transatlantischer Verstimmungen (u. a. ABM-Vertrag, Nationale Raketenabwehr, Umgang mit «Schurkenstaaten», Internationaler Strafgerichtshof, Landminenkonvention, Klimapolitik) ist keine gute Basis, um in einem Bündnis vertrauensvoll zusammenzuarbeiten. Es ist also dringlich, die gemeinsamen Interessen zwischen USA und Europa genauer und breiter zu definieren sowie einen «neuen Atlantizismus» (Vogt 2000) zu begründen.

Die transatlantische Allianz sollte sich nicht in die Versuchung begeben, politische Defizite mit rein militärischen Mitteln auszugleichen. Ein solcher Versuch mag im Einzelfall unumgänglich erscheinen, wäre jedoch auf lange Sicht zum Scheitern verurteilt. Allerdings lehren die «Operation Allied Force» und die Arbeit der KFOR im Kosovo auch, dass militärische Gewalt durchaus zu politischen Lösungen führen kann.

Die Konfliktprävention, für die die NATO mit Ausnahme ihrer nach wie vor wichtigen Abschreckungsfunktion kein geeignetes Instrument ist, verlangt jedoch eine Stärkung von dafür geeigneten Institutionen und eine grundlegend andere Politik. Dies betrifft zuerst die rechtzeitige Entschärfung von Krisen durch systematische Früherkennung. Darin enthalten sein müsste die Fähigkeit zu kollektiver Verteidigung wie auch die Absicherung der militärischen Aspekte kollektiver Sicherheit im Rahmen eines aktiven und multidimensionalen Krisenmanagements. Es gehört zu den Lehren aus den jüngsten Krisen und Kriegen, dass die Allianz auch dafür auf längere Sicht unentbehrlich ist.

Cremer, Uli: Neue NATO – neue Kriege? Zivile Alternativen zur Bundeswehr. Hamburg 1998; *Forster*, Anthony/*Wallace*, William: What is NATO for? In: Survival 4/2001, S. 111; *Kamp*, Karl-Heinz: Die NATO nach dem Prager Gipfel. Eine globale und «präventive» Allianz? (Arbeitspapier Nr. 97/2003 der Konrad-Adenauer-Stiftung, Sankt-Augustin); *NATO-Presse- und Informationsamt* (Hg.): NATO-Handbuch. Jubiläumsausgabe zum 50jährigen Bestehen der Nordatlantikpakt-Organisation. Brüssel 1998; *Pradetto*, August/*Fouzieh*, Melanie (Hg.): Die Debatte über die Kosten der Osterweiterung. Baden-Baden 1998; *Varwick*, Johannes/*Woyke*, Wichard: Die Zukunft der NATO. Transatlantische Sicherheit im Wandel. Opladen 2000; *Varwick*, Johannes: Die Beziehungen zwischen NATO und EU. Partnerschaft, Konkurrenz, Rivalität. Opladen 2005.

www.nato.int (Zugriff auf Dokumente, Regen, Erklärungen, Handbücher).

Nordische Zusammenarbeit (Nordischer Rat, Nordischer Ministerrat)

1. Auf Betreiben des früheren dänischen Ministerpräsidenten Hans Hedthoft und der Nordischen Interparlamentarischen Union wurden dänische Vorschläge aus dem Jahre 1938 (Außenminister Peter Munch) und des Ministerpräsidenten Schwedens während des Zweiten Weltkrieges wieder aufgegriffen. Die demokratischen Traditionen der nordischen Staaten, die 1919 von Bürgern gegründete Nordische Assoziation zur Förderungen der kulturellen Beziehungen zwischen den nordischen Ländern, die Zusammenarbeit der nordischen Sozialdemokraten, die Nordische Interparlamentarische Union sowie die Erfahrungen aus dem Straßburger Europarat beförderten den Wunsch, eine Parlamentarische Versammlung der nordischen Länder zu gründen, die auch ein «Regierungselement» enthalten sollte. Der Nordische Rat ist daher seinem Charakter nach eine zwischenstaatliche Organisation. Er wurde 1952 (mit Sitz in Stockholm) durch den Folketing Dänemarks, das Storting Norwegens, den Reichstag Schwedens und das Alting Islands gegründet. Der Nordische Rat brachte nach verschiedenen gescheiterten Anläufen der skandinavischen Staaten zu einer engeren Zusammenarbeit die erste institutionelle Form der Kooperation in Nordeuropa. Der Nordische Rat versuchte dabei an historische Modelle aus dem 15. Jahrhundert (Kalmarer Union) und den Skandinavismus des 19. Jahrhunderts anzuknüpfen. Er wurde 1971 ergänzt durch den Nordischen Ministerrat (Sitz: Kopenhagen, das inzwischen auch Sitz der Nordischen Zusammenarbeit ist). Finnland trat dem

Nordischen Rat 1955 bei, nachdem die Sowjetunion ihre Vorbehalte aufgegeben hatte. Die Satzung für den Nordischen Rat wurde 1957 verabschiedet und trat 1958 in Kraft. Ziel ist die Förderung und Vertiefung der Zusammenarbeit zwischen den Regierungen und Parlamenten der Mitgliedstaaten in allen wichtigen Fragen. Hierzu gehören die Gesetzgebung, Kultur, Erziehung/Bildung, Wirtschaft, Umwelt und der Tourismus. Seit der Bornholmer Erklärung über die Zukunft der nordischen Zusammenarbeit von 1992 und der Osloer Sitzung des Nordischen Rates von 1993 sind auch Fragen der Außen- und Sicherheitspolitik in die Zusammenarbeit einbezogen.

2. Der *Nordische Rat* (mit *Plenarversammlung*, *Präsidium*, *Ständigen Ausschüssen* und einem *Sekretariat*) setzt sich aus den Vertretern der Länderparlamente zusammen. Dänemark, Norwegen, Schweden und (seit 1958) Finnland entsenden je 16 Delegierte und Stellvertreter aus den nationalen Parlamenten, Island 5. Seit 1970 entsenden auch Grönland und die Färöer Abgeordnete (als Teil der dänischen Delegation) sowie die Ålandinseln (als Teil der finnischen Delegation). Der *Nordische Ministerrat* (mit einem Sekretariat) wurde 1971 als Kooperationsorgan der Regierungen unter der Verantwortung der Ministerpräsidenten geschaffen. Seine Aufgabe ist die Leitung der nordischen Zusammenarbeit, die Unterbreitung von Vorschlägen an den Nordischen Rat, die Beachtung der Empfehlungen des Nordischen Rates sowie die jährliche Berichterstattung an den Nordischen Rat. Ihm gehören je ein Minister der Mitgliedsländer sowie der autonomen Regionen an. Der Vorsitz wechselt unter den fünf Staaten jährlich. Die Ministerpräsidenten als Gesamtverantwortliche koordinieren die Arbeit der Minister und des *Nordischen Komitees*. Das *Sekretariat des Nordischen Ministerrates* mit verschiedenen Abteilungen wird von einem *Generalsekretär* geleitet. Das Sekretariat unterstützt die Arbeit des Rates, führt die Beschlüsse aus und bearbeitet verschiedene Projekte des Rates. Das System der Nordischen Zusammenarbeit wird durch die 1976 gegründete *Nordische Investitionsbank* (*NIB*), den 1989 geschaffenen *Nordischen Entwicklungsfonds* (*NDF*) sowie durch die 1990 gegründete *Nordische Umwelt-Finanzkooperation* (*NEFCO*) ergänzt.

3. Aufgrund der Erfahrungen mit der gescheiterten Zusammenarbeit der nordischen Länder in der Wirtschaft (Skandinavische Wirtschaftsunion) und in der Verteidigung (Skandinavischer Verteidigungsbund) strebten die nordischen Staaten eine Zusammenarbeit an, die nicht «hoch politisch» sein sollte und die Souveränität der beteiligten Länder wahrte. Der Nordische Rat bot dieses Forum. Die Zusammenarbeit der Parlamente ohne festgelegtes Programm führte 1953 zu einem gemeinsamen Arbeitsmarkt. 1955 kam es zu einer gemeinsamen Sozialgesetzgebung und schließlich 1958 zur Passunion. Im Blickpunkt war auch stets die Harmonisierung der nationalen Gesetzgebungen. Die Bemühungen angesichts der Gründung der EWG um eine Zollunion 1958/59 scheiterten ebenso wie das Projekt einer Nordischen Wirt-

schaftsunion (Nordek), das die Konvention von Helsinki (23.3.1962) neben einer stärkeren Institutionalisierung der Zusammenarbeit als ein Feld der Zusammenarbeit vorgesehen hatte. Auch wenn durch die gemeinsame Zugehörigkeit zur OEEC/OECD, zur EFTA und zur EG/EU sich Möglichkeiten verstärkter Zusammenarbeit eröffneten, kamen sie vielfach wegen divergierender Interessen nicht zustande. Allerdings bedeutete die EG-Zugehörigkeit Dänemarks als erstem nordeuropäischem Land eine wichtige Brückenfunktion. Erstaunlich an der nordischen Zusammenarbeit ist aber, dass es durch «parallele Gesetzgebung und ohne ‹supranationale› Institutionen bereits sehr früh gelang, Ziele zu verwirklichen, deren Vollendung im Prozess der europäischen Integration erst in ferner Zukunft für möglich gehalten wurde» (D. Putensen). Im Bereich der «informellen Integration» haben die an der nordischen Zusammenarbeit beteiligten Staaten wichtige Ergebnisse erzielt. Diese beziehen sich auf Fragen des Umweltschutzes, die von den Umweltministern der Nordischen Zusammenarbeit 1994 in einem 20-Punkte-Plan als «grüne Strategie» formuliert wurden, auf Zusammenarbeit im Energiesektor, auf Sicherheitsfragen, aber auch auf sozialpolitische Fragen und Probleme des Wohlfahrtsstaates. Nach 1989/90 entwickelten die nordischen Staaten Arbeitsprogramme für die baltischen und osteuropäischen Staaten. Zu den Initiativen gehörten die Zusammenarbeit im Bildungs- und Erziehungsbereich, die Gründung eines Fonds für die baltischen und osteuropäischen Länder sowie die Einrichtung von Informationsbüros.

Eine Bewertung des Beitrages der Nordischen Zusammenarbeit zum politischen System und zum regionalen Selbstverständnis sowie zur europäischen Integration ist äußerst schwierig. Sicherlich hat der Nordische Rat einen gewichtigen Beitrag zur demokratischen Repräsentation und zur Konsensbildung geleistet und Diskussionen angestoßen. Es ist aber zu fragen, ob das Modell der «informellen Integration» auf die EU übertragen werden kann, wie von Beobachtern immer wieder vorgeschlagen wurde. Die Rahmenbedingungen sind auf der Ebene der EU aus vielfältigen Gründen anders.

Archer, Clive: Organizing Europe. New York 1994, S. 187–200; *Johansson*, Karl Magnus: Der Nordische Rat: Regionale Kooperation und informelle Integration, in: Uwe *Jun*/Ernst *Kuper* (Hg.): Nationales Interesse und integrative Politik in transnationalen parlamentarischen Versammlungen. Opladen 1997, S. 265–314; *Mahnert*, Heike/*Putensen*, Dörte: Der Norden auf dem Weg nach Europa. Skandinavien und die europäische Integration. Hamburg 2002; *Nordic Council of Ministers* (Hg.): Nordic Countries in Figures 2002, 2003, 2004, 2005. Kopenhagen 2002–2005; *Schraepler*, Hans-Albrecht: Taschenbuch der Internationalen Organisationen. München 1994, S. 274–279; *Tiilikainen*, Teija/*Petersen*, Ib Damgaard (Hg.): The Nordic Countries and the EC. Kopenhagen 1993; *Wendt*, Franz: Cooperation in the Nordic Countries. Achievements and Obstacles. Stockholm 1981.

www.norden.org

Organisation für Europäische Wirtschaftliche Zusammenarbeit – Organisation for European Economic Cooperation (OEEC) – seit 1960 OECD (Organisation for Economic Cooperation and Development)

1. Die OEEC wurde am 16. April 1948 als erste europäische Organisation zur Verteilung und Verwaltung der amerikanischen Wirtschafts- und Finanzmittel aus dem European Recovery Program (ERP – Marshallplanhilfe) in Paris gegründet, um die ERP-Mittel durch die Zusammenarbeit der europäischen Empfängerstaaten optimal zu nutzen. 1961 ging aus der OEEC die OECD (Organisation für wirtschaftliche Zusammenarbeit und Entwicklung) hervor.

Gründungsstaaten der OEEC waren Österreich, Belgien, Dänemark, Frankreich, Griechenland, Irland, Island. Italien, Luxemburg, Norwegen, die Niederlande, Portugal, Großbritannien (UK), Schweden, Schweiz, Türkei sowie die amerikanische, britische und französische Besatzungszone in Deutschland, vertreten durch die Oberbefehlshaber (später trat an die Stelle der westlichen Besatzungszonen die Bundesrepublik Deutschland).

Gründungsstaaten der OECD waren Belgien, Dänemark, die Bundesrepublik Deutschland, Frankreich, Griechenland, Irland, Island, Italien, Kanada, Luxemburg, die Niederlande, Norwegen, Österreich, Portugal, Schweden, die Schweiz, Spanien, die Türkei, Großbritannien (UK) und die USA.

Zur Zeit (2003) hat die OECD 30 Mitglieder: Neben den genannten kamen als Mitglieder Japan (1964), Finnland (1969), Australien (1971), Neuseeland (1973), Mexiko (1994), Tschechische Republik (1995), Ungarn, Polen, Republik Korea (1996) und die Slowakei (2000) hinzu.

2. In einer Rede an der Universität Harvard hatte der amerikanische Außenminister George Marshall am 5. 6. 1947 bemerkt, dass die «Gesundung der europäischen Wirtschaftsstruktur ganz offensichtlich eine längere Zeitspanne und viel größere Anstrengungen» erfordere als angenommen. Ein europäisches wirtschaftliches Wiederaufbauprogramm sei notwendig, «um einen wirtschaftlichen, sozialen und politischen Verfall sehr ernster Art» zu vermeiden und das Vertrauen der Europäer für die Zukunft ihrer Länder und ganz Europas wieder herzustellen. Dieses Wiederaufbauprogramm der USA schließe alle europäischen Staaten ein. Die Europäer müssten sich aber selbst über ein Programm zur «wirtschaftlichen Wiederaufrichtung Europas» verständigen. Auf der Pariser Europakonferenz über den Marshallplan legten Frankreich und Großbritannien europäische «Wiederaufbaupläne» vor. Die Sowjetunion lehnte die Bildung einer neuen Organisation ab, «die den europäischen Staaten übergeordnet wird, und die sich in innere Angelegenheiten der europäischen Staaten einmischt». Zur Pariser Konferenz über eine europäische Wirtschaftsplanung in Paris wurden 22

Staaten eingeladen. Die ost- und südosteuropäischen Länder lehnten die Einladung zur Konferenz ab. Finnland lehnte eine Teilnahme wegen des noch nicht abgeschlossenen Friedensvertrages ab und verwies darauf, dass es aufgrund der Unstimmigkeiten unter den Großmächten «außerhalb von internationalen Konflikten zu bleiben wünsche». Die Konferenz arbeitete ein «Vierjahresprogramm des Wiederaufbaus» aus, das den USA übermittelt wurde. Ende 1947 legte Präsident Truman dem Kongress den «Gesetzentwurf für die Wirtschaftliche Zusammenarbeit» vor; es wurde am 3.4. 1948 verabschiedet und sollte am 30.6.1952 auslaufen. Auf dieser Grundlage unterzeichneten die Gründungsmitglieder der OEEC am 16.4. 1948 die «Konvention für Europäische Wirtschaftliche Zusammenarbeit». Die OEEC sollte in Zusammenarbeit mit der amerikanischen «Economic Cooperation Administration» die Wiederaufbauhilfe nach den Plänen Marshalls umsetzen.

Diese erste überstaatliche wirtschaftliche Organisation für Nachkriegseuropa erfüllte zahlreiche wirtschaftliche Erwartungen, wurde jedoch für die europäischen Föderalisten, die einen engeren Zusammenschluss der Länder Europas unter Abbau von Souveränitätsrechten erhofft hatten, zu einer Enttäuschung. Die engere wirtschaftliche Kooperation führte jedoch nicht zu einer stärkeren politischen Zusammenarbeit. Die OEEC wurde zu einer zwischenstaatlichen Wirtschaftsorganisation mit einer auf das Notwendigste beschränkten Integration der Volkswirtschaften der Mitgliedstaaten. Wegen der Befristung der ERP-Mittel aus dem Marshall-Plan auf vier Jahre musste frühzeitig eine Organisationsform unter den Europäern gefunden werden, die in der Lage war, die wirtschaftliche Zusammenarbeit fortzuführen und zu effektivieren.

3. Der *Rat* ist das Beschlussorgan der OEEC (seit 1961 OECD). Er besteht aus je einem Minister oder dem Delegationsleiter der Ständigen Vertretung bei der OEEC (OECD). *Jedes Land hat eine Stimme.* Es gilt das Prinzip *der Einstimmigkeit.* Der *Exekutivausschuss*, bestehend aus 10 Mitgliedern, die alljährlich berufen werden, bereitet die Ratstagungen vor, gibt Empfehlungen und koordiniert nach den Weisungen und Beschlüssen des Rates die Arbeit der anderen Organe. Das *Generalsekretariat*, unter Leitung eines Generalsekretärs, bereitet die Arbeiten des Rates und der anderen Organe vor und führt die Beschlüsse des Rates aus. Der Generalsekretär wird auf fünf Jahre gewählt. Das Generalsekretariat ist in Departments und Direktorate gegliedert. *Ausschüsse* stellen die jährlichen, vom Rat verabschiedeten Tätigkeitsprogramme auf. In ihnen vertreten sind Delegierte der Mitgliedstaaten sowie in bestimmten Fällen auch Vertreter von Ländern mit Sonderstatus. Bei Bedarf setzen die Ausschüsse *Arbeitsgruppen* für bestimmte Fragen ein.

Mit der Gründung der OECD haben sich die Organe nicht verändert. Die OEEC bzw. OECD verfügt jedoch über verschiedene *Sonderinstitutionen* und *Sonderorganisationen*. Die wichtigsten sind:

(a) Die *Europäische Zahlungsunion*

(*EZU*), gegründet am 19.9.1950, die das unzureichende Abkommen über den innereuropäischen Zahlungs- und Verrechnungsverkehr (16. 10. 1948) ablöste. Sie war notwendig, um in der Zeit der Nichtkonvertierbarkeit der europäischen Währungen untereinander den Zahlungsverkehr durch ein Verrechnungssystem auf der Grundlage des US-$ zu ermöglichen. Als Institution für den Zahlungsverkehr diente die *Bank für Internationalen Zahlungsausgleich* (*BIZ*). An die Stelle der EZU trat mit Abkommen vom 27.12. 1958 das *Europäische Währungsabkommen (EWA)*. Mitglieder sind alle Vollmitglieder der OEEC bzw. OECD sowie seit 1970 Japan und Australien. Das EWA-Abkommen sieht ein multilaterales Verrrechnungssystem vor. Geschaffen wurde auch ein europäischer Fonds, der Mitgliedstaaten, die in Zahlungsschwierigkeiten geraten sind, kurzfristig Kredite über die *BIZ* gewähren kann.

(b) Die *Europäische Kernenergie-Agentur* (European Nuclear Energy Agency, ENEA) wurde am 20.12.1957 zur Förderung und Entwicklung der Produktion und Anwendung der Kernenergie für friedliche Zwecke und zur wissenschaftlich-technischen Zusammenarbeit der Mitglieder gegründet. Zu ihren Aufgaben gehört auch die Kontrolle der Einhaltung der Konventionen über die «Sicherheitskontrolle» (1957), über die «nukleare Haftpflicht» (1960) und von Regelungen bei nuklearen Unfällen. Ihr gehören alle europäischen Vollmitglieder an. Alle anderen OECD-Staaten sind assoziierte Mitglieder der ENEA.

(c) Die *Europäische Konferenz der Verkehrsminister* (Conference of European Ministers of Transport, CEMT) wurde 1952 gegründet. Sie soll sich mit Fragen der optimalen Fortentwicklung des europäischen Binnenverkehrs befassen.

(d) Die *Europäische Produktivitätszentrale* (*EPZ*), gegründet 1953 unter starkem finanziellen Engagement der USA, soll Produktivitätshemmnisse beseitigen und Methoden zur Steigerung der Produktivität entwickeln.

(e) Der *Entwicklungsausschuss* (Development Assistance Committee, DAC) wurde im Juli 1960 eingerichtet. Ihm gehören Vertreter aller Mitgliedsländer an. Seine besondere Aufgabe ist die Koordination der Entwicklungshilfe im Rahmen der OECD. Er besitzt keine eigenen Vergabemittel. Dadurch soll der größtmögliche Nutzen erzielt werden.

4. Die Unterzeichnerstaaten der OEEC kamen überein, «ihre wirtschaftlichen Beziehungen untereinander in enger Zusammenarbeit zu pflegen … ein gemeinsames Wiederaufbauprogramm auszuarbeiten und durchzuführen … so bald wie möglich einen befriedigenden Stand der wirtschaftlichen Betätigung ohne außergewöhnlich Hilfe von außen zu erreichen und aufrechtzuerhalten» (Art. 1). Gemeinsames Ziel der Mitglieder sollte es sein, «ihnen zur Verfügung stehende Hilfsquellen» einzeln und gemeinsam wirksam auszunutzen, ihre Anlagen und Arbeitsmethoden zur erfolgreichen Verwirklichung des Wiederaufbauprogramms zu modernisieren (Art. 2), «allgemeine Pläne für die Produktion und den Austausch von Waren und Dienstleistungen» zu erstellen und ihre Ausführung «sicherzustellen» (Art. 3), die «bald-

möglichste Schaffung eines multilateralen Zahlungssystems untereinander» fortzusetzen und Beschränkungen im Handels- und Zahlungsverkehr zu beseitigen (Art. 4). Die Mitglieder sollten zur Stärkung der wirtschaftlichen Zusammenarbeit eine Zollunion oder eine Freihandelszone errichten (Art. 5), sich um einen hohen Beschäftigungsgrad, Währungsstabilität, niedrige Inflationsraten, geordnete Finanzen und Vertrauen bemühen und versuchen «Vollbeschäftigung für ihr eigenes Volk zu erreichen» und auch auf Arbeitskräfte zurückzugreifen, «die in einem anderen vertragsschließenden Land zur Verfügung stehen» (Art. 7,8).

Mit der Gründung der OECD 1961 sollte die Organisation über Europa hinausgreifende Aufgaben für die Industrieländer und den transatlantischen Handel übernehmen. Die Akzente der Aufgaben verschoben sich somit. Die OECD verpflichtete sich «eine Politik zu fördern, die darauf gerichtet ist,

(a) in den Mitgliedstaaten unter Wahrung der finanziellen Stabilität eine optimale Wirtschaftsentwicklung und Beschäftigung sowie einen steigenden Lebensstandard zu erreichen und dadurch zur Entwicklung der Weltwirtschaft beizutragen,
(b) in den Mitglied- und Nichtmitgliedstaaten, die in wirtschaftlicher Entwicklung begriffen sind, zu einem gesunden wirtschaftlichen Wachstum beizutragen, und
(c) im Einklang mit internationalen Verpflichtungen auf multilateraler und nichtdiskriminierender Grundlage zur Ausweitung des Welthandels beizutragen» (Art. 1).

Die Ziele der OECD gehen weiter als die der OEEC. Es bestehen jedoch geringere Verpflichtungen der Mitglieder und sie stellen weniger Herausforderungen an die Mitglieder. Vom Rat der OECD gefasste Beschlüsse zur Verwirklichung ihrer Ziele sind für alle Mitglieder bindend (Art. 5).

5. Die OEEC verfolgte seit ihrer Gründung mit großem Erfolg eine Liberalisierung des europäischen Handels. Durch die Gründung von Unter- und Sonderorganisationen erreichte sie, dass immer mehr Bereiche im Wirtschaftsleben der westeuropäischen Länder zusammengefasst und vernetzt wurden. Aufgrund der Organisationsstruktur und der Kompetenzverteilung unter den Organen kam es nicht zur Gründung einer «Europäischen Zollunion» oder einer «Europäischen Freihandelszone», die alle Mitgliedstaaten einschloss. Dies erfolgte über Sonderorganisationen zwischen Mitgliedern der OEEC bzw. der späteren OECD durch die Gründung der → Europäischen Gemeinschaft für Kohle und Stahl (EGKS) im Jahre 1951, die Gründung der → Europäischen Wirtschaftsgemeinschaft (EWG) und der → Europäischen Atomgemeinschaft (EAG, Euratom) im Jahre 1957 sowie durch die Fortentwicklung der «Europäischen Gemeinschaften» (EG) zur EU, zum → Europäischen Wirtschaftsraum (EWR) 1990/93 und zur → Europäischen Freihandelsassoziation (EFTA), die 1960 gegründet wurde.

Nach der Gründung der EWG 1957 versuchte Großbritannien über die OEEC eine Freihandelszone zu verwirklichen, die alle Mitgliedstaaten der OEEC einbeziehen würde. Die Signatarstaaten der EGKS/EWG/EAG waren hierzu aus unterschiedlichen Gründen nicht bereit. Hierbei spielte auch eine Rolle, dass das «Europa der Sechs» eine engere, über eine Zollunion hinausgehende wirtschaftliche Zusammenarbeit und Vernetzung anstrebte. Eine Reorganisation der OEEC erwies sich aber auch wegen der Überlegungen, die bestehende politisch-militärische Zusammenarbeit mit Nordamerika (→ NATO) auch wirtschaftlich zu intensivieren und den neuen Herausforderungen durch die «Dritte Welt» besser begegnen zu können, als sinnvoll. Auf der Grundlage amerikanischer Vorschläge zur Umgestaltung der OEEC in eine «erweiterte atlantische Wirtschaftsorganisation» kam es deshalb zu Verhandlungen, die schließlich am 14.12.1960 zur Unterzeichnung der Konvention über die Organisation für Wirtschaftliche Zusammenarbeit und Entwicklung (OECD) führten, die 1961 ihre Arbeit aufnehmen konnte. Die Wirkungsmöglichkeiten der OECD werden durch die Tatsache beschnitten, dass sie auf der Grundlage traditioneller Staatenverbindungen agiert und Initiativen – aufgrund des Einstimmigkeitsprinzips – im nun globalen und entwicklungspolitischen Wirkungsbereich beschnitten werden. Die OECD wurde als weniger effektiv angesehen als ihre Vorgängerin und musste sich eine «Nische» für ihre Aktivitäten suchen, zumal in den 1960er Jahren die EWG und in geringerem Maße die EFTA für handelspolitische Fragen als Forum wichtiger wurden und vor allem die USA ihre Interessen an einer Liberalisierung und Ausweitung des Welthandels stärker über das GATT (heute WTO) verfolgten. Seit Anfang der 1970er Jahre entwickelte sich die OECD zu einer angesehenen Beratungsinstitution für die Industrieländer und die zahlreichen verstreuten internationalen Institutionen wie die G-7-Gruppe oder die Internationale Energie-Agentur. Die OECD hat auch einen «Verhaltenskodex» für den Handel und den Finanzbereich unter den Industriestaaten sowie für Investitionen und multinationale Unternehmen entwickelt. Die verschiedenen Unterorganisationen und Serviceabteilungen leisten wichtige Arbeiten für Berichte zur wirtschaftlichen Entwicklung von Regionen oder einzelnen Staaten und geben im Jahresbericht über die Entwicklungshilfe (Annual Aid Report) Auskunft über die Entwicklungspolitiken der Mitglieder. Die OECD übernahm nach 1989/90 auch eine wichtige Funktion bei der Entwicklung und Aufnahme der ehemals kommunistischen Staaten.

Archer, Clive: Organizing Europe. The Institutions of Integration. New York [2]1994; *Camps*, Miriam: Beziehungen der ersten Welt: Die Rolle der OECD. Bonn 1976; *Gasteyger*, Curt (Hg.): Europa zwischen Spaltung und Einigung 1945–1990. Bonn [2]1991; *OECD* (Hg.): The Annual Report of the OECD. Report by the Secretary General. Paris 1962 ff.; *OECD* (Hg.): OECD Territorial Reviews (als pdf sind die entsprechenden Länder- und Territoralberichte erhältlich unter: http://www.oecdpublications.gfi-nb.com) sowie als Online-Bookshop stehen OECD Economic Surveys als Buch und als E-Buch zur Verfügung (http://www.oecdbookshop.org.oecd.

www.oecd.org

Ostsee-Rat (Council of the Baltic Sea States – CBSS)

Der Ostsee-Rat mit Sitz in Stockholm wurde im März 1992 zur Verbesserung der Zusammenarbeit der Anrainerstaaten der Ostsee und zur Unterstützung des Transformationsprozesses der mittelosteuropäischen und baltischen Staaten in Kopenhagen gegründet. Seit seiner Gründung hat er vielfältige, weitergehende Funktionen auf verschiedenen Ebenen übernommen und wird als regionales Forum genutzt. Der Ostsee-Rat versteht sich ausdrücklich als ihrer «Natur nach traditionell intergouvernementale» Organisation.

1. Auf Einladung Dänemarks und Deutschlands trafen im März 1992 die Außenminister Dänemarks, Deutschlands, Estlands, Finnlands, Lettlands, Litauens, Norwegens, Polens, Russlands, Schwedens und ein Vertreter der EU-Kommission in Kopenhagen zur Gründung eines Rates der Baltischen-See-Staaten (Ostsee-Rat) zusammen, um die unter ihnen bestehende Zusammenarbeit besser abstimmen zu können. Island, das mit den skandinavischen Ländern im Rahmen der → Nordischen Zusammenarbeit und des Nordischen Rates verbunden ist, trat später hinzu. Nach dem Ende der politisch-ideologischen und militärischen Blöcke in Europa sollte an die Stelle der Konfrontation die Zusammenarbeit treten. Der Ostsee-Rat sollte als regionales Forum für eine engere Zusammenarbeit und Koordination dienen, eine demokratische Entwicklung unterstützen, eine größere Einheit unter den Staaten der Region schaffen, eine günstige wirtschaftliche Entwicklung sicherstellen und als Forum für die Zusammenarbeit im Verkehrs- und Energiebereich, in Umweltfragen, in der Kultur, im Bildungswesen und in Menschenrechtsfragen dienen.

2. Der Ostsee-Rat besteht aus folgenden Organen:
Der Rat: Er besteht aus den Außenministern der Mitgliedstaaten und einem Vertreter der EU-Kommission (in der Regel ein Kommissar). Auf seinen Ministertagungen gibt er Empfehlungen ab. Das präsidierende Land ist zwischen den Ratstagungen für die Koordination der Arbeiten und Weiterführung der beschlossenen Aktivitäten zuständig und wird dabei durch den Rat der Politischen Direktoren (CSO) unterstützt.
Das Sekretariat: Ursprünglich sollte das jeweilige Land, das den Vorsitz inne hat, das Sekretariat stellen. Aufgrund der wachsenden Aufgaben wurde 1998 ein permanentes Sekretariat eingerichtet. Es wird von den Mitgliedstaaten finanziert. Generalsekretär ist derzeit der Finne Hanu Halinen. Er wird durch einen Stab von Mitarbeitern, denen spezifische Arbeitsfelder zugeordnet wurden, unterstützt (http://www.cbss.st/about/organisation/secretariat).
Der Rat der «Politischen Direktoren» (Council of Senior Officials): Er unterstützt die Arbeit des Rates zwischen den Ratssitzungen. Ihm gehören hochrangige Vertreter der Außenministerien bzw. der EU-Kommission an.

Gipfeltreffen: Zu diesen treffen die Staats- und Regierungschefs sowie der Präsident der EU-Kommission alle zwei Jahre zusammen. Die Konferenz fand 2002 in St. Petersburg statt, 2004 in Estland.

Kommissar für demokratische Entwicklung: Kommissarin für Demokratische Entwicklung ist seit Einrichtung des Amtes zum 1.10.2000 die erfahrene Dänin Helle Degn (vgl. auch http://www.cbss-commission.org). Das Mandat und die Festlegung des Aufgabenfeldes wurden auf der 9. Ministerratstagung in Bergen formuliert.

Arbeitsgruppen: Im Rahmen der Ostseezusammenarbeit sind zahlreiche Aktionsprogramme, Arbeitsgruppen und Ausschüsse eingerichtet worden, die zur Verwirklichung der engeren Zusammenarbeit auf zahlreichen Feldern beitragen sollen (Arbeitsgruppe Wirtschaftliche Zusammenarbeit – WGEC; Arbeitsgruppe zur Unterstützung Demokratischer Institutionen – WGDI; Arbeitsgruppe gegen Organisiertes Verbrechen im Ostseeraum – TF-OC; Arbeitsgruppe zur Kontrolle Übertragbarer Krankheiten – TF-CDC; Arbeitsgruppe zur Informationsgesellschaft – SOIS).

Eingerichtet wurde als Beratungsgremium ein *Wirtschaftsrat* (*Business Advisory Council – BAC*), dessen Mitglieder durch die nationalen Regierungen benannt werden und in der Regel aus den Industrie- und Handelskammern stammen. Das Gremium berät den Ostsee-Rat in Handels- und Wirtschaftsfragen und erarbeitet Stellungnahmen zu aktuellen Fragen, beispielsweise zur Fortentwicklung der «Nördlichen Dimension» der EU.

3. Seit seiner Gründung im Jahre 1992 hat der Ostsee-Rat wichtige Impulse für das Zusammenwachsen und die Kooperation der Ostseeanrainerstaaten gegeben. In zahlreichen Feldern wurden gemeinsame Standards erarbeitet. Durch seine zwischenstaatliche Organisationsstruktur konnten zwar von den Ministertagungen, den Gipfeltreffen und den Beratenden Gremien nur Empfehlungen an die Mitgliedstaaten gemacht werden, doch wurden zahlreiche Empfehlungen einstimmig angenommen und umgesetzt. Auf der Ebene der Parlamente wurde eine Ostseeparlamentarierkonferenz eingerichtet, die 2003 zu ihrer 12. Sitzung in Oulu (Finnland) zusammenkam.

In den letzten Jahren wurden die Aufgabenfelder für eine Zusammenarbeit erweitert. Im September 2003 unterzeichneten 7 Mitgliedsländer des Ostsee-Rates das Kyoto-Protokoll, das somit für den Ostseeraum in Kraft tritt. Die Mitglieder des Ostsee-Rates bereiten auch eine Ostseeraumagenda 21 (Baltic Sea Region Agenda 21) für die weitere Kooperation vor.

Als Ergebnis seiner bisherigen Arbeit kann festgehalten werden, dass der Ostsee-Rat sich als Forum der Diskussion, der Kooperation und der Koordination bewährt hat. Durch seine Tätigkeit und seine Initiativen wurde die regionale Zusammenarbeit verdichtet und effektiviert. Er leistete wichtige, flankierende Hilfestellungen, um vor allem die baltischen Staaten und Polen auf den EU-Beitritt vorzubereiten, den Schweden und Finnland bereits 1995 vollzogen hatten. Es bildet sich bereits auch eine «Ostseeraum»-Identität heraus, die auf historische Gemeinsamkeiten zurückgreifen kann. Durch weitere konstruktive Zusammenarbeit wird sich das «Mare Balticum» zu einem eigengewichtigen, immer stärker vernetzten Großraum in der EU entwickeln.

Die Gründungsdokumente, die Erklärungen, Verlautbarungen, Arbeitspapiere sowie die Kommuniqués der Ministertagungen, der jeweiligen Präsidentschaft, der Tagungen des Rates der Politischen Direktoren (Council of Senior Officials), der Parlamentarierkonferenz, der «Nordliche Dimension»-Politik der EU sowie der Fachausschüsse lassen sich über die entsprechenden Internetzugänge leicht erschließen. Allgemeine Darstellungen zum Ostsee-Rat liegen bisher nicht vor.

www.cbss.st;
www.cbss.st/documents/eund/;
www.europa.eu.int/comm/external_relations/north_dim/;
www.ee./baltic21

OSZE (Organisation für Sicherheit und Zusammenarbeit in Europa)

1. Die OSZE ging 1995 aus der vormaligen Konferenz für Sicherheit und Zusammenarbeit in Europa (KSZE) hervor. Die KSZE wurde 1973 ins Leben gerufen und war eine Managementagentur zur Lösung des Ost-West-Konflikts. In ihr arbeiteten die Staaten Westeuropas und des Warschauer Pakts zusammen. Erstes wichtiges Ergebnis der KSZE war die 1975 in Helsinki von den Staats- und Regierungschefs von 33 europäischen und den beiden nordamerikanischen Staaten USA und Kanada unterzeichnete Schlussakte. Dieses (völkerrechtlich nicht verbindliche) Dokument besteht aus drei «Körben». Korb I (Fragen der Sicherheit in Europa) gliedert sich in einen Katalog von zehn «Prinzipien, die die Beziehungen der Teilnehmerstaaten leiten», und in ein Dokument über vertrauensbildende Maßnahmen und «bestimmte Aspekte der Sicherheit und Abrüstung». In Korb II werden Richtlinien für die Zusammenarbeit in den Bereichen Wirtschaft, Wissenschaft, Technik und Umwelt aufgestellt. Korb III befasst sich mit dem Informations- und Meinungsaustausch auf dem Gebiet der Kultur und Bildung zwischen den politischen Eliten, Administrationen und Individuen, zwischen verschiedenen Berufsgruppen sowie private Kontakte im Bereich der Familie, der Jugend, des Reiseverkehrs etc.. Zur Herstellung eines Ost-West-Konsenses wurden die gegensätzlichen Interessen und Zielsetzungen der politischen Systeme in Ost und West innerhalb der Körbe und zwischen ihnen zum Ausgleich gebracht. Die KSZE-Schlussakte war ein Ergebnis der Ende der 1960er Jahre auf bilateraler Ebene eingeleiteten Entspannung. Sie war gleichzeitig eine außergewöhnlich wichtige politische Absichtserklärung, die insbesondere politischen Oppositionsgruppen in den sozialistischen Ländern eine Legitimation für ihre Tätigkeit innerhalb der sozialistischen Regime gab. Aufgrund der unterschiedlichen Interpretation der Schlussakte war es kaum möglich, aus diesem Regime eine internationale Or-

ganisation zu entwickeln, so dass die KSZE erst nach dem Ende des Ost-West-Konflikts 1990 einem tief greifenden Wandel unterzogen wurde. Mit der Charta von Paris im November 1990 einigten sich die Teilnehmerstaaten erstmals auf ein gemeinsames normatives Demokratieleitbild, nämlich das der repräsentativen Demokratie. Rechtsstaatlichkeit und Marktwirtschaft, Mehrparteiensysteme, freie Wahlen, Minderheitenschutz, Freiheit der Meinung und Information sollten für alle europäischen Staaten garantiert werden.

2. 1995 wurde die KSZE in die OSZE umgewandelt, nachdem die neue KSZE in der ersten Hälfte der 1990er Jahre zahlreiche Herausforderungen zu bestehen hatte. So musste sie auf zahlreiche bewaffnete Konflikte im Zuge der Auflösung der Sowjetunion und Jugoslawiens reagieren. Dabei entstanden Ad-hoc-Institutionen, die mit der OSZE eine feste Struktur erhielten. Wichtigstes Entscheidungsgremium ist die seit 1990 in zweijährigem Rhythmus tagende Konferenz der Staats- und Regierungschefs (Gipfeltreffen), deren Ergebnisse in einem Schlusskommuniqué festgeschrieben werden. Der Ministerrat kommt als zentrales Beschluss- und Leitungsgremium auf der Ebene der Außenminister einmal jährlich zusammen. Der Hohe Rat, bestehend aus den Spitzenbeamten der Außenministerien, ist oberstes Arbeitsgremium und bereitet Ratstreffen vor und führt die Beschlüsse des Rats aus. Der Ständige Rat setzt sich aus den Vertretern der Teilnehmerstaaten bei der OSZE in Wien zusammen. Der Generalsekretär handelt im Auftrag und zur Unterstützung des Amtierenden Vorsitzenden und ist verantwortlich für das Management von OSZE-Strukturen und Aktivitäten. Das Büro für Demokratische Institutionen und Menschenrechte (BDIMR) dient zur Überwachung der Einhaltung von Verpflichtungen im Bereich der menschlichen Dimension und dem Aufbau demokratischer Institutionen (z. B. Wahlbeobachtung, Fortbildungsprogramme für Justiz- und Verwaltungsangehörige). Das Konfliktverhütungszentrum (KVZ) in Wien war zunächst nur mit Materien vertrauens- und sicherheitsbildender Maßnahmen befasst. Zunehmend übernimmt das KVZ Funktionen bei der Durchführung und Verifikation von Übereinkommen auf dem Gebiet der Abrüstungs- und Rüstungskontrolle sowie die Verfahren der friedlichen Streitbeilegung. Die OSZE verfügt über vier Krisenmechanismen: den Dringlichkeitsmechanismus, den politischen und den militärischen Krisenmechanismus sowie den Mechanismus der friedlichen Streitbeilegung. Der Vergleichs- und Schiedsgerichtshof der OSZE konstituierte sich 1995.

3. Als zwischenstaatliche Organisation von 55 Staaten, deren Entscheidungsprinzip Konsens ist, kann die OSZE ihre Mitglieder zur Einhaltung von selbstgesetzten Regeln nur in dem Maße zwingen, in dem die Mitgliedstaaten Bereitschaft zeigen, diese Regeln auch anzuwenden. Die OSZE unterhält Langzeitmissionen in den Krisengebieten Südosteuropas, den neuen unabhängigen Staaten Zentralasiens (Nachfolgerepubliken der Sowjetunion) sowie in der Ukraine, Weißrussland, Lettland und Estland. Jede Mission, in

der Regel erst einmal für ein Jahr angelegt, erhält ein spezifisches Mandat. So ist eine der bedeutendsten Maßnahmen der OSZE die Langzeitmission in Bosnien-Herzegowina zur Umsetzung des Dayton-Abkommens (Durchführung von Wahlen, Überwachung der Menschenrechtslage und von Rüstungskontrollabkommen). Die gemeinsame Aktion «Stabilitätspakt für Europa» von 1993 wurde 1995 der OSZE als Sammelstelle für frei ausgehandelte bi- und multilaterale Vereinbarungen und deren Überprüfung übertragen. Die OSZE kann zwar dank ihres mehrdimensionalen Ansatzes auf neu entstehende Problemlagen relativ schnell reagieren und hat insbesondere im Bereich der Demokratieförderung und des Minderheitenschutzes beachtliche Erfolge erzielt. Sie hat allerdings für die europäische Sicherheitsarchitektur nur eine Nebenrolle spielen können, nicht zuletzt aufgrund ihres schwerfälligen Entscheidungsprozesses und auch mangelnder Rechtspersönlichkeit. Der ursprüngliche sowjetisch-russische Ansatz, die OSZE anstelle der NATO zum zentralen Sicherheitsakteur in Europa zu machen, ist gescheitert. Auch die EU-Staaten wie auch die USA haben kein Interesse an einer Stärkung der OSZE für die europäische Sicherheit.

Institut für Friedensforschung und Sicherheitspolitik an der Universität Hamburg (Hg.): OSZE-Jahrbuch 2000. Baden-Baden 2000; *Tudyka*, Kurt P.: Das OSZE-Handbuch. Opladen ²2000.

www.osce.org;
www.core-hamburg.de (Zentrum für OSZE-Forschung)

Rat für gegenseitige Wirtschaftshilfe/RGW (Kommunist Economiser/Comecon; Council for Mutual Economic Assistance/CMEA)

1. Gründungsmitglieder des RGW waren die UdSSR, Bulgarien, Polen, Rumänien, Ungarn und die Tschechoslowakei im Jahr 1949. Die DDR trat 1950 bei, die Mongolei 1962, Kuba 1972 und Vietnam 1978. Seit 1964 war Jugoslawien assoziiertes Mitglied. Albanien nahm seit 1962 nicht mehr an den Ratsaktivitäten teil. Beobachterstatus besaßen Äthiopien, Afghanistan, Angola, Laos, Mosambik, die Volksrepublik Jemen und Nicaragua.

2. Politische und ökonomische Gründe führten zur Gründung des RGW. Er sollte vor allem verhindern, dass sich Staaten wie die Tschechoslowakei, Polen und Ungarn, die ursprünglich eine Zusage zur Marshallplan-Konferenz gegeben hatten, daran beteiligten. Auch versuchte die Sowjetunion, die osteuropäischen Länder wirtschaftlich stärker an sich zu binden und ihnen eine Kompensation für die verweigerte Marshallplanhilfe zu geben. Jedoch besaß die Sowjetunion nicht die materiellen Voraussetzungen, sodass vor allem die Gründung des RGW mit politischen Motiven erklärt werden muss.

3. In der einschlägigen wirtschaftswissenschaftlichen Literatur des Ostblocks wurde die sozialistische ökonomische Integration übereinstimmend sowohl als Prozess als auch als Endzustand definiert. «Die sozialistische ökonomische Integration bedeutet die enge Annäherung der sozialistischen Länder, die Entwicklung ihrer gegenseitigen Wirtschaftsbeziehungen, die allmähliche Verflechtung ihrer Wirtschaften zu einem einheitlichen Ganzen.» So wurde der Prozess der Integration unter sozialistischen Bedingungen als eine zunehmende, langfristig geplante Verflechtung und allmähliche Verschmelzung der verschiedenen Volkswirtschaften zu einem einheitlichen Wirtschaftsmechanismus verstanden. Allerdings blieb die Zeitfrage immer offen.

Das 1960 in Kraft getretene Ratsstatut nennt ebenso wie auch das Komplexprogramm von 1971 als Ziel, durch Vereinigung und Koordinierung der Mitgliedsländer zum beschleunigten Wirtschaftswachstum, zur Herausbildung moderner Produktionsstrukturen, zur Erhöhung des («materiellen und kulturellen») Lebensstandards der Bevölkerung, zur schrittweisen Annäherung und Angleichung des ökonomischen Entwicklungsniveaus der Mitgliedsländer des RGW, zum beschleunigten und stabileren Wachstum des Intrablockhandels, zur Stärkung der Verteidigungskraft der RGW-Länder und zur «Stärkung der Position der Mitgliedsländer des RGW in der Weltwirtschaft und dem Endergebnis Sicherung des Sieges im ökonomischen Wettbewerb mit dem Kapitalismus» beizutragen.

4. Eines der wesentlichsten Prinzipien des RGW war die Wahrung der nationalstaatlichen Souveränität. Die entscheidende Garantie für die staatliche Souveränität der Mitgliedsländer war das Prinzip der Einstimmigkeit bei allen Abstimmungen. Da sich jedoch dieses Prinzip als integrationshemmend herausgestellt hatte, wurde 1967 ein anderes Verfahren eingeführt. Seit dieser Zeit galt Einstimmigkeit nur noch für die jeweils «interessierten» Länder; d.h. dass ein Land vor einer Abstimmung sein «Nichtinteresse» erklären und damit seine Mitarbeit an einem Projekt einstellen konnte, ohne dass damit das vorgesehene Projekt blockiert wurde.

Das oberste Entscheidungsorgan des RGW war die Ratstagung. Sie trat in der Regel einmal im Jahr zusammen und fällte die wesentlichen Grundsatzentscheidungen. Die Ratstagung bestand aus den Delegationen aller Mitgliedsländer des Rates. Die Zusammensetzung der Delegation eines jeden Landes wurde von der Regierung des betreffenden Landes bestimmt. Ordentliche Tagungen des Rates wurden abwechselnd in den Hauptstädten der Mitgliedsländer des Rates unter dem Vorsitz des Leiters der Delegation des Landes einberufen, in dem die Ratstagung stattfand. Das eigentliche Lenkungsorgan wie auch Exekutivorgan des RGW war das Exekutivkomitee, das aus je einem Vertreter jedes Mitgliedslandes auf der Ebene von Stellvertretern des Regierungschefs bestand. Es war für alle Fragen der Plankoordinierung sowie der Spezialisierung und Kooperation zuständig. Das Sekretariat des RGW bestand aus dem

Sekretär des Rates, seinen Stellvertretern sowie dem für die Durchführung der dem Sekretariat obliegenden Funktionen erforderlichen Personal. Es hatte seinen Sitz in Moskau. Der Generalsekretär war die oberste Amtsperson des Rates und vertrat den Rat nach außen. Er wurde immer von der Sowjetunion gestellt. Für die Leitung der übrigen Organe wurde 1987 das Rotationsprinzip beschlossen. Die neben dem Sekretariat und dem Exekutivkomitee bestehenden Hauptorgane wie z. B. ständige Kommissionen und Komitees sollten gemäß einem Beschluss der 43. Ratstagung von 1987 ihre Arbeit straffen, um Mehrstufigkeit und Parallelität zu beseitigen. So wurde die Zahl der RGW-Organe um rund ein Drittel reduziert.

5. Zu Beginn gab es kaum gemeinschaftliche Aktivitäten im RGW, so dass erst fünf Jahre nach Gründung ein Ständiges Sekretariat mit Sitz in Moskau und zehn Jahre nach Gründung ein Gemeinschaftsstatut verabschiedet werden konnte. Anfang der 1960er Jahre suchte der damalige KPdSU-Chef Chruschtschow eine gemeinsame Wirtschaftsplanung im RGW einzuführen, stieß dabei jedoch auf den Widerstand Rumäniens, sodass dieser Plan nicht realisiert werden konnte. 1964 wurde Jugoslawien teilassoziiertes Mitglied; im gleichen Jahr nahm auch die «Internationale Bank für wirtschaftliche Zusammenarbeit» (IBWZ) ihre Tätigkeit auf. Ihre Hauptaufgabe war die einer Verrechnungsstelle im Intrablockhandel des RGW, der seit Mitte der 1960er Jahre in Transferrubel abgewickelt wurde. Der RGW strebte nun zunehmend neben der Koordination des Handels auch die Koordination der Produktion an.

Im Jahr 1969 begann eine neue Etappe des RGW, als die Parteivorsitzenden der Mitgliedsländer auf der 23. Ratstagung die Ausarbeitung eines Dokuments verabredeten, das 1971 in das «Komplexprogramm für die weitere Vertiefung und Vervollkommnung der Zusammenarbeit und Entwicklung der sozialistischen ökonomischen Integration der Mitgliedsländer der RGW» mündete. Dieses Programm sah eine 15–20-jährige Übergangsperiode vor, die zu einer deutlichen Vertiefung der sozialistischen Volkswirtschaften führen sollte. Bedeutsam an diesem Programm, das wegen der Entwicklung in den 1980er Jahren in verschiedenen sozialistischen Ländern nicht realisiert werden konnte, war vor allem die Tatsache, dass zum ersten Mal konkrete Zeitangaben zur Erreichung bestimmter Ziele gemacht wurden.

Die Übernahme der Macht in der Sowjetunion durch Michael Gorbatschow hatte auch Auswirkungen auf den RGW, der sich nun dem Westen stärker öffnete. Auf der 41. Ratstagung 1985 wurde ein «Komplexprogramm des wissenschaftlich-technischen Fortschritts der Mitgliedsländer des RGW bis zum Jahr 2000» verabschiedet, das als Reaktion auf die EUREKA-Initiative der westeuropäischen Staaten bewertet werden muss. 1988 kam es zu einer Gemeinsamen Erklärung zwischen der Europäischen Gemeinschaft und dem RGW, in der beide Organisationen die Normalisierung ihrer Beziehungen vereinbarten und die Verbesserung der Zusammenarbeit avisierten. Auch wurden diplomatische Beziehungen zwischen beiden Organisationen sowie den RGW-Mitgliedstaaten – mit Ausnahme Rumäniens – aufgenommen. Diese gemeinsame Erkärung bildete die Voraussetzung für bilaterale Abkommen zwischen EG und RGW, die dann auch sehr schnell einsetzten. Mit dem Ausscheiden der DDR aus dem sozialistischen Lager 1990 wurde dem RGW ein wichtiges Mitglied entzogen. So wurde der RGW im Juni 1991 aufgelöst, nachdem die im RGW verbliebenen Staaten zu Beginn des Jahres 1991 vergeblich nach einer Alternative gesucht hatten.

Bernert, I.: Bibliographie zur Integration und zum Integrationsrecht im RGW (COMECON). Baden-Baden 1982; *Bethkenhagen*, J./*Machowski*, H.: Integration im Rat für Gegenseitige Wirtschaftshilfe. Entwicklung, Organisation, Erfolge und Grenzen. Berlin 1976; *Brendel*, G./*Dubrowski*, H. J./*Schickram*, H. J.: Ware-Geld-Beziehungen zwischen den RGW-Ländern. Berlin (Ost) 1983; *Seifert*, W.: Das Rechtssystem des RGW. Baden-Baden 1982; *Uschakow*, A.: Integration im RGW (COMECON). Dokumente. Baden-Baden 1982.

Vertrag von Amsterdam

Der → Maastrichter Vertrag sah bereits seine Revision nach vier Jahren vor, sodass eine Regierungskonferenz 1996/97 zur Unterzeichnung des Amsterdamer Vertrags 1997 führte. Der Amsterdamer Vertrag ist ebenso wie der Maastrichter Vertrag als Mantelvertrag angelegt. Er führt die einzelnen materiellen Änderungen der europäischen Verträge (EUV, EGV, EGKSV und EAGV) zusammen. Durch den Amsterdamer Vertrag gliedert sich der EU-Vertrag in acht Titel mit insgesamt 53 Artikeln. Die bereits bestehenden, veränderten bzw. neu hinzugefügten 314 Artikel des EG-Vertrags werden in sechs Teilen mit zahlreichen Untergliederungen fortlaufend von 1 bis 314 durchnummeriert. Schließlich enthält der Amsterdamer Vertrag 13 Protokolle und 59 Erklärungen. Der Vertrag setzt sich vor allem folgende vier Ziele: Beschäftigungspolitik und Bürgerrechte sollen ein zentrales Anliegen der EU werden; Stärkung der inneren Sicherheit; Stärkung der Rolle Europas als Akteur im internationalen System und Effektivierung des Entscheidungsprozesses in den bestehenden Institutionen vor dem Hintergrund der anstehenden Erweiterung.

Bürgerinnen und Bürger erhalten durch den Vertrag eine Stärkung ihrer Rechte. Die EU bekennt sich im Vertrag zu den Grundsätzen der Freiheit, der Demokratie, der Achtung der Menschenrechte und Grundfreiheiten sowie der Rechtsstaatlichkeit. Somit kann jeder EU-Bürger den → Europäischen Gerichtshof anrufen, wenn er durch das Handeln der EU-Institutionen seine Grundrechte eingeschränkt sieht. In diesem Zusammenhang wurde auch die Position des → Europäischen Rats gestärkt, der bei einer «schwerwiegenden und anhaltenden Verletzung» dieser Grundsätze durch einen Mitgliedstaat beschließen kann, bestimmte Rechte dieses Staates, einschließlich des Stimmrechts im Rat der EU, auszusetzen. Verbraucherrechte wie auch das Recht auf Information werden gestärkt.

Im Politikfeld Justiz und Inneres werden zur schrittweisen Schaffung eines Raums der Freiheit, der Sicherheit und des Rechts große Teile des so genannten Schengenbesitzstands und der dritten Säule in die erste Säule der Europäischen Union übertragen. Die Visa-Politik, die Voraussetzungen für den Aufenthalt von Zuwanderern, das Asylverfahren sowie die justizielle Zusammenarbeit in Zivilsachen werden nun in den EG-Vertrag einbezogen. Allerdings beschließt der Rat in einer Übergangszeit fünf Jahre lang einstimmig.

Um ihre Handlungsfähigkeit nach außen zu erhöhen und die außenpolitischen Maßnahmen kohärenter, effizienter und sichtbarer zu machen, wird die EU eine *gemeinsame Strategie* entwickeln, in der jeweils «Zielsetzung, Dauer und die von der Union und den Mitgliedstaaten bereitzustellenden Mittel» anzugeben sind. Mit diesem neuen Rechtsinstrumentarium, das vom Europäischen Rat einstimmig verabschiedet wird, sollen wichtige gemeinsame Interessen der Mitgliedstaaten formuliert werden. Es bleibt zwar bei der Einstimmigkeitsregel bei allen grundlegenden außenpolitischen Entscheidungen, doch das Risiko der Blockade eines Beschlusses wird gemildert, da es nun ein Verfahren der *konstruktiven Stimmenthaltung* gibt. Der sich enthaltende Mitgliedstaat ist nicht verpflichtet den Beschluss durchzuführen, muss sich aber solidarisch verhalten. Für die Vorbereitung der GASP-Beschlüsse wird eine Planungs- und Frühwarneinheit geschaffen, die Analysen vornimmt und die politische Lage beurteilt. Die Analyseeinheit setzt sich aus Experten der Mitgliedstaaten, des Rates, der Kommission und der Westeuropäischen Union zusammen. Der Generalsekretär des Rates übernimmt die Rolle des Hohen Vertreters für die GASP und bildet mit dem zuständigen Kommissionsmitglied sowie dem Ratspräsidenten die Troika.

Die geplante Erweiterung der Union erforderte ebenfalls institutionelle Reformen, da die Union 1997 im Wesentlichen noch über dieselben Strukturen verfügte wie zur Zeit ihres Gründungsprozesses. So erhält das → Europäische Parlament mehr Rechte als bisher. Das Rechtsetzungsverfahren wird vereinfacht, das Mitentscheidungsrecht des Parlaments wird erweitert wie auch seine legislative Gleichstellung mit dem Rat. Die Zahl der Abgeordneten wurde auf 732 begrenzt. Zur Effizienzsteigerung der → Europäischen Kommission wurde die Stellung des Präsidenten gestärkt. Er wird vom Europäischen Rat zwar vorgeschlagen, muss aber vom Parlament bestätigt werden. Der Präsident der Kommission benennt im Einvernehmen mit den Regierungen die übrigen Kommissionsmitglieder. Anschließend muss das gesamte Kollegium vom Parlament bestätigt werden. Die Anzahl der Kommissare wird auf 20 beschränkt. Der Amsterdamer Vertrag sieht darüber hinaus eine größere Beteiligung der einzelstaatlichen Parlamente an der Tätigkeit der Union vor. Die Befugnisse des Europäischen Gerichtshofes werden in den Bereichen Asyl und Einwanderung sowie der polizeilichen und justiziellen Zusammenarbeit erweitert und präzisiert wie auch die Befugnisse des → Europäischen Rechnungshofes. Der → Ausschuss der Regionen

erhält eine eigene Verwaltungsstruktur und zusätzliche Aufgaben. Schließlich wird ein Beschäftigungsausschuss mit beratender Funktion eingesetzt, in den jeder Mitgliedstaat und die Kommission je zwei Mitglieder entsenden.
Eine Neuerung im Amsterdamer Vertrag stellen die Bestimmungen über die «verstärkte Zusammenarbeit» (Flexibilität) dar, die sowohl für die intergouvernementale Zusammenarbeit als auch für die supranationale Kooperation gilt. Künftig haben mehrere Mitgliedstaaten die Möglichkeit, untereinander und auf einzelnen Feldern ihre Zusammenarbeit zu verstärken und dadurch als Gruppe bei der Vollendung der Integration voranzugehen. Die Flexibilisierung soll helfen, mögliche Blockaden durch integrationsunfähige oder -unwillige Mitgliedstaaten zu vermeiden.
Der Amsterdamer Vertrag bedeutet eine wichtige Fortentwicklung des europäischen Integrationsprozesses. Er erschließt der EU in begrenztem Maße neue Handlungsfelder und stattet sie mit gestärkten Handlungs-, Steuerungs- und Regelungsinstrumenten aus. Die Überführung von Politikfeldern aus der dritten Säule in die erste Säule der EG ist dabei der sichtbarste Fortschritt in Richtung mehr Integration. Doch zahlreiche Ausnahmeregelungen und Absicherungsmöglichkeiten in der GASP, der Innen- und Justizpolitik oder bei der verstärkten Zusammenarbeit schränken diese Fortschritte wiederum ein. Der Amsterdamer Vertrag stellt nicht die Finalität des europäischen Integrationsprozesses dar, hat er doch eine wichtige Aufgabe, nämlich die institutionellen Reformen, nicht zufriedenstellend lösen können. Eine neue Regierungskonferenz, die in den → Vertrag von Nizza mündete, war die unausbleibliche Konsequenz.

Hummer, Waldemar (Hg.): Die Europäische Union nach dem Vertrag von Amsterdam. Wien 1998; *Jopp*, Matthias/*Maurer*, Andreas/*Schmuck*, Otto (Hg.): Die Europäische Union nach Amsterdam. Analysen und Stellungnahmen zum neuen EU-Vertrag. Bonn 1998; *Weidenfeld*, Werner (Hg.): Amsterdam in der Analyse. Gütersloh 1998.

Vertrag von Nizza

Mit dem Vertrag von Nizza, der vom 8.–13. Dezember 2000 von den Staats- und Regierungschefs der EU ausgehandelt wurde, erfolgte die vierte Vertragsänderung innerhalb von nur 15 Jahren Integrationsgeschichte. Es handelt sich um ein 108 Seiten umfassendes Dokument. Der nach sprachjuristischer Überarbeitung am 26. Februar 2001 unterzeichnete Vertrag trat nach seiner Ratifizierung im Februar 2003 in Kraft. Der Regierungskonferenz war durch den → Europäischen Rat von Helsinki aufgegeben worden, die «left overs» des → Amsterdamer Vertrags zu lösen. Dabei ging es um die Größe und Zusammensetzung der → Europäischen Kommission, die Stimmengewichtung im Rat, die mögliche Ausweitung der Abstimmungen im Rat mit qualifizierter Mehrheit. Auch wenn die Verhandlungsergebnisse in den meisten

Medien überwiegend negativ dargestellt wurden, hat die EU durch die Vertragsrevision die grundsätzlichen Voraussetzungen für die Erweiterung geschaffen. Bis zur Zahl von 26 künftigen Mitgliedern wird jedem Mitgliedstaat ein «Anspruch auf einen Staatsangehörigen als Mitglied der Kommission» zugestanden. Erst ab dem 27. Mitgliedstaat wird Art. 213(1) EGV dahingehend geändert, dass die Zahl der Kommissionsmitglieder unter der Zahl der Mitgliedstaaten liegt, wobei die Mitglieder auf der Grundlage «einer gleichberechtigten Rotation ausgewählt» werden. Sie müssen allerdings zuvor vom Rat einstimmig festgelegt werden. Um der Kommission gleichwohl Handlungsfreiheit zu sichern, wurden die Rechte des Kommissionspräsidenten hinsichtlich der internen Organisation und Zuständigkeitsverteilung innerhalb der Kommission gestärkt. Zukünftig kann der Kommissionspräsident einen Kommissar zum Rücktritt zwingen. Auch ist für die Ernennung der Kommissionsmitglieder im Europäischen Rat nur noch die qualifizierte Mehrheit erforderlich.

Das zweite «left over» des Amsterdamer Vertrags war die Reform der Mehrheitsentscheidungen. Das Einstimmigkeitsprinzip sollte auf ganz wenige Ausnahmen beschränkt werden, denn es ist schwer ersichtlich, wie 27 Staaten einstimmig über Regulierungs- und Verteilungspolitiken entscheiden sollen. Das wurde nicht geschafft, aber immerhin wurden für 31 von 73 Bereichen nun Mehrheitsentscheidungen nach dem Inkrafttreten des Vertrags beschlossen. So werden Personalentscheidungen (u.a. die Kommissionsmitglieder, der Präsident der Europäischen Zentralbank, die Mitglieder des Europäischen Rechnungshofs) in Zukunft leichter zu treffen sein. Allerdings haben in manchen für die einzelnen Mitgliedstaaten essenziellen Fragen – z.B. dem Handel mit kulturellen und audiovisuellen Dienstleistungen, dem Steuersystem – diese weiterhin ein Vetorecht. Hier wurde das Ziel eindeutig verfehlt.

Die Stimmengewichtung im Rat – das dritte «left over» von Amsterdam – wurde verändert. Deutschland bleibt – nach heftigen Auseinandersetzungen mit Frankreich – auf einer Stufe mit den anderen drei ‹Großen›, kann seinen Einfluss aber durch den so genannten demographischen Faktor ausweiten. So reicht im → Ministerrat in Zukunft die Stimmenzahl von drei Stimmen für Malta bis zu 29 Stimmen für Italien, Deutschland, Frankreich und Großbritannien. Liegt die qualifizierte Mehrheit der Stimmen in der EU 15 bei 71,3 % der Stimmen, so sind in einer EU 27 dann 73,4 % der gewichteten Stimmen erforderlich. In der EU 27 werden selbst die Stimmen der 13 größten EU-Mitglieder, die 88 % der Bevölkerung stellen, nicht ausreichen, um Beschlüsse im Rat durchzusetzen. Das bedeutet, dass eine Sperrminorität auch vereinfacht wird. In einer EU 27 können Deutschland und zwei weitere große Staaten einen Beschluss gegen die Stimmen der anderen 24 Staaten verhindern. Zusätzlich zur qualifizierten Mehrheit im Rat muss eine Mehrheit der Mitgliedstaaten vorhanden sein und auf Anfrage eines Landes wird geprüft, ob durch die Mehrheitsentscheidung mindestens 62 % der Bevölkerung repräsentiert sind.

Das Europäische Parlament wird durch den Vertrag von Nizza gestärkt. So wurden das Mitentscheidungsrecht sowie das Zustimmungsrecht auf einige Bereiche ausgedehnt. Außerdem kann nun das Europäische Parlament, wie ein einzelner Mitgliedstaat auch, vor dem → Europäischen Gerichtshof klagen. Im Zusammenhang mit der Verstärkung der Beteiligungsrechte des EP wird natürlich auch die Sitzverteilung bedeutsamer. Hier wurden Veränderungen in Richtung mehr Repräsentativität der Bevölkerung eingeführt. So behalten nur Deutschland seine 99 und Luxemburg seine 6 Abgeordneten, dagegen verlieren die großen Staaten Frankreich, Italien und Großbritannien z. B. 15 und haben nur noch je 72 Abgeordnete.

Gestärkt wurden schließlich auch die Institutionen der → Gemeinsamen Außen- und Sicherheitspolitik. Hier wurde ein Politisches und Sicherheitspolitisches Komitee gebildet, ein aus Vertretern der Generalstabschefs zusammengesetzter Militärausschuss und ein Militärstab geschaffen. 60 000 Soldaten sollen ab 2003 als Kriseninterventionstruppe innerhalb von 60 Tagen und über einen Zeitraum von einem Jahr in Krisen an der europäischen Peripherie einsatzfähig sein. Darüber hinaus wurde die → WEU in die EU einbezogen. Schließlich wurde eine Reform der Flexibilitätsklausel des Amsterdamer Vertrags, also der Möglichkeit so genannter verstärkter Zusammenarbeit lediglich einer Gruppe von Mitgliedstaaten, beschlossen. Wenn in Zukunft acht Staaten sich zu verstärkter Zusammenarbeit bereit finden, kann keiner der übrigen mehr sein Veto dagegen einlegen, z. T. auch in der Gemeinsamen Außen- und Sicherheitspolitik. Schließlich wurde vom Europäischen Rat in Nizza auch die → Grundrechtecharta verabschiedet, die zwar keine Aufnahme in den Vertrag fand, aber als einmütige Absichtserklärung eine große politische Bindewirkung entwickeln kann.

Wie immer man den Vertrag von Nizza beurteilen mag, so hat er letztlich die europäischen Staaten auf eine Finalitätsdebatte festgelegt. Im Oktober 2003 hat eine erneute Regierungskonferenz begonnen, auf der folgende Themen endgültig einer Klärung zugeführt werden sollen:

- die Frage einer dem Subsidiaritätsprinzip entsprechenden Abgrenzung der Zuständigkeiten zwischen der EU und ihren Mitgliedstaaten;
- der Status der in Nizza lediglich proklamierten Charta der Grundrechte der EU;
- das Vorhaben einer Vereinfachung der Verträge mit dem Ziel, diese klarer und verständlicher zu machen, ohne sie inhaltlich zu ändern sowie
- die Rolle der nationalen Parlamente in der Architektur Europas. Nach dem vorläufigen Scheitern des Verfassungsentwurfs in den Referenden in Frankreich und den Niederlanden bleibt der Vertrag von Nizza eine wichtige Basis des EU-Rechts.

Fischer, Klemens H.: Der Vertrag von Nizza. Text und Kommentar. Baden-Baden 2001; *Jopp*, Matthias/*Lippert*, Barbara/*Schneider*, Heinrich (Hg.): Das Vertragswerk von Nizza und die Zukunft der Europäischen Union. Bonn 2001; *Weidenfeld*, Werner: Nizza in der Analyse. Strategien für Europa. Gütersloh 2001

www.europa.eu

Warschauer Pakt

1. Der Warschauer Pakt wurde mit dem Vertrag über Freundschaft, Zusammenarbeit und gegenseitigen Beistand am 14.5.1955 auf 20 Jahre geschlossen. Neben dem bereits 1949 gebildeten → Rat für gegenseitige Wirtschaftshilfe (RGW) bildete er die wichtigste multilaterale Organisation des sozialistischen Lagers. Von östlicher Seite wurde der Abschluss des Warschauer Pakts mit dem im Mai 1955 wirksam gewordenen NATO-Beitritt der Bundesrepublik Deutschland und der davon ausgehenden Bedrohung begründet. Jedoch entspricht diese Interpretation nicht der Wirklichkeit, erst recht nicht den Absichten der sowjetischen Führung. Die UdSSR verband mit der Schaffung des Acht-Mächte-Pakts – ihm gehörten Bulgarien, ČSSR, DDR (seit 1956), Rumänien, Polen, UdSSR, Ungarn und bis 1968 Albanien an, das wegen der Intervention von fünf Warschauer-Pakt-Staaten in der ČSSR aus dem WP austrat) – vornehmlich folgende Ziele:

1. Die bisher bestehenden bilateralen und weitgehend informellen Kontrollmechanismen sollten durch einen förmlichen multilateralen Pakt unter der Führung der UdSSR eine wirksamere, die Stagnation überwindende regionale Koordination, Integration und Kontrolle ermöglichen.
2. Mit der Gründung des Warschauer Pakts schuf die Sowjetunion ein diplomatisches Verhandlungsobjekt, dessen Auflösung im Tausch gegen eine Auflösung der → NATO und die Bildung eines kollektiven europäischen Sicherheitssystems angeboten werden konnte.
3. Es musste eine neue Rechtsgrundlage für die weitere Stationierung sowjetischer Truppen in einzelnen Paktstaaten geschaffen werden, nachdem durch den am 15.5.1955 geschlossenen Österreichischen Staatsvertrag die Rechtsgrundlage für die weitere Stationierung sowjetischer Truppen in Ungarn und Rumänien nicht mehr gegeben war.
4. Der durch die Aufnahme der Bundesrepublik Deutschland in die NATO und die → Westeuropäische Union gestärkten westlichen Verteidigungsallianz wollte man ein eigenes multilaterales Bündnis entgegensetzen.
5. Schließlich wollte die Sowjetunion den Warschauer Pakt zur Koordinierung der Außenpolitik der Mitgliedsländer und, wenn nötig, zur Disziplinierung unbotmäßiger Vertragspartner benutzen.

2. Offiziell handelte es sich beim Warschauer Vertrag um einen «Vertrag über Freundschaft, Zusammenarbeit und gegenseitigen Beistand». Die vertragsschließenden Seiten erklärten ihre Bereitschaft, sich im Geiste aufrichtiger Zusammenarbeit an allen internationalen Handlungen zu beteiligen, deren Ziel die Gewährleistung des Weltfriedens und der Sicherheit war. Kernstück des Warschauer Vertrags war der Art. 4, der in großen Teilen eine Ähn-

lichkeit zum Art. 5 des NATO-Vertrages erkennen lässt:

«Im Falle eines bewaffneten Überfalls in Europa auf einen oder mehrere Teilnehmerstaaten des Vertrages seitens irgend eines oder einer Gruppe von Staaten wird jeder Teilnehmerstaat des Vertrages in Verwirklichung des Rechtes auf individuelle oder kollektive Selbstverteidigung in Übereinstimmung mit Art. 51 der Satzung der Organisation der Vereinten Nationen den Staat oder den Staaten, die einem solchen Überfall ausgesetzt sind, sofortigen Beistand individuell und in Vereinbarung mit den anderen Teilnehmerstaaten des Vertrages mit allen Mitteln, die ihnen erforderlich erscheinen einschließlich der Anwendung von militärischer Gewalt, erweisen. Die Teilnehmerstaaten des Vertrages werden sich unverzüglich über gemeinsame Maßnahmen beraten, die zum Zwecke der Wiederherstellung und Aufrechterhaltung des Weltfriedens und der Sicherheit zu ergreifen sind. Von den Maßnahmen, die aufgrund dieses Artikels ergriffen wurden, wird dem Sicherheitsrat entsprechend den Bestimmungen der Satzung der Organisation der Vereinten Nationen Mitteilung gemacht. Diese Maßnahmen werden eingestellt, sobald der Sicherheitsrat die Maßnahmen ergreift, die zur Wiederherstellung und Erhaltung des Weltfriedens und der Sicherheit erforderlich sind.»

Der territoriale Geltungsbereich des Warschauer Pakts beschränkte sich auf europäische Länder. Das bedeutet, dass der asiatische Teil der Sowjetunion – entgegen dem allgemeinen Grundsatz des Völkerrechts, nach dem Verträge das gesamte Staatsgebiet ihrer Signatare erfassen – nicht abgedeckt war. Nur ein Angriff in Europa hätte den Bündnisfall des Warschauer Pakts nach sich gezogen. Dagegen waren die Bündnisklauseln der von der UdSSR 1967 mit Bulgarien und Ungarn, 1970 mit der Tschechoslowakei und Rumänien und 1975 mit der DDR geschlossenen bilateralen Bündnispakte territorial nicht mehr begrenzt. Zeitlich war der Warschauer Pakt zunächst für 20 Jahre geschlossen und wurde 1985 um weitere 20 Jahre verlängert, mit einer zusätzlichen Verlängerungsoption von 10 Jahren.

3. Da die Sowjetunion der wirtschaftlichen Integration im Ostblock Vorrang gab, beschränkte sich die Funktion des Warschauer Pakts zwischen 1955 und 1961 auf dem Gebiet der militärischen Kooperation auf die Standardisierung der Waffen und der Waffenproduktion nach sowjetischem Muster sowie auf die Übernahme sowjetischer Organisationsformen und praktischer Lehren. Ein weiterer Grund für die geringe Tagungshäufigkeit des politischen beratenden Ausschusses – er sollte mindestens zwei Mal jährlich tagen, kam bis 1961 aber insgesamt nur vier Mal zusammen – war die Erschütterung des Warschauer Pakts durch die Ereignisse 1956 in Polen und Ungarn. Die Sowjetunion hat den Aufstand in Ungarn mit brutaler Militärgewalt ebenso unterdrückt wie auch die Erhebungen in Polen. Nach den Oktober-Ereignissen in Polen und Ungarn löste die Sowjetunion ihre am 30. 10. 1956 gegebene Zusage ein, die Stationierung ihrer Streitkräfte mit jenen Ländern zu regeln, in denen sie als Folge des Zweiten Weltkriegs Truppen stationiert hielt: am 17. 12. 1956 mit Polen, am 13. 3. 1957 mit der DDR, am 15. 4. 1957 mit Rumänien und am 27. 5. 1957 mit Ungarn.
Die Konsolidierungsphase setzte 1961 ein und dauerte bis 1968. Der 1960/61

offen zutage tretende Konflikt zwischen der UdSSR und China ließ Maßnahmen zur Festigung des Blockzusammenhangs dringend geboten erscheinen. Damit sollte nicht nur die Position der UdSSR gegenüber China gestärkt, sondern gleichzeitig auch einem drohenden Zerfall der sowjetischen Machtsphäre entgegengewirkt werden. Albanien, das sich frühzeitig in der ideologischen und machtpolitischen Auseinandersetzung zwischen der Sowjetunion und der Volksrepublik China auf die Seite der chinesischen Kommunisten gestellt hatte, ließ seine Mitgliedschaft seit 1961 ruhen. Darüber hinaus machten sich auch Tendenzen zu größerer Selbstständigkeit bei Rumänien bemerkbar. Nachdem die Pläne des KPdSU-Generalsekretärs Chruschtschow, durch die Reform des RGW einen großen Markt zu schaffen, 1964 am Widerstand Rumäniens gescheitert waren, gewannen nun für die sowjetische Führung Aspekte der militärischen Zusammenarbeit und der gemeinsamen Stärke der Warschauer-Pakt-Streitkräfte ein deutlich größeres Gewicht als zuvor. Allein Rumänien widersetzte sich diesen Zielsetzungen und bestand auf einer eigenen politischen und militärischen Rolle des Bündnisses.

Den bedeutsamsten Einschnitt in der Entwicklung des Warschauer Pakts bildet die militärische Intervention von fünf Paktstaaten in der Tschechoslowakei am 21.8.1968. Die im Anschluss an diese Invasion formulierte Breschnew-Doktrin von der beschränkten Souveränität der kommunistischen Staaten wies dem östlichen Militärbündnis eine neue Funktion zu, nämlich darüber zu wachen, dass in den Mitgliedstaaten der politische und soziale Status quo von der jeweiligen politischen Führung nicht angetastet wird. Gemäß der Breschnew-Doktrin wurde für die zwischenstaatlichen Beziehungen innerhalb des sowjetischen Machtbereichs der Gebrauch militärischer Gewalt ausdrücklich nicht ausgeschlossen. Die Prinzipien des «Sozialistischen Internationalismus» sahen eine kollektive Verantwortung der Staaten des sowjetischen Machtbereichs für Bewahrung und Entwicklung ihrer sozialistischen Errungenschaften vor. Die UdSSR nahm damit praktisch eine Mitentscheidungs- und Vetobefugnis bezüglich aller ihr wichtig erscheinenden Angelegenheiten ihrer im Warschauer Pakt verbundenen Bruderstaaten in Anspruch. Soweit diese Staaten durch «antisozialistische» Kräfte vom aus sowjetischer Sicht als richtig erachteten Weg abgebracht wurden, erklärte sich die Sowjetunion für verpflichtet, durch «brüderliche Hilfe» für den rechten Weg zu sorgen. Diese Hilfe schloss als äußerstes Mittel die Anwendung von Gewalt gegenüber dem abirrenden Staat ein. Darüber hinaus war die Sowjetunion seit Mitte der 1960er Jahre bestrebt, den Warschauer Pakt auch als Forum zu benutzen, um sich die eigenen außen- und europapolitischen Vorstellungen sanktionieren zu lassen. Der Sowjetunion ging es vor allem darum, die politische alltägliche Zusammenarbeit im Rahmen des Warschauer Vertrags zu vervollkommnen. Dennoch musste sie es zulassen, dass Rumänien seine militärische Mitarbeit im Warschauer Vertrag sukzessive einschränkte. Nachdem 1975 kein Mitgliedstaat

die Kündigung ausgesprochen hatte – Albanien war 1968 ausgetreten –, galt der Warschauer Pakt für weitere 10 Jahre und wurde 1985 erneut um 20 Jahre verlängert.
Mit der Reformpolitik von Michael Gorbatschow setzte auch ein Wandel in den sowjetisch-osteuropäischen Beziehungen ein, die für den Warschauer Pakt zwei Folgen hatte: zum einen eine Verringerung der Bedrohungsgefahr für Westeuropa durch Betonung des Verteidigungscharakters des Bündnisses, zum anderen die sowjetische Abstinenz, in den osteuropäischen Ländern zu intervenieren bzw. die Aufgabe der Breschnew-Doktrin. Im Zuge der Systemwechsel in den osteuropäischen Ländern wurde die Militärstruktur des Warschauer Vertrags noch vor der Schaffung eines «Systems kollektiver Sicherheit» in Europa zum 1. April 1991 aufgelöst. Politisch wurde der Warschauer Pakt am 1. Juli 1991 beendet.

Hacker, Jens: Der Ostblock – Entstehung, Entwicklung und Struktur 1939/1980. Baden-Baden [2]1985; *Holloway*, David/*Charp*, Jane (Hg.): The Warsaw Pact. Alliance in Transition? Ithaca/New York 1984; *Jones*, Christopher: Soviet Influence in Eastern Europe. Political Autonomy and the Warsaw Pact. New York 1981; *Umbach*, Frank: Das rote Bündnis. Entwicklung und Zerfall des Warschauer Paktes 1955–1991. Berlin 2005; *Uschakow*, Alexander/*Frenske*, Dietrich: Der Warschauer Pakt und seine bilateralen Bündnisverträge. Analyse und Texte. Berlin 1987.

Westeuropäische Union (WEU)

1. Mitglieder sind: Belgien, Niederlande, Luxemburg, Frankreich, Großbritannien, Italien, Deutschland (seit 1955), Portugal, Spanien (1988) Griechenland (1992); «assoziierte Mitglieder»: Norwegen, Island, Türkei; Beobachter: Dänemark, Irland; «assoziierte Partner» seit 1994: Litauen, Lettland, Estland, Bulgarien, Rumänien, Ungarn, Polen, Slowakei, Tschechien.

2. Im Zuge der Verschärfung des 1947 offen ausgebrochenen Kalten Krieges wurde die Westeuropäische Union 1948 zunächst als so genannte Westunion oder Brüsseler Pakt gegründet. Am 17. 3. 1948 unterzeichneten die drei Benelux-Staaten zusammen mit Frankreich und Großbritannien den Brüsseler Pakt, ein auf 50 Jahre geschlossenes automatisches militärisches und politisches Beistandsbündnis, das sich in seiner Präambel noch gegen einen potenziellen Angreifer Deutschland richtete. Es diente aber gleichzeitig als Nachweis der Europäer, eigene Sicherheitsvorkehrungen zu treffen, um damit der amerikanischen Regierung Unterstützung für innenpolitische Debatten und innergesellschaftliche Argumentation für ein militärisches Engagement in Europa zu geben.
In der Präambel des Brüsseler Vertrags formulieren die Mitgliedstaaten u. a. folgende Ziele:

«... die Grundsätze der Demokratie, der persönlichen und politischen Freiheit, die verfassungsmäßigen Traditionen und die Ach-

tung vor dem Gesetz, die ihr gemeinsames Erbe sind, zu festigen und zu erhalten,
die wirtschaftlichen, sozialen und kulturellen Bindungen, die sie bereits vereinigen, mit diesen Zielen vor Augen zu stärken,
loyal zusammenzuarbeiten und ihre Bemühungen, in Westeuropa eine feste Basis für die wirtschaftliche Erholung Europas zu schaffen, aufeinander abzustimmen,
in Übereinstimmung mit der Charta der Vereinten Nationen sich gegenseitig Beistand zu leisten, um den internationalen Frieden und die Sicherheit zu erhalten und jeder Angriffspolitik Widerstand zu leisten,
alle Schritte zu unternehmen, die sich für den Fall der Erneuerung einer deutschen Aggressionspolitik als notwendig erweisen,
in der Verfolgung dieser Ziele nach und nach diejenigen anderen Staaten hinzuzuziehen, die von den gleichen Idealen erfüllt und von der gleichen Entschlossenheit beseelt sind ...»

Die Zunahme der Spannungen im Ost-West-Verhältnis (Staatsstreich in der Tschechoslowakei im Februar 1948, Berlinkrise 1948/49 und Ausbruch des Korea-Krieges im Juni 1950) erforderte die Teilnahme des 1949 neu geschaffenen westdeutschen Teilstaats an der westlichen Verteidigung. Da insbesondere die USA als die dominierende Macht des Westens nicht bereit waren, auf einen deutschen Verteidigungsbeitrag zu verzichten, mussten sich die anderen europäischen Staaten mit einem deutschen Verteidigungsbeitrag arrangieren.

Als die geplante EVG am 30. August 1954 durch ein negatives Votum der französischen Nationalversammlung scheiterte, wurde der durch die 1949 gegründete NATO in seiner politischen Bedeutung relativierte Brüsseler Pakt revitalisiert. Die britische Regierung schlug im September 1954 vor, den Brüsseler Pakt unter Aufnahme der Bundesrepublik Deutschland und Italiens zu einer Westeuropäischen Union zu erweitern und mit neuen Aufgaben zu versehen. Die Londoner Neunmächtekonferenz (die sechs EGKS-Staaten plus USA, Großbritannien und Kanada), die über die Beendigung des Besatzungsstatuts, den Beitritt der Bundesrepublik zur NATO sowie über das Saarstatut im Oktober 1954 erfolgreich verhandelte, wandelte den Brüsseler Pakt in die WEU um.

3. Nach dem Beitritt der Bundesrepublik Deutschland und Italiens musste sich die WEU auch eine neue Zielsetzung geben, die in der neuen Präambel zum Ausdruck kam. Danach ist es Aufgabe der WEU, «die Einheit Europas zu fördern und seiner fortschreitenden Integrierung Antrieb zu geben sowie engere Zusammenarbeit zwischen den Mitgliedstaaten und mit anderen europäischen Organisationen zu unterstützen». Kernstück des Vertrags ist Art. 5, in dem sich die Vertragspartner im Falle eines bewaffneten Angriffs in Europa in Einklang mit Art. 51 der Satzung der Vereinten Nationen «alle in ihrer Macht stehende militärische und sonstige Hilfe und Unterstützung» zusichern. Somit geht die im WEU-Vertrag niedergelegte Beistandsverpflichtung deutlich über die der NATO hinaus.

Wesentliche Bestimmungen des geänderten Brüsseler Vertrags bilden die enge Zusammenarbeit mit der NATO im Allgemeinen und den militärischen Dienststellen im Besonderen bei allen Informationen und Stellungnahmen zu militärischen Fragen (Art. 4), die Gewährleistung und Unterrichtung des Sicherheitsrats der Vereinten Nationen über Maßnahmen der Mitgliedstaaten im Rahmen der kollektiven Selbstverteidigung (Art. 6), Sicherstellung, dass keine zwischen den Mitgliedstaaten und dritten Staaten eingegangenen Verpflichtungen im Widerspruch zu den Vertragsbestimmungen stehen (Art. 7), sowie Sicherstellung der Kontinuität bei der Wahrnehmung der Aufgaben durch den Rat (Art. 8).

Vier Protokolle vervollständigen das Vertragswerk der WEU. Im ersten Protokoll werden jene Vertragspassagen des Brüsseler Pakts annulliert, in denen Maßnahmen angekündigt wurden, die im Falle einer erneuten deutschen Aggression getroffen werden sollten. Im zweiten Protokoll werden die Höchststärken der Streitkräfte der Mitgliedstaaten festgelegt.

4. Lange Zeit war die WEU ein Schattenbündnis. 1983 schlug Frankreichs Staatspräsident Mitterrand vor, dass die WEU die Basis für eine «europäische Verteidigungsidentität» bilden sollte. Die Reaktivierung der WEU lag aber nicht nur in der Suche nach einer neuen europäischen Identität im Rahmen der NATO begründet. Vielmehr suchte François Mitterrand mit der Reaktivierung der WEU Befürchtungen über die aus französischer Sicht unerfreuliche Entwicklung der Sicherheitspolitik in Europa zu begegnen. Zum einen schienen die Deutschen für die politische Klasse in Frankreich zum ersten Mal in ihrer Geschichte die unsicheren Kantonisten in der NATO zu sein. Zum anderen hatte das Gipfeltreffen von Reykjavik zwischen US-Präsident Reagan und KPdSU-Generalsekretär Gorbatschow gezeigt, dass Amerikaner und Sowjets in strategischen Fragen ohne Einbeziehung der Europäer verhandelten. Und schließlich hatten auch amerikanische Pläne, die konventionelle Komponente in Europa zu stärken (Rogers-Plan, Kissinger-Vorschlag, dass SACEUR ein Europäer sein soll, etc.), Befürchtungen in Europa über eine Regionalsierung des Krieges hervorgerufen. Aus diesen Entwicklungen resultierte für Frankreich zum einen die stärkere Einbeziehung Deutschlands in die westlichen Gemeinschaften und zum anderen die Stärkung der westeuropäischen Verteidigungsidentität, um gegenüber den beiden Blockführungsmächten eine stärkere Position zu haben. So gewann seit Mitte der 1980er Jahre die WEU schärfere Konturen und die Organisation wurde reaktiviert.

Die Revitalisierung setzte sich 1987mit der «Haager Plattform» fort, die die Notwendigkeit einer europäischen Sicherheitsidentität herausstellte. Die WEU-Plattform verfolgte somit mehrere Ziele, nämlich

- Entwicklung einer europäischen sicherheitspolitischen Identität;
- Revitalisierung der WEU;
- Beschleunigung des europäischen Integrationsprozesses und
- Stärkung des europäischen Pfeilers im Atlantischen Bündnis.

Nach der Überwindung des Ost-West-Konflikts hat die WEU eine weitere Aufwertung erlebt. Durch den Vertrag von Maastricht wurde in der Europäischen Union eine → Gemeinsame Außen- und Sicherheitspolitik (GASP) vorgesehen. Mit der GASP will die Europäische Union ihre Identität und ihre Rolle in der internationalen Politik stärken. Die WEU wird im Vertragstext von Maastricht aufgefordert, den verteidigungspolitischen Arm der EU zu bilden. Die WEU sollte ein organisches Verhältnis zur Europäischen Union entwickeln.

Mit den Petersberger Beschlüssen von 1992 erhielt die WEU eine neue militär- und verteidigungspolitische Qualität. Zusammen mit der NATO kann die WEU nun von den Vereinten Nationen und der KSZE/OSZE für die internationale Konfliktverhütung und Krisenbewältigung herangezogen werden. Mit der Petersberg-Erklärung von 1992 beschlossen die WEU-Staaten, dass militärische Einheiten unter WEU-Befehlsgewalt künftig auch neben ihren bisherigen Aufgaben vorgesehen werden können für

- humanitäre Aufgaben und Rettungseinsätze;
- friedenserhaltende Maßnahmen;
- Kampfeinsätze bei der Krisenbewältigung einschließlich Maßnahmen zur Herbeiführung des Friedens.

Eine zweite neue Aufgabe übernahm die WEU nach dem Ende des Ost-West-Konflikts im Auftrag von UNO und KSZE. Ab Mitte 1992 patrouillierten Kriegsschiffe der WEU in Zusammenarbeit mit der NATO im Adriatischen Meer mit dem Auftrag, Verstöße gegen die von den Vereinten Nationen ausgesprochenen Sanktionen gegen Serbien zu verhindern. Im April 1993 unterstützte die WEU Ungarn, Rumänien und Bulgarien insbesondere bei der Unterbindung des Ölnachschubs für Serbien auf der Donau. Im Mai 1994 hat die WEU mit den Viségrad-Staaten sowie den drei baltischen Staaten Estland, Litauen und Lettland die assoziierte Mitgliedschaft in der WEU abgeschlossen. Diese Mitgliedschaft stellt eine relativ unverbindliche Beziehung zwischen der WEU und den ostmitteleuropäischen Staaten dar, denn sie enthält weder eine Verteidigungs- noch eine Konsultationsgarantie. Sie soll allerdings einen weiteren Mosaikstein im Rahmen der Heranführung der ostmitteleuropäischen Staaten an Westeuropa bilden. Die «assoziierte Partnerschaft» unterscheidet sich erheblich von der «assoziierten Mitgliedschaft», die die WEU den NATO-Staaten, die nicht der WEU angehören – Norwegen, Island und Türkei –, anbietet. Die «assoziierten» Mitglieder haben im Gegensatz zu den Vollmitgliedern kein Stimmrecht in den Entscheidungsorganen. Im Vertrag von Amsterdam (1997) wurden die Aufgaben für die EU verankert, sodass die WEU noch enger an die EU herangeführt wurde. Mit den Beschlüssen von 1999 von Köln und Helsinki, nämlich dem Aufbau von europäischen Streitkräften mit 50 000 bis 60 000 Soldaten und der Benennung des außenpolitischen Koordinators der EU in der Persönlichkeit des ehemaligen NATO-Generalsekretärs Javier Solana, wurden die Aufgaben der WEU schrittweise weiter auf die EU übertragen. Solana wurde gleichzeitig zum Generalsekretär des Rats der EU sowie zum WEU-Generalsekretär bestimmt. Im → Vertrag von Nizza wurden weitere Fixierungen der europäischen Sicherheits- und Verteidigungspolitik vorgenommen. Die Funktionen der WEU gingen immer weiter auf die EU über, das WEU-Personal wurde drastisch reduziert; das Institut für Sicherheitsstudien und das Satellitenzentrum wurden inzwischen in die EU überführt. Damit hat die WEU ihre operativen Funktionen verloren. Die WEU verbleibt noch als Residualorganisation, die nur noch in Fragen des Artikels V (gemeinsamer Beistand) aufgrund der unterschiedlichen Mitgliedschaft von WEU und EU zusammenkommen wird und die eine Plattform für die Diskussion sicherheitspolitischer Fragen darstellen wird.

Adam, Rudolf G.: Die Gemeinsame Außen- und Sicherheitspolitik der EU nach dem Europäischen Rat von Nizza. Baden-Baden 2002; *Cahen*, Alfred: La contribution de l'Union Occidentale au processus de construction européenne. London 1987; *Gärtner*, Heinz: Wird Europa sicherer? Zwischen kollektiver und nationaler Sicherheit. Wien 1992; *Müller-Brandeck-Bocquet*, Gisela: Das neue Entscheidungssystem in der Gemeinsamen Außen- und Sicherheitspolitik. Baden-Baden 2002; *Schmidt*, Peter: Die WEU im Spannungsfeld zwischen EU und Atlantischer Allianz, in: Oliver *Thränert* (Hg.): Die EG auf dem Wege zu einer Gemeinsamen Außen- und Sicherheitspolitik. Bonn 1992; *Varwick*, Johannes: Sicherheit und Integration in Europa. Zur Renaissance der Westeuropäischen Union. Opladen 1998.

Wirtschafts- und Währungsunion (WWU)

Bereits in den 1970er Jahren hatte die Europäische Gemeinschaft erstmals versucht, eine Wirtschafts- und Währungsunion zu installieren. Eine Kommission unter der Führung des luxemburgischen Premierministers Pierre Werner legte im Oktober 1970 einen Bericht vor, der die Realisierung der WWU in drei Stufen innerhalb von zehn Jahren vorsah. Die stufenweise Verwirklichung der WWU sollte vier zentrale Bereiche umfassen: Verstärkung der Währungskooperation mit dem Ziel der Verringerung der Bandbreiten für Wechselkursschwankungen bis zur gemeinsamen Währung; Koordinierung der kurz- und mittelfristigen Wirtschaftspolitiken mit dem Ziel der Harmonisierung der wirtschaftlichen Entwicklung (Konvergenz); Aufhebung aller Grenzen im Kapitalverkehr und Schaffung eines europäischen Kapitalverkehrs sowie die Entwicklung einer gemeinschaftlichen Struktur- und Regionalpolitik mit dem Ziel der Förderung des wirtschaftlichen und sozialen Zusammenhalts in der Gemeinschaft (Kohäsion). Am Ende solle ein gemeinschaftliches Zentralbanksystem stehen. Doch der Werner-Plan scheiterte sowohl aus internationalen (Ölpreiskrise 1973) als auch aus innenpolitischen Gründen in den Mitgliedstaaten. Anstelle der WWU wurde 1979 unter nachdrücklicher Initiative des französischen Präsidenten Giscard d'Estaing und des deutschen Bundeskanzlers Helmut Schmidt das → Europäische Währungssystem (EWS) geschaffen, das zur Minderung von Wechselkursschwankungen in der Gemeinschaft führte. Das EWS war ein System fester, aber flexibler Währungskurse zwischen den EG-Mitgliedstaaten. Sein Erfolg trug dazu bei, die Pläne für eine Europäische Währungsunion wiederaufzunehmen. Auf Initiative von Bundesaußenminister Genscher setzte der Europäische Rat den nach dem damaligen EU-Kommissionspräsidenten benannten Delors-Ausschuss ein, dessen Aufgabe die Ausarbeitung eine Plans über eine WWU war. In dem im April 1989 vorgelegten Bericht wurde die Einführung eines politisch unabhängigen Europäischen Zentralbankensystems (ESZB), die Verpflichtung des ESZB auf das Ziel der Preisstabilität und die Realisierung der WWU in einem Dreistufenplan vorgesehen. Die erste Stufe sollte am 1. Juli 1990 mit der vollständigen Liberalisierung des Kapitalverkehrs beginnen. Auf der Grundlage des Delors-Berichts setzte der Europäische Rat im Juni 1989, also lange vor der deutschen Wiedervereinigung, auf seinem Gipfel in Madrid als Eintrittsdatum für die erste Stufe den 1. Juli 1990 fest. Im → Maastrichter Vertrag wurde 1991/92 endgültig die Verwirklichung der WWU in drei Stufen beschlossen. Ziele der am 1. Juli 1990 begonnenen ersten Stufe waren im Wesentlichen die Liberalisierung des Kapitalverkehrs sowie die Verstärkung der währungspolitischen Koordination. Zu Beginn der 1994 gestarteten zweiten Stufe wurde das Europäische Währungsinstitut (EWI) gegründet. Seine Hauptaufgaben bestanden darin, die für den Übergang zur dritten Stufe der WWU erforderlichen Voraussetzungen zu schaffen, insbesondere die Koordinierung der Geldpolitiken der nationalen Zentralbanken mit dem Ziel der Preisstabilität, die erfolgreiche Vorarbeit zur Errichtung eines europäischen Systems der Zentralbanken sowie die Überwachung der Entwicklung der Währungsunion. Auch mussten die potenziellen Währungsunionsstaaten ihren Notenbanken die Unabhängigkeit gewähren, soweit diese noch nicht vorhanden war. 1995 entschied der Europäische Rat, dass die neue Gemeinschaftswährung den Namen *Euro* tragen sollte. 1998 wurde entschieden, dass 1999 die dritte Stufe mit folgenden Mitgliedstaaten begonnen werden sollte: Belgien, Deutschland, Frankreich, Finnland, Italien, Irland, Luxemburg, die Niederlande, Österreich, Portugal und Spanien. Diese Staaten hatten die für den Beitritt notwendigen Kriterien – hoher Grad an Preisstabilität, tragbare Finanzlage der öffentlichen Hand, normale Bandbreite des Wechselkursmechanismus und dauerhaftes stabiles Zinsniveau – erreicht. Mit Eintritt in die dritte Stufe der WWU 1999 wurden die Wechselkurse unwiderruflich fixiert, die einheitliche Währung geschaffen und die Währungspolitik vergemeinschaftet.

Die Währungspolitik der inzwischen 12 Mitgliedstaaten – Griechenland trat zum 1. 1. 2001 der WWU bei, Slowenien wird zum 1. 1. 2007 aufgenommen – wird nun vom ESZB bzw. der → *Europäischen Zentralbank (EZB)* vorgenommen. Die politisch vollkommen unabhängige EZB ist dem vorrangigen Ziel der Preisstabilität verpflichtet und verrichtet ihre Geldpolitik praktisch nach dem Modell der Deutschen Bundesbank.

Die EZB hat in den ersten sieben Jahren ihres Bestehens insgesamt gesehen den Auftrag, Preisstabilität zu erzielen, im Großen und Ganzen gut erfüllt. Bereits vor der Einführung des Euro wurde in den Mitgliedstaaten eine beachtliche

Stabilitätskultur entwickelt. Die EZB hat eine behutsame Geldpolitik vorgenommen und durch moderate Leitzinsveränderungen in den Geldkreislauf eingegriffen. Nicht zuletzt ist es der EZB zu verdanken, dass der Euro heute eine in der Wirtschaftswelt nachgefragte Währung ist. Die Schwankungsbreite des Euro gegenüber dem US-Dollar war in den ersten Jahren sehr groß, muss aber vor dem Hintergrund gesehen werden, dass z. B. die DM gegenüber dem Dollar ebenfalls eine starke Schwankungsbreite aufwies.

Zur Literatur vgl. S. 534 ff. sowie www.europa.eu

4. Anhang

4.1. Die Europäische Union (Wolf D. Gruner)

1. Grunddaten

Name: Europäische Union (de) – European Union (en) – l'Union Européenne (fr) – Unione Europea (it) – la Unión Europea (es) – Europese Unie (nl) – União Europeia (pt) – Europæiske Union (da) – Europeiska Unionen (sv) – Euroopan Unionlin (fi) – Evropské unie (cs) – Euroopa Liidust (et) – Eiropas Savienības (lv) – Europos Sajungos (lt) – Európai Unióról (hu) – l'Unjoni Ewropea (mt) – Unii Europejskiej (pl) – Európskej únie (sk) – Evropske unije (sl) – Ευρωπαϊκής Ενωσης (el) – Uniunea Europeana (ro)

Größe: 3,975 300 Mio. km², (ab 1. 1. 2007 kommen hinzu: Bulgarien 110 994 km², Rumänien 228 391 km²).

Hauptstädte: Straßburg (273 100 Einw. – Sitz des EU-Parlamentes und des Europarates) – Luxemburg (77 325 Einw. – Sitz des Rechnungshofes, des EuGH, der Verwaltung sowie weiterer Institutionen) – Brüssel (1 012 258 Einw., Sitz der Kommission, des Rates und des Parlamentes)

Einwohner: 463, 523 412 Mio. (2006)

Bevölkerungsdichte: 114 Einw./km² (1. 5. 2004)

Konfessionen: Katholiken, Protestanten (Lutheraner, Reformierte), Anglikaner (UK), Orthodoxe, Muslime, Juden, Konfessionslose und andere. Katholiken konzentrieren sich vor allem in den westlichen und südlichen Mitgliedsländern. Hinzu kommen Polen und Litauen sowie Deutschland mit einem hohen Anteil von Katholiken. Protestantisch sind vor allem die nordischen Länder sowie die nördlichen und nordöstlichen deutschen Länder. Die Anglikaner dominieren in Großbritannien. Die Orthodoxie dominiert in den südöstlichen Mitgliedsländern wie Griechenland und Zypern. Hinzu werden Rumänien und Bulgarien kommen. Das Judentum und die Muslime sind in allen Mitgliedstaaten vertreten. Die Anzahl der Bürger ohne Konfession variiert von Mitgliedstaat zu Mitgliedstaat.

Amtssprachen: Alle Sprachen der Mitgliedsländer (21); zum 1. 1. 2007 kommen rumänisch und bulgarisch hinzu, im irischen Fall gälisch

Arbeitssprachen: Englisch, Französisch, Deutsch (Sprachen in denen erste Vorlagen erarbeitet werden)

Währung: Die Gemeinschaftswährung ist der Euro. 1 € = 100 cent 1 US-$ = 0,79 € (1. 7. 2006), 1 US-$ = 0,83 € (2005). Derzeit sind 12 bzw. ab 1. 1. 2007 13 Mitgliedstaaten in der «Eurozone»

2. Sozioökonomische Grundlagen:

Bruttoinlandsprodukt (BIP): EU25: 10,8408803 Billionen €, 13,0615663 Billionen US-$ (2005)
BIP/Kopf: 23 323 €, 28 100 US-$ (2005)
Erwerbstätigkeit: Landwirtschaft 2,0 %, Industrie 27,3 %, Dienstleistungen 70,5 % (2004)
Arbeitslosigkeit: EU25 8,8 % (2005) Eurozone: 8,6 % EU15: 7,9 % (2005)
Inflation: 1,6 % (Oktober 2006)
Wirtschaftswachstum (BIP): 1,7 % (2005)
Außenhandel: Import: EU25 (2005): 1176,52 Mrd. €, 1417,49 Mrd. US-$ **Haupthandelspartner** Extra-EU: 13,86 % / 15 % USA, 13,44 / 12,4 % China, 9,1 % / 7,8 % Russland, 6,21 % / 7,2 % Japan (2005/2004) 5,62 % Schweiz (2005) **Export:** EU25: (2005) 1070, 76 Mrd. €, 1290,07 Mrd. US-$. **Haupthandelspartner** Extra-EU: USA 23,49 % / 24,2 %, Russland 5,27 % / 4,7 %, Schweiz 7,66 % / 7,7 %, China 4,84 % / 5,0 % (2005/2004), Japan 4,1 % (2005)

3. Entwicklung:

Die heutige Europäische Union, die von Januar 2007 an 27 Mitglieder zählen wird, entwickelte sich nach dem Zweiten Weltkrieg in einem Prozess der wirtschaftlichen und politischen Integration, der sich zunächst auf die europäischen Demokratien konzentrierte und zur Gründung der ersten transnationalen Organisationen mit eher zwischenstaatlichem Charakter, der → *OEEC* (Organisation für Europäische Wirtschaftliche Zusammenarbeit 1948) und dem → *Europarat* führte. In seiner Bedeutung trat der Europarat als «Vater» und Laboratorium des Integrationsprozesses zunächst in den Hintergrund, hat aber seit 1989/90 in vielfältigen Bereichen eine neue wichtige Funktion im Demokratisierungs- und Transformationsprozess der Staaten Mittelost-, Ost- und Südosteuropas übernommen und fungiert als Eintrittskarte und Vorhof auf dem Weg zu einer EU-Mitgliedschaft. Eine supranationale Struktur ließ sich 1949/50 im Rahmen des Europarates im Spannungsfeld von Intergouvernementalisten und Föderalisten nicht verwirklichen. Die Lösung schien die Integration von Teilbereichen zu sein. Mit der Gründung der → *Europäischen Gemeinschaft für Kohle und Stahl (EGKS)* 1950/51 sowie der → *Europäischen Wirtschaftsgemeinschaft (EWG)* und der → *Europäischen Atomgemeinschaft (EAG – Euratom)* 1957 – die Versuche zur Bildung einer → *Europäischen Verteidigungsgemeinschaft (EVG)* und einer → *Europäischen Politischen Gemeinschaft (EPG)* scheiterten. Mit dem «Europa der Sechs» oder «Kleineuropa» wurden die Grundlagen, auch institutionell für die weitere Entwicklung des Integrationsprozesses gelegt. Die drei Organisationen wurden 1967 zusammengelegt (EG = Europäische Gemeinschaften). Positive und negative

Reformversuche scheiterten in den 1960er Jahren ebenso wie die ersten Versuche zur Erweiterung der EG. Die erste Erweiterung der EG erfolgte 1973 (UK, IRL, DK), die zweite 1981 (GR), die dritte 1986 mit der Aufnahme Spaniens und Portugals. In den 1980er Jahren wurde der Ruf nach institutionellen Reformen und einer Verfasstheit der EG immer lauter und mündete mit der → *Einheitlichen Europäischen Akte (EEA, 1987)* schließlich in den → *Vertrag von Maastricht (1992)* und den Europäischen Binnenmarkt. Mit dem Zusammenbruch der Sowjetunion und der Wende von 1989/90 stellte sich die Frage nach möglichen Formen der europäischen Einbindung der Staaten in Mittelost-, Ost- und Südosteuropa in die westeuropäischen Integrationsstrukturen ebenso wie die Überwindung der handelspolitischen Teilung Westeuropas in ein EG- und ein EFTA-Europa. In einem über eine Dekade dauernden Prozess kam es zunächst zur vierten Erweiterung der EU durch den Beitritt Österreichs, Schwedens und Finnlands, zur Gründung des → *Europäischen Wirtschaftsraumes (EWR)* zum → *Vertrag von Amsterdam* sowie 2004 zur bislang umfangreichsten Erweiterung durch die Aufnahme von 10 neuen Mitgliedern. Bulgarien und Rumänien folgen zum 1. 1. 2007). Seit 1999 hatte die EU eine bereits im EWG-Vertrag von 1957 angelegte Idee einer Währungsunion durch die Einführung des Euro (€), der die Europäische Währungseinheit (ECU) verwirklicht, die zum 1. 1. 2002 die nationalen Währungen in 12 Mitgliedstaaten ersetzte. Spätestens mit den Erweiterungen der EU seit Mitte der 1990er Jahre stellte sich die Frage nach einem institutionellen Umbau der EU und der «Finalität» Europas. Um die Handlungsfähigkeit der EU nach innen und außen, auch als «global player», zu erreichen wurde mit dem Europäischen Verfassungskonvent ein neuer Weg gegangen, der 2004 zur Vorlage eines Europäischen Verfassungsvertrages führte. Dessen Schicksal ist durch die negativen Referenden in den Niederlanden und Frankreich ungewiß. Nach einer Denkpause für die EU stellt sich die Frage, wie und in welcher Form der erforderliche und notwendige institutionelle Reformbedarf in mehrheitsfähige Formen gegossen werden kann, ob das Ziel ein Europa der Nationen oder ein nationalstaatliches Europa sein soll.

4. Politisches System

Was ist die Europäische Union? Ein «Bundesstaat», ein «Staatenbund» oder ein «Staatenverbund»? Die Europäische Union kann mit den klassischen staatsrechlichen Begriffen nicht erfaßt werden. Sie ist kein *Bundesstaat*, d. h. keine Föderation der Mitgliedstaaten in der die Kompetenzen zwischen dem Bund und den Gliedern annähernd gleichgewichtig in den Kompetenzen verteilt sind. Die EU ist auch kein *Staatenbund*, d. h. eine Verbindung von Staaten in der die Souveränität bei den Einzelstaaten bleibt und die Zentralorgane des Staatenbundes nur geringe Kompetenzen besitzen. Bei der rechtlichen Klärung vor dem deutschen Bundesverfassungsgericht über die Rechtmäßigkeit und Wirkung des Vertrages über die Europäische Union (Vertrag von Maastricht) stellte dieses fest, dass die EU ein *Staa-*

tenverbund sei, d.h. nach Auffassung des Verfassungsgerichtes ist die EU kein Staat, sondern ein Staatenverbund von unabhängigen nationalen Staaten – zum Zeitpunkt des Urteils 1993 12 Staaten, 2006 25 und ab 2007 27 Mitgliedstaaten – die sich durch Verträge verbunden und einen gemeinschaftlichen Besitzstand (acquis communautaire) im Primär- und Sekundärrecht entwickelt haben. Die → *Europäische Kommission* ist keine Regierung im klassischen Sinne. Kommissionspräsident ist seit dem 18.11.2004 der Portugiese José Manuel Barroso. Die EU hat ein von den Bürgern der Mitgliedstaaten direkt gewähltes → *Europäisches Parlament*, das am politischen Prozess beteiligt wird, aus dessen Mitte heraus aber keine Regierung für die Union bestimmt wird, sondern das EP ist in seiner Gesamtheit «Opposition». Die EU kennt keine gemeinsame Hauptstadt – auch wenn in nichteuropäischen Darstellungen Brüssel als Hauptstadt bezeichnet wird. Es gibt aber sehr wohl drei europäische Städte in denen die Hauptorgane der EU angesiedelt sind (Straßburg, Luxemburg, Brüssel). Die EU Kommission stellt einen Milliardenhaushalt auf, dem vom Europäischen Parlament letztendlich zugestimmt wird, doch kann die EU bislang keine eigenen Steuern erheben und ist auf die «Matrikularbeiträge» der Mitglieder angewiesen. Ihrem Charakter nach ist die EU eine Mischform zwischen Bundesstaat und Staatenbund und besitzt – ähnlich wie der Deutsche Bund (1815–1866) – einen doppelten *Völkerrechtssubjektstatus*, d.h. die Mitgliedstaaten sind Subjekte des Völkerrechtes mit aktivem und passivem Gesandtschaftsrecht, aber auch die Union. Die Union hat gemeinsame Organe ausgebildet, um gemeinsame Entscheidungen umzusetzen. In zahlreichen Politikbereichen handeln die Mitgliedsregierung gemeinsam, üben Souveränität gemeinsam aus («pooling of sovereignties»). In anderen Politikbereichen entscheiden die Mitgliedstaaten alleine unter Rücksichtnahme auf die Interessen anderer Mitglieder. Zum derzeitigen Zeitpunkt hat die EU ihr Fernziel einer «immer engeren politischen Union der europäischen Völker» noch nicht erreicht.

Seit dem Vertrag von Maastricht, der verfassungsändernden Charakter auf die Konstitutionen der Mitgliedstaaten hatte, ruht das Vertragssystem der EU auf dem Prinzip der «drei Säulen»:

- Die *erste, und wichtigste Säule*, eigentlich die tragende «Mittelsäule» ist die *Europäische Gemeinschaft (EG)* mit den Handlungsfeldern Zollunion und Binnenmarkt, Handelspolitik, Agrarpolitik, Strukturpolitik, Wirtschafts- und Währungsunion (WWU), Bildung- und Kultur, Unionsbürgerschaft, Sozialpolitik, Forschung, Umwelt, Transeuropäische Netze, Gesundheitswesen und Verbraucherschutz.
- Die *zweite Säule* umfasst die *Gemeinsame Außen- und Sicherheitspolitik (GASP)*. Sie umfaßt im *außenpolitischen Bereich* die Zusammenarbeit und Erarbeitung gemeinsamer Positionen («mit einer Stimme sprechen»), Maßnahmen zur Friedenserhaltung («peace keeping missions»), Demokratie, Rechtsstaatlichkeit, Menschenrechte und Unterstützung von Drittstaaten. Im *Bereich Sicherheitspolitik* geht es um gemeinsame Aktionen, die Aufstellung gemeinsamer Truppen, den Kampf gegen den Terrorismus sowie um Europa als Sicherheitsraum.

- Die *dritte*, am schwächsten ausgebildete *Säule*, bildet die *Innen- und Justizpolitik* der EU. Da er in die nationalen Kompetenzen hineinreicht gehört er zu den schwierigsten Feldern der Gemeinschaftspolitik. Hierunter fallen die Aysl- und Einwanderungspolitik, der Kampf gegen das Organisierte Verbrechen, gegen Drogenkriminalität, polizeiliche Zusammenarbeit, Kooperation und Austausch im Bereich des Straf- und Zivilrechtes sowie der Schutz der EU-Außengrenzen.

Bis zur Verabschiedung des vorliegenden Verfassungsvertrages für die EU bzw. neuen Entscheidungen und Entwicklung zu einer engeren und verfassten Europäischen Union bleibt die Organisationsform der EU bestehen wie sie durch die Gründungsverträge, die EEA, den Vertrag von Maastricht und die Folgeverträge von Amsterdam und Nizza geschaffen wurde. Es sind dies die durch Maastricht geschaffenen 5 Hauptorgane der Gemeinschaft:

1. Die → *Europäische Kommission* (Brüssel),
2. der → *Ministerrat (Rat der Europäischen Union)*,
3. das → *Europäische Parlament* (Straßburg und Brüssel),
4. der → *Europäische Gerichtshof (EuGH)* in Luxemburg,
5. der → *Europäische Rechnungshof* (Luxemburg).

Die drei wichtigen, ersten Hauptorgane bilden das «*institutionelle Dreieck*» der EU und vertreten die unterschiedlichen Interessen der Akteure in der EU: Kommission als Hüterin der Verträge, der Ministerrat als Wahrer der nationalen Interessen der Mitgliedstaaten und das Parlament als legitimierter Repräsentant für die europäischen Bürger.

Der → *Europäische Rat* wurde 1974 eingeführt und 1987 durch das Inkrafttreten der EEA rechtlich verankert als höchster Repräsentant der EG/EU eingesetzt. Ihm gehören die Staats- und Regierungschefs der Mitgliedstaaten, die Außenminister sowie die Präsidenten der Kommission und des Europäischen Parlamentes an. Der Vertrag über die Europäische Union regelt seine Aufgabe als Organ für die Entwicklung von Zielvorstellungen und als Impulsgeber (Art. 4).

Mit dem Vertrag von Maastricht wurde als Institution der → *Ausschuss der Regionen (AdR)* geschaffen, der wie der *Wirtschafts- und Sozialausschuss* nur beratende Aufgaben hat, aber aus der Perspektive des Prinzips der Subsidiarität echte Entscheidungskompetenzen anstrebt. Zur Verbesserung der Handlungsfähigkeit der EU in der Außen- und Sicherheitspolitik (GASP) und für die Verbindung zwischen dem Europäischen Rat und der Kommission wurde mit den Inkrafttreten des Vertrages von Amsterdam 1999 das Amt des «Hohen Vertreters für die Gemeinsame Außen- und Sicherheitspolitik» mit dem Spanier Javier Solana besetzt, der zugleich als *Generalsekretär des Europäischen Rates* fungiert. Vorgesehen ist, dass – wie im Europäischen Verfassungsvertrag vorgesehen – ein Außenminister der EU ernannt wird, der diese nach außen vertreten soll.

Europäische Politik und Zielsetzung:

In einem mehr als fünfzigjährigen Entwicklungs- und Integrationsprozess hat sich die Europäische Union herausgebildet und sich als «europäisches Ordnungsmodell» bewährt. Hat das hinter der EU stehende Konzept der «Gemeinschaftsidee» sich überlebt, seinen Zenit überschritten, seine Gestaltungsfähigkeit für die Zukunft der europäischen Völker verloren? In Politik und Literatur wird nach dem Scheitern der Referenden zum vom Europäischen Konvent ausgearbeiteten Europäischen Verfassungsvertrag von 2004 in den Niederlanden und in Frankreich die Frage diskutiert, ob die Europäische Union als Modell noch historisch zeitgemäß sei oder ob dieses durch neue internationale Organisationsmuster ersetzt werden sollte. Alle seit der Wende von 1989/90 diskutierten Optionen treten wieder in den Blick. Wollen wir ein «Neueuropa konzentrischer Kreise mit einer festen Kerngruppe in der kontinental-europäischen Mitte» oder ein «Alteuropa der wechselnden wirtschaftlichen und politischen Staatenbündnisse», einen «lockeren Wirtschaftsbund» oder aber die Einbindung einzelner europäischer Staaten im Sog der Globalisierung «in den Einflussbereich außereuropäischer Mächte» (Mickel/Bergmann)? Alle diese Überlegungen würden wegführen von einer – trotz aller Probleme und Defizite – über ein halbes Jahrhundert fortschreitenden Erfolgsgeschichte. Eine Rückkehr zu überkommenen Modellen, die sich langfristig und vor dem Hintergrund der europäischen Geschichte nicht als zukunftsweisend erwiesen haben, wäre eine fatale Entscheidung. Europa als Gesamtheit hat keine Alternative. Es muss einen Ausweg aus dem Dilemma finden. Die politisch-wirtschaftliche Erfolgsgeschichte, die 1957 ein neues Kapitel für die Europäer aufgeschlagen hat, hat zu einem gemeinsamen Wirtschaftsraum geführt in dem die vier Grundfreiheiten (freier Warenverkehr, freier Kapitalverkehr, freier Personenverkehr und Niederlassungsfreiheit, freier Dienstleistungsverkehr) gelten und der über die bestehenden Organe auch supranationales Gemeinschaftsrecht setzt. Um die Kernziele der Politik der europäischen Integration zu verwirklichen (Friedenssicherung untereinander und nach außen; Solidarität unter den Mitgliedern; Förderung von Wohlstand und Prosperität), die in den Präambeln der Europäischen Verträge als Ziele der Gemeinschaft immer wieder formuluiert werden, bedarf es der Bereitschaft der Mitglieder einen Konsens zu finden. Dies gilt gleichermaßen für die Vefassungsfrage wie für die Übernahme von weltweiter Verantwortung für die EU. Entscheidend aber ist auch, dass die Mitgliedstaaten der Union ihre Interessen weltweit nur gemeinsam und nicht einzeln durchsetzten können. Dies gilt für die Handelspolitik und den Welthandel, beispielsweise im Rahmen der Doha-Runde der WTO, für den Schutz geistigen Eigentums, für die transatlantischen Handelsverflechtungen und auch für Regulierungen auf dem Kapitalmarkt. In einer sich rapide globalisierenden Weltwirtschaft und ihren politischen Strukturen können die Europäer ihre vitalen Interessen besser und effektiver vertreten, wenn sie mit einer Stimme sprechen. Welche Aufgaben auf die EU in den nächsten Jahren zukommen werden, verdeutlichen die Schwerpunkte, die sich Deutschland für seine Präsidentschaft in der EU im ersten Halbjahr 2007 vorgenommen hat. In einer Grundsatzrede zur Europapolitik vor der DGAP in Berlin am 8.11. 2006 machte die Bundeskanzlerin auf vier Schwerpunkte aufmerksam, die von den Europäern nur zusammen, nicht einzeln bewältigt werden können. Es sind dies auf der Grundlage von über Jahrhunderten gewachsenen gemeinsamen Werten vor allem:

1. die *Gemeinsame Außen- und Sicherheitspolitik* der EU mit einem komplexen europäischen Sicherheitsbegriff, der Krisen im Verbund von militärischen und zivilen Maßnahmen zu lösen anstrebt,
2. die *Handelspolitik* und der *Welthandel*, in der im Interesse der EU ein multilateraler Abschluss der Welthandelsrunden angestrebt werden muss, vor allem auch im Agrarbereich,
3. die *Energiepolitik*, in der die EU eine gemeinsame, abgestimmte Haltung in der Energiepolitik erarbeiten muss. Diese wird für die weitere Entwicklung der EU von nachhaltiger Bedeutung sein. Eine Unabhängigkeit der EU von Energieimporten ist eine Illusion. Die Energieversorgung muss vertraglich klar abgesichert sein. Im Interesse einer nachhaltigen Energieversorgung ist auch die Erschließung erneuerbarer Energien und der entsprechenden Technologien.
4. Die *Klimapolitik*. Der Klimawandel ist eine gesamteuropäische Herausforderung. Hierfür muss die EU mit einer Stimme sprechen. Sie sollte eine Vorreiterrolle auf dem Wege zu einem Post-Kyoto-Abschluss übernehmen und diejenigen Staaten, die bisher die Notwendigkeit eines vermehrten Klimaschutzes nicht teilen, zu überzeugen, dass eine aktive Klimapolitik auch für sie vorteilhaft sein würde. Eine engagierte Klimapolitik der EU hätte auch Auswirkungen auf die Entwicklung entsprechender Technologien, die sich für den weltweiten Handel der EU positiv auswirken würden.

Die Botschaft lautete, dass kein Land die auf Europa zukommenden Herausforderungen alleine werde bewältigen können. Nur gemeinsam seien sie zu lösen. Es sind dies auch Aufgaben, die für die europäischen Bürger von vitaler Bedeutung sind. Die exemplarisch vorgestellten Herausforderungen für die Europäer verdeutlichen, dass es zur Erfolgsgeschichte der EU keine Alternative gibt und dass Europa sich einen institutionellen und identitätsstiftenden Rahmen schaffen muss, der seine Handlungsfähigkeit nach innen und außen ermöglicht ohne die europäische Einheit in der Vielheit aufzugeben. Über die Finalität dieses Prozesses ist seit Mitte der 1990er Jahre diskutiert und gestritten worden. Dabei wurden die unterschiedlichen historischen Traditionen und politischen Kulturen sichtbar. Sie bewegen sich zwischen zwischenstaatlichen Modellen, die sicherlich nicht mehr zeitgemäß im Sinne der Herausforderungen für Europa sind, engeren und weiteren Formationen und bundesstaatlichen Modellen. Vor allem die deutschen Bundespräsidenten haben zwischen 1995 und 2004 in ihren Reden vor dem Europäischen Parlament sich für föderative Verfassungsmodelle ausgesprochen, die auch den kleineren Mitgliedstaaten eine angemessene Mitwirkung sichern. Der Europäische

Verfassungsvertrag enthielt neben den Grund- und Bürgerrechten auch zahlreiche Elemente, die in diese Richtung weisen. Wird der EVV nur von der «Avantguarde» ratifiziert und in Kraft gesetzt werden – eine mögliche Option – oder muss er durch Neuverhandlungen in eine neue Form gegossen werden? Das Europa des Spätjahres 2006 ist eine Baustelle, die aber aus Verantwortung vor den Bürgern Europas vollendet werden muß. Europa ist seit den Anfängen in den 1940er Jahren weit voran gekommen, weiter als die Zeitgenossen von damals zu träumen wagten, aber es hat Fortschritte auch immer in kleineren und größeren Qualtitätssprüngen vollzogen. Robert Schuman, der Vater des Europatages der EU, hat in seiner Erklärung vom 9. 5. 1950 etwas festgestellt, das bis heute zutrifft und auch Hoffnung macht:

«Europa lässt sich nicht mir einem Schlage herstellen und auch nicht durch einfache Zusammenfassung: Es wird durch konkrete Tatsachen entstehen, die zunächst eine Solidarität der Taten schaffen.»

Archer, Clive: Organizing Europe. London 1994; *Cini*, Michelle: The European Commission. Manchester 1996; *Devuyst*, Youri: The European Union at the Crossroads. The EU's Institutional Evolution from the Schuman Plan to the European Convention. Brüssel [2]2003; *Elvert*, Jürgen: Die europäische Integration. Darmstadt 2006; *Eurostat* (Hg.): Europa in Zahlen – Das Eurostat Jahrbuch 2005. Luxemburg 2005 (Druckfassung und CD); *Mickel*, Wolfgang W. / *Bergmann*, Jan M. (Hg.): Handlexikon der Europäischen Union. Baden-Baden [3]2005; *Sieck*, Annerose und Jörg-Rüdiger: Neues Großes Europa Handbuch. München 2005; *Weidenfeld*, Werner / *Wessels*, Wolfgang (Hg.): Europa von A bis Z. Gütersloh [9]2006.

www.europa.eu (Portal der EU in allen Amtssprachen); www.ec.europa.eu (Europäische Kommission); http://ec.europa.eu/comm/external_relations (Außenbeziehungen der EU); http://ec.europa.eu/trade/issues/bilateral/countries (Handelsfragen) http://epp.eurostat.ec.europa.eu/portal (Statistische Daten zur Europäischen Union aufgegliedert in EU25, EU15, Eurozone)

4.2. Europa-Chronik – Wichtige Daten zur Europaidee und zur Geschichte der Europäischen Integration

Der Begriff *Europa* existiert als geographischer, kulturhistorischer und als politischer Terminus mit unterschiedlichen Inhalten. In der frühen Epoche findet sich vielfach der Begriff *Okzident – Abendland.* Heute versteht man darunter den christlich-lateinischen vorwiegend romanisch-germanischen Völkerkreis (missioniert von Rom, mit dem kirchlichen Zentrum in Rom und dem geistigen in Jerusalem). Abendland ist also nicht einfach ein Synonym für Europa und vice versa. Die *ideell bestehende Einheit* Europas (christianitas) wurde zu Beginn des 14. Jahrhunderts *abgelöst vom Pluralismus* Europas. «Antike und Christentum mussten miteinander verschmelzen, ehe im Mittelalter das *Abendland* entstand, und das *christliche Abendland* wiederum bedurfte einer *Säkularisierung*, ehe zu Beginn der Neuzeit aus ihm *Europa* werden konnte» (Rolf Hellmut Förster).

Antike: Mythos der Europa (Entführung der Königstochter durch den als Stier verwandelten Zeus nach Kreta).

Griechenland: Erste Ansätze zu einem «Gemeinschaftsgefühl» im 5. Jahrhundert v. Chr. als die Griechen den Persern gegenüberstanden und Herodot in seinen Historien festhielt, dass es gegen die göttliche Ordnung verstoße, wenn ein König über Europa und einer über Asien herrsche.

Römisches Reich: Erster großer Staatskörper auf dem Boden des späteren Europa. Reichsidee (Imperium Romanum) nicht auf Europa bezogen. Römer (civis Romanus) konnte jeder werden, auch Kaiser (der von Stammeszugehörigkeit Afrikaner, Syrer, Araber war). Das Römische Reich umfasste auch Gebiete außerhalb «Europas» in Afrika und Asien.

7. Jahrhundert Bischof Isidor von Sevilla (602–632) legt eine Beschreibung der Welt vor, die eine Dreiteilung zwischen Asien (Sem), Afrika (Cham) und Europa (Japhet) vorsieht. Beigegeben sind dem St. Galler Isidor Codex zwei schematische, geostete Karten.

um 800 Begriff des *Regnum Europae* (Reich Europas) und Titel eines *Rex Europae* (König Europas) benutzt, um das christliche Europa (Karlseuropa – Karl d. Gr.) zu definieren, auch zur Verteidigung des Abendlandes gegen die Ungläubigen (Islam). Karl d. Gr. vielfach bezeichnet als *Pater Europae* (Vater Europas). Das Reich Karls d. Gr. wurde als die Erneuerung des antiken Imperiums verstanden. Es wurde zum sichtbaren Ausdruck abendländischer Einheit. Die Kaiserkrönung Karls d. Gr. (Weihnachten 800) war zugleich Ausdruck der Emanzipation vom Oströmischen Reich (Byzanz), das bis zur Eroberung von Konstantinopel (heute Istanbul) 1453 existierte.

843 Vertrag von Verdun. Das Frankenreich wird unter Lothar (Lotharingen, Mittelreich), Ludwig (Ostreich) und Karl (Westreich) aufgeteilt.

14. Jahrhundert: Um 1300 legt der Florentiner Dante Alighieri seine Schrift *De monarchia* (*Über die Monarchie*) vor. Ganz mittelalterlichem Denken verhaftet (Ordnung auf der Grundlage des mittelalterlichen Universalismus) fordert er als erster theoretisch die Trennung von päpstlicher und geistlicher Gewalt. Das weltliche Kaisertum sollte von der geistlichen Gewalt unabhängig sein.

1306 Pierre du Bois (Petrus Silvanus) veröffentlicht seine Schrift *De recuperatione terr[a]e sanct[a]e (Zur Wiedergewinnung* des Heiligen Landes). Er legt angesichts der Tatsache, dass die Idee des Universalismus bereits anachronistisch war, ein

Organisationsmodell vor, das die Existenz von Nationalstaaten (Frankreich, England) berücksichtigte. Voraussetzung für einen erfolgreichen Kreuzzug zur Wiedereroberung des Heiligen Landes sei der Friede unter den Fürsten und die Einigung der europäischen Staaten. Seine Idee einer christlichen föderativen Republik mit einem Konzil als Regierungsorgan und einem Schiedsgericht führte die Bundesidee in die Diskussion ein. Dubois' Vorstellungen wurden später in Variationen immer wieder aufgegriffen. Die Kreuzzugsidee (sie wurde von den Zeitgenossen diskutiert) sollte bis in das 18. Jahrhundert immer wieder charakteristisch für die Europäische Einigungsidee werden. Ein geeignetes Europa war Voraussetzung für einen erfolgreichen Kreuzzug gegen die «Ungläubigen», die das Heilige Land und die Heiligen Stätten der Christenheit besetzt hielten.

1453 Sultan Mehmet II. Fatih erobert Konstantinopel. Ende des Oströmischen Reiches. Istanbul wird Hauptstadt des Osmanischen Reiches.

1454 Enea Silvio Piccolomini (später Papst Pius II.) ruft auf dem Frankfurter Reichstag zum Kreuzzug auf. Nach der Eroberung von Konstantinopel durch die Türken (1453) spricht er davon, dass wir erstmals «in Europa, also in unserem eigenen Vaterland, in unserem eigenen Haus» besiegt wurden. Pius II. benutzt auch erstmals die Begriffe «Europaeus» als Substantiv und Adjektiv zur Bezeichnung für den «Europäer» und für «europäisch».

1462/64 Hussitenkönig Georg von Podiebrad, König von Böhmen, veröffentlicht seinen «Bündnis- und Föderationsvertrag zwischen ... um den Türken zu widerstehen». Sein Vertragsentwurf, durch die Schrift Dubois' beeinflusst, schlägt erstmals institutionelle Formen vor, die bis heute alle europäischen Organisationen prägen: *Sekretariat – Versammlung – Rat – Gericht*. Seine Ideen sind bisher viel zu wenig beachtet worden und kommen im «europäischen Kanon» nicht vor.

1492 Mit Granada kapituliert (2. 1.) der letzte muslimische Staat auf der Iberischen Halbinsel. Christoph Columbus startet mit drei Schiffen, «um den Osten im Westen zu suchen», den Seeweg nach Indien, Zipangu (Japan) und Cathay (China) in westlicher Richtung zu entdecken und landet am 12. 10. auf der Insel San Salvador, damit «Amerika» entdeckend. Damit beginnt auf weiteren Reisen (1493–1496) das Zeitalter der Entdeckungen und der europäischen Überseeexpansion. Der Nürnberger Martin Behaim stellt den ersten Globus her.

1544/88 Sebastian Müster (1488–1552) veröffentlicht in Basel seine *Cosmographia universalis*, in der Europa allegorisch als Königin stilisiert dargestellt wird, mit dem Spanien Karls V. als Haupt, Böhmen als Herz und Italien als Arm mit Reichsapfel. Sie wird bis in das 18. Jahrhundert immer wieder nachgedruckt.

1588 Michael Eytzinger veröffentlicht in Köln seine Europaallegorie *De Europae virginis* mit der Europa als Jungfau, die von Jupiter entführt auf dem Stier reitet, mit Spanien als gekröntem Kopf.

1589 In Magdeburg erscheint in Heinrich Büntings *Itinerarium sacrae scripturae* seine Darstellung «Europa prima pars terrae in forma virginis», mit der die Vorrangstellung des Königkontinents immer wieder herausgestellt wird.

1632 Maximilien de Béthune, Herzog von Sully legt seinen «*großen Plan*» vor, den er Heinrich IV. von Frankreich zuschreibt («grand dessin»). Sully (Finanzminister des 1610 ermordeten Heinrich IV.) schlägt zur Sicherung des europäischen Friedens einen «Völkerverein» vor. Auf seinen «grand dessin». berufen sich zahlreiche spätere Europavorschläge. Erst im 19. Jahrhundert wird die Urheberschaft Sullys nachgewiesen.

1692 Angeregt u. a. durch den Plan Heinrichs IV. (Sully) legt William Penn seinen *Essay über den gegenwärtigen und künftigen Frieden von Europa durch Schaffung eines europäischen Reichstages, Parlaments oder Staatenhauses* vor. Ziel ist es, einen dauerhaften, international abgesicherten Frieden (*perpetual peace*) zu verwirklichen.

1712/1713/1739 Charles Francois Abbé Castel de Saint-Pierre legt in verschiedenen Fassungen seinen *Traktat vom Ewigen Frieden* («Mémoires pour rendre la paix perpétuelle en Europe») vor. Wie bei Sully verbinden sich in seinem Unionsplan die *Gleichgewichtsidee* und der *Gedanke der dauerhaften Friedenssicherung*. Der Friedensgedanke erhält nun Priorität gegenüber dem religiös bedingten Faktor Christenheit / Konfession oder dem politischen Einigungsmotiv.

1756/61 Jean-Jacques Rousseau schreibt seinen *Auszug aus dem Plan des ewigen Friedens des Herren Abbé de Saint-Pierre* («Extrait du projet de paix perpétuelle de Monsieur l'Abbé de Saint-Pierre»). Rousseau greift die pazifistischen Strömungen seiner Zeit auf, berichtet den Inhalt der Saint-Pierreschen Schriften, systematisiert sie, hebt die Bedeutung des Plans hervor und gibt ihnen gänzlich veränderte Züge. Er verweist auf den modellhaften Verfassungsrahmen der Schweiz und des Heiligen Römischen Reiches, hebt die prägenden Elemente des europäischen Gleichgewichtssystems hervor (Religion, Sitten, Sprache, Handel, Völkerrecht) und trägt damit wichtige, in die Zukunft weisende Elemente bei. Wichtig vor allem der Hinweis auf die innenpolitische Dimension eines europäischen Bundes.

1789 Beginn der Französischen Revolution (14. 7.) mit tief greifenden Wirkungen für Frankreich und Europa.

1791 Mit der Maiverfassung (3. 5.) erhält die unter Reformdruck stehende polnische Adelsrepublik die modernste konstitutionelle europäische Verfassung.

1792 Beginn der Revolutionskriege in Europa.

1795 Über Rousseaus Schrift lernt Immanuel Kant das Traktat Saint-Pierres kennen und entwickelt seinen philosophischen Entwurf *Zum Ewigen Frieden*, der nachhaltige, langfristige Wirkungen auf das zeitgenössische Denken und das des 19. und 20. Jahrhunderts haben sollte. Kants Europa- und Völkerbundsideen holen diese aus dem Bereich der Utopien auf die Ebene des wissenschaftlichen Diskurses. Zwei Gesichtspunkte Kants werden wichtig für die weitere Entwicklung von Europa-Föderations- und Völkerbundsideen bis in die Gegenwart: 1. Grundlage für einen (europäischen) Völkerbund bildet das Recht und 2. Voraussetzung für eine funktionierende Föderativordnung ist ein hohes Maß an Homogenität der politisch-sozialen Systeme der Mitglieder.

1798 Josef von Görres schlägt in *Der Allgemeine Frieden, ein Ideal* eine französisch geführte internationale Organisation vor.

1806 Ende des Alten Reiches, Gründung des Rheinbundes und Vorstellungen Napoleons, das Karlsreich wiederzubegründen und Europa unter seiner Führung zu einen.

1814 Claude Henri Comte de Saint-Simon und Auguste Thierry veröffentlichen am 8. Oktober, zum Zeitpunkt des Beginns des Wiener Kongresses, ihre Schrift *Über die Neugestaltung der Europäischen (Staaten)gesellschaft, oder über die Notwendigkeit und die Mittel, die Völker Europas unter Wahrung ihrer nationalen Unabhängigkeit zu einer einzigen Einheit zu verbinden.* Saint-Simon schwebt ein Europäisches Parlament mit einem Zweikammersystem (Oberhaus, Unterhaus) vor.

1814 Karl Christian Friedrich Krause veröffentlicht im Frühjahr seine Schrift *Entwicklung eines europäischen Staatenbundes als Basis des allgemeinen Friedens und als rechtliches Mittel gegen jeden Angriff wider die innere und äußere Einheit Eu-*

ropas. Die Schrift, damals kaum beachtet, enthält zahlreiche «Kontinuitätsbausteine», die in der europäischen Einigungsdiskussion immer wieder auftauchen: Rechtsgleichheit der Mitglieder, Existenzgarantien für die Bundesstaaten, Beistandspflicht, Verfassungsgarantie, Bundesrat, «Völkergericht», Freiheit von Handel und Verkehr.

1814/15 Neuordnung Europas nach den Napoleonischen Kriegen durch die Völkerrecht setzende «Wiener Ordnung» mit einem internationalen System, in dem die Großmächte die Aufgabe eines «Europäischen Sicherheitsrates» übernehmen.

1832 Der Journalist Georg Friedrich Wirth (1798–1848) bringt auf dem Hambacher Fest ein dreifaches Hoch auf das «konföderierte republikanische Europa» aus.

1834 Gründung des Deutschen Zollvereins (1. 1.), der oft als Modell für die wirtschaftliche Einigung Europas von den Zeitgenossen und Verfechtern einer Zollunion im 20. Jahrhundert benutzt wird («Vom Zollverein zum Vollverein»), von der wirtschaftlichen zur politischen Einigung.

1834 Guiseppe Mazzini (1805–1872) gründet in Genf das «Junge Europa». Seine Vision von Europa ist ein Europa der republikanischen Nationalstaaten, die «in Harmonie und Brüderlichkeit» vereint sein werden.

1848/49 Revolutionen in Europa, Forderung nach Vereinigung der Nationen in Nationalstaaten, aber auch Pläne für einen Europäischen Völkerbund.

1849 Der französische Schriftsteller, Publizist und Politiker Victor Hugo (1802–1885) spricht auf dem Pariser Weltfriedenskongress von den «Vereinigten Staaten» von Europa. Seine rhetorisch eindrucksvoll formulierten Ideen blieben in der Vision stecken. Er wurde zum «größten Lyriker des europäischen Gedankens» (Denis de Rougemont).

1867 In einem Vorwort für einen Stadtführer für die Pariser Weltausstellung spricht Victor Hugo in seinem Beitrag zur Zukunft Europas davon, dass es im 20. Jahrhundert eine «*Nation Europa*» geben werde.

1871 Gründung des deutschen Kaiserreiches im Spiegelsaal des Schlosses von Versailles.

1899/1907 Haager Konferenzen zur Gründung eines Internationalen Schiedsgerichtshofes.

1914 Beginn des Ersten Weltkriegs.

1918/19 Der Erste Weltkrieg wird durch den Waffenstillstand (11. 11. 1918) und die Friedensverträge der Pariser Vororte beendet. Dies bedeutete auch den Zusammenbruch der Vielvölkerrei-

	che (Osmanisches Reich, Russisches Reich, Donaumonarchie).
1920	Mit dem Inkrafttreten des Friedensvertrags von Versailles kann der Völkerbund als internationale Organisation im Februar seine Arbeit in Genf aufnehmen.
1923	Richard Graf Coudehove-Kalergi (1894–1972) veröffentlicht seine Schrift *Pan-Europa*. Er wird zum «Trommler des Europagedankens» in der Zwischenkriegszeit.
1920er Jahre	Ideen eines europäischen Zollvereins, einer Währungsunion und für eine vereinheitlichte europäische Gesetzgebung werden verschiedentlich veröffentlicht.
1929	Rede des französischen Außenministers Aristide Briand und des deutschen Außenministers Gustav Stresemann vor der Völkerbundsversammlung am 5.9. mit dem Ziel einer engeren Zusammenarbeit der europäischen Staaten. Der «schwarze Freitag» an der New Yorker Börse löst die Weltwirtschaftskrise aus, die vor allem die Industriestaaten trifft. Die eingeleitete Europäisierung der Politik wird erneut durch eine Politik der nationalen Interessen abgelöst.
1930	Aristide Briand legt am 1. Mai den wohl bekanntesten Europaplan der Zwischenkriegszeit mit seinem an die europäischen Regierungen übermittelten Memorandum *Organisation eines Systems eines europäischen Staatenbundes* vor, der aber aufgrund der sich verändernden europäisch-internationalen Rahmenbedingungen (Weltwirtschaftskrise, Renationalisierung der Politik) nicht weiter diskutiert wird und ein «Begräbnis erster Klasse» erhält. Edouard Herriot veröffentlicht sein Buch *Vereinigte Staaten von Europa*.
1939	Beginn des Zweiten Weltkriegs durch den deutschen Angriff auf Polen.
1940	Winston Churchill schlägt am 16.6. eine britisch-französische Union vor.
1941	Altiero Spinelli, der Vater des Verfassungsentwurfs des Europäischen Parlaments von 1984, verfasst auf der Gefängnisinsel Ventotene sein «Manifest von Ventotene» über die Vereinigten Staaten von Europa.
1942	Die polnische und die tschechoslowakische Exilregierung in London schließen im Januar einen Vertrag über die Gründung einer Konföderation als Kern eines zukünftigen Europa, dem sich auch andere Staaten der Region anschließen können. Auch die griechische und die jugoslawische Exilregierung in London vereinbaren, einen Staatenbund zu gründen.
1944	Die Exilregierungen Belgiens, Luxemburgs und der Nieder-

lande in London vereinbaren am 5. 9. die Gründung einer Benelux-Union.

1945 Auf der Jaltakonferenz verabschieden Stalin, Roosevelt und Churchill eine Erklärung über das befreite Europa, in der sie ihr Kontroll- und Interventionsrecht betonen und einen Wiederaufbau von Politik und Wirtschaft in Europa auf nationalstaatlicher Basis hervorheben. Bedingungslose Kapitulation des Deutschen Reiches (8. 5.) und Ende des Zweiten Weltkriegs in Europa.

1946 Züricher Rede Winston Churchills am 19. September, in der er einen Europarat und die enge Zusammenarbeit zwischen Deutschland und Frankreich vorschlägt. England ist aber nicht als Mitglied vorgesehen, sondern Schutzmacht.

1947 Neuorientierung der Europapolitik der USA. Senator John Foster Dulles spricht im Januar in einer Rede davon, dass Europa sich vereinen müsse oder es werde untergehen. George Marshall schlägt in seiner Rede an der Harvard Universität am 5. 6. ein Wiederaufbauprogramm für Europa (ERP) vor (Marshallplanhilfe). 23 Staaten unterzeichnen in Genf das GATT-Abkommen (30. 10.) über Zollsenkungen und eine Liberalisierung des Welthandels.

1948 Frankreich, die Beneluxstaaten und Großbritannien gründen den Brüsseler Pakt (17. 3.) als Verteidigungsbündnis. Aus ihm geht 1954 die WEU (Westeuropäische Union) hervor. Haager Europakongress (7.–11. 5.), der die Voraussetzungen für eine Europäische Verfassungsgebende Versammlung erarbeiten soll. Gründung der OEEC, der Organisation für Wirtschaftliche Zusammenarbeit in Europa am 16. 4. (Organisation for European Economic Cooperation, seit 1960 OECD – Organization for Economic Cooperation and Development).

1949 Der Rat für gegenseitige Wirtschaftshilfe (RGW/Commecon) wird am 19. 1. als erster Schritt der «Ostintegration» gegründet. Gründung des Nordatlantikpakts (NATO) am 4. 4. in Washington. Am 5. Mai (Europatag!) wird von 10 Staaten in London die Akte des Europarats, des ersten supranationalen Zusammenschlusses der europäischen Demokratien nach dem Zweiten Weltkrieg unterzeichnet. Der Europarat wird zum «Vater» der europäischen Integration. Verabschiedung des Grundgesetzes für die Bundesrepublik Deutschland (23. 5.) und Gründung der Bundesrepublik Deutschland. Die DDR wird offiziell (7. 10.) gegründet.

1950 Schumanplanerklärung (9. 5., neuer Europatag der EU), die 1951 zum Abschluss des Vertrages über die Europäische Gemeinschaft für Kohle und Stahl führt (Mitglieder: Frankreich, Italien, Bundesrepublik Deutschland, Benelux). Beginn des Koreakriegs (25. 6.). Winston Churchill schlägt in der Beratenden Versammlung des Europarats eine Europäische Armee (11. 8.) vor; der französische Premierminister René Pleven legt den Plan für eine Europäische Armee vor. Gründung der Europäischen Zahlungsunion (19. 9.). Die EZU als Unterorganisation der OEEC soll zu einem «multilateralen Zahlungsausgleich» und zur Konvertibilität der Währungen führen. In Rom wird die Konvention des Europarats über die Menschenrechte und Grundfreiheiten (Europäische Menschenrechtskonvention) von den Außenministern der Mitgliedstaaten des Europarates unterzeichnet (4. 11.).

1951 Unterzeichnung des Vertrages über die Europäische Gemeinschaft für Kohle und Stahl (18. 4.), mit einer Laufzeit von 50 Jahren, der am 23. 7. 1952 in Kraft tritt.

1952 Stalin-Note vom 10. 3. an die Westmächte über die Neutralisierung und Wiedervereinigung Deutschlands. Abschluss des Deutschlandvertrags zwischen der Bundesrepublik und den drei Westmächten am 26. 5. in Bonn. Der Vertrag über die Europäische Verteidigungsgemeinschaft (EVG), die 1954 an der Nichtratifikation durch die französische Nationalversammlung scheitert, wird am 27. 5. in Paris abgeschlossen.

1953 Die Ad-Hoc-Versammlung aus Mitgliedern der Beratenden Versammlung des Europarates und der Parlamentarischen Versammlung der EGKS legt am 10. 3. den Entwurf für die Gründung einer Europäischen Politischen Gemeinschaft (EPG) vor.

1954 Die DDR wird offiziell souverän (25. 3.). Die Französische Nationalversammlung setzt die Beratung und Abstimmung über den EVG-Vertrag von der Tagesordnung ab (30. 8.). Abschluss der Pariser Verträge (23. 10.), in denen die Bundesrepublik Deutschland ihre (eingeschränkte) Souveränität erhält und der NATO und zusammen mit Italien der WEU beitritt

1955 Österreichischer Staatsvertrag (15. 5.) unterzeichnet, ergänzt durch das Nationalratsgesetz über die Neutralität Österreichs. Beitritt der Bundesrepublik zur NATO (9. 5.) und Gründung des Warschauer Paktes (14. 5.) als östliches Militärbündnis, dem die DDR am 27. 1. 1956 beitritt. Beneluxmemorandum über die Gründung eines «Gemeinsamen Marktes» (20. 5.) und Beratungen der Außenminister der EGKS in Messina (1./2. 6.) über die weitere Entwicklung der westeuropäischen Integration. Außenminster von Brentano verkündet den Alleinvertretungsanspruch der Bundesrepublik Deutschland (9. 12.), die «Hallsteindoktrin».

1956 Eine Expertenkommission unter dem Vorsitz des Belgiers Paul Henri Spaak legt einen Bericht («Spaakbericht») über die Gründung eines Gemeinsamen Marktes vor (21.4.), der zur Grundlage für die Verhandlungen zur EWG wird.

1957 Römische Verträge, am 25.3. in Rom unterzeichnet (Europäische Wirtschaftsgemeinschaft, Europäische Atomgemeinschaft). Die Verträge treten zum 1.1.1958 in Kraft. Protokoll zum EWG-Vertrag legt fest, dass DDR für BRD nicht Ausland ist und der Handel zwischen beiden «Binnenhandel».

1958 Die Römischen Verträge treten in Kraft (5.1.). Walter Hallstein wird zum ersten Präsidenten der EWG-Kommission ernannt. Das Europäische Parlament als Repräsentanz aller drei Institutionen nimmt seine Arbeit auf. Die Versuche zu einer von Großbritannien angeregten großen Europäischen Freihandelszone im Rahmen der OEEC scheitern u.a. am Widerstand Frankreichs (15. 12.).

1960 Die «Stockholmer Konvention» über die Gründung einer kleinen Europäischen Freihandelszone EFTA (European Free Trade Association) wird unterzeichnet (4.1.) und tritt am 3.5. in Kraft. Konvention von Paris (14.12.). Die OEEC wird durch die OECD abgelöst. Der französische Staatspräsident Charles de Gaulle spricht sich für ein «Europa der Staaten» aus (5.9.) und gegen Supranationalität.

1961 Die EWG-Staaten beschließen engere Zusammenarbeit auf politischem und wirtschaftlichem Gebiet (10.2.). Assoziationsabkommen zwischen der EWG und Griechenland (9.7.). Godesberger Erklärung der Sechs (EGKS) für eine «Europäische Staatenunion» (18.7.). Grundlage ist der Fouchet-Plan. Anträge Irlands (31.7.), Großbritanniens (9.8.) und Dänemarks (10.8.) auf EWG-Mitgliedschaft. Österreich, Schweden und die Schweiz stellen Anträge auf Assoziierung mit der EWG (15.12.).

1962 Beginn der Gemeinsamen Agrarpolitik (14.1.) der EWG. Die Verhandlungen über die Verwirklichung des Fouchetplans für eine Europäische Staatenunion scheitern (17.4.). Norwegen stellt den Antrag auf Mitgliedschaft in der EWG (30.4.). Präsident Kennedy stellt am amerikanischen Nationalfeiertag (4.7.) seinen «Großen Plan» (Grand Design) für eine Partnerschaft zwischen den USA und Europa vor.

1963 De Gaulle legt auf einer Pressekonferenz am 14.1. sein Veto gegen eine Mitgliedschaft Großbritanniens in der EWG ein.

Großbritannien, Irland, Dänemark und Norwegen hatten 1961 Beitrittsanträge gestellt. Deutsch-französischer Vertrag (Elyséevertrag, 22. 1.). Assoziationsabkommen zwischen der EWG und der Türkei (12. 9.).

1965 Vertrag über die Verschmelzung der Verwaltungen von EGKS, EWG und Euratom (8. 4.). Der Präsident der EWG-Kommission Walter Hallstein legt dem Europäischen Parlament einen Vorschlag zur Finanzierung der Gemeinsamen Agrarpolitik und zur Kompetenzveränderung der Institutionen (insbesondere der Kommission) vor (12. 5.). Frankreich lehnt die Vorschläge der Kommission zur Finanzierung der Agrarpolitik und zur Erweiterung der Rechte der Kommission und des Europaparlaments ab (30. 6.) und betreibt mit Wirkung vom 1. 7. eine Politik des leeren Stuhls («la chaise vide»), um den vertragsmäßig vorgesehenen Übergang zu Mehrheitsabstimmungen im Ministerrat zu verhindern.

1966 Im Luxemburger Kompromiss (30. 1.) setzt de Gaulle seine Vorstellungen zur Reform weitgehend durch, auch wenn die Verträge nicht modifiziert werden. Frankreich setzt de facto das Einstimmigkeitsprinzip im Ministerrat durch. Beschneidung der Supranationalität, Begrenzung der Kompetenzen der Kommission; Vetorecht des Ministerrates (vertragswidrig!). Die Arbeit der Gemeinschaften wird wieder aufgenommen. Die drei Exekutivorgane der EGKS, der EWG und der EAG werden am 1. 7. zusammengeführt zur EG (Europäische Gemeinschaften).

1967 Großbritannien stellt erneut einen Antrag auf Beitritt zur EG (10. 5.), ebenso wie Irland und Dänemark (11. 5.). Die Fusion der drei Exekutivorgane zu einer Kommission tritt zum 1. 7. in Kraft. Walter Hallstein, der wegen seiner Haltung zu de Gaulle nicht mehr zu halten war und auf dessen Ablösung Frankreich drängte, wird durch den Belgier Jean Rey (1902–1983) als Präsident der Kommission abgelöst. Norwegen stellt den erneuten Antrag auf EG-Mitgliedschaft (24. 7.). General de Gaulle blockiert durch sein wiederholtes Veto die Wiederaufnahme der Erweiterungsverhandlungen mit den Antragsländern. Die Briten sieht er als «trojanisches Pferd», das die Amerikaner in die EG einschleusen!

1968 Die Zollunion wird bereits zum 1. 7., 18 Monate früher als vorgesehen (31. 12. 1969), verwirklicht. Der Prager Frühling in der Tschechoslowakei unter Alexander Dubček (1921–1992) wird durch den Einmarsch der Warschauerpaktstaaten beendet. Leonid Breschnew rechtfertigt den Einmarsch in der

Tschechoslowakei (12. 11.) damit, dass die Souveränität eines sozialistischen Staates eingeschränkt werden kann, wenn durch ihn das sozialistische Weltsystem bedroht ist: «Breschnew-Doktrin».

1969 Frankreich verfolgt in der WEU eine Politik des «leeren Stuhls» (19. 2.). Haager Gipfel der Staats- und Regierungschefs der EG (1./2. 12.), um die Integration zu forcieren und bis 1980 eine Wirtschafts- und Währungsunion zu verwirklichen; Aufhebung des französischen Vetos und Beschluss, Beitrittsverhandlungen mit Großbritannien, Irland, Dänemark und Norwegen aufzunehmen.

1970 Die Außenhandelskompetenzen gehen von den Mitgliedstaaten auf die EG über (1. 1.). Beginn der Beitrittsverhandlungen mit den 4 Beitrittskandidaten (30. 6.). Der Luxemburgische Premierminister Pierre Werner legt am 8. 10. seinen im Auftrag des Haager Gipfels ausgearbeiteten Plan zu einer stufenweisen Herstellung einer «Wirtschafts- und Währungsunion» vor (Werner-Plan). Bericht der EG-Außenminister an die Staats- und Regierungschefs über die Europäische Politische Zusammenarbeit (EPZ), der Davignon-Bericht (27. 10.). Die Bundesrepublik schließt die ersten «Ostverträge» ab (Moskauer Vertrag 12. 8.; Warschauer Vertrag 7. 12.), gefolgt vom Berlinabkommen der Vier Mächte (3. 9. 1971), dem Grundlagenvertrag zwischen der Bundesrepublik und der DDR (21. 12. 1972) und dem Vertrag der Bundesrepublik mit der Tschechoslowakei (11. 12. 1973).

1971 Der französische Staatspräsident Pompidou spricht sich für eine «Europäische Konföderation» («confédération europée-ne») aus. Der EG-Ministerrat einigt sich über die Wirtschafts- und Währungsunion (9. 2.).

1972 Der Beitrittsvertrag zwischen Großbritannien, Irland, Dänemark und Norwegen und der EG wird unterzeichnet (22. 1.). Einführung der Währungsschlange (21. 3.), die mit einer Fluktuationsbreite von +/– 2,25 % in Kraft tritt (24. 4.). In einer Volksabstimmung votiert die irische Bevölkerung für eine EG-Mitgliedschaft (10. 5.). Unterzeichnung der bilateralen Freihandelsabkommen der EG mit den «Rest-EFTA-Staaten» Österreich, Island, Portugal, Schweden und der Schweiz (22. 7.). Die norwegische Bevölkerung lehnt in einem Referendum den EG-Beitritt ab (25. 9.). Die Dänen stimmen in einem Referendum für den EG-Beitritt (2. 10.). Auf einem «Neuner»-Gipfel in Paris beschließen die Staats- und Regierungschefs den Ausbau der EG zu einer

«Europäischen Union». Die WWU soll bis 1980 verwirklicht werden.

1973 Großbritannien, Dänemark und Irland treten zum 1. 1. der EG bei. Gründung eines Währungsunterstützungsfonds (3. 4.). Freihandelsabkommen zwischen der EG und Finnland (5. 10.). Beginn der Konferenz über Sicherheit und Zusammenarbeit in Europa (KSZE) in Helsinki, an der mit Ausnahme Albaniens alle europäischen Staaten sowie die USA und Kanada teilnehmen (3. 3.). Der Kurs des US-$ wird freigegeben (12. 3.) und «floatet» gegenüber den europäischen Währungen, insbesondere gegenüber der DM.

1974 Nach dem Wahlsieg der Labourparty in Großbritannien fordert die neue britische Regierung «Nachverhandlungen» zum Beitrittsvertrag (1. 4.). Auf Initiative des neuen französischen Staatspräsidenten Valéry Giscard d'Estaing (9./10. 12.) beschließen die Staats- und Regierungschefs, sich regelmäßig zu treffen, und errichten den «Europäischen Rat».

1975 Erstes Lomé-Abkommen mit den 43 AKP-Staaten (Asien-Karibik-Pazifik) über Handels-, Technik- und Finanzfragen (28. 2.). Der erste Europäische Rat tagt in Dublin (10./11. 3.). In einer Volksabstimmung votiert die britische Bevölkerung für einen Verbleib des Landes in der EG (5. 6.). Griechenland wird Beitrittskandidat (12. 6.). Vertrag über die Erweiterungen der Kompetenzen des Europäischen Parlamentes in Haushaltsfragen (22. 7.). Unterzeichnung der Schlussakte von Helsinki (KSZE) am 1. 8. Vorlage des Tindemansberichtes (29. 12.) über die «Europäische Union» und die Weiterentwicklung der europäischen Integration, notfalls auch mit «zwei Geschwindigkeiten».

1976 Beginn der Beitrittsverhandlungen mit Griechenland (27. 7.). Vertrag über die Direktwahl des Europäischen Parlaments (20. 9.).

1977 Portugal (28. 3.) und Spanien (28. 7.) werden Beitrittskandidaten. Vollendung des Zollabbaus zwischen den 9 EG-Staaten (1. 7.).

1978 Der Europäische Rat von Kopenhagen beschließt die Direktwahl zum Europäischen Parlament (8. 4.). Auf Initiative von Helmut Schmidt und Giscard d'Estaing einigt sich der Europäische Gipfel von Bremen (6./7. 7.) auf die Grundzüge für ein Europäisches Währungssystem (EWS). Der Europäische Rat beschließt in Brüssel den Beginn des EWS zum 1. 1. 1979 und die Einführung des ECU (Europäische Währungseinheit – European Currency Unit).

1979 Am 13.3. tritt das EWS (Europäische Währungssystem) in Kraft. Die Währungen der EG-Mitgliedsländer (ohne GB) sind hierin verbunden. Die Schwankungsbreite ist festgelegt. Das EWS führt immer wieder zu Spannungen und wird 1992 aufgehoben. In Athen wird die Beitrittsakte zwischen Griechenland und der EG unterzeichnet (28.5.). Vom 7.–10.6. wird das Europäische Parlament erstmals direkt von der Bevölkerung der Mitgliedsländer gewählt (vorher Prinzip der Delegation). Das zweite Lomé-Abkommen wird am 31.10. unterzeichnet (58 AKP-Staaten). Das Europäische Parlament weist zum ersten Mal einen Haushaltsentwurf für die EG zurück (13.12.). Der NATO-Rat beschließt am 12.12. in Europa Mittelstreckenraketen zu stationieren («Nachrüstungsbeschluss» der NATO).

1980 Die EG-Staaten verurteilen im Rahmen der EPZ die sowjetische Militärintervention in Afghanistan (11.1.). Der Europäische Rat von Venedig verabschiedet eine Nahostresolution (12./13.6.).

1981 Griechenland tritt der EG bei (1.1.). Genscher-Colombo-Initiatve (6./20.1.): Der deutsche und der italienische Außenminister fordern eine Stärkung der Europäischen Politischen Zusammenarbeit.

1982 Die Außenminister der EG verurteilen die Verhängung des Kriegsrechtes in Polen (4.1.).

1983 Der EG-Gipfel von Stuttgart verabschiedet eine «Feierliche Erklärung zur Europäischen Union» (19.6.).

1984 Das Europäische Parlament verabschiedet am 14.2. (unter Federführung des Italieners Altiero Spinelli) den Entwurf einer Verfassung der Europäischen Union. Im Juni wird ein neues Parlament gewählt (14.–17.6.). «Luxemburger Erklärung» über die Dynamisierung der Beziehungen zwischen EG und EFTA (9.4.). 3. Lomé-Abkommen der EG mit 65 AKP-Staaten (8.12.).

1985 Der Franzose Jacques Delors wird Präsident der Europäischen Kommission (7.1.) und entwickelt seine Vision eines einheitlichen Europäischen Marktes «Europa 92». Unterzeichnung der Beitrittsverträge mit Portugal und Spanien (12.6). Das «Weißbuch» der Kommission über den Binnenmarkt (Cecchini-Bericht) wird vorgelegt (14.6.). Schengen-Abkommen über den freien Personenverkehr (14.6.). Die auf dem Mailänder Gipfel (28./29.6.) beschlossene Regierungskonferenz zur Überprüfung der Verträge nimmt ihre Arbeit auf (9.9.). Der Europäische Rat verständigt sich am 3.12. über die *Einheitliche Europäische Akte* (EEA).

1986 Spanien und Portugal treten der EG bei (1.1.) Die Regierungschefs verabschieden am 17.2./28.2. die *Einheitliche Europäische Akte* (Einstimmigkeitsprinzip wird aufgehoben, ein gemeinsamer Binnenmarkt als Ziel definiert) in Luxemburg und Den Haag.

1987 Die Einheitliche Europäische Akte tritt in Kraft (1.7.).

1988 Gemeinsame Erklärung von EG und RGW über die Aufnahme von Beziehungen (25.6.). Die EG und Ungarn unterzeichnen ein Kooperationsabkommen (26.9.).

1989 Jacques Delors schlägt in einer Rede vor dem Europäischen Parlament einen Europäischen Wirtschaftsraum (EWR) zwischen EG und EFTA vor (17.1.). Die Staats- und Regierungschefs der EFTA begrüßen in Oslo den Vorschlag Delors' zum EWR (14./15.3.). Wahlen zum Europäischen Parlament (15.–18.6.). Österreich stellt den Antrag auf Beitritt zur EG (17.7.). Am 11.9. wird der Grenzzaun zwischen Ungarn und Österreich durchschnitten und ermöglicht die Ausreise von DDR-Bürgern. In Polen wird der erste nichtkommunistische Ministerpräsident seit 1947 gewählt (12.9.): Tadeusz Masowieczki. Ungarn erhält eine neue Verfassung und wird Republik (23.10.), nachdem bereits im September (18.9.) der Übergang zum Mehrparteiensystem erfolgt war. In der Tschechoslowakei kommt es zur «samtenen Revolution» (10.12.) und zu einer Regierungsbildung ohne kommunistische Mehrheit. Fall der Berliner Mauer (9.11.). 10-Punkte-Plan von Bundeskanzler Kohl zur Vereinigung Deutschlands vor dem Deutschen Bundestag (26.11). Der Straßburger EG-Gipfel (8./9.12.) beschließt die Einsetzung einer Regierungskonferenz für die Bildung einer Europäischen Währungsunion und äußert sich prinzipiell positiv zur Wiedervereinigung Deutschlands und zur europäischen Integration. Beginn der Verhandlungen zwischen EG und EFTA über die Bildung eines Europäischen Wirtschaftsraums (EWR). Ungarn erhält als erstes Land Mittel- und Osteuropas den «Sondergaststatus» im Europarat.

1990 Delors äußert sich vor dem Europäischen Parlament positiv zur Einheit Deutschlands und zur Zusammenarbeit mit Osteuropa (17.1.). Freie Volkskammerwahlen in der DDR (18.3.). Der EG-Sondergipfel von Dublin (27.4.) stellt die Weichen für die Vereinigung Deutschlands. Der EG-Gipfel von Dublin (26.6.) beschließt die Einsetzung einer Regierungskonferenz über die Verwirklichung der WWU und eine zweite zur Schaffung einer Politischen Union. Die Wirtschafts-, Währungs- und Sozialunion zwischen der Bundesrepublik Deutschland und der DDR tritt in Kraft (1.7.); Zollunion EG-DDR; erste Stufe der WWU beginnt. Die deutsche Einheit wird durch den Beitritt der DDR zur Bundesrepublik vollzogen (3.10.). Großbritannien tritt am 8.10. dem EWS bei (Austritt 1992). Schlussakte von Paris («Charta von Paris») der KSZE (19./21.11.). Konferenz des Europäischen Parlaments mit den nationalen Parlamenten (27.–30.11.).

1991 Die Staaten des Warschauer Paktes beschließen am 25.2. die Auflösung des Militärbündnisses zum 1.4. Slowenien und Kroatien erklären ihre Unabhängigkeit (25.6.), serbische Bundestruppen intervenieren, die EG versucht zu vermitteln. Schweden wird Beitrittskandidat (1.7.). Bundeskanzler Kohl und Präsident Mitterrand beschließen die Gründung des Eurocorps in Straßburg (14.10.). Auf der Tagung des NATO-Rats in Rom anerkennen die USA im Prinzip eine «europäische Verteidigungsidentität» (7./8.11.). Abschluss der politischen Verhandlungen über die Gründung des EWR zwischen der EG und der EFTA in Luxemburg (21.10.). Der EG-Gipfel von Maastricht stimmt dem Vertrag über die Europäische Union zu (10./11.12.). Die EU unterzeichnet das «Europaabkommen» mit Polen, Ungarn und der Tschechoslowakei (16.12.).

1992 Am 7.2. unterzeichnen die 12 Mitgliedsstaaten der EG den «Vertrag über die Politische Union und die Wirtschafts- und Währungsunion» (*Vertrag von Maastricht*), der zum 1.11.1993 nach Ratifikation durch alle Mitglieder in Kraft tritt. Finnland stellt einen Beitrittsantrag zur EG (18.3.). Unterzeichnung des EWR-Vertrags in Porto (2.5.). Die Schweiz stellt den Antrag auf EG-Mitgliedschaft (20.5.). Die dänische Bevölkerung lehnt in einem Referendum den Vertrag von Maastricht ab (2.6.). Die Iren stimmen bei einer Volksabstimmung mit großer Mehrheit für den Vertrag von Maastricht (18.6.). Die Franzosen stimmen in einem Referendum ebenfalls für den Vertrag von Maastricht (20.9.). Griechenland tritt der WEU bei (20.11.). Beitrittsantrag Norwegens auf Mitgliedschaft in der EG (25.11.). Die Schweizer lehnen einen Beitritt zum EWR ab, das Beitrittsgesuch ruht (6.12.). Der EG-Gipfel von Edinburgh gestattet Dänemark ein «opting out» (11./12.12.).

1993 Der Binnenmarkt tritt zum 1.1. in Kraft. Beginn der Beitrittsverhandlungen mit Österreich, Schweden, Finnland (1.2.) und Norwegen (5.4.). Mit einem Zusatzprotokoll ermöglichen die EG- und EFTA-Staaten nach dem Ausscheiden der Schweiz das Inkrafttreten des EWR-Vertrags. Unterzeichnung eines «Europaabkommens» mit Bulgarien (8. 3.) und Rumänien (5. 4.). Die dänische Bevölkerung billigt in einem Referendum den Vertrag von Maastricht nach den Bedingungen von Edinburgh (18. 5.). Der EG-Gipfel in Kopenhagen legt Beitrittskriterien fest und legt eine Liste von ost- und mitteleuropäischen Ländern, mit denen Verhandlungen aufgenommen werden sollen, fest (21./22. 6.). Der Europarat hält in Wien den ersten Europaratsgipfel der Mitgliedstaaten ab. Europaabkommen zwischen der EG und der Tschechischen Republik und der Slowakei (4. 10.). Das Bundesverfassungsgericht der Bundesrepublik Deutschland erklärt am 11. 10. den Vertrag von Maastricht als verfassungskonform («Staatenverbund»), er kann damit in Kraft treten (1. 11.).

1994 Der Vertrag über den Europäischen Wirtschaftsraum tritt in Kraft (1. 1.). Österreich, Schweden, Finnland und Norwegen unterzeichnen die Beitrittsverträge (30. 3.). Das Europäische Parlament stimmt der Aufnahme der drei Neutralen und Norwegens zu (4. 5.). Die österreichische Bevölkerung stimmt mit großer Mehrheit für den EU-Beitritt (12. 6.); die Finnen votieren mit 57 % für eine EU-Mitgliedschaft ihres Landes (16. 10.); die schwedische Bevölkerung votiert in einem Referendum mit 52,2 % für den EU-Beitritt (13. 11.); die Norwegen lehnen mit 52,2 % den EU-Beitritt ab (27./28. 11.).

1995 Österreich, Schweden und Finnland treten der EU bei und scheiden aus der EFTA aus. Das Partnerschaft-für-den-Frieden-Programm der NATO wird angenommen (24. 1).

1996 Regierungskonferenzen über die Reform der EU.

1997 Vertrag von Amsterdam (2. 10.). Zweiter Europaratsgipfel, der das Ministerkomitee beauftragt, einen «Rat der Weisen» einzusetzen, um den neuen europäischen Rahmenbedingungen und den neuen Aufgaben des Europarates angepasste Strukturreformen einzuleiten.

1998 Das Europäische Währungsinstitut (EWI) als Vorläufer der Europäischen Zentralbank (EZB) nimmt seine Arbeit in Frankfurt a. M. auf (1. 6.). Der vom Europarat berufene «Rat der Weisen» legt im Oktober seinen Bericht vor.

1999 Zum 1. 1. wird der EURO zur Gemeinschaftswährung. Der Vertrag von Amsterdam tritt in Kraft (1. 5.). Dezember: Budapester Deklaration anlässlich des 50. Jahrestages der Europäischen Menschenrechtskonvention (EMRK).

2000 Beginn der Regierungskonferenzen über die institutionelle Reform der EU (14. 2.); EU-Gipfel von Nizza, Annahme des Vertrags von Nizza (6.–11. 12.).

2001 Unterzeichnung des Vertrags von Nizza (26. 2.).

2002 Der Euro (€) wird am 1. 1. reale Währung der Mitglieder des Euroverbundes. Der Europäische Gipfel von Kopenhagen beschließt die Erweiterung der EU um 10 neue Mitglieder zum 1. 5. 2004. Der NATO-Gipfel von Prag lädt die baltischen Staaten zum NATO-Beitritt ein, der 2004 erfolgen soll.

2003 In Athen werden am 16. 4. die Beitrittsverträge mit den 10 neuen Mitgliedern unterzeichnet. Die Litauer votieren in einem Referendum für den EU-Beitritt (10./11. 5.), ebenso die Polen (7./8. 6.), die Esten (14. 9.) und die Letten (20. 9.). Der Präsident des Europäischen Konventes für die Zukunft Europas Valéry Giscard d'Estaing legt den Staats- und Regierungschefs auf dem EU-Gipfel in Thessaloniki den Entwurf einer Europäischen Verfassung vor. Auf dem Brüsseler Gipfel scheitert die Annahme der vom Konvent vorgelegten Verfassung vor allem an Polen und Spanien.

2004 Erweiterung der EU um 10 neue Mitglieder: Estland, Lettland, Litauen, Malta, Polen, Slowakei, Slowenien, Tschechien, Ungarn, Zypern (1. 5.). Estland, Litauen und Lettland sowie Rumänien, Bulgarien, Slowenien und die Slowakei werden Mitglied der NATO; Wahl des Europäischen Parlaments (11.–13. 6.) in allen 25 Mitgliedstaaten. Annahme der Europäischen Verfassungsvertrages auf dem EU-Gipfel am 17./18. 6. 2004; der Sondergipfel am 30. 6. 2004 schlägt den portugiesischen Ministerpräsidenten Barroso als Nachfolger von Prodi als Präsidenten der EU-Kommission vor. Das Europäische Parlament wählt ihn am 22. 7. zum Präsidenten der Kommission (413:251), lehnt aber die vorgeschlagene Kommission aus unterschiedlichen Gründen ab (Inkompetenz, politische Vergangenheit, Europafeindlichkeit, Verquickung von Interessen) und zwingen Barroso in Abstimmung mit den Mitgliedstaaten eine neue Mannschaft zu finden. Auf dem Kapitol in Rom unterzeichnen die Staats- und Regierungschefs im Konservatorenpalast den Europäischen Verfassungsvertrag.

2005 Das Europäische Parlament stimmt am 12. 1. mit großer Mehrheit für die EU-Verfassung (500:137:40); 29. Mai, die Franzosen lehnen in einem Referendum den Europäischen Verfassungsvertrag ab; 2. 6. die Niederländer lehnen in einem Referendum den Verfassungsvertrag ab.

2006 März Slowenien stellt den Antrag auf Aufnahme in die Euro-Zone. Von allen neuen 2004 beigetretenen Mitgliedern erfüllt es als einziges Land die Beitrittskriterien. Zum 1. 1. 2007 tritt es der Eurozone bei. Trotz weiter bestehender Defizite befürwortet ein Fortschrittsbericht der Kommission im September die Aufnahme Bulgariens und Rumäniens als Vollmitglieder in die EU zum 1. 1. 2007. Die EU behält sich jedoch erstmals nach Aufnahme «Präventions- und Abhilfemaßnahmen» vor; der Fortschrittsbericht der EU Kommission für die Türkei (8. 11.) anerkennt positive Entwicklungen, bemängelt die geringen Fortschritte innerhalb des letzten Jahres und verweist auf große Defizite im Bereich der Meinungs-, Religionsfreiheit und der Rechte von Frauen. Ohne Anerkennung des Ankaraprotokolls und der Öffnung der Häfen für Zypern ist ein Einfrieren der Verhandlungen oder zumindest einiger Kapitel nicht auszuschließen.

4.3 Allgemeine kommentierte Bibliographie (Überblicksdarstellungen und Hilfsmittel)*

* Aufgeführt wird in der Regel nur themenübergreifende oder mehrere Länder und/oder Aspekte betreffende Literatur. Sie versteht sich als Auswahl und Anregung.

Agethen, Manfred / *Buchstab*, Günther (Hg.), Oppositions- und Freiheitsbewegungen im früheren Ostblock. Freiburg i. Br. 2003 [vermittelt einen guten Überblick].

Alfred Herrhausen Gesellschaft für internationalen Dialog (Hg.), Europa – leidenschaftlich gesucht. München 2003 [Stellungnahme und Perspektiven von innen und außen betrachtet durch Wissenschaftler und Politiker, Journalisten und Schriftsteller und Kirchenvertreter, sehr anregend].

Anderson, Benedict, Die Erfindung der Nation. Franfurt a. M. New York 1996 [anregende und für die Nationsdiskussion grundlegende Studie].

Archer, Clive, Organizing Europe. The Institutions of Integration. London 1994 [guter, lesbarer Überblick zur *Institutionengeschichte*].

Armstrong, David/*Lloyd*, Lorna/*Redmond*, John, From Versailles to Maastricht. International Organisation in the Twentieth Century. Basingstoke 1996 [eine gute, lesbare und einen schnellen Überblick vermittelnde Darstellung].

Asbeek Brusse, Wendy, Tariffs, Trade and European Integration, 1947–1957. From Study Group to Common Market. New York 1997 [behandelt die Integrationsschritte von den ersten Überlegungen zum GATT bis zum Abschluss der Römischen Verträge].

Asmus, Ronald D., Opening NATO's

Door. How the Alliance Remade Itself for a New Area. New York 2002 [eine wichtige, über den engeren Bereich der NATO hinausgreifende Studie, in der die Entwicklung seit dem Beginn der 1990er Jahre untersucht wird. Interessant dargestellt wird die Entwicklung von einer «Russland zuerst»-Position zu einer Parallelentwicklung – dual track – von Erweiterung und Einbindung Russlands bis zum NATO-Gipfel von Madrid und zur Aufnahme der ersten neuen Mitglieder 1999 sowie der Überlegungen, ob sich aus der Erweiterung mit neuen Mitgliedern – new members new missions? – neue Aufgaben ergeben werden. Unterstrichen wird von einem Experten mit Insiderkenntnissen auch die weiterhin bestehende Notwendigkeit von Allianzen].

Auffermann, Burkhard, Für eine ‹nördliche Dimension› der EU-Politik. Eine Initiative im Kontext finnischer Außen- und Integrationspolitik. Elektronisch publiziert auf: http://www.schiff.uni-kiel.de/download_files/055.html (erfasst einen wichtigen Bereich künftiger EU Politik und seine Hintergründe für den baltischen Raum als Region der Europäischen Union).

Auswärtiges Amt (Hg.), Europa. Dokumente zur Frage der Europäischen Einigung. Bonn 1953 [eine gute und sehr nützlich Zusammenstellung].

Balibar, Étienne, Sind wir Bürger Europas? Politische Integration, soziale Ausgrenzung und die Zukunft des Nationalen. Hamburg 2003 [Der politische Philosoph diskutiert die Widersprüche des europäischen Einigungsprozesses seit 1989: Fortschritte in der Integration – Ausgrenzung, Abbau des Nationalstaats – neuer Nationalismus].

Behringer, Wolfgang (Hg.), Europa. Ein historisches Lesebuch. München 1999.

Beichelt, Timm, Die Europäische Union nach der Osterweiterung. Wiesbaden 2004 [aus sozialwissenschaftlicher Perspektive werden die Entwicklungen und Politikfelder von den ersten Erweiterungen zur «Osterweiterung» erörtert].

Berghahn, Volker, Der Erste Weltkrieg. München ³2006.

Bernecker, Walther L. / *Pietschmann*, Horst, Geschichte Portugals. München 2001.

Bernecker, Walther L., Spanische Geschichte. Vom 15. Jahrhundert bis zur Gegenwart. München ⁴2006.

Bibliographisches Institut/F. A. Brockhaus (Hg.), Brockhaus PC-Bibliothek 2006 [wichtiges und zuverlässiges Hilfsmittel, kann aus dem Netz heruntergeladen werden: http://www.pc-bibliothek.de].

Bieber, Roland / *Epiney*, Astrid / *Haag*, Marcel, Die Europäische Union. Europarecht und Politik. Baden-Baden ⁶2004 [grundlegendes Studienbuch zum europäischen Recht, das vor dem Hintergrund von Erweiterung und Verfassungsvertrag eine hilfreiche Analyse zu den komplexen Aspekten der europäischen Integration bietet].

Bitsch, Marie-Therèse, Histoire de la construction européenne de 1945 à nos jours. Brüssel ²1999 [wichtiges, einen guten und fundierten Überblick vermittelndes französisches Standardwerk].

Bitsch, Marie-Therèse/*Loth*, Wilfried/*Poidevin*, Raymond (Hg.), Institutions européennes et identités européennes. Brüssel 1998 [bietet einen guten und kompetenten Überblick zu zahlreichen Fragen und Problemen der Geschichte der Integration, der Ausbildung europäischer Identitäten und der Europäischen Institutionen in Englisch und Französisch].

Bitsch, Marie-Therèse / *Loth*, Wilfried / *Barthel*, Charles (Hg.): Cultures politques, opinions publiques et intégration europèene, Bruxelles 2006 [bietet zahlreiche Beiträge zur europäischen Integration aus der Perspektives der politischen Kulturen, der öffentlichen Meinung und der Wahrnehmung Europas in Politik, Kultur und bei den Bürgern in Französisch und Englisch].

Blockmans, Wim, Geschichte der Macht in Europa. Völker, Staaten, Märkte. Frankfurt a.M. 1998 [ursprünglich zum 40. Jahrestag der Römischen Verträge in Antwerpen erschienen. Eine wichtige und anregende Analyse der Entstehung der heutigen wirtschaftlichen und politischen Kräfteverhältnisse in Europa].

Boden, Martina, Chronik Handbuch Europa. Gütersloh/München 1998 [nützliches Nachschlagewerk mit gelegentlichen Fehlern].

Boldt, Hans, Die Europäische Union. Geschichte, Struktur, Politik. Mannheim 1995 [nützliches Bändchen].

Boniface, Pascal (Hg.), L'Année strategique 2003. Analyse des enjeux strategiques, diplomatiques et économiques. Paris 2002 [nützliches und informatives Hilfsmittel].

Borgolte, Michael, Europa entdeckt seine Vielfalt, 1050–1250. Stuttgart 2002 [der interessante Band vermittelt neue Einsichten, auch zum Komplex der Differenzierung der europäischen Geschichte in der Forschung].

Bossuat, Gérard/*Wilkens*, Andreas (Hg.), Jean Monnet, l'Europe et les chemins de la paix. Paris 1999 [wichtige und weit über die Person hinausführende Darstellung mit zahlreichen neuen Ergebnissen der historischen und politikwissenschaftlichen Forschung].

Braun, Michael / *Lermen*, Birgit / *Schmidt*, Lars Peter / *Weigelt*, Klaus (Hg.), Europa im Wandel: Literatur, Werte und Europäische Identität. St. Augustin 2005 [Der anregende Sammelband steht unter dem dem Motto der Literatur als ‹Quelle von Werten und Orientierung› (Havel) und als ‹Raum europäischen Gewissens› (Chwin) und ihrer identitätsstiftenden Funktion für das zusammenwachsende Europa].

Brown, Peter, Die Entstehung des christlichen Europa. München 1999 (1996).

Brunn, Gerhard, Die Europäische Einigung. Stuttgart 2002 [lesbarer Überblick, Reclam-Taschenbuch].

Buchstab, Günter / *Uertz*, Rudolf (Hg.), Nationale Identität im vereinten Europa. Freiburg i. Br. Basel Wien 2006 [Ein interessanter und wichtiger Sammelband, der neben dem Versuch einer Standortbestimmung auch 4 westeuropäische ‹Altländer› unter ihnen Frankreich und die Niederlande sowie 6 neue Mitglieder im Spannungsfeld von nationaler und europäischer Identität analysiert],

Burgdorf, Wolfgang, ‹Chimäre Europa›. Antieuropäische Diskurse in Deutschland (1646–1999). Bochum 1999. [ein wichtiger, bisher stark vernachlässigter Aspekt].

Byrnes, Timothy A. / *Katzenstein*, Peter J. (Hg.), Religion in an Expanding Europe. Cambridge 2006 [ein wichtiger Sammelband, der einen guten Überblick vermittelt, den Komplex Identität und Religion diskutiert und sich neben der Bedeutung von Religion generell neben dem Katholizismus auch mit der Orthodoxie und dem Islam befasst)

Calleo, David, Rethinking Europe's Future. Princeton 2001 [eine interessante und anregende Studie].

Carbonell, Ch. O. et al., Une histoire européenne de l'Europe. Toulouse 1999 [interessante Darstellung unter vergleichender und struktureller Perspektive].

Cardini, Franco, Europa und der Islam. Geschichte eines Missverständnisses. München 2000 [Cardini führt den Leser von den Anfängen der Ausbreitung des Islams über die Mittlerfunktion im Mittelalter und das Ausgreifen des Osmanischen Reiches nach Europa bis in die Gegenwart der Zuwanderer in die EU].

Carpentier, Jean / *Lebrun*, François, Histoire de l'Europe. Paris 1992 [weitgehend gelungener, mutiger Versuch die europäische Geschichte seit der Prähistorie darzustellen].

Cerexhe, E. / *le Hardÿ de Beaulieu*, L. (Hg.), Douze constitutions pour une Europe ... Diegem 1994 [wichtige und nützliche Darstellung der Verfassungen mit Änderungen].

CIA – The World Factbook 2005/2006 [sehr nützliches, in der Regel sehr zuverlässiges Hilfsmittel für Daten und andere Informationen zur Politik und Wirtschaft sowie zum politischen System zur Verwaltungs- und Rechtsordnung der europäischen und außereuropäischen Länder. Angaben über das Bruttoinlandsprodukt fehlen. Zur Berechnung des Bruttosozialproduktes (GDP) und zur Methode sollten die Hinweise unter «Notes and definitions» beachtet werden. Aktualisierte zweimonatliche Fassung mit Angabe des Standes über das Internet: *http://www.cia.gov/cia/publications/factbook*].

Ciampi, Carlo Azeglio, Dizionario della Democrazia, hg. von Dino Pesole. Milano 2005. [wichtige Beiträge zum Demokratieverständnis und zur europäischen Verfassung und zur europäischen Idnetität]

Chabod, Federico, Storia dell'idea d'Europa, Roma Bari ³1999 (dt.: Der Europagedanke von Alexander dem Großen bis Zar Alexander I. Stuttgart 1963) [klassische und immer noch wichtige Darstellung und Analyse].

Council of Europe (Hg.), European Conventions and Agreements. Vol. I: 1949–1961, vol. II: 1961–1970, vol. III: 1971–1974, vol. IV: 1975–1982, vol. V: 1983–1989, vol. VI: 1990–1994, vol. VII: 1995–1998. Strasbourg 1992–1999 [wichtige Quelle für die vom Europarat abgeschlossenen Konventionen].

Council of Europe (Hg.), Activities of the Council of Europe – 2001 ff. Report. Strasbourg 2003 ff. [ein wichtiges Hilfsmittel für alle europabezogenen Fragen].

Council of Europe (Hg.), Activities of the Council of Europe – 2000 ff. Report. Strasbourg 2001 ff. [wichtiges Hilfsmittel für alle Fragen im Zusammenhang mit Europa].

Council of Europe (Hg.), The conscience of Europe. Strasbourg 1999 [wichtig für die Frage nach der europäischen Identität und der Ausbildung eines europäischen Bewusstseins].

Council of Europe (Hg.), Voices of Europe. Strasbourg 1997 [enthält wichtige Reden zu Europa mit zusätzlicher CD].

Council of Europe/European Union (Hg.), Congress of Europe – The Hague May 1948 / Congrès de l'Europe – La Haye Mai 1948. Strasbourg 1999 [Reprint der Originaldokumente des Haager Europakongresses und der Teilnehmerliste, wichtige Quelle].

Davis, Norman, Europe. A History. Oxford 1996 [vermittelt gut geschrieben einen soliden Überblick].

Demandt, Alexander, Die Kelten. München [6]2006.

Deutsche Gesellschaft für Auswärtige Politik/Wolfgang *Wagner* u. a. (Hg.), Die Internationale Politik (Jahrbücher der Deutschen Gesellschaft für Auswärtige Politik) 1958 ff. München 1971 ff. [wichtiges und nützliches Informations- und Hilfsmittel. Ähnliche Jahrbücher liegen auch für andere Staaten vor].

Deutscher Bundestag (Hg.), Die Charta der Grundrechte der Europäischen Union. Berichte und Dokumente. Opladen 2001 [eine wichtige und unentbehrliche Dokumentation mit einer Einführung durch Jürgen Meyer, der als Vertreter des Bundestages an den Konventsberatungen teilnahm und auf dessen Initiative die Grundrechtefrage in der EU europäisiert wurde].

Dinan, Desmond (Hg.), Encyclopedia of the European Union. Colorado 2000 [nützlich].

Doepfner, Andreas (Hg.), Keine Angst vor Europa. Föderalismus als Chance. Zürich 1992 [anregend diskutiert werden Möglichkeiten eines dezentralen zukünftigen Aufbaus Europas].

Doyé, Louise, Die Integration der osteuropäischen Staaten in den Europarat. Diss. FU Berlin 2002 [wichtig und vielfach informativ, doch verspricht der Titel mehr als die inhaltliche Umsetzuing].

Duchêne, François, Jean Monnet: The First Statesman of Interdependency. New York/London 1994 [anregende Darstellung].

Duchhardt, Heinz (Hg.), Europäer des 20. Jahrhunderts. Wegbereiter und Begründer des ‹modernen› Europa. Mainz 2002 [nützlich und Perspektiven öffnend].

Duverger, Maurice, Europe des Hommes. Paris 1994 [befasst sich mit dem Zusammenleben mehrerer Völker, die sich in vieler Hinsicht unterscheiden; untersucht die Entwicklung von der Stadt über den Nationalstaat nach Europa, erörtert die Funktionsfähigkeit der EU-Institutionen und plädiert für neue Institutionen und eine neue Theorie des Föderalismus].

Einhorn, Eric/*Logue*, John, Modern Welfare States: Politics and Policies in Social Democratic Scandinavia. New York 1989 [bietet einen guten Überblick zum ‹nordischen Modell› des Wohlfahrtsstaates].

Eley, Geoff/*Suny*, Ronald Grigor (Hg.), Becoming National. A Reader. New York/Oxford 1996 [eine wichtige Zusammenstellung von älteren und neueren Texten zur Frage der Nation, ihrer Entstehung, ihrer Wahrnehmung als soziales Konstrukt der Ethnizität der Identität und der Zukunft des Nationalstaates. Die Frage der Nation, der Identität und der «Heimat» wird an europäischen Beispielen dargestellt und diskutiert].

Elissalde, Bernard/*Barrot*, Jean/*Roques*, Georges, Europe Europes. Paris ³2002 [interessante Perspektive].

Elvert, Jürgen, Europäische Integration, Darmstadt 2006 [ein sehr guter und kompakter Überblick der europäischen Integrationsproblematik seit dem 1950er Jahren mit einem historischen Vorlauf – «Europäische Variationen in der Geschichte» – der gut strukturiert ist, mit einer thematischen Auswahlbibliographie].

Europa-Archiv (jetzt: *Internationale Politik*) 1946 ff. [enthält einen Aufsatzteil mit zahlreichen wichtigen Beiträgen von Experten, einen Dokumententeil sowie eine Chronik, sehr nützlich und hilfreich].

Europäische Gemeinschaften (Hg.), Entwurf eines Vertrags über eine Verfassung für Europa. Dem Europäischen Rat überreicht auf seiner Tagung in Thessaloniki am 20. Juni 2003. Luxemburg 2003.

Europäisches Zentrum für Föderalismus-Forschung (Hg.), Europäischer Föderalismus im 21. Jahrhundert. Baden-Baden 2003 [erörtert werden, ausgehend von Deutschland, Fragen und Formen des Föderalismus in Europa sowie der Komplex Föderalisierung Europas als Vision oder Realität].

Falck-Verlag (Hg.), Enzyklopädie der Welt: Europa – Länder – Städte – Landschaften. Ostfildern o. J. [gut geeignet für Kurzinformationen, ergänzt durch Karten- und Bildmaterial].

Farell, Mary/*Fella*, Stefano / *Newman*, Michael (Hg.), European Integration in the 21st Century. Unity in Diversity? London 2002 [der Band enthält wichtige und anregende Beiträge zu den Perspektiven der EU von der Kultur über die Sicherheit zu künftigen Organisationsformen].

Faroqhi, Suraiya, Geschichte des Osmanischen Reiches. München ⁴2006.

Fernandez-Armesto, Felipe: Civilizations. Culture, Ambition and the Transformation of Nature. New York/London 2002 [eine sehr gut lesbare, verständlich geschriebene, Definitionen und zahlreiche Anregungen bietende umfassende Studie zur Geschichte der Zivilisation sowie zur Entstehung und Entwicklung der ‹atlantischen›, westlichen Zivilisation und ihrer Grenzen in der Gegenwart].

Fischer, Der Fischer Weltalmanach

2003, 2004, 2005, 2006, 2007, hrsg. v. Mario v. *Barata et al.* Frankfurt a. M. 2002–2006 [mit CD-Rom, gutes und zuverlässiges Hilfsmittel; liegen für die jeweiligen Jahre vor, erscheint jeweils im September des Vorjahres].

Foerster, Hellmut (Hg.), Die Idee Europa 1300–1946. München 1963 [wichtige Quellensammlung mit bedauerlichen Defiziten].

Foucher, Michel (Hg.), Fragments d'Europe. Atlas de l'Europe médiane et orientale. Paris 1993 [Diskutiert die politischen, historischen und ökonomischen Kraftfelder in Europa, mit dem Schwerpunkt in Mittel- und Osteuropa; gutes Kartenmaterial, anregend zum Weiterdenken].

Fromkin, David: A Peace to End all Peace. The Fall of the Ottoman Empire and the Creation of the Modern Middle East. New York 2001 [behandelt wird die Orientalische Frage, ihre scheinbare Lösung mit der Aufgliederung des Osmanischen Reiches und ihren Konsequenzen für den Mittelmeerraum und den Nahen Osten im Spannungsfeld von historischen Traditionen, ideologischen und religiösen Konflikten europäischer Großmachtpolitik und Nationalismus. Eine wichtige, informative und grundlegende Studie zum besseren Verständnis von Geschichte und Gegenwart des östlichen Mittelmeerraums und des Nahen Ostens].

Gabriel, Oskar W./*Brettschneider*, Frank (Hg.), Die EU-Staaten im Vergleich. Bonn/Opladen ²1994 u. ä. [sehr umfangreich mit viel statistischem Material, brauchbar].

Gaillard, Jean-Michel/*Rowley*, Anthony, Histoire du continent européen, 1850–2000. Paris ²2001 [erfasst wird die Geschichte Europas vom Übergang zur Moderne im 19. Jahrhundert, zum «Nabel der Welt» vor dem Ersten Weltkrieg und durch die Zwischen- und Nachkriegszeit zur «Weltprovinz», die ihre neue Rolle sucht; solche Darstellungen fehlen leider in deutscher Sprache].

Garbe, Gunnar, Deutsche Rußlandpolitik und das Baltikum: 1990–1998. Diss. Kiel 2002, elektronisch publiziert http://e-diss.uni-kiel.de/diss_587/d587.pdf (Betrachtet zeitnah die deutsche Politik gegenüber Russland bis zum Regierungswechsel 1998).

Gasteyger, Curt (Hg.), Europa von der Spaltung zur Einigung. Darstellung und Dokumentation 1945–2000, 1945–2005. Bonn 2001/ Baden-Baden [vollständig überarbeitete Fassung] 2006 [wichtige Dokumentation mit Einführung, breit angelegt, neue Ausgabe schließt Erweiterung der EU und der NATO ein].

Gehler, Michael, Europa. Von der Utopie zum Euro. Frankfurt a. M. 2002 [sehr gute, kompakte Darstellung mit weiterführender Literatur].

Gehler, Michael/*Steininger*, Rolf (Hg.), Die Neutralen und die Europäische Integration 1945–1955. Wien 2000 [gut lesbar und unerlässlich für Informationen über die Rolle, Haltung und Stellung der Neutralen in der Nachkriegszeit sowie über den Neutralitätsbegriff].

Gehler, Michael, Europa. Ideen, Institutionen, Vereinigung. München 2005 [Eine gute und lesbare Darstellung des Weges Europas von den Anfängen bis zum Verfassungsvertrag, gegliedert in acht übersichtlichen Kapiteln, ergänzt durch ein Glossar].

Gehler, Michael / *Kaiser*, Wolfram (Hg.), Transnationale Parteienkooperation der europäischen Christdemokraten. Dokumente 1945–1965. München 2004 [wichtige und quellengestütze Darstellung der Christdemokraten im westeuropäischen Integrationsprozess mit Schlüsseldokumenten].

Gerbet, Pierre, La construction de l'Europe. Paris ³1999 [ein Klassiker, sprachlich ein Genuss! Zieht die Frage der Integration und Identität bis in die Antike zurück; sehr gute, umfangreiche, nicht nur französischsprachige Bibliographie und Zeittafel].

Giering, Claus (Hg.), Der EU-Reformkonvent – Analyse und Dokumentation. Mit CD-ROM. Gütersloh 2003 [wichtiges Hilfsmittel für einen schnellen Zugang zur Arbeit des Konvents].

Gillingham, John, European Integration 1950–2003. Superstate or New Market Economy? Cambridge/New York 2003 [eine kritische, provokative, das komplexe Europathema gut aufbereitende und lesenswerte Darstellung, die zum Nachdenken anregt].

Gollwitzer, Heinz, Europabild und Europagedanke. München ²1964 [eine klassische und grundlegende Studie].

Gowan, Peter/*Anderson*, Perry (Hg.), The Question of Europe. London 1997 [enthält wichtige Beiträge zur Identität, zum Nationalstaat, zu einer europäischen Verfassung, zur Wirtschafts- und Währungsunion, zu den europäischen Perspektiven, oft auch mit Gegenbeiträgen].

Graubard, Stephen R., A New Europe? Boston 1964 [erörtert mit wichtigen Beiträgen die europäischen Perspektiven aus unterschiedlichen Blickwinkeln, immer noch wichtig und anregend].

Grenville, John A. S., A History of the World. From the 20th to the 21st Century. London New York 2005 [Grenvilles gut lesbare Darstellung bietet einen sehr guten Überblick zur Geschichte des 20. Jahrhudnerts und der Perspektiven für das 21. Jahrhundert unter Einbeziehungen sozio-ökonomischer und politisch-internationaler Faktoren].

Groeben, Hans von der / *Schwarze*, Jürgen (Hg.), Vertrag über die Europäische Union und Vertrag zur Gründung der Europäischen Gemeinschaft. Kommentar. 4 Bde. Baden-Baden ⁶2004 [wichtiger und unverzichtbarer Kommentar von der Einheitlichen Europäischen Akte bis zum EGV].

Groupe de liaison des professeurs d'histoire contemporaine auprès de la Commission européene (Hg.), Journal of European Integration History – Revue d'histoire de l'integration européenne – Zeitschrift für Geschichte der Europäischen Integration. Bd. 1 ff. Baden-Baden 1995 ff. [wichtige Zeitschrift mit aktuellen Informationen und Themenheften, die von Experten herausgegeben werden, z. B. Bd. 7/2 Michael *Gehler* (Hg.), Kleine und neutrale Staaten].

Gruner, Wolf D., Deutschland mitten in Europa. Hamburg 1992 [bietet zahlreiche Facetten zur deutschen Geschichte im europäischen Zusammenhang, zur Verfassungs- und Föderalismusproblematik sowie zur Europaidee].

Gruner, Wolf D., Die deutsche Frage in Europa 1800 bis 1990. München Zürich 1993 [wichtiger und nützlicher Überblick über die Einbindung Deutschlands in einen europäischen Zusammenhang].

Haarmann, Ulrich, Geschichte der Arabischen Welt, München ^{4}2001 [sehr nützlich als Grundinformation].

Häberle, Peter, Europäische Verfassungslehre. Baden-Baden ^{4}2006 [interessanter neuer Zugriff zur europäischen Verfassungslehre, die über rein juristische Betrachtungen hinausgehend auch die Bedeutung der Vielfalt der europäischen Kultur für die Identitätsbildung hervorhebt].

Halm, Heinz, Die Araber. Von der vorislamischen Zeit bis zur Gegenwart. München ^{2}2006.

Harenberg, Bodo (Hg.), Harenberg Aktuell 2003/Harenberg Aktuell 2004, Aktuell 2005, Aktuell 2006. Dortmund 2002/2003/2004/2005 [brauchbares, aber nicht immer zuverlässiges Hilfsmittel mit knappen Beiträgen].

Harenberg Lexikon Verlag, Enzyklopädie des 20. Jahrhunderts. Harenberg Staatenlexikon. Die Geschichte der Staaten im 20. Jahrhundert. Dortmund 2000 [brauchbares, informatives, aber nicht immer zuverlässiges und genaues Hilfsmittel].

Hartmann, Jürgen, Das politische System der Europäischen Union. Eine Einführung. Frankfurt/New York 2001 [gute Einführung].

Hayward, Jack/*Page*, Edward C. (Hg.), Governing the New Europe. Durham NC 1995 [untersucht die sich verändernde politische Landkarte Europas nach dem Ende des Kalten Krieges und diskutiert Perspektiven; wichtiges Standardwerk].

Hersant, Yves/*Durand-Bogaert*, Fabienne (Bearb.), Europes. De l'antiquité au XXe siècle. Anthologie critique et commentée. Paris 2000 [eine gelungene Zusammenstellung von literarischen, politischen und historischen Texten, u. a. aus Valérys «Krise des Geistes»].

Herz, Dietmar, Die Europäische Union, München ^{2}2007.

Heyde, Jürgen, Geschichte Polens. München 2006.

Hinsley, Francis H., Power and the Pursuit of Peace. Theory and Practice in the History of International Relations between States. Cambridge 1967 [grundlegende, klassische Studie, die noch immer viele Einsichten vermittelt].

Holtz, Uwe (Hg.), 50 Jahre Europarat. Baden-Baden 2000 [verschiedene nützliche Beiträge zum 50. Jahrestag der Europaratsgründung].

Hoover, Kenneth u. a., The Power of Identity. Politics in a New Key. Chatham 1997 [in einem breiten Ansatz wird der Komplex Identität auf seine Entstehung und das Auftreten in verschiedenen Formen diskutiert und analysiert; wichtig und informativ].

Hrbek, Rudolf/*Weyand*, Sabine, Betrifft: Das Europa der Regionen. München 1994 [bietet Grundinformationen über ein Europa der Regionen].

Ingebritsen, Christine, The Nordic States and European Unity. Ithaca London 1998 [bietet einen guten Überblick unter weitgehender Einarbeitung der skandinavischen Forschungsliteratur].

Institut für Europäische Politik/Arbeitskreis Europäische Integration (Hg.), Der Verfassungsentwurf des Konvents (= *Integration* 4/03). [Wichtige Beiträge aus der Wissenschaft und von an der Ausarbeitung des Entwurfes Beteiligten. Interessante Einsichten].

Institut für Europäische Geschichte Mainz, Heinz Duchhardt (Hg.), Jahrbuch für Europäische Geschichte. Bd. 1 ff. München 2000 ff. [wichtige Beiträge und Forschungsinformationen zur Geschichte Europas vom antiken Griechenland bis in die aktuelle Debatte].

Ismayr, Wolfgang (Hg.), Die politischen Systeme Westeuropas. Opladen ³2003 (abgekürzt als *Ismayr*, Politische Systeme Westeuropas) [grundlegendes Werk zu Politik, Verfassungsordnung und Regierungssystem der Staaten Westeuropas. Die einzelnen Beiträge sind jedoch in ihrer Qualität unterschiedlich].

Ismayr, Wolfgang (Hg.), Die politischen Systeme Osteuropas. Opladen ²2004, (abgekürzt als *Ismayr*, Politische Systeme Osteuropas) [grundlegender Band über die politischen Systeme in den postkommunistischen Staaten].

Ismayr, Wolfgang (Hg.), Gesetzgebung in den Staaten der Europäischen Union. Baden-Baden 2006 [wichtiges Hilfsmittel für das Verständnis der Gesetzgebungsprozesse und nationaler Besonderheiten in den EU15 Mitgliedstaaten, der Rolle der Parlamente sowie von Parteien, Medien und Verbänden].

Jachtenfuchs, Markus/*Kohler-Koch*, Beate (Hg.), Europäische Integration. Opladen ²2003 [Im Mittelpunkt der Analyse der einzelnen Autoren steht die Frage nach dem Regieren im dynamischen Mehrebenensystem in der EU. Anregend].

Jahn, Detlef / *Werz*, Nikolaus (Hg.), Politische Systeme und Beziehungen im Ostseeraum. München 2002 (ein sehr wichtiger und hilfreicher Forschungsbeitrag zum Ostseeraum).

Jones, Eric, The European Miracle. Environments, Economics and Geopolitics in the History of Europe and Asia. Cambridge ³2003 [eine grundlegende und anregende Studie, die vergleichend der Frage nach dem Europäischen Wunder nachgeht, mit guten weiterführenden Literaturhinweisen].

Judt, Tony, Postwar. A History of Europe since 1945. London New York 2006 [eine brilliant geschriebene, vielfach eigenwillige und provozierende Darstellung der europäischen Nachkriegsgeschichte über die es sich nachzudenken lohnt].

Kaelble, Hartmut, Europäer über Europa. Die Entstehung des Europaselbstverständnisses im 19. und 20. Jahrhundert. Frankfurt a. M. 2001 [gute lesbare historische Darstellung].

Kennedy, Paul M., The Parliament of Man. The Past, Present and Future of the United Nations. New York 2006 [eine zentrale, gut lesbare und umfassende Studie zur Geschichte und Entwicklung der Vereinten Nationen und zu deren Perspektiven unter Einbeziehung der europäischen Aspekte].

Kimmel, Adolf/*Kimmel*, Christiane, Verfassungen der EU-Mitgliedstaaten. München [5]2000 [sehr zweckmäßig und brauchbar, ergänzt die einzelnen Länderartikel dieses Bandes].

Knipping, Franz, Rom 25. März 1957. Die Einigung Europas. München 2004 [eine gute, empfehlenswerte und nützliche Darstellung des Weges der Europäischen Integration zu den Römischen Verträgen von 1957, grundlegend für die heutige EU und die Gemeinschaftsidee].

König, Helmut / *Sicking*, Manfred (Hg.), Gehört die Türkei zu Europa? Wegweisungen für ein Europa am Scheideweg. Bielefeld 2005 [erörtert wird aus unterschiedlichen Blickwinkeln die Beitrittsdiskussion (Europareife der Türkei, Türkei und Europa, Türkei europäisch? Frage der Identität Europas) und vermittelt einen guten Einblick in die Kontroversen Debatten).

Köpke Wulf/*Schmelz*, Bernd (Hg.), Das gemeinsame Haus Europa. Handbuch der europäischen Kulturgeschichte. München 1999 [wichtiger und informativer Band, in dem eine breite Palette kulturgeschichtlicher Phänomene von der Geographie über Leben und Krankheit bis zur europäischen Kunst dargeboten wird].

Kohler-Koch, Beate/*Woyke*, Wichard, Die Europäische Union. München 1996 [guter Überblick].

Kolb, Eberhard, Der Frieden von Versailles. München 2005.

Krüger, Peter, Wege und Widersprüche der europäischen Integration im 20. Jahrhundert. München 1995 [setzt sich aus der Sicht des Historikers mit der «Bedingungsanalyse» für die europäische Einigung auseinander].

Krüger, Peter, Das unberechenbare Europa. Epochen des Integrationsprozesses vom späten 18. Jahrhundert bis zur Europäischen Union. Stuttgart 2006 [eine glänzende, fundierte und kritische Auseinandersetzung des Historikers mit dem ‹langen Weg› vom nationalstaatlichen Europa zum Europa der EU].

Krumeich, Gerd, Jeanne d'Arc. Die Geschichte der Jungfrau von Orleans. München 2006.

Kühnhardt, Ludger/*Pöttering*, Hans-Gert, Kontinent Europa. Kern, Übergänge, Grenzen. Bonn 2000 [eine interessante Kombination von wissenschaftlichen Ansätzen und europapolitischer Pragmatik].

Labasse, Jean, L'Europe des régions. Paris 1991 [diskutiert die Begrifflichkeit der geographischen, historischen und politischen Region, ihre Rolle und Bedeutung heute und erörtert auch den Wettbewerb der Regionen; Hinweise auf vergleichende europäische Spezialliteratur und Institutionen].

Lakehal, Mokhtar, Dictionnaire d'économie contemporaine et des principaux faits politiques, économiques et sociaux. Paris [2]2002 [wichtige, übersichtliche und gute Darstellung und Aufbereitung von Daten].

Laqueur, Walter, Europe in Our Time. Washington D. C. 1992 (dt.: Europa auf dem Weg zur Weltmacht 1945–1992. München 1993) [guter, aber umfangreicher Überblick].

Laursen, Finn / *Riishoj*, Søren (Hg.), The EU and Central Europe. Status and Prospects. Esbjerg 1996 [Autoren aus den skandinavischen Ländern und Mittelosteuropa bieten einen guten Einblick in die Handelsprobleme, die Sicherheitsprobleme und die Erwartungen an die EU]

Le Goff, Jacques, Das alte Europa und die Welt der Moderne. München 1996 [Sehr nützliche Darstellung; verknüpft das alte und das neue Europa und zeigt Entwicklungslinien für die Gestaltung der Gegenwart auf].

Le Goff, Jacques, Die Geburt Europas im Mittelalters. München 2004 [erörtert die mittelalterlichen Ursprünge des modernen Europa im Mittelalter, gut geschrieben].

Lipgens, Walter (Hg.), 45 Jahre Ringen um die europäische Verfassung. Dokumente 1939–1984. Bonn 1986 [wichtige Dokumentation vom Ende der 1930er Jahre bis zum Verfassungsentwurf des Europäischen Parlamentes].

Lippert, Barbara (Hg.), Osterweiterung der Europäischen Union – die doppelte Reifeprüfung. Bonn 2001 [vermittelt einen guten Über- und Einblick]

Loth, Wilfried, Der Weg nach Europa. Geschichte der europäischen Integration 1939–1957. Göttingen ^{2}1996 [wichtiger Standardtext, gut lesbar, leider nur bis 1957 gehend].

Loth, Wilfried/*Wessels*, Wolfgang (Hg.), Theorien europäischer Integration. Opladen 2001 [nützliche und wichtige interdisziplinäre Darstellung der Probleme und Theorien der europäischen Integration].

Loth, Wilfried (Hg.), Das europäische Projekt zu Beginn des 21. Jahrhunderts. Opladen 2001 [anregend und kompetent].

Loth, Wilfried (Hg.), La gouvernance supranantionale dans la construction européenne. Brüssel 2005 [ein wichtiger und informativer Band, in englisch und französisch, der von der Hohen Behörde der EGKS, europäischen Persönlichkeiten, u. a. Spinelli, bis zur Europäischen Verfassung reicht].

Ludwig, Klemens, Ethnische Minderheiten in Europa. Ein Lexikon. München 1995 [nützliche Ergänzung].

Lützeler, Paul Michael (Hg.), Hoffnung Europa. Deutsche Essays von Novalis bis Enzensberger. Frankfurt a. M. 1994 [handliches Bändchen mit literarischem Europaschwerpunkt].

Magnette, Paul, Contrôler l'Europe. Pouvoirs et responsabilité dans l'Union européenne. Brüssel 2003 [untersucht die Frage nach den Möglichkeiten und Modellen der Kontrolle in der EU durch die Parlamente und die Judikative, anregend].

Mahnert, Heike / *Putensen*, Dörte, Der Norden auf dem Weg nach Europa. Skandinavien und die europäische Integration. Hamburg 2002 [wichtige deutschsprachige Studie].

Mandelbaum, Michael (Hg.), The New European Diasporas. National Minorities and Conflict in Eastern Europe. New York 2000 [diskutiert und reflektiert werden die Minderheitenprobleme auf dem Balkan, im Baltikum und in Mitteleuropa. Sie bieten wichtige Einsichten und Erkenntnisse].

Matz, Klaus-Jürgen, Europa-Chronik. Daten Europäischer Geschichte von der Antike bis zur Gegenwart. München 1999 [brauchbares Nachschlagewerk für einzelne Daten].

Mayrzedt, Hans/*Binswanger*, Hans Christoph (Hg.), Die Neutralen in der europäischen Integration. Kontroversen – Konfrontationen – Alternativen. Wien/Stuttgart 1970 [diskutiert werden die Frage der Neutralität aus rechtlicher, politischer und historischer Perspektive und die möglichen Formen der Zusammenarbeit mit der EWG, sehr nützlich].

McNeill, William H., Krieg und Macht, Militär, Wirtschaft und Gesellschaft vom Altertum bis heute. München 1984 [grundlegende, klassische und die historische Forschung nachhaltig beeinflussende Studie].

Meyer, Jürgen (Hg.), Charta der Grundrechte der Europäischen Union. Baden-Baden ²2006 [Grundlegende Darstellung und Kommentierung durch den Protagonisten diese Ideen in Europa].

Mickel, Wolfgang W. / *Bergmann*, Jan M. (Hg.), Handlexikon der Europäischen Union. Redaktion: Claus C. *Grupp*. Baden-Baden ³2005 [wichtig und nützlich für die Klärung von Begrifflichkeiten, die Entwicklungen und Perspektiven der EU].

Mikkeli, Heikki, Europe as an Idea and an Identity. Basingstoke 1998 [In je 6 Kapiteln werden die europäische Idee und die europäische Identität bei seinen Überlegungen, was es historisch bedeute Europäer zu sein. Sein Zugriff schließt auch Russland ein].

Miles. Lee (Hg.), The European Union and the Nordic Countries. London 1996 [bietet gute Informationen].

Milward, Alan S., The European Rescue of the Nation State. London 1992 [anregend, provozierend und eigenwillig].

Milward, Alan S., The Reconstruction of Western Europe 1945–51. London 1992 [interessanter, diskutierter Ansatz].

Mommsen, Margareta, Nationalismus in Osteuropa. München 1992 [sehr hilfreich für das Verständnis der Entwicklungen in Osteuropa].

Müller-Graff, Peter-Christian (Hg.), Die Europäische Gemeinschaft in der Welthandelsorganisation. Globalisierung und Weltmarktrecht als Herausforderung für Europa. Baden-Baden 2000 [behandelt vor allem aus rechts- und wirtschaftswissenschaftlicher Perspektive die Grundlagen des Verhältnisses von EG und WTO/GATT].

Naimark, Norman M., Flammender Hass. Ethnische Säuberungen im 20. Jahrhundert. München 2004 [wichtig und informativ für das Problem des «ethnic cleansing» und nationaler Minderheiten].

Nelsen, Brent E./*Stubb*, Alexander (Hg.), The European Union. Readings on the Theory and Practice of European Integration. Basingstoke

[3]2003 [bietet zeitgenössische Überlegungen von Mithandelnden zu Europavisionen von Spinelli bis Delors, Aufsätze zur Theorie und Praxis europäischer Integration].

Neumann, Iver B., Russia and the Idea of Europe. London 1996 [Interessante Überlegungen zur Wahrnehmung Europas in Russland].

North, Michael, Geschichte der Niederlande. München [2]2003.

Nurdin, Jean, Le rêve européen des penseurs allemands (1750–1950). Lille 2003 [interessanter Beitrag zur europäischen Einigungsfrage].

Öhner, Vrääth / *Pribersky*, Andreas / *Schmale*, Wolfgang / *Uhl*, Heidemarie (Hg.): Europa-Bilder. Innsbruck 2005 [Aus einer Wiener Ringvorlesung hervorgegangen bietet dieser Band aus unterschiedlichen Blickwinkeln vielfältige, interessante und anregende Einblicke und Einsichten zu Europabildern in der Geschichte].

Ordner, Jean: La voie fédérale avenir de l'Europe. Paris 2002 [Plädoyer eines Franzosen für eine europäische Föderation auf demokratischer Grundlage, die handlungsfähig sein würde].

Osterhammel, Jürgen / *Petersson*, Niels P., Geschichte der Globalisierung. Dimension, Prozesse, Epochen. München [5]2006.

Papat, Jean-Pierre, L'Europe monétaire. Paris 1992 [eine gute und knappe Darstellung der Währungspolitik und ihrer Geschichte].

Pinder, John, European Community. The Building of a Union. Oxford [2]1995 [engagierte Darstellung eines ‹Schlachtrosses› des Europäischen Integrationsgedankens, lesenswert und anregend, auch wenn man nicht alle Positionen teilt].

Platzer, Hans-Wolfgang, Lernprozess Europa. Die EG und die neue europäische Ordnung. Bonn [2]1993 [gibt guten Einblick in die Integrationsdiskussion und die entsprechenden Theorien, reflektiert über den Binnenmarkt, die Weichenstellungen von Maastricht und die Perspektiven der Erweiterung].

Plessen, Marie-Louise von (Hg.), Idee Europa. Entwürfe zum ‹ewigen Frieden›. Ordnungen und Utopien für die Gestaltung Europas von der pax romana zur Europäischen Union. Katalog Deutsches Historisches Museum. Berlin 2003 [reich bebildert, mit interessantem Material, das auch sinnvoll im Schul- und Hochschulunterricht eingesetzt werden kann].

Rapone, Leonardo, Storia dell'integrazione Europea. Roma 2005 [eine knappe und nützliche Überblicksdarstellung].

Recker, Marie-Luise, Die Geschichte der Bundesrepublik Deutschland. München [2]2005.

Reinhardt, Volker, Geschichte Italiens. München [3]2006.

Reinhardt, Volker, Geschichte der Schweiz. München 2006.

Rifkin, Jeremy, Der Europäische Traum. Die Vision einer leisen Supermacht. Frankfurt a.M. 2006 [anregende Studie über eine zukunftsfähige Weltordnung, Europa nicht USA Modell].

Roberts, David D., The Totalitarian Experiment in Twentieth Century Europe. Understanding the Poverty of Great Politics. New York London

2006. [Eine wichtige und zum Nachdenken anregende Studie zum Wesen des Totalitarismus aus historischer Sicht].

Roggemann, Herwig (Hg.), Die Verfassungen Mittel- und Osteuropas. Einführung und Verfassungstext. Berlin 1999 [wichtig und nützlich für schnelle Information].

Roussel, Eric, Jean Monnet, 1888–1979. Paris 1996 [eine gute und wichtige, über die Person hinausgehende Darstellung].

Ruppert, Karl (Hg.), Europa – neue Konturen eines Kontinents. München 1993 [bietet einige interessante Einsichten zur politischen, sozialen und wirtschaftlichen Geographie Europas sowie zur sich verändernden europäischen Raumorganisation].

Salewski, Michael, Geschichte Europas. Staaten und Nationen von der Antike bis zur Gegenwart. München 2000 [Gesamtgeschichte, recht umfangreich von der Antike bis in die Gegenwart, mutiger Versuch einer mehr politikgeschichtlichen Darstellung].

Sautter, Udo, Das Buch der Jahrestage. Geschichte und Kultur in Daten. München 1999.

Schaffner, Urs, Vereinigte Staaten von Europa? Der Einfluss von externen Faktoren auf die Integrationsentwicklung von neun Internationalen staatlichen Organisationen in Europa. Bern 1993.

Schimmelfennig, Frank: The EU, NATO and the Integration of Europe. Rules and Rhetoric. Cambridge 2003 [wegweisende, auch theoretisch und methodisch anre gende Studie zum «community building» und den Motiven zur Erweiterung von NATO und EU].

Schmale, Wolfgang, Geschichte Europas. Wien/Köln/Weimar 2001 [gut lesbar, neuer interessanter Ansatz, Umfang angemessen].

Schmidt, Manfred G., Das politische System Deutschlands. München 2007.

Schneider, Ute, Die Macht der Karten. Eine Geschichte der Kartographie vom Mittelalter bis heute. Darmstadt [2]2006 [wichtig und informativ für die Bedeutung von Karten zur regionalen, nationalen und europäischen Identitätsbildung]

Schöndube, Claus: Europa Taschenbuch. Bonn 1974 [ein noch immer nützliches Bändchen zu Fragen der westeuropäischen Integration, zu Wirtschafts- und Umfragedaten sowie Institutionen].

Schraepler, Hans-Albrecht, Taschenbuch der Internationalen Organisationen. München 1994 [nützliches Hilfsmittel für einen schnellen Überblick].

Schreiber, Gerhard, Der Zweite Weltkrieg. München [3]2005.

Schröder, Hans-Christoph, Englische Geschichte. München [5]2006.

Schröter, Hans Jörg, Das aktuelle Europa-Lexikon. Bergisch-Gladbach 2002 [wird dem Anspruch nicht immer gerecht; die Informationen sind vielfach zu knapp].

Schümer, Dirk, Das Gesicht Europas. Ein Kontinent wächst zusammen. München 2004 [ein gut lesbarer und anregender Beitrag eines Journalisten und Europakorrespondenten].

Schulze, Hagen/*Paul*, Ina Ulrike (Hg.), Europäische Geschichte. Quellen und Materialien. München 1994 [ein nützliches Quellenwerk zu Ideen und Plänen über Europa seit der Antike].

Schwabe, Klaus, Weltmacht und Weltordnung. Amerikanische Außenpolitik von 1898 bis zur Gegenwart. Eine Jahrhundertgeschichte. Paderborn 2006 [es gelingt dem Verfasser souverän die Außenpolitik der USA darzustellen und zu analysieren und sie in ihren innen-, global- und europapolitischen Zusammenhängen und Bedingungen verständlich zu vermitteln].

Schwimmer, Walter, Der Traum von Europa. Vom 19. Jahrhundert bis in das dritte Jahrtausend. Straßburg 2003 [die paneuropäische Perspektive des früheren Generalsekretärs des Europarats, nachdenklich und gut lesbar].

Senti, Richard, Die WTO im Spannungsfeld zwischen Handel, Gesundheit, Arbeit und Umwelt. Geltende Ordnung und Reformvorschläge. Baden-Baden 2006 [wichtige Studie zur Stellung der WTO in einer globalisierenden Welt und zum Reformbedarf und zu einem neuen Leitbild der WTO].

Sidjanski, Dusan, L'avenir fédéraliste de l'Europe. La Communauté européenne, des origines au traité de Maastricht. Paris 1992 [erörtert anregend und reflektierend die Entwicklungsprozesse und Modelle zur europäischen Integration, auch vor dem Zweiten Weltkrieg in seinen unterschiedlichen Spielarten und Problemen und plädiert für eine föderative Organisationsform Europas; wichtig und grundlegend].

Siegler, Heinrich von (Hg.), Europäische Politische Einigung 1949–1968. Dokumentation von Vorschlägen und Stellungnahmen. Bonn 1968 [ein wichtiges und nützliches Hilfsmittel für Quellen und Materialien].

Stammen, Theo, Parteien in Europa. München ²1978. [nützliche Studie, vor allem für die frühe Entwicklung der Parteien in einzelnen europäischen Ländern und ihren Programmen zu Europa].

Stent, Angela E.: Russia and Germany Reborn. Unification, the Soviet Collapse and the New Europe. Princeton 1999 [erörtert werden die Entwicklung Deutschlands und der Sowjetunion im 20. Jahrhundert, der Prozess der Wiedereinigung im europäischen Kontext, die Entwicklung Russlands und Deutschlands vor dem Hintergrund der schwierigen inneren Anpassungsprozesse von Disintegration und Integration, die Sicherheitsfragen sowie die Beziehungen Russlands und Deutschlands und die Perspektiven, die sich für die Entwicklung neuer europäischer Strukturen ergeben können. Neben Archivmaterialien fließen auch die Erkenntnisse aus zahlreichen Interviews in dieses wichtige Buch ein].

Stöver, Bernd, Der Kalte Krieg. München ²2006.

Thorau, Peter, Die Kreuzzüge. München ²2006.

Thrower, Norman J. W., Maps and Civilization. Chicago 1998 [wichtige Studie zur Rolle von Karten für die Identitätsbildung].

Timmermann, Heiner (Hg.), Impulse

für Europa. Berlin 1996 [wichtige Beiträge zu Innen- und Außenbeziehungen der EU, Institutionen und politischer Kultur].

Tissier, Yves, Dictionaire de l'Europe. États d'hier et d'aujourd'hui. Paris 2002 [sehr nützlich für die Veränderungen von Staaten über die Zeit].

Tuchtenhagen, Ralph, Geschichte der Baltischen Länder. München 2005 [eine gute und knappe Darstellung der Geschichte der baltischen Staaten].

Van Meurs, Wim (Hg.), Prospects and Risks Beyound EU-Enlargement. Southeastern Europe: Weak States and Strong International Support. Opladen 2003 [wichtige Überblicksstudie].

Vietta, Silvio, Europäische Kulturgeschichte. Eine Einführung. Paderborn 2005 [eine wertvolle Studie, die es versteht die Grundelemente der Kulturgeschichte Europas in einem Gesamtaufriss darzustellen und auch die globalen Auswirkungen der europäischen Kultur zu berücksichtigen].

von Alten, Jürgen, Weltgeschichte der Ostsee. Berlin 1996 [wichtige Darstellung, die zu einem besseren Verständnis des Ostseeraums in einem zusammenwachsenden Europa beitragen kann].

Vorländer, Hans, Die Verfassung. Idee und Geschichte. München ²2004.

Wallace, Helen & William (Hg.), Participation and Policy Making in the European Union. Oxford ⁴2000. [eine wichtige, informative und grundlegende Studie hrsg. von den beiden anerkannten britischen Europaexperten].

Wehner, Burkhard, Nationalstaat, Solidarstaat, Effizienzsstaat. Neue Staatsgrenzen für neue Staatstypen. Darmstadt 1992 [interessante Überlegungen und Vorschläge zur Lösung der Problematik der veränderten Funktionen des Nationalstaates in einem europäischen Zusammenhang].

Weidenfeld, Werner (Hg.), Europa-Handbuch. Bd. I: Die Europäische Union. Politisches System und Politikbereiche Bd. II: Die Staatenwelt Europas. Gütersloh Bonn ³2004, (abgekürzt als *Weidenfeld*: Europa-Handbuch I, II,) [sehr umfangreich, aber nützlich; vor allem zu einzelnen Länderartikeln – auch wenn sie qualitativ unterschiedlich sind – und allgemeine Europaüberlegungen].

Weidenfeld, Werner (Hg.), Die EU-Verfassung in der Analyse. Gütersloh 2004 [wichtige Beiträge zu einem schwierigen Weg].

Weidenfeld, Werner/*Wessels*, Wolfgang (Hg.), Wege zur Europäischen Union. Vom Vertrag zur Verfassung? Bonn 1986 [noch immer anregender Band mit wichtigen Dokumenten und einem Beitrag von Gaston Thorn].

Weidenfeld, Werner (Hg.), Maastricht in der Analyse. Strategien und Optionen für Europa. Gütersloh ²1995 [enthält Analysen zum Vertrag, vor allem auch eine gute Dokumentation, die den Entwicklungsprozess und die Entwürfe deutlich werden lässt].

Weidenfeld, Werner/*Wessels*, Wolfgang (Hg.), Jahrbuch der Europäischen Integration 1980 ff. Bonn 1981 ff.

[vermittelt einen guten Überblick über die jeweiligen Probleme, Fortschritte auf europäischer Ebene und die Europapolitiken der Mitgliedstaaten, unverzichtbar als Arbeitsmittel. Für die jüngsten Entwicklungen zentral das Jahrbuch 2003–2004 und das nun vorliegende Jahrbuch für 2005].

Weidenfeld, Werner/*Wessels*, Wolfgang (Hg.), Europa von A bis Z. Baden-Baden 92006 [wichtige Informationen zu den europäischen Integrationsschritten; in der vorliegenden Fassung wird auch auf den Verfassungsvertrag und die Referenden eingegangen].

Weiler, J. H. H., Un'Europa cristiana. Un saggio esplorativo. Milano 2003 [nachdenklicher Essay, der sich mit dem christlichen Europa auseinandersetzt und der Diskussion um den Gottesbezog im Europäischen Verfassungsvertrag].

Wende, Frank (Hg.), Lexikon zur Geschichte der Parteien in Europa. Stuttgart 1981 [noch immer lesbare, die Parteien in den historischen Kontext ihrer Länder einordnende Darstellung].

Wilford, John Noble, The Mapmakers. New York 1982 [gibt interessante Einblicke in die Veränderung des Weltbildes durch die Kartographie von Ptolemäus bis in das Zeitalter der Raumfahrt].

Winchester, Simon, The Map that Changed the World. New York 2002 [Wichtige Studie über William Smith, der die Grundlagen der modernen Geologie legte und damit auch einer neuen Wahrnehmung europäischer Regionen].

Winkler, Heinrich August/*Kaelble*, Hartmut (Hg.), Nationalismus, Nationalitäten, Supranationalität. Stuttgart 21995 [anregender, wichtiger Sammelband zum Spannungsverhältnis von Nationalismus, Nationalstaat und Supranationalität im Europa nach dem Zweiten Weltkrieg sowie zu Integrationstheorien].

Wirsching, Andreas, Deutsche Geschichte im 20. Jahrhundert. München 22005.

Woyke, Wichard/*Varwick*, J., Die Zukunft der NATO. Opladen 2000 [informativ].

Zeff, Eleanor E. / *Pirro*, Ellen B. (Hg.), The European Union and the Member States. Cooperation, Coordination and Compromise. Boulder 2001 [wichtiger Sammelband zu den Mitgliedsländern der EU].

Ziltener, Patrick, Strukturwandel in der europäischen Integration. Die Europäische Union und die Veränderung von Staatlichkeit. Münster 1999 [Versuch einer Neuinterpretation von Integrationsansätzen].

Zippel, Wulfdiether (Hg.), Die Mittelmeerpolitik der EU. Baden-Baden 1999 [wichtige Beiträge für den politischen, wirtschaftlichen und kulturellen Dialog im Mittelmeerraum].

Internetadressen zu Europa

(Wichtiger Hinweis: Der Zugriff war für die nachfolgend aufgeführten Internetadressen zum Zeitpunkt der Drucklegung dieses Bandes gegeben. Sie können sich aber verändern, wenn die Aktualität nicht mehr unbedingt gegeben ist, beispielsweise bei der Erweiterung der EU um 10 neue Mitglieder zum 1. 5. 2004 bzw. zum 1. 1. 2007 oder zur Arbeit des Konvents für die Zukunft Europas. Es ist daher ratsam, Dateien, die in diese Kategorie fallen könnten rechtzeitig herunterzuladen und den Tag des Besuches der Website zu notieren!)

Central European Freetrade Agreement – Mitteleuropäische Freihandelsvertrag (CEFTA):
http://www.cefta.org (Portal über die CEFTA, die Zusammenarbeit ihrer Mitglieder (Polen, Tschechische Republik, Slowakei, Ungarn, Slowenien, Rumänien, Bulgarien) vor dem EU-Beitritt 2004 und danach – wird derzeit überarbeitet).

Council of the Baltic Sea States / Ostseerat (CBSS):
http://www.cbss.st (Ostseerat, Dokumente und Materialien zu Beschlüssen und Aktuelles)
http://www.cbss.st/baltinfo (Baltinfo Informationen zur Arbeit des Ostseerates, zweimonatlich).
http://www.balticsea.net (Baltic Sea Region Portal mit Informationen und Terminen).

Council of Europe / Conseil de l'Europe / Europarat (CoE):
http://www.coe.int (Server des Europarates in Straßburg; siehe auch den Beitrag «Europarat» mit weiteren Informationen).
http://www.coe.int/DefaultDE.asp (Europarat, deutschsprachige Seite)
http://assembly.coe.int (Parlamentarische Versammlung des Europarates in Straßburg mit Hinweisen zu den Sitzungen, Sitzungsthemen, Zugang zu den Protokollen und Beschlussdokumenten).
http://www.coe.int/t/cm/home_en.asp und http://coe.int/t/d/Ministerkomitee (Ministerkomitee des Europarates mit weiterführenden Informationen).
http://www.coe.int/SG (Europarat, Generalsekretär).
http://www.echr.coe.int (Europäischer Gerichtshof für Menschenrechte in Straßburg)
http://www.commissioner.coe.int (Menschenrechtskommissar in Straßburg)
http://www.rgre.de (Kongress der Gemeinden und Regionen Europas in Straßburg, deutsches Portal)
http://book.coe.int (Publikationen des Europarates in Straßburg)

Europäische Union (EU): Seit Mai 2006 wird in der Europäischen Union bei den Internetadressen «int» durch «eu» ersetzt.

EU-Info Deutschland: http://www.eu-info.de

http://eiop.or.at/erpa (European Research Papers Archives – Archiv für Forschungspapiere zu Europa mit Hinweisen über die Zugriffsmöglichkeiten)

http://www.europa.eu/index (Portal der Europäischen Union)

http://ec.europa.eu (Server der Europäischen Union; bietet ‹Links› zu allen Dokumenten und Institionen der EU und mit Hinweisen auf aktuelle Themen, Vorlagen, Beschlüsse uam.).

http://ec.europa.eu/public_opinion (aktuelle Informationen von Eurobarometer)

http://ec.europa.eu/public_opinion/archives/eb_arch_en.htm (Standard Eurobarometer, Spezial Eurobaromenter; CCEB (Candidate Countries EB) Umfragen Archiv, herunterladbar als pdf.-Datei).

http://europa.eu/eur-lex/de/search/treaties_other.html (Vertragstexte in den Amtssprachen in der Fassung des Official Journal der EU).

http://ec.europa.eu/enlargment/archives/key_documents_reports_1998_en.htm (Ersetze je nach Bedarf das entsprechende Jahr).

http://ec.europa.eu/enlargement/key_documents/pdf/2002/ee.de.pdf (Beitrittsland Estland Bericht 2002; entsprechend für die anderen mit Berichtsjahr: Cyprus, Czech Republic, Estonia, Hungary, Latvia, Lithuania, Malta, Poland, Slavakia, Slovenia. Diese Dateien enthalten Schlüsseldokumente: die Berichte und Fortschrittsberichte seit 1998, die EU-Meinung zum Beitrittsbegehren, die Partnerschaftsverträge sowie wichtige Pressemitteilungen der Kommission, meistens in den Arbeitssprachen englisch, deutsch und französisch, aber auch in anderen Amtssprachen).

http://ec.europa.eu/enlargement/turkey/index.htm (erschließt die entsprechenden Schlüsseldokumente für die 2007 beitretenden Länder Bulgarien und Rumänien, die aktuellen Beitrittskandidaten: Türkei, Kroatien, Mazedonien und die potentiellen Kandidatenländer Albanien, Bosnien-Herzegowina, Montenegro, Serbien sowie der türkischen Zypriotischen Gemeinschaft).

http://ec.europa.eu/enlargement/atoz.htm (Website zur Erweiterung mit Stichworten).

http://ec.europa.eu//enlargement/docs/research/current_issue_de.htm (Forschungsberichte zur Erweiterung in deutsch, englisch, französisch etc).

http://www.europarl.eu.int (Europäisches Parlament Straßburg/Brüssel)

http://ue.europa.eu (Rat der Europäischen Union)

http://curia.europa.eu (Server des Europäischen Gerichtshofs in Luxemburg mit Informationen, Materialien und Hinweisen)

http://eca.europa.eu (Europäischer Rechnungshof Luxemburg, vielfältige Informationen)

http://www.cor.europa.eu (Ausschuss der Regionen)

http://www.ces.europa.eu (Wirtschafts- und Sozialausschuss der EU)

http://www.ecb.europa.eu(Europäische Zentralbank EZB in Frankfurt a. M.)

http://epp.eurostat.cec.eu/int/portal (Statistisches Amt der EU mit Presseinformationen, Daten und Dokumenten zur Entwicklung der Europäischen Union, EU15, EU25, Eurozone und des Binnenmarktes)

http://www.ebrd.org (Europäische Bank für Wiederaufbau)

http://european-convention.europa.eu (Server des Konvents über die Zukunft Europas mit ‹links› zu den Sitzungsdokumenten, Entwürfen, Erklärungen, den Stellungnahmen der europäischen Regierungen, des Parlamentes und der Kommission und anderer Hauptinstitutionen der EU).

http://europa.eu/futurum (Zugriff zu Debattenbeiträgen und Stellungnahmen zur Zukunft der EU)

http://www.eib.europa.eu (Europäische Investitionsbank Luxemburg)

http://www.newsroom.de/eu-kommission (Informationen für Journalisten)

http://www.eea.europa.eu (Europäische Umweltagentur)

http://european-patent-office.org (Europäisches Patentamt München)

European Freetrade Association (EFTA) und European Economic Area (EEA) – Europäischer Wirtschaftsraum (EWR):

http://www.efta.int (Materialien zur Europäischen Freihandelszone und zur «Rest-EFTA»)

http://www.efta.int/structure/main/index.html

http://secretariat.efta.int (Informationen und Materialien zur EFTA und zum Europäischen Wirtschaftsraum EWR).

Nordatlantikpakt (NATO):

http://www.nato.int (NATO – Nordatlantikpakt) [Website für den Zugriff auf Dokumente, Reden, Handbücher und Publikationen].

http://www.nato.int/docu/other/de/treaty-de.htm(NATO-Vertrag v. 4.4.1949).

Nordischer Rat – Nordische Zusammenarbeit:

http://www.norden.org (Nordischer Rat – Nordische Zusammenarbeit; Informationen, Dokumente und Hinweise zur Geschichte und Entwicklung).

Organisation für Europäische Wirtschaftliche Zusammenarbeit (OEEC), seit 1960 Organisation für Wirtschaftliche Zusammenarbeit und Entwicklung (OECD):

http://www.oecd.org (OECD – Organisation für Wirtschaftliche Zusammenarbeit und Entwicklung, Materialien, Entwicklungen, Informationen).

http://stats.oecd.org (Statistische Daten der OECD und Hinweis auf Publikationen)

http://stats.oecd.org/glossary (Glossar der statistischen Begriffe)

http://titania.sourceoecd.org/ (u. a. OECD Factbook 2005)

http://stats. oecd.org/glossary/search (Glossar Statistischer Begriffe)

Organisation für Sicherheit und Zusammenarbeit in Europa (OSZE):

http://www.osce.org (OSZE – Organization for Security and Cooperation in Europe: Informationen, Dokumente, Materialen

http://www.osce.org/docs/indexg.htm (Dokumente der OSZE).

*http://secure.vtx.ch/shop/boutiques/wto_index_boutique.asp ... annual/rep*orts (Dokumente, Statistiken und Jahresberichte der WTO).

Portale mit nützlichen Informationen zu unterschiedlichen Komplexen:

http://www.auswaertiges-amt.de (Zugang u. a. auch zu Europafragen, zu den Botschaften europäischer Staaten in Deutschland sowie deutscher Botschaften in anderen europäischen Ländern)

http://www.bfai.de (Bundesagentur für Außenwirtschaft, Datenbanken zu Ländern und Märkten).

http://www.wifo.ac.at (WIFO Wirtschaftsdaten).

http://www.ena.lu/mce.cfm (European Navigator – The authoritative multimedia reference on the history of Europe, Beiträge in englischer und französischer Sprache zur Geschichte, zu den Organisationen, zu Dokumenten und aktuellen Fragen)

http://www.statbel.fgov.be/port/cou_eu_de.asp (Länderportal – Europa. Daten und Fakten von jedem Land von Verfassung, politisches System, Parteien, Institutionen bis Wirtschafts- und Sozialdaten)

http://www.europa-web.de/europa [dort finden sich Europainformationen u. a. auch wichtige Reden zur Europäischen Einigung].

http://www.cia.gov/cia/publications/factbook/geos/... html [Nützliche und hilfreiche Länderinformationen, die über die Wirtschaftsdaten auch Sozialdaten, Gesundheitsdaten und Daten zur Infrastruktur enthalten. Der Europäischen Union ist neuerdings ein eigener Absschnitt gewidmet. Die Daten werden alle zwei Monate auf den aktuellen Stand gebracht, sofern erforderlich und Daten verfügbar sind].

Vereinte Nationen (VN/UN):

http://unstats. un.org (Statistisches Amt der Vereinten Nationen).

Internationaler Währungsfond (IMF):

http://dsbb.imf.org (Statistik des Internationalen Währungsfonds).

Welthandelsorganisation – World Trade Organisation (WTO) – vorher GATT (General Agreement on Trade and Tarifs):

http://www.wto.org (Portal der WTO mit Zugang zu Berichten, Dokumenten, Ministerkonferenzen, Welthandelskonferenzen. Jahrbüchern und Presserklärungen, wichtig für die Rolle Europas im Welthandel).

Aus dem Verlagsprogramm

POLITIK UND ZEITGESCHEHEN

Hans J. Tümmers
Das politische System Frankreichs
Eine Einführung
2006. 223 Seiten mit 6 Schaubildern und 7 Tabellen. Paperback
Beck'sche Reihe Band 1665

Manfred G. Schmidt
Das politische System Deutschlands
Institutionen – Willensbildung – Politikfelder
2007. 552 Seiten mit 8 Tabellen. Paperback
Beck'sche Reihe Band 1721

Emil Hübner/Ursula Münch
Das politische System Großbritanniens
Eine Einführung
2., durchgesehene Auflage. 1999. 222 Seiten. Paperback
Beck'sche Reihe Band 1251

Gregor Schöllgen
Die Außenpolitik der Bundesrepublik Deutschland
Von den Anfängen bis zur Gegenwart
3., erweiterte und aktualisierte Auflage. 2004. 278 Seiten. Paperback
Beck'sche Reihe Band 1291

Frank Otto
Der Nordirlandkonflikt
Ursprung, Verlauf, Perspektiven
2005. 160 Seiten mit 2 Karten. Paperback
Beck'sche Reihe Band 1636

Herwig Birg
Die demographische Zeitenwende
Der Bevölkerungsrückgang in Deutschland und Europa
4. Auflage. 2005. 226 Seiten mit 40 Schaubildern und 25 Tabellen. Paperback
Beck'sche Reihe Band 1426

LEXIKA UND NACHSCHLAGEWERKE

Axel Schildt
Deutsche Geschichte im 20. Jahrhundert
Ein Lexikon
2005. 439 Seiten. Paperback
Beck'sche Reihe Band 1618

Dieter Nohlen/Rainer-Olaf Schultze
Lexikon der Politikwissenschaft
Theorien, Methoden, Begriffe
Band 1: A – M
3., aktualisierte und erweiterte Auflage. 2005. 593 Seiten. Paperback
Beck'sche Reihe Band 1463
Band 2: N – Z
3., aktualisierte und erweiterte Auflage. 2005. 608 Seiten. Paperback
Beck'sche Reihe Band 1464

Ralf Elger
Kleines Islam-Lexikon
Geschichte – Alltag – Kultur
4., aktualisierte und erweiterte Auflage. 2006. 352 Seiten. Paperback
Beck'sche Reihe Band 1430

Rolf Hofmeier/Andreas Mehler
Kleines Afrika-Lexikon
Politik – Wirtschaft – Kultur
2004. 359 Seiten mit 1 Karte. Paperback
Beck'sche Reihe Band 1569

Udo Steinbach/Marie-Carin von Gumppenberg
Zentralasien
Geschichte – Politik – Wirtschaft
Ein Lexikon
2005. 358 Seiten mit 9 Karten. Paperback
Beck'sche Reihe Band 1606

Verlag C.H.Beck München

JOURNAL OF MODERN EUROPEAN HISTORY

Zeitschrift für moderne europäische Geschichte
Journal of Modern European History
Revue d'histoire européenne contemporaine